मध्य प्रदेश कर्मचारी चयन मण्डल

मध्य प्रदेश

शासन, स्कूल शिक्षा विभाग के अन्तर्गत

उच्च माध्यमिक शिक्षक

पात्रता परीक्षा (ऑनलाइन)

भौतिक विज्ञान

मध्य प्रदेश कर्मचारी चयन मण्डल

मध्य प्रदेश

शासन, स्कूल शिक्षा विभाग के अन्तर्गत

उच्च माध्यमिक शिक्षक

पात्रता परीक्षा (ऑनलाइन)

भौतिक विज्ञान

लेखक

डॉ. प्रताप सिंह

अरिहन्त पब्लिकेशन्स (इण्डिया) लिमिटेड

卐 **रजि. कार्यालय**

'रामछाया' 4577/15, अग्रवाल रोड, दरिया गंज, नई दिल्ली- 110002

फोन: 011-47630600, 43518550

卐 **मुख्य कार्यालय**

कालिन्दी, टी.पी. नगर, मेरठ (यूपी)– 250002

फोन: 0121-7156203, 7156204

卐 **शाखा कार्यालय**

आगरा, अहमदाबाद, बरेली, बेंगलुरु, चेन्नई, दिल्ली, गुवाहाटी, हैदराबाद, जयपुर, झाँसी, कोलकाता, लखनऊ, नागपुर तथा पुणे

卐 **मूल्य** ₹ 430.00

PO No : TXT-59-T067437-10-25

PUBLISHED BY ARIHANT PUBLICATIONS (INDIA) LTD.

'अरिहन्त' की पुस्तकों के बारे में अधिक जानकारी के लिए हमारी वेबसाइट **www.arihantbooks.com** पर लॉग इन करें या **info@arihantbooks.com** पर सम्पर्क करें।

विषय–सूची

परीक्षा का प्रारूप व पाठ्यक्रम

परीक्षा योजना निर्देश

1. सभी प्रश्न अनिवार्य होंगे।
2. सभी प्रश्न बहुविकल्पीय (वस्तुनिष्ठ 4 विकल्प वाले) होंगे। प्रत्येक प्रश्न हेतु 1 अंक निर्धारित रहेगा।
3. परीक्षा समय 2:30 घण्टे का होगा।
4. इस परीक्षा हेतु एक प्रश्न-पत्र होगा। इसका कुल पूर्णांक 150 होगा। इसमें बहुविकल्पीय प्रश्नों की कुल संख्या 150 होगी। प्रत्येक सही प्रश्न हेतु 1 अंक निर्धारित रहेगा। ऋणात्मक मूल्यांकन होगा। प्रति 4 प्रश्नों के गलत उत्तर पर 1 अंक काटा जाएगा।
5. प्रश्न-पत्र के दो भाग होंगे- भाग अ एवं भाग ब। **भाग अ** सभी के लिए अनिवार्य होगा। **भाग ब** के अन्तर्गत शामिल विषयों में से एक विषय का चयन करना होगा।
6. **भाग अ** के चार खण्ड होंगे, जिनमें अंकों का अधिभार निम्नानुसार होगा

क्र.स.	विषय	प्रश्नों की संख्या	कुल अंक
1.	सामान्य हिन्दी	8	8
2.	सामान्य अंग्रेजी	5	5
3.	सामान्य ज्ञान व समसामयिक घटनाक्रम, तार्किक एवं आंकिक योग्यता	7	7
4.	पेडागोगी	10	10
	कुल	**30**	**30**

7. **भाग ब** 120 अंक का होगा एवं इस प्रश्न-पत्र में 120 बहुविकल्पीय प्रश्न पूछे जायेंगे। प्रश्न-पत्र के अन्तर्गत 16 विषय नीचे तालिका में दिए अनुसार होंगे, जिसमें से अभ्यर्थी अपने स्नातकोत्तर उपाधि के विषय में ही परीक्षा में सम्मिलित हो सकेगा।

क्र. स.	विषय	प्रश्नों की संख्या	कुल अंक	क्र. स.	विषय	प्रश्नों की संख्या	कुल अंक
1.	हिन्दी भाषा	120	120	9.	गृह विज्ञान	120	120
2.	अंग्रेजी भाषा	120	120	10.	वाणिज्य	120	120
3.	संस्कृत भाषा	120	120	11.	इतिहास	120	120
4.	उर्दू भाषा	120	120	12.	भूगोल	120	120
5.	गणित	120	120	13.	राजनीति शास्त्र	120	120
6.	भौतिक विज्ञान	120	120	14.	अर्थशास्त्र	120	120
7.	जीव विज्ञान	120	120	15.	कृषि	120	120
8.	रसायन विज्ञान	120	120	16.	समाजशास्त्र	120	120

विषय वस्तु का स्तर

- प्रश्न-पत्र के **भाग अ** में सामान्य ज्ञान व समसामयिक घटनाक्रम, तार्किक एवं आंकिक योग्यता, पेडागोगी की विषयवस्तु का स्तर स्नातक स्तर के छात्र के मानसिक स्तर के समकक्ष होगा। हिन्दी व अंग्रेजी की विषयवस्तु का स्तर हायरसेकेंडरी स्कूल परीक्षा के समकक्ष होगा।
- प्रश्न-पत्र के **भाग ब** की विषयवस्तु का स्तर स्नातकोत्तर स्तर के समकक्ष होगा।

परीक्षा का पाठ्यक्रम (भाग 'ब')

1. **भौतिक विश्व और मापन** मापन की आवश्यकता: मापन की इकाइयाँ: मात्रक प्रणालियाँ: एस.आई. मात्रक, मूल और व्युत्पन्न मात्रक। लम्बाई, द्रव्यमान और समय का मापन: उपकरणों की सटीकता: माप में त्रुटियाँ: सार्थक अंक। विमीय-विश्लेषण और इसके अनुप्रयोग।

2. **गतिकी** निर्देश तन्त्र। एक, दो और तीन आयाम में गति स्थिति-समय ग्राफ, चाल और वेग। एकसमान और परिवर्ती गति, औसत चाल और तात्कालिक वेग। एकसमान रूप से त्वरित गति, वेग-समय, स्थिति-समय ग्राफ, एकसमान त्वरित गति के लिए सम्बन्ध। सदिश: स्थिति और विस्थापन सदिश। सदिशों का योग और अन्तर। सापेक्ष वेग, सदिश के अदिश एवं सदिश गुणनफल। इकाई सदिश: समतल में सदिश का वियोजन-आयताकार घटक, समतल में गति, एकसमान वेग एवं एकसमान त्वरण के उदाहरण, प्रक्षेप्य गति।

3. **गति के नियम** बल की अवधारणा। जड़त्व, न्यूटन का गति का प्रथम नियम: संवेग, न्यूटन का गति का द्वितीय नियम: आवेग: न्यूटन का गति का तृतीय नियम। रैखिक संवेग, संरक्षण का नियम और उसके अनुप्रयोग। संगामी बलों का सन्तुलन। घर्षण के प्रकार, घर्षण के नियम, एकसमान वृत्तीय गति।

4. **कार्य, ऊर्जा और शक्ति** नियत बल और परिवर्तनीय बल द्वारा किया गया कार्य: गतिज ऊर्जा, कार्य-ऊर्जा प्रमेय, शक्ति, स्थितिज ऊर्जा की परिभाषा। कमानी की स्थितिज ऊर्जा, संरक्षी बल: यांत्रिक ऊर्जा का संरक्षण (गतिज और स्थितिज ऊर्जा): असंरक्षी बल, एक और दो विमीय, प्रत्यास्थ और अप्रत्यास्थ संघट्ट।

5. **कण या निकाय की गति एवं दृढ़ पिण्ड** दो कण प्रणाली के द्रव्यमान का केन्द्र, संवेग संरक्षण एवं द्रव्यमान केन्द्र। दृढ़ पिण्ड का द्रव्यमान केन्द्र: एकसमान छड़ का द्रव्यमान केन्द्र: बल-आघूर्ण, कोणीय संवेग एवं उसका संरक्षण एवं उनके अनुप्रयोग। रेखीय एवं कोणीय गति की तुलना: जड़त्व आघूर्ण, घूर्णन त्रिज्या। ज्यामितीय वस्तुओं के लिए जड़त्व आघूर्ण। समान्तर और लम्बवत् अक्ष की प्रमेय और उनके अनुप्रयोग।

6. **गुरुत्वाकर्षण** ग्रह गति के केप्लर के नियम। गुरुत्वाकर्षण का सार्वभौमिक नियम। ऊँचाई और गहराई के साथ गुरुत्वीय त्वरण में परिवर्तन। गुरुत्वीय स्थितिज ऊर्जा, गुरुत्वीय विभव। पलायन वेग, उपग्रह का कक्षीय वेग। भू-स्थिर उपग्रह।

7. **पदार्थ के गुणधर्म** प्रत्यास्थ व्यवहार, प्रतिबल एवं विकृति में सम्बन्ध, हुक का नियम, प्रत्यास्थता गुणांक। द्रव स्तम्भ का दाब: पास्कल का नियम और इसके अनुप्रयोग। श्यानता, स्टोक्स का नियम, सीमान्त वेग, रेनॉल्ड का नम्बर, धारा रेखीय एवं विक्षुब्ध प्रवाह। बरनौली प्रमेय और इसके अनुप्रयोग। पृष्ठ ऊर्जा और पृष्ठ तनाव, पृष्ठ तनाव के अनुप्रयोग (बूँद एवं बुलबुला), केशिकात्व, ऊष्मा, ताप, ऊष्मीय प्रसार: विशिष्ट ऊष्मा कैलोरीमिति: अवस्था में परिवर्तन, गुप्त ऊष्मा। ऊष्मा संचरण: चालन , संवहन और विकिरण, ऊष्मीय चालकता, न्यूटन का शीतलन नियम।

8. **ऊष्मागतिकी** ऊष्मीय सन्तुलन और तापमान की परिभाषा (ऊष्मागतिकी का शून्यवाँ नियम), ऊष्मा, कार्य और आन्तरिक ऊर्जा। ऊष्मागतिकी का प्रथम नियम। ऊष्मागतिकी का द्वितीय नियम, उत्क्रमणीय और अनुत्क्रमणीय प्रक्रियाएँ। ऊष्मा इंजन और रेफ्रिजरेटर। कार्नो चक्र और कार्नो की प्रमेय। आदर्श गैस का स्थिति समीकरण, गैस को सम्पीडित करने पर किया गया कार्य। गैसों का अणुगति सिद्धान्त, स्वतन्त्रता की कोटि, ऊर्जा का संवितरण और गैसों की विशिष्ट ऊष्मा में अनुप्रयोग: औसत मुक्त पथ, आवोगाद्रो संख्या।

9. **दोलन एवं तरंग** आवर्ती गति: आवर्तकाल, आवृत्ति, विस्थापन, समय के फलन के रूप में। आवर्ती फलन। सरल आवर्त गति (एस.एच.एम.) और इसके समीकरण: कला: कमानी के दोलन। प्रत्यानयन बल एवं बल नियतांक, सरल आवर्त गति में।

ऊर्जा–गतिज और स्थितिज ऊर्जा, सरल लोलक, इसके आवर्तकाल का व्यंजक: मुक्त, प्रणोदित एवं अवमन्दित दोलन, अनुनाद। तरंग गति। अनुदैर्ध्य और अनुप्रस्थ तरंगें, तरंग की चाल। एक प्रगामी तरंग के लिए विस्थापन सम्बन्ध। तरंगों के अध्यारोपण का सिद्धान्त, तरंगों का परावर्तन, तारों और पाइपों में अप्रगामी तरंगें, प्रसामान्य विधाएँ और हार्मोनिक्स, विस्पंद, डॉप्लर प्रभाव।

10. **स्थिरविद्युत** विद्युत आवेश: आवेश का संरक्षण, कूलॉम का नियम और उसके अनुप्रयोग, दो बिन्दु आवेशों के बीच बल, बहु आवेशों के मध्य बल: आवेशों के अध्यारोपण का सिद्धान्त, आवेश का सतत् वितरण। विद्युत क्षेत्र, बिन्दु आवेश के कारण विद्युत क्षेत्र, विद्युत क्षेत्र की रेखाएँ, विद्युत द्विध्रुव, विद्युत द्विध्रुव के कारण विद्युत क्षेत्र: एकसमान विद्युत क्षेत्र में द्विध्रुव पर बल–आघूर्ण। गॉस के प्रमेय और इसके अनुप्रयोग, विद्युत विभव, विभवान्तर: विद्युत द्विध्रुव एवं आवेश निकाय के कारण विभव, समविभव पृष्ठ, विद्युत स्थितिज ऊर्जा, दो बिन्दु आवेश निकाय की स्थितिज ऊर्जा। स्थिरविद्युत क्षेत्र में द्विध्रुव। चालक एवं अचालक, चालक में मुक्त एवं बद्ध आवेश पर वैद्युत एवं विद्युत ध्रुवण, संधारित्र एवं धारिता, संधारित्रों का संयोजन, समान्तर प्लेट संधारित्र की धारिता, माध्यम के बिना एवं माध्यम के साथ, संधारित्र में संग्रहीत ऊर्जा। वान–डे ग्राफ जेनरेटर।

11. **धारा विद्युत** विद्युत धारा, धात्विक चालकों में विद्युत धारा का प्रवाह, अनुगमन वेग, गतिशीलता और विद्युत धारा के साथ उनके सम्बन्ध: ओम का नियम, विद्युत प्रतिरोध, धारा–विभव अभिलक्षण (रैखिक और गैर–रैखिक), विद्युत ऊर्जा और शक्ति, विद्युत प्रतिरोधकता और चालकता। कार्बन प्रतिरोधकों के लिए वर्ण कोड: प्रतिरोधकों के समान्तर एवं श्रेणी संयोजन: प्रतिरोध की तापमान निर्भरता। एक सेल का आन्तरिक प्रतिरोध, सेल का विभवान्तर और विद्युत वाहक बल, सेलों के समान्तर एवं श्रेणी संयोजन, किरचॉफ के नियम और इसके अनुप्रयोग, विभवमापी–सिद्धान्त और इसके अनुप्रयोग, धारा के ऊष्मीय और रासायनिक प्रभाव।

12. **धारा के चुम्बकीय प्रभाव एवं चुम्बकत्व** बायो–सेवर्ट नियम और इसके अनुप्रयोग। ऐम्पियर का नियम और इसके अनुप्रयोग, असीमित लम्बे तार, सीधे और टोरॉइड परिनालिका हेतु। लॉरेन्ज बल। साइक्लोट्रॉन, सिंक्रोटॉन। चुम्बकीय क्षेत्र में धारावाही चालक। दो समान्तर धारावाही चालकों के मध्य बल। एकसमान चुम्बकीय क्षेत्र में धारावाही लूप पर बल–आघूर्ण एवं उसके अनुप्रयोग। धारावाही लूप चुम्बकीय द्विध्रुवीय के रूप में। एक घूमने वाले इलेक्ट्रॉन का चुम्बकीय द्विध्रुवीय आघूर्ण। चुम्बकीय क्षेत्र की तीव्रता, एक चुम्बकीय द्विध्रुवीय (दण्ड चुम्बक) के कारण उसके अक्ष पर एवं अक्ष के लम्बवत् बिन्दु पर एकसमान चुम्बकीय क्षेत्र में एक चुम्बकीय द्विध्रुवीय (दण्ड चुम्बक) पर बल–आघूर्ण दण्ड चुम्बक परिनालिका के रूप में। चुम्बकीय बल रेखाएँ: पृथ्वी का चुम्बकीय क्षेत्र और चुम्बकीय तत्व। अनु, प्रति, लौह–चुम्बकीय पदार्थ, उदाहरण के साथ। विद्युत चुम्बक और उनकी क्षमता को प्रभावित करने वाले कारक। स्थायी चुम्बक।

13. **विद्युत चुम्बकीय प्रेरण और प्रत्यावर्ती धारा** विद्युत चुम्बकीय प्रेरण: फैराडे के नियम, प्रेरित विद्युत वाहक बल और धारा: लेन्ज का नियम, भंवर धाराएँ। स्व–प्रेरण एवं अन्योन्य प्रेरण। विस्थापन धारा की आवश्यकता। प्रत्यावर्ती धारा और इसकी माप। प्रतिघात और प्रतिबाधा; एल. सी. दोलन, एल.सी.आर. श्रेणी परिपथ, अनुनाद ए.सी. परिपथ में शक्ति, जेनरेटर, मोटर और ट्रांसफार्मर।

14. **प्रकाशिकी** प्रकाश का परावर्तन, गोलीय दर्पण, दर्पण सूत्र, प्रकाश का अपवर्तन, पूर्ण आन्तरिक परावर्तन और इसके अनुप्रयोग, ऑप्टिकल फाइबर। गोलीय पृष्ठ पर प्रकाश का अपवर्तन, लेन्स, पतले लेन्स का सूत्र, लेन्स–निर्माता का सूत्र। आवर्धन, लेन्स की शक्ति, पतले लेन्सों का संयोजन। एक प्रिज्म के माध्यम से प्रकाश का अपवर्तन और वर्ण–विक्षेपण। प्रकाश का प्रकीर्णन एवं इसके अनुप्रयोग। प्रकाशिक यंत्र: मानव नेत्र, दृष्टि के दोष और इसके सुधार। सूक्ष्मदर्शी और खगोलीय दूरदर्शी और उनकी आवर्धक क्षमता। तरंग प्रकाशिकी : तरंगाग्र, हाइगेन्स का नियम, समतल सतहों पर तरंगों का परावर्तन एवं विवर्तन। हाइगेन्स के सिद्धान्त द्वारा परावर्तन एवं अपवर्तन के नियमों का सत्यापन। व्यतिकरण, यंग का द्वि–स्लिट प्रयोग और फ्रिंज चौड़ाई, कला–सम्बद्ध स्रोत एवं स्थाई व्यतिकरण।

    एकल स्लिट विवर्तन, केन्द्रीय उच्चिष्ठ की चौड़ाई। सूक्ष्मदर्शी और खगोलीय दूरदर्शी की विभेदन क्षमता। ध्रुवण, समतल ध्रुवित प्रकाश, ब्रुस्टर का नियम, समतल ध्रुवीकृत प्रकाश और पोलेरॉइड के उपयोग।

15. **आधुनिक भौतिकी** विकिरण की द्वैती प्रकृति। प्रकाश विद्युत प्रभाव, हर्ट्ज और लेनार्ड के अवलोकन: आइन्सटीन की प्रकाश विद्युत समीकरण, प्रकाश की कण प्रकृति। कॉम्पटन प्रभाव, एक्स–रे का अपवर्तन, ब्रैग का नियम, हॉल प्रभाव। कण तरंगे, कण की तरंग प्रकृति, दे–ब्रोगली सम्बन्ध। डेविजन–जर्मर प्रयोग। अनिश्चित्ता सिद्धान्त। श्रोडिंगर समीकरण। अल्फा–कण प्रकीर्णन प्रयोग; रदरफोर्ड का परमाणु मॉडल, बोर मॉडल, ऊर्जा के स्तर, हाइड्रोजन स्पेक्ट्रम। नाभिक की संरचना और आकार, पैकिंग अंश और चुम्बकीय आघूर्ण, परमाणु द्रव्यमान, समस्थानिक, समभारिक; समन्यूट्रॉनिक । रेडियोधर्मिता–एल्फा, बीटा और गामा कण/किरणें और उनके गुण; रेडियोधर्मी क्षय नियम। द्रव्यमान–ऊर्जा सम्बन्ध, द्रव्यमान क्षति; प्रति न्यूक्लिऑन बन्धन ऊर्जा और द्रव्यमान के साथ इसकी निर्भरता; नाभिक का द्रव बूँद मॉडल, परमाणु विखण्डन और संलयन, क्रान्तिक द्रव्यमान, श्रृंखला अभिक्रिया और विखण्डन प्रतिक्रिया, आयनीकरण कक्ष, गीजर काउंटर और स्किंटिलेशन काउंटर, रैखिक त्वरक।

16. **इलेक्ट्रॉनिक उपकरण** अर्द्धचालक; अर्द्धचालक डायोड– अग्र एवं पश्च अभिनती में अभिलक्षण, एक दिष्टकारी के रूप में, डायोड; एल.ई.डी. फोटोडायोड, सौर सेल और जेनर डायोड, वोल्टेज नियामक के रूप में, जेनर डायोड। सन्धि ट्रांजिस्टर, ट्रांजिस्टर की कार्यविधि, ट्रांजिस्टर के अभिलक्षण, ट्रांजिस्टर प्रवर्धक के रूप में (उभयनिष्ट उत्सर्जक विधा में) और दोलित्र के रूप। लोजिक गेट और इसके संयोजन। एक स्विच के रूप में ट्रांजिस्टर।

सॉल्वड पेपर 2019

सॉल्वड पेपर

परीक्षा तिथि 10 फरवरी, 2019

मध्य प्रदेश उच्च माध्यमिक शिक्षक पात्रता परीक्षा

भौतिक विज्ञान

1. एक डैनियल सेल 240 सेमी लम्बी पोटेन्शियोमीटर पर सन्तुलित किया गया है। अब सेल 0.25 Ω के प्रतिरोध से शॉर्ट सर्किट होता है और सन्तुलन 80 सेमी पर प्राप्त किया जाता है। डैनियल सेल का आन्तरिक प्रतिरोध है

(a) 0.5 Ω (b) 2 Ω (c) 0.25 Ω (d) 1 Ω

2. एक द्रव की श्यानता गुणांक इस पर निर्भर करती है

(a) वेग प्रवणता और सम्पर्क का क्षेत्र दोनों

(b) सम्पर्क का क्षेत्र

(c) वेग प्रवणता

(d) द्रव की प्रकृति और तापमान

3. एक संधारित्र की प्लेटों के बीच की वायु को K परावैद्युत स्थिरांक के माध्यम से बदल दिया जाता है। प्लेटों के बीच विद्युत क्षेत्र

(a) $\sqrt{K}$ गुना घटता है (b) $\sqrt{K}$ गुना बढ़ता है

(c) K गुना बढ़ता है (d) K गुना घटता है

4. एक क्षेत्र में मौजूद विद्युत क्षेत्र को $E_x = 30x^2$ द्वारा व्यक्त किया गया है। यदि $x = 2$ m पर विभव V_A और मूलबिन्दु पर विभव V_0 मौजूद है, तो विभवान्तर $V_A - V_0$ है

(a) – 80 V (b) 100 V

(c) 80 V (d) – 100 V

5. संख्याओं 28.028, 0.0004 एवं 12×10^{-3} के लिए सार्थक अंकों के क्रमश: अंक हैं

(a) 5, 1, 2 (b) 5, 1, 3

(c) 4, 4, 2 (d) 5, 5, 2

6. एक कुण्डली का स्वप्रेरकत्व 100 mH है। कुण्डली के प्रत्येक घुमाव से बद्ध चुम्बकीय धारा निम्न है, जब इससे होकर गुजरने वाली धारा 8 mA है

(a) 80×10^{-4} Wb (b) 4×10^{-4} Wb

(c) 40×10^{-4} Wb (d) 8×10^{-4} Wb

7. एक $L-C-R$ परिपथ में प्रेरकत्व L से $2L$ में बदल जाता है। अनुनाद आवृत्ति के अपरिवर्तित रहने के लिए संधारित्र की धारिता को C से इसमें बदलना चाहिए

(a) 2C (b) 4C

(c) C/4 (d) C/2

8. यदि आवेश $(-q)$ और द्रव्यमान 'm' की एक वस्तु को वैद्युत क्षेत्र 'E' में रखा जाता है, तो वस्तु का त्वरण होता है

(a) $\frac{\mathbf{E}}{\mathbf{E}}$ की दिशा में $\frac{qE}{m}$

(b) $\frac{\mathbf{E}}{\mathbf{E}}$ की विपरीत दिशा में $\frac{qE}{m}$

(c) $\frac{\mathbf{E}}{\mathbf{E}}$ की दिशा में $\frac{mE}{q}$

(d) $\frac{\mathbf{E}}{\mathbf{E}}$ की विपरीत दिशा में $\frac{mE}{q}$

9. यदि इलेक्ट्रॉनों की एक बीम 2×10^{-3} T एवं 10×10^4 V/m तीव्रता वाले एक परस्पर लम्बवत् समरूप चुम्बकीय और विद्युत क्षेत्रों में बिना विचलित हुए गमन करता है, तो इलेक्ट्रॉन का वेग होगा

(a) 2×10^{10} m/s (b) 3×10^4 m/s

(c) 5×10^6 m/s (d) 6.3×10^3 m/s

10. एक भूगर्भीय उपग्रह धरती की सतह से ऊपर $7R$ की ऊँचाई पर धरती की परिक्रमा कर रहा है, R पृथ्वी की त्रिज्या है। पृथ्वी की सतह से $3R$ की ऊँचाई पर एक अन्य उपग्रह की समय अवधि है

(a) 6 घण्टे (b) $8\sqrt{2}$ घण्टे

(c) $6\sqrt{2}$ घण्टे (d) 8 घण्टे

11. अभिक्रिया $^{19}\text{F}(n, p)^{19}\text{O}$ (MeV में) के लिए Q और थ्रेसहोल्ड ऊर्जा का मान ज्ञात करें, जबकि परमाणु द्रव्यमान है $^{19}\text{F} = 18.9984$ u, $^1_1\text{H} = 1.0078$ $^{19}\text{O} = 19.0036$ u और $^0_1 n = 1.0086$ u

(a) – 1.3965, 1.5 (b) 4.25, – 4.0362

(c) 1.5, – 1.3965 (d) – 4.0964, 4.3138

12. एक श्रेणी $L-C-R$ परिपथ में प्रेरकत्व 2.25 H वाली एक कुण्डली, धारिता $\left(\frac{50}{\pi}\right)\mu$F वाली एक संधारित्र और प्रतिरोध 50 Ω वाला एक प्रतिरोध होता है। धारा और वोल्टेज (आवृत्ति = 50 हर्ट्ज) के बीच कलान्तर की गणना करें।

(a) 84.35° (b) 42.17°

(c) 73° (d) 89.83°

13. परिवर्ती कोणीय आवृत्ति 'ω' और निश्चित आयाम 'V_0' वाला एक AC वोल्टेज स्रोत, धारिता C और प्रतिरोध 'R' वाले एक विद्युत बल्ब के साथ श्रेणी में संयोजित है। शून्य प्रेरकत्व है; जब 'ω' बढ़ता है

(a) बल्ब उज्ज्वल होकर चमकता है
(b) बल्ब मन्द होकर चमकता है
(c) परिपथ की पूर्ण प्रतिबाधा अपरिवर्तित रहती है
(d) परिपथ की पूर्ण प्रतिबाधा बढ़ती है

14. .... वैश्विक जलवायु स्वरूप और दैनिक मौसम विविधताओं को निर्धारित करने में एक मूल भूमिका निभाता है।

(a) प्रसार (b) प्रवाहकत्व
(c) संवहन (d) विकिरण

15. एक विवर्तन ग्रेटिंग में 1.26×10^4 उभार हैं जो $w = 25.4$ मिमी की चौड़ाई पर एक-दूसरे से समान दूरी पर हैं। जब 589 nm तरंगदैर्ध्य वाली प्रकाश को उस पर आपतित किया जाता है, तो प्रथम क्रम अधिकतम किस कोण पर होता है?

(a) 33.98° (b) 16.98°
(c) 15.8° (d) 8.49°

16. एक इलेक्ट्रॉन के लिए प्रसार धारा 'D' और अस्थिरता 'μ' के बीच आइन्सटीन सम्बन्ध है

(a) $\frac{D}{\mu} = \frac{e}{k_BT}$, जहाँ k_BT बोल्टजमान स्थिरांक और T तापमान है
(b) $\frac{D}{\mu} = \frac{2k_BT}{e}$, जहाँ k_BT, बोल्टजमान स्थिरांक और T तापमान है
(c) $\frac{D}{\mu} = \frac{k_BT}{e}$, जहाँ k_BT बोल्टजमान स्थिरांक और T तापमान है
(d) $\frac{D}{\mu} = k_BT$, जहाँ k_BT बोल्टजमान स्थिरांक और T तापमान है

17. अर्द्ध-लहर सुधारक में प्रयुक्त ट्रान्सफॉर्मर का मोड़ अनुपात (टर्न रेसियो) $n_1 : n_2 = 12 : 1$ है। प्राथमिक 220 V, 50 Hz के पावर मेन से जुड़ा हुआ है। शून्य अभिनति में डायोड प्रतिरोध को शून्य मानने के लिए, लोड में DC वोल्टेज की गणना करें।

(a) 8.24 V (b) 4.12 V
(c) 2.8 V (d) 16.48 V

18. अनन्त सन्तुलन की स्थिति निम्न द्वारा दी जाती है

(a) $\frac{N_1}{N_2} = \frac{\lambda_1}{(\lambda_1 - \lambda_2)}$ (b) $\frac{N_2}{N_1} = \frac{\lambda_1}{(\lambda_2 - \lambda_1)}$
(c) $\lambda_1 N_1 = \lambda_2 N_2$ (d) $\frac{N_1}{N_2} = \frac{\lambda_1}{\lambda_2}$

19. किसी वस्तु की आवर्धित और वास्तविक छवि प्राप्त करने के लिए, हम

(a) या तो एक उत्तल दर्पण या अवतल लेन्स का उपयोग कर सकते हैं
(b) या तो एक उत्तल लेन्स या अवतल दर्पण का उपयोग कर सकते हैं
(c) या तो एक उत्तल लेन्स या अवतल लेन्स का उपयोग कर सकते हैं
(d) या तो एक उत्तल दर्पण या अवतल दर्पण का उपयोग कर सकते हैं

20. उपयुक्त फोकस लम्बाई वाले एक अवतल लेन्स का उपयोग किया जाता है

(a) एक सूक्ष्मदर्शी में
(b) एक दूरबीन में
(c) निकट दृष्टि दोष को ठीक करने के लिए
(d) दीर्घ दृष्टि दोष को ठीक करने के लिए

21. 10 सेमी की फोकल लम्बाई वाले एक प्लेनो-अवतल लेन्स को दो बराबर भागों में काटा जाता है, तो प्रत्येक भाग की शक्ति ...... है।

(a) 5 डायोप्टर (b) 10 डायोप्टर
(c) 2 डायोप्टर (d) 0.1 डायोप्टर

22. आकाश में इन्द्रधनुष देखने के लिए दो आवश्यक शर्तें हैं

(a) श्वेत प्रकाश का स्रोत हमारे सामने होना चाहिए और वातावरण में पर्याप्त पानी की बूँदें होनी चाहिए
(b) श्वेत प्रकाश का स्रोत हमारे सामने होना चाहिए और वातावरण में पानी की बूँदें बहुत कम मात्रा में उपस्थित होनी चाहिए
(c) श्वेत प्रकाश का स्रोत हमारे पीछे होना चाहिए और वातावरण में पानी की बूँदें बहुत कम मात्रा में उपस्थित होनी चाहिए
(d) श्वेत प्रकाश का स्रोत हमारे पीछे होना चाहिए और वातावरण में पर्याप्त पानी की बूँदें होनी चाहिए

23. गुरुत्वाकर्षण के कारण उत्पन्न त्वरण

(a) पृथ्वी के केन्द्र में अधिकतम होता है
(b) भूमध्य रेखा पर अधिकतम होता है
(c) भूमध्य रेखा से ध्रुवों की ओर कम होता जाता है
(d) ध्रुवों से भूमध्य रेखा की ओर कम होता जाता है

24. एकसमान विद्युत क्षेत्र में रखे 'p' आघूर्ण के वैद्युत द्विध्रुव की न्यूनतम (ऋणात्मक) स्थितिज ऊर्जा होती है तब 'p' और E के बीच का कोण .... होता है।

(a) शून्य (b) 180° (c) 270° (d) 90°

25. द्रव्यमान और चाल के मापन में प्रतिशत त्रुटियाँ क्रमशः 1% और 2% हैं। द्रव्यमान और चाल के मापन द्वारा प्राप्त गतिज ऊर्जा के आकलन में त्रुटि होगी

(a) 6% (b) 5% (c) 8% (d) 10%

26. 3 किग्रा द्रव्यमान का एक सेल 1 किग्रा और 2 किग्रा वाले दो टुकड़ों में फट जाता है। टुकड़ों के वेग का अनुपात और टुकड़ों की गतिज ऊर्जा का अनुपात क्रमशः (हल्का : भारी) हैं

(a) 1 : 1 एवं 2 : 1 (b) 1 : 1 एवं 4 : 1
(c) 1 : 1 एवं 1 : 2 (d) 2 : 1 एवं 4 : 1

27. एक गेंद ऊपर की ओर लम्बवत् फेंकी जाती है। जब यह अधिकतम ऊँचाई के आधे तक पहुँचती है, तब इसकी गति 8 मी/से होती है। वह अधिकतम ऊँचाई जिस पर गेंद पहुँचती है ($g = 10$ मी/से^{2} लें)

(a) 8.1 मी (b) 6.4 मी
(c) 4.9 मी (d) 10 मी

28. एक भार 'w' एक खुरदरे क्षैतिज सतह पर विश्राम अवस्था में है। यदि घर्षण का कोण θ है, तो वह निम्नतम बल जो क्षैतिज सतह के साथ निकाय को गतिशील करेगा, होगा

(a) $w \tan\theta$ (b) $w \sin\theta$ (c) $w \cot\theta$ (d) $w \cos\theta$

29. लम्बाई को निम्न में नहीं मापा जा सकता

(a) कैन्डेला (b) माइक्रोन
(c) ऐंग्स्ट्रॉम (d) फर्मी

30. एक प्रत्यावर्ती emf $V = 400 \sin(100\pi t)$ वोल्ट द्वारा दिया जाता है। ई.एम.एफ. का आर.एम.एस. मान है

(a) 400 V (b) $200\sqrt{2}$ V
(c) 200 V (d) $100\sqrt{2}$ V

31. एक हवाई जहाज एकसमान वेग के साथ एक ऊँचाई पर क्षैतिज रूप से उड़ रहा है। तब हवाई जहाज पर कार्यरत् शुद्धबल है
(a) लम्बवत् रूप से ऊपर की ओर कार्यरत्
(b) लम्बवत् रूप से नीचे की ओर कार्यरत्
(c) आगे की दिशा में
(d) शून्य

32. एक ऐल्युमीनियम डिस्क को सोलेनॉइड के ऊपर रखा जाता है। इसके माध्यम से एक उच्च धारा भेजी जाती है, अब ऐल्युमीनियम डिस्क
(a) सोलेनॉइड के द्वारा आकर्षित की जाती है
(b) सोलेनॉइड के द्वारा विकर्षित की जाती है
(c) स्थिर रहती है
(d) इसके द्रव्यमान के केन्द्र के समीप घूमती है

33. प्रकाश की एक किरण हवा से जब काँच के खण्ड में प्रवेश करती है, तो
(a) न तो तरंगदैर्ध्य और न ही इसकी आवृत्ति बदलती है
(b) इसकी आवृत्ति बढ़ जाती है
(c) इसकी तरंगदैर्ध्य बढ़ जाती है
(d) इसकी तरंगदैर्ध्य कम हो जाती है

34. जब एक पारदर्शी माध्यम में $60°$ के कोण पर प्रकाश की किरण आपतित होती है, तो प्रकाश का एक हिस्सा प्रतिबिम्बित होता है और दूसरा हिस्सा अपवर्तित होता है। यदि परावर्तित प्रकाश पूरी तरह से ध्रुवीकृत होता है, तो मी/से में पदार्थ के अन्दर अपवर्तित किरण का वेग है
(a) $3\sqrt{2} \times 10^8$ (b) $2\sqrt{3} \times 10^8$
(c) 2×10^8 (d) $(\sqrt{3}) \times 10^8$

35. जब एक पतली पारदर्शी फिल्म पर प्रकाश आपतित होता है, तो सामने और पीछे की सतहों से परावर्तित प्रकाशीय तरंगें हस्तक्षेप करती हैं। निकट सामान्य आपतन के लिए, वायु में एक फिल्म से परावर्तित प्रकाश की अधिकतम तीव्रता के लिए तरंगदैर्ध्य की स्थिति निम्न है
(a) $L = m\lambda/2$, जहाँ m एक पूर्णांक है, L इसकी मोटाई है और λ वायु में प्रकाश की तरंगदैर्ध्य है
(b) $2L = m\lambda$, जहाँ m एक पूर्णांक है, L इसकी मोटाई है और λ वायु में प्रकाश की तरंगदैर्ध्य है
(c) $2L = \left(m + \frac{1}{2}\right)\frac{\lambda}{n_2}$, जहाँ m एक पूर्णांक है, n_2 अपवर्तनांक है, L इसकी मोटाई है और λ वायु में प्रकाश की तरंगदैर्ध्य है
(d) $2L = m\frac{\lambda}{n_2}$, जहाँ m एक पूर्णांक है, n_2 अपवर्तनांक है, L इसकी मोटाई है ओर λ वायु में प्रकाश की तरंगदैर्ध्य है

36. यदि पृथ्वी की रातह पर एक निकाय का द्रव्यमान M है, तो चन्द्रमा की सतह पर उसी निकाय का द्रव्यमान है
(a) शून्य (b) M
(c) $\frac{M}{6}$ (d) $\frac{M}{4}$

37. बल का घूर्णन एनालॉग है
(a) परिचलन
(b) जड़त्वाघूर्ण
(c) कोणीय संवेग
(d) बलाघूर्ण

38. दोनों सिरों पर खुली एक पाइप आवृत्ति ······ पर गूँजेगी।
(a) $f = \frac{v}{\lambda} = \frac{nv}{4L}$, जहाँ $n = 1, 2, 3 \ldots$, v पाइप में वायु की चाल और L पाइप की लम्बाई है
(b) $f = \frac{v}{\lambda} = \frac{nv}{L}$, जहाँ $n = 1, 2, 3 \ldots$, v पाइप में वायु की चाल और L पाइप की लम्बाई है
(c) $f = \frac{v}{\lambda} = \frac{nv}{2L}$, जहाँ $n = 1, 2, 3 \ldots$, v पाइप में वायु की चाल और L पाइप की लम्बाई है
(d) $f = \frac{v}{\lambda} = \frac{nv}{3L}$, जहाँ $n = 1, 2, 3 \ldots$, v पाइप में वायु की चाल और L पाइप की लम्बाई है

39. 30 ग्राम की एक बुलेट 300 ms^{-1} के वेग के साथ एक राइफल से निकलती है और राइफल 0.6 ms^{-1} के वेग के साथ पीछे जाती है। राइफल का द्रव्यमान है
(a) 15 kg (b) 1.5 kg
(c) 3 kg (d) 30 kg

40. 200 ग्राम द्रव्यमान वाला एक कण 10 मी/से की चाल के साथ ऊपर की ओर लम्बवत् फेंका जाता है। कण के ऊपर जाने के दौरान गुरुत्वाकर्षण बल द्वारा किया गया कार्य है
(a) – 5 J (b) 5 J
(c) – 10 J (d) 10 J

41. एक कण स्थिर परिमाण वाली एक शक्ति द्वारा कार्यरत् है, जो सदैव कण के वेग के लम्बवत् होता है। कण की गति एक सतह में होती है। यह इस प्रकार है कि
(a) इसका वेग स्थिर है
(b) इसकी गतिज ऊर्जा स्थिर है
(c) यह एक सीधी रेखा में गमन करती है
(d) यह टेढ़े-मेढ़े पथ पर गतिशील होता है

42. एक कण क्षैतिज से $30°$ के कोण पर गतिज ऊर्जा E के साथ प्रक्षेपित किया जाता है। उच्चतम बिन्दु पर गतिज ऊर्जा है
(a) शून्य (b) $\frac{4E}{3}$
(c) $\frac{3E}{4}$ (d) E

43. एक निश्चित रेडियोधर्मी नमूने का द्रव्यमान 16 ग्राम है। 5 अर्द्ध-काल के बाद शेष द्रव्यमान ······ होगा।
(a) 2 g (b) 0.5 g
(c) 1 g (d) 0.25 g

44. एक घन का घनत्व इसके द्रव्यमान और उसके किनारों की लम्बाई को मापकर ज्ञात किया जाता है। यदि द्रव्यमान और लम्बाई के माप में अधिकतम त्रुटियाँ क्रमशः 3% और 2% हैं, तो घनत्व के माप में अधिकतम त्रुटि होगी
(a) 14% (b) 7%
(c) 9% (d) 12%

45. जब अनन्तता पर अन्तिम छवि का निर्माण होता है, तो खगोलीय दूरबीन की लम्बाई 20 सेमी होती है। विभिन्न वस्तुओं के लिए कोणीय आवर्धन 4 पाया जाता है। वस्तु की फोकल लम्बाई f_o एवं दूरबीन के शीशे की फोकल लम्बाई f_e, क्रमशः हैं
(a) 5 सेमी, 20 सेमी (b) 16 सेमी, 4 सेमी
(c) 4 सेमी, 16 सेमी (d) 20 सेमी, 5 सेमी

46. अग्र अभिनत डायोड सन्धि है

(a) −2V —▷|—ʌʌʌ— −2V

(b) −5V —▷|—ʌʌʌ— +5V

(c) +3V —▷|—ʌʌʌ— +5V

(d) +5V —▷|—ʌʌʌ— −5V

47. दो आवेशों के बीच बल F_1 है जब निर्वात् में उनके बीच की दूरी 'r' है। बल F_2 है जब वे परावैद्युतांक K के माध्यम में दूरी '$2r$' से अलग हैं। अनुपात $\frac{F_1}{F_2}$ है

(a) $2K$ (b) $\frac{K}{4}$

(c) $4K$ (d) $\frac{4}{K}$

48. एक सरल आवर्त तरंग का समीकरण $y = 5 \sin (50\pi t - \pi x/2)$ दिया गया है। जहाँ, x एवं y मीटर में तथा समय सेकण्ड में दिए गए हैं। सेकण्ड में समय की अवधि होगी

(a) 1 (b) 0.04

(c) 0.01 (d) 5

49. वह अधिकतम वेग (मी/से में) जिसके साथ एक कार चालक बिना ब्रेक लगाए एक स्तरीय सड़क पर 100 मीटर त्रिज्या वाली एक वृत्ताकार मोड़ लेता है (टायर और सड़क के बीच घर्षण गुणांक = 0.4)

(a) 20 (b) 10

(c) 30 (d) 40

50. स्वप्रेरकत्व की इकाई है

(a) $\frac{Wb}{A^2}$ (b) $\frac{H}{m}$

(c) $\frac{Wb}{m^2}$ (d) $\frac{Wb}{A}$

51. हाइड्रोजन परमाणु की बोर त्रिज्या a_0 है। हाइड्रोजन परमाणु के nवीं कक्षा में इलेक्ट्रॉन की त्रिज्या है

(a) n^2a_0 (b) na_0

(c) $\frac{a_0}{n}$ (d) $\frac{a_0}{n^2}$

52. अनावधिक और अवमन्दित दोलनकारी के बीच परिवर्तनकाल अवस्था है

(a) विद्युत चुम्बकीय अवमन्दक

(b) निम्न अवमन्दित सरल अनुकम्पी गति

(c) विकट अवमन्दित सरल अनुकम्पी गति

(d) अति अवमन्दित सरल अनुकम्पी गति

53. प्रतिरोध 'R' वाले तार को 'm' बराबर भागों में काटा गया। फिर इन भागों को एक-दूसरे के समानान्तर जोड़ा गया। इस संयोजन का प्रभावी प्रतिरोध होगा

(a) $\frac{R}{m^2}$ (b) $\frac{R}{m}$

(c) $\frac{m}{R^2}$ (d) mR

54. बेरियम और क्रिप्टन में U-235 के विखण्डन के दौरान मुक्त ऊर्जा लगभग 200 MeV है। यह ऊर्जा ...... amu (लगभग) के द्रव्यमान दोष के बराबर है।

(a) 0.215 (b) 931 (c) 1.66×10^{-27} (d) 2.22×10^{-15}

55. एक धारा प्रवाहित वृत्ताकार पाश के केन्द्र में चुम्बकीय क्षेत्र जिसकी त्रिज्या 1 मीटर है और जिसमें 1 A धारा है

(a) $\frac{\mu_0}{2}$ (b) $\frac{\mu_0}{4}$

(c) $4\mu_0$ (d) $2\mu_0$

56. 20 घुमाव वाली संकेन्द्रिक वृत्ताकार कुण्डली एक सतह में स्थित हैं। उनकी त्रिज्याएँ क्रमश: 25 सेमी और 45 सेमी हैं और वे विपरीत दिशा में 0.5 A और 0.9 A प्रवाह का वहन करते हैं। केन्द्र में चुम्बकीय क्षेत्र है

(a) शून्य (b) $\frac{\mu_0}{20}$

(c) $\frac{\mu_0}{4}$ (d) $\frac{\mu_0}{50}$

57. पानी का छिड़काव एक बन्द कमरे के तापमान को थोड़ा कम कर देता है, क्योंकि

(a) जल ऊष्मा का बुरा संवाहक है

(b) जल के वाष्पीकरण में विशाल गुप्त ऊष्मा होती है

(c) जल का तापमान कमरे की तुलना में कम है

(d) जल की विशिष्ट ऊष्मा उच्च होती है

58. ऐल्फा-कण, बीटा-कण, न्यूट्रॉन और प्रोटॉन नामक चार कण समान वेग के साथ आगे बढ़ रहे हैं। अधिकतम तरंगदैर्ध्य इस कण के लिए है

(a) बीटा-कण (b) प्रोटॉन

(c) न्यूट्रॉन (d) ऐल्फा-कण

59. त्वरण-समय ग्राफ के अन्तर्गत क्षेत्र है

(a) वेग में परिवर्तन (b) विस्थापन में परिवर्तन

(c) त्वरण में परिवर्तन (d) विस्थापन

60. 20 ग्राम द्रव्यमान वाली एक गोली, 1 किग्रा द्रव्यमान वाली एक बन्दूक से छोड़ी जाती है। यदि बन्दूक का प्रतिक्षेप वेग 5 मी/से है, तो गोली का वेग है

(a) 250 मी/से (b) 500 मी/से

(c) 25 मी/से (d) 50 मी/से

61. फैराडे के विद्युत चुम्बकीय प्रेरण प्रयोग के दौरान एक कुण्डली के पास चुम्बक की गति का यान्त्रिक प्रयास कुण्डली के भीतर विद्युत ऊर्जा उत्पन्न करती है। इस घटना की सबसे अच्छी व्याख्या इस आधार पर की जा सकती है

(a) लेन्ज का नियम और ऊर्जा का संरक्षण

(b) लेन्ज का नियम और आवेश का संरक्षण

(c) फैराडे का नियम और ऊर्जा का संरक्षण

(d) फैराडे का नियम और आवेश का संरक्षण

62. .... उत्सर्जित करने के लिए एक प्रकाश उत्सर्जित p-n सन्धि भी बनाई जा सकती है और इस प्रकार लेजर के रूप में उपयोग में लाया जा सकता है।

(a) सन्दीप्त उत्सर्जन (b) स्वत: उत्सर्जन

(c) स्वत: अवशोषण (d) प्रेरित अवशोषण

63. एक बिन्दु स्रोत को एक उत्तल लेन्स के पहले मुख्य फोकस पर रखा जाता है। उत्तल लेन्स से उभरते प्रकाश के तरंग शीर्ष का आकार होता है

(a) संयुक्त होते गोलाकार तरंग शीर्ष
(b) अपसारी गोलाकार तरंग शीर्ष
(c) समतल तरंग शीर्ष
(d) बेलनाकार तरंग शीर्ष

64. त्रिज्या 8 सेमी और अपवर्तक सूचकांक 1.5 वाले काँच के एक गोले के केन्द्र में एक बिन्दु बिम्ब रखी जाती है। गोले की सतह से आभासी प्रतिबिम्ब की दूरी ······· है।

(a) 6 सेमी (b) 8 सेमी
(c) 4 सेमी (d) 12 सेमी

65. यदि द्रव्यमान m वाले एक निकाय A को क्षैतिज से 30° के कोण पर वेग u के साथ फेंका जाता है और उसी द्रव्यमान वाले दूसरे निकाय B को क्षैतिज से 60° के कोण पर समान वेग के साथ फेंका जाता है, तो A से B के क्षैतिज परास का अनुपात है

(a) 1 : 3 (b) $1 : \sqrt{3}$
(c) $\sqrt{3} : 1$ (d) 1 : 1

66. यदि 20 किग्रा द्रव्यमान वाले एक स्प्रिंग का कमानी स्थिरांक 5 न्यूटन/मी है, तो इसकी समय अवधि है

(a) 4 सेकण्ड (b) 2 सेकण्ड
(c) 2π सेकण्ड (d) 4π सेकण्ड

67. यदि धारा वहन करने वाली एक परिनालिका के भीतर एक लौह-चुम्बकीय पदार्थ को प्रविष्ट कराया जाए, तो परिनालिका का चुम्बकीय क्षेत्र

(a) थोड़ा घट जाता है (b) थोड़ा बढ़ जाता है
(c) काफी हद तक बढ़ जाता है (d) काफी हद तक घट जाता है

68. एक पूर्ण-तरंग सुधारक में, प्रत्येक डायोड में विद्युत प्रवाह इसके लिए बहता है

(a) इनपुट सिग्नल के अर्द्ध-चक्र से शून्य गुने से कम
(b) इनपुट सिग्नल का पूर्ण चक्र
(c) इनपुट सिग्नल का अर्द्ध-चक्र
(d) इनपुट सिग्नल के अर्द्ध-चक्र से कम

69. एक सन्धि डायोड में, अवस्थान्तर धारिता ······· के समानुपातिक होती है, जहाँ X रिक्त क्षेत्र की चौड़ाई है।

(a) X (b) $\frac{1}{X^2}$
(c) $\frac{1}{X}$ (d) X^2

70. एक p-n-p ट्रान्जिस्टर परिपथ में, संग्राही धारा 10 mA है। यदि उत्सर्जित छिद्र का 90% भाग संग्राही तक पहुँचता है, तो उत्सर्जक धारा होगी

(a) 1 mA (b) 10 mA
(c) 9 mA (d) 11.1 mA

71. एक सामान्य उत्सर्जक एम्पलीफायर में, परिपथ के इनपुट एवं आउटपुट प्रतिरोध क्रमशः 400 Ω एवं 4k Ω होते हैं। यदि ट्रान्जिस्टर की धारा वृद्धि 100 है, तो एम्प्लीफायर की विद्युत वृद्धि है

(a) 4×10^4 (b) 4×10^5
(c) 10^5 (d) 10^4

72. अर्द्ध-तरंग दिष्टकरी परिपथ में, 50 Hz की मुख्य आवृत्ति से परिचालन करने पर, ऊर्मिका में मौलिक आवृत्ति निम्न होगी

(a) 25 Hz (b) 100 Hz
(c) 75 Hz (d) 50 Hz

73. बोर मॉडल के अनुसार, दोगुनी आयनीकृत L_i परमाणु ($Z = 3$) के आद्य अवस्था से इलेक्ट्रॉन को निकालने के लिए आवश्यक न्यूनतम ऊर्जा (eV में) है

(a) 40.8 eV (b) 1.51 eV
(c) 122.4 eV (d) 13.6 eV

74. एक घन के किनारे की लम्बाई 11×10^{-2} m है। इसका आयतन है

(a) 1.0×10^{-6} m^2 (b) 1.3×10^{-6} m^3
(c) 1.33×10^{-6} m^3 (d) 1.331×10^{-6} m^3

75. यंग के द्वि-रेखाछिद्र (डबल स्लिट) प्रयोग में इलेक्ट्रॉनों की एक किरण पुँज (बीम) का उपयोग किया जाता है। यदि इलेक्ट्रॉनों की चाल बढ़ाई जाती है, तो उपान्त (फ्रिन्ज) चौड़ाई ······

(a) नहीं दिखेगी (b) कम होगी
(c) समान रहेगी (d) बढ़ेगी

76. 0°C पर 500 ग्राम बर्फ को 80°C पर 500 ग्राम पानी के साथ मिलाया जाता है। मिश्रण का अन्तिम तापमान है

(a) 0°C (b) 0°C से कम
(c) 40°C (d) 80°C

77. 200 N के एक बल द्वारा एक ऊर्ध्वाधर दीवार पर 3 किग्रा द्रव्यमान वाले एक निकाय को स्थिर रूप से रखा जाता है। दीवार और निकाय के बीच घर्षण गुणांक 0.3 है, तो घर्षण बल है ($g = 10$ मी/से^{2})

(a) 30 N (b) 60 N
(c) 3 N (d) 6 N

78. एक निकाय में $-3.2\,\mu$C आवेश है। यदि इसमें 2×10^{13} प्रोटॉन है, तो निकाय में मौजूद इलेक्ट्रॉनों की संख्या है

(a) 4×10^{13} (b) 5×10^{13}
(c) 2×10^{13} (d) 3×10^{13}

79. अप्रगामी तरंगों का निर्माण नहीं किया जा सकता

(a) दोनों सिरों पर तन्तु को बन्द करके
(b) एक सिरे पर तन्तु को बन्द करके और दूसरे सिरे पर मुक्त करके
(c) जब आपतित तरंग दीवार से परावर्तित हो जाती है
(d) जब कलान्तर π के साथ दो समान तरंगें समान दिशा में आगे बढ़ती हैं

80. एक ठोस पदार्थ के इकाई द्रव्यमान को ठोस अवस्था से तरल अवस्था में बदलने के लिए आवश्यक ऊष्मा की मात्रा को क्या कहते हैं, जबकि तापमान स्थिर रहता है?

(a) उर्ध्वपातन की गुप्त ऊष्मा
(b) संलयन की गुप्त ऊष्मा
(c) वाष्पीकरण की गुप्त ऊष्मा
(d) विशिष्ट ऊष्मा धारिता

81. यदि R एक ग्रह की त्रिज्या है, तो g गुरुत्वाकर्षण के कारण त्वरण है, तो ग्रह का औसत घनत्व निम्नानुसार होगा

(a) $\frac{3g}{4\pi GR}$ (b) $\frac{3gG}{4\pi R}$
(c) $\frac{4\pi gR}{3G}$ (d) $\frac{4\pi GR}{3g}$

82. प्रत्यावर्ती धारा को दिष्ट धारा (डी.सी.) अमीटर द्वारा नहीं मापा जा सकता है, क्योंकि
(a) दिष्ट धारा (डी.सी.) अमीटर क्षतिग्रस्त हो जाती है
(b) एक पूर्ण चक्र में धारा का औसत मान शून्य हो जाता है
(c) प्रत्यावर्ती धारा, दिष्ट धारा (डीसी) अमीटर के माध्यम से नहीं गुजर सकती है
(d) प्रत्यावर्ती धारा समय-समय पर दिशा बदलती है

83. 100 V के वोल्टेज द्वारा त्वरित इलेक्ट्रॉन का दे-ब्रोग्ली तरंगदैर्ध्य निम्न है
(a) 0.246 nm (b) 0.123 nm
(c) 0.061 nm (d) 0.17 nm

84. दो गैस क्रमश: 350 K और 300 K के पूर्ण तापमान पर हैं। उनके अणुओं की औसत गतिज ऊर्जा का अनुपात है
(a) 6 : 7 (b) 7 : 6
(c) 36 : 49 (d) 49 : 36

85. यदि एक परिनालिका की प्रति इकाई लम्बाई के घुमावों की संख्या दोगुनी हो जाती है, तो इसका स्वप्रेरकत्व
(a) आधा हो जाएगा (b) दोगुना हो जाएगा
(c) स्थिर रहेगा (d) चार गुना हो जाएगा

86. परिपथ के माध्यम से अधिकतम प्रवाह प्राप्त करने के लिए n सेलों के श्रेणी संयोजन में, सेलों के बाहरी प्रतिरोध R और आन्तरिक प्रतिरोध r को इस रूप में सम्बन्धित किया जाएगा
(a) $R << nr$ (b) $R = r$
(c) $R = \frac{r}{n}$ (d) $R >> nr$

87. एक एकल स्लिट फ्राउनहॉफर विवर्तन प्रयोग में x_1 एवं x_2, विवर्तन पैटर्न के केन्द्र से प्रथम एवं द्वितीय अधिकतम दूरी है (मान लें कि मेक्सिमा एवं मिनिमा के कोणीय प्रसार छोटे हैं)। अब $x_1 : x_2$ है
(a) 3 : 5 (b) 1 : 3
(c) 3 : 4 (d) 4 : 3

88. 20 ऐम्पियर की धारा एक लम्बे सीधे तार में प्रवाहित हो रही है। तार से 10 सेमी की दूरी पर एक बिन्दु की चुम्बकीय क्षेत्र की तीव्रता ...... होगी।
(a) 4×10^{-5} Wb/m^2 (b) 4×10^{5} Wb/m^2
(c) 2×10^{-5} Wb/m^2 (d) 8×10^{-5} Wb/m^2

89. एक तरंग की असतत् ऊर्जा के साथ असतत् अवस्था का अस्तित्व इस पर आधारित होता है
(a) पॉली का अपवर्जन सिद्धान्त
(b) हाइजेनबर्ग का अनिश्चितता सिद्धान्त
(c) श्रोडिंगर का तरंग समीकरण
(d) कन्फाइनमेण्ट सिद्धान्त

90. एक अच्छा परिवर्धक वह है, जिसमें ...... इनपुट प्रतिरोध और ...... आउटपुट प्रतिरोध होता है।
(a) उच्च, निम्न (b) उच्च, उच्च
(c) निम्न, निम्न (d) निम्न, उच्च

91. एक युग्म उत्पन्न करता है
(a) कोई गति नहीं
(b) रैखिक और घूर्णन गति
(c) विशुद्ध रूप से घूर्णन गति
(d) विशुद्ध रूप से रेखीय गति

92. एक काले निकाय का तापमान 303 K है। इसमें उत्सर्जित प्रति सेकण्ड प्रति वर्ग मीटर ऊर्जा इसके आनुपातिक है
(a) $(300)^3$ (b) 300
(c) $(303)^4$ (d) $(303)^2$

93. एक गतिशील निकाय का त्वरण-समय ग्राफ नीचे दिए गए चित्र में दर्शाया गया है। निकाय के वेग में अधिकतम परिवर्तन होगा

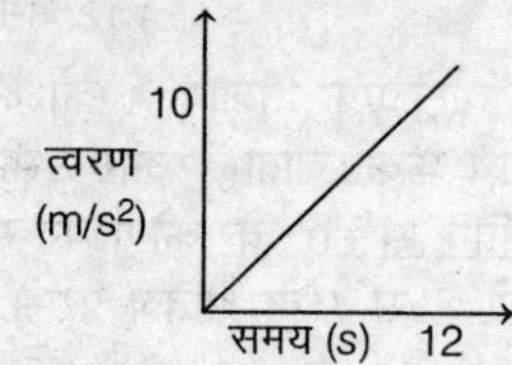

(a) 60 m/s (b) 300 m/s
(c) 600 m/s (d) 120 m/s

94. दो बल में से प्रत्येक संख्यानुसार 5 N के बराबर हैं, जैसा चित्र में दर्शाया गया है उसके अनुसार कार्यरत् हैं। परिणामी बल का परिमाण है

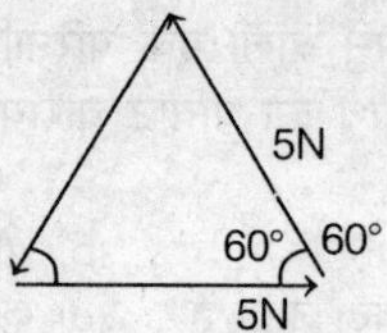

(a) 25 N (b) 5 N
(c) $5\sqrt{3}$ N (d) 10 N

95. 220 V के आर.एम.एस. (rms) मान वाला एक ज्यावक्रीय वोल्टेज सन्धि डायोड और एक संधारित्र C से परिपथ में नीचे दिखाए गए अनुसार जुड़ा हुआ है। यहाँ अर्द्ध-तरंग परिशोधन होता है। C में (वोल्ट में) अन्तिम विभवान्तर निम्न है

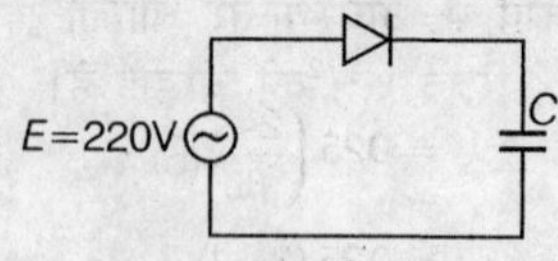

(a) 220 (b) 440
(c) 311 (d) 283

96. उत्सर्जित करते हुए $^{242}_{94}Pu$ का एक नाभिक, $^{206}_{82}Pb$ में क्षय हो जाता है
(a) 9 ऐल्फा और 12 बीटा कण
(b) 9 ऐल्फा और 6 बीटा कण
(c) 6 ऐल्फा और 9 बीटा कण
(d) 6 ऐल्फा और 6 बीटा कण

97. एक आयामी गति में एक कण के लिए दर्शाए गए ग्राफ द्वारा संलग्न क्षेत्र, यह देता है

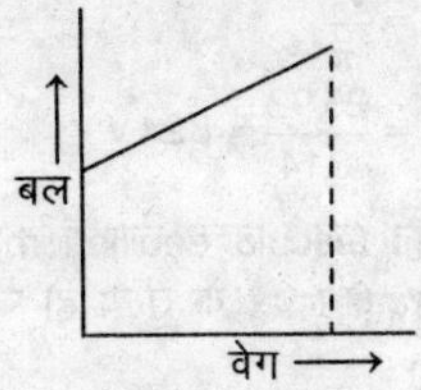

(a) गतिज ऊर्जा
(b) शक्ति
(c) गतिज ऊर्जा में परिवर्तन
(d) कार्य

98. द्रव्यमान M और त्रिज्या R वाली एक अँगूठी का जड़त्वाघूर्ण I है, जो केन्द्र से होकर गुजरने वाली अक्ष और उसके सतह के लम्बवत् है। इसके व्यास से जड़त्वाघूर्ण है

(a) $\frac{I}{\sqrt{2}}$ (b) $\frac{I}{2}$ (c) $I + MR^2$ (d) I

99. एक सेट-अप ट्रान्सफॉर्मर के माध्यम से 440 वोल्ट AC को 2200 वोल्ट AC में बदला जाता है। यदि प्राथमिक में धारा 5 A है, तो द्वितीयक में धारा है

(a) 1 A (b) 2 A (c) 0.5 A (d) 1.5 A

100. विद्युत धारा में, ओम के नियम का पालन ...... द्वारा किया जाता है।

(a) द्रवों (b) ठोसों (c) ओमीय उपकरण (d) गैसों

उत्तरमाला

1.	(a)	2.	(d)	3.	(c)	4.	(a)	5.	(a)	6.	(d)	7.	(d)	8.	(b)	9.	(c)	10.	(c)
11.	(*)	12.	(a)	13.	(a)	14.	(c)	15.	(b)	16.	(c)	17.	(a)	18.	(c)	19.	(b)	20.	(c)
21.	(b)	22.	(d)	23.	(d)	24.	(a)	25.	(b)	26.	(d)	27.	(h)	28.	(a)	29.	(a)	30.	(b)
31.	(d)	32.	(a)	33.	(d)	34.	(d)	35.	(c)	36.	(b)	37.	(d)	38.	(c)	39.	(a)	40.	(c)
41.	(b)	42.	(c)	43.	(b)	44.	(c)	45.	(b)	46.	(d)	47.	(c)	48.	(b)	49.	(a)	50.	(d)
51.	(a)	52.	(c)	53.	(a)	54.	(a)	55.	(a)	56.	(a)	57.	(b)	58.	(a)	59.	(a)	60.	(a)
61.	(a)	62.	(a)	63.	(c)	64.	(b)	65.	(d)	66.	(d)	67.	(c)	68.	(c)	69.	(c)	70.	(d)
71.	(c)	72.	(d)	73.	(c)	74.	(b)	75.	(b)	76.	(a)	77.	(a)	78.	(a)	79.	(d)	80.	(b)
81.	(a)	82.	(b)	83.	(b)	84.	(b)	85.	(d)	86.	(d)	87.	(a)	88.	(a)	89.	(d)	90.	(a)
91.	(c)	92.	(c)	93.	(a)	94.	(b)	95.	(c)	96.	(b)	97.	(b)	98.	(b)	99.	(a)	100.	(c)

संकेत एवं हल

1. (a) दिया है,

$l_1 = 240$ सेमी

$l_2 = 80$ सेमी

$R = 0.25\,\Omega$

हम जानते हैं,

सेल का आन्तरिक प्रतिरोध, $r = R\left(\frac{l_1}{l_2} - 1\right)$

$$= 025\left(\frac{240}{80} - 1\right)$$
$$= 0.25\,(3-1)$$
$$= 025 \times 2$$
$$= 0.5\,\Omega$$

2. (d) द्रव श्यानता गुणांक का मान द्रव की प्रकृति तथा ताप पर निर्भर करता है। इसे निम्न प्रकार प्रदर्शित किया जाता है

$$\eta = \frac{F/A}{v/x}$$

यहाँ, F = आरोपित बल,

A = क्षेत्रफल

तथा $\frac{v}{x}$ = वेग-प्रवणता

3. (c) हम जानते हैं,

संधारित्र की धारिता, $C = \frac{\varepsilon_0 A}{d}$ ...(i)

यहाँ, A = प्लेटों का क्षेत्रफल

तथा d = प्लेटों के मध्य दूरी।

प्रश्नानुसार,

$$C' = \frac{K\varepsilon_0 A}{d}$$

समी (i) से, $C' = KC$

अतः धारिता K गुना बढ़ जाएगी।

4. (a) दिया है,

$$\mathbf{E}_x = 30x^2$$

हम जानते हैं,

$$dV = -\int E_x\,dx$$
$$\int_{V_0}^{V_A} dV = -\int_0^2 30x^2 dx$$
$$V_A - V_0 = -30\left[\frac{x^3}{3}\right]_0^2$$

उपरोक्त समीकरण में x का मान रखने पर,

$$= -10 \times [(2)^3 - 0]$$
$$= -10 \times 8 = -80\text{V}$$

5. (a) (i) 28.028 में सार्थक अंकों की संख्या 5 है क्योंकि दशमलव के बाद शून्य है परन्तु शून्य से पहले तथा बाद में अशून्य अंक है।

(ii) 0.0004 में सार्थक अंक 1 है, क्योंकि शून्य से पहले अशून्य अंक नहीं है।

(iii) 1.2×10^{-3} में सार्थक अंक 2 हैं, क्योंकि 10^{-3} को सार्थक अंकों में नहीं लिया जाता है।

6. (d) दिया है,

स्वप्रेरकत्व, $L = 100\text{ mH} = 100 \times 10^{-3}\text{H}$

धारा, $I = 8\text{ mA} = 8 \times 10^{-3}$ A

हम जानते हैं,

$$L = \frac{\phi}{i}$$
$$\phi = L \times i$$
$$= 100 \times 10^{-3} \times 8 \times 10^{-3}$$
$$= 800 \times 10^{-6}$$
$$= 8 \times 10^{-4} \text{ वेबर}$$

7. (d) हम जानते हैं,

अनुनादी आवृत्ति, $f = \frac{1}{2\pi\sqrt{LC}}$

यदि L का मान $2L$ कर दिया जाता है, तो अनुनादी आवृत्ति को नियत बनाये रखने हेतु C को $\frac{C}{2}$ करना होगा।

8. (b) वस्तु पर कार्यरत विद्युत् बल, $F_e = qE$

परन्तु, त्वरण, $a = \frac{F_e}{m} = \frac{qE}{m}$

9. (c) दिया है,

$$B = 2 \times 10^{-3}\,T$$
$$E = 1.0 \times 10^4\,V/m$$

इलेक्ट्रॉन बिना विचलित हुए गमन करता है अतः

$$qvB = qE$$
$$\Rightarrow \quad v = \frac{E}{B} = \frac{1 \times 10^4}{2 \times 10^{-3}} = 5 \times 10^6 m/s$$

10. (c) हम जानते हैं,

उपग्रह का आवर्तकाल $T = 2\pi\sqrt{\frac{r^3}{Gm}}$

जहाँ, r = कक्षा की त्रिज्या

तथा G = गुरुत्वीय नियतांक

अतः $T \propto \sqrt{r^3}$

$$\frac{T_2}{T_1} = \sqrt{\frac{r_2^3}{r_1^3}}$$

यहाँ $r_1 = R + 7R = 8R$

$r_2 = R + 3R = 4R$

$$\Rightarrow \quad \frac{T_2}{24} = \sqrt{\left(\frac{4R}{8R}\right)^3}$$
$$\Rightarrow \quad \frac{T_2}{24} = \sqrt{\left(\frac{1}{2}\right)^2}$$
$$\Rightarrow \quad \frac{T_2}{24} = \frac{1}{2\sqrt{2}}$$
$$\Rightarrow \quad T_2 = \frac{24}{2\sqrt{2}}$$
$$= \frac{12}{\sqrt{2}} = \frac{12}{\sqrt{2}} \times \frac{\sqrt{2}}{\sqrt{2}}$$
$$= 6\sqrt{2} \text{ घण्टे}$$

11. (*) प्रश्न पूर्ण नहीं है।

12. (a) दिया है,

$$L = 2.25\,H$$
$$C = \frac{50}{\pi}\mu F = 50\pi \times 10^{-6} F$$
$$R = 50\Omega$$
$$F = 50 \text{ हर्ट्ज}$$

हम जानते हैं,

$$\tan\phi = \frac{X_L - X_C}{R}$$
$$= \frac{\omega L - \frac{1}{\omega C}}{R} = \frac{2\pi fL - \frac{1}{2\pi fC}}{R}$$
$$= \frac{2 \times \pi \times 50 \times 2.25 - \frac{1}{2\pi \times 50 \times 50\pi \times 10^{-6}}}{.50}$$
$$= \frac{706.5 - 202.84}{50} = \frac{503.66}{50} = 100.73$$
$$\phi = \tan^{-1}(100.73) = 89.43$$

13. (a) हम जानते हैं,

प्रतिबाधा, $Z = \sqrt{\frac{1}{(\omega C)^2} + R^2}$

उपरोक्त सूत्र से स्पष्ट है कि ω का मान बढ़ाने पर परिपथ की प्रतिबाधा घटती है। अतः बल्ब अधिक प्रदीपन उत्पन्न करेगा।

14. (c) संवहन वैश्विक जलवायु स्वरूप और दैनिक मौसम विविधताओं को निर्धारित करने में मूल भूमिका निभाता है। संवहन ऊष्मीय संचरण की वह विधि है जिसमें ऊष्मा का प्रवाह उच्च ताप वाले स्थान से निम्न ताप वाले स्थान की ओर माध्यम के कणों की सहायता से इस प्रकार होता है कि माध्यम के कण ऊष्मा ग्रहण करके स्वयं एक स्थान से दूसरे स्थान तक चले जाते हैं।

15. (b) दिया है,

$$w = 25.4 \text{ मिमी} = 25.4 \times 10^{-3} \text{ मी}$$
$$N = 1.26 \times 10^4$$

हम जानते हैं,

$$d = \frac{w}{N} = \frac{25.4 \times 10^{-3}}{1.26 \times 10^4}$$
$$= 20.16 \times 10^{-7} = 2016\,nm$$
$$n = 1$$
$$d\sin\theta = n\lambda$$
$$d\sin\theta = \lambda$$
$$\theta = \sin^{-1}\left(\frac{\lambda}{d}\right)$$
$$= \sin^{-1}\left(\frac{589 \times 10^{-9}}{2016 \times 10^{-9}}\right)$$
$$\approx 16.98°$$

16. (c) प्रसार (diffusion), धारा D तथा गतिशीलता μ में आइन्सटीन सम्बन्ध होता है

$$\frac{D}{\mu} = \frac{k_B T}{e}$$

जहाँ, k_B = बोल्टजमान स्थिरांक

तथा T = तापमान

प्रसार धारा अर्द्धचालकों में आवेश वाहकों की गतिशीलता के कारण उत्पन्न होता है।

17. (a) दिया है,

$$\frac{n_1}{n_2} = \frac{12}{1}$$
$$V_P = 220V$$

हम जानते हैं,

$$\frac{N_P}{N_S} = \frac{V_P}{V_S}$$
$$V_S = V_P \times \frac{N_S}{N_P} = \frac{1}{12} \times 220$$
$$= 18.33\,V$$

द्वितीय कुण्डली के एक्रॉस अधिकतम वोल्टता,

$$V_m = \sqrt{2}\,V_S = \sqrt{2} \times 18.33 = 25.92\,V$$

लोड में DC वोल्टेज $= \frac{V_m}{\pi}$

$$= \frac{25.92}{3.14} = 8.24\,V$$

18. (c) अनन्त संतुलन (secular equilibrium) की स्थिति में उत्पादन दर, क्षय दर के तुल्य हो जाती है। अतः

$$\lambda_1 N_1 = \lambda_2 N_2$$

λ_1, λ_2 = क्षय नियतांक

19. (b) अवतल दर्पण द्वारा निर्मित प्रतिबिम्ब, वास्तविक तथा वस्तु से बड़ा होता है जब वस्तु

(i) C तथा F के मध्य स्थित हो

(ii) P तथा F के मध्य स्थित हो

यहाँ, C = प्रकाशिक केन्द्र, P = ध्रुव तथा F = फोकस बिन्दु है।

इसी प्रकार, उत्तल लेंस द्वारा भी वस्तु का आवर्धित और वास्तविक प्रतिबिम्ब प्राप्त होता है।

20. (c) निकट दृष्टि दोष के निवारण हेतु उचित फोकस दूरी के अवतल लेंस का प्रयोग किया जाता है जिसकी सहायता से वस्तु का प्रतिबिम्ब रेटिना पर बनता है। इस दोष में निकट की वस्तु तो स्पष्ट दिखाई देती है, परन्तु दूर की वस्तु स्पष्ट नहीं दिखाई देती है।

21. (b) जब समतलावतल लेंस को क्षैतिजतः दो बराबर भागों में काटा जाता है, तो लेंस की मोटाई मे कोई अन्तर नहीं आता है। अतः प्रत्येक भाग की फोकस दूरी 10 सेमी ही होगी।

लेंस की क्षमता, $P = \frac{1}{f}$ (मीटर में)

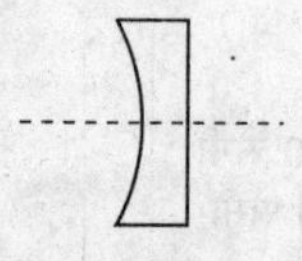

$$= \frac{100}{10} = 10 \text{ डायोप्टर}$$

22. (d) आकाश में इन्द्रधनुष के निर्माण हेतु निम्न दो शर्ते आवश्यक हैं

(i) श्वेत प्रकाश का स्रोत अर्थात् सूर्य व्यक्ति के पीठ-पीछे होना चाहिए।

(ii) वातावरण में पर्याप्त मात्रा में पानी की बूँदें होनी चाहिए।

23. (d) गुरुत्वीय त्वरण, $g = \frac{GM}{R^2}$

यहाँ, R = पृथ्वी की त्रिज्या।

पृथ्वी का आकार पूर्णतः गोल नहीं है अतः भूमध्य रेखा पर पृथ्वी की त्रिज्या (R_e), ध्रुवों पर पृथ्वी की त्रिज्या से अधिक है। अर्थात्

$$R_e > R_P$$
$$g_e > g_P$$

अतः ध्रुवों से भूमध्य रेखा की ओर जाने पर गुरुत्वीय त्वरण कम होता है।

24. (a) गुरुत्वीय स्थितिज ऊर्जा, $U = -pE\cos\theta$
जब $\theta = 0°$
तथा $\cos 0° = 1$
$U = -pE$ (न्यूनतम, ऋणात्मक स्थितिज ऊर्जा)

25. (b) हम जानते हैं,
गतिज ऊर्जा, $K = \frac{1}{2}mv^2$

$$\Rightarrow \frac{\Delta K}{K} \times 100 = \left(\frac{\Delta m}{m} \times 100\right) + 2\left(\frac{\Delta v}{v} \times 100\right)$$
$$= 1 + 2 \times 2$$
$$= 1 + 4$$
$$= 5\%$$

26. (d) दिया है,
$m_1 = 1\,\text{kg}, M = 3\,\text{kg}$
$m_2 = 2\,\text{kg}$
संवेग-संरक्षण के सिद्धान्तानुसार,
$$m_1v_1 = m_2v_2$$
$$\frac{v_1}{v_2} = \frac{m_2}{m_1}$$
$$= \frac{2}{1}$$
पुनः $$\frac{(\text{KE})_1}{(\text{KE})_2} = \frac{(1/2)mv_1^2}{(1/2)mv_2^2} = \left(\frac{v_1}{v_2}\right)^2$$
$$= \left(\frac{2}{1}\right)^2 = \frac{4}{1}$$

27. (b) प्रश्नानुसार,

v=0, B, h/2, A, h/2, O

गति के तृतीय समीकरण द्वारा,
$$v^2 = u^2 - 2gh$$
$$0 = u^2 - 2g(h/2)$$
$$h = \frac{u^2}{g} = \frac{(8)^2}{10}$$
$$= \frac{64}{10} = 6.4 \text{ मीटर}$$

28. (a) हम जानते हैं,
पर्षण गुणांक, $\mu = \tan\theta$ ...(i)
और $w = mg$ ...(ii)
निम्नतम बल, $F = f = \mu mg$
समी (i) तथा (ii) से,
$$F = w\tan\theta$$

29. (a) कैन्डेला प्रकाश की तीव्रता के मापन इकाई है, जबकि माइक्रोन, ऐंग्स्ट्रॉम तथा फर्मी लम्बाई के मापन की इकाइयाँ हैं।

30. (b) दिया है,
$$V = 400\sin(100\pi t) \quad ...(i)$$
मानक समीकरण,
$$V = V_0\sin(\omega t) \quad ...(ii)$$
समी (i) की समी (ii) से तुलना करने पर,
$V_0 = 400$ वोल्ट
हम जानते हैं,
$$V_{\text{rms}} = \frac{V_0}{\sqrt{2}} = \frac{400}{\sqrt{2}} = 200\sqrt{2}\text{V}$$

31. (d) हवाई जहाज एकसमान वेग से एक ऊँचाई पर क्षैतिज रूप से उड़ रहा है। अतः हवाई जहाज पर कार्यरत् बलों का परिणामी बल शून्य है।

32. (a) एक ऐल्युमीनियम डिस्क को सोलेनॉइड के ऊपर रखा जाता है तथा इसके माध्यम से एक उच्च धारा भेजी जाती है, अब ऐल्युमीनियम डिस्क सोलेनॉइड के द्वारा आकर्षित की जाती है।

33. (d) हम जानते हैं,
$$v = n\lambda$$
$$\lambda = \frac{v}{n}$$
यहाँ, λ = तरंगदैर्ध्य,
v = तरंग की चाल
तथा n = माध्यम का अपवर्तनांक।
$$\lambda \propto \frac{1}{n}$$
अतः अपवर्तनांक का मान कम होने पर तरंगदैर्ध्य बढ़ती है तथा अपवर्तनांक का मान बढ़ने पर तरंगदैर्ध्य का मान घटता है। जब प्रकाश किरण हवा से काँच में जाती है, तब अपवर्तनांक का मान बढता है। अतः तरंगदैर्ध्य का मान घटेगा।

34. (d) दिया है,
$i_p = 60°$
हम जानते हैं,
$$\mu = \tan i_p$$
$$\frac{c}{v} = \tan 60°$$
$$\frac{c}{v} = \sqrt{3}$$
$$v = \frac{c}{\sqrt{3}} = \frac{3 \times 10^8}{\sqrt{3}} = \sqrt{3} \times 10^8 \text{ मी/से}$$

35. (c) जब एक पतली पारदर्शी फिल्म पर प्रकाश आपतित होता है, तो सामने और पीछे की सतहों से परावर्तित प्रकाशीय तरंगे हस्तक्षेप करती हैं, निकट सामान्य आपतन के लिए वायु में एक फिल्म से परावर्तित प्रकाश की अधिकतम तीव्रता के लिए तरंगदैर्ध्य की स्थिति $2L = \left(m + \frac{1}{2}\right)\frac{\lambda}{n}$ जहाँ m एक पूर्णांक है, n अपवर्तनांक है, L = मोटाई, λ = वायु में प्रकाश की तरंगदैर्ध्य।

36. (b) द्रव्यमान का मान सदैव नियत रहता है। अतः चन्द्रमा की सतह पर वस्तु का द्रव्यमान M होगा।

37. (d) रेखीय गति में बल का घूर्णन, बलाघूर्ण कहलाता है।
$$\tau = \mathbf{r} \times \mathbf{F}$$
यहाँ, $\mathbf{F}$ = आरोपित बल
तथा $\mathbf{r}$ = घूर्णन अक्ष से दूरी।

38. (c) यदि खुले ऑर्गन पाइप की लम्बाई L है, तब खुले ऑर्गन पाइप की अनुनादी आवृत्ति,
$$f = \frac{v}{\lambda} = \frac{nv}{2L}$$
यहाँ, $n = 1, 2, 3, ...,$
v = पाइप में वायु की चाल
तथा L = पाइप की लम्बाई।

39. (a) दिया है, $m = 30$ ग्राम $= \frac{30}{1000}$ किग्रा
$v_2 = 300$ मी/से, $v_1 = 0.6$ मी/से
संवेग-संरक्षण नियम द्वारा,
$$\Rightarrow Mv_1 = mv_2$$
$$\Rightarrow M \times 0.6 = \frac{30}{1000} \times 300$$
$$\Rightarrow M \times 0.6 = 9$$
$$\Rightarrow M = \frac{9}{0.6} = 15 \text{ किग्रा}$$

40. (c) दिया है,
$m = 200$ ग्राम $= 0.2$ किग्रा
$u = 10$ मी/से
$v = 0$
गति के तृतीय समीकरण द्वारा,
$$v^2 = u^2 - 2gh$$
$$\Rightarrow 0 = (10)^2 - 2gh$$
$$\Rightarrow 2gh = 100$$
$$\Rightarrow h = \frac{50}{g} \quad ...(i)$$
$$F = mg = 0.2g \quad ...(ii)$$
गुरुत्व द्वारा कृत कार्य, $W = Fh\cos 180°$
$$= -0.2g \times \frac{50}{g}$$
$$= -10\,\text{J}$$

41. (b) कण पर नियत परिमाण का बल कार्यरत् है जोकि सदैव वेग के लम्बवत् रहता है। अतः वेग की दिशा में कृत कार्य शून्य है अर्थात् वेग का परिमाण बदलता नहीं है। अतः कण की गतिज ऊर्जा भी नियत रहती है।
$\therefore$ गतिज ऊर्जा, $K = \frac{1}{2}mv^2$

42. (c) दिया है,
कोण, $\theta = 30°$
हम जानते हैं,
गतिज ऊर्जा, $E = \frac{1}{2}mv^2$ ...(i)
शीर्ष बिन्दु पर वेग,
$$u = v\cos 30°$$
($\because$ ऊर्ध्वाधर घटक शून्य हो जाता है)

$u = v \times \frac{\sqrt{3}}{2}$

समी (i) से,

$$K = \frac{1}{2} m \left[\frac{\sqrt{3}}{2} v\right]^2 = \frac{3}{4} \times \left[\frac{1}{2} mv^2\right]$$

$$= \frac{3}{4} E$$

43. (b) दिया है,
वास्तविक द्रव्यमान, $N_0 = 16$ ग्राम
हम जानते हैं,
अक्षयित पदार्थ की मात्रा $= \left(\frac{1}{2}\right)^n \times$ वास्तविक द्रव्यमान

$$= \left(\frac{1}{2}\right)^5 \times 16 = \frac{16}{32} = 0.5 \text{ ग्राम}$$

44. (c) हम जानते हैं,

$$\text{घनत्व} = \frac{\text{द्रव्यमान } (m)}{\text{आयतन } (V)}$$

यदि घन की भुजा l है, तो घन का आयतन $= l^3$

$$d = \frac{m}{l^3}$$

$$\frac{\Delta d}{d} \times 100 = \left(\frac{\Delta m}{m} \times 100\right) + 3\left(\frac{\Delta l}{l} \times 100\right)$$

$$= 3 + 3 \times 2 = 9\%$$

45. (b) दिया है,
खगोलीय दूरदर्शी की लम्बाई, $L = 20$ सेमी
कोणीय आवर्धन, $m = -4$
हम जानते हैं,

$$m = \frac{-f_o}{f_e}$$

$$-4 = \frac{-f_o}{f_e}$$

$$f_o = 4f_e \quad \text{...(i)}$$

पुन: $L = f_0 + f_e$ ...(ii)

$\Rightarrow 20 = 4f_e + f_e$

$\Rightarrow 5f_e = 20$

$\Rightarrow f_e = 4$ सेमी

समी (ii) से,

$\Rightarrow 20 = f_o + 4$

$\Rightarrow f_o = 16$ सेमी

46. (d) डायोड के अग्र अभिनति विन्यास में p सिरा धन विभव या उच्च विभव से तथा n सिरा ऋण विभव या निम्न विभव सें संयोजित होता है। अत: विकल्प (d) सही है।

47. (c) प्रश्नानुसार,

$$F_1 = \frac{q_1 q_2}{4\pi\varepsilon_0 r^2} \quad \text{...(i)}$$

$$f_2 = \frac{q_1 q_2}{4\pi\varepsilon_0 K(2r)^2}$$

$$= \frac{1}{4K} \times \frac{q_1 q_2}{4\pi\varepsilon_0 r^2}$$

समी (i) से,

$$F_2 = \frac{1}{4K} \times F_1$$

$$\frac{F_1}{F_2} = 4K$$

48. (b) दिया है,

$$y = 5\sin\left(50\pi t - \pi\frac{x}{2}\right) \quad \text{...(i)}$$

सरल आवर्त गति का मानक समीकरण

$$y = A\sin(\omega t - kx) \quad \text{...(ii)}$$

समी (i) तथा (ii) से,

$$A = 5, \omega = 50\pi, k = \frac{\pi}{2}$$

$$\omega = \frac{2\pi}{T}$$

$$T = \frac{2\pi}{\omega}$$

$$= \frac{2\pi}{50\pi} = 0.040 \text{ सेकण्ड}$$

49. (a) दिया है,
सड़क तथा टायर के मध्य घर्षण गुणांक, $\mu = 0.4$
त्रिज्या, $r = 100$ मीटर
$\therefore$ अधिकतम चाल, $v_{max} = \sqrt{\mu g r}$

$$= \sqrt{0.4 \times 10 \times 100}$$

$$= \sqrt{400}$$

$$= 20 \text{ मी/से}$$

50. (d) कुण्डली का स्वप्रेरकत्व, $L = \frac{\phi}{I}$

$$= \frac{\text{वेबर (Wb)}}{\text{ऐम्पियर (A)}}$$

51. (a) nवीं कक्षा की त्रिज्या, $r_n = \frac{\varepsilon_0 n^2 h^2}{\pi m Z e^2}$

यहाँ, ε_0, h, π, m तथा e नियत हैं। अत:

$$r_n \propto \frac{n^2}{Z}$$

$$r = \frac{n^2}{Z} a_0$$

$Z = 1$ के लिए

$$r = n^2 a_0$$

52. (c) अनावधिक और अवमन्दित दोलनकारी के बीच परिवर्तनकाल अवस्था को विकट अवमन्दित सरल अनुकम्पी गति कहते हैं।

53. (a) प्रत्येक भाग का प्रतिरोध $= \frac{R}{m} \Omega$

प्रतिरोध समान्तर क्रम में संयोजित हैं अत:

$$\frac{1}{R_{eq}} = \frac{1}{R_1} + \frac{1}{R_2} + \frac{1}{R_3} ..... \frac{1}{R_m}.$$

$$\Rightarrow \frac{1}{R_{eq}} = \frac{m}{R} + \frac{m}{R} + \frac{m}{R} ..... \frac{m}{R}. \ (m \text{ बार})$$

$$\Rightarrow \frac{1}{R_{eq}} = \frac{m}{R} \times m$$

$$\therefore R_{eq} = \frac{R}{m^2}$$

54. (a) बेरियम और क्रिप्टन में U_{235} के विखण्डन के दौरान मुक्त ऊर्जा लगभग 200 MeV है यह ऊर्जा 0.215 amu के द्रव्यमान दोष के बराबर है।
यहाँ $_{92}U^{235}$ का द्रव्यमान = 235.00573 amu
न्यूट्रॉन का द्रव्यमान = 1.00893 amu
विखण्डन से पहले कुल द्रव्यमान
= 235.00573 + 1.00893 amu
= 236.01466 amu
$_{56}Ba^{144}$ का द्रव्यमान = 143.8713 amu
$_{36}Kr^{89}$ का द्रव्यमान = 88.9023 amu
3 न्यूट्रॉनों का द्रव्यमान
= 3 × 1.00893 = 3.02679 amu
विखण्डन के बाद कुल द्रव्यमान
= 143.8713 + 88.9023 + 3.02679
= 235.80039 amu
विखण्डन प्रक्रिया में द्रव्यमान क्षति,

$$\Delta m = 236.01466 - 235.80039$$

$$= 0.21427 \text{ amu}$$

55. (a) वृत्ताकार कुण्डली के केन्द्र पर चुम्बकीय क्षेत्र,

$$B = \frac{\mu_0 I}{2r}$$

यहाँ, $I = 1$A, $r = 1$ मीटर

$$\therefore \quad B = \frac{\mu_0 \times 1}{2 \times 1} = \frac{\mu_0}{2}$$

56. (a) प्रथम कुण्डली के केन्द्र पर चुम्बकीय क्षेत्र,

$$B_1 = \frac{\mu_0}{4\pi} \frac{2\pi n i_1}{r_2}$$

द्वितीय कुण्डली के केन्द्र पर चुम्बकीय क्षेत्र,

$$B_2 = -\frac{\mu_0}{4\pi} \frac{2\pi n i_2}{r_2}$$

यहाँ, $i_1 = 0.5$ A, $i_2 = 0.1$ A, $r_1 = 0.25$ m, $r_2 = 0.45$ m

$\therefore$ परिणामी चुम्बकीय क्षेत्र, $B = B_1 + B_2$

$$= \frac{\mu_0 2\pi n i_1}{4\pi r_1} - \frac{\mu_0}{4\pi} \frac{2\pi n i_2}{r_2}$$

$$= \frac{\mu_0}{2}\left[\frac{n i_1}{r_1} - \frac{n i_2}{r_2}\right]$$

$$= \frac{\mu_0}{2}\left[\frac{20 \times 0.5}{0.25} - \frac{20 \times 0.9}{0.45}\right]$$

$$= \frac{\mu_0}{2}[40 - 40]$$

$$= 0$$

57. (b) जब बन्द कमरे में पानी का छिड़काव किया जाता है, तब वह कमरे के तापमान को कम कर देता है क्योंकि कमरे में जल के वाष्पीकरण होने से वह ऊष्मा ग्रहण कर लेता है। हमें ज्ञात है, वाष्पीकरण की गुप्त ऊष्मा, जल के लिए अधिक होती है तथा ऊष्मा के अवशोषण के कारण ठण्ड का अनुभव होता है।

58. (a) हम जानते हैं,

तरंगदैर्ध्य, $\lambda = \frac{h}{mv}$

यहाँ, h = प्लांक नियतांक

तथा v = नियत (सभी कणों के लिए)।

अतः $\lambda \propto \frac{1}{m}$

β-कण का द्रव्यमान सबसे कम होता है जिस कारण इसकी तरंगदैर्ध्य का मान उच्च होगा।

59. (a) हम जानते हैं,

$$\frac{dv}{dt} = a$$

$$dv = adt$$

दोनों पक्षों का समाकलन करने पर,

$$\int_{v_1}^{v_2} dv = \int_{t_1}^{t_2} a\, dt$$

$$v_2 - v_1 = \int_{t_1}^{t_2} a\, dt$$

60. (a) दिया है,

गोली का द्रव्यमान, $m_1 = 20$ ग्राम $= \frac{20}{1000}$ किग्रा

बन्दूक का द्रव्यमान, $m_2 = 1$ किग्रा

बन्दूक का वेग, $v_2 = 5$ मी/से

संवेग-संरक्षण नियम द्वारा,

$m_1v_1 + m_2v_2 = 0$

$\Rightarrow m_1v_1 = -m_2v_2$

$$\Rightarrow \quad v_1 = \frac{-m_2v_2}{m_1} = \frac{-1 \times 5}{\left(\frac{20}{1000}\right)}$$

$$= \frac{-1 \times 5 \times 1000}{20} = -250 \text{ मी/से}$$

61. (a) फैराडे का विद्युत चुम्बकीय प्रेरण का प्रयोग लेन्ज के नियम तथा ऊर्जा के संरक्षण नियम पर आधारित है।

62. (a) संदीप्त उत्सर्जन हेतु प्रकाश उत्सर्जक डायोड का निर्माण किया जा सकता है जिसे लेजर के रूप में उपयोग में लिया जा सकता है।

63. (c) जब उत्तल लेंस के सम्मुख एक बिन्दु स्रोत को चित्रानुसार रखा जाता है, तो समतल तरंगाग्र प्राप्त होता है।

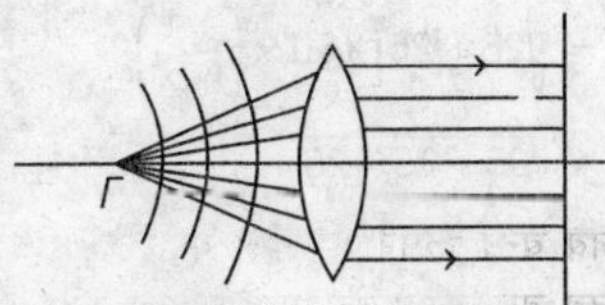

64. (b) हम जानते हैं,

$$\frac{\mu_2 - 1}{R} = \frac{\mu_2}{v} - \frac{1}{\mu}$$

प्रश्नानुसार,

$$\frac{g\mu_0 - 1}{R} = \frac{g\mu_0}{v} - \frac{1}{u}$$

$$\Rightarrow \quad \frac{\frac{1}{1.5} - 1}{-8} = \frac{1}{1.5v} - \frac{1}{8}$$

$$\Rightarrow \quad \frac{0.5}{8} = \frac{1}{1.5v} + \frac{1}{8} \Rightarrow \frac{0.5}{8} = \frac{1}{v} + \frac{1.5}{8}$$

$$\Rightarrow \quad \frac{1}{v} = \frac{1.5}{8} - \frac{0.5}{8} \Rightarrow \frac{1}{v} = \frac{1}{8}$$

$\therefore \quad v = 8$ सेमी

65. (d) क्षैतिज परास $R = \frac{u^2 \sin 2\theta}{g}$

वस्तु A के लिए,

$$R_A = \frac{u^2 \sin(2 \times 30)}{g} = \frac{u^2 \sin 60°}{g}$$

वस्तु B के लिए,

$$R_B = \frac{u^2 \sin(2 \times 60)}{g} = \frac{u^2 \sin(120°)}{g}$$

$$= \frac{u^2 \sin(180° - 60°)}{g} = \frac{u^2 \sin 60°}{g}$$

अतः $\frac{R_A}{R_B} - \frac{1}{1}$

66. (d) दिया है,

द्रव्यमान, $m = 20$ किग्रा

स्प्रिंग बल नियतांक, $k = 5$ न्यूटन/मी

हम जानते हैं,

$$T = 2\pi\sqrt{\frac{m}{k}} = 2\pi\sqrt{\frac{20}{5}} = 2\pi\sqrt{4}$$

$= 4\pi$ सेकण्ड

67. (c) यदि एक धारावाही परिनालिका में लौह-चुम्बकीय पदार्थ की छड़ को प्रविष्ट कराया जाता है, तो लौह-चुम्बकीय पदार्थ की छड़ चुम्बकित हो जाती है तथा परिनालिका का चुम्बकीय क्षेत्र बढ़ जाता है।

68. (c) दिष्टकारी एक युक्ति है जिसके द्वारा प्रत्यावर्ती धारा को दिष्ट धारा में रूपान्तरित किया जाता है। पूर्ण तरंग दिष्टकारी में इनपुट सिग्नल के प्रत्येक अर्द्ध-चक्र के लिए प्रत्येक डायोड में धारा प्रवाहित होती है।

69. (c) एक सन्धि डायोड में, अवस्थान्तर धारिता $\frac{1}{x}$ के समानुपातिक होती है जहाँ x रिक्त क्षेत्र की चौड़ाई है। रिक्त क्षेत्र की चौड़ाई लगभग 1 माइक्रोन 10^{-6} मी होती है। $P-n$ सन्धि डायोड को एक संधारित्र के समतुल्य माना जाता है जिसमें रिक्त स्थान वैद्युत माध्यम की तरह कार्य करता है।

70. (d) दिया है,

$$I_c = 10 \text{ mA}$$

प्रश्नानुसार,

$$\frac{I_c}{I_e} = 0.9$$

$$\frac{10}{I_e} = 0.9$$

$$I_e = \frac{10}{0.9} = 11.1 \text{ mA}$$

71. (c) प्रश्नानुसार,

आन्तरिक प्रतिरोध, $R_{in} = 400\Omega$

बाह्य प्रतिरोध, $R_{out} = 4k\Omega = 4 \times 10^3$

धारा लाभ, $\beta = 100$

विद्युत लाभ = धारा लाभ × वोल्टेज लाभ

$= \beta \times (\beta \times$ प्रतिरोध लाभ$)$

$$= \beta^2 \times \frac{R_{out}}{R_{in}}$$

समीकरण में मान रखने पर, $(100)^2 \times \frac{4 \times 10^3\Omega}{400\Omega}$

$$= 10^4 \times \frac{4 \times 10^3}{4 \times 10^2}$$

$$= 10^{4+3-2}$$

$$= 10^5$$

अतः विकल्प (c) सही है।

72. (d) अर्द्ध-तरंग दिष्टकारी में प्रत्यावर्ती धारा के अर्द्ध-चक्र हेतु ही आउटपुट प्राप्त होता है अतः ऊर्मिका की आवृत्ति 50 Hz होगी।

73. (c) द्वि-आयनित Li, H परमाणु के समान होता है अतः

$$E_n = \frac{-13.6\, Z^2}{n^2} \text{ eV}$$

प्रश्नानुसार,

$Z = 3; n = 1$ रखने पर,

$$E_1 = \frac{-13.6 \times (3)^2}{(1)^2}$$

$$= \frac{-13.6 \times 9}{1} = -122.4 \text{ eV}$$

74. (b) दिया है,

घन की भुजा, $L = 1.1 \times 10^{-2}$ m

घन का आयतन, $V = L^3$

$$= (1.1 \times 10^{-2})^3$$

$$= (1.1)^3 \times 10^{-6}$$

$$= 1.331 \times 10^{-6}$$

$$= 1.3 \times 10^{-6} \text{ m}^3$$

75. (b) हम जानते हैं,

फ्रिन्ज की चौड़ाई, $\beta = \frac{\lambda D}{d}$ ...(i)

यहाँ, λ = इलेक्ट्रॉन की तरंगदैर्ध्य,

d = स्लिटों के छिद्रों के मध्य दूरी

तथा D = पर्दे तथा स्लिट के मध्य दूरी।

परन्तु, $\lambda = \frac{h}{mv}$ ...(ii)

समी (i) तथा (ii) से,

$$\beta = \frac{hD}{mvd}$$

$$\beta \propto \frac{1}{v}$$

अतः इलेक्ट्रॉन का वेग बढ़ाने पर, फ्रिन्ज की चौड़ाई का मान घटता है।

76. (a) बर्फ का द्रव्यमान = 500 ग्राम, तापमान = 0°C
पानी का द्रव्यमान = 500 ग्राम, तापमान = 80°C
बर्फ की अवस्था परिवर्तन के लिए ऊष्मा लाभ

$$Q = ml = 500 \times 80 \text{ cal}$$

पानी के लिए ऊष्मा हानि $= 500 \times 1 \times (80 - 0)$

$$= 500 \times 80 \text{ cal}$$

अतः परिणामी तापमान 0°C ही रहेगा क्योंकि पानी व बर्फ की अवस्था परिवर्तन के लिए ऊष्मा समान है। अतः ताप परिवर्तित नहीं होगा।

77. (a) दिया है,
वस्तु का द्रव्यमान, $m = 3$ किग्रा
बल, $F = 200$ N
घर्षण गुणांक, $\mu = 0.3$
अधिकतम घर्षण बल $= F \times \mu$

$$= 200 \times 0.3$$
$$= 60 \text{ N}$$

$\therefore$ गति कराने हेतु आवश्यक बल $= mg$

$$= 3 \times 10$$
$$= 30 \text{ N}$$

78. (a) एक निकाय में आवेश, $Q = 3.2 \mu C$

$$= 3.2 \times 10^{-6}$$

प्रोटॉन की संख्या $= 2 \times 10^{13}$

$$Q = ne$$
$$n = \frac{Q}{e} = \frac{-3.2 \times 10^{-6}}{-1.6 \times 10^{-19}} = 2 \times 10^{13}$$

कुल इलेक्ट्रॉन की संख्या $= 2 \times 10^{13} + 2 \times 10^{13}$

$$= 4 \times 10^{13}$$

अतः विकल्प (a) सही है।

79. (d) अप्रगामी तरंगों का निर्माण नहीं किया जा सकता क्योंकि कलान्तर π के साथ दो समान तरंगें समान दिशा में आगे बढ़ती हैं।

80. (b) एक ठोस पदार्थ के इकाई द्रव्यमान को ठोस अवस्था से तरल अवस्था में बदलने के लिए आवश्यक ऊष्मा की मात्रा को संलयन की गुप्त ऊष्मा कहते हैं, जबकि तापमान स्थिर रहता है।

81. (a) हम जानते हैं,
गुरुत्वीय त्वरण, $g = \frac{GM}{R^2}$
यहाँ, M = ग्रह का द्रव्यमान
तथा R = ग्रह की त्रिज्या।

$$M = \frac{gR^2}{G} \quad \text{...(i)}$$

हम जानते हैं,

$$\text{घनत्व } (d) = \frac{M}{V} = \frac{gR^2/G}{\frac{4}{3}\pi R^3} = \frac{3g}{4\pi GR}$$

82. (b) दिष्ट धारा अमीटर द्वारा प्रत्यावर्ती धारा का मापन नहीं किया जाता है, क्योंकि प्रत्यावर्ती धारा के पूर्ण चक्र में धारा का औसत मान शून्य होता है।

83. (b) दिया है
वोल्टेज, $V = 100$ वोल्ट
हम जानते हैं,
दे-ब्रोग्ली तरंगदैर्ध्य, $\lambda = \frac{h}{p}$

$$= \frac{h}{\sqrt{2meV}}$$
$$= \frac{6.63 \times 10^{-34}}{\sqrt{2 \times 9.1 \times 10^{-31} \times 1.6 \times 10^{-19} \times 100}}$$
$$= 1.22 \times 10^{-10} \text{ m}$$
$$= 0.123 \times 10^{-9} \text{ m} = 0.123 \text{ nm}$$

84. (b) दिया है,
$T_1 = 350$ K और $T_2 = 300$ K
हम जानते हैं,

$$KE = \frac{3}{2} KT$$

अतः $\frac{(KE)_1}{(KE)_2} = \frac{T_1}{T_2}$

$$= \frac{350}{300} = \frac{7}{6} \text{ या } 7:6$$

85. (d) स्वप्रेरकत्व $(L) \propto$ (प्रति इकाई फेरों की संख्या)^2
अतः फेरों की संख्या, दोगुनी करने पर स्वप्रेरकत्व का मान चार गुना हो जाएगा।

86. (d) यदि n सेल श्रेणीक्रम में संयोजित हैं, तो तुल्य विद्युत वाहक बल $= nE$
सेलों का कुल आन्तरिक प्रतिरोध $= nr$
धारा, $I = \frac{nE}{R + nr}$
जब $R << nr$, $R \cong nr$

$$I = \frac{nE}{nr} = \frac{E}{r}$$

जब $R >> nr$, $R + hr \approx R$

$$I = \frac{nE}{R} = n \times \frac{E}{R}$$

अतः विकल्प (d) सही है।

87. (a) एकल स्लिट फ्राउनहॉफर विवर्तन प्रयोग में x_1 व x_2 विवर्तन पैटर्न के केन्द्र से प्रथम एवं द्वितीय अधिकतम दूरी है अतः $x_1 : x_2$, 3:5 होगा क्योंकि x का मान बहुत छोटा होने पर, $x = \frac{(2m+1)\lambda}{2e}$ जहाँ $m = 1, 2, 3...$ होगा। इस प्रकार प्रथम व द्वितीय गौण उच्चिष्ठों के लिए कोण क्रमशः $x_1 = \frac{\pm 3\lambda}{2e}$, $x_2 = \frac{\pm 5\lambda}{2e}$ होंगे।

88. (a) दिया है,
धारा $(I) = 20$ ऐम्पियर
दूरी $(r) = 10$ सेमी $= 10 \times 10^{-2}$ मीटर
हम जानते हैं,
तार से r दूरी पर उत्पन्न चुम्बकीय क्षेत्र,

$$B = \frac{\mu_0}{4\pi} \times \frac{2I}{r}$$
$$= 10^{-7} \times \frac{2 \times 20}{10 \times 10^{-2}}$$
$$= 4 \times 10^{-5} \text{ वेबर प्रति मीटर}$$

89. (d) एक तरंग की असतत् ऊर्जा के साथ असतत् अवस्था का अस्तित्व, कन्फाइनमेंट सिद्धान्त पर आधारित होता है।

90. (a) एक अच्छा प्रवर्धक वह होता है जिसमें उच्च इनपुट प्रतिरोध और निम्न आउटपुट प्रतिरोध होता है।

91. (c) एक युग्म में दो समान बल, परन्तु विपरीत दिशा में चित्रानुसार कार्य करते हैं।

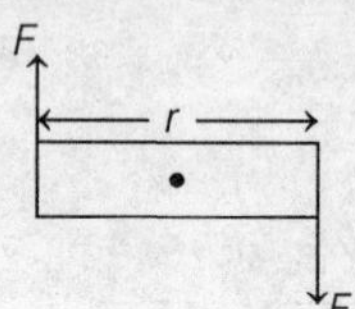

युग्म पर परिणामी बल शून्य होता है। अतः कोई स्थानान्तरीय गति नहीं होती है। यह केवल घूर्णन गति करता है।

92. (c) हम जानते हैं,
वस्तु द्वारा उत्सर्जित विकिरण ऊर्जा, $E = \sigma T^4$

$$E \propto T^4$$
$$E \propto (303)^4$$

93. (a) दिया गया है,

$$a = 10 \text{ मी/सेकण्ड}^2$$
$$t = 12 \text{ सेकण्ड}$$

हमें ज्ञात है कि गति के प्रथम समीकरण से

$$v = u + at$$
$$v - u = 10 \times 12$$
$$v - u = 120 \text{ मी/सेकण्ड}^2$$
$$\text{वेग} = \frac{\text{वेग में परिवर्तन}}{2} = \frac{120}{2}$$
$$= 60 \text{ मी/सेकण्ड}^2$$

94. (b) प्रश्नानुसार,

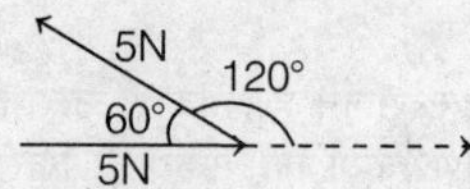

हम जानते हैं,
परिणामी, $R = \sqrt{F_1^2 + F_2^2 + 2F_1F_2\cos\theta}$

$$= \sqrt{(5)^2 + (5)^2 \times 2 \times 5 \times 5 \times \cos 120°}$$
$$= \sqrt{25 + 25 + 50 \times \left(-\frac{1}{2}\right)}$$
$$= \sqrt{25 + 25 - 25}$$
$$= \sqrt{25} = 5 \text{ N}$$

95. (c) दिया है,

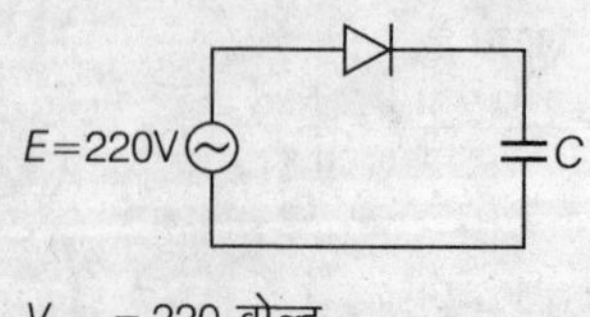

$V_{rms} = 220$ वोल्ट

हम जानते हैं,

$$V_{rms} = \frac{V_m}{\sqrt{2}}$$

$$V_m = V_{rms} \times \sqrt{2} = \sqrt{2} \times 200$$

$= 311$ वोल्ट

96. (b) उत्सर्जित करते हुए α कणों की संख्या

$$n_\alpha = \frac{242 - 206}{4} = \frac{36}{4} = 9$$

उत्सर्जित करते हुए β कणों की संख्या

$$2 \times n_\alpha - Z + Z' = 2 \times 9 - 94 + 82$$

$= 18 - 94 + 82$

$= 100 - 94$

$= 6$

अतः 9α एवं 6β का क्षय होता है।

97. (b) एक आयामी गति में बल व गति का गुणनफल शक्ति को दर्शाता है। सूत्रानुसार,

$$P = F \cdot v$$

$$P = Fv\cos\theta$$

तथा ग्राफ द्वारा संलग्न क्षेत्र शक्ति को दर्शाता है।

98. (b) समान्तर अक्षों की प्रमेय द्वारा,

$$I_{zz} = I_{xx} + I_{yy}$$

व्यास के परितः, $I_{xx} = I_{yy}$

अतः $I_{zz} = 2I_{xx}$

व्यास के परितः जड़त्व आघूर्ण,

$$I_{xx} = \frac{I_{zz}}{2} = \frac{I}{2}$$

अतः वलय के व्यास के परितः जड़त्व आघूर्ण $\frac{I}{2}$ है।

99. (a) हम जानते हैं,

$$V_s I_s = V_p I_p$$

यहाँ, $V_p = 440$ वोल्ट, $V_s = 2200$ वोल्ट

$I_p = 5\text{A}$

$\therefore\ 2200 \times I_s = 440 \times 5$

$\Rightarrow\ I_s = \frac{440 \times 5}{2200}$

$= 1\text{A}$

100. (c) वे युक्तियाँ या अवयव जोकि ओम के नियम का पालन करते हैं, उन्हें ओमीय युक्तियाँ कहते हैं तथा वे युक्तियाँ या अवयव जोकि ओम के नियम का पालन नहीं करते हैं, उन्हें अनओमीय युक्तियाँ कहते हैं। उदाहरणार्थ–निर्वात् नली, थर्मीस्टर आदि।

अध्याय 01

भौतिकी तथा मापन

Physics and Measurement

भौतिक राशि तथा मापन

(Physical Quantity and Measurement)

वे सभी राशियाँ जिनका मापन प्रत्यक्ष अथवा अप्रत्यक्ष रूप से किया जा सकता है, भौतिक राशियाँ कहलाती हैं। जैसे लम्बाई, द्रव्यमान, समय, ताप, दाब आदि।

किसी भौतिक राशि का मापन दो कारकों (factors) पर निर्भर करता है।

1. भौतिक राशि के मापन के लिए स्वेच्छा से चुना गया मानक मात्रक जैसे—समय का मात्रक सेकण्ड तथा द्रव्यमान का मात्रक किलोग्राम है।

   मानक मात्रक स्पष्टतया परिभाषित, सुगमता से उपलब्ध एवं पुनः प्राप्य, समय, स्थान आदि कारकों के सापेक्ष स्थिर तथा अन्तर्राष्ट्रीय मान्यता प्राप्त होना चाहिए। इसे u से प्रदर्शित करते हैं।

2. भौतिक राशि का आंकिक मान अर्थात् परिमाण (magnitude)। यह एक शुद्ध संख्या होती है। इसे n से प्रदर्शित करते हैं।

किसी भौतिक राशि की उसके मानक मात्रक से तुलना को मापन कहते हैं।

जैसे—एक गेंद का द्रव्यमान 50 ग्राम (माना) है। यहाँ गेंद के द्रव्यमान का मानक मात्रक ग्राम है तथा गेंद का द्रव्यमान उसके मानक मात्रक ग्राम की तुलना में 50 गुना है।

प्रत्येक भौतिक राशि का आंकिक मान, उसके मात्रक के व्युत्क्रमानुपाती होता है, अर्थात् राशि का मात्रक जितना बड़ा होगा, राशि का मान उतना ही छोटा होगा। यदि किसी भौतिक राशि के मात्रकों u_1 तथा u_2 में आंकिक मान क्रमशः n_1 तथा n_2 हों तो

$$n \propto \frac{1}{u} \text{ से } n_1u_1 = n_2u_2$$

जैसे— *पृथ्वी तल पर गुरुत्वीय त्वरण* $g = 9.8$ *मी से*$^{-2}$ $= 981$ *सेमी से*$^{-2}$

मूल एवं व्युत्पन्न मात्रक

(Fundamental and Derived Units)

मूल मात्रक (Fundamental Units)

स्वेच्छा से चुनी गयी वे सभी भौतिक राशियाँ, जो एक-दूसरे से पूर्णतः स्वतन्त्र होती हैं तथा जिनके पदों में अन्य भौतिक राशियों को व्यक्त किया जा सकता है, मूल राशियाँ कहलाती हैं तथा इनके मात्रकों को मूल मात्रक कहते हैं।

यान्त्रिकी में लम्बाई, द्रव्यमान तथा समय के मात्रकों क्रमशः मीटर, किलोग्राम तथा सेकण्ड को, वैद्युतगतिकी में वैद्युत धारा के मात्रक ऐम्पियर को, ऊष्मागतिकी में ताप के मात्रक केल्विन को, प्रकाशिकी में ज्योति-तीव्रता के मात्रक कैण्डिला को मूल मात्रक लेते हैं। इनके अतिरिक्त पदार्थ की मात्रा के मात्रक मोल को भी मूल मात्रक लेते हैं।

इन सात मूल राशियों के अतिरिक्त दो अन्य राशियों समतलीय कोण एवं घन कोण को पूरक मूल राशियाँ (Supplementary fundamental quantities) कहते हैं तथा इनके मात्रकों रेडियन एवं स्टेरेडियन को पूरक मूल मात्रक (Supplementary fundamental units) कहते हैं।

व्युत्पन्न मात्रक (Derived Units)

व्युत्पन्न मात्रक वे भौतिक राशियाँ, जिन्हें मूल राशियों की सहायता से प्राप्त किया जा सकता है, व्युत्पन्न राशियाँ कहलाती हैं तथा इनके मात्रक, व्युत्पन्न मात्रक कहलाते हैं।

जैसे—क्षेत्रफल, आयतन, वेग, त्वरण, बल आदि व्युत्पन्न राशियाँ हैं तथा इनके मात्रक—मी^{2}, मी^{3}, मी/से, मी/से^{2} तथा न्यूटन व्युत्पन्न मात्रक हैं।

मात्रकों की विभिन्न प्रणालियाँ

(Different Systems of Units)

मात्रकों की कई प्रणालियाँ होती हैं, जिनकी व्याख्या नीचे दी गई है

(i) **CGS प्रणाली** इस प्रणाली में लम्बाई का मात्रक सेमी, द्रव्यमान का मात्रक ग्राम तथा समय का मात्रक सेकण्ड होता है। इस प्रणाली को **गौसियन प्रणाली** भी कहते हैं।

(ii) **FPS प्रणाली** इस प्रणाली में लम्बाई का मात्रक फुट, द्रव्यमान का मात्रक पाउण्ड तथा समय का मात्रक सेकण्ड होता है। इस प्रणाली को **ब्रिटिश प्रणाली** भी कहते हैं।

(iii) **MKS प्रणाली** इस प्रणाली में लम्बाई का मात्रक मीटर, द्रव्यमान का मात्रक किग्रा तथा समय का मात्रक सेकण्ड होता है।

मात्रकों की अन्तर्राष्ट्रीय प्रणाली

(International System of Units)

'माप तौल की अन्तर्राष्ट्रीय समिति' (General conference on weights and measurement) ने सन् 1971 में मात्रकों की इस अन्तर्राष्ट्रीय प्रणाली को अनुमोदित किया, जिसे मात्रकों की अन्तर्राष्ट्रीय प्रणाली (SI प्रणाली) कहते हैं। इस प्रणाली में सात मूल राशियाँ तथा दो पूरक राशियाँ हैं।

ये मात्रक मूल मात्रक में पहले बताये जा चुके हैं।

मापक यन्त्रों की परिशुद्धता तथा यथार्थता

(Accuracy and Precision of Measuring Instruments)

मापक यन्त्रों की परिशुद्धता

(Precision of Measuring Instruments)

किसी मापक यन्त्र की परिशुद्धता यह प्रदर्शित करती है कि उसके द्वारा मापन किस विभेदन सीमा तक किया गया है। मापक यन्त्र की परिशुद्धता, उसकी अल्पतमांक के व्युत्क्रमानुपाती होती है।

$$\text{मापक यन्त्र की परिशुद्धता} = \frac{1}{\text{परिशुद्धता की सीमा}}$$

मापक यन्त्रों की यथार्थता

(Accuracy of Measuring Instruments)

किसी मापक यन्त्र की यथार्थता यह प्रदर्शित करती है कि उसके द्वारा किसी भौतिक राशि का मापन, उस राशि की शुद्ध माप के कितना निकटतम है।

मापन में त्रुटियाँ (Errors in Measurement)

किसी भी मापक यन्त्र द्वारा ली गयी माप पूर्णत: यथार्थ नहीं होती है इसमें कुछ अनिश्चितता रहती है। माप की इस अनिश्चितता को त्रुटि (error) कहते हैं।

मापन में होने वाली त्रुटियाँ मुख्यत: दो प्रकार की होती हैं

(i) **क्रमबद्ध त्रुटियाँ** (Systematic errors) मापक यन्त्र की रचना, तकनीक की अपूर्णता, बाह्य कारकों में परिवर्तन तथा मापनकर्ता की व्यक्तिगत सीमाओं के कारण होने वाली त्रुटियों को क्रमबद्ध त्रुटियाँ कहते हैं। ये त्रुटियाँ ज्ञात एवं निश्चित कारणों से उत्पन्न होती हैं, अत: इन त्रुटियों के स्रोत एवं कारणों को ज्ञात करके इनको कम किया जा सकता है।

(ii) **यादृच्छिक त्रुटियाँ** (Random errors) मापन में अनियमित रूप से होने वाली त्रुटियों को यादृच्छिक त्रुटियाँ कहते हैं। इन त्रुटियों का कोई ज्ञात निश्चित कारण नहीं होता है, अत: इन्हें पूर्णत: दूर नहीं किया जा सकता है। इस प्रकार की त्रुटि को अनेक बार प्रेक्षण लेकर उनका मध्यमान ज्ञात कर कम किया जा सकता है।

त्रुटि के परिमाण की गणना

(Calculation of Magnitude of Errors)

(i) **यथार्थ मान** (True value) यदि $a_1, a_2, a_3 \dots a_n$ एक मापन में प्राप्त मान हैं, तब मापन का यथार्थ मान इनका माध्य होगा।

$$a_{\text{true}} = a_{\text{mean}} = a_0$$

$$\Rightarrow \quad = \frac{a_1 + a_2 + a_3 + \dots + a_n}{n} = \frac{1}{n}\sum_{i=1}^{i=m} a_i$$

(ii) **निरपेक्ष त्रुटि** (Absolute error) किसी भौतिक राशि के मापन में राशि के वास्तविक मान a_0 तथा मापक यन्त्र द्वारा प्रेक्षित मान a के अन्तर के परिमाण को मापन की निरपेक्ष त्रुटि कहते हैं।

निरपेक्ष त्रुटि $\Delta a = |a_0 - a|$

(iii) **माध्य निरपेक्ष त्रुटि** (Mean absolute error)

किसी भौतिक राशि के मापन में विभिन्न प्रेक्षणों की निरपेक्ष त्रुटियों के परिमाणों का समान्तर माध्य, भौतिक राशि के मापन की माध्य निरपेक्ष त्रुटि कहलाती है।

यदि n प्रेक्षणों में निरपेक्ष त्रुटियाँ $\Delta a_1, \Delta a_2, \Delta a_3, \dots, \Delta a_n$ हों, तब a के मापन में माध्य निरपेक्ष त्रुटि

$$\Delta\bar{a} = \frac{|\Delta a_1| + |\Delta a_2| + |\Delta a_3| + \dots |\Delta a_n|}{n}$$

(iv) **आपेक्षिक तथा प्रतिशत त्रुटि** (Relative and Percentage error) किसी भौतिक राशि के मापन में माध्य निरपेक्ष त्रुटि तथा भौतिक राशि के वास्तविक मान (माध्यमान) का अनुपात, आपेक्षिक अथवा भिन्नात्मक त्रुटि कहलाती है।

आपेक्षिक अथवा भिन्नात्मक त्रुटि $(\delta a) = \dfrac{\Delta\bar{a}}{a_0}$

$$\text{प्रतिशत त्रुटि} = \left(\frac{\Delta\bar{a}}{a_0} \times 100\right)\%$$

त्रुटियों का संयोजन (Combination of Errors)

योग में (In sum) यदि $Z = A + B$ तब $\Delta Z = \pm(\Delta A + \Delta B)$, इस स्थिति में, महत्तम भिन्नात्मक त्रुटि $\dfrac{\Delta Z}{Z} = \dfrac{\Delta A + \Delta B}{A + B}$

i.e., जब दो भौतिक राशियाँ जुड़ती हैं, तब महत्तम निरपेक्ष त्रुटि दोनों राशियों की अलग-अलग निरपेक्ष त्रुटियों के योग के बराबर होती है।

अन्तर में (In difference) यदि $Z = A - B$, तब महत्तम निरपेक्ष त्रुटि $\Delta Z = \pm(\Delta A + \Delta B)$ तथा इस स्थिति में महत्तम भिन्नात्मक त्रुटि $= \dfrac{\Delta A + \Delta B}{A - B}$

गुणन व भाजन में (In Multiplication and Division) यदि कोई राशि अन्य राशियों के गुणनफल अथवा भागफल पर निर्भर करती है। (जैसे $x = AB$ या $x = \dfrac{A}{B}$), तो परिणाम में अधिकतम

आपेक्षिक त्रुटि, $\dfrac{\Delta x}{x} = \pm\left(\dfrac{\Delta A}{A} + \dfrac{\Delta B}{B} + \dots\right)$

घातों में (In Powers) यदि कोई राशि अन्य राशियों की विभिन्न घातों पर निर्भर करती है (जैसे $x = a^p b^q / c^r$), तो परिणाम में अधिकतम आपेक्षिक त्रुटि $\dfrac{\Delta x}{x} = \pm\left(p\dfrac{\Delta a}{a} + q\dfrac{\Delta b}{b} + r\dfrac{\Delta c}{c}\right)$

सार्थक अंक (Significant Digit)

मापक यन्त्र द्वारा ली गयी माप में अन्तिम अंक सदैव अनिश्चित होता है, इसे संदिग्ध अंक (Doubtful digit) कहते हैं। **किसी माप में सभी विश्वसनीय अंक तथा प्रथम संदिग्ध अंक को सार्थक अंक कहते हैं।**

सार्थक अंकों के लिए नियम
(Rules for Significant Digits)

किसी माप में सार्थक अंकों को ज्ञात करने के लिए निम्नलिखित नियम हैं

(i) सभी अशून्य अंक सार्थक अंक होते हैं।

(ii) किसी माप में दो अशून्य अंकों के बीच सभी शून्य सार्थक अंक होते हैं। उदाहरणार्थ—8.02×10^6 में 3 सार्थक अंक हैं।

(iii) किसी माप में यदि दशमलव बिन्दु है, तो दाहिनी ओर के अन्तिम अशून्य अंक के बाद आने वाले शून्य सार्थक अंक होते हैं जबकि वे 10 की घातों में न लिखे गए हों। उदाहरणार्थ—8.340×10^5 मी में 4 सार्थक अंक हैं।

(iv) किसी माप में दशमलव बिन्दु के पहले अशून्य अंक न होने पर (संख्या 1 से कम होने पर) दशमलव तथा अशून्य अंक के बीच के शून्य अंक सार्थक अंक नहीं होते। उदाहरणार्थ—0.082 मी में दशमलव के बांई ओर का एक शून्य तथा दशमलव के बाद का शून्य सार्थक अंक नहीं हैं। अतः इस माप में दो सार्थक अंक 8 तथा 2 हैं।

(v) दशमलव की स्थिति का सार्थक अंकों की संख्या पर कोई प्रभाव नहीं पड़ता है। जैसे— 8.2 सेमी को यदि मिमी में व्यक्त करें, तो 82 मिमी लिखेंगे परन्तु दोनों में ही दो सार्थक अंक हैं।

(vi) यदि संख्या में दशमलव बिन्दु नहीं है, तो अन्तिम अशून्य अंक के बाद आने वाले सभी शून्य अंक सार्थक अंक नहीं होते हैं। उदाहरणार्थ—2.500 में केवल 2 सार्थक अंक हैं।

(vii) किसी मापन द्वारा प्राप्त माप में दशमलव बिन्दु नहीं है, तो अन्तिम अशून्य अंक के बाद आने वाले सभी शून्य अंक भी सार्थक अंक होते हैं। उदाहरणार्थ—2500 मी में सार्थक अंक 4 हैं।

(viii) मात्रक बदलने से सार्थक अंकों की संख्या अपरिवर्तित रहती है। **जैसे**—8.2 सेमी को 8.2×10^{-2} मी लिखें, तब भी सार्थक अंक दो ही हैं।

सार्थक अंकों के साथ गणना के नियम
(Rules for Calculation with Significant Digits)

(i) **योग व अन्तर के लिए** राशियों के योग अथवा अन्तर से प्राप्त फल में दशमलव बिन्दु के बाद अंकों की संख्या उतनी होगी जितनी प्रयुक्त राशियों में दशमलव बिन्दु के बाद न्यूनतम अंकों वाली राशि में है।

उदाहरण $35.42 + 16.4 = 51.82$

परन्तु 16.4 में दशमलव के बाद केवल एक अंक है, अतः योगफल में भी दशमलव के बाद केवल एक अंक होना चाहिए। अतः योगफल 51.8 होगा।

(ii) **गुणा व भाग के लिए** विभिन्न मापों अथवा संख्याओं की गुणा अथवा भाग से प्राप्त परिणाम में केवल उतने ही सार्थक अंक होने चाहिए जितने कि सबसे कम सार्थक अंकों वाली मूल माप अथवा संख्या में हैं।

उदाहरण $\frac{6.64}{5} = 1.328,$

6.64 में सार्थक अंक 3 हैं, अतः भाग से प्राप्त परिमाण में भी केवल 3 ही सार्थक अंक होने चाहिए। अतः परिणाम 1.33 होगा।

विमायें तथा विमीय सूत्र
(Dimensions and Dimensional Formula)

किसी भौतिक राशि के मात्रक को मूल मात्रकों के पदों में व्यक्त करने के लिए मूल मात्रकों पर जो घातें चढ़ाते हैं, वे उस भौतिक राशि की विमाएँ कहलाती हैं तथा इस प्रकार प्राप्त सम्बन्ध विमीय सूत्र कहलाता है। इसके लिए द्रव्यमान, लम्बाई, समय, ताप, वैद्युत धारा, ज्योति तीव्रता तथा पदार्थ की मात्रा को क्रमशः [M], [L], [T],[θ], [A], [cd] तथा [μ या मोल] से प्रदर्शित करते हैं।

भौतिक राशियों के मूल मात्रक एवं विमीय सूत्र
(Units and Dimensional Formulae of Physical Quantities)

क्र.सं.	भौतिक राशि व उसका प्रतीक	परिभाषा व सूत्र	SI मात्रक	CGS मात्रक	विमीय सूत्र
1.	क्षेत्रफल (*A*)	A = लम्बाई × चौड़ाई	मीटर^2 या वर्ग मीटर	सेमी^{2} या वर्ग सेमी	$[M^0L^2T^0]$
2.	आयतन (*V*)	V = लम्बाई × चौड़ाई × ऊँचाई	मीटर^3 या घन मीटर	सेमी^{3} या घन सेमी	$[M^0L^3T^0]$
3.	घनत्व (*d*)	$d = \frac{m}{V}$	किग्रा मी$^{-3}$	ग्राम सेमी$^{-3}$	$[ML^{-3}T^0]$
4.	आपेक्षिक घनत्व (RD)	RD = $\frac{\text{वस्तु का घनत्व}}{4°\text{C पर पानी का घनत्व}}$	मात्रकहीन	मात्रकहीन	$[M^0L^0T^0]$ (विमाहीन)
5.	कोणीय विस्थापन (θ)	$\theta = \frac{\text{चाप}}{\text{त्रिज्या}} = \frac{s}{r}$	रेडियन	रेडियन	$[M^0L^0T^0]$ (विमाहीन)
6.	कोणीय वेग (ω)	$\omega = \frac{\theta}{t}$	रेडियन सेकण्ड$^{-1}$	रेडियन सेकण्ड$^{-1}$	$[M^0L^0T^{-1}]$
7.	वेग या चाल (*v*)	$v = \frac{s}{t}$	मी से$^{-1}$	सेमी से$^{-1}$	$[M^0LT^{-1}]$
8.	त्वरण (*a*)	$a = \frac{v}{t}$	मी से$^{-2}$	सेमी से$^{-2}$	$[M^0LT^{-2}]$
9.	कोणीय त्वरण (α)	$\alpha = \frac{\omega}{t}$	रेडियन से$^{-2}$	रेडियन से$^{-2}$	$[M^0L^0T^{-2}]$
10.	जड़त्व आघूर्ण (*I*)	$I = \Sigma mr^2$	किग्रा-मी^{2}	ग्राम सेमी^{2}	$[ML^2T^0]$

क्र.सं.	भौतिक राशि व उसका प्रतीक	परिभाषा व सूत्र	SI मात्रक	CGS मात्रक	विमीय सूत्र
11.	बल (F)	$F = ma$	न्यूटन	डाइन	$[ML^1T^{-2}]$
12.	दाब (p)	$p = \frac{F}{A}$	न्यूटन मी$^{-2}$ या पास्कल	डाइन सेमी^{2}	$[ML^{-1}T^{-2}]$
13.	संवेग (p)	$p = mv$	किग्रा-मी से$^{-1}$	ग्राम सेमी से$^{-1}$	$[MLT^{-1}]$
14.	आवेग (I)	$I = Ft$	न्यूटन-सेकण्ड या किग्रा-मी/से	डाइन-सेकण्ड या ग्राम सेमी/से	$[MLT^{-1}]$
15.	कार्य (W)	$W = Fs$	जूल	अर्ग	$[ML^2T^{-2}]$
16.	ऊर्जा (E)	कार्य करने की क्षमता	जूल	अर्ग	$[ML^2T^{-2}]$
17.	गतिज ऊर्जा (E_k)	$E_k = \frac{1}{2}mv^2$	जूल	अर्ग	$[ML^2T^{-2}]$
18.	स्थितिज ऊर्जा (U)	(i) $U = mgh$ (ii) $U = \frac{1}{2}kx^2$ (iii) $U = -\frac{GMm}{r}$ (iv) $U = \pm k\frac{q_1q_2}{r}$	जूल	अर्ग	$[ML^2T^{-2}]$
19.	शक्ति (P)	$P = \frac{W}{t}$	वाट या जूल से$^{-1}$	अर्ग से$^{-1}$	$[ML^2T^{-3}]$
20.	बल आघूर्ण (τ)	(i) $\tau = \mathbf{r} \times \mathbf{F}$ (ii) $\tau = I\alpha$	न्यूटन-मी	डाइन सेमी	$[ML^2T^{-2}]$
21.	कोणीय संवेग (L)	(i) $\mathbf{L} = \mathbf{r} \times \mathbf{P}$ (ii) $L = I\omega$	जूल-सेकण्ड	अर्ग-सेकण्ड	$[ML^2T^{-1}]$
22.	घूर्णन त्रिज्या (K)	$K = \sqrt{\frac{I}{M}}$	मीटर	सेमी	$[M^0LT^0]$
23.	आवर्तकाल (T)	कण को एक दोलन या कम्पन करने में लगा समय $T = 2\pi\sqrt{\frac{m}{k}}$	सेकण्ड	सेकण्ड	$[M^0L^0T]$
24.	गुरुत्वीय नियतांक (G)	$G = Fr^2/m^2$	न्यूटन मी^{2} किग्रा$^{-2}$	डाइन-सेमी^{2} (ग्राम)$^{-2}$	$[M^{-1}L^3T^{-2}]$
25.	गुरुत्वीय त्वरण (g)	(i) $g = \frac{\text{भार}}{\text{द्रव्यमान}} = \frac{w}{m}$ (ii) $g = \frac{GM}{R^2}$	मीटर से$^{-2}$	सेमी से$^{-2}$	$[M^0LT^{-2}]$
26.	पृष्ठ-तनाव (T)	$T\frac{F}{l} = \frac{W}{\Delta A}$	न्यूटन मी$^{-1}$ या जूल मी$^{-2}$	डाइन सेमी$^{-1}$ या अर्ग सेमी$^{-2}$	$[ML^0T^{-2}]$
27.	पृष्ठ ऊर्जा (S)	द्रव की पृष्ठ परत में स्थित अणुओं की प्रति एकांक क्षेत्रफल अतिरिक्त ऊर्जा $S = \frac{W}{\Delta A}$	जूल मी$^{-2}$	अर्ग सेमी$^{-2}$	$[ML^0T^{-2}]$
28.	श्यानता गुणांक (η)	$\lvert\eta\rvert = \frac{F}{A\left(\frac{dV}{dx}\right)}$	किग्रा मी$^{-1}$-से$^{-1}$	ग्राम (सेमी से)$^{-1}$	$[ML^{-1}T^{-1}]$
29.	प्रतिबल	विरूपक बल के प्रभाव में वस्तु के भीतर एकांक परिच्छेद क्षेत्रफल पर उत्पन्न आन्तरिक प्रतिक्रिया बल	न्यूटन मी$^{-2}$	डाइन सेमी$^{-2}$	$[M^0L^{-1}T^{-2}]$
30.	प्रत्यास्थता गुणांक (E)	$E = \frac{\text{प्रतिबल}}{\text{विकृति}}$	न्यूटन मी$^{-2}$	डाइन सेमी$^{-2}$	$[ML^{-1}T^{-2}]$
31.	परमताप (T)		केल्विन (K)	केल्विन	$[M^0L^0T^0\theta]$
32.	ऊष्माधारिता	(i) वस्तु के ताप में 1° वृद्धि करने के लिए आवश्यक ऊष्मा की मात्रा (ii) द्रव्यमान × विशिष्ट ऊष्मा (iii) ऊष्माधारिता $= \frac{Q}{t}$	जूल K^{-1}	अर्ग/°C	$[ML^2T^{-2}\theta^{-1}]$
33.	ऊष्मा चालकता गुणांक (K)	$K = \frac{Q}{A\frac{d\theta}{dx}t}$	जूल मी$^{-1}$ से$^{-1}$ K^{-1}	अर्ग सेमी$^{-1}$ से$^{-1}$°C^{-1}	$[MLT^{-3}\theta^{-1}]$
34.	ऊष्मीय प्रतिरोध (R_H)	$R_H = \Delta\theta t/Q$	K सेकण्ड जूल$^{-1}$	°C से अर्ग$^{-1}$	$[M^{-1}L^{-2}T^3\theta]$

क्र.सं.	भौतिक राशि व उसका प्रतीक	परिभाषा व सूत्र	SI मात्रक	CGS मात्रक	विमीय सूत्र
35.	सौर नियतांक (*S*)	(i) सूर्य से पृथ्वी पर प्रति मिनट प्रति एकांक क्षेत्रफल पर प्राप्त विकिरण ऊर्जा (ii) $S=\frac{\sigma T^4 R^2}{r^2}$	जूल से$^{-1}$ मी$^{-2}$	अर्ग से$^{-1}$ सेमी$^{-2}$	$[ML^0T^{-3}]$
36.	वीन नियतांक (*b*)	$b=\lambda_m T$	मीटर-K	सेमी-°C	$[M^0LT^0\theta]$
37.	प्लांक नियतांक (*h*)	$h=$ ऊर्जा/आवृत्ति	जूल-से	अर्ग-से	$[ML^2T^{-1}]$
38.	वैद्युत क्षेत्र की तीव्रता (*E*)	(i) $E=\frac{\phi}{A}$ (ii) $E=F/q$ (iii) $E=-\frac{dV}{dr}$	वोल्ट मीटर$^{-1}$ न्यूटन कूलॉम$^{-1}$	स्टैट वोल्ट सेमी$^{-1}$ डाइन/स्टैट कूलॉम$^{-1}$	$[ML^1T^{-3}A^{-1}]$
39.	वैद्युत विभव (*V*)	$V=W/q$	जूल कूलॉम$^{-1}$ = वोल्ट	अर्ग स्टैट$^{-1}$ कूलॉम$^{-1}$ = स्टैट वोल्ट$^{-1}$	$[ML^2T^{-3}A^{-1}]$
40.	वैद्युत धारिता (*C*)	(i) $C=q/V$ (ii) $C=\frac{2U}{V^2}$	फैरड (F)	स्टैट-फैरड	$[M^{-1}L^{-2}T^4A^2]$
41.	प्रतिरोध (*R*)	$R=\frac{V}{I}=\frac{E}{I}$	ओम	स्टैट ओम	$[ML^2T^{-3}A^{-2}]$
42.	चुम्बकीय क्षेत्र (*B*)	$B=F/qv$	टेस्ला	गौस	$[ML^0T^{-2}A^{-1}]$
43.	स्वप्रेरकत्व (*L*)	(i) $L=\phi/I$ (ii) $L=\frac{E}{dI/dt}$ (iii) $L=\frac{\mu_0\mu_r N^2 A}{l}$	हेनरी	स्टैट हेनरी	$[ML^2T^{-2}A^{-2}]$
44.	अन्योन्य प्रेरकत्व (*M*)	(i) $M=-\frac{E_s}{dI_p/dt}$ (ii) $M=\frac{\mu_0\mu_r N_p N_s A}{l}$ (iii) $M=\sqrt{L_1L_2}$	हेनरी	स्टैट हेनरी	$[ML^2T^{-2}A^{-2}]$
45.	यंग प्रत्यास्थता गुणांक (*Y*)	(i) $Y=\frac{\text{अनुदैर्ध्य प्रतिबल}}{\text{आयतन विकृति}}$ (ii) $Y=MgL/\pi r^2 l$	न्यूटन/मी^{2}	डाइन/सेमी^{2}	$[ML^{-1}T^{-2}]$
46.	आयतन प्रत्यास्थता गुणांक (k)	$k=\frac{\text{अभिलम्ब प्रतिबल}}{\text{आयतन विकृति}}$	न्यूटन/मी^{2}	डाइन/सेमी^{2}	$[ML^{-1}T^{-2}]$
47.	अपररूपण प्रत्यास्थता गुणांक (η)	(i) $\eta=\frac{\text{अपररूपण प्रतिबल}}{\text{अपररूपण विकृति}}$ (ii) $\eta=\frac{F/A}{\theta}=\frac{F}{A\theta}$	न्यूटन/मी^{2}	डाइन/सेमी^{2}	$[ML^{-1}T^{-2}]$
48.	ज्यामितीय जड़त्व आघूर्ण (I_g)	$I_g=\frac{\pi R^4}{4}$ वृत्ताकार केन्टिलीवर के लिए	मीटर^4	सेमी^{4}	$[M^0L^4T^0]$

विमाओं के उपयोग (Application of Dimensions)

(i) **किसी भौतिक राशि को एक मात्रक पद्धति से दूसरी मात्रक पद्धति में परिवर्तित करना** (To convert a physical quantity from one system to other) एक भौतिक राशि को एक मात्रक पद्धति से दूसरी मात्रक पद्धति में विमीय सूत्र की सहायता से परिवर्तित किया जा सकता है। भौतिक राशि, आंकिक मान व मात्रक के गुणनफल के रूप में प्रकट की जाती है।

मापन की किसी भी प्रणाली में यह गुणनफल नियत रहता है। इस कथन को प्रयोग कर किसी भौतिक राशि को एक मात्रक पद्धति से दूसरी मात्रक पद्धति में बदला जा सकता है। माना एक दी गई भौतिक राशि का विमीय सूत्र $[M^aL^bT^c]$ है। यदि एक पद्धति में भौतिक राशि का विमीय सूत्र $[M_1L_1T_1]$ है। तथा इस राशि (*Q*) का आंकिक मान x_1 है, अन्य मापक पद्धति में इसका आंकिक मान x_2। इस पद्धति में विमीय सूत्र $[M_2L_2T_2]$ है, तब

$$Q = x_1u_1 = x_2u_2$$

$$x_1[M_1^aL_1^bT_1^c] = x_2[M_2^aL_2^bT_2^c]$$

$$\Rightarrow \quad x_2 = x_1\left[\frac{M_1}{M_2}\right]^a\left[\frac{L_1}{L_2}\right]^b\left[\frac{T_1}{T_2}\right]^c$$

(ii) **किसी भौतिक समीकरण की सत्यता की जाँच करना** (To check the accuracy of a physical equation) समांगता के सिद्धान्त के अनुसार, यदि समीकरण के दोनों पक्षों की विमाएँ समान हों, तो भौतिक समीकरण विमीय रूप से सही होती है। सामान्यतया, भौतिक समीकरण में एक या अधिक विमाहीन नियतांक होते हैं। परन्तु समांगता का सिद्धान्त विमाहीन नियतांक के सम्बन्ध में जानकारी देने में विफल हो जाता है। इस कारण, विमीय रूप से सही समीकरण, भौतिक रूप से सही या गलत हो सकती है।

(iii) **विभिन्न भौतिक राशियों में सम्बन्ध स्थापित करना** (To derive relation among different physical quantities) यदि किसी भौतिक राशि के विषय में ज्ञात हो कि वह किन–किन भौतिक राशियों पर निर्भर करती है, तो विमीय सन्तुलन द्वारा उनमें सम्बन्ध स्थापित किया जा सकता है।

(iv) **किसी समीकरण में नियतांकों अथवा चरों की विमाएँ ज्ञात करना** (To find the dimensions of eonstants or variables in a given equation) यदि किसी समीकरण में जोड़े अथवा घटाए जाने वाले पदों में अज्ञात नियतांक अथवा चर सम्मिलित हैं, तब विमाओं के समांगता के सिद्धान्त के अनुसार समीकरण के दोनों पक्षों के पदों की तुलना करके अज्ञात नियतांकों अथवा चरों की विमाएँ ज्ञात की जा सकती हैं।

अभ्यास प्रश्न

मात्रक तथा विमीय सूत्र

1. विद्युत रासायनिक तुल्यांक का एस आई पद्धति में मात्रक है
(a) किग्रा-कूलॉम (b) कूलॉम/किग्रा
(c) किग्रा/कूलॉम (d) किग्रा/कूलॉम^2

2. सार्थक अंकों के अनुसार संख्याओं 436.32, 227.2 तथा 0.301 का योगफल है
(a) 663.821 (b) 664 (c) 663.8 (d) 663.82

3. एक कोण दूरी मापक का प्रयोग मापने में होता है
(a) पहाड़ी का क्षेत्रफल (b) एक वस्तु की ऊँचाई
(c) एक टॉवर की चौड़ाई (d) मकान का आयतन

4. दो राशियों को मापकर आप उसका मान $A = 1.0$ मी ± 0.2 मी, $B = 2.0$ मी $\pm$ 0.2 मी प्राप्त करते हैं। $\sqrt{AB}$ का सही मान होगा
(a) 1.4 मी ± 0.4 मी (b) 1.41 मी ± 0.15 मी
(c) 1.4 मी ± 0.3 मी (d) 1.4 मी ± 0.2 मी

5. 10^6 डाइन/सेमी^{2} दाब बराबर है
(a) 10^5 न्यूटन/मी^{2} (b) 10^4 न्यूटन/मी^{2}
(c) 10^6 न्यूटन/मी^{2} (d) 10^7 न्यूटन/मी^{2}

6. मानक (सार्वत्रिक) समय निर्भर है
(a) पृथ्वी की अपनी अक्ष के परितः गति पर
(b) क्वार्ट्ज क्रिस्टल के दोलनों पर
(c) सीजियम परमाणु के कम्पन पर
(d) सूर्य के चारों ओर पृथ्वी की कक्षीय गति पर

7. निम्नलिखित में से कौन-सा मापन की इकाई (मात्रक) का एक आवश्यक गुणन नहीं है?
(a) अप्रवेश्यता (b) अविनाशिता
(c) दृढ़ता (d) पुनः उत्पादन

8. स्टील का यंग गुणांक 1.9×10^{11} न्यूटन/मी^{2} है। जब इसे CGS पद्धति में (मात्रक में) परिवर्तित किया जाता है, तब यह बराबर होगा।
[1 न्यूटन = 10^5 डाइन, 1 मी^{2} = 10^4 सेमी^{2}]
(a) 1.9×10^{10} डाइन/सेमी^{2} (b) 1.9×10^{11} डाइन/सेमी^{2}
(c) 1.9×10^{12} डाइन/सेमी^{2} (d) 1.9×10^{13} डाइन/सेमी^{2}

9. निम्नलिखित में से कौन-से एक जोड़े की राशि तथा मात्रक सुमेलित हैं?
(a) वैद्युत क्षेत्र–कूलॉम/मी (b) चुम्बकीय फ्लक्स–वेबर/मी^{2}
(c) शक्ति–फैरड (d) धारिता–हेनरी

10. किसी पिण्ड की औसत लम्बाई 5 सेमी है। निम्नलिखित में से कौन-सी माप सर्वाधिक याथार्थ है?
(a) 4.9 सेमी (b) 4.805 सेमी
(c) 5.25 सेमी (d) 5.4 सेमी

11. प्रति एकांक आयतन ऊर्जा को प्रदर्शित करते हैं
(a) दाब से (b) बल से (c) प्रणोद से (d) कार्य से

12. निम्नलिखित भौतिक राशियों में से कौन-से जोड़े का विमीय सूत्र समान नहीं है?
(a) कार्य एवं बलाघूर्ण
(b) कोणीय संवेग एवं प्लांक नियतांक
(c) तनाव एवं पृष्ठ तनाव
(d) आवेग एवं रेखीय संवेग

13. मरकरी का पृष्ठ-तनाव 32 डाइन/सेमी है। इसका मान एस आई मात्रक के पदों में है
(a) 0.032 (b) 0.32 (c) 3200 (d) 32000

14. सम्बन्ध (समीकरण) $y = r\sin(\omega t - kx)$ में ω/k की विमा है
(a) $[M^0L^0T^0]$ (b) $[LT^{-1}]$
(c) $[M^0L^0T^{-1}]$ (d) $[M^0LT^0]$

15. एक प्रकाश वर्ष, प्रकाश द्वारा एक वर्ष में तय की गई दूरी के बराबर होता है। प्रकाश की चाल 3×10^8 मी/से है। मीटर में प्रकाश वर्ष होगा
(a) 3×10^{12} मी (b) 9.461×10^{15} मी
(c) 3×10^{15} मी (d) इनमें से कोई नहीं

16. यदि गुरुत्वीय त्वरण 10 मी/से^{2} है, तथा लम्बाई एवं समय के मात्रक क्रमशः किलोमीटर तथा घण्टे में परिवर्तित किए जाए, तब त्वरण का मान है
(a) 360000 (b) 72000
(c) 36000 (d) 129600

17. एक amu द्रव्यमान से 931 MeV ऊर्जा प्राप्त होती है। इलेक्ट्रॉन का विराम द्रव्यमान 9.1×10^{-21} किग्रा है। इस द्रव्यमान से प्राप्त ऊर्जा है
($1 \text{ amu} = 1.67\times10^{-27}$ किग्रा)
(a) 0.5073 MeV (b) 0.693 MeV
(c) 4.0093 MeV (d) इनमें से कोई नहीं

18. इलेक्ट्रॉन वोल्ट ऊर्जा का मात्रक है ($1 \text{ eV} = 1.6\times10^{-19}$ J)। हाइड्रोजन परमाणु में, पहली कक्षा में, इलेक्ट्रॉन की बन्धन ऊर्जा 13.6 इलेक्ट्रॉन वोल्ट है। यह जूल में होगी
(a) 10×10^{-19} (b) 21.76×10^{-19}
(c) 13.6×10^{-19} (d) इनमें से कोई नहीं

19. एक कथनानुसार अभिकेन्द्रीय बल वस्तु के द्रव्यमान, चाल तथा वृत्ताकार पथ की त्रिज्या पर निर्भर करता है। अभिकेन्द्रीय बल के लिए सूत्र प्राप्त कीजिए।
(a) $F=\frac{mv^2}{2r^3}$ (b) $F=\frac{mv^2}{r}$
(c) $F=\frac{mv^2}{r^2}$ (d) $F=\frac{m^2v^2}{2r}$

20. एक दोलन करने वाले कण पर उत्पन्न (लगने वाला) अवमंदन बल वेग के अनुक्रमानुपाती होता है। अनुक्रमानुपाती नियतांक को माप सकते हैं
(a) किग्रा/से (b) किग्रा-से
(c) किग्रा-मी/से (d) किग्रा/मी-से

21. एक वस्तु के द्रव्यमान एवं आयतन क्रमशः 4.237 ग्राम तथा 2.5 सेमी^{3} हैं। वस्तु का घनत्व शुद्ध सार्थक अंकों में है
(a) 1.6048 ग्राम/सेमी^{3} (b) 1.69 ग्राम/सेमी^{3}
(c) 1.7 ग्राम/सेमी^{3} (d) 1.695 ग्राम/सेमी^{3}

22. तरंग की तीव्रता का SI पद्धति में मात्रक है
(a) जूल/मी^{2}-से (b) जूल/मी-से^{2}
(c) वाट/मी^{2} (d) जूल/मी^{2}

23. गुरुत्वाकर्षण नियतांक का सही मात्रक है
(a) किग्रा-मी/से (b) न्यूटन-से/मी
(c) न्यूटन-मी^{2}/किग्रा^{2} (d) किग्रा-मी/से

24. 1 यार्ड SI मात्रकों के पदों में है
(a) 1.9144 मी (b) 0.9144 मी
(c) 0.09144 किमी (d) 1.0936 किमी

25. प्रत्यावर्ती धारा की समीकरण $I=I_0e^{-t/CR}$ है, जहाँ t समय, C धारिता तथा R प्रतिरोध है, तब CR का विमीय सूत्र है
(a) $[MLT^{-1}]$
(b) $[M^0LT]$
(c) $[M^0L^0T]$
(d) उपरोक्त में से कोई नहीं

26. निम्नलिखित जोड़ों में से किसकी विमाएँ समान हैं?
(a) धारा घनत्व एवं आवेश घनत्व
(b) कोणीय संवेग एवं संवेग
(c) स्प्रिंग नियतांक एवं पृष्ठ ऊर्जा
(d) बल एवं बलाघूर्ण

27. यदि p विकिरण दाब है, (प्रकाश की चाल है तथा q एकांक क्षेत्रफल की प्रति सेकण्ड विकिरण ऊर्जा है, तथा अशून्य पूर्णांक a, b व c इस प्रकार परिभाषित हैं। $p^ab^bc^c$ एक विमाहीन राशि है, तब
(a) $a=1, b=1, c=-1$ (b) $a=1, b=-1, c=1$
(c) $a=-1, b=1, c=1$ (d) $a=1, b=1, c=1$

28. चुम्बकीय पारगम्यता का विमीय सूत्र है
(a) $[M^0L^{-1}T]$ (b) $[M^0L^2T^{-1}]$
(c) $[M^0L^2T^{-1}A^2]$ (d) $[MLT^{-2}A^{-2}]$

29. विमीय सूत्र $[ML^{-2}T^{-2}]$ निम्नलिखित में से किस भौतिक राशि का है?
(a) ऊर्जा (b) दाब
(c) बलाघूर्ण (d) दाब-प्रवणता

30. सरल आवर्त गति के अन्तर्गत् किसी दोलित्र वस्तु का आवर्तकाल $T=p^aD^b\rho^c$ द्वारा दिखाया गया है, जहाँ p दाब, D घनत्व तथा ρ पृष्ठ तनाव है। a, b व c के मान हैं
(a) $-\frac{3}{2}, \frac{1}{2}, 1$ (b) $-1, -2, 3$
(c) $\frac{1}{2}, \frac{-3}{2}, \frac{-1}{2}$ (d) $1, 2, \frac{1}{3}$

31. गुप्त ऊष्मा का विमीय सूत्र है
(a) $[M^0L^2T^{-2}]$ (b) $[MLT^{-2}]$
(c) $[ML^2T^{-2}]$ (d) $[MLT^{-1}]$

32. MKS पद्धति में वि०वा० बल का विमीय सूत्र है
(a) $[ML^{-1}T^{-2}Q^2]$ (b) $[ML^2T^2Q^{-2}]$
(c) $[MLT^{-2}Q^{-1}]$ (d) $[ML^2T^{-2}Q^{-1}]$

33. भौतिक राशि जिसका विमीय सूत्र $[MT^{-3}]$ है, है
(a) पृष्ठ-तनाव (b) घनत्व
(c) सौर नियतांक (d) सम्पीड्यता

34. बल नियतांक की विमा समान है
(a) श्यानता गुणांक के (b) पृष्ठ-तनाव के
(c) आवृत्ति के (d) आवेग के

35. कोणीय तथा रेखीय संवेग के अनुपात का विमीय सूत्र है
(a) $[M^0LT^0]$ (b) $[MLT]$
(c) $[ML^2T^{-1}]$ (d) $[M^{-1}L^{-1}T^{-1}]$

36. $\frac{\text{प्लांक नियतांक}}{\text{रेखीय संवेग}}$ का विमीय सूत्र है
(a) $[M^0L^0T^0]$ (b) $[M^0L^0T]$
(c) $[M^0LT^0]$ (d) $[M^0LT^{-1}]$

37. यदि I जड़त्व आघूर्ण तथा ω कोणीय वेग है, तो घूर्णन गतिज ऊर्जा का विमीय सूत्र है
(a) $[ML^2T^{-1}]$ (b) $[M^2L^{-1}T^{-2}]$
(c) $[ML^2T^{-2}]$ (d) $[M^2L^{-1}T^{-2}]$

38. सूत्र $a=3bc^2$ में a तथा c क्रमशः धारिता तथा चुम्बकीय प्रेरण हैं। MKS पद्धति में b की विमा है
(a) $[M^{-3}L^{-2}T^4Q^4]$ (b) $[M^{-3}T^4Q^4]$
(c) $[M^{-3}T^3Q]$ (d) $[M^{-3}L^2T^4Q^{-4}]$

39. एक लेन्स की क्षमता $P = 1/f$ है, जहाँ f लेन्स की फोकस दूरी है। लेन्स की क्षमता की विमा है

(a) $[LT^{-2}]$ (b) $[M^0L^{-1}T^0]$
(c) $[M^0L^0T^0]$ (d) इनमें से कोई नहीं

40. $[ML^2T^{-3}A^{-2}]$ विमीय सूत्र है

(a) वैद्युत प्रतिरोध का (b) धारिता का
(c) वैद्युत विभव का (d) विशिष्ट प्रतिरोध का

41. यदि C प्रति रेडियन प्रत्यानयन आघूर्ण तथा I जड़त्व आघूर्ण है, तब $2\pi\sqrt{\frac{I}{C}}$ की विमा होगी

(a) $[M^0L^0T^{-1}]$ (b) $[M^0L^0T]$
(c) $[M^0LT^{-1}]$ (d) $[ML^2T^{-2}]$

42. जल तरंग का वेग v उसकी तरंगदैर्ध्य λ, जल के घनत्व ρ तथा गुरुत्वीय त्वरण g पर निर्भर करता है। विमीय सिद्धान्त से इनके बीच सम्बन्ध इस प्रकार है

(a) $v^2 \propto \lambda^{-1}\rho^{-1}$ (b) $v^2 \propto g\lambda$
(c) $v^2 \propto g\lambda\rho$ (d) $g^{-1} \propto \lambda^3$

43. यदि E, m, J तथा G क्रमशः ऊर्जा, द्रव्यमान, कोणीय संवेग तथा गुरुत्वाकर्षण नियतांक हैं, तब EJ^2/m^5G^2 का विमीय सूत्र है

(a) $[MLT^{-2}]$ (b) $[M^0L^0T]$
(c) $[M^0L^2T^0]$ (d) विमाहीन

44. क्रेन आयतन का ब्रिटिश मात्रक है (एक क्रेन = 170.4742), क्रेन को SI पद्धति में परिवर्तित कीजिए

(a) 0.170474 मी^{3} (b) 17.0474 मी^{3}
(c) 0.00170474 मी^{3} (d) 1704.74 मी^{3}

45. एक गतिमान कण की तरंगदैर्ध्य उसके द्रव्यमान m की p घात, वेग v की q घात, तथा प्लांक नियतांक h की r घात पर निर्भर करती है। तब p, q, r के सही मान का सेट है

(a) $p = 1, q = -1, r = 1$ (b) $p = 1, q = 1, r = 1$
(c) $p = -1, q = -1, r = -1$ (d) $p = -1, q = -1, r = 1$

त्रुटि और मापन

46. यदि $x = a - b$, तब x के मापन में महत्तम त्रुटि होगी

(a) $\left(\frac{\Delta a + \Delta b}{a - b}\right) \times 100\%$ (b) $\left(\frac{\Delta a}{a} - \frac{\Delta b}{b}\right) \times 100\%$
(c) $\left(\frac{\Delta a}{a - a} + \frac{\Delta b}{a - b}\right) \times 100\%$ (d) $\left(\frac{\Delta a}{a - a} - \frac{\Delta b}{a - b}\right)\%$

47. यदि $X = AX_B$ तथा X, A व B में अधिकतम (महत्तम) शुद्ध त्रुटि क्रमशः $\Delta X, \Delta A$ व ΔB हैं, तब X में महत्तम सापेक्षिक त्रुटि है

(a) $\Delta X = \Delta A + \Delta B$ (b) $\Delta X = \Delta A - \Delta B$
(c) $\frac{\Delta X}{X} = \frac{\Delta A}{A} - \frac{\Delta B}{B}$ (d) $\frac{\Delta X}{X} = \frac{\Delta A}{A} + \frac{\Delta B}{B}$

48. द्रव्यमान तथा चाल के मापन में प्रतिशत त्रुटि क्रमशः 2% व 3% है। द्रव्यमान और चाल के मापन से प्राप्त कुल गतिज ऊर्जा में अधिकतम त्रुटि कितनी होगी?

(a) 11% (b) 8%
(c) 5% (d) 1%

49. एक गोले की त्रिज्या के मापन में त्रुटि 2% है। आयतन के मापन में त्रुटि है

(a) 1% (b) 5%
(c) 3% (d) 6%

50. यदि एक पिण्ड की चाल के मापन में धनात्मक त्रुटि 50% है, तब गतिज ऊर्जा के मापन में त्रुटि है

(a) 25% (b) 50%
(c) 100% (d) 125%

51. एक गोले की त्रिज्या (4.3 ± 0.1) सेमी है। इसके आयतन में प्रतिशत त्रुटि है

(a) $\frac{0.1}{4.3} \times 100$ (b) $3 \times \frac{0.1 \times 100}{4.3}$
(c) $\frac{1}{3} \times \frac{0.1 \times 100}{4.3}$ (d) $3 + \frac{0.1 \times 100}{4.3}$

52. k प्रतिरोध, l लम्बाई व r त्रिज्या वाले बेलनाकार तार का विशिष्ट प्रतिरोध $\rho = \frac{\pi r^2 k}{l}$ है।

दिया है, $r = 0 = (24 \pm 0.02)$ सेमी, $R = (30 \pm 1)\Omega$ तथा $l = (4.80 \pm 0.01)$ सेमी। ρ में प्रतिशत त्रुटि लगभग है

(a) 7% (b) 9%
(c) 13% (d) 20%

53. एक खोखले बेलन के आन्तरिक व बाह्य व्यास एक वर्नियर कैलीपर्स द्वारा मापे जाते हैं। इनके मान क्रमशः 4.23± 0.01 सेमी तथा 3.87±0.01 सेमी है। बेलन की दीवार की चौड़ाई (मोटाई) है

(a) 0.36± 0.02 सेमी (b) 0.18± 0.02 सेमी
(c) 0.36±0.01 सेमी (d) 0.18± 0.01 सेमी

54. एक घन का घनत्व उसके द्रव्यमान तथा भुजा मापकर मापा जाता है। यदि द्रव्यमान तथा भुजा के मापन में महत्तम त्रुटि क्रमशः 3% तथा 2% हैं, तब घनत्व के मापन में महत्तम त्रुटि है

(a) 1% (b) 5% (c) 7% (d) 9%

55. समय पर निर्भर एक भौतिक राशि $P = P_0 e^{-\alpha t^2}$ से दी गई है। जहाँ α नियतांक व t समय है, तब नियतांक α है

(a) विमाहीन (b) T^{-2} की विमा
(c) P की विमा (d) T^2 की विमा

56. एक स्टॉप वॉच का अल्पतमांक 0.2 सेकण्ड है। एक लोलक के 20 दोलनों का समय 25 सेकण्ड है। समय के मापन में प्रतिशत त्रुटि होगी

(a) 8% (b) 1.8% (c) 0.8% (d) 0.1%

57. एक वर्गाकार प्लेट पर दाब उस पर लगने वाले बल को मापकर तथा उसकी लम्बाई l को मापकर सूत्र $P = \frac{F}{l^2}$ से मापते हैं। यदि बल तथा लम्बाई के मापन में महत्तम प्रतिशत त्रुटि क्रमशः 4% तथा 2% हैं, तब दाब के मापन में महत्तम त्रुटि है

(a) 1% (b) 2% (c) 8% (d) 10%

58. दिया है, विभवान्तर $V = (8 \pm 0.5)$ वोल्ट तथा धारा $I = (2 \pm 0.2)$ ऐम्पियर। प्रतिरोध R का मान है

(a) 4 ± 16.25% (b) 4 ± 6.25%
(c) 4 ± 10% (d) 4 ± 8%

59. एक ब्लॉक की लम्बाई, चौड़ाई तथा मोटाई की माप क्रमश: 50 सेमी, 2.0 सेमी तथा 1.00 सेमी है। आयतन के मापन में प्रतिशत त्रुटि है

(a) 0.8% (b) 8% (c) 10% (d) 12.5%

60. दिया है, $\pi = 3.14$ है। π^2 का मान सार्थक अंकों में है

(a) 9.86 (b) 9.859 (c) 9.8596 (d) 9.85960

61. एक घनाकार ब्लॉक की एक भुजा 0.01 सेमी वर्नियर नियतांक वाले वर्नियर कैलीपर्स से मापते हैं। यह भुजा की वास्तविक लम्बाई 1.23 सेमी मापता है। क्षेत्रफल के मापन में प्रतिशत त्रुटि है

(a) $\frac{1.23}{0.01} \times 100$ (b) $\frac{0.01}{1.23} \times 100$

(c) $2 \times \frac{0.01}{1.23} \times 100$ (d) $3 \times \frac{0.01}{1.23} \times 100$

62. सामान्यत: लम्बाई मीटर में मापी जाती है तथा समय सेकण्ड में। परन्तु द्रव्यमान का एक नया मात्रक चुना है $G = 1$, यह द्रव्यमान के नये मात्रक के बराबर है

(a) 1.5×10^7 किग्रा (b) 1.5×10^{10} किग्रा

(c) 6.67×10^{-11} किग्रा (d) 6.67×10^{-8} किग्रा

63. एक धातु के ब्लॉक की लम्बाई, चौड़ाई तथा मोटाई $l = 90$ सेमी, $b = 8$ सेमी, $t = 2.45$ सेमी द्वारा दी जाती है। तब ब्लॉक का आयतन है

(a) 2×10^3 सेमी^{3} (b) 1.8×10^2 सेमी^{3}

(c) 1.77×10^2 सेमी^{3} (d) 1.764×10^2 सेमी^{2}

64. एक दर्पण की फोकस दूरी सूत्र $\frac{1}{f} = \frac{1}{u} + \frac{1}{v}$ द्वारा दी जाती है। जहाँ u तथा v वस्तु तथा प्रतिबिम्ब की दूरी है। f में महत्तम सापेक्षिक त्रुटि है

(a) $\frac{\Delta f}{f} = \frac{\Delta u}{u} + \frac{\Delta v}{v}$

(b) $\frac{\Delta f}{f} = \frac{1}{\Delta u/u} + \frac{1}{\Delta v/v}$

(c) $\frac{\Delta f}{f} = \frac{\Delta u}{u} + \frac{\Delta v}{v} - \frac{\Delta(u+v)}{u+v}$

(d) $\frac{\Delta f}{f} = \frac{\Delta u}{u} + \frac{\Delta v}{v} + \frac{\Delta u}{u+v} + \frac{\Delta v}{u+v}$

65. एक पिण्ड के द्रव्यमान तथा आयतन की माप क्रमश: 23.42 ग्राम तथा 4.9 सेमी^{3} है, इनके मापन में सम्भावित त्रुटि 0.01 ग्राम तथा 0.1 सेमी^{3} है। घनत्व में महत्तम त्रुटि लगभग है

(a) 0.2% (b) 2%

(c) 5% (d) 10%

66. रस्सी में अनुप्रस्थ तरंग का वेग सूत्र $v = \sqrt{\left(\frac{T}{m}\right)}$ से दिया जाता है, जहाँ T रस्सी में तनाव है तथा m एकांक लम्बाई का द्रव्यमान है। यदि $T = 3.0$ किग्रा-बल रस्सी का द्रव्यमान 2.5 ग्राम तथा रस्सी की लम्बाई 1.00 मी है, तब वेग के मापन में प्रतिशत त्रुटि है

(a) 0.5 (b) 0.7

(c) 2.3 (d) 3.6

उत्तरमाला

1	(c)	2	(b)	3	(b)	4	(d)	5	(a)	6	(a)	7	(a)	8	(c)	9	(b)	10	(a)
11	(a)	12	(c)	13	(a)	14	(b)	15	(b)	16	(d)	17	(a)	18	(b)	19	(b)	20	(a)
21.	(c)	22.	(a)	23.	(c)	24.	(b)	25.	(c)	26.	(a)	27.	(b)	28.	(d)	29.	(d)	30.	(a)
31.	(a)	32.	(d)	33.	(c)	34.	(b)	35.	(a)	36.	(c)	37.	(c)	38.	(a)	39.	(b)	40.	(a)
41.	(b)	42.	(b)	43.	(d)	44.	(a)	45.	(a)	46.	(a)	47.	(a)	48.	(b)	49.	(d)	50.	(d)
51.	(b)	52.	(d)	53.	(b)	54.	(d)	55.	(b)	56.	(c)	57.	(c)	58.	(a)	59.	(b)	60.	(a)
61.	(c)	62.	(b)	63.	(a)	64.	(d)	65.	(b)	66.	(d)								

उत्तर व्याख्या सहित

1. फैराडे के वैद्युत अपघटन के प्रथम नियम से,

$$m = zq$$

या $$z = \frac{m}{q}$$

इसलिए z का SI मात्रक किग्रा/कूलॉम है।

2. दी गई राशियों का योगफल $= 436.32 + 227.2 + 0.301$

$= 663.821$

क्योंकि अंक 8 अंक 5 से बड़ा है।

इसलिए 663 में 1 जोड़ने पर,

$\Rightarrow$ $663 + 1 = 664$

3. पेड़, मकान, टॉवर, पहाड़ी आदि की ऊँचाई कोणीय दूरी मापक की सहायता से मापी जाती है।

4. दिया है, $A = 1.0$ मी $\pm$ 0.2 मी

$B = 2.0$ मी $\pm$ 0.2 मी

$X = \sqrt{AB} = \sqrt{1.0 \times 2.0} = 1.414$ मी

दो सार्थक अंकों का पूर्णांकन

$x = \sqrt{AB} = 1.414$ मी

अब $$\frac{\Delta x}{x} = \frac{1}{2}\left[\frac{\Delta A}{A} + \frac{\Delta B}{B}\right]$$

$$= \frac{1}{2}\left[\frac{0.2}{1.0} + \frac{0.2}{2.0}\right] = \frac{0.6}{2 \times 2.0}$$

$$\Delta x = \frac{0.6 \times x}{2 \times 2.0} = 0.15 \times 1.414 = 0.212$$

एक सार्थक अंक का पूर्णांकन, $\Delta x = 0.2$ मी

अत: $\sqrt{AB} = 1.4$ मी $\pm$ 0.2 मी

5. 1 न्यूटन = 10^5 डाइन तथा 1 मी = 100 सेमी

10^6 डाइन/सेमी^{2} = $10^6 \times 10^{-5}$ न्यूटन $\times (10^{-2})^{-2} = 10^5$ न्यूटन/मी^{2}

6. मानक (सार्वत्रिक) समय पृथ्वी की अपनी अक्ष पर गति पर निर्भर है।

7. अविनाशिता, दृढ़ता तथा पुनः उत्पादन मापन की इकाई के आवश्यक लक्षण हैं।

8. यंग गुणांक $Y = 1.9 \times 10^{11}$ न्यूटन/मी^{2}

$\because$ 1 न्यूटन = 10^5 डाइन, 1 मी^{2} = 10^4 सेमी^{2}

$\therefore$ CGS में $Y = \frac{1.9 \times 10^{11} \times 10^5}{10^4}$ डाइन/सेमी^{2}

$Y = 1.9 \times 10^{12}$ डाइन/सेमी^{2}

9. चुम्बकीय फ्लक्स का मात्रक वेबर/मी^{2} होता है।

10. यहाँ, $x = 5$ सेमी है।

$\Delta x_1 = 5 - 4.9 = 0.1$ सेमी

$\Delta x_2 = 5 - 4.805 = 0.195$ सेमी

$\Delta x_3 = 5 - 5.95 = -0.25$ सेमी

अतः विकल्प (a) सही है।

11. $\frac{[\text{ऊर्जा}]}{[\text{आयतन}]} = \frac{[ML^2T^{-2}]}{[L^3]} = [ML^{-1}T^{-2}]$

$[\text{दाब}] = \frac{[MLT^{-2}]}{[L^2]} = [ML^{-1}T^{-2}]$

12. क्योंकि तनाव का विमीय सूत्र = $[MLT^{-2}]$

तथा पृष्ठ तनाव का विमीय सूत्र = $[ML^0T^{-2}]$

13. $T = \frac{32 \times 10^{-5}}{(10)^{-2}} = 32 \times 10^{-3}$ न्यूटन/मी

$= 0.032$ न्यूटन/मी

14. $y = r\sin(\omega t - kx)$

यहाँ ωt = कोण, $\therefore \omega = \frac{1}{T} = [T^{-1}]$

इसी प्रकार, kx = कोण, $\therefore k = \frac{1}{x} = [L^{-1}]$

$\therefore \frac{\omega}{k} = \frac{[T^{-1}]}{[L^{-1}]} = [LT^{-1}]$

15. 1 प्रकाश वर्ष = 3×10^8 (मी/से) $\times$ 1 वर्ष

$= \frac{3 \times 10^8 \text{ मी}}{\text{सेकण्ड}} \times 365 \times 24 \times 60 \times 60$ सेकण्ड

$= 3 \times 10^8 \times 365 \times 24 \times 60 \times 60$ मी

$= 9.461 \times 10^{15}$ मी

16. $n_2 = n_1\left[\frac{L_1}{L_2}\right]^1\left[\frac{T_1}{T_2}\right]^2 = \left[\frac{\text{मी}}{\text{किमी}}\right]^1\left[\frac{\text{सेकण्ड}}{\text{घण्टा}}\right]^{-2}$

$n_2 = 10\left[\frac{\text{मी}}{10^3 \text{ मी}}\right] = \left[\frac{\text{सेकण्ड}}{3600 \text{ सेकण्ड}}\right]^{-1} = 129600$

17. इलेक्ट्रॉन का द्रव्यमान $= \frac{9.1 \times 10^{-31}}{1.67 \times 10^{-27}}$

$\therefore E = \frac{9.1 \times 10^{-31}}{1.67 \times 10^{-27}} \times 931$ MeV

$= 0.5073$ MeV

18. दिया है, 1 eV = 1.6×10^{-19} जूल

13.6 eV = $13.6 \times 1.6 \times 10^{-19}$ जूल

$= 21.76 \times 10^{-19}$ जूल

19. प्रश्नानुसार, $F \propto m^a v^b r^c$

$F = km^a v^b r^c$

k एक विमाहीन नियतांक है।

समविमीय नियम से,

LHS की विमा = RHS की विमा

$[MLT^{-2}] = [M^a][LT^{-1}]^b[L]^c$

या $[MLT^{-2}] = [M^aL^{b+c}T^{-b}]$

दोनों ओर की घातों की तुलना करने पर,

$a = 1$

$b + c = 1$

$-b = -2 \Rightarrow b = 2$

$\therefore 2 + c = 1$

$c = -1$

अतः $F = kmv^2r^{-1} = \frac{kmv^2}{r}$

यहाँ k का प्रयोगात्मक मान 1 प्राप्त होता है।

$\therefore F = \frac{mv^2}{r}$

20. बल, $F = kv$

$[k] = \frac{[F]}{[v]} = \frac{[MLT^{-2}]}{[LT^{-1}]} = [MT^{-1}]$

इसलिए मात्रक किग्रा/से है।

21. घनत्व $= \frac{\text{द्रव्यमान}}{\text{आयतन}} = \frac{4.237 \text{ ग्राम}}{2.5 \text{ सेमी}^3} = 1.694$ ग्राम/सेमी^{3}

$\Rightarrow 1.7$ ग्राम/सेमी^{3}

22. तीव्रता $= \frac{\text{ऊर्जा}}{\text{क्षेत्रफल} \times \text{समय}} = \frac{\text{जूल}}{\text{मी}^2\text{–से}}$

23. $\because F = \frac{Gm_1m_2}{r^2}$

$\therefore G = \frac{Fr^2}{m^2} \Rightarrow \frac{\text{न्यूटन–मी}^2}{\text{किग्रा}^2}$

24. 1 यार्ड = 36 इन्च = 36×2.54 मी = 0.9144 मी

25. CR समय नियतांक है

$CR = [T]$

26. स्प्रिंग नियतांक $= \frac{F}{l} = [ML^0T^{-2}]$

पृष्ठ ऊर्जा $= \frac{\text{ऊर्जा}}{\text{क्षेत्रफल}} = [ML^0T^{-2}]$

27. यहाँ, $[M^0L^0T^0] = [ML^{-1}T^{-2}]^a[MT^{-3}]^b[LT^{-1}]^c$

या $[M^0L^0T^0] = [M^{a+b}L^{-a+c}T^{-2a-3b-c}]$

दोनों ओर से M, L तथा T की घातों की तुलना करने पर,

$a + b = 0, -a + c = 0, -2a - 3b = 0$

हल करने पर, $a = 1, b = -1, c = 1$

28. कथन $\frac{\text{शक्ति}}{\text{क्षेत्रफल}}$ से,

$$\frac{W}{m^2} = Wm^{-2}$$

क्योंकि $\frac{F}{l} = \frac{H_0 I_1 I_2}{2\pi r}$

या $[\mu_0] = \frac{[F]}{[I_1 I_2]} = \frac{[MLT^{-2}]}{[A^2]} = [MLT^{-2}A^{-2}]$

29. $[ML^{-2}T^{-2}] = \left[\frac{MLT^{-2}}{[L][L^2]}\right]$

$$= \frac{\text{बल}}{\text{दूरी} \times \text{क्षेत्रफल}} = \frac{\text{दाब}}{\text{क्षेत्रफल}} = \text{दाब-प्रवणता}$$

30. सभी राशियों की विमाएँ लिखने पर,

$$[T] = [ML^{-1}T^{-2}]^a [L^3M]^b [MT^{-2}]^c$$

हल करने पर,

$$a = \frac{-3}{2}, b = \frac{1}{2} \text{ तथा } c = 1$$

31. $\frac{\text{ऊष्मा}}{\text{द्रव्यमान}} = \frac{[ML^2T^{-2}]}{[M]} = [M^0L^2T^{-2}]$

32. $e = \frac{di}{dt} \Rightarrow [e] = [ML^2T^{-2}A^{-2}]\left[\frac{A}{T}\right]$

$$[e] = [ML^2T^{-2}Q^{-1}]$$

33. $[MT^{-3}] = \frac{[ML^2T^{-2}]}{[L^2][T]}$

$$= \frac{\text{ऊर्जा}}{\text{क्षेत्रफल}} \times \text{समय} = \text{सौर नियतांक की विमा}$$

34. बल नियतांक तथा पृष्ठ-तनाव दोनों प्रति एकांक लम्बाई के बल को प्रदर्शित करते हैं।

35. $\frac{\text{कोणीय संवेग}}{\text{रेखीय संवेग}} = \frac{[ML^2T^{-1}]}{[MLT^{-1}]} = [M^0LT^0]$

36. $\frac{\text{प्लांक नियतांक}}{\text{रेखीय संवेग}} = \frac{[ML^2T^{-1}]}{[MLT^{-1}]} = [M^0LT^0]$

37. गतिज ऊर्जा मूल रूप से कार्य है

$$W = \text{बल} \times \text{दूरी}$$
$$= [MLT^{-2}] \times [L] = [ML^2T^{-2}]$$

38. दिया है, $a = 3bc^2 \Rightarrow b = \frac{a}{3c^2}$

a व c की विमाएँ लिखने पर,

$$[b] = \frac{[Q/V]}{[B]^2} = \frac{[Q]/[ML^2T^{-2}Q^{-1}]}{[MT^{-1}Q^{-1}]^2} = [M^{-3}L^{-2}T^4Q^4]$$

39. लेन्स की क्षमता $P = \frac{1}{f}$

$\therefore$ $[P] = \frac{1}{[f]} = \frac{1}{[L]} = [M^0L^{-1}T^0]$

40. प्रतिरोध, $R = \frac{V}{I} = \frac{W}{qI} = \frac{[ML^2T^{-2}]}{[AT][A]} = [ML^2T^{-3}A^{-2}]$

41. कोणीय SHM में आवर्तकाल के लिए संरचना सूत्र का प्रयोग करते हैं। तथा समय का विमीय सूत्र = $[M^0L^0T]$

42. वेग $v = k\lambda^a\rho^b g^c$

$$\Rightarrow [M^0LT^{-1}] = [L^a]\ [M^bL^{-3b}]\ [L^cT^{-2c}]$$
$$\Rightarrow [M^0LT^{-1}] = [L^a]\ [M^bL^{a-3b+c}T^{-2c}]$$

M, L तथा T की घातों की तुलना करने पर,

$$a - 3b + c = 1, b = 0, c = \frac{1}{2}$$

$\therefore$ $v = k\lambda^{1/2}\rho^0 g^{1/2}$ या $v^2 \propto g\lambda$

43. $\frac{[E][J]^2}{[M]^5[G]^2} \frac{[ML^2T^{-2}]\ [ML^2T^{-1}]^2}{[M]^5[M^{-1}L^3T^{-2}]^2} = [M^0L^0T^0]$

44. $n_1u_1 = n_2u_2$

$$n_2 = \frac{n_1u_1}{u_2} = \frac{170.474L}{M^3} = \frac{170.474 \times 10^{-3}M^3}{M^3}$$
$$= 0.170474 \text{ मी}^3$$

45. $\lambda = m^p v^q h^r$

$$[M^0LT^0] = [M^p][LT^{-1}]^q[ML^2T^{-2}]^r$$
$$[M^0LT^0] = [M^{p+r}L^{q+2r}T^{-q-r}]$$
$$\therefore p + r = 0, q + 2r = 1, -q - r = 0$$

हल करने पर,

$$p = -1, q = -1, r = 1$$

46. महत्तम निरपेक्ष त्रुटि $\Delta a + \Delta b$ है।

अब प्रतिशत त्रुटि $= \left(\frac{\Delta a + \Delta b}{a - b}\right) \times 100\%$

47. जब दो राशियाँ गुणा में हैं, तब उनकी महत्तम सापेक्ष त्रुटि उनकी अलग-अलग त्रुटियों को जोड़कर प्राप्त होती है।

48. हम जानते हैं, गतिज ऊर्जा $= \frac{1}{2}mv^2$

तब प्रतिशत त्रुटि 2% + 2 × 3%, *i.e.*, 8%

49. आयतन $\propto r^3$

इसलिए त्रुटि 3 × 2% = 6%

50. गतिज ऊर्जा, $E = \frac{1}{2}mv^2$

$$\therefore \quad \frac{\Delta E}{E} \times 100 = \frac{\Delta v^2 - v^2}{v^2} \times 100$$
$$= [(1.5)^2 - 1] \times 100 = 125\ \%$$

51. त्रिज्या में प्रतिशत त्रुटि $= \frac{0.1}{4.3} \times 100$

अब $V \propto R^3$

$\therefore$ आयतन में प्रतिशत त्रुटि $= \frac{3 \times 0.1}{4.3} \times 100$

52. आवश्यक प्रतिशतता

$$= \frac{2 \times 0.02}{0.24} \times 100 + \frac{1}{30} \times 100 + \frac{0.01}{4.80} \times 100$$
$$= 16.7 + 3.3 + 0.2 = 20\%$$

54. घनत्व में त्रुटि = 3% + 3 × 2% = 9%

55. यहाँ αt^2 विमाहीन है, इसलिए $\alpha = \frac{1}{t^2}$ तथा विमा $[T^{-2}]$

56. प्रतिशत त्रुटि $= \frac{0.2}{25} \times 100 = 0.8\%$

57. P में महत्तम प्रतिशत त्रुटि = 4% + 2 × 2% = 8%

58. क्योंकि $V = (8 + 0.5)$ वोल्ट

तथा $I = (2 + 0.2)$ ऐम्पियर

$\therefore \quad R = \frac{8}{2} = 4 \quad$ (R = प्रतिरोध)

$$\Rightarrow \frac{\Delta R}{R}\% = \left(\frac{\Delta V}{V} + \frac{\Delta I}{I}\right) = \left(\frac{0.5}{8} + \frac{0.2}{2}\right) \times 100 = 16.25\%$$

$\therefore \quad R = (4 \pm 16.25\%)$

59. लम्बाई में प्रतिशत त्रुटि $= \frac{1}{50} \times 100 = 0\%$

चौड़ाई में प्रतिशत त्रुटि $= \frac{0.1}{2.0} \times 100 = 5\%$

मोटाई में प्रतिशत त्रुटि $= \frac{0.1}{1.00} \times 100 = 1\%$

आयतन में प्रतिशत त्रुटि = 2 + 5 + 1 = 8%

60. क्योंकि $\pi = 3.14$

$\therefore \quad \pi^2 = (3.14)^2 = 9.8596$

π^2 का पूर्णांक = 9.86

61. भुजा के मापन में प्रतिशत त्रुटि $= \frac{0.01}{1.23} \times 100$

$\therefore$ क्षेत्रफल के मापन में प्रतिशत त्रुटि $= 2 \times \frac{0.01}{1.23} \times 100$

62. द्रव्यमान का नया मात्रक $\frac{1}{6.67 \times 10^{-11}}$ किग्रा

$= 1.5 \times 10^{10}$ किग्रा

64. $f = \frac{uv}{u+v}, \frac{\Delta f}{f} = \frac{\Delta u}{u} + \frac{\Delta v}{v} + \frac{\Delta(u+v)}{u+v}$

65. द्रव्यमान में प्रतिशत त्रुटि $= \frac{0.01}{23.42} \times 100 = 0.04$

आयतन में प्रतिशत त्रुटि $= \frac{0.1}{4.9} \times 100 = 2.04$

जोड़ने पर प्रतिशत त्रुटि लगभग 2% प्राप्त होती है।

66. $v = \sqrt{\frac{T}{m}} = \left[\frac{m'g}{M/l}\right]^{1/2} = \left[\frac{m'lg}{M}\right]^{1/2}$

अतः $\frac{\Delta v}{v} = \frac{1}{2}\left[\frac{\Delta m'}{m} + \frac{\Delta l}{l} + \frac{\Delta M}{M}\right]$

$= \frac{1}{2}\left[\frac{0.1}{3.0} + \frac{0.01}{1.000} + \frac{0.1}{2.5}\right]$

$= \frac{1}{2}[0.03 + 0.001 + 0.04]$

$= 0.036$

मापन में प्रतिशत त्रुटि = 3.6

अध्याय 02

गतिकी

Kinematics

वस्तुओं की अवस्था (स्थिर या एकसमान गति) परिवर्तन के कारण के साथ वस्तुओं की गति का अध्ययन **गतिकी** (kinematics) कहलाता है।

निर्देश फ्रेम (Frame of Reference)

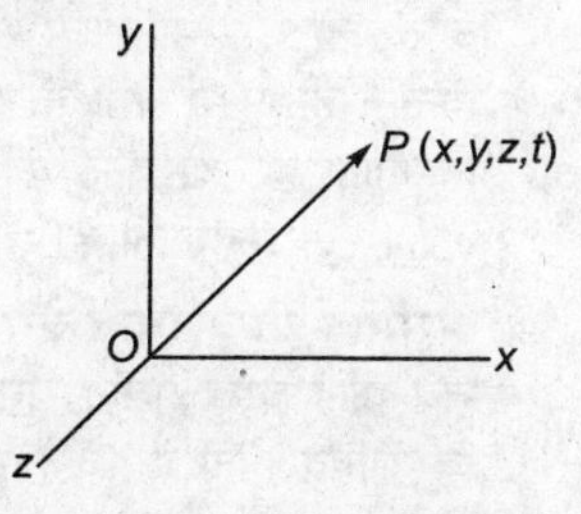

वह तन्त्र (system) जिसके सापेक्ष किसी पिण्ड की गति का वर्णन किया जा सकता है, निर्देश फ्रेम या निर्देश तन्त्र (reference system) कहलाता है। सामान्यत: निर्देश फ्रेम एक सन्दर्भ बिन्दु अक्षों का एक समुच्चय तथा उससे सम्बद्ध एक घड़ी का निकाय होता है। सबसे सरल निर्देश फ्रेम कार्तीय निर्देशांक तन्त्र (cartesian coordinate system) होता है, जिसमें किसी क्षण t पर कण की स्थिति निर्देशांक (x, y, z) द्वारा या स्थिति सदिश $\mathbf{r}$ द्वारा प्रदर्शित करते हैं।

निर्देश फ्रेम दो प्रकार के होते हैं।

(i) **जड़त्वीय निर्देश फ्रेम** (Inertial frame of reference) वे निर्देश फ्रेम जो एक-दूसरे के सापेक्ष एकसमान वेग से चल रहे होते हैं, जड़त्वीय निर्देश फ्रेम कहलाते हैं

(ii) **अजड़त्वीय निर्देश फ्रेम** (Non-Inertial frame of reference) वे निर्देश फ्रेम जो एक-दूसरे के सापेक्ष त्वरित हो रहे होते हैं, अजड़त्वीय निर्देश फ्रेम कहलाते हैं।

स्थिति सदिश (Position Vector)

किसी वस्तु की स्थिति दो कारकों द्वारा पूर्ण रूप से व्यक्त की जाती है। प्रेक्षक से इसकी दूरी तथा प्रेक्षक के सापेक्ष इसकी दिशा। अत: किसी भी बिन्दु की स्थिति को, स्थिति सदिश से व्यक्त किया जाता है।

माना x, y तल में एक बिन्दु P स्थित है तथा इसके निर्देशांक (x, y) हैं, तो बिन्दु का स्थिति सदिश $\mathbf{r} = x\hat{\mathbf{i}} + y\hat{\mathbf{j}}$ होगा तथा यदि बिन्दु आकाश में स्थित हो और इसके निर्देशांक (x, y, z) हों तो इसका स्थिति सदिश $(\mathbf{r}) = x\hat{\mathbf{i}} + y\hat{\mathbf{j}} + z\hat{\mathbf{k}}$ से व्यक्त किया जा सकता है।

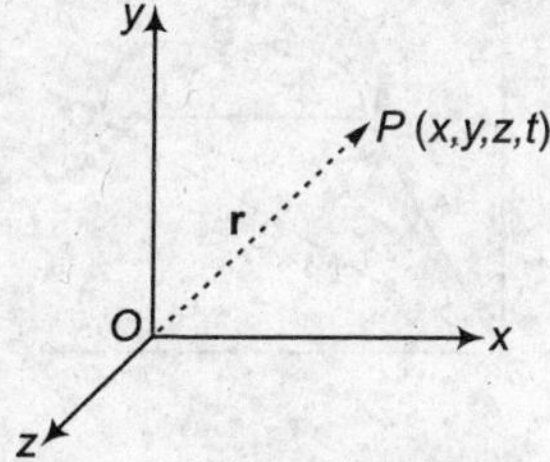

एकविमीय, द्विविमीय तथा त्रिविमीय गति (One, Two and Three Dimensional Motion)

1. एकविमीय गति (One Dimensional Motion)

वस्तु की गति एकविमीय (1-D) कहलाती है, यदि समय के सापेक्ष बदलते आकाश (space) में वस्तु की गति केवल एक निर्देशांक से व्यक्त हो। एक कण की सरल रेखा में गति, वेग अथवा त्वरण के केवल एक घटक से व्यक्त होती है। **उदाहरणार्थ,** एक ब्लॉक की सरल रेखीय गति, सीधी सड़क पर व्यक्ति की गति तथा मुक्त रूप से गुरुत्व के अन्तर्गत् गिरती वस्तु की गति आदि। इसमें कण की गति को एक निर्देशांक x से व्यक्त करते हैं।

2. द्विविमीय गति (Two Dimensional Motion)

वस्तु की गति द्वि-विमीय (2-D) कहलाती है, यदि समय के सापेक्ष बदलते आकाश में वस्तु की गति दो निर्देशांकों से व्यक्त हो। ऊर्ध्वाधर तल में क्षैतिज से किसी कोण पर फेंकी गयी वस्तु की गति द्विविमीय गति का उदाहरण है। यह एक प्रक्षेप्य गति है। इसी प्रकार वृत्तीय गति 2-D गति का उदाहरण है।

किसी वस्तु की द्विविमीय गति, वेग अथवा त्वरण के दो परस्पर लम्बवत् घटकों से व्यक्त होती है। इसमें कण की गति को दो निर्देशांक (x, y) से व्यक्त करते हैं।

3. त्रिविमीय गति (Three Dimensional Motion)

वस्तु की गति त्रिविमीय (3-D) कहलाती है, यदि समय के सापेक्ष बदलते आकाश में वस्तु की गति तीनों निर्देशांकों से व्यक्त हो।

इस प्रकार की गति, सरल रेखा अथवा एक तल में होने को बाध्य नहीं होती बल्कि आकाश में घटित होती है। वायु में उड़ते वायुयान, पतंग अथवा पक्षी की गति त्रिविमीय (3-D) गति है। 3-D गति में वस्तु का वेग तथा त्वरण तीन घटकों (v_x, v_y, v_z, a_x, a_y तथा a_z) में वियोजित हो जाते हैं। यहाँ x, y तथा z परस्पर लम्बवत् अक्ष हैं।

इसमें कण की गति को तीन निर्देशांक (x, y, z) से व्यक्त करते हैं।

दूरी तथा विस्थापन (Distance and displacement)

किसी गतिमान कण या वस्तु द्वारा किसी मार्ग पर चली गयी कुल लम्बाई को कण या वस्तु द्वारा चली गयी **दूरी** कहते हैं, जबकि कण की अन्तिम स्थिति तथा प्रारम्भिक स्थिति के अन्तर को कण का **विस्थापन** कहते हैं। माना एक कण A से C तक ABC पथ पर चलता है। कण द्वारा चली गयी दूरी वास्तविक पथ ABC की लम्बाई है, जबकि विस्थापन AC है।

$$\Delta \mathbf{r} = \mathbf{r}_C - \mathbf{r}_A$$

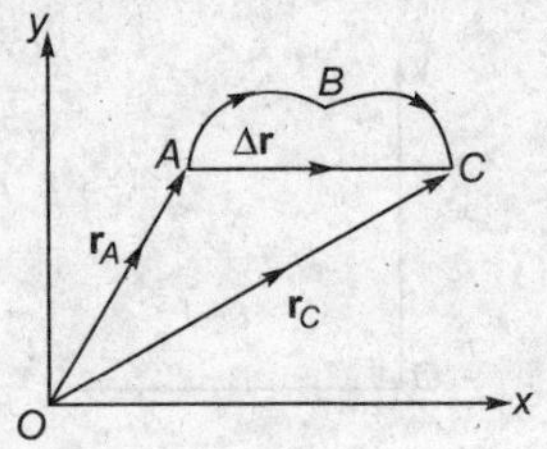

चाल (Speed)

किसी गतिमान वस्तु द्वारा प्रति एकांक समय में तय की गई दूरी को वस्तु की चाल कहते हैं। $\text{चाल} = \dfrac{\text{दूरी}}{\text{समयान्तराल}}$

इसका SI मात्रक मी/से तथा विमा $[LT^{-1}]$ है। यह एक अदिश राशि है।

चाल के प्रकार (Types of Speed)

1. **एकसमान चाल** (Uniform Speed) जब कोई वस्तु समान समय अन्तरालों में समान दूरियाँ तय करती है, चाहे समय अन्तराल कितना ही सूक्ष्म क्यों न हो तो उसकी चाल **एकसमान चाल** कहलाती है।
2. **असमान या परिवर्ती चाल** (Non-uniform or Variable Speed) जब कोई वस्तु समान समय अन्तरालों में भिन्न-भिन्न दूरियाँ तय करती है, चाहे समय अन्तराल कितना ही सूक्ष्म क्यों न हो तो उसकी चाल **असमान या परिवर्ती चाल** कहलाती है।

   किसी वस्तु की असमान चाल को निम्नलिखित दो प्रकार से व्यक्त किया जा सकता है।

   (i) **औसत चाल** (Average Speed) असमान चाल से गतिमान किसी वस्तु द्वारा किसी निश्चित समय अन्तराल में तय की गई कुल दूरी तथा समय अन्तराल का अनुपात, वस्तु की औसत चाल कहलाती है।

   $$\text{औसत चाल} = \frac{\text{तय की गई कुल दूरी}}{\text{कुल लगा समय}}$$

   (ii) **तात्क्षणिक चाल** (Instantaneous Speed) परिवर्ती चाल से गतिमान वस्तु की किसी क्षण विशेष पर चाल उसकी **तात्क्षणिक चाल** कहलाती है।

   यदि वस्तु द्वारा अत्यन्त सूक्ष्म समयान्तराल ($\Delta t \to 0$) में तय की गई दूरी Δs हो, तब वस्तु की तात्क्षणिक चाल

   $$v = \lim_{\Delta t \to 0} \frac{\Delta s}{\Delta t} = \frac{ds}{dt}$$

वेग (Velocity)

किसी गतिमान वस्तु की समय के साथ विस्थापन में परिवर्तन की दर को वस्तु का वेग कहते हैं।

$$\text{वेग } (\mathbf{v}) = \frac{\text{विस्थापन}}{\text{समयान्तराल}}$$

इसका SI मात्रक मी/से तथा विमा $[LT^{-1}]$ है। यह एक सदिश राशि है।

वेग के प्रकार (Types of Velocity)

1. **एकसमान वेग** (Uniform velocity) जब कोई वस्तु समान समय अन्तरालों में समान रूप से विस्थापित होती है, चाहे समय अन्तराल कितना ही सूक्ष्म क्यों न हो, तो उसका वेग, **एकसमान वेग** कहलाता है तथा वस्तु की गति, एकसमान गति (uniform velocity) कहलाती है।
2. **असमान या परिवर्ती वेग** (Non-uniform or variable velocity) जब कोई वस्तु समान समय अन्तरालों में असमान रूप से विस्थापित होती है, चाहे समय अन्तराल कितना ही सूक्ष्म क्यों न हो, तो उसका वेग, असमान या परिवर्ती वेग कहलाता है तथा वस्तु की गति असमान गति (non-uniform motion) कहलाती है।

   किसी वस्तु के असमान वेग निम्न दो प्रकार से व्यक्त कर सकते हैं

   (i) **औसत वेग** (Average velocity) असमान वेग से गतिमान किसी वस्तु के किसी निश्चित समयान्तराल में कुल विस्थापन तथा कुल समय का अनुपात, उस वस्तु का औसत वेग कहलाता है।

   $$\text{औसत वेग} = \frac{\text{कुल विस्थापन}}{\text{कुल समय}}$$

   (ii) **तात्क्षणिक वेग** (Instantaneous velocity) असमान वेग से गतिमान किसी वस्तु का किसी क्षण विशेष पर वेग उसका तात्क्षणिक वेग कहलाता है।

   यदि वस्तु का सूक्ष्म समयान्तराल Δt (जबकि $\Delta t \to 0$) में विस्थापन $\Delta \mathbf{s}$ हो, तब उसका तात्क्षणिक वेग

   $$\mathbf{v} = \lim_{\Delta t \to 0} \frac{\Delta \mathbf{s}}{\Delta t} = \frac{ds}{dt}$$

एकसमान तथा असमान गति
(Uniform and Non-uniform Motion)

यदि कोई वस्तु समान समयान्तरालों में समान विस्थापन तय करती है, तो उसकी गति एक समान गति कहलाती है।

यदि कोई वस्तु समान समयान्तराल में असमान विस्थापन तय करती है, तो उसकी गति को असमान गति कहते है।

त्वरण (Acceleration)

सामान्यत: जब एक वस्तु गति करती है, तो उसका वेग सदैव एकसमान नहीं रहता है। एक वस्तु जिसका वेग बढ़ रहा है, त्वरित (accelerated) कही जाती है।

समय के साथ वेग-परिवर्तन की दर को त्वरण कहते हैं। उसे **a** से प्रदर्शित करते हैं।

$$\text{त्वरण } \boldsymbol{a} = \frac{\text{वेग-परिवर्तन}}{\text{समयान्तराल}}$$

इसका SI मात्रक मी/से^{2} तथा विमा [LT^{-2}] है। यह एक सदिश राशि है।

औसत, तात्क्षणिक त्वरण तथा अवमन्दन
(Average, Instantaneous Acceleration and Retardation)

यदि वस्तु के वेग में समान समयान्तरालों में समान परिवर्तन न हो रहा हो तब उसका त्वरण असमान या परिवर्ती त्वरण कहलाता है। किसी निश्चित समयान्तराल में वस्तु के वेग-परिवर्तन व समयान्तराल के अनुपात को औसत त्वरण कहते हैं।

$$\mathbf{a}_{av} = \frac{\Delta \mathbf{v}}{\Delta t}$$

यदि $\Delta t \to 0$, तब औसत त्वरण, उस वस्तु का तात्क्षणिक त्वरण कहलाता है।

$$\mathbf{a} = \lim_{\Delta t \to 0} \frac{\Delta \mathbf{v}}{\Delta t} = \frac{dv}{dt}$$

किसी वस्तु के वेग में कमी की दर को अवमन्दन कहते हैं।

$$\mathbf{a} = -\frac{d\mathbf{v}}{dt}$$

एकसमान त्वरित गति
(Uniformly Accelerated Motion)

यदि कोई कण किसी एक ही दिशा में एकसमान (constant) त्वरण से गति करता है तो कण की गति एकविमीय एकसमान त्वरित गति कहलाती है।

- यदि एक कण t_1 समय तक a_1 त्वरण से त्वरित है तथा t_2 समय तक a_2 त्वरण से त्वरित है, तो औसत त्वरण

$$a_{\text{औसत}} = \frac{a_1 t_1 + a_2 t_2}{t_1 + t_2}$$

एकसमान त्वरित गति के लिए सम्बन्ध
(Relations for Uniformly Accelerated Motion)

यदि एकविमीय एकसमान त्वरित गति के लिए कण का प्रारम्भिक वेग u, अन्तिम वेग v, नियत त्वरण a, विस्थापन का परिमाण या चली दूरी s हो, तब

(a) $v = u + at$ (b) $s = ut + \frac{1}{2}at^2$

(c) $v^2 = u^2 + 2as$ (d) $v_{av} = \frac{u+v}{2}$

(e) $s_t = u + \frac{a}{2}(2t - 1)$ (विशेष t वें सेकण्ड में चली दूरी)

(f) वेग में वृद्धि होने पर त्वरण धनात्मक तथा कमी होने पर त्वरण ऋणात्मक लिया जाता है।

गुरुत्व के अन्तर्गत गति (Motion Under Gravity)

स्थिति I यदि कण ऊर्ध्वाधर ऊपर की ओर गतिमान है। इस स्थिति में गति की समीकरणें निम्न प्रकार होंगी

$$v = u - gt \quad \text{...(i)}$$

$$h = ut - \frac{1}{2}gt^2 \quad \text{...(ii)}$$

तथा $$v^2 = u^2 - 2gh \quad \text{...(iii)}$$

स्थिति II यदि कण ऊर्ध्वाधर नीचे की ओर गतिमान है।

इस स्थिति में गति की समीकरणें निम्न प्रकार होंगी

$$v = u + gt \quad \text{...(i)}$$

$$v^2 = u^2 + 2gh \quad \text{...(ii)}$$

$$h = ut + \frac{1}{2}gt^2 \quad \text{...(iii)}$$

असमान त्वरित गति
(Non-uniformly Accelerated Motion)

जब कण की गति असमान है अर्थात् कण का त्वरण नियत नहीं है, तब एकविमीय गति के लिये निम्न सम्बन्ध मान्य होते हैं

(i) $v = \frac{ds}{dt}$ (ii) $a = \frac{dv}{dt} = v\frac{dv}{ds}$

(iii) $ds = v\,dt$ तथा (iv) $dv = a\,dt$ या $v\,dv = a\,ds$

इस प्रकार की समस्या अवकलन या समाकलन द्वारा कुछ परिसीमा शर्तें लगाकर हल की जा सकती हैं।

एक विमीय गति में ग्राफ
(Graphs in One Dimensional Motion)

एकसमान वेग या नियत त्वरण के साथ एकविमीय गति के लिए S–t तथा v–t ग्राफ सारणी के रूप में दिए गए हैं

स्थिति-समय ग्राफ (Position-Time Graph)

(i) स्थिति समय ग्राफ किसी क्षण विस्थापन का तात्क्षणिक मान देता है।

(ii) किसी क्षण ग्राफ पर खींचा गया स्पर्श रेखा का ढ़ाल उस क्षण तात्क्षणिक वेग देता है।

(iii) s-t ग्राफ तेजी से नहीं मुड़ सकता है

क्र.सं.	विभिन्न स्थितियाँ	x-t ग्राफ	ग्राफ का मुख्य गुण
1.	विरामावस्था	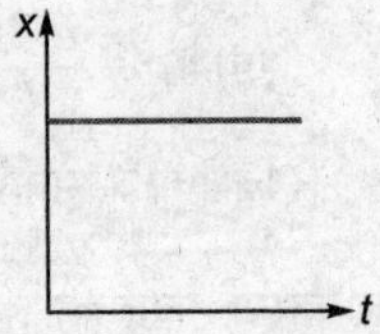	ढाल = $v = 0$
2.	एकसमान गति	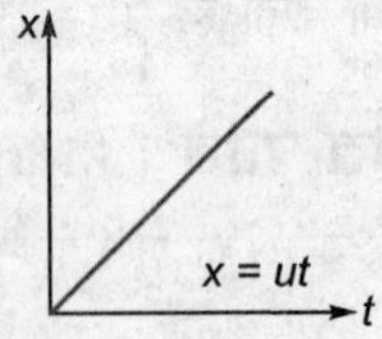 $x = ut$	$t = 0$ पर $x = 0$
3.	एकसमान त्वरित गति तथा $t = 0$ पर $u = 0,\ x = 0$	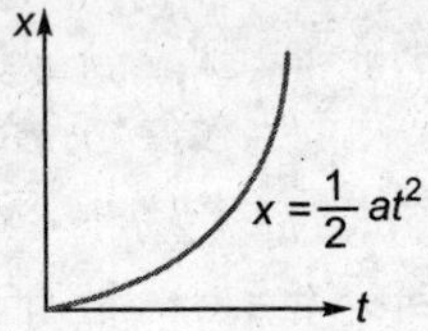 $x = \frac{1}{2}at^2$	$u = 0$ अर्थात् $t = 0$ पर x-t ग्राफ का ढाल शून्य होना चाहिये।
4.	एकसमान त्वरित गति तथा $t = 0$ पर $u \neq 0,\ x = 0$	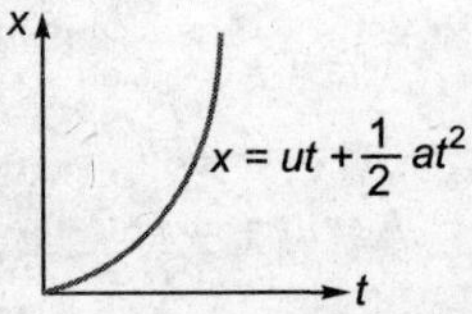 $x = ut + \frac{1}{2}at^2$	x या x-t ग्राफ का ढाल समय के साथ बढ़ता है।
5.	एकसमान त्वरित गति तथा $t = 0$ पर $u \neq 0, x = x_0$	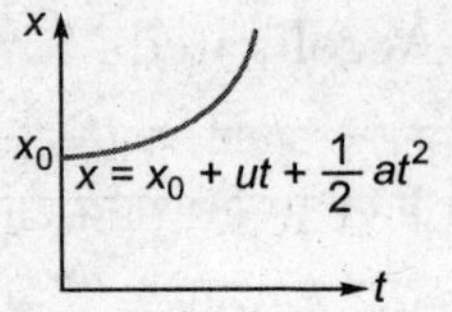 x_0, $x = x_0 + ut + \frac{1}{2}at^2$	$t = 0$ पर $x = x_0$
6.	एकसमान मन्दित गति	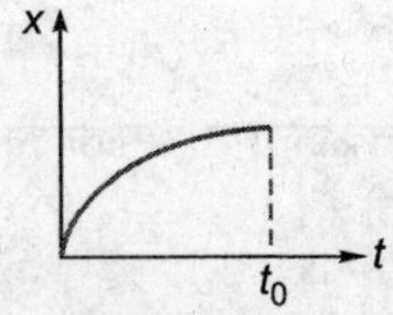 t_0	(i) $t = 0$ पर x-t ग्राफ का ढाल शून्य हो जाता है। (ii) इस स्थिति में u शून्य नहीं हो सकता।

क्र.सं.	विभिन्न स्थितियाँ	v-t ग्राफ	ग्राफ का मुख्य गुण
1.	एकसमान गति	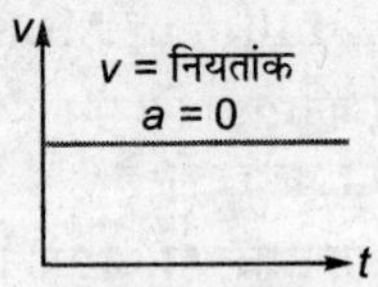 v = नियतांक, $a = 0$	(i) v = नियत (ii) v-t ग्राफ का ढाल $= a = 0$
2.	एकसमान त्वरित गति तथा $t = 0$ पर $s = 0, u = 0$	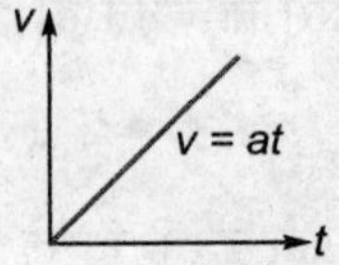 $v = at$	(i) $u = 0$ अर्थात्, $t = 0$ पर $v = 0$ (ii) v-t ग्राफ का ढाल $= a$ = नियत
3.	एकसमान त्वरित गति तथा $t = 0$ पर $s = 0, u \neq 0$	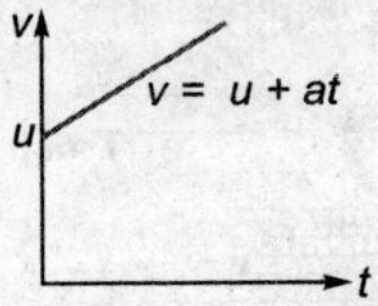 u, $v = u + at$	$u \neq 0$ अर्थात् $t = 0$ पर $v \neq 0$ तथा v-t ग्राफ का ढाल $\neq 0$
4.	एकसमान त्वरित गति तथा $t = 0$ पर $s = s_0, u \neq 0$	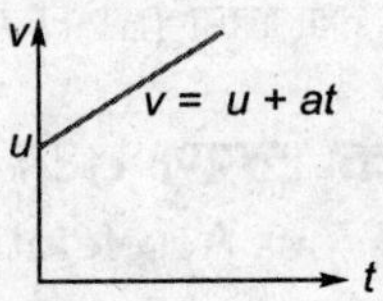 u, $v = u + at$	$t = 0$ पर $v = u$
5.	एकसमान मन्दित गति	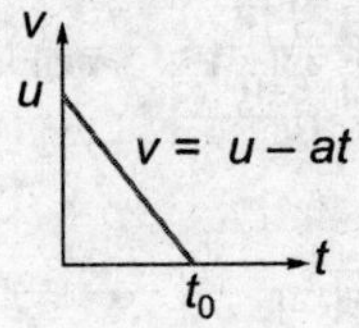 u, $v = u - at$, t_0	v-t ग्राफ का ढाल $= -a$ (मंदन)
6.	असमान त्वरित गति	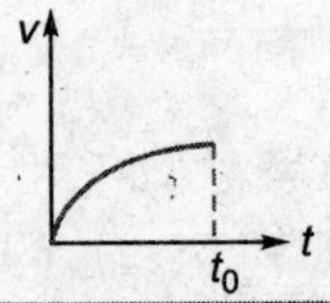 t_0	v-t ग्राफ का ढाल समय के साथ बढ़ता है।

वेग-समय ग्राफ (Velocity-Time Graph)

(i) वेग-समय ग्राफ किसी क्षण तात्क्षणिक वेग देता है

(ii) ग्राफ पर स्पर्श रेखा का ढ़ाल तात्क्षणिक त्वरण देता है

(iii) v-t ग्राफ तथा समय-अक्ष के बीच घिरा क्षेत्रफल दिए गए समय में तय किए गए विस्थापन का मान देता है

(iv) v-t ग्राफ तेजी से नहीं मुड़ सकता है

सापेक्ष वेग (Relative Velocity)

एक वस्तु के दूसरी वस्तु के सापेक्ष समय के साथ स्थिति में परिवर्तन की दर, एक वस्तु का दूसरी वस्तु के प्रति सापेक्ष वेग कहलाता है।

यदि दो वस्तुएँ A तथा B क्रमशः $\mathbf{v}_A$ तथा $\mathbf{v}_B$ वेग से समान दिशा में गतिशील हों, तब वस्तु A का B के सापेक्ष वेग,

$$\mathbf{v}_{AB} = \mathbf{v}_A - \mathbf{v}_B$$

$$\mathbf{v}_{AB} = v_A - v_B$$

यदि दो वस्तुएँ A व B क्रमशः $\mathbf{v}_A$ तथा $\mathbf{v}_B$ वेग से परस्पर विपरीत दिशा में गतिशील हों तब वस्तु A का B के सापेक्ष वेग

$$\mathbf{v}_{AB} = \mathbf{v}_A - \mathbf{v}_B$$

$$v_{AB} = v_A - (-v_B) = v_A + v_B$$

अभ्यास प्रश्न

चाल, वेग तथा त्वरण

1. जब किसी वस्तु द्वारा तय की गई दूरी समय के अनुक्रमानुपाती है, तब वस्तु
(a) विरामावस्था में है
(b) अचर चाल से चल रही है
(c) अचर वेग से चल रही है
(d) अचर त्वरण से चल रही है

2. कोई पिण्ड तब तक त्वरित होगा, जब तक कि
(a) इस पर परिणामी बल घटने लगे
(b) वेग की दिशा परिवर्तित हो जाए
(c) इस पर परिणामी बल शून्य हो जाए
(d) परिणामी बल, गति की दिशा के लम्बवत् हो

3. मोटर वाहन में स्पीडोगीटर द्वारा मापन होता है
(a) माध्य चाल (b) त्वरण
(c) तात्क्षणिक चाल (d) तात्क्षणिक वेग

4. एक कार सर्वप्रथम 5 किमी दूरी पूर्व दिशा में तय करती है उसके बाद 12 किमी दूरी उत्तर दिशा में तय करती है। कार द्वारा तय की गई कुल दूरी तथा विस्थापन होगा
(a) 17 किमी, 35 किमी (b) 15 किमी, 40 किमी
(c) 17 किमी, 13 किमी (d) 5 किमी, 35 किमी

5. जिस वस्तु पर कई बल कार्यरत् हो, किस परिस्थिति में उसका त्वरण शून्य होगा?
(a) वस्तु बहुत हल्की हो
(b) वस्तु बहुत भारी हो
(c) यह एक बिन्दु वस्तु हो
(d) इस पर कार्यरत् सभी बलों का सदिश योग शून्य हो

6. यदि एक कार की चाल को दोगुना कर दिया जाए, तो इस कार को समान दूरी पर रोकने के लिए आवश्यक ब्रेक बल होगा
(a) एक-चौथाई (b) आधा (c) दोगुना (d) चार गुना

7. एक पिण्ड एक अर्द्धवृत्ताकार मार्ग पर l मी दूरी चलता है। पिण्ड का दूरी एवं विस्थापन के बीच अनुपात होगा
(a) $\frac{2}{\pi}$ (b) π
(c) $\pi/2$ (d) $\frac{3\pi}{4}$

8. क्षैतिज सीधी पटरी पर चल रही रेलगाड़ी की खिड़की से एक पत्थर गिरता है। पृथ्वी तक पहुँचने में, पत्थर का मार्ग होगा
(a) सरल रेखीय (b) वृत्ताकार
(c) परवलयाकार (d) अतिपरवलयाकार

9. तीन व्यक्ति 480 मी परिधि वाले वृत्ताकार क्षेत्र के चारों ओर साइकिल पर 48 मी, 60 मी तथा 72 मी प्रति मिनट की चाल से चलते हैं। वे पुनः कितने समय बाद मिलेंगे?
(a) 60 मिनट (b) 15 मिनट
(c) 24 मिनट (d) 40 मिनट

10. एक 158 मी लम्बी मालगाड़ी 32 किमी/घण्टा की चाल से दिल्ली से 6 बजे प्रातः चलती है। एक दूसरी सवारी गाड़ी, जो 130 मी लम्बी है, 80 किमी/घण्टा की चाल से दिन के 12 बजे दिल्ली से ही चलती है तथा मालगाड़ी का पीछा करती है। सवारी गाड़ी, मालगाड़ी को पार करेगी
(a) 4 बजे
(b) 5 बजे
(c) 4 बजकर 21.6 सेकण्ड पर
(d) 5 बजकर 10.2 सेकण्ड पर

11. 60 किमी/घण्टा की गति से आती हुई यात्री गाड़ी की दिशा में 10 सेकण्ड के अन्तराल पर गोलियाँ छोड़ी जाती हैं। यदि ध्वनि की गति 330 मी/से हो, तो यात्रियों द्वारा जिस अन्तराल पर गोलियों की ध्वनि सुनी जा सकेगी, वह है
(a) $11\frac{25}{47}$ सेकण्ड (b) 10 सेकण्ड
(c) $9\frac{22}{47}$ सेकण्ड (d) $9\frac{27}{52}$ सेकण्ड

12. राम कानपुर से लखनऊ की ओर चलना प्रारम्भ करता है एवं उसी समय रहीम लखनऊ से कानपुर को चलना प्रारम्भ करता है। दोनों एक बिन्दु पर मिलते हैं तथा एक-दूसरे को मिलने के बाद राम अपनी यात्रा 5 घण्टे 20 मिनट तथा रहीम 6 घण्टे 45 मिनट में पूरी कर लेता है। यदि राम 4 किमी/घण्टा की गति से चलता है, तो रहीम जिस गति से चलता है वह है
(a) 8 किमी/घण्टा
(b) $3\frac{5}{9}$ किमी/घण्टा
(c) $4\frac{1}{2}$ किमी/घण्टा
(d) उपरोक्त में से कोई नहीं

13. एक रेलगाड़ी स्टेशन A से B की ओर चलते हुए एक घण्टे बाद दुर्घटनाग्रस्त हो जाती है। इसे $\frac{1}{2}$ घण्टे के लिए रोक दिया जाता है एवं उसके पश्चात् यह अपनी सामान्य गति की $\frac{4}{5}$ गति से चलती है तथा स्टेशन B पर 2 घण्टे देर से पहुँचती है। दुर्घटना से पूर्व यदि रेलगाड़ी ने 60 किमी की यात्रा तय कर ली होती है, तो यह 1 घण्टे विलम्ब से पहुँचती। रेलगाड़ी की सामान्य गति है
(a) 20 किमी/घण्टा
(b) 30 किमी/घण्टा
(c) 15 किमी/घण्टा
(d) उपरोक्त में से कोई नहीं

14. एक व्यक्ति एकसमान गति से तैरते हुए धारा की दिशा में 5 घण्टे में 20 किमी तथा इतने ही समय में धारा के विपरीत दिशा में 10 किमी तैर पाता है, तो धारा के बहाव की गति होगी
(a) 2 किमी/घण्टा (b) 3 किमी/घण्टा
(c) 1 किमी/घण्टा (d) 4 किमी/घण्टा

15. यदि एक आदमी 30 किमी/घण्टे की गति से चलता है, तो वह गतंव्य स्थान पर 10 मिनट देर से पहुँचता है और यदि वह 42 किमी/घण्टे की गति से चलता है, तो 10 मिनट पहले पहुँच जाता है। आदमी द्वारा तय की गई दूरी है

(a) 35 किमी (b) 36 किमी
(c) 40 किमी (d) 45 किमी

16. एक मीटर त्रिज्या का एक पहिया क्षैतिज तल में आधा चक्कर घूमता है। पहिए के उस बिन्दु का जो पहले क्षैतिज तल के सम्पर्क में था, के विस्थापन का परिमाण है

(a) 2π (b) $\sqrt{2}\pi$
(c) $\sqrt{\pi^2 + 4}$ (d) π

17. एक कण विराम से एक वेग से चलना प्रारम्भ करता है, जो रेखीय रूप से लगातार $v = pt$ के अनुसार बढ़ रहा है, जहाँ $p = 4$ मी/से है। प्रथम 2 सेकण्ड में तय की गई दूरी होगी

(a) 6 मी (b) 4 मी
(c) 8 मी (d) 10 मी

18. एक पिण्ड का x-अक्ष के सापेक्ष विस्थापन समय पर समीकरण $\sqrt{x} = t + 1$ के अनुसार निर्भर करता है, तब पिण्ड का वेग

(a) समय के साथ बढ़ता है (b) समय के साथ घटता है
(c) समय पर निर्भर नहीं है (d) उपरोत में से कोई नहीं

19. सीधे राजमार्ग पर कोई कार 126 किमी/घण्टा की चाल से चल रही है। इसे 200 मी की दूरी पर रोक दिया जाता है। कार के मन्दन को एकसमान मानिए और इसका मान निकालिए। कार को रुकने में कितना समय लगेगा?

(a) 3.06 मी/से^{2} तथा 11.4 सेकण्ड
(b) 2.06 मी/से^{2} तथा 11.4 सेकण्ड
(c) 3.06 मी/से^{2} तथा 10.4 सेकण्ड
(d) 3.06 मी/से^{2} तथा 4.1 सेकण्ड

20. विराम से एक कण नियत त्वरण से चलना प्रारम्भ करता है। कण द्वारा nवें सेकण्ड में चली दूरी तथा n सेकण्ड में चली दूरी का अनुपात है

(a) $\frac{2}{n} - \frac{1}{n^2}$ (b) $\frac{1}{n^2} - \frac{1}{n}$
(c) $\frac{2}{n^2} - \frac{1}{n}$ (d) $\frac{2}{n} + \frac{1}{n^2}$

21. दो कार सड़क के समान्तर एक दिशा में चल रही हैं। उनमें से एक 100 मी दूरी 7.5 मी/से की चाल से अधिक तय करती है। पहली कार दूसरी कार को कितने समय में पार करेगी?

(a) 24 सेकण्ड (b) 40 सेकण्ड
(c) 60 सेकण्ड (d) 80 सेकण्ड

22. एक कार सीधी सड़क पर एकसमान त्वरण से चल रही है। यह दो बिन्दुओं P व Q को वेगों क्रमशः 30 किमी/घण्टा व 40 किमी/घण्टा से पार करती है। कार का P ब Q के बीच वेग है

(a) 33.3 किमी/घण्टा (b) 1 किमी/घण्टा
(c) $25\sqrt{2}$ किमी/घण्टा (d) 35.35 किमी/घण्टा

23. एक कण मूल बिन्दु से x-अक्ष के सापेक्ष चलना प्रारम्भ करता है, किसी क्षण इसका वेग $4t^3 - 2t$ है, जहाँ t सेकण्ड में तथा वेग मी/से में है। जब कण मूल बिन्दु से 2 मी की दूरी पर है, तब उसका त्वरण है

(a) 10 मी/से^{2} (b) 12 मी/से^{2}
(c) 22 मी/से^{2} (d) 28 मी/से^{2}

24. एक 10 मी/से के वेग से चलती हुई कार का चालक लाल बत्ती देखकर ब्रेक लगाता है, तो कार 10 मी दूरी तय करके रुकती है। यदि यही कार 20 मी/से के वेग से चलती, तब चालक के ब्रेक लगाने के बाद यह 30 मी की दूरी चलकर रुकती है। यदि कार 15 मी/से के वेग से चल रही है तब ब्रेक लगाने के बाद कितनी दूरी तय करके यह रुकेगी? यह माना जाए कि प्रत्येक क्रिया में समय तथा वेग के घटने की दर समान है।

(a) 18.75 मी (b) 20.75 मी
(c) 22.75 मी (d) 25 मी

25. विराम से चलना प्रारम्भ करके एक कण, एकसमान त्वरण से s दूरी चलता है, तब यह $2s$ दूरी एकसमान चाल से चलता है तथा अन्त में $3s$ दूरी एकसमान मंदन से तय करके विराम में आ जाता है। यदि कण की पूरी यात्रा सरल रेखीय है, तब इसके औसत वेग तथा अधिकतम वेग का अनुपात है

(a) 6/7 (b) 4/5
(c) 3/5 (d) 2/5

26. एक निश्चित प्रारम्भिक बिन्दु से एकसमान त्वरण से एक कण a दूरी तय करता है। यह b, c व d दूरी उसी बिन्दु से क्रमशः $n, 2n$ व $3n$ सेकण्ड में तय करता है। कण का त्वरण है

(a) $\frac{c - 2b + a}{n^2}$ (b) $\frac{c + b + a}{9n^2}$
(c) $\frac{c + 2b + a}{4n^2}$ (d) $\frac{c - b + a}{n^2}$

27. एक कण एक नियत वेग से एक सरल रेखीय पथ पर गतिमान है। एक समय में कण द्वारा चली गई दूरी s तथा विस्थापन D है, तब

(a) $D < s$ (b) $D > s$
(c) $D = s$ (d) $D \leq s$

28. एक ट्रेन का इंजन 1 मी/से^{2} का महत्तम त्वरण उत्पन्न कर सकता है तथा उसके ब्रेक उस पर 3 मी/से^{2} का मंदन आरोपित करते हैं। वह न्यूनतम समय जब ट्रेन एक स्थान से दूसरे स्थान जिनके बीच की दूरी 1.2 किमी है, पहुँचती है, लगभग है

(a) 108 सेकण्ड (b) 191 सेकण्ड
(c) 56.6 सेकण्ड (d) समय निश्चित है

29. एक कण का त्वरण रेखीय रूप से समय $t = bt$ के साथ बढ़ रहा है। कण मूल बिन्दु से एक नियत वेग v_0 से चलना प्रारम्भ करता है। t समय में कण द्वारा चली गई दूरी होगी

(a) $v_0 t + \frac{1}{6}bt^3$ (b) $v_0 t + \frac{1}{6}bt^2$
(c) $v_0 t + \frac{1}{3}bt^3$ (d) $v_0 t + \frac{1}{3}bt^2$

ग्राफीय निरूपण एवं आपेक्षिक गति

30. एक गतिमान कण का विस्थापन-समय ग्राफ चित्र में दिखाया गया हैं। इस समय कण का वेग किस बिन्दु पर नकारात्मक है?

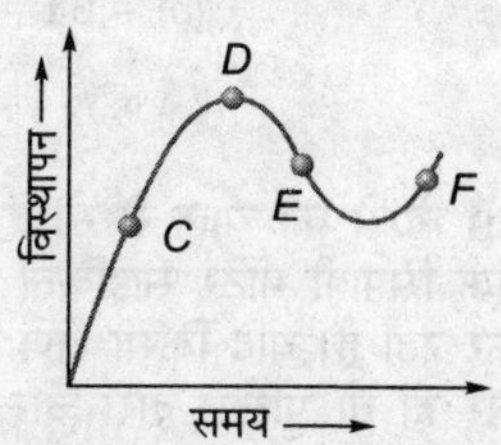

(a) C (b) D (c) E (d) F

31. दिए गए v-t ग्राफ में पिण्ड द्वारा 5 सेकण्ड में चली गई दूरी होगी

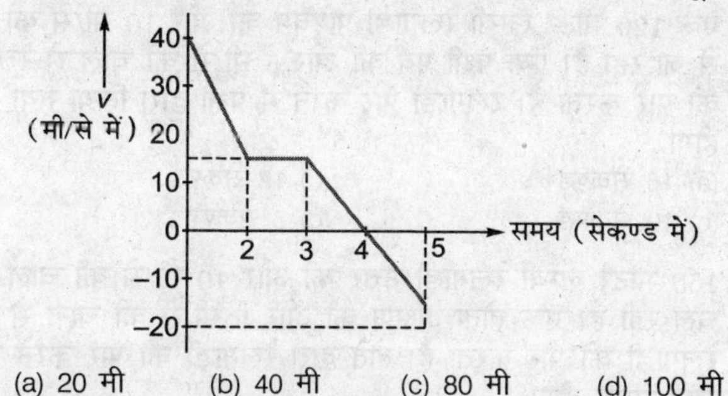

(a) 20 मी (b) 40 मी (c) 80 मी (d) 100 मी

32. दो गतिमान कणों का समय-विस्थापन ग्राफ x-अक्ष के साथ 30° एवं 45° का कोण बनाता है। दो वेगों का अनुपात है

(a) $\sqrt{3}:1$ (b) 1 : 1 (c) 1 : 2 (d) $1:\sqrt{3}$

33. एक कण के लिए v-t ग्राफ चित्र में दिखाया गया है। पहले 4 सेकण्ड में चली गयी दूरी है

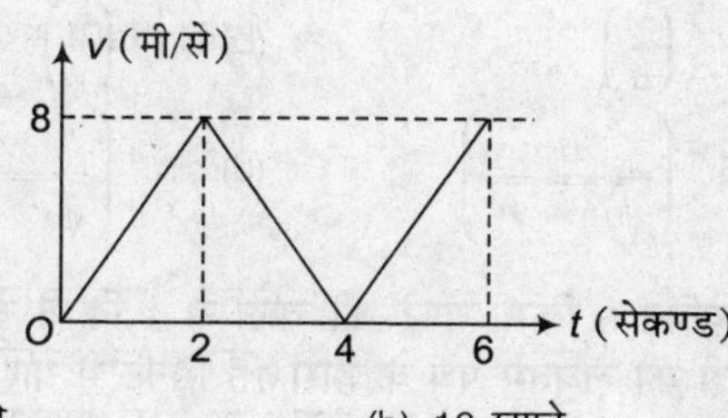

(a) 12 घण्टे (b) 16 घण्टे
(a) 20 घण्टे (d) 24 घण्टे

34. एक गेंद A, u वेग से ऊपर की ओर फेंकी जाती है। उसी समय एक गेंद B, h ऊँचाई से नीचे की ओर छोड़ी जाती है। t समय पर B के सापेक्ष A का वेग है

(a) u (b) $2u$
(c) $u - gt$ (d) $\sqrt{(u^2 - gt)}$

35. एक पिण्ड स्वतन्त्र रूप से गिरता है। यह अपनी गति के अन्तिम सेकण्ड में उतनी दूरी तय करता है, जितनी कि यह प्रारम्भ के तीन सेकण्ड में करता है। पिण्ड कितने समय के लिए गिरा?

(a) 3 सेकण्ड (b) 5 सेकण्ड
(c) 7 सेकण्ड (d) 9 सेकण्ड

36. 30 मी/से की चाल से उर्ध्वाधरत: वर्षा हो रही है। एक स्त्री 10 मी/से की चाल से उत्तर से दक्षिण दिशा की ओर साइकिल चला रही है। उसे अपना छाता किस दिशा में पकड़ना चाहिए?

(a) 18° उर्ध्वाधर (b) 18° क्षैतिज
(c) 28° उर्ध्वाधर (d) 28° क्षैतिज

37. एक बिन्दु तथा एक ही ऊँचाई से एक गेंद P लम्बवत् नीचे की ओर छोड़ी जाती है तथा इसी समय एक गेंद क्षैतिजत: फेंकी जाती है। यदि वायु का घर्षण नगण्य है, तब

(a) गेंद P धरातल पर पहले पहुँचेगी
(b) गेंद Q धरातल पर पहले पहुँचेगी
(c) दोनों धरातल पर समान समय में पहुँचेंगी
(d) दोनों गेंदों के द्रव्यमानों से उनके पहुँचने के समय की गणना की जाएगी

38. एक कण x-अक्ष के अनुदिश इस प्रकार चलता है

$$x = 4(t-2) + a(t-2)^2$$

निम्नलिखित में से कौन-सा सत्य है?

(a) कण का प्रारम्भिक वेग 4 है
(b) कण का त्वरण $2a$ है
(c) $t = 0$ पर कण मूल बिन्दु पर है
(d) उपरोक्त में से कोई नहीं

39. एक बच्चा एक बिल्डिंग के शीर्ष से एक गेंद छोड़ता है, गेंद शीर्ष से 10 मी नीचे 2 मी लम्बाई की खिड़की को लगभग कितने समय में पार करेगी?

(a) 1 सेकण्ड (b) 1.3 सेकण्ड
(c) 0.6 सेकण्ड (d) 0.135 सेकण्ड

40. 100 मी ऊँचाई के एक टॉवर से एक पत्थर छोड़ा जाता है, उसी समय धरातल से दूसरा पत्थर लम्बवत् ऊपर की ओर 254 मी/से के वेग से प्रक्षेपित किया जाता है। दोनों पत्थर कितने समय बाद मिलेंगे?

(a) 4 सेकण्ड (b) 0.4 सेकण्ड
(c) 0.04 सेकण्ड (d) 40 सेकण्ड

41. 5 मी/से के वेग से ऊपर की ओर जाने वाले गुब्बारे से ऊपर की ओर 10 मी/से के वेग से एक पत्थर फेंका जाता है। 2 सेकण्ड बाद धरातल के सापेक्ष इसका वेग है ($g = 10$ मी/से^{2})

(a) 0 (b) 20 मी/से
(c) 10 मी/से (d) 5 मी/से

42. एक पिण्ड ऊपर की ओर प्रारम्भिक वेग से फेंका जाता है, वह 6 सेकण्ड में महत्तम ऊँचाई प्राप्त कर लेता है। पिण्ड द्वारा पहले सेकण्ड तथा 7वें सेकण्ड में चली दूरियों का अनुपात है

(a) 1 : 1 (b) 11 : 1
(c) 1 : 2 (d) 1 : 11

43. एक नल की टोंटी से 5 मी नीचे धरातल पर पानी की बूँदें लगातार समय अन्तराल पर धरातल पर गिर रही है, जब पहली बूँद धरातल से टकराती है, तब टोंटी से पाँचवी बूँद गिरना प्रारम्भ करती है। जब पहली बूँद धरातल से टकराती है, तब तीसरी बूँद की धरातल से ऊँचाई होगी ($g = 10$ मी/से^{2})

(a) 1.25 मी (b) 2.15 मी
(c) 2.73 मी (d) 3.75 मी

44. एक ऊँचे बिन्दु A से, एक पत्थर ऊपर की ओर प्रक्षेपित किया जाता है। जब पत्थर, A से h दूरी नीचे है तब उसका वेग दोगुना हो जाता है, जब वह A से h दूरी ऊपर है, तब पत्थर द्वारा प्राप्त महत्तम ऊँचाई है

(a) $\frac{h}{3}$ (b) $\frac{2h}{3}$ (c) $\frac{h}{2}$ (d) $\frac{5h}{3}$

45. एक पिण्ड विराम से स्वतन्त्र रूप से v वेग से गिरता है, गिरने के बाद h दूरी तय करता है। वह दूरी क्या होगी जिसमें इसका वेग दोगुना हो जाए?

(a) h (b) $2h$ (c) $3h$ (d) $4h$

46. एक पत्थर लम्बवत् ऊपर की ओर फेंका जाता है जो 45 मी की महत्तम ऊँचाई प्राप्त करता है। कितने समय में उसका वेग प्रारम्भिक वेग का आधा रह जाता है?

(a) 2 सेकण्ड (b) 1.5 सेकण्ड
(c) 1 सेकण्ड (d) 0.5 सेकण्ड

47. एक पिण्ड अधिक ऊँचाई से स्वतन्त्र रूप से पृथ्वी की ओर गिरता है। एक दूसरा पिण्ड इसी ऊँचाई से 1 सेकण्ड बाद छोड़ा जाता है। दूसरे पिण्ड के छोड़े जाने के दो सेकण्ड बाद दोनों पिण्डों के बीच की दूरी है

(a) 9.8 मी (b) 4.9 मी (c) 24.5 मी (d) 19.6 मी

48. एक कण 4 मी, 5 मी, 6 मी तथा 7 मी दूरी क्रमश: 3वें, 4वें, 5वें तथा 6वें सेकण्ड में चलता है। कण चलना प्रारम्भ करता है

(a) प्रारम्भिक अशून्य वेग व एकसमान त्वरण से
(b) शून्य से तथा एकसमान गति से चलता है
(c) एक प्रारम्भिक वेग से तथा फिर नियत वेग से चलता है
(d) शून्य से तथा एकसमान त्वरण से चलता है

49. एक गेंद, एक टॉवर के शीर्ष से छोड़ी जाती है, तब यह अपनी गति के अन्तिम सेकण्ड में टॉवर की कुल ऊँचाई का $\frac{11}{36}$ भाग चलती है। टॉवर की ऊँचाई है ($g = 10$ मी/से^{2})

(a) 11 मी (b) 36 मी (c) 47 मी (d) 180 मी

50. 120 मी लम्बी एक ट्रेन A, एक दिशा में 20 मी/से के वेग से चल रही है, एक दूसरी ट्रेन B इसकी विपरीत दिशा में जिसकी लम्बाई 130 मी है, 30 मी/से के वेग से चल रही है। ट्रेन B, ट्रेन A को पार करने में समय लेती है

(a) 5 सेकण्ड (b) 36 सेकण्ड
(c) 38 सेकण्ड (d) इनमें से कोई नहीं

51. एक नाव जमीन के सापेक्ष $3\hat{i} + 4\hat{j}$ वेग के साथ गतिमान है। नदी का पानी जमीन के सापेक्ष $-3\hat{i} - 4\hat{j}$ वेग से बह रहा है। नाव का पानी के सापेक्ष वेग होगा

(a) $8\hat{j}$ (b) $-6\hat{i} - 8\hat{j}$
(c) $6\hat{i} + 8\hat{j}$ (d) $5\sqrt{2}\,\hat{i}$

52. एक चोर जीप में 9 मी/से की चाल से सीधी सड़क पर भाग रहा है तथा पुलिस का एक सिपाही मोटर साइकिल पर 10 मी/से की चाल से उसका पीछा कर रहा है। यदि किसी क्षण मोटर साइकिल जीप से 100 मीटर दूरी पर हो तो पुलिस द्वारा चोर को पकड़ने में कितना समय लगेगा?

(a) 1 सेकण्ड (b) 19 सेकण्ड
(c) 90 सेकण्ड (d) 100 सेकण्ड

53. एक 120 मीटर लम्बी रेलगाड़ी पश्चिम की ओर 10 मी/से की चाल से जा रही है। एक पक्षी पूर्व की ओर 5 मी/से की चाल से रेलगाड़ी को पार करता है। रेलगाड़ी पार करने में पक्षी द्वारा लिया गया समय होगा

(a) 16 सेकण्ड (b) 12 सेकण्ड
(c) 10 सेकण्ड (d) 8 सेकण्ड

54. 150 मीटर लम्बी रेलगाड़ी उत्तर की ओर 10 मी/से की चाल से चल रही है। एक तोता दक्षिण की ओर 5 मी/से की चाल से रेलगाड़ी को पार करता है। तोते द्वारा रेलगाड़ी को पार करने में लगा समय होगा

(a) 30 सेकण्ड (b) 15 सेकण्ड
(c) 8 सेकण्ड (d) 10 सेकण्ड

55. एक तैराक की, जल की धारा के सापेक्ष चाल v है तथा जल की धारा की चाल u है। एक किनारे से दूसरे किनारे पर ठीक सामने पहुँचने के लिए किस दिशा में तैराक को तैरना चाहिए?

(a) $\sin^{-1}\left(\frac{v}{u}\right)$ (b) $\sin^{-1}\left(\frac{u}{v}\right)$
(c) $\sin^{-1}\left(\frac{u}{\sqrt{u^2+v^2}}\right)$ (d) $\sin^{-1}\left(\frac{v}{\sqrt{u^2+v^2}}\right)$

56. एक व्यक्ति 5 किमी/घण्टे की चाल से 1 किमी चौड़ाई वाली बहती हुई नदी को लघुतम पथ के द्वारा 15 मिनट में पार करता है। नदी के पानी का बहाव वेग किमी/घण्टे में होगा

(a) 1 (b) 3
(c) 4 (d) $\sqrt{41}$

उत्तरमाला

1	(b)	2	(c)	3	(c)	4	(c)	5	(d)	6	(d)	7	(c)	8	(c)	9	(d)	10	(c)
11	(d)	12	(b)	13	(c)	14	(c)	15	(a)	16	(c)	17	(c)	18	(a)	19	(a)	20	(a)
21.	(a)	22.	(d)	23.	(c)	24.	(a)	25.	(c)	26.	(a)	27.	(c)	28.	(c)	29.	(a)	30.	(c)
31.	(d)	32.	(d)	33.	(b)	34.	(a)	35.	(b)	36.	(a)	37.	(c)	38.	(b)	39.	(d)	40.	(a)
41.	(d)	42.	(b)	43.	(d)	44.	(d)	45.	(c)	46.	(b)	47.	(c)	48.	(a)	49.	(d)	50.	(a)
51.	(c)	52.	(d)	53.	(d)	54.	(d)	55.	(b)	56.	(b)								

उत्तर व्याख्या सहित

4. दिया है, पूर्व दिशा में तय की दूरी $AB = 5$ किमी
उत्तर दिशा में तय की दूरी, $BC = 12$ किमी
प्रश्नानुसार,

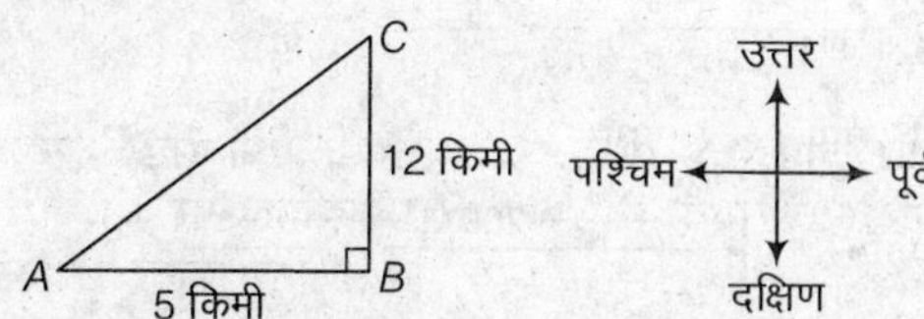

कार द्वारा तय की गई कुल दूरी $= AB + BC = 5 + 12 = 17$ किमी
कार का विस्थापन (AC) पाइथागोरस प्रमेय से,

$$AC = \sqrt{AB^2 + BC^2} = \sqrt{(5)^2 + (12)^2} = \sqrt{169} = 13 \text{ किमी}$$

7. अर्द्धवृत्ताकार मार्ग की लम्बाई $(l) = (2\pi r/2)$
$\therefore$ त्रिज्या $r = (l/\pi)$ या व्यास $= 2r = (2l/\pi)$
अतः विस्थापन का परिमाण – व्यास $= (2l/\pi)$

अब, $$\frac{\text{दूरी}}{\text{विस्थापन}} = \frac{2\pi r/2}{2r} = \pi/2$$

9. माना कि वे x मिनट बाद मिलेंगे। x मिनट में चली गई दूरियाँ क्रमशः $48x, 60x$ व $72x$ मी होंगी।
चक्करों की संख्या क्रमशः होगी

$$\frac{48x}{480}, \frac{60x}{480}, \frac{72x}{480} \text{ या } \frac{x}{10}, \frac{x}{8}, \frac{3x}{20}$$

$\because$ चक्करों की संख्या पूर्णांकों में होगी।
$\therefore x = 40$ मिनट (10, 8, 20 का ल.स.)
अतः वे पुनः 40 मिनट बाद मिलेंगे, जब वे क्रमशः 4, 5, 6 चक्कर पूरे कर चुकेंगे।

10. माना कि सवारी गाड़ी, मालगाड़ी को अपने चलने के x घण्टे बाद पकड़ लेती है, तब सवारी गाड़ी द्वारा चली गई दूरी = मालगाड़ी द्वारा चली दूरी + मालगाड़ी की लम्बाई + सवारी गाड़ी की लम्बाई

$$80x = 32(x+6) + 0.158 + 0.130$$

या $$80x = 32x + 192 + 0.288$$

या $$48x = 192 + 0.288$$

$$x = \left(\frac{192}{48} + \frac{0.288}{48}\right) \text{ घण्टे}$$

$$= 4 \text{ घण्टे} + \frac{288}{48} \times 60 \times 60 \text{ सेकण्ड}$$

$$= 4 \text{ घण्टे } 21.6 \text{ सेकण्ड}$$

या $$= 4 \text{ बजकर } 21.6 \text{ सेकण्ड}$$

11. 10 सेकण्ड में ध्वनि द्वारा चली दूरी $= 10 \times 330 = 3300$
गाड़ी की चाल $\frac{60 \times 5}{18} = \frac{50}{3}$ मी/से
गोली की ध्वनि एवं गाड़ी की सापेक्ष चाल

$$= 330 + \frac{50}{3} = \frac{1040}{3} \text{ मी / से}$$

गोली की ध्वनि का अन्तराल $$= \frac{3300}{\frac{1040}{3}} = \frac{3300 \times 3}{1040} = \frac{495}{52}$$

$$= 9\frac{27}{52} \text{ सेकण्ड}$$

12. राम द्वारा $5\frac{1}{3}$ घण्टे में 4 किमी/घण्टा से चली दूरी

$$= 4 \times \frac{16}{3} = \frac{64}{3} \text{ किमी}$$

माना रहीम की चाल $= v$ किमी / घण्टा
लगा समय $= 6\frac{3}{4} = \frac{27}{4}$ घण्टे
$\therefore$ चली दूरी $= \frac{27}{4} \times v = \frac{27v}{4}$ किमी
जब राम व रहीम A बिन्दु पर मिलते हैं, तो उनके द्वारा चलने में लगा समय बराबर है।

$$\therefore \quad \frac{\text{राम द्वारा चली दूरी}}{\text{रहीम की चाल}} = \frac{\text{रहीम द्वारा चली दूरी}}{\text{राम की चाल}}$$

$$\frac{64}{3 \times v} = \frac{27v}{4 \times 4}$$

$$v^2 = \frac{64 \times 16}{81}$$

$$v = \frac{8 \times 4}{9} = \frac{32}{9}$$

$$= 3\frac{5}{9} \text{ किमी/घण्टा}$$

13. स्पष्टतः यदि दुर्घटना 60 किमी अधिक यात्रा तय करने पर होती, तो गाड़ी को $2 - 1 = 1$ घण्टा कम लगता।
माना प्रारम्भिक गति $= x$

$$\text{घटी गति} = \frac{4x}{5}$$

$\therefore$ 60 किमी को $\frac{4x}{5}$ चाल से लगा समय

– 60 किमी. को x चाल से लगा समय $= 1$ घण्टा

$$\frac{60}{\frac{4x}{5}} - \frac{60}{x} = 1$$

$$x = 15 \text{ किमी/घण्टा}$$

14. माना व्यक्ति की शान्त जल में चाल और धारा की गति क्रमशः x और y किमी/घण्टा है।
प्रश्नानुसार,

$$\frac{20}{x+y} = 5 \Rightarrow x + y = 4 \text{ और } \frac{10}{x-y} = 5$$

$$\Rightarrow \quad x - y = 2$$

समी. (i) और (ii) को हल करने पर,

$$x = 3 \text{ तथा } y = 1$$

अतः धारा की गति = 1 किमी/घण्टा

15. माना मनुष्य द्वारा चली गई दूरी x किमी है।
30 किमी / घण्टा की चाल से लगा समय $= \frac{x}{30}$ घण्टा

42 किमी / घण्टा की चाल से लगा समय $= \frac{x}{42}$ घण्टा

दोनों समयों में अन्तर = 20 मिनट $= \frac{1}{3}$ घण्टा

अतः $$\frac{x}{30} - \frac{x}{42} = \frac{1}{3} \Rightarrow x = 35 \text{ किमी}$$

16. क्षैतिज तल में पहिए द्वारा अर्द्ध चक्कर में तय की गई दूरी πR है।

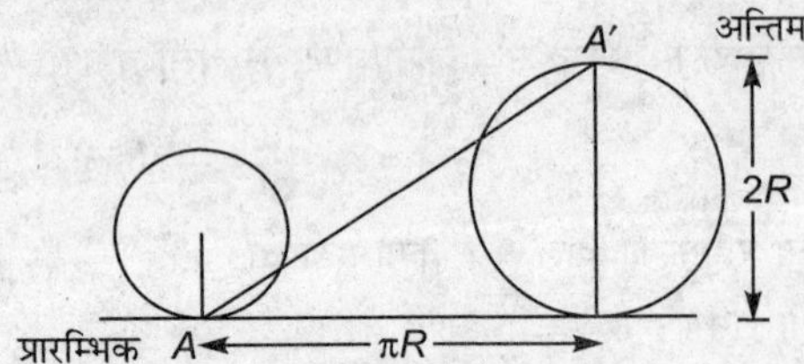

इसलिए उस बिन्दु का जो प्रारम्भ में जमीन के स्पर्श में था, विस्थापन होगा

$$AA' = \sqrt{(\pi R)^2 + (2R)^2}$$

$$= R\sqrt{\pi^2 + 4} = \sqrt{\pi^2 + 4} \qquad [\because R = 1 \text{ मी}]$$

17. दिया है, $v = pt$

$$\int_0^x dx = p\int_0^2 t\,dt = \left[\frac{pt^2}{2}\right]_0^2 = \frac{4 \times 4}{2} = 8 \text{ मी}$$

18. $\sqrt{x} = t + 1$

दोनों ओर का वर्ग करने पर,

$$x = (t+1)^2 = t^2 + 1 + 2t$$

t के सापेक्ष अवकलन करने पर,

$$\frac{dx}{dt} = 2t + 2$$

वेग $\qquad v = \dfrac{dx}{dt} = 2t + 2$

अतः वेग समय के साथ बढ़ता है।

19. कार का प्रारम्भिक वेग (u) = 126 किमी/घण्टा

$$= 126 \times \frac{5}{18} \text{ मी/से} \qquad \left(\because 1 \text{ किमी/घण्टा} = \frac{5}{18} \text{ मी/से}\right)$$

$$= 35 \text{ मी/से}$$

कार का अन्तिम वेग (v) = 0

कार द्वारा तय की गई दूरी (s) = 200 मी

गति के तृतीय नियम से, $v^2 = u^2 + 2as$

अथवा $\qquad a = \dfrac{v^2 - u^2}{2s} = \dfrac{0 - (35)^2}{2 \times 200}$

$$= \frac{-35 \times 35}{400}$$

$$= -\frac{49}{16} \text{ मी/से}^2$$

$$= 3.06 \text{ मी/से}^2$$

∴ कार का मन्दन = – 3.06 मी/से^{2}

गति के प्रथम समीकरण से, $v = u + at$

अथवा $\qquad t = \dfrac{v - u}{a} = \dfrac{(0 - 35)}{(-49/16)}$

$$= \frac{35 \times 16}{49}$$

$$= \frac{5 \times 16}{7} = \frac{80}{7} \text{ सेकण्ड}$$

$$= 11.4 \text{ सेकण्ड}$$

अतः कार द्वारा रूकने में लिया गया समय 11.4 सेकण्ड है।

20. यहाँ $s = \dfrac{1}{n}an^2$

s_n = n सेकण्ड में चली गई दूरी – $(n - 1)$ सेकण्ड में चली गई दूरी

$$= \left(\frac{2n - 1}{2}\right)a$$

$$\therefore \qquad \frac{S_n}{S} = \frac{2n - 1}{n^2} = \frac{2}{n} - \frac{1}{n^2}$$

21. चित्र से, सापेक्ष विस्थापन

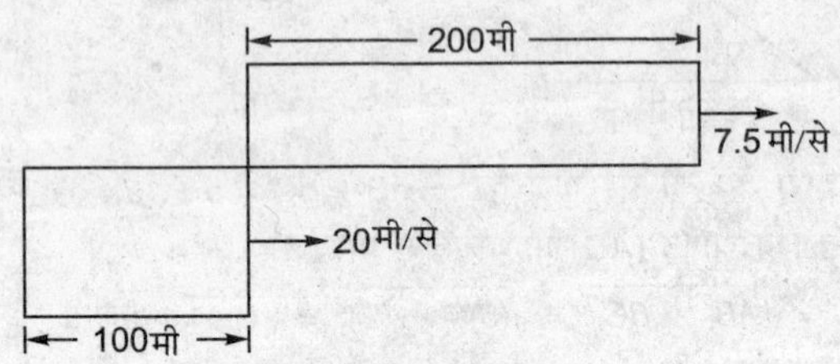

$$s_{\text{rel}} = (200 + 100) \text{ मी} = 300 \text{ मी}$$

$$v_{\text{rel}} = v_1 - v_2 = (20 - 7.5) \text{ मी/से} = 12.5 \text{ मी/से}$$

$$\therefore \qquad t = \frac{s_{\text{rel}}}{v_{\text{rel}}} = \frac{300}{12.5} = 24 \text{ सेकण्ड}$$

22. $(40)^2 - (30)^2 = 2as,\ v^2 - (30)^2 = 2a\dfrac{s}{2}$

या $\qquad 2[v^2 - (30)^2] = 2as$

तुलना करने पर, $\quad 2(v^2 - 900) = 1600 - 900 = 700$

या $\qquad v^2 = 900 + 350 = 1250$

या $\qquad v = 35.35$ किमी/घण्टा

23. $\dfrac{dx}{dt} = 4t^3 - 2t$ या $dx = 4t^3 dt - 2t dt$

समाकलन करने पर,

$$x = \frac{4t^4}{4} - \frac{2t^2}{2} = t^3 - t^2$$

जब $\qquad x = 2,\ t^4 - t^2 - 2 = 0$

$$t^2 = \frac{-(-1) \pm \sqrt{1 + 8}}{2}$$

या $\qquad t^2 = \dfrac{1 \pm 3}{2} = 2 \qquad$ (ऋणात्मक चिह्न को छोड़ने पर)

फिर, $\dfrac{d^2x}{dt^2} = 12t^2 - 2$

जब, $t^2 = 2$ सेकण्ड, त्वरण = $12 \times 2 - 2 = 22$ मी/से^{2}

24. यदि t_0 प्रतिरोध समय है, तब मंदन के अन्तर्गत् चली गई दूरी

$$= 10 - 10t_0$$

प्रथम स्थिति में, $(10)^2 = 2a(10 - 10t_0)$ ...(i)

इसी प्रकार द्वितीय स्थिति में,

$(20)^2 = 2a(30 - 20t_0)$ ...(ii)

अब तृतीय स्थिति में,

$(15)^2 = 2a(x - 5t_0)$ ...(iii)

समी (i) व (ii) से $t_0 = \dfrac{1}{2}$

अब समी (ii) में समी (i) से भाग करने पर,

$$\frac{225}{100} = \frac{x - 15t_0}{10 - 10t_0} \text{ या } \frac{9}{4} = \frac{x - 15 \times \frac{1}{2}}{10 - 10 \times \frac{1}{2}}$$

$45 = 4x - 30$ या $4x = 75$

या $x = \frac{75}{4}$ मी = 18.75 मी

25. जब एक कण एकसमान त्वरण से गति करता है, यदि s दूरी पर कण का वेग v है

तब औसत वेग $= 0 + \frac{v}{2} = \frac{v}{2}$

लिया गया समय, $t_1 = \frac{s}{v/2} = \frac{2s}{v}$

जब कण एकसमान चाल से गति करता है,

तब लिया गया समय $t_2 = \frac{2s}{v}$

जब कण एकसमान त्वरण से गति करता है

तब लिया गया समय, $t_3 = \frac{3s}{(0+v)/2} = \frac{6s}{v}$

कुल समय $= t_1 + t_2 + t_3 = \frac{2s}{v} + \frac{2s}{v} + \frac{6s}{v} = \frac{10s}{v}$

$\therefore \quad v_{av} = \frac{s + 2s + 3s}{10s/v} = \frac{6v}{10}$

$\frac{v_{av}}{v} = \frac{6}{10} = \frac{3}{5}$

28. $1 = \frac{v}{t_1}, 3 = \frac{v}{t_2}, 1200 = \frac{1}{2}(t_1 + t_2)v_1,$

$1200 = \frac{1}{2}t \times \sqrt{1800}$

$t = \frac{2400}{\sqrt{1800}}$ सेकण्ड $= \frac{2400}{42.43}$ सेकण्ड

= 56.6 सेकण्ड

31. v-t ग्राफ व समय अक्ष के बीच क्षेत्रफल

$= \frac{1}{2} \times 2 \times 20 + 3 \times 20 + \frac{1}{2} \times 1 \times 20 + \frac{1}{2} \times 1 \times 20$

= 100 मी

32. $\frac{\tan 30°}{\tan 45°} = \frac{\frac{1}{\sqrt{3}}}{1} = 1 : \sqrt{3}$

33. चली गयी दूरी = v-t ग्राफ द्वारा घिरा क्षेत्रफल

= त्रिभुज का क्षेत्रफल

$= \frac{1}{2} \times 4 \times 8 = 16$ घण्टे

34. t समय पर,

A का वेग, $v_A = u - gt$ ऊपर की ओर

B का वेग, $v_B = gt$ नीचे की ओर

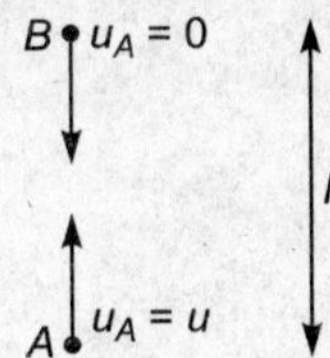

यदि हम यह माने कि ऊँचाई h महत्तम ऊँचाई से कम है या बराबर है तथा यह A द्वारा प्राप्त की गई है। तब प्रत्येक v_A व v_B दिशात्मक रूप से विपरीत हैं।

$\therefore \; v_{AB} = v_A + v_B$

$= u - gt + gt$ (विपरीत दिशा में दोनों को जोड़ा जाता है)

$= u$

35. $\frac{1}{2}g(3)^2 = \frac{9}{2}(2n - 1)$

$\Rightarrow \quad n = 5$ सेकण्ड

38. दिया है,

$x = 4(t-2) + a(t-2)^2$

$v = \frac{dx}{dt} = 4 + 2a(t-2),\; t = 0$ पर,

$v = 4(1 - a)$

त्वरण $a = \frac{d^2x}{dt^2} = 2a$

39. $\Delta t = \sqrt{\frac{2 \times 12}{10}} - \sqrt{\frac{2 \times 10}{10}}$

$= 1.549 - 1.414 = 0.135$ सेकण्ड

40. $h = \frac{1}{2}gt^2, 100 - h = 254t - \frac{1}{2}gt^2$

जोड़ने पर, $254t = 100$

या $t = 0.39 \approx 4$ सेकण्ड

41. धरातल के सापेक्ष पत्थर का प्रारम्भिक वेग

$v = 10 + 5 = 15$ मी/से ऊपर की ओर

2 सेकण्ड बाद इसका वेग, $v = u - gt$

$= 15 - 10 \times 2 = -5$ मी/से

= 5 मी/से (नीचे की ओर)

42. चढ़ाई में लिया गया समय $= \frac{u}{g} = 6$ सेकण्ड $\Rightarrow u = 60$ मी/से

पहले सेकण्ड में चली दूरी $h_{\text{प्रथम}} = 60 - \frac{g}{2}(2 \times 1 - 1) = 55$ मी

7 वें सेकण्ड में चली दूरी, पहले सेकण्ड में लम्बवत् नीचे की ओर चली गई दूरी के बराबर है।

$h_{7\text{वाँ}} = \frac{g}{2}(2 \times 1 - 1) = 5$ मी

$\Rightarrow h_{\text{प्रथम}} : h_{7\text{वाँ}} = 11 : 1$

43. जिस समय 5वीं बूँद गिरना प्रारम्भ करती है, उस समय पहली बूँद धरातल पर पहुँच जाती है।

$u = 0, h = \frac{1}{2}gt^2 = \frac{1}{2} \times 10 \times t^2$

या $5 = \frac{1}{2} \times t^2$ या $t = 1$ सेकण्ड

अतः प्रत्येक बूँद में मध्यान्तर $= \frac{1}{4}$ सेकण्ड = 0.25 सेकण्ड

जब 5वीं बूँद धरातल की ओर चलना प्रारम्भ करती है, तब तीसरी बूँद वायु में चल रही होती है।

$t_1 = 0.25 + 0.25 = 0.5$ सेकण्ड

$\therefore$ तीसरी बूँद द्वारा वायु में चली गई दूरी

$h_1 = \frac{1}{2}gt_1^2 = \frac{1}{2} \times 10 \times (0.5)^2$

$= 5 \times 0.25 = 1.25$ मी

इसलिए तीसरी बूँद द्वारा चली गई दूरी

$= 5 - 1.25 = 3.75$ मी

44. माना एक पत्थर को u वेग से ऊपर की ओर फेंका जाता है, तब दिया गया है

$$v_{-h} = 2v_h$$
$$(v_{-h})^2 = 4v_h^2$$
$$\therefore \quad u^2 - 2g(-h) = 4(u^2 - 2gh)$$
$$\therefore \quad u^2 = \frac{10gh}{3}$$

अब, $h_{\max} = \frac{u^2}{2g} = \frac{5h}{3}$

45. $(2v)^2 - v^2 = 2gh'$

या $4v^2 - v^2 = 2gh'$

या $3v^2 = 2gh'$

यां $3 \times 2gh = 2gh'$

या $h' = 3h$

46. $v^2 = u^2 - 2gh$ से, $0 = u^2 - 2 \times 10 \times 45$

$u^2 = 900$

$u = 30$ मी/से

प्रश्नानुसार, $v = 15$ मी/से $u = u - gt$ से

$15 = 30 - 10t$

$t = 1.5$ सेकण्ड

47. $\Delta x = \frac{1}{2}gt^2 - \frac{1}{2}g(t-1)^2 = \frac{1}{2}g[t^2 - (t-1)^2] = \frac{1}{2}g(2t-1)$

$= \frac{1}{2} \times 9.8 \times 5 = 24.5$ मी

48. $4 = u + \frac{a}{2}(2 \times 3 - 1)$ या $4 = u + \frac{5a}{2}$

$5 = u + \frac{a}{2}(2 \times 4 - 1)$ या $5 = u + \frac{7a}{2}$

घटाने पर, $1 = \frac{7a}{2} - \frac{5a}{2} = \frac{2a}{2} = a$

$4 = u + \frac{5}{2}$ या $u = 4 - \frac{5}{2} = 1.5$ मी/से

इसलिए प्रारम्भिक वेग अशून्य है तथा त्वरण एकसमान है।

49. $\frac{11}{36} \times \frac{1}{2} \times 9.8n^2 = \frac{9.8}{2}(2n-1)$

या $2n - 1 = \frac{11}{36}n^2$

या $11n^2 = 72n - 36$

या $11n^2 - 72n + 36 = 0$

या $11n^2 - 66n - 6n + 36 = 0$

या $11n(n-6) - 6(n-6) = 0$

या $(11n - 6)(n - 6) = 0$

$\Rightarrow$ $n = 6$

$h = \frac{1}{2} \times 10 \times 6 \times 6$ मी $= 180$ मी

50. कुल दूरी $= 130 + 120 = 250$ मी

सापेक्ष वेग $= 30 - (-20) = 50$ मी/से

अतः $t = \frac{250}{50} = 5$ सेकण्ड

अध्याय 03

सदिश राशियाँ

Vector Quantities

अदिश एवं सदिश राशियाँ

(Scalar and Vector Quantities)

सभी भौतिक राशियों को दिशाओं के आधार पर मुख्यत: दो वर्गों में बाँटा जा सकता है।

(i) अदिश राशियाँ (Scalar Quantities)

वे भौतिक राशियाँ जिन्हें व्यक्त करने के लिए केवल परिमाण की आवश्यकता होती है दिशा की नहीं, अदिश राशियाँ कहलाती हैं।

उदाहरण—दूरी, चाल, आयतन, घनत्व, कार्य आदि।

(ii) सदिश राशियाँ (Vector Quantities)

वे भौतिक राशियाँ जिन्हें व्यक्त करने के लिए परिमाण के साथ-साथ दिशा की भी आवश्यकता होती है, सदिश राशियाँ कहलाती हैं।

उदाहरण—विस्थापन, वेग, त्वरण, बल, संवेग, आवेश आदि।

सदिश राशियों का तुलनात्मक विवरण (Comparative Description of Vector Quantities)

क्र. सं.	सदिश राशियों के प्रकार	संक्षिप्त परिभाषा	निरूपण
1.	शून्य सदिश (Zero vector)	जिस सदिश का परिमाण शून्य होता है तथा जिसकी दिशा अनिश्चित होती है।	$\mathbf{0}$
2.	एकांक सदिश (Unit vector)	जिस सदिश का परिमाण एकांक होता है।	$\hat{A} = \frac{\mathbf{A}}{A}$
3.	लम्बकोणीय एकांक सदिश (Orthogonal unit vector)	धनात्मक X, Y, Z अक्षों के अनुदिश एकांक सदिश क्रमशः $\hat{i}, \hat{j}$ तथा $\hat{k}$ होते हैं।	Y, $\hat{j}$, O, X, $\hat{i}$, $\hat{k}$, Z
4.	स्थिति सदिश (Position vector)	जिस सदिश के द्वारा किसी बिन्दु की मूलबिन्दु के सापेक्ष स्थिति प्रदर्शित होती है।	$P(x,y,z)$, O, $\mathbf{r}$; $\mathbf{r} = x\hat{i} + y\hat{j} + z\hat{k}$

विस्थापन सदिश (Displacement Vector)

माना एक पिण्ड समतल XY में गतिशील है। यह पिण्ड किसी क्षण P बिन्दु पर होता है, तो इसका स्थिति सदिश **OP** होगा। यदि यह पिण्ड t समय में Q बिन्दु पर चला जाता है, तो इसका स्थिति सदिश **OQ** होगा। बिन्दु P व Q को मिलाने पर प्राप्त सदिश को **विस्थापन सदिश (PQ)** कहते हैं। विस्थापन सदिश की दिशा P से Q की ओर होती है।

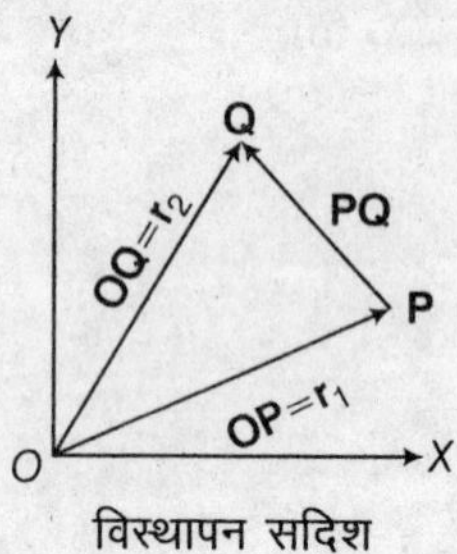

विस्थापन सदिश

चित्र द्वारा $\mathbf{OP} = \mathbf{r}_1$, $\mathbf{OQ} = \mathbf{r}_2$

अत: विस्थापन सदिश,

$$\mathbf{PQ} = \mathbf{OQ} - \mathbf{OP}$$

$$\mathbf{r} = \mathbf{r}_2 - \mathbf{r}_1$$

अत: विस्थापन सदिश द्वारा यह प्रदर्शित होता है कि पिण्ड द्वारा t समय में कितना और किस दिशा में विस्थापन हुआ है।

विस्थापन सदिश,

$$\Delta r = (x_2 - x_1)\hat{\mathbf{i}} + (y_2 - y_1)\hat{\mathbf{j}}$$

विस्थापन सदिश का परिमाण (magnitude) निम्न सूत्र द्वारा दिया जाता है

$$|\Delta r| = \Delta r = \sqrt{(x_2 - x_1)^2 + (y_2 - y_1)^2}$$

सदिशों का योगफल (Addition of Vectors)

(i) समान्तर चतुर्भुज नियम (The Parallelogram Law)

यदि किसी कण पर किसी क्षण कार्यरत दो सदिश परिणाम एवं दिशा में किसी समान्तर चतुर्भुज की दो संलग्न भुजाओं के द्वारा निरूपित होते हैं तो उनका परिणामी सदिश दिशा तथा परिणाम में उसी समान्तर चतुर्भुज के उस विकर्ण द्वारा निरूपित होगा जो उक्त सदिशों के प्रतिच्छेद बिन्दु से गुजरता है। माना **R**, दो सदिशों **A** तथा **B** का परिणामी है। इस नियम के अनुसार, परिणामी **R** उस समान्तर चतुर्भुज का विकर्ण है जिसकी संलग्न भुजाएँ **A** तथा **B** चित्रानुसार हैं।

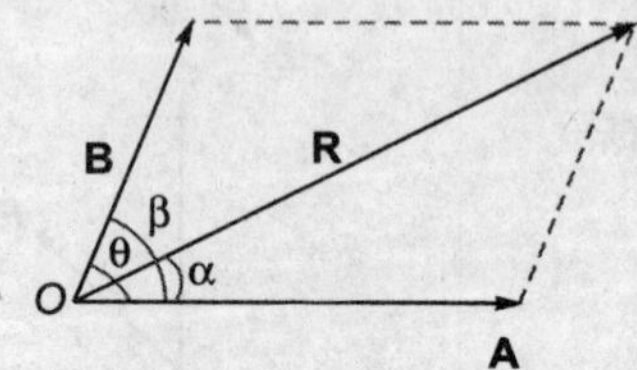

परिणामी सदिश, $\mathbf{R} = \mathbf{A} + \mathbf{B}$

R का परिमाण,

$$R = \sqrt{A^2 + B^2 + 2AB\cos\theta} \quad \text{...(i)}$$

जहाँ θ, **A** व **B** के बीच का कोण है।

यदि सदिश **A** व **B** के परिणामी सदिश **R** से बने कोण क्रमश: α व β हों, तब

$$\tan\alpha = \frac{B\sin\theta}{A + B\cos\theta}$$

तथा

$$\tan\beta = \frac{A\sin\theta}{B + A\cos\theta} \quad \text{...(ii)}$$

(ii) त्रिभुज नियम (The Triangle Law)

इस नियम के अनुसार, पहले सदिश **A** खींचते हैं, फिर सदिश **A** के बाणाग्र (arrow head) से आरम्भ करके सदिश **B** खींचते हैं। इस प्रकार दोनों सदिशों का परिणामी **R**, **A** के प्रारम्भिक सिरे से आरम्भ होकर **B** के बाणाग्र पर समाप्त हो जाता है।

चित्रानुसार,

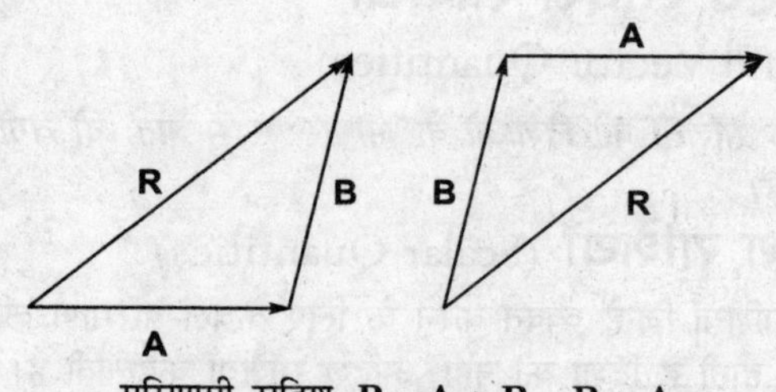

परिणामी सदिश, $\mathbf{R} = \mathbf{A} + \mathbf{B} = \mathbf{B} + \mathbf{A}$

सदिश योग की बहुभुज विधि (Polygon Method of Vector Addition)

यदि $(n-1)$ सदिशों में n भुजा वाले बहुभुज की $(n-1)$ क्रमागत भुजाओं द्वारा प्रदर्शित किया जा सके, तो उनका परिणामी परिमाण एवं दिशा में बहुभुज की अन्तिम भुजा (nवीं भुजा) द्वारा विपरीत क्रम में निरुपित होता है।

$$\mathbf{R} = \mathbf{A} + \mathbf{B} + \mathbf{C} + \mathbf{D} + \mathbf{E}$$

$$\mathbf{OA} + \mathbf{AB} + \mathbf{BC} + \mathbf{CD} + \mathbf{DE} = \mathbf{OE}$$

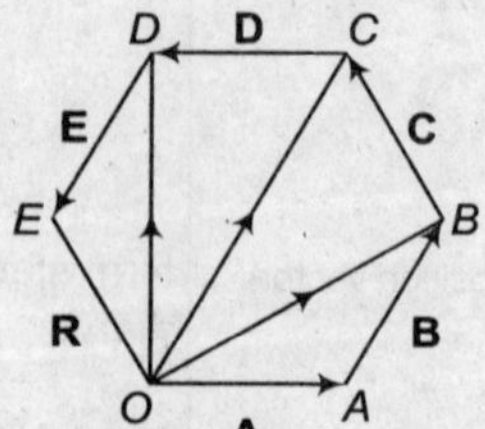

सदिशों का घटाना (Subtraction of Vectors)

(i) सदिश **A** का परिमाण इसके ऋणात्मक सदिश – **A** के परिमाण के बराबर होता है परन्तु **A**, – **A** की दिशा के विपरीत निर्देशित होता है।

अत: $\mathbf{A} - \mathbf{B} = \mathbf{A} + (-\mathbf{B})$

माना सदिशों **A** तथा **B** के बीच का कोण θ है, तब **A** तथा – **B** के बीच कोण (180° – θ) चित्रानुसार होगा।

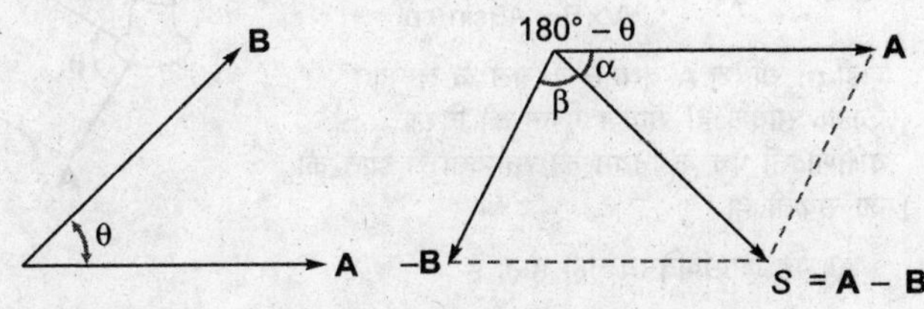

$$S = \mathbf{A} - \mathbf{B}$$

$$S = |\mathbf{A} - \mathbf{B}| = \sqrt{A^2 + B^2 + 2AB\cos(180° - \theta)}$$

या $$S = \sqrt{A^2 + B^2 - 2AB\cos\theta}$$

(ii) यदि $\mathbf{A} = (a_1\hat{\mathbf{i}} + a_2\hat{\mathbf{j}} + a_3\hat{\mathbf{k}})$, $\mathbf{B} = (b_1\hat{\mathbf{i}} + b_2\hat{\mathbf{j}} + b_3\hat{\mathbf{k}})$,

तब $\mathbf{S} = \mathbf{A} - \mathbf{B} = (a_1 - b_1)\,\hat{\mathbf{i}} + (a_2 - b_2)\,\hat{\mathbf{j}} + (a_3 - b_3)\,\hat{\mathbf{k}}$

सदिशों का घटकों में वियोजन

(Resolution of Vectors in Components)

इसमें निम्न स्थितियाँ सम्भव हैं

सदिश का लम्बवत् घटकों में वियोजन

(Resolution of Vectors into Perpendicular Components)

सदिश **A** यदि *X-Y* तल में स्थित हो तथा *X*-अक्ष से θ कोण बनाता हो और *X* व *Y*-अक्षों के अनुदिश अभिलम्ब सदिश क्रमश: $\mathbf{A}_x$ तथा $\mathbf{A}_y$ हों, तो

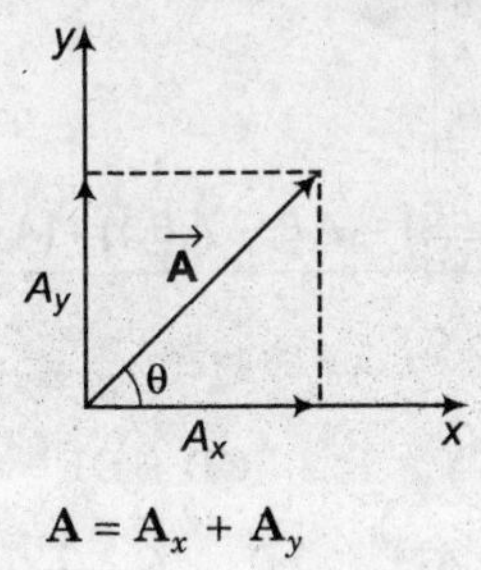

$$\mathbf{A} = \mathbf{A}_x + \mathbf{A}_y$$

यदि *x* तथा *y*-अक्ष के अनुदिश एकांक सदिश क्रमश $\hat{\mathbf{i}}$ व $\hat{\mathbf{j}}$ हों, तो

$$\mathbf{A}_x = \hat{\mathbf{i}}\,A_x \quad \text{तथा} \quad \mathbf{A}_y = \hat{\mathbf{j}}\,A_y$$

अत: $$\mathbf{A} = \hat{\mathbf{i}}\,A_x + \hat{\mathbf{j}}\,A_y$$

चित्र से, $$A_x = A\cos\theta \quad \text{...(i)}$$

तथा $$A_y = A\sin\theta \quad \text{...(ii)}$$

समी (i) व समी (ii) का वर्ग करके जोड़ने पर,

$$A = \sqrt{A_x^2 + A_y^2}$$

समी (ii) को समी (i) से भाग करने पर

$$\tan\theta = \frac{A_y}{A_x}$$

या $$\theta = \tan^{-1}\left(\frac{A_y}{A_x}\right)$$

सदिश को दो घटकों में वियोजित करना जो परस्पर लम्बवत् न हों

(Resolution of a Vector into Two Components Which are not Perpendicular to Each Other)

यदि सदिश **A** को यह दो अक्षों *X* तथा *Y* के अनुदिश वियोजित करें, जो परस्पर लम्बवत् नहीं हैं तथा सदिश **A** से क्रमश: α तथा β कोण बनाते हैं,

तब ये घटक A_x तथा A_y होंगे।

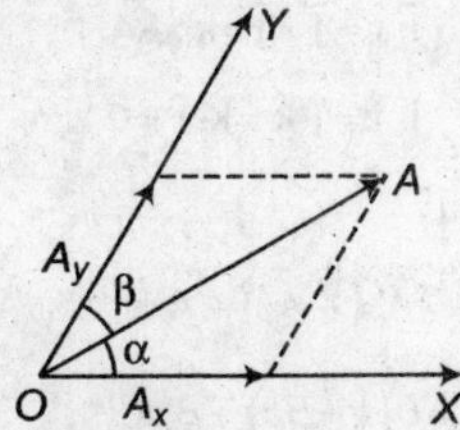

ज्या नियम (sine law) के अनुसार,

$$\frac{A}{\sin[180° - (\alpha + \beta)]} = \frac{A_x}{\sin\beta} = \frac{A_y}{\sin\alpha}$$

या $$A_x = \frac{A\sin\beta}{\sin(\alpha + \beta)}$$

तथा $$A_y = \frac{A\sin\alpha}{\sin(\alpha + \beta)}$$

अदिश तथा सदिश गुणन (Dot Product and Cross Product)

क्र. सं.	अदिश गुणन	सदिश गुणन
1.	**परिभाषा** अदिश गुणन का मान दोनों सदिशों के परिमाणों तथा उनके बीच बने कोण की कोज्या (cosine) के गुणनफल के बराबर होता है। $\mathbf{A}\cdot\mathbf{B} = AB\cos\theta$	सदिश गुणन का मान दोनों सदिशों के परिमाणों तथा उनके बीच के कोण की ज्या (sine) के गुणनफल के बराबर होता है तथा इसकी दिशा **A** तथा **B** के तल के लम्बवत् होती है। $\mathbf{A}\times\mathbf{B} = AB\sin\theta\,\hat{\mathbf{n}}$ जहाँ **n**, सदिश **A** तथा **B** के तल के लम्बवत् एकांक सदिश है। सदिश गुणन की दिशा दक्षिणावर्ती पेंच के नियम की सहायता से ज्ञात की जा सकती है।
2.	**गुण** (i) यह क्रम-विनिमय होता है $\mathbf{A}\cdot\mathbf{B} = \mathbf{B}\cdot\mathbf{A}$ (ii) यह वितरण नियम का पालन करता है $\mathbf{A}\cdot(\mathbf{B}+\mathbf{C}) = \mathbf{A}\cdot\mathbf{B} + \mathbf{A}\cdot\mathbf{C}$ (iii) दो सदिशों के समान्तर होने के लिए $\mathbf{A}\cdot\mathbf{B} = AB$ (iv) दो सदिशों के लम्बवत् होने के लिए $\mathbf{A}\cdot\mathbf{B} = 0$ (v) स्व अदिश (self dot product) गुणन $\mathbf{A}\cdot\mathbf{A} = A^2$ (vi) एकांक लम्बकोणीय सदिशों के लिए $\hat{\mathbf{i}}\cdot\hat{\mathbf{i}} = \hat{\mathbf{j}}\times\hat{\mathbf{j}} = \hat{\mathbf{k}}\times\hat{\mathbf{k}} = 1$ $\hat{\mathbf{i}}\cdot\hat{\mathbf{j}} = \hat{\mathbf{j}}\cdot\hat{\mathbf{k}} = \hat{\mathbf{k}}\cdot\hat{\mathbf{i}} = 0$ (vii) $\mathbf{A} = A_x\hat{\mathbf{i}} + A_y\hat{\mathbf{j}} + A_z\hat{\mathbf{k}}$ $\mathbf{B} = B_x\hat{\mathbf{i}} + B_y\hat{\mathbf{j}} + B_z\hat{\mathbf{k}}$ $\mathbf{A}\cdot\mathbf{B} = A_xB_x + A_yB_y + A_zB_z$	(i) यह क्रम-विनिमय नहीं होता है $\mathbf{A}\times\mathbf{B} = -\mathbf{B}\times\mathbf{A}$ (ii) यह वितरण नियम का पालन करता है $\mathbf{A}\times(\mathbf{B}+\mathbf{C}) = \mathbf{A}\times\mathbf{B} + \mathbf{A}\times\mathbf{C}$ (iii) दो सदिशों के समान्तर होने के लिए $\mathbf{A}\times\mathbf{B} = \mathbf{0}$ (iv) दो सदिशों के लम्बवत् होने के लिए $\mathbf{A}\times\mathbf{B} = AB\hat{\mathbf{n}}$ (v) स्व सदिश गुणन (self vector product) $\mathbf{A}\times\mathbf{A} = \mathbf{0}$ (vi) एकांक लम्बकोणीय सदिशों के लिए $\hat{\mathbf{i}}\times\hat{\mathbf{i}} = \hat{\mathbf{j}}\times\hat{\mathbf{j}} = \hat{\mathbf{k}}\times\hat{\mathbf{k}} = 0$ $\hat{\mathbf{i}}\times\hat{\mathbf{j}} = \hat{\mathbf{k}},\ \hat{\mathbf{j}}\times\hat{\mathbf{k}} = \hat{\mathbf{i}}$ $\hat{\mathbf{k}}\times\hat{\mathbf{i}} = \hat{\mathbf{j}}$ (vii) $\mathbf{A} = A_x\hat{\mathbf{i}} + A_y\hat{\mathbf{j}} + A_z\hat{\mathbf{k}},\ \mathbf{B} = B_x\hat{\mathbf{i}} + B_y\hat{\mathbf{j}} + B_z\hat{\mathbf{k}}$ $\mathbf{A}\times\mathbf{B} = \begin{vmatrix} \hat{\mathbf{i}} & \hat{\mathbf{j}} & \hat{\mathbf{k}} \\ A_x & A_y & A_z \\ B_x & B_y & B_z \end{vmatrix}$ $= (A_yB_z - A_zB_y)\hat{\mathbf{i}} + (A_zB_x - A_xB_z)\hat{\mathbf{j}} + (A_xB_y - A_yB_x)\hat{\mathbf{k}}$

अभ्यास प्रश्न

1. दो बल $\frac{P}{2}$ एक-दूसरे के लम्बवत् लगते हैं। इन दोनों को समद्विभाजित करने के लिए एक तीसरा बल विपरीत दिशा में लगता है। तीसरे बल का परिमाण

(a) P (b) $\frac{P}{2}$

(c) $\frac{P}{\sqrt{2}}$ (d) $\sqrt{2}P$

2. सदिश $3\hat{i}+4\hat{j}+5\hat{k}$ का मान है

(a) $3\sqrt{2}$ (b) $5\sqrt{2}$

(c) $7\sqrt{2}$ (d) $9\sqrt{2}$

3. $\mathbf{A}=3\hat{i}-\hat{j}+7\hat{k}$ तथा $\mathbf{B}=5\hat{i}-\hat{j}+9\hat{k}$, $\mathbf{A}+\mathbf{B}$ के दि्कोज्या m है

(a) शून्य (b) $\frac{3}{\sqrt{31}}$

(c) $\frac{8}{\sqrt{336}}$ (d) 5

4. दिया है, $\mathbf{A}=\hat{i}+2\hat{j}-3\hat{k}$, जब $\mathbf{A}$ तथा $\mathbf{B}$ को जोड़ा जाता है, x-अक्ष के अनुदिश एकांक सदिश प्राप्त होता है, तब $\mathbf{B}$ है।

(a) $-2\hat{j}+3\hat{k}$ (b) $-\hat{i}-2\hat{j}$

(c) $-\hat{i}+3\hat{k}$ (d) $2\hat{j}-3\hat{k}$

5. दो बल $\mathbf{F}_1$ तथा $\mathbf{F}_2$ एक-दूसरे के लम्बवत् कार्यरत् हैं, तब इनका परिणामी है

(a) F_1+F_2 (b) $\sqrt{F_1^2+F_2^2}$

(c) $\sqrt{F_1^2-F_2^2}$ (d) $\frac{F_1+F_2}{2}$

6. बल के x तथा y घटक 2 न्यूटन तथा -3 न्यूटन हैं। बल है

(a) $2\hat{i}-3\hat{j}$ (b) $2\hat{i}+3\hat{j}$

(c) $-2\hat{i}-3\hat{j}$ (d) $3\hat{i}+2\hat{j}$

7. दिया है, $\mathbf{R}=\mathbf{A}+\mathbf{B}$ तथा $R=A=B$। $\mathbf{A}$ तथा $\mathbf{B}$ के बीच का कोण है

(a) 60° (b) 90°

(c) 120° (d) 180°

8. वेक्टर $\mathbf{A}$ के क्षैतिज व ऊर्ध्व घटकों के परिणामी क्रमशः 7 व 6 हैं तथा $\mathbf{A}+\mathbf{B}$ के क्षैतिज व ऊर्ध्व घटकों के परिणामी क्रमशः 11 व 9 हैं, तब $\mathbf{B}$ का परिणामी क्या होगा?

(a) 5 (b) 6

(c) 8 (d) 9

9. 60 किमी/घण्टा के वेग का एक आयताकार घटक 30 किमी/ घण्टा है। अन्य आयताकार घटक है

(a) 30 किमी/घण्टा

(b) $30\sqrt{3}$ किमी/घण्टा

(c) $30\sqrt{2}$ किमी/घण्टा

(d) शून्य

10. z-अक्ष तथा सदिश $\hat{i}+\hat{j}+\sqrt{2}\hat{k}$ के बीच कोण है

(a) 30° (b) 45°

(c) 60° (d) 90°

11. दो समान बल (जिनमें प्रत्येक का मान $\mathbf{P}$ है) θ कोण पर कार्यरत् हैं। इनका परिणामी है

(a) $2P\sin\frac{\theta}{2}$ (b) $2P\cos\frac{\theta}{2}$

(c) $2P\cos\theta$ (d) $P\sqrt{2}$

12. दो सदिशों का परिमाण $2A$ तथा $\sqrt{2}A$ है, θ कोण पर कार्यरत हैं जिनका परिणामी $\sqrt{10}A$ है। θ का मान है

(a) 30° (b) 45°

(c) 60° (d) 90°

13. यदि $0.5\hat{i}+0.8\hat{j}+c\hat{k}$ एकांक सदिश है, तब c का मान है

(a) $\sqrt{0.11}$ (b) $\sqrt{022}$

(c) $\sqrt{0.33}$ (d) $\sqrt{0.89}$

14. दो बल F चित्रानुसार आरोपित है। इनका परिणामी है

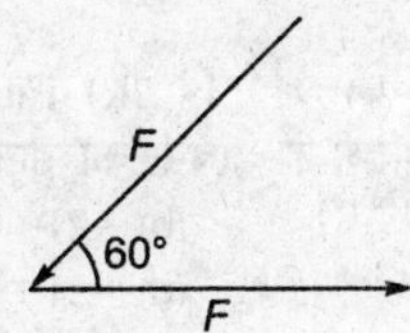

(a) $\frac{F}{2}$ (b) F (c) $\sqrt{3}F$ (d) $\sqrt{5}F$

15. यदि $\mathbf{P}=4\hat{i}-2\hat{j}+6\hat{k}$ तथा $\mathbf{Q}=\hat{i}-2\hat{j}-3\hat{k}$ तब $\mathbf{P}+\mathbf{Q}$ अक्ष के साथ क्या कोण बनाएगा?

(a) $\cos^{-1}\left(\frac{3}{\sqrt{50}}\right)$ (b) $\cos^{-1}\left(\frac{4}{\sqrt{50}}\right)$

(c) $\cos^{-1}\left(\frac{5}{\sqrt{50}}\right)$ (d) $\cos^{-1}\left(\frac{12}{\sqrt{50}}\right)$

16. यदि $\mathbf{A}+\mathbf{B}=\mathbf{C}$ तथा $A=\sqrt{3}$, $B=\sqrt{3}$ तथा $C=3$ $\mathbf{A}$ तथा $\mathbf{B}$ के बीच कोण है

(a) 0° (b) 30° (c) 60° (d) 90°

17. $\mathbf{A}=\hat{i}+\hat{j}$ तथा $\mathbf{B}=\hat{i}-\hat{j}$ के बीच का कोण है

(a) 45° (b) 90° (c) −45° (d) 180°

18. दो वेक्टरों के योग का परिमाण दोनों वेक्टरों के अन्तर के परिमाण के बराबर है। तब वेक्टरों के मध्य का कोण है

(a) 0° (b) 45° (c) 90° (d) 180°

19. दो सह आरम्भिक वेक्टरों का सरल योग 16 यूनिट है तथा उनका वेक्टर योग 8 यूनिट है वेक्टरों का परिणामी छोटे वेक्टर के लम्बवत् है, दोनों वेक्टरों का परिणामी है

(a) 2 इकाई तथा 14 इकाई (b) 4 इकाई तथा 12 इकाई

(c) 6 इकाई तथा 10 इकाई (d) 8 इकाई तथा 8 इकाई

20. दो बल $(A+B)$ तथा $(A-B)$ का परिणामी $\sqrt{A^2+B^2}$ हैं, तब दोनों बलों के बीच का कोण है

(a) $\cos^{-1}\left[-\frac{(A^2-B^2)}{A^2+B^2}\right]$ (b) $\cos^{-1}\left[-\frac{(A^2+B^2)}{(A^2-B^2)}\right]$

(c) $\cos^{-1}\left[-\frac{A^2+B^2}{2(A^2-B^2)}\right]$ (d) $\cos^{-1}\left[-\frac{2(A^2+B^2)}{A^2-B^2}\right]$

21. यदि $\mathbf{A}=\hat{\mathbf{i}}+\hat{\mathbf{j}}-2\hat{\mathbf{k}}$ तथा $\mathbf{B}=2\hat{\mathbf{i}}-\hat{\mathbf{j}}+\hat{\mathbf{k}}$ तब $2A-3B$ का परिमाण है

(a) $\sqrt{90}$ (b) $\sqrt{50}$

(c) $\sqrt{190}$ (d) $\sqrt{30}$

22. P तथा Q के बीच कोण ज्ञात कीजिए। यदि $(\mathbf{P}+\mathbf{Q})$ तथा $(\mathbf{P}-\mathbf{Q})$ का परिणामी $2P$ है?

(a) शून्य (b) $\tan^{-1}(P/Q)$

(c) $\tan^{-1}(Q/P)$ (d) $\tan^{-1}(P-Q)/(P+Q)$

23. दो बलों का परिणामी 5 न्यूटन है। जब इन दोनों के बीच का कोण 120° है, परिणामी $\sqrt{13}$ है, तब बल है

(a) $\sqrt{12}$ न्यूटन, $\sqrt{13}$ न्यूटन

(b) $\sqrt{20}$ न्यूटन, $\sqrt{5}$ न्यूटन

(c) 3 न्यूटन, 4 न्यूटन

(d) $\sqrt{40}$ न्यूटन, $\sqrt{15}$ न्यूटन

24. यदि सदिशों $(\hat{\mathbf{i}}+2\hat{\mathbf{j}}-\hat{\mathbf{k}})$, $(\hat{\mathbf{i}}-\hat{\mathbf{j}}+2\hat{\mathbf{k}})$ तथा C का परिणामी y-अक्ष के अनुदिश एकांक सदिश है, तब C का मान है

(a) $-2\hat{\mathbf{i}}-\hat{\mathbf{k}}$ (b) $-2\hat{\mathbf{i}}+\hat{\mathbf{k}}$

(c) $2\hat{\mathbf{i}}-\hat{\mathbf{k}}$ (d) $-2\hat{\mathbf{i}}+\hat{\mathbf{k}}$

25. निम्न में से कौन-सा कथन सत्य है?

(a) अदिश राशि वह राशि है जो किसी प्रक्रम में संरक्षित होती है

(b) अदिश राशि का मान कभी भी ऋणात्मक नहीं हो सकता

(c) अदिश राशि का मान एक बिन्दु से दूसरे बिन्दु पर नहीं बदलता है

(d) अदिश राशि का मान सदैव विभिन्न अक्षों पर समान रहता है

26. x-अक्ष के अनुदिश $(\mathbf{P}+\mathbf{Q})$ एकांक सदिश हैं। यदि $\mathbf{P}=\hat{\mathbf{i}}-\hat{\mathbf{j}}+\hat{\mathbf{k}}$ तब Q का मान है

(a) $\hat{\mathbf{i}}+\hat{\mathbf{j}}-\hat{\mathbf{k}}$ (b) $\hat{\mathbf{j}}-\hat{\mathbf{k}}$

(c) $\hat{\mathbf{i}}+\hat{\mathbf{j}}+\hat{\mathbf{k}}$ (d) $\hat{\mathbf{j}}+\hat{\mathbf{k}}$

27. दो सदिशों $2\hat{\mathbf{i}}-\hat{\mathbf{j}}+3\hat{\mathbf{k}}$ तथा $3\hat{\mathbf{i}}-2\hat{\mathbf{j}}-2\hat{\mathbf{k}}$ के योग में कौन-सा सदिश जोड़ा जाए ताकि Z-अक्ष के अनुदिश उनका परिणामी एकांक सदिश हो

(a) $5\hat{\mathbf{i}}+\hat{\mathbf{k}}$ (b) $-5\hat{\mathbf{i}}+3\hat{\mathbf{j}}$

(c) $3\hat{\mathbf{j}}+5\hat{\mathbf{k}}$ (d) $-3\hat{\mathbf{j}}+2\hat{\mathbf{k}}$

28. दिया है, A तथा B के बीच का कोण θ है। तब, $|\mathbf{A}\times\mathbf{B}|$ बराबर है

(a) sinθ (b) cosθ

(c) tanθ (d) cotθ

29. दिया है, $\mathbf{P}=3\hat{\mathbf{i}}+4\hat{\mathbf{k}}$ तथा $\mathbf{Q}=2\hat{\mathbf{i}}+5\hat{\mathbf{k}}$। दोनों सदिशों के अदिश गुणन का परिमाण है

(a) 20 (b) 23

(c) 26 (d) $5\sqrt{33}$

30. यदि $\mathbf{P}\cdot\mathbf{Q}=0$ तब $|\mathbf{P}\times\mathbf{Q}|$ है

(a) $|\mathbf{P}||\mathbf{Q}|$ (b) 0

(c) 1 (d) $\sqrt{PQ}$

31. दिया है, $\mathbf{c}=\mathbf{a}\times\mathbf{b}$, **a** का **c** के साथ बना कोण है

(a) 0° (b) 45° (c) 90° (d) 180°

32. यदि $\mathbf{P}=2\hat{\mathbf{i}}-3\hat{\mathbf{j}}+\hat{\mathbf{k}}$ तथा $\mathbf{Q}=3\hat{\mathbf{i}}-2\hat{\mathbf{j}}$ तब, $\mathbf{P}\cdot\mathbf{Q}$ है

(a) 0 (b) 6 (c) 12 (d) 15

33. यदि $\mathbf{AB}=AB$, तब **A** तथा **B** है

(a) 0° (b) 45° (c) 90° (d) 180°

34. $\hat{\mathbf{i}}+\hat{\mathbf{j}}$ के अनुदिश एकांक सदिश क्या है?

(a) $\frac{\hat{\mathbf{i}}+\hat{\mathbf{j}}}{\sqrt{2}}$ (b) $\sqrt{2}(\hat{\mathbf{i}}+\hat{\mathbf{j}})$

(c) $\hat{\mathbf{i}}+\hat{\mathbf{j}}$ (d) $\hat{\mathbf{k}}$

35. समान्तर चतुर्भुज की समीपवर्ती भुजाएँ अनुरूप सदिशों $2\hat{\mathbf{i}}+3\hat{\mathbf{j}}$ तथा $\hat{\mathbf{i}}+4\hat{\mathbf{j}}$ द्वारा प्रदर्शित है। समान्तर चतुर्भुज का क्षेत्रफल है

(a) 5 यूनिट z-अक्ष के अनुदिश (b) 5 यूनिट x-y तल में

(c) 3 यूनिट x-z तल में (d) 3 यूनिट y-z तल में

36. दो सदिशों **a** तथा **b** का परिणाम क्रमशः a तथा b हैं। **a** तथा **b** का सदिश गुणन नहीं हो सकता

(a) शून्य के बराबर (b) ab से कम

(c) ab के बराबर (d) ab से बड़ा

37. दिया है, $\mathbf{P}=\mathbf{A}+\mathbf{B}$ तथा $P=A+B$, **A** तथा **B** के बीच का कोण है

(a) 0° (b) $\frac{\pi}{4}$

(c) $\frac{\pi}{2}$ (d) π

38. दिया है, $\mathbf{r}=4\hat{\mathbf{j}}$ तथा $\mathbf{p}=2\hat{\mathbf{i}}+3\hat{\mathbf{j}}+\hat{\mathbf{k}}$, कोणीय संवेग है

(a) $4\mathbf{i}-8\mathbf{k}$ (b) $8\mathbf{i}-4\hat{\mathbf{k}}$

(c) $8\hat{\mathbf{j}}$ (d) $9\hat{\mathbf{k}}$

39. $(10\hat{\mathbf{i}}-3\hat{\mathbf{j}}+6\hat{\mathbf{k}})$ न्यूटन का बल 100 ग्राम द्रव्यमान वाले पिण्ड पर लगता है तथा पिण्ड $(6\hat{\mathbf{i}}+5\hat{\mathbf{j}}-3\hat{\mathbf{k}})$ मी से $(10\hat{\mathbf{i}}-2\hat{\mathbf{j}}+7\hat{\mathbf{k}})$ मी तक विस्थापित होता है तब किया गया कार्य है

(a) 21 जूल (b) 121 जूल

(c) 361 जूल (d) 1000 जूल

40. एक बल $\mathbf{F}=2\hat{\mathbf{i}}+2\hat{\mathbf{j}}$ न्यूटन किसी कण को 16 सेकण्ड में $\mathbf{s}=2\hat{\mathbf{i}}+2\hat{\mathbf{k}}$ मी विस्थापित करता है। **F** द्वारा उत्पन्न शक्ति है

(a) 0.25 जूल/से (b) 25 जूल/से

(c) 225 जूल/से (d) 450 जूल/से

41. **P** पर **Q** का प्रक्षेप्य है

(a) $\mathbf{P}\hat{\mathbf{Q}}$ (b) $\mathbf{P}\hat{\mathbf{Q}}$ (c) $\mathbf{P}\times\hat{\mathbf{Q}}$ (d) $\mathbf{P}\times\mathbf{Q}$

42. दो सदिश **a** तथा **b** इस प्रकार है कि $|\mathbf{a}+\mathbf{b}|=|\mathbf{a}-\mathbf{b}|$। **a** तथा **b** के बीच कोण है

(a) 0° (b) 90° (c) 60° (d) 180°

43. बल $\mathbf{F} = -3\hat{i} + \hat{j} + 5\hat{k}$ का बलाघूर्ण किसी बिन्दु τ पर आरोपित है। यदि उस बिन्दु का स्थिति सदिश $7\hat{i} + 3\hat{j} + \hat{k}$ है, तब τ है

(a) $7\hat{i} - 8\hat{j} + 9\hat{k}$ (b) $14\hat{i} - \hat{j} + 3\hat{k}$

(c) $2\hat{i} - 3\hat{j} + 8\hat{k}$ (d) $14\hat{i} - 38\hat{j} + 16\hat{k}$

44. दो सदिशों का सदिश गुणन उनके अदिश गुणन का $\sqrt{3}$ गुना है। दो सदिशों के बीच का कोण है

(a) 90° (b) 60° (c) 45° (d) 30°

45. यदि $\mathbf{A} = 2\hat{i} + 3\hat{j} + 4\hat{k}$ तथा $\mathbf{B} = 4\hat{i} + 3\hat{j} + 2\mathbf{k}$ तब **A** तथा **B** के बीच का कोण है

(a) $\sin^{-1}\left(\frac{25}{29}\right)$ (b) $\sin^{-1}\left(\frac{29}{25}\right)$

(c) $\cos^{-1}\left(\frac{25}{29}\right)$ (d) $\cos^{-1}\left(\frac{29}{25}\right)$

46. तीन सदिश **A**, **B** तथा **C** सम्बन्ध $\mathbf{AB} = 0$ तथा $\mathbf{AC} = 0$ को संतुष्ट करते हैं। यदि **B** तथा **C** समान तल में नहीं है, तब **A** समान्तर है

(a) **B** (b) **C**

(c) $\mathbf{B} \times \mathbf{C}$ (d) **BC**

47. कोई कण $(3\hat{j} + 4\hat{k})$ मी/से के वेग से बल $(7\hat{i} + 6\hat{k})$ न्यूटन द्वारा रुक्ष तल में आरोपित है। तब शक्ति की गणना (वाट में) कीजिए

(a) 24 (b) 34

(c) 21 (d) 45

48. $(\hat{i} + 2\hat{j} + 2\hat{k})$ तथा $\hat{i}$ के बीच का कोण है?

(a) 0° (b) $\pi/6$

(c) $\pi/3$ (d) इनमें से कोई नहीं

49. यदि $\mathbf{A} = \mathbf{B}$ तब इनमें से कौन-सा सत्य है?

(a) $\hat{\mathbf{A}} = \hat{\mathbf{B}}$ (b) $\hat{\mathbf{A}} \cdot \hat{\mathbf{B}} = AB$

(c) $|\mathbf{A}| = |\mathbf{B}|$ (d) $A\hat{\mathbf{B}} \,||\, B\hat{\mathbf{A}}$

50. a के किस मान के लिए $\mathbf{A} = 2\hat{i} + a\hat{j} + \hat{k}$, $\mathbf{B} = 4\hat{i} - 2\hat{j} - \hat{k}$ के लम्बवत होगा?

(a) 4 (b) 0

(c) 3 (d) 1

51. दो सदिशों **A** तथा **B** का योग उनके अन्तर के लम्बवत् है तब

(a) $A = B$ (b) $A = 2B$

(c) $B = 2A$ (d) **A** तथा **B** समान दिशा में है

उत्तरमाला

1.	(c)	2.	(b)	3.	(a)	4.	(a)	5.	(b)	6.	(a)	7.	(c)	8.	(a)	9.	(b)	10.	(b)
11.	(b)	12.	(b)	13.	(a)	14.	(b)	15.	(c)	16.	(c)	17.	(b)	18.	(d)	19.	(c)	20.	(c)
21.	(a)	22.	(a)	23.	(c)	24.	(a)	25.	(d)	26.	(b)	27.	(b)	28.	(a)	29.	(c)	30.	(a)
31.	(c)	32.	(a)	33.	(a)	34.	(a)	35.	(a)	36.	(d)	37.	(a)	38.	(a)	39.	(b)	40.	(a)
41.	(a)	42.	(b)	43.	(d)	44.	(b)	45.	(c)	46.	(c)	47.	(a)	48.	(d)	49.	(b)	50.	(c)
51.	(a)																		

उत्तर व्याख्या सहित

1. चूँकि $R = \sqrt{a^2 + b^2 + 2ab\cos\theta}$

$\Rightarrow \quad R = \sqrt{\left(\frac{P}{2}\right)^2 + \left(\frac{P}{2}\right)^2 + 2\left(\frac{P}{2}\right)\left(\frac{P}{2}\right)\cos 90°}$

$\Rightarrow \quad R = \sqrt{2} \cdot \frac{P}{2} = \frac{P}{\sqrt{2}}$

2. आवश्यक आंकिक मान $\sqrt{3^2 + 4^2 + 5^2}$, अतः $\sqrt{50}$ या $5\sqrt{2}$

3. दिया है, $\mathbf{C} = \mathbf{A} + \mathbf{B} = 3\hat{\mathbf{i}} - \hat{\mathbf{j}} + 7\hat{\mathbf{k}} + 5\hat{\mathbf{i}} - \hat{\mathbf{j}} + 9\hat{\mathbf{k}}$

$$\mathbf{C} = \mathbf{A} + \mathbf{B} = 8\hat{\mathbf{i}} - 2\hat{\mathbf{j}} + 16\hat{\mathbf{k}}$$

कोज्या की दिशा अर्थात् दोनों सदिशों **A** तथा **B** के बीच का कोण शून्य है क्योंकि दोनों वेक्टर एक-दूसरे के समान्तर हैं।

4. चूँकि $\mathbf{B} + (\hat{\mathbf{i}} + 2\hat{\mathbf{j}} - 3\hat{\mathbf{k}}) = \hat{\mathbf{i}}$ या $\mathbf{B} = -2\hat{\mathbf{j}} + 3\hat{\mathbf{k}}$

5. ∵ दो दिए गए वेक्टर का परिमाण,

$$R = \sqrt{A^2 + B^2 + 2AB\cos\theta}$$

$$F^2 = F_1^2 + F_2^2 + 2F_1F_2\cos 90°$$

दिया है, $\theta = 90°$

Ùee $\quad F^2 = F_1^2 + F_2^2 \Rightarrow F = \sqrt{F_1^2 + F_2^2}$

6. यहाँ, $\mathbf{F} = F_x\hat{\mathbf{i}} + F_y\hat{\mathbf{j}}$ या $\mathbf{F} = 2\hat{\mathbf{i}} - 3\hat{\mathbf{j}}$

7. तुल्य प्रतिरोध के लिए,

$$R^2 = R^2 + R^2 + 2R^2\cos\theta$$

या $\quad R^2 = 2R^2 + 2R^2\cos\theta$

$$\frac{1}{2} = 1 + \cos\theta$$

या $\quad \cos\theta = -\frac{1}{2}$ या $\theta = 120°$

8. माना, $\mathbf{A} + \mathbf{B} = \mathbf{R}$. दिया, $A_x = 7$ तथा $A_y = 6$

यद्यपि $\quad R_x = 11$ तथा $R_y = 9$

इसलिए $\quad B_x = R_x - A_x = 11 - 7 = 4$

तथा $\quad B_y = R_y - A_y = 9 - 6 = 3$

अतः परिमाण $\mathbf{B} = \sqrt{B_x^2 + B_y^2} = \sqrt{4^2 + 3^2} = 5$

9.

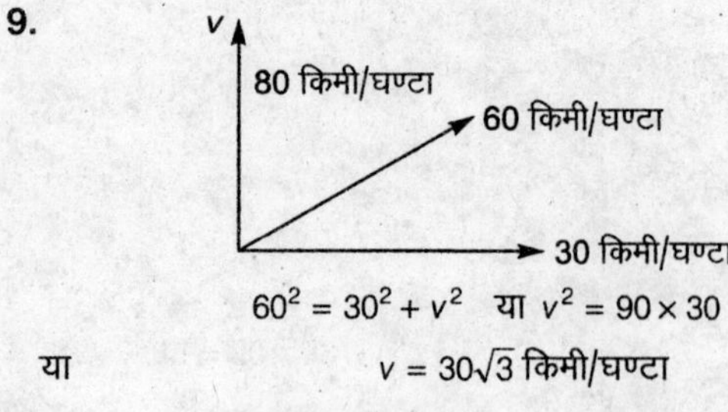

$$60^2 = 30^2 + v^2 \quad \text{या} \quad v^2 = 90 \times 30$$

या $\quad v = 30\sqrt{3}$ किमी/घण्टा

10. $\quad \mathbf{A} \cdot \mathbf{B} = AB\cos\theta$

$\Rightarrow \quad \cos\theta = \frac{\mathbf{A} \cdot \mathbf{B}}{AB}$

Ùee $\quad \cos\theta = \frac{(\hat{\mathbf{i}} + \hat{\mathbf{j}} + \sqrt{2}\hat{\mathbf{k}})}{1\sqrt{1^2 + 1^2 + (\sqrt{2})^2}}$

या $\quad \cos\theta = \frac{\sqrt{2}}{2} = \frac{1}{\sqrt{2}} \Rightarrow \theta = 45°$

11. चूँकि, $R^2 = P^2 + P^2 + 2P^2\cos\theta$

या $\quad R^2 = 2P^2 + 2P^2\cos\theta$

या $\quad R^2 = 2P^2(1 + \cos\theta)$

या $\quad R^2 = 2P^2\left(\cos^2\frac{\theta}{2}\right)$

या $\quad R^2 = 4P^2\cos^2\frac{\theta}{2}$ या $R = 2P\cos\frac{\theta}{2}$

12. तुल्य प्रतिरोध, $R = \sqrt{A^2 + B^2 + 2AB\cos\theta}$

$\Rightarrow \quad 10A^2 = 4A^2 + 2A^2 + 2 \times 2A \times \sqrt{2}A \times \cos\theta$

या $\quad 4A^2 = 4\sqrt{2}A^2\cos\theta$

या $\quad \cos\theta = \frac{1}{\sqrt{2}} \Rightarrow \theta = 45°$

13. स्पष्टतः $(0.5)^2 + (0.8) + c^2 = 1$

$$0.25 + 0.64 + c^2 = 1$$

या $\quad c^2 = 1 - 0.25 - 0.64 = 0.11$

या $\quad c = \sqrt{0.11}$

14. दोनों बलों के बीच का कोण 120° है ना कि 60°

$\Rightarrow \quad R^2 = F^2 + F^2 + 2F.F\cos 120°$

या $\quad R^2 = 2F^2 + 2F^2\left(-\frac{1}{2}\right) = F^2$ or $R = F$

15. चूँकि, $\mathbf{P} + \mathbf{Q} = 5\hat{\mathbf{i}} - 4\hat{\mathbf{j}} + 3\hat{\mathbf{k}}$

$\Rightarrow \quad \cos\alpha = \frac{5}{\sqrt{5^2 + 4^2 + 3^2}} = \frac{5}{\sqrt{50}}$

Ùee $\quad \alpha = \cos^{-1}\left(\frac{5}{\sqrt{50}}\right)$

16. चूँकि, $\mathbf{A} + \mathbf{B} = \mathbf{C}$ (दिया है)

इसलिए दिए वेक्टर **C** के परिणामी **A** तथा **B** होंगे।

∴ $\quad C^2 = A^2 + B^2 + 2AB\cos\theta$

या $\quad 3^2 = 3 + 3 + 2 \times 3 \times \cos\theta$

या $\quad 3 = 6\cos\theta$

या $\quad \cos\theta = \frac{1}{2} \Rightarrow \theta = 60°$

17. $\cos\theta = \frac{\mathbf{A} \cdot \mathbf{B}}{AB} = \frac{(\hat{\mathbf{i}} + \hat{\mathbf{j}}) \cdot (\hat{\mathbf{i}} - \hat{\mathbf{j}})}{\sqrt{1^2 + 1^2} \times \sqrt{1^2 + (-1)^2}} = \frac{1-1}{2} = 0 = \cos 90°$

∴ $\theta = 90°$

18. प्रश्नानुसार, $\sqrt{P^2 + Q^2 + 2PQ\cos\theta} = (P - Q)$

$\Rightarrow \quad P^2 + Q^2 + 2PQ\cos\theta = P^2 + Q^2 - 2PQ$

$\Rightarrow \quad 2PQ(1 + \cos\theta) = 0$

किन्तु $\quad 2PQ \neq 0$

∴ $\quad 1 + \cos\theta = 0$

या $\quad \cos\theta = -1$

या $\quad \theta = 180°$

19. प्रश्नानुसार, $P + Q = 16$ ...(i)

$\Rightarrow \quad P^2 + Q^2 + 2PQ\cos\theta = 64$

$\therefore \quad \tan 90° = \dfrac{Q\sin\theta}{P + Q\cos\theta}$ ...(ii)

या $\quad \infty = \dfrac{Q\sin\theta}{P + Q\cos\theta}$

$\Rightarrow \quad P + Q\cos\theta = 0$

या $\quad Q\cos\theta = -P$ ...(iii)

समी (ii) और (i) से

$$P^2 + Q^2 + 2P(-P) = 64$$

या $\quad Q^2 - P^2 = 64$

या $\quad (Q-P)(Q+P) = 64$ ...(iv)

समी (i) और (iv) से

या $\quad Q - P = \dfrac{64}{16} = 4$ ...(v)

समी (i) और (v) को जोड़ने पर

$$2Q = 20$$

या $\quad Q = 10$ यूनिट

समी (i) से $\quad P + 10 = 16$

या $\quad P = 6$ यूनिट

20. यहाँ $P = (A+B)$,

$Q = (A-B)$

तथा $\quad R = \sqrt{A^2 + B^2}$

$\Rightarrow \quad \cos\theta = \dfrac{R^2 - P^2 - Q^2}{2PQ}$

$$= \frac{(A^2+B^2) - (A+B)^2 - (A-B)^2}{2(A+B)(A-B)} = \left[\frac{A^2+B^2}{2(A^2-B^2)}\right]$$

$\therefore \quad \theta = \cos^{-1}\left[-\dfrac{A^2+B^2}{2(A^2-B^2)}\right]$

21. स्पष्टत: $2A - 3B = 2(\hat{i} + \hat{j} - 2\hat{k}) - 3(2\hat{i} - \hat{j} + \hat{k})$

$$= -4\hat{i} + 5\hat{j} - 7\hat{k}$$

$\therefore \quad 2A - 3B$ का परिमाण $= \sqrt{(-4)^2 + (5)^2 + (-7)^2}$

$$= \sqrt{16 + 25 + 49} = \sqrt{90}$$

22. परिणामी, $\mathbf{R} = (\mathbf{P} + \mathbf{Q}) + (\mathbf{P} - \mathbf{Q}) = 2\mathbf{P}$ इसलिए $\mathbf{R}$ तथा $\mathbf{P}$ के बीच कोण 0° है।

23. माना A तथा B दो बल हैं।

प्रश्नानुसार, $\quad \sqrt{A^2 + B^2} = 5$

या $\quad A^2 + B^2 = 25$ ...(i)

तथा $\quad A^2 + B^2 + 2AB\cos 120° = 13$

या $\quad 25 + 2AB \times (-1/2) = 13$

या $\quad AB = 25 - 13 = 12$

या $\quad 2AB = 24$ ...(ii)

समी (i) और (ii) को हल करने पर

$A = 3$ न्यूटन तथा $B = 4$ न्यूटन

24. दिया है, $(\hat{i} + 2\hat{j} - \hat{k}) + (\hat{i} - \hat{j} + 2\hat{k}) + \mathbf{C} = \hat{j}$

$\therefore \quad \mathbf{C} = \hat{j} - (\hat{i} - 2\hat{j} - \hat{k}) - (\hat{i} - \hat{j} + 2\hat{k})$

$$= -2\hat{i} - \hat{k}$$

25. किसी प्रेक्षक की एक अक्ष के विभिन्न अभिविन्यासों में एक अदिश राशि के समान मान प्राप्त होते हैं।

26. दिया है, $\mathbf{P} = \hat{i} - \hat{j} + \hat{k}$, तब

$$\mathbf{P} + \mathbf{Q} = \hat{i}$$

$$\mathbf{Q} = \hat{i} - \hat{i} + \hat{j} - \hat{k} = \hat{j} - \hat{k}$$

27. चूँकि $\mathbf{A} = 2\hat{i} - \hat{j} + 3\hat{k}$ तथा $\mathbf{B} = 3\hat{i} - 2\hat{j} - 2\hat{k}$; $\mathbf{C} = ?$

$$\mathbf{R} = \hat{k} = \mathbf{A} + \mathbf{B} + \mathbf{C}$$

$$\hat{k} = (2\hat{i} - \hat{j} + 3\hat{k}) + (3\hat{i} - 2\hat{j} - 2\hat{k}) + \mathbf{C}$$

$$= 5\hat{i} - 3\hat{j} + \hat{k} + \mathbf{C}$$

$\therefore \quad \mathbf{C} = -5\hat{i} + 3\hat{j}$

28. सदिश गुणक $\mathbf{A} \times \mathbf{B} = AB\sin\theta$

$$|\mathbf{A} \times \mathbf{B}| = (1)(1)\sin\theta = \sin\theta$$

29. $\hat{i} \cdot \hat{j} = \hat{j} \cdot \hat{k} = \hat{k} \cdot \hat{i} = 1$

$$|\mathbf{P} \cdot \mathbf{Q}| = (3\hat{j} + 4\hat{k}) \cdot (2\hat{i} + 5\hat{k}) = 6 + 20 = 26$$

30. $\because \mathbf{P} \cdot \mathbf{Q} = PQ\cos\theta$, तब

$$\mathbf{P} \cdot \mathbf{Q} = 0$$

$\Rightarrow \quad \mathbf{P} \perp \mathbf{Q}$ या $\theta = 90°$

$$|\mathbf{P} \times \mathbf{Q}| = PQ\sin 90° = PQ \text{ या } |\mathbf{P}||\mathbf{Q}|$$

31. दो दिए गए सदिशों का क्रॉस गुणन सम्बद्ध पृष्ठ के लम्बत् होता है। जो दिए गए वेक्टर की दिशा को दर्शाता है। अत: $\mathbf{A} \times \mathbf{B} = (AB\sin\theta)\hat{\mathbf{A}} = \mathbf{C}$ इसलिए $\mathbf{A} \cdot \mathbf{C}$ के साथ 90° का कोण बनाता है।

32. यहाँ, $\mathbf{P} \cdot \mathbf{Q} = (2\hat{i} - 3\hat{j} + \hat{k}) \cdot (3\hat{i} + 2\hat{j}) = 6(\hat{i} \cdot \hat{i}) - 6(\hat{j} \cdot \hat{j}) = 0$

33. हम जानते है, कि $[\hat{i} \cdot \hat{j} = \hat{j} \cdot \hat{k} = \hat{k} \cdot \hat{i} = 0, \hat{i} \cdot \hat{i} = \hat{j} \cdot \hat{j} = \hat{k} \cdot \hat{k} = 1]$

$\therefore \quad AB\cos\theta = AB$

या $\quad \cos\theta = 1$ या $\theta = 0°$

34. हम जानते हैं $\mathbf{A} = A\hat{\mathbf{A}}$ या $\hat{\mathbf{A}} = \dfrac{\mathbf{A}}{A}$

$\therefore$ आवश्यक एकांक सदिश, $\dfrac{\hat{i} + \hat{j}}{|\hat{i} + \hat{j}|} = \dfrac{\hat{i} + \hat{j}}{\sqrt{2}}$

35. क्षेत्रफल, $\mathbf{A} \times \mathbf{B} = (2\hat{i} + 3\hat{j}) \times (\hat{i} + 4\hat{j})$

$$= 8(\hat{i} \times \hat{j}) + 3(\hat{j} \times \hat{i}) = 8\hat{k} - 3\hat{k} = 5\hat{k}$$

36. $\because |\mathbf{a} \times \mathbf{b}| = ab\sin\theta$

$\because \sin\theta$ का मान एक से अधिक नहीं हो सकता।

$\therefore |\mathbf{a} \times \mathbf{b}|$ का मान ab से अधिक नहीं हो सकता।

37. दिया है, $|\mathbf{p}| = A + B$

$\Rightarrow \quad |\mathbf{p}|^2 = (A+B)^2$

या $\quad |\mathbf{A} + \mathbf{B}|^2 = (A+B)^2$

या $\quad A^2 + B^2 + 2AB\cos\theta = A^2 + B^2 + 2AB$

या $\quad \cos\theta = 1 \Rightarrow \theta = 0°$

38. कोणीय संवेग $\mathbf{L} = \mathbf{r} \times \mathbf{p} = \begin{vmatrix} \hat{\mathbf{i}} & \hat{\mathbf{j}} & \hat{\mathbf{k}} \\ 0 & 4 & 0 \\ 2 & 3 & 1 \end{vmatrix}$

$= \hat{\mathbf{i}}[4-0] + \hat{\mathbf{j}}[0-0] + \hat{\mathbf{k}}[0-8] = 4\hat{\mathbf{i}} - 8\hat{\mathbf{k}}$

39. दूरी

$\mathbf{S} = (10\hat{\mathbf{i}} - 2\hat{\mathbf{j}} + 7\hat{\mathbf{k}}) - (6\hat{\mathbf{i}} + 5\hat{\mathbf{j}} - 3\hat{\mathbf{k}}) = 4\hat{\mathbf{i}} - 7\hat{\mathbf{j}} + 10\hat{\mathbf{k}}$

अब, $\mathbf{W} = \mathbf{F} \cdot \mathbf{S} =$ बल $\times$ दूरी

$= (10\hat{\mathbf{i}} - 3\hat{\mathbf{j}} + 6\hat{\mathbf{k}}) \cdot (4\hat{\mathbf{i}} - 7\hat{\mathbf{j}} + 10\hat{\mathbf{k}})$

$= (40 + 21 + 60)$ जूल $= 121$ जूल

40. $\because$ शक्ति, $\mathbf{P} = \dfrac{\mathbf{F} \cdot \mathbf{S}}{t}$

$= \dfrac{(2\hat{\mathbf{i}} + 2\hat{\mathbf{j}}) \cdot (2\hat{\mathbf{i}} + 2\hat{\mathbf{k}})}{16}$ जूल/से $= \dfrac{4}{16}$ जूल/से $= 0.25$ जूल/से

41. $\mathbf{Q}$ पर $\mathbf{P}$ का प्रक्षेप्य है। $P\cos\theta$ है

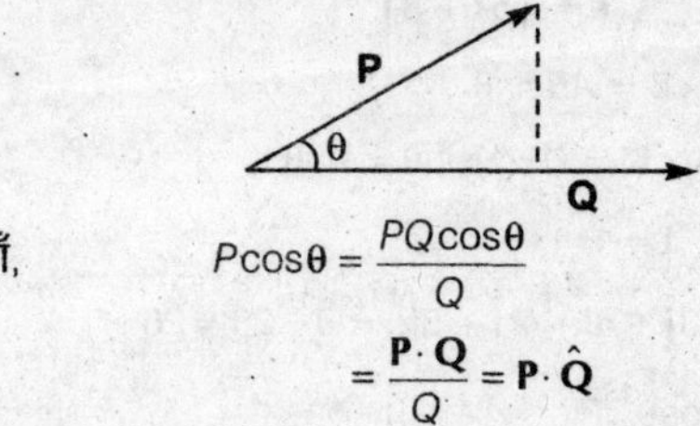

यहाँ, $P\cos\theta = \dfrac{PQ\cos\theta}{Q}$

$= \dfrac{\mathbf{P} \cdot \mathbf{Q}}{Q} = \mathbf{P} \cdot \hat{\mathbf{Q}}$

42. दी गई समीकरण से

$a^2 + b^2 + 2ab\cos\theta = -a^2 + b^2 - 2ab\cos\theta$

या $4ab\cos\theta = 0$

किन्तु $4ab \neq 0$

$\therefore$ $\cos\theta = 0$

या $\theta = 90°$

पुनः $(\mathbf{a} + \mathbf{b})$ तथा $(\mathbf{a} - \mathbf{b})$ समान्तर चतुर्भुज के विकर्ण हैं जिसकी संयुग्मी भुजाएँ a तथा b हैं।

$\because |\mathbf{a} + \mathbf{b}| = |\mathbf{a} - \mathbf{b}|$, समान्तर चतुर्भुज के दोनों विकर्ण समान हैं। अतः वर्ग करने पर $\theta = 90°$

43. बल आघूर्ण $\tau = \mathbf{r} \times \mathbf{F} = \begin{vmatrix} \hat{\mathbf{i}} & \hat{\mathbf{j}} & \hat{\mathbf{k}} \\ 7 & 3 & 1 \\ -3 & 1 & 5 \end{vmatrix}$

$= \hat{\mathbf{i}}[15-1] + \hat{\mathbf{j}}[-3-35] + \hat{\mathbf{k}}[7+9]$

$= 14\hat{\mathbf{i}} - 38\hat{\mathbf{j}} + 16\hat{\mathbf{k}}$

44. दिया है, $|\mathbf{A} \times \mathbf{B}| = \sqrt{3}\mathbf{A} \cdot \mathbf{B}$

$\Rightarrow$ $AB\sin\theta = \sqrt{3}AB\cos\theta$

या $\tan\theta = \sqrt{3} \quad \Rightarrow \theta = 60°$

45. $\because \mathbf{A} \cdot \mathbf{B} = AB\cos\theta$

$\Rightarrow$ $\cos\theta = \dfrac{\mathbf{A} \cdot \mathbf{B}}{AB} = \dfrac{(2\hat{\mathbf{i}} + 3\hat{\mathbf{j}} + 4\hat{\mathbf{k}}) \cdot (4\hat{\mathbf{i}} + 3\hat{\mathbf{j}} + 2\hat{\mathbf{k}})}{\sqrt{4+9+16} \cdot \sqrt{16+9+4}}$

$= \dfrac{8+9+8}{29} = \dfrac{25}{29} \Rightarrow \theta = \cos^{-1}\left(\dfrac{25}{29}\right)$

46. $\because \mathbf{A} \cdot \mathbf{B} = 0$ अतः $\mathbf{A}, \mathbf{B}$ के लम्बवत् है। तथा $\mathbf{A} \cdot \mathbf{C} = 0$ अतः $\mathbf{A}, \mathbf{B}$ के लम्बवत् है चूँकि $\mathbf{B} \times \mathbf{C}$, $\mathbf{B}$ तथा के लम्बवत् है। अतः स्पष्ट कि $\mathbf{A}$, $\mathbf{B} \times \mathbf{C}$ के लम्बवत् है।

47. $\hat{\mathbf{k}} \cdot \hat{\mathbf{k}} = 1, \hat{\mathbf{i}} \cdot \hat{\mathbf{j}} = 0$

शक्ति $P = \mathbf{F} \cdot \mathbf{v} = (7\hat{\mathbf{i}} + 6\hat{\mathbf{k}}) \cdot (3\hat{\mathbf{j}} + 4\hat{\mathbf{k}}) = 24$ वाट

48. $\mathbf{A} \cdot \mathbf{B} = AB\cos\theta$

$\Rightarrow$ $\cos\theta = \dfrac{\mathbf{A} \cdot \mathbf{B}}{AB}$

या $\cos\theta = \dfrac{(\hat{\mathbf{i}} + 2\hat{\mathbf{j}} + 2\hat{\mathbf{k}}) \cdot \hat{\mathbf{i}}}{(1^2 + 2^2 + 2^2)^{1/2}} = \dfrac{1}{\sqrt{9}} = \dfrac{1}{3} = 0.4472$

$\Rightarrow$ $\theta = 63°12'$

49. यहाँ $\hat{\mathbf{A}} \cdot \hat{\mathbf{B}} = AB\cos 0° = AB$

50. $\mathbf{A} \perp \mathbf{B}$, यदि $\mathbf{A} \cdot \mathbf{B} = AB\cos 90° = 0$

$(2\hat{\mathbf{i}} + a\hat{\mathbf{j}} + \hat{\mathbf{k}}) \cdot (4\hat{\mathbf{i}} - 2\hat{\mathbf{j}} - 2\hat{\mathbf{k}}) = 0$

या $8 - 2a - 2 = 0$ या $a = 3$

51. $\mathbf{A} \cdot \mathbf{B} = AB\cos\theta$, दिया है $\theta = 90° \Rightarrow \cos 90° = 0$

तब, $(\mathbf{A} + \mathbf{B}) \cdot (\mathbf{A} - \mathbf{B}) = 0$

$A^2 - B^2 = 0$ या $A = B$

अध्याय 04

प्रक्षेप्य गति

Projectile Motion

एक समतल में गति (Motion in a Plane)

यदि किसी वस्तु पर आरोपित बल (या त्वरण) की दिशा वस्तु के प्रारम्भिक वेग की दिशा से भिन्न हो, तो वस्तु के वेग का परिमाण एवं दिशा दोनों ही समय के साथ परिवर्तित होते रहते हैं तथा वस्तु वक्र पथ पर गति करती रहती है तब वस्तु की इस प्रकार की गति को समतलीय गति या द्वि-विमीय गति कहते हैं, जैसे— प्रक्षेप्य गति

स्थिति सदिश (Position Vector)

समतल गति में किसी स्थिर अथवा गतिमान वस्तु की मूलबिन्दु के सापेक्ष स्थिति को व्यक्त करने वाला सदिश, वस्तु का **स्थिति सदिश** कहलाता है। माना कोई कण P, XY-समतल (द्वि-विमीय तल) में गति कर रहा है तथा किसी क्षण कण P के निर्देशांक (x, y) हैं

अत: कण P का स्थिति सदिश (चित्रानुसार) $\mathbf{r} = x\hat{\mathbf{i}} + y\hat{\mathbf{j}}$

जहाँ, $\hat{\mathbf{i}}, \hat{\mathbf{j}}$ क्रमश: X-अक्ष और Y-अक्ष के अनुदिश एकांक सदिश हैं तथा $|\mathbf{r}| = r = \sqrt{x^2 + y^2}$

जहाँ, r स्थिति सदिश का परिमाण है।

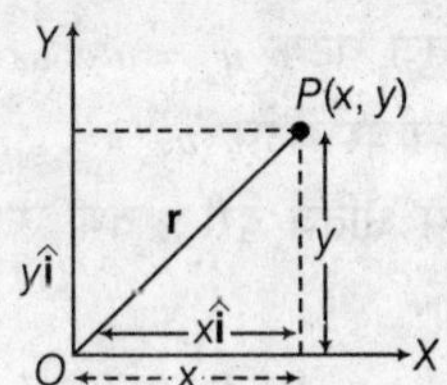

विस्थापन सदिश (Displacement Vector)

किसी समयान्तराल में कण के स्थिति परिवर्तन अर्थात् कण की प्रारम्भिक एवं अन्तिम स्थितियों के सदिशों के अन्तर को विस्थापन सदिश कहते हैं।

माना एक कण XY-तल में गति कर रहा है। t_1 समय पर कण की स्थिति बिन्दु B पर है, जिसके निर्देशांक (x_1, y_1) तथा स्थिति सदिश $\mathbf{r}_1$ है। t_2 समय पर कण बिन्दु A पर है, जिसके निर्देशांक (x_2, y_2) तथा स्थिति सदिश $\mathbf{r}_2$ है।

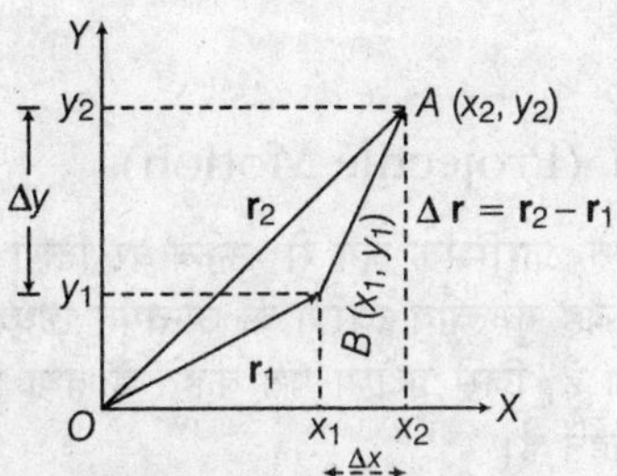

अत: कण का विस्थापन, $\mathbf{BA} = \Delta\mathbf{r}$

चित्रानुसार, सदिश योग के नियम से,

$$\mathbf{OB} + \mathbf{BA} = \mathbf{OA}$$

$$\mathbf{BA} = \mathbf{OA} - \mathbf{OB}$$

$$\Delta\mathbf{r} = \mathbf{r}_2 - \mathbf{r}_1$$

मूलबिन्दु O के सापेक्ष समय t_1 पर कण का स्थिति सदिश, $\mathbf{r}_1 = x_1\hat{\mathbf{i}} + y_1\hat{\mathbf{j}}$

तथा समय t_2 पर कण का स्थिति सदिश, $\mathbf{r}_2 = x_2\hat{\mathbf{i}} + y_2\hat{\mathbf{j}}$

अत: समयान्तराल $(t_2 - t_1)$ में कण का विस्थापन,

$$\Delta\mathbf{r} = \mathbf{r}_2 - \mathbf{r}_1 = (x_2\hat{\mathbf{i}} + y_2\hat{\mathbf{j}}) - (x_1\hat{\mathbf{i}} + y_1\hat{\mathbf{j}})$$

$$= (x_2 - x_1)\hat{\mathbf{i}} + (y_2 - y_1)\hat{\mathbf{j}}$$

$$\Delta\mathbf{r} = \Delta x\hat{\mathbf{i}} + \Delta y\hat{\mathbf{j}}$$

[$\because$ यहाँ Δx व Δy, सदिश $\Delta\mathbf{r}$ के X तथा Y दिशा में घटक है]

विस्थापन का परिमाण अर्थात् दूरी

$$|\Delta\mathbf{r}| = \sqrt{(\Delta x)^2 + (\Delta y)^2} = \sqrt{(x_2 - x_1)^2 + (y_2 - y_1)^2}$$

समतल में एकसमान त्वरण से गति

(Motion in a Plane with Uniform Acceleration)

एकसमान त्वरित गति वह गति है, जिसमें वेग सदिश समय के साथ समान रूप से बदलता है तथा तात्क्षणिक त्वरण, औसत त्वरण के बराबर होता है।

माना कोई कण XY-तल में एकसमान त्वरण $\mathbf{a}$ से गति करता है, तो किसी समय $t = 0$ पर कण का स्थिति सदिश $\mathbf{r}_0$ तथा वेग $\mathbf{a}_0$ है तथा किसी समय t पर कण का स्थिति सदिश $\mathbf{r}$ तथा वेग $\mathbf{v}$ हैं।

अत: कण का त्वरण, $\mathbf{a} = \dfrac{\text{वेग–परिवर्तन}}{\text{समयान्तराल}}$

$$\mathbf{a} = \frac{\mathbf{v} - \mathbf{v}_0}{t - 0} = \frac{\mathbf{v} - \mathbf{v}_0}{t}$$

अथवा $$\mathbf{v} = \mathbf{v}_0 + \mathbf{a}t \quad \text{...(i)}$$

क्षण $t = 0$ तथा $t = t$ पर X-दिशा में कण का वेग क्रमश: v_{0x} तथा v_x है तथा इसी प्रकार Y दिशा में कण का वेग क्रमश: v_{0y} तथा v_y है। यदि त्वरण $\mathbf{a}$ के घटक a_x व a_y हों, तब

$$v_x = v_{0x} + a_x t \quad \text{...(ii)}$$

$$v_y = v_{0y} + a_y t \quad \text{...(iii)}$$

ये समीकरणें एक-विमीय गति में एकसमान त्वरित गति के समीकरण हैं, जो क्रमश: X-अक्ष तथा Y-अक्ष के अनुदिश गति में किसी क्षण t पर वेग को प्रदर्शित करते हैं।

प्रक्षेप्य गति (Projectile Motion)

जब कोई पिण्ड एक प्रारम्भिक वेग से, ऊर्ध्वाधर दिशा से भिन्न दिशा में फेंका जाता है तो वह गुरुत्वीय त्वरण के अन्तर्गत ऊर्ध्वाधर तल में वक्र पथ पर गति करता है, जिसे प्रक्षेप्य पथ कहते हैं तथा पिण्ड की इस गति को प्रक्षेप्य गति कहते हैं।

प्रक्षेप्य गति को दो अलग-अलग समकालिक, लम्बवत् एकविमीय गतियों के परिमाण के रूप में ले सकते हैं, जिसमें से एक गति क्षैतिज दिशा में अत्वरित गति होती है तथा दूसरी गति ऊर्ध्वाधर दिशा में गुरुत्वीय त्वरण के अन्तर्गत त्वरित गति होती है।

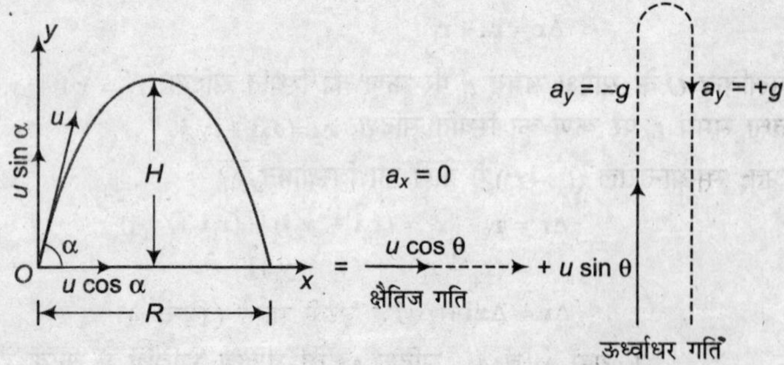

प्रक्षेप्य को जिस बिन्दु से फेंका जाता है, **प्रक्षेपण बिन्दु** (point of projection) कहलाता है। प्रक्षेप्य को क्षैतिज से जिस कोण पर फेंका जाता है, **प्रक्षेपण कोण** (angle of projection) कहलाता है। प्रक्षेप्य द्वारा तय की गई क्षैतिज दूरी, **क्षैतिज परास** (horizontal range) (R), तय की गई अधिकतम ऊर्ध्वाधर दूरी, **ऊर्ध्वाधर परास** (vertical range) या अधिकतम ऊँचाई (maximum height) (H) तथा गति में लगा कुल समय **उड्डयन काल** (time of flight) (T) कहलाता है।

प्रक्षेप्य को क्षैतिज से किसी कोण पर फेंकने पर वेग का क्षैतिज घटक, क्षैतिज गति को तथा ऊर्ध्वाधर घटक, ऊर्ध्वाधर दूरी को प्रभावित तथा निर्धारित करता है। ये गतियाँ परस्पर एक-दूसरे से स्वतन्त्र रहती हैं। प्रक्षेप्य की सम्पूर्ण गति में त्वरण नियत (गुरुत्वीय त्वरण g के बराबर) रहता है।

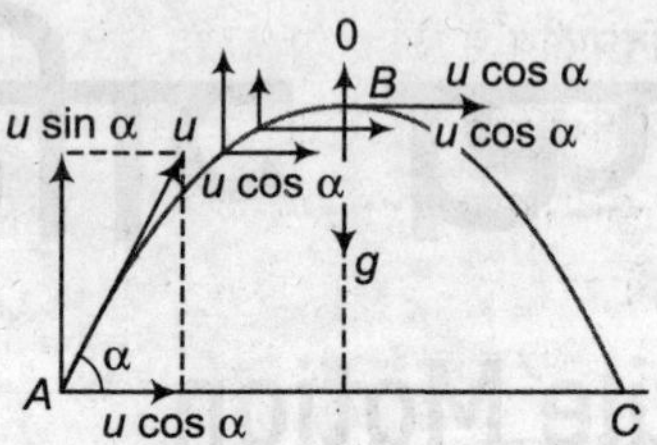

प्रक्षेप्य जैसे-जैसे ऊर्ध्वाधर दिशा में ऊपर की ओर गति करता है, गुरुत्व के विरुद्ध गति के कारण, वेग के ऊर्ध्वाधर घटक का मान धीरे-धीरे घटता जाता है तथा अधिकतम ऊँचाई पर (बिन्दु B पर) इसका मान शून्य हो जाता है। आगे गति करते हुए प्रक्षेप्य गुरुत्व के अन्तर्गत गति करता है। अत: वेग के ऊर्ध्वाधर घटक का मान धीरे-धीरे बढ़ता है। प्रक्षेप्य की गति में यदि वायु का प्रतिरोध शून्य हो तब वेग का क्षैतिज घटक सम्पूर्ण गति में अपरिवर्तित रहता है।

प्रक्षेप्य के पथ का समीकरण

(Equation of Trajectory of a Projectile)

माना एक प्रक्षेप्य क्षैतिज के साथ α कोण बनाते हुए u वेग से फेंका जाता है।

प्रारम्भिक वेग u को क्षैतिज एवं ऊर्ध्वाधर घटकों में वियोजित करने पर

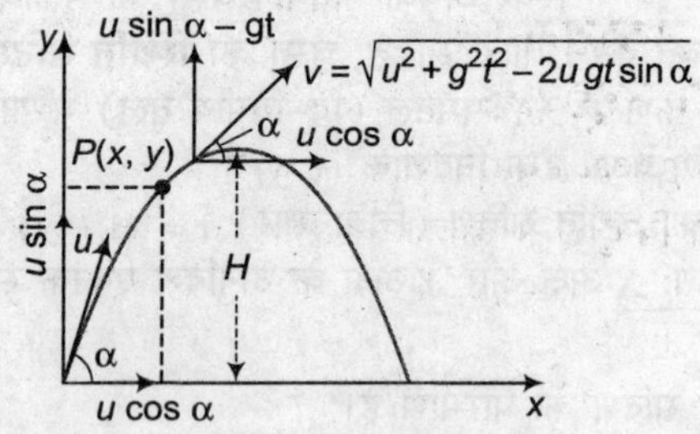

प्रारम्भिक वेग का क्षैतिज घटक $u_x = u\cos\alpha$

प्रारम्भिक वेग का ऊर्ध्वाधर घटक $u_y = u\sin\alpha$

माना प्रक्षेप्य t समय में क्षैतिज दूरी x तथा ऊर्ध्वाधर दूरी y तय कर बिन्दु P पर पहुँचता है।

क्षैतिज दिशा में, $$x = u\cos\alpha \times t$$

या $$t = \frac{x}{u\cos\alpha} \quad \text{...(i)}$$

ऊर्ध्वाधर दिशा में,

$$y = u\sin\alpha \times t - \frac{1}{2}gt^2$$

समी (i) से t का मान रखने पर,

$$y = u \sin\alpha \times \frac{x}{u\cos\alpha} - \frac{1}{2} g \left(\frac{x}{u\cos\alpha}\right)^2$$

$$y = x\tan\alpha - \frac{g}{2u^2\cos^2\alpha} x^2$$

या $$y = x\tan\alpha - \frac{g\sec^2\alpha}{2u^2} x^2$$

या $$y = x\tan\alpha - \frac{g}{2u^2}(1+\tan^2\alpha) x^2$$

ये समीकरण x में द्विघातीय हैं जोकि परवलय का समीकरण है। अतः प्रक्षेप्य का पथ परवलयाकार होता है।

उपरोक्त समीकरण को प्रक्षेप्य के क्षैतिज परास (R) के पदों में निम्न प्रकार लिख सकते हैं—

$$y = x\left[1 - \frac{x}{R}\right]\tan\alpha$$

क्र.सं.	क्षैतिज दिशा में	ऊर्ध्वाधर दिशा में
1.	प्रारम्भिक वेग, $u_x = u\cos\alpha$	प्रारम्भिक वेग, $u_y = u\sin\alpha$
2.	त्वरण, $a_x = 0$	त्वरण, $a_y = g$
3.	t समय बाद वेग, $v_x = u\cos\alpha$	t समय बाद वेग, $v_y = u\sin\alpha - gt$

प्रक्षेप्य पथ निम्नलिखित सीमाओं में ही परवलयाकार होता है

(i) प्रक्षेप्य का परास अधिक न हो, अन्यथा गुरुत्वीय त्वरण g का मान परिवर्तित हो जाएगा।

(ii) प्रक्षेप्य का प्रारम्भिक वेग बहुत अधिक न हो जिससे वायु के घर्षण को उपेक्षणीय माना जा सके।

(iii) प्रक्षेप्य की ऊँचाई बहुत अधिक न हो अन्यथा गुरुत्वीय त्वरण g परिवर्तित हो जाएगा।

प्रक्षेप्य के उच्चतम बिन्दु तक पहुँचने में लगा समय तथा उड्डयन काल (Time Taken by Projectile to Reach Highest Point and Time of Flight)

यदि प्रक्षेप्य को बिन्दु O से उच्चतम बिन्दु M तक पहुँचने में t समय लगता है, तब $v = u - gt$

$$0 = u\sin\alpha - gt \quad \text{या} \quad t = \frac{u\sin\alpha}{g}$$

उड्डयन काल, $$T = 2\times t,\; T = \frac{2u\sin\alpha}{g}$$

प्रक्षेप्य की क्षैतिज परास

(Horizontal Range of Projectile)

$$\text{परास, } (R) = u_x \times T,\; R = u\cos\alpha \times \frac{2u\sin\alpha}{g}$$

$$R = u^2 \times \frac{(2\sin\alpha\cos\alpha)}{g}$$

$$R = \frac{u^2\sin 2\alpha}{g}$$

प्रक्षेप्य की महत्तम ऊँचाई

(Maximum Height of Projectile)

$v^2 = u^2 + 2gh$ से

$$\Rightarrow \quad 0 = (u\sin\alpha)^2 - 2gH$$

(महत्तम ऊँचाई पर वेग का ऊर्ध्वाधर घटक शून्य होगा)

$$\Rightarrow \quad \text{अधिकतम ऊँचाई } H = \frac{u^2\sin^2\alpha}{2g}$$

प्रक्षेप्य गति की सामान्य समीकरण के कुछ अनुप्रयोग (Some Applications of General Equations of Projectile Motion)

इसमें निम्न स्थितियाँ सम्भव हैं

किसी ऊँचे स्थान से प्रक्षेप्य का प्रक्षेपण (Projectile Projected from Some Height)

क्षैतिज दिशा में वेग u से प्रेक्षित प्रक्षेप्य अथवा क्षैतिज प्रक्षेपण माना प्रेक्षण बिन्दु O की पृथ्वी सतह से ऊँचाई h है (चित्र)। बिन्दु O से प्रक्षेप्य को क्षैतिज दिशा में u वेग से फेंका गया है। क्षैतिज तथा ऊर्ध्वाधर दिशा में प्रक्षेप्य के वेग के घटक $u_x = u$ तथा $u_y = 0$ तथा त्वरण के मान, $a_x = 0$ तथा $a_y = -g$ हैं।

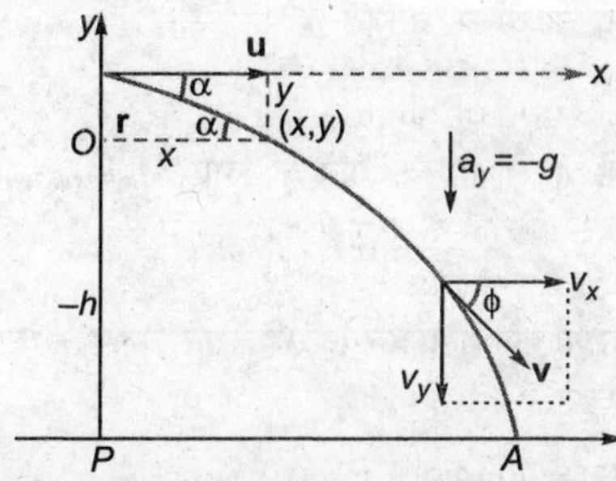

(a) माना t समय पर प्रक्षेप्य की स्थिति के निर्देशांक (x, y) हैं, तब $x = ut$ तथा $y = 0 - \frac{1}{2}gt^2$

(b) माना t समय पर प्रक्षेप्य के क्षैतिज तथा ऊर्ध्वाधर वेग v_x तथा v_y हैं, अतः

$$v_x = u \text{ तथा } v_y = 0 + (-g)\,t = -gt$$

$$\mathbf{v} = v_x\hat{\mathbf{i}} + v_y\hat{\mathbf{j}} = u\,\hat{\mathbf{i}} + (-gt)\,\hat{\mathbf{j}}$$

तथा $$v = \sqrt{v_x^2 + v_y^2} = \sqrt{u^2 + (-gt)^2}$$

तथा $$\tan\phi = \frac{v_y}{v_x}$$

(c) माना पिण्ड को प्रेक्षण बिन्दु O से पृथ्वी सतह (बिन्दु A) पर पहुँचने में लगा समय T हो, तो ऊर्ध्वाधर दिशा में, गति के द्वितीय समीकरण से,

$$-h = 0 + \frac{1}{2}(-g)\,T^2$$

$$\therefore \quad T = \sqrt{\frac{2h}{g}}$$

तब समय T में चली गई क्षैतिज दूरी, $PA = uT = u\sqrt{\frac{2h}{g}}$

इसलिए पृथ्वी सतह से h ऊँचाई पर, क्षैतिज दिशा में θ वेग से चलते वायुयान से कोई बम गिराने पर, बम गिराये गये बिन्दु से क्षैतिज दिशा में $u\sqrt{\frac{2h}{g}}$ दूरी आगे पृथ्वी की सतह पर गिरेगा।

(d) प्रक्षेप्य के प्रक्षेप्य पथ का समीकरण, $y = -\frac{1}{2}g\left(\frac{x}{u}\right)^2 = -\frac{g}{2u^2}x^2$

अर्थात् पथ परवलयाकार है।

मीनार से क्षैतिजतः नीचे की ओर फेंका गया प्रक्षेप्य

(Projectile Projected Downward Horizontally from a Tower)

यदि प्रक्षेप्य को h ऊँचाई की मीनार से u प्रारम्भिक वेग से क्षैतिज से नीचे की ओर α कोण पर फेंका जाए तो

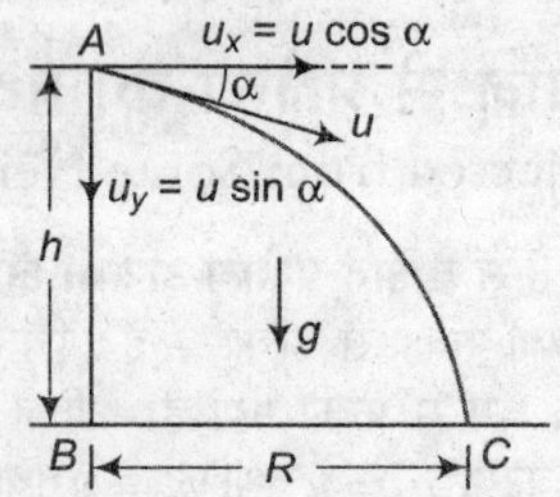

प्रारम्भिक वेग का क्षैतिज घटक, $u_x = u\cos\alpha$

प्रारम्भिक वेग का ऊर्ध्वाधर घटक, $u_y = u\sin\alpha$

उड्डयन काल (Time of Flight)

ऊर्ध्वाधर दिशा में A से B तक गति के लिए, $h = u_y t + \frac{1}{2}gt^2$

$$h = u\sin\alpha\, t + \frac{1}{2}gt^2 \quad \text{...(i)}$$

उपरोक्त समीकरण को हल करके उड्डयन काल t का मान ज्ञात कर सकते हैं।

क्षैतिज परास (Horizontal Range)

$$R = u_x \times t$$

$$R = u\cos\alpha \times t \quad \text{...(ii)}$$

उपरोक्त समीकरण से क्षैतिज परास R ज्ञात कर सकते हैं।

मीनार से क्षैतिजतः ऊपर की ओर फेंका गया प्रक्षेप्य

(Projectile Projected Upward Horizontally from Tower)

यदि प्रक्षेप्य को h ऊँची मीनार से क्षैतिज से α कोण पर ऊपर की ओर फेंका जाए तो

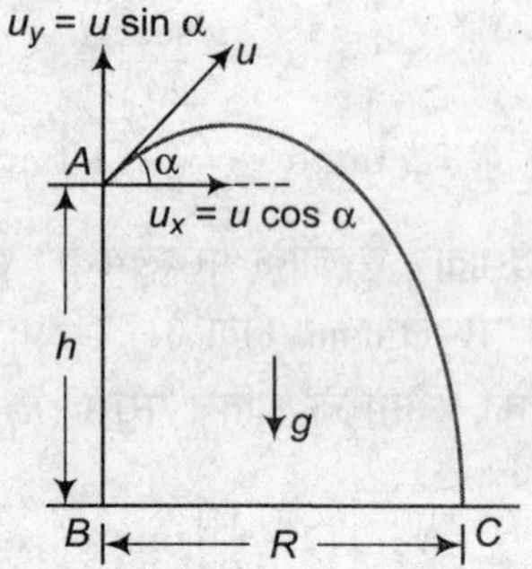

प्रारम्भिक वेग का क्षैतिज घटक

$$u_x = u\cos\alpha$$

प्रारम्भिक वेग का ऊर्ध्वाधर घटक

$$u_y = -u\sin\alpha$$

(गुरुत्व के अन्तर्गत गति को धनात्मक लेने पर)

उड्डयन काल (Time of Flight)

ऊर्ध्वाधर दिशा में A से B तक गति के लिए,

$$h = u_y t + \frac{1}{2}gt^2$$

$$h = -u\sin\alpha\, t + \frac{1}{2}gt^2 \quad \text{...(i)}$$

उपरोक्त समी को हल करके उड्डयन काल t का मान ज्ञात कर सकते हैं।

क्षैतिज परास (Horizontal Range)

$$R = u_x \times t$$

$$R = u\cos\alpha \times t \quad \text{...(ii)}$$

उपरोक्त समीकरण से क्षैतिज परास R ज्ञात कर सकते हैं।

अभ्यास प्रश्न

1. 15° के कोण पर प्रक्षेपित किसी प्रक्षेप्य का क्षैतिज परास 50 मी है। इसे 45° के कोण पर प्रक्षेपित किया जाए तो इसका परास होगा]

(a) 60 मी (b) 71 मी (c) 100 मी (d) 141 मी

2. एक टेनिस गेंद एक सीढ़ी के खण्डों से लुढ़कते हुए u मी/से के क्षैतिज वेग से नीचे गिरती है। सीढ़ी के प्रत्येक खण्ड की चौड़ाई b मी है तथा ऊँचाई h मी है। गेंद nवें खण्ड पर आधार वाले तल पर पहुँचती है, तब n का मान क्या होगा?

(a) $n = \frac{2hu}{gb^2}$ (b) $n = \frac{2hu^2}{gb^2}$

(c) $n = \frac{2hu^2}{gb}$ (d) $n = \frac{hu^2}{gb^2}$

3. एक बम वर्षक वायुयान 500 मी/से के वेग से क्षैतिज दिशा में गतिशील है। इस वायुयान से एक बम गिराया जाता है जो 10 सेकण्ड में धरातल पर पहुँचता है, तब यह बम धरातल पर किस कोण पर गिरेगा? ($g = 10$ मी/से^{2})

(a) $\tan^{-1}\left(\frac{1}{5}\right)$ (b) $\tan^{-1}\left(\frac{1}{8}\right)$

(c) $\tan^{-1}(1)$ (d) $\tan^{-1}(5)$

4. एक वायुयान धरातल से 1960 मी की ऊँचाई पर 600 किमी/घण्टा की चाल से क्षैतिज दिशा में गतिशील है। जब यह धरातल के बिन्दु A के ठीक ऊर्ध्व ऊपर है, तब यह एक वस्तु गिराता है यह वस्तु धरातल पर बिन्दु B पर गिरती है, तब AB का मान है

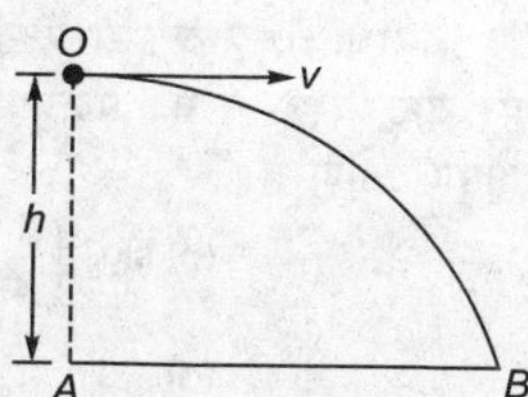

(a) 3.33 किमी (b) 333 किमी

(c) 33.3 किमी (d) 3330 किमी

5. xy-तल में एक पिण्ड के प्रक्षेपण के लिए ऊँचाई x तथा परास y क्रमश:$x = 6t$ या $y = 8t - 5t^2$ से दिए गए हैं। प्रक्षेपण की प्रारम्भिक चाल है

(a) 8 मी/से (b) 9 मी/से

(c) 10 मी/से (d) (10/3) मी/से

6. धरातल से 2 मी ऊँचाई पर स्थित एक क्षैतिज पाइप से जल बह रहा है। यदि जल चित्रानुसार 3 मी की क्षैतिज दूरी पर गिरता है, तब जल की चाल जिससे यह पाइप को छोड़ता है, होगी ($g = 9.8$ मी/से^{2} लें)

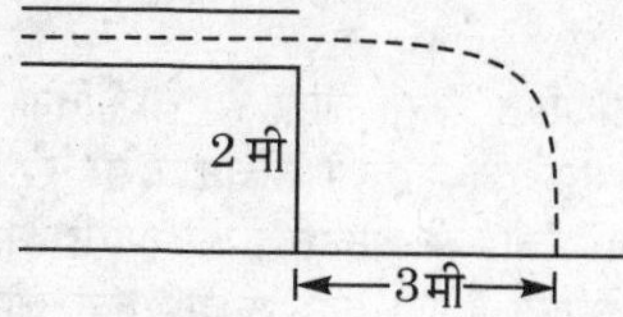

(a) 2.4 मी/से (b) 4.7 मी/से (c) 7.4 मी/से (d) 6.2 मी/से

7. क्षैतिज तल पर गतिमान ट्रेन की खिड़की से एक पत्थर गिराया जाता है, पत्थर धरातल पर गिरने से पूर्व किस पथ का अनुसरण करेगा?

(a) सीधा पथ (b) वृत्तीय पथ

(c) परवलयाकार पथ (d) अतिपरवलयाकार पथ

8. एक बड़े हॉल की छत की ऊँचाई 25 मी है। तब 40 मी/से के वेग से फेंकी गई गेंद की महत्तम परास बताओं जबकि वह हॉल की छत को नहीं छूती हैं,

(a) 95.5 मी (b) 105.5 मी

(c) 100 मी (d) 150.5 मी

9. एक कण का वेग $v = 3\hat{\mathbf{i}}$ मी/से तथा नियत त्वरण $\mathbf{a} = (-1\hat{\mathbf{i}} - 5\hat{\mathbf{j}})$ मी/से^{2} से मुक्त बिन्दु को छोड़ता है, जब कण वेग के x घटक के अधिकतम मान पर पहुँचता है, तब वेग का y घटक ज्ञात कीजिए

(a) −2.0 मी/से (b) −1.0 मी/से

(c) −1.5 मी/से (d) 1.0 मी/से

10. एक प्रक्षेप्य कण 15° के कोण से प्रक्षेपित किया जाता है, तब इसका परास 50 मी है। यदि यह कण समान चाल से 45° के कोण पर प्रक्षेपित किया जाता है, तब इसका परास होगा

(a) 60 मी (b) 71 मी (c) 100 मी (d) 141 मी

11. एक पत्थर को क्षैतिज से θ कोण पर फेंका जाता है, तब यह महत्तम उँचाई H पर पहुँचता है। तब पत्थर कितने समय तक वायु में रहा?

(a) $\sqrt{\frac{2H}{g}}$ (b) $2\sqrt{\frac{2H}{g}}$

(c) $\frac{2\sqrt{2H\sin\theta}}{g}$ (d) $\frac{\sqrt{2H\sin\theta}}{g}$

12. एक बम वर्षक वायुयान धरातल से 490° मी की ऊँचाई पर 60 किमी/घण्टा की क्षैतिज चाल से गतिशील है। यान से एक बम शत्रु खेमे में डाला जाता है, जब बम शत्रु खेमे में धरातल पर गिरता है, तब वायुयान शत्रु खेमे से कितनी दूर पहुँच जाएगा?

(a) $\frac{400}{3}$ मी (b) $\frac{500}{3}$ मी

(c) $\frac{1700}{3}$ मी (d) 498 मी

13. एक पिण्ड को क्षैतिज से θ कोण पर u वेग से फेंका जाता है तो यह क्षैतिज परास R तक जाता है। इस प्रक्षेप्य कोण तथा वेग के लिए चन्द्रमा पर पिण्ड की क्षैतिज परास होगी ($g_{\text{चन्द्रमा}} = g_{\text{पृथ्वी}}/6$)

(a) $36R$ (b) $\frac{R}{36}$

(c) $\frac{R}{16}$ (d) $6R$

14. एक लड़का क्षैतिज से θ कोण पर u वेग से एक गेंद फेंकता है। उसी समय वह एकसमान वेग से गेंद को धरातल पर गिरने से पहले पकड़ने के लिए भागना शुरू कर देता है। वह गेंद पकड़ लेगा। यदि उसका वेग है

(a) $u\cos\theta$ (b) $u\sin\theta$

(c) $u\tan\theta$ (d) $u\sec\theta$

15. m द्रव्यमान की एक वस्तु क्षैतिज दिशा में v वेग से एक मीनार से फ़ेंकी जाती है मीनार की ऊँचाई h है, गेंद मीनार के पाद से 250 मी दूर तल पर गिरती है। एक अन्य वस्तु जिसका द्रव्यमान 2 किग्रा है, $4h$ ऊँचाई की मीनार से क्षैतिज दिशा में $\frac{v}{2}$ वेग से फेंकी जाती है। यह वस्तु धरातल पर मीनार के पाद से कितनी दूरी पर गिरेगी?

(a) 250 मी (b) 500 मी
(c) 125 मी (d) $250\sqrt{2}$ मी

16. दो कागज के पर्दे A तथा B एक-दूसरे से 100 मी की दूरी पर हैं। एक गोली A तथा B को भेदती है, B में छिद्र, A में छिद्र से 10 सेमी नीचे होता है। यदि A को भेदते समय गोली क्षैतिजतः है, तब A पर गोली का वेग है

(a) 100 मी/से (b) 200 मी/से
(c) 600 मी/से (d) 700 मी/से

17. एक बन्दूक से एक छल्ला $\frac{5\pi}{36}$ रेडियन के कोण पर इस प्रकार छोड़ा जाता है कि ठीक लक्ष्य पर टकराए, परन्तु व्यवहार में यह ज्ञात होता है कि एक पहाड़ी इसके प्रक्षेप्य के पथ में ठीक उच्चतम बिन्दु पर बाधा डालती है तब वह प्रक्षेप्य कोण ज्ञात कीजिए जिससे कि छल्ला पहाड़ी को पार करके लक्ष्य पर ठीक पहुँच सके

(a) $\frac{5\pi}{36}$ रेडियन (b) $\frac{11\pi}{36}$ रेडियन
(c) $\frac{7\pi}{36}$ रेडियन (d) $\frac{13\pi}{36}$ रेडियन

18. दो कण एक नियत बिन्दु से 60° व 30° के कोणों पर प्रक्षेपित किए जाते हैं। दोनों कणों की महत्तम ऊँचाई समान हैं, उनके प्रक्षेपण वेगों का अनुपात है

(a) 1 (b) 2 (c) $\sqrt{3}$ (d) $\frac{1}{\sqrt{3}}$

19. एक कण B प्रक्षेपण कोण से ऊपर की ओर प्रक्षेपित किया जाता है तथा H महत्तम ऊँचाई पर पहुँचता है। महत्तम ऊँचाई तक पहुँचने में लगा समय है

(a) $\sqrt{\frac{H}{g}}$ (b) $\sqrt{\frac{2H}{g}}$
(c) $\sqrt{\frac{H}{2g}}$ (d) $\sqrt{\frac{2H}{g\cos\beta}}$

20. एक कोण 30 मी/से के वेग से $\theta_0 = \tan^{-1}\left(\frac{3}{4}\right)$ कोण पर प्रक्षेपित करते है एक सेकण्ड बाद कण क्षैतिज से θ कोण पर गतिमान होता है, जहाँ $\tan\theta$ बराबर होगा ($g = 10$ मी/से^{2})

(a) 1 (b) 2 (c) $\frac{1}{2}$ (d) $\frac{1}{3}$

21. जब एक वस्तु को प्रक्षेपित किया जाता है (नियत कोण पर), तब इसका क्षैतिज प्रसार R तथा उड्डयन काल T_1 है। जब इस वस्तु को किसी अन्य प्रक्षेप्य कोण पर प्रक्षेपित किया जाता है, तब इसका परास पुनः R प्राप्त होता है तथा उड्डयन काल T_2 है, तब T_1 / T_2 होगा

(a) $\frac{R}{g}$ (b) $\frac{2R}{g}$
(c) $\frac{3R}{g}$ (d) $\frac{4R}{g}$

22. दो पत्थर समान वेग से भिन्न-भिन्न प्रक्षेपण कोण पर फेंके जाते हैं, उनके परास समान हैं। यदि एक पत्थर जो 30° के प्रक्षेपण कोण पर फेंका जाता है H महत्तम ऊँचाई प्राप्त कर लेता है। तब द्वितीय पत्थर द्वारा प्राप्त महत्तम ऊँचाई है।

(a) $\frac{H}{2}$ (b) H (c) $2H$ (d) $3H$

23. एक प्रक्षेप्य किसी कोण से प्रक्षेपित किया जाता है जिसका परास 200 मी है। यदि उड्डयन काल 5 सेकण्ड है, तब प्रक्षेपण के उच्चतम बिन्दु पर वेग का क्षैतिज घटक क्या होगा?

(a) 40 मी/से (b) 0
(c) 9.8 मी/से (d) प्रक्षेपण वेग के समान

24. एक गेंद एक नियत बिन्दु से (ग्रह के तल से) किसी कोण से प्रक्षेपित की जाती है, क्षैतिज व ऊर्ध्व विस्थापन x तथा y समय t के साथ समीकरणों $x = 10\sqrt{3}t$ तथा $y = 10t - t^2$ के अनुसार बढते है गेंद किस अधिकतम ऊँचाई तक जाएगी?

(a) 100 मी (b) 75 मी (c) 50 मी (d) 25 मी

25. एक वस्तु को v वेग से प्रक्षेपित किया जाता है, जिसका क्षैतिज परास $\frac{\sqrt{3}v^2}{2g}$ है तथा ऊर्ध्व परास $\frac{v^2}{8g}$ है, तब क्षैतिज के सापेक्ष प्रक्षेपण कोण का मान होगा

(a) 15° (b) 30° (c) 45° (d) 60°

26. एक नत प्रक्षेप्य का प्रक्षेपण वेग $(6\hat{i} + 8\hat{j})$ मी/से है, प्रक्षेप्य का क्षैतिज परास है

(a) 4.9 मी (b) 9.6 मी
(c) 19.6 मी (d) 14 मी

27. दो वस्तु A तथा B, v तथा $v/2$ वेग से प्रक्षेपित की जाती है, दोनों के परास समान हैं। यदि वस्तु B का प्रक्षेपण कोण 15° है (क्षैतिज से) तब A का प्रक्षेपण कोण है।

(a) $\sin^{-1}\left(\frac{1}{16}\right)$ (b) $\sin^{-1}\left(\frac{1}{4}\right)$
(c) $2\sin^{-1}\left(\frac{1}{4}\right)$ (d) $\frac{1}{2}\sin^{-1}\left(\frac{1}{8}\right)$

28. एक प्रक्षेप्य की क्षैतिज परास एक अन्य प्रक्षेप्य जो विराम से छोड़ा जाता है तथा प्रक्षेप वेग के बराबर महत्तम वेग प्राप्त करता है, के परिमाण के बराबर होती है। प्रक्षेप्य कोण है

(a) 15° (b) 60°
(c) 45° (d) 30°

29. एक वस्तु को θ कोण पर v वेग से प्रक्षेपित किया जाता है, यह h ऊँचाई के दो खम्बों के ठीक ऊपर से होकर गुजरती है तथा दोनों खम्बों से यह क्रमशः 1 सेकण्ड व 3 सेकण्ड बाद गुजरती है, उड्डयनकाल कितना होगा?

(a) 1 सेकण्ड (b) 3 सेकण्ड
(c) 4 सेकण्ड (d) 7.8 सेकण्ड

30. दो पत्थरों को प्रक्षेपित किया जाता है, ये क्षैतिज तल पर समान दूरी पर पहुँचते हैं। एक की महत्तम ऊँचाई दूसरे से अधिक है जो दोनों की कुल महत्तम ऊँचाई के योगफल की आधी है। तब उस पत्थरों का प्रक्षेपण कोण कितना है जो कम ऊँचाई तक जाता है

(a) 45° (b) 60° (c) 30° (d) $\tan\left(\frac{3}{4}\right)$

31. दो कणों को एक साथ एक दिए गए बिन्दु से विपरीत दिशाओं में प्रक्षेपित किया जाता है, यहाँ गुरुत्वीय त्वरण g एकसमान है। यदि u_1 व u_2 इनकी प्रारम्भिक चाल है समय t जिसके बाद इनके वेग आपस में लम्बवत् होंगे है

(a) $\frac{\sqrt{u_1 u_2}}{g}$ (b) $\frac{\sqrt{u_1^2 + u_2^2}}{g}$

(c) $\frac{\sqrt{u_1(u_1 + u_2)}}{g}$ (d) $\frac{\sqrt{u_2(u_1 + u_2)}}{g}$

32. एक समतल पृष्ठ क्षैतिज से θ कोण पर झुका है। इस नत समतल के प्रारम्भिक बिन्दु से v वेग से एक गोली दागी जाती है, इस नत तल पर गोली द्वारा प्राप्त की गई अधिकतम परास क्या होगी?

(a) $\frac{v^2}{g}$ (b) $\frac{v^2}{g(1 + \sin\theta)}$

(c) $\frac{v^2}{g(1 - \sin\theta)}$ (d) $\frac{v^2}{g(1 + \sin\theta)^2}$

33. एक प्रक्षेप्य क्षैतिज से θ कोण पर v वेग से प्रक्षेपित किया जाता है। इस प्रक्षेप्य की चाल उस अवस्था में कितनी होगी जब यह क्षैतिज दिशा के सापेक्ष β कोण पर हो?

(a) $v \cos\theta$ (b) $v \cos\theta \cos\beta$

(c) $v \cos\theta \sec\beta$ (d) $v \cos\theta \tan\beta$

34. एक गेंद 30 मी/से के वेग से 30° के कोण पर एक नत समतल से प्रक्षेपित की जाती है नत समतल का परास है ($g = 10$ मी/से^{2})

(a) 12 मी (b) 60 मी

(c) 120 मी (d) 600 मी

35. एक क्रिकेट खिलाड़ी एक गेंद को महज क्षैतिज परास 100 मी तक फेंक सकता है। यह खिलाड़ी इसे धरातल से कितनी ऊँचाई तक फेंक सकता है?

(a) 40 मी (b) 45 मी

(c) 500 मी (d) 50 मी

36. एक मार्वल का टुकड़ा 50 मी/से के वेग से धरातल से ऊपर की ओर प्रक्षेपित किया जाता है, 2 सेकण्ड पश्चात् यह 5 मी ऊँची दीवार के ठीक ऊपर से होकर जाता है प्रक्षेपण कोण कितना है?

(a) 45° (b) 30°

(c) 60° (d) इनमें से कोई नहीं

37. एक कण $2\sqrt{gh}$ के वेग से इस प्रकार प्रक्षेपित किया जाता है कि यह h ऊँचाई की दो दीवारों को ठीक पार करता है, दोनों के बीच की दूरी $2h$ है। दोनों दीवारों को पार करने में लिया गया समयान्तराल है

(a) $\frac{2h}{g}$ (b) $\sqrt{\frac{2h}{g}}$ (c) $\sqrt{\frac{h}{g}}$ (d) $2\sqrt{\frac{h}{g}}$

38. किसी प्रक्षेप्य की क्षैतिज परास उसकी महत्तम ऊँचाई की चार गुनी है, प्रक्षेपण कोण का मान है

(a) 90° (b) 60°

(c) 45° (d) 30°

39. एक कण क्षैतिज से θ कोण पर v वेग से प्रक्षेपित किया जाता है। इस कण के प्रक्षेपण बिन्दु तथा उच्चतम बिन्दु के बीच औसत वेग है

(a) $\frac{v}{2}\sqrt{1 + 2\cos^2\theta}$ (b) $\frac{v}{2}\sqrt{1 + \cos^2\theta}$

(c) $\frac{v}{2}\sqrt{1 + 3\cos^2\theta}$ (d) $v\cos\theta$

40. एक वस्तु v वेग से θ कोण पर ऊपर की ओर प्रक्षेपित की जाती है, वस्तु का द्रव्यमान m है। t सेकण्ड पश्चात् वस्तु का वेग क्या होगा?

(a) $\sqrt{(v\cos\theta)^2 + (v\sin\theta)^2}$ (b) $\sqrt{(v\cos\theta - v\sin\theta)^2 - gt}$

(c) $\sqrt{v^2 + g^2t^2 - 2v\sin\theta\, gt}$ (d) $\sqrt{v^2 + g^2t^2 - 2v\cos\theta\, gt}$

41. एक प्रक्षेप्य को θ कोण पर प्रक्षेपित किया जाता है, यह एक दीवार को पार करता है जिसका उच्चिष्ठ बिन्दु चित्र में दिखाया गया है। प्रक्षेप कोण बताओ जिससे प्रक्षेप्य को प्रक्षेपित किया जाता है

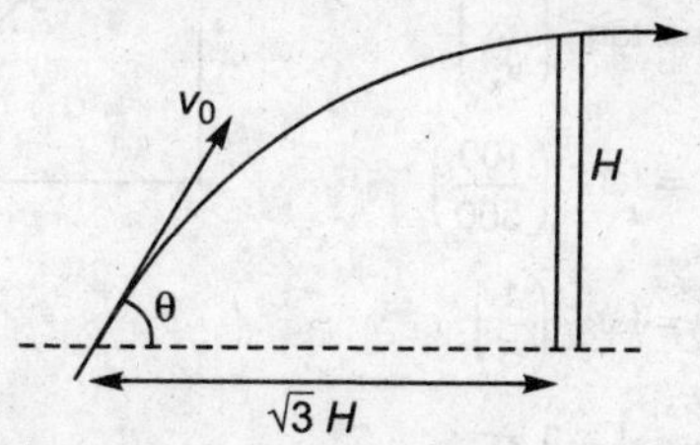

(a) $\tan^{-1}\left(\frac{1}{\sqrt{3}}\right)$ (b) $\tan^{-1}\sqrt{3}$

(c) $\tan^{-1}\left(\frac{2}{\sqrt{3}}\right)$ (d) $\tan^{-1}\left(\frac{\sqrt{3}}{2}\right)$

उत्तरमाला

1	(c)	2	(b)	3	(a)	4	(a)	5	(c)	6	(b)	7	(c)	8	(d)	9	(c)	10	(c)
11	(h)	12	(b)	13	(d)	14	(a)	15	(a)	16	(d)	17	(d)	18	(d)	19	(b)	20	(d)
21.	(b)	22.	(d)	23.	(a)	24.	(d)	25	(b)	26.	(b)	27.	(d)	28.	(a)	29.	(c)	30.	(b)
31.	(a)	32.	(b)	33.	(c)	34.	(b)	35.	(d)	36.	(b)	37.	(d)	38.	(c)	39.	(c)	40.	(c)
41.	(c)																		

उत्तर व्याख्या सहित

1. यहाँ

$$50 = \frac{u^2 \sin(2 \times 15°)}{g} \text{ या } \frac{u^2}{g} = \frac{50}{\sin 30°} = \frac{50}{1/2} = 100$$

$$R = \frac{u^2 \sin(2 \times 45°)}{g} = \frac{u^2}{g} = 100 \text{ मी}$$

2. $nh = \frac{1}{2} g t^2$

$$\Rightarrow \quad t = \sqrt{\left(\frac{2nh}{g}\right)} \quad \ldots(\text{i})$$

गेंद द्वारा तय क्षैतिज दूरी

$$nb = ut, nb = u\sqrt{\left(\frac{2nh}{g}\right)} \quad \ldots(\text{ii})$$

समी (ii) का वर्ग करने पर,

$$n^2 b^2 = \frac{u^2 2nh}{g}$$

$$\therefore \quad n = \frac{2u^2 h}{g b^2}$$

3. वेग का क्षैतिज घटक $v_x = 500$ मी/से तथा वेग का ऊर्ध्व घटक तथा लम्बवत् घटक जबकि बम धरातल से टकराता है।

$$v_y = 0 + 10 \times 10 = 100 \text{ मी/से}$$

$\therefore$ धरातल पर कोण

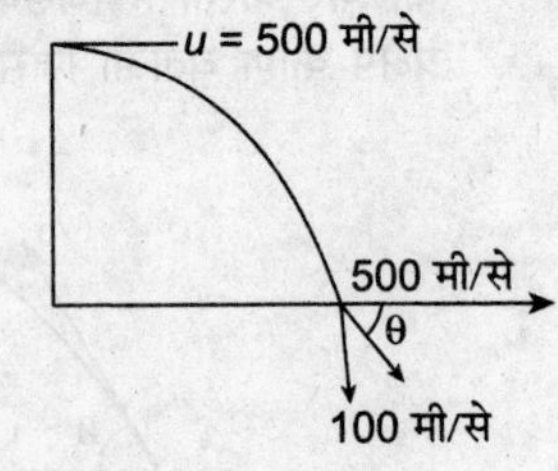

$$\theta = \tan^{-1}\left(\frac{v_y}{v_x}\right)$$

$$= \tan^{-1}\left(\frac{100}{500}\right)$$

$$\theta = \tan^{-1}\left(\frac{1}{5}\right)$$

4. समीकरण $h = \frac{1}{2} g t^2$ से

हम जानते हैं कि $t_{OB} = \sqrt{\frac{2h_{OA}}{g}} = \sqrt{\frac{2 \times 1960}{9.8}} = 20$ सेकण्ड

क्षैतिज दूरी $AB = vt_{OB} = \left(600 \times \frac{5}{18}\right)(20)$

$= 3333.33$ मी $= 3.33$ किमी

5. $v_y = \frac{dy}{dt} = 8 - 10t, v_x = \frac{dx}{dt} = 6$

$t = 0$ पर $\quad v_y = 8$ मी/से तथा $v_x = 6$ मी/से

$\therefore \quad v = \sqrt{v_x^2 + v_y^2} = 10$ मी/से

6. $t = \sqrt{\frac{2h}{g}} = \sqrt{\frac{4}{(9.8)}} = 0.64$ सेकण्ड

अब, $\quad v = \frac{s}{t} = \frac{3}{0.64} = 4.7$ मी/से

7. पत्थर परवलयाकार पथ पर गति करेगा।

8. दिया है, प्रारम्भिक वेग $(u) = 40$ मी/से

हॉल की ऊँचाई $(H) = 25$ मी

माना जब गेंद 25 मी की महत्तम ऊँचाई तक जाती है तब प्रक्षेप्य का कोण θ है।

गेंद द्वारा प्राप्त महत्तम ऊँचाई

$$H = \frac{u^2 \sin^2 \theta}{2g}$$

$$25 = \frac{(40)^2 \sin^2 \theta}{2 \times 9.8}$$

या $\quad \sin^2 \theta = \frac{25 \times 2 \times 9.8}{1600} = 0.3063$

या $\quad \sin \theta = 0.5534 = \sin 33.6°$ या $\theta = 33.6°$

$\therefore$ क्षैतिज परास $(R) = \frac{u^2 \sin 2\theta}{g}$

$$= \frac{(40)^2 \sin 2 \times 33.6°}{9.8}$$

$$= \frac{1600 \times \sin 67.2°}{9.8}$$

$$= \frac{1600 \times 0.9219}{9.8} = 150.5 \text{ मी}$$

9. t समय पर कण का वेग,

$$\mathbf{v} = \mathbf{v}_0 + \mathbf{a}t$$

x का घटक

$$v_x = v_{ax} + a_x t$$

y का घटक

$$v_y = v_{oy} + a_x = (-0.5t) \text{ मी/से}$$

जब कण x-अक्ष के अनुदिश अधिकतम दूरी तय कर लेता है, $v_x = 0$.

$3 - t = 0 \Rightarrow t = 3$ सेकण्ड

वेग का y घटक

$$v_y = -0.5 \times 3 = -1.5 \text{ मी/से}$$

10. $\because R = \frac{u^2 \sin 2\theta}{g}$, यहाँ $R_1 = 50, R_2 = ?, \theta_1 = 15°, \theta_2 = 45°$

$$u_1 = u_2 = u$$

$$\therefore \quad \frac{R_1}{R_2} = \frac{\sin 2\theta_1}{\sin 2\theta_2}$$

$$\Rightarrow \quad \frac{50}{R_2} = \frac{\sin 30°}{\sin 90°}$$

$$\Rightarrow \quad R_2 = 100 \text{ मी}$$

11. $H = \frac{u^2 \sin^2 \theta}{2g}$ तथा $T = \frac{2u \sin \theta}{g}$

$$\Rightarrow \quad T^2 = \frac{4u^2 \sin^2 \theta}{g^2}$$

$$\therefore \quad \frac{T^2}{H} = \frac{8}{g}$$

$$\Rightarrow \quad T = \sqrt{\frac{8H}{g}} = 2\sqrt{\frac{2H}{g}}$$

12. $t = \sqrt{\frac{2h}{g}} = \sqrt{\frac{2 \times 490}{9.8}} = \sqrt{100} = 10$ सेकण्ड

$$x = vt = \left(60 \times \frac{5}{18}\right) \text{ मी/से} \times 10 \text{ सेकण्ड} = \frac{500}{3} \text{ मी}$$

13. $R \propto \frac{1}{g} \therefore R_{\text{चन्द्रमा}} = 6R_{\text{पृथ्वी}}$

15. $t = \sqrt{\frac{2h}{g}}$

मीनार के पाद से दूरी

$$d = vt = v\sqrt{\frac{2h}{g}} = 250 \text{ मी}$$

जब वेग $= \frac{v}{2}$

मीनार की ऊँचाई = 4h

दूरी $x = \frac{v}{2}\sqrt{\frac{2(4h)}{g}}$

$$x = v\sqrt{\frac{2h}{g}} = 250 \text{ मी}$$

16. $h = \frac{1}{2}gt^2$ (उर्ध्वाधर दिशा में)

$$\therefore \quad t = \sqrt{\frac{2h}{g}} = \sqrt{\frac{2 \times 0.1}{10}} = 0.141 \text{ सेकण्ड}$$

अब क्षैतिज दिशा में,

$$v_x = \frac{S_x}{t} = \frac{100}{0.141} \approx 700 \text{ मी/से}$$

17. आवश्यक कोण $= \frac{\pi}{2} - \frac{5\pi}{36} = \frac{18\pi - 5\pi}{36} = \frac{13\pi}{36}$ रेडियन

18. $h_{max} = \frac{v^2\sin^2\theta}{2g}$

दिए गए प्रश्न में दोनों अवस्थाओं में h_{max} समान हैं

$\therefore \quad v_1^2\sin^2 60° = v_2^2\sin^2 30°$

या $\frac{v_1}{v_2} = \frac{\sin 30°}{\sin 60°} = \frac{1}{2} \times \frac{2}{\sqrt{3}} = \frac{1}{\sqrt{3}}$

19. $H = \frac{v^2\cos^2\beta}{2g}$ या $v\cos\beta = \sqrt{2gH}$

$$t = \frac{v\cos\beta}{g} = \frac{\sqrt{2gH}}{g} \quad \text{या} \quad t = \sqrt{\frac{2H}{g}}$$

20. दिया है, $u_x = u\cos\theta_0 = 20 \times \frac{4}{5} = 24$ मी/से

तथा $u_y \sin\theta_0 = 30 \times \frac{3}{5} = 18$ मी/से

1 सेकण्ड पश्चात् u_x, u_y के समान होगा तथा 10 मी/से की दर से घटेगा या 8 मी/से होगा

$$\therefore \quad \tan\theta = \frac{v_y}{v_x} = \frac{8}{24} = \frac{1}{3}$$

21. दो प्रक्षेपण कोण θ तथा (90° − θ) है।

$$T_1 = \frac{2v\sin\theta}{g}$$

तथा $$T_2 = \frac{2v\sin(90° - \theta)}{g}$$

$$T_1T_2 = \frac{2(v)^2(2\sin\theta\cos\theta)}{g \times g} = \frac{2R}{g}$$

22. चूँकि परास समान दिए हैं, अन्य कोण (90° − 30°) = 60° है।

$$H = \frac{v^2\sin^2 30°}{2g} = \frac{1}{4}\left[\frac{v^2}{2g}\right]$$

$$H' = \frac{v^2\sin^2 60°}{2g} = \frac{3}{4}\left[\frac{v^2}{2g}\right]$$

$$\frac{H'}{H} = \frac{3}{4} \times \frac{4}{1} = 3 \text{ या } H' = 3H$$

23. $R = \frac{v^2\sin 2\theta}{g} = 200, T = \frac{2v\sin\theta}{g} = 5$

विभाजित करने पर, $\frac{v^2 \times 2\sin\theta\cos\theta}{g} \times \frac{g}{2v\sin\theta} = \frac{200}{5} = 40$

या $v\cos\theta = 40$ मी/से

प्रक्षेप्य पथ में सभी स्थानों पर वेग का क्षैतिज घटक नियत रहता है।

24. $v_y = \frac{d}{dt}(y) = \frac{d}{dt}(10t) - \frac{d}{dt}(t^2) = 10 - 2t$

महत्तम ऊँचाई पर $v_y = 0$

$\therefore \quad 10 - 2t = 0$

या $2t = 10$ या $t = 5$ सेकण्ड

$\therefore \quad y = (10 \times 5 - 5 \times 5) = 25$ मी

25. $\frac{v^2\sin 2\theta}{g} = \frac{\sqrt{3}v^2}{2g}$

या $\sin 2\theta = \frac{\sqrt{3}}{2}$

या $2\theta = 60°$

या $\theta = 30°$

दिए गए तथ्यों से तुलना करने पर,

$$\frac{v^2\sin^2\theta}{2g} = \frac{v^2}{8g}$$

या $\sin^2\theta = \frac{1}{4}$

या $\sin\theta = \frac{1}{2}$

या $\theta = 30°$

26. $\mathbf{v} = 6\hat{\mathbf{i}} - 8\hat{\mathbf{j}}$

तुलना करने पर $\mathbf{v} = v_x\,\hat{\mathbf{i}} = v_y\,\hat{\mathbf{j}}$,

$v_x = 6$ मी/से²

तथा $v_y = 8$ मी/से²

तथा $u^2 = v_x^2 + v_y^2$

$36 + 64 = 100$

या $v = 10$ मी/से

10 8 C 6

$$\sin\theta = \frac{8}{10} \text{ तथा } \cos\theta - \frac{6}{10}$$

$$R = \frac{v^2\sin 2\theta}{g} = \frac{2v^2\sin\theta\cos\theta}{g}$$

$$R = 2 \times 10 \times 10 \times \frac{8}{10} \times \frac{6}{10} \times \frac{1}{10} = 9.6 \text{ मी}$$

27. $R = \frac{v^2 \sin 2\theta}{g}$

दिए गए प्रश्न में $v^2 \sin 2\theta$ = नियतांक

$$v^2 \sin 2\theta = \left(\frac{v}{2}\right)^2 \sin 30° = \frac{v^2}{8}$$

या $\sin 2\theta = \frac{1}{8}$ या $2\theta = \sin^{-1}\left[\frac{1}{8}\right]$

या $\theta = \frac{1}{2}\sin^{-1}\left[\frac{1}{8}\right]$

28. $v^2 - u^2 = 2as$, से $s = \frac{v^2}{2g}$

अब, $\frac{v^2 \sin 2\theta}{g} = \frac{v^2}{2g}$

या $\sin 2\theta = \frac{1}{2}$

या $\sin 2\theta = \sin 30°$

या $\theta = 15°$

अन्य सम्भव प्रक्षेप्य कोण $(90° - 15°)$, अतः $75°$

29. $h = v\sin\theta t - \frac{1}{2}gt^2$

या $\frac{1}{2}gt^2 - v\sin\theta t + h = 0$

$$t_1 + t_2 = -\frac{-v\sin\theta}{\frac{1}{2}g}$$

या $t_1 + t_2 = \frac{2v\sin\theta}{g} = T$

या $T = (1 + 3) = 4$ सेकण्ड

30. चूँकि $H_1 - H_2 = \frac{H_1 + H_2}{2}$

या $H_1 = 3H_2$

$\therefore$ $\frac{u^2 \sin^2\theta}{2g} = 2\left\{\frac{u^2 \sin^2(90° - \theta)}{2g}\right\}$

$\tan^2\theta = 3$

$\therefore$ $\tan\theta = \sqrt{3}$ या $\theta = 60°$

अतः अन्य कोण $(90° - \theta)$ या $30°$.

31. चूँकि, $v_1 \perp v_2$

$\therefore$ $v_1 \cdot v_1 = 0$

या $(u_1\hat{\mathbf{i}} - gt\hat{\mathbf{j}}) \cdot (-u_2\hat{\mathbf{i}} - gt\hat{\mathbf{j}}) = 0$

$\therefore$ $g^2t^2 = u_1u_2$

या $t = \frac{\sqrt{u_1u_2}}{g}$

33. $V\cos\beta = v\cos\theta$

या $V = v\cos\theta\sec\beta$

34. $R = \frac{2 \times 30 \times 30\sin 30° \cos 60°}{10\cos^2 30°}$

$= 180 \times \frac{1}{2} \times \frac{1}{2} \times \frac{2 \times 2}{3}$ मी = 60 मी

35. प्रक्षेप्य की क्षैतिज परास $R = \frac{u^2 \sin 2\theta}{g}$

यदि $\theta = 45°$, तब R महत्तम होगा

$$R_{max} = \frac{u^2}{g}$$

दिया है $R_{max} = 100$ मी

$\therefore$ $100 = \frac{u^2}{g}$ ... (i)

जब खिलाड़ी गेंद को लम्बवत् ऊपर की ओर फेंकता है, तब गेंद H ऊँचाई तक जाती है। गति की समीकरण से,

$$v^2 = u^2 + 2as$$

$$(0)^2 = u^2 + 2(-g)H$$

या $H = \frac{u^2}{2g} = \frac{1}{2}\left(\frac{u^2}{g}\right)$

$= \frac{1}{2} \times 100 = 50$ मी [समी (i) से]

36. क्षैतिज घटक $= u\cos\theta$

ऊर्ध्व घटक $= u\sin\theta$

$g = -10$ मी/से^{2},

$u = 50$ मी/से,

$h = 5$ मी,

$t = 2$ सेकण्ड

$h = u_y t + \frac{1}{2}gt^2$

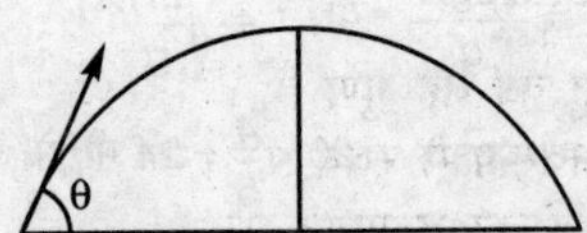

$\therefore$ $5 = 50\sin\theta - \frac{1}{2} \times 10 \times 4$

या $5 = 50\sin\theta - 20$

या $\sin\theta = \frac{25}{50} = \frac{1}{2}$

$\therefore$ $\theta = 30°$

अध्याय 05

गति के नियम एवं घर्षण

Laws of Motion and Friction

बल (Force)

बल वह बाह्य कारक {धक्का/खिंचाव (push/pull)} है, जो किसी पिण्ड के रूप व आकार (shape and size) में परिवर्तन कर सकता है या किसी पिण्ड की विरामावस्था या एकसमान गति की अवस्था में परिवर्तन कर सकता है या परिवर्तन करने की प्रवृत्ति (tendency) रखता है, बल कहलाता है।

बल के मात्रक (Units of Force)

क्र.सं.	पद्धति	मात्रक	टिप्पणी
1.	MKS	किग्रा-मी से$^{-2}$, न्यूटन, किग्रा-भार	1 किग्रा-भार = 9.8 न्यूटन
2.	CGS	ग्राम-सेमी से$^{-2}$, डाइन, ग्राम-भार	1 ग्राम-भार = 980 डाइन

जड़त्व (Inertia)

जड़त्व किसी वस्तु का वह गुण है, जिसके कारण वह अपनी विरामावस्था अथवा गति की अवस्था में स्वयं परिवर्तन नहीं कर सकती है। स्थानान्तरीय गति में किसी वस्तु का द्रव्यमान उसके जड़त्व की माप होता है, अर्थात् किसी भारी वस्तु का जड़त्व हल्की वस्तु के जड़त्व से अधिक होता है।

जड़त्व के प्रकार *जड़त्व तीन प्रकार का होता है*

(i) **विराम का जड़त्व** (Inertia of rest) किसी वस्तु का वह गुण जिसके कारण वह अपनी विरामावस्था में स्वयं परिवर्तन नहीं कर सकती है, विराम का जड़त्व कहलाता है।

उदाहरण (a) बस अथवा ट्रेन के अचानक चलने पर उसमें खड़े यात्री पीछे की ओर गिर पड़ते हैं। (b) पेड़ की शाखा को तेजी से हिलाने पर शाखा से फल टूटकर गिर जाते हैं।

(ii) **गति का जड़त्व** (Inertia of motion) किसी वस्तु का वह गुण जिसके कारण वह अपनी विरामावस्था में स्वयं परिवर्तन नहीं कर सकती है, गति का जड़त्व कहलाता है।

उदाहरण (a) चलती बस अथवा ट्रेन के अचानक रुक जाने पर उसमें खड़े यात्री आगे की ओर गिर जाते हैं। (b) चलती ट्रेन से उतरने पर यात्री को कुछ दूरी तक ट्रेन की गति की दिशा में दौड़ना चाहिए अन्यथा वह आगे की ओर गिर पड़ता है।

(iii) **दिशा का जड़त्व** (Inertia of direction) किसी वस्तु का वह गुण जिसके कारण वह अपनी गति की दिशा में स्वयं परिवर्तन नहीं कर सकती है, दिशा का जड़त्व कहलाता है।

उदाहरण (a) गाड़ी के टायर के सम्पर्क में आने से कीचड़ के कण स्पर्श रेखीय दिशा में पीछे की ओर गति करते हैं। (b) पत्थर को डोरी से बाँधकर क्षैतिज वृत्तीय पथ पर घुमाते समय डोरी के टूट जाने पर पत्थर स्पर्श रेखीय दिशा में गति करता है।

न्यूटन के गति के नियम

(Newton's Laws of Motion)

न्यूटन का गति विषयक प्रथम नियमः जड़त्व का नियम

(Newton's First Law of Motion : Law of Inertia)

यदि कोई वस्तु विरामावस्था में है तो वह विरामावस्था में रहेगी और यदि वह एक समान गति की अवस्था में है तो वह एकसमान गति की अवस्था में ही रहेगी, जब तक कि उस पर कोई बाह्य बल न लगाया जाए। इस नियम को गैलीलियो का जड़त्व का नियम भी कहते हैं।

यदि $F = 0 \Rightarrow v =$ नियतांक $\Rightarrow a = 0$

(i) यह नियम बल को परिभाषित करता है।

(ii) वस्तु अपनी स्थिति विराम या एकसमान गति, में बाह्य परिवर्तन का विरोध करती है।

(iii) यह जड़त्व के नियम के नाम से जानते हैं।

रेखीय संवेग (Linear Momentum)

सरल रेखा में गतिमान किसी पिण्ड के द्रव्यमान (m) तथा वेग ($\mathbf{v}$) का गुणनफल पिण्ड का संवेग कहलाता है।

संवेग, $\mathbf{p} = m\mathbf{v}$

इसका मात्रक किग्रा-मी से$^{-1}$ या न्यूटन-सेकण्ड होता है। इसका विमीय सूत्र $[MLT^{-1}]$ है।

न्यूटन का गति विषयक द्वितीयक नियम

(Newton's Second Law of Motion)

किसी वस्तु के संवेग परिवर्तन की दर उस पर आरोपित बाह्य बल के अनुक्रमानुपाती होती है तथा यह संवेग परिवर्तन लगाए गए बल की दिशा में होता है

$$\mathbf{F} \propto \frac{d\mathbf{p}}{dt} \Rightarrow \mathbf{F} = k\frac{d\mathbf{p}}{dt} = \frac{d}{dt}(mv) \quad (k=1)$$

$$m\frac{dv}{dt} = ma$$

आवेग (Impulse)

जब कोई आवेगी बल किसी वस्तु पर थोड़े समय के लिये कार्य करता है, तो बल का आवेग, कार्यरत् औसत बल और समय के गुणनफल के बराबर होता है।

$\therefore$ आवेग = बल × समय

$$\mathbf{I} = \mathbf{F} \times \Delta t$$

किसी बल का आवेग उसके कारण वस्तु के संवेग में परिवर्तन के बराबर होता है।

न्यूटन का गति विषयक तृतीय नियम

(Newton's Third Law of Motion)

प्रत्येक क्रिया की सदैव बराबर एवं विपरीत दिशा में प्रतिक्रिया कार्य करती है। क्रिया तथा प्रतिक्रिया दोनों अलग-अलग वस्तुओं पर कार्य करती हैं। किसी पिण्ड पर बल द्वारा कार्य करना एक क्रिया कहलाता है।

उदाहरण (i) एक व्यक्ति का नाव से नदी के किनारे पर कूदना

(ii) पिण्ड पर कार्यरत् बल क्रिया कहलाता है।

(iii) जब एक पिण्ड पर बल लगता है, तब पिण्ड के पृष्ठ के लम्बवत् एक प्रतिक्रिया कार्य करती है।

रेखीय संवेग–संरक्षण का नियम

(Law of Conservation of Linear Momentum)

न्यूटन के गति के द्वितीय नियम से, $\mathbf{F} = d\mathbf{p}/t$

यदि $\mathrm{F} = 0$ तब p = नियतांक

इसका अर्थ है कि बाह्य बल की अनुपस्थिति में, कण (अथवा वस्तु) का रेखीय संवेग नियत रहता है। यह **रेखीय संवेग संरक्षण का नियम कहलाता है।**

संवेग–संरक्षण के अनुप्रयोग

(Applications of Conservation of Momentum)

संवेग संरक्षण के दैनिक जीवन में महत्त्वपूर्ण उपयोग हैं। कुछ उपयोग यहाँ दिये गये हैं

(i) बन्दूक का प्रतिक्षेप वेग (Recoil velocity of gun) चित्र में निकाय (बन्दूक + गोली) पर लगने वाला बाह्य बल शून्य रहता है तथा इसका प्रारम्भिक संवेग शून्य है, अत: बाद का संवेग भी शून्य रहता है।

अत: $M\mathbf{v} + m\mathbf{u} = 0$

$$M\mathbf{v} = -m\mathbf{u} = \mathbf{p} \Rightarrow \mathbf{v} = -\frac{m}{M}\mathbf{u}$$

(ii) रॉकेट रेखीय संवेग संरक्षण के सिद्धान्त पर कार्य करता है

रॉकेट का किसी क्षण वेग, $v = u\log_e \frac{m_0}{m}$

जहाँ, u = ईधन गैसों का रॉकेट के सापेक्ष वेग

m_0 = रॉकेट का प्रारम्भिक वेग

संयुग्मी बलों का सन्तुलन

(Equilibrium of Concurrent Forces)

यदि कईं बलों का समूह एक बिन्दु पर कार्यरत् है तो ये बल संयुग्मी बल कहलाते हैं। माना एक पिण्ड पर कईं बल आरोपित हैं। माना यह पिण्ड इन बलों के प्रभाव में संतुलन में हैं, अर्थात् जब ये बल पिण्ड पर आरोपित हैं, तब पिण्ड विराम अवस्था में है, या सरल रेखा के अनुदिश एकसमान गति की अवस्था में है। पिण्ड की यह स्थिति साम्यावस्था की स्थिति कहलाती है या पिण्ड पर आरोपित बल साम्यावस्था में हैं। इन बलों का परिणामी प्रभाव शून्य होता है। इसलिए यदि ये एक समबाहु त्रिभुज की भुजाओं से प्रदर्शित किये जाते हैं। तीन संयुग्मी बलों का परिणामी शून्य होगाा तथा ये साम्य में होंगे।

लामी प्रमेय (Lami Theorem)

यदि बल P, Q तथा R हैं, एवं Q व R के बीच कोण α, R व P के बीच कोण β तथा P व Q के बीच कोण γ हैं, तथा ये बल साम्य में हैं, तब

P R β γ α Q

$$\frac{P}{\sin\alpha} = \frac{Q}{\sin\beta} = \frac{R}{\sin\gamma}$$

यदि किसी बिन्दु पर संयुग्मी बल $\mathbf{F}_1, \mathbf{F}_2, \mathbf{F}_3, \ldots$ कार्यरत् हों, तो वह बिन्दु सन्तुलन में होगा, यदि

$$\mathbf{F}_1 + \mathbf{F}_2 + \mathbf{F}_3 + \ldots = 0$$

घर्षण (Friction)

जब कोई वस्तु किसी दूसरी वस्तु की सतह पर फिसलती या लुढ़कती है अथवा ऐसा करने का प्रयास करती है, तो उनके सम्पर्क सतहों के समान्तर एक बल कार्य करता है, जो उनके मध्य होने वाली आपेक्षिक गति (relative motion) का विरोध करता है, इस बल को घर्षण कहते हैं।

उत्पत्ति का कारण (Cause of Friction)

प्राचीन मत के अनुसार, वस्तुओं के सम्पर्क तलों पर उपस्थित प्रक्षेपण तथा गड्ढों (projections and depressions) के परस्पर गुथने (intercocked) के कारण घर्षण उत्पन्न होता है, परन्तु आधुनिक मत (modern view) के अनुसार, सम्पर्क तलों के वास्तविक सम्पर्क बिन्दुओं पर तलों के परमाणुओं तथा अणुओं के मध्य लगने वाले वैद्युत-चुम्बकीय आकर्षण बलों के कारण घर्षण उत्पन्न होता है।

घर्षण दो प्रकार का होता है

(i) स्थैतिक घर्षण बल (Static Friction Force)

जब दो सम्पर्क में स्थित वस्तुएँ विरामावस्था में होती हैं, तो उनके बीच आपेक्षिक गति होने से पूर्व कार्य करने वाले घर्षण बल को स्थैतिक घर्षण कहते हैं।

सीमान्त घर्षण बल (Limiting Friction Force)

जब वस्तु पर आरोपित बल का मान धीरे-धीरे बढ़ाते हैं तो स्थैतिक घर्षण बल भी बढ़ता जाता है और अन्ततः एक ऐसी स्थिति आती है कि वस्तु ठीक गति प्रारम्भ करने वाली होती है। स्थैतिक घर्षण बल के इस अधिकतम मान को सीमान्त घर्षण बल कहते हैं।

सीमान्त घर्षण के नियम (Laws of Limiting Friction Force)

(i) सीमान्त घर्षण बल का परिमाण (F_L), अभिलम्ब प्रतिक्रिया (N) के अनुक्रमानुपाती होता है।

$$F_L \propto N \Rightarrow F_L = \mu_s N$$

जहाँ μ_s स्थैतिक घर्षण गुणांक है।

(ii) सीमान्त घर्षण बल की दिशा सदैव उस दिशा के विपरीत होती है, जिसमें वस्तु में गति करने की प्रवृत्ति होती है।

(iii) यदि वस्तुओं के मध्य अभिलम्ब प्रतिक्रिया अपरिवर्तित रहे तो सीमान्त घर्षण बल सम्पर्क तल के क्षेत्रफल पर निर्भर नहीं करता है।

(iv) सीमान्त घर्षण बल सम्पर्क तलों की प्रकृति अर्थात्, उनके खुरदरेपन (roughness) तथा पदार्थ पर निर्भर करता है।

(ii) गतिक घर्षण बल (Dynamic Friction Force)

जब एक वस्तु अन्य वस्तु की सतह पर वास्तव में गति करती है तो उनके मध्य एक बल कार्य करता है, जो वस्तुओं की आपेक्षिक गति का विरोध करता है। यह बल ही गतिक घर्षण बल (f_k) कहलाता है।

$f_k = \mu_k N$ जहाँ μ_k गतिक घर्षण गुणांक है।

गतिक घर्षण दो प्रकार का होता है

(a) लोटनिक घर्षण (b) सर्पी घर्षण

लोटनिक तथा सर्पी घर्षण (Rolling and Sliding Friction)

जब कोई वस्तु जैसे पहिया, गोला या बेलन किसी सतह पर लुढ़कता है तो सम्पर्क तलों के मध्य घर्षण, लोटनिक घर्षण कहलाता है तथा जब कोई वस्तु किसी अन्य वस्तु की सतह पर फिसलती है तो घर्षण, सर्पी घर्षण कहलाता है। लोटनिक घर्षण सदैव सर्पी घर्षण से कम होता है। इसी कारण किसी वस्तु को लुढ़काना उसे सरकाने की तुलना में आसान होता है।

घर्षण कोण (Angle of Friction, α)

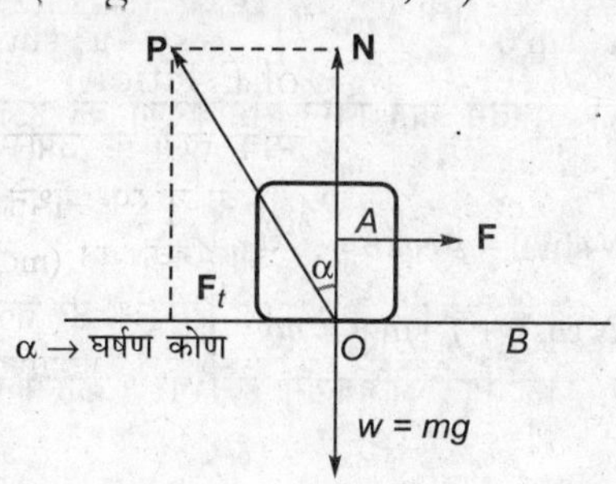

चित्र में स्थिति वेक्टर **OP** तथा अभिलम्ब प्रतिक्रिया बल **N** के बीच का कोण ही घर्षण कोण (α) कहलाता है।

$$\therefore \quad \tan\alpha = \frac{|\mathbf{f}_L|}{|\mathbf{N}|} = \frac{\mu N}{N} = \mu \quad \text{या} \quad \alpha = \tan^{-1}(\mu)$$

तथा सतह B द्वारा वस्तु A पर आरोपित नेट स्पर्श बल का परिमाण

$$|\mathbf{OP}| = \sqrt{N^2 + f_L^2} = \sqrt{N^2 + (\mu N)^2} = N\sqrt{1 + \mu^2}$$

वृत्तीय गति

यदि कोई कण इस प्रकार गति करता है एक निश्चित बिन्दु से सदैव इसकी दूरी समान रहती है, तो कण की इस प्रकार की गति को वृत्तीय गति कहते हैं।

एकसमान वृत्तीय गति (Uniform Circular Motion)

यदि कण वृत्त में एकसमान चाल से चलता है, तो कण की गति एकसमान वृत्तीय गति कहलाती है। इस स्थिति में, $\frac{dv}{dt} = 0$ तथा $\mathbf{a} = -\omega^2 r$

$$\therefore \quad a = |\mathbf{a}| = \omega^2 r \quad \text{या} \quad a = \frac{v^2}{r^2}\,r = \frac{v^2}{r}$$

अतः यदि एक कण त्रिज्या r के वृत्त में नियत चाल v से गति करता है, तो इसका त्वरण v^2/r केन्द्र की ओर दिष्ट होता है। यह त्वरण, अभिकेन्द्र त्वरण (centripetal acceleration) कहलाता है।

असमान वृत्तीय गति (Non-uniform Circular Motion)

यदि वृत्त में घूमते कण की चाल नियत न हो, तब कण पर त्वरण के त्रिज्य (radial) तथा स्पर्श रेखीय (tangential) दोनों घटक कार्यरत होते हैं। कुल त्वरण का परिमाण,

dv/dt
a
α
O
$\frac{v^2}{r}$

$$a = \sqrt{a_r^2 + a_t^2} \quad \text{या} \quad a = \sqrt{\left(\frac{v^2}{r}\right)^2 + \left(\frac{dv}{dt}\right)^2}$$

यह परिणामी त्वरण त्रिज्या के साथ कोण α बनाता है, जहाँ

$$\tan\alpha = \left(\frac{dv}{dt}\right)\Big/\left(\frac{v^2}{r}\right)$$

वृत्ताकार गति में बल (Forces in Circular Motion)

एक वस्तु की वृत्ताकार गति में दो प्रकार के बल होते हैं, जिनकी व्याख्या नीचे दी गई है।

अभिकेन्द्र बल (Centripetal Force)

न्यूटन के गति के द्वितीय नियम के अनुसार, कण पर लगने वाले इस बल $\mathbf{F}\,(= m\mathbf{a}_r)$ की दिशा सदैव अभिकेन्द्र त्वरण $\mathbf{a}_r$ की दिशा में, अर्थात् वृत्त के केन्द्र की ओर होती है। इस बल को अभिकेन्द्र बल (centripetal force) अथवा त्रिज्य बल कहते हैं। अभिकेन्द्र बल **F** का परिमाण,

$$\therefore \quad F = |\mathbf{F}| = |m\mathbf{a}_r| = m|\mathbf{a}_r| = m\frac{v^2}{r}$$

$$\therefore \quad F = \frac{mv^2}{r} \quad \text{या} \quad F = m\omega^2 r \qquad (\because v = r\omega)$$

अपकेन्द्र बल (Centrifugal Force)

अपकेन्द्रीय बल ऐसा जड़त्वीय बल है, जिसकी दिशा अभिकेन्द्र बल के विपरीत होती है। कपड़ा सुखाने की मशीन, दूध से मक्खन निकालने की मशीन आदि अपकेन्द्रीय बल के सिद्धान्त पर कार्य करते हैं।

सड़कों का वृत्तीय मोड़ (Circular Turning of Roads)

जब कोई वाहन (vehicle) मोड़ पर मुड़ता है, तो वह लगभग वृत्ताकार पथ पर गति करता है। अत: यहाँ कोई बल बाह्य कारक (बल) है, जो आवश्यक अभिकेन्द्र त्वरण प्रदान करता है। *वाहन को आवश्यक अभिकेन्द्र बल निम्नलिखित कारणों से प्राप्त होता है*

केवल घर्षण द्वारा (By Friction Only)

माना m द्रव्यमान की एक कार चाल v से क्षैतिज वृत्ताकार चाप (त्रिज्या r) पर गतिमान है। इस स्थिति में कार को आवश्यक अभिकेन्द्र बल, केन्द्र की ओर दिष्ट घर्षण बल f से प्राप्त हो जाता है। अत:

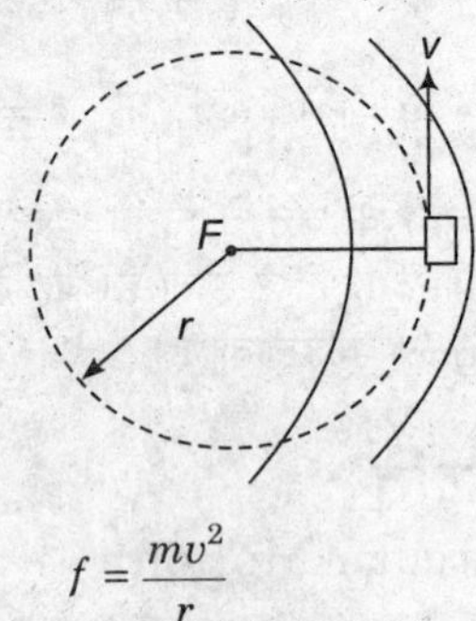

$$f = \frac{mv^2}{r}$$

पुन: f का सीमान्त मान (limiting value) μN है।

या $$f_L = \mu N = \mu mg \qquad (N = mg)$$

अत: बिना फिसले सुरक्षित मोड़ के लिए,

$$\frac{mv^2}{r} \leq f_L \text{ या } \frac{mv^2}{r} \leq \mu mg$$

या $$\mu \geq \frac{v^2}{rg} \text{ या } v \leq \sqrt{\mu rg}$$

अत: दो स्थितियाँ उत्पन्न होती हैं

(i) वाहन की चाल $\sqrt{\mu rg}$ से अधिक नहीं होनी चाहिए।

(ii) घर्षण गुणांक, $\frac{v^2}{rg}$ से बड़ा होना चाहिए।

सड़कों के ढलान द्वारा (By Banking of Roads)

घर्षण पर निर्भरता समाप्त करने के लिये सड़क को मोड़ों पर अन्दर (वृत्ताकार पथ के केन्द्र) की ओर कुछ ढलाव दे देते हैं (अथवा सड़क के बाहरी सिरे को कुछ ऊपर उठा देते हैं)। ऐसा करने पर घर्षण बल के बिना भी आवश्यक अभिकेन्द्र बल प्राप्त हो जाता है और कार की बाहर की ओर फिसलने की प्रवृत्ति समाप्त हो जाती है।

सड़क द्वारा कार के चारों पहियों पर लगने वाले अभिलम्ब प्रतिक्रिया बलों का परिणामी बल N, ऊर्ध्वाधर से θ कोण बनाते हुए ऊपर को लगता है। N का ऊर्ध्वाधर घटक $N \cos\theta$, कार के भार को सन्तुलित करता है तथा क्षैतिज घटक $N \sin\theta$ आवश्यक अभिकेन्द्र बल प्रदान करता है। अत:

$$N \cos\theta = mg$$

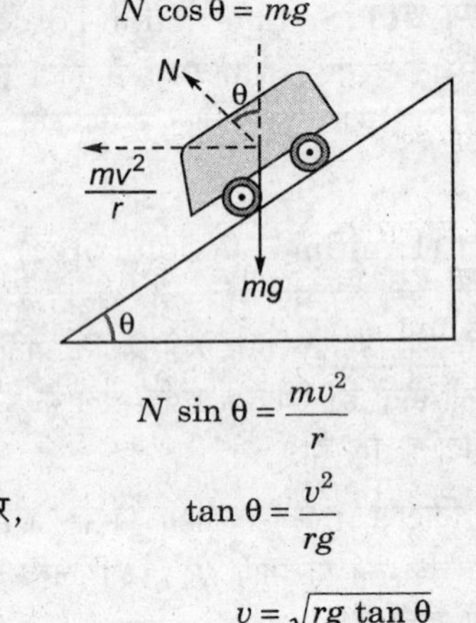

तथा $$N \sin\theta = \frac{mv^2}{r}$$

भाग देने पर, $$\tan\theta = \frac{v^2}{rg}$$

या $$v = \sqrt{rg \tan\theta}$$

घर्षण तथा सड़कों के ढलान दोनों के द्वारा (By Friction and Banking of Roads Both)

यदि ढलान वाले मोड़ पर कार तथा सड़क के बीच घर्षण बल भी लग रहा है, तो अभिलम्ब प्रतिक्रिया बल तथा घर्षण बल के क्षैतिज घटकों का वेक्टर योग अभिकेन्द्र बल प्रदान करता है चित्र (a) व (b)।

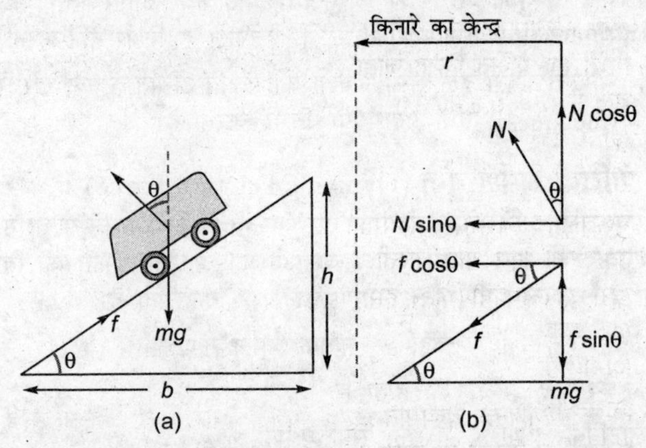

$$N \sin\theta + f \cos\theta = \frac{mv^2}{r}$$

$$N \cos\theta = mg + f \sin\theta$$

($\because$ ऊर्ध्वाधर बल सन्तुलित है)

f घर्षण बल है, जिसका अधिकतम मान $\mu_s N$ है। इन समीकरणों में f का अधिकतम मान $(\mu_s N)$ रखकर इन समीकरणों को हल करने पर,

$$N = \frac{mg}{\cos\theta - \mu_s \sin\theta} \text{ तथा } v_{max} = \left[\frac{rg(\sin\theta + \mu_s \cos\theta)}{\cos\theta - \mu_s \sin\theta}\right]^{1/2}$$

मोड़ पर चाल का न्यूनतम मान निम्न समीकरणों को हल करके निकाल सकते हैं।

$$N \sin\theta - f \cos\theta = \frac{mv^2}{r}$$

$$N \cos\theta + f \sin\theta = mg$$

तथा $f_{max} = \mu_s N$ (f का मान अधिकतम होने पर v का मान न्यूनतम होगा)

अभ्यास प्रश्न

बल, संवेग तथा घर्षण

1. दो ब्लॉक एक घर्षणरहित मेज पर सम्पर्क में रखे गये हैं। एक का द्रव्यमान m तथा दूसरे का $2m$ है। $2m$ पर एक बल F चित्रानुसार लगाया जाता है तथा m पर समान बल F दाँये से लगाया जाता है। दोनों ब्लॉक के बीच सम्पर्क का बल दोनों स्थितियों में क्रमश: होगा

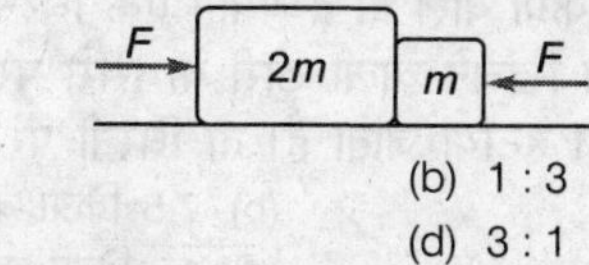

(a) 2 : 1 (b) 1 : 3
(c) 1 : 2 (d) 3 : 1

2. कणों के बीच संघट्ट में संवेग संरक्षण का अवबोधन किस आधार पर किया जा सकता है?
(a) ऊर्जा संरक्षण
(b) केवल न्यूटन का प्रथम नियम
(c) केवल न्यूटन का द्वितीय नियम
(d) न्यूटन के द्वितीय एवं तृतीय नियम

3. 0.05 किग्रा द्रव्यमान की एक वस्तु को 9.5 मी/से^{2} त्वरण के साथ गिरते हुए प्रेक्षित किया जाता है। वस्तु पर वायु की विपरीत दिशा में बल है ($g = 9.8$ मी/से^{2})
(a) 0.015 न्यूटन (b) 0.15 न्यूटन
(c) 0.030 न्यूटन (d) शून्य

4. एक लिफ्ट जिसमें m द्रव्यमान का एक ब्लॉक है, v एकसमान वेग से ऊपर की ओर गति करती है। यदि घर्षण गुणांक μ हो, तो ब्लॉक द्वारा उत्पन्न घर्षण बल होगा
(a) शून्य (b) mg
(c) μmg (d) $2\mu mg$

5. दो ब्लॉक जिनके द्रव्यमान $m_1 = 4$ किग्रा और $m_2 = 2$ किग्रा है, एक घर्षणरहित घिरनी के ऊपर से जाती हुई डोरी के सिरे से जोड़े जाते हैं। घिरनी पर नीचे की ओर लगने वाला कुल बल लगभग है
(a) 27 न्यूटन (b) 54 न्यूटन
(c) 0.8 न्यूटन (d) शून्य

6. एक व्यक्ति रस्सी से नीचे उतरना चाहता है। रस्सी का भंजक भार व्यक्ति के भार का $\frac{2}{3}$ है। व्यक्ति को किस न्यूनतम त्वरण के साथ नीचे उतरना चाहिए?
(a) $\frac{g}{4}$ (b) $\frac{g}{3}$
(c) $\frac{2g}{3}$ (d) $\frac{g}{6}$

7. एक 5 किग्रा के पिण्ड पर 8 न्यूटन व 6 न्यूटन के दो बल लम्बवत् आरोपित हैं। पिण्ड के कारण का परिणाम व दिशा है
(a) 2 मी/से^{2} बल की दिशा से 36° के कोण पर
(b) 2 मी/से^{2} बल की दिशा से 57° के कोण पर
(c) 4 मी/से^{2} बल की दिशा से 37° के कोण पर
(d) 4 मी/से^{2} बल की दिशा से 57° के कोण पर

8. एक गोला एक डोरी के द्वारा ऊपर की ओर त्वरित होता है, जिसकी भंजक सामर्थ्य इसके वजन से चार गुनी है। वह अधिकतम त्वरण जिसके साथ गोला बिना डोरी को तोड़े ऊपर जा सकता है
(a) g (b) $3g$
(c) $2g$ (d) $4g$

9. सम्मुख आकृति क्षैतिज खींची हुई जाली का भाग है। भाग AB, 10 न्यूटन बल के साथ खींचा गया है। भाग BC और BF का तनाव है

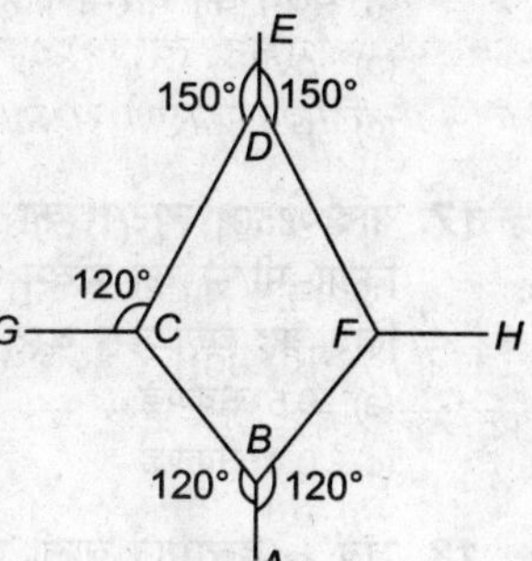

(a) 10 न्यूटन, 11 न्यूटन
(b) 10 न्यूटन, 6 न्यूटन
(c) 10 न्यूटन, 10 न्यूटन
(d) आँकड़ों की कमी के कारण गणना नहीं की जा सकती

10. m द्रव्यमान वाला एक रेत का थैला रस्सी से लटका हुआ है। $\frac{m}{20}$ द्रव्यमान वाली गोली इस पर v वेग से चलाई जाती है और वह उस थैले में घुस जाती है। थैले का वेग है
(a) $\frac{v}{20} \times 21$ (b) $\frac{20v}{21}$ (c) $\frac{v}{20}$ (d) $\frac{v}{21}$

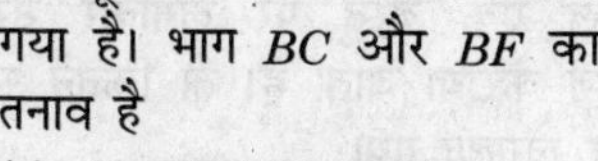

11. एक कार का इंजन कार में 6 न्यूटन का बल उत्पन्न करता है। यदि यह कार समान द्रव्यमान वाली एक अन्य कार को खींचती है, तो त्वरण होगा
(a) 6 मी/से^{2} (b) 12 मी/से^{2}
(c) 3 मी/से^{2} (d) 1.5 मी/से^{2}

12. एक नियत बल 3 किग्रा द्रव्यमान के पिण्ड पर कार्यरत् है यह इसके वेग को 25 सेकण्ड में 2 मी/से से 3.5 मी/से तक बढ़ा देता है। पिण्ड की गति की दिशा अपरिवर्तित रहती है। बल की दिशा व परिमाण होंगे
(a) गति की दिशा के अनुदिश 0.18 न्यूटन
(b) गति की दिशा के विपरीत 0.18 न्यूटन
(c) गति की दिशा के अनुदिश 0.28 न्यूटन
(d) गति की दिशा के विपरीत 0.28 न्यूटन

13. यदि m द्रव्यमान की एक वस्तु μ गतिक घर्षण गुणांक वाले खुदरे क्षैतिज समतल पर गति करती है। तो समतल द्वारा वस्तु पर लगाया गया कुल विद्युतचुम्बकीय बल है
(a) $mg\sqrt{1+\mu^2}$ (b) μmg
(c) mg (d) $mg\sqrt{1-\mu^2}$

14. एक खुले डिब्बे की मालगाड़ी 10 मी/से के एकसमान वेग से चल रही है। यदि वर्षा का जल शून्य वेग तथा 5 किग्रा/से की दर से उसमें भर रहा है, तो रेल के इंजन को समान वेग से चलाने के लिए कितना बल आरोपित करना पड़ेगा?
(a) 0.5 न्यूटन (b) 2.0 न्यूटन
(c) 50 न्यूटन (d) 25 न्यूटन

15. यदि तीन बल P, Q व R हैं एवं Q व R के बीच कोण α, R व P के बीच कोण β तथा P व Q के बीच γ है, तो निम्न में से कौन-सा कथन सत्य है?

(a) $\frac{p}{\sin\alpha} = \frac{Q}{\sin\beta} = \frac{R}{\sin\gamma}$ (b) $\frac{p}{\sin\alpha} = \frac{Q}{\sin\beta} \neq \frac{R}{\sin\gamma}$

(c) $\frac{p}{\sin\alpha} = \frac{Q}{\sin\beta} = \frac{\sin\gamma}{R}$ (d) इनमें से कोई नहीं

16. एक वस्तु स्थिर अवस्था में अचानक तीन समान द्रव्यमान वाले भागों में विभक्त होती है। दो भागों का संवेग $2p\hat{i}$ तथा $p\hat{j}$ है, तीसरे भाग के संवेग का परिमाण होगा

(a) $p\sqrt{3}$ (b) $p\sqrt{5}$

(c) p (d) $2p$

17. यदि 250 न्यूटन का बल एक वस्तु पर लगाकर उसे 125 किग्रा-मी/से का संवेग प्राप्त कराया जाता है। तो कितने समय के लिए यह बल उस वस्तु पर लगाया गया

(a) 0.5 सेकण्ड (b) 0.2 सेकण्ड

(c) 0.4 सेकण्ड (d) 0.25 सेकण्ड

18. जब m द्रव्यमान वाली वस्तु पर F बल लगाया जाता है तो वस्तु में उत्पन्न त्वरण a है। यदि तीन समान बल $F_1 = F_2 = F_3 = F$ समान वस्तु पर कार्य करते हैं जैसा कि चित्र में दिखाया गया है तो उत्पन्न त्वरण है

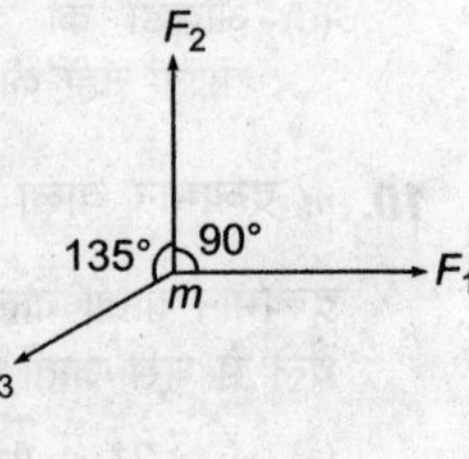

(a) $(\sqrt{2} - 1)a$ (b) $(\sqrt{2} + 1)a$

(c) $\sqrt{2}a$ (d) a

19. 1 किग्रा द्रव्यमान वाली गेंद दो डोरियों OA तथा OB की साम्यावस्था से लटकायी जाती है जैसा कि चित्र में दर्शाया गया है। डोरियों OA तथा OB में तनाव क्या है?
($g = 10$ मी/से^{2})

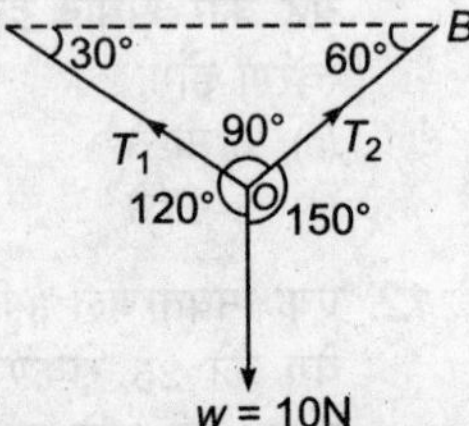

(a) 5 न्यूटन, शून्य

(b) शून्य, 5 न्यूटन

(c) 5 न्यूटन, $5\sqrt{3}$ न्यूटन

(d) $5\sqrt{3}$ न्यूटन, 5 न्यूटन

20. एक 10 ग्राम की डिस्क को गोलियाँ चलाकर हवा में क्षैतिज रखा जाता है, प्रत्येक गोली का द्रव्यमान 5 ग्राम समान वेग, समान दर 10 गोली प्रतिसेकण्ड है। गोलियाँ समान चाल से धनात्मक दिशा में लौटती हैं। प्रत्येक गोली की टकराने के बाद चाल है

(a) 196 सेमी/से (b) 98 सेमी/से

(c) 49 सेमी/से (d) 392 सेमी/से

21. एक पक्षी कमानीदार तुला पर रखे बड़े बन्द पिंजरे में बैठा है। यह 20 न्यूटन का भार मापता है। पक्षी (द्रव्यमान $m = 0.5$ किग्रा) पिंजरे में 2 मी/से^{2} के त्वरण से ऊपर की ओर उड़ता है। अब कमानीदार तुला में मापा गया भार है

(a) 24 न्यूटन (b) 25 न्यूटन

(c) 26 न्यूटन (d) 27 न्यूटन

22. 150 ग्राम द्रव्यमान की किसी क्रिकेट की गेंद का प्रारम्भिक वेग $\mathbf{u} = (3\hat{i} + 4\hat{j})$ मी/से और हिट होने के बाद अंतिम वेग $\mathbf{v} = -(3\hat{i} + 4\hat{j})$ मी/से है। गेंद का संवेग परिवर्तन किग्रा-मी/से में है

(a) शून्य (b) $-(0.45\hat{i} + 0.6\hat{j})$

(c) $-(0.9\hat{i} + 1.2\hat{j})$ (d) $-5(\hat{i} + \hat{j})$

23. ऊपर दिए गए प्रश्न में टक्कर के बाद स्थानान्तरित संवेग का परिमाण है

(a) शून्य (b) 0.75 किग्रा-मी/से

(c) 1.5 किग्रा-मी/से (d) 14 किग्रा-मी/से

24. 3 किग्रा और 5 किग्रा वाले दो द्रव्यमान एक घिरनी के ऊपर से जाती हुई भारहीन बिना खिंचने वाली डोरी के सिरो पर लटकाया गया है। जब द्रव्यमानों को हटाया जाता है। तो घिरनी पर दाब है

(a) 2 किग्रा बल (b) 7.5 किग्रा बल

(c) 8 किग्रा बल (d) 15 किग्रा बल

25. 1000 किग्रा द्रव्यमान के रॉकेट में 40 किग्रा/से की दर से ईंधन व्यय होता है। रॉकेट से बाहर निकलने वाली गैस का वेग 5×10^4 मी/से है। रॉकेट पर लगने वाला प्रणोद है

(a) 2×10^3 न्यूटन (b) 5×10^4 न्यूटन

(c) 2×10^6 न्यूटन (d) 2×10^9 न्यूटन

26. एक ब्लॉक को एकसमान चाल से क्षैतिज में गतिमान बेल्ट पर रखा जाता है। 4 सेकण्ड के बाद ब्लॉक का वेग बेल्ट के वेग के समान हो जाता है। यदि ब्लॉक और बेल्ट के बीच घर्षण गुणांक 0.2 हो तो गतिमान बेल्ट का वेग है

(a) 2 मी/से (b) 4 मी/से

(c) 6 मी/से (d) 8 मी/से

27. एक 150 ग्राम की क्रिकेट की गेंद 10 मी/से के वेग से सीधे बल्ले से टकराती है। बल्लेबाज इस पर बल्ला मारकर सीधे 20 मी/से के वेग से लौटाता है। यदि गेंद बल्ले के सम्पर्क में 0.1 सेकण्ड तक रहती है तो बल्ले द्वारा गेंद पर लगाए गए औसत बल का मान है

(a) 15 न्यूटन (b) 45 न्यूटन

(c) 150 न्यूटन (d) 4.5 न्यूटन

28. 100 ग्राम की लोहे की गेंद 10 मी/से के वेग से 30° के कोण पर दीवार से टकराती है और समान कोण से पीछे की ओर लौटती है। यदि गेंद और दीवार के बीच सम्पर्क समय 0.1 सेकण्ड हो तो दीवार द्वारा अनुभव किया गया औसत बल है

(a) 10 न्यूटन (b) 100 न्यूटन

(c) 1.0 न्यूटन (d) 0.1 न्यूटन

29. एक भारी एकसमान जंजीर एक क्षैतिज मेज के ऊपर रखी है। यदि मेज की सतह और जंजीर के बीच घर्षण गुणांक 0.25 हो जंजीर की लम्बाई में वह अधिकतम भाग जो, मेज के एक सिरे से लटका हुआ है

(a) 20% (b) 25%

(c) 35% (d) 15%

30. वह अधिकतम चाल जोकि बिना झुकी हुई R त्रिज्या वाली घुमावदार सड़क तथा स्थैतिक घर्षण गुणांक μ पर कार द्वारा प्राप्त की जाती है

(a) μRg (b) $Rg\sqrt{\mu}$ (c) $\mu\sqrt{Rg}$ (d) $\sqrt{\mu Rg}$

31. एक जंजीर एक खुदरे क्षैतिज मेज पर रखी है। जब इसकी लम्बाई का एक-चौथाई हिस्सा मेज के सिरे से लटकाया जाता है, तो यह फिसलना शुरू कर देती है। जंजीर और मेज की सतह के बीच स्थैतिक घर्षण गुणांक का मान है

(a) 1/2 (b) 1/3 (c) 1/4 (d) 1/5

32. एक 8 किग्रा वाले लकड़ी के बक्से को क्षैतिज के साथ 30° के झुकाव वाले आनत तल से एकसमान त्वरण 0.4 मी/से^{2} से नीचे सरकाया जाता है। तो आनत तल तथा बक्से के बीच घर्षण क्या होगा? ($g = 10$ मी/से^{2})

(a) 36.8 न्यूटन (b) 76.8 न्यूटन
(c) 65.6 न्यूटन (d) 97.8 न्यूटन

33. एक कार विरामावस्था से गति प्रारम्भ कर s दूरी प्राप्त करती है। सड़क और टायर के बीच घर्षण गुणांक μ है। वह न्यूनतम समय जिसमें कार अनुपातिक दूरी तय कर सकती है

(a) μ (b) $\sqrt{\mu}$ (c) $\frac{1}{\mu}$ (d) $1/\sqrt{\mu}$

34. m किग्रा का एक बॉक्स 4 मी/से^{2} से त्वरित ट्रक के खुले उठे हुए सिरे पर रखा है। बॉक्स और इसके नीचे की सतह के बीच घर्षण गुणांक 0.4 है। बॉक्स का ट्रक के सापेक्ष त्वरण शून्य है। m का मान है (दिया है $g = 10$ मी/से^{2})

(a) 4 किग्रा (b) 8 किग्रा
(c) 9.78 किग्रा
(d) इसका कुछ भी मान हो सकता है

35. 45° के झुकाव वाले आनत तल और वस्तु के बीच घर्षण गुणांक 0.5 है। यदि $g = 9.8$ मी/से^{2}, तो वस्तु का नीचे की ओर त्वरण (मी/से^{2} में) है

(a) $\frac{4.9}{\sqrt{2}}$ (b) $4.9\sqrt{2}$ (c) $19.6\sqrt{2}$ (d) 4.9

36. एक L लम्बाई व M द्रव्यमान की एक रस्सी एक दृढ़ आधार से लटकी है। दृढ़ आधार से x-दूरी पर रस्सी तनाव है

(a) Mg (b) $\left(\frac{L-x}{L}\right)Mg$ (c) $\left(\frac{L}{L-x}\right)Mg$ (d) $\frac{x}{L}Mg$

वृत्त के अनुदिश गति

37. 0.2 किग्रा एक एक गोला 0.5 मी लम्बी न फैलने वाली डोरी से जुड़ा है। जिसका ऊपरी सिरा छत से जुड़ा है। यह गोला 0.3 मी त्रिज्या का एक क्षैतिज वृत्त बनाता है। गोले की चाल होगी

(a) 1.5 मी/से (b) 2.5 मी/से
(c) 3.2 मी/से (d) 4.7 मी/से

38. एक पहिया 300 चक्कर प्रति मिनट के कोणीय वेग से घूमता है। पहिए द्वारा 1 सेकण्ड में घूमा गया कोण है

(a) π रेडियन (b) 5π रेडियन
(c) 10π रेडियन (d) 20π रेडियन

39. यदि एक कण एक नियत वेग से एक R त्रिज्या के अर्द्धवृत्त पर घूमता है, तब

(a) संवेग परिवर्तन mvr है
(b) गतिज ऊर्जा में परिवर्तन $(1/2)mv^2$ है
(c) गतिज ऊर्जा में परिवर्तन mv^2 है
(d) गतिज ऊर्जा में परिवर्तन शून्य है

40. एक दोलक की रस्सी जिसकी लम्बाई l है, को लम्बरूप से 90° विस्थापित करके छोड़ा जाता है, रस्सी पर लगने वाला तनाव बल जो इसकी गति का मध्य बिन्दु से गुजरते समय विरोध करता है, होगा

(a) mg (b) $6mg$
(c) $3mg$ (d) $5mg$

41. एक वस्तु को एक स्प्रिंग तुला पर तौला जा रहा है, यह तुला 100 मी के वक्र पर 7 मी/से की चाल से घूम रही है। वस्तु का भार 60 किग्रा-भार है, स्प्रिंग तुला पर पंजीकृत पाठ्यांक होगा

(a) 60.075 किग्रा-भार (b) 60.125 किग्रा-भार
(c) 60.175 किग्रा-भार (d) 60.225 किग्रा-भार

42. एक पंखा 1 मिनट में 600 चक्कर घूमता है। यदि कुछ समय पश्चात् यह 1200 चक्कर प्रति मिनट की दर से घूमता है, तब इसका कोणीय वेग बढ़ जाएगा

(a) 10π रेडियन/से (b) 20π रेडियन/से
(c) 40π रेडियन/से (d) 60π रेडियन/से

43. एक पिण्ड 5 मी त्रिज्या के वृत्ताकार पथ पर घूम रहा है, पिण्ड तथा पथ के पृष्ठ के बीच घर्षण गुणांक 0.5 है। पिण्ड जिस कोणीय वेग से घूम सकता है परन्तु पथ नहीं छोड़ सकता, वह रेडियन/से में है ($g = 10$ मी/से^{2})

(a) 4 (b) 3
(c) 2 (d) 1

44. एक कार 300 मी वक्रता त्रिज्या वाली वृत्ताकार सड़क पर चल रही है। यदि घर्षण गुणांक 0.3 तथा गुरुत्वीय त्वरण 10 मी/से^{2} है, कार द्वारा प्राप्त की जा सकने वाली महत्तम चाल है (किमी/घण्टा में)

(a) 30 (b) 81 (c) 108 (d) 162

45. रेलवे की एक चौपहिया गाड़ी का द्रव्यमान केन्द्र रेलवे लाइन से 1 मी ऊपर है, जो 1.5 मी दूर है या अलग है। महत्तम चाल होगी, जिसमें यह 100 मी त्रिज्या के बिना झुके वक्राकार पथ पर सुरक्षित चल सके

(a) 12 मी/से (b) 18 मी/से
(c) 22 मी/से (d) 27 मी/से

46. एक 2000 किग्रा द्रव्यमान वाली एक कार 20 मी त्रिज्या के वृत्ताकार पथ पर 10 मी/से की चाल से घूमती है। कार तथा पथ के बीच घर्षण बल कितना है, कि कार न फिसले?

(a) 10^4 न्यूटन (b) 10^3 न्यूटन (c) 10^5 न्यूटन (d) 10^2 न्यूटन

47. एक पत्थर को 80 सेमी लम्बी रस्सी से बाँधकर एक क्षैतिज वृत्त में एक नियत चाल से तेजी से घुमाया जाता है। यदि पत्थर 25 सेकण्ड में 14 चक्कर लगाता है। पत्थर के त्वरण की दिशा व परिमाण बताओ।

(a) 9.5 मी/से^{2} स्पर्शज्या के अनुदिश
(b) 7.9 मी/से^{2} स्पर्शज्या के अनुदिश
(c) 9.9 मी/से^{2} स्पर्शज्या के अनुदिश
(d) उपरोक्त में से कोई नहीं

48. एक एयरक्राफ्ट 1 किमी त्रिज्या के क्षैतिज लूप में 900 किमी/घण्टा की चाल से चल रहा है। इसके अभिकेन्द्रीय त्वरण तथा गुरुत्वीय त्वरण की तुलना करो।

(a) 6 (b) 7
(c) 8 (d) 5

49. एक सिक्का, एक घूमने वाली गोल मेज पर फिसलता है, जबकि यह केन्द्र से 9 सेमी की दूरी पर है। यदि मेज के घूमने का कोणीय वेग तीन गुना हो जाए, तो यह तुरन्त फिसल जाता है। यदि इसकी केन्द्र से दूरी है

(a) 27 सेमी (b) 9 सेमी (c) 3 सेमी (d) 1 सेमी

50. टायर तथा सड़क के बीच घर्षण गुणांक क्या होगा, जब एक कार 40 मी त्रिज्या के मोड़ पर 60 किमी/घण्टा के वेग से मुड़ जाए?

(a) 0.5 (b) 0.60 (c) 0.71 (d) 0.80

51. महत्तम चाल जिससे कोई कार 18 मी त्रिज्या के वक्र पर बिना किसी रुकावट के घूम जाए (यहाँ $g = 10$ मी/से^{2} तथा घर्षण गुणांक 0.2 है।)है

(a) 36.0 किमी/घण्टा (b) 18.0 किमी/घण्टा
(c) 21.6 किमी/घण्टा (d) 14.4 किमी/घण्टा

52. एक वृत्त की छोटी से छोटी त्रिज्या क्या होगी, जिस पर एक साइकिल सवार की चाल 36 किमी/घण्टा हो, नमन कोण 45° हो, तथा $g = 10$ मी/से^{2} हो?

(a) 20 मी (b) 10 मी
(c) 30 मी (d) 40 मी

53. वह कोण जो एक साइकिल एवं साइकिल सवार 7 मी त्रिज्या के वक्र पर 5 मी/से से घूमते हुए लम्बवत् दिशा से बनाते हैं, है

(a) 20° (b) 15°
(c) 10° (d) 5°

54. एक कार बिना मोड़ के 92 मी त्रिज्या के वक्र पर 26 मी/से के वेग से बिना किसी रुकावट के घूम रही है। कम से कम स्थैतिक घर्षण गुणांक टायर व सड़क के बीच है

(a) 0.75 (b) 0.60
(c) 0.45 (d) 0.30

55. एक कण R त्रिज्या के वृत्ताकार पथ पर घूम रहा है। यदि अभिकेन्द्र बल नियत एवं कोणीय वेग दोगुना हो, तो पथ की नयी त्रिज्या होगी

(a) $2R$ (b) $R/2$
(c) $R/4$ (d) $4R$

56. 50 मी त्रिज्या वाली एक वक्राकार सड़क दी गई चाल के अनुसार सही कोण पर झुकी हुई है। यदि इतने ही झुके कोण के लिए चाल दोगुनी हो जाए, तो सड़क की वक्रता त्रिज्या परिवर्तित होगी

(a) 25 मी (b) 100 मी
(c) 150 मी (d) 200 मी

उत्तरमाला

1.	(c)	2.	(d)	3.	(a)	4.	(a)	5.	(b)	6.	(b)	7.	(a)	8.	(b)	9.	(c)	10.	(d)
11.	(c)	12.	(a)	13.	(a)	14.	(c)	15.	(a)	16.	(b)	17.	(a)	18.	(a)	19.	(c)	20.	(b)
21.	(c)	22.	(c)	23.	(c)	24.	(b)	25.	(c)	26.	(d)	27.	(b)	28.	(a)	29.	(a)	30.	(d)
31.	(b)	32.	(a)	33.	(d)	34.	(a)	35.	(a)	36.	(b)	37.	(a)	38.	(c)	39.	(d)	40.	(c)
41.	(a)	42.	(b)	43.	(d)	44.	(c)	45.	(d)	46.	(a)	47.	(c)	48.	(a)	49.	(d)	50.	(c)
51.	(c)	52.	(b)	53.	(a)	54.	(a)	55.	(c)	56.	(d)								

उत्तर व्याख्या सहित

1. जब $2m$ पर बल F बाँयें से लगाया जाता है, सम्पर्क तल

$$F_1 = \frac{m}{m+2m}F = \frac{F}{3}$$

जब m पर बल F दाँयें से लगाया जाता है, सम्पर्क तल

$$F_2 = \frac{2m}{m+2m}F = \frac{2F}{3}$$

$\therefore \quad F_1 : F_2 = 1 : 2$

2. कणों के बीच संघट्ट में संवेग संरक्षण को न्यूटन के द्वितीय एवं तृतीय नियम द्वारा समझा जा सकता है।

3. यहाँ वस्तु का द्रव्यमान $m = 0.05$ किग्रा

त्वरण $g = 9.8$ मी/से^{2}, $a = 9.5$ मी/से^{2}

$\therefore \quad mg - f_{वायु} = ma$

$\Rightarrow \quad f_{वायु} = m(g-a)$

$= 0.05\,(9.8 - 9.5)$

$= 0.015$ न्यूटन

4. द्रव्यमान m लिफ्ट के सापेक्ष गति नहीं करता तथा गति की प्रवृत्ति भी नहीं है। अतः इस पर कार्य करने वाला घर्षण बल शून्य है।

5. $T = \frac{2m_1m_2}{m_1+m_2}g = \frac{2\times4\times2\times10}{4+2} = \frac{160}{6} = 26.6 = 27$ न्यूटन

घिरनी पर नीचे की ओर लगने वाला कुल बल

$= 2T = 2\times27 = 54$ न्यूटन

6. रस्सी में तनाव < भंजक भार, $\frac{2}{3}mg$

$\therefore \quad m(g-a) < \frac{2}{3}mg$ या $a > \frac{g}{3}$

7. पिण्ड का द्रव्यमान $F = 5$ किग्रा

पिण्ड पर कार्यरत् बल $F_1 = 8$ न्यूटन

पिण्ड पर F_1 के लम्बवत् बल

$F_2 = 6$ न्यूटन

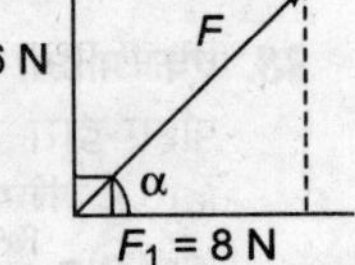

दोनों बलों के बीच कोण $\theta = 90°$

पिण्ड पर कार्यरत् परिणामी बल

$$F = \sqrt{F_1^2 + F_2^2 + 2F_1F_2\cos\theta}$$

$$= \sqrt{(8)^2 + (6)^2 + 2\times8\times6\cos90°}$$

$$= \sqrt{64+36} \qquad (\because \cos90° = 0)$$

$= 10$ न्यूटन

यदि परिणामी बल, F_1 से α कोण बनाता है तब

$$\tan\alpha = \frac{F_2}{F_1} = \frac{6}{8} = 0.75 = \tan 36°\ 53'$$

$$\alpha = 36°53'$$

सूत्र $F = ma$ से

त्वरण $a = \frac{F}{m} = \frac{10}{5} = 2$ मी/से^{2}

$\therefore$ पिण्ड पर $F_1 = 8$ न्यूटन की दिशा में 36°53′ पर एक त्वरण 2 मी/से^{2} कार्यरत् है।

8. यहाँ रस्सी का तनाव दिया है, $T = mg + ma$

यहाँ ऊपर की ओर त्वरण $= a$

गोले का द्रव्यमान $= M$

$$T = 4mg$$

$\Rightarrow$ $4mg = mg + ma$

$3mg = ma \Rightarrow a = 3g$

9. बिन्दु B पर मुक्त वस्तु चित्र से, माना भाग BC तथा BF में तनाव T_1 तथा T_2 है। लामी की प्रमेय से,

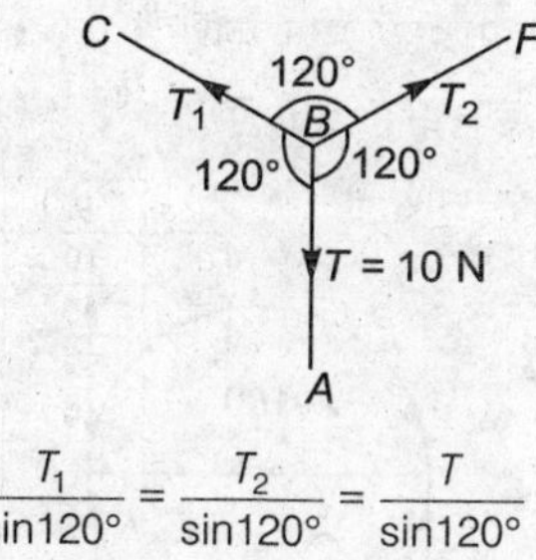

$$\frac{T_1}{\sin 120°} = \frac{T_2}{\sin 120°} = \frac{T}{\sin 120°}$$

$\Rightarrow$ $T = T_1 = T_2 = 10$ न्यूटन

10. संवेग-संरक्षण के नियम से,

$$\frac{m}{20}v = \left(m + \frac{m}{20}\right)V \quad \text{या} \quad V = \frac{v}{20} \times \frac{20}{21} = \frac{v}{21}$$

11. इंजन द्वारा लगाया गया बल = 6 न्यूटन

जब दो कारें खींची जाती हैं।

$(m + m)a = 6m$ या $2ma = 6m$

या $a = 3$ मी/से^{2}

12. पिण्ड का द्रव्यमान $m = 3.0$ किग्रा, प्रारम्भिक चाल $u = 2.0$ मी/से

अन्तिम चाल $v = 3.5$ मी/से, समय $t = 25$ सेकण्ड, बल $F = ?$

गति के प्रथम समीकरण से, $v = u + at$

$\therefore$ $3.5 = 2.0 + a \times 25$ या $a = \frac{1.5}{25}$ मी/से^{2}

त्वरण $a = \frac{1.5}{25}$ मी/से^{2}

$\therefore$ पिण्ड पर कार्यरत् बल

$$F = ma = 3.0 \times \frac{1.5}{25} = \frac{4.5}{25} \text{ न्यूटन} = 0.18 \text{ न्यूटन}$$

क्योंकि पिण्ड की गति की दिशा परिवर्तित नहीं होती है इसलिए पिण्ड पर कार्यरत् बल गति की दिशा में होगा।

13. कुल विद्युतचुम्बकीय बल $= \sqrt{N^2 + f^2}$

परन्तु $N = mg,\ f = \mu mg$

बल $= mg\sqrt{1 + \mu^2}$

14. $F = v\frac{dm}{dt} = 10 \times 5$ न्यूटन $= 50$ न्यूटन

16. संयुक्त संवेग $= 2p\hat{\mathbf{i}} + p\hat{\mathbf{j}}$

संयुक्त संवेग का परिणाम $= \sqrt{(2p)^2 + p^2} = \sqrt{5p^2} = \sqrt{5}p$

यह तीसरे भाग के संवेग के बराबर होगा।

17. संवेग परिवर्तन = आवेग

$\Rightarrow$ $\Delta p = F \times \Delta t \Rightarrow \Delta t = \frac{\Delta p}{F} = \frac{125}{250} = 0.5$ सेकण्ड

18. परिणामी त्वरण $(a)_R = \sqrt{2}a - a$

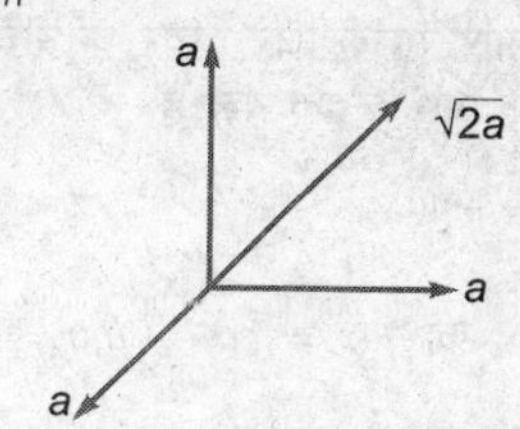

$$(a)_R = (\sqrt{2} - 1)a$$

19. गेंद पर कार्यरत् विभिन्न बल चित्र में दिखाए गए हैं।

तीन समरूप बल साम्यावस्था में हैं। लामी की प्रमेय से,

$$\frac{T_1}{\sin 150°} = \frac{T_2}{\sin 120°} = \frac{10}{\sin 90°} \Rightarrow \frac{T_1}{\sin 30°} = \frac{T_2}{\sin 60°} = \frac{10}{1}$$

$\therefore$ $T_1 = 10\sin 30° = 10 \times 0.5 = 5$ न्यूटन

$T_2 = 10\sin 60°$

$= 10 \times \frac{\sqrt{3}}{2} = 5\sqrt{3}$ न्यूटन

20. $2mnv = Mg$

$$v = \frac{Mg}{2mn} = \frac{10 \times 980}{2 \times 5 \times 10} \text{ सेमी/से}$$

$$= \frac{9800}{100} \text{ सेमी/से} = 98 \text{ सेमी/से}$$

21. पाठ्यांक = पिंजरे का भार + पक्षी द्वारा अभिक्रिया

$= 20 + 0.5(10 + 2) = 26$ न्यूटन

22. $\Delta\mathbf{p} = \mathbf{p}_2 - \mathbf{p}_1 = mv - mu$

$= 0.15 \times -(3\hat{\mathbf{i}} + 4\hat{\mathbf{j}}) - 0.15(3\hat{\mathbf{i}} + 4\hat{\mathbf{j}})$

$= -(0.9\,\hat{\mathbf{i}} + 1.2\,\hat{\mathbf{j}})$ किग्रा-मी/से

23. $|\Delta\mathbf{p}| = \sqrt{(-0.9)^2 + (-1.2)^2} = 1.5$ किग्रा-मी/से

24. $T = \frac{2 \times 3 \times 5}{3 + 5}$ किग्रा बल $= \frac{15}{4}$ किग्रा बल

घिरनी पर बल $= 2T = 2 \times \frac{15}{4}$ किग्रा बल

$= 7.5$ किग्रा बल

25. बल $F = u\left(\frac{dm}{dt}\right) = 5 \times 10^4 \times 40 = 2 \times 10^6$ न्यूटन

26. ब्लॉक के बेल्ट पर लगातार गति के लिए त्वरण

$$a = +\mu g = 0.2 \times 10 = 2 \text{ मी/से}^2$$

बेल्ट का वेग = 4 सेकण्ड के बाद ब्लॉक का वेग = 2 × 4 = 8 मी/से

27. $F = \dfrac{m(v-u)}{t} = \dfrac{0.15\,[20-(-10)]}{0.1} = \dfrac{0.15 \times 30}{0.1} = 45$ न्यूटन

28. संवेग में परिवर्तन,

$\Delta p = 2\, mu \sin 30° = 2 \times 0.1 \times 10 \times \dfrac{1}{2}$

= 1 किग्रा-मी/से

$F_{av} = \dfrac{\Delta p}{\Delta t} = \dfrac{1}{0.1} = 10$ न्यूटन

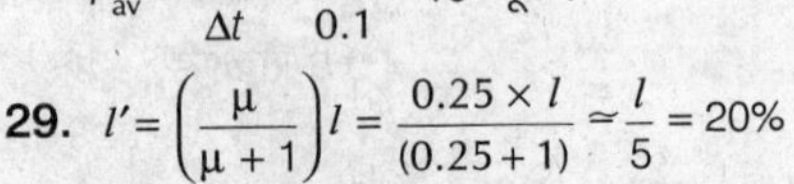
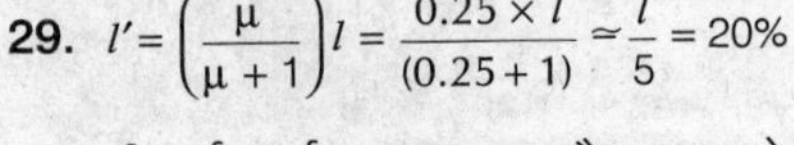

29. $l' = \left(\dfrac{\mu}{\mu+1}\right) l = \dfrac{0.25 \times l}{(0.25+1)} \simeq \dfrac{l}{5} = 20\%$

30. दी गई शर्तानुसार सड़क और टायर के बीच घर्षण बल के द्वारा प्रदान किया आवश्यक अभिकेन्द्रक बल है

$$\frac{mv^2}{R} = \mu mg \qquad \therefore\ v = \sqrt{\mu Rg}$$

31. मेज पर जंजीर का भार $= mg - \dfrac{1}{4}mg = \dfrac{3}{4}mg$

महत्तम सम्भव घर्षण के लिए, $\dfrac{3}{4}\mu mg = \dfrac{1}{4}mg$

$\therefore \qquad \mu = 1/3$

32. $ma = mg\sin\theta - f$

$f = mg\sin\theta - ma$

$= m(g\sin\theta - a) = 8(10 \times \sin 30° - 0.4)$

$= 8\left(10 \times \dfrac{1}{2} - 0.4\right) = 8 \times 4.6 = 36.8$ न्यूटन

33. कार का बल

$$F = \mu R$$
$$ma = \mu\, mg \qquad (\because R = mg)$$
$$a = \mu g$$

अब गति की द्वितीय समीकरण से,

$$s = ut + \frac{1}{2}at^2$$

या $\qquad s = 0 + \dfrac{1}{2}at^2 \qquad (\because u = 0)$

या $\qquad t = \sqrt{\dfrac{2s}{\mu g}}$ या $t \propto \dfrac{1}{\sqrt{\mu}}$

34. ब्लॉक का छद्म बल = $m \times 4$ न्यूटन (पीछे की ओर)

घर्षण बल = $0.4 \times m \times 10$ न्यूटन (आगे की ओर)

समान रखने पर, $m \times 4 = 0.4 \times m \times 10 = 4\,m$

स्पष्टत: समीकरण m के सभी मानों के लिए सत्य है।

35. $a = g\,(\sin\theta - \mu\cos\theta) = 9.8\,(\sin 45° - 0.5\cos 45°)$

$= \dfrac{4.9}{\sqrt{2}}$ मी/से^{2}

36. $T_n = (L - x$ लम्बाई की रस्सी का द्रव्यमान$) = \dfrac{M}{K}(L - x)\,g$

$\Rightarrow \qquad T_n = \dfrac{Mg(L-x)}{L}$

37. चित्र में, $\qquad T\sin\theta = \dfrac{mv^2}{r}$

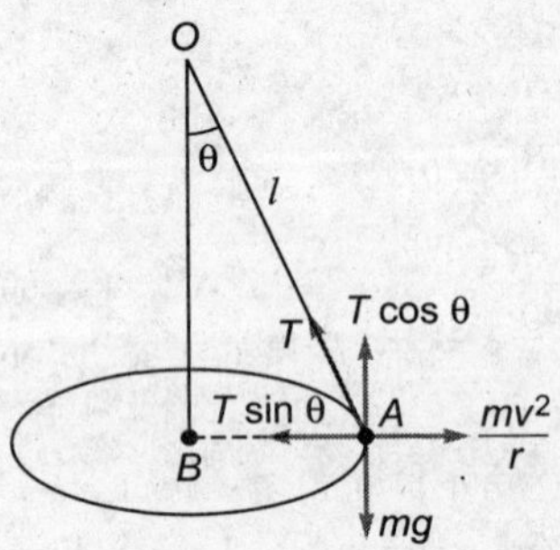

$$T\cos\theta = mg$$

इसलिए, $\qquad \tan\theta = \dfrac{v^2}{rg} = \dfrac{r}{\sqrt{l^2 - r^2}}$

$$v = \left[\frac{r^2 g}{(l^2 - r^2)^{1/2}}\right]^{1/2} = \left[\frac{0.09 \times 10}{(0.25 - 0.09)^{1/2}}\right]^{1/2} = 1.5 \text{ मी/से}$$

38. पहिए की आवृत्ति, $\nu = \dfrac{300}{60} = 5$ चक्कर/से

1 चक्कर में पहिए द्वारा घूमा कोण है $= 2\pi$ रेडियन

1 सेकण्ड में पहिए द्वारा घूमा कोण $= 2\pi \times 5 = 10\pi$ रेडियन

39. संवेग एक सदिश राशि है

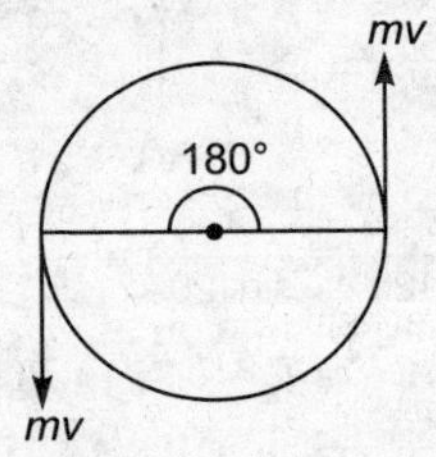

∴ संवेग में परिवर्तन,

$$\Delta p = 2mv\sin\left(\frac{\theta}{2}\right) = 2mv\sin(90°) = 2mv$$

परन्तु गतिज ऊर्जा हमेशा नियत रहती है, इसलिए गतिज ऊर्जा में परिवर्तन शून्य है।

40. न्यूनतम बिन्दु पर वेग $v = \sqrt{2gl}$

रस्सी में न्यूनतम बिन्दु पर तनाव

$$T = mg + \frac{mv^2}{l} = mg + \frac{m}{l}(2gl) = 3mg$$

41. यहाँ, $r = 100$ मी, $v = 7$ मी/से, $m = 60$ किग्रा

पंजीकृत पाठ्यांक = परिणामी बल = ?

दो बल एक-दूसरे के लम्बवत् भार mg तथा अभिकेन्द्रीय बल कार्य करते हैं

$$\therefore \text{ परिणामी बल} = \sqrt{(mg)^2 + \left(\frac{mv^2}{r}\right)^2} = mg\left[1 + \left(\frac{v^2}{rg}\right)^2\right]^{1/2}$$

$$= 60 \times 9.8\left[1 + \left(\frac{7 \times 7}{100 \times 9}\right)^2\right]^{1/2}$$

$= 60.075 \times 9.8$ न्यूटन $= 60.075$ किग्रा-भार

42. कोणीय वेग में वृद्धि $\omega = 2\pi(n_2 - n_1)$

$$\omega = 2\pi(1200 - 600) \text{ रेडियन/मिनट}$$
$$= \frac{2\pi \times 600}{60} = 20\pi \text{ रेडियन/से}$$

43. यहाँ $r = 5$ मी, $\mu = 0.5$, $\omega = ?$, $g = 10$ मी/से^{2}

$mr\omega^2 = F = \mu R = \mu mg$

$$\omega = \sqrt{\left(\frac{\mu g}{r}\right)} = \sqrt{\frac{0.5 \times 10}{5}} = 1 \text{ रेडियन/से}$$

44. यहाँ $r = 300$ मी, $\mu = 0.3$, $g = 10$ मी/से^{2}

$$v_{max} = \sqrt{\mu r g} = \sqrt{0.3 \times 300 \times 10} = 30 \text{ मी/से}$$
$$= 30 \times \frac{18}{5} \text{ किमी/घण्टा} = 108 \text{ किमी/घण्टा}$$

45. यहाँ $h = 1$ मी, $r = 100$ मी, $2h = 1.5$ मी

कोई रुकावट न लगे इसके लिए

$$\frac{mv^2}{r} \times h = mgx$$
$$v = \sqrt{\frac{grx}{h}} = \sqrt{\frac{9.8 \times 100 \times 0.75}{1}}$$
$$v = 27.1 \text{ मी/से}$$

46. न फिसलने के लिए घर्षण बल

$$F = \frac{mv^2}{r} \Rightarrow F = \frac{2000 \times 10 \times 10}{20} = 10^4 \text{ न्यूटन}$$

47. क्षैतिज वृत्त की त्रिज्या = रस्सी की लम्बाई

$$= 80 \text{ सेमी} = 0.80 \text{ मी}$$

चक्करों की आवृत्ति $(n) = \frac{14}{25}$ प्रति सेकण्ड

पत्थर के चक्करों का कोणीय वेग

$$\omega = 2\pi n = 2 \times \frac{22}{7} \times \frac{14}{25} = \frac{88}{25} \text{ रेडियन/से}$$

पत्थर का अभिकेन्द्रीय त्वरण $(a) = r\omega^2$

$$0.80 \times \left(\frac{88}{25}\right)^2 = 0.80 \times \frac{88}{25} \times \frac{88}{25} = 9.91 \text{ मी/से}^2$$

त्वरण की दिशा क्षैतिज वृत्त के केन्द्र की ओर, त्रिज्या के अनुदिश है।

48. क्षैतिज लूप की त्रिज्या $(r) = 1$ किमी $= 1000$ मी

एयरक्राफ्ट का वेग = 900 किमी/घण्टा

$$= 900 \times \frac{5}{18} \text{ मी/से} \quad \left(\because 1 \text{ किमी/घण्टा} = \frac{5}{18} \text{ मी/से}\right)$$
$$= 250 \text{ मी/से}$$

एयरक्राफ्ट का अभिकेन्द्रीय त्वरण,

$$a = \frac{v^2}{r} = \frac{(250)^2}{1000} = \frac{62500}{1000} = 62.5 \text{ मी/से}^2$$

गुरुत्व के कारण त्वरण $(g) = 9.8$ मी/से^{2}

$$\therefore \quad \frac{\text{अभिकेन्द्रीय त्वरण } (a)}{\text{गुरुत्व के कारण त्वरण } (g)} = \frac{62.5}{9.8} = 6.38$$

49. दी गई स्थिति में घर्षण से आवश्यक अभिकेन्द्र बल प्राप्त होता है, जो नियत है

i.e., $m\omega^2 r =$ नियत $\Rightarrow r \propto \frac{1}{\omega^2}$

$$\therefore \quad r_2 = r_1\left(\frac{\omega_1}{\omega_2}\right)^2 = 9 \times \left(\frac{1}{3}\right)^2 = 1 \text{ सेमी}$$

50. $\mu = \frac{v^2}{rg} = \frac{(60 \times 5/18)^2}{40 \times 9.8} = 0.71$

51. यहाँ, $v_{max} = ?$, $r = 18$ मी,

$g = 10$ मी/से^{2}, $\mu = 0.2$

$$\frac{mv^2_{max}}{r} = F = \mu R = \mu mg$$
$$v_{max} = \sqrt{\mu r g} = \sqrt{0.2 \times 18 \times 10} = 6 \text{ मी/से}$$
$$= 6 \times \frac{18}{5} \text{ किमी/घण्टा} = 21.6 \text{ किमी/घण्टा}$$

52. $\tan\theta = \frac{v^2}{rg}$ से,

$$r = \frac{v^2}{g}\tan\theta = \frac{10 \times 10}{10 \times \tan 45^\circ} = 10 \text{ मी}$$

53. यहाँ, $r = 7$ मी, $v = 5$ मी/से, $\theta = ?$

$$\tan\theta = \frac{v^2}{rg}$$
$$= \frac{5 \times 5}{7 \times 9.8} = 0.364$$
$$\theta = \tan^{-1}(0.364) = 20^\circ$$

54. यहाँ, $r = 92$ मी, $v = 26$ मी/से, $\mu = ?$

तथा $$\frac{mv^2}{r} = F = \mu R = \mu mg$$
$$\mu = \frac{v^2}{rg} = \frac{26 \times 26}{92 \times 9.8} = 0.75$$

55. $F = m\omega^2 R$

$$\therefore \quad R \propto \frac{1}{\omega^2} \quad (m \text{ तथा } F \text{ नियतांक हैं})$$

यदि ω दोगुना है, तब त्रिज्या एक-चौथाई हो जाएगी।

अतः पथ की नयी त्रिज्या $\frac{R}{4}$ होगी।

56. यहाँ, $r = 50$ मी

तथा $\tan\theta = \frac{v^2}{rg}$, जब चाल दोगुनी होगी तब त्रिज्या 4 गुनी हो जाएगी, यदि θ समान है।

$\therefore$ नई वक्रता त्रिज्या $r' = 4r = 4 \times 50 = 200$ मी

अध्याय 06

कार्य, ऊर्जा एवं सामर्थ्य

Work, Energy and Power

कार्य (Work)

कार्य का वैज्ञानिक अर्थ यांत्रिकी माध्यमों द्वारा ऊर्जा का स्थानान्तरण है। जब कोई वस्तु वास्तविक रूप से उस पर कार्यरत् बल की दिशा में कुछ दूरी विस्थापित हो जाती है, तो कहते हैं कि बल ने कार्य किया है। कार्य का SI मात्रक जूल (J) तथा CGS मात्रक अर्ग है।

$$1 \text{ जूल} = 10^7 \text{ अर्ग}$$

नियत बल द्वारा कृत कार्य (Work Done by Constant Force)

यदि कोई नियत बल **F** किसी पिण्ड पर आरोपित किया जाता है तथा पिण्ड बल की दिशा में **s** विस्थापित हो जाता है, तो बल द्वारा किया गया कार्य,

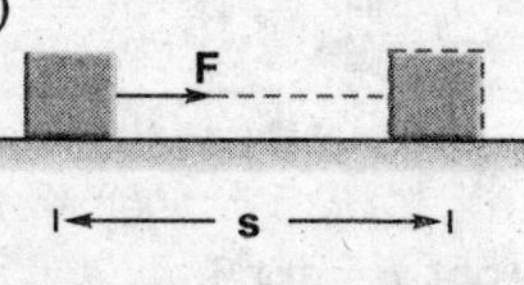

$$W = Fs$$

परन्तु जब बल विस्थापन की दिशा में कार्य नहीं करता है, तब बल का विस्थापन की दिशा में घटक लेते हैं। अत: बल द्वारा किया गया कार्य

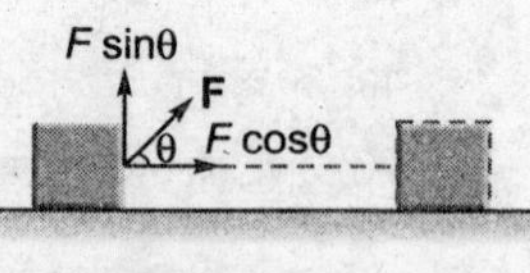

$$W = F\cos\theta \times s$$
$$W = Fs\cos\theta$$
$$W = \mathbf{F} \cdot \mathbf{s}$$

अत: बल द्वारा कृत कार्य को आरोपित बल तथा विस्थापन के अदिश गुणन के रूप में भी प्रदर्शित कर सकते हैं, जिसके कारण कार्य एक अदिश राशि है।

कार्य धनात्मक, ऋणात्मक या शून्य कुछ भी हो सकता है। यह बल सदिश **F** तथा विस्थापन सदिश **s** के बीच कोण पर निर्भर करता है। जब $\theta = 90°$ तब कार्य शून्य होता है, जब $\theta < 90°$ तब कार्य धनात्मक होता है तथा जब $\theta > 90°$ तब कार्य ऋणात्मक होता है।

उदाहरण के लिए जब एक व्यक्ति एक पिण्ड को उठाता है तो उठाने में लगे बल (Lifting force) द्वारा किया गया कार्य धनात्मक होता है ($\theta = 0°$) परन्तु गुरुत्व बल द्वारा किया गया कार्य ऋणात्मक ($\theta = 180°$) होता है। इसी प्रकार अभिकेन्द्रीय बल द्वारा किया गया कार्य हमेशा शून्य होता है।

परिवर्ती बल द्वारा कृत कार्य (Work Done by Variable Force)

कुछ परिस्थितियों में पिण्ड पर आरोपित बल परिवर्ती होता है; जैसे किसी पिण्ड को ऊर्ध्वाधर ऊपर की ओर फेंकने पर पिण्ड पर आरोपित बल लगातार घटता जाता है। इस प्रकार की स्थिति में परिवर्ती बल द्वारा बल की दिशा में पिण्ड को अतिसूक्ष्म **ds** विस्थापित करने में कृत कार्य,

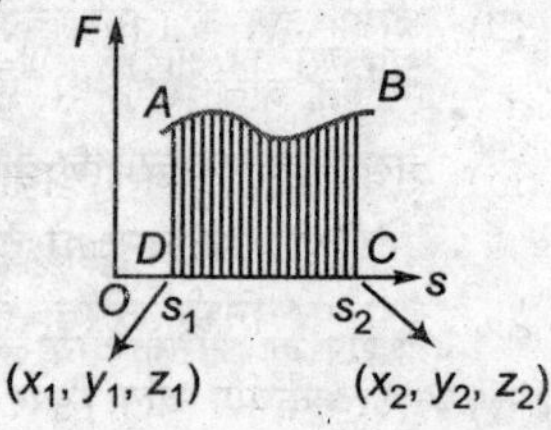

$$dW = \mathbf{F} \cdot \mathbf{ds}$$

यदि पिण्ड के प्रारम्भिक व अन्तिम विस्थापन के परिमाण क्रमश: s_1 व s_2 हों, तब परिवर्ती बल द्वारा किया गया कुल कार्य

$$W = \int_{s_1}^{s_2} \mathbf{F} \cdot \mathbf{ds}$$

इसे इस प्रकार भी लिख सकते हैं

$$W_{S_1 \to S_2} = \int_{x_1}^{x_2} F_x dx + \int_{y_1}^{y_2} F_y dy + \int_{z_1}^{z_2} F_z dz$$

यदि पिण्ड या कण पर बलों का एक समूह कार्यरत् है

तब $$W = W_1 + W_2 + W_3 + \dots$$

या $$W = \int \mathbf{F}_1 \cdot d\mathbf{s} + \int \mathbf{F}_2 \cdot d\mathbf{s} + \dots$$
$$W = \int (\mathbf{F}_1 + \mathbf{F}_2 + \dots) \cdot dx$$

या $$W = \int \mathbf{F}_R \cdot d\mathbf{s} \quad (\text{क्योंकि } F_R = \Sigma \mathbf{F})$$

किसी नियत अथवा परिवर्ती बल द्वारा किया गया कार्य उसके लिए खींचे गए बल-विस्थापन वक्र रेखा तथा विस्थापन अक्ष के बीच घिरी आकृति के क्षेत्रफल के बराबर होता है।

बल द्वारा किया गया कार्य = आकृति $ABCD$ का क्षेत्रफल

बहुत से बलों द्वारा किसी कण को विस्थापित करने में किया गया कार्य उस पिण्ड पर लगे बलों के परिणामी बल द्वारा किए गए कार्य के बराबर होता है। यदि पिण्ड साम्य में है (स्थैतिकी या गतिकी), $W = \Sigma W = 0$ क्योंकि साम्य के लिए $F_R = 0$ यहाँ अलग-अलग बलों द्वारा किया गया कार्य शून्य है।

संरक्षी तथा असंरक्षी बल
(Conservative and Non-conservative Forces)

संरक्षी बल (Conservative Forces)

संरक्षी बल वह बल है, जिसके द्वारा किसी पिण्ड को एक बिन्दु से दूसरे बिन्दु तक ले जाने में किया गया कार्य केवल पिण्ड की प्रारम्भिक एवं अन्तिम स्थितियों पर निर्भर करता है, पिण्ड के पथ पर निर्भर नहीं करता है। यदि किसी पिण्ड को बिन्दु A से बिन्दु B तक $APB, AQB...$ आदि मार्गों से ले जाया जाता है, तो प्रत्येक स्थिति में उस पर लगे हुए बल द्वारा किया गया कार्य $\int_A^B \mathbf{F} \cdot \mathbf{ds}$ के बराबर होता है, तो वह बल संरक्षी है।

गुरुत्वाकर्षण बल, स्थिर वैद्युत बल, वैद्युत चुम्बकीय बल आदि संरक्षी बल हैं।

संरक्षी बलों के गुण
(Properties of Conservative Forces)

(i) संरक्षी बल के विरुद्ध पिण्ड को गति कराने में किया गया कार्य केवल पिण्ड की अन्तिम तथा प्रारम्भिक स्थितियों पर निर्भर करता है।

(ii) संरक्षी बल के विरुद्ध कार्य पिण्ड की अन्तिम तथा प्रारम्भिक स्थितियों को मिलाने वाले मार्ग पर निर्भर नहीं करता है।

(iii) सभी केन्द्रीय बल अर्थात् वे बल जिनकी दिशा सदैव एक बिन्दु की ओर या उस बिन्दु से दूर की ओर रहती है और उसका मान बिन्दु से दूरी पर निर्भर करता है, संरक्षी बल होते हैं।

(iv) गुरुत्वाकर्षण बल स्थिर वैद्युत बल केन्द्रीय बल के अन्तर्गत् आते हैं, अर्थात् ये बल संरक्षी बल हैं।

(v) इन बलों के प्रभाव में किसी पिण्ड को एक बन्द पथ के अनुदिश गति कराने पर सम्पूर्ण चक्र में किया गया कार्य शून्य होता है।

असंरक्षी बल (Non-Conservative Forces)

वे बल जिनके द्वारा किसी पिण्ड को एक बिन्दु से दूसरे बिन्दु तक ले जाने में किया गया कार्य पिण्ड की प्रारम्भिक एवं अन्तिम स्थितियों के साथ-साथ पिण्ड द्वारा तय किये गये पथ पर भी निर्भर करता है, असंरक्षी बल कहलाते हैं।

घर्षण बल, श्यान बल आदि असंरक्षी बल हैं।

असंरक्षी बलों के गुण
(Properties of Non-Conservative Forces)

(i) इन बलों के विरुद्ध पिण्ड को गति कराने में किया गया कार्य पिण्ड की अन्तिम तथा प्रारम्भिक स्थिति के साथ-साथ उनको मिलाने वाले पथ पर भी निर्भर करता है।

(ii) इन बलों के विरुद्ध पिण्ड को बन्द पथ में गति कराने पर सम्पूर्ण चक्र में किया गया कार्य शून्य नहीं होता है।

ऊर्जा (Energy)

किसी पिण्ड की ऊर्जा उसके द्वारा कार्य करने की क्षमता की मापक है, क्योंकि पिण्ड द्वारा किया गया सम्पूर्ण कार्य ही ऊर्जा को निरूपित करता है। कार्य के समान ऊर्जा भी अदिश राशि है। ऊर्जा मापने की इकाई कार्य के समान ही है। इसका SI मात्रक जूल (J) तथा CGS मात्रक अर्ग है। ऊर्जा के विभिन्न रूप होते हैं जैसे यान्त्रिक ऊर्जा, ध्वनि ऊर्जा, प्रकाश ऊर्जा, नाभिकीय ऊर्जा, रासायनिक ऊर्जा आदि।

यहाँ हम केवल यान्त्रिक ऊर्जा का अध्ययन कर रहे हैं। यह दो प्रकार की होती है गतिज ऊर्जा तथा स्थितिज ऊर्जा।

$$\text{ME} = \text{KE} + \text{PE}$$

गतिज ऊर्जा (Kinetic Energy)

किसी वस्तु या पिण्ड में उसकी गति या चाल के कारण कार्य करने की क्षमता को गतिज ऊर्जा कहते हैं। यदि वस्तु या पिण्ड का द्रव्यमान m तथा वेग v है, तो वस्तु की गतिज ऊर्जा उस कार्य के बराबर होती है, जो उस वस्तु को विरामावस्था से वर्तमान अवस्था में लाने में किया गया है। गतिज ऊर्जा का आंकिक मान निम्न सूत्र से ज्ञात किया जा सकता है

$$K = 1/2\, mv^2$$

यह निम्न प्रकार सिद्ध किया जा सकता है।

स्थितिज ऊर्जा (Potential Energy)

किसी वस्तु या पिण्ड में उसकी स्थिति या विन्यास के कारण जो ऊर्जा होती है, वह उसकी स्थितिज ऊर्जा कहलाती है।

विभिन्न प्रकार की ऊर्जा
(Different Types of Potential Energy)

मुख्यत: स्थितिज ऊर्जाएँ निम्न प्रकार की होती हैं

(i) **गुरुत्वीय स्थितिज ऊर्जा** (Gravitational Potential Energy) किसी वस्तु की पृथ्वी की सतह से ऊपर स्थिति के कारण कार्य करने की जो क्षमता होती है, उसे गुरुत्वीय स्थितिज ऊर्जा कहते हैं।

गुरुत्वीय स्थितिज ऊर्जा $= mgh$

(ii) **विद्युत स्थैतिक स्थितिज ऊर्जा** (Electrostatic Potential Energy) दो विद्युत आवेशों के निकाय की स्थितिज ऊर्जा को विद्युत स्थैतिक स्थितिज ऊर्जा कहते हैं।

सजातीय आवेशों के निकाय की स्थितिज ऊर्जा धनात्मक व विजातीय विद्युत आवेशों के निकाय की स्थितिज ऊर्जा ऋणात्मक होती हैं।

विद्युत स्थैतिक स्थितिज ऊर्जा, $U = \dfrac{1}{4\pi\varepsilon_0} \dfrac{q_1 q_2}{r}$

(iii) **प्रत्यास्थ स्थितिज ऊर्जा अथवा स्प्रिंग की स्थितिज ऊर्जा** (Elastic Potential Energy or PE of Spring) किसी वस्तु की प्रत्यास्थता के कारण उसमें उपस्थित प्रत्यानयन बल द्वारा किया गया कार्य ही वस्तु की प्रत्यास्थ स्थितिज ऊर्जा के बराबर होता है।

खिंचे स्प्रिंग की प्रत्यास्थ स्थितिज ऊर्जा, $U = \dfrac{1}{2} kx^2$

जहाँ, k = स्प्रिंग का बल नियतांक तथा x = स्प्रिंग का खिंचाव

कार्य-ऊर्जा प्रमेय (Work-Energy Theorem)

इस प्रमेय के अनुसार, "जब किसी वस्तु पर कई बल इस प्रकार लगे हों कि उनका परिणामी बल शून्य न हो, तब परिणामी बल (चाहे अचर हो या चर) द्वारा किया गया कार्य वस्तु की गतिज ऊर्जा में परिवर्तन के बराबर होता है।"

$\therefore \quad W_{net} = \Delta K = K_f - K_i$

यान्त्रिक ऊर्जा संरक्षण का नियम
(Law of Conservation of Mechanical Energy)

संरक्षी बलों के प्रभाव में (घर्षण बलों की अनुपस्थिति में) किसी निकाय की कुल यान्त्रिक ऊर्जा (गतिज ऊर्जा + स्थितिज ऊर्जा) नियत रहती है, अर्थात्

$K + U = E$ (नियत)

या $\quad \Delta K + \Delta U = 0$

या $\quad + \Delta K = - \Delta U$

अर्थात् किसी निकाय की गतिज ऊर्जा में वृद्धि = स्थितिज ऊर्जा में कमी

यान्त्रिक ऊर्जा संरक्षण के उदाहरण
(Examples of Conservation of Mechanical Energy)

(i) **मुक्त रूप से गिरती गेंद** (Freely falling ball) उच्चतम बिन्दु पर कुल ऊर्जा स्थितिज ऊर्जा के रूप में होती है। मध्य के बिन्दु पर कुल ऊर्जा गतिज तथा स्थितिज दोनों ऊर्जाओं के रूप में होती है। निम्नतम बिन्दु पर कुल ऊर्जा केवल गतिज ऊर्जा के रूप में होती है।

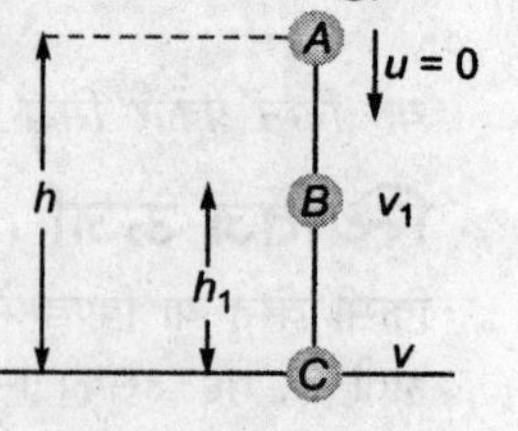

$\therefore \quad E = U_A = K_B + U_B = K_C$

या $\quad E = mgh = \frac{1}{2}mv_1^2 + mgh_1 = \frac{1}{2}mv^2$

(ii) **ऊपर की ओर प्रक्षेपित वस्तु** (Body projected vertically upward) निम्नतम बिन्दु पर कुल ऊर्जा केवल गतिज ऊर्जा के रूप में मध्य में गतिज तथा स्थितिज ऊर्जा के रूप में तथा उच्चतम बिन्दु पर केवल स्थितिज ऊर्जा के रूप में होती है।

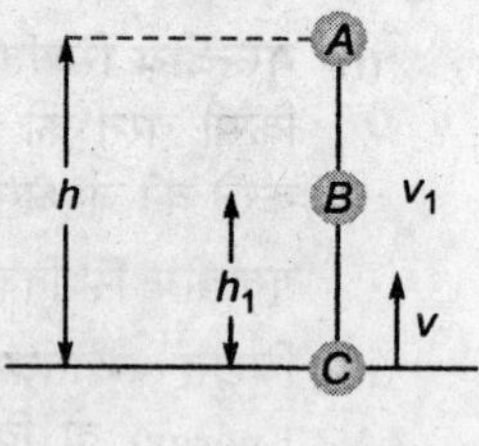

$\therefore \quad E = K_C = K_B + U_B = U_A$

या $\quad E = \frac{1}{2}mv^2 = \frac{1}{2}mv_1^2 + mgh_1 = mgh$

सामर्थ्य (Power)

किसी बाह्य कारक की कार्य करने की समय दर उसकी सामर्थ्य या शक्ति कहलाती है। यदि एक वस्तु पर कोई बाह्य बल लगता है, तब इस बल द्वारा t समय में किया गया कार्य W है, तो इस समयान्तराल में औसत शक्ति

$P = \frac{W}{t}$

बल $\mathbf{F}$ द्वारा विस्थापन ds में किया गया कार्य, $dW = \mathbf{F} \cdot ds$

वस्तु पर किया गया कार्य वस्तु की ऊर्जा बढ़ाता है। शक्ति की सामान्य परिभाषा है, "ऊर्जा स्थानान्तरण की समय दर को शक्ति कहते हैं।"

बल द्वारा प्राप्त तात्कालिक शक्ति,

$$P = \frac{dW}{dt} = \frac{\mathbf{F} \cdot ds}{dt} = \mathbf{F} \cdot \mathbf{v} = Fv\cos\theta$$

सामर्थ्य एक अदिश राशि है, जिसका SI मात्रक जूल से$^{-1}$ या वाट तथा CGS मात्रक अर्ग से$^{-1}$ होता है।

संघट्ट (Collision)

संघट्ट वह घटना या प्रक्रिया है, जिसमें दो पिण्डों या कणों के पास आने पर या अन्योन्य क्रिया करने पर इनके वेग परिवर्तित हो जाते हैं, उन दो पिण्डों या कणों की टक्कर कहलाती है अथवा दो वस्तुओं या कणों के मध्य अन्योन्य क्रिया को टक्कर कहते हैं। टक्करों के दौरान कणों का स्पर्श करना आवश्यक नहीं है तथा सभी प्रकार की टक्करों में रेखीय संवेग संरक्षण का नियम आवश्यक रूप से लागू होता है, जबकि यान्त्रिक ऊर्जा संरक्षण का नियम लागू होना आवश्यक नहीं है।

दो पिण्डों के बीच संघट्ट दो प्रकार से हो सकता है

1. प्रत्यास्थी संघट्ट तथा अप्रत्यास्थी संघट्ट
2. सम्मुखी संघट्ट तथा तिर्यक संघट्ट

यदि दो पिण्ड संघट्ट के पश्चात् अपने वास्तविक आकार तथा रूप में आ जायें अर्थात् यान्त्रिक ऊर्जा का कोई भाग, पिण्डों में विकृत स्थितिज ऊर्जा के रूप में संचित नहीं होता तो पिण्डों के बीच संघट्ट प्रत्यास्थ (elastic) कहलाता है। अत: रेखीय संवेग के साथ गतिज ऊर्जा भी संरक्षित रहती है।

दूसरी ओर अप्रत्यास्थ (inelastic) संघट्ट में टकराने वाले पिण्ड अपने वास्तविक आकार तथा रूप में पूर्ण रूप से नहीं आ पाते तथा यान्त्रिक ऊर्जा का कोई भाग, विकृत स्थितिज ऊर्जा के रूप में चला जाता है।

अत: केवल रेखीय संवेग संरक्षित रहता है।

प्रत्यावस्थान गुणांक (Coefficient of Restitution)

किन्हीं दो पिण्डों की टक्कर के पश्चात् दूर जाते समय सापेक्ष वेग तथा टक्कर से पूर्व पिण्डों के निकट आते समय सापेक्ष वेग का अनुपात प्रत्यावस्थान गुणांक कहलाता है। इसे e से प्रदर्शित करते हैं।

यदि किन्हीं दो पिण्डों के टक्कर से पूर्व वेग क्रमश: u_1 व u_2 तथा टक्कर के बाद वेग क्रमश: v_1 व v_2 हों, तब

प्रत्यावस्थान गुणांक (e)

$$= -\frac{\text{टक्कर के बाद सापेक्ष वेग}}{\text{टक्कर के पहले सापेक्ष वेग}} = -\frac{\text{अपगमन वेग}}{\text{उपगमन वेग}} = \frac{v_2 - v_1}{u_1 - u_2}$$

पूर्णत: प्रत्यास्थ संघट्ट के लिए, $e = 1$

पूर्णत: अप्रत्यास्थ संघट्ट के लिए, $e = 0$

सामान्य जीवन में घटित होने वाले अधिकांश संघट्टों के लिए,

$$0 < e < 1$$

सम्मुख प्रत्यास्थ संघट्ट (Head on Elastic Collision)

यदि टकराने वाले पिण्डों के वेग की दिशायें टक्कर के क्षण पर, आवेगों की क्रिया रेखा के अनुदिश हों तो टक्कर सम्मुख प्रत्यास्थ कहलाती है।

माना m_1 तथा m_2 द्रव्यमान के दो पिण्ड समान दिशा में प्रारम्भिक वेगों u_1 तथा u_2 से गतिमान हैं।

माना वे इस प्रकार टकराते हैं कि संघट्ट के पश्चात् उनके वेग क्रमशः v_1 तथा v_2 हैं।

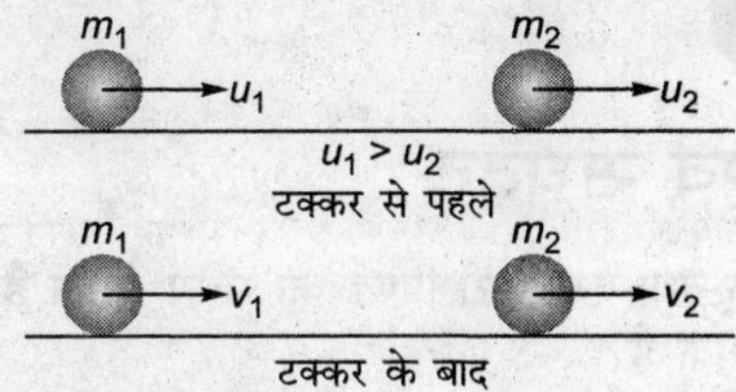

संवेग संरक्षण के नियमानुसार,

$$m_1 u_1 + m_2 u_2 = m_1 v_1 + m_2 v_2 \quad \text{...(i)}$$

$$m_1 (u_1 - v_1) = m_2 (v_2 - u_2) \quad \text{...(ii)}$$

गतिज ऊर्जा के संरक्षण द्वारा,

$$\frac{1}{2} m_1 u_1^2 + \frac{1}{2} m_2 u_2^2 = \frac{1}{2} m_1 v_1^2 + \frac{1}{2} m_2 v_2^2 \quad \text{...(iii)}$$

या $$m_1 (u_1^2 - v_1^2) = m_2 (v_2^2 - u_2^2) \quad \text{...(iv)}$$

समी (iv) को समी (ii) से भाग देने पर,

$$v_1 + u_1 = v_2 + u_2 \quad \text{...(v)}$$

या $$u_1 - u_2 = -(v_1 - v_2) \quad \text{...(vi)}$$

या $$v_2 = v_1 + u_1 - u_2$$

समी (i) में v_2 का मान प्रतिस्थापित करने पर,

$$v_1 = \left(\frac{m_1 - m_2}{m_1 + m_2}\right) u_1 + \left(\frac{2m_2}{m_1 + m_2}\right) u_2 \quad \text{...(vii)}$$

इसी प्रकार, $$v_2 = \left(\frac{2m_1}{m_1 + m_2}\right) u_1 + \left(\frac{m_2 - m_1}{m_1 + m_2}\right) u_2 \quad \text{...(vii)}$$

प्रत्यास्थ तिर्यक संघट्ट (Elastic Oblique Collision)

माना m_1 व m_2 द्रव्यमान के दो पिण्ड चित्रानुसार u_1 व u_2 वेग से एक ही दिशा में गति कर रहे हैं। उनके प्रारम्भिक वेगों के बीच की लम्बवत् दूरी को संघट्ट प्रांचल (impact parameter) b कहते हैं। तिर्यक संघट्ट के लिए $0 < b < (r_1 + r_2)$, जहाँ r_1 तथा r_2 संघट्ट करने वाले पिण्डों की त्रिज्यायें हैं। संघट्ट के बाद दोनों पिण्ड अपनी गति की प्रारम्भिक दिशा से क्रमशः θ व ϕ कोण पर चित्रानुसार गति करते हैं।

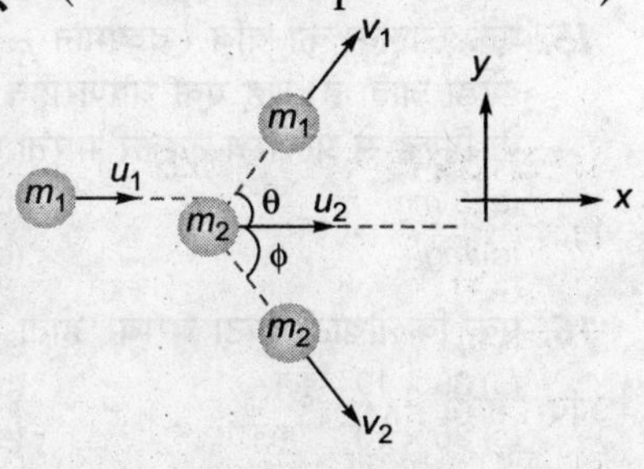

संवेग संरक्षण के नियम द्वारा,

(a) x-अक्ष के अनुदिश,

$$m_1 u_1 + m_2 u_2 = m_1 v_1 \cos\theta + m_2 v_2 \cos\phi \quad \text{...(i)}$$

(b) y-अक्ष के अनुदिश,

$$0 = m_1 v_1 \sin\theta - m_2 v_2 \sin\phi \quad \text{...(ii)}$$

गतिज ऊर्जा के संरक्षण के नियम द्वारा,

$$\frac{1}{2} m_1 u_1^2 + \frac{1}{2} m_2 u_2^2 = \frac{1}{2} m_1 v_1^2 + \frac{1}{2} m_2 v_2^2 \quad \text{...(iii)}$$

यदि दो पिण्ड समान द्रव्यमान के हैं तथा दूसरा पिण्ड विरामावस्था में है, तब द्विविमीय तिर्यक संघट्ट के लिए दिखाओ कि प्रकीर्णन कोण $\theta + \phi$ का मान 90° है।

माना $u_2 = 0$ तथा $m_1 = m_2$ समी (i), (ii) और (iii) में प्रतिस्थापित करने पर,

$$u_1 = v_1 \cos\theta + v_2 \cos\phi \quad \text{...(iv)}$$

$$0 = v_1 \sin\theta - v_2 \sin\phi \quad \text{...(v)}$$

$$u_1^2 = v_1^2 + v_2^2 \quad \text{...(vi)}$$

समी (iv) और (v) को वर्ग करने पर तथा जोड़ने पर,

$$u_1^2 = v_1^2 + v_2^2 + 2v_1 v_2 \cos(\theta + \phi) \quad \text{...(vii)}$$

समी (vi) तथा (vii) से,

$$\cos(\theta + \phi) = 0 \text{ या } \theta + \phi = \pi/2$$

अप्रत्यास्थ संघट्ट (Inelastic Collision)

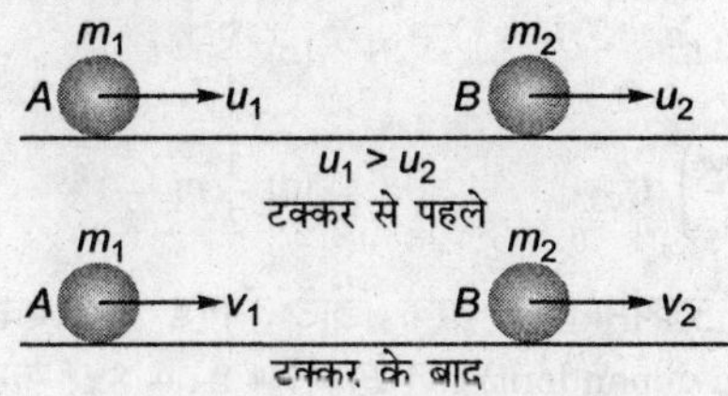

माना दो पिण्ड A तथा B अप्रत्यास्थ संघट्ट करते हैं। तब संवेग संरक्षण के नियम द्वारा,

$$m_1 u_1 + m_2 u_2 = m_1 v_1 + m_2 v_2 \quad \text{...(i)}$$

तथा $$e = -\left(\frac{v_2 - v_1}{u_2 - u_1}\right)$$

⇒ $$v_2 = v_1 + e(u_1 - u_2) \quad \text{...(ii)}$$

समी (i) तथा (ii) से,

$$v_1 = \left[\frac{m_1 - em_2}{m_1 + m_2}\right] u_1 + \left[\frac{(1+e)m_2}{m_1 + m_2}\right] u_2 \quad \text{...(iii)}$$

$$v_2 = \left[\frac{(1+e)m_1}{m_1 + m_2}\right] u_1 + \left[\frac{m_2 - em_1}{m_1 + m_2}\right] u_2 \quad \text{...(iv)}$$

पूर्णतः अप्रत्यास्थ संघट्ट (Perfectly Inelastic Collision)

इस प्रकार के संघट्टों में पिण्ड टक्कर से पहले एक-दूसरे पर अनिर्भर रहते हैं तथा टक्कर के पश्चात् संयुक्त होकर एक निकाय के रूप में चलते हैं।

स्थिति I जब पिण्ड समान दिशा में चल रहे हैं।

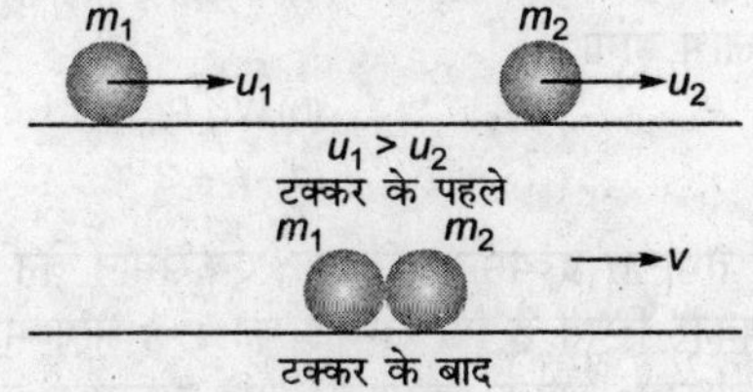

माना टक्कर के पश्चात् दोनों पिण्डों का संयुक्त वेग v है। तब संवेग संरक्षण के नियम द्वारा,

$$m_1 u_1 + m_2 u_2 = (m_1 + m_2) v$$

या $$v = \frac{m_1 u_1 + m_2 u_2}{m_1 + m_2}$$

अभ्यास प्रश्न

कार्य

1. किसी पिण्ड पर सदैव कार्य किया जाता है, जबकि
(a) इस पर कोई बल कार्य करता है
(b) यह कुछ दूरी तक चलता है
(c) किसी यान्त्रिक प्रभाव से इसकी ऊर्जा में कमी होती है
(d) उपरोक्त में से कोई नहीं

2. m द्रव्यमान के एक पिण्ड, जिसको t_1 समय में स्थिर अवस्था से v वेग तक त्वरित किया जाता है, पर t समय में किया गया कार्य होगा
(a) $\frac{1}{2} m\frac{v}{t_1} t^2$ (b) $\frac{m}{4} \frac{v}{t_1} t^2$
(c) $\frac{1}{2}\left(\frac{mv}{t_1}\right)^2 t^2$ (d) $\frac{1}{2} m \frac{v^2}{t_1^2} t^2$

3. 2 किग्रा द्रव्यमान के एक छोटे पिण्ड पर एक स्थिति निर्भर (position dependent) बल $F = 7 - 2x + 3x^2$ कार्य करता है तथा इसको $x = 0$ से $x = 5$ मी तक विस्थापित कर देता है। किया गया कार्य (जूल में) होगा
(a) 70 (b) 140 (c) 35 (d) 135

4. एक एकसमान चेन का द्रव्यमान व लम्बाई क्रमशः M व L है। यह एक चिकनी क्षैतिज मेज पर रखी हुई है तथा इसका आधा भाग ऊर्ध्व लटका हुआ है। चेन को मेज के ऊपर खींचने में किया गया कार्य होगा
(a) $MgL/2$ (b) $MgL/4$ (c) $MgL/8$ (d) $MgL/16$

5. एक मनुष्य एक दीवार को धकेलता है, परन्तु इसको विस्थापित नहीं कर सकता। वह करता है
(a) ऋणात्मक कार्य
(b) धनात्मक कार्य, परन्तु अधिकतम नहीं
(c) कोई कार्य नहीं
(d) अधिकतम धनात्मक कार्य

6. किसी स्प्रिंग को s दूरी तक खींचने पर, इसकी स्थितिज ऊर्जा 10 जूल है। इस स्प्रिंग को अतिरिक्त s दूरी तक खींचने में किया गया कार्य (जूल में) होगा
(a) 30 (b) 40 (c) 70 (d) 90

7. P प्रयास द्वारा W प्रतिरोध को पार करने के लिए, किसी मशीन में यान्त्रिक लाभ होगा
(a) $W \times 2P$ (b) W/P
(c) P/W (d) $W - 2P$

8. L लम्बाई तथा M द्रव्यमान की एक, एकसमान चेन एक क्षैतिज मेज पर इस प्रकार स्थित है कि लम्बाई का $1/3$ भाग मेज के किनारे से नीचे ऊर्ध्वाधरतः लटका हुआ है। यदि गुरुत्वीय त्वरण g हो, तो लटके हुए भाग को मेज पर खींचने के लिए आवश्यक कार्य होगा
(a) $\frac{MgL}{3}$ (b) MgL (c) $\frac{MgL}{9}$ (d) $\frac{MgL}{18}$

9. निम्न में से कौन-सा असंरक्षित बल है?
(a) स्थिर विद्युत बल (b) श्यान बल
(c) गुरुत्वाकर्षण बल (d) अन्तर परमाणुक बल

ऊर्जा एवं संघट्ट

10. एक हल्के तथा एक भारी पिण्ड का संवेग समान है। किसकी गतिज ऊर्जा अधिक है?
(a) हल्के पिण्ड की (b) दोनों की असमान
(c) भारी पिण्ड की (d) सूचना अपर्याप्त है

11. एक हल्के एवं भारी पिण्ड की गतिज ऊर्जा समान है। किसका संवेग अधिक है?
(a) भारी पिण्ड का (b) हल्के पिण्ड का
(c) दोनों का संवेग असमान है (d) सूचना अपर्याप्त है

12. एक लड़का दौड़ता हुआ आता है और घूमते हुए प्लेटफॉर्म (platform) पर बैठ जाता है। क्या संरक्षित रहता है?
(a) स्थितिज ऊर्जा (b) गतिज ऊर्जा
(c) कोणीय संवेग (d) इनमें से कोई नहीं

13. रेखीय संवेग के संरक्षण का नियम, न्यूटन के किस नियम का तर्कसंगत निष्कर्ष है?
(a) प्रथम नियम (b) द्वितीय नियम
(c) तृतीय नियम (d) ये सभी

14. 1 ग्राम व 9 ग्राम द्रव्यमान के दो पिण्ड, समान गतिज ऊर्जा के साथ गतिमान हैं। उनके क्रमिक रेखीय संवेगों के परिमाण में अनुपात है
(a) 1 : 10 (b) 9 : 1
(c) 1 : 3 (d) 4 : 1

15. एक लोलक का बॉब (द्रव्यमान m तथा लम्बाई l) क्षैतिज स्थिति से छोड़ा जाता है। यह एक घर्षणरहित मेज पर रखे हुए समान द्रव्यमान के पिण्ड से प्रत्यास्थ टक्कर मारता है। पिण्ड की गतिज ऊर्जा होगी
(a) $3\,mgl$ (b) $mg\,l/2$
(c) mgl (d) शून्य

16. एक किलोवाट घण्टा बराबर होता है
(a) 36×10^5 जूल (b) 36×10^3 अर्ग
(c) 36×10^{-5} जूल (d) 36×10^{-3} अर्ग

17. जब कोई पिण्ड आनत तल पर लुढ़कना आरम्भ करता है, तो इसकी स्थितिज ऊर्जा परिवर्तित होती है
(a) केवल रेखीय स्थितिज ऊर्जा में
(b) रेखीय एवं घूर्णन गतिज ऊर्जाओं में
(c) केवल घूर्णन स्थितिज ऊर्जा में
(d) उपरोक्त में से कोई नहीं

18. यदि किसी पिण्ड के संवेग में 50% वृद्धि होती है, तब इस पिण्ड की गतिज ऊर्जा में वृद्धि होगी
(a) 5% (b) 25%
(c) 100% (d) 125%

19. 4 मी/से वेग से गतिमान एक पिण्ड ($m = 40$ किग्रा), 2 मी/से वेग से गतिमान एक अन्य पिण्ड ($m = 60$ किग्रा) से टकराता है। टक्कर आदर्श रूप से अप्रत्यास्थ है। ऊर्जा में हुई हानि है
(a) 39 जूल (b) 44 जूल
(c) 48 जूल (d) 110 जूल

20. एक लड़का 100 मी क्षैतिज दूरी से एक चिड़ियाँ पर बन्दूक का निशाना लगाता है। बन्दूक द्वारा गोली को 500 मी/से का वेग दिया जा सकता है। चिड़ियाँ को मारने के लिए, उसको चिड़ियाँ से कितनी ऊँचाई से बन्दूक चलानी होगी? ($g = 10$ मी/से^{2})

(a) 20 सेमी (b) 60 सेमी
(c) 50 सेमी (d) 80 सेमी

21. 0.1 किग्रा द्रव्यमान की एक गोली को 100 मी/से वेग से छोड़ा जाता है। बन्दूक का द्रव्यमान 50 किग्रा है। बन्दूक के वापस जाने (recoil) का वेग है

(a) 0.2 मी/से (b) 0.40 मी/से
(c) 0.5 मी/से (d) 0.05 मी/से

22. 0.1 किग्रा द्रव्यमान के एक कण पर एक बल लगाया जाता है, जो दूरी के साथ चित्र के अनुसार परिवर्तित होता है। यह $x = 0$ पर विराम अवस्था से यात्रा आरम्भ करता है। $x = 12$ मी पर इसका वेग है

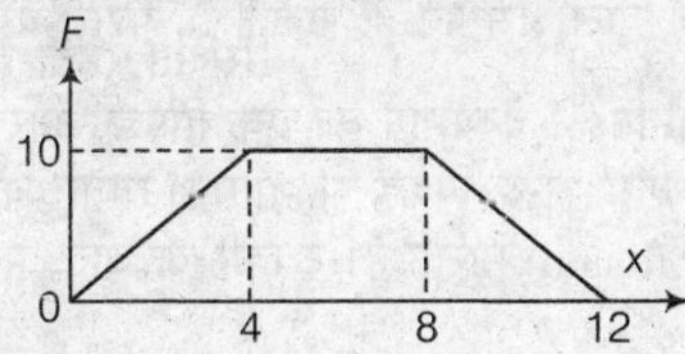

(a) 0 मी/से (b) $20\sqrt{2}$ मी/से
(c) $20/\sqrt{3}$ मी/से (d) 40 मी/से

23. एक अणु में, दो परमाणुओं के बीच स्थितिज ऊर्जा, $U(x) = \frac{a}{x^{12}} - \frac{b}{x^6}$ द्वारा व्यक्त होती है, जहाँ a व b धन नियतांक हैं तथा x परमाणुओं के बीच दूरी है। अणु स्थायी सन्तुलन में होगा, जब

(a) $x = 0$ (b) $x = (a/2b)^{1/3}$
(c) $x = (2a/b)^{1/6}$ (d) $x = (11a/5b)^{1/2}$

24. एक अचर बल के प्रभाव में, m द्रव्यमान के एक पिण्ड द्वारा कुछ दूरी d चलने पर, इसके द्वारा ग्रहित गतिज ऊर्जा सीधे समानुपाती होती है

(a) $\sqrt{m}$ (b) m के निरपेक्ष
(c) $1/\sqrt{m}$ (d) $m/2$

25. एक लम्बे स्प्रिंग को 2 सेमी खींचा जाता है। इसकी स्थितिज ऊर्जा U है। यदि इस स्प्रिंग को 10 सेमी खींचा जाए, तो इसमें संचित स्थितिज ऊर्जा होगी

(a) $U/25$ (b) $U/50$
(c) $5U$ (d) $25U$

26. 2 किग्रा द्रव्यमान के एक पिण्ड को 490 जूल गतिज ऊर्जा के साथ ऊर्ध्वाधर ऊपर की ओर फेंका जाता है। यदि गुरुत्वीय त्वरण 9.8 मी/से^{2} है, तो वह ऊँचाई जिस पर इसकी गतिज ऊर्जा अपने प्रारम्भिक मान की आधी रह जाएगी, होगी

(a) 50 मी (b) 12.5 मी
(c) 25 सेमी (d) 10 सेमी

27. किसी लक्ष्य पर दागे जाने के बाद, गोली लक्ष्य में 18 सेमी धँसने पर, इसका वेग 50% कम हो जाता है। स्थिर होने से पूर्व, गोली जिस अतिरिक्त गहराई तक धँसेगी, है

(a) 30 सेमी (b) 10 सेमी
(c) 40 मी (d) 70 मी

28. m द्रव्यमान के एक कण का संवेग p है। इसकी गतिज ऊर्जा होगी

(a) mp^3 (b) p^2m
(c) p^2/m (d) $p^2/2m$

29. 1 ग्राम व 4 ग्राम द्रव्यमान के दो कण समान रेखीय संवेग के साथ गतिमान हैं। इनकी गतिज ऊर्जा में क्या अनुपात होगा?

(a) 2 (b) 4
(c) 18 (d) 22

30. एक लम्बे स्प्रिंग को x सेमी खींचने पर, इसकी स्थितिज ऊर्जा V है। खींची गई लम्बाई में nx तक वृद्धि करने पर, इसमें संचित स्थितिज ऊर्जा होगी

(a) V/n (b) n/V^2
(c) n^2V (d) V/n^2

31. 1 वोल्ट के विभवान्तर पर एक इलेक्ट्रॉन को त्वरित करने पर इसके द्वारा ग्रहित ऊर्जा को कहते हैं

(a) 1 जूल (b) 1 eV (c) 2 अर्ग (d) 2 वाट

32. 4 मी/से की चाल से गतिमान, 1 किग्रा का एक पिण्ड, 2 किग्रा के स्थिर पिण्ड से टकराता है। टक्कर के बाद हल्का पिण्ड स्थिर हो जाता है। इस समायोजन की गतिज ऊर्जा में हानि है

(a) 8 अर्ग (b) 4×10^{-7} अर्ग
(c) 4 जूल (d) इनमें से कोई नहीं

33. यदि किसी पिण्ड के संवेग को 50% बढ़ा दिया जाए, तो उसकी गतिज ऊर्जा कितने प्रतिशत (%) बढ़ जाएगी?

(a) 25 (b) 50 (c) 100 (d) 125

34. 300 ग्राम द्रव्यमान के एक पिण्ड का किसी क्षण वेग $v = (3\hat{\mathbf{i}} + 4\hat{\mathbf{j}})$ मी/से है, इसकी गतिज ऊर्जा क्या होगी?

(a) 1.35 जूल (b) 2.40 जूल
(c) 3.75 जूल (d) 7.35 जूल

35. यदि एक बाँध से किसी टरबाइन पर 19.6 मी ऊँचाई से जल गिर रहा है, तो टरबाइन पर जल का वेग क्या होगा? ($g = 9.8$ मी/से^{2})

(a) 19.6 मी/से (b) 39.0 मी/से
(c) 9.8 मी/से (d) 98.8 मी/से

36. एक कण की स्थितिज ऊर्जा, $U = \frac{1}{2} k (x^2 + y^2)$ है। कण पर कार्य करने वाला बल होगा

(a) $-k(x\hat{\mathbf{i}} + y\hat{\mathbf{j}})$ (b) $-2kx\hat{\mathbf{i}} - 2ky\hat{\mathbf{j}}$
(c) शून्य (d) $-x\hat{\mathbf{i}} - y\hat{\mathbf{j}}$

37. 3 किग्रा के एक पिण्ड को 20 मी/से की प्रारम्भिक गति से ऊर्ध्वाधर ऊपर की ओर फेंका जाता है। यदि $g = 10$ मी/से^{2} हो, तो 1 सेकण्ड बाद गतिज व स्थितिज ऊर्जा जूल में होगी

(a) 600, 1800 (b) 600, 0
(c) 100, 500 (d) 150, 450

38. एक 60 किग्रा भार का व्यक्ति रोटी की ऊर्जा, जोकि 10000 कैलोरी ऊष्मा उत्पन्न करती है, का उपयोग पहाड़ी पर चढ़ने में करता है। यदि व्यक्ति का शरीर 28% दक्षता पर कार्य करता है, तो वह पहाड़ी पर चढ़ सकता है ($g = 9.8$ मी/से^{2})

(a) 20 मी (b) 169.9 मी
(c) 47.6 मी (d) इनमें से कोई नहीं

39. 5 मी लम्बी रस्सी के लटके हुये झूले पर 25 किग्रा संहति का एक लड़का बैठा है। एक व्यक्ति रस्सी को इस प्रकार खींचता है कि रस्सी ऊर्ध्वाधर से 30° का कोण बनाती है। लड़के की गुरुत्व स्थितिज ऊर्जा में सन्निकट वृद्धि होगी
(a) 164.15 जूल (b) 1225 जूल
(c) 625 जूल (d) कोई वृद्धि नहीं

40. एक किग्रा द्रव्यमान का एक पत्थर एक दो मीटर ऊँची खिड़की के सामने से नीचे गिरता हुआ दिखता है। खिड़की के ऊपरी सिरे पर पत्थर की गति 4 मी/से थी, तो खिड़की के निचले सिरे तक पहुँचते-पहुँचते इसकी गतिज ऊर्जा में वृद्धि होगी
($g = 9.8$ मी/से^{2})
(a) 19.6 जूल (b) 16 जूल
(c) 8 जूल (d) 39.2 जूल

41. यदि हम किसी पिण्ड को 4 मी/से के वेग से ऊपर की ओर फेंकते हैं, तो किस ऊँचाई पर इसकी गतिज ऊर्जा, प्रारम्भिक मान की आधी रह जाएगी?
($g = 10$ मी/से^{2})
(a) 0.8 मी (b) 0.4 मी
(c) 1.0 मी (d) इनमें से कोई नहीं

42. 8 किग्रा द्रव्यमान के एक गतिमान पिण्ड की 2 किग्रा द्रव्यमान के एक स्थिर पिण्ड से टक्कर होती है। यदि गतिमान पिण्ड की प्रारम्भिक गतिज ऊर्जा E है, तब टक्कर के बाद इसमें शेष गतिज ऊर्जा होगी
(a) $0.8E$ (b) $0.64E$
(c) $0.36E$ (d) $0.08E$

43. एक लम्बे स्प्रिंग को 2 सेमी खींचा जाता है। इसकी स्थितिज ऊर्जा U है। यदि इस स्प्रिंग को 10 सेमी खींचा जाए, तो इसमें संचित स्थितिज ऊर्जा होगी
(a) $\frac{U}{25}$ (b) $\frac{U}{5}$ (c) $5U$ (d) $25U$

44. एक गेंद 10 मी की ऊँचाई से गिरायी जाती है। यदि टक्कर से 40% ऊर्जा की हानि होती है, तो पहली टक्कर के बाद गेंद किस ऊँचाई तक उछलेगी?
(a) 10 मी (b) 8 मी
(c) 4 मी (d) 6 मी

45. बन्दूक की एक गोली एक तख्ते को पार करते समय अपने वेग का 1/20 वाँ भाग खो देती है, उन तख्तों की न्यूनतम संख्या क्या होनी चाहिए, जिससे गोली पूर्ण रूप से स्थिर हो जाए?
(a) 5 (b) 10
(c) 11 (d) 20

46. 400 ग्राम की 1 मी लम्बी छड़ी, जिसका एक सिरा कसा है, को 60° तक विस्थापित किया गया है, इसकी स्थितिज ऊर्जा में वृद्धि होगी
(a) 2 जूल (b) 10 जूल
(c) 100 जूल (d) 1000 जूल

47. पूर्णतया प्रत्यास्थ टक्कर के लिए प्रत्यास्थता गुणांक (restitution coefficient) e है
(a) 1 (b) ∞
(c) 0 (d) – 1

48. पूर्णतया अप्रत्यास्थ टक्कर के लिए प्रत्यानयन गुणांक e है
(a) ∞ (b) 0
(c) – 1 (d) 1

49. आरम्भ में स्थिर एक गोला, फटकर समान द्रव्यमान के दो टुकड़ों में विभाजित हो जाता है, तब दोनों टुकड़े
(a) स्थिर होंगे
(b) भिन्न-भिन्न वेग से समान दिशाओं में चलेंगे
(c) समान वेग से समान दिशाओं में चलेंगे
(d) समान वेग से विपरित दिशा में चलेंगें

50. आरम्भ में स्थिर एक गोला फटकर दो समान भागों A व B में विभाजित हो जाता है, तब
(a) A व B के वेग असमान दिशा में व समरेखीय हैं
(b) A व B की चाल समान, परन्तु विपरीत दिशा में है
(c) A व B की चाल असमान, परन्तु वेग परस्पर झुके हुए (inclined) हैं
(d) A व B की चाल असमान हो सकती है, परन्तु वेग विपरीत होंगे

51. v वेग से गतिमान, m द्रव्यमान का एक पिण्ड, आरम्भ में स्थिर समान द्रव्यमान के एक अन्य पिण्ड से आमने-सामने की प्रत्यास्थ टक्कर (head-on collision) मारता है। टक्कर के बाद, पहले पिण्ड का वेग होगा
(a) $+v$ (b) $2v$
(c) $4v$ (d) 0

52. m द्रव्यमान का एक पिण्ड v वेग से एक दीवार से टकराकर समान चाल से वापस उछलता है। इसके संवेग में परिवर्तन होता है
(a) $2mv$ (b) $3mv$
(c) $-mv$ (d) शून्य

53. अपनी उड़ान में एक गोला चार असमान खण्डों में विस्फोटित होता है। निम्नलिखित में क्या संरक्षित है?
(a) संवेग (b) गतिज ऊर्जा
(c) स्थितिज ऊर्जा (d) दोनों (a) व (c)

54. धातु की एक गेंद, 10 मी ऊँचाई से स्टील की एक प्लेट पर गिरती है तथा 2.5 मी ऊँचाई तक वापस उछलती है। गेंद का रेस्टीट्यूशन गुणांक (coefficient of restitution) है
(a) 0.5 (b) 0.50
(c) 0.75 (d) 0.1

55. 3 किमी/घण्टा के वेग से गतिमान m द्रव्यमान का एक पिण्ड, $2m$ द्रव्यमान के एक स्थिर पिण्ड से टकराता है तथा इससे चिपक जाता है। अब, संयुक्त वेग क्या है?
(a) 1 किमी/घण्टा (b) 2 किमी/घण्टा
(c) 8 किमी/घण्टा (d) 6 किमी/घण्टा

56. एक नाभिक दो नाभिकीय खण्डों में फटती है तथा इनके वेगों में अनुपात 2 : 1 है। इनके नाभिकीय आकार (नाभिकीय त्रिज्या) में क्या अनुपात होगा?
(a) $2^{1/3} : 1$ (b) $1 : 2^{1/3}$ (c) $3^{1/2} : 2$ (d) $2 : 3^{1/2}$

57. एक मनुष्य 200 ग्राम द्रव्यमान की गोली 5 मी/से की चाल से छोड़ता है। बन्दूक का द्रव्यमान 1 किग्रा है। बन्दूक किस वेग से पीछे जाएगी?
(a) 0.1 मी/से (b) 10 मी/से
(c) 1 मी/से (d) 100 मी/से

58. एक अन्तरिक्ष यान, जिसका द्रव्यमान M है, v वेग से स्वतन्त्र अन्तरिक्ष (free space) में चलते हुए विस्फोट द्वारा दो भागों में विभाजित हो जाता है। विस्फोट के बाद, यान का द्रव्यमान m स्थिर रह जाता है। दूसरे भाग का वेग क्या होगा?

(a) $Mv/(M-m)$ (b) $mv/(M-m)$
(c) $mv/(m+M)$ (d) $(M-m)v/M$

59. यदि v_1 वेग से गतिमान m द्रव्यमान के एक कण पर आवेग I आरोपित किया जाता है, जिससे अन्तिम वेग v_2 हो जाता है, तो आवेश I का मान होगा

(a) $m(v_1 - v_2)$ (b) $m(v_1 + v_2)$
(c) $m(v_2 - v_1)$ (d) $m(v_2^2 - v_1^2)/2$

60. 300 मी/से के वेग से गतिमान, 10 ग्राम द्रव्यमान की एक गोली बर्फ के 5 किग्रा के पिण्ड से टकराती है तथा शिथिल पड़ जाती है। बर्फ का यह पिण्ड, घर्षणरहित बर्फ के तल पर रखा हुआ है। टक्कर के बाद बर्फ पिण्ड की चाल होगी

(a) 6 मी/से (b) 60 सेमी/से (c) 60 मी/से (d) 0.6 सेमी/से

61. m द्रव्यमान का एक स्थिर पिण्ड विस्फोट द्वारा 3 भागों में विभाजित हो जाता है, जिनके द्रव्यमान 1 : 3 : 3 के अनुपात में हैं। समान द्रव्यमान के दो भाग, परस्पर लम्बवत् दिशाओं में 15 मी/से के वेग से चलते हैं। तीसरे भाग का वेग है

(a) $\sqrt{2}$ मी/से (b) 5 सेमी/से
(c) $5\sqrt{32}$ सेमी/से (d) इनमें से कोई नहीं

62. रायफल की एक गोली, तख्ते (plank) के पार जाने में अपने वेग का 1/20 भाग खो देती है। गोली को स्थिर अवस्था में लाने के लिए, इस प्रकार के कम-से-कम कितने तख्ते चाहिए?

(a) 2 (b) 8 (c) 11 (d) 16

63. एक गेंद 10 मी की ऊँचाई से गिराई जाती है। यदि टक्कर से 40% की हानि होती है, तो पहली टक्कर के बाद गेंद कितनी ऊँचाई तक उछलेगी?

(a) 10 सेमी (b) 9 मी (c) 4 सेमी (d) 6 मी

64. एकसमान चाल v_1 से गतिमान m_1 द्रव्यमान का एक पत्थर अचानक स्वयमेव विस्फोटित होकर दो भागों में विभाजित हो जाता है। यदि m_2 द्रव्यमान का भाग स्थिर हो जाता है, तो दूसरे भाग की चाल होगी

(a) $\frac{m_1 v}{(m_1 - m_2)}$ (b) $\frac{m_2 v}{(m_1 + m_2)}$
(c) $\frac{m_1 v}{(m_1 + m_2)}$ (d) $\frac{m_1 v}{2m_2}$

65. u चाल से गतिमान, m द्रव्यमान की एक गेंद, nm द्रव्यमान की एक अन्य स्थिर गेंद से आमने-सामने की प्रत्यास्थ टक्कर करती है। भारी गेंद को स्थानान्तरित आपाती ऊर्जा (incident energy) का अंश होगा

(a) $\frac{n}{1+n}$ (b) $\frac{n}{(1-n)^2}$ (c) $\frac{2n}{(1-n)^2}$ (d) $\frac{4n}{(1+n)^2}$

66. एक गेंद को 1 मी की ऊँचाई से गिराया जाता है। यदि सतह व गेंद के बीच प्रत्यानयन गुणांक 0.6 है, तो गेंद किस ऊँचाई तक वापस उछलेगी?

(a) 6 मी (b) 4 मी (c) 1 मी (d) 0.36 मी

67. पूर्ण अप्रत्यास्थ संघट्टय के लिए प्रत्यानयन गुणांक (coefficient of restitution) e होता है

(a) ∞ (b) 0 (c) 1 (d) -1

68. दो वस्तुएँ, जिनके द्रव्यमान M_1 व M_2 हैं, टकराने से पहले इनके वेग क्रमशः v_1 व v_2 हैं। टकराने के बाद इनके वेग v_2 व v_1 हो जाते हैं, तब $M_1 : M_2$ होगा

(a) $2(v_1/v_2)$ (b) $2(v_2/v_1)$
(c) 1 : 1 (d) (v_1^2/v_2^2)

69. एक गेंद को h ऊँचाई से गिराया जाता है, यदि प्रत्यानयन गुणांक e है, तब पृथ्वी से दो बार उछलने के बाद गेंद किस ऊँचाई तक उठेगी?

(a) $\frac{eh}{2}$ (b) $2eh$
(c) eh (d) $e^4 h$

सामर्थ्य

70. वाट निम्न में से किसका मात्रक है

(a) शक्ति (b) ऊर्जा
(c) कार्य (d) इनमें से कोई नहीं

71. यदि किसी वस्तु पर F बल आरोपित करने पर यह v वेग से चलती है, तो शक्ति होगी

(a) F/v (b) $F \times v$
(c) $F \times v^2$ (d) F/v^2

72. m द्रव्यमान का एक पिण्ड, स्थिर अवस्था से v_1 वेग तक t_1 समय में समान रूप से त्वरित होता है। t के पदों में, किसी क्षण इस पिण्ड को दी गई शक्ति होगी

(a) $\frac{mv_1 t}{t_1^2}$ (b) $\frac{mv_1^2 t}{2t_1}$ (c) $\frac{mv_1 t^2}{t_1}$ (d) $\frac{mv_1^2 t}{2t_1^2}$

73. यदि पिण्ड पर बल $\mathbf{F}$ लगाने पर यह $\mathbf{v}$ वेग से चलता है, तब शक्ति होगी

(a) $\mathbf{F} \cdot \mathbf{v}$ (b) $2\mathbf{F}/\mathbf{v}$
(c) $\mathbf{F}/\mathbf{v}^2$ (d) $\mathbf{F}\mathbf{v}^2$

74. अचर शक्ति प्रदान करती एक मशीन द्वारा एक पिण्ड को एक सरल रेखा पर चलाया जाता है। t समय में इस पिण्ड द्वारा चली गई दूरी समानुपाती होगी

(a) $t^{1/2}$ के (b) $t^{3/4}$ के
(c) $t^{3/2}$ के (d) $t^{5/2}$ के

75. एक बाँध से, टरबाइन के पंखों (blades) पर 100 किग्रा/से की दर से जल गिर रहा है। यदि बाँध की ऊँचाई 100 मी है, तो टरबाइन की स्थानान्तरित शक्ति होगी लगभग

(a) 100 किलोवाट (b) 10 किलोवाट
(c) 1 वाट (d) 100 वाट

76. एक इंजन 100 किलोवाट की शक्ति उत्पन्न करता है। 200 किग्रा के पिण्ड को 40 मी की ऊँचाई तक उठाने में इसको कितना समय लगेगा? ($g = 10$ मी/से^{2})

(a) 6 सेकण्ड (b) 10 सेकण्ड
(c) 8 सेकण्ड (d) 12 सेकण्ड

77. 10 अश्व शक्ति की मोटर द्वारा 7.46 मी गहरे कुएँ से प्रति सेकण्ड पानी खींचा जा सकता है ($g = 10$ मी/से^{2})

(a) 200 किग्रा (b) 100 किग्रा
(c) 400 किग्रा (d) 500 किग्रा

78. दो मशीनें समान कार्य को 20 मिनट एवं 30 मिनट में कर सकती हैं। पहली मशीन की सामर्थ्य 120 वाट है। दूसरी मशीन की सामर्थ्य होगी
(a) 40 वाट (b) 60 वाट (c) 100 वाट (d) 80 वाट

79. एक तालाब से 60 मी ऊँचाई पर स्थित एक टंकी में 20 घन मी जल आता है। यह टंकी एक पम्प के द्वारा तालाब के जल से 3 घण्टे 16 मिनट में भर जाती है। पम्प की सामर्थ्य है
(a) 2000 वाट (b) 60 वाट
(c) 4000 वाट (d) 1000 वाट

80. एक बिजली की मोटर कुछ वजन उठाने में केबिल में 4500 न्यूटन का तनाव उत्पन्न करती है और इसे 2 मी/से की दर से लपेटती है। मोटर की शक्ति है
(a) 15 किलोवाट (b) 9 किलोवाट
(c) 225 किलोवाट (d) 9000 किलोवाट

81. एक पिण्ड को मशीन द्वारा चलाया जाता है, जोकि समय t तक स्थिर शक्ति प्रदान करती है। पिण्ड द्वारा चली गई दूरी समानुपाती होगी
(a) $t^{3/2}$ के (b) t^2 के (c) $t^{1/2}$ के (d) t के

82. वह लगभग गति, जिसपर एक पोल वोल्ट के खिलाड़ी को दौड़ना चाहिए, जिससे वह 6 मी की ऊँचाई तक कूद लगा सके
(a) 11 मी/से (b) 7.7 मी/से (c) 12 मी/से (d) 6.0 मी/से

83. 3 अश्व शक्ति की एक मोटर, पहिये को 1200 चक्कर प्रति मिनट घुमाती है। पहिये पर आरोपित बल-आघूर्ण का मान है
(a) 18 न्यूटन-मी (b) 1.8 न्यूटन-मी
(c) 1.5 न्यूटन-मी (d) 15 न्यूटन-मी

84. 10^7 न्यूटन भार की एक रेलगाड़ी समतल पटरी पर 36 किमी/घण्टा की एकसमान चाल से गतिमान है, घर्षण बल प्रति क्विण्टल 0.5 किग्रा है, इंजन की शक्ति क्या है?
(a) 0.5 किलोवाट (b) 5 किलोवाट
(c) 50 किलोवाट (d) 500 किलोवाट

85. 12 अश्व शक्ति की एक मोटर 8 घण्टे प्रतिदिन काम में लायी जा रही है, यदि इस मोटर को 10 दिन तक काम में लाया जाए, तो 50 पैसे के हिसाब से कितना खर्च आएगा?
(a) ₹ 350 (b) ₹ 358 (c) ₹ 375 (d) ₹ 377

उत्तरमाला

1.	(c)	2.	(d)	3.	(d)	4.	(c)	5.	(c)	6.	(a)	7.	(b)	8.	(d)	9.	(a)	10.	(a)
11.	(a)	12.	(d)	13.	(d)	14.	(c)	15.	(c)	16.	(a)	17.	(b)	18.	(d)	19.	(c)	20.	(a)
21.	(a)	22.	(d)	23.	(c)	24.	(b)	25.	(d)	26.	(b)	27.	(b)	28.	(d)	29.	(b)	30.	(c)
31.	(b)	32.	(c)	33.	(d)	34.	(c)	35.	(a)	36.	(a)	37.	(d)	38.	(a)	39.	(a)	40.	(a)
41.	(b)	42.	(b)	43.	(d)	44.	(d)	45.	(c)	46.	(a)	47.	(a)	48.	(b)	49.	(d)	50.	(b)
51.	(d)	52.	(a)	53.	(a)	54.	(a)	55.	(a)	56.	(b)	57.	(c)	58.	(a)	59.	(c)	60.	(b)
61.	(d)	62.	(c)	63.	(d)	64.	(a)	65.	(d)	66.	(d)	67.	(b)	68.	(c)	69.	(d)	70.	(a)
71.	(b)	72.	(d)	73.	(a)	74.	(c)	75.	(a)	76.	(c)	77.	(b)	78.	(d)	79.	(d)	80.	(b)
81.	(a)	82.	(a)	83.	(a)	84.	(d)	85.	(b)										

उत्तर व्याख्या सहित

2. पिण्ड पर किया गया कार्य = गतिज ऊर्जा में वृद्धि

पिण्ड का त्वरण, $a = \frac{v}{t_1}$

समय t में पिण्ड द्वारा ग्रहित वेग,

$$v_1 = at = \frac{v}{t_1} \times t$$

$$\text{गतिज ऊर्जा} = \frac{1}{2} m \left(\frac{v}{t_1} \times t\right)^2$$

$$= \frac{1}{2} m \frac{v^2}{t_1^2} \times t^2$$

3. $W = \int_0^5 F \times dx = \int_0^5 (7 - 2x + 3x^2)\, dx$

$$= [7x]_0^5 - \left[\frac{2x^2}{2}\right]_0^5 + \left[\frac{3x^3}{3}\right]_0^5$$

$= 35 - 25 + 125 = 135$ जूल

8. लटकी हुई चेन का गुरुत्व केन्द्र मेज से $\frac{1}{2} \times \frac{1}{3} = \frac{1}{6}$ मात्रक नीचे है।

लटके भाग का द्रव्यमान $\frac{M}{3}$ है तथा इसे ऊपर खींचने में किया गया कार्य

$$= mgh = \frac{M}{3} \times g \times \frac{L}{6} = \frac{MgL}{18}$$

14. $\frac{1}{2}(1) v_1^2 = \frac{1}{2}(9) v_2^2$

$\Rightarrow \frac{v_1^2}{v_2^2} = 9 \Rightarrow \frac{v_1}{v_2} = 3$

इनके रेखीय संवेगों में अनुपात $= \frac{m_1 v_1}{m_2 v_2} = \frac{1}{9} \times (3) = \frac{1}{3}$

15. गतिज ऊर्जा = स्थितिज ऊर्जा में कमी $= mgl$

21. संवेग संरक्षण के नियम के अनुसार, $mv = Mv'$

$\Rightarrow \quad 0.1 \times 100 = 50 \times v'$

$\Rightarrow \quad v' = 02$ मी/से

22. किया गया कार्य, F-x ग्राफ के क्षेत्रफल के बराबर होगा।

अतः $\frac{1}{2} \times 4 \times 10 + 4 \times 10 + \frac{1}{2} \times 4 \times 10 = 80$ जूल

इस समय से वस्तु द्वारा प्राप्त गतिज ऊर्जा $= \frac{1}{2}mv^2$

ऊर्जा संरक्षण के नियमानुसार, $\frac{1}{2}mv^2 = 80$

$\Rightarrow \quad \frac{1}{2} \times 0.1 \times v^2 = 80$

$\Rightarrow \quad v^2 = 1600$

$\Rightarrow \quad v = 40$ मी/से

23. स्थायी सन्तुलन के लिए, $\frac{dU}{dx} = 0$

$\therefore \quad \frac{12a}{x^{13}} - \frac{6b}{x^7} = 0$

$\Rightarrow \quad x^6 = \left(\frac{2a}{b}\right)$

$\Rightarrow \quad x = [(2a/b)^{1/6}]$

24. गतिज ऊर्जा $= \frac{1}{2} mv^2$ ...(i)

पुनः $\quad v^2 = u^2 + 2as$

$\Rightarrow \quad v^2 = 0 + 2\,ad$

$\Rightarrow \quad v^2 = 2(F/m)d$ ...(ii)

समी (ii) से v^2 का मान समी (i) में स्थापित करने पर,

गतिज ऊर्जा $= \frac{1}{2} m \times 2(F/m)d = Fd$

$\therefore$ गतिज ऊर्जा $\propto d$ (द्रव्यमान के निरपेक्ष)

25. $U = \frac{1}{2}k(2)^2 \Rightarrow k = \frac{U}{2}$

अब, $\quad U_1 = \frac{1}{2}k(10)^2$

$= \frac{1}{2} \times \frac{U}{2} \times 100 = 25U$

28. गतिज ऊर्जा $= \frac{1}{2}mv^2 = \frac{1}{2}\frac{(mv)^2}{m} = \frac{1}{2} \cdot \frac{p^2}{m}$

29. दिया है, $m_1v_1 = m_2v_2$

$\Rightarrow \quad 1v_1 = 4v_2 \Rightarrow \frac{v_1}{v_2} = 4$

गतिज ऊर्जा का अनुपात $= \frac{\frac{1}{2}m_1v_1^2}{\frac{1}{2}m_2v_2^2} = \frac{(1)}{(4)} \cdot (4)^2 = 4$

34. $\mathbf{v} = 3\hat{\mathbf{i}} + 4\hat{\mathbf{j}}$

$|\mathbf{v}| = \sqrt{(3)^2 + (4)^2} = 5$ मी/से

गतिज ऊर्जा $= \frac{1}{2}mv^2 = \frac{1}{2} \times \frac{300}{1000} \times (5)^2$

$= \frac{150}{1000} \times 25 = 3.75$ जूल

35. ऊर्जा-संरक्षण नियम से,

$\frac{1}{2}mv^2 = mgh$

अतः $\quad v = \sqrt{2gh} = \sqrt{2 \times 9.8 \times 19.6} = 19.6$ मी/से

36. दिया गया है, $U = \frac{1}{2}k(x^2 + y^2)$

अतः बल, $\quad F = -\frac{dU}{dx} = -\frac{d}{dx}\left[\frac{1}{2}k(x^2 + y^2)\right]$

$= -\frac{1}{2}k(2x + 2y)$

या $\quad F = -k(x + y)$

वेक्टर रूप में, $\mathbf{F} = -k(x\hat{\mathbf{i}} + y\hat{\mathbf{j}})$

37. एक सेकण्ड बाद पिण्ड का वेग,

$v = u - gt$

$\therefore \quad v = 20 - 10 \times 1 = 10$ मी/से

1 सेकण्ड बाद गतिज ऊर्जा,

$K_2 = \frac{1}{2}mv^2 = \frac{1}{2} \times 3 \times 10 \times 10 = 150$ जूल

प्रारम्भिक गतिज ऊर्जा,

$K_1 = \frac{3 \times 20 \times 20}{2} = 600$ जूल

$\because \quad K_1 + U_1 = K_2 + U_2$

$\Rightarrow \quad 600 + 0 = 150 + U_2$

$\therefore \quad U_2 = 600 - 150 = 450$ जूल

38. $U = mgh$ से, $10000 \times \frac{28}{100} \times 4.2 = 60 \times 9.8 \times h$

($\because$ 1 कैलोरी = 4.2 जूल)

$\therefore \quad h = 20$ मी

39. माना झूले को बिन्दु A से B तक लाने पर रस्सी ऊर्ध्वाधर से 30° का कोण बनाती है। अतः

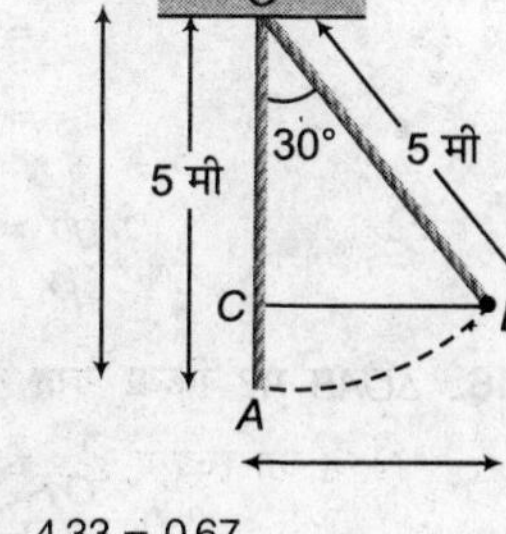

$\cos 30° = \frac{OC}{OB} = \frac{OC}{5}$

$\therefore \quad OC = 5\cos 30°$

$= 5 \times \frac{\sqrt{3}}{2}$

$\therefore \quad AC = OA - OC$

$= 5 - \frac{5\sqrt{3}}{2}$

$= 5 - \frac{5 \times 1.732}{2} = 5 - 4.33 = 0.67$

A बिन्दु पर स्थितिज ऊर्जा शून्य है। जब झूला B बिन्दु पर है, तब स्थितिज ऊर्जा $= mg \times AC$

अतः स्थितिज ऊर्जा में वृद्धि $= mg \times AC$

$= 25 \times 9.8 \times 0.67 = 164.15$ जूल

40. गतिज ऊर्जा में वृद्धि = स्थितिज ऊर्जा में कमी

$= mgh = 1 \times 9.8 \times 2 = 19.6$ जूल

41. प्रारम्भिक गतिज ऊर्जा $= \frac{1}{2}mu^2 = \frac{1}{2}m(4)^2 = 8m$ जूल

माना h ऊँचाई पर गतिज ऊर्जा आधी रह जाती है।

$v^2 = u^2 - 2gh = (4)^2 - 2 \times 10 \times h$

$\frac{1}{2}mv^2 = \frac{1}{2}\left[\frac{1}{2}mu^2\right]$

$$\frac{1}{2}mv^2 = \frac{1}{2} \times 8m \Rightarrow v^2 = 8$$

$\therefore$ $8 = (4)^2 - 2 \times 10h$

$8 = 16 - 20h$

$20h = 8 \Rightarrow h = \frac{8}{20} = 0.4$ मी

42. प्रारम्भिक गतिज ऊर्जा, $E = \frac{1}{2}mv^2 = \frac{1}{2} \times 8 \times v^2 = 4v^2$

संवेग संरक्षण के नियम से,

$$M_1v_1 + M_2v_2 = (M_1 + M_2)v'$$
$$8 \times v + 2 \times 0 = (8+2)v'$$
$$v' = \frac{8}{10}v = 0.8v$$

अन्तिम गतिज ऊर्जा, $E' = \frac{1}{2}mv'^2 = \frac{1}{2}m(0.8v)^2$

$$= \frac{1}{2}m(0.64v^2) = \frac{8 \times (0.64)}{2} = 2.56$$

$\because$ $\frac{E'}{E} = \frac{2.56}{4}$

$E' = 0.64E$

43. 2 सेमी खींचने पर स्थितिज ऊर्जा,

$$U = \frac{1}{2}k(x_1^2) = \frac{1}{2}k(2)^2 = 2k$$

10 सेमी खींचने पर,

$$U' = \frac{1}{2}k(10)^2 = 50k \Rightarrow U' = 25U$$

44. गेंद की प्रारम्भिक ऊर्जा $= mgh = mg \times 10 = 10\,mg$

प्रथम टक्कर के बाद शेष ऊर्जा

$= (100 - 40) = 60\%$

$= 10\,mg \times \frac{60}{100} = 6\,mg$

$\because$ $mgh' = 6mg$

$h' = 6$ मी

46. ΔOAB में,

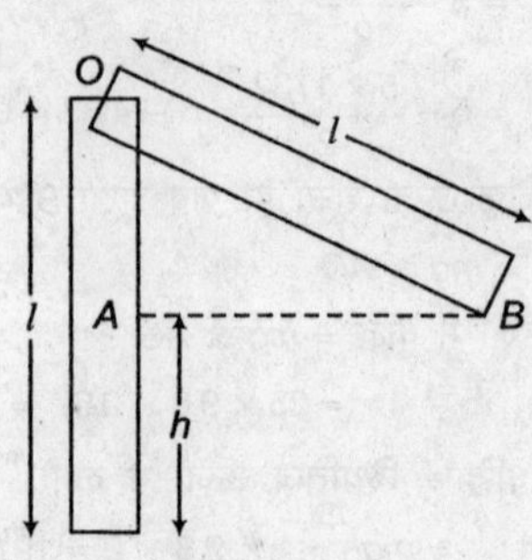

$$\cos 60° = \frac{OA}{OB}$$

$\Rightarrow$ $OA = OB\cos 60° = l\cos 60°$

$h = l - l\cos 60°$

$= l(1 - \cos 60°)$

$= l\left(1 - \frac{1}{2}\right) = \frac{l}{2}$

स्थितिज ऊर्जा में वृद्धि $= mgh = \frac{mgl}{2}$

$= \frac{400}{1000} \times 10 \times \frac{1}{2} = 2$ जूल

51. समान द्रव्यमान के दो पिण्डों की एकविमीय टक्कर में, टक्कर के बाद, पिण्डों के वेग अन्तःपरिवर्तित (interchange) हो जाते हैं। अतः टक्कर के बाद, प्रथम पिण्ड का वेग शून्य होगा।

52. संवेग में परिवर्तन $= mv - (-mv) = 2mv$

55. संवेग संरक्षण के नियम से,

$$MV = m_1u_1 + m_2u_2$$

$\Rightarrow$ $(3m)V = (m \times 3) + (2m) \times 0$

$\therefore$ $V = 1$ किमी/घण्टा

56. हम जानते हैं कि $m \propto$ आयतन $\propto r^3$

संवेग संरक्षण के नियम के अनुसार,

$$m_1v_1 = m_2v_2$$

$\Rightarrow$ $\frac{v_1}{v_2} = \frac{m_2}{m_1} = \frac{r_2^3}{r_1^3} = \frac{2}{1}$

$\Rightarrow$ $\frac{r_1}{r_2} = \left(\frac{1}{2}\right)^{1/3}$

$\therefore$ $r_1 : r_2 = 1 : 2^{1/3}$

57. रेखीय संवेग संरक्षण के नियम के अनुसार,

$$m_1v_1 = m_2v_2 \Rightarrow v_2 = (m_1v_1 / m_2)$$

$\therefore$ $v_2 = \frac{0.2 \times 5}{1} = 1$ मी/से

58. माना दूसरे भाग का वेग v_1 है। रेखीय संवेग संरक्षण के नियम का उपयोग करने पर,

$$Mv = m \times 0 + (M - m)v_1$$

$\therefore$ $v_1 = \frac{Mv}{(M - m)}$

63. $mgh_2 = mgh_1 \times (60/100)$

($\because$ गेंद में 40% ऊर्जा की हानि होती है। अतः 60% ऊर्जा शेष है।)

$\therefore$ $h_2 = h_1 \times \frac{60}{100} = \frac{10 \times 60}{100} = 6$ मी

64. संवेग संरक्षण के नियम से,

$$m_1v = (m_1 - m_2)v'$$

$\therefore$ $v' = \frac{m_1v}{(m_1 - m_2)}$

66. गेंद के वापस उछलने का वेग $= e \times \sqrt{2gh}$

अब, $0^2 - (e^2 \times 2gh) = -2\,gh'$

$\Rightarrow$ $h' = e^2 h = (0.6)^2 \times 1 = 0.36$ मी

68. संवेग संरक्षण के नियमानुसार,

$$m_1v_1 + m_2v_2 = m_1v_2 + m_2v_1$$

$\Rightarrow$ $m_1v_1 - m_1v_2 = m_2v_1 - m_2v_2$

$\Rightarrow$ $m_1(v_1 - v_2) = m_2(v_1 - v_2)$

$\Rightarrow$ $\frac{m_1}{m_2} = \frac{v_1 - v_2}{v_1 - v_2}$

$\Rightarrow$ $m_1 : m_2 = 1 : 1$

69. यदि कोई कण h ऊँचाई से गिर रहा है, तो उसके द्वारा nवीं बार उछल कर तय की गई दूरी का सूत्र है

$$h_n = he^{2n}$$

जहाँ, e = प्रत्यानयन गुणांक

तथा n = उछालों की संख्या

यहाँ, $n = 2$

अतः $h_2 = he^{2\times 2} = he^4$

71. शक्ति $= \dfrac{\text{किया गया कार्य}}{\text{समय}} = \dfrac{\text{बल}\times\text{दूरी}}{\text{समय}}$ = बल × वेग $= F \times v$

72. तात्क्षणिक शक्ति, $P = \dfrac{\text{किया गया कार्य}}{\text{समय}}$

$$= \frac{1}{2}\cdot\frac{mv_1^2}{t_1^2}\times\frac{t^2}{t} = \frac{mv_1^2}{2t_1^2}\times t$$

74. $P = \dfrac{F\times s}{t}$ = स्थिरांक (दिया है)

$$F \times s \propto t \quad \text{...(i)}$$

हमें ज्ञात है, $F = \dfrac{m(v-u)}{t}$

$\Rightarrow$ $F \propto \dfrac{s}{t^2}$ [$\because m$ = स्थिरांक] ...(ii)

समी (i) से, $\dfrac{s}{t^2}\times s \propto t$

$\Rightarrow$ $s^2 \propto t^3$

$\therefore$ $s \propto t^{3/2}$

77. $P = \dfrac{W}{t} = \dfrac{mgh}{t}$

$\Rightarrow$ $m = \dfrac{Pt}{gh} = \dfrac{7460\times 1}{10\times 7.46} = 100$ किग्रा

78. $P = \dfrac{W}{t}$ से,

अतः $\dfrac{P_1}{P_2} = \dfrac{W}{t_1}\times\dfrac{t_2}{W} = \dfrac{t_2}{t_1}$

$\therefore$ $P_2 = \dfrac{P_1\times t_1}{t_2} = \dfrac{120\times 20}{30} = 80$ वाट

79. m = आयतन × घनत्व $= 20\times 10^3$ किग्रा

t = 3 घण्टा 16 मिनट = 196 मिनट = 196 × 60 सेकण्ड

$\therefore$ $P = \dfrac{W}{t} = \dfrac{mgh}{t}$

$$= \frac{20\times 10^3\times 9.8\times 60}{196\times 60} = 1000 \text{ वाट}$$

80. $P = Fv$

$\therefore$ $P = 4500\times 2 = 9000$ वाट = 9 किलोवाट

81. $P = \dfrac{W}{t} = \dfrac{Fs}{t}$

तथा $s = \dfrac{1}{2}at^2$

$\therefore$ $F = \dfrac{2ms}{t^2}$

$\therefore$ $P = \dfrac{2ms^2}{t^3}$

$\because$ P नियत है, अतः $s \propto t^{3/2}$

82. $\dfrac{1}{2}mv^2 = mgh$

$$v^2 = 2gh = 2\times 9.8\times 6$$

या $v = 10.8 \approx 11$ मी/से (लगभग)

83. बल आघूर्ण, $\tau = \dfrac{Pt}{\theta} = \dfrac{Pt}{2\pi n}$

$$= \frac{3\times 746\times 60}{2\times 3.14\times 1200} - 17.8 \text{ न्यूटन-मी}$$

$\therefore$ $\tau = 18$ न्यूटन-मी

84. रेलगाड़ी का द्रव्यमान $= \dfrac{10^7}{10} = 10^6$ किग्रा

$= 10^4$ क्विण्टल

घर्षण बल, $F = 0.5\times 10^4 = 5\times 10^3$ किग्रा भार

$= 5\times 10^3\times 10$ न्यूटन

$= 5\times 10^4$ न्यूटन

वेग, $v = 36\times\dfrac{5}{18} = 10$ मी/से

सामर्थ्य, $P = Fv = 5\times 10^4\times 10$ वाट

= 500 किलोवाट

85. मोटर की क्षमता = 12 अश्व शक्ति

= 12 × 746 वाट

व्यय ऊर्जा $= \dfrac{\text{वाट}\times\text{घण्टे}\times\text{दिन}}{1000}$

$= \dfrac{12\times 746\times 8\times 10}{1000} = 716.16$ यूनिट

व्यय धन = 716.16 × 50 पैसे

$= ₹\,716.16\times\dfrac{1}{2} \approx ₹\,358$

अध्याय 07

द्रव्यमान केन्द्र

Centre of Mass

द्रव्यमान केन्द्र (Centre of Mass)

किसी गतिमान निकाय का द्रव्यमान केन्द्र वह बिन्दु होता है जिस पर उसका समस्त द्रव्यमान केन्द्रित माना जा सकता है तथा यह बिन्दु इस प्रकार गति करता है कि इसके विभिन्न कणों पर आरोपित समस्त बाह्य बल इसी बिन्दु अर्थात् द्रव्यमान केन्द्र पर आरोपित हों।

द्रव्यमान केन्द्र की संकल्पना की सहायता से यान्त्रिकी में विभिन्न जटिल समस्याओं का सरलतापूर्वक विश्लेषण किया जा सकता है।

द्रव्यमान केन्द्र की स्थिति (Position of Centre of Mass)

द्रव्यमान केन्द्र किसी भी निकाय के लिये प्राप्त किया जा सकता है। फिर भी, सुविधा के लिये हम तीन प्रकार के निकायों पर विचार करेंगे

(i) दो कणों का निकाय

(ii) विभिन्न n-कणों का निकाय

(iii) सतत् कणों का निकाय

दो कणों का निकाय (Two Particle System)

यदि कोई निकाय दो कणों से मिलकर बना है, जिसके द्रव्यमान क्रमशः m_1 व m_2 तथा स्थिति सदिश क्रमशः $\mathbf{r}_1$ व $\mathbf{r}_2$ हों, तब निकाय के द्रव्यमान केन्द्र का स्थिति सदिश

$$\mathbf{r}_{CM} = \frac{m_1\mathbf{r}_1 + m_2\mathbf{r}_2}{m_1 + m_2}$$

कार्तीय निर्देशांकों के पदों में यदि m_1 व m_2 द्रव्यमान के कणों के निर्देशांक क्रमशः (x_1, y_1, z_1) तथा (x_2, y_2, z_2) हों, तब निकाय के द्रव्यमान केन्द्र के निर्देशांक (x_{CM}, y_{CM}, z_{CM}) के लिए,

$$x_{CM} = \frac{m_1x_1 + m_2x_2}{m_1 + m_2}$$

$$y_{CM} = \frac{m_1y_1 + m_2y_2}{m_1 + m_2}$$

तथा $$z_{CM} = \frac{m_1z_1 + m_2z_2}{m_1 + m_2}$$

विभिन्न n-कणों का निकाय (Discrete n-Particle System)

यदि n-कणों के निकाय में $m_1, m_2, \ldots, m_n$ द्रव्यमान के कणों के किसी क्षण स्थिति सदिश क्रमशः $\mathbf{r}_1, \mathbf{r}_2, \ldots \mathbf{r}_n$ हैं, तो उस क्षण निकाय के द्रव्यमान केन्द्र (CM) का स्थिति सदिश ($\mathbf{r}_{CM}$)

$$\mathbf{r}_{CM} = \frac{m_1\mathbf{r}_1 + m_2\mathbf{r}_2 + \ldots + m_n\mathbf{r}_n}{m_1 + m_2 + \ldots + m_n} = \frac{\sum_{i=1}^{n} m_i\mathbf{r}_i}{\sum_{i=1}^{n} m_i}$$

या $$\mathbf{r}_{CM} = \frac{\sum_{i=1}^{n} m_i\mathbf{r}_i}{M} \qquad \left(\because \sum_{i=1}^{n} m_i = M\right)$$

पुनः $$\mathbf{r}_i = x_i\hat{\mathbf{i}} + y_i\hat{\mathbf{j}} + z_i\hat{\mathbf{k}}$$

तथा $$\mathbf{r}_{CM} = x_{CM}\hat{\mathbf{i}} + y_{CM}\hat{\mathbf{j}} + z_{CM}\hat{\mathbf{k}}$$

अतः द्रव्यमान केन्द्र (CM) के कार्तीय निर्देशांक (cartesian coordinates)

$$x_{CM} = \frac{m_1x_1 + m_2x_2 + \ldots + m_nx_n}{m_1 + m_2 + \ldots + m_n} = \frac{\sum_{i=1}^{n} m_ix_i}{\Sigma m_i}$$

या $$x_{CM} = \frac{\sum_{i=1}^{n} m_ix_i}{M},\ y_{CM} = \frac{\sum_{i=1}^{n} m_iy_i}{M} \text{ तथा } z_{CM} = \frac{\sum_{i=1}^{n} m_iz_i}{M}$$

दृढ़ पिण्ड का द्रव्यमान केन्द्र (Centre of Mass of a Rigid Body)

माना एक पिण्ड सतत् द्रव्यमान वितरण रखता है। इस निकाय के द्रव्यमान केन्द्र (CM) की गणना निम्न चरणों में कर सकते हैं

सबसे पहले सुविधाजनक मूल बिन्दु प्राप्त करते हैं।

अब मूल बिन्दु O से $\mathbf{r}$ दूरी पर dm द्रव्यमान का एक अवयव (element) मान लेते हैं

तब $$\mathbf{r}_{CM} = \frac{\int \mathbf{r}\,dm}{\int dm}$$

अंश तथा हर का उचित सीमाओं में समाकलन कर लेते हैं।

तथा अब घटक रूप में

$$x_{CM} = \frac{\int x\,dm}{\int dm} = \frac{\int x\,dm}{M}$$

जहाँ dm, O से x दूरी पर अत्यन्त सूक्ष्म अवयव है।

$$y_{CM} = \frac{\int y\,dm}{\int dm} = \frac{\int y\,dm}{M}$$

जहाँ dm, O से y दूरी पर अत्यन्त सूक्ष्म अवयव है।

$$z_{CM} = \frac{\int z\,dm}{\int dm} = \frac{\int z\,dm}{M}$$

जहाँ dm, O से z दूरी पर अत्यन्त सूक्ष्म अवयव है।

अतः $\mathbf{r}_{CM} = \mathbf{x}_{CM}\,\hat{\mathbf{i}} + y_{CM}\hat{\mathbf{j}} + z_{CM}\hat{\mathbf{k}}$

ज्यामितीय सममित आकार के दृढ़ पिण्डों के द्रव्यमान केन्द्र

(Centre of Mass of Geometrical Symmetric Shape of Rigid Bodies)

क्र.सं.	पिण्ड का आकार	चित्र	द्रव्यमान केन्द्र की स्थिति
1.	एकसमान सीधी छड़	C	छड़ के मध्य बिन्दु पर।
2.	एकसमान अर्द्धवृत्तीय तार	C, $\frac{2R}{\pi}$, O ← R →, (0,0)	CM के निर्देशांक $\left(0, \frac{2R}{\pi}\right)$ अथवा (0, 0.64 R)। इस बिन्दु पर कोई पदार्थ वास्तव में नहीं है।
3.	एकसमान वृत्तीय वलय	C	वलय के केन्द्र पर। यहाँ भी कोई पदार्थ वास्तव में नहीं है।
4.	एकसमान अर्द्धवृत्तीय प्लेट	C, $\left(0, \frac{4R}{3\pi}\right)$, O ← R →, (0,0)	CM के निर्देशांक $\left(0, \frac{4R}{3\pi}\right)$ अथवा (0, 0.42 R)।
5.	पतली त्रिकोणीय प्लेट	C	माध्यिकाओं के कटान बिन्दु पर।
6.	वृत्ताकार ठोस शंकु	h, C, h/4	आधार से अक्ष के अनुदिश $\frac{h}{4}$ दूरी पर, जहाँ, h शंकु की ऊँचाई है।
7.	बेलन	C	अक्ष के मध्य बिन्दु पर।

संवेग संरक्षण (Conservation of Momentum)

माना कि किसी निकाय में कणों के द्रव्यमान $m_1, m_2 \dots m_n$ हैं तथा उनके वेग क्रमशः $\mathbf{v}_1, \mathbf{v}_2 \dots \mathbf{v}_n$ हैं। निकाय का कुल रेखीय संवेग सभी कणों के संवेगों के सदिश योग के बराबर होगा अर्थात्

$$p = \mathbf{p}_1 + \mathbf{p}_2 + \mathbf{p}_3 \dots \mathbf{p}_n$$

$$= m_1\mathbf{v}_1 + m_2\mathbf{v}_2 + m_3\mathbf{v}_3 + \dots m_n vn$$

$$\because \quad \mathbf{v}_{\text{cm}} = \frac{1}{M}(m_1\mathbf{v}_1 + m_2\mathbf{v}_2 \dots m_n\mathbf{v}_n)$$

$$\therefore \quad \mathbf{p} = M + \mathbf{v}_{\text{cm}}$$

$$\frac{d\mathbf{p}}{dt} = M\frac{d\mathbf{v}}{dt} = Ma_{\text{cm}}$$

$$\frac{d\mathbf{p}}{dt} = \mathbf{F}_{\text{ext}}$$

यदि $\mathbf{F}_{\text{ext}} = 0$, तब $\frac{d\mathbf{p}}{dt} = 0 \Rightarrow \mathbf{p} =$ नियतांक

अतः जब किसी निकाय पर लगने वाले बल बाह्य बलों का सदिश योग शून्य होता है, तो निकाय का कुल रेखीय संवेग नियत रहता है।

द्रव्यमान केन्द्र की गति

(Motion of Centre of Mass)

माना $m_1, m_2, \dots m_n$ द्रव्यमानों के कणों के किसी क्षण स्थिति सदिश क्रमशः $\mathbf{r}_1, \mathbf{r}_2, \dots, \mathbf{r}_n$ हैं तथा एक निकाय का कुल द्रव्यमान M है। यदि $\mathbf{r}_{\text{CM}}$ निकाय के द्रव्यमान केन्द्र का मूल बिन्दु O से स्थिति सदिश है, तब

$$\mathbf{r}_{\text{CM}} = \frac{m_1\mathbf{r}_1 + m_2\mathbf{r}_2 + \dots + m_n\mathbf{r}_n}{m_1 + m_2 + \dots + m_n}$$

$$= \frac{m_1\mathbf{r}_1 + m_2\mathbf{r}_2 + \dots + m_n\mathbf{r}_n}{M}$$

या $$M\mathbf{r}_{\text{CM}} = m_1\mathbf{r}_1 + m_2\mathbf{r}_2 + \dots + m_n\mathbf{r}_n$$

इस समीकरण का समय t के सापेक्ष अवकलन करने पर,

$$M\frac{d\mathbf{r}_{\text{CM}}}{dt} = m_1\frac{d\mathbf{r}_1}{dt} + m_2\frac{d\mathbf{r}_2}{dt} + \dots + m_n\frac{d\mathbf{r}_n}{dt}$$

$$\because \quad \frac{d\mathbf{r}}{dt} = \text{वेग}$$

अतः $$M\mathbf{v}_{\text{CM}} = m_1\mathbf{v}_1 + m_2\mathbf{v}_2 + \dots + m_n\mathbf{v}_n \quad \dots(\text{i})$$

द्रव्यमान केन्द्र का वेग,

$$\mathbf{v}_{\text{CM}} = \frac{m_1\mathbf{v}_1 + m_2\mathbf{v}_2 + \dots + m_n\mathbf{v}_n}{M}$$

या $$\mathbf{v}_{\text{CM}} = \frac{\sum_{i=1}^{n} m_i\mathbf{v}_i}{M}$$

पुनः $$m\mathbf{v} = \text{कण का संवेग} = \mathbf{p}$$

समी (i) का t के सापेक्ष अवकलन करने पर,

$$M\frac{d\mathbf{v}_{\text{CM}}}{dt} = m_1\frac{d\mathbf{v}_1}{dt} + m_2\frac{d\mathbf{v}_2}{dt} + \dots + m_n\frac{d\mathbf{v}_n}{dt}$$

या $$M\mathbf{a}_{\text{CM}} = m_1\mathbf{a}_1 + m_2\mathbf{a}_2 + \dots + m_n\mathbf{a}_n \quad \dots(\text{ii})$$

या $$\mathbf{a}_{\text{CM}} = \frac{m_1\mathbf{a}_1 + m_2\mathbf{a}_2 + \dots + m_n\mathbf{a}_n}{M}$$

या $$\mathbf{a}_{\text{CM}} = \frac{\sum_{i=1}^{n} m_i\mathbf{a}_i}{M}$$

पुनः न्यूटन के द्वितीय नियम से,

$$\mathbf{F} = m\mathbf{a}$$

अतः समी (ii) निम्न प्रकार लिखी जा सकती है

$$\mathbf{F}_{\text{CM}} = \mathbf{F}_1 + \mathbf{F}_2 + \dots + \mathbf{F}_n$$

या $$\mathbf{F}_{\text{CM}} = \sum_{i=1}^{n}\mathbf{F}_i \quad \dots(\text{iii})$$

अतः जैसा कि हम पहले कह चुके हैं, समी (iii) से यह स्पष्ट है कि कणों के निकाय के द्रव्यमान केन्द्र की गति एक कण की गति के तुल्य है, जिसका द्रव्यमान निकाय के द्रव्यमान के बराबर है तथा जिस पर सभी बाह्य बल सीधे आरोपित हैं।

अभ्यास प्रश्न

1. दो कणों से बने निकाय के द्रव्यमान के सम्बन्ध में सही कथन होगा

(a) द्रव्यमान केन्द्र, दो कणों को मिलाने वाली रेखा के ठीक मध्य बिन्दु पर होगा

(b) द्रव्यमान केन्द्र कणों को मिलाने वाली रेखा पर होगा तथा उस बिन्दु पर होगा जिसकी प्रत्येक द्रव्यमान से दूरी उस कण के द्रव्यमान के व्युत्क्रमानुपाती होती है

(c) द्रव्यमान केन्द्र कणों को मिलाने वाली रेखा पर होगा तथा उस बिन्दु पर होगा जिसकी प्रत्येक द्रव्यमान से दूरी उस कण के द्रव्यमान के वर्ग के समानुपाती होती है

(d) द्रव्यमान केन्द्र कणों को मिलाने वाली रेखा पर होगा तथा उस बिन्दु पर होगा जिसकी प्रत्येक द्रव्यमान से दूरी उस कण के द्रव्यमान से समानुपाती होती है

2. किसी पिण्ड का द्रव्यमान केन्द्र

(a) सदैव पिण्ड के बाहर की ओर होता है

(b) पिण्ड की सतह के भीतर, बाहर अथवा सतह पर हो सकता है

(c) सदैव पिण्ड के अन्दर की ओर होता है

(d) सदैव पिण्ड की सतह पर होता है।

3. दो द्रव्यमानों m एवं M $(M > m)$ को संलयित करने पर द्रव्यमान केन्द्र कहाँ होगा?

(a) m की ओर

(b) M की ओर

(c) m व M के बीच

(d) उपरोक्त से कोई नहीं

4. दो कणों के निकाय का द्रव्यमान केन्द्र उनके बीच की दूरी को विभक्त करता।
(a) कणों के द्रव्यमानों के वर्ग के व्युत्क्रमानुपात में
(b) कणों के द्रव्यमानों के वर्ग के समानुपात में
(c) कणों के द्रव्यमानों के व्युत्क्रमानुपात में
(d) कणों के द्रव्यमानों के समानुपात में

5. धातु की एकसमान तीन गेंदें जिनकी त्रिज्याएँ समान हैं, किसी क्षैतिज तल पर एक-दूसरे को स्पर्श करती हुई इस प्रकार रखी हैं कि यदि इनके केन्द्रों को मिलाया जाए, तो वे समबाहु त्रिभुज बनाते हैं। इस निकाय का द्रव्यमान केन्द्र स्थित होगा
(a) क्षैतिज तल पर
(b) किसी एक गेंद के केन्द्र पर
(c) किन्हीं दो गेंदों को मिलाने वाली रेखा पर
(d) माध्यिकाओं के कटान बिन्दु पर

6. क्रिकेट के खेल में प्रयुक्त एक बल्ले को इसके द्रव्यमान केन्द्र से काटा जाता है, जैसा कि चित्र में प्रदर्शित है, तब

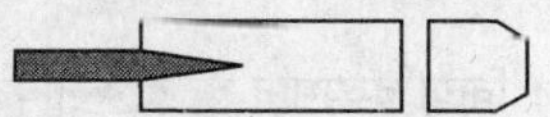

(a) दोनों टुकड़ों का द्रव्यमान समान होगा
(b) निचला टुकड़ा अधिक द्रव्यमान का होगा
(c) हत्थे वाला टुकड़ा अधिक द्रव्यमान का होगा
(d) हत्थे वाले टुकड़े का द्रव्यमान निचले टुकड़े से दोगुना होगा

7. दो वस्तुओं A तथा B, जिनके द्रव्यमान क्रमशः M तथा m हैं, यहाँ $M > m$ तथा उनके बीच की दूरी d है, पर समान बल इस प्रकार लगाया जाता है कि वे परस्पर एक दूसरे की ओर गति करती हैं। वह स्थिति, जहाँ दोनों वस्तुएँ टकराती हैं, होगी
(a) B के समीप
(b) A के समीप
(c) A तथा B से समान दूरी पर
(d) निर्धारित नहीं किया जा सकता

8. 10 किग्रा, 20 किग्रा एवं 30 किग्रा द्रव्यमान वाले तीन पिण्डों का द्रव्यमान केन्द्र बिन्दु (0, 0, 0) पर है। एक 40 किग्रा द्रव्यमान का पिण्ड कहाँ रखना होगा जबकि सम्पूर्ण निकाय का द्रव्यमान केन्द्र बिन्दु (3, 3, 3) पर हो?
(a) (0, 0, 0) (b) (7.5, 7.5, 7.5)
(c) (1, 2, 3) (d) (4, 4, 4)

9. 20 ग्राम, 30 ग्राम और 50 ग्राम द्रव्यमान वाले तीन कणों के वेग क्रमशः $10\hat{\mathbf{i}}, 10\hat{\mathbf{j}}$ एवं $10\hat{\mathbf{k}}$ हैं। इन तीन कणों के द्रव्यमान केन्द्र का वेग है
(a) $2\hat{\mathbf{i}} + 3\hat{\mathbf{j}} + 5\hat{\mathbf{k}}$ (b) $10(\hat{\mathbf{i}} + \hat{\mathbf{j}} + \hat{\mathbf{k}})$
(c) $20\hat{\mathbf{i}} + 30\hat{\mathbf{j}} + 5\hat{\mathbf{k}}$ (d) $2\hat{\mathbf{i}} + 30\hat{\mathbf{j}} + 50\hat{\mathbf{k}}$

10. a भुजा वाले एक वर्ग के कोनों P, Q, R तथा S पर क्रमशः 1 किग्रा, 1 किग्रा, 2 किग्रा तथा 2 किग्रा द्रव्यमान रखे हैं। निकाय का द्रव्यमान केन्द्र अधिकतम दूरी पर होगा
(a) केवल P (b) R तथा S
(c) केवल R (d) P तथा Q

11. 200 ग्राम एवं 500 ग्राम द्रव्यमान की दो वस्तुओं के वेग क्रमशः $10\hat{\mathbf{i}}$ मी/से और $3\hat{\mathbf{i}} + 5\hat{\mathbf{j}}$ मी/से हैं। इनके द्रव्यमान केन्द्र का वेग (मी/से में) है
(a) $5\hat{\mathbf{i}} - 25\hat{\mathbf{j}}$ (b) $\frac{5}{7}\hat{\mathbf{i}} - 25\hat{\mathbf{j}}$
(c) $5\hat{\mathbf{i}} + \frac{25}{7}\hat{\mathbf{j}}$ (d) $35\hat{\mathbf{i}} - \frac{5}{7}\hat{\mathbf{j}}$

12. एक गाड़ी को 10 मी लम्बी भारहीन डोरी के एक सिरे से बांधा गया है। डोरी का दूसरा सिरा M द्रव्यमान के व्यक्ति के हाथ में है। यह सम्पूर्ण निकाय चिकने क्षैतिज समतल पर है। व्यक्ति $x = 0$ पर तथा गाड़ी $x - 10$ मी पर है। यदि व्यक्ति गाड़ी को डोरी द्वारा खींचता है, तब व्यक्ति व गाड़ी के मिलने का बिन्दु होगा
(a) $x = 0$ (b) $x = 5$ मी
(c) $x = 10$ मी (d) इनमें से कोई नहीं

13. चित्र में प्रदर्शित समान द्रव्यमान की चार वस्तुएँ समान चाल से गति करना प्रारम्भ करती हैं। निम्न में से किस संयोजन के लिए द्रव्यमान केन्द्र मूल बिन्दु पर स्थिर रहेगा?

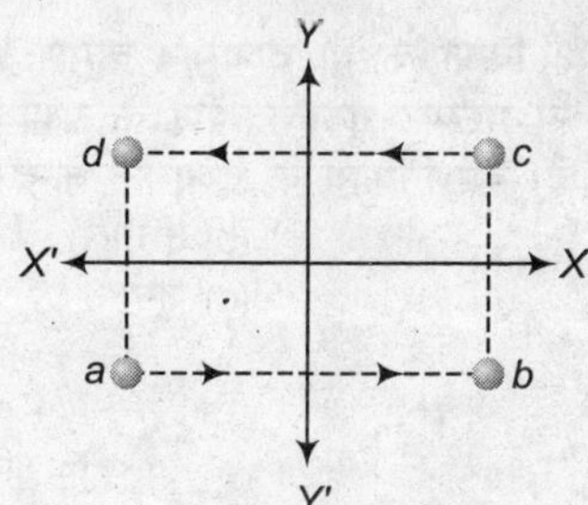

(a) c तथा d (b) a तथा b
(c) a तथा c (d) b तथा d

14. एक M द्रव्यमान की वस्तु A ऊर्ध्वाधर नीचे की ओर गुरुत्व के प्रभाव में गिर रही है, तथा यह दो भागों में टूट जाती है, जिसका एक भाग $B, \frac{1}{3}M$ द्रव्यमान का तथा दूसरा भाग $C, \frac{2}{3}M$ द्रव्यमान का है। वस्तुओं B तथा C का संयुक्त द्रव्यमान केन्द्र वस्तु A की तुलना में विस्थापित होगा
(a) C की ओर
(b) B की ओर
(c) टूटने की ऊँचाई पर निर्भर करेगा
(d) विस्थापित नहीं होगा

15. दो कण जिनके द्रव्यमान क्रमशः m_1 व m_2 हैं, विराम अवस्था से एक-दूसरे की ओर अपने पारस्परिक आकर्षण बल के प्रभाव के अन्तर्गत गति करते हैं। उनके द्रव्यमान केन्द्र की चाल उस समय t पर क्या होगी, जब उनके मध्य की दूरी r है?
(a) शून्य
(b) $\left(G\frac{m_1m_2}{r^2}\cdot\frac{1}{m_1}\right)t$
(c) $\left(G\frac{m_1m_2}{r^2}\cdot\frac{1}{m_2}\right)t$
(d) $\left(G\frac{m_1m_2}{r^2}\cdot\frac{1}{m_1+m_2}\right)t$

16. 2 किग्रा और 4 किग्रा द्रव्यमान की दो वस्तुएँ क्रमशः 2 मी/से व 10 मी/से के वेग से गति कर रही हैं। इनके द्रव्यमान केन्द्र का वेग होगा
(a) 8.1 मी/से (b) 7.3 मी/से
(c) 6.4 मी/से (d) 5.3 मी/से

17. दो कण X तथा Y, प्रारम्भ में विरामावस्था में हैं, परस्पर आकर्षण स्वरूप एक-दूसरे की ओर गति करते हैं। यदि किसी क्षण X कण का वेग v तथा Y कण कर वेग $2v$ है, तब उनके द्रव्यमान केन्द्र का वेग होगा
(a) 0 (b) अपरिवर्तित
(c) $2v$ (d) $\frac{v}{2}$

18. 2 किग्रा और 3 किग्रा द्रव्यमान की दो वस्तुएँ x-अक्ष के अनुदिश गतिमान हैं। एक निश्चित क्षण पर 2 किग्रा की वस्तु का वेग 3 मी/से तथा 3 किग्रा की वस्तु का वेग 2 मी/से है। उस क्षण गुरुत्व केन्द्र का वेग है
(a) 5 मी/से (b) 1 मी/से
(c) 0 (d) इनमें से कोई नहीं

19. 2 किग्रा तथा 4 किग्रा के दो द्रव्यमान क्रमशः 20 मी/से तथा 10 मी/से के वेग से परस्पर गुरुत्वाकर्षण के प्रभाव में एक-दूसरे की ओर गतिशील हैं। इस निकाय के द्रव्यमान केन्द्र का वेग होगा
(a) 5 मी/से (b) 6 मी/से
(c) 8 मी/से (d) शून्य

20. एक ठोस बेलन, जिसका द्रव्यमान M है और अर्द्धव्यास R है, एक नत तल पर बिना फिसले लुढ़कता है। तल की लम्बाई L व ऊँचाई h है। नीचे पहुँचने पर, बेलन के द्रव्यमान केन्द्र की चाल क्या होगी?
(a) $\sqrt{2gh}$ (b) $\sqrt{\frac{3}{4}gh}$ (c) $\sqrt{\frac{4}{3}gh}$ (d) $\sqrt{4gh}$

21. दो द्रव्यमान $2M$ व M प्रारम्भ में R दूरी पर हैं। परस्पर आकर्षण बल के प्रभाव में वे एक-दूसरे की ओर गति करते हैं। जब उनके बीच की दूरी $R/2$ होती है, उस समय इनके द्रव्यमान केन्द्र का त्वरण होगा
(a) शून्य (b) g मी/से^{2} (c) $3g$ मी/से^{2} (d) $12g$ मी/से^{2}

22. दो द्रव्यमान m_1 तथा m_2 $(m_1 > m_2)$ द्रव्यमानहीन तथा अवितान्य डोरी से परस्पर जुड़े हुए हैं, जोकि एक भारहीन तथा घर्षणरहित घिरनी से होकर जाती है। निकाय के द्रव्यमान केन्द्र का त्वरण होगा
(a) $\left(\frac{m_1 - m_2}{m_1 + m_2}\right)^2 g$ (b) $\frac{m_1 - m_2}{m_1 + m_2} g$
(c) $\frac{m_1 + m_2}{m_1 - m_2} g$ (d) शून्य

23. 10 किग्रा तथा 4 किग्रा द्रव्यमान के दो ब्लॉक एक भारहीन स्प्रिंग के द्वारा जुड़े हैं तथा एक घर्षणरहित क्षैतिज सतह पर रखे हैं। एक आवेश भारी ब्लॉक को हल्के ब्लॉक की दिशा में 14 मी/से का वेग प्रदान करता है। द्रव्यमान केन्द्र का वेग है
(a) 30 मी/से (b) 20 मी/से (c) 10 मी/से (d) 5 मी/से

उत्तरमाला

1.	(b)	2.	(b)	3.	(b)	4.	(c)	5.	(d)	6.	(b)	7.	(b)	8.	(b)	9.	(a)	10.	(d)
11.	(c)	12.	(d)	13.	(a)	14.	(d)	15.	(a)	16.	(b)	17.	(b)	18.	(d)	19.	(d)	20.	(c)
21.	(a)	22.	(a)	23.	(c)														

उत्तर व्याख्या सहित

1. हम जानते हैं कि $m_1r_1 = m_2r_2 \Rightarrow m \times r =$ नियत $\Rightarrow r \propto \frac{1}{m}$

अतः द्रव्यमान केन्द्र कणों को मिलाने वाली रेखा पर होगा तथा उसकी कणों से दूरी उनके द्रव्यमानों के व्युत्क्रमानुपाती होगी।

2. किसी पिण्ड का द्रव्यमान केन्द्र पिण्ड की सतह के भीतर, बाहर अथवा सतह पर हो सकता है। यह वस्तु के द्रव्यमान वितरण पर निर्भर करता है।

3. अतः द्रव्यमान केन्द्र की दूरी, $r \propto \frac{1}{m}$

द्रव्यमान केन्द्र हमेशा भारी (अधिक) द्रव्यमान की ओर होता है।

4. $m_1r_1 = m_2r_2 \Rightarrow \frac{r_1}{r_2} = \frac{m_2}{m_1} \Rightarrow r \propto \frac{1}{m}$

अतः द्रव्यमान केन्द्र कणों के बीच की दूरी को उनके द्रव्यमानों के व्युत्क्रमानुपात में विभक्त करता है।

5. निकाय का द्रव्यमान केन्द्र, समबाहु त्रिभुज की माध्यिकाओं के कटान बिन्दु पर स्थित होगा।

6. चूँकि द्रव्यमान केन्द्र अधिक द्रव्यमान वाले भाग की ओर होता है अतः बल्ले के निचले सिरे का द्रव्यमान अधिक होता है।

7. चूँकि निकाय का परिणामी बल शून्य है अतः उनके द्रव्यमान केन्द्र की स्थिति में परिवर्तन नहीं होगा अर्थात् वे द्रव्यमान केन्द्र पर एक दूसरे से टकरायेंगे। निकाय का द्रव्यमान केन्द्र A के समीप स्थित होगा क्योंकि $m_A > m_B$

8. $X = \frac{m_1x_1 + m_2x_2 + m_3x_3 + m_4x_4}{m_1 + m_2 + m_3 + m_4}$

$$X = \frac{0 + 40x_4}{100}$$

$\Rightarrow$ $$3 = \frac{40x_4}{100}$$

$\Rightarrow$ $$\therefore x_4 = \frac{300}{40} = 7.5$$

इसी प्रकार $y_4 = 7.5$ तथा $z_4 = 7.5$

9. द्रव्यमान केन्द्र का वेग

$$\mathbf{v}_{CM} = \frac{m_1\mathbf{v}_1 + m_2\mathbf{v}_2 + m_3\mathbf{v}_3}{m_1 + m_2 + m_3}$$

$$= \frac{20 \times 10\hat{\mathbf{i}} + 30 \times 10\hat{\mathbf{j}} + 50 \times 10\hat{\mathbf{k}}}{100}$$

$\therefore$ $$v_{CM} = 2\hat{\mathbf{i}} + 3\hat{\mathbf{j}} + 5\hat{\mathbf{k}}$$

10.

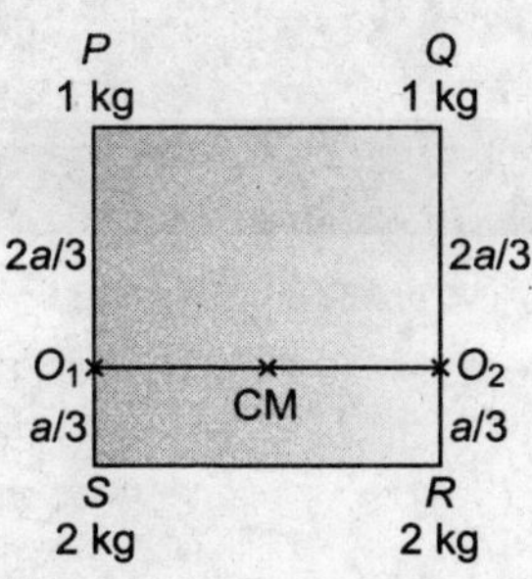

P तथा S का द्रव्यमान केन्द्र O_1 पर होगा; Q तथा R का द्रव्यमान केन्द्र O_2 पर होगा।

$\therefore$ निकाय का द्रव्यमान केन्द्र O_1 तथा O_2 के मध्य बिन्दु पर है, जो P तथा Q से अधिकतम दूरी पर है।

11. $\mathbf{v}_{\text{CM}} = \dfrac{m_1\mathbf{v}_1 + m_2\mathbf{v}_2}{m_1 + m_2} = \dfrac{200 \times 10\hat{\mathbf{i}} + 500 \times (3\hat{\mathbf{i}} + 5\hat{\mathbf{j}})}{200 + 500}$

$\mathbf{v}_{\text{CM}} = 5\hat{\mathbf{i}} + \dfrac{25}{7}\hat{\mathbf{j}}$

12. यदि कोई बाह्य बल कार्य न करे तो द्रव्यमान केन्द्र की स्थिति समान रहती है। अतः वे उनके द्रव्यमान केन्द्र पर मिलेंगे।

13. द्रव्यमान केन्द्र हमेशा दो पिण्डों को जोड़ने वाली रेखा पर स्थित होता है। cd तथा ab को जोड़ते समय यह रेखा मूल बिन्दु से होकर नहीं गुजरेगी। bd को जोड़ते समय, प्रारम्भ में यह मूल बिन्दु से होकर गुजरेगी परन्तु बाद में ऋणात्मक x-अक्ष की ओर विस्थापित हो जायेगी। सिर्फ ac को जोड़ते समय यह रेखा सदैव मूल बिन्दु से होकर गुजरेगी, अतः हम कह सकते हैं कि cd के लिए द्रव्यमान केन्द्र हमेशा मूल बिन्दु पर स्थित होगा।

14. चूँकि द्रव्यमान, आन्तरिक बलों के कारण दो भागों में विभाजित हो रहे हैं। अतः द्रव्यमान केन्द्र की स्थिति में कोई परिवर्तन नहीं होगा।

15. चूँकि प्रारम्भ में दोनों कण विराम में हैं अतः द्रव्यमान केन्द्र का वेग शून्य होगा तथा निकाय पर कोई बाह्य बल कार्य नहीं कर रहा है इसलिए द्रव्यमान केन्द्र की चाल नियत होगी अर्थात् इसकी चाल शून्य ही रहेगी।

16. द्रव्यमान केन्द्र का वेग,

$$\mathbf{v}_{\text{CM}} = \frac{m_1\mathbf{v}_1 + m_2\mathbf{v}_2}{m_1 + m_2}$$

$$= \frac{2 \times 2 + 4 \times 10}{2 + 4} = 7.3 \text{ मी/से}$$

17. प्रारम्भ में दोनों कण विराम में हैं अतः $v_{\text{CM}} = 0$ निकाय पर आरोपित बाह्य बल शून्य है अतः द्रव्यमान केन्द्र का वेग अपरिवर्तित रहेगा।

18. द्रव्यमान केन्द्र का वेग,

$$\mathbf{v}_{\text{CM}} = \frac{m_1\mathbf{v}_1 + m_2\mathbf{v}_2}{m_1 + m_2}$$

$$= \frac{2 \times 3 + 3 \times 2}{2 + 3} = \frac{12}{5} = 2.4 \text{ मी/से}$$

19. $m_1 = 2$ किग्रा, $m_2 = 4$ किग्रा, $\mathbf{v}_1 = 30$ मी/से, $\mathbf{v}_2 = -10$ मी/से

द्रव्यमान केन्द्र का वेग,

$$\mathbf{v}_{\text{CM}} = \frac{m_1\mathbf{v}_1 + m_2\mathbf{v}_2}{m_1 + m_2} = \frac{2 \times 20 - 4 \times 10}{2 + 4} = 0$$

20. वेग, $v = \left[\dfrac{2gh}{1 + k^2/R^2}\right]^{1/2}$ या $v = \left(\dfrac{2gh}{1 + \dfrac{1}{2}}\right)^{1/2} = \sqrt{\dfrac{4}{3}gh}$

21. निकाय का प्रारम्भिक त्वरण शून्य है। इसलिए जब तक इस पर बाह्य बल नहीं लगाया जायेगा वह शून्य ही रहेगा।

22. प्रत्येक द्रव्यमान का त्वरण $a = \left(\dfrac{m_1 - m_2}{m_1 + m_2}\right)g$

निकाय के द्रव्यमान केन्द्र का त्वरण,

$$A_{\text{CM}} = \frac{m_1\mathbf{a}_1 + m_1\mathbf{a}_2}{m_1 + m_2}$$

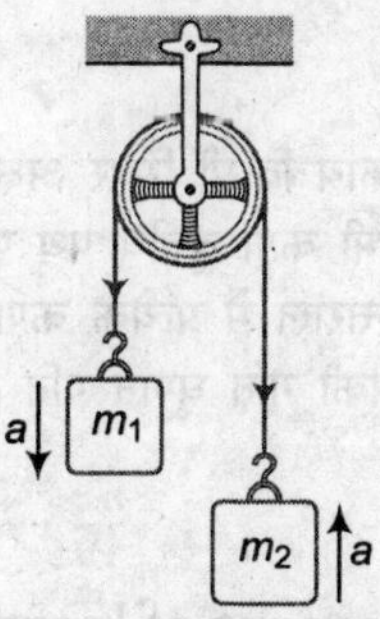

चूँकि दोनों द्रव्यमान समान त्वरण से विपरीत दिशाओं में गति करते हैं,

अतः $\mathbf{a}_1 = -\mathbf{a}_2 = a$ (माना)

$$\therefore \quad A_{\text{CM}} = \frac{m_1 a - m_2 a}{m_1 + m_2}$$

$$= \left(\frac{m_1 - m_2}{m_1 + m_2}\right) \times \left(\frac{m_1 - m_2}{m_1 + m_2}\right) \times g$$

$$= \left(\frac{m_1 - m_2}{m_1 + m_2}\right)^2 \times g$$

23.

$\rightarrow v_1 = 14$ मी/से $\qquad v_2 = 0$ मी/से

$m_1 =$ 10 किग्रा $\qquad m_2 = 4$ किग्रा

$$v_{\text{CM}} = \frac{m_1 v_1 + m_2 v_2}{m_1 + m_2} = \frac{10 \times 14 + 4 \times 0}{10 + 4}$$

$$= \frac{140}{14} = 10 \text{ मी/से}$$

अध्याय 08

घूर्णन गति
Rotational Motion

यदि कोई पिण्ड अथवा निकाय किसी स्थिर अक्ष के परितः इस प्रकार गति करता है कि उसके सभी कण वृत्तीय पथ पर गति करते हैं, जिससे एक निश्चित समयान्तराल में प्रत्येक कण का कोणीय विस्थापन समान हो, तो उसकी गति घूर्णन गति (Rotational Motion) कहलाती है।

जड़त्व आघूर्ण (Moment of Inertia)

यदि किसी कण का द्रव्यमान m है तथा घूर्णन अक्ष से उसकी दूरी r है, तब कण का घूर्णन अक्ष के परितः जड़त्व आघूर्ण I, द्रव्यमान m तथा दूरी r के वर्ग के गुणनफल के बराबर होता है। अर्थात्

$$I = mr^2$$

चित्र में एक पिण्ड दिखाया गया है जोकि पिण्ड के एक बिन्दु O से गुजरने वाली तथा पिण्ड के तल के लम्बवत् अक्ष के चारों ओर घूर्णन कर रहा है। यदि पिण्ड के कणों के द्रव्यमान $m_1, m_2, m_3, \ldots$ हों तथा उनकी घूर्णन अक्ष से दूरियाँ क्रमशः $r_1, r_2, r_3, \ldots$ हों तो पिण्ड का घूर्णन अक्ष के परितः जड़त्व आघूर्ण,

$$I = m_1r_1^2 + m_2r_2^2 + m_3r_3^2 + \ldots = \Sigma mr^2$$

यदि पिण्ड में पदार्थ का अविच्छिन्न वितरण (continuous distribution) हो, तब

$$I = \int r^2 dm$$

जहाँ, dm पिण्ड के एक अनन्त सूक्ष्म अवयव (infinitesimally small element) का द्रव्यमान है जोकि घूर्णन अक्ष से r दूरी पर है।

घूर्णन त्रिज्या (Radius of Gyration)

किसी घूर्णन अक्ष के परितः किसी पिण्ड की घूर्णन त्रिज्या, घूर्णन अक्ष से एक ऐसे बिन्दु की लम्बवत् दूरी है, जिस पर पिण्ड का समस्त द्रव्यमान केन्द्रित मान लेने पर, जड़त्व आघूर्ण का मान वही होता है जोकि पिण्ड के द्रव्यमान के वास्तविक वितरण के लिये उस घूर्णन अक्ष के परितः है।

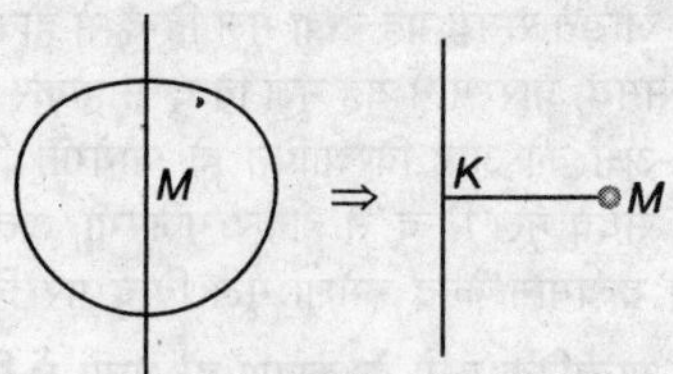

यदि पिण्ड का द्रव्यमान M तथा घूर्णन अक्ष के परितः घूर्णन त्रिज्या K हो, तो परिभाषा से,

$$I = MK^2 \quad \text{या} \quad K = \sqrt{\frac{I}{M}}$$

जड़त्व आघूर्ण सम्बन्धी प्रमेय
(Theorems Regarding Moment of Inertia)

जड़त्व आघूर्ण के सम्बन्ध में दो महत्त्वपूर्ण प्रमेय दी जाती हैं। जिसकी सहायता से किसी अक्ष के परितः किसी पिण्ड का जड़त्व आघूर्ण ज्ञात किया जा सकता है, यदि किसी अन्य अक्ष के परितः जड़त्व आघूर्ण ज्ञात हो। ये प्रमेय निम्न प्रकार हैं

(i) **समान्तर अक्षों की प्रमेय** (Theorem of parallel axes) एक बहुत महत्त्वपूर्ण प्रमेय, जिसे समान्तर अक्षों की प्रमेय कहते हैं, एक दृढ़ पिण्ड की दो समान्तर अक्षों के परितः जड़त्व आघूर्णों में सम्बन्ध दर्शाती है, जिनमें से एक अक्ष द्रव्यमान केन्द्र से जाती है। इस प्रमेय के अनुसार,

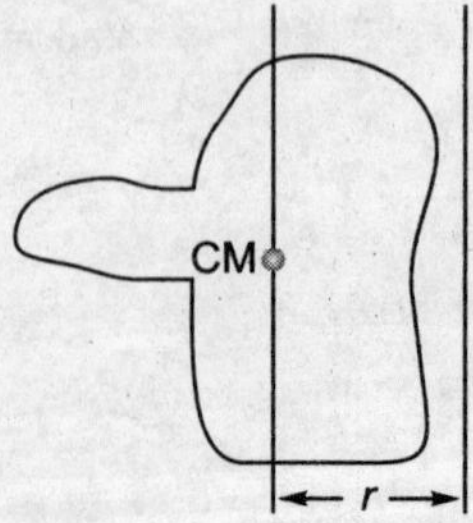

"किसी पिण्ड का किसी अक्ष के परितः जड़त्व आघूर्ण (I), उस पिण्ड के द्रव्यमान केन्द्र (centre of mass) से

होकर जाने वाली एक अन्य समान्तर अक्ष के परित: जड़त्व आघूर्ण (I_{CM}) तथा पिण्ड के द्रव्यमान व दोनों अक्षों के बीच की लम्ब दूरी के वर्ग के गुणनफल के योग के बराबर होता है। इस प्रकार

$$I = I_{CM} + Mr^2$$

जहाँ M पिण्ड का द्रव्यमान है तथा r दोनों अक्षों के बीच की लम्ब दूरी है। इसे 'समान्तर अक्षों की प्रमेय' कहते हैं।

(ii) **लम्बवत् अक्षों की प्रमेय** (Theorem of perpendicular axes) यह प्रमेय केवल समतलीय पिण्डों (द्विविमीय) के लिये ही मान्य है। इस प्रमेय के अनुसार,

"किसी समतल पटल का उसके तल में ली गई दो परस्पर लम्बरूप अक्षों के परित: जड़त्व आघूर्णों का योग इन अक्षों के प्रतिच्छेद बिन्दु से होकर जाने वाली तथा पटल के तल के लम्बरूप अक्ष के परित: जड़त्व आघूर्ण के बराबर होता है।" इसे 'लम्बवत् अक्षों की प्रमेय' कहते हैं।

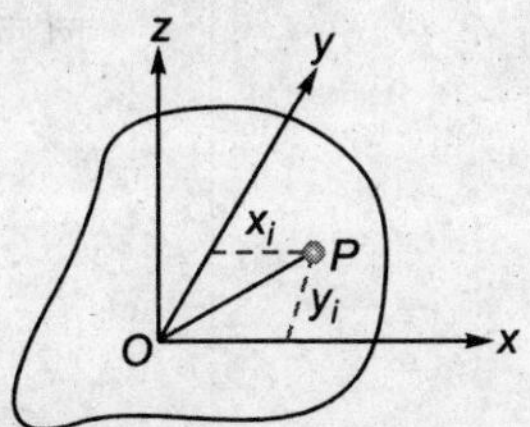

माना पिण्ड के तल में x तथा y-अक्ष चित्रानुसार हैं तथा z-अक्ष तल के लम्बवत् है। तीनों अक्ष परस्पर लम्बवत् हैं, तब प्रमेय के अनुसार

$$I_z = I_x + I_y$$

सरल ज्यामितीय वस्तुओं के जड़त्व आघूर्णों के मान
(Values of Moments of Inertia for Simple Geometrical Objects)

क्र.सं.	पिण्ड	घूर्णन अक्ष	आरेख	जड़त्व आघूर्ण
1.	एकसमान पतली छड़	(a) द्रव्यमान केन्द्र से गुजरने वाली तथा छड़ की लम्बाई के लम्बवत्		$\frac{Ml^2}{12}$
		(b) एक सिरे से गुजरने वाली तथा छड़ की लम्बाई के लम्बवत्		$\frac{Ml^2}{3}$
2.	आयताकार पटल	द्रव्यमान केन्द्र से गुजरने वाली तथा लम्बाई व चौड़ाई के तल के लम्बवत्		$\frac{M(l^2+b^2)}{12}$
3.	वलय	(a) इसके केन्द्र से गुजरने वाली तथा इसके तल के लम्बवत्		MR^2
		(b) व्यास के परित:		$\frac{MR^2}{2}$

क्र.सं.	पिण्ड	घूर्णन अक्ष	आरेख	जड़त्व आघूर्ण
4.	डिस्क	(a) केन्द्र से गुजरने वाली तथा इसके तल के लम्बवत्		$\frac{MR^2}{2}$
		(b) व्यास के परितः		$\frac{MR^2}{4}$
5.	खोखली डिस्क	केन्द्र से गुजरने वाली तथा इसके तल के लम्बवत्	R_1 R_2	$\frac{M(R_1^2+R_2^2)}{2}$
6.	ठोस बेलन	(a) इसकी अपनी ज्यामितीय अक्ष के परितः		$\frac{MR^2}{2}$
		(b) द्रव्यमान केन्द्र से गुजरने वाली तथा ज्यामितीय अक्ष के लम्बवत्		$M\left(\frac{l^2}{12}+\frac{R^2}{4}\right)$
7.	खोखला बेलन	(a) इसकी अपनी ज्यामितीय अक्ष के परितः		MR^2
		(b) इसके द्रव्यमान केन्द्र से गुजरने वाली तथा इसकी लम्बाई के लम्बवत्		$M\left(\frac{l^2}{12}+\frac{R^2}{2}\right)$
8.	पतला गोलीय कोश	(a) व्यास के परितः		$\frac{2}{3}MR^2$
		(b) स्पर्श रेखा के परितः		$\frac{5}{3}MR^2$

क्र.सं.	पिण्ड	घूर्णन अक्ष	आरेख	जड़त्व आघूर्ण
9.	ठोस गोला	(a) व्यास के परितः		$\frac{2}{5}MR^2$
		(b) स्पर्श रेखा के परितः		$\frac{7}{5}MR^2$

बल-आघूर्ण (Torque)

माना एक बल **F** कण P पर आरोपित है तथा कण का एक निर्देश बिन्दु O के परितः स्थिति सदिश **r** है। बल **F** का O के परितः आघूर्ण,

$$\tau = \mathbf{r} \times \mathbf{F}$$

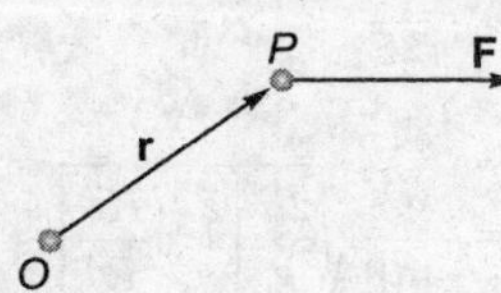

यह एक सदिश राशि है तथा क्रॉस गुणन (cross product) के नियम के अनुसार इसकी दिशा **r** तथा **F** दोनों के लम्बवत् होती है।

यदि बल पिण्ड को वामावर्त दिशा में घुमाता है तो बल-आघूर्ण धनात्मक कहलाता है और यदि बल, पिण्ड को दक्षिणावर्त दिशा में घुमाता है तो बल आघूर्ण ऋणात्मक कहलाता है।

नोट *बल तथा बल-आघूर्ण में कोई भ्रान्ति (confusion) नहीं होनी चाहिए। ये दोनों भिन्न-भिन्न भौतिक राशियाँ हैं। बल का मात्रक न्यूटन तथा बल-आघूर्ण का न्यूटन-मी होता है। स्थानान्तरीय गति में बल तथा घूर्णन गति में बल आघूर्ण का ही योगदान है।*

कोणीय संवेग (Angular Momentum)

जब कोई पिण्ड रेखीय गति करता है तो उस पिण्ड के द्रव्यमान तथा रेखीय वेग के गुणनफल को रेखीय संवेग कहते हैं। **यदि पिण्ड किसी अक्ष के परितः घूम रहा है तो उस अक्ष के परितः पिण्ड के कणों के रेखीय संवेगों के आघूर्णों के योग को उस पिण्ड का उस अक्ष के परितः कोणीय संवेग कहते हैं।** इसे L से प्रदर्शित करते हैं।

कोणीय संवेग $\quad L = I\omega$

जिस प्रकार नेट बाह्य बल-आघूर्ण पिण्ड के रेखीय संवेग के परिवर्तन के लिये उत्तरदायी है उसी प्रकार नेट बाह्य बल आघूर्ण कोणीय संवेग में परिवर्तन के लिये उत्तरदायी है।

$$\tau = \frac{dL}{dt}$$

कोणीय संवेग संरक्षण का नियम
(Law of Conservation of Angular Momentum)

घूर्णी गति में न्यूटन के गति विषयक द्वितीय नियम से,

$$\tau = \frac{d\mathbf{L}}{dt}$$

यदि कण अथवा निकाय पर कार्यरत् कुल बाह्य बल आघूर्ण शून्य हो, तो

$$\tau = \frac{d\mathbf{L}}{dt} = 0$$

या $\quad d\mathbf{L} = 0$

अर्थात् $\quad \boxed{\mathbf{L} = \text{नियतांक}}$

अतः यदि किसी निकाय पर कार्यरत् कुल बाह्य बल आघूर्ण शून्य हो तो निकाय का कोणीय संवेग संरक्षित रहता है।

अतः निकाय पर कार्यरत् कुल बाह्य बल आघूर्ण शून्य होने पर,

$$L = I\omega = \text{नियतांक}$$

या $\quad I \propto \frac{1}{\omega}$

अतः स्पष्ट है कि यदि किसी निकाय पर कार्यरत् कुल बाह्य बल आघूर्ण शून्य है तो उसका जड़त्व आघूर्ण बढ़ने पर, कोणीय वेग कम होगा तथा जड़त्व आघूर्ण घटने पर, कोणीय वेग बढ़ जायेगा।

बल-आघूर्ण तथा कोणीय संवेग में सम्बन्ध

(Relation between Torque and Angular Momentum)

हम जानते हैं कि कोणीय संवेग, $L = \mathbf{r} \times \mathbf{p}$

$$\therefore \quad \frac{d\mathbf{L}}{dt} = \frac{d\mathbf{r}}{dt} \times \mathbf{p} + \mathbf{r} \times \frac{d\mathbf{p}}{dt} = \mathbf{p} \times m\mathbf{v} + \mathbf{r} \times \mathbf{p}$$

$$= 0 + \mathbf{r} \times \mathbf{F} = \tau_{\text{बाह्य}}$$

$$\frac{dL}{dt} = \tau_{\text{बाह्य}}$$

इसलिए, कोणीय संवेग परिवर्तन की दर, बाह्य बल के कारण उत्पन्न बल-आघूर्ण के बराबर होती है।

घूर्णन गति में किये गये कार्य, शक्ति तथा कोणीय आवेग में सम्बन्ध

(i) घूर्णन गति में, बल-आघूर्ण द्वारा किया गया कुल कार्य $= \int \tau \cdot d\theta$

(ii) घूर्णन गति में तत्कालिक क्षमता, $P = \tau \cdot \omega$

(iii) कोणीय आवेग $= \int \tau \, dt = \mathbf{L}_f - \mathbf{L}_i$

अतः बल-आघूर्ण का कोणीय आवेग दिये गये समय में पिण्ड के कोणीय संवेग में कुल परिवर्तन के बराबर होता है।

लोटनी गति (Rolling Motion)

जब कोई पिण्ड अपनी अक्ष के परितः घूर्णन के साथ-साथ रेखीय गति भी करता है, तो उसकी यह गति लोटनी गति कहलाती है; जैसे—सड़क पर साइकिल की गति, बस आदि के पहियों की गति।

क्षैतिज तल पर लोटनी गति

(Rolling Motion on Horizontal Plane)

माना m द्रव्यमान तथा R त्रिज्या का एक पिण्ड रेखीय v तथा कोणीय वेग ω से लोटनी गति कर रहा है।

लोटनी गति, गतिज ऊर्जा = स्थानान्तरित गतिज ऊर्जा + घूर्णन गतिज ऊर्जा

$$= \frac{1}{2}mv^2 + \frac{1}{2}I\omega^2$$

आनत तल पर लोटनी गति

(Rolling Motion on an Inclined Plane)

माना m द्रव्यमान तथा R त्रिज्या का एक पिण्ड, क्षैतिज से θ कोण पर झुके आनत तल पर शुद्ध लोटनी गति कर रहा है।

पिण्ड को h ऊँचाई से छोड़ा जाता है तथा तल के निम्नतम बिन्दु पर पिण्ड की चाल v तथा कोणीय वेग ω है।

अतः ऊर्जा संरक्षण के नियम से,

पिण्ड की उच्चतम बिन्दु पर स्थितिज ऊर्जा

= पिण्ड की (घूर्णन गतिज ऊर्जा + रेखीय गतिज ऊर्जा)

$$mgh = \frac{1}{2}I\omega^2 + \frac{1}{2}mv^2$$

परतु $\quad v = R\omega,$

अतः $\quad mgh = \frac{1}{2}mv^2\left(1 + \frac{1}{mR^2}\right)$

परन्तु $I = mK^2$, जहाँ K घूर्णन त्रिज्या है।

$$\therefore \quad v = \frac{\sqrt{2gh}}{\sqrt{1 + \frac{I}{mR^2}}} = \frac{\sqrt{2gh}}{\sqrt{1 + \frac{K^2}{R^2}}}$$

आनत तल पर त्वरण

$$v^2 = \frac{2gh}{\sqrt{1 + \frac{K^2}{R^2}}} = \frac{2gs \ \sin\theta}{\sqrt{1 + \frac{K^2}{R^2}}} \qquad (\because h = s\sin\theta)$$

$$\therefore \quad 2v \cdot \frac{dv}{dt} = \frac{2g\sin\theta}{\sqrt{1 + \frac{K^2}{R^2}}} \cdot \frac{ds}{dt}$$

परन्तु $\quad \frac{ds}{dt} = v$ तथा $\frac{dv}{dt} = a$

$$\therefore \quad a = \frac{g\sin\theta}{\sqrt{1 + \frac{K^2}{R^2}}}$$

नत तल के निम्नतम बिन्दु तक पहुँचने में लगा समय

$$t = \sqrt{\frac{25}{a}}$$

$$t = \frac{1}{\sin\theta}\sqrt{\frac{2h}{g}\left[1 + \frac{K^2}{R^2}\right]}$$

अतः स्पष्ट है कि

$$v \propto \frac{1}{\sqrt{1 + \frac{K^2}{R^2}}}; \ a \propto \frac{1}{1 + \frac{K^2}{R^2}}; \ t \propto \sqrt{1 + \frac{K^2}{R^2}}$$

रेखीय तथा घूर्णीय गतियों की तुलना

(Coparision of Linear and Rotational Motion)

रेखीय गति से सम्बद्ध राशि	घूर्णी गति से सम्बद्ध राशि
रेखीय विस्थापन (s)	कोणीय विस्थापन (θ)
रेखीय वेग $(v) = \frac{ds}{dt}$	कोणीय वेग $(\omega) = \frac{d\theta}{dt}$
रेखीय त्वरण $(a) = \frac{dv}{dt}$	कोणीय त्वरण $(\alpha) = \frac{d\omega}{dt}$
जड़त्व (m)	जड़त्व आघूर्ण (I)
बल $(F) = ma$	बल-आघूर्ण $(\alpha) = I\alpha$
रेखीय संवेग $(p) = mv$	कोणीय संवेग $(L) = I\omega$
स्थानान्तरीय गतिज ऊर्जा $(K_{\text{trans}}) = \frac{1}{2}mv^2$	घूर्णन गतिज ऊर्जा $(K_{\text{rot}}) = \frac{1}{2}I\omega^2$
कार्य, $(W) = Fs$	कार्य, $(W) = \tau\theta$

अभ्यास प्रश्न

1. यदि किसी पिण्ड पर स्थिर बल आघूर्ण (steady torque) कार्यरत् हो, तो यह पिण्ड

(a) अपनी स्थिर अवस्था अथवा सरल रेखा के अनुदिश अचर गति अवस्था में बना रहता है

(b) रेखीय वेग प्राप्त करता है

(c) कोणीय त्वरण प्राप्त करता है

(d) अचर वेग से घूर्णन करता है

2. यदि किसी निकाय पर कार्यरत् बल आघूर्ण शून्य है, तो निम्न में क्या स्थिर होगा?

(a) बल आघूर्ण (b) रेखीय संवेग

(c) कोणीय संवेग (d) रेखीय आवेग

3. 1800 चक्र/मिनट की दर से घूर्णन करता हुआ एक इंजन 100 किलोवाट की शक्ति उत्पन्न करता है। यह कितना बल आघूर्ण उत्पन्न करता है?

(a) 250 न्यूटन-मी (b) 400 न्यूटन-मी

(c) 531 न्यूटन-मी (d) 608 न्यूटन-मी

4. रेखीय गति में बल के समान, घूर्णन गति में संगत राशि है

(a) बल आघूर्ण (b) ऊर्जा

(c) जड़त्व आघूर्ण (d) कोणीय संवेग

5. बल–युग्म उत्पन्न करता है

(a) शुद्ध रेखीय गति (b) शुद्ध घूर्णन गति

(c) रेखीय एवं घूर्णन गति (d) प्रक्षेप्य गति

6. वृत्तीय गति करती हुई किसी वस्तु का कोणीय विस्थापन समय के साथ $\theta = \theta_0 + \theta_1 t + \theta_2 t^2$ के अनुसार परिवर्तित होता है। वस्तु का कोणीय त्वरण है

(a) θ_1 (b) θ_2

(c) $2\theta_1$ (d) $2\theta_2$

7. एक व्यक्ति, एक घूम रही मेज पर हाथ मोड़े हुए बैठा है। अचानक वह अपने हाथ फैला लेता है। मेज की कोणीय चाल में

(a) वृद्धि होगी (b) कमी होगी

(c) सूचना अपर्याप्त है (d) कोई परिवर्तन नहीं होता है

8. एक कच्चे अण्डे व एक उबले हुए सख्त अण्डे को एक मेज पर, समान अक्ष के परित: समान कोणीय चाल से घुमाया जाता है। विराम अवस्था प्राप्त करने के लिए दोनों के द्वारा लिए गए समय में अनुपात है

(a) = 1 (b) < 1

(c) > 1/2 (d) इनमें से कोई नहीं

9. 120 चक्र/मिनट से घूर्णन करते एक गति पालक चक्र की कोणीय चाल है

(a) $\pi/4$ रेडियन/से (b) 2π रेडियन/से

(c) 4π रेडियन/से (d) $4\pi^2$ रेडियन/से

10. घड़ी की सेकण्ड वाली सुई की कोणीय चाल है

(a) 0.053 रेडियन/से (b) 0.21 रेडियन/से

(c) 0.105 रेडियन/से (d) 0.80 रेडियन/से

11. एक पहिया 33 चक्रण/मिनट की दर से चक्रण करता है। यह 20 सेकण्ड में विरामावस्था में आता है। कोणीय त्वरण है

(a) $\frac{-11\pi}{200}$ रेडियन/से^{2} (b) $\frac{\pi}{100}$ रेडियन/से^{2}

(c) 11π रेडियन/से^{2} (d) 25π रेडियन/से^{2}

12. एक घड़ी की सेकण्ड की सूईं की लम्बाई 3.0 सेमी है, इसके नोंक की चाल होगी

(a) 0.314 सेमी/से (b) 3.14 सेमी/से

(c) 31.4 सेमी/से (d) 0.0314 सेमी/से

13. घड़ी के मिनट वाले काँटे एवं घण्टे वाले काँटे की कोणीय चाल का अनुपात होता है

(a) 1 : 6 (b) 6 : 1

(c) 1 : 12 (d) 12 : 1

14. पहिए की घूर्णन कोणीय चाल पर क्या प्रभान पड़ेगा जब द्रव्यमान उसके परिधि की ओर खिसक जाए?

(a) बढ़ेगा

(b) घटेगा

(c) अपरिवर्तित रहेगा

(d) कुछ नहीं कहा जा सकता

15. एक दी गई अक्ष के परित: एक पिण्ड का जड़त्व आघूर्ण 1.2 किग्रा $\times$ मी^{2} है। आरम्भ में पिण्ड विराम अवस्था में है। इसमें 1500 जूल घूर्णन गतिज ऊर्जा उत्पन्न करने के लिए, इस अक्ष के परित: इस पिण्ड पर 25 रेडियन/से^{2} का कोणीय त्वरण लगाने का समय अन्तराल होगा

(a) 4 सेकण्ड (b) 2 सेकण्ड

(c) 8 सेकण्ड (d) 15 सेकण्ड

16. एक कार 22 किमी/घण्टा की चाल से दौड़ रही है। इसके पहियों का व्यास 0.50 मी है। यदि इसके पहियों को ब्रेक लगाकर 20 चक्करों में रोक दें, तो ब्रेक द्वारा कोणीय मंदन होगा

(a) 25.5 रेडियन/से^{2} (b) 12.5 रेडियन/से^{2}

(c) 18.5 रेडियन/से^{2} (d) इनमें से कोई नहीं

17. गाड़ी के एक पहिए की त्रिज्या 0.4 मी है। गाड़ी विरामावस्था से 20 सेकण्ड तक 1.5 रेडियन/से^{2} के कोणीय त्वरण से त्वरित होती है। इस समयान्तराल में पहिए के द्वारा तय की गई दूरी तथा इसका कोणीय वेग क्रमश: होंगे

(a) 80 मी, 45 रेडियन/से

(b) 60 मी, 60 रेडियन/से

(c) 120 मी, 30 रेडियन/से

(d) 75 मी, 9 रेडियन/से

18. कोणीय संवेग संरक्षण का सिद्धान्त बताता है कि कोणीय संवेग

(a) सदैव असंरक्षित रहता है

(b) कोणीय वेग व जड़त्व आघूर्ण का गुणनफल है

(c) संरक्षित रहता है जब तक इस पर कार्यकारी बल आघूर्ण परिवर्तित रहता है

(d) उपरोक्त में से कोई नहीं

19. m द्रव्यमान की वस्तु नियत वेग से x–अक्ष के समान्तर गतिशील है। मूलबिन्दु के सापेक्ष कोणीय संवेग है

(a) समय के साथ बढ़ता है (b) समय के साथ घटता है
(c) अपरिवर्तित रहता है (d) इनमें से कोई नहीं

20. जब किसी पिण्ड को निश्चित बिन्दु के परित: एक तल में घुमाया जाता है, तो कोणीय संवेग की दिशा होगी

(a) कण की स्पर्श रेखा के अनुदिश
(b) त्रिज्या के अनुदिश
(c) घूर्णन तल पर लम्ब रेखा के अनुदिश
(d) उपरोक्त में से कोई नहीं

21. यदि कोई पिण्ड किसी तल में, एक बिन्दु के परित: घूर्णन करता है, तो इसके कोणीय संवेग की दिशा होगी

(a) त्रिज्या की ओर
(b) कक्षा की स्पर्श रेखा की ओर
(c) घूर्णन तल से 60° पर रेखा की ओर
(d) घूर्णन अक्ष की ओर

22. एक नर्तकी फर्श पर अधिक तेज घूमती है जब अपनी बाहों को मोड़ती है। इसका कारण है

(a) ऊर्जा में वृद्धि तथा कोणीय संवेग में कमी
(b) स्केट्स (skates) पर घर्षण में वृद्धि
(c) स्थिर कोणीय संवेग तथा गतिज ऊर्जा में वृद्धि
(d) ऊर्जा में वृद्धि एवं कोणीय संवेग में कमी

23. द्रव्यमान m तथा त्रिज्या R की एक डिस्क एक क्षैतिज तल पर कोणीय चाल ω से लुढ़क रही है। मूल बिन्दु O के परित: डिस्क का कोणीय संवेग है

(a) $2mR^2\omega$ (b) $\frac{3}{2}mR^2\omega$
(c) $mR\omega$ (d) $\frac{1}{2}mR^2\omega$

24. I_1 तथा I_2 जड़त्व आघूर्ण और ω_1 तथा ω_2 कोणीय वेग से संरेखीय तल के लम्बवत् अक्षों पर घूर्णन करती दो चकतियों को अक्षों के अनुदिश मिला देने पर निकाय की घूर्णन गतिज ऊर्जा होगी

(a) $\frac{I_1\omega_1 + I_2\omega_2}{2(I_1 + I_2)}$ (b) $\frac{(I_1 + I_2)(\omega_1 + \omega_2)^2}{2}$
(c) $\frac{(I_1\omega_1 + I_2\omega_2)^2}{2(I_1 + I_2)}$ (d) इनमें से कोई नहीं

25. द्रव्यमान M तथा त्रिज्या R की एक पतली वृत्ताकार रिंग अपने अक्ष के परित: कोणीय वेग ω से घूम रही है। रिंग के व्यास के सिर पर दो पिण्ड जिनमें प्रत्येक का द्रव्यमान m है, चिपका दिए गए हैं। रिंग का कोणीय वेग होगा

(a) $\left(\frac{M}{M + 2m}\right)\omega$ (b) $\frac{\omega m}{(M + 2m)}$
(c) $\left(\frac{M + 2m}{M}\right)\omega$ (d) $\frac{\omega m}{M - 2m}$

26. एक व्यक्ति घूमते हुए स्टूल पर भुजाएँ फैलाए बैठा है, अचानक वह भुजाएँ सिकोड़ लेता है

(a) कोणीय संवेग बढ़ जाएगा
(b) कोणीय वेग नियत रहेगा
(c) जड़त्व आघूर्ण घट जाएगा
(d) कोणीय वेग घट जाएगा

27. किसी पिण्ड का जड़त्व आघूर्ण निर्भर नहीं करता है

(a) पिण्ड के कोणीय वेग पर (b) पिण्ड के द्रव्यमान पर
(c) पिण्ड के द्रव्यमान वितरण पर (d) पिण्ड के घूर्णन अक्ष पर

28. ठोस उबला अण्डा, कच्चे अण्डे की अपेक्षा अधिक तीव्रता से चक्रण करता है

(a) उच्च जड़त्व आघूर्ण के कारण (b) कम जड़त्व आघूर्ण के कारण
(c) उच्च कोणीय संवेग के कारण (d) दोनों (a) व (c)

29. ABC, एकसमान मोटाई की एक त्रिभुजाकार प्लेट है। इसकी भुजाएँ चित्र में प्रदर्शित अनुपात में हैं। I_{AB}, I_{BC} व I_{CA} क्रमश: AB, BC व CA के परित: प्लेट के जड़त्व आघूर्ण हैं। निम्नलिखित में कौन–सा कथन सत्य है?

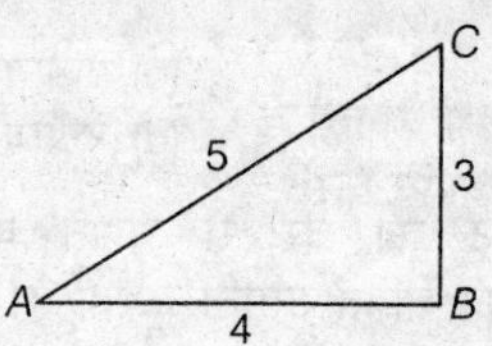

(a) $I_{AB} > I_{BC}$ (b) $I_{BC} > I_{AB}$
(c) $2I_{AB} + I_{BC} = I_{CA}$ (d) 4 I_{CA} अधिकतम है

30. M द्रव्यमान व L लम्बाई की एक पतली छड़ का, इसकी लम्बाई के लम्बवत् तथा इसके एक सिरे से जाने वाली अक्ष के परित: जड़त्व आघूर्ण क्या होगा?

(a) $\frac{ML^2}{3}$ (b) $\frac{ML^2}{12}$
(c) $\frac{ML^2}{4}$ (d) $ML^2/6$

31. एक आयताकार गुटके का जड़त्व आघूर्ण, इसके मध्य बिन्दु से जाने वाली तथा इसके तल के लम्बवत् अक्ष के परित: है

(a) $\frac{M}{12}(l^2 + b^2)$ (b) $M\left(\frac{l^2}{12} - \frac{b^2}{4}\right)$
(c) $\frac{2}{5}Ml^2$ (d) $\frac{2}{3}Mb^2$

32. यदि एक चकती (disc) का जड़त्व आघूर्ण, इसके स्पर्श रेखीय तथा इसकी सतह के समान्तर अक्ष के परित: I है, तब इसके स्पर्श रेखीय परन्तु इसकी सतह के लम्बवत् अक्ष के परित: यह क्या होगा?

(a) $\frac{6}{5}I$ (b) $\frac{3}{4}I$
(c) $\frac{3}{2}I$ (d) $\frac{5}{6}I$

33. M द्रव्यमान व R त्रिज्या की समरूप वृत्तीय चकती का इसके व्यास के सापेक्ष जड़त्व आघूर्ण है

(a) $\frac{MR^2}{4}$ (b) $\frac{MR^2}{2}$
(c) $\frac{MR^2}{5}$ (d) $2MR^2$

34. 100 सेमी त्रिज्या व 0.4 किग्रा द्रव्यमान की एक समरूप चकती का अपने केन्द्र से गुजरने वाली व तल के लम्बवत् अक्ष के सापेक्ष जड़त्व आघूर्ण है

(a) 2 किमी–मी^{2} (b) 0.2 किमी–मी^{2}
(c) 0.02 सेमी–मी^{2} (d) 0.002 सेमी–मी^{2}

35. समान त्रिज्या के एक ठोस गोला व एक चकती, एक ढलवा तल पर बिना सटे हुए गिरते हैं। एक के दूसरे से पहले पहुँचने का कारण है

(a) विभिन्न घूर्णन त्रिज्या (b) भिन्न आकार
(c) भिन्न घर्षण (d) भिन्न-भिन्न जड़त्व आघूर्ण

36. द्रव्यमान m तथा त्रिज्या R का एक पिण्ड क्षैतिज तल पर बिना फिसले चाल v से लुढ़क रहा है। फिर यह पहाड़ी पर लुढ़कता हुआ अधिकतम ऊँचाई h तक चढ़ता है। यदि $h = 3v^2/4g$ है, तो पिण्ड का जड़त्व आघूर्ण होगा

(a) $\frac{1}{2}mR^2$ (b) $\frac{3}{2}mR^2$ (c) mR^2 (d) $2mR^2$

37. 10 किग्रा द्रव्यमान के एक पहिए का इसके अपने अक्ष के परित: जड़त्व आघूर्ण 160 किग्रा-मी² है। इसकी घूर्णन त्रिज्या है

(a) 10 मी (b) 4 मी (c) 2 मी (d) 15 मी

38. समान द्रव्यमान तथा घनत्व का ठोस गोला तथा ठोस बेलन स्वयं की अक्षों के परित: घूर्णन करे, तो किसका जड़त्व आघूर्ण कम होगा?

(a) ठोस गोला (b) ठोस बेलन
(c) दोनों समान हैं (d) कहा नहीं जा सकता है

39. एक L लम्बाई के तार को वृत्त में परिवर्तित किया जाता है, तब तार का केन्द्र से गुजरने वाले लम्बवत् अक्ष के परित: जड़त्व आघूर्ण क्या होगा?

(a) $ML^2/4\pi^2$ (b) $ML/4\pi^2$
(c) $ML^2/6\pi$ (d) $ML/6\pi$

40. l लम्बाई, r त्रिज्या व m द्रव्यमान की एक बेलनाकार छड़ जड़त्व आघूर्ण, इसके केन्द्र से जाने वाली तथा इसकी लम्बाई के लम्बवत् अक्ष के परित: है

(a) $\frac{ml^2}{12}$ (b) $\frac{ml^2}{12} + \frac{mr^2}{4}$
(c) $\frac{mr^2}{2}$ (d) $m\left(\frac{l^2 - r^2}{4}\right)$

41. एक पतली एकसमान छड़ का जड़त्व आघूर्ण, इसके केन्द्र से जाने वाली तथा इसकी लम्बाई के लम्बवत् अक्ष के परित: I_0 है, तब समान छड़ का जड़त्व आघूर्ण, इसके एक सिरे से जाने वाली तथा इसकी लम्बाई के लम्बवत् अक्ष के परित: है

(a) $I_0/7$ (b) $4I_0$
(c) $3I_0$ (d) $5I_0$

42. M द्रव्यमान और R त्रिज्या की वृत्ताकार चकती में से m द्रव्यमान व a त्रिज्या की एक चकती काट ली जाती है। शेष चकती के लिए उसके द्रव्यमान केन्द्र से गुजरने वाले तल के लम्बवत् अक्ष के सापेक्ष जड़त्व आघूर्ण होगा

(a) $\frac{M-m}{2}(R^2 + a^2)$ (b) शून्य
(c) $(M-m)\left(\frac{R^2 - a^2}{2}\right)$ (d) $\left(\frac{M-m}{2}\right)\left(\frac{R^2 + a^2}{2}\right)$

43. m द्रव्यमान व L लम्बाई की एक पतली छड़ की, इसकी लम्बाई के लम्बवत् तथा इसके केन्द्र से जाने वाली घूर्णन अक्ष के परित: घूर्णन त्रिज्या है

(a) $L/\sqrt{12}$ (b) $\sqrt{12}/L$
(c) $12/L$ (d) $L/16$

44. गतिपालक चक्र में अधिकांश द्रव्यमान परिधि के निकट होता है, क्योंकि इससे

(a) उसका वेग बढ़ जाता है
(b) उसका जड़त्व आघूर्ण बढ़ जाता है
(c) उसके बनाने में सुविधा होती है
(d) वलय मजबूत हो जाता है

45. किसी वस्तु की घूर्णन त्रिज्या निर्भर करती है

(a) वस्तु के द्रव्यमान तथा भार
(b) वस्तु के द्रव्यमान वितरण तथा घूर्णन अक्ष
(c) वस्तु के कोणीय वेग
(d) द्रव्यमान

46. जब m द्रव्यमान का एक गोला, जिसका इसके गुरुत्व केन्द्र के परित: जड़त्व आघूर्ण I है, एक ढालू तल पर बिना रपटे हुए लुढ़कता है, इसकी गतिज ऊर्जा है

(a) $1/2 \cdot I\omega^2$ (b) $1/4 \cdot mv^2$ (c) $I\omega + mv$ (d) $\frac{1}{2}I\omega^2 + \frac{1}{2}mv^2$

47. समान त्रिज्या के एक ठोस गोला व एक चकती, एक ढालू तल पर बिना रपटे हुए गिरते है। एक के दूसरे से पहले पहुँचने का कारण है

(a) विभिन्न त्रिज्या (b) समान आकार
(c) भिन्न घर्षण (d) भिन्न जड़त्व आघूर्ण

48. एक ठोस गोला, चकती एवं ठोस सिलेण्डर, जो सभी समान द्रव्यमान के हैं तथा समान पदार्थ से बने हैं, एक आनत तल पर (विराम अवस्था से) लुढ़कने दिए जाते है, तब

(a) तली (bottom) पर ठोस गोला पहले पहुँचता है
(b) तली पर चकती गोला अन्त में पहुँचता है
(c) तली पर चकती पहले पहुँचेगी
(d) तली पर सभी एक ही समय पर पहुँचेंगे

49. m द्रव्यमान का एक पिण्ड एक ढालू तल पर लुढ़कता है और तली पर v वेग से पहुँचता है। यदि यही द्रव्यमान एक छल्ले के रूप में होता और ढालू तल पर लुढ़कता, तो तली पर इसका वेग होता

(a) $v/2$ (b) $\sqrt{2}\,v$ (c) $\frac{1}{\sqrt{2}}v$ (d) $\sqrt{\left(\frac{2}{5}\right)}\,v$

50. 10 किग्रा द्रव्यमान एवं 0.5 मी त्रिज्या वाले गोले का एक स्पर्श रेखा के सापेक्ष जड़त्व आघूर्ण है

(a) 5 किग्रा-मी^{2} (d) 2.7 किग्रा-मी^{2}
(c) 3.5 किग्रा-मी^{2} (d) 4.5 किग्रा-मी^{2}

51. समान द्रव्यमान M एवं समान लम्बाई l की चार पतली छड़ें चित्रानुसार एक वर्ग बनाती हैं। इस निकाय का केन्द्र O से गुजरने वाली एवं इसके तल के लम्बवत् अक्ष के परित: जड़त्व आघूर्ण है

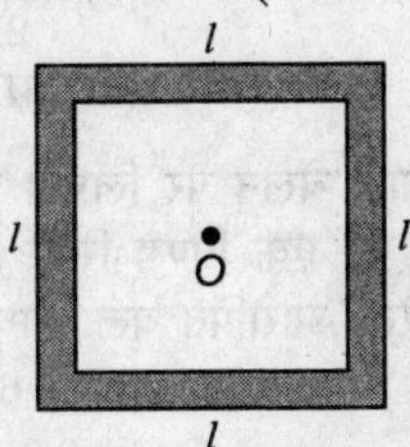

(a) $\frac{4}{3}Ml^2$ (b) $\frac{Ml^2}{3}$ (c) $\frac{Ml^2}{6}$ (d) $\frac{2}{3}Ml^2$

52. एक पतली छड़ जिसका द्रव्यमान M तथा लम्बाई l है। इस छड़ का किसी एक सिरे से लम्बाई के लम्बवत् अक्ष के परित: जड़त्व आघूर्ण होगा

(a) $\frac{Ml^2}{12}$ (b) $\frac{Ml^2}{3}$ (c) $\frac{Ml^2}{2}$ (d) Ml^2

53. एक पतली छड़ की लम्बाई 1 मी एवं द्रव्यमान 0.6 किलोग्राम है। छड़ एक सिरे से 20 सेमी की दूरी पर स्थित तथा छड़ की लम्बाई के लम्बवत् अक्ष के परित: इसका जड़त्व आघूर्ण किग्रा-मी^{2} में होगा जबकि छड़ की चौड़ाई नगण्य है

(a) 0.074 (b) 0.104 (c) 0.148 (d) 0.208

54. एक व्यास के अनुदिश वलय का जड़त्व आघूर्ण है

(a) $\frac{3}{2}MR^2$ (b) $\frac{1}{2}MR^2$

(c) MR^2 (d) $2MR^2$

55. द्रव्यमान M तथा त्रिज्या r वाले एकसमान वलय का जड़त्व आघूर्ण उसके तल में स्थित एक स्पर्श रेखा के परित: होता है

(a) $2Mr^2$ (b) $\frac{3}{2}Mr^2$

(c) Mr^2 (d) $\frac{1}{2}Mr^2$

56. एक अर्द्धवृत्तीय वलय का उसके केन्द्र से होकर जाने वाले तथा उसके तल के लम्बवत् अक्ष के परित: जड़त्व आघूर्ण होगा

(a) MR^2 (b) $\frac{MR^2}{2}$

(c) $\frac{MR^2}{4}$ (d) इनमें से कोई नहीं

57. M द्रव्यमान एवं R त्रिज्या के तीन वलयों को दर्शाये गये चित्रानुसार व्यवस्थित किया गया है। निकाय का जड़त्व आघूर्ण YY' अक्ष के सापेक्ष होगा

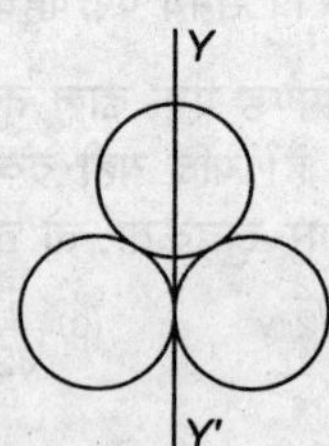

(a) $3MR^2$ (b) $\frac{3}{2}MR^2$

(c) $5MR^2$ (d) $\frac{7}{2}MR^2$

58. पतली वृत्ताकार चकती जिसकी त्रिज्या R व द्रव्यमान M है का इसके व्यास के परित: जड़त्व आघूर्ण होगा

(a) $\frac{MR^2}{4}$ (b) $\frac{MR^2}{2}$

(c) MR^2 (d) $2MR^2$

59. 0.2 मीटर व्यास वाले बेलन पर लिपटी एक रस्सी की सहायता से 10 किग्रा द्रव्यमान का एक पिण्ड स्थिर लटका हुआ है। बेलन का क्षैतिज अक्ष के परित: आरोपित बल आघूर्ण है

(a) 98 न्यूटन-मी (b) 19.6 न्यूटन-मी

(c) 196 न्यूटन-मी (d) 9.8 न्यूटन-मी

60. 10 किग्रा का एक द्रव्यमान भारहीन छड़ के सिरे से बाँधकर 30 सेमी की त्रिज्या के वृत्त में 10 रेडियन/से के कोणीय वेग से घुमाया जा रहा हैं यदि इस पिण्ड को ब्रेक लगाकर 10 सेकण्ड में विराम अवस्था में लाया जाये तो बल आघूर्ण का मान क्या होगा?

(a) 0.9 न्यूटन-मी (b) 1.2 न्यूटन-मी

(c) 2.3 न्यूटन-मी (d) 0.5 न्यूटन-मी

61. एक बल $\mathbf{F} = 4\hat{\mathbf{i}} - 5\hat{\mathbf{j}} + 3\hat{\mathbf{k}}$ एक बिन्दु $\mathbf{r}_1 = \hat{\mathbf{i}} + 2\hat{\mathbf{j}} + 3\hat{\mathbf{k}}$ पर कार्यरत है। बिन्दु $\vec{\mathbf{r}}_2 = 3\hat{\mathbf{i}} - 2\hat{\mathbf{j}} - 3\hat{\mathbf{k}}$ के परित: बल आघूर्ण का मान होगा

(a) शून्य (b) $42\hat{\mathbf{i}} - 30\hat{\mathbf{j}} + 6\hat{\mathbf{k}}$

(c) $42\hat{\mathbf{i}} + 30\hat{\mathbf{j}} + 6\hat{\mathbf{k}}$ (d) $42\hat{\mathbf{i}} + 30\hat{\mathbf{j}} - 6\hat{\mathbf{k}}$

62. 30 न्यूटन-मीटर का बल आघूर्ण 2 किग्रा-मीटर^2 जड़त्व आघूर्ण वाले एक 5 किग्रा के पहिए पर 10 सेकण्ड तक लगाया जाता है। 10 सेकण्ड में पहिए का कोणीय विस्थापन होगा

(a) 750 रेडियन (b) 1500 रेडियन

(c) 3000 रेडियन (d) 6000 रेडियन

63. एक पहिये पर लगने वाला नियत बल आघूर्ण इसके कोणीय संवेग को 4 सेकण्ड में A_0 से $4A_0$ कर देता है, तो बल आघूर्ण का परिमाण होगा

(a) $\frac{3A_0}{4}$ (b) A_0

(c) $4A_0$ (d) $12A_0$

64. एक मोटर गाड़ी का इंजन 100 किलोवाट शक्ति उत्पन्न करता है। यदि यह 1800 चक्कर प्रति मिनट की चाल से घूर्णन करता हो, तो इसके द्वारा प्रदाय बल आघूर्ण है

(a) 350 न्यूटन-मीटर (b) 440 न्यूटन-मीटर

(c) 531 न्यूटन-मीटर (d) 628 न्यूटन-मीटर

65. किसी पहिये का कोणीय संवेग 3 सेकण्ड में $2L$ से $5L$ तक परिवर्तित होता है। पहिये पर कार्यरत बल आघूर्ण का मान है

(a) L (b) $\frac{L}{2}$ (c) $\frac{L}{3}$ (d) $\frac{L}{5}$

66. एक वलय जिसकी आन्तरिक तथा बाह्य त्रिज्याएँ क्रमश: R_1 तथा R_2 हैं। एकसमान कोणीय वेग से बिना फिसले लुढ़क रही है। वलय के अन्त: तथा बाह्य भागों पर स्थित दो कणों पर लगने वाले बलों का अनुपात $\frac{F_1}{F_2}$ होगा

(a) 1 (b) $\frac{R_1}{R_2}$ (c) $\frac{R_2}{R_1}$ (d) $\left(\frac{R_1}{R_2}\right)^2$

67. एक व्यक्ति तथा एक लड़का एक एकसमान छड़ को क्षैतिजत: इस प्रकार ले जाते हैं कि लड़का छड़ के भार का $\frac{1}{4}$ भाग उठा रहा है। यदि लड़का छड़ के एक सिरे पर हो, तब दूसरे सिरे से व्यक्ति की दूरी होगी

(a) $\frac{L}{3}$ (b) $\frac{L}{4}$

(c) $\frac{2L}{3}$ (d) $\frac{3L}{4}$

उत्तरमाला

1.	(c)	2.	(c)	3.	(a)	4.	(a)	5.	(b)	6.	(d)	7.	(b)	8.	(b)	9.	(c)	10.	(c)
11.	(a)	12.	(a)	13.	(d)	14.	(b)	15.	(b)	16.	(a)	17.	(c)	18.	(b)	19.	(c)	20.	(c)
21.	(d)	22.	(c)	23.	(b)	24.	(c)	25.	(a)	26.	(c)	27.	(a)	28.	(b)	29.	(b)	30.	(a)
31.	(a)	32.	(a)	33.	(a)	34.	(b)	35.	(a)	36.	(a)	37.	(b)	38.	(a)	39.	(a)	40.	(b)
41.	(b)	42.	(a)	43.	(a)	44.	(b)	45.	(b)	46.	(d)	47.	(d)	48.	(a)	49.	(c)	50.	(c)
51.	(a)	52.	(b)	53.	(b)	54.	(b)	55.	(b)	56.	(a)	57.	(d)	58.	(a)	59.	(d)	60.	(a)
61.	(d)	62.	(a)	63.	(a)	64.	(c)	65.	(a)	66.	(b)	67.	(a)						

उत्तर व्याख्या सहित

6. कोणीय त्वरण, $\alpha = \dfrac{d^2\theta}{dt^2}$

$$= \frac{d^2(\theta_0 + \theta_1 t + \theta_2 t^2)}{dt^2} = 2\theta_2$$

9. $\omega = 2\pi n = 2\pi(120/60) = 4\pi$ रेडियन/से

12. हम जानते हैं, कि घड़ी की सेकण्ड वाली सूईं 60 सेकण्ड में एक चक्कर लगाती है, अर्थात् 2π रेडियन कोण घूमती है। अतः सूईं का कोणीय वेग

$$\omega = \frac{\text{कोण}}{\text{समय}} = \frac{2\pi}{60} \text{ रेडियन/से}$$

चूँकि सूईं की लम्बाई 3.0 सेमी है, अतः इसकी नोंक की चाल

$$v = r\omega = 3 \times \frac{2 \times 3.14}{60} = 0.314 \text{ सेमी/से.}$$

14. जब द्रव्यमान परिधि की ओर खिसक जाता है, तो घूर्णन-अक्ष से उसकी दूरी बढ़ जाती है। इसके कारण जड़त्व आघूर्ण बढ़ जाता है। अतः संवेग संरक्षण के नियमानुसार, ω घट जाता है।

$$L = I\omega$$

15. गतिज ऊर्जा $= \dfrac{1}{2}I\omega^2 = \dfrac{1}{2}I(\alpha t)^2 = \dfrac{1}{2}I\alpha^2 t^2$

$\therefore \quad 1500 = \dfrac{1}{2}(1.2)(25)^2 t^2$

$\Rightarrow \quad t^2 = 4 \Rightarrow t = 2$ सेकण्ड

16. यहाँ, $v = 72$ किमी/घण्टा $= 72 \times \dfrac{5}{18} = 20$ मी/से तथा $r = 0.25$ मी

पहिए की कोणीय चाल, $\omega_0 = \dfrac{v}{r} = \dfrac{20}{0.25} = 80$ रेडियन/से

20 चक्करों में कोणीय विस्थापन, $\theta = 2\pi \times 20 = 40\pi$ रेडियन

सूत्र $\quad \omega^2 = \omega_0^2 + 2\alpha\theta$ से,

$$0 = (80)^2 + 2\alpha(40\pi)$$

$\therefore \quad \alpha = -\dfrac{(80)^2}{80\pi} = -25.5$ रेडियन/से^{2}

ऋणात्मक चिह्न कार का मन्दन दर्शाता है।

17. पहिया प्रारम्भ में विरामावस्था में है, अतः $\omega_0 = 0$

t समयान्तराल में पहिए का कोणीय विस्थापन

$$\theta = \omega_0 t + \frac{1}{2}\alpha t^2$$

$$= 0 + \frac{1}{2}(1.5 \times 20^2) = 300 \text{ रेडियन}$$

पहिए का रेखीय विस्थापन

$$s = r\theta = 0.4 \times 300 = 120 \text{ मी}$$

पहिए का t समयान्तराल के बाद कोणीय वेग,

$$\omega = \omega_0 + \alpha t$$

$$= 0 + 1.5 \times 20 = 30 \text{ रेडियन/से}$$

25. कोणीय संवेग संरक्षण के नियम से, $I\omega = I'\omega'$

$$MR^2\omega - (MR^2 + 2mR^2)\omega'$$

$\therefore \quad \omega' = \left(\dfrac{M}{M + 2m}\right)\omega$

29. हम जानते हैं, कि माध्यिकाओं का कटान बिन्दु ही त्रिभुज का द्रव्य केन्द्र होता है। भुजाओं से द्रव्य केन्द्र के बीच दूरियों के बीच सम्बन्ध होता है।

$$x_{CA} < x_{AB} < x_{BC}$$

$\therefore \quad I_{CA} < I_{AB} < I_{BC}$

30. समान्तर अक्षों की प्रमेय के अनुसार,

$$I = \frac{ML^2}{12} + M\left(\frac{L}{2}\right)^2$$

$$= \frac{ML^2}{12} + \frac{ML^2}{4} = \frac{ML^2}{3}$$

32. चकती का इसके स्पर्श रेखीय तथा सतह के समान्तर अक्ष के परितः जड़त्व आघूर्ण $= \dfrac{5}{4}MR^2 = I$

$\therefore \quad MR^2 = \dfrac{4}{5}I \quad$ ...(i)

चकती का इसके स्पर्श रेखीय परन्तु इसके सतह के लम्बवत् जड़त्व आघूर्ण $= \dfrac{3}{2}MR^2 = I'$

समी (i) से, MR^2 का मान रखने पर,

$$I' = \frac{3}{2}\left(\frac{4}{5}I\right) = \frac{6}{5}I$$

36. लुढ़कते पिण्ड की कुल गतिज ऊर्जा,

$$K_{\text{total}} = K_{\text{rot}} + K_{\text{trans}}$$

$$= \frac{1}{2}I\omega^2 + \frac{1}{2}mv^2$$

$$= \frac{1}{2}I\frac{v^2}{R^2} + \frac{1}{2}mv^2$$

$$= \frac{1}{2}v^2\left(\frac{I}{R^2} + m\right)$$

जब यह लुढ़कता हुआ पहाड़ी पर अधिकतम ऊँचाई $h = \frac{3v^2}{4g}$ तक पहुँचता है, तो उसकी कुल गतिज ऊर्जा गुरुत्वीय स्थितिज ऊर्जा में बदल जाती है, अतः

$$\frac{1}{2}v^2\left(\frac{I}{R^2} + m\right) = mg\left(\frac{3v^2}{4g}\right)$$

$$\frac{I}{R^2} + m = \frac{3}{2}m$$

$$\therefore \qquad I = \frac{1}{2}mR^2$$

37. $I = M\,K^2$

$$\Rightarrow \qquad K = \sqrt{\left(\frac{I}{M}\right)} = \sqrt{\left(\frac{160}{10}\right)} = 4 \text{ मी}$$

39. वृत्त का उसके केन्द्र से गुजरने वाली अक्ष के परितः जड़त्व आघूर्ण,

$$I = M\,R^2$$

तार के लिए, $2\,\pi R = L \Rightarrow R = L/2\pi \Rightarrow I = M\,L^2/4\,\pi^2$

42. M द्रव्यमान की चकती में से m द्रव्यमान की चकती काट लेने पर शेष चकती का द्रव्यमान

$$M' = (M - m) \qquad \text{...(i)}$$

चकती का इसके द्रव्यमान केन्द्र के परितः तथा तल के लम्बवत् अक्ष के सापेक्ष जड़त्व आघूर्ण

$$I = M'\left(\frac{R^2 + a^2}{2}\right) = (M - m)\left(\frac{R^2 + a^2}{2}\right)$$

43. $I = \frac{m\,L^2}{12}$ तथा $I = m\,K^2 \Rightarrow \frac{m\,L^2}{12} = m\,K^2 \Rightarrow K = L/\sqrt{12}$

49. लुढ़कने के लिए, $a = g\sin\theta$ अतः वेग v के लिए,

$$v^2 = 0 + 2(g\sin\theta) \times l \qquad \text{...(i)}$$

लुढ़कने के लिए, तल पर नीचे की ओर त्वरण होगा

$$a = \frac{g\sin\theta}{\left(1 + \frac{K^2}{R^2}\right)} = \frac{1}{2}g\sin\theta\,(\because K^2 = R^2)$$

छल्ले के लिए, $V^2 = 2 \times \left(\frac{1}{2}g\sin\theta\right) \times l = \frac{v^2}{2}$

$$\therefore \qquad V = v/\sqrt{2}$$

50. गोले का स्पर्श रेखा के परितः जड़त्व आघूर्ण

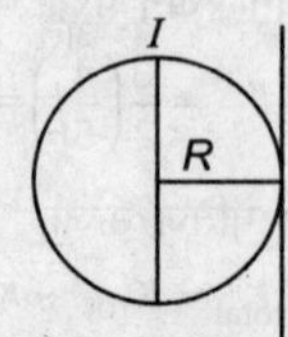

$$I = \frac{2}{5}MR^2 + MR^2 \text{ (समान्तर अक्ष प्रमेय से)}$$

$$I = \frac{7}{5}MR^2 = \frac{7}{5} \times 10 \times (0.5)^2$$

$$= 3.5 \text{ किग्रा-मी}^2$$

51. छड़ AB का बिन्दु P के परितः तथा तल के लम्बवत् जड़त्व आघूर्ण $= \frac{Ml^2}{12}$

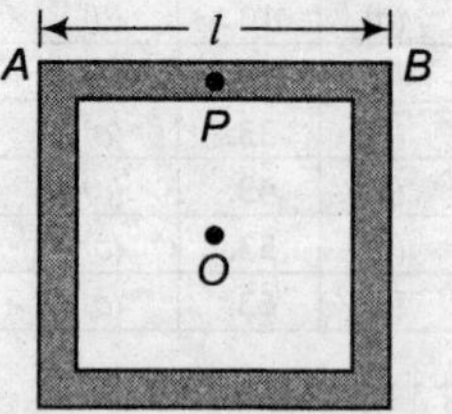

बिन्दु O के परितः छड़ AB का जड़त्व आघूर्ण

$$= \frac{Ml^2}{12} + M\left(\frac{l}{2}\right)^2 = \frac{Ml^2}{3} \qquad \text{(समान्तर अक्ष प्रमेय से)}$$

परन्तु निकाय चार समान छड़ों से मिलकर बना है अतः सममिति से

$$I_{\text{निकाय}} = 4\left(\frac{Ml^2}{3}\right) = \frac{4}{3}Ml^2$$

52. छड़ के एक सिरे से जाने वाली तथा लम्बाई के लम्बवत् अक्ष के परितः जड़त्व आघूर्ण

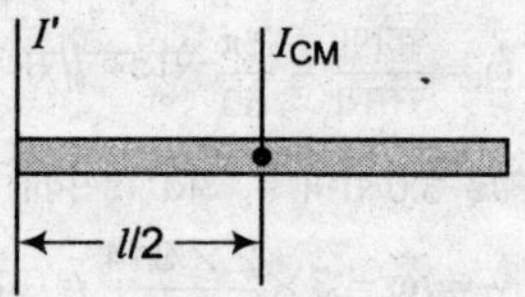

$$I' = I_{CM} + M\left(\frac{l}{2}\right)^2$$

(समान्तर अक्ष प्रमेय से)

$$= \frac{Ml^2}{12} + \frac{Ml^2}{4} = \frac{Ml^2}{3}$$

53.

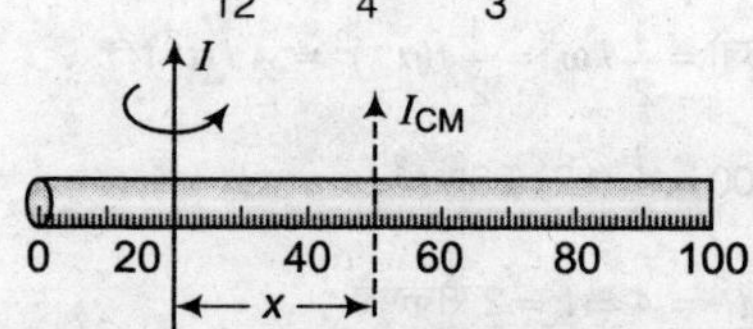

जड़त्व आघूर्ण

$$I = I_{CM} + mx^2 = \frac{ml^2}{12} + mx^2$$

$$= m\left(\frac{(1)^2}{12} + (0.3)^2\right)$$

$$= 0.6\left(\frac{1}{12} + 0.09\right)$$

$$= 0.104 \text{ किग्रा-मी}^2$$

54. वलय का उसके केन्द्र से जाने वाली तथा तल के लम्बवत् अक्ष के परितः जड़त्व आघूर्ण

$$I_{CM} = MR^2$$

$$I_{CM} = I_X + I_Y \text{ (लम्बवत् अक्ष प्रमेय से)}$$

$I_{CM} = I + I$

$I = \frac{1}{2}I_{CM} = \frac{1}{2}MR^2$

55.

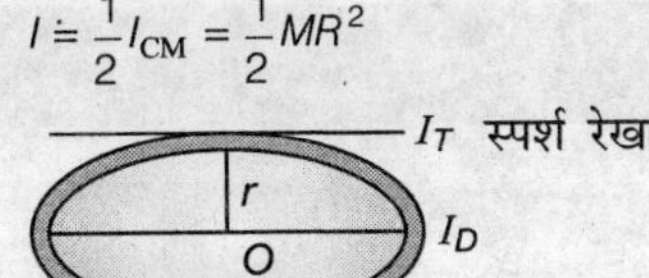

वलय का व्यास के परितः जड़त्व आघूर्ण $I_D = \frac{1}{2}Mr^2$

∴ वलय के तल में स्थित स्पर्श रेखा के परितः जड़त्व आघूर्ण

$I_T = I_D + Mr^2$ (समान्तर अक्ष प्रमेय से)

$= \frac{1}{2}Mr^2 + Mr^2$

$= \frac{3}{2}Mr^2$

57. निकाय का YY′ अक्ष के परितः जड़त्व आघूर्ण

$I = I_1 + I_2 + I_3$

$= \frac{1}{2}MR^2 + \frac{3}{2}MR^2 + \frac{3}{2}MR^2$

$= \frac{7}{2}MR^2$

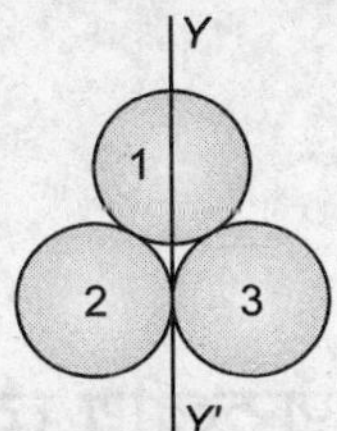

58. चकती का व्यास के परितः जड़त्व आघूर्ण

$I + I = I_{CM}$ (लम्बवत अक्षों के प्रमेय से)

$I = \frac{1}{2}I_{CM} = \frac{1}{4}MR^2$

59.

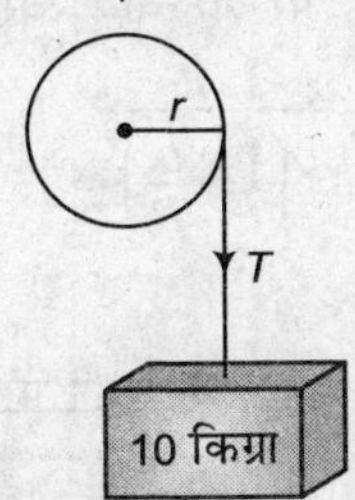

बल आघूर्ण $\tau = r \times F = r \times T = r \times m \times g$

$= 0.1 \times 10 \times 9.8$

$= 9.8$ न्यूटन-मी

60. $\omega_1 = 10$ रेडियन/से, $\omega_2 = 0$, $t = 10$ सेकण्ड

∴ $\alpha = \frac{\omega_2 - \omega_1}{\tau} = \frac{0 - 10}{10} = -1$ रेडियन/से^{2}

ऋणात्मक चिन्ह मन्दन को दर्शाता है।

जड़त्व आघूर्ण $I = mr^2 = 10 \times (0.3)^2 = 0.9$ किग्रा-मी^{2}

∴ बल आघूर्ण $\tau = I\alpha = 0.9 \times (1) = 0.9$ न्यूटन-मी

61. जिस बिन्दु पर बल आरोपित है उसका स्थिति सदिश

$\mathbf{r}_1 = \hat{\mathbf{i}} + 2\hat{\mathbf{j}} + 3\hat{\mathbf{k}}$

जिस बिन्दु के परितः बल आघूर्ण ज्ञात करना है उस बिन्दु के परितः इसका स्थिति सदिश

$\mathbf{r}'_1 = \mathbf{r}_1 - \mathbf{r}_2 = (\hat{\mathbf{i}} + 2\hat{\mathbf{j}} + 3\hat{\mathbf{k}}) - (3\hat{\mathbf{i}} + 2\hat{\mathbf{j}} - 3\hat{\mathbf{k}})$

$= -2\hat{\mathbf{i}} + 4\hat{\mathbf{j}} + 6\hat{\mathbf{k}}$

बल आघूर्ण $\tau = \mathbf{r}'_1 \times \mathbf{F} = (-2\hat{\mathbf{i}} + 4\hat{\mathbf{j}} + 6\hat{\mathbf{k}}) \times (4\hat{\mathbf{i}} - 5\hat{\mathbf{j}} + 3\hat{\mathbf{k}})$

$$\tau = \begin{vmatrix} \hat{\mathbf{i}} & \hat{\mathbf{j}} & \hat{\mathbf{k}} \\ -2 & 4 & 6 \\ 4 & -5 & 3 \end{vmatrix} = \hat{\mathbf{i}}(12 + 30) - \hat{\mathbf{j}}(-6 - 24) + \hat{\mathbf{k}}(10 = 16)$$

$= (42\hat{\mathbf{i}} + 30\hat{\mathbf{j}} - 6\hat{\mathbf{k}})$ न्यूटन-मी

62. बल आघूर्ण $\tau = I\alpha = \frac{\tau}{I} = \frac{30}{2} = 15$ रेडियन/से^{2}

$\Rightarrow \theta = \omega_0 t + \frac{1}{2}\alpha t^2 = 0 + \frac{1}{2} \times (15) \times (10)^2 = 750$ रेडियन

63. बल आघूर्ण, $\tau = \frac{\mathbf{dL}}{dt} = \frac{L_2 - L_1}{\Delta t} = \frac{4A_0 - A_0}{4} = \frac{3A_0}{4}$

64. कोणीय वेग $\omega = 2\pi n = \frac{2\pi \times 1800}{60} = 60\pi$ रेडियन/से

शक्ति $P = \tau \times \omega \Rightarrow \tau = \frac{P}{\omega} = \frac{100 \times 10^3}{60\pi} = 531$ न्यूटन-मी

65. बल आघूर्ण $\tau = \frac{dL}{dt} = \frac{L_2 - L_1}{\Delta t} = \frac{5L - 2L}{3} = \frac{3L}{3} = L$

66. माना कि कण A वलय के अन्दर की ओर तथा कण B वलय के बाहरी ओर स्थित है। वलय एकसमान कोणीय चाल से गति कर रही है। अतः दोनों कणों पर कार्यरत अपकेन्द्रीय बल

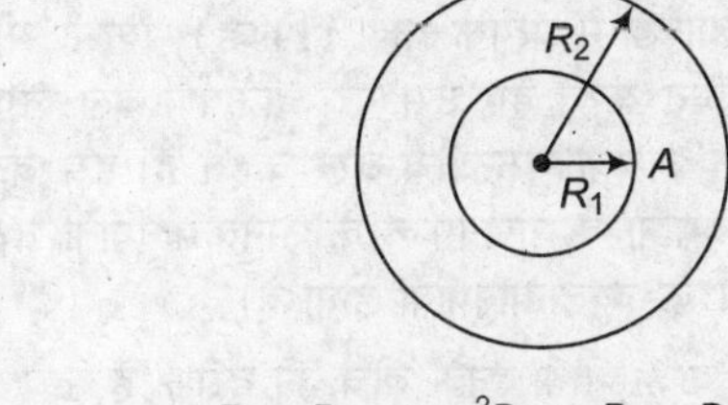

$$\frac{F_1}{F_2} = \frac{F_A}{F_B} = \frac{m\omega^2 R_1}{m\omega^2 R_2} \Rightarrow \frac{F_1}{F_2} = \frac{R_1}{R_2}$$

67.

छड़ का भार = w, लड़के की प्रतिक्रिया $R_B = \frac{w}{4}$,

व्यक्ति की प्रतिक्रिया $R_M = \frac{3w}{4}$

चूँकि छड़ घूर्णीय सन्तुलन में है, अतः $\Sigma\vec{\tau} = 0$

$R_B \times \frac{L}{2} - R_M \times x = 0$

$\Rightarrow \quad \frac{w}{4} \times \frac{L}{2} - \frac{3w}{4} \times x = 0$

$\Rightarrow \quad x = \frac{L}{6}$

∴ दूसरे छोर से दूरी, $y = \frac{L}{2} - x \Rightarrow y = \frac{L}{2} - \frac{L}{6} = \frac{2L}{6} = \frac{L}{3}$

अध्याय 09

गुरुत्वाकर्षण

Gravitation

न्यूटन का गुरुत्वाकर्षण का नियम

(Newton's Law of Gravitation)

इस नियम के अनुसार, 'ब्रह्माण्ड में प्रत्येक कण (पिण्ड), किसी भी अन्य कण को अपनी ओर आकर्षित करते हुए उस पर आकर्षण बल लगाता है, जिसे **गुरुत्वाकर्षण बल** अथवा **गुरुत्वीय बल** कहते हैं। इस बल का परिमाण दोनों कणों के द्रव्यमानों के गुणनफल के अनुक्रमानुपाती तथा उनके बीच की दूरी के वर्ग के व्युत्क्रमानुपाती होता हैं।

माना कणों के द्रव्यमान m_1 व m_2 तथा इनके बीच की दूरी r है, तब इनके बीच लगने वाला गुरुत्वाकर्षण बल F का परिमाण

या $$F = G\frac{m_1 m_2}{r^2}$$

यहाँ G एक स्थिरांक है, जिसे **सार्वत्रिक गुरुत्वाकर्षण स्थिरांक** कहते हैं।

G का मान $= 6.67 \times 10^{-11}$ न्यूटन-मी^{2} किग्रा$^{-2}$

$= 6.67 \times 10^{-8}$ डाइन-सेमी^{2} ग्राम$^{-2}$

गुरुत्वीय त्वरण (Acceleration due to Gravity)

इस गुरुत्व बल के कारण वस्तु में त्वरण उत्पन्न होता है, जिसे गुरुत्व बल द्वारा उत्पन्न त्वरण अथवा गुरुत्वीय त्वरण कहते हैं। इसे g से प्रदर्शित करते हैं। पृथ्वी की सतह के निकट इसका मान 9.8 मी/से^{2} होता है।

माना पृथ्वी का द्रव्यमान M तथा त्रिज्या R है, तब पृथ्वी की सतह पर रखी m द्रव्यमान की वस्तु पर लगने वाला आकर्षण बल

$$F = \frac{GMm}{R^2}$$

गुरुत्वीय त्वरण, $g = \frac{F}{m} = \frac{GM}{R^2} = \frac{4}{3}\pi G\rho R$

(जहाँ, ρ = पृथ्वी का माध्य घनत्व)

स्पष्ट है कि g का मान वस्तु के द्रव्यमान पर निर्भर नहीं करता है।

गुरुत्वीय त्वरण के मान में परिवर्तन

(Variations in Acceleration due to Gravity)

भिन्न-भिन्न स्थानों पर गुरुत्वीय त्वरण g का मान निम्न प्रकार होता है

(i) पृथ्वी तल से h ऊँचाई पर गुरुत्वीय त्वरण,

$$g' = \frac{g}{\left(1+\frac{h}{R}\right)^2}$$

अत: $g' < g$

अर्थात् पृथ्वी तल से ऊँचाई h के बढ़ने पर गुरुत्वीय त्वरण g का मान घट जाता है।

पुन: $$g' = g\left(1+\frac{h}{R}\right)^{-2}$$

यदि $h << R$, $$g' \approx g\left(1-\frac{2h}{R}\right)$$

(ii) पृथ्वी तल के नीचे d गहराई पर त्वरण,

$$g' = g\left(1-\frac{d}{R}\right)$$

अत: $g' < g$

अर्थात् पृथ्वी तल से नीचे जाने पर भी g का मान घटता है। पृथ्वी के $d = R$ हो जाने पर गुरुत्वीय त्वरण शून्य हो जाता है।

(iii) चूँकि पृथ्वी अपने अक्ष पर घूर्णन करती है ($\omega = 7.275 \times 10^{-5}$ रेडियन/से) इसी कारण सभी वस्तुओं पर अभिकेन्द्रीय बल कार्य करता है। परिणामस्वरूप g का प्रभावी मान λ अक्षांश पर

$$g_\lambda = g - R\omega^2\cos^2\lambda$$

उपरोक्त व्यंजक से निम्नलिखित निष्कर्ष निकलते हैं

(i) ध्रुवों पर, $\lambda = 90°$

$\therefore \quad g_\lambda = g$ (अधिकतम)

अर्थात् ध्रुवों पर गुरुत्वीय त्वरण के मान पर पृथ्वी की घूर्णन गति का प्रभाव नहीं पड़ता।

(ii) भूमध्य रेखा अथवा विषुवत् रेखा पर, $\lambda = 0°$

$\therefore \quad g_\lambda = g - R\omega^2$ (न्यूनतम)

अर्थात् विषुवत् रेखा पर गुरुत्वीय त्वरण के मान पर पृथ्वी की घूर्णन गति का अधिकतम प्रभाव होता है।

(iii) पृथ्वी पूर्ण रूप से गोलाकार नहीं है। यह दोनों ध्रुवों पर कुछ दबी हुई अर्थात् चपटी है। भूमध्य रेखा पर इसकी त्रिज्या ध्रुवों पर इसकी त्रिज्या से लगभग 21 किमी अधिक है। अत: g का मान पृथ्वी सतह पर भूमध्य रेखा पर न्यूनतम तथा ध्रुवों पर अधिकतम होता है।

गुरुत्वीय क्षेत्र (Gravitational Field)

किसी कण का गुरुत्वीय क्षेत्र उस कण के चारों ओर का वह क्षेत्र है, जिसमें उस कण का गुरुत्वीय प्रभाव होता है।

गुरुत्वीय क्षेत्र की तीव्रता (Intensity of Gravitational Field)

गुरुत्वीय क्षेत्र में स्थित एकांक द्रव्यमान पर कार्यरत बल (दिशा तथा परिमाण दोनों में) गुरुत्वीय क्षेत्र की तीव्रता कहलाती है। प्राय: इसे से प्रदर्शित करते हैं।

$$= \lim_{m_0 \to 0} \frac{\quad}{m_0}$$

इसका SI मात्रक न्यूटन-किग्रा$^{-1}$ है।

किसी M द्रव्यमान के बिन्दु से r दूरी पर गुरुत्वीय क्षेत्र की तीव्रता

$$I = \frac{GM}{r^2}$$

एक से अधिक बिन्दुकित द्रव्यमानों के कारण किसी अन्य बिन्दु पर गुरुत्वीय तीव्रता का मान सभी बिन्दुओं की अलग-अलग तीव्रताओं के सदिश योग के बराबर होता है।

$$= {}_1 + {}_2 + {}_3 + \ldots$$

(i) M द्रव्यमान एवं R त्रिज्या के ठोस गोले के कारण केन्द्र से r दूरी पर गुरुत्वीय क्षेत्र की तीव्रता

स्थिति I $\quad r \geq R,\ I(r) = \frac{GM}{r^2}$ या $I(r) \propto \frac{1}{r^2}$

स्थिति II $\quad r \leq R$

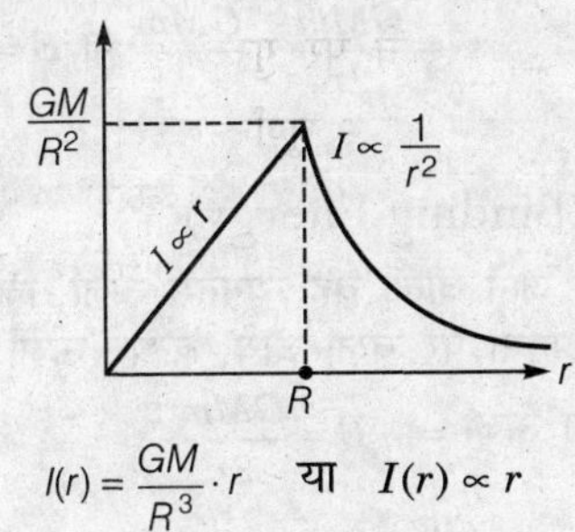

$I(r) = \frac{GM}{R^3} \cdot r$ या $I(r) \propto r$

(ii) एकसमान गोलीय कोश के कारण गुरुत्वीय क्षेत्र की तीव्रता

स्थिति I $\quad r \geq R$

$$I(r) = \frac{GM}{r^2} \quad \text{या} \quad I(r) \propto \frac{1}{r^2}$$

स्थिति II $\quad r \leq R$

$$I(r) = 0$$

गुरुत्वीय विभव (Gravitational Potential)

एकांक द्रव्यमान को अनन्त से गुरुत्वीय क्षेत्र के अन्दर किसी बिन्दु तक लाने में गुरुत्वीय बल द्वारा किये गये कार्य का ऋणात्मक मान ही उस बिन्दु पर गुरुत्वीय विभव कहलाता है। गुरुत्वीय विभव को V से प्रदर्शित करते हैं। माना परीक्षण द्रव्यमान m को अनन्त से किसी बिन्दु तक लाने में प्राप्त कार्य W है, तब

$$V = -\frac{W}{m}$$

चूँकि कार्य प्राप्त होता है, अत: यह ऋणात्मक है। अत: गुरुत्वीय विभव सदैव ऋणात्मक होता है।

गुरुत्वीय विभव एक अदिश राशि है इसका SI मात्रक जूल किग्रा$^{-1}$ है।

एक बिन्दुकित द्रव्यमान के कारण गुरुत्वीय विभव

$$V = -\frac{GM}{r}$$

(i) एकसमान ठोस गोले के कारण विभव

स्थिति I $\quad r \geq R$, जहाँ R गोले की त्रिज्या है।

$$V_{(r)} = -\frac{GM}{r}$$

स्थिति II $\quad r = R; V_{(r)} - \frac{GM}{R}$

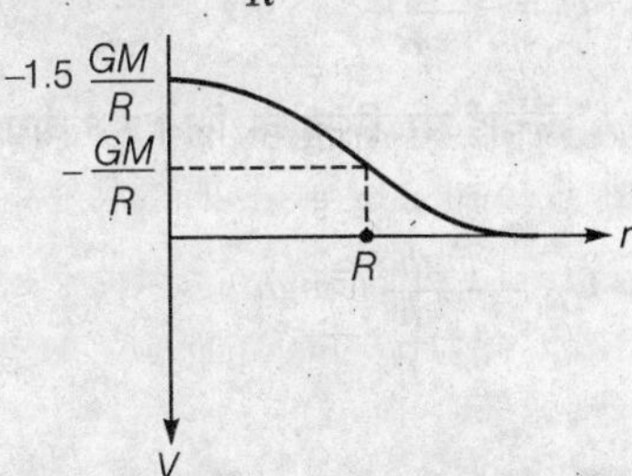

स्थिति III $\quad r \leq R,$

$$V_{(r)} = -\frac{GM}{R^3}(1.5\,R^2 - 0.5\,r^2)$$

स्थिति IV गोले के केन्द्र पर $V = -\frac{3GM}{2r} = \frac{3}{2}V$ (सतह)

(ii) **एकसमान पतले गोलीय कोश के कारण विभव**

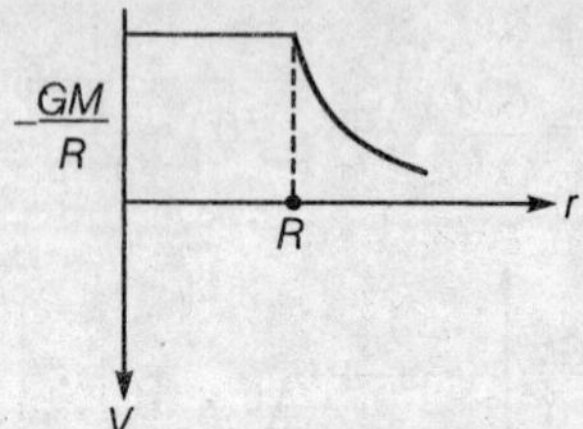

स्थिति I $r \geq R$, R कोश की त्रिज्या है।

$$V = -\frac{GM}{r}$$

स्थिति II $r = R, V = -\frac{GM}{R}$

स्थिति III $r \leq R$,

$$V = -\frac{GM}{R} = V \text{ (सतह)}$$

गुरुत्वीय स्थितिज ऊर्जा
(Gravitational Potential Energy)

गुरुत्वीय क्षेत्र में स्थित किसी कण की स्थितिज ऊर्जा उस कार्य के बराबर होती है, जो उस कण को एक निर्देश स्थिति से वर्तमान स्थिति तक लाने में किया जाता है। यह निर्देश स्थिति आकर्षणकारी द्रव्यमान से अनन्त दूरी पर ली जाती है, जहाँ कण की स्थितिज ऊर्जा को शून्य माना जाता है।

गणितीय रूप में, $U = -W = -\int_{\infty} \cdot d$

यदि द्रव्यमान M से r दूरी पर m द्रव्यमान का एक कण स्थित है, तो कण की स्थितिज ऊर्जा

$$\therefore \quad U(r) = -\int_{\infty}^{r} -\frac{GMm}{r^2}\,dr$$

$$= \left[-\frac{GMm}{r}\right]_{\infty}^{r}$$

$$= -\frac{GMm}{r}$$

पृथ्वी की सतह पर स्थित किसी m द्रव्यमान की गुरुत्वीय स्थितिज ऊर्जा

$$U = -\frac{GMm}{R}$$

पृथ्वी की सतह से h ऊँचाई पर बिन्दु के लिये गुरुत्वीय स्थितिज ऊर्जा का अन्तर

$$U_{(R+h)} - U_R = \frac{mgh}{1+\frac{h}{R}} \approx mgh \qquad (\text{यदि } h << R)$$

कृत्रिम उपग्रह (Artfical Satellite)

कृत्रिम उपग्रह मनुष्य द्वारा बनाये गये उपग्रह हैं, जिन्हें पृथ्वी से प्रक्षेपित किया जाता है। इनका पथ दीर्घवृत्तीय होता है जिसकी नाभि पर पृथ्वी स्थित है। हम विश्लेषण हेतु उपग्रह की कक्षा को वृत्तीय मानते हैं।

कक्षीय चाल (Orbital Speed) माना कक्षा की त्रिज्या r है तथा कक्षा में ग्रह की चाल v_o है। न्यूटन के द्वितीय नियम के अनुसार, यही चाल v_0 कक्षीय चाल कहलाती है।

$$\frac{GMm}{r^2} = m\left(\frac{v_o^2}{r}\right)$$

या
$$v_o = \sqrt{\frac{GM}{r}}$$

$$= \sqrt{\frac{9R^2}{r}}$$

या
$$v_o \propto \frac{1}{\sqrt{r}}$$

आवर्तकाल (Time Period) उपग्रह द्वारा पृथ्वी का एक चक्र पूर्ण करने में लिया गया समय की आवर्तकाल कहते हैं। आवर्तकाल को निम्न प्रकार दिया जाता है

$$T = \frac{2\pi r}{v} = \frac{2\pi r}{\sqrt{\frac{GM}{r}}}$$

या
$$T = 2\pi\sqrt{\frac{r^3}{gR^2}} \qquad (\because GM = gR^2)$$

$$\because \quad r = R + h$$

यदि $r \approx R$ है, तो

$$T = 2\pi\sqrt{\frac{R}{g}} = 84.6 \text{ मिनट}$$

उपग्रह की ऊँचाई (Height of Satellite) उपग्रह की ऊँचाई निम्न सूत्र से ज्ञात की जा सकती है।

$$h = r - R = \left[\frac{gR^2T^2}{4\pi^2}\right]^{1/3} - R$$

उपग्रह की ऊर्जा (Energy of Satellite)

सूर्य-ग्रह निकाय की गतिज ऊर्जा

$$(K) = \frac{1}{2}mv^2$$

$$= \frac{1}{2}m\left(\frac{GM}{r}\right) \text{ या } K = \frac{1}{2}\frac{GMm}{r}$$

सूर्य-ग्रह निकाय की गुरुत्वीय स्थितिज ऊर्जा

$$U = -\frac{GMm}{r}$$

सूर्य-ग्रह निकाय की कुल यान्त्रिक ऊर्जा

$$E = K + U$$

$$= \frac{GMm}{2r} - \frac{GMm}{r} \text{ या } E = -\frac{GMm}{2r} = -K$$

बन्धन ऊर्जा (Binding Energy)

उपग्रह को प्रदान की जाने वाली वह न्यूनतम ऊर्जा, जिससे उपग्रह अपने कक्ष को छोड़ कर अनन्त पर चला जाये, बन्धन ऊर्जा कहलाती है।

$$\text{बन्धन ऊर्जा} = -E = \frac{GMm}{2r}$$

पलायन वेग (Escape Velocity)

पलायन वेग वह न्यूनतम वेग है, जिससे किसी पिण्ड को पृथ्वी तल से ऊपर फेंकने पर वह पृथ्वी के गुरुत्वाकर्षण क्षेत्र को पार कर जाता है और पृथ्वी पर कभी लौट कर नहीं आता है।

किसी M द्रव्यमान व R त्रिज्या के ग्रह के लिए पलायन वेग

$$v_{es} = \sqrt{\frac{2GM}{R}} = \sqrt{2gR}$$

पलायन वेग पिण्ड के द्रव्यमान, आकार व पिण्ड को प्रक्षेपित करने की दिशा पर निर्भर नहीं करता है। पृथ्वी के लिये पलायन वेग का मान 11.2 किमी/सेकण्ड है।

ग्रहों की गति के कैप्लर के नियम (kepler's Law of Planetary Motion)

कैपलर ने ग्रहों की गति को स्पष्ट करने के लिए निम्न तीन नियम दिए-

(i) **कक्षाओं का नियम** (Law of Orbits) इस नियम के अनुसार, 'प्रत्येक ग्रह सूर्य के परित: दीर्घवृत्ताकार पथ पर गति करता है तथा सूर्य उस दीर्घवृत्त के किसी एक फोकस (नाभि) पर होता है।'

(ii) **क्षेत्रीय चाल का नियम** (Law of Areal Velocity) इस नियम के अनुसार, 'किसी भी ग्रह को सूर्य से मिलाने वाली रेखा अर्थात् ग्रह का सूर्य के सापेक्ष त्रिज्य-वेक्टर, समान समयान्तरालों में समान क्षेत्रफल तय करती है; अर्थात् ग्रह की क्षेत्रीय चाल नियंत रहती है।'

गणितीय रूप में,

$$\frac{dA}{dt} = \frac{1}{2}rv = \text{स्थिरांक} = \frac{L}{2m}$$

जहाँ, L = ग्रह का कोणीय संवेग तथा m = ग्रह का द्रव्यमान।

(iii) **परिक्रमण कालों का नियम** (Law of Periods) सूर्य के चारों ओर किसी ग्रह द्वारा एक पूरा चक्कर लगाने में लगा समय अर्थात् ग्रह का सूर्य के परित: परिक्रमण काल T का वर्ग, उसकी दीर्घवृत्ताकार कक्षा के अर्द्ध-दीर्घाक्ष a, की तृतीय घात के अनुक्रमानुपाती होता है।

अर्थात् $T^2 \propto a^3$ या $\left[\frac{T_1}{T_2}\right]^2 = \left[\frac{a_1}{a_2}\right]^3$

भू-स्थिर उपग्रह (Geo-stationary Satellites)

वे कृत्रिम उपग्रह जो पृथ्वी पर खड़े प्रेक्षक को सदैव स्थिर प्रतीत हो, भू-स्थिर उपग्रह कहलाते हैं।

भारत का एक ऐसा ही उपग्रह है। इस प्रकार के उपग्रह के लिए

(i) उपग्रह की कक्षा वृत्तीय तथा पृथ्वी की भूमध्य रेखा के तल में होनी चाहिये।

(ii) उपग्रह का कोणीय वेग पृथ्वी के कोणीय वेग के बराबर उसी दिशा में होना चाहिये अर्थात् उसका कोणीय वेग पश्चिम से पूर्व की ओर तथा परिक्रमण काल T = 24 घण्टे होना चाहिये।

यदि उपग्रह के परिक्रमण काल के सूत्र $T = 2\pi\sqrt{\frac{r^3}{GMe}}$ से कक्षीय त्रिज्या r की गणना की जाए तो r = 42000 किमी अर्थात् भू-स्थिर उपग्रह की कक्षा की त्रिज्या 42000 किमी होती है।

भू उपग्रह की पृथ्वी तल से ऊँचाई (42000-6400) किमी = 35600 किमी होती है। भू-स्थिर उपग्रह दूरदर्शन कार्यक्रमों, रेडियो तथा दूरभाषी संवादों में अति उपयोगी हैं अत: इसे संचार उपग्रह भी कहते हैं।

अभ्यास प्रश्न

1. दो इलेक्ट्रॉनों के बीच स्थिर वैद्युत बल व गुरुत्वीय बल का अनुपात है

(a) 10^{43} (b) 10^{23} (c) 10^{63} (d) 10^{11}

2. जड़त्व द्रव्यमान का गुरुत्वीय द्रव्यमान से अनुपात है

(a) 0.1 (b) 0.01
(c) 1 (d) कोई नियत संख्या नहीं

3. समुद्र में उत्पन्न होने वाले ज्वार भाटा का प्रमुख कारण है

(a) पृथ्वी के वातावरण का प्रभाव
(b) शुक्र का पृथ्वी पर गुरुत्वाकर्षण प्रभाव
(c) सूर्य का पृथ्वी पर गुरुत्वाकर्षण प्रभाव
(d) चन्द्रमा का पृथ्वी पर गुरुत्वाकर्षण प्रभाव

4. निकटतम तारे (सूर्य के अतिरिक्त) से प्रकाश, पृथ्वी तक पहुँचता है

(a) 4.2 सेकण्ड में (b) 42 सेकण्ड में (c) 4.2 दिन में (d) 4.2 वर्ष में

5. गुरुत्वीय क्षेत्र में, दी गई स्थिति पर एक पिण्ड की

(a) जैसे इसकी चाल में वृद्धि होती है, बन्धन ऊर्जा में कमी होती है
(b) बन्धन ऊर्जा, चाल पर निर्भर करती है
(c) जिस समय यह स्थिर है, बन्धन ऊर्जा शून्य है
(d) जिस समय यह स्थिर है, बन्धन ऊर्जा अधिकतम है

6. पृथ्वी को एक समरूप गोला मानते हैं। एक वैज्ञानिक A, खान में पर्याप्त गहराई तक जाता है तथा एक अन्य वैज्ञानिक B, गुब्बारे में काफी ऊँचाई तक जाता है। इनके द्वारा मापा गया गुरुत्वीय क्षेत्र

(a) A द्वारा मापा गया क्षेत्र घटता जाता है तथा B द्वारा मापा गया क्षेत्र बढ़ता जाता है
(b) B का क्षेत्र बढ़ता है तथा A के क्षेत्र में कमी होती है
(c) प्रत्येक परिवर्तित रहता है
(d) प्रत्येक कम होता जाता है

7. एक पिण्ड को ऊपर की ओर a त्वरण से फेंकने पर, इसका प्रभावी त्वरण है

(a) $(g - a)$ (b) $(a - g)$ (c) $\sqrt{g^2 + a^2}$ (d) $(g - a^2/g)$

8. पृथ्वी के परितः अन्तरिक्षयान में घूमते हुए भारहीनता का अनुभव, परिणाम है

(a) जड़त्व का (b) त्वरण का
(c) शून्य गुरुत्व का (d) गुरुत्व केन्द्र का

9. एक व्यक्ति स्प्रिंग तुला पर खड़ा है। स्प्रिंग तुला का पाठ्यांक 60 किग्रा भार है। यदि व्यक्ति, प्लेटफॉर्म से नीचे कूद जाता है, तो स्प्रिंग तुला का पाठ्यांक

(a) बढ़ेगा (b) अपरिवर्तित रहेगा
(c) शून्य हो जाएगा (d) पहले (a) फिर (c)

10. गलत वाक्य चुनो।

(a) किसी वस्तु का भार ध्रुवों पर अधिक तथा विषुवत् रेखा पर भी अधिक होता है।
(b) किसी वस्तु का भार समतल पर अधिक तथा पहाड़ों पर कम होता है।
(c) किसी वस्तु का भार चन्द्रमा की अपेक्षा पृथ्वी पर कम तथा सूर्य पर अधिक होता है।
(d) उपरोक्त में से कोई नहीं

11. यदि पृथ्वी घूमना बन्द कर दे, तो विषुवत् रेखा पर g का मान

(a) बढ़ जाएगा (b) कम हो जाएगा
(c) एकसमान रहेगा (d) इनमें से कोई नहीं

12. पृथ्वी के केन्द्र पर, किसी पिण्ड का भार होगा

(a) शून्य (b) अनन्त
(c) पृथ्वी की सतह के समान (d) इनमें से कोई नहीं

13. यदि अपने अक्ष के परितः पृथ्वी की घूर्णन चाल में वृद्धि होती है, तब विषुवत् रेखा पर पिण्ड का भार

(a) बढ़ेगा
(b) कम होगा
(c) परिवर्तित नहीं होगा
(d) कभी कम होगा तथा कभी बढ़ेगा

14. ध्रुवों पर किसी वस्तु का भार, विषुवत् रेखा पर उसी वस्तु के भार से

(a) कम होता है (b) अधिक होता है
(c) बराबर होता है (d) कुछ कहा नहीं जा सकता

15. g, R व G के पदों में, पृथ्वी के द्रव्यमान का सूत्र क्या होगा?

(a) $g^2(R/G)$ (b) $2G(R^2/g)$
(c) $4G(R/g)$ (d) $g(R^2/G)$

16. गुरुत्वीय त्वरण g व पृथ्वी के माध्य घनत्व ρ के बीच निम्नलिखित में क्या सम्बन्ध है? जहाँ, G गुरुत्वाकर्षण नियतांक तथा R पृथ्वी की त्रिज्या है।

(a) $\rho = \frac{4\pi g R^2}{3G}$ (b) $\rho = \frac{8\pi g R^3}{3G}$
(c) $\rho = \frac{3g}{4\pi G R}$ (d) $\rho = \frac{6g}{4\pi G R^3}$

17. दो पिण्डों के मध्य गुरुत्वाकर्षण बल 1 न्यूटन है। यदि उनके मध्य की दूरी पहले से दोगुनी कर दें, तो उनके बीच बल होगा

(a) 1 न्यूटन (b) 0.5 न्यूटन
(c) 2 न्यूटन (d) 0.25 न्यूटन

18. दूर अन्तरिक्ष में एक ग्रह का द्रव्यमान M_0 व व्यास D_0 है। इस ग्रह की सतह के निकट, स्वतन्त्र रूप से गिरते हुए m द्रव्यमान के कण को जिस गुरुत्वीय त्वरण का अनुभव होगा, है

(a) $G\,M_0^2/D_0^2$ (b) $6\,m\,G\,M_0^2/D_0^2$
(c) $4\,G\,M_0/D_0^2$ (d) $7\,G\,m\,M_0/D_0^2$

19. दो पिण्डों के द्रव्यमान M व m $(M > m)$ तथा त्रिज्या R व r $(R > r)$ है। दोनों को समान आनत तल पर समान ऊँचाई से छोड़ा जाता है। ये बिना रपटे हुए लुढ़कते हैं, तब दोनों के द्वारा तली (bottom) तक पहुँचने में लगा समय

(a) M द्रव्यमान के पिण्ड के लिए कम होगा
(b) M द्रव्यमान के पिण्ड के लिए अधिक होगा
(c) दोनों पिण्ड के लिए समान होगा
(d) M द्रव्यमान के पिण्ड के पदार्थ एवं उस स्थान पर g के मान के अनुसार यह कम या अधिक होगा

20. चन्द्रमा पर, पृथ्वी की अपेक्षा गुरुत्वीय त्वरण का मान (1/6) है। यदि पृथ्वी व चन्द्रमा का घनत्व समान माना जाए, तो चन्द्रमा की त्रिज्या है

(a) $(1/6)\,R_e$ (b) $1/9\,R_e$
(c) $6/R_e$ (d) $9\,R_e$

21. दो ग्रहों की सतहों पर स्वतन्त्र गिरने का त्वरण g समान होगा, यदि इन ग्रहों में समान है

(a) त्रिज्या/द्रव्यमान (b) द्रव्यमान^2/त्रिज्या
(c) द्रव्यमान/त्रिज्या^{2} (d) द्रव्यमान^2/त्रिज्या^{2}

22. किसी विशिष्ट बिन्दु पर g का मान 9.8 मी/से^{2} है। माना पृथ्वी अचानक सिकुड़कर अपने वर्तमान आकार की आधी हो जाती है तथा इसका द्रव्यमान परिवर्तित नहीं होता है। समान बिन्दु पर g का मान (यह मानते हुए कि इस बिन्दु की पृथ्वी के केन्द्र से दूरी कम नहीं होती) अब होगा

(a) 3.1 मी/से^{2} (b) 9.8 मी/से^{2}
(c) 4.2 मी/से^{2} (d) 19.6 मी/से^{2}

23. पृथ्वी के वायुमण्डल में प्रवेश करते हुए अन्तरिक्षयान में आग लग सकती है। इसका कारण है

(a) वायु का पृष्ठ-तनाव
(b) वायु की श्यानता
(c) उच्च वातावरण का निम्न ताप
(d) अधिक ऊँचाई के वातावरण में ऑक्सीजन का अधिक अनुपात

24. यदि पृथ्वी का द्रव्यमान एक ग्रह के द्रव्यमान का 80 गुना है तथा ग्रह का व्यास, पृथ्वी के व्यास का एक-चौथाई है, तब ग्रह पर गुरुत्वीय त्वरण होगा

(a) 7.8 मी/से^{2} (b) 11.8 मी/से^{2}
(c) 10.8 मी/से^{2} (d) 2.0 मी/से^{2}

25. यदि R = पृथ्वी की त्रिज्या, M = पृथ्वी का द्रव्यमान है, तो पृथ्वी की सतह पर गुरुत्वीय तीव्रता (जहाँ, G = सार्वत्रिक गुरुत्वीय नियतांक है।)

(a) GM/R^2 (b) GM^2/R^2
(c) G^2M^2/R^2 (d) G^2M/R^2

26. m द्रव्यमान का एक पिण्ड, पृथ्वी की सतह से $h = R/5$ ऊँचाई तक जाता है, जहाँ R पृथ्वी की त्रिज्या है। यदि पृथ्वी की सतह पर गुरुत्वीय त्वरण g है, तो स्थितिज ऊर्जा में वृद्धि होगी

(a) mgh (b) $(6/5)\,mgh$ (c) $(5/6)\,mgh$ (d) $(6/7)\,mgh$

27. यदि गुरुत्वाकर्षण बल r^{-2} के स्थान पर $r^{-5/2}$ के अनुसार परिवर्तित होता है, तब पृथ्वी के केन्द्र से r दूरी पर स्थित कण की स्थितिज ऊर्जा समानुपाती होगी

(a) r^{-1} (b) r^{-2} (c) $r^{-3/2}$ (d) $r^{-5/2}$

28. पृथ्वी की सतह से R ऊँचाई ($R =$ पृथ्वी की त्रिज्या) पर परिक्रमण कर रहे m द्रव्यमान के उपग्रह की स्थितिज ऊर्जा है

(a) mgR (b) $\frac{-mgR}{2}$

(c) $\frac{-mgR}{3}$ (d) $\frac{mgR}{4}$

29. पृथ्वी के केन्द्र से 6.4×10^6 मी की ऊँचाई पर m द्रव्यमान के उपग्रह के परिक्रमण की स्थितिज ऊर्जा है

(a) mgR_e (b) $-0.67\ mgR_e$

(c) $-0.5\ mgR_e$ (d) $0.33mgR_e$

30. यदि पृथ्वी की त्रिज्या R_e तथा पृथ्वी तल पर गुरुत्वीय त्वरण g है, तो पृथ्वी तल से ऊँचाई h पर जाने में m द्रव्यमान के पिण्ड की स्थितिज ऊर्जा में वृद्धि होगी

(a) $\frac{3mgh}{\left(1+\frac{h}{R_e}\right)}$ (b) $\frac{1+\frac{h}{R_e}}{mgh}$

(c) $\frac{mgh}{\left(1+\frac{h}{R_e}\right)}$ (d) $\frac{2mgh}{\left(1+\frac{2h}{R_e}\right)}$

31. पृथ्वी का घनत्व नियत मानते हुए निम्न में से कौन-सा ग्राफ पृथ्वी के केन्द्र से पृथ्वी से दूर बिन्दुओं पर गुरुत्वीय त्वरण में परिवर्तन दर्शाता है?

(a)
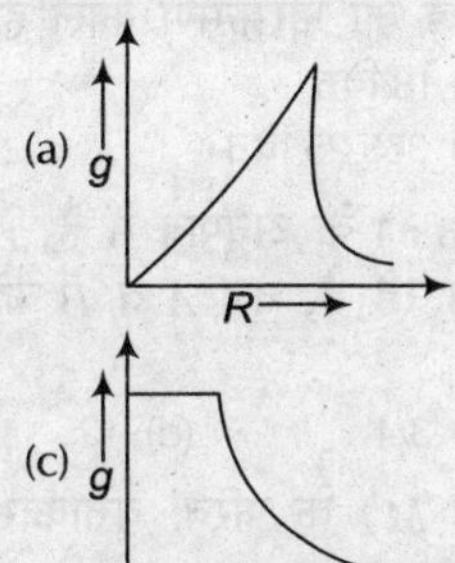

(b)
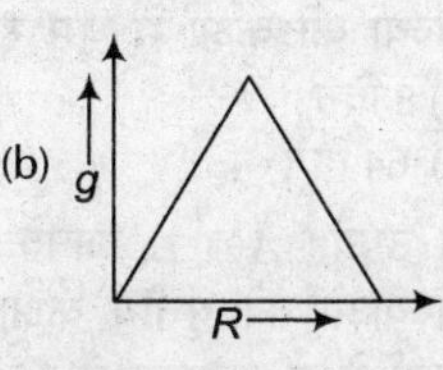

(c) (d) इनमें से कोई नहीं

32. एक खोखले गोलीय कोश के अन्दर गुरुत्वीय क्षेत्र की तीव्रता होगी

(a) परिवर्ती (b) न्यूनतम

(c) अधिकतम (d) शून्य

33. यदि पृथ्वी तल पर गुरुत्वीय त्वरण g है, तो m द्रव्यमान की एक वस्तु को पृथ्वी तल से पृथ्वी की त्रिज्या R_e के बराबर ऊँचाई तक उठाने में उसकी स्थितिज ऊर्जा में वृद्धि होगी

(a) $\frac{1}{2}\ mgR_e$ (b) $mg\ R_e$ (c) $2mg\ R_e$ (d) $\frac{1}{4}\ mg\ R_e$

34. पृथ्वी के परित: परिक्रमण कर रहे एक उपग्रह के अन्दर एक सरल लोलक का आवर्तकाल होगा

(a) शून्य (b) ∞ (c) T (d) $2T$

35. पृथ्वी की सतह पर किसी पिण्ड का भार W है। (पृथ्वी का घनत्व एकसमान मानते हुए), पृथ्वी के केन्द्र से आधी दूरी पर यह होगा

(a) W (b) $W/2$ (c) $W/6$ (d) $W/9$

36. किसी ग्रह का द्रव्यमान 6×10^{24} किग्रा एवं त्रिज्या 6×10^6 मी है। इसकी सतह पर 2 किग्रा द्रव्यमान के पिण्ड की बन्धन ऊर्जा होगी

(a) 6.7×10^7 जूल (b) 6.7×10^{11} जूल

(c) 13.4×10^7 जूल (d) 40.2×10^{11} जूल

37. यदि पृथ्वी की त्रिज्या 1% कम हो जाए तथा इसका द्रव्यमान अपरिवर्तित रहे, तो पृथ्वी की सतह पर गुरुत्वीय त्वरण का मान

(a) कम हो जाएगा (b) अपरिवर्तित रहेगा

(c) बढ़ जाएगा (d) इनमें से कोई नहीं

38. यदि एक सरल लोलक की लम्बाई में 2% वृद्धि कर दें, तब इसका आवर्तकाल

(a) 4% बढ़ता है (b) 2% कम होता है

(c) 1% बढ़ता है (d) 1% कम होता है

39. यदि पृथ्वी अपनी वर्तमान चाल से तीव्र चाल से घूर्णन करती है, तब पिण्ड का भार

(a) विषुवत् रेखा पर बढ़ता है, परन्तु ध्रुवों पर कम होता है

(b) विषुवत् रेखा पर कम होता है, परन्तु ध्रुवों पर परिवर्तित नहीं होता

(c) विषुवत् रेखा पर अधिक होता है, परन्तु ध्रुवों पर कम होता

(d) विषुवत् रेखा पर परिवर्तित नहीं होता है, परन्तु ध्रुवों पर बढ़ता

40. सरल लोलक द्वारा g मापन के एक प्रयोग में आवर्तकाल 0.2% शुद्धता से नापा गया, जबकि लम्बाई का मापन 0.5% की शुद्धता से किया गया। इस प्रकार प्राप्त g के मान की प्रतिशत शुद्धता (percentage accuracy) है

(a) 0.1 (b) 0.5 (c) 0.7 (d) 0.9

41. बिन्दु द्रव्यमान के कारण गुरुत्वीय क्षेत्र की तीव्रता का व्यंजक है

(a) $\frac{Gm}{r^3}$ (b) $\frac{Gm}{r}$ (c) $\frac{Gm}{r^2}$ (d) $\frac{Gm^2}{r^2}$

42. माना पृथ्वी R त्रिज्या का एक गोला है, इसका द्रव्यमान m है तथा इसकी सतह पर गुरुत्वीय त्वरण g है, तो इसका माध्य घनत्व है

(a) $\frac{3g}{4\pi G R}$ (b) $\frac{4\pi R^2 g}{3G}$

(c) $\frac{4\pi^2 G}{3Rg}$ (d) $\frac{3gGR^2}{4\pi^2}$

43. यदि पृथ्वी की त्रिज्या 1% सिकुड़ जाए, परन्तु इसका द्रव्यमान वही रहे, तो पृथ्वी तल पर गुरुत्वीय त्वरण

(a) समान रहेगा (b) कम हो जाएगा

(c) कुछ कहा नहीं जा सकता (d) अधिक हो जाएगा

44. पृथ्वी तल से लगभग कितनी ऊँचाई पर गुरुत्वीय बल का मान 10% कम हो जाएगा (यदि पृथ्वी की त्रिज्या 6370 किमी है)?

(a) 750 किमी (b) 650 किमी (c) 450 किमी (d) 344 किमी

45. यदि चन्द्रमा की त्रिज्या पृथ्वी की त्रिज्या का $\frac{1}{4}$ भाग हो और इसका द्रव्यमान $\frac{1}{80}$वाँ भाग हो, तो चन्द्रमा के तल पर गुरुत्वीय त्वरण का मान होगा

(a) $\frac{g}{3}$ (b) $\frac{g}{10}$ (c) $\frac{g}{4}$ (d) $\frac{g}{5}$

46. पृथ्वी के तल से कितनी ऊँचाई पर जाने पर गुरुत्वीय त्वरण का $\frac{1}{9}$ वाँ भाग शेष रह जाएगा? (पृथ्वी की त्रिज्या 6400 किमी है)

(a) 12800 किमी (b) 6400 किमी (c) 19200 किमी (d) 15800 किमी

47. यदि पृथ्वी तल से ऊपर किसी बिन्दु पर गुरुत्वीय विभव -5.12×10^7 जूल/किग्रा तथा गुरुत्वीय त्वरण 6.4 मी/से^{2} हैं, तो पृथ्वी की औसत त्रिज्या 6400 किमी मानकर पृथ्वी तल से इस बिन्दु की ऊँचाई होगी

(a) 1600 किमी (b) 3200 किमी (c) 800 किमी (d) 2400 किमी

48. एक कृत्रिम उपग्रह की कुल (गतिज + स्थितिज) ऊर्जा E_0 है, तो उसकी स्थितिज ऊर्जा होगी

(a) $2E_0$ (b) $-E_0$ (c) E_0 (d) 1.5 E_0

49. यदि पृथ्वी की सतह से h ऊँचाई पर g के मान में वही परिवर्तन होता है, जो सतह से x गहराई नीचे होता है, (यहाँ पर x व $h << R_e$) तब

(a) $x = h^2$ (b) $x = h$ (c) $x = \frac{h}{2}$ (d) $x = 2h$

50. एक छोटा उपग्रह पृथ्वी की सतह के निकट चक्कर लगा रहा है। इसका कक्षीय वेग होगा लगभग

(a) 4 मी/से (b) 11.2 मी/से
(c) 8 किमी/से (d) 6 किमी/से

51. m_1 व m_2 द्रव्यमान ($m_1 > m_2$) के दो उपग्रह, पृथ्वी के परित: क्रमश: r_1 व r_2 त्रिज्या ($r_1 > r_2$) की वृत्ताकार कक्षाओं में घूम रहे हैं। इनकी चाल v_1 व v_2 के सम्बन्ध में कौन-सा कथन सत्य है?

(a) $v_1 = v_2$ (b) $v_1 < v_2$
(c) $2\, v_1 > v_2$ (d) $(v_1 / r_1) = (v_2 / r_2)$

52. यदि एक उपग्रह पृथ्वी की सतह के निकट कक्षा में परिक्रमण कर रहा है, तो इसका कक्षीय वेग मुख्य रूप से निर्भर करता है

(a) केवल उपग्रह के द्रव्यमान पर (b) केवल पृथ्वी की त्रिज्या पर
(c) केवल कक्षीय त्रिज्या पर (d) केवल पृथ्वी के द्रव्यमान पर

53. एक छोटा उपग्रह पृथ्वी की सतह के निकट चक्कर लगा रहा है, इसका कक्षीय वेग लगभग होगा

(a) 8 किमी/से (b) 11.2 किमी/से (c) 4 किमी/से (d) 6 किमी/से

54. बृहस्पति की कक्षीय चाल है

(a) शून्य
(b) पृथ्वी की कक्षीय चाल से अधिक
(c) पृथ्वी की कक्षीय चाल से कम
(d) पृथ्वी की कक्षीय चाल के बराबर

55. पृथ्वी से किसी प्रक्षेप्य का पलायन वेग है

(a) 1.1 किमी/से (b) 9 किमी/से (c) 11.2 किमी/से (d) 18.7 किमी/से

56. चन्द्रमा से पलायन वेग है लगभग

(a) 2 मी/से (b) 5 मी/से (c) 10 किमी/से (d) 2.4 किमी/से

57. एक प्रक्षेप्य (missile) को पलायन वेग से कम वेग पर छोड़ा जाता है। इसकी गतिज ऊर्जा एवं स्थितिज ऊर्जा का योग होगा

(a) शून्य
(b) ऋणात्मक
(c) धनात्मक
(d) प्रारम्भिक वेग के अनुसार, धनात्मक अथवा ऋणात्मक हो सकता है

58. चन्द्रमा का द्रव्यमान पृथ्वी के द्रव्यमान का $\frac{1}{81}$ गुना है और इसकी त्रिज्या पृथ्वी की त्रिज्या की $\frac{1}{4}$ गुनी है। यदि पृथ्वी तल पर पलायन वेग 11.2 किमी/से है, तो चन्द्रमा के तल पर इसका मान है

(a) 0.14 मी/से (b) 0.5 मी/से
(c) 2.5 किमी/से (d) 5 किमी/से

59. किसी दिये गये ग्रह से एक पिण्ड का पलायन वेग निर्भर नहीं करता है

(a) पिण्ड के द्रव्यमान पर (b) प्रक्षेपण की दिशा पर
(c) ग्रह के द्रव्यमान पर (d) ग्रह की त्रिज्या पर

60. चन्द्रमा पर कोई वायुमण्डल नहीं है, क्योंकि

(a) यह पृथ्वी के निकट है
(b) यह पृथ्वी के परितः परिक्रमण करता है
(c) यहाँ गैस के अणुओं का पलायन वेग, इनके वर्ग-माध्य-मूल वेग से कम होता है
(d) उपरोक्त में से कोई नहीं

61. चन्द्रमा पर एक विस्फोट होता है। पृथ्वी पर इसकी ध्वनि सुनाई देगी

(a) 2 घण्टे बाद (b) 3.5 घण्टे बाद
(c) 2.5 घण्टे बाद (d) सुनाई नहीं देगी

62. निम्न में से कौन यह सिद्ध करता है कि पृथ्वी पर एक बल सूर्य की दिशा में कार्यरत् है?

(a) गिरती हुई वस्तुओं का पृथ्वी की ओर विक्षेपित होना
(b) पृथ्वी का सूर्य के परितः चक्कर लगाना
(c) मौसम परिवर्तित होने की प्रक्रिया
(d) सूर्य की पृथ्वी के परितः आभासी गति

63. यदि सूर्य की पृथ्वी से दूरी, वर्तमान दूरी की एक-चौथाई रह जाए, तो वर्ष की लम्बाई होगी

(a) वर्तमान वर्ष की दोगुनी
(b) वर्तमान वर्ष का आठवाँ भाग
(c) वर्तमान वर्ष की एक-चौथाई
(d) वर्तमान वर्ष का छठवाँ भाग

64. एक पिण्ड, किसी उपग्रह की पार्किंग कक्षा की त्रिज्या की 16 गुनी त्रिज्या की कक्षा में घूम रहा है। पिण्ड का परिक्रमण काल है

(a) 8 दिन (b) 18 दिन
(c) 64 दिन (d) 365.25 दिन

65. दो उपग्रह A व B, जिनके द्रव्यमान 3 : 1 के अनुपात में हैं, r व $4r$ त्रिज्याओं की वृत्तीय कक्षाओं में घूम रहे हैं, तब A व B की कुल ऊर्जाओं में अनुपात है

(a) 1/3 (b) 3/13 (c) 3/4 (d) 12

66. कैपलर के अनुसार, पृथ्वी (द्रव्यमान M) के परितः वृत्ताकार कक्षा में घूमते हुए उपग्रह के परिक्रमण काल T व कक्षा की त्रिज्या r में सम्बन्ध $T = kr^3$ है, जहाँ k एक नियतांक है, तब k का मान है

(a) $4\,\pi^2 / G\,M^2$ (b) $2\,\pi / \sqrt{G\,M}$
(c) $G\,M / 4\,\pi^2$ (d) $4\,\pi^2\,G\,M^2$

67. ग्रह के क्षेत्रीय वेग (aerial velocity) की स्थिरता से सम्बन्धित कैपलर का द्वितीय नियम किसके संरक्षण के नियम का निष्कर्ष है?

(a) ऊर्जा (b) कोणीय संवेग
(c) रेखीय संवेग (d) इनमें से कोई नहीं

68. एक ग्रह के निकट किसी उपग्रह का अपनी वृत्तीय कक्षा में परिक्रमण काल, निर्भर नहीं करता है

(a) ग्रह के द्रव्यमान पर (b) ग्रह की त्रिज्या पर
(c) उपग्रह के द्रव्यमान पर (d) इन सभी पर

69. जब उपग्रह अपनी कक्षा में है, इसके लिए निम्नलिखित में क्या एकसमान होता है?

(a) वेग (b) संवेग
(c) कोणीय संवेग (d) त्वरण

70. R त्रिज्या की वृत्तीय कक्षा में किसी ग्रह का परिक्रमण काल T है। $4R$ त्रिज्या की कक्षा में इस ग्रह का परिक्रमण काल होगा

(a) T (b) $2T$ (c) $6T$ (d) $8T$

71. जब उपग्रह अपनी कक्षा में है, तो इसके लिये निम्नलिखित में क्या एकसमान होता है?

(a) वेग (b) संवेग (c) कोणीय संवेग (d) त्वरण

72. यदि अपनी कक्षा में घुमते हुए उपग्रह की गतिज ऊर्जा अपने प्रारम्भिक मान की दोगुनी हो जाए, तो क्या होगा?

(a) वह छोटे टुकड़ों में टूट जाएगा
(b) वह पृथ्वी के गुरुत्वाकर्षण क्षेत्र से पलायन कर जाएगा
(c) यह कम वेग से गति करने लगेगा
(d) कोई परिवर्तन नहीं होगा

73. ग्रहों P_1 व P_2 की त्रिज्याओं में अनुपात k है। गुरुत्वीय त्वरण में अनुपात r है। इनसे पलायन वेगों में अनुपात होगा

(a) k/r (b) $\sqrt{kr}$ (c) $\sqrt{(k/r)}$ (d) $\sqrt{(r/k)}$

74. M द्रव्यमान का एक उपग्रह R त्रिज्या की कक्षा में परिक्रमण कर रहा है। गुरुत्व (gravity) द्वारा उपग्रह पर प्रति चक्कर किया गया कार्य है

(a) $MgR^2/2$ (b) MgR^2
(c) $Mg \times 2\pi R$ (d) इनमें से कोई नहीं

75. एक ग्रह, सूर्य के परित: दीर्घवृत्ताकार कक्षा (elliptical orbit) में परिक्रमण कर रहा है। ग्रह की कोणीय चाल अधिकतम होगी

(a) A पर (b) B पर (c) C पर (d) D पर

76. पृथ्वी की परिक्रमा कर रहे किसी उपग्रह की कक्षीय चाल को कितने गुना बढ़ा देने पर वह पृथ्वी के गुरुत्वाकर्षण क्षेत्र से बाहर चली जाएगी?

(a) 1.21 (b) 1.41 (c) 1.73 (d) 2.11

77. पृथ्वी की सतह के ठीक ऊपर (just above), वृत्ताकार कक्षा में एक कृत्रिम उपग्रह की कक्षीय चाल v है। पृथ्वी की त्रिज्या की आधी ऊँचाई पर परिक्रमण कर रहे एक उपग्रह का कक्षीय वेग होगा

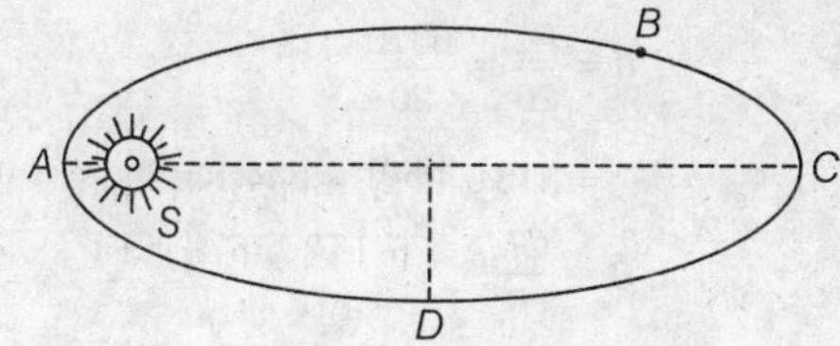

(a) $9v/4$ (b) $\sqrt{(3/2)}\,v$ (c) $\sqrt{(2/3)}\,v$ (d) $\frac{6}{5}v$

78. पृथ्वी की सतह पर किसी पिण्ड का पलायन वेग 11.2 किमी/से है। यदि पृथ्वी का द्रव्यमान वर्तमान मान का दोगुना तथा त्रिज्या आधी हो, तब पलायन वेग हो जाएगा

(a) 5.6 मी/से (b) 11.2 मी/से
(c) 22.4 किमी/से (d) 44.8 किमी/से

79. पृथ्वी के परित: अपनी कक्षा में परिक्रमण कर रहे उपग्रह की गतिज ऊर्जा E है। पृथ्वी के गुरुत्वाकर्षण से पलायन कर सकने के लिए इस उपग्रह की गतिज ऊर्जा क्या होनी चाहिए?

(a) $\sqrt{2}\,E$ (b) $2E$
(c) $5E$ (d) E

80. एक मिसाइल को पलायन वेग से कम वेग पर प्रक्षेपित किया जाता है, तो इसकी गतिज ऊर्जा एवं स्थितिज ऊर्जा का योगफल हो जाएगा

(a) अनन्त (b) शून्य
(c) ऋणात्मक (d) धनात्मक

81. पृथ्वी से पलायन वेग 11.2 किमी/से है। यदि एक पिण्ड ऊर्ध्व से 45° पर प्रक्षेपित किया जाना है, तो पलायन वेग होगा

(a) 11.2×2 किमी/से (b) 11.2 किमी/से
(c) $11.2 \times \frac{1}{\sqrt{2}}$ किमी/से (d) $11.2 \times \sqrt{2}$ किमी/से

82. सूर्य के परित: एक ग्रह A का परिक्रमण काल, B के परिक्रमण काल का 8 गुना है। सूर्य से A की दूरी, सूर्य से B की दूरी से कितने गुना अधिक है?

(a) 2 (b) 6 (c) 4 (d) 8

83. माना कि गुरुत्वाकर्षण बल, दूरी की n वीं घात के विलोम के अनुसार परिवर्तित होता है, तब सूर्य के परित: R त्रिज्या की वृत्ताकार कक्षा में ग्रह का आवर्तकाल समानुपाती होगा

(a) R^n (b) $R^{(n+1)/2}$
(c) $R^{(n+1)/3}$ (d) R^{-n}

84. एक उपग्रह जो एक विशिष्ट कक्षा में भू-स्थिर है, किसी दूसरी कक्षा में ले जाया जाता है। नई कक्षा में पृथ्वी के केन्द्र से उसकी दूरी पहली कक्षा से दोगुनी है। दूसरी कक्षा में आवर्तकाल होगा

(a) 4.8 घण्टे (b) 24 घण्टे
(c) $24\sqrt{2}$ घण्टे (d) $48\sqrt{2}$ घण्टे

85. एक तुल्य-काली (geo-stationary) उपग्रह

(a) ध्रुवीय अक्ष के परित: घूमता है
(b) का परिक्रमण काल, पृथ्वी के निकट उपग्रह से समान होता है
(c) पृथ्वी के निकट उपग्रह की अपेक्षा, तीव्र गति से चलता है
(d) अन्तरिक्ष में स्थिर रहता है

उत्तरमाला

1.	(a)	2.	(c)	3.	(d)	4.	(d)	5.	(d)	6.	(d)	7.	(b)	8.	(c)	9.	(d)	10.	(d)
11.	(a)	12.	(a)	13.	(b)	14.	(a)	15.	(d)	16.	(c)	17.	(d)	18.	(c)	19.	(c)	20.	(a)
21.	(c)	22.	(b)	23.	(b)	24.	(d)	25.	(a)	26.	(c)	27.	(c)	28.	(b)	29.	(c)	30.	(c)
31.	(a)	32.	(d)	33.	(a)	34.	(b)	35.	(b)	36.	(a)	37.	(c)	38.	(c)	39.	(b)	40.	(d)
41.	(c)	42.	(a)	43.	(d)	44.	(d)	45.	(d)	46.	(a)	47.	(a)	48.	(a)	49.	(d)	50.	(c)
51.	(b)	52.	(c)	53.	(a)	54.	(c)	55.	(c)	56.	(d)	57.	(b)	58.	(c)	59.	(a)	60.	(c)
61.	(d)	62.	(b)	63.	(b)	64.	(c)	65.	(d)	66.	(a)	67.	(b)	68.	(c)	69.	(c)	70.	(d)
71.	(c)	72.	(b)	73.	(b)	74.	(d)	75.	(a)	76.	(b)	77.	(c)	78.	(c)	79.	(b)	80.	(c)
81.	(b)	82.	(c)	83.	(b)	84.	(d)	85.	(a)										

उत्तर व्याख्या सहित

15. $F = \frac{GMm}{R^2}$ तथा $F = mg \Rightarrow g = \frac{GM}{R^2}$

$\therefore \quad M = g(R^2/G)$

16. $g = \frac{GM}{R^2} = \frac{G(4/3)\pi R^3 \rho}{R^2}$

$\therefore \quad \rho = \frac{3g}{4\pi G R}$

17. $F = \frac{GMm}{R^2} \Rightarrow F \propto \frac{1}{R^2}$

$\therefore \quad \frac{F_1}{F_2} = \left(\frac{R_2}{R_1}\right)^2 = \left(\frac{2R}{R}\right)^2 = 4$ या $F_2 = \frac{F_1}{4} = 0.25F$

$= 0.25 \times 1 = 0.25$ न्यूटन

32. खोखले गोलीय कोश के भीतर गुरुत्वीय क्षेत्र की तीव्रता, $I = 0$

33. पृथ्वी की सतह पर स्थितिज ऊर्जा, $U = -\frac{GM_e m}{R_e}$

सतह से h ऊँचाई पर स्थितिज ऊर्जा,

$$U_h = -\frac{GM_e m}{(R_e + h)}$$

परन्तु $\quad h = R_e$

अतः $\quad U_h = -\frac{GM_e m}{(R_e + R_e)} = -\frac{GM_e m}{2R_e}$

स्थितिज ऊर्जा में वृद्धि $= U_h - U$

$$= -\frac{GM_e m}{2R_e} - \left(-\frac{GM_e m}{R_e}\right) = +\frac{GM_e m}{2R_e}$$

$$= \frac{1}{2} mgR_e \qquad (\because GM_e = gR_e^2)$$

35. केन्द्र से आधी दूरी पर,

$$g' = g\left(1 - \frac{(R/2)}{R}\right) = g/2$$

$\therefore \quad$ भार $= mg' = mg/2 = \frac{W}{2}$

36. पिण्ड की बन्धन ऊर्जा, $E = \frac{1}{2}\frac{GMm}{R}$

$$= \frac{1}{2} \times \frac{6.67 \times 10^{-11} \times 6 \times 10^{24} \times 2}{6 \times 10^6}$$

$$= 6.67 \times 10^7 \text{ जूल} = 6.7 \times 10^7 \text{ जूल}$$

37. $g = \frac{GM}{R^2}$

त्रिज्या के 1% संकुचित होने पर यह हो जाती है $\left(\frac{99}{100}R\right)$।

अतः $g' = \frac{GM}{\{(99/100)\}^2} = \left(\frac{100}{99}\right)^2 \frac{GM}{R^2} = \left(\frac{100}{99}\right)^2 g$

अतः गुरुत्वीय त्वरण के मान में वृद्धि होती है।

38. दिया है, $l_2 = 1.02\, l_1$

हम जानते हैं कि

$$T = 2\pi\sqrt{(l/g)} \Rightarrow T \propto \sqrt{l}$$

$$\therefore \quad \frac{T_2}{T_1} = \sqrt{\left(\frac{l_2}{l_1}\right)} = \sqrt{\left(\frac{1.02 l_1}{l_1}\right)} = 1.01$$

अतः आवर्तकाल में 1% वृद्धि होती है।

39. $g' = g - \omega^2 R\cos^2\lambda$

पृथ्वी की घूर्णी गति के कारण वस्तु का भार आभासी रूप से कम हो जाता है। भार में यह कमी ध्रुवों पर महसूस नहीं होती, क्योंकि वहाँ अक्षांश 90° होता है।

40. $g = 4\pi^2 l/T^2$

$\Rightarrow \quad \frac{\Delta g}{g} = \frac{\Delta l}{l} + \frac{2\,\Delta T}{T}$

$= 0.5\% + 2 \times (0.2\%) = 0.9\%$

42. $g = \frac{GM}{R^2} = \frac{G}{R^2} \times \frac{4}{3}\pi R^3 \times \rho$

$$= G \times \frac{4}{3}\pi R \rho$$

$\Rightarrow \quad \rho = \frac{3g}{4\pi R G}$

43. पृथ्वी पर गुरुत्वीय त्वरण,

$$g = \frac{GM}{R^2} \qquad \text{(जहाँ, } R \text{ पृथ्वी की त्रिज्या है)}$$

$$g \propto \frac{1}{R^2}$$

अतः सूत्र से स्पष्ट है कि R का मान घटने पर g का मान अधिक हो जाएगा।

44. $g' = \frac{g}{\left(1 + \frac{h}{R_e}\right)^2} \Rightarrow \frac{9g}{10} = g\left(1 - \frac{2h}{R_e}\right)$ (द्विपद प्रमेय से)

या $\quad \frac{9}{10} = \left(1 - \frac{2h}{R_e}\right)$ या $\frac{2h}{R_e} = \frac{1}{10}$

अतः $\quad h = \frac{R_e}{20} = \frac{6370}{20}$

$= 313.5$ किमी ≈ 344 किमी

45. $\quad g = \frac{GM_e}{R_e^2} \quad$ ...(i)

$g' = \frac{GM_m}{R_m^2} \quad$ ...(ii)

समी (ii) को समी (i) से भाग करने पर,

$$\frac{g'}{g} = \frac{M_m}{M_e} \times \left(\frac{R_e}{R_m}\right)^2 = \frac{M_e}{80 \times M_e} \times \left(\frac{4R_e}{R_e}\right)^2 = \frac{1}{5}$$

$\Rightarrow \quad g' = \frac{g}{5}$

46. $\quad g' = \frac{g}{\left(1 + \frac{h}{R_e}\right)^2}$

$\therefore \quad \frac{1}{9} = \frac{1}{\left(1 + \frac{h}{R_e}\right)^2} \quad$ ...(i) $\left(\because \frac{g'}{g} = \frac{1}{9}\right)$

समी (i) के दोनों ओर का वर्गमूल लेने पर,

$$\left(1+\frac{h}{R_e}\right)=3$$

$\Rightarrow$ $h = 2R_e = 2\times 6400 = 12800$ किमी

47. दिया है, गुरुत्वीय विभव $= -5.1\times 10^7$ जूल/किग्रा

अतः $-\frac{GM_e}{R} = -5.12\times 10^7$ जूल/किग्रा

गुरुत्वीय त्वरण, $g = \frac{GM_e}{R^2} = 6.4$ मी/से^{2}

$\therefore$ $R = \frac{1}{6.4}\left(\frac{GM_e}{R}\right) = \frac{5.12\times 10^7}{6.4}$

$= 8\times 10^6$ मी $= 8000$ किमी

अतः बिन्दु की ऊँचाई $= 8000 - 6400 = 1600$ किमी

48. पृथ्वी के परितः पृथ्वी के तल के समीप वृत्ताकार कक्षा में चक्कर लगाते उपग्रह की कुल ऊर्जा,

$$E_0 = -\frac{1}{2}\frac{GM_e m}{R_e} \quad \ldots(i)$$

तथा स्थितिज ऊर्जा,

$$U = -\frac{GM_e m}{R_e} \quad \ldots(ii)$$

अतः $U = 2E_0$

49. $$g'_h = g\left(1-\frac{2h}{R}\right) \quad \ldots(i)$$

$$g'_x = g\left(1-\frac{x}{R}\right) \quad \ldots(ii)$$

प्रश्नानुसार, $g'_h = g'_x$

समी (i) व (ii) से,

$g\left(1-\frac{2h}{R}\right) = g\left(1-\frac{x}{R}\right)$ या $-\frac{2h}{R} = -\frac{x}{R}$ या $x = 2h$

73. हम जानते हैं कि $v_{es} = \sqrt{(2gR)}$

$\therefore$ $\frac{(v_{es})_{P_1}}{(v_{es})_{P_2}} = \frac{\sqrt{(2g_1R_1)}}{\sqrt{(2g_2R_2)}} = \sqrt{\left(\frac{g_1}{g_2}\right)}\times\sqrt{\left(\frac{R_1}{R_2}\right)} = \sqrt{(kr)}$

74. अपकेन्द्रीय बल विस्थापन के लम्बवत् कार्य करता है। अतः किया गया कार्य शून्य है।

75. यहाँ कोणीय संवेग संरक्षित रहता है। A पर जड़त्व आघूर्ण न्यूनतम है। अतः कोणीय चाल अधिकतम होगी।

76. पलायन वेग, कक्षीय वेग का $\sqrt{2}$ गुना होता है, अतः $\sqrt{2} = 1.41$ गुना बढ़ाना होगा।

77. $v = \sqrt{\left(\frac{GM}{x}\right)}$

प्रथम स्थिति में, $v = \sqrt{\left(\frac{GM}{R}\right)}$

द्वितीय स्थिति में, $v' = \sqrt{\frac{GM}{(3R/2)}}$ $(\because x = R + R/2 = 3R/2))$

$\therefore$ $v' = \sqrt{\left(\frac{2}{3}\right)}\,v$

78. पलायन वेग, $v_e = \sqrt{\left(\frac{2GM_e}{R_e}\right)}$ $\Rightarrow$ $11.2 = \sqrt{\left(\frac{2GM_e}{R_e}\right)}$

माना नया पलायन वेग v_e' है,

$$v_e' = \sqrt{\left[\frac{2G\times(2M_e)}{(R_e/2)}\right]}$$

$$= 2\sqrt{\left(\frac{2GM_e}{R_e}\right)}$$

$= 2\times 11.2 = 22.4$ किमी/से

79. हम जानते हैं कि पलायन वेग, $v_{es} = \sqrt{2}\,v_0$

कक्षा में गतिज ऊर्जा, $E = \frac{1}{2}Mv_0^2$

पलायन करने के लिए गतिज ऊर्जा $= \frac{1}{2}Mv_{es}^2 = \frac{1}{2}M(2v_0^2)$

$= \frac{1}{2}Mv_0^2\times 2 = 2E$

80. स्थितिज ऊर्जा, $U = -\frac{GMm}{R}$

परन्तु, $GM = gR^2$

अतः $U = -\frac{gR^2m}{R} = -mgR$

मिसाइल की गतिज ऊर्जा, $K = \frac{1}{2}mv_e^2$

$K = \frac{1}{2}m\times 2gR$ $(\because v_e = \sqrt{2gR})$

$K = mgR$

प्रश्नानुसार मिसाइल का वेग, पलायन वेग से कम है, अतः मिसाइल की गतिज ऊर्जा सदैव mgR से कम रहेगी। अतः कुल ऊर्जा ऋणात्मक रहेगी।

82. $\left(\frac{T_A}{T_B}\right)^2 = \left(\frac{R_A}{R_B}\right)^3$ [कैपलर का नियम]

$\therefore$ $\left(\frac{8T_B}{T_B}\right)^2 = \left(\frac{R_A}{R_B}\right)^3 \Rightarrow 64 = \left(\frac{R_A}{R_B}\right)^3$

$\Rightarrow$ $(4)^3 = \left(\frac{R_A}{R_B}\right)^3 \Rightarrow 4 = \frac{R_A}{R_B}$

$\therefore$ $R_A = 4R_B$

83. $T = \frac{2\pi R}{v}$ ...(i)

पुनः $E = \frac{1}{2}mv^2 = \frac{GMm}{R^{n-1}}$

$\Rightarrow$ $v = \left[\frac{2GM}{R^{n-1}}\right]^{1/2}$ ... (ii)

समी (i) व (ii) से, $T = \frac{2\pi R}{\sqrt{(2GM/R^{n-1})}}$

$= \frac{2\pi}{\sqrt{2GM}}\times R^{(n+1)/2} \propto R^{(n+1)/2}$

84. सूत्र, $T = \frac{2\pi}{R}\sqrt{\frac{(R+h)^3}{g}}$

प्रथम कक्ष में भू-स्थिर उपग्रह का आवर्तकाल 24 घण्टे है।

पृथ्वी के केन्द्र से दूरी $= R + h$

$\therefore$ $\frac{24}{T} = \sqrt{\frac{(R+h)^3}{[2(R+h)]^3}} = \sqrt{\frac{1}{8}}$

$\Rightarrow$ $T = 24\sqrt{8} = 48\sqrt{2}$ घण्टे

अध्याय 10

ठोसों के गुण

Properties of Solids

प्रत्यास्थता (Elasticity)

प्रत्यास्थता वस्तु का वह गुण है जिसके कारण वस्तु विरूपक बल के द्वारा उत्पन्न विरूपण का विरोध करती है तथा विरूपक बल हटा लेने पर वस्तु पूर्व अवस्था को प्राप्त कर लेती है।

जिन वस्तुओं में यह गुण पाया जाता है, प्रत्यास्थ वस्तुएँ (elastic bodies) कहलाती हैं।

प्रत्यास्थता का कारण (Cause of Elasticity)

ठोसों के परमाणु तथा अणु इस प्रकार व्यवस्थित रहते हैं कि प्रत्येक परमाणु या अणु अपने निकटवर्ती अणुओं के बल क्षेत्र में रहते हैं। इन बलों को **अन्तराणविक बल** कहते हैं।

ठोसों के अणु इस प्रकार व्यवहार करते हैं कि वे परस्पर स्प्रिंगों से जुड़े हों उनका यह व्यवहार अन्तराणविक बलों के कारण होता है। ठोस पर विरूपक बल लगाने पर अणुओं के बीच की दूरियों में परिवर्तन के कारण उनके बीच **प्रत्यानयन बल** कार्य करता है। विरूपक बल हटा लेने पर प्रत्यानयन बल के कारण ही अणु अपनी साम्यावस्था को प्राप्त करने का प्रयत्न करते हैं तथा उनका यही गुण **प्रत्यास्थता** कहलाता है।

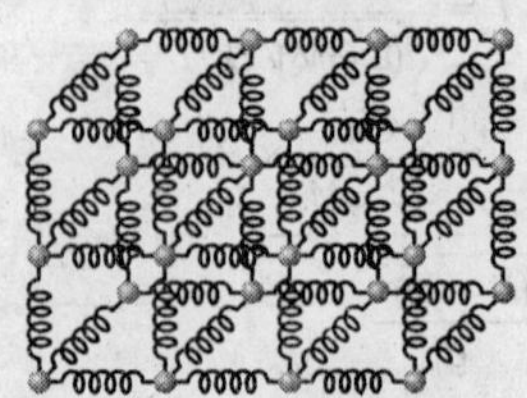

प्रतिबल (Stress)

बाह्य बल आरोपित करने पर, वस्तु के आकार अथवा आकृति में परिवर्तन होता है तथा वस्तु के अन्दर आन्तरिक प्रतिक्रिया बल उत्पन्न होता है जो कि वस्तु को पुन: उसी रूप में लाने का प्रयत्न करता है। वस्तु के एकांक अनुप्रस्थ काट के क्षेत्रफल पर कार्य करने वाले आन्तरिक प्रतिक्रिया बल को प्रतिबल कहते हैं।

$$\text{प्रतिबल} = \frac{\text{आन्तरिक प्रतिक्रिया बल}}{\text{अनुप्रस्थ क्षेत्रफल}} = \frac{F}{A}$$

इसका SI मात्रक 'न्यूटन/मी^{2}' तथा विमा $[ML^{-1}T^{-2}]$ हैं।

किसी वस्तु पर बल किस प्रकार से लगाया गया है इस आधार पर प्रतिबल दो प्रकार का होता है

(1) अभिलम्ब प्रतिबल, (2) अपरूपण अथवा स्पर्श रेखीय प्रतिबल।

1. अभिलम्ब प्रतिबल (Normal Stress)

जब वस्तु पर आरोपित बल पृष्ठ के लम्बवत् हो तब वस्तु पर कार्यरत प्रतिबल, अभिलम्ब प्रतिबल कहलाता है। अभिलम्ब प्रतिबल दो प्रकार का होता है

(i) अनुदैर्ध्य प्रतिबल, (ii) आयतन प्रतिबल

(i) अनुदैर्ध्य प्रतिबल (Longitudinal Stress)

यदि विरूपक बल केवल लम्बाई में परिवर्तन करे तो वस्तु के प्रति एकांक अनुप्रस्थ क्षेत्रफल पर कार्यरत आन्तरिक प्रतिक्रिया बल अनुदैर्ध्य प्रतिबल कहलाता है। अनुदैर्ध्य प्रतिबल दो प्रकार का होता है

(a) **तनन प्रतिबल** (Tensile Stress) यदि विरूपक बल के प्रभाव से वस्तु की लम्बाई में वृद्धि हो, तो वस्तु पर कार्यरत प्रतिबल तनन प्रतिबल कहलाता है।

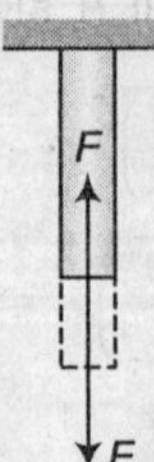

(b) **सम्पीडन प्रतिबल** (Compression Stress) यदि विरूपक बल के प्रभाव से वस्तु की लम्बाई में कमी हो, तो वस्तु पर कार्यरत प्रतिबल सम्पीडन प्रतिबल कहलाता है।

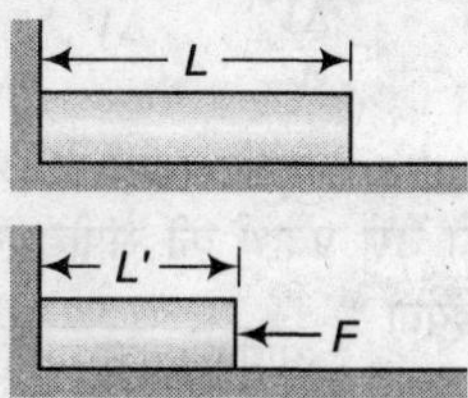

(ii) **आयतन प्रतिबल** (Volume Stress)

यदि वस्तु के प्रत्येक तल पर बल समान रूप से लगाए तो उसके आयतन में परिवर्तन होता है। इस आयतन का विरोध करने वाले प्रति एकांक अनुप्रस्थ परिच्छेद क्षेत्रफल पर कार्यरत आन्तरिक प्रतिक्रिया बल, आयतन प्रतिबल कहलाता है।

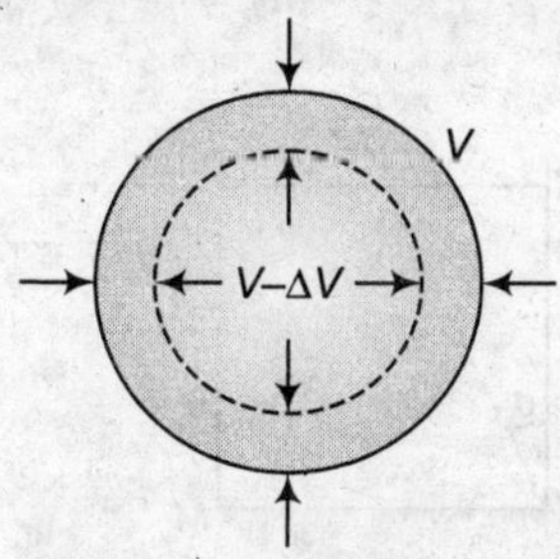

2. अपरूपण अथवा स्पर्श रेखीय प्रतिबल (Shearing or Tangential Stress)

जब विरूपक बल वस्तु की सतह के समान्तर या स्पर्श रेखीय हो तथा वह वस्तु के आकार में परिवर्तन कर रहा हो तब वस्तु के आकार में परिवर्तन का विरोध करने वाले प्रति एकांक क्षेत्रफल पर कार्यरत आन्तरिक प्रतिक्रिया बल को स्पर्श रेखीय प्रतिबल कहते हैं।

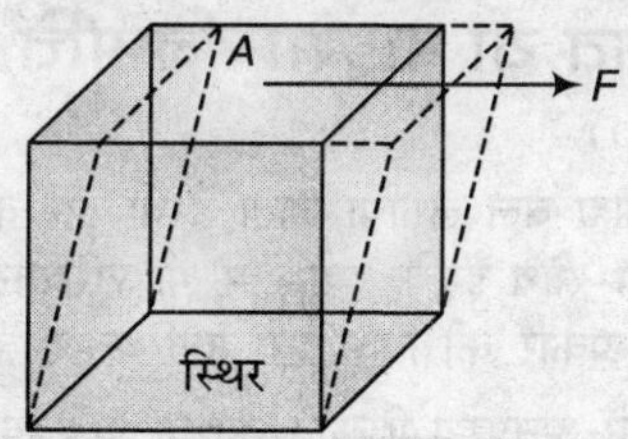

विकृति (Strain)

जब किसी वस्तु पर विरूपक बल आरोपित होता है, तो उसके आकार अथवा रूप अथवा दोनों में परिवर्तन हो जाता है तो यह कहा जाता है कि वस्तु विकृत हो गई। वस्तु की विमा में होने वाले भिन्नात्मक परिवर्तन को विकृति कहते हैं। अत:

$$\text{विकृति} = \frac{\text{विमा में परिवर्तन}}{\text{प्रारम्भिक विमा}}$$

विकृति एक अनुपात है। अत: इसका कोई मात्रक नहीं होता है। यह एक विमाहीन राशि है।

विकृति के प्रकार (Types of Strain)

विकृति के मुख्य प्रकार निम्न हैं

(1) अनुदैर्ध्य विकृति (Longitudinal strain)

विरूपक बल लगाने पर वस्तु की लम्बाई में होने वाले परिवर्तन (l) तथा वस्तु की प्रारम्भिक लम्बाई (L) का अनुपात, अनुदैर्ध्य विकृति कहलाता है।

$$\text{अनुदैर्ध्य विकृति} = \frac{\text{वस्तु की लम्बाई में परिवर्तन}}{\text{वस्तु की प्रारम्भिक लम्बाई}} = \frac{l}{L}$$

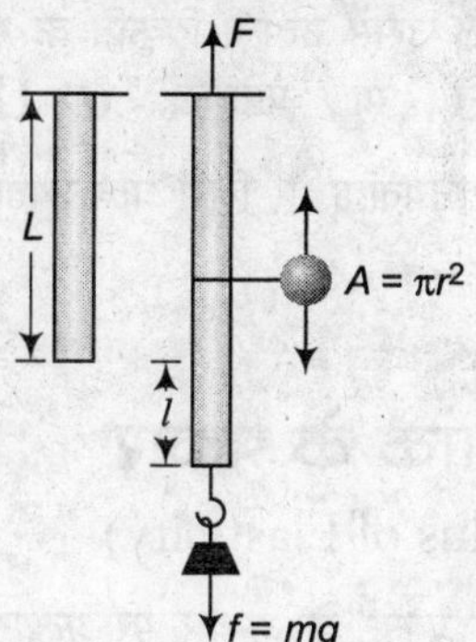

(2) आयतन विकृति (Volume Strain)

विरूपक बल लगाने पर वस्तु के आयतन में परिवर्तन ΔV तथा वस्तु के प्रारम्भिक आयतन (V) का अनुपात आयतन विकृति कहलाता है।

$$\text{आयतन विकृति} = \frac{\text{वस्तु के आयतन में परिवर्तन}}{\text{वस्तु का प्रारम्भिक आयतन}} = \frac{\Delta V}{V}$$

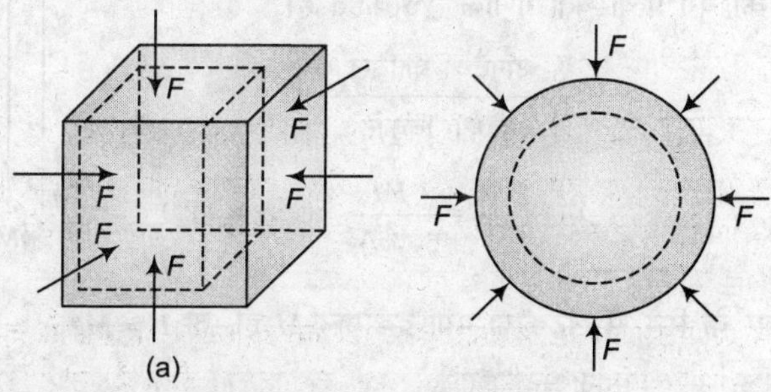

(3) अपरूपण विकृति (Shearing Strain)

यदि विरूपक बल किसी वस्तु के आयतन को परिवर्तित किए बिना केवल उसके आकार में परिवर्तन करता है तो वस्तु में उत्पन्न विकृति, अपरूपण विकृति कहलाती है।

अपरूपण विकृति, वस्तु के स्थिर तल के लम्बवत् पृष्ठ के विचलन कोण के द्वारा परिभाषित किया जाता है।

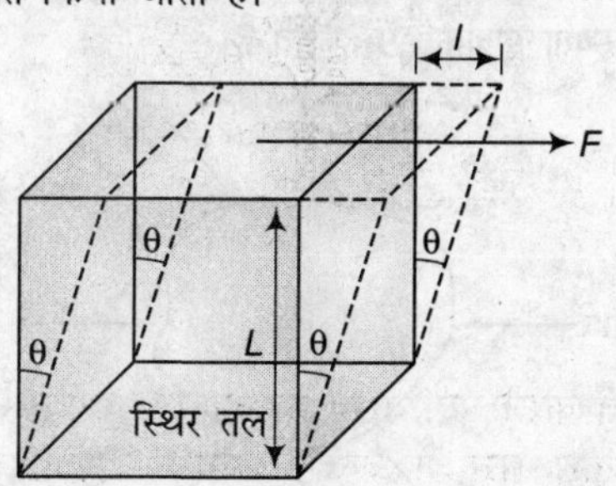

यदि किसी घनाकार वस्तु की एक भुजा की लम्बाई L हो तथा इसके पृष्ठ पर स्पर्श रेखीय बल F लगाने पर, वस्तु के स्थिर तल के लम्बवत् प्रत्येक पृष्ठ θ कोण विचलित होकर l दूरी विस्थापित हो, तब

अपरूपण विकृति $\theta = \dfrac{l}{L}$

हुक का नियम (Hooke's Law)

हुक के नियमानुसार, ''लघु विकृतियों की सीमा के अन्दर किसी वस्तु पर कार्य करने वाला प्रतिबल उसमें उत्पन्न विकृति के समानुपाती होता हैं।''

अर्थात् प्रतिबल $\propto$ विकृति या प्रतिबल = (E) (विकृति)

यहाँ, $E = \dfrac{\text{प्रतिबल}}{\text{विकृति}}$ एक नियतांक है, जिसे प्रत्यास्थता गुणांक (modulus of elasticity) कहते हैं।

प्रत्यास्थता गुणांक के प्रकार
(Types of Modulus of Elasticity)

प्रतिबल तथा विकृति के प्रकार के आधार पर प्रत्यास्थता गुणांक तीन प्रकार का होता है–

1. यंग प्रत्यास्थता

लघु विकृति के लिए, किसी वस्तु में उत्पन्न अनुदैर्ध्य प्रतिबल तथा अनुदैर्ध्य विकृति के अनुपात को उस वस्तु के पदार्थ का यंग प्रत्यास्थता गुणांक (Y) कहते हैं।

$$Y = \frac{\text{अनुदैर्ध्य प्रतिबल}}{\text{अनुदैर्ध्य विकृति}}$$

$$Y = \frac{F/A}{\frac{\Delta l}{l}} = \frac{F\,l}{\pi r^2\,\Delta l} \quad (\because A = \pi r^2)$$

यदि तार के सिरे से लटकाया गया द्रव्यमान M हो, तो $F = Mg$

$$\therefore \quad Y = \frac{Mg\,l}{\pi r^2 \Delta l}$$

2. आयतनात्मक प्रत्यास्थता गुणांक
(Bulk Modulus)

लघु विकृति के लिए, किसी वस्तु में उत्पन्न आयतन अथवा अभिलम्ब प्रतिबल तथा आयतन विकृति के अनुपात को उस वस्तु के पदार्थ का आयतनात्मक प्रत्यास्थता गुणांक (B) कहते हैं।

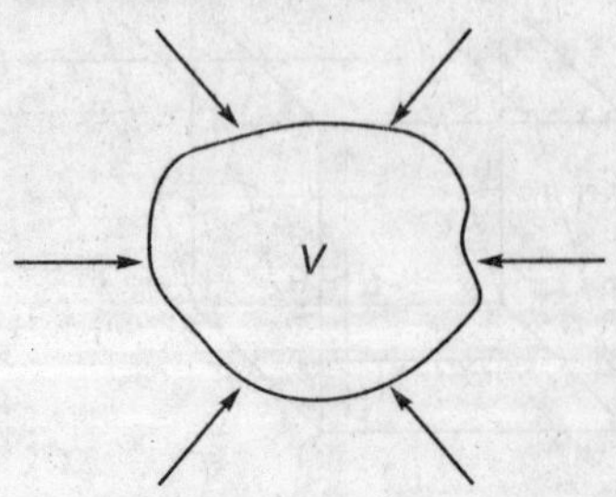

$$\therefore \quad B = \frac{\text{अभिलम्ब प्रतिबल}}{\text{आयतन विकृति}}$$

$$B = \frac{\Delta p}{-\frac{\Delta V}{V}} = -\frac{V\Delta p}{\Delta V}$$

संपीड्यता (Compressibility) किसी पदार्थ के आयतनात्मक प्रत्यास्थता गुणांक (B) के व्युत्क्रम को उस पदार्थ की संपीड्यता कहते हैं।

$$\text{संपीड्यता} = \frac{1}{\text{आयतनात्मक प्रत्यास्थता गुणांक}}$$

$$\therefore \quad \text{संपीड्यता} = \frac{1}{B} = -\frac{dV}{Vdp}$$

3. दृढ़ता गुणांक (Modulus of Rigidity)

लघु विकृतियों के लिए किसी वस्तु में उत्पन्न अपरूपक प्रतिबल तथा अपरूपण विकृति के अनुपात को उस वस्तु के पदार्थ का दृढ़ता गुणांक (η) कहते हैं।

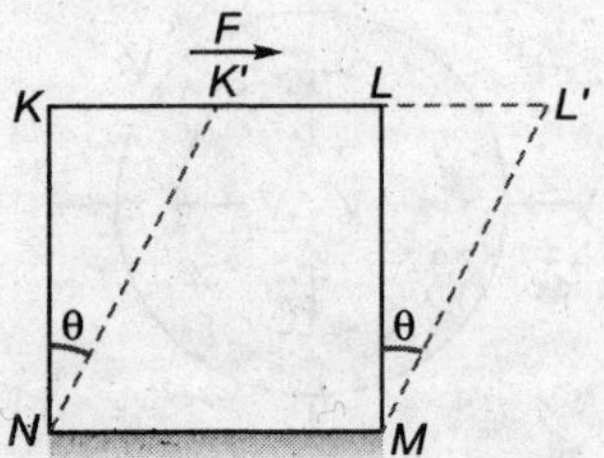

$$\therefore \quad \eta = \frac{\text{अपरूपक अथवा स्पर्श रेखीय प्रतिबल}}{\text{अपरूपण विकृति}}$$

$$\therefore \quad \eta = \frac{F/A}{\theta} \quad \text{या} \quad \eta = \frac{F}{A\theta}$$

दृढ़ता केवल ठोसों में ही होती है, क्योंकि केवल ठोस ही अपने आकार में हुए परिवर्तन का विरोध करते हैं, द्रव तथा गैस नहीं।

पॉयसन अनुपात या पाइंसा-निष्पत्ति
(Poisson's Ratio)

जब किसी तार पर बाह्य बल लगाया जाता है तो तार की लम्बाई में परिवर्तन (Δl) के साथ-साथ इसके व्यास में भी परिवर्तन (Δr) होता है। इस प्रकार तार में दो प्रकार की विकृतियाँ उपस्थित होती हैं।

प्रत्यास्थता की सीमा में अनुप्रस्थ विकृति अथवा पार्श्विक विकृति तथा अनुदैर्ध्य विकृति का अनुपात वस्तु के पदार्थ का पॉयसन अनुपात कहलाता है। इसे σ से प्रदर्शित करते हैं।

$$\text{पॉयसन अनुपात } (\sigma) = \frac{\text{अनुप्रस्थ विकृति}}{\text{अनुदैर्ध्य विकृति}}$$

$$\sigma = \frac{\Delta r / r}{\Delta l / l}$$

$$= \frac{l}{r} \cdot \frac{\Delta r}{\Delta l}$$

पॉयसन अनुपात का मान सिद्धान्तः –1 से 0.5 के मध्य होता है, परन्तु इसका वास्तविकता में मान 0 से 0.5 के मध्य होता है।

Y, K, η तथा σ में सम्बन्ध (Relation between Y, K, η and σ)

$$Y = 3K(1-2\sigma) \quad \text{...(i)}$$

$$Y = 2\eta(1+\sigma) \quad \text{...(ii)}$$

$$\sigma = \frac{3K-2\eta}{2\eta+6K} \quad \text{...(iii)}$$

और

$$\frac{9}{Y} = \frac{1}{K} + \frac{3}{\eta} \quad \text{...(iv)}$$

प्रतिबल-विकृति वक्र (Stress-Strain Curve)

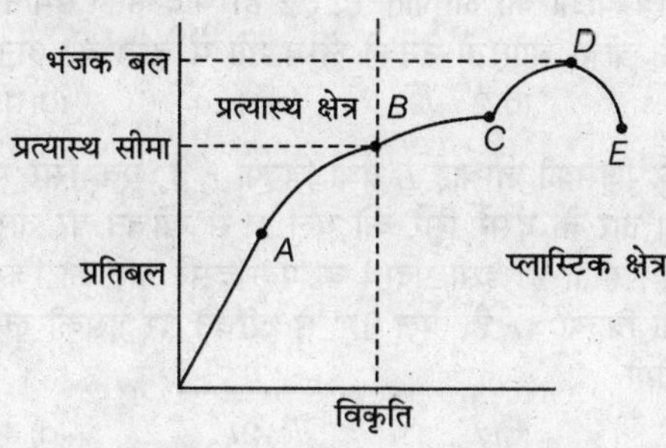

यदि स्टील के तार को एक दृढ़ आधार से लटकाकर उसके मुक्त सिरे पर लगाये गये भार को धीरे-धीरे बढ़ाते हुये अनुदैर्ध्य प्रतिबल तथा अनुदैर्ध्य विकृति ज्ञात करके उनके बीच ग्राफ खींचे, तो हमें चित्रानुसार एक वक्र प्राप्त होता है।

बिन्दु A पर प्रतिबल के मान को आनुपातिक सीमा कहते हैं। बिन्दु B पर प्रतिबल का मान प्रत्यास्थ सीमा अथवा पराभव बिन्दु कहलाता है। बिन्दु B से आगे बढ़ने पर विकृति स्थायी हो जाती है। बिन्दु D पर प्रतिबल इतना अधिक हो जाता है कि तार द्रव के समान बहना प्रारंभ कर देता है और अन्त: बिन्दु E पर टूट जाता है इस बिन्दु पर प्रतिबल का निश्चित मान भजक प्रतिबल कहलाता है।

किसी खिंचे हुये तार की स्थितिज ऊर्जा
(Potential Energy in a Stretched Wire)

जब किसी तार को खींचा जाता है, तब तार के अणुओं के बीच कार्यरत् अन्तराण्विक बलों के विरूद्ध कार्य किया जाता है, तो तार में प्रत्यास्थ स्थितिज ऊर्जा के रूप में संचित हो जाता है।

तार के प्रति एकांक आयतन में संचित प्रत्यास्थ स्थितिज ऊर्जा

$U = \frac{1}{2} \times$ प्रतिबल $\times$ विकृति $= \frac{1}{2} \times$ यंग प्रत्यास्थता गुणांक $\times$ (विकृति)^2

नोट तापीय प्रतिबल सूत्र इ = 4ँαΔऊ द्वारा ज्ञात किया जाता है।

अभ्यास प्रश्न

यंग का प्रत्यास्थता गुणांक

1. जब एक निश्चित भार एक एकसमान लम्बे तार से लटकाया जाता है, तब इसकी लम्बाई 1 सेमी बढ़ जाती है। यदि समान भार अन्य इसी पदार्थ से बने तथा इतनी ही लम्बाई के परन्तु आधे व्यास वाले तार से लटका है, तब इसकी लम्बाई में वृद्धि होगी

(a) 0.5 सेमी (b) 2 सेमी
(c) 4 सेमी (d) 8 सेमी

2. एक ही पदार्थ के 4 मी लम्बे तारों के व्यास का अनुपात $n:1$ है। समान भार आरोपित करने पर पतले तार की लम्बाई में वृद्धि होती है

(a) n^2 गुना (b) n गुना
(c) $2n$ गुना (d) $(2n+1)$ गुना

3. एक दृढ़ छड़ जिसका द्रव्यमान M है, तीन एकसमान लम्बाई l के तारों से बँधी है। दो बाहरी तार ताँबे के तथा बीच वाला तार लोहे का है। यदि प्रत्येक तार में तनाव समान है, तो दोनों धातुओं के तारो के व्यासों का अनुपात होगा

(a) $\frac{Y_{\text{ताँबा}}}{Y_{\text{लोहा}}}$ (b) $\sqrt{\frac{Y_{\text{लोहा}}}{Y_{\text{ताँबा}}}}$
(c) $\frac{Y^2_{\text{लोहा}}}{Y^2_{\text{ताँबा}}}$ (d) $\frac{Y_{\text{लोहा}}}{Y_{\text{ताँबा}}}$

4. एक रबर की रस्सी को एक कमरे की छत से लटकाया गया है। इसमें स्वयं के भार के कारण लम्बाई में कितनी वृद्धि होगी, यदि पदार्थ का घनत्व 15×10^3 किग्रा/मी^{3}, यंग प्रत्यास्थता गुणांक 5×10^6 न्यूटन/मी^{2} तथा तार की लम्बाई 8 मी हो?

(a) 9.6×10^{-2} मी (b) 1.92×10^{-2} मी
(c) 9.6×10^{-3} मी (d) 9.6 मी

5. 1 मी लम्बे व 10^{-6} मी^{2} अनुप्रस्थ-परिच्छेद वाला भारहीन तार एक चिकनी क्षैतिज मेज पर रखा है। इसका एक सिरा स्थिर है। एक 1 किग्रा द्रव्यमान की गेंद इसके दूसरे सिरे से लटकी है। तार तथा गेंद कोणीय वेग 20 रेडियन/से से घूम रही है। यदि तार की लम्बाई 10^{-3} मी बढ़ जाती है, तब यंग प्रत्यास्थता गुणांक है

(a) 4×10^{11} न्यूटन/मी^{2} (b) 6×10^{11} न्यूटन/मी^{2}
(c) 8×10^{11} न्यूटन/मी^{2} (d) 10×10^{11} न्यूटन/मी^{2}

6. एकसमान तार का ऊपरी सिरा एक आधार से जुड़ा है, यह लम्बवत् नीचे की ओर लटका है इसके निचले सिरे से एक भार लटका है। यदि इसकी लम्बाई L, त्रिज्या r तथा इसके पदार्थ का यंग प्रत्यास्थता गुणांक E है, तब वृद्धि

1. E के अनुक्रमानुपाती है 2. r के व्युत्क्रमानुपाती है
3. L के अनुक्रमानुपाती है

(a) यदि केवल 3 सही है (b) यदि 1 तथा 2 सही हैं
(c) यदि 2 तथा 3 सही हैं (d) यदि केवल 1 सही है

7. एक रबर की रस्सी को एक कमरे की छत से लटकाया गया है। इसमें स्वयं के भार के कारण लम्बाई में कितनी वृद्धि होगी, यदि पदार्थ का घनत्व 1.5 किग्रा/मी^{3}, यंग प्रत्यास्थता गुणांक 5×10^8 न्यूटन/मी^{2} तथा रस्सी की लम्बाई 8 सेमी हो?
(a) 9.6×10^{-5} मी (b) 9.6×10^{-11} मी
(c) 9.6×10^{-3} मी (d) 9.6 मी

8. 1.5 सेमी त्रिज्या का एक इस्पात का केबिल भार उठाने के लिए इस्तेमाल किया जाता है। यदि इस्पात के लिए अधिकतम अनुज्ञेय प्रतिबल 10^8 न्यूटन/मी^{2} है तो उस अधिकतम भार की गणना कीजिए जिसे केबिल उठा सकता है
(a) 7×10^5 न्यूटन (b) 7×10^6 न्यूटन
(c) 7×10^4 न्यूटन (d) 9×10^5 न्यूटन

9. 0.1 मी भुजा का एक एल्युमीनियम का घन एक 100 न्यूटन के अपरूपक बल के अधीनस्थ है। घन का ऊपरी पृष्ठ तली वाले पृष्ठ के सापेक्ष 0.02 सेमी विस्थापित हो जाता है। अपरूपक विकृति होगी
(a) 0.02 (b) 0.1
(c) 0.005 (d) 0.002

10. एक 1 मी लम्बा तार 30°C पर दो दृढ़ आधारों के बीच बिना तनाव के खिंचा है। तार का तापमान 0°C तक कम हो जाने पर तार में कितनी विकृति होगी? (दिया है, $\alpha = 12 \times 10^{-6}\ K^{-1}$)
(a) 36×10^{-5} (b) 64×10^{-5}
(c) 0.78 (d) 0.32

11. Y प्रत्यास्थता गुणांक वाले एक तार में x रेखीय विकृति पैदा की जाती है, तो इस तार के पदार्थ के एकांक आयतन में संचित प्रत्यास्थ ऊर्जा है
(a) Yx^2 (b) $2Yx^2$
(c) $\frac{1}{2}Y^2x$ (d) $\frac{1}{2}Yx^2$

12. दो एकसमान तार एक दृढ़ आधार से लटके हैं, परन्तु एक ताँबे का तथा दूसरा लोहे का है। लोहे का यंग प्रत्यास्थता गुणांक ताँबे के यंग प्रत्यास्थता गुणांक का तीन गुना है। ताँबे व लोहे के तार पर लटकाये गए भारों का अनुपात, ताकि इनकी लम्बाई बराबर बढ़े, होगा
(a) 1 : 3 (b) 2 : 1
(c) 3 : 1 (d) 4 : 1

13. किसी तार के पदार्थ का यंग प्रत्यास्थता गुणांक प्रतिबल के उस परिमाण के बराबर होगा जो
(a) तार की लम्बाई में कोई परिवर्तन न कर सके
(b) तार की लम्बाई दोगुनी कर दें
(c) तार की लम्बाई 50% बढ़ा दें
(d) तार की त्रिज्या आधी कर दे

14. 2 मी लम्बे तथा 2 वर्ग मिमी अनुप्रस्थ-काट के एक इस्पात तार की लम्बाई में 0.5 मिमी की वृद्धि करने के लिए आवश्यक बल है (इस्पात के लिए $Y = 2.2 \times 10^{11}$ न्यूटन/मी^{2})
(a) 1.1×10^5 न्यूटन (b) 1.1×10^4 न्यूटन
(c) 1.1×10^3 न्यूटन (d) 1.1×10^2 न्यूटन

15. एक ही पदार्थ के दो तार जिनकी लम्बाइयाँ समान हैं, समान बल से खींचे जाते हैं, इनके द्रव्यमानों में अनुपात 3 : 2 है। इनकी लम्बाइयों की वृद्धि में अनुपात है
(a) 3 : 2 (b) 9 : 4 (c) 2 : 3 (d) 4 : 9

16. एक पदार्थ के दो तारों की लम्बाईयाँ बराबर हैं, परन्तु त्रिज्याओं में अनुपात 1 : 2 है, असमान बल से खींचे जाते हैं। इनकी लम्बाई में बराबर वृद्धि होती है। बलों के बीच अनुपात है
(a) 1 : 1 (b) 1 : 2 (c) 2 : 3 (d) 1 : 4

17. एक ही पदार्थ के दो तारों की लम्बाईयों का अनुपात 1 : 2 है तथा उनकी त्रिज्याओं का अनुपात $1 : \sqrt{2}$ है। यदि उन्हें समान बल लगाकर खींचा जाए तो उनकी लम्बाइयों में वृद्धि का अनुपात होगा
(a) $\sqrt{2}$ (b) $2 : \sqrt{2}$ (c) 1 : 1 (d) 1 : 2

18. एक तार जिसकी लम्बाई L तथा त्रिज्या r है, एक सिरे पर दृढ़ता से बँधा है। तार के दूसरे सिरे को बल F से खींचने पर तार की लम्बाई में वृद्धि l होती है। इसी पदार्थ के एक दूसरे तार को जिसकी लम्बाई $4L$ तथा त्रिज्या $4r$ है, बल $4F$ से खींचने पर इसकी लम्बाई में वृद्धि होगी
(a) $\frac{l}{2}$ (b) l (c) $2l$ (d) $4l$

19. जब 30 मी लम्बाई तथा 0.5 मिमी व्यास के तार से 5 किग्रा का भार लटकाया जाता है, तो तार की लम्बाई में 2.4 सेमी की वृद्धि होती है। यदि व्यास को दोगुना कर दिया जाता है, तो लम्बाई में कितनी वृद्धि होगी?
(a) 1.2 सेमी (b) 0.6 सेमी (c) 0.3 सेमी (d) 0.15 सेमी

20. एक तार की लम्बाई दिए गए भार के कारण 1 मिमी बढ़ जाती है। इसी पदार्थ के एक दूसरे तार, जिसकी लम्बाई व त्रिज्या पहले तार से दोगुनी है, इसी भार द्वारा इसकी लम्बाई में वृद्धि होगी
(a) 0.25 मिमी (b) 0.5 मिमी
(c) 2 मिमी (d) 4 मिमी

21. एक एल्युमीनियम की छड़ (यंग प्रत्यास्थता गुणांक 7.0×10^9 न्यूटन/मी^{2}) 0.2% विकृति से टूट जाती है। 10^4 न्यूटन के भार को लटकाने से न टूटने के लिए छड़ की अनुप्रस्थ-काट का क्षेत्रफल कम-से-कम होना चाहिए
(a) 1×10^{-2} मी^{2} (b) 1.4×10^{-3} मी^{2}
(c) 3.5×10^{-3} मी^{2} (d) 7.1×10^{-4} मी^{2}

22. कोई वस्तु 10^6 न्यूटन/मी^{2} के प्रतिबल से टूट जाती है। यदि वस्तु के पदार्थ का घनत्व 3×10^3 किग्रा/मी^{3} हो, तो इस पदार्थ से बने तार की वह लम्बाई क्या होगी, जो ऊर्ध्वाधरतः लटकाने पर यह अपने ही भार के कारण टूट जाए?
(a) 66.6 मी (b) 60.0 मी (c) 33.3 मी (d) 30.0 मी

23. ताँबे के 2 मी लम्बे व 3 मिमी व्यास के तार पर 30 न्यूटन बल लगाने से लम्बाई में वृद्धि बताओ। ताँबे के लिए यंग प्रत्यास्थता गुणांक = 1.1×10^{11} न्यूटन/मी^{2}
(a) 0.2 मिमी (b) 0.04 मिमी
(c) 0.08 मिमी (d) 0.68 मिमी

24. एक तार पर बल लगाने से उसकी लम्बाई 1 मिमी बढ़ जाती है। इसी पदार्थ के दूसरे तार जिसकी लम्बाई इसके समान परन्तु त्रिज्या इससे आधी है, पर दोगुना बल लगाया जाता है। तार की लम्बाई में वृद्धि मिमी में होगी

(a) 8 (b) 4
(c) 2 (d) 1

25. एक 1 मी लम्बे स्टील के तार का अनुप्रस्थ-परिच्छेद का क्षेत्रफल 1 मिमी^{2} है, इसकी लम्बाई में वृद्धि 1 मिमी है। यदि $Y = 2 \times 10^{11}$ न्यूटन/मी^{2} हो, तो किया गया कार्य है

(a) 0.1 जूल (b) 0.2 जूल
(c) 0.3 जूल (d) 0.4 जूल

26. 1 तार की लम्बाई में 1 किलो न्यूटन बल द्वारा खींचने पर 1 मिमी की वृद्धि होती है। इसी पदार्थ व इतनी ही लम्बाई परन्तु 4 गुना व्यास के तार को इसी बल द्वारा खींचने पर उसकी लम्बाई में कितनी वृद्धि होगी?

(a) $\frac{1}{2}$ मिमी (b) $\frac{1}{4}$ मिमी (c) $\frac{1}{8}$ मिमी (d) $\frac{1}{16}$ मिमी

27. दो तारों का आयतन समान है तथा ये समान पदार्थ से बने हैं, ये एक तनाव के अधीनस्थ हैं। यदि A का व्यास B से आधा है। यदि दोनों तारों पर बल समान है, यह बल प्रत्यास्थता की सीमा में है, तब A की लम्बाई में वृद्धि तथा B की लम्बाई में वृद्धि में अनुपात है

(a) 16 (b) 8 (c) 4 (d) 2

28. एक स्टील के तार की लम्बाई 2 मी त्रिज्या 1 मिमी है तथा $Y = 2 \times 10^{11}$ न्यूटन/मी^{2} है। एक 1 किग्रा का गोला तार के एक सिरे से जुड़ा है। तथा लम्बवत् वृत्त में 2 चक्कर प्रति सेकण्ड के कोणीय वेग से तेजी से घूमता है। जब गोला लम्बवत् वृत्त के निचले बिन्दु पर है, तब तार की लम्बाई में लगभग वृद्धि होगी ($g = 10$ मी/से^{2})

(a) 1 मिमी (b) 2 मिमी
(c) 0.1 मिमी (d) 0.01 मिमी

29. पीतल तथा स्टील के यंग प्रत्यास्थता गुणांक क्रमशः 10×10^{10} न्यूटन/मी^{2} तथा 2×10^{11} न्यूटन/मी^{2} हैं। पीतल तथा स्टील के तार की लम्बाई में समान वृद्धि 1 मिमी होती है, जबकि उन पर समान बल लगाया जाता है। पीतल तथा स्टील के तारों की त्रिज्याएँ क्रमशः R_B तथा R_S हैं, तब

(a) $R_S = \sqrt{2} R_B$ (b) $R_S = \frac{R_B}{\sqrt{2}}$
(c) $R_S = 4R_B$ (d) $R_S = \frac{R_B}{4}$

30. एक रबर की डोरी जिसका अनुप्रस्थ-परिच्छेद 2 सेमी^{2} है। 2×10^5 डाइन के रैखिक बल से खींचने पर अपनी प्रारम्भिक लम्बाई की दोगुनी हो जाती है। रबर का यंग प्रत्यास्थता गुणांक (डाइन/सेमी^{2} में) है

(a) 4×10^5 (b) 1×10^4
(c) 2×10^5 (d) 1×10^5

31. दो एकसमान तार जिनमें एक रबर का तथा दूसरा लोहे का है, समान भार से खिंचे हैं, लोहे के तार में परमाणुओं की संख्या होगी

(a) रबर के बराबर (b) रबर से कम
(c) रबर से अधिक (d) इनमें से कोई नहीं

आयतन प्रत्यास्थता गुणांक, प्रतिबल, विकृति

32. चित्र में तीन एकसमान स्प्रिंग दिखाई गई हैं। स्प्रिंग A से 4 किग्रा का पिण्ड लटका है, जिससे इसकी लम्बाई 1 सेमी बढ़ जाती है। परन्तु जब एक 6 किग्रा का पिण्ड स्प्रिंग B से लटकाया जाता है, तब हुक नीचे की ओर आएगा

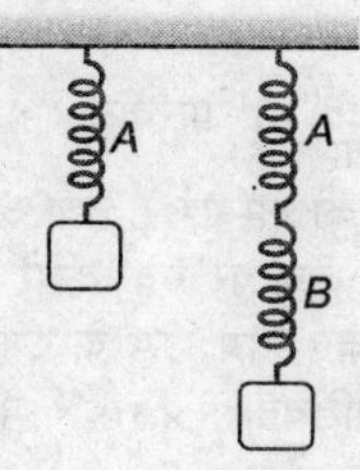

(a) 1 सेमी (b) 2 सेमी
(c) 3 सेमी (d) 4 सेमी

33. जब तनाव 44 न्यूटन है, तब एक प्रत्यास्थ रस्सी की लम्बाई a मीटर है तथा जब तनाव 5 न्यूटन है, तब रस्सी की लम्बाई b मीटर है। जब तनाव 9 न्यूटन है, तब रस्सी की लम्बाई मीटर में है

(a) $4a - 5b$ (b) $5b - 4a$
(c) $9b - 9a$ (d) $a + b$

34. यदि एक पदार्थ का यंग प्रत्यास्थता गुणांक उसके दृढ़ता गुणांक का तीन गुना है, तो इसकी आयतन प्रत्यास्थता होगी

(a) शून्य (b) अनन्त
(c) 2×10^{10} न्यूटन/मी^{2} (d) 3×10^{10} न्यूटन/मी^{2}

35. यदि जल की सम्पीडियता σ /एकांक वायुमण्डलीय दाब है, तब p के कारण आयतन V में कमी है

(a) $\frac{\sigma p}{V}$ (b) σpV
(c) σ / pV (d) $\sigma p / P$

36. एक घन को 0°C पर सभी भुजाओं (पृष्ठों) से समान बाह्य दाब के द्वारा दबाया जाता है। ताप में वृद्धि कितनी होगी कि यह घन अपनी पहली स्थिति में आ जाए (दिया है, घन के पदार्थ का K आयतन प्रत्यास्थता गुणांक है, α रेखीय प्रसार गुणांक है)

(a) $\frac{p}{K\alpha}$ (b) $\frac{p}{3K\alpha}$ (c) $\frac{3\pi\alpha}{p}$ (d) $\frac{K}{3p}$

37. जब एक 4 किग्रा भार के पिण्ड को एक हल्की स्प्रिंग से ऊर्ध्वाधर स्थिति में लटकाया जाता है, तो स्प्रिंग 2 सेमी तनकर बढ़ जाती है। स्प्रिंग हुक के नियम को मानती है। एक बाह्य कारक द्वारा इस स्प्रिंग को 5 सेमी तानकर बढ़ाने में किया गया कार्य होगा ($g = 9.8$ मी/से^{2})

(a) 4.9 जूल (b) 2.45 जूल
(c) 0.495 जूल (d) 0.245 जूल

38. एक स्प्रिंग पर जब 1.5 न्यूटन बल लगाया जाता है, तो उसकी लम्बाई में 30 मिमी की वृद्धि होती है। जब स्प्रिंग से 0.20 किग्रा भार लम्बवत् लटकाया जाता है, यदि भार लटकाने से पहले ही स्प्रिंग निर्देशित है, तो स्प्रिंग में संचित ऊर्जा है

(a) 0.01 जूल (b) 0.02 जूल
(c) 0.04 जूल (d) 0.08 जूल

39. जल का आयतन प्रत्यास्थता गुणांक 2×10^9 न्यूटन/मी^{2} है। जल का घनत्व 0.1% बढ़ाने के लिए आवश्यक दाब है

(a) 2×10^9 न्यूटन/मी^{2} (b) 2×10^8 न्यूटन/मी^{2}
(c) 2×10^6 न्यूटन/मी^{2} (d) 2×10^4 न्यूटन/मी^{2}

40. एक घन को झील के पानी में 100 मी गहराई पर रखा जाता है। इसके आयतन में परिवर्तन 0.1% होता है। पदार्थ का यंग प्रत्यास्थता गुणांक है लगभग

(a) 10 पास्कल (b) 10^4 पास्कल (c) 10^7 पास्कल (d) 10^6 पास्कल

41. एक ताँबे के तार की लम्बाई L तथा अनुप्रस्थ-परिच्छेद का क्षेत्रफल A है। वायुमण्डलीय दाब पर एक कमरे में रखा है। यदि कमरे में दाब शून्य कर दिया जाए, तब छड़ के आयतन में प्रतिशत परिवर्तन होगा (कॉपर की सम्पीडियता 8×10^{-12} मी^{2}/न्यूटन तथा वायुमण्डलीय दाब $= 10^5$ न्यूटन/मी^{2})

(a) 8×10^{-7} (b) 8×10^{-5}
(c) 1.25×10^{-4} (d) 1.25×10^{-5}

प्रत्यास्थ स्थितिज ऊर्जा

42. एक प्रत्यास्थ पदार्थ जिसका प्रत्यास्थता गुणांक Y है, को प्रतिबल δ से ताना जाता है, तो उसके प्रति एकांक आयतन में प्रत्यास्थ ऊर्जा होगी

(a) $\frac{\delta Y}{2}$ (b) $\frac{\delta^2}{2Y}$ (c) $\frac{\delta}{2Y}$ (d) $\frac{2\delta}{Y}$

43. जब एक रबर की डोरी खिंचती है, तो आयतन में परिवर्तन उसकी रेखीय भुजा में परिवर्तन के सापेक्ष नगण्य है। रबर के लिए पॉयसन अनुपात है

(a) 1 (b) 0.25 (c) 0.5 (d) 0.75

44. एक तार का यंग प्रत्यास्थता गुणांक 1.5×10^{12} न्यूटन/मी^{2} है। इसे एक बल से ऐसे खींचा जाता है कि इसमें 2×10^4 विकृति उत्पन्न हो जाती है। प्रति एकांक आयतन में संचित ऊर्जा है

(a) 3×10^8 जूल/मी^{3} (b) 3×10^3 जूल/मी^{3}
(c) 6×10^3 जूल/मी^{3} (d) 3×10^4 जूल/मी^{3}

45. पदार्थ की अवस्थाओं में, प्रत्यास्थता गुणांक हो सकता है

(a) यंग प्रत्यास्थता गुणांक (b) आयतन प्रत्यास्थता गुणांक
(c) दृढ़ता गुणांक (d) पॉयसन अनुपात

46. एक तार का बल नियतांक k है तथा इसी पदार्थ के दूसरे तार का बल नियतांक $2k$ है। जब दोनों तार खींचे जाते हैं, तब किया गया कार्य है

(a) $W_2 = 2W_1^2$ (b) $W_2 = 2W_1$
(c) $W_2 = W_1$ (d) $W_2 = 0.5W_1$

47. एक तार का ऊपरी सिरा स्थिर है, उसकी लम्बाई उस पर लगाए बल F से खिंचती है। खिंचने में किया गया कार्य है

(a) $\frac{F}{2\Delta l}$ (b) $F\Delta l$ (c) $2F\Delta l$ (d) $\frac{F\Delta l}{2}$

48. एक तार का एक सिरा 2 मी/से^{2} के त्वरण से त्वरित एलिवेटर (सामान उठाने की मशीन) की छत से जुड़ा है तथा इसके दूसरे सिरे से 10 किग्रा भार लटका है। तार के अनुप्रस्थ-परिच्छेद का क्षेत्रफल 2 सेमी^{2} है। तार में अनुदैर्ध्य विकृति है ($g = 10$ मी/से^{2} तथा $Y = 2 \times 10^{11}$ न्यूटन/मी^{2})

(a) 4×10^{11} (b) 3×10^{-6} (c) 8×10^{-6} (d) 2×10^{-6}

49. एक तार अपने एक सिरे द्वारा लटका है इसके दूसरे सिरे से 200 न्यूटन का भार लटका है। इस भार से इसकी लम्बाई में वृद्धि 1 मिमी होती है, तब तार में संचित प्रत्यास्थ ऊर्जा है

(a) 0.2 जूल (b) 10 जूल
(c) 20 जूल (d) 0.1 जूल

50. द्रव्यमान $m = 10$ किग्रा का पिण्ड एक 0.3 मी लम्बे तार से जुड़ा है। महत्तम कोणीय वेग जिससे यह पिण्ड क्षैतिज वृत्त से घूमता है, वह है (तार का भंजक प्रतिबल $= 4.8 \times 10^7$ न्यूटन/मी^{2} तथा तार के अनुप्रस्थ-परिच्छेद का क्षेत्रफल $= 10^{-2}$ मी^{2})

(a) 4 रेडियन/से (b) 8 रेडियन/से
(c) 1 रेडियन/से (d) 2 रेडियन/से

51. एक तार अपने एक सिरे पर लटके भार के कारण खिंचा हुआ है, अनुदैर्ध्य विकृति σ तथा प्रत्यास्थता गुणांक Y के पदों में इसकी प्रति एकांक आयतन की ऊर्जा है

(a) $\frac{Y\sigma^2}{2}$ (b) $\frac{Y\sigma}{2}$
(c) $\frac{2Y\sigma^2}{2}$ (d) $\frac{Y^2\sigma}{2}$

52. एक ही पदार्थ के दो समान लम्बाई वाले तारों के व्यासों का अनुपात 1 : 2 है। ये समान बल से खींचे जाते हैं। जब ये तार खींचे जाते हैं, तो इनकी प्रति एकांक स्थितिज ऊर्जाओं का अनुपात है

(a) 16 : 1 (b) 14 : 1
(c) 2 : 1 (d) 1 : 1

53. एक धात्विक छड़ का यंग प्रत्यास्थता गुणांक 2×10^{10} न्यूटन/मी^{2} इसमें प्रत्यास्थ विकृति 0.06% हो सकती है। प्रति एकांक आयतन में संचित ऊर्जा जूल/मी^{3} में है

(a) 3600 (b) 7200
(c) 10800 (d) 14400

54. L लम्बाई तथा w भार वाले तार के एक सिरे को छत से दृढ़तापूर्वक बाँधा गया है तथा निचले सिरे पर w_1 भार लटकाया गया है। यदि तार के अनुप्रस्थ-काट का क्षेत्रफल S हो, तो तार के निचले सिरे से $\frac{3L}{4}$ ऊँचाई पर प्रतिबल होगा

(a) $\frac{w_1}{S}$ (b) $\frac{w_1 + (w/4)}{S}$
(c) $\frac{w_1 + (3w/4)}{S}$ (d) $\frac{w_1 + w}{S}$

55. एक ही पदार्थ एवं समान लम्बाई की दो छड़ों A तथा B की त्रिज्याएँ क्रमशः r_1 तथा r_2 हैं। जब इन्हें दृढ़ आधार पर एक सिरे से कसा जाता है तथा दूसरे सिरे पर समान बलाघूर्ण लगाया जाता है, तो A के सिरे पर ऐंठन कोण तथा B के सिरे पर ऐंठन कोण का अनुपात होगा

(a) $\frac{r_2^4}{r_1^4}$ (b) $\frac{r_1^4}{r_2^4}$
(c) $\frac{r_2^2}{r_1^2}$ (d) $\frac{r_1^2}{r_2^2}$

56. किसी तार की लम्बाई में एकांक वृद्धि करने के लिए आवश्यक कार्य है

(a) $\frac{YL}{2A}$ (b) $\frac{YL^2}{2A}$ (c) $\frac{YA}{2L}$ (d) $\frac{YL}{A}$

57. एक तार ($Y = 2\times10^{11}$ न्यूटन/मी^{2}) जिसकी लम्बाई 1 मी तथा अनुप्रस्थ-परिच्छेद का क्षेत्रफल 1 मिमी^{2} है। इसकी लम्बाई 2 मिमी बढ़ाने के लिए आवश्यक कार्य है

(a) 0.4 जूल (b) 4 जूल (c) 40 जूल (d) 400 जूल

58. दो पदार्थों A तथा B के तारों के लिए प्रतिबल तथा विकृति के बीच ग्राफ चित्र में दिखाया गया है। यदि Y_A तथा Y_B पदार्थों के यंग प्रत्यास्थता गुणांक हैं, तब

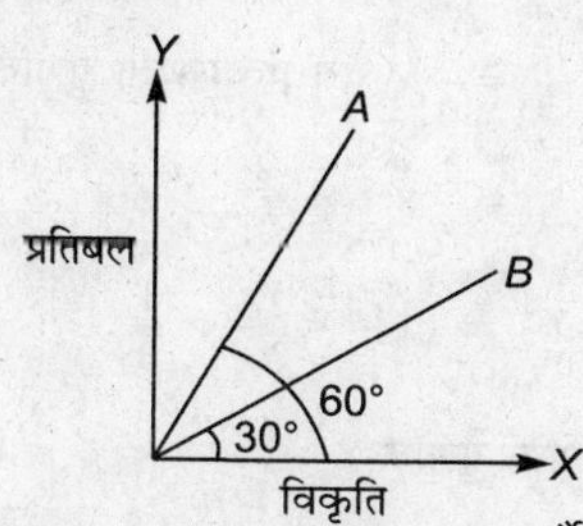

(a) $Y_B = 2Y_A$ (b) $Y_A = Y_B$ (c) $Y_B = 3Y_A$ (d) $Y_A = 3Y_B$

59. यदि E_0 तथा E_ϕ क्रमश: किसी गैस की समतापीय प्रत्यास्थता तथा रुद्धोष्म प्रत्यास्थता हैं, तब E_θ / E_ϕ

(a) <1 (b) >1 (c) = 1 (d) = 3.2

60. एक दिए गए पदार्थ का यंग प्रत्यास्थता गुणांक उसके दृढ़ता गुणांक का 2.4 गुना है। इसका प्वॉयसन अनुपात है

(a) 0.1 (b) 0.2 (c) 0.3 (d) 0.4

61. 20 सेमी भुजा वाले घन के ऊपरी तथा निचले पृष्ठों पर 100 न्यूटन का बल विपरीत दिशा में लगा है। ऊपरी पृष्ठ निचले पृष्ठ की तुलना में 0.25 सेमी खिसक जाता है। यदि घन की भुजा 10 सेमी होती, तो विस्थापन कितना होगा?

(a) 0.25 सेमी (b) 0.5 सेमी
(c) 0.75 सेमी (d) 1 सेमी

62. जल की सम्पीडियता 6×10^{-10} न्यूटन/मी^{2}, यदि 1 लीटर जल 4×10^7 न्यूटन/मी^{2} के अधीनस्थ है, तब आयतन में कमी है

(a) 2.4 cc (b) 10 cc
(c) 24 cc (d) 15 cc

63. एक पदार्थिक तार का यंग प्रत्यास्थता गुणांक 6×10^{12} न्यूटन/मी^{2} है तथा इसमें अनुदैर्ध्य विकृति नहीं है तब तार का दृढ़ता गुणांक होगा

(a) 3×10^{12} न्यूटन/मी^{2} (b) 2×10^{12} न्यूटन/मी^{2}
(c) 10^{12} न्यूटन/मी^{2} (d) इनमें से कोई नहीं

64. एक तार को खींचने पर उसकी लम्बाई में 0.05% की वृद्धि होती है। यदि इसका पॉयसन अनुपात 0.4 है, तो इसका व्यास घट जाएगा

(a) 0.01% (b) 0.02% (c) 0.03% (d) 0.04%

65. l लम्बाई व r त्रिज्या वाले तार को तोड़ने के लिए F बल की आवश्यकता पड़ती है। इसी पदार्थ के दूसरे तार जिसकी लम्बाई इसकी लम्बाई की दोगुनी तथा त्रिज्या इसकी त्रिज्या की 6 गुनी है, को तोड़ने के लिए आवश्यक बल है

(a) F (b) $3F$ (c) $9F$ (d) $36F$

66. जब एक तार को प्रत्यास्थ क्षेत्र में खींचा जाता है, तब निम्नलिखित आकलन प्राप्त होते हैं।

तार पर लगाया गया बल 100 न्यूटन है।
तार के अनुप्रस्थ-परिच्छेद का क्षेत्रफल 10^{-6} मी^{2} है।
तार में प्रसार 2×10^{-9} मी है।

निम्नलिखित में से कौन-सा परिणाम उपरोक्त आकलन के अनुसार सही है?

1. यंग प्रत्यास्थता गुणांक का मान 10^{11} न्यूटन/मी^{2} है।
2. विकृति 10^{-3} है।
3. भार के कारण तार में संचित ऊर्जा 10 जूल है।

(a) 1, 2 व 3 सही हैं (b) 1 व 2 सही हैं
(c) केवल 1 सही है (d) केवल 3 सही है

उत्तरमाला

1	(c)	2	(a)	3	(b)	4	(a)	5	(a)	6	(a)	7	(b)	8	(c)	9	(d)	10	(a)
11	(d)	12	(a)	13	(b)	14	(d)	15	(c)	16	(d)	17	(c)	18	(b)	19	(b)	20	(b)
21.	(d)	22.	(c)	23.	(c)	24.	(a)	25.	(a)	26.	(d)	27.	(a)	28.	(a)	29.	(b)	30.	(d)
31.	(c)	32.	(c)	33.	(b)	34.	(b)	35.	(b)	36.	(b)	37.	(b)	38.	(c)	39.	(c)	40.	(d)
41.	(b)	42.	(b)	43.	(c)	44.	(d)	45.	(b)	46.	(b)	47.	(d)	48.	(b)	49.	(d)	50.	(a)
51.	(a)	52.	(a)	53.	(a)	54.	(c)	55.	(a)	56.	(c)	57.	(a)	58.	(d)	59.	(a)	60.	(b)
61.	(b)	62.	(c)	63.	(a)	64.	(b)	65.	(d)	66.	(b)								

उत्तर व्याख्या सहित

1. $Y = \frac{Fl}{\alpha \Delta L}$

या $\Delta L \propto \frac{1}{\alpha}$

$\Delta L \propto \frac{1}{D^2}$

$\Rightarrow \frac{\Delta L_2}{\Delta L_1} = \frac{D_1^2}{D_2^2} = 4$

या $\Delta L_2 = 4\Delta L_1 = 4$ सेमी

2. $Y = \frac{\frac{F}{A}}{\frac{\Delta l}{l}} = \frac{Fl}{A\,\Delta l}$

या $Y = \frac{Fl \times 4}{\pi D^2 \times \Delta l}$

या $\Delta l \propto \frac{1}{D^2}$

या $\frac{\Delta L_2}{\Delta L_1} = \frac{D_1^2}{D_2^2} = \frac{n^2}{1}$

3. चूँकि $Y = \frac{mgL}{\pi r^2 l}$

$\Rightarrow \quad Y = \frac{4mgL}{\pi(2r)^2 l} = \frac{4mgL}{\pi(d)^2 l}$

$\Rightarrow \quad Y \propto \frac{1}{d^2}$

$\Rightarrow \quad d \propto \sqrt{\frac{1}{Y}}$

तब, $d_{\text{ताँबा}} \propto \sqrt{\frac{1}{Y_{\text{ताँबा}}}}$

और $d_{\text{लोहा}} \propto \sqrt{\frac{1}{Y_{\text{लोहा}}}}$

अतः $\frac{d_{\text{ताँबा}}}{d_{\text{लोहा}}} = \sqrt{\frac{Y_{\text{लोहा}}}{Y_{\text{ताँबा}}}}$

4. यदि (A) अनुप्रस्थ-परिच्छेद का क्षेत्रफल तथा l रस्सी की लम्बाई है, तब रस्सी का द्रव्यमान, $m = \frac{Al}{\rho}$, चूँकि रस्सी का भार उसके मध्य बिन्दु पर कार्यरत् है।

अतः $Y = \frac{mg}{A} \times \frac{(l/2)}{\Delta l}$

$\Delta L = \frac{mgl}{2AY} = \frac{Al\rho gl}{2AY} = \frac{g\rho l^2}{2Y}$

या $\Delta L = \frac{9.8 \times 1.5 \times 10^3 \times 8^2}{2 \times 5 \times 10^6}$

$= 9.6 \times 10^{-2}$ मी

5. चूँकि $Y = \frac{Fl}{A\Delta l} = \frac{(ml\omega^2)l}{A\Delta l}$

या $Y = \frac{ml^2\omega^2}{A\Delta l}$

या $Y = \frac{1 \times 1 \times 1 \times 20 \times 20}{10^{-6} \times 10^{-3}} = 4 \times 10^{11}$ न्यूटन/मी^{2}

6. $E = \frac{FL}{\pi r^2 \Delta L}$ या $\Delta L = \frac{FL}{\pi r^2 E}$

स्पष्टतः $\Delta L \propto L$

7. चूँकि $l = \frac{L^2 dg}{2Y} = \frac{(8 \times 10^{-2})^2 \times 1.5 \times 9.8}{2 \times 5 \times 10^8} = 9.6 \times 10^{-11}$ मी

8. दिया गया है, इस्पात के केबिल की त्रिज्या $(r) = 1.5$ सेमी

$= 1.5 \times 10^{-2}$ सेमी

अधिकतम प्रतिबल $= 10^8$ न्यूटन/मी^{2}

इस्पात के केबिल की अनुप्रस्थ काट का क्षेत्रफल $(A) = \pi r^2$

$= 3.14 \times (1.5 \times 10^{-2})^2$ मी^{2}

$= 3.14 \times 2.25 \times 10^{-2}$ मी^{2}

अधिकतम प्रतिबल $= \frac{\text{अधिकतम बल}}{\text{अनुप्रस्थ काट क्षेत्रफल}}$

अधिकतम बल = अधिकतम प्रतिबल × अनुप्रस्थ काट का क्षेत्रफल

$= 10^8 \times (3.14 \times 2.25 \times 10^{-4})$ न्यूटन

$= 7.065 \times 10^4$ न्यूटन

$= 7.1 \times 10^4$ न्यूटन

9. अपरूपक विकृति $= \frac{0.02 \times 10^{-2}}{0.1} = 0.002$

10. विकृति $= \frac{\Delta l}{l} = \frac{l\alpha t}{l} = \alpha t = 12 \times 10^{-6} \times 30 = 36 \times 10^{-5}$

11. प्रति एकांक आयतन में संचित ऊर्जा $= \frac{1}{2} \times$ प्रतिबल $\times$ विकृति

$= \frac{1}{2} \times$ यंग प्रत्यास्थता गुणांक $\times$ (विकृति)^2

$= \frac{1}{2} \times Y \times x^2$

12. चूँकि $Y \propto F \Rightarrow \frac{F_{Cu}}{F_{Fe}} = \frac{Y_{Cu}}{Y_{Fe}} = \frac{1}{3}$

13. यंग प्रत्यास्थता गुणांक $Y = \frac{MgL}{\pi r^2 l}$

$\therefore \quad l \propto \frac{1}{r^2}$

यदि तार की त्रिज्या को दोगुना कर दिया जाता है तब लम्बाई में वृद्धि $\frac{1}{4}$ गुना हो जाती है अर्थात् $\frac{12}{4} = 3$ मिमी।

14. चूँकि $Y = \frac{Fl}{A\Delta l}$ या $F = \frac{YA\Delta l}{l}$

या $F = \frac{2.2 \times 10^{11} \times 2 \times 10^{-6} \times 0.5 \times 10^{-3}}{2}$

$= 1.1 \times 10^2$ न्यूटन

15. चूँकि $Y = \frac{Fl}{A\Delta l} \Rightarrow \Delta l \propto \frac{1}{A}$

पुनः $m = Al\rho, m \propto A$

$\therefore \quad \Delta l \propto \frac{1}{m}$

$\therefore \quad \frac{\Delta l_1}{\Delta l_2} = \frac{m_2}{m_1} = \frac{2}{3}$

16. चूँकि $Y = \frac{Fl}{A\Delta l}$

दिए गए प्रश्न में Y, l तथा Δl नियतांक हैं।

$\therefore \quad F \propto A$

या $F = \pi r^2$ $\quad (\because$ क्षेत्रफल $= \pi r^2)$

या $F \propto r^2$

या $\frac{F_1}{F_2} = \frac{r_1^2}{r_2^2} = \frac{1}{4}$

17. चूँकि $Y = \frac{Fl}{\pi r^2 \Delta l}$ या $\Delta l = \frac{F}{\pi r^2 Y}$

$\Rightarrow \quad \Delta l \propto \frac{1}{r^2}$

और $\Delta l' \propto \frac{2l}{(\sqrt{2}r)^2}$

या $\Delta l' \propto \frac{1}{r^2}$

$\therefore \quad \frac{\Delta l}{\Delta l'} = 1$

18. चूँकि $Y = \frac{FL}{\pi r^2 l}$

या $l = \frac{FL}{\pi r^2 Y}$

या $l \propto \frac{FL}{r^2}$

$$\frac{l_1}{l_2} = \frac{F \times L}{r^2} \times \frac{(4r)^2}{4F \times 4L}$$

या $l_1 = l_2 = l$

अत: l अपरिवर्तित रहता है।

19. चूँकि $Y = \frac{Mg \times 4 \times l}{\pi D^2 \times \Delta l} \Rightarrow \Delta l \propto \frac{1}{D^2}$

जब D दोगुना हो जाता है, तब Δl एक-चौथाई रह जाता है

अत: $\frac{1}{4} \times 2.4$ सेमी = 0.6 सेमी

20. चूँकि $Y = \frac{Fl}{A\Delta l}$ या $\Delta l = \frac{Fl}{AY} = \frac{Fl}{\pi r^2 Y}$

दिए गए प्रश्न में $\Delta l = \frac{1}{r^2}$; जब l व r दोनों दोगुने हो जाते हैं, तब Δl आधा रह जाता है।

21. चूँकि $Y = \frac{F/A}{\text{भंजक विकृति}}$ या $A = \frac{F}{Y \times \text{भंजक विकृति}} = \frac{10^4 \times 100}{7 \times 10^9 \times 02}$

$= 0.71 \times 10^{-3} = 7.1 \times 10^{-4}$ मी^{2}

22. चूँकि $L = \frac{\rho}{eg} = \frac{10^6}{3 \times 10^3 \times 10} = \frac{100}{3} = 33.3$ मी

23. चूँकि $\Delta l = \frac{4Fl}{\pi D^2 Y}$

$$= \frac{4 \times 30 \times 2 \times 7}{22 \times (3 \times 10^{-3})^2 \times 1.1 \times 10^{11}}$$

$= 7.7 \times 10^{-5}$ मी = 0.077 मिमी

≈ 0.08 मिमी

24. चूँकि $Y = \frac{Fl}{A\Delta l}$

$\Rightarrow \Delta l \propto \frac{F}{r^2} \Rightarrow \frac{\Delta l_2}{\Delta l_1} = \frac{F_2}{F_1} \times \frac{r_1^2}{r_2^2}$

या $\frac{\Delta l_2}{\Delta l_1} = 2 \times 2 \times 2 = 8$

या $\Delta l_2 = 8\Delta l_1 = 8 \times 1$ मिमी = 8 मिमी

25. चूँकि $Y = \frac{Fl}{A\Delta l}$ या $F = \frac{YA\Delta l}{l}$

कृत कार्य $= \frac{1}{2}F\Delta l = \frac{1}{2}\frac{FA(\Delta l)^2}{l} = \frac{YA(\Delta l)^2}{2l}$

$= \frac{2 \times 10^{11} \times 10^{-6} \times 10^{-6}}{2 \times 1} = 0.1$ जूल

26. चूँकि $Y = \frac{Fl}{A\Delta l}$

Y, l तथा F नियतांक हैं।

$\Rightarrow \Delta l \propto \frac{1}{D^2} \Rightarrow \frac{\Delta l_2}{\Delta l_1} = \frac{D_1^2}{D_2^2} = \frac{1}{16}$

$\therefore \Delta l_2 = \frac{1}{16}$ मिमी $(\because \Delta l_1 = 1$ मिमी$)$

27. चूँकि $Y = \frac{F}{A} \times \frac{l}{\Delta l}$ और $V = Al$

या $l = \frac{V}{A}$

$\therefore Y = \frac{FV}{A^2 \Delta l} \Rightarrow \Delta l \propto \frac{1}{A^2}$

या $\Delta l \propto \frac{1}{D^4}$

$$\Rightarrow \frac{\Delta l_A}{\Delta l_B} = \frac{D_B^4}{D_A^4} = \frac{1^4}{\left(\frac{1}{2}\right)^4} = 16$$

28. चूँकि $Y = \frac{(mg + ml\omega^2)l}{\pi r^2 \Delta l}$

या $\Delta l = \frac{m(g + ml\omega^2)l}{\pi r^2 Y}$

या $\Delta l = \frac{1(10 + 2 \times 4\pi^2 \times 4)^2}{\pi (1 \times 10^{-3})^2 \times 2 \times 10^{11}}$

गा $\Delta l - \frac{(20 + 64 \times 9.88)7}{2 \times 22 \times 10^5}$

$= \frac{456624}{44 \times 10^5} \times 10^3$ मिमी $= 1$ मिमी

29. चूँकि $Y = \frac{F}{\pi R^2} \times \frac{l}{\Delta l}$

F, l तथा Δl नियतांक हैं।

$\therefore R^2 \propto \frac{1}{Y}$

$\Rightarrow \frac{R_S^2}{R_B^2} = \frac{Y_B}{Y_S} = \frac{10^{11}}{2 \times 10^{11}} = \frac{1}{2}$

या $\frac{R_S}{R_B} = \frac{1}{\sqrt{2}}$ या $R_S = \frac{R_B}{\sqrt{2}}$

31. समान भार लटकाने पर रबर लोहे से अधिक तनित होती है।

32. $x = \frac{F}{k}$

यदि प्रथम अवस्था में स्प्रिंग नियतांक k है, तब द्वितीय अवस्था में यह $\frac{k}{2}$ होगा।

प्रथम अवस्था में, $1 = \frac{4}{k}$ ...(i)

द्वितीय अवस्था में, $x' = \frac{6}{k/2} = \frac{12}{k}$ ...(ii)

समी (ii) को समी (i), से विभाजित करने पर,

$x' = \frac{12/k}{4/k} = 3$ सेमी

33. चूँकि $T_1 = k(l - l_1)$

तथा $T_2 = k(l - l_2)$

अत: $\frac{T_1}{T_2} = \frac{l - l_1}{(l - l_2)}$

$\therefore T_1 l - T_1 l_2 = T_2 l - T_2 l_1$

$(T_1 - T_2)l = T_1 l_2 - T_2 l_1$

$$l = \frac{T_1 l_2 - T_2 l_1}{(T_1 - T_2)}$$

$$l = (5a - 4b) \quad \ldots(i)$$

$$\therefore \quad k = \frac{1}{b-a} \quad \ldots(ii)$$

जब तनाव 9 न्यूटन है, तब तार की लम्बाई

$$9 = kl' \quad (l' = \text{लम्बाई में परिवर्तन})$$

$$9 = \frac{1}{(b-a)} \times l'$$

$$\Rightarrow \quad l' = 9b - 9a$$

अत: अन्तिम लम्बाई $= l + l' = 5a - 4b + 9b - 9a$

$$l_0 = 5b - 4a$$

34. $\frac{3}{\eta} + \frac{1}{K} = \frac{9}{Y}$

$$\frac{1}{K} = \frac{9}{Y} - \frac{3}{\eta}$$

या $\frac{1}{K} = \frac{9}{3\eta} - \frac{3}{\eta} = 0 \Rightarrow K = \infty$

35. चूँकि $K = \frac{p}{\frac{\Delta V}{V}}$

या $\frac{1}{K} = \frac{\Delta V / V}{p}$ या $\sigma = \frac{\Delta V}{pV}$

या $\Delta V = \sigma p V$

36. चूँकि $K = \frac{pV}{\Delta V} = \frac{pV}{\gamma \Delta T} = \frac{p}{3\alpha T} \Rightarrow T = \frac{p}{3K\alpha}$

37. चूँकि $mg = kx$

$$k = \frac{4 \times 9.8}{2 \times 10^{-2}}$$

या $k = 19.6 \times 10^2$ न्यूटन/मी

कृत कार्य $= \frac{1}{2} \times 19.6 \times 10^2 \times (5 \times 10^{-2})^2$ जूल $= 2.45$ जूल

38. $K = \frac{1.5}{30 \times 10^{-3}} = 50$ न्यूटन/मी

$\therefore \quad l = \frac{0.2 \times 10}{50} = 0.04$ मी

अब, संचित ऊर्जा $= \frac{1}{2} \times 0.20 \times 10 \times 0.04 = 0.04$ जूल

39. घनत्व 0.1% बढ़ेगा, यदि आयतन 0.1% घटेगा।

$$K = \frac{\Delta p}{\Delta V / V}$$

$\Rightarrow \quad \Delta p = K\frac{\Delta V}{V} = 2 \times 10^9 \times \frac{0.1}{100} = 2 \times 10^6$ न्यूटन/मी^{2}

40. 10 मी तक भरे जल का स्तम्भ लगभग 1 वायुमण्डल दाब उत्पन्न करता है। अत: 100 मी जल का स्तम्भ लगभग 10 वायुमण्डल दाब उत्पन्न करेगा 10×10^5 पास्कल या 10^6 पास्कल

41. चूँकि $\frac{1}{K} = \frac{\Delta V / V}{\Delta p}$ या $\frac{\Delta V}{V} = \Delta p\left[\frac{1}{K}\right]$

या $\frac{\Delta V}{V} \times 100 = 10^5 \times 8 \times 10^{-12} \times 100 = 8 \times 10^{-5}$

42. प्रति एकांक आयतन की ऊर्जा $= \frac{1}{2} \times$ प्रतिबल $\times$ विकृति

$= \frac{1}{2} \times$ प्रतिबल $\times \frac{\text{विकृति}}{Y}$ $\quad \left| \; Y = \frac{\text{प्रतिबल}}{\text{विकृति}} = \frac{\delta^2}{2Y} \right.$

43. क्योंकि आयतन, $V = \pi r^2 l$

$$\Rightarrow \quad \frac{\Delta V}{V} = \frac{\Delta(\pi r^2 l)}{\pi r^2 l}$$

या $\frac{\Delta V}{V} = \frac{r^2 \Delta l + 2rl\Delta r}{r^2 l}$

या $\frac{\Delta V}{V} = \frac{\Delta l}{l} + \frac{2\Delta r}{r}$

किन्तु $\sigma = -\frac{\Delta r / r}{\frac{\Delta l}{l}} = -\frac{\Delta r / r}{-2\frac{\Delta r}{r}} = 0.5$

44. प्रति एकांक आयतन में संचित ऊर्जा

$= \frac{1}{2} Y$ (विकृति)^2

$= \frac{1}{2} \times 1.5 \times 10^{12} \times (2 \times 10^{-4})^2$

$= 3 \times 10^4$ जूल/मी^{3}

45. प्रत्येक पदार्थ का एक निश्चित आयतन होता है। इसलिए इनमें आयतन प्रत्यास्थता गुणांक होता है।

46. तार को खींचने में किया गया कार्य

$W = \frac{1}{2} \times$ बल नियतांक $\times x^2$

प्रथम तार हेतु, $W_1 = \frac{1}{2} \times kx^2 = \frac{1}{2}kx^2$

द्वितीय तार हेतु, $W_2 = \frac{1}{2} \times 2k \times x^2 = kx^2$

अत: $W_2 = 2W_1$

47. तार को खींचने में किया गया कार्य

= संचित स्थितिज ऊर्जा

$= \frac{1}{2} \times$ प्रतिबल $\times$ विकृति $\times$ आयतन

$= \frac{1}{2} \times \frac{F}{A} \times \frac{\Delta l}{l} \times Al$

$= \frac{1}{2} F \Delta l$

48. $T = m(g + a_0) = 10(10 + 2) = 120$ न्यूटन

$\therefore$ प्रतिबल $= \frac{T}{A}$

$= \frac{120}{2 \times 10^{-4}} = 60 \times 10^4$ न्यूटन/मी^{2}

m_1

$m(g + a_0)$

$\therefore \quad Y = \frac{\text{प्रतिबल}}{\text{विकृति}}$

$\therefore$ विकृति $= \frac{\text{प्रतिबल}}{Y} = \frac{60 \times 10^4}{2 \times 10^{11}}$

$= 30 \times 10^{-7} = 3 \times 10^{-6}$

49. तार में संचित प्रत्यास्थ ऊर्जा

$U = \frac{1}{2} \times$ प्रतिबल $\times$ विकृति $\times$ आयतन

$$= \frac{1}{2} \times \frac{F}{A} \times \frac{\Delta l}{l} \times Al = \frac{1}{2} F\Delta l$$

$$U = \frac{1}{2} \times 200 \times 1 \times 10^{-3} = 0.1 \text{ जूल}$$

50. भंजक क्षमता = तार में तनाव = $mr\omega^2$

$$4.8 \times 10^7 \times 10^{-6} = 10 \times 0.3 \times \omega^2$$

$$\omega^2 = \frac{48}{0.3 \times 10} = 16$$

ω = 4 रेडियन/से

51. ऊर्जा घनत्व = $\frac{1}{2}$ × प्रतिबल × विकृति

$$Y = \frac{\text{प्रतिबल}}{\sigma} \text{ या प्रतिबल} = Y\sigma$$

$\therefore$ ऊर्जा घनत्व $= \frac{1}{2} Y\sigma X\sigma = \frac{1}{2} Y\sigma^2$

52. ऊर्जा घनत्व = $\frac{1}{2}$ प्रतिबल × विकृति ऊर्जा घनत्व

$$= \frac{1}{2} \text{प्रतिबल} \times \frac{\text{प्रतिबल}}{Y} = \frac{(\text{प्रतिबल})^2}{2Y} \propto \frac{1}{D^4}$$

अब $\frac{u_A}{u_B} = \frac{D_B^4}{D_A^4} = (2)^4 = 16$

53. ऊर्जा/आयतन = $\frac{1}{2}$ × प्रतिबल × विकृति

$$= \frac{1}{2} Y \times \text{विकृति} \times \text{विकृति} = \frac{1}{2} Y \times (\text{विकृति})^2$$

$$= \frac{1}{2} \times 2 \times 10^{10} \times 0.06 \times 10^{-2} \times 0.06 \times 10^{-2}$$

= 3600 जूल/मी^{3}

54. बल = लटकाया गया भार + तार की $\frac{3L}{4}$ का भार $w_1 = \frac{3w}{4}$

$$\therefore \text{ प्रतिबल} = \frac{\text{बल}}{\text{क्षेत्रफल}} = \frac{w_1 + \frac{3}{4}w}{S}$$

55. $\tau = \frac{\pi\eta r^4}{2l}\theta$

दिए प्रश्न में, $r^4\theta$ = नियतांक

$$\therefore \frac{\theta_A}{\theta_B} = \frac{r_2^4}{r_1^4}$$

56. कृत कार्य $= \frac{1}{2} F \times \text{प्रसार} = \frac{1}{2} \times \frac{YA}{L} \times 1 = \frac{YA}{2L}$ $(\because l = 1)$

57. कृत कार्य $= \frac{1}{2} F\Delta l = \frac{1}{2} \frac{YA\Delta l^2}{l} = \frac{2 \times 10^{11} \times 10^{-6} (2 \times 10^{-3})^2}{2 \times 1}$

$$Y = \frac{Fl}{A\Delta l}$$

या $F = \frac{YA\Delta l}{l} = 4 \times 10^{-1}$ जूल = 0.4 जूल

58. चूँकि $\frac{Y_A}{Y_B} = \frac{\tan\theta_A}{\tan\theta_B} = \frac{\tan 60^\circ}{\tan 30^\circ} = \frac{\sqrt{3}}{1/\sqrt{3}} = 3 \Rightarrow Y_A = 3Y_B$

59. समतापीय प्रत्यास्थता = p,रुद्धोष्म प्रत्यास्थता = γp

$$\therefore \frac{E_\theta}{E_\phi} = \frac{1}{\gamma}$$

$$\gamma > 1$$

$$\therefore \frac{E_\theta}{E_\phi} < 1$$

60. चूँकि $\eta = \frac{Y}{2(1+\sigma)}$

या $\eta = \frac{2.4\eta}{2(1+\sigma)}$

या $1 + \sigma = 1.2$

या $\sigma = 0.2$

61. चूँकि $\eta = \frac{Fl}{A\Delta l} = \frac{Fl}{l^2 \Delta l} = \frac{F}{l\Delta l}$ या $\Delta l \propto \frac{1}{l}$

यदि l आधा होता है। तब Δl दोगुना होगा।

62. आयतन प्रत्यास्थता गुणांक $B = -\frac{p}{\frac{\Delta V}{V}}$

चिन्ह प्रदर्शित करता है कि दाब बढ़ने पर आयतन घटता है।

सम्पीडियता $K = \frac{1}{\beta} = \frac{-\Delta V}{pV}$

आयतन में कमी $\Delta V = pV_k$

$= 4 \times 10^7 \times 1 \times 6 \times 10^{-10}$

$= 24 \times 10^{-3}$ ली

$= 24 \times 10^{-3} \times 10^3$ सेमी^{3}

= 24 cc

63. चूँकि $\eta = \frac{Y}{2(1+\sigma)}$

$\sigma = 0$

$\eta = \frac{Y}{2} = \frac{6 \times 10^{12}}{2} = 3 \times 10^{12}$ न्यूटन/मी^{2}

64. चूँकि $\sigma = \frac{\text{पार्श्विक विकृति}}{\text{अनुदैर्ध्य विकृति}}$

या पार्श्विक विकृति = σ × अनुदैर्ध्य विकृति

$$= 0.4 \times \frac{0.05}{100} = \frac{0.02}{100}$$

अत: व्यास में प्रतिशत कमी 0.02 है।

65. भंजक बल लम्बाई पर निर्भर नहीं करता है। भंजक बल = भंजक प्रतिबल × अनुप्रस्थ-परिच्छेद का क्षेत्रफल, दिए गए पदार्थ भंजक प्रतिबल नियत है।

$\because$ भंजक बल $\propto$ अनुप्रस्थ-परिच्छेद का क्षेत्रफल

$$\therefore \frac{F_2}{F_1} = \frac{A_2}{A_1} = \frac{\pi(6r)^2}{\pi r^2} = 36$$

या $F_2 = 36F_1 = 36F$

66. प्रतिबल $= \frac{100}{10^{-6}} = 10^8$ न्यूटन/मी^{2}

विकृति $= \frac{2 \times 10^{-3}}{2} = 10^{-3}$

यंग प्रत्यास्थता गुणांक

$Y = \frac{10^8}{10^{-3}} = 10^{11}$ न्यूटन/मी^{2}

संचित ऊर्जा $= \frac{1}{2} \times 100 \times 2 \times 10^{-3}$ जूल

$= 10^{-1} = 0.1$ जूल

अध्याय 11

द्रवों के गुण
Properties of Liquids

द्रव का घनत्व (Density of Liquid)

किसी द्रव का घनत्व (ρ) उसके प्रति एकांक आयतन का द्रव्यमान होता है अर्थात्

$$\text{घनत्व} = \frac{\text{द्रव्यमान}}{\text{आयतन}} \quad \text{या} \quad \rho = \frac{m}{V}$$

इसका SI मात्रक किग्रा मी$^{-3}$ तथा CGS मात्रक ग्राम सेमी$^{-3}$ है।

आपेक्षिक घनत्व (Relative Density)

आपेक्षिक घनत्व या विशिष्ट गुरुत्व (specific gravity) पदार्थ के घनत्व तथा 4°C पर जल के घनत्व का अनुपात है।

अत:

$$\text{आपेक्षिक घनत्व (RD)} = \frac{\text{पदार्थ का घनत्व}}{\text{4°C पर जल का घनत्व}}$$

यह एक शुद्ध अनुपात है, अत: इसका कोई मात्रक नहीं है।

तरल स्तम्भ के कारण दाब
(Pressure Due to a Fluid Column)

माना ρ घनत्व का एक तरल A अनुप्रस्थ-काट के क्षेत्रफल वाले बेलनाकार बर्तन में h ऊँचाई तक भरा है। तरल अपने भार के कारण बर्तन की तली पर एक बल लगाता है, जिसके परिणामस्वरूप बर्तन की तली पर एक दाब उत्पन्न होता है।

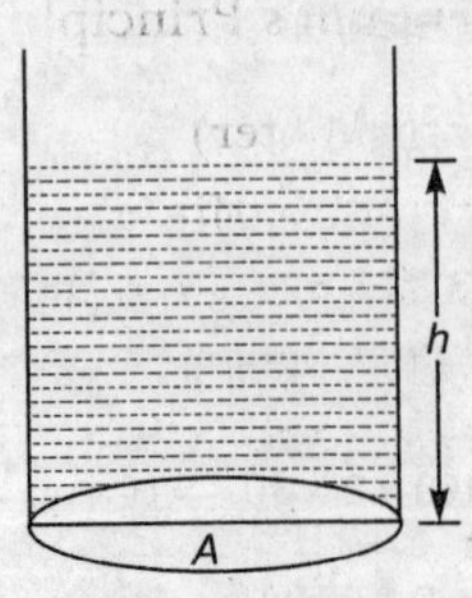

∴ तरल स्तम्भ के कारण बर्तन की तली पर दाब

$$= \frac{\text{तरल स्तम्भ का भार}}{\text{तली की अनुप्रस्थ-काट का क्षेत्रफल}}$$

$$p = \frac{mg}{A} = \frac{Ah\rho g}{A}$$

$$p = h\rho g$$

पास्कल का नियम (Pascal's Law)

इस नियम के अनुसार, "किसी बद्ध द्रव के किसी भाग के दाब में होने वाली वृद्धि, द्रव के अन्य भागों में बिना क्षय हुए, एकसमान रूप से संचरित हो जाती है"

पास्कल के नियम के अनुप्रयोग
(Applications of Pascal's Law)

हाइड्रोलिक लिफ्ट (Hydraulic Lift)

यह पास्कल के सिद्धान्त पर आधारित एक ऐसी युक्ति है जो भारी उपकरणों को ऊपर उठाने में प्रयुक्त होती है। इसमें एक (अल्प आकार के) अनुप्रस्थ-परिच्छेद पर अल्प बल आरोपित करने पर दाब के संचरण के कारण प्रबल बल बड़े आकार के अनुप्रस्थ-परिच्छेद पर उत्पन्न हो जाता है जोकि भारी उपकरणों को ऊपर उठाए रखता है।

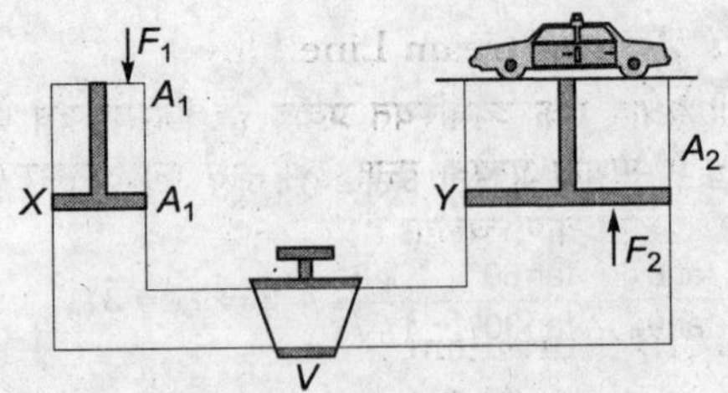

इसमें असमान अनुप्रस्थ-परिच्छेद के दो ऊर्ध्वाधर बेलन X तथा Y एक द्रव से भरी क्षैतिज नली से जुड़े रहते हैं। क्षैतिज नली में एक वाल्व V लगा होता है।

माना पिस्टन X पर F_1 बल आरोपित किया जाता है तब द्रव पर आरोपित दाब,
$$p = \frac{F_1}{A_1}$$

पास्कल के नियम से,
$$p = \frac{F_2}{A_2} = \frac{F_1}{A_1}$$

$\therefore$
$$A_2 > A_1 \Rightarrow F_2 > F_1$$

हाइड्रोलिक ब्रेक (Hydraulic Brake)

हाइड्रोलिक ब्रेक, पास्कल के नियम पर आधारित है, जिसका उपयोग भारी वाहनों के पहियों की गति को कम करने के लिए किया जाता है।

इसमें एक मास्टर सिलेण्डर m होता है, जिसमें ब्रेक तेल (brake oil) भरा होता है। इस सिलेण्डर में एक पिस्टन लगा होता है जोकि लीवर निकाय (L) की सहायता से ब्रेक पेंडिल से जुड़ा होता है। मास्टर सिलेण्डर एक नली द्वारा सिलेण्डर C से जुड़ा होता है। इस सिलेण्डर में दो पिस्टन P_1 व P_2 होते हैं, जो क्रमशः ब्रेक शूज S_1 व S_2 से जुड़े होते हैं, जो परस्पर एक स्प्रिंग S से जुड़े होते हैं। जब ब्रेक पैडिल पर दाब लगाया जाता है तो यह दाब मास्टर सिलेण्डर में द्रव से होते हुए पिस्टन P_1 व P_2 को स्थानान्तरित हो जाता है। इस दाब के कारण ब्रेक शूज पहिये को अन्दर की ओर दबाते हैं, जिसमें पहिये की गति धीमी हो जाती है।

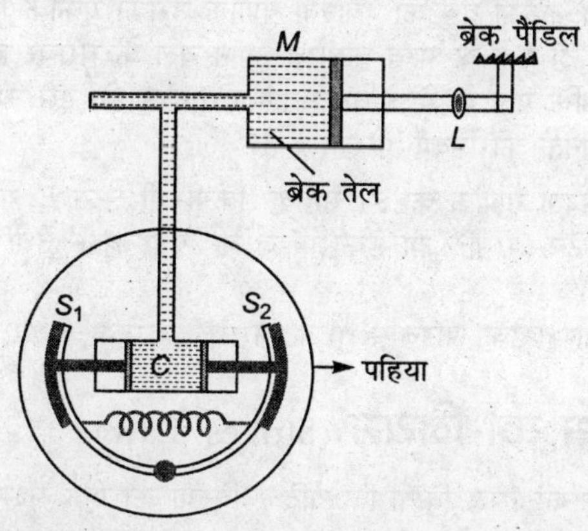

इसी प्रकार हाइड्रोलिक प्रैस भी पास्कल के नियम पर आधारित है जोकि धातु की चादरों में छेद करने, रुई को दबाने तथा बीजों से तेल निकालने में प्रयुक्त होती है।

तरल प्रवाह (Flow of Fluids)

द्रव (तरल) का प्रवाह तीन प्रकार का होता है

(i) धारा रेखी प्रवाह (Stream Line Flow)

द्रव का धारा रेखी प्रवाह एक व्यवस्थित प्रवाह है। जिसमें द्रव के प्रवाह का एक क्रम होता है अर्थात् प्रत्येक कण उसी पथ का अनुसरण करता है, जिस पर उससे पहला कण चलता है।

(ii) विक्षुब्ध प्रवाह (Turbulent Flow)

द्रव का विक्षुब्ध प्रवाह एक अनियमित तथा अव्यवस्थित प्रवाह (*zig-zag* flow) है। इसमें द्रव के प्रवाह का कोई क्रम नहीं होता, अर्थात् द्रव का प्रत्येक कण किसी भी पथ पर चलने के लिए स्वतन्त्र होता है। अतः इस प्रवाह में द्रव के कण उन पथों का अनुसरण नहीं करते हैं जिन पर उनसे पहले कण चलते हैं। इस प्रवाह में द्रव के अन्दर भँवर धारायें उत्पन्न हो जाती हैं।

(iii) पटलीय प्रवाह (Laminar Flow)

जब दिये हुए व्यास की नली में द्रव का बहाव क्रांतिक वेग v_C की अपेक्षा कम होता है तो, गति प्रवाह रेखी या धारा रेखी होती है। ऐसी स्थिति में हम अनेकों समतल सतहों से निर्मित द्रव की धारा की सम्पूर्ण मोटाई की कल्पना कर सकते हैं। इसमें एक सतह दूसरी सतह के ऊपर से बहती है। इस प्रकार के प्रवाह को पटलीय प्रवाह कहा जाता है।

रेनॉल्ड अंक (Reynolds's Number)

किसी नली में प्रवाहित होने वाले द्रव की पर्तों के बीच एकांक क्षेत्रफल पर लगने वाले जड़त्वीय बल तथा श्यान बल के अनुपात को रेनॉल्ड अंक कहते हैं, अर्थात्

$$\text{RN} = \frac{\text{एकांक क्षेत्रफल पर जड़त्वीय बल}}{\text{एकांक क्षेत्रफल पर श्यान बल}} = \frac{\rho v D}{\eta}$$

बरनौली की प्रमेय (Bernoulli's Theorem)

इस प्रमेय के अनुसार, जब कोई असम्पीड्य अथवा अश्यान तरल एक स्थान से दूसरे स्थान तक धारा रेखीय प्रवाह में प्रवाहित होता है (मार्ग में कोई स्रोत अथवा सिंक न हो), तो मार्ग के प्रत्येक बिन्दु पर इसके प्रति एकांक आयतन अथवा द्रव्यमान की कुल ऊर्जा अर्थात् दाब ऊर्जा, गतिज ऊर्जा तथा स्थितिज ऊर्जा का योग नियत रहता है।

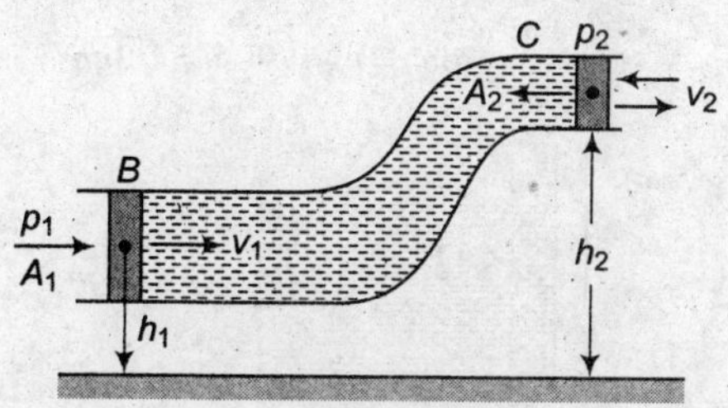

गणितीय रूप में, प्रति एकांक आयतन द्रव प्रवाह के लिए

$$p + \rho g h + \frac{1}{2}\rho v^2 = \text{नियतांक}$$

बरनौली प्रमेय के अनुप्रयोग
(Applications of Bernoulli's Principle)

(i) वेन्च्यूरीमीटर (Venturimeter)

वेन्च्यूरीमीटर बरनौली के प्रमेय पर आधारित एक ऐसी युक्ति है जिसका प्रयोग किसी नली में प्रवाहित होने वाले द्रव के प्रवाह की दर ज्ञात करने में किया जाता है।

नली में प्रति सेकण्ड बहने वाले द्रव का आयतन,

$$V = A_1 A_2 = \sqrt{\frac{2(p_1 - p_2)}{\rho(A_1^2 - A_2^2)}}$$

(ii) **फिल्टर पम्प** (Filter Pump)

इस उपकरण का प्रयोग किसी बर्तन में आंशिक निर्वात् उत्पन्न करने के लिए किया जाता है।

(iii) **मैग्नस प्रभाव** (Magnus Effect)

क्रिकेट या टेनिस की गेंद का हवा में सरल रेखीय पथ पर न चलकर एक वक्रीय पथ पर गति करना गेंद का स्विंग करना कहलाता है। यह घटना मैग्नस प्रभाव कहलाती है।

इसके अतिरिक्त अनेक ऐसी घटनाएँ हैं; जैसे— तेज आँधी में टीन का उड़ना, गहरे जल का शान्त रहना, आदि जिन्हें बरनौली के प्रमेय की सहायता से स्पष्ट किया जा सकता है।

द्रव का बहिःस्राव वेग (टौरिसली की प्रमेय)

[Velocity of Efflux of a Liquid (Torricelli's Theorem)]

यदि द्रव से भरे किसी पात्र में द्रव के स्वतन्त्र तल से कुछ गहराई पर एक छिद्र कर दिया जाए तब उस छिद्र से बाहर निकलने वाले द्रव का वेग, बहिःस्राव वेग कहलाता है।

माना किसी पात्र में H ऊँचाई तक ρ घनत्व का द्रव भरा हो तथा द्रव के स्वतन्त्र तल से h गहराई पर एक बारीक छिद्र करने पर उससे द्रव v बहिःस्राव से बाहर आता है।

द्रव के स्वतन्त्र तल तथा छिद्र के बाहर बरनौली के प्रमेय से

$$p + \frac{1}{2}\rho \times 0 + \rho g H = p + \frac{1}{2}\rho v^2 + \rho g (H - h)$$

$$\rho g H = \frac{1}{2}\rho v^2 + \rho g H - \rho g h$$

या
$$\frac{1}{2}\rho v^2 = \rho g h \text{ या } v = \sqrt{2gh}$$

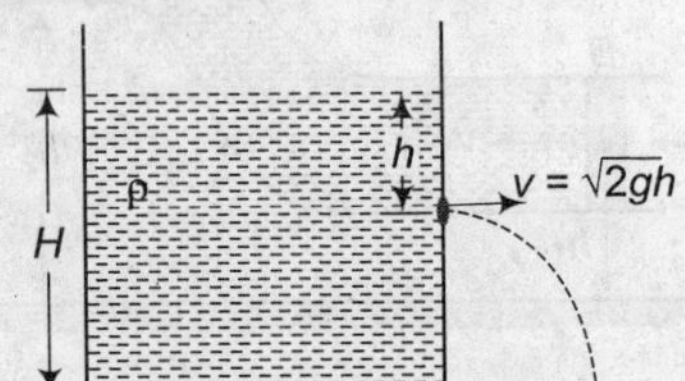

यह द्रव का बहिःस्राव वेग है। यह परिणाम सर्वप्रथम टौरिसली ने दिया था; अतः यह टौरिसली का प्रमेय भी कहलाता है।

द्रव का बहिःस्राव वेग द्रव की प्रकृति, द्रव की मात्रा एवं छिद्र के क्षेत्रफल पर निर्भर नहीं करता है। यह द्रव की मुक्त सतह से गहराई (h) के वर्गमूल के अनुक्रमानुपाती होता है।

श्यानता (Viscosity)

श्यानता, तरल में आन्तरिक घर्षण को कहते हैं। जब किसी तरल (द्रव) की एक पर्त उसी तरल की दूसरी पर्त पर फिसलती है, तो उनके बीच घर्षण बल कार्य करता है जो पर्तों की सापेक्ष गति का विरोध करता है। यह घर्षण बल ही श्यान बल (viscous force) है। श्यान प्रवाह का सरलतम उदाहरण दो समान्तर प्लेटों के बीच तरल की गति है।

श्यानता-गुणांक (Coefficient of Viscoscity)

किसी बहते हुए द्रव की किन्हीं दो पर्तों के मध्य लगने वाला श्यान-बल (F)

(i) द्रव की पर्तों के सम्पर्क क्षेत्रफल (A) के अनुक्रमानुपाती होता है,

अर्थात् $F \propto A$

(ii) द्रव की पर्तों के बीच की वेग प्रवणता $\Delta v/\Delta x$ के अनुक्रमानुपाती होता है,

अर्थात् $F \propto \frac{\Delta v}{\Delta x}$

अथवा $F \propto A\frac{\Delta v}{\Delta x}$

अथवा $F = -\eta A\frac{\Delta v}{\Delta x}$

जहाँ η (ईटा) एक नियतांक है। इसे द्रव का श्यानता-गुणांक कहते हैं।

यदि $A = 1$ मी^{2} तथा $\frac{\Delta v}{\Delta x} = 1$ से$^{-1}$, तब

$$\eta = F$$

अतः किसी द्रव का श्यानता गुणांक उसकी एकांक पृष्ठ क्षेत्रफल की दो पर्तों के मध्य कार्यरत श्यान बल के बराबर होता है, जबकि पर्तों के बीच वेग प्रवणता एकांक हो। इसे न्यूटन का श्यानता का नियम भी कहते हैं।

श्यानता गुणांक का SI मात्रक 'किग्रा-मी$^{-1}$-से$^{-1}$' या 'न्यूटन-से/मी^{2}' या डेका पॉइज या 'प्वाइज्यूले' तथा CGS मात्रक 'पॉइज' है

तथा 1 डेका पॉइज = 10 पॉइज

स्टोक्स का नियम (Stokes' Law)

स्टोक्स ने यह सिद्ध किया कि यदि r त्रिज्या का एक सूक्ष्म गोला किसी अनन्त विस्तार वाले पूर्णतः समांग श्यान माध्यम (द्रव अथवा गैस) में सीमान्त चाल v से गति करे, तो गोले पर कार्य करने वाला श्यान बल,

$$F = 6\pi \eta r v$$

जहाँ η इस माध्यम का 'श्यानता गुणांक' है। यह स्टोक्स का नियम है।

सीमान्त वेग (Terminal Velocity)

जब वस्तु मुक्त रूप से किसी द्रव में गिरती है, तो उस पर निम्न बल कार्य करते हैं

(i) वस्तु का भार (नीचे की ओर)

(ii) द्रव का उत्प्लावन बल (ऊपर की ओर)

(iii) श्यान बल (ऊपर की ओर)

जब ये सभी बल सन्तुलित हो जाते हैं, तो वस्तु एक नियत वेग प्राप्त कर लेती है, इस वेग को सीमान्त वेग कहते हैं।

सीमान्त वेग, $V = \frac{2}{A} r^2 \frac{(\rho - \sigma) \times gC}{\eta}$

पृष्ठ तनाव (Surface Tension)

प्रत्येक द्रव के मुक्त पृष्ठ में सिकुड़ कर न्यूनतम क्षेत्रफल धारण करने की प्रवृत्ति होती है, मानों यह तनाव की अवस्था में हो। पृष्ठ के इस तनाव को, द्रव का 'पृष्ठ तनाव' कहते हैं।

पृष्ठ तनाव, $T = \frac{F}{l}$

इसका मात्रक न्यूटन/मी है।

इसका विमीय सूत्र $[MT^{-2}]$ है, जो बल नियतांक के समान है।

पृष्ठ तनाव की निर्भरता
(Dependence of Surface Tension)

1. अशुद्धियों पर (On impurities)

यदि अशुद्धि द्रव में पूर्णत: घुलनशील हो, तो इसे द्रव में मिलाने पर इसका पृष्ठ तनाव बढ़ता है। उदाहरणार्थ द्रव में कम मात्रा में आयनिक लवणों को गिलाने पर उसका पृष्ठ तनाव बढ़ता है। यदि अशुद्धि द्रव में आंशिक घुलनशील हो, तो इसको द्रव में मिलाने पर पृष्ठ तनाव घटता है क्योंकि अशुद्धि के अणुओं तथा द्रव के अणुओं के बीच आसंजक बल घटता है तथा ससंजक बल प्रभावी होता है।
उदाहरणार्थ— (i) जल में डिटरजेन्ट को मिलाने पर इसका पृष्ठ तनाव घटता है।

2. ताप पर (On temperature)

ताप बढ़ाने पर पृष्ठ तनाव घटता है। क्रान्तिक ताप पर यह शून्य हो जाता है।

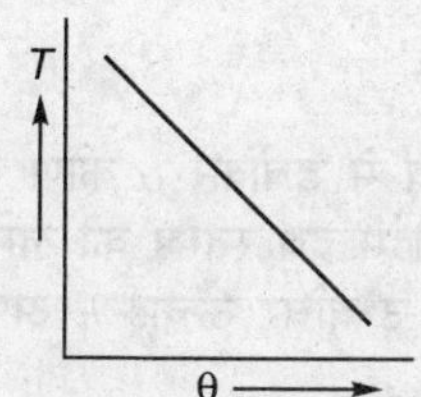

3. माध्यम पर (On the medium)

यह द्रव की सतह के दूसरी तरफ उपस्थित माध्यम के प्रकार पर निर्भर करता है।

4. मिलावट पर (On contamination)

धूल के कण तथा ग्रीस पदार्थ के द्रव की सतह पर होने से पृष्ठ तनाव घटता है।

5. विद्युतीकरण पर (On electrification)

विद्युतीकरण के कारण द्रव का पृष्ठ तनाव घटता है क्योंकि इसके कारण द्रव की मुक्त सतह के अभिलम्बवत् बल ऊपर की ओर दिशा में कार्यरत होता है।

पृष्ठ तनाव के उदाहरण
(Examples of Surface Tension)

(1) धातु के तार का एक फ्रेम लेकर उसे साबुन के घोल में डालकर बाहर निकालने पर इसमें साबुन के घोल की झिल्ली बन जाती है। झिल्ली पर गीले धागे का एक लूप रखें (चित्रानुसार)। अब लूप के मध्य झिल्ली को किसी पिन से तोड़ दें, तो लूप शीघ्रता से वृत्ताकार हो जाएगा।

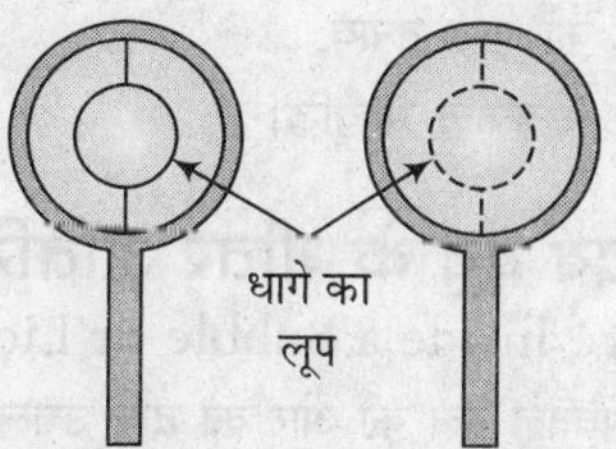

(2) जब पारे की कुछ मात्रा को काँच की साफ प्लेट पर फैलाया जाता है, तो वह गोलाकार बूँदों की आकृति ग्रहण करता है। बूँद की आकृति का निर्धारण पृष्ठ तनाव तथा गुरुत्व बल के कारण होता है। पृष्ठ तनाव के कारण छोटी बूँदें गोलाकार होती हैं क्योंकि इन पर गुरुत्व बल नगण्य होता है। बड़ी बूँदें गुरुत्व बल के कारण मध्य से कुछ चपटी हो जाती हैं जबकि सिरों पर गोलाकार होती हैं।

(३) वर्षा की बूँदें गोलाकार होती हैं क्योंकि दिए गए आयतन के लिए गोले का पृष्ठ क्षेत्रफल न्यूनतम होता है। वर्षा की बूँदें पृष्ठ तनाव के कारण न्यूनतम पृष्ठ क्षेत्रफल प्राप्त करने की प्रवृत्ति रखती हैं अत: वर्षा की बूँदें गोलाकार हो जाती हैं।

(4) शेविंग अथवा पेन्टिंग ब्रश के बाल पानी के अन्दर फैल जाते हैं परन्तु जैसे ही ब्रश बाहर निकाला जाता है बाल आपस में चिपक जाते हैं। इसका कारण है कि पानी के बाहर बालों के बीच द्रव की फिल्म बन जाती है जो पृष्ठ तनाव के कारण न्यूनतम क्षेत्रफल ग्रहण करने की प्रवृत्ति रखती है। जिस कारण बाल परस्पर चिपक जाते हैं।

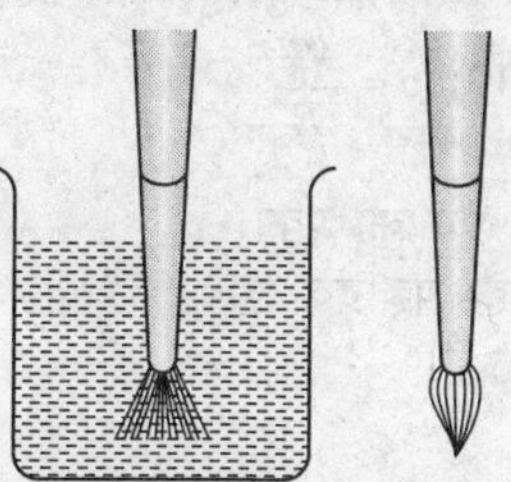

पृष्ठ ऊर्जा (Surface Energy)

द्रव के पृष्ठ के अणुओं की स्थितिज ऊर्जा को द्रव की पृष्ठ ऊर्जा कहते हैं। इसका SI मात्रक जूल/मीटर तथा विमा $[MT^{-2}]$ होती है।

पृष्ठ तनाव व पृष्ठ ऊर्जा में सम्बन्ध (Relation between Surface Tension and Surface Energy)

पृष्ठ तनाव उस यांत्रिक कार्य के बराबर होता है, जो नियत ताप पर पृष्ठ के क्षेत्रफल में एकांक वृद्धि करने के लिये किया जाता है। अतः पृष्ठ तनाव को 'जूल/मी^{2}' (J/m^2) में भी व्यक्त कर सकते हैं।

पृष्ठ ऊर्जा, $W = T \cdot \Delta A$

जहाँ, T = द्रव का पृष्ठ तनाव,

ΔA = पृष्ठ क्षेत्रफल में वृद्धि।

बुलबुले तथा द्रव बूँद के भीतर अतिरिक्त दाब (Excess Pressure Inside a Bubble or Liquid Drop)

द्रव के वक्र तल में अवतल तल की ओर का दाब उत्तल तल की ओर के दाब की अपेक्षा सदैव अधिक होता है। इस दाबान्तर को **दाबाधिक्य** कहते हैं। द्रव की बूँद अथवा बुलबुले के आन्तरिक दाब, तथा बाह्य दाब के अन्तर को **आधिक्य दाब** कहते हैं।

(i) **द्रव की बूँद के भीतर आधिक्य दाब** (Excess of Pressure Inside Liquid Drop) माना द्रव की एक बूँद की त्रिज्या R है तथा द्रव का पृष्ठ तनाव T है। द्रव की बूँद के भीतर आधिक्य दाब,

$$p = \frac{2T}{R}$$

(ii) **द्रव में बने वायु के बुलबुले के भीतर आधिक्य दाब** (Excess of Pressure Inside an Air Bubble in a Liquid) माना कि वायु का त्रिज्या R का एक बुलबुला, पृष्ठ तनाव T के द्रव में बनता है। द्रव की बूँद की तरह, वायु के बुलबुले का एक पृष्ठ द्रव के सम्पर्क में है।

अतः बुलबुले के भीतर आधिक्य दाब, $p = \frac{2T}{R}$

(iii) **साबुन के बुलबुले के भीतर आधिक्य दाब** (Excess of Pressure Inside a Soap Bubble) माना कि साबुन का त्रिज्या R का एक बुलबुला, पृष्ठ तनाव T के साबुन के घोल से बना है। साबुन के बुलबुले के दो पृष्ठ वायु के सम्पर्क में होते हैं, एक बुलबुले के भीतर तथा एक बुलबुले के बाहर।

अतः आधिक्य दाब, $p = \frac{4T}{R}$

स्पर्श-कोण (Angle of Contact)

द्रव व ठोस के किसी स्पर्श-बिन्दु से द्रव के पृष्ठ पर खींची गई स्पर्श-रेखा तथा ठोस के पृष्ठ पर द्रव के भीतर की ओर खींची गई स्पर्श-रेखा के बीच बने कोण को उस ठोस तथा द्रव के लिये 'स्पर्श-कोण' कहते हैं। जो द्रव ठोस को भिगोते हैं उनके लिये स्पर्श-कोण न्यूनकोण होता है तथा जो द्रव ठोस को नहीं भिगोते उनके लिये स्पर्श-कोण अधिककोण होता है।

केशिकात्व (Capillarity)

केशनली को जल में सीधी खड़ी रखने पर उसमें द्रव के ऊपर चढ़ने या नीचे उतरने की घटना को केशिकात्व कहते हैं। जो द्रव काँच को भिगोते हैं (अर्थात् जिनके लिये स्पर्श-कोण न्यूनकोण है) वे काँच की केशनली में ऊपर चढ़ते हैं। [चित्र (a)] जो द्रव काँच को नहीं भिगोते (अर्थात् जिनके लिये स्पर्श-कोण अधिककोण है) वे केशनली में नीचे उतर जाते हैं। [चित्र (b)]

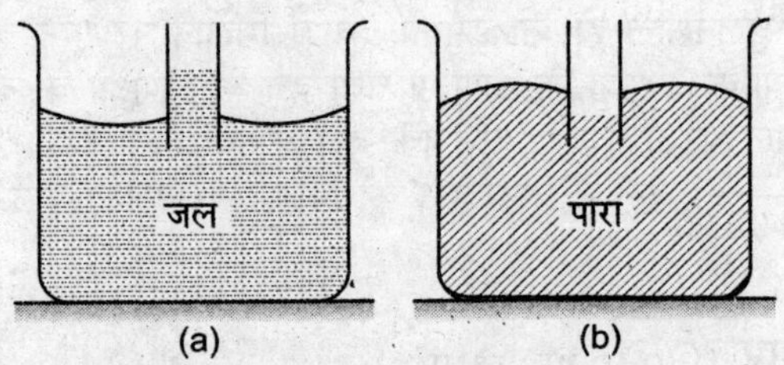

(i) यदि कोई द्रव किसी केशनली में h ऊँचाई तक चढ़ता है या h गहराई तक उतरता है तथा उसका स्पर्श कोण θ है, तो

$$h = \frac{2T\cos\theta}{r\rho g}$$

(ii) यदि केशनली को द्रव में डूबोकर α कोण से झुकाकर तिरछी कर दी जायें, तो केशनली में द्रव स्तम्भ की लम्बाई (l_1 तो बढ़ जायेगी परन्तु द्रव स्तम्भ की उर्ध्वाधर ऊँचाई h अपरिवर्तित रहेगी।

$$h = l\cos\alpha$$

अथवा $$l = \frac{h}{\cos\alpha}$$

अभ्यास प्रश्न

1. बर्फ का घनत्व ρ तथा पानी का σ है। जब बर्फ का द्रव्यमान M पिघल जाता है, तब बर्फ के आयतन में कमी होगी

(a) $\frac{M}{\sigma-\rho}$ (b) $\frac{\sigma-\rho}{M}$

(c) $M\left(\frac{1}{\rho}-\frac{1}{\sigma}\right)$ (d) $\frac{1}{M}\left(\frac{1}{\rho}-\frac{1}{\sigma}\right)$

2. एक 50 किग्रा की एक लड़की ऊँची हील के जूते पहनती है वह केवल एक हील पर अपने वजन द्वारा सन्तुलित होती है। वृत्तीय हील का व्यास 1.0 सेमी है। क्षैतिज फर्श पर लगने वाला दाब क्या होगा?

(a) 6.9×10^6 पास्कल (b) 6.2×10^6 पास्कल

(c) 9.6×10^6 पास्कल (d) 9.0×10^6 पास्कल

3. एकसमान शंक्वाकार बर्तन चित्र में प्रदर्शित है तथा 900 किग्रा/मी$^{-3}$ के घनत्व के द्रव द्वारा इसे भर दिया जाता है। द्रव के कारण बर्तन के आधार पर आरोपित बल होंगे (g = 10 मी/से^{2})

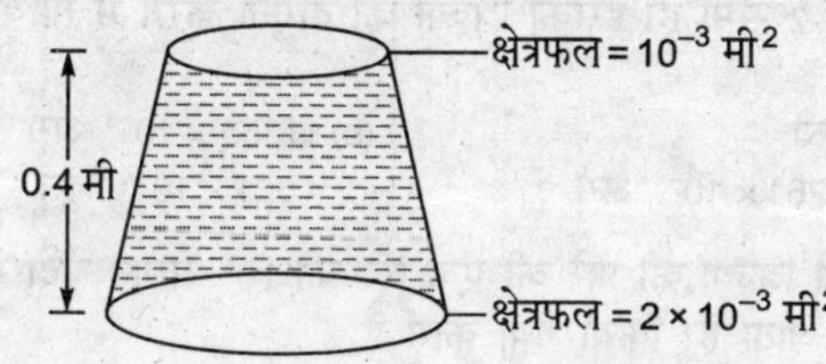

(a) 3.6 न्यूटन (b) 7.2 न्यूटन

(c) 9.0 न्यूटन (d) 12.0 न्यूटन

4. समुन्द्र में y गहराई पर घनत्व ρ तथा B सतह के घनत्व ρ_0 से निम्न प्रकार सम्बन्धित है

(a) $\rho=\rho_0\left(1-\frac{\rho_0 gy}{B}\right)$ (b) $\rho=\rho_0\left(1+\frac{\rho_0 gy}{B}\right)$

(c) $\rho=\rho_0\left(1+\frac{B}{\rho_0 hgy}\right)$ (d) $\rho=\rho_0\left(1-\frac{B}{\rho_0 gy}\right)$

5. टॉरसाली बेरोमीटर में पारा प्रयोग किया जाता है। पास्कल इसमें 984 किग्रा/मी^{3} घनत्व की वाइन का प्रयोग करता है। सामान्य वायुमण्डल दाब के लिए वाइन कॉलम की ऊँचाई होगी

(a) 9.5 मी (b) 5.5 मी

(c) 10.5 मी (d) 11.5 मी

6. एक बर्फ खण्ड द्रव में तैर रहा है। जिसका घनत्व पानी के घनत्व से कम है। खण्ड का एक भाग द्रव से बाहर है। जब बर्फ पूरी तरह पिघल जायेगी, द्रव का स्तर

(a) उठ जायेगा (b) नीचे जायेगा

(c) उतना ही रहेगा (d) पहले उठेगा फिर नीचे जायेगा

7. एक टैंक जिसकी लम्बाई 5 मी है, पानी से आधा भरा जायेगा तथा ऊपर का आधा भाग द्रव के घनत्व 0.85 ग्राम/सेमी^{3} द्वारा भरा जाता है। इस द्रव के कारण टैंक की तली में दाब है

(a) 1.85 ग्राम डाइन सेमी$^{-3}$ (b) 89.25 ग्राम डाइन सेमी$^{-3}$

(c) 462.5 ग्राम डाइन सेमी$^{-3}$ (d) 500 डाइन सेमी$^{-3}$

8. 1500 मी^{3} के आयतन तथा 1650 किग्रा भार का एक गुब्बारा हीलियम द्वारा भरा गया है (हीलियम का घनत्व 0.2 किग्रा/मी^{3}) वायु का घनत्व 1.3 किग्रा/मी^{3} तब गुब्बारे से बँधी रस्सी पर खिंचाव होगा

(a) 300 किग्रा (b) 1950 किग्रा

(c) 1650 किग्रा (d) शून्य

9. एक घनाभ ब्लॉक द्रव में तैर रहा है तथा इसका आधा आयतन द्रव में डूबा हुआ है। जब पूरा निकाय $g/3$ त्वरण से ऊपर की ओर त्वरित होता है, द्रव में, ब्लाक के आयतन का अनुपात होगा

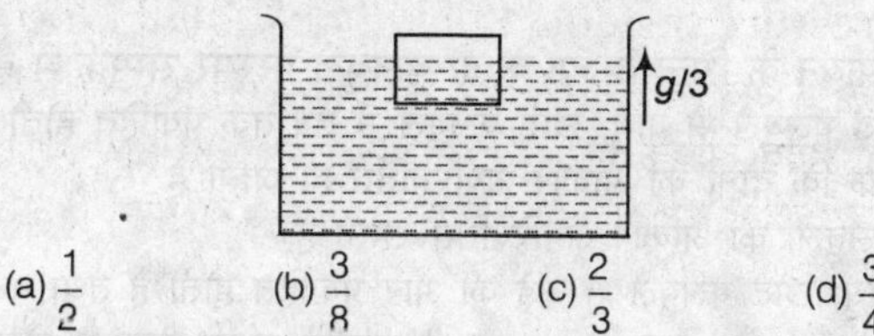

(a) $\frac{1}{2}$ (b) $\frac{3}{8}$ (c) $\frac{2}{3}$ (d) $\frac{3}{4}$

10. घनत्व D का एक ठोस, घनत्व d के द्रव में तैर रहा है। यदि ठोस का कुल आयतन V तथा v आयतन का ठोस द्रव में है, तब v/V का अनुपात होगा

(a) $\frac{d}{P}$ (b) $\frac{D}{d}$

(c) $\frac{D}{(D+d)}$ (d) $\frac{D+d}{D}$

11. एक लकड़ी के ब्लॉक का कुल भार 6 किग्रा है। जब वह तैरता है तब इसका $\frac{1}{3}$ भाग पानी के अन्दर रहता है। तैरते हुए इस ठोस पर कितना भार रखा जाये कि यह पूरा डूब जाए?

(a) 12 किग्रा (b) 10 किग्रा

(c) 14 किग्रा (d) 15 किग्रा

12. एक तालाब की गहराई से ऊपरी सतह तक उठने में एक बुलबुले की त्रिज्या दोगुनी हो जाती है। वायुमण्डलीय दाब, h ऊँचाई के पानी के स्तम्भ के बराबर है, तो झील की गहराई होगी

(a) 7 h (b) 2 h (c) 4 h (d) $h/2$

13. बर्फ का एक टुकड़ा जिसका घनत्व 900 किग्रा/मी^{3} है, पानी (घनत्व 1000 किग्रा/मी^{3}) में तैर रहा है, तो बर्फ के टुकड़े का कितने प्रतिशत आयतन पानी के ऊपर होगा?

(a) 20% (b) 35%

(c) 10% (d) 25%

14. एक घनाकार पिण्ड किसी द्रव में इस प्रकार तैर रहा है कि उसका आधा आगतन द्रव में डूबा है। यदि सम्पूर्ण निकाय ऊपर की ओर $g/3$ त्वरण से त्वरित हो, तो पिण्ड का वह भाग जो द्रव में डूबेगा, होगा

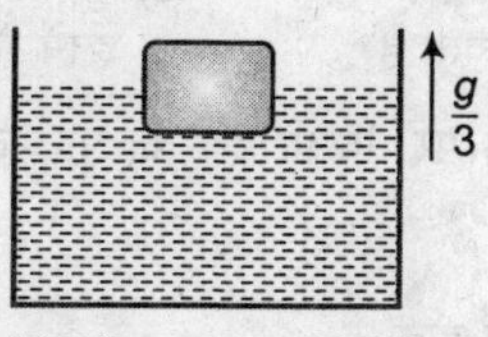

(a) 1/2 (b) 3/8 (c) 2/3 (d) 3/4

15. चाँदी का 2.1 किग्रा भार का टुकड़ा किसी धागे की सहायता से आपेक्षिक घनत्व 0.8 वाले द्रव में पूर्णतः डूबा है। धागे में तनाव (किग्रा भार में) क्या होगा, यदि चाँदी का आपेक्षिक घनत्व 10.5 है?
(a) 1.6 (b) 1.94
(c) 3.1 (d) 5.25

16. यदि वस्तु का भार, उत्प्लावन बल से अधिक होता है, तो वस्तु
(a) डूब जाती है (b) तैरती है
(c) आंशिक रूप से डूब जाती है (d) आंशिक रूप से तैरती है

17. यदि कोई बाह्य बल कार्यरत् नहीं है, तो द्रव की बूँद का आकार नियन्त्रित होता है
(a) द्रव के पृष्ठ तनाव द्वारा (b) द्रव के घनत्व द्वारा
(c) द्रव की श्यानता द्वारा (d) केवल वायु के दाब द्वारा

18. यदि साबुन के भिन्न त्रिज्या के दो बुलबुले परस्पर सम्पर्क में हैं, तब
(a) बड़े बुलबुले से वायु, छोटे बुलबुले में तब तक प्रवाहित होती है जब तक कि दोनों का आकार अपरिवर्तित हो जाता है
(b) बुलबुलों का आकार अपरिवर्तित रहता है
(c) वायु, छोटे बुलबुले से बड़े की ओर प्रवाहित होती है तथा बड़ा बुलबुला और बड़ा होता जाता है, जबकि छोटा बुलबुला और छोटा होता है
(d) वायु, बड़े बुलबुले से छोटे बुलबुले में प्रवाहित होती है, जब तक कि छोटे एवं बड़े बुलबुले की त्रिज्या समान नहीं हो जाती

19. पानी की सतह पर धीरे से रखी गई, लोहे की एक सुई इस पर तैरती है, क्योंकि
(a) पानी के अन्दर यह अपने भार से अधिक पानी विस्थापित करती है
(b) सुई के पदार्थ का घनत्व, पानी के घनत्व से अधिक है
(c) पृष्ठ तनाव के कारण
(d) उपरोक्त में से कोई नहीं

20. तेल की एक बूँद को पानी की सतह पर रखा जाता है। निम्नलिखित में कौन-सा कथन सत्य है?
(a) यह इस पर एक गोले के रूप में बनी रहेगी
(b) यह एक बारीक पर्त के रूप में फैल जाएगी
(c) यह आंशिक रूप से छोटी-छोटी तथा आंशिक रूप से पतली पर्त के रूप में फैल जाएगी
(d) पानी की सतह पर यह विरूपित बूँद के रूप में तैरेगी

21. साधारणतया, किसी द्रव की छोटी बूँदें, उसी द्रव की बड़ी बूँद की अपेक्षा अधिक गोलाकार होती हैं, क्योंकि
(a) पृष्ठ तनाव का बल, गुरुत्वाकर्षण बल के समान एवं विपरीत है
(b) पृष्ठ तनाव का बल, गुरुत्वीय बल की अपेक्षा क्षीण होता है
(c) गुरुत्वीय बल, पृष्ठ तनाव के बल की अपेक्षा प्रबल होता है
(d) गुरुत्वीय बल एवं पृष्ठ तनाव का बल समान होते हैं तथा समान दिशा में कार्य करते हैं

22. गर्म पानी में कपड़े धोना आसान है, क्योंकि
(a) झाग कम आते हैं (b) पृष्ठ तनाव कम होता है
(c) साबुन कम लगता है (d) इनमें में से कोई नहीं

23. ताप में वृद्धि होने पर, किसी द्रव का पृष्ठ तनाव
(a) बढ़ता है
(b) कम होता है
(c) परिवर्तित नहीं होता है
(d) त्रुटिपूर्ण परिवर्तित होता है

24. शुद्ध पानी पर एक सुई तैरती है, परन्तु पानी में थोड़ा डिटर्जेन्ट मिलाने पर यह डूब जाती है। यह होने का कारण है
(a) डिटर्जेन्ट मिश्रित करने पर पानी का घनत्व बढ़ जाता है
(b) डिटर्जेन्ट मिश्रित करने पर पानी का घनत्व अपरिवर्तित हो जाता है
(c) डिटर्जेन्ट मिश्रित करने पर पानी का पृष्ठ तनाव कम हो जाता है
(d) डिटर्जेन्ट मिश्रित करने पर पानी का पृष्ठ तनाव अपरिवर्तित हो जाता है

25. पानी की दो छोटी बूंदें मिलकर, एक बड़ी बूंद बनाती हैं। इस प्रक्रिया में
(a) ऊर्जा मुक्त होती है
(b) ऊर्जा अवशोषित होती है
(c) ऊर्जा न मुक्त होती है, न ही शोषित होती है
(d) कुछ द्रव्यमान ऊर्जा में परिवर्तित होता है

26. तार के L भुजा के एक वर्गाकार फ्रेम को एक द्रव में डुबाया जाता है। इसको बाहर निकालने पर, इसमें एक झिल्ली बनती है। यदि द्रव का तल तनाव T है, तो फ्रेम पर कार्यरत् बल होगा
(a) $\frac{2T}{L}$ (b) $\frac{4T}{L}$ (c) $8TL$ (d) $10TL$

27. साबुन के एक बुलबुले (तल तनाव 30×10^{-3} न्यूटन/मी) की त्रिज्या 2 सेमी है। इसकी त्रिज्या को दोगुनी करने में किया गया कार्य है
(a) शून्य (b) 1.1355×10^{-4} अर्ग
(c) 2.261×10^{-4} अर्ग (d) 4.521×10^{-4} जूल

28. 1 सेमी त्रिज्या की पारे की एक बूँद को 10^6 समान बूँदों में विभाजित किया जाता है। किया गया कार्य है ($T = 35 \times 10^{-2}$ न्यूटन/मी)
(a) 4.35×10^{-2} जूल (b) 4.35×10^{-3} जूल
(c) 4.35×10^{-5} जूल (d) 4.35×10^{-9} जूल

29. साबुन के घोल की एक क्षैतिज फिल्म है। इसके ऊपर लूप के आकार का एक धागा रखा जाता है। अब लूप के अन्दर फिल्म में सूराख कर दिया जाता है, जिससे धागा R त्रिज्या के वृत्ताकार लूप में आ जाता है। यदि साबुन के घोल का पृष्ठ तनाव T है, तब धागे में तनाव क्या होगा?
(a) $\frac{\pi R^2}{T}$ (b) $\pi R^2 T$
(c) $\frac{2\pi R}{T}$ (d) RT

30. साबुन के घोल का तल तनाव 1.9×10^{-2} न्यूटन/मी है। 2.0 सेमी त्रिज्या के बुलबुले को फुलाने के लिए किया गया कार्य होगा
(a) $7.6 \times 10^{-6}\pi$ अर्ग (b) $15.2 \times 10^{-6}\pi$ जूल
(c) $1.9 \times 10^{-6}\pi$ जूल (d) $1 \times 10^{-4}\pi$ जूल

31. एक फिल्म का क्षेत्रफल 10 सेमी × 6 सेमी से 10 सेमी × 11 सेमी करने के लिए किया कार्य 2×10^{-4} जूल है, तब पृष्ठ तनाव है
(a) 2×10^{-2} न्यूटन मी$^{-1}$ (b) 2×10^{-4} न्यूटन मी$^{-1}$
(c) 2×10^{-6} न्यूटन मी (d) 2×10^{-8} न्यूटन मी

32. किसी द्रव की R त्रिज्या की एक गोल बूँद को आठ समान छोटी बूँदों में विभाजित किया जाता है। यदि तल तनाव T है, तो इस प्रक्रिया में किया गया कार्य होगा
(a) $2\pi R^2 T$ (b) $\frac{3\pi R^2}{T}$ (c) $4\pi R^2 T$ (d) $\frac{2\pi R}{T^2}$

33. r त्रिज्या की n नन्हीं समान द्रव बूँदें मिलकर R त्रिज्या की एक बड़ी बूँद का निर्माण करती हैं। यदि उत्पन्न ऊर्जा निर्मित बूँद की गतिज ऊर्जा प्रदान करे, तो बूँद की चाल होगी। बूँद का घनत्व $=d$, द्रव का पृष्ठ तनाव $=T_1$

(a) $\sqrt{\frac{T}{6d}\left(\frac{1}{r}-\frac{1}{R}\right)}$ (b) $\sqrt{\frac{6T}{d}\left(\frac{1}{r}-\frac{1}{R}\right)}$

(c) $\sqrt{\frac{6T}{d}\left(\frac{1}{r}+\frac{1}{R}\right)}$ (d) $\sqrt{\frac{6T}{d}\left(\frac{2R}{R-r}\right)}$

34. यदि साबुन के एक बुलबुले को आवेशित किया जाता है, तो

(a) यह सिकुड़ता है

(b) यह फैलता है

(c) इसके आकार में कोई परिवर्तन नहीं होता

(d) उपरोक्त में से कोई नहीं

35. साबुन के एक बुलबुले के अन्दर दाब की अधिकता, दूसरे बुलबुले की अपेक्षा तीन गुनी है। तब पहले व दूसरे बुलबुले के आयतन में अनुपात है

(a) 1 : 3 (b) 1 : 10

(c) 1 : 27 (d) 3 : 5

36. साबुन के बुलबुले की त्रिज्या r है। साबुन की फिल्म का पृष्ठ तनाव T है। ताप में परिवर्तन किए बिना बुलबुले का व्यास दोगुना करने के लिए आवश्यक ऊर्जा होगी

(a) $\frac{4\pi r^2}{T}$ (b) $\frac{2\pi r^2}{T}$

(c) $12\pi r^2 T$ (d) $24\pi r^2 T$

37. r_1 व r_2 त्रिज्या के साबुन के दो बुलबुले, निर्वात् में समतापीय परिस्थिति में मिलकर एक बुलबुला बनाते हैं। परिणामी बुलबुले की त्रिज्या R है

(a) $R = \left(\frac{r_1 - r_2}{2}\right)$ (b) $R = \left[\frac{r_1 r_2}{(r_1 - r_2)}\right]$

(c) $R = \sqrt{(r_1^2 + r_2^2)}$ (d) $R = r_1 + r_2$

38. साबुन के दो बुलबुलों की त्रिज्या में 2 : 1 का अनुपात है। इनके अन्दर दाब की अधिकता में अनुपात क्या होगा?

(a) 1 : 2 (b) 2 : 1

(c) 9 : 4 (d) 8 : 1

39. साबुन के दो बुलबुलों के अन्दर दाब 1.01 व 1.02 वायुमण्डल है। इनके आयतन में अनुपात है

(a) 100 (b) 75

(c) 50 (d) 25

40. 5 मिमी व्यास के साबुन के एक बुलबुले, यदि इसका पृष्ठ तनाव 1.6 न्यूटन/मी है, के अन्दर व बाहर दाब में अन्तर ज्ञात कीजिए।

(a) 2560 न्यूटन/मी^{2} (b) 3720 न्यूटन/मी^{2}

(c) 408 न्यूटन/मी^{2} (d) 9132 न्यूटन/मी^{2}

41. साबुन के एक बुलबुले के अन्दर दाब की अधिकता होती है

(a) त्रिज्या के व्युत्क्रमानुपाती

(b) त्रिज्या के समानुपाती

(c) इसकी त्रिज्या के वर्गमूल के समानुपाती

(d) त्रिज्या पर निर्भर नहीं करती

42. समतापी अवस्था में साबुन के दो बुलबुले मिलकर एक बड़े बुलबुले का निर्माण करते हैं। यदि इस क्रिया में आयतन में परिवर्तन V हो तथा क्षेत्रफल में परिवर्तन S हो, तो

(a) $pV + TS = 0$ (b) $4pV + 3TS = 0$

(c) $3pV + 4TS = 0$ (d) $3pV + TS = 0$

43. एक केशनली, जिसकी आन्तरिक त्रिज्या r है, में द्रव साम्यावस्था में है, जैसा चित्र में दिखाया गया है। यदि द्रव का पृष्ठ तनाव T है, स्पर्श कोण θ है तथा द्रव का घनत्व ρ है, तब P व Q के बीच दाब में अन्तर है

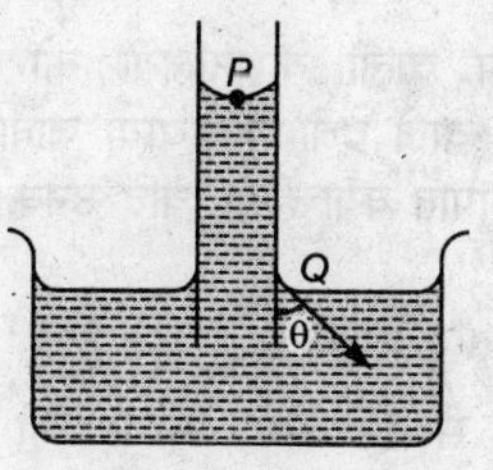

(a) $\frac{T}{r}\cos\theta$ (b) $\frac{T}{r\cos\theta}$ (c) $\frac{2T}{r\cos\theta}$ (d) $\frac{2T\cos\theta}{r}$

44. जल रोधक कारक है

(a) लकड़ी (b) मोम (c) ग्रेफाइट (d) ये सभी

45. साबुन, कपड़े साफ करने में सहायता करता है, क्योंकि

(a) यह घोल (solution) का पृष्ठ तनाव कम करता है

(b) यह घोल को शक्ति प्रदान करता है

(c) यह मैल को लीन (absorb) कर लेता है

(d) साबुन के रसायन अपरिवर्तित होते हैं

46. कोई द्रव, एक ठोस की सतह को गीला नहीं करेगा, यदि स्पर्श कोण है

(a) शून्य (b) न्यूनकोण

(c) अधिककोण (d) दीर्घकोण

47. जल सोखने वाले किसी पदार्थ के लिए स्पर्श कोण का मान बदलता है

(a) $\frac{\pi}{2}$ से अधिककोण तक

(b) अधिककोण से न्यूनकोण तक

(c) न्यूनकोण से $\frac{\pi}{2}$ तक

(d) न्यूनकोण से अधिककोण तक

48. केशनली में पारे का मेनिस्कस (meniscus) होता है

(a) अवतल (b) उत्तल (c) समतल (d) बेलनाकार

49. एक पतली नली में द्रव अधिक चढ़ने का कारण है

(a) त्रिज्या का अधिक होना

(b) तल तनाव का कम होना

(c) तल तनाव का अधिक होना

(d) त्रिज्या का कम होना

50. यदि भिन्न व्यास की दो केशनलियाँ, द्रव में ऊर्ध्वाधर डुबोई जाती हैं, तो द्रव स्तम्भ की ऊँचाई

(a) दोनों नली में समान होगा

(b) दीर्घ व्यास की नली में अधिक होगा

(c) कम व्यास की नली में कम होगा

(d) कम व्यास की नली में अधिक होगा

51. यदि किसी केशनली का व्यास दोगुना कर दिया जाए, तो केशनली में पानी की ऊँचाई होगी
(a) दोगुनी (b) आधी
(c) तीन गुनी (d) चार गुनी

52. एक खोखला गोला जिसमें r त्रिज्या का छेद है, उसे h गहराई तक डुबोने पर उसमें पानी नहीं भरता है, तो r का मान होगा
(a) $r = \frac{2T}{h\,dg}$ (b) $r = \frac{T}{h\,dg}$
(c) $r = \frac{Tg}{hd}$ (d) इनमें से कोई नहीं

53. दो समान व्यास वाली केशनलियों को क्रमश: 0.4 तथा 0.8 आपेक्षिक घनत्व वाले द्रवों में डुबोया जाता है। उनमें चढ़े द्रवों की ऊँचाइयों का अनुपात क्या होगा, यदि उनके पृष्ठ तनावों का अनुपात 6 : 5 हो?
(a) 12 : 5 (b) 5 : 12 (c) 4 : 8 (d) 8 : 4

54. पानी की सतह से 18 सेमी ऊँचाई की एक केशनली में पानी 16.3 सेमी की ऊँचाई तक चढ़ता है। यदि नली को 12 सेमी की ऊँचाई पर काट दिया जाए, तो
(a) नली से पानी, फुहारे के रूप में निकलेगा
(b) केशनली में पानी 12 सेमी की ऊँचाई पर रुक जाएगा
(c) केशनली में पानी की ऊँचाई 11.3 सेमी होगी
(d) केशनली के किनारे से पानी बाहर नहीं बहेगा

55. जब केशनली को पानी में खड़ा किया जाता है, तो नली में कुछ ऊँचाई तक पानी चढ़ता है। यदि प्रयोग एक अन्य द्रव के साथ करने पर यह पाया गया कि पानी की अपेक्षा यह द्रव, नली में अधिक ऊँचाई तक चढ़ता है। यह अन्तर होने का कारण है
(a) द्रव का घनत्व, पानी के घनत्व से कम है
(b) दूसरे द्रव में प्रयुक्त केशनली का व्यास अधिक है
(c) द्रव का ताप, पानी के ताप से कम है
(d) द्रव का पृष्ठ तनाव, पानी के पृष्ठ तनाव से अधिक है

56. एक केशनली में पानी 10 सेमी की ऊँचाई तक चढ़ता है तथा समान केशनली में पारा (mercury) 3.42 सेमी नीचे गिरता है। यदि पारे का घनत्व 13.6 तथा स्पर्श कोण 135° है, तो पानी व पारे के तल तनाव में अनुपात है
(a) 1 : 0.5 (b) 1 : 3
(c) 1 : 6.5 (d) 1.5 : 1

57. एक केशनली में पानी किसी ऊँचाई तक इस प्रकार चढ़ता है कि तल तनाव के कारण ऊपर की ओर लगने वाला बल, द्रव के भार के कारण 75×10^{-4} न्यूटन बल द्वारा सन्तुलित होता है। यदि पानी का तल तनाव 6×10^{-2} न्यूटन/मी है, तो केशनली की आन्तरिक परिधि होनी चाहिए
(a) 1.25×10^{-2} मी (b) 0.50×10^{-2} सेमी
(c) 6.5×10^{-2} मी (d) 12.5×10^{-2} सेमी

58. केशनली के साथ पृष्ठ तनाव के एक प्रयोग में पानी 0.1 मी ऊँचाई तक चढ़ता है। यदि समान प्रयोग की, पृथ्वी के परित: परिक्रमण कर रहे एक कृत्रिम उपग्रह में पुनरावृत्ति करें, तब केशनली में पानी की ऊँचाई होगी
(a) 0.1 मी (b) 0.2 सेमी
(c) 0.98 सेमी (d) केशनली की पूर्ण लम्बाई

59. एक केशनली को द्रव में ऊर्ध्व डुबाया जाता है। यदि द्रव सतह अर्द्धगोलाकार है, तब स्पर्श कोण होगा
(a) $\theta = 90°$ (b) $\theta = 0°$
(c) $2\theta < 90°$ (d) $\theta < 90°$ परन्तु शून्य नहीं

60. एक केशनली को पानी में l गहराई तक डुबाने पर इसमें पानी h ऊँचाई तक चढ़ता है। यदि केशनली के निचले सिरे को पानी के अन्दर बन्द कर केशनली को पानी से बाहर निकालकर बन्द सिरे को खोल दें, तब नली में पानी किस ऊँचाई तक रहेगा? यहाँ $l > h$
(a) शून्य (b) $l - h$ (c) $\frac{2}{h}$ (d) h

61. निम्नलिखित में से किस पदार्थ की केशनली में जल ऊपर चढ़ने के स्थान पर नीचे गिरेगा?
(a) काँच की (b) धातु की
(c) पैराफिन मोम की (d) इनमें से कोई नहीं

62. एक बर्तन, जिसकी तली (bottom) में 0.1 मिमी का गोल छिद्र हैं, को पानी द्वारा भरा गया है। बिना लीक हुए (without leakage), वह अधिकतम ऊँचाई, जहाँ तक पानी भरा जा सकता है, होगी (द्रव का पृष्ठ तनाव = 75×10^{-3} न्यूटन/मी, $g = 1000$ सेमी/से^{2})
(a) 100 मी (b) 75 मी (c) 50 सेमी (d) 30 सेमी

63. गिरती हुई वर्षा की बूँदें, वेग का सीमित मान प्राप्त करती हैं, इसका कारण है
(a) तल तनाव
(b) वायु द्वारा आरोपित ऊपर की ओर बल (thrust)
(c) वायु द्वारा आरोपित श्यान बल
(d) वायु धाराएँ (air currents)

64. ताप में वृद्धि होने पर, श्यानता
(a) गैसों की कम होती है तथा द्रवों की बढ़ती है
(b) गैसों की बढ़ती है तथा द्रवों की कम होती है
(c) गैस व द्रव, दोनों की बढ़ती है
(d) गैस व द्रव, दोनों की अपरिवर्तित रहती है

65. ताप में वृद्धि होने पर गैस का श्यानता गुणांक
(a) बढ़ता है
(b) कम होता है
(c) परिवर्तित नहीं होता
(d) ताप की श्रेणी के अनुसार कम या अधिक होता है

66. द्रव की श्यानता ज्ञात करने के लिए एक प्रयोग में केशनली में द्रव प्रवाह की दर में वृद्धि होती है
(a) यदि नली पर दाब में वृद्धि होती है
(b) यदि नली की लम्बाई में कमी होती है
(c) यदि नली की त्रिज्या में वृद्धि होती है
(d) उपरोक्त में से कोई नहीं

67. 0.3 मिमी त्रिज्या की वर्षा की एक बूँद का सीमान्त वेग 1 मी/से है। वायु की श्यानता 18×10^{-5} प्वॉइज है। इस पर कार्यरत् श्यान बल है
(a) 101.73×10^{-4} डाइन (b) 101.73×10^{-5} डाइन
(c) 16.95×10^{5} डाइन (d) 16.95×10^{4} डाइन

68. v चाल से गतिमान, एक गोल पिण्ड पर श्यान बल (viscous drag force), समानुपाती होता है
(a) $2\sqrt{v}$ (b) v (c) $\frac{1}{\sqrt{v}}$ (d) v^2

69. पानी की दो समान्तर परतों का सापेक्ष वेग 8.0 सेमी/से है तथा परतों के बीच की लम्बवत् दूरी 0.1 सेमी है। वेग प्रवणता होगी

(a) 60 प्रति सेकण्ड (b) 160 प्रति सेकण्ड
(c) 40 प्रति सेकण्ड (d) 80 प्रति सेकण्ड

70. दो छोटी गोलियाँ जिनकी त्रिज्याओं का अनुपात 1 : 2 है, किसी श्यान द्रव से होकर गिर रही हैं। उनकी सीमान्त चालों का अनुपात होगा

(a) 1 : 2 (b) 2 : 1
(c) 1 : 4 (d) 4 : 1

71. यदि एक ही नली से समान समय अन्तराल में, η_1 व η_2 श्यानता गुणांक के द्रवों के प्रवाहित आयतन क्रमश: V_1 व V_2 हैं, तब

(a) $\frac{\eta_1}{\eta_2}=\frac{V_2}{V_1}$ (b) $\frac{\eta_1}{\eta_2}=\frac{2V_1}{3V_2}$ (c) $\frac{\eta_1}{\eta_2}=\frac{V_1^2}{V_2^2}$ (d) $\frac{\eta_1}{\eta_2}=\frac{V_2^2}{V_1^2}$

72. श्यानता गुणांक η के श्यान द्रव के स्तम्भ में, गुरुत्वाकर्षण के प्रभाव में गिरती हुई, r त्रिज्या की स्टील की एक छोटी गेंद का सीमान्त वेग v_T, गेंद के द्रव्यमान m, गुरुत्वजनित त्वरण g, श्यानता गुणांक η एवं त्रिज्या r पर निर्भर करता है। निम्नलिखित में कौन-सा सम्बन्ध विमीय दृष्टि से सही है?

(a) $v_T \propto \frac{mgr}{2\eta}$ (b) $v_T \propto mg\eta r$
(c) $v_T \propto \frac{mg}{\eta r}$ (d) $v_T \propto \frac{\eta mg}{r}$

73. द्रव में मुक्त रूप से गिरते पिण्ड का सीमान्त वेग निर्भर करता है

(a) वस्तु के पदार्थ के घनत्व पर (b) द्रव के घनत्व पर
(c) (a) व (b) दोनों पर (d) इनमें से किसी पर नहीं

74. सीमान्त वेग की बूँद की त्रिज्या r व श्यानता η पर निर्भरता है

(a) $v \propto r\eta^2$ (b) $v \propto r^2\eta$ (c) $v \propto \frac{\eta}{r^2}$ (d) $v \propto \frac{r^2}{\eta}$

75. स्टोक्स का नियम है

(a) $F = 6\pi\eta rv$ (b) $F = 2\pi\eta RV$
(b) $F = 8\pi\eta r^2$ (d) $F = 6\pi\eta r^2 v$

76. जल की एक बूँद जिसकी त्रिज्या 0.0015 मिमी है, वायु में गिर रही है। यदि वायु का श्यानता गुणांक 1.8×10^{-5} किग्रा/मी-से हो, तो बूँद का सीमान्त वेग होगा (जल का घनत्व $= 1 \times 10^3$ किग्रा/मी^{3} तथा $g = 9.8$ न्यूटन/किग्रा, वायु का घनत्व नगण्य है, उसकी उपेक्षा की जा सकती है)

(a) 2.72×10^{-3} मी/से (b) 2.72×10^{-4} मी/से
(c) 2.72×10^{-2} मी/से (d) 2.72×10^{-5} मी/से

77. धारा रेखी प्रवाह में होता है

(a) केवल अनुदैर्ध्य वेग प्रवणता
(b) केवल वेग प्रवणता (radial gradient)
(c) अनुदैर्ध्य एवं त्रिज्य वेग प्रवणता
(d) न अनुदैर्ध्य और न ही त्रिज्या प्रवणता

78. एक टंकी में जल 20 मी की ऊँचाई पर है। इसकी तली में 1 सेमी^{2} परिच्छेद क्षेत्रफल का एक छिद्र है। इस छिद्र से जल के निकलने की दर होगी

(a) 10^{-2} मी^{3}/से (b) 2×10^{-3} मी^{3}/से
(c) 10^{-4} मी^{3}/से (d) 10^{-3} मी^{3}/से

79. d घनत्व एवं η श्यानता का एक द्रव औसत वेग v से प्रवाहित हो रहा है, जिसको r त्रिज्या के पाइप के अनुप्रस्थ क्षेत्र पर मापा गया है तब रेनॉल्ड संख्या (Reynold's number) होगी

(a) $R = \frac{2r\eta v}{d}$ (b) $R = \frac{rvd}{\eta^2}$
(c) $R = \frac{rvd}{\eta}$ (d) $R = \frac{2rvd}{\eta}$

80. किसी द्रव का क्रान्तिक वेग निर्भर होता है–

(a) रेनॉल्ड संख्या पर (b) श्यानता गुणांक पर
(c) द्रव के घनत्व पर (d) उपरोक्त सभी

81. बरनौली प्रमेय .... के संरक्षण पर आधारित है।

(a) रेखीय संवेग (b) कोणीय संवेग
(c) ऊर्जा (d) द्रव्यमान

82. दिये गये चित्र के अनुसार एक द्रव साइफन में प्रवाहित हो रहा है, प्रवाह की दर निर्भर करेगी

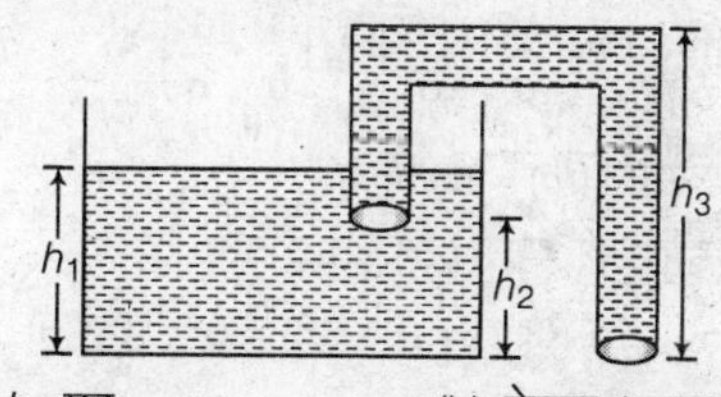

(a) केवल h_3 पर (b) केवल h_1 पर
(c) h_2 व h_3 पर (d) h_1 व h_2 पर

83. एक असमान परिच्छेद वाले क्षैतिज पाइप में जल बह रहा है। पाइप में जिस स्थान पर जल के बहने का वेग 0.4 मी/से है, वहाँ दाब 0.1 मी पारे के स्तम्भ के बराबर है। किसी अन्य स्थान पर जहाँ जल का वेग 0.5 मी/से है, दाब का मान होगा

(a) 0.0003376 मी (पारा)
(b) 1.0003376 मी (पारा)
(c) 2.0003376 मी (पारा)
(d) उपरोक्त में से कोई नहीं

84. 4 सेमी तथा 6 सेमी व्यास के जल के दो पाइप मुख्य धारा सप्लाई से जुड़े हैं। 4 सेमी व्यास वाले पाइप में जल के प्रवाह का वेग v है। 6 सेमी व्यास वाले पाइप में जल के प्रवाह का वेग होगा

(a) $\frac{4v}{9}$ (b) $\frac{3v}{9}$
(c) $\frac{4v}{3}$ (d) इनमें से कोई नहीं

85. एक नल से जल 1.0 मी/से की प्रारम्भिक चाल से ऊर्ध्वाधर नीचे की ओर गिरता है। नल का परिच्छेद क्षेत्रफल 10^{-4} मी^{2} है। यदि जल की सम्पूर्ण धार में दाब नियत रहता है तथा प्रवाह स्थायी है, तो नल से 0.15 मी नीचे धार का परिच्छेद क्षेत्रफल होगा ($g = 10$ मी/से^{2})

(a) 2×10^{-5} मी^{2} (b) 5×10^{-5} मी^{2}
(c) 1×10^{-5} मी^{2} (d) 3×10^{-5} मी^{2}

86. तरल प्रवाह के लिए बरनौली प्रमेय का एक अनुप्रयोग है

(a) वायुयान का गतिक उन्नयन (dynamic lift)
(b) श्यानता मापी
(c) केशकीय उन्नयन
(d) हाइड्रोलिक प्रेस

उत्तरमाला

1	(c)	2	(b)	3	(b)	4	(b)	5	(c)	6	(b)	7	(c)	8	(d)	9	(a)	10	(b)
11	(a)	12	(a)	13	(c)	14	(d)	15	(b)	16	(a)	17	(a)	18	(c)	19	(c)	20	(b)
21.	(b)	22.	(b)	23.	(b)	24.	(c)	25.	(a)	26.	(c)	27.	(d)	28.	(a)	29.	(d)	30.	(b)
31.	(a)	32.	(c)	33.	(b)	34.	(b)	35.	(c)	36.	(d)	37.	(c)	38.	(a)	39.	(c)	40.	(a)
41.	(a)	42.	(c)	43.	(d)	44.	(b)	45.	(a)	46.	(d)	47.	(d)	48.	(b)	49.	(d)	50.	(d)
51.	(b)	52.	(a)	53.	(a)	54.	(b)	55.	(d)	56.	(c)	57.	(d)	58.	(d)	59.	(b)	60.	(d)
61.	(c)	62.	(d)	63.	(c)	64.	(b)	65.	(a)	66.	(c)	67.	(a)	68.	(b)	69.	(d)	70.	(c)
71.	(a)	72.	(c)	73.	(c)	74.	(d)	75.	(a)	76.	(b)	77.	(a)	78.	(b)	79.	(d)	80.	(d)
81.	(a)	82.	(a)	83.	(a)	84.	(a)	85.	(b)	86.	(a)								

उत्तर व्याख्या सहित

1. बर्फ का आयतन $= \frac{M}{\rho}$, पानी का आयतन $= \frac{M}{\sigma}$

आयतन में परिवर्तन $= \frac{M}{\rho} - \frac{M}{\sigma} = M\left(\frac{1}{\rho} - \frac{1}{\sigma}\right)$

2. लड़की का द्रव्यमान $(m) = 50$ किग्रा

वृत्ताकार हील का व्यास $(2r) = 1.0$ सेमी

$\therefore$ त्रिज्या $(r) = 0.5$ सेमी $= 5 \times 10^{-3}$ मी

वृत्ताकार हील का क्षेत्रफल $(A) = \pi r^2 = 3.14 \times (5 \times 10^{-3})^2$ मी^{2}

$= 78.50 \times 10^{-6}$ मी^{2}

$\therefore$ दाब, $p = \frac{F}{A} = \frac{mg}{A}$

$= \frac{50 \times 9.8}{78.50 \times 10^{-6}}$

$= 6.24 \times 10^6$ पास्कल

3. बर्तन के आधार पर लगाया गया बल = दाब $\times$ आधार का क्षेत्रफल

$= h\rho g \times A = 0.4 \times 900 \times 10 \times 2 \times 10^{-3}$

$= 7.2$ न्यूटन

4. बल्क मॉड्यूलस $B = -V_0 \frac{\Delta p}{\Delta v}$

$\Rightarrow \quad \Delta V = -V_0 \frac{\Delta p}{B} \Rightarrow V = V_0\left(1 - \frac{\Delta p}{B}\right)$

$\therefore$ घनत्व, $\quad \rho = \rho_0\left(1 - \frac{\Delta p}{B}\right)^{-1} = \rho_0\left(1 + \frac{\Delta p}{B}\right)$

जहाँ, $\quad \Delta p = p - p_0 = h\rho_0 g$

समुद्र के तल तथा गहराई में दाब का अन्तर

$\therefore \quad \rho = \rho_0\left(1 + \frac{\rho_0 g y}{B}\right) \quad$ (चूँकि $h = y$)

5. वायुमण्डलीय दाब $(p) = 1.013 \times 10^5$ पास्कल

तार का घनत्व $(\rho) = 984$ किग्रा/मी^{3}

माना सामान्य वायुमण्डलीय दाब के लिए वाइन स्तम्भ की ऊँचाई h है

सामान्य वायुमण्डलीय दाब के लिए $(p) = h\rho g$

$\therefore \quad h = \frac{p}{\rho g} = \frac{1.013 \times 10^5}{984 \times 9.8} = 10.5$ मी

6. बर्फ पानी से हल्की होती है जब बर्फ पिघलती है तब उससे बने पानी का आयतन, बर्फ से कम होता है जिसके कारण पानी का स्तर गिर जाता है।

7. तली पर दाब, $p = (h_1 d_1 + h_2 d_2)g$

$= (250 \times 1 + 250 \times 0.85)\, g$

$= 250\,(1.85)\, g = 462.5$ ग्राम डाइन सेमी$^{-3}$

8. रस्सी पर खिचांव = प्रभावी भार

$= [1650 + (1500 \times 0.2) - 1500 \times 1.3]$ kgf

$= 1650 + 300 - 1950 = 0$

10. वस्तु का भार = डूबे हुए भाग द्वारा हटाए गए जल का भार

$VDg = vdg$ या $v/V = D/d$

11. दिया है, $6g = \frac{V}{3} \times 10^3 \times g$ ...(i)

तथा $\quad (6 + m)g = V \times 10^3 \times g$ ...(ii)

समी (ii) व (i) से,

या $\quad m = 18 - 6 = 12$ किग्रा

12. तली में आयतन, $V_1 = V$ तथा दाब $p_1 = (h + h_1)dg$

जहाँ h_1 पानी की गहराई है।

ऊपर जाने पर $V_2 = 8V \quad (\because V \propto r^3$ तथा $r_1 = 2\,r)$

तथा $\quad p_2 = hdg$

सूत्र के अनुसार, $p_1 V_1 = p_2 V_2$

$(h_1 + h)dgV = 8Vhdg$

$h + h_1 = 8h \Rightarrow h_1 = 8h - h$

$h_1 = 7h$

13. माना बर्फ के टुकड़े का आयतन V तथा घनत्व ρ है। यदि इस टुकड़े का तैरते समय पानी के अन्दर आयतन V_{in} है, तो

$V_{in}\sigma g = V\rho g$

$\Rightarrow \quad V_{in} = \left(\frac{\rho}{\sigma}\right) V$ (σ = पानी का घनत्व)

अथवा $\quad V_{out} = V - V_{in} = \left(\frac{\sigma - \rho}{\sigma}\right) V$

$\Rightarrow \quad \frac{V_{out}}{V} = \left(\frac{\sigma - \rho}{\sigma}\right) = \frac{1000 - 900}{1000} = \frac{1}{10}$

$\therefore \quad V_{out} = V$ का 10%

14. यदि दो भिन्न-भिन्न घनत्व की वस्तुएँ A तथा B समान द्रव में तैर रही हैं, तो

$$\frac{\rho_A}{\rho_B} = \frac{(f_{\text{in}})_A}{(f_{\text{in}})_B} = \frac{1/2}{2/3} = \frac{3}{4}$$

15. द्रव में टुकड़े का आभासी भार $= V(\rho - \sigma) g$

$$= \frac{M}{\rho}(\rho - \sigma) g = M\left(1 - \frac{\sigma}{\rho}\right) g$$

$$= 2.1\left(1 - \frac{0.8}{10.5}\right) g = 1.94\, g \text{ न्यूटन}$$

$= 1.94$ किग्रा भार

27. किया गया कार्य $= 4\pi[(4 \times 10^{-2})^2 - (2 \times 10^{-2})^2][30 \times 10^{-3}]$

$= 4.521 \times 10^{-4}$ जूल

28. $$W = 4\pi R^2[n^{1/3} - 1]T$$

$$= 4 \times \frac{22}{7} \times (1 \times 10^{-2})^2 \times [(10^6)^{1/3} - 1](35 \times 10^{-2})$$

$$= 4 \times 22 \times 5 \times 10^{-6}[99]$$

$= 4.35 \times 10^{-2}$ जूल

29. यहाँ अर्द्धवृत्त पर बल की कल्पना करनी है। अतः बन्द फिल्म की पृष्ठ ऊर्जा = पृष्ठ तनाव × अर्द्धवृत्त में धागे की लम्बाई

$\therefore \quad T \times \pi R^2 = F \times \pi R \Rightarrow F = TR$

30. किया गया कार्य = (पृष्ठ क्षेत्र में परिवर्तन) ε पृष्ठ तनाव

$$= [2 \times 4 \times \pi \times (2 \times 10^{-2})^2] \times 1.9 \times 10^{-2}$$

$= 15.2 \times 10^{-6}\pi$ जूल

32. किया गया कार्य = (क्षेत्रफल में परिवर्तन) × पृष्ठ तनाव

$$= (4\pi r^2 n - 4\pi R^2)T$$

$$= [4\pi\left\{\frac{R^2}{(8)^{2/3}}\right\} \times 8 - 4\pi R^2]T$$

$$= 4\pi R^2 T\left[\frac{8}{4} - 1\right] = 4\pi R^2 T[2 - 1]$$

$$= 4\pi R^2 T$$

33. क्षेत्रफल में परिवर्तन $dA = 4\pi(nr^2 - R^2)$

$\therefore$ उत्पन्न ऊर्जा $(\Delta E) = TdA = 4\pi T(nr^2 - R^2)$

परन्तु $\quad nr^3 = R^3 = n = \dfrac{R^3}{r^3}$

$$\therefore \quad \Delta E = 4\pi T\left(\frac{R^3}{r^3} r^2 - R^2\right)$$

$$= 4\pi T R^3\left(\frac{1}{r} - \frac{1}{R}\right)$$

प्रश्नानुसार, $\quad \Delta E = \dfrac{1}{2} mv^2$

$$\therefore \quad 4\pi T R^3\left(\frac{1}{r} - \frac{1}{R}\right) = \frac{1}{2} \times \frac{4}{3}\pi R^3 d v^2$$

$$v = \sqrt{\frac{6T}{d}\left(\frac{1}{r} - \frac{1}{R}\right)}$$

35. $p \propto \left(\dfrac{1}{r}\right)$ यहाँ $\dfrac{p_1}{p_2} = 3 = \left(\dfrac{r_2}{r_2}\right)$

$$\therefore \quad \frac{V_1}{V_2} = \left(\frac{r_1}{3r_1}\right)^3 = \frac{1}{27}$$

$\Rightarrow \quad V_1 : V_2 = 1 : 27$

37. दोनों बुलबुले निर्वात् में जुड़ते हैं। अतः ताप में कोई परिवर्तन नहीं होता। अतः पृष्ठ ऊर्जा परिवर्तित नहीं होती। इसका तात्पर्य है कि पृष्ठ क्षेत्र अपरिवर्तित रहता है। अतः

$$4\pi r_1^2 + 4\pi r_2^2 = 4\pi R^2$$

$$\Rightarrow \quad R = (r_1^2 + r_2^2)^{1/2} = \sqrt{(r_1^2 + r_2^2)}$$

38. दाब आधिक्य $= \dfrac{4T}{r} \propto \dfrac{1}{r}$

$$p_1 \propto \frac{1}{2r} \text{ तथा } p_2 \propto \frac{1}{r}$$

$$\frac{p_1}{p_2} = \frac{1}{2}$$

$\Rightarrow \quad p_1 : p_2 = 1 : 2$

40. दाब आधिक्य $= \dfrac{4T}{r} = \dfrac{4 \times 1.6}{2.5 \times 10^{-3}} = 2560$ न्यूटन/मी^{2}

42. समतापी अवस्था में $pV = p_1V_1 + p_2V_2$

$$\left(p + \frac{4T}{r}\right)\left(\frac{4}{3}\pi r^3\right) = \left(p + \frac{4T}{r_1}\right)\left(\frac{4}{3}\pi r_1^3\right) + \left(p + \frac{4T}{r_2}\right)\left(\frac{4}{3}\pi r_2^3\right)$$

या $\quad p\left[\dfrac{4}{3}\pi r^3 - \left\{\dfrac{4}{3}\pi r_1^3 + \dfrac{4}{3}\pi r_2^3\right\}\right] + \dfrac{4T}{3}[4\pi r^2 - \{4\pi r_1^2 + 4\pi r_2^2\}] = 0$

या $\quad pV + \dfrac{4T}{3}S = 0$ और $3pV + 4TS = 0$

43. द्रव सतह की वक्रता त्रिज्या $R = \left(\dfrac{r}{\cos\theta}\right)$

द्रव सतह के बीच दाब में अन्तर $= \dfrac{2T}{R}$

$\therefore \quad$ दाब में अन्तर $= \dfrac{2T\cos\theta}{r}$

53. $\because \quad T \propto hd$

$\therefore \quad T_1 \propto h_1 d_1 \quad$ ...(i)

तथा $\quad T_2 \propto h_2 d_2 \quad$ ...(ii)

समी (i) में (ii) का भाग देने पर,

$$\frac{T_1}{T_2} = \frac{h_1 d_1}{h_2 d_2} \quad \text{...(iii)}$$

प्रश्नानुसार, $\quad \dfrac{T_1}{T_2} = \dfrac{6}{5}$

तथा $\quad \dfrac{d_1}{d_2} = \dfrac{0.4}{0.8} = \dfrac{4}{8} = \dfrac{1}{2} \quad$ ...(iv)

समी (iii) व (iv) से, $\quad \dfrac{6}{5} = \dfrac{h_1}{h_2} \times \dfrac{1}{2}$

या $\quad \dfrac{h_1}{h_2} = \dfrac{12}{5}$

या $\quad h_1 : h_2 = 12 : 5$

56. $T = \dfrac{\rho r g h}{2\cos\theta}$

पानी के लिए, $T_1 = \dfrac{rg \times 10}{2\cos\theta} = 5rg$

पारे के लिए, $T_2 = \dfrac{rg \times 3.42 \times 13.6}{2\cos 135^\circ} = 6.5 \times 5rg$

$$\frac{T_1}{T_2} = \frac{1}{6.5}$$

$\Rightarrow \quad T_1 : T_2 = 1 : 6.5$

60. केशिकात्व के कारण पानी h ऊँचाई तक रहेगा।

61. मोमयुक्त केशनली में स्पर्शकोण 90° से अधिक होता है। इसलिए केशनली में जल नीचे गिरेगा।

69. वेग प्रवणता $= \dfrac{\Delta v_x}{\Delta z}$ ...(i)

जहाँ, Δv_x परतों के बीच सापेक्ष वेग है तथा Δz परतों के बीच की दूरी है।

समी (i) में दिये मान रखने पर,

वेग प्रवणता $= \dfrac{8}{0.1} = 80$ प्रति सेकण्ड

72. स्टोक्स के नियम के अनुसार

$$6\pi\eta r v_T = mg$$

$$\therefore \quad v_T \propto \frac{mg}{r\eta}$$

76. $v = \dfrac{2}{9} \times \dfrac{r^2(\rho - \sigma)g}{\eta}$

$$\therefore \quad v = \frac{2}{9} \times \frac{(1.5 \times 10^{-6})^2 \times (1 \times 10^3) \times 9.8}{1.8 \times 10^{-5}}$$

$= 2.72 \times 10^{-4}$ मी/से

78. पानी के बाहर निकलने का वेग

$v = \sqrt{2gh} = \sqrt{2 \times 10 \times 20} = 20$ मी/से

पानी के बाहर निकलने की दर $V = Av = 1 \times 10^{-4} \times 20$

$= 2 \times 10^{-3}$ मी³/से

83. सूत्र $p_1 - p_2 = \dfrac{1}{2}\rho\,(v_2^2 - v_1^2)$ ...(i)

दिये गये मान समी (i) में रखने पर,

$p_1 - p_2 = \dfrac{1}{2} \times 1 \times 10^3\,(0.5^2 - 0.4^2)$

$= 0.045 \times 10^3$ न्यूटन/मी²

$$= \frac{0.045 \times 10^3}{13.6 \times 10^3 \times 9.8}$$

$= 0.0003376$ मी (पारा)

84. $A_1v_1 = A_2v_2$

$$\therefore \quad \frac{v_1}{v_2} = \left(\frac{A_2}{A_1}\right) = \left(\frac{r_2}{r_1}\right)^2$$

$$\Rightarrow \quad \frac{v_1}{v_2} = \left(\frac{d_2}{d_1}\right)^2 = \left(\frac{6}{4}\right)^2$$

$$\therefore \quad \frac{v_1}{v_2} = \frac{9}{4}$$

$$\Rightarrow \quad v_2 = \frac{4}{9}v_1 = \frac{4}{9}v$$

85. बरनौली की प्रमेय के द्वारा,

$$p + \rho g h_1 + \frac{1}{2}\rho v_1^2 = p + \rho g h_2 + \frac{1}{2}\rho v_2^2$$

दिया है, $h_1 = 0, h_2 = -0.15$ मी,

$v_1 = 1$ मी/से तथा $g = 10$ मी/से²

$$\therefore \quad \frac{1}{2}\rho \times 1^2 = \rho \times 10 \times (-0.15) + \frac{1}{2}\rho v_2^2$$

$$\Rightarrow \quad \frac{1}{2} = -1.5 + \frac{1}{2}v_2^2$$

$$\Rightarrow \quad 1 = -3 + v_2^2$$

$$\Rightarrow \quad v_2^2 = 4$$

$\therefore \quad v_2 = 2$ मी/से

पुनः $A_1v_1 = A_2v_2$

$10^{-4} \times (1) = A_2(2)$

$\Rightarrow \quad A_2 = \dfrac{10^{-4}}{2} = 5 \times 10^{-5}$ मी²

अध्याय 12

तापीय प्रसार एवं ऊष्मा का संचरण

Thermal Expansion and Transmission of Heat

ताप (Temperature)

ताप किसी वस्तु का वह गुण है, जो बताता है कि दी गयी वस्तु किसी अन्य वस्तु के सापेक्ष तापीय साम्य (thermal equilibrium) में है या नहीं।

ताप एक मूल राशि है, जिसका SI मात्रक केल्विन (K) है, यह एक अदिश राशि है।

ताप के पैमाने (Temperature Scales)

ताप के मापन के लिए निम्नलिखित पैमानों का उपयोग किया जाता हैं

क्र.सं.	पैमाने का नाम	निम्न बिन्दु	उच्च बिन्दु	खानों की संख्या
1.	सेल्सियस पैमाना (Celsius or centigrade scale)	0°C	100°C	100
2.	फारेनहाइट पैमाना (Fahrenheit scale)	32F	212F	180
3.	रियूमर पैमाना (Reaumur scale)	0R	80R	80
4.	केल्विन पैमाना (Kelvin scale)	273K	373K	100
5.	रैन्किन पैमाना (Rankin scale)	492Ra	672Ra	180

ताप के उपरोक्त पाँचों पैमानों में निम्न सम्बन्ध होता है

$$\frac{C}{100}=\frac{F-32}{180}=\frac{K-273}{100}=\frac{R}{80}=\frac{Ra-492}{180}$$

विभिन्न तापमापी (Different Thermometers)

तापमापी ऐसा उपकरण है, जो किसी वस्तु के तापक्रम को नापता है। चूँकि यह वस्तु से कुछ ऊष्मा का अवशोषण करता है, इसलिए मापे गये तापक्रम का मान वस्तु के वास्तविक तापक्रम से कम हो सकता है, बशर्ते वस्तु नियत तापक्रम पर न हो।

तापमापी के कुछ प्रकार निम्नलिखित हैं

(i) द्रव (पारा) तापमापी (Mercury Thermometer)

(ii) गैस तापमापी (Gas Thermometer)

(iii) प्रतिरोध तापमापी (Resistance Thermometer)

(iv) ताप वैद्युत तापमापी (Thermo Electric Thermometer)

ऊष्मीय प्रसार (Thermal Expansion)

जब किसी पदार्थ को गर्म किया जाता है, तो उसका ताप बढ़ने से पदार्थ के अनेक भौतिक गुण बदल जाते हैं। इनमें से एक प्रभाव पदार्थ के आकार (size) में वृद्धि है। इसी को पदार्थ का ऊष्मीय प्रसार कहते हैं। यह तीन प्रकार का होता है

(i) ठोसों का प्रसार (Expansion of Solids)

प्राय: सभी ठोस गर्म करने पर फैलते हैं, ठोस के इस प्रसार को ही ठोसों का ऊष्मीय प्रसार कहते हैं। यह तीन प्रकार का होता है

रेखीय प्रसार (Linear Expansion)

जब किसी ठोस का प्रसार एक रेखा के अनुदिश होता है, जैसे लम्बी छड़ को गर्म करने पर, तो इस प्रकार के प्रसार को रेखीय प्रसार कहते हैं।

एकांक लम्बाई की छड़ के ताप में 1°C वृद्धि करने पर लम्बाई में हुई वृद्धि, छड़ के पदार्थ के रेखीय प्रसार गुणांक (α) के बराबर होती है।

$$\alpha=\frac{\Delta L}{L\times\Delta t}$$

जहाँ, ΔL = लम्बाई में वृद्धि, L = प्रारम्भिक लम्बाई तथा Δt = ताप वृद्धि। इसका मात्रक प्रति °C है।

क्षेत्रीय प्रसार (Superficial Expansion)

जब किसी आयताकार पटल को गर्म किया जाता है तो उसकी लम्बाई व चौड़ाई दोनों में वृद्धि होती है, अर्थात् पटल के क्षेत्रफल में वृद्धि हो जाती है। इस प्रकार के प्रसार को क्षेत्रीय प्रसार कहते हैं।

एकांक क्षेत्रफल वाले पटल के ताप में 1°C की वृद्धि करने पर क्षेत्रफल में हुई वृद्धि पटल के पदार्थ के क्षेत्रीय प्रसार गुणांक (β) के बराबर होती है।

$$\beta = \frac{\Delta A}{A \times \Delta t}$$

जहाँ, ΔA = क्षेत्रफल में वृद्धि, A = प्रारम्भिक क्षेत्रफल, Δt = ताप वृद्धि

इसका मात्रक प्रति °C है।

आयतन प्रसार (Volume Expansion)

जब किसी आयताकार ब्लॉक को गर्म किया जाता है, तो उसकी लम्बाई, चौड़ाई व ऊँचाई तीनों में वृद्धि होती है, अर्थात् ब्लॉक के आयतन में वृद्धि हो जाती है, इस प्रकार के प्रसार को आयतन प्रसार कहते हैं।

एकांक आयतन वाले ब्लॉक के ताप में 1°C की वृद्धि करने पर आयतन में हुई वृद्धि, ब्लॉक के पदार्थ के आयतन प्रसार गुणांक (γ) के बराबर होती है।

$$\gamma = \frac{\Delta V}{V \times \Delta t}$$

जहाँ, ΔV = आयतन में वृद्धि, V = प्रारम्भिक आयतन,

Δt = ताप वृद्धि।

α, β व γ में निम्न सम्बन्ध होता है

$$\alpha : \beta : \gamma = 1 : 2 : 3$$

(ii) द्रवों का प्रसार (Expansion of Liquids)

द्रवों का कोई आकार नहीं होता है, इनका केवल आयतन होता है। अत: द्रवों में केवल आयतन प्रसार होता है। जब किसी द्रव को गर्म किया जाता है, तो पहले बर्तन का प्रसार होता है, फिर द्रव का।

इस आधार पर द्रवों का प्रसार दो प्रकार का होता है

आभासी प्रसार (Apparent Expansion)

बर्तन के सापेक्ष द्रव के प्रसार को आभासी प्रसार कहते हैं।

आभासी प्रसार गुणांक

$$\gamma_a = \frac{\text{आयतन में आभासी वृद्धि } (\Delta V_a)}{\text{प्रारम्भिक आयतन } (V) \times \text{ ताप वृद्धि } (\Delta t)}$$

वास्तविक प्रसार (Real Expansion)

द्रवों का वह प्रसार जो बर्तन के प्रसार पर निर्भर नही करता, वास्तविक प्रसार कहलाता है।

वास्तविक प्रसार गुणांक

$$\gamma_r = \frac{\text{आयतन में आभासी वृद्धि } (\Delta V_r)}{\text{प्रारम्भिक आयतन } (V) \times \text{ ताप वृद्धि } (\Delta t)}$$

अत: वास्तविक प्रसार = आभासी प्रसार + बर्तन का प्रसार

या $$\gamma_r = \gamma_a + \gamma_g$$

जहाँ, γ_g = बर्तन के पदार्थ का आयतन प्रसार गुणांक।

(iii) गैसों का प्रसार (Expansion of Gases)

ताप बढ़ने पर गैसें, ठोसों तथा द्रवों की अपेक्षा बहुत अधिक फैलती हैं। समान तापान्तर पर विभिन्न गैसों के आयतन प्रसार समान होते हैं।

गैसों में दो प्रसार गुणांक होते हैं

आयतन प्रसार गुणांक (Volume Expansion Coefficient)

सभी गैसों का समान 'आयतन प्रसार गुणांक' γ_V, आयतन के साथ निम्न सम्बन्ध के अनुसार बदलता है

$$V = V_0 \,(1 + \gamma_V T)$$

दाब प्रसार गुणांक (Pressure Expansion Coefficient)

गैस का 'दाब प्रसार गुणांक' γ_p, दाब के साथ निम्न सम्बन्ध के अनुसार बदलता है

$$p = p_0 \,(1 + \gamma_p T)$$

आदर्श गैस (ideal gas) के लिए

$$\gamma_V = \gamma_p = \frac{1}{273} /°\text{C}$$

ऊष्मा (Heat)

"विभिन्न वस्तुओं के बीच उनके ताप में अन्तर के कारण, आदान-प्रदान होने वाली ऊर्जा का रूप ऊष्मा कहलाता है।"

किसी वस्तु के ताप में $\Delta\theta$ वृद्धि के लिए आवश्यक ऊष्मा

$$Q = mc\,\Delta\theta$$

जहाँ m वस्तु का द्रव्यमान तथा c वस्तु के पदार्थ की विशिष्ट ऊष्मा है। ऊष्मा एक अदिश राशि है। इसका SI मात्रक जूल है।

विशिष्ट ऊष्मा (Specific Heat)

ऊष्मा की वह मात्रा, जो किसी पदार्थ के एकांक द्रव्यमान के ताप में एकांक वृद्धि के लिए आवश्यक होती है, उस पदार्थ की विशिष्ट ऊष्मा कहलाती है।

जब किसी वस्तु को ऊष्मा दी जाती है तो इसके ताप में वृद्धि होती है। किसी वस्तु के इकाई द्रव्यमान का ताप 1°C (या केल्विन) बढ़ाने के लिए आवश्यक ऊष्मा को वस्तु की ग्राम विशिष्ट ऊष्मा कहा जाता है।

यदि Q परिमाण की ऊष्मा m द्रव्यमान की वस्तु का ताप $\Delta\theta$ बढ़ाती है, तो विशिष्ट ऊष्मा $s = \frac{Q}{m\Delta\theta}$

(i) इकाई कैलोरी /ग्राम × °C (व्यवहारिक), जूल/किग्रा × केल्विन (SI) विमा $(L^2T^{-2}\theta^{-1})$

(ii) अल्प तापक्रम परिवर्तन $d\theta$ के लिये विशिष्ट ऊष्मा $s = \frac{1}{m} \cdot \frac{dQ}{d\theta}$

कैलोरीमिति (Calorimetry)

कैलोरीमिति का अर्थ है ऊष्मा का मापन। जब एक पिण्ड, जो उच्च ताप पर है, को दूसरे पिण्ड, जो निम्न ताप पर है, सम्पर्क में लाते हैं, तो गर्म पिण्ड द्वारा दी गई ऊष्मा ठण्डे पिण्ड द्वारा ली गई ऊष्मा के बराबर होती है तथा इसके चारों ओर के वातावरण में कोई ऊष्मा नहीं जाती है। एक युक्ति जो ऊष्मा को माप सकती है कैलोरीमीटर कहलाती है।

1 कैलोरी ऊष्मा की वह मात्रा है जो 1 ग्राम जल का ताप 1°C बढ़ा देती है।

ऊष्माधारिता (Heat Capacity)

किसी पिण्ड का ताप में 1°C की वृद्धि करने के लिए आवश्यक ऊष्मा को पिण्ड की ऊष्मा धारिता कहते हैं।

ऊष्मा धारिता $= m \times s$ (द्रव्यमान × विशिष्ट ऊष्मा)

अवस्था परिवर्तन एवं गुप्त ऊष्मा
(Phase Change and Latent Heat)

अवस्था परिवर्तन (Phase Change)

द्रव्य की विशिष्ट अवस्था जैसे-ठोस, द्रव या गैस को व्यक्त करने के लिये, हम अवस्था को परिभाषित करते हैं। एक अवस्था से दूसरी अवस्था में जाना अवस्था परिवर्तन कहलाता है।

गुप्त ऊष्मा (Latent Heat)

नियत ताप पर किसी पदार्थ की अवस्था परिवर्तन के लिए आवश्यक ऊष्मा को उस पदार्थ की गुप्त ऊष्मा कहते हैं। इसे कैलोरी/ग्राम या किलोकैलोरी/किग्रा के पदों में मापते हैं। यदि पदार्थ का द्रव्यगान m है तब $Q = mL$ जहाँ L गुप्त ऊष्मा है।

गुप्त ऊष्मा मुख्यत: दो प्रकार की होती हैं—

गलन की गुप्त ऊष्मा (Latent Heat of Fusion)

किसी ठोस के एकांक द्रव्यमान को उसके गलनांक पर द्रव में परिवर्तित करने के लिए आवश्यक ऊष्मा की मात्रा को उस पदार्थ की गलन की गुप्त ऊष्मा कहते हैं। बर्फ के लिए गलन की गुप्त ऊष्मा 80 कैलोरी/ग्राम है।

वाष्पन की गुप्त ऊष्मा (Latent Heat of Vaporisation)

किसी द्रव के एकांक द्रव्यमान को उसके क्वथनांक पर वाष्प में परिवर्तित करने के लिए आवश्यक ऊष्मा की मात्रा को उस पदार्थ की वाष्पन की गुप्त ऊष्मा कहते हैं। जल के लिए वाष्पन की गुप्त ऊष्मा 540 कैलोरी/ग्राम है।

ऊष्मा का संचरण (Transmission of Heat)

ऊष्मा का एक स्थान से दूसरे स्थान को स्थानान्तरण तीन सम्भव विधियों से किया जा सकता है, चालन (conduction), संवहन (convection) तथा विकिरण (radiation)। पहली दो विधियों में ऊष्मा स्थानान्तरण के लिए माध्यम की आवश्यकता होती है। विकिरण विधि के लिए किसी माध्यम की आवश्यकता का कोई प्रतिबन्ध नहीं है। यह ऊष्मा स्थानान्तरण की सबसे तीव्र विधा (mode) है, जिसमें ऊष्मा एक स्थान से दूसरे स्थान को विद्युतचुम्बकीय विकिरण के रूप में स्थानान्तरित होती है।

चालन (Conduction)

वस्तु के विभिन्न भागों में तापान्तर के कारण, वस्तु के ऊँचे ताप वाले कण अपेक्षाकृत कम ताप वाले कणों को परस्पर सम्पर्क से ऊष्मा देते हैं। अत: ऊष्मा के संचरण की इस प्रक्रिया को, जिसमें वस्तु के कण अपने स्थान से नहीं हटते, **चालन** कहते हैं।

चालन विधि द्वारा ऊष्मा का संचरण मुख्यत: ठोसों में होता है परन्तु जब द्रव या गैस को ऊपर से गर्म करते हैं तो उनमें ऊष्मा का संचरण ऊपर से नीचे की ओर चालन विधि द्वारा होता है।

ऊष्मा चालकता (Thermal Conductivity)

ठोसों में ऊष्मा का संचरण चालन द्वारा होता है। हम एक ठोस छड़ में ऊष्मा संचरण का अध्ययन करेंगे

(i) छड़ के पृष्ठ क्षेत्रफल A में t समय में प्रवाहित ऊष्मा
$$\frac{\Delta Q}{\Delta t} = -KA\frac{\Delta\theta}{\Delta x}$$
यहाँ $K =$ ऊष्मा चालकता है
$\frac{\Delta\theta}{\Delta x} =$ छड़ के पृष्ठों के बीच ताप प्रवणता है,
उपरोक्त सम्बन्ध में ऋणात्मक चिन्ह $\frac{\Delta Q}{\Delta t}$ को धनात्मक बनाने के लिए प्रयोग किया गया है क्योंकि यह ऋणात्मक होता है।

(ii) ऊष्मीय तथा वैद्युत चालकताओं का अनुपात एक विशेष तापमान पर धातुओं के लिए समान होता है तथा यह धातु के परमताप के बराबर होता है। यदि T परम ताप है, तब $\frac{K}{\sigma} \propto T$ या $\frac{K}{\sigma T} =$ नियतांक

(iii) माना दो छड़ों की ऊष्मा चालकतायें क्रमश: K_1, K_2, लम्बाइयाँ l_1, l_2 तथा अनुप्रस्थ परिच्छेद का क्षेत्रफल A है। श्रेणी क्रम में जोड़ा गया है।

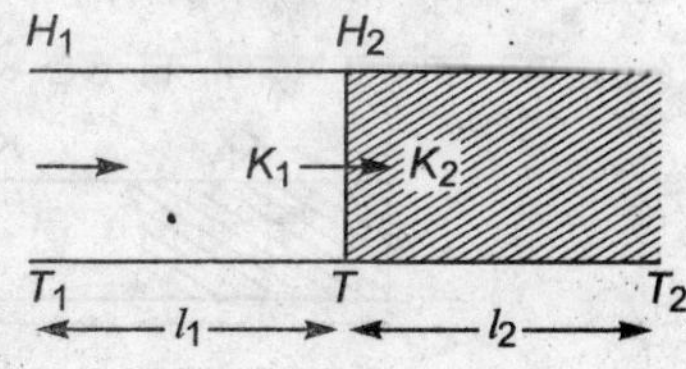

ऊष्मा चालन की स्थायी अवस्था में छड़ों के दोनों खुले सिरों के ताप T_1 व T_2 हैं तथा सन्धि का ताप T है तब
$$T = \frac{K_1T_1l_2 + K_2T_2l_1}{K_1l_2 + K_2l_1}$$

(iv) **तापमापीय चालकता** या **विसरणशीलता** समय के सापेक्ष ताप परिवर्तन की दर की माप जबकि पिण्ड परिवर्ती अवस्था में हो तापमापीय चालकता या विसरणशीलता कहलाती है।

विसरणशीलता, ऊष्माचालकता गुणांक व प्रति एकांक आयतन ऊष्माधारिता के अनुपात के रूप में परिभाषित की जाती है।

प्रति एकांक आयतन ऊष्माधारिता $= \frac{mc}{V} = \rho c$

(ρ पदार्थ का घनत्व) $\Rightarrow$ विसरणशीलता $(D) = \frac{K}{\rho c}$ इकाई $\frac{m^2}{s}$

तथा विमा (L^2T^{-1})

(v) किसी चालक छड़ द्वारा ऊष्मा प्रवाह के मार्ग में लगाए गए अवरोध को छड़ के पदार्थ का ऊष्मीय प्रतिरोध कहते हैं। यह छड़ के सिरों के तापान्तर व उसमें प्रवाहित ऊष्मीय धारा के अनुपात के बराबर है।
$$R = \frac{\text{तापान्तर } (\Delta T)}{\text{ऊष्मीय धारा} (H)} = \frac{\Delta T}{H} = \frac{l}{KA}$$
जहाँ l छड़ की लम्बाई है, A क्षेत्रफल तथा ΔT उसके सिरों का तापान्तर है

यदि विभिन्न छड़ों को श्रेणी क्रम में जोड़ा जाता है तब इनमें प्रति सेकण्ड प्रवाहित ऊष्मा समान होती है

अत: $H_1 = H_2 = H_2 = \ldots \quad \therefore \quad R_s = R_1 + R_2 + R_3 + \ldots$

यदि विभिन्न छड़ें समान्तर क्रम में जुड़ी होती हैं तब इनमें तापान्तर समान होता है।

(vi) **ऊष्मीय धारा** (Heat current)

$$H = \frac{dQ}{dt} = \frac{\Delta T}{R} \qquad \left(\text{जहाँ } R = \frac{l}{kA}\right)$$

प्रतिरोध से प्रवाहित धारा, $i = \frac{dq}{dt} = \frac{\Delta V}{R} \qquad \left(\text{जहाँ } R = \frac{l}{\sigma A}\right)$

चालक छड़ से प्रवाहित ऊष्मा	प्रतिरोध से प्रवाहित धारा
ऊष्मीय धारा $H = \frac{dQ}{dt}$	वैद्युत धारा $i = \frac{dq}{dt}$
= ऊष्मीय प्रवाह की दर	= आवेश प्रवाह की दर
$H = \frac{\Delta T}{R} = \frac{TD}{R}$	$I = \frac{\Delta V}{Q} = \frac{PD}{R}$
$R = \frac{l}{KA}$	σ = वैद्युत चालकता
K = ऊष्मा चालकता	

उपरोक्त सारणी से यह स्पष्ट है कि छड़ों के समान्तर व श्रेणी क्रम में ऊष्मा चालन प्रतिरोधों में धारा प्रवाह के समान होता है। यह समरूपता ऊष्मा चालन की जटिल समस्याओं को हल करने के लिए महत्त्वपूर्ण हैं।

(vii) यदि विभिन्न पदार्थों की छड़ें श्रेणी क्रम में जुड़ी हैं

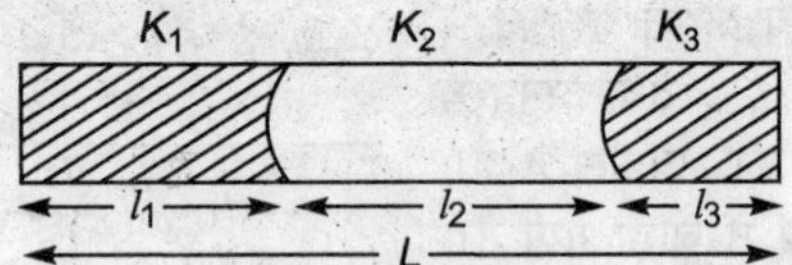

तब तुल्य चालकता, $\frac{l_1 + l_2 + l_3}{K_s} = \frac{l_1}{K_1} + \frac{l_2}{K_2} + \frac{l_3}{K_3}$

यदि छड़ों की लम्बाइयाँ बराबर हैं, तब

$$\frac{1}{K_g} = \frac{\frac{1}{K_1} + \frac{1}{K_2} + \frac{1}{K_3}}{3}$$

(viii) विभिन्न पदार्थों प्लेटों (स्लैब) को समान्तर क्रम में जोड़ने पर तुल्य चालकता

$$K_p = \frac{K_1A_1 + K_2A_2 + K_{3}A_{3}}{A_1 + A_2 + A_3}$$

यदि प्लेटों (स्लैबों) का क्षेत्रफल समान है, तब

$$K_p = \frac{K_1 + K_2 + K_3}{3}$$

संवहन (Convection)

ऊष्मा संचालन की वह विधि जिसमें ऊष्मा द्रव्य कणों की गति द्वारा स्थानान्तरित होती है, संवहन कहलाती है। यह दो प्रकार की होती है

(i) प्राकृतिक संवहन (Natural Convection)

यह दो स्थानों पर घनत्व के अन्तर के कारण तथा गुरुत्व (gravity) के परिणामस्वरूप होता है क्योंकि गुरुत्व के कारण गर्म हल्के कण ऊपर उठते हैं तथा ठण्डे भारी कण उनका स्थान लेने के लिए नीचे की ओर गति करते हैं।

यह प्रक्रिया तब तक चलती रहती है तब तक कि सम्पूर्ण पदार्थ एक ही ताप पर नहीं आ जाता।

पात्र में जल को गर्म करते समय उसे तली पर गर्म किया जाता है। उस कारण घनत्व कम हो जाता है तथा वह तल से ऊपर उठता है और ठण्डे पानी के लिए जगह छोड़ देता है। अत: इस प्रक्रिया में पदार्थ घनत्व में अन्तर के कारण गति करता है। जिसे मुक्त संवहन कहते हैं।

(ii) अधिकृत या प्रणोदित संवहन (Forced Convection)

जब एक तरल (fluid) को गर्म वस्तु से ऊष्मा लेने के लिए बाध्य किया जाता है तब संवहन प्रक्रिया अधिकृत संवहन कहलाती है। इस स्थिति में न्यूटन का शीतलन का नियम लागू होता है जिसके अनुसार गर्म वस्तु द्वारा ऊष्मा-हानि की दर, वस्तु के पृष्ठ क्षेत्रफल तथा वस्तु व उसको घेरने वाले तरल (परिवेश) के बीच तापान्तर के समानुपाती होती है। अर्थात्

$$H \propto A(T - T_0)$$
$$H = -h\,A(T - T_0)$$

यहाँ h = अनुक्रमानुपाती नियतांक या संवहन गुणांक

T = वस्तु का ताप

T_0 = परिवेश का ताप

पुन: $H = \frac{dQ}{dt} = -h\,A\,(T - T_0)$

$\Rightarrow \quad \frac{dT}{dt} = \frac{-h\,A}{mc}(T - T_0) \qquad (\because dQ = mcdT)$

संवहन गुणांक (h) का मान तरल के अभिलक्षणिक गुणों जैसे घनत्व, श्यानता, विशिष्ट ऊष्मा व ऊष्मा चालकता आदि पर निर्भर करता है।

गर्म वायु फेंकने वाला यन्त्र, वायु को ऊष्मा तन्तु के द्वारा गर्म किया जाता है तथा एक पँखे द्वारा फेंकी जाती है। इस प्रक्रिया में जिसमें गर्म पदार्थ को बलपूर्वक गति करायी जाती है। इसे बलपूर्वक संवहन (forced convection) कहते हैं।

विकिरण (Radiation)

ऊष्मा संचरण की वह विधि जिसमें ऊष्मा का संचरण विद्युत चुम्बकीय तरंगों के रूप में माध्यम के ताप को परिवर्तित किए बिना होता है, विकिरण कहलाती है। ऊष्मा संचरण की यह सबसे तीव्र विधि है।

विकिरण द्वारा ऊष्मा का स्थानान्तरण
(Heat Transfer Through Radiation)

1. वास्तव में विकिरण में विद्युत चुम्बकीय ऊर्जा, विद्युत चुम्बकीय तरंगों के रूप में किसी माध्यम से संचरित होती है। यह प्रक्रिया निर्वात में भी सम्भव है। *उदाहरण*-सूर्य की ऊर्जा पृथ्वी पर विकिरण द्वारा पहुँचती है।
2. ऊष्मीय विकिरणों की तरंगदैर्ध्य 7.8×10^{-7} मी से 4×10^{-4} मी परास की होती है। ये विद्युत चुम्बकीय वर्णक्रम के अवरक्त क्षेत्र में होते हैं अत: इसे अवरक्त विकिरण भी कहा जाता है।
3. इन विकिरणों के संचरण के लिए किसी माध्यम की आवश्यकता नहीं होती।
4. हम इन्हें देख नहीं सकते पर यह ऊष्मीय संवेदना उत्पन्न करते हैं।
5. प्रत्येक पिण्ड जिसका ताप शून्य केल्विन से अधिक हो ऊष्मीय विकिरण उत्पन्न करता है।
6. इसकी चाल प्रकाश की चाल (3×10^8 मी/से) के तुल्य होती है। अत: यह ऊष्मा स्थानान्तरण की सबसे तेज विधि है।

7. इसकी तीव्रता स्रोत से प्रेक्षण बिन्दु की दूरी के वर्ग के व्युत्क्रमानुपाती होती है। (अर्थात् $I \propto 1/d^2$)

विकिरण सम्बन्धी महत्वपूर्ण नियम
(Important Laws Related to Radiations)

(i) **किरचॉफ का नियम** (Kirchhoff' Law) इस नियम के अनुसार, "किसी निश्चित ताप पर सभी पृष्ठों के लिये उत्सर्जन क्षमता तथा अवशोषण क्षमता की निष्पत्ति समान होती है।"

तब, $\left(\frac{e}{a}\right)$ = नियतांक = E

यहाँ E = ताप T पर कृष्णिका की उत्सर्जन क्षमता = σT^4

इसी प्रकार विशेष तरंगदैर्ध्य λ के लिये, $\frac{e_\lambda}{a_\lambda} = E_\lambda$

उपरोक्त व्यंजक से हम देखते हैं कि $e_\lambda \propto a_\lambda$

अर्थात् एक विशेष तरंगदैर्ध्य के लिये अच्छे अवशोषक समान तरंगदैर्ध्य के अच्छे उत्सर्जक होते हैं।

(ii) **स्टीफन का नियम** (Stefan's Law) इस नियम के अनुसार, "किसी कृष्णिका के एकांक पृष्ठ क्षेत्रफल से प्रति सेकण्ड उत्सर्जित होने वाली विकिरण ऊर्जा उसके परमताप की चतुर्थ घात के अनुक्रमानुपाती होती है।" अत: $E \propto T^4$ या $E = \sigma T^4$

यहाँ σ एक नियतांक है, इसे स्टीफन का नियतांक कहते हैं। इसका मान 5.67×10^{-8} वाट/मी^{2}-केल्विन$^{-4}$ है।

यदि परमताप T वाली कोई वस्तु, परमताप T_0 वाली किसी अन्य वस्तु से घिरी है (जहाँ $T_0 < T$), तब स्टीफन के नियमानुसार, परमताप T पर वस्तु के प्रति एकांक क्षेत्रफल से प्रति सेकण्ड उत्सर्जित कुल ऊर्जा

$$E = \sigma(T^4 - T_0^4)$$

(iii) **वीन का विस्थापन नियम** (Wien's Displacement Law) कृष्णिका विकिरण की ऊर्जा ताप तथा तरंगदैर्ध्य के साथ परिवर्तित होती है। जैसे-जैसे कृष्णिका का ताप बढ़ता है, वितरण वक्र का शिखर छोटी तरंगदैर्ध्य की ओर विस्थापित होता जाता है। यह विस्थापन निम्न सम्बन्ध का पालन करता है

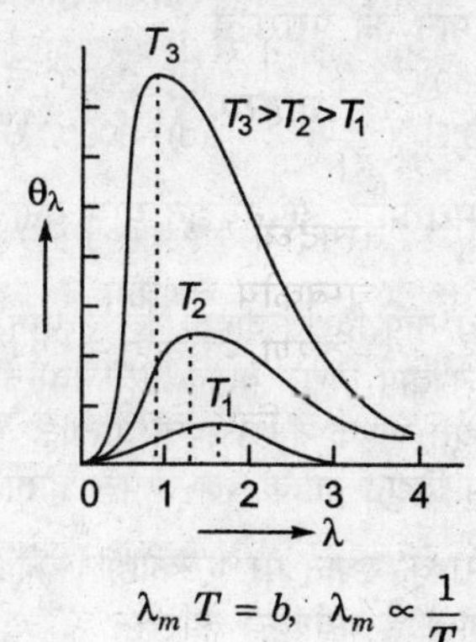

$$\lambda_m T = b, \quad \lambda_m \propto \frac{1}{T}$$

(iv) **न्यूटन का शीतलन नियम** (Newton's Law of Cooling) न्यूटन के नियमानुसार, किसी वस्तु के शीतलन की दर उस वस्तु तथा वातावरण के तापान्तर के समानुपाती होती है।

इस नियम के लागू होने की दो शर्तें हैं

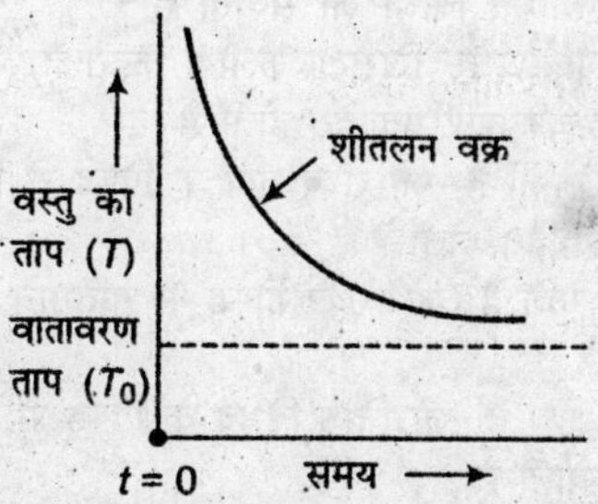

(a) ऊष्मा हानि केवल विकिरण के द्वारा होनी चाहिए।

(b) वस्तु तथा वातावरण के बीच तापान्तर कम होना चाहिए।

यदि वस्तु का ताप T वातावरण के ताप T_0 से ΔT अधिक हो, तो

$$T = T_0 + \Delta T$$

स्टीफन के नियमानुसार, वस्तु से ऊष्मा हानि की दर

$$\frac{dQ}{dt} = \sigma Ae[T^4 - T_0^4]$$

$$= \sigma Ae[(T_0 + \Delta T)^4 - T_0^4]$$

$$= \sigma AeT_0^4\left[\left(1 + \frac{\Delta T}{T_0}\right)^4 - 1\right]$$

$$= \sigma AeT_0^4\left[\left(1 + \frac{4\Delta T}{T_0}\right) - 1\right] \text{ (द्विपद प्रमेय से)}$$

$$= 4\sigma AeT_0^3 \Delta T$$

$$= 4\sigma AeT_0^3 (T - T_0) \quad \text{...(i)}$$

अत: वस्तु के ठण्डा होने की दर

$$\therefore \quad \frac{-dT}{dt} = \frac{4\sigma AeT_0^3}{mc}(T - T_0)$$

(जहाँ m = वस्तु का द्रव्यमान, c = वस्तु के पदार्थ की विशिष्ट ऊष्मा है)

$$\frac{-dT}{dt} = K(T - T_0)$$

जहाँ $K = \frac{4\sigma AT_0^3}{mc}$

$$\therefore \quad \frac{dT}{T - T_0} = -Kdt$$

समाकलन करने पर

$$\int \frac{dT}{T - T_0} = -\int Kdt$$

$$\log(T - T_0) = -Kt + c$$

$$T - T_0 = e^{-Kt}e^c = ae^{-Kt}$$

$$T = T_0 + ae^{-Kt}$$

समीकरण से स्पष्ट होता है कि वस्तु का ताप चरघातांकी रूप से गिरता है।

अभ्यास प्रश्न

1. ऊष्मा को परिभाषित किया जा सकता है
(a) ऊष्मा एक पदार्थ है, जिसको कैलोरी कहते हैं, जो भारी पिण्ड से हल्के पिण्ड की ओर प्रवाहित होती है
(b) ऊष्मा एक ऊर्जा है, जो उच्च ताप के पिण्ड से निम्न ताप के पिण्ड की ओर प्रवाहित होती है
(c) ऊष्मा एक गति है, जो स्थिर पिण्ड से गतिमान पिण्ड की ओर जाती है
(d) ऊष्मा एक क्षेत्र है, जो निम्न विभव के पिण्ड से उच्च विभव के पिण्ड को जाती है

2. 'सेल्सियस' निम्न में से मात्रक है
(a) धारा का (b) ऊर्जा का
(c) डिग्री सेण्टीग्रेड के तुल्य (d) डिग्री केल्विन के तुल्य

3. ताप के सेल्सियस पैमाने पर परमशून्य ताप होता है
(a) 0°C (b) 32°C
(c) 47°C (d) –273.15°C

4. एक रोगी का ताप 40°C है। फारेनहाइट पैमाने पर उसका ताप होगा
(a) 104 F (b) 32 F (c) 96 F (d) 0 F

5. किसी पिण्ड के ताप में परिवर्तन 50°C है। केल्विन पैमाने पर ताप का यह परिवर्तन निम्न में से होगा
(a) 0K (b) 30K (c) 50K (d) 313K

6. एक सेण्टीग्रेड व फारेनहाइट तापमापी को उबलते हुए पानी में डुबोया जाता है। पानी के ताप को तब तक कम किया जाता है, जब फारेनहाइट तापमापी का पाठ 140° हो जाता है। सेण्टीग्रेड तापमापी में ताप में कमी होगी
(a) 80° (b) 60° (c) 40° (d) 20°

7. सेल्सियस स्केल पर मानव शरीर का सामान्य तापमान होगा
(a) 310 डिग्री (b) 98.4 डिग्री
(c) 36.9 डिग्री (d) 31.5 डिग्री

8. केल्विन पैमाने पर एक पिण्ड का ताप x K पाया गया। फारेनहाइट पैमाने पर, यह xF पाया गया है। तब x है
(a) 301.25 (b) 574.25
(c) 675.5 (d) 840

9. वह ताप, जिस पर फारेनहाइट व सेण्टीग्रेड पैमाने एकसमान पाठयांक दर्शाते हैं
(a) 40°C (b) 40°R
(c) –40°C (d) 40°F

10. लोहे के एक पिण्ड का ताप 140F है। इसका ताप सेल्सियस पैमाने पर होगा
(a) 60° (b) 160°
(c) 140° (d) 170°

11. एक पर्वतारोही को ज्ञात होता है कि पानी 80°C पर उबलता है। उबलते हुए इस पानी का ताप फारेनहाइट में निम्न है
(a) 50 (b) 150
(c) 176 (d) 200

12. द्रव दाबमापी की अपेक्षा गैस तापमापी अधिक सुग्राही होते हैं, क्योंकि
(a) द्रवों की अपेक्षा, गैसों में प्रसार अधिक होता है
(b) गैस सरलता से उपलब्ध होती है
(c) गैस भारी होती है
(d) गैसें, सरलता से अपनी अवस्था परिवर्तित करती है

13. निम्नलिखित में से एक तापमापी, जो तीव्र-परिवर्तनशील ताप के मापन में प्रयोग किया जा सकता है, हैं
(a) तापयुग्म तापमापी (thermo-couple thermometer)
(b) प्रतिरोध तापमापी
(c) प्लेटिनम प्रतिरोध तापमापी
(d) वाष्पन-दाब तापमापी

14. 2000°C ताप के मापन के लिए उपयुक्त तापमापी है
(a) गैस तापमापी (b) प्रतिरोध तापमापी
(c) वाष्पन दाब तापमापी (d) पूर्ण विकिरण पाइरोमीटर

15. निम्न तापमापियों में, जिसको 5000°C की कोटि के तापमापन के लिए प्रयोग किया जा सके, है
(a) प्लेटिनम प्रतिरोध तापमापी (b) विकिरण पाइरोमीटर
(c) पारे का तापमापी (d) प्रतिरोध तापमापी

16. पारा 367°C पर उबलता है। फिर भी, पारे के तापमापी इस प्रकार बनाए जाते हैं कि ये 500°C तक तापमापन कर सकते हैं। ऐसा किया जाता है
(a) तापमापी की नली (stem) में पारे के स्तम्भ के ऊपर, निर्वात् बनाए रखकर
(b) पारे के स्तम्भ के ऊपर, उच्च दाब पर N_2 गैस भरकर
(c) पारे के स्तम्भ के ऊपर, निम्न दाब पर N_2 गैस भरकर
(d) पारे के स्तम्भ के ऊपर, उच्च दाब पर CO_2 गैस भरकर

17. पारे के तापमापी को कितने ताप के मापन तक प्रयोग किया जा सकता है?
(a) 260°C (b) 100 K (c) 360 K (d) 500°C

18. तापयुग्म तापमापी (thermo couple thermometer) द्वारा मापी जा सकने वाली तापमान की परास है
(a) –200°C से 1600°C (b) –260°C से 800°C
(c) –260°C से 500°C (d) –300°C से 800°C

19. एण्टीमनी व बिस्मथ प्राय: ताप विद्युत युग्म बनाने में प्रयोग किए जाते हैं क्योंकि
(a) अपेक्षाकृत उच्च ताप विद्युत वाहक बल उत्पन्न होता है
(b) अपेक्षाकृत निम्न ताप विद्युत वाहक बल उत्पन्न होता है
(c) स्थिर ताप विद्युत वाहक बल उत्पन्न होता है
(d) ऋणात्मक ताप विद्युत वाहक बल उत्पन्न होता है

20. ठण्डे देशों में पारा के स्थान पर ऐल्कोहॉल को तापमापी द्रव के रूप में वरीयता दी जाती है क्योंकि
(a) ऐल्कोहॉल का द्रवांक निम्नतर होता है
(b) ऐल्कोहॉल ऊष्मा का बेहतर संचालक होता है
(c) ऐल्कोहॉल पारा से अधिक सस्ता होता है
(d) ऐल्कोहॉल का विश्व उत्पादन पारा से अधिक होता है

21. परम शून्य ताप क्या है?
(a) किसी भी तापमान पैमाने का आरम्भिक बिन्दु
(b) सैद्धांतिक रूप से न्यूनतम सम्भव तापमान
(c) वह तापमान जिस पर सभी द्रव पदार्थों के वाष्प जम जाते हैं
(d) वह तापमान जिस पर सभी पदार्थ वाष्पीय प्रावस्था में होते हैं

22. वह थर्मामीटर जो 200°C मापने हेतु उपयुक्त हो, वह है
(a) गैस थर्मामीटर (b) पारे का थर्मामीटर
(c) पूर्ण विकिरण पाइरोमीटर (d) वाष्प दबाव थर्मामीटर

23. ताप विद्युत तापमापी आधारित है
(a) प्रकाश विद्युत प्रभाव पर (b) सीबेक प्रभाव पर
(c) कॉम्पटन प्रभाव पर (d) जूल प्रभाव पर

24. थर्मोस्टेट का प्रयोजन क्या है?
(a) तापमान का नापना (b) तापमान का बढ़ाना
(c) तापमान को स्थिर रखना (d) ताप को विद्युत में बदलना

25. **कथन (A)** ऊनी वस्त्र हमें गर्म रखते हैं।
कारण (R) ऊनी रेशे एक विशेष प्रकार के प्रोटीन के बने होते हैं, जो ऊष्मा के कुनालक होते हैं।
सही उत्तर का चयन नीचे दिये गए कूट की सहायता से कीजिए।
कूट
(a) A और R दोनों सही हैं और R, A का सही स्पष्टीकरण है
(b) A और R दोनों सही हैं किन्तु R, A का सही स्पष्टीकरण नहीं है
(c) A सही है, परन्तु R गलत है
(d) A गलत है, परन्तु R सही है

26. तापमापी का मानकीकरण किया जाता है
(a) जौली तापमापी द्वारा
(b) प्लेटिनम प्रतिरोध तापमापी द्वारा
(c) तापयुग्म तापमापी द्वारा
(d) गैस तापमापी द्वारा

27. पारे की तापमापी का प्रसार होता है
(a) – 50° C से 350° C (b) – 50° C से 200° C
(c) 10° C से 250° C (d) 100° C से 500° C

28. माना कॉपर की प्लेट में एक सूराख है। प्लेट को गर्म करने पर, सूराख का व्यास
(a) सदा बढ़ेगा
(b) सदा कम होगा
(c) सदा अपरिवर्तित रहेगा
(d) कभी कम होगा, कभी बढ़ेगा

29. स्टील की L_1 लम्बाई की छड़ व पीतल की L_2 लम्बाई की छड़ के बीच लम्बाई में अन्तर सभी तापमानों पर स्थिर है। स्टील व पीतल के रेखीय प्रसार गुणांक क्रमशः α_1 व α_2 हैं। तब
(a) $L_1\alpha_1 = L_2\alpha_2$ (b) $L_1\alpha_2 = L_2\alpha_1$
(c) $L_1(1-\alpha_1) = L_2(1+\alpha_2)$ (d) $L_1(1+\alpha_2) = L_2(1-\alpha_1)$

30. गर्म करने पर प्रसार
(a) केवल ठोस में होता है
(b) पदार्थ के आयतन में वृद्धि करता है
(c) पदार्थ का घनत्व कम करता है
(d) सभी द्रवों व ठोस पदार्थों में समान दर से होता है

31. धातु के, एक छल्ले के आकार के टुकड़े को गर्म किया जाता है। यदि पदार्थ में प्रसार होता है, तो छेद में
(a) प्रसार होगा
(b) संकुचन होगा
(c) प्रसार अथवा संकुचन, छल्ले के घनत्व पर निर्भर करेगा
(d) प्रसार अथवा संकुचन, प्रसार गुणांक के मान पर निर्भर करेगा

32. धातु की एक ठोस गेंद के अन्दर, एक गोलाकार खोखला होता है। गेंद को गर्म किया जाता है। छेद के आयतन में
(a) कमी होगी (b) वृद्धि होगी
(c) अपरिवर्तित होगा (d) आकार परिवर्तित होगा

33. यदि एक द्वि-धातुविक छड़ को गर्म किया जाता है, तो यह
(a) कम ऊष्मीय प्रसार गुणांक की धातु की ओर मुड़ जाएगी
(b) उच्च ऊष्मीय प्रसार गुणांक की धातु की ओर मुड़ जाएगी
(c) गोलाकार रूप में मुड़ जाएगी
(d) अपरिवर्तित रहेगी

34. ताँबे व लोहे की छड़ों को मिलाकर बनाई गई एक द्वि-धातुविक पत्ती, कमरे के ताप पर सीधी है। इस पत्ती को हाथ में ऊर्ध्वाधर इस प्रकार पकड़ा गया है कि ताँबे की पत्ती बाईं ओर तथा लोहे की पत्ती दाईं ओर है। अब इस द्वि-धातु को लौ (flame) द्वारा गर्म किया जाता है। अब यह
(a) सीधी रहेगी (b) दाईं ओर मुड़ जाएगी
(c) बाईं ओर मुड़ जाएगी (d) कोई परिवर्तन नहीं होगा

35. किसी गैस का आयतन प्रसार गुणांक है
(a) ताप के बराबर
(b) ताप के घनमूल के समानुपाती
(c) ताप के वर्गमूल के व्युत्क्रमानुपाती
(d) ताप के व्युत्क्रमानुपाती

36. 2 ग्राम ऑक्सीजन गैस 27°C ताप तथा 75 सेमी पारा दाब पर है, तो गैस का आयतन होगा
(a) 1.53 लीटर (b) 2.44 लीटर
(c) 3.08 मिली (d) 44.2 मिली

37. α, β व γ सम्बन्ध होता है
(a) 1 : 2 : 3 (b) 2 : 3 : 4
(c) 3 : 2 : 1 (d) 1 : 3 : 2

38. यदि घन प्रसार गुणांक, क्षेत्र प्रसार गुणांक का x गुना है, तो x का मान है
(a) 1.5 (b) 0.5
(c) 2.5 (d) 2

39. **कथन (A)** ताँबे के एक टुकड़े को तथा काँच के एक टुकड़े को एक ही तापमान पर गर्म किया गया। उसके बाद स्पर्श करने पर ताँबे का टुकड़ा काँच के टुकड़े की अपेक्षा अधिक गर्म लगता है।
कारण (R) ताँबे का घनत्व काँच के घनत्व से अधिक होता है।
कूट
(a) A और R दोनों सही हैं और R, A का सही स्पष्टीकरण है
(b) A और R दोनों सही हैं किन्तु R, A का सही स्पष्टीकरण नहीं है
(c) A सही है, परन्तु R गलत है
(d) A गलत है, परन्तु R सही है

40. जब 4°C पर पानी से भरे एक बीकर का ताप बढ़ाया अथवा घटाया जाता है, तो बीकर का पानी बाहर गिरता है क्योंकि
(a) बढ़ता है
(b) घटता है
(c) नियत रहता है
(d) उपरोक्त में से कोई नहीं

41. एक ही आदर्श गैस के एक दिए गए द्रव्यमान के लिए आयतन (V) तथा दाब (p) में दो विभिन्न समतापीय वक्र क्रमशः परमतापों T_1 व T_2 के बीच सम्बन्ध को प्रदर्शित करते हैं, तब

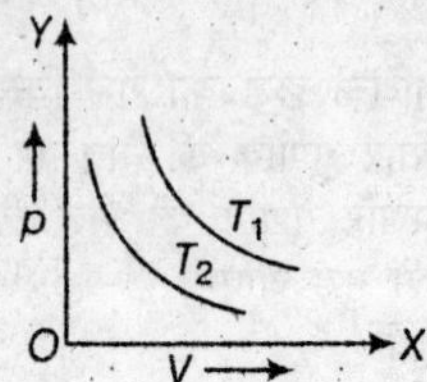

(a) $T_1 > T_2$
(b) $T_1 = T_2$
(c) $T_1 < T_2$
(d) उपरोक्त में से कोई नहीं

42. निम्न में से किस ताप पर H_2O का घनत्व अधिकतम होता है?
(a) 32F (b) 39.2F
(c) 42F (d) 0F

43. समान आयतन के तीन बर्तनों में भिन्न गैसें हैं। गैसों के अणुओं के द्रव्यमान m_1, m_2 व m_3 हैं तथा इनके बर्तनों में अणुओं की संख्या क्रमशः N_1, N_2 व N_3 हैं। तीनों बर्तन में गैस का दाब क्रमशः p_1, p_2 व p_3 है। अब तीनों गैसों को मिश्रित कर इनमें से एक बर्तन में रखा जाता है। मिश्रण का दाब P होगा
(a) $p < (p_1 + p_2 + p_3)$ (b) $p = \frac{p_1 - p_2 - p_3}{3}$
(c) $p = (p_1 + p_2 + p_3)$ (d) $p > (p_1 - p_2 - p_3)$

44. झील की ऊपरी सतह का ताप –20°C है, तब झील में जमी बर्फ की निचली सतह के सम्पर्क में पानी का ताप होगा
(a) –4°C (b) 0°C
(c) 4K (d) –20K

45. स्थिर दाब पर रखी गई एक गैस के दो मोल का ताप 100°C से परिवर्तित कर 120°C कर दिया गया। आन्तरिक ऊर्जा में परिवर्तन 80 जूल पाया गया। स्थिर दाब पर गैस की ऊष्माधारिता होगी
(a) 8 जूल/किग्रा–°C (b) 4 जूल-किग्रा–°C
(c) 40 जूल/किग्रा–F (d) 2 जूल/किग्रा–F

46. 0°C की 1 ग्राम बर्फ को 100°C की भाप में परिवर्तित करने के लिए कितनी ऊष्मा की आवश्यकता होगी ?
(a) 765 कैलोरी (b) 1200 कैलोरी
(c) 716 कैलोरी (d) 450 कैलोरी

47. यदि लोहे का एक टुकड़ा 1 किमी की ऊँचाई से जमीन पर गिरता है, तो इसकी सम्पूर्ण ऊर्जा, ऊष्मा में परिवर्तित हो जाती है। टुकड़े के ताप में कितनी वृद्धि होगी?
[लोहे की विशिष्ट ऊष्मा = 0.1 कैलोरी/(ग्राम-°C)]
(a) 2.33°C (b) 0.233°C (c) 23.3°C (d) 233°C

48. एक गैस को 927°C से 27°C तक ठण्डा करने में इसकी आन्तरिक ऊर्जा में हुआ आंशिक परिवर्तन है
(a) 0.25 (b) 4 (c) 0.67 (d) 8

49. जब एक गैस 927°C से 27°C तक ठण्डी की जाती है, तो उसकी आन्तरिक ऊर्जा में प्रतिशत परिवर्तन है
(a) 50 (b) 100 (c) 150 (d) 300

50. 100°C की वाष्प द्वारा उत्पन्न जलन उसी ताप के पानी द्वारा उत्पन्न जलन से अधिक गम्भीर होती है क्योंकि
(a) वाष्प एक गैस होती है
(b) वाष्प द्वारा अधिक ऊष्मा दी जाती है
(c) वाष्प अधिक ज्वलनशील होती है
(d) वाष्प द्वारा अधिक दाब उत्पन्न किया जाता है

51. एक थर्मस फ्लास्क को भली प्रकार पॉलिश किया जाता है
(a) आकर्षक बनाने के लिए
(b) चमक उत्पन्न करने के लिए
(c) सभी बाह्य विकिरण अवशोषित करने के लिए
(d) सभी बाह्य विकिरण परावर्तित करने के लिए

52. मांना चार वस्तु हैं, जिनके रंग नीला, लाल, काला व सफेद हैं। जब इन वस्तुओं को गर्म कर ठण्डा होने देते हैं, तो निम्न में से कौन-सी वस्तु शीघ्रतम ठण्डी होगी?
(a) लाल (b) नीला
(c) काली (d) सफेद

53. एक तार को धीरे-धीरे गर्म करते हैं। जैसे ताप में वृद्धि होती है, यह पहले दिखेगा
(a) लाल (b) पीला
(c) नीला (d) सफेद

54. एक बेलनाकार छड़ के सिरों के ताप T_1 व T_2 हैं। ऊष्मा प्रवाह की दर Q_1 कैलोरी/से है। यदि छड़ की सभी रेखीय विमायें दोगुनी कर दी जायें एवं ताप को नियत रखा जाये, तब ऊष्मा प्रवाह की दर Q_2 होगी
(a) $4Q_1$ (b) $2Q_1$
(c) $\frac{Q_1}{4}$ (d) $\frac{Q_1}{2}$

55. दोपहर के समय सूर्य से आने वाली किरणों में अधिक गर्मी होती है, क्योंकि
(a) सूर्य कुछ बड़ा हो जाता है
(b) किरणों को वायुमण्डल में कम दूरी तय करनी पड़ती है, जिससे ऊष्मा का अवशोषण कम होता है
(c) सूर्य चमकदार होता है
(d) किरणें तेजी से आती हैं

56. एक बर्तन में द्रव भरा जाता है, जिसको एक कमरे में 10°C ताप पर रखा जाता है। जब द्रव का ताप 90°C है, तब इससे ऊष्मा क्षय होने की दर 50 कैलोरी/से है। जिस समय द्रव का ताप 30°C है, इससे ऊष्मा क्षय होने की दर क्या होगी?
(a) 0.04 कैलोरी/से (b) 200 कैलोरी/से
(c) 12.5 कैलोरी/से (d) 400 कैलोरी/से

57. ऊष्मा चालकता निर्भर करती है
(a) पदार्थ की प्रकृति पर (b) पदार्थ व ताप में अन्तर पर
(c) उत्पन्न हुई ऊष्मा पर (d) इनमें से कोई नहीं

58. भिन्न पदार्थों के बने दो बर्तन आकार व प्रत्येक प्रकार से समान हैं। इनमें भरी गई बर्फ की समान मात्रा को पिघलने में क्रमशः 40 मिनट व 60 मिनट लगते हैं। धातुओं की ऊष्मा चालकता में अनुपात है

(a) 4 : 7 (b) 7 : 4
(c) 3 : 2 (d) 2 : 3

59. यदि किसी धातु की ऊष्मा चालकता K, वैद्युत चालकता σ तथा परमताप T में सम्बध है

(a) $\frac{2K}{\sigma}$ = स्थिरांक (b) $\frac{K}{\sigma T}$ = स्थिरांक
(c) $\frac{K}{T}$ = स्थिरांक (d) $\frac{K\sigma}{2T}$ = स्थिरांक

60. यदि किसी गैस में दाब में वृद्धि कर p से $2p$ वायुमण्डल कर दिया जाए, तो इसकी ऊष्मा चालकता

(a) कम होती है
(b) बढ़ जाती है
(c) अपरिवर्तित रहती है
(d) कभी कम या कभी ज्यादा होती है

61. एक दीवार में भिन्न पदार्थों की दो पर्तें A व B हैं। दोनों पर्तों की मोटाई समान है। A के पदार्थ की ऊष्मा चालकता, B के पदार्थ से चार गुनी है। ऊष्मीय साम्यावस्था में, दीवार के सिरों के बीच ताप में अन्तर 40°C है। पर्त A के सिरों के बीच ताप में अन्तर है

(a) 6°C (b) 12°C
(c) 8°C (d) 24°C

62. समान लम्बाई की दरों छड़ों a व b के सिरों के बीच ताप में समान अन्तर रखा जाता है। इनकी ऊष्मा चालकता K_1 व K_2 तथा परिच्छेद क्षेत्रफल क्रमशः A_1 व A_2 हैं। ऊष्मा स्थानान्तरण की समान दर के लिए बन्धन है

(a) $K_1A_2^2 = K_2A_1$ (b) $K_1A_2 = K_2^2A_1$
(c) $K_1A_1 = K_2A_2$ (d) $K_1A_1^2 = K_2A_2^2$

63. काँच, ताँबा व पारा के ऊष्मा चालकता गुणांक क्रमशः K_g, K_c व K_m, इस प्रकार हैं कि $K_c > K_m > K_g$। यदि प्रत्येक में प्रति सेकण्ड प्रति एकांक क्षेत्रफल ऊष्मा की समान मात्रा प्रवाहित होती है, तो संगत ताप प्रवणताएँ X_c, X_m व X_g हैं

(a) $X_c = X_m = X_g$ (b) $X_c > X_m > X_g$
(c) $X_c < X_m < X_g$ (d) $X_m < X_c < X_g$

64. यदि किसी पिण्ड का ताप, वातावरण के ताप के समान हो, तो

(a) यह ऊष्मा विकरित नहीं करता है
(b) यह ऊष्मा की उतनी ही मात्रा विकरित करता है, जितनी कि इसको वातावरण से प्राप्त होती है
(c) यह वातावरण से प्राप्त ऊष्मा से कम ऊष्मा विकरित करता है
(d) यह वातावरण से प्राप्त ऊष्मा से अधिक ऊष्मा विकरित करता है

65. एक गर्म वस्तु एवं एक ठण्डी वस्तु निर्वात में कुछ अन्तराल पर स्थित हैं निम्न में से कौन-सी विधि से गर्म वस्तु का ताप घटेगा?

(a) विकिरण (b) संवहन
(c) चालन (d) ताप नियत् रहेगा

66. यदि किसी पिण्ड की लम्बाई l, परिच्छेद क्षेत्रफल A तथा ऊष्मा चालकता K है, तो पिण्ड का तापीय प्रतिरोध है

(a) $\frac{Kl}{A}$ (b) $\frac{l}{KA}$ (c) $\frac{AK}{2l}$ (d) $\frac{2A}{Kl}$

67. किसी द्रव की ऊष्मा चालकता मापते समय, हम ऊपरी भाग को गर्म तथा निचले भाग को ठण्डा रखते हैं, जिससे कि

(a) संवहन को रोका जा सके
(b) विकिरण को रोका जा सके
(c) ऊष्मा का संचालन ऊपर की दिशा में सरलता से होता है
(d) सुविधाजनक परिस्थिति के लिए

68. आरोपित संवहन (forced convection) की स्थिति में ठण्डे हो रहे पिण्ड से ऊष्मा हानि की दर, समानुपाती होती है, इसकी (i) ऊष्मा धारिता, (ii) पृष्ठ-क्षेत्रफल, (iii) परमताप, (iv) वातावरण की अपेक्षा ताप की अधिकता।

(a) (i), (ii) व (iii) सत्य हैं (b) (i) व (ii) सत्य हैं
(c) (ii) व (iv) सत्य हैं (d) केवल (iv) सत्य है

69. ज्वाला का ऊपरी भाग, उसके पार्श्व भागों से अधिक गर्म होता है

(a) चालन के कारण (b) संवहन के कारण
(c) विकिरण के कारण (d) (a) व (c) दोनों

70. एक बेलनाकार छड़ के सिरों के ताप T_1 व T_2 हैं। ऊष्मा प्रवाह की दर Q_1 कैलोरी/से है। यदि छड़ की सभी रेखीय विमाएँ दोगुनी कर दी जाए एवं ताप को नियत रखा जाए, तब ऊष्मा प्रवाह की दर Q_2 होगी

(a) $4Q_1$ (b) $2Q_1$ (c) $\frac{Q_1}{4}$ (d) $\frac{Q_1}{2}$

71. दो विभिन्न पदार्थों की ऊष्मीय चालकताओं का अनुपात 5 : 3 है। यदि इन पदार्थों से बनी समान मोटाई की छड़ों के ऊष्मीय प्रतिरोध समान हों, तब इनकी लम्बाइयों का अनुपात होगा

(a) 3 : 5 (b) 5 : 3
(c) 3 : 4 (d) 3 : 2

72. K_1 और K_2 ऊष्मा चालकता की दो दीवारें सम्पर्क में हैं तथा उनकी क्रमशः मोटाई d_1 और d_2 हैं। स्थिर अवस्था में उनके बाह्य सिरों का ताप T_1 और T_2 है, तो अन्तः सन्धि का ताप होगा

(a) $\frac{K_1T_1d_2 + K_2T_2d_1}{K_1d_2 + K_2d_1}$ (b) $\frac{K_1T_1 + K_2T_2}{d_1 + d_2}$
(c) $\left(\frac{K_1d_1 + K_2d_2}{T_1 + T_2}\right)T_1T_2$ (d) $\frac{K_1d_1T_1 + K_2d_2T_2}{K_1d_1 + K_2d_2}$

73. 50 सेमी लम्बी तथा 5 सेमी^{2} परिच्छेद क्षेत्रफल वाली एक छड़ में ऊष्मा प्रवाहित हो रही है। इसके सिरे क्रमशः 25°C एवं 125°C पर है। छड़ के पदार्थ का ऊष्मा चालकता गुणांक 0.092 किलोकैलोरी/मी/सेकण्ड/°C है। छड़ में ताप प्रवणता है

(a) 2°C/सेमी (b) 2°C/मी
(c) 20°C/सेमी (d) 20°C/सेमी

74. किसी धातु की ऊष्मा चालकता CGS पद्धति में 0.4 है। स्थायी अवस्था में यदि 10 कैलोरी प्रति सेकण्ड प्रति सेमी^{2} ऊष्मा का संचार होता है, तो ताप प्रवणता निम्न होगी

(a) 10°C/सेमी (b) 12°C/सेमी
(c) 25°C/सेमी (d) 20°C/सेमी

75. एक चकती समान मोटाई की ताँबे और पीतल की चकतियों से मिलकर बनी है, इनकी ऊष्मा चालकताओं का अनुपात 1 : 4 है। यदि पीतल का मुक्त तल 100°C पर और ताँबे का 0°C पर है, तो अन्तः सन्धि का ताप होगा

(a) 80°C (b) 20°C (c) 60°C (d) 40°C

76. समान लम्बाई और व्यास वाले दो बेलन P और Q भिन्न धातुओं के हैं जिनकी ऊष्मा चालकताओं का अनुपात 2 : 3 है। इन दोनों बेलनों को मिलाकर एक बेलन बनाया गया है। P का एक सिरा 100°C पर तथा Q का दूसरा सिस 0°C पर रखा गया है। P और Q के अन्तरापृष्ठ के ताप का मान होगा

(a) 30°C (b) 40°C
(c) 50°C (d) 60°C

77. ऊष्मीय स्थायी दशा में 20 सेमी लम्बी छड़ के गरम व ठण्डे सिरों का तापमान क्रमशः 100°C व 20°C है। छड़ के ठीक बीचोंबीच तापमान है

(a) 50°C (b) 60°C
(c) 40°C (d) 30°C

78. 0.5 मी लम्बी छड़ में ताप प्रवणता 80°C/मी है। छड़ के गर्म सिरे का ताप 30°C है, तो ठण्डे सिरे का ताप होगा

(a) 40°C (b) – 10°C
(c) 10°C (d) 0°C

79. दो छड़ें, जिनकी ऊष्मा चालकता क्रमशः K तथा $3K$ हैं तथा जिनके अनुप्रस्थ काट का क्षेत्रफल समान है, को चित्रानुसार जोड़कर रखा गया है। उनकी लम्बाई क्रमशः 1 सेमी तथा 2 सेमी है। यदि इस संयुक्त छड़ के दोनों सिरों का ताप क्रमशः 0°C तथा 100°C है (देखिए चित्र), तो उनके अन्तरापृष्ठ का ताप θ का मान है

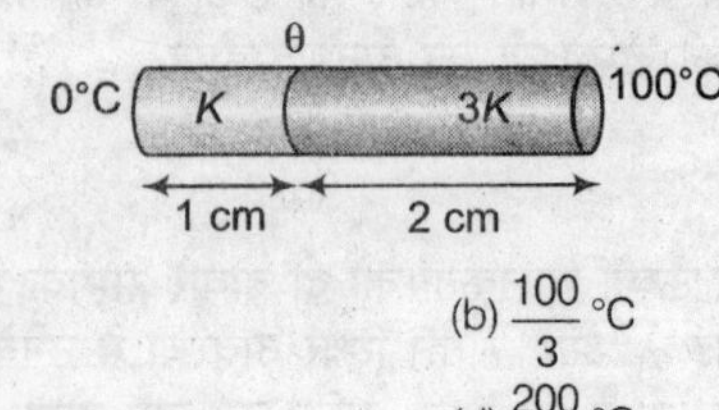

(a) 50°C (b) $\frac{100}{3}$ °C
(c) 60°C (d) $\frac{200}{3}$ °C

80. ताँबे का ऊष्मा चालकता गुणांक इस्पात के ऊष्मा चालकता गुणांक का नौ गुना है। चित्र में दिखायी गई संयुक्त बेलनाकार छड़ के सन्धि-स्थल का तापमान है

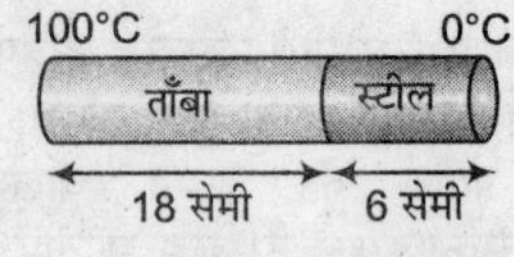

(a) 75°C (b) 67°C
(c) 33°C (d) 25°C

81. 10 सेमी लम्बी और 100 सेमी^{2} अनुप्रस्थ काट वाली एक ताँबे की छड़ में से 4000 जूल/से की ऊष्मा प्रवाहित करना है। ताँबे की ऊष्मा चालकता 400 वाट/मी°C है। छड़ के दोनों सिरों को किस तापान्तर पर रखना होगा?

(a) 1°C (b) 10°C
(c) 100°C (d) 1000°C

82. एक झील की सतह के ऊपर वातावरण का ताप –10°C है, तब झील की सतह पर जमी बर्फ के नीचे तली पर पानी का ताप है

(a) –4°C (b) 0°C
(c) 4°C (d) –20°C

83. इंगन हौज प्रयोग के अनुसार धात्विक छड़ की ऊष्मीय चालकता K तथा छड़ पर पिघले मोम की लम्बाई l में सम्बन्ध है

(a) K/l = नियतांक (b) K^2/l = नियतांक
(c) K/l^2 = नियतांक (d) K/l = नियतांक

84. यदि चाँदी और ताँबे की ऊष्मा चालकता का अनुपात 10 : 9 है, तो इंगन हौज के प्रयोग में इनकी छड़ों पर पिघले मोम की लम्बाइयों का अनुपात होगा

(a) 6 : 10 (b) $\sqrt{10}$: 3 (c) 100 : 81 (d) 81 : 100

85. ताँबे व लोहे की दो एकसमान छड़ें एकसमान रूप से मोम से लेपी गई हैं। प्रत्येक का एक सिरा उबलते पानी के ताप पर रखा गया है तब उन पर मोम पिघलने की लम्बाई क्रमशः 8.4 सेमी व 4.2 सेमी है। यदि ताँबे का ऊष्मा चालकता गुणांक 0.92 है, तो लोहे का ऊष्मा चालकता गुणांक है

(a) 0.23 (b) 0.46 (c) 0.115 (d) 0.69

86. इंगन हौज के एक प्रयोग में एकसमान परन्तु भिन्न-भिन्न पदार्थों की दो छड़ों पर मोम क्रमशः 10 सेमी और 25 सेमी लम्बाई तक पिघलता है। छड़ों के पदार्थों की ऊष्मा चालकताओं का अनुपात है

(a) 1 : 625 (b) 6.25 : 1 (c) 1 : $\sqrt{2.5}$ (d) 1 : 2.5

87. यदि किसी पिण्ड पर m कैलोरी ऊष्मा गिरती है तथा यह n कैलोरी ऊष्मा अवशोषित कर लेता है, तो इसका अवशोषण गुणांक है

(a) $\frac{m}{n}$ (b) $m - n$ (c) $m + n$ (d) $\frac{n}{m}$

88. किसी वस्तु के पृष्ठ की अवशोषकता 0.8 है। यदि विकिरण द्वारा पृष्ठ पर 5 जूल ऊष्मीय ऊर्जा आपतित हो तो वस्तु की ऊर्जा में कितनी वृद्धि हो जायेगी?

(a) 5 जूल (b) 4 जूल
(c) 0.04 जूल (d) 0.4 जूल

89. एक वस्तु 400 K ताप पर 5 W ऊर्जा विकिरण करती है। 1200 K ताप पर इसके द्वारा विकरित ऊर्जा है

(a) 81 kW (b) 200 kW (c) 405 W (d) 810 W

90. एक वस्तु का ताप 10% से बढ़ा दिया जाए, तो उत्सर्जित विकिरण की मात्रा कितने गुना से बढ़ जाएगी?

(a) 10% (b) 40% (c) 46% (d) 100%

91. एक पिण्ड 400°C के ताप पर है। निम्न में से किस ताप पर, इसके द्वारा उत्सर्जित विकिरण की दर दोगुनी हो जाएगी? वातावरण के ताप को नगण्य माना जा सकता है।

(a) 200°C (b) 400 K (c) 600°C (d) 800 K

92. तीन वृत्ताकार चकतियाँ A, B एवं C जिनकी त्रिज्याएँ क्रमशः 2 मी, 4 मी एवं 6 मी हैं, के ऊपरी सतह पर कार्बन ब्लैक का लेप चढ़ा है। इन पर आपतित विकिरण की महत्तम तीव्रता के सदृश तरंगदैर्ध्य क्रमशः 300 नैनोमीटर, 400 नैनोमीटर, एवं 500 नैनोमीटर हैं एवं इनसे विकिरित शक्ति का मान क्रमशः Q_a, Q_b एवं Q_c है, तो

(a) Q_a महत्तम है (b) Q_b महत्तम है
(c) Q_c महत्तम है (d) $Q_a = Q_b = Q_c$

93. एक श्याम-पिण्ड द्वारा प्रति एकांक समय में विकरित ऊर्जा E व परमताप T में क्या सम्बन्ध है?

(a) $E \propto T$ (b) $E \propto T^2$ (c) $E \propto T^3$ (d) $E \propto T^4$

94. धातु के एक टुकड़े का ताप 27°C से बढ़ाकर 51.2°C किया जाता है। धातु द्वारा विकरित ऊर्जा की दर में वृद्धि होगी

(a) 2 गुनी (b) 4 गुनी (c) 8 गुनी (d) 1.36 गुनी

95. सूर्य से उत्सर्जित विकिरण, 6000 K ताप पर एक श्यामपिण्ड द्वारा उत्सर्जित विकिरण के अनुरूप है। लगभग 4800 Å तरंगदैर्ध्य पर अधिकतम तीव्रता उत्सर्जित होती है। यदि सूर्य को ठण्डा करके इसका ताप 6000 K से 3000 K कर दिया जाए, तो अधिकतम तीव्रता जिस तरंगदैर्ध्य पर होगी, वह है

(a) 2400 Å (b) 4800 Å
(c) 9600 Å (d) 19200 Å

96. एक श्यामपिण्ड से 0°C पर विकिरण की दर E वाट है। 273°C पर इस श्यामपिण्ड से विकिरण की दर होगी

(a) E (b) $4E$ (c) $8E$ (d) $16E$

97. भट्टी में अलग-अलग तापमानों पर गर्म किये गए लोहे के चार टुकड़े निम्नलिखित भिन्न-भिन्न रंग प्रदर्शित करते हैं। कौन-से रंग वाले टुकड़े का तापमान अधिकतम है?

(a) सफेद (b) पीला (c) नारंगी (d) लाल

98. काले, स्लेटी और सफेद रंग की तीन वस्तुएँ अधिकतम 2800°C का ताप सहन कर सकती हैं। इन्हें एक भट्टी में डाल दिया गया जिसका ताप 2000°C है, तब सबसे ज्यादा चमकने वाली वस्तु होगी

(a) सफेद वस्तु (b) काली वस्तु
(c) सभी समान चमकेंगी (d) स्लेटी वस्तु

99. कोई पदार्थ, उच्च ताप पर होने की स्थिति में, केवल $\lambda_1, \lambda_2, \lambda_3$ व λ_4 तरंगदैर्ध्य उत्सर्जित करता है। कम ताप पर होने की स्थिति में यह पदार्थ केवल निम्नलिखित तरंगदैर्ध्य अवशोषित करेगा

(a) λ_1 (b) λ_2
(c) λ_1 व λ_2 (d) $\lambda_1, \lambda_2, \lambda_3$ व λ_4

100. एक सितार विकिरण उत्सर्जित करते हुए आदर्श कृष्ण पिण्ड की तरह व्यवहार करता है। इस सितारे द्वारा प्रति सेकण्ड उत्सर्जित विकिरण ऊर्जा तथा एक अन्य सितारे, जिसकी त्रिज्या पहले की चार गुनी है, द्वारा प्रति सेकण्ड उत्सर्जित विकिरण ऊर्जा में क्या अनुपात है, जबकि दूसरे सितारे का केल्विन ताप पहले का आधा है?

(a) 1 : 1 (b) 1 : 16
(c) 4 : 1 (d) 16 : 1

101. 2000 केल्विन ताप पर एक कृष्णिका से उत्सर्जित अधिकतम तरंगदैर्ध्य λ_m है। 3000 केल्विन ताप पर संगत तरंगदैर्ध्य होगी

(a) $\frac{3}{2}\lambda_m$ (b) $\frac{2}{3}\lambda_m$ (c) $\frac{4}{9}\lambda_m$ (d) $\frac{9}{4}\lambda_m$

102. किसी कृष्ण वस्तु का तापक्रम 2880 केल्विन है। तरंगदैर्ध्य 499 नैनोमीटर से 500 नैनोमीटर के मध्य विकिरण ऊर्जा U_1, तरंगदैर्ध्य 999 नैनोमीटर से 1000 नैनोमीटर के मध्य विकिरण ऊर्जा U_2 तथा 1499 नैनोमीटर से 1500 नैनोमीटर के मध्य विकिरण ऊर्जा U_3 है। यदि वीन नियतांक $b = 2.88 \times 10^6$ नैनोमीटर केल्विन हो, तो तब

(a) $U_1 = 0$ (b) $U_3 = 0$
(c) $U_1 > U_2$ (d) $U_2 > U_1$

103. वीन के नियम के अनुसार

(a) $\lambda_m T$ = स्थिरांक (b) λ_m / T = स्थिरांक
(c) T / λ_m = स्थिरांक (d) $T + \lambda_m$ = स्थिरांक

104. दो तारे क्रमश: 3600 Å और 4800 Å तरंगदैर्ध्य पर अधिकतम विकिरण उत्सर्जित करते हैं। उनके तापों का अनुपात है

(a) 1 : 2 (b) 3 : 4
(c) 4 : 3 (d) 2 : 1

105. दो तारे A तथा B जिनकी तरंगदैर्ध्यों का अनुपात 4 : 5 है, अधिकतम विकिरण उत्सर्जित करते हैं। यदि B तारे का ताप 6800 K हो, तो तारे A का मान होगा

(a) 8500 K (b) 7500 K
(c) 7200 K (d) 8550 K

106. पूर्णत: कृष्ण पिण्ड की अवशोषकता होती है

(a) 1 (b) 2
(c) – 1 (d) 5

107. न्यूटन का शीतलीकरण का नियम, निम्न पर लागू होता है

(a) संवहन हानियाँ (b) प्राकृतिक संवहन हानियाँ
(c) आरोपित संवहन हानियाँ (d) इनमें से कोई नहीं

108. कमरे में रखा हुआ एक पिण्ड 45°C से 40°C तक 10 मिनट में ठण्डा होता है। 40°C से 35°C तक ठण्डा होने में लगा समय है

(a) 10 मिनट (b) 10 मिनट से कम
(c) 10 मिनट से अधिक (d) 10 मिनट से कम या अधिक

उत्तरमाला

1.	(b)	2.	(c)	3.	(d)	4.	(a)	5.	(c)	6.	(c)	7.	(c)	8.	(b)	9.	(c)	10.	(a)
11.	(c)	12.	(b)	13.	(a)	14.	(d)	15.	(b)	16.	(b)	17.	(d)	18.	(a)	19.	(a)	20.	(a)
21.	(b)	22.	(c)	23.	(b)	24.	(c)	25.	(c)	26.	(d)	27.	(a)	28.	(a)	29.	(a)	30.	(c)
31.	(a)	32.	(b)	33.	(a)	34.	(b)	35.	(d)	36.	(a)	37.	(a)	38.	(a)	39.	(b)	40.	(b)
41.	(a)	42.	(b)	43.	(c)	44.	(b)	45.	(a)	46.	(c)	47.	(c)	48.	(a)	49.	(d)	50.	(b)
51.	(d)	52.	(c)	53.	(a)	54.	(b)	55.	(b)	56.	(c)	57.	(a)	58.	(c)	59.	(b)	60.	(c)
61.	(c)	62.	(c)	63.	(c)	64.	(b)	65.	(a)	66.	(b)	67.	(a)	68.	(c)	69.	(b)	70.	(b)
71.	(b)	72.	(a)	73.	(a)	74.	(c)	75.	(a)	76.	(b)	77.	(b)	78.	(b)	79.	(c)	80.	(a)
81.	(c)	82.	(c)	83.	(c)	84.	(b)	85.	(a)	86.	(a)	87.	(d)	88.	(b)	89.	(c)	90.	(c)
91.	(d)	92.	(b)	93.	(d)	94.	(d)	95.	(c)	96.	(d)	97.	(a)	98.	(b)	99.	(d)	100.	(a)
101.	(b)	102.	(d)	103.	(a)	104.	(c)	105.	(a)	106.	(a)	107.	(c)	108.	(c)				

उत्तर व्याख्या सहित

9. माना x वह ताप है जिस पर सेण्टीग्रेड व फारेनहाइट पैमानों पर पाठ समान है, तब

$$\frac{x-32}{9}=\frac{x}{5} \Rightarrow 5x-160=9x$$

$$4x=-160° \Rightarrow x=-40° C$$

10. $\frac{140-32}{9}=\frac{C}{5} \Rightarrow \frac{700-160}{9}=C \Rightarrow C=60°$

11. $\frac{F-32}{9}=\frac{80}{5}$, $F-32=144$

$$F=176 F$$

42. 4°C पर पानी का घनत्व अधिकतम होता है।

अत: $\frac{F-32}{180}=\frac{C}{100}$

$\Rightarrow \frac{F-32}{180}=\frac{4}{100}$

$$F=39.2F$$

43. डाल्टन के आंशिक दबाव के नियमानुसार,

$$p=p_1+p_2+p_3$$

46. 0°C की 1 ग्राम बर्फ को 0°C के जल में बदलने में दी गई ऊष्मा

$Q_1=mL=$ बर्फ की गुप्त ऊष्मा $=80$ कैलोरी

0°C के 1 ग्राम जल को 100°C के जल में बदलने में दी गई ऊष्मा

$Q_2=mc\,\Delta T=1\times1\times100=100$ कैलोरी

100°C के जल को 100°C की भाप में बदलने में दी गई ऊष्मा = भाप की गुप्त ऊष्मा = 536 कैलोरी

कुल ऊष्मा = 80 + 100 + 536 = 716 कैलोरी

47. $\frac{mgh}{4.2\times10^3}=mc\,\Delta\theta$

$$\frac{m\times9.8\times1000}{4.2\times10^3}=m\times0.1\times\Delta\theta$$

$\therefore \Delta\theta=\frac{98}{42\times0.1}=23.3°C$

50. 100°C की वाष्प द्वारा उत्पन्न जलन उसी ताप के पानी द्वारा उत्पन्न जलन से अधिक गंभीर होती है, क्योंकि वाष्प में उसकी गुप्त ऊष्मा भी विद्यमान रहती हैं। 100°C के 1 ग्राम द्रव्यमान के जल की अपेक्षा 100°C के एक ग्राम वाष्प में 536 कैलोरी ऊष्मा अधिक होती है।

51. पॉलिश की गई सतह सभी विकिरण परावर्तित करती है।

54. ऊष्मा प्रवाह की दर $\left(\frac{Q}{t}\right)=\frac{k\pi r^2(\theta_1-\theta_2)}{L}\propto\frac{r^2}{L}$

$\therefore \frac{Q_1}{Q_2}=\left(\frac{r_1}{r_2}\right)^2\left(\frac{l_2}{l_1}\right)=\left(\frac{1}{2}\right)^2\times\left(\frac{2}{1}\right)=\frac{1}{2}$

$\Rightarrow Q_2=2Q_1$

56. ऊष्मा क्षय होने की दर, $R\propto(T-T_0)$

$$\frac{R_2}{R_1}=\frac{30-10}{90-10}=\frac{20}{80}=\frac{1}{4}$$

$\therefore R_2=\frac{R_1}{4}=\frac{50}{4}=12.5$ कैलोरी/से

57. ऊष्मा चालकता, भिन्न पदार्थों के लिए भिन्न होती है।

58. $\theta=\frac{KA(T_1-T_2)}{l}t$

यहाँ, $A,(T_1-T_2),l$ समान है। अत: $K_1t_1=K_2t_2$

$\therefore (K_1/K_2)=t_2/t_1=\frac{60}{40}=3:2$

61. $\frac{K_1A_1\,\Delta T}{l_1}=\frac{K_2A_2\,(36-\Delta T)}{l_2}$

यहाँ, $A_1=A_2, l_1=l_2$ तथा $K_1=4K_2$

$\therefore 4\Delta T=40-\Delta T$

$\Rightarrow 5\Delta T=40 \Rightarrow \Delta T=8°C$

65. निर्वात् में ऊष्मा का प्रवाह केवल विकिरण द्वारा होता है।

66. तापीय प्रतिरोध $=\frac{\text{पदार्थ की लम्बाई अथवा मोटाई}}{\text{ऊष्मा चालकता}\times\text{क्षेत्रफल}}=\frac{l}{KA}$

70. ऊष्मा प्रवाह की दर,

$$\left(\frac{Q}{t}\right)=\frac{K\pi r^2(\theta_1-\theta_2)}{L}\propto\frac{r^2}{L}$$

$\therefore \frac{Q_1}{Q_2}=\left(\frac{r_1}{r_2}\right)^2\left(\frac{l_2}{l_1}\right)=\left(\frac{1}{2}\right)^2\times\left(\frac{2}{1}\right)=\frac{1}{2}$

$\Rightarrow Q_2=2Q_1$

71. ऊष्मीय प्रतिरोध, $R=\frac{l}{KA}$

ऊष्मीय प्रतिरोध समान हैं अत:

अत: $\frac{l_1}{K_1A_1}=\frac{l_2}{K_2A_2}$

$\Rightarrow \frac{l_1}{K_1}=\frac{l_2}{K_2}$ $(\because A_1=A_2)$

$\Rightarrow \frac{l_1}{l_2}=\frac{K_1}{K_2}=\frac{5}{3}$

72. श्रेणीक्रम संयोजन में प्रत्येक छड़ से ऊष्मा प्रवाह की दर समान रहती है।

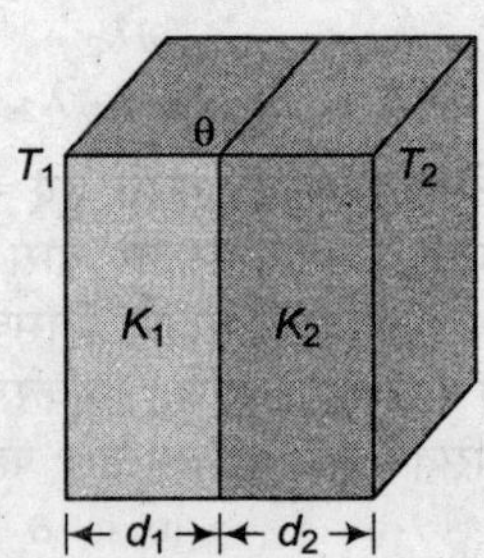

$\therefore \frac{dQ}{dt}=\frac{K_1A(T_1-\theta)}{d_1}$

$$=\frac{K_2A(\theta-T_2)}{d_2}$$

$\Rightarrow K_1d_2(T_1-\theta)=K_2d_1(\theta-T_2)$

$\Rightarrow \theta=\frac{K_1d_2T_1+K_2d_1T_2}{K_1d_2+K_2d_1}$

73. ताप प्रवणता, $\frac{d\theta}{dx}=\frac{(125-25)°C}{50\text{ सेमी}}=2°C/$ सेमी

74. ऊष्मा प्रवाह की दर,

$$\frac{\Delta Q}{\Delta t}=\frac{KA\Delta\theta}{\Delta x}$$

$\therefore$ तापीय प्रवणता $\left(\frac{\Delta\theta}{\Delta x}\right)=\frac{(\Delta Q/\Delta t)}{KA}=\frac{10}{0.4}=25°C/$सेमी

75. उभयनिष्ठ पृष्ठ का ताप, $\theta = \frac{K_1\theta_1 + K_2\theta_2}{K_1 + K_2}$

दिया है, $\frac{K_1}{K_2} = \frac{1}{4} \Rightarrow$ यदि $K_1 = K$ तब $K_2 = 4K$

$\therefore$

$$\theta = \frac{K \times 0 + 4K \times 100}{5K} = 80°C$$

76. अन्तरापृष्ठ का ताप, $\theta = \frac{K_1\theta_1 + K_2\theta_2}{K_1 + K_2}$

दिया है, $\frac{K_1}{K_2} = \frac{2}{3}$

अतः यदि $K_1 = 2K$ एवं $K_2 = 3K$

$$\therefore \quad \theta = \frac{2K \times 100 + 3K \times 0}{2K + 3K}$$

$$= \frac{200K}{5K} = 40°C$$

77. ताप प्रवणता $= \frac{\theta_1 - \theta_2}{\Delta x} = \frac{100 - 20}{20} = 4°C$ /सेमी

अतः मध्य बिन्दु पर ताप $= 100 - 4 \times 10 = 60°C$

78. ताप प्रवणता $= \frac{\theta_1 - \theta_2}{l} = 80$

$$\Rightarrow \quad \frac{30 - \theta_2'}{0.5} = 80 \text{ या } \theta_2' = -10°C$$

79. अन्तरापृष्ठ का ताप, $\theta = \frac{K_1\theta_1 l_2 + K_2\theta_2 l_1}{K_1 l_2 + K_2 l_1}$

$$= \frac{K \times 0 \times 2 + 3K \times 100 \times 1}{K \times 2 + 3K \times 1}$$

$$= \frac{300K}{5K} = 60°C$$

80. अन्तरापृष्ठ का ताप, $\theta = \frac{K_1\theta_1 l_2 + K_2\theta_2 l_1}{K_1 l_2 + K_2 l_1}$

यदि $K_S = K_1 = K$, तब

$K_{Cu} = K_2 = 9K$

$\therefore$ अन्तरापृष्ठ का ताप,

$$\theta = \frac{9K \times 100 \times 6 + K \times 0 \times 18}{9K \times 6 + K \times 18}$$

$$= \frac{5400K}{72K} = 75°C$$

81. ऊष्मा $Q = \frac{KA\Delta\theta t}{l}$

$\therefore$ छड़ के दोनों सिरों का तापान्तर

$$\Delta\theta = \frac{Q \times l}{KAt} = \frac{4000 \times 0.1}{400 \times 10^{-2}} = 100°C$$

82. झील की सतह पर जमी बर्फ ऊष्मा का कुचालक है जो ऊष्मा प्रवाह को रोक देती है।

अतः झील की तली पर जल का ताप 4°C होगा जिस पर जल का घनत्व अधिकतम होता है।

83. इंगन हौज के प्रयोग के अनुसार, $K \propto l^2$ या $K/l^2 =$ नियतांक

84. इंगन हौज के प्रयोग से, $K \propto l^2$

$$\therefore \quad K_1 : K_2 = l_1^2 : l_2^2$$

$$\Rightarrow \quad \frac{l_1}{l_2} = \sqrt{\frac{K_1}{K_2}} = \sqrt{\frac{10}{9}} = \frac{\sqrt{10}}{3}$$

85. इंगन हौज के प्रयोग से, $K \propto l^2$

अतः $\frac{K_1}{K_2} = \frac{l_1^2}{l_2^2}$

या $K_2 = \frac{K_1 l_2^2}{l_1^2} = \frac{0.92 \times (4.2)^2}{(8.4)^2} = 0.23$

86. इंगन हौज के प्रयोग से,

$$K \propto l^2$$

$$\Rightarrow \quad \frac{K_1}{K_2} = \frac{l_1^2}{l_2^2} = \left(\frac{10}{25}\right)^2 = \frac{1}{6.25}$$

87. अवशोषण गुणांक $= \frac{\text{अवशोषित ऊष्मा}}{\text{आपतित ऊष्मा}} = \frac{n}{m}$

88. पृष्ठ की अवशोषकता = 0.8, आपतित ऊर्जा = 5 जूल

अतः पृष्ठ की ऊर्जा में वृद्धि = अवशोषित ऊर्जा

$= 5 \times 0.8 = 4.0$ जूल

92. उत्सर्जित शक्ति $Q = A\varepsilon\sigma T^4 \Rightarrow Q \propto AT^4$

वीन विस्थापन नियम से, $\lambda_m T =$ नियतांक $\Rightarrow T \propto \frac{1}{\lambda_m}$

$$\therefore \quad Q \propto \frac{A}{(\lambda_m)^4} \propto \frac{r^2}{(\lambda_m)^4}$$

$$\Rightarrow \quad Q_a : Q_b : Q_c = \frac{2^2}{(300)^4} : \frac{4^2}{(400)^4} : \frac{6^2}{(500)^4}$$

$\therefore$ Q_b का मान अधिकतम होगा।

97. सफेद रंग सर्वाधिक तापमान प्रदर्शित करेगा।

100. $E_1 \propto 4\pi r^2 \times T^4$ तथा $E_2 \propto [16 \times 4\pi r^2] \times \left(\frac{T^4}{16}\right)$

$$\therefore \quad \frac{E_1}{E_2} = \frac{1}{\left(\frac{16}{16}\right)} = \frac{16}{16} = \frac{1}{1}$$

101. $\lambda_{m_2} = \frac{T_1}{T_2} \times \lambda_{m_1} = \frac{2000}{3000} \times \lambda_{m_1} = \frac{2}{3}\lambda_{m_1} = \frac{2}{3}\lambda_m$

103. वीन का विस्थापन नियम

$$\lambda_m T = b$$

$$\Rightarrow \quad \lambda_m = \frac{b}{T} = \frac{2.88 \times 10^6}{2880}$$

= 1000 नैनोमीटर

ऊर्जा वितरण चित्रानुसार होगा

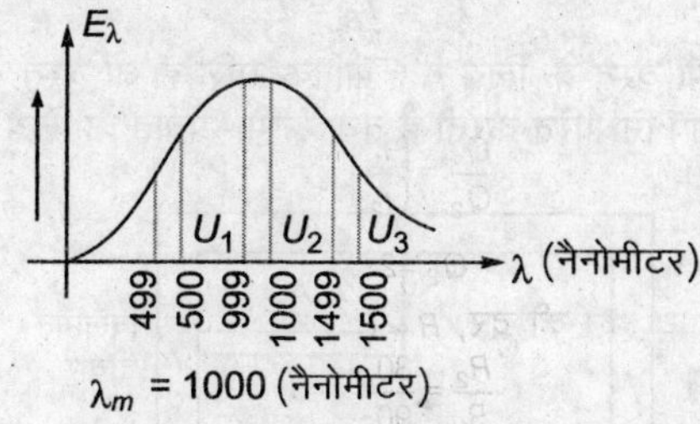

λ_m = 1000 (नैनोमीटर)

ग्राफ से स्पष्ट है कि $U_2 > U_1$

104. $\frac{T_1}{T_2} = \frac{\lambda_{m_2}}{\lambda_{m_1}} = \frac{4800}{3600} \Rightarrow \frac{48}{36} = \frac{4}{3}$

105. $\lambda_{m_A} T_A = \lambda_{m_B} T_B$

$$T_A = \frac{5}{4} \times 6800 = 8500 \text{ K}$$

अध्याय 13

ऊष्मागतिकी

Thermodynamics

ऊष्मीय साम्यावस्था (Thermal Equilibrium)

यदि किन्हीं दो वस्तुओं को परस्पर सम्पर्क में रखने पर उनके बीच ऊष्मा का आदान-प्रदान नहीं होता है, तो वे एक-दूसरे के ऊष्मीय साम्यावस्था में कहलाती हैं।

ऊष्मागतिकी का शून्यवाँ नियम तथा ताप की संकल्पना (Zeroth Law of Thermodynamics and Concept of Temperature)

इस नियम के अनुसार, यदि दो निकाय A तथा B अलग-अलग किसी तीसरे निकाय C के साथ ऊष्मीय साम्यावस्था (thermal equilibrium) में हों, तब A व B भी एक-दूसरे के साथ ऊष्मीय साम्यावस्था में होंगे। अत: यहाँ एक निश्चित अदिश (scalar) भौतिक राशि होनी चाहिये जो कि ऊष्मीय साम्यावस्था में सभी निकायों के लिये समरूप (identical) हो। यह राशि (अदिश) ताप (temperature) है।

माना ऊष्मीय साम्यावस्था में निकायों A, B तथा C के लिये,

$$T_A = T_B = T_C$$

अत: ताप किसी वस्तु के लिये वह भौतिक राशि है जो वस्तु की गर्माहट एवं ठण्डेपन की माप निर्धारित करती है तथा ऊष्मा-प्रवाह के लिये उत्तरदायी है।

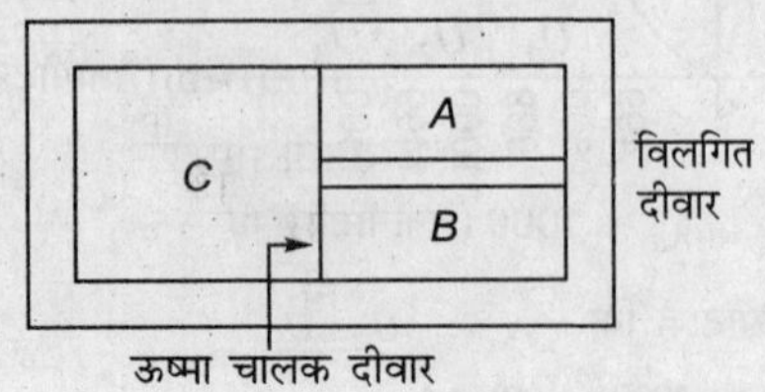

ऊष्मागतिक निकाय (Thermodynamic System)

ऐसा निकाय जिसकी प्रत्येक अवस्था को ताप, दाब, आयतन के पदों में व्यक्त किया जा सकता है, ऊष्मागतिक निकाय कहलाता है। जैसे—किसी सिलिण्डर में भरी गैस।

ऊष्मागतिक निकाय द्वारा कृत कार्य (Work done by a Thermodynamic System)

किसी ऊष्मागतिक निकाय द्वारा किया गया कार्य निम्न सूत्र से दिया जाता है

$$\Delta W = p \times \Delta V$$

इस प्रकार, p-V वक्र तथा आयतन-अक्ष से घिरे क्षेत्रफल से गैस अथवा किसी भी निकाय द्वारा किया गया कार्य सीधे प्राप्त हो जाता है।

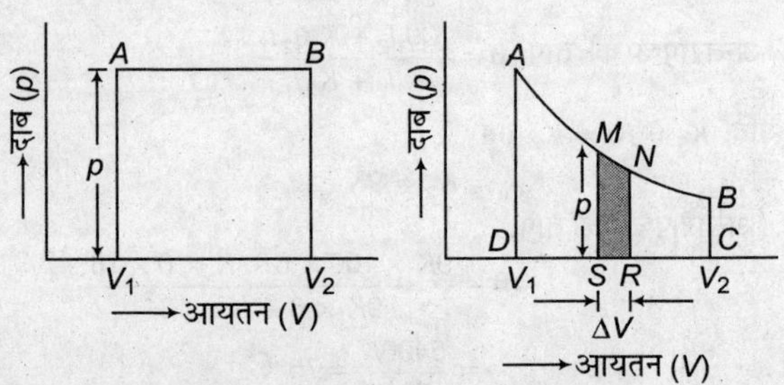

किसी प्रक्रम में निकाय द्वारा अथवा निकाय पर किये गये कार्य का मान, न केवल निकाय की प्रारम्भिक तथा अन्तिम अवस्थाओं पर ही निर्भर करता है, बल्कि उस मार्ग पर भी निर्भर करता है, जिसके द्वारा वह प्रक्रम किया जाता है।

आन्तरिक ऊर्जा (Internal Energy)

किसी वस्तु के अन्दर अणुओं और परमाणुओं की अनियमित गति तथा उनकी अपनी स्थिति के कारण संचित ऊर्जा को आन्तरिक ऊर्जा कहते हैं। यह निकाय का वह गुण है, जो निकाय की साम्यावस्था पर निर्भर करता है। किसी गैस की आन्तरिक ऊर्जा, गतिज ऊर्जा और अन्तराणविक स्थिति ऊर्जा के योगफल के बराबर होती है।

$$U = U_k + U_p$$

तथा n मोल गैस की T K ताप पर आन्तरिक ऊर्जा, $U = \frac{nfRT}{2}$

अत: आन्तरिक ऊर्जा केवल ताप पर निर्भर करती है।

ऊष्मागतिकी का प्रथम नियम

(First Law of Thermodynamics)

ऊष्मागतिकी का प्रथम नियम (First law of thermodynamics) ऊर्जा संरक्षण के नियम का सामान्य रूप है, जो आन्तरिक ऊर्जा (internal energy) में सम्भव परिवर्तन दर्शाता है।

इस नियम के अनुसार, "किसी निकाय को दी गई ऊष्मा (dQ), उस निकाय द्वारा किये गये बाह्य कार्य (dW) तथा उसकी आन्तरिक ऊर्जा में वृद्धि (dQ) के योग के बराबर होती है, अर्थात्

$$dQ = dU + dW$$

विभिन्न ऊष्मागतिक प्रक्रम (Different Thermodynamic Process)

क्र. सं.	परिवर्तन या प्रक्रम का नाम	समदाबीय	समआयतनिक	समतापीय	रुद्धोष्म
1.	परिभाषा	$p =$ नियत	$V =$ नियत	$T =$ नियत	(a) $Q =$ नियत (b) एन्ट्रॉपी $S =$ नियत
2.	dQ	(i) ठोसों के लिए, $dQ = mC_p dT$ (ii) गैसों के लिए, $dQ = mC_p dT = nC_p dT$ (iii) अवस्था परिवर्तन के लिए, $dQ = mL$	(i) ठोसों के लिए, $dQ = mC_V dT$ (ii) गैसों के लिए, $dQ = nC_V dT$	$dQ = dW$	शून्य
3.	dU	(i) $dQ - pdV$ (ii) $dQ - nRdT$	dQ	शून्य	$-dW$
4.	dW	(i) pdV (ii) $nRdT$	शून्य	(i) $2.303\, nRT \log_{10} \frac{V_2}{V_1}$ (ii) $2.303\, p_1 V_1 \log_{10} \frac{V_2}{V_1}$ (iii) $2.303\, p_1 V_1 \log_{10} \frac{p_1}{p_2}$	(i) $\frac{R(T_2 - T_1)}{(1-\gamma)}$ (ii) $\frac{p_2 V_2 - p_1 V_1}{(1-\gamma)}$
5.	अवस्था समीकरण	$\frac{V}{T} =$ नियतांक या $\frac{V_1}{T_1} = \frac{V_2}{T_2}$	$\frac{p}{T} =$ नियतांक या $\frac{p_1}{T_1} = \frac{p_2}{T_2}$	$pV =$ नियतांक या $p_1 V_1 = p_2 V_2$	(i) $pV^{\gamma} =$ नियतांक (ii) $TV^{\gamma - 1} =$ नियतांक (iii) $p^{1-\gamma} V^{\gamma} =$ नियतांक
6.	p-V ग्राफ	p, O, V_i, V_f, V समदाबीय विस्तार	p, V समआयतनिक विस्तार	p, p_i, p_f, V_1, V_2, V समतापीय $pV =$ नियतांक अतिपरवलय	p, V रुद्धोष्म रुद्धोष्म विस्तार
7.	p-V वक्र का ढाल	शून्य	∞	$-\frac{p}{V}$	$-\frac{\gamma p}{V}$

उत्क्रमणीय तथा अनुत्क्रमणीय प्रक्रम

(Reversible and Irreversible Processes)

किसी निकाय के लिए वह प्रक्रम, जिसको बाह्य परिस्थितियों में अल्प परिवर्तन के द्वारा विपरीत क्रम में सम्पन्न करने पर निकाय ठीक उन्हीं संगत साम्य अवस्थाओं से गुजरे जिन साम्य अवस्थाओं से होकर वह सीधे क्रम में गुजरा है और प्रक्रम के अन्त में निकाय एवं परिवेश अपनी-अपनी प्रारम्भिक अवस्था में वापस आ जायें, 'उत्क्रमणीय प्रक्रम' कहलाता है।

किसी निकाय के लिए वह प्रक्रम, जिसको बाह्य परिस्थितियों को उत्क्रमित (reversed) करने पर विपरीत क्रम में ठीक उन्हीं चरणों में सम्पन्न नहीं किया जा सके जिन चरणों में इसको सीधे क्रम में सम्पन्न किया गया है, 'अनुत्क्रमणीय प्रक्रम' कहलाता है। अनुत्क्रमणीय प्रक्रम के अन्त में निकाय एवं परिवेश अपनी-अपनी प्रारम्भिक अवस्था में वापस नहीं आते हैं।

ऊष्मागतिकी का द्वितीय नियम

(Second Law of Thermodynamics)

ऊष्मागतिकी का द्वितीय नियम प्रथम नियम का पूरक है। इसके अनुसार, ऊष्मा का सम्पूर्ण रूप से यान्त्रिक ऊर्जा में परिवर्तन असम्भव है। आंशिक रूप में ऊष्मा के कार्य में परिवर्तन के लिए यह भी आवश्यक है कि

उच्च ताप पर स्रोत (source) से ऊष्मा ली जाये और उस ऊष्मा का कुछ भाग, कार्य में परिवर्तित हो तथा शेष भाग, निम्न ताप पर किसी वस्तु/सिंक (sink) को दिया जाये अर्थात् ऊष्मा के कार्य में रूपान्तरण के लिए ऊष्मा का प्रवाह होना आवश्यक प्रतिबन्ध है, जो स्रोत तथा सिंक के तापान्तर के कारण ही होता है।

इस नियम को मुख्यत: निम्न कथनों द्वारा व्यक्त किया जाता है

1. केल्विन-प्लांक कथन (Kelvin-Planck Statement)

"ऊष्मा का सम्पूर्ण रूप से कार्य में परिवर्तन असम्भव है।" इस कथन पर ऊष्मा इन्जन (heat engine) आधारित है।

2. क्लॉसियस का कथन (Clausius's Statement)

"बिना बाह्य ऊर्जा का उपयोग किये ऊष्मा का शीतल वस्तु (सिंक) से तप्त वस्तु (स्रोत) को हस्तान्तरण सम्भव नहीं है।" इस कथन पर प्रशीतित्र (refrigerator) आधारित है।

ऊष्मा इन्जन (Heat Engine)

ऊष्मा इन्जन ऐसी युक्ति है, जो ऊष्मा को यान्त्रिक कार्य में परिवर्तित करती है।

(i) **स्रोत** (Source) यह उच्च ताप एवं अनन्त ऊष्मीय क्षमता पर ऊष्मा का कुण्ड है। इससे ऊष्मा की कितनी भी मात्रा स्थिर ताप पर ली जा सकती है।

(ii) **कार्यकारी पदार्थ** (Working Substance) वाष्प, पेट्रोल इत्यादि कार्यकारी पदार्थ के रूप में प्रयुक्त होते हैं, जो ऊष्मा को कार्य में सम्पादित करते हैं।

(iii) **सिंक** (Sink) यह निम्न ताप एवं अनन्त ऊष्मीय क्षमता पर ऊष्मा का कुण्ड है। ऊष्मा की कितनी भी मात्रा सिंक को स्थिर ताप पर दी जा सकती है।

कार्यकारी पदार्थ स्रोत से Q_1 ऊष्मा अवशोषित करता है, W कार्य सम्पादित करता है तथा बची हुई ऊष्मा की मात्रा Q_2 सिंक को वापस कर अपनी मूल अवस्था में वापस आ जाता है। इस प्रक्रम में कार्यकारी पदार्थ की आन्तरिक ऊर्जा में कोई परिवर्तन नहीं होता है।

ऊष्मीय इन्जन की दक्षता,

$$\eta = \frac{\text{कार्यकारी पदार्थ द्वारा किया गया कार्य}}{\text{कार्यकारी पदार्थ को दी गयी ऊष्मा}}$$

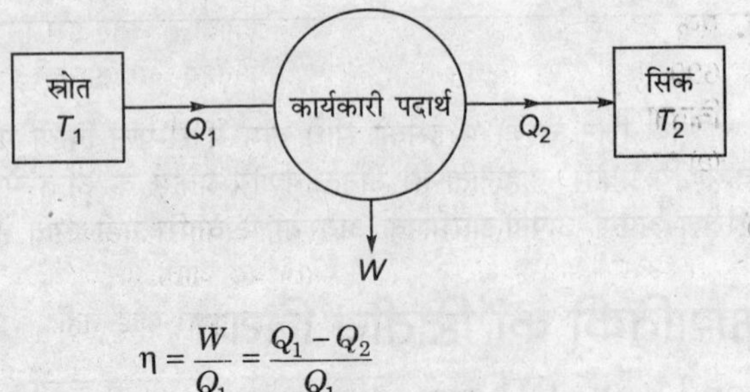

$$\therefore \quad \eta = \frac{W}{Q_1} = \frac{Q_1 - Q_2}{Q_1}$$

$$\%\eta = \frac{W}{Q_1} \times 100 = \frac{Q_1 - Q_2}{Q_1} \times 100$$

$$= \left(1 - \frac{Q_2}{Q_1}\right) \times 100 = \left(1 - \frac{T_2}{T_1}\right) \times 100$$

नोट यदि $Q_2 = 0$ या $T_2 = 0$ K हो तो $\eta = 100\%$ जोकि सम्भव नहीं है।

ऊष्मा इंजन के प्रकार (Types of Heat Engine)

ऊष्मा इंजन दो प्रकार के होते हैं

(i) **बाह्य दहन इंजन** (External Combustion Engine) इस प्रकार के ऊष्मा इंजन में ईंधन को इंजन के मुख्य भाग से बाहर एक कोष्ठ में जलाया जाता है। भाप का इंजन एक बाह्य दहन इंजन है। बाह्य दहन इंजन की दक्षता 10 से 20% तक होती है।

(ii) **आन्तरिक दहन इंजन** (Internal Combustion Engine) इस प्रकार के इंजन में ईंधन को इंजन के मुख्य भाग में ही एक सिलेण्डर में जलाया जाता है। पेट्रोल इंजन तथा डीजल इंजन, आन्तरिक दहन इंजन के उदाहरण है

प्रशीतक (Refrigerator)

यह ऊष्मा इंजन का व्युत्क्रम है। यह ठण्डी वस्तु (सिंक) से ऊष्मा लेता है तथा कुछ कार्य करने के पश्चात् बची ऊष्मा को गर्म वस्तु (स्रोत) को दे देता है।

इसके तीन भाग होते है

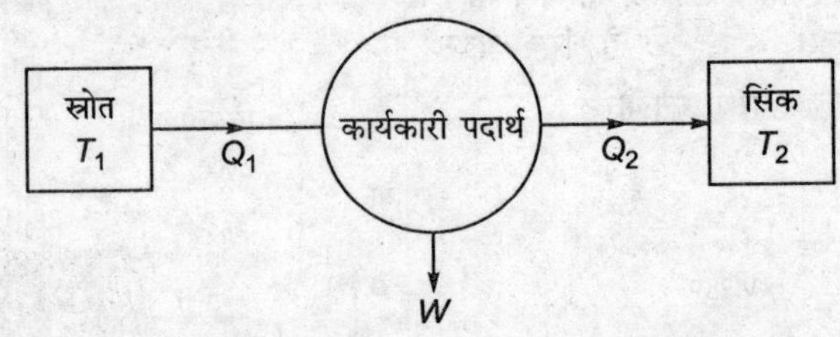

(i) **स्रोत** (Source) उच्च ताप T_1 पर अनन्त ऊष्मीय क्षमता का ऊष्मा का कुण्ड है जिसे स्थिर ताप पर कितनी ही ऊष्मा की मात्रा दी जा सकती है।

(ii) **कार्यकारी पदार्थ** (Working Substance) प्रशीतक में अमोनिया एवं फ्रीऑन कार्यकारी पदार्थ के रूप में प्रयुक्त किए जाते हैं। ये पदार्थ सिंक से ऊष्मा ग्रहण कर स्रोत को ऊष्मा स्थानान्तरित कर देते हैं।

(iii) **सिंक** (Sink) यह निम्न ताप T_2 पर अनन्त ऊष्मीय क्षमता का ऊष्मा का कुण्ड है जिससे स्थिर ताप पर कितनी ही ऊष्मा ली जा सकती है।

कार्यकारी पदार्थ निम्न ताप T_2 पर सिंक से Q_2 ऊष्मा लेता है, इस पर किसी बाह्य कारक द्वारा W कार्य किया जाता है। जिसके फलस्वरूप यह Q_1 ऊष्मा उच्च ताप T_2 पर स्रोत (प्राय: वातावरण) को दे देता है। इस प्रकार बाह्य कारक द्वारा कार्य करने पर ऊष्मा ठण्डी वस्तु से गर्म वस्तु तक पहुँचती है व ठण्डी वस्तु और ठण्डी हो जाती है।

प्रशीतक की शीतलन क्षमता या कार्य निष्पादन गुणांक (Coefficient of Performance of Refrigerator)

प्रशीतक की शीतलन क्षमता को इसके कार्य गुणांक β द्वारा व्यक्त करते हैं जिसका मान ठण्डी वस्तु से निकाली गई ऊष्मा तथा इसके लिए किए गए कार्य के अनुपात के तुल्य होता है।

अर्थात् $\beta = \dfrac{\text{ठण्डी वस्तु से निकाली गई ऊष्मा}}{\text{किया गया कार्य}}$

$$= \frac{Q_2}{W} = \frac{Q_2}{Q_1 - W_2} = \frac{T_2}{T_1 - T_2}$$

या $\beta = \dfrac{1-\eta}{\eta}$

जहाँ η प्रशीतक की दक्षता है।

कार्नो प्रमेय (Carnot's Theorem)

कार्नो प्रमेय के अनुसार, ''समान गर्म व ठण्डे कुण्ड (hot and cold reservoirs) के बीच कार्यरत् किसी भी अपरिवर्तनीय इंजन (irreversible engine) की दक्षता, कार्नो के परिवर्तनीय इंजन (reversible engine) से अधिक नहीं हो सकती है।''

कार्नो चक्र (Carnot's Cycle) यह एक चार पदीय उत्क्रमणीय चक्र है, कार्नो इंजन में कार्यकारी पदार्थ इस चक्र के अनुदिश लिया जाता है।

कार्नो का ऊष्मा इंजन (Carnot's Heat Engine) कार्नो ने एक ऐसे आदर्श ऊष्मा इंजन की कल्पना की, जो व्यावहारिक इंजन में विद्यमान सभी अपूर्णताओं से स्वतन्त्र है, जिसे **कार्नो इंजन** कहा जाता है।

इसमें चार अंग होते हैं

एक सिलेण्डर, जिसकी दीवारें पूर्णतया ऊष्मा अवरूद्ध (perfectly insulating) तथा पूर्णतया चालक आधार (perfectly conducting base) होता है। सिलेण्डर बन्द होता है तथा इसमें पूर्णरूप से फिट, पूर्णतया अवरूद्ध (perfectly insulating) एवम् घर्षणरहित पिस्टन होता है। सिलेण्डर में गैस (कार्यशील पदार्थ) की एक नियत मात्रा भरी जाती है।

एक गर्म पिण्ड (hot body), जिसकी ऊष्मा धारिता अनन्त रूप से दीर्घ है, नियत ताप T_1 पर होता है। यह स्रोत के रूप में कार्य करता है।

एक ठण्डा पिण्ड (cold body), जिसकी ऊष्माधारिता अनन्त रूप से अधिक है, नियत ताप T_2 पर होता है। यह मोरी (sink) के रूप में कार्य करता है। एक पूर्णतया ऊष्मा अवरूद्ध स्टैण्ड।

कार्नो चक्र (Carnot Cycle)

अत्यधिक दक्षता वाले ऊष्मीय इंजन का चक्र कार्नो चक्र कहलाता है। इसमें दो समतापी तथा दो रुद्धोष्म प्रक्रम निहित होते हैं।

कार्नो दक्षता के लिए ऊष्मीय इंजन चक्र में सम्मिलित प्रक्रम उत्क्रमणीय होने चाहिए तथा एण्ट्रॉपी में कोई परिवर्तन नहीं होना चाहिए। इसका अर्थ है कि कार्नो चक्र आदर्श वादी नहीं है, क्योंकि वास्तविक इंजन का प्रक्रम उत्क्रमणीय नहीं होता है तथा सभी वास्तविक भौतिक प्रक्रमों में एण्ट्रॉपी में कुछ वृद्धि होती है।

कार्नो दक्षता, $\eta = \dfrac{T_H - T_C}{T_H} \times 100$

कार्नो दक्षता में ताप, केल्विन में मापा जाता है।

ऊष्मीय इंजन की दक्षता, $\eta = \dfrac{T_H - T_C}{H}$

अभ्यास प्रश्न

ऊष्मागतिकी का प्रथम नियम

1. ऊष्मागतिकी के प्रथम नियम का सम्बन्ध होता है
(a) संवेग संरक्षण से
(b) ऊर्जा संरक्षण से
(c) द्रव्यमान संरक्षण से
(d) ताप के संरक्षण से

2. आदर्श गैस की आन्तरिक ऊर्जा निर्भर करती है
(a) विशिष्ट आयतन पर (b) दाब पर
(c) ताप पर (d) घनत्व पर

3. एक आदर्श गैस के प्रसार के दौरान ताप को नियत रखा जाता है। गैस बाहरी कार्य करती है। इस प्रक्रिया के दौरान गैस की आन्तरिक ऊर्जा
(a) घटती है
(b) बढ़ती है
(c) स्थिर रहती है
(d) आणविक गति पर निर्भर करती है

4. यदि एक निकाय को दी गई ऊष्मा 35 जूल हो तथा निकाय द्वारा किया गया कार्य 15 जूल हो, तो निकाय में होने वाला आन्तरिक ऊर्जा में परिवर्तन है
(a) –50 जूल (b) 20 जूल (c) 30 जूल (d) 50 जूल

5. एक निकाय को 300 कैलोरी ऊष्मा दी जाती है और इस निकाय द्वारा 600 जूल कार्य किया जाता है। यहाँ निकाय की आन्तरिक ऊर्जा में कितना परिवर्तन होता है (J = 418 जूल/कैलोरी)
(a) 654 जूल (b) 156.5 जूल (c) –300 जूल (d) –5282 जूल

6. किसी गैस के मुक्त प्रसार में गैस की आन्तरिक ऊर्जा
(a) स्थिर रहती है (b) बढ़ जाती है
(c) घट जाती है (d) इनमें से कोई नहीं

7. जब कोई निकाय 2 किलो कैलोरी ऊष्मा अवशोषित करके 500 जूल कार्य करता है, तो उसकी आन्तरिक ऊर्जा में परिवर्तन है
(a) 7900 जूल (b) 8200 जूल
(c) 5600 जूल (d) 6400 जूल

8. 1 घन मी आयतन का एक पात्र दो बराबर भागों में एक विभाजन द्वारा बाँटा गया है। इनमें से एक पात्र में 300 K पर आदर्श गैस भरी है। दूसरे पात्र में निर्वात है। सम्पूर्ण निकाय अपने चारों ओर की ऊष्मा से विलगित है। अब एक विभाजन हटाने पर गैस सम्पूर्ण आयतन घेर लेती है, तो अब इसका तापक्रम होगा

(a) 300 K (b) 239 K (c) 200 K (d) 100 K

9. किसी गैसीय निकाय को 110 जूल ऊष्मा देने पर किया गया कार्य कितना होगा, यदि निकाय की आन्तरिक ऊर्जा परिवर्तन 40 जूल है

(a) 150 जूल (b) 70 जूल (c) 110 जूल (d) 40 जूल

10. किसी ऊष्मागतिक प्रक्रम में, गैस को 200 जूल ऊष्मा दी जाती है तथा इस पर 100 जूल कार्य भी किया जाता है। गैस की आन्तरिक ऊर्जा में परिवर्तन है

(a) 100 जूल (b) 300 जूल (c) 419 जूल (d) 24 जूल

11. यदि ΔQ एवं ΔW क्रमशः निकाय को दी गई ऊष्मा एवं निकाय पर किए गए कार्य को प्रदर्शित करते हैं, तब ऊष्मागतिकी के प्रथम नियम को लिखा जा सकता है (ΔU = आन्तरिक ऊर्जा में परिवर्तन)

(a) $\Delta Q = \Delta U + \Delta W$ (b) $\Delta Q = \Delta U - \Delta W$

(c) $\Delta Q = \Delta W - \Delta U$ (d) $\Delta Q = -\Delta W - \Delta U$

12. गैस के मुक्त प्रसार हेतु निम्न में से क्या सत्य है

(a) $Q = W = 0$ तथा $\Delta E_{\text{आन्तरिक}} = 0$

(b) $Q = 0, W > 0$ तथा $\Delta E_{\text{आन्तरिक}} = -W$

(c) $W = 0, Q > 0,$ तथा $\Delta E_{\text{आन्तरिक}} = Q$

(d) $W > 0, Q < 0$ तथा $\Delta E_{\text{आन्तरिक}} = 0$

13. किसी आदर्श गैस के लिए एक प्रक्रम में, $dW = 0$ एवं $dQ < 0$ है। तब गैस का

(a) ताप घटेगा (b) आयतन बढ़ेगा

(c) दाब नियत रहेगा (d) ताप बढ़ेगा

14. एक निकाय को 200 कैलोरी ऊष्मा दी जाती है एवं निकाय द्वारा परिवेश पर किया गया कार्य 40 जूल है, तब इसकी आन्तरिक ऊर्जा में

(a) वृद्धि 600 जूल है (b) कमी 800 जूल है

(c) वृद्धि 800 जूल है (d) कमी 50 जूल है

15. नियत दाब पर एक आदर्श एक परमाणविक गैस के एक मोल को एक वायुमण्डल दाब पर 0°C से 100°C तक गर्म किया जाता है। उसकी आन्तरिक ऊर्जा में परिवर्तन होगा

(a) 6.56 जूल (b) 8.32×10^2 जूल

(c) 12.48×10^2 जूल (d) 20.80 जूल

16. 2 मोल गैस का ताप 340 K से 342 K तक बढ़ने पर इसकी आन्तरिक ऊर्जा में परिवर्तन होगा ($C_V = 4.96$ कैलोरी/मोल-कैल्विन)

(a) 27.80 कैलोरी (b) 19.84 कैलोरी

(c) 13.90 कैलोरी (d) 9.92 कैलोरी

17. एक ऊष्मागतिक प्रक्रम में, एक गैस की निश्चित मात्रा का दाब इस प्रकार परिवर्तित होता है, कि गैस अणु 20 जूल ऊष्मा मुक्त करते हैं, एवं गैस पर 10 जूल कार्य किया जाता है। यदि गैस की प्रारम्भिक आन्तरिक ऊर्जा 40 जूल थी तब इसकी अन्तिम आन्तरिक ऊर्जा होगी

(a) 30 जूल (b) 20 जूल (c) 60 जूल (d) 40 जूल

18. जब किसी गैस को नियत दाब 2.1×10^5 न्यूटन/मी² पर 1500 जूल ऊष्मा दी जाती है, तो इसके आयतन में 2.5×10^{-3} मी³ की वृद्धि हो जाती है। गैस की आन्तरिक ऊर्जा में वृद्धि होगी (जूल में)

(a) 450 (b) 525 (c) 975 (d) 2025

19. एक आदर्श गैस एक अवस्था (A) से दूसरी अवस्था (B) में जाती है तो 8×10^5 जूल ऊष्मा अवशोषित करती है, एवं 6.5×10^5 जूल बाह्य कार्य करती है। इसे अब दूसरे प्रक्रम द्वारा अवस्था (A) से अवस्था (B) में ले जाया जाता है इसमें यह गैस 10^5 जूल ऊष्मा अवशोषित करती है, तब दूसरे प्रक्रम में

(a) गैस पर किया गया कार्य 0.5×10^5 जूल है

(b) गैस द्वारा किया गया कार्य 0.5×10^5 जूल है

(c) गैस पर किया गया कार्य 10^5 जूल है

(d) गैस द्वारा किया गया कार्य 10^5 जूल है

समतापीय प्रक्रम

20. एक बर्तन में 5 लीटर गैस 0.8 मी दाब पर है। इस बर्तन को एक 3 लीटर आयतन वाले निर्वातित (evacuated) बर्तन से जोड़ा जाता है। अन्दर का परिणामी दाब होगा (पूरे निकाय को विलगित मान लिया जाए)

(a) $\frac{4}{3}$ मी (b) 0.5 मी (c) 2.0 मी (d) $\frac{3}{4}$ मी

21. समतापीय प्रक्रम में प्रति मोल द्वारा किया गया कार्य होता है

(a) $RT \log_{10} \frac{V_2}{V_1}$ (b) $RT \log_{10} \frac{V_1}{V_2}$

(c) $RT \log_e \frac{V_2}{V_1}$ (d) $RT \log_e \frac{V_1}{V_2}$

22. आदर्श गैस A तथा वास्तविक गैस B के आयतन, समतापीय अवस्था में V से बढ़ाकर $2V$ कर दिए जाते है। आन्तरिक ऊर्जा में परिवर्तन

(a) A और B दोनों में समान होगा

(b) दोनों गैसों के लिए शून्य होगा

(c) B के लिए A की तुलना में अधिक होगा

(d) A के लिए B की तुलना में अधिक होगा

23. समतापीय प्रक्रम के लिए प्रयुक्त पात्र बना होना चाहिए

(a) ताँबे का (b) काँच का

(c) लकड़ी का (d) कपड़े का

24. समतापीय प्रक्रम में गैस की विशिष्ट ऊष्मा होती है

(a) अनन्त (b) शून्य (c) ऋणात्मक (d) नियत

25. जब किसी बेलन में आदर्श गैस का समतापीय सम्पीडन करते हैं तो गैस पर किया गया कार्य 1.5×10^4 जूल है। इस प्रक्रम में लगभग

(a) 3.6×10^3 कैलोरी ऊष्मा का निष्कासन होता है

(b) 3.6×10^3 कैलोरी ऊष्मा गैस को प्राप्त होती है

(c) 1.5×10^4 कैलोरी ऊष्मा गैस को प्राप्त होती है

(d) 1.5×10^4 कैलोरी ऊष्मा गैस से निष्कासित होती है

26. जल के वाष्पन की गुप्त ऊष्मा 2240 जूल/ग्राम है। यदि एक ग्राम जल के प्रसार में किया गया कार्य 168 जूल है तब आन्तरिक ऊर्जा में वृद्धि है

(a) 2408 जूल (b) 2240 जूल

(c) 2072 जूल (d) 1904 जूल

27. एक आदर्श गैस का 1 मोल प्रारम्भिक आयतन 10 लीटर से अन्तिम आयतन 20 लीटर तक प्रसारित होता है, जबकि तापक्रम 300 केल्विन पर स्थिर रहता है। गैस प्रसार में किए गए कार्य का मान होगा ($R = 8.31$ जूल/मोल केल्विन)

(a) 750 जूल (b) 1728 जूल (c) 1500 जूल (d) 3456 जूल

28. एक आदर्श गैस का आयतन 1 लीटर एवं दाब 72 सेमी पारा स्तम्भ के तुल्य है। गैस को समतापीय रूप से सम्पीडित करके इसका आयतन 900 घन सेमी कर दिया जाता है। गैस में उत्पन्न प्रतिबल होगा

(a) 8 सेमी (पारा) (b) 7 सेमी (पारा)
(c) 6 सेमी (पारा) (d) 4 सेमी (पारा)

29. $100°C$ पर 1 सेमी^{3} जल को जब 540 कैलोरी ऊष्मा दी जाती है, $100°C$ की भाप का एक वायुमण्डल दाब पर आयतन 1671 सेमी^{3} हो जाता है, तो वायुमण्डल दाब के विपरीत सम्पन्न कार्य होगा (लगभग)

(a) 540 कैलोरी (b) 40 कैलोरी (c) शून्य (d) 500 कैलोरी

30. एक पिस्टन युक्त सिलिण्डर में $27°C$ पर 0.2 मोल वायु भरी है। पिस्टन को इतने धीरे धकेला जाता है कि इसके भीतर की वायु परिवेश के साथ ऊष्मीय सन्तुलन में रहती है। यदि अन्तिम आयतन प्रारम्भिक आयतन का दोगुना है तो निकाय द्वारा किया गया कार्य लगभग होगा

(a) 543 जूल (b) 345 जूल (c) 453 जूल (d) 600 जूल

रुद्धोष्म प्रक्रम

31. रुद्धोष्म प्रसार में

(a) ΔU = शून्य (b) ΔU = ऋणात्मक
(c) ΔU = धनात्मक (d) ΔW = शून्य

32. एक परमाणविक गैस का यकायक रुद्धोष्म परिवर्तन से आयतन प्रारम्भिक आयतन का 1/8 कर दिया जाता है। यदि $\gamma = \frac{5}{3}$ है, तो गैस दाब हो जाता है

(a) $\frac{24}{5}$ (b) 8
(c) $\frac{40}{3}$ (d) प्रारम्भिक दाब का 32 गुना

33. एक कार टायर में दाब वायुमण्डल दाब से चार गुना है तथा ताप 300 K है। यदि टायर अचानक फट जाता है, तो नया ताप होगा

(a) $300(4)^{1.4/0.4}$ (b) $300\left(\frac{1}{4}\right)^{0.4/1.4}$
(c) $300(2)^{-0.4/1.4}$ (d) $300(4)^{-0.4/1.4}$

34. एक आदर्श गैस को $27°C$ पर रुद्धोष्म सम्पीडित किया जाता है कि उसका आयतन, प्रारम्भिक आयतन का 8/27 गुना हो जाता है यदि $\gamma = \frac{5}{3}$ है, तो ताप वृद्धि होगी

(a) 450K (b) 375K (c) 225K (d) 405K

35. रुद्धोष्म परिवर्तन में एक आदर्श गैस के दाब व ताप में सम्बन्ध है ($\gamma = C_p/C_V$)

(a) pT^{γ} = नियतांक (b) $pT^{-1+\gamma}$ = नियतांक
(c) $p^{\gamma-1}T^{\gamma}$ = नियतांक (d) $p^{1-\gamma}T^{\gamma}$ = नियतांक

36. रुद्धोष्म प्रसार में ताप को T से T_1 तक परिवर्तित करने पर सम्पन्न कार्य होता है

(a) $R(T - T_1)$ (b) $\frac{R}{\gamma - 1}(T - T_1)$
(c) RT (d) $R(T - T_1)(\gamma - 1)$

37. सामान्य ताप तथा दाब पर हाइड्रोजन गैस ($\gamma = 1.4$) की रुद्धोष्म प्रत्यास्थता होगी

(a) 1×10^5 न्यूटन/मी^{2} (b) 1×10^{-8} न्यूटन/मी^{2}
(c) 1.4 न्यूटन/मी^{2} (d) 1.4×10^5 न्यूटन/मी^{2}

38. एक बहुपरमाणविक गैस $\left(\gamma = \frac{4}{3}\right)$ का आयतन रुद्धोष्म प्रक्रिया से सम्पीडित कर मूल आयतन का $\frac{1}{8}$ गुना कर दिया जाता है। यदि गैस का मूल दाब p_0 हो, तो उसका नया दाब होगा

(a) $8p_0$ (b) $16p_0$ (c) $6p_0$ (d) $2p_0$

39. गैस की दो विशिष्ट ऊष्माओं का अनुपात γ द्वारा प्रदर्शित किया गया है तो रुद्धोष्म और समतापीय p-V वक्रों की कटान बिन्दु पर प्रवणता का अनुपात होगा

(a) $\frac{1}{\gamma}$ (b) γ
(c) $\gamma - 1$ (d) $\gamma + 1$

40. $27°C$ पर हीलियम का आयतन 8 लीटर है। अचानक दबाकर इसका आयतन 1 ली कर दिया जाता है। इस गैस का ताप होगा $\left(\gamma = \frac{5}{2}\right)$

(a) 108°C (b) 9327°C
(c) 1200°C (d) 927°C

41. सामान्य ताप व दाब पर 1 मोल द्विपरमाणविक गैस को रुद्धोष्म रीति से सम्पीडित करके इसका आयतन आधा कर दिया जाता है, तब गैस पर किया गया कार्य ($\gamma = 1.41$)

(a) 1280 जूल (b) 1610 जूल
(c) 1815 जूल (d) 2025 जूल

42. $18°C$ ताप पर किसी द्विपरमाणविक गैस को रुद्धोष्म रीति से सम्पीडित करके इसका आयतन प्रारम्भिक का 1/8 कर दिया जाता है। सम्पीडन के पश्चात् ताप होगा

(a) 10°C (b) 887°C (c) 668K (d) 144°C

43. $27°C$ ताप पर एक गैस को इतना सम्पीडित किया जाता है कि इसका दाब प्रारम्भिक दाब का $\frac{1}{8}$ गुना हो जाता है, गैस का अन्तिम ताप होगा ($\gamma = 5/3$)

(a) 420K (b) 237°C (c) 300K (d) −142°C

44. यदि $\gamma = 2.5$ वाली एक गैस का आयतन प्रारम्भिक आयतन का $\frac{1}{8}$ गुना कर दिया जाए तो दाब p' बराबर होगा (प्रारम्भिक दाब = p)

(a) p (b) $2p$
(c) $p \times (2)^{15/2}$ (d) $7p$

45. एक रुद्धोष्म प्रक्रम में गैस का दाब उसके निरपेक्ष ताप के घन के अनुक्रमानुपाती है। गैस के लिए अनुपात $\frac{C_p}{C_V}$ होगा

(a) $\frac{3}{2}$ (b) $\frac{4}{3}$ (c) 2 (d) $\frac{5}{3}$

46. सामान्य ताप पर एक गैस को प्रारम्भिक आयतन के एक चौथाई भाग तक सम्पीडित किया जाता है। इसके ताप में वृद्धि होगी ($\gamma = 1.5$)
(a) 273K (b) 573K
(c) 373K (d) 473K

47. एक गैस $\gamma = 1.5$ को अपने प्रारम्भिक आयतन के एक चौथाई तक अचानक सम्पीडित किया जाता है। अन्तिम एवं प्रारम्भिक दाब का अनुपात होगा
(a) 1 : 16 (b) 1 : 8
(c) 1 : 4 (d) 8 : 1

48. एक गैस ($\gamma = 1.3$) एक कुचालक पात्र में भरी हुई है। इस पात्र में दाब 10^5 न्यूटन/मी^{2} है एवं एक पिस्टन पात्र में लगा हुआ है। पिस्टन को अचानक दबाकर गैस के आयतन को प्रारम्भिक आयतन का आधा कर दिया जाता है। गैस का अन्तिम दाब होगा
(a) $2^{0.7} \times 10^5$ (b) $2^{1.3} \times 10^5$
(c) $2^{1.4} \times 10^5$ (d) इनमें से कोई नहीं

49. $27°C$ ताप पर एक गैस को अपने प्रारम्भिक आयतन के एक चौथाई तक सम्पीडित किया जाता है, यदि $\gamma = 1.4$ हो तब गैस का नया ताप होगा
(a) $350 \times 4^{0.4}$ K (b) $300 \times 4^{0.4}$ K
(c) $150 \times 4^{0.4}$ K (d) इनमें से कोई नहीं

समदाबीय एवं समआयतनिक प्रक्रम

50. एक पिस्टन लगे बेलन में p दाब, V आयतन और T ताप पर एक ग्राम मोल गैस भरी गई है, यदि ताप में 1K की वृद्धि करते हैं, तो आयतन में वृद्धि होगी (दाब नियत है)
(a) $\frac{2V}{273}$ (b) $\frac{V}{91}$
(c) $\frac{V}{273}$ (d) $\frac{V}{T}$

51. स्थिर दाब तथा $27°C$ ताप 0.1 मोल गैस का आयतन दुगुना करने के लिए किया गया कार्य होगा ($R = 2$ कैलोरी/मोल-कैल्विन)
(a) 54 कैलोरी (b) 600 कैलोरी
(c) 60 कैलोरी (d) 546 कैलोरी

52. नियत दाब 10^3 न्यूटन/मी^{2} पर गैस का 0.25 मी^{3} प्रसार होता है, कार्य होगा
(a) 2.5 अर्ग (b) 250 जूल
(c) 250 वाट (d) 250 न्यूटन

53. किसी गैस को स्थिर दाब 50 न्यूटन/मी^{2} द्वारा आयतन 10 घन मी से 4 घन मी तक सम्पीडित किया जाता है। अब इसे गर्म करके 100 जूल ऊर्जा दी जाती है। इसकी आन्तरिक ऊर्जा
(a) 400 जूल से बढ़ जाती है (b) 200 जूल से बढ़ जाती है
(c) 100 जूल से बढ़ जाती है (d) 200 जूल से घट जाती है

54. 2 किग्रा जल को वायुमण्डलीय दाब पर उबालकर भाप में परिवर्तित किया जाता है, तब जल का आयतन 2×10^{-3} घन मी से परिवर्तित होकर 3.34 घन मी हो जाता है। निकाय द्वारा किया गया कार्य है लगभग
(a) –340 किलो जूल (b) –170 किलो जूल
(c) 170 किलो जूल (d) 340 किलो जूल

55. यदि स्थिर दाब पर एक गैस के 300 मिली आयतन को $27°C$ से $7°C$ तक ठण्डा किया जाए, तब इसका अन्तिम आयतन होगा
(a) 540 मिली (b) 350 मिली
(c) 280 मिली (d) 135 मिली

56. सामान्य ताप एवं दाब 1×10^5 न्यूटन/मी^{2} पर एक आदर्श गैस के आयतन में 2.4×10^{-4} घन मी की कमी करने में कितना कार्य करना पड़ेगा?
(a) 28 जूल (b) 27 जूल
(c) 25 जूल (d) 24 जूल

57. प्रारम्भिक एवं अन्तिम अवस्था समान होने पर बढ़ते हुए कार्य के लिए कौन-सा कथन सत्य है?
(a) रुद्धोष्म < समतापीय < समदाबीय
(b) समदाबीय > रुद्धोष्म > समतापीय
(c) रुद्धोष्म > समदाबीय > समतापीय
(d) उपरोक्त में से कोई नहीं

58. यदि C_p व C_V नाइट्रोजन के लिए एकांक द्रव्यमान की, स्थिर दाब तथा स्थिर आयतन पर विशिष्ट ऊष्मा हो तब
(a) $C_p - C_V = 28R$ (b) $C_p - C_V = \frac{R}{28}$
(c) $C_p - C_V = \frac{R}{14}$ (d) $C_p - C_V = R$

59. समआयतनिक प्रक्रम के लिए निम्न में से कौन-सा सम्बन्ध सही है?
(a) $\Delta Q = \Delta U$ (b) $\Delta W = \Delta U$
(c) $\Delta Q = \Delta W$ (d) इनमें से कोई नहीं

60. एक समआयतनिक प्रक्रम में यदि $T_1 = 27°C$ एवं $T_2 = 127°C$ हो, तब $\frac{p_1}{p_2}$ का मान होगा
(a) $\frac{9}{59}$ (b) $\frac{2}{3}$
(c) $\frac{3}{4}$ (d) इनमें से कोई नहीं

61. यदि स्थिर दाब पर एक मोल आदर्श गैस को $0°C$ से $100°C$ तक गर्म किया जाता है तब इस प्रक्रम में कार्य होगा ($R = 8.3$ जूल/मोल-केल्विन)
(a) 8.3×10^{-3} जूल (b) 8.3×10^{-2} जूल
(c) 8.3×10^2 जूल (d) 8.3×10^3 जूल

ऊष्मा इंजन, प्रशीतक एवं ऊष्मागतिकी का द्वितीय नियम

62. एक आदर्श ऊष्मा इंजन $77°C$ ताप पर ऊष्मा को वातावरण में छोड़ता है। इसकी दक्षता 30% है। इसे किस ताप पर ऊष्मा लेनी होगी?
(a) 127°C (b) 227°C
(c) 327°C (d) 673°C

63. एक कार्नो इंजन परम ताप T पर स्रोत से Q ऊष्मा अवशोषित करता है एवं परमताप $\frac{T}{3}$ पर सिंक को ऊष्मा छोड़ता है। सिंक को दी गई ऊष्मा है
(a) $\frac{Q}{4}$ (b) $\frac{Q}{3}$ (c) $\frac{Q}{2}$ (d) $\frac{2Q}{3}$

64. 30°C व 0°C के बीच कार्नो प्रशीतक का कार्यकारी गुणांक होगा
(a) 10 (b) 1
(c) 9 (d) 0

65. एक कार्नो इंजन के सिंक का ताप 27°C एवं दक्षता 25% है। स्रोत का ताप है
(a) 227°C (b) 327°C
(c) 127°C (d) 27°C

66. एक कार्नो इंजन में, जब $T_2 = 0°C$ एवं $T_1 = 200°C$ है, तब इसकी दक्षता η_1 है, जब $T_1 = 0°C$ एवं $T_2 = -200°C$ है, तब इसकी दक्षता η_2 है। $\frac{\eta_1}{\eta_2}$ का मान है
(a) 0.577 (b) 0.733
(c) 0.638 (d) गणना नहीं की जा सकती

67. 227°C एवं 27°C ताप के बीच कार्यरत कार्नो इंजन की दक्षता होगी
(a) $\frac{1}{3}$ (b) $\frac{2}{5}$
(c) $\frac{3}{4}$ (d) $\frac{3}{5}$

68. एक वैज्ञानिक कहता है, कि 127°C स्रोत व 27°C सिंक के बीच कार्यरत उसके इंजन की दक्षता 26% है, तब
(a) यह असम्भव है (b) यह सम्भव है पर बहुत कम
(c) यह लगभग सम्भव है (d) आंकड़े पर्याप्त नहीं है

69. जब सिंक का ताप 500 K है, कार्नो इंजन की दक्षता 50% है। स्रोत का ताप नियत रखकर इंजन की दक्षता 60% करने के लिए सिंक का ताप करना होगा
(a) 200K (b) 400K
(c) 600K (d) 800K

70. यदि एक रेफ्रिजरेटर का दरवाजा खोल कर रखा जाए तो निम्न में से क्या सत्य है?
(a) कमरा ठण्डा हो जाएगा
(b) कमरा गर्म हो जाएगा
(c) कमरा या तो ठण्डा हो जाएगा या गर्म
(d) कमरा न तो ठण्डा होगा न गर्म

71. कार्नो इंजन भी 100% दक्षता नहीं दे सकता क्योंकि हम
(a) विकिरण नहीं रोक सकते
(b) आदर्श स्रोत प्राप्त नहीं कर सकते
(c) परम शून्य ताप तक नहीं पहुँच सकते
(d) घर्षण को समाप्त नहीं कर सकते

72. "ऊष्मा स्वयं किसी निम्न ताप की वस्तु से उच्च ताप की वस्तु में प्रवाहित नहीं हो सकती" यह कथन या परिणाम है
(a) ऊष्मागतिकी के द्वितीय नियम का
(b) संवेग संरक्षण का
(c) द्रव्यमान संरक्षण का
(d) ऊष्मागतिकी के प्रथम नियम का

73. ताप T_1 व T_2 के बीच कार्यरत एक आदर्श ऊष्मा इंजन की दक्षता η है। यदि स्रोत व सिंक दोनों के ताप दोगुने कर दिए जाए, तब नयी दक्षता होगी
(a) $\frac{\eta}{2}$ (b) η (c) 2η (d) 3η

74. एक यान्त्रिक रेफ्रीजरेटर में, अल्प ताप वाली कुण्डलियाँ −23°C पर है, एवं संघनित्र (condenser) का ताप 27°C है। सैद्धान्तिक कार्य गुणांक है
(a) 5 (b) 8 (c) 6 (d) 6.5

75. कोई कार्नो इंजन किसी ऊष्मा स्रोत से 627°C पर 3×10^6 कैलोरी ऊष्मा लेता है और इसे 27°C के सिंक को दे देता है। इंजन द्वारा किया गया कार्य है
(a) 4.2×10^6 जूल (b) 8.4×10^6 जूल
(c) 16.8×10^6 जूल (d) शून्य

76. यदि T ताप पर निकाय को उत्क्रमणीय रूप से ऊष्मा प्रदान की जाती है तथा T' ताप पर उत्क्रमणीय रूप से Q' ऊष्मा प्राप्त की जाती है, तब निम्न में से सत्य है
(a) $\frac{Q}{T} - \frac{Q'}{T'} = 0$
(b) $\frac{Q}{T} - \frac{Q'}{T'} > 0$
(c) $\frac{Q}{T} - \frac{Q'}{T'} < 0$
(d) $\frac{Q}{T} - \frac{Q'}{T'}$ = प्रक्रम की आन्तरिक ऊर्जा में परिवर्तन

77. एक कार्नो इंजन की दक्षता $\frac{1}{5}$ है, इसके सिंक का ताप 50K कम करने पर दक्षता $\frac{1}{3}$ हो जाती है। तब सिंक का ताप होगा
(a) 325K (b) 375K (c) 300K (d) 350K

उत्तरमाला

1.	(b)	2.	(c)	3.	(c)	4.	(b)	5.	(a)	6.	(a)	7.	(a)	8.	(a)	9.	(b)	10.	(b)
11.	(b)	12.	(a)	13.	(a)	14.	(c)	15.	(c)	16.	(b)	17.	(a)	18.	(c)	19.	(a)	20.	(b)
21.	(c)	22.	(c)	23.	(a)	24.	(a)	25.	(a)	26.	(c)	27.	(b)	28.	(a)	29.	(b)	30.	(b)
31.	(b)	32.	(d)	33.	(d)	34.	(b)	35.	(d)	36.	(b)	37.	(d)	38.	(b)	39.	(b)	40.	(d)
41.	(c)	42.	(c)	43.	(d)	44.	(c)	45.	(a)	46.	(a)	47.	(d)	48.	(b)	49.	(b)	50.	(c)
51.	(c)	52.	(b)	53.	(a)	54.	(d)	55.	(c)	56.	(d)	57.	(a)	58.	(b)	59.	(a)	60.	(c)
61.	(c)	62.	(b)	63.	(b)	64.	(c)	65.	(c)	66.	(a)	67.	(b)	68.	(a)	69.	(b)	70.	(b)
71.	(c)	72.	(a)	73.	(b)	74.	(a)	75.	(b)	76.	(a)	77.	(c)						

उत्तर व्याख्या सहित

1. ऊष्मागतिकी का प्रथम नियम ऊर्जा संरक्षण से सम्बन्धित है।

2. आदर्श गैस की आन्तरिक ऊर्जा केवल गतिज ऊर्जा होती है। जोकि गैस के ताप पर निर्भर करती है।

3. आन्तरिक ऊर्जा ताप पर निर्भर करती है अतः ताप स्थिर रहने पर निकाय की आन्तरिक ऊर्जा स्थिर रहेगी।

4. ऊष्मागतिकी के प्रथम नियम से

$$\Delta U = \Delta Q - \Delta W = 35 - 15$$
$$= 20 \text{ जूल}$$

5. ऊष्मागतिकी के प्रथम नियम से,

$$J\,\Delta Q = \Delta U + \Delta W$$
$$\Rightarrow \quad \Delta U = J\,\Delta Q - \Delta W$$
$$\therefore \quad \Delta U = 4.18 \times 300 - 600$$
$$= 654 \text{ जूल}$$

6. गैस के मुक्त प्रसार में उसकी आन्तरिक ऊर्जा नियत (स्थिर) रहती है।

7. दिया है,

$$\Delta Q = 2 \text{ किलो कैलोरी}$$
$$= 2 \times 10^3 \times 4.2 \text{ जूल}$$
$$= 8400 \text{ जूल}$$

एवं $\Delta W = 500$ जूल

ऊष्मागतिकी के प्रथम नियम द्वारा

$\Delta Q = \Delta U + \Delta W$ से

$$\Delta U = \Delta Q - \Delta W$$
$$= 8400 - 500$$
$$= 7900 \text{ जूल}$$

8. यह गैस का स्वतन्त्र प्रसार है जिसके लिए किया गया कार्य एवं आन्तरिक ऊर्जा में परिवर्तन शून्य होगा।

$\Delta W = 0$ एवं $\Delta U = 0$

इसलिए ताप नियत 300 K रहेगा।

9. ऊष्मागतिकी के प्रथम नियम से

$$\Delta Q = \Delta U + \Delta W$$
$$\Delta W = \Delta Q - \Delta U$$
$$= 100 - 40 = 70 \text{ जूल}$$

10. ऊष्मागतिकी के प्रथम नियम से

$$\Delta Q = \Delta U + \Delta W$$
$$\Rightarrow \quad \Delta U = \Delta Q - \Delta W = 200 - (-100) = 300 \text{ जूल}$$

11. ऊष्मागतिकी के प्रथम नियम से,

$$\Delta Q = \Delta U + \Delta W$$

$\because$ ऊष्मा निकाय को दी गई है इसलिए $\Delta Q \rightarrow$ धनात्मक एवं निकाय पर कार्य किया गया है इसलिए $\Delta W \rightarrow$ ऋणात्मक

अतः $+\Delta Q = \Delta U - \Delta W$

12. गैस का मुक्त प्रसार एक रुद्धोष्म प्रक्रम है। अतः गैस के मुक्त प्रसार के लिए

$$Q = 0, W = 0, \Delta E_{\text{आन्तरिक}} = 0$$

13. ऊष्मागतिकी के प्रथम नियम से,

$$\Rightarrow \quad dU = dQ - dW$$
$$\Rightarrow \quad dU = dQ (< 0) \qquad (\because dW = 0)$$
$\Rightarrow \quad dU < 0$ इसलिए ताप घटेगा।

14. ऊष्मागतिकी के प्रथम नियम से

$$\Delta Q = \Delta U + \Delta W$$
$$\because \quad \Delta Q = 200 \text{ कैलोरी}$$
$$= 200 \times 4.2 = 840 \text{ जूल}$$

तथा $\Delta W = 40$ जूल

$$\Rightarrow \quad \Delta U = \Delta Q - \Delta W$$
$$= 840 - 40 = 800 \text{ जूल}$$

15. आन्तरिक ऊर्जा में परिवर्तन

$$\Delta U = (\Delta Q)_V = \mu C_V\, \Delta T$$

एक परमाणुक गैस के लिए $C_V = \frac{3}{2} R$

$$\Rightarrow \quad \Delta U = \mu \left(\frac{3}{2} R\right) \Delta T$$
$$= 1 \times \frac{3}{2} \times 8.31 \times (100 - 0)$$
$$= 12.48 \times 10^2 \text{ जूल}$$

16. आन्तरिक ऊर्जा में परिवर्तन

$$\Delta U = \mu C_V\, \Delta T$$
$$= 2 \times 4.96 \times (342 - 340)$$
$$= 19.84 \text{ कैलोरी}$$

17. गैस अणु ऊष्मा मुक्त करते हैं।

$$\therefore \quad \Delta Q = -20 \text{ जूल}$$

कार्य गैस पर किया जाता है

$$\therefore \quad W = -10 \text{ जूल}$$

ऊष्मागतिकी के प्रथम नियम से

$$\Delta Q = (U_f - U_i) + \Delta W$$
$$\Rightarrow \quad -20 = (U_f - 40) - 10$$
$$\Rightarrow \quad U_f = -10 + 40 = 30 \text{ जूल}$$

18. ऊष्मागतिकी के प्रथम नियम से,

$$\Delta Q = \Delta U + \Delta W$$
$$\Delta Q = \Delta U + p(\Delta V)$$
$$\Rightarrow \quad \Delta U = \Delta Q - p(\Delta V)$$
$$= 1500 - (2.1 \times 10^5)(2.5 \times 10^{-3})$$
$$= 975 \text{ जूल}$$

19. प्रथम प्रक्रम में,

$$\Delta Q = \Delta U + \Delta W$$
$$\Rightarrow \quad 8 \times 10^5 = \Delta U + 6.5 \times 10^5$$
$$\Rightarrow \quad \Delta U = 1.5 \times 10^5 \text{ जूल}$$

चूँकि दोनों प्रक्रमों मे प्रारम्भिक एवं अन्तिम अवस्थाएँ समान हैं इसलिए दोनों प्रक्रियाओं में ΔU समान होगा।

द्वितीय प्रक्रिया में,

$$\Delta Q = \Delta U + \Delta W \text{ से}$$

$$\Rightarrow \quad 10^5 = 1.5 \times 10^5 + \Delta W$$

$$\Rightarrow \quad \Delta W = -0.5 \times 10^5 \text{ जूल}$$

20. स्थिर ताप पर, बॉयल के नियम से,

$$p_1V_1 = p_2V_2$$

$$0.8 \times 5 = p \times (3 + 5)$$

$$\Rightarrow \quad p = 0.5 \text{ मी}$$

21. समतापीय प्रक्रिया के लिए,

$$pV = RT$$

$$\Rightarrow \quad p = \frac{RT}{V}$$

$\therefore$ किया गया कार्य,

$$W = p\,dV = \int_{V_1}^{V_2} \frac{RT}{V}\,dV$$

$$= RT \log_e \frac{V_2}{V_1}$$

22. आदर्श गैस की आन्तरिक ऊर्जा में कोई परिवर्तन नहीं होता है क्योंकि उसके अणुओं के बीच कोई अन्तराणविक बल कार्य नहीं करता परन्तु वास्तविक गैस की आन्तरिक ऊर्जा बढ़ती है क्योंकि अन्तराणविक बलों के विरुद्ध कार्य करना पड़ता है।

23. समतापीय प्रक्रम में ताप नियत रखने के लिए इसे एक सुचालक दीवार वाले पात्र में सम्पन्न कराना चाहिए, ताकि ऊष्मा आसानी से बाहर जा सके।

24. समतापीय प्रक्रिया में ताप नियत रहता है अर्थात् $\Delta T = 0$ अतः

विशिष्ट ऊष्मा, $c = \dfrac{Q}{m\,\Delta T} \Rightarrow c_{\text{समतापीय}} = \infty$

25. समतापीय सम्पीडन में, ऊष्मा में वृद्धि होती है, जिसे गैस से बाहर प्रवाहित होना चाहिए तथा आन्तरिक ऊर्जा में परिवर्तन शून्य होता है।

अतः

$$\Delta Q = \Delta U + \Delta W$$

$$\Rightarrow \quad \Delta Q = \Delta W \qquad (\because \Delta U = 0)$$

$$\because \quad \Delta Q = -1.5 \times 10^4 \text{ जूल}$$

$$= \frac{-1.5 \times 10^4}{4.18} \text{ कैलोरी}$$

$$= -3.6 \times 10^3 \text{ कैलोरी}$$

26. एक ग्राम जल को वाष्प में परिवर्तित करने में प्रयुक्त ऊष्मा,

$$\Delta Q = 2240 \text{ जूल}$$

किया गया कार्य, $\Delta W = 168$ जूल

ऊष्मागतिकी के प्रथम नियम से

$$\Delta Q = \Delta U + \Delta W$$

$$\Rightarrow \quad \Delta U = \Delta Q - \Delta W$$

$$= 2240 - 168 = 2072 \text{ जूल}$$

27. समतापीय प्रक्रम में किया गया कार्य,

$$W_{\text{समतापीय}} = \mu RT \log_e \frac{V_2}{V_1}$$

$$= 1 \times 8.31 \times 300 \log_e \frac{20}{10}$$

$$= 1728 \text{ जूल}$$

28. समतापीय प्रक्रिया में, $p_1V_1 = p_2V_2$

$$\Rightarrow \quad p_2 = \frac{p_1V_1}{V_2}$$

$$= \frac{72 \times 1000}{900} = 80 \text{ सेमी}$$

चूँकि

$$\Delta p = p_2 - p_1$$

$$= 80 - 72 = 8 \text{ सेमी (पारा)}$$

29. दी गई ऊष्मा = 540 कैलोरी

आयतन में परिवर्तन $\Delta V = 1670$ घन सेमी

वायुमण्डलीय दाब $p = 1.01 \times 10^6$ डाइन/सेमी^{2}

वायुमण्डलीय दाब के विरुद्ध किया गया कार्य

$$W = p\,\Delta V = \frac{1.01 \times 10^6 \times 1670}{4.2 \times 10^7} \approx 40 \text{ कैलोरी}$$

30. धीमे प्रक्रम समतापीय प्रक्रम होते हैं। अतः किया गया कार्य,

$$W = \mu RT \log_e \left(\frac{V_2}{V_1}\right)$$

$$= 0.2 \times 8.3 \times \log_e 2 \times (27 + 273)$$

$$= 0.2 \times 8.3 \times 300 \times 0.693 = 345 \text{ जूल}$$

31. रुद्धोष्म प्रसार में, ΔW = धनात्मक एवं $\Delta Q = 0$

ऊष्मागतिकी के प्रथम नियम से,

$$\Delta Q = \Delta U + \Delta W$$

$$\Rightarrow \quad \Delta U = -\Delta W$$

अर्थात् ΔU ऋणात्मक होगा।

32. रुद्धोष्म प्रक्रम के लिए,

$$pV^\gamma = \text{नियतांक} \Rightarrow \frac{p_2}{p_1} = \left(\frac{V_1}{V_2}\right)^\gamma$$

$$\Rightarrow \quad p_2 = (8)^{5/3} p_1 = 32\,p_1$$

अतः गैस का दाब, प्रारम्भिक दाब का 32 गुना हो जाएगा।

33. रुद्धोष्म प्रक्रम में $\dfrac{T^\gamma}{p^{\gamma-1}}$ = नियतांक

$$\Rightarrow \quad \frac{T_2}{T_1} = \left(\frac{p_1}{p_2}\right)^{\frac{1-\gamma}{\gamma}}$$

$$\Rightarrow \quad \frac{T_2}{300} = \left(\frac{4}{1}\right)^{\frac{(1-1.4)}{1.4}}$$

$$\Rightarrow \quad T_2 = 300(4)^{\frac{-0.4}{1.4}}$$

34. रुद्धोष्म प्रक्रम के लिए,

$$TV^{\gamma-1} = \text{नियतांक}$$

$$\therefore \quad \frac{T_2}{T_1} = \left(\frac{V_1}{V_2}\right)^{\gamma-1}$$

$$\Rightarrow \quad T_2 = 300\left(\frac{27}{8}\right)^{\frac{5}{3}-1} = 300\left(\frac{27}{8}\right)^{\frac{2}{3}}$$

$$= 300\left\{\left(\frac{27}{8}\right)^{1/3}\right\}^2 = 300\left(\frac{3}{2}\right)^2 = 675\text{ K}$$

$$\Rightarrow \quad \Delta T = 675 - 300$$

$$= 375\text{ K}$$

35. रुद्धोष्म परिवर्तन के लिए,

$$pV^\gamma = \text{नियतांक}$$

$$\Rightarrow \quad p\left(\frac{RT}{p}\right)^\gamma = \text{नियतांक}$$

$$\Rightarrow \quad p^{1-\gamma}T^\gamma = \text{नियतांक}$$

36. रुद्धोष्म परिवर्तन में किया गया कार्य,

$$W_{\text{रुद्धोष्म}} = \frac{R}{\gamma - 1}(T_i - T_f)$$

$$= \frac{R}{\gamma - 1}(T - T_1)$$

37. रुद्धोष्म प्रत्यास्थता,

$$E_\phi = \gamma p = 1.4 \times (1 \times 10^5)$$

$$= 1.4 \times 10^5 \text{ न्यूटन/मी}^2$$

38. रुद्धोष्म प्रक्रम के लिए

$$pV^\gamma = \text{नियतांक}$$

$$\therefore \quad \frac{p_2}{p_1} = \left(\frac{V_1}{V_2}\right)^\gamma$$

$$\Rightarrow \quad p_2 = p_1\left(\frac{V_1}{V_2}\right)^\gamma$$

$$= p_0(8)^{4/3} = 16p_0$$

39. रुद्धोष्म वक्र की प्रवणता = $\gamma \times$ (समतापीय वक्र की प्रवणता)

$$\therefore \quad \frac{\text{रुद्धोष्म वक्र की प्रवणता}}{\text{समतापीय वक्र की प्रवणता}} = \gamma$$

40. तीव्र प्रक्रम रुद्धोष्म प्रक्रम होते हैं, जिसके लिए

$$TV^{\gamma-1} = \text{नियतांक}$$

$$\Rightarrow \quad T_2 = T_1\left(\frac{V_1}{V_2}\right)^{\gamma-1}$$

$$= 300 \times \left(\frac{8}{1}\right)^{\frac{5}{2}-1}$$

$$= 300 \times (8)^{3/2} \approx 927°\text{C}$$

41. रुद्धोष्म प्रक्रम के लिए

$$TV^{\gamma-1} = \text{नियतांक}$$

$$\therefore \quad T_2 = T_1\left(\frac{V_1}{V_2}\right)^{\gamma-1}$$

$$= 273(2)^{0.41}$$

$$= 273 \times 1.328 = 363\text{ K}$$

$$W = \frac{R(T_1 - T_2)}{\gamma - 1}$$

$$= \frac{8.31(273 - 363)}{1.41 - 1}$$

$$= -1824 \text{ जूल}$$

$$\Rightarrow \quad |W| \approx 1815 \text{ जूल}$$

42. रुद्धोष्म प्रक्रम के लिए,

$$TV^{\gamma-1} = \text{नियतांक}$$

$$\therefore \quad T_2 = T_1\left(\frac{V_1}{V_2}\right)^{\gamma-1}$$

$$= (273 + 18)\left(\frac{V}{V/8}\right)^{0.4}$$

$$= 668\text{ K}$$

43. रुद्धोष्म प्रक्रम के लिए,

$$T^\gamma p^{1-\gamma} = \text{नियतांक}$$

$$\Rightarrow \quad T \propto p^{\frac{\gamma-1}{\gamma}}$$

$$\Rightarrow \quad \frac{T_2}{T_1} = \left(\frac{p_2}{p_1}\right)^{\frac{\gamma-1}{\gamma}}$$

$$= \left(\frac{1}{8}\right)^{\frac{5/3-1}{5/3}}$$

$$T_2 = 300 \times \left(\frac{1}{8}\right)^{0.4}$$

$$= 131\text{ K} = -142°\text{C}$$

44. रुद्धोष्म प्रक्रम के लिए

$$pV^\gamma = \text{नियतांक}$$

$$\therefore \quad \frac{p_2}{p_1} = \left(\frac{V_1}{V_2}\right)^\gamma$$

$$\Rightarrow \quad \frac{p'}{p} = (8)^{5/2}$$

$$\Rightarrow \quad p' = p \times (2)^{15/2}$$

45. दिया है $p \propto T^3$ परन्तु रुद्धोष्म प्रक्रम में दाब $p \propto T^{\gamma/\gamma-1}$

$$\text{इसलिए} \quad \frac{\gamma}{\gamma - 1} = 3$$

$$\Rightarrow \quad \gamma = \frac{3}{2}$$

$$\Rightarrow \quad \frac{C_p}{C_V} = \frac{3}{2}$$

46. रुद्धोष्म प्रक्रम के लिए

$$\because \quad TV^{\gamma-1} = \text{नियतांक}$$

$$\Rightarrow \quad T_1V_1^{\gamma-1} = T_2V_2^{\gamma-1}$$

$$\Rightarrow \quad T_2 = T_1\left(\frac{V_1}{V_2}\right)^{\gamma-1}$$

$$= T_1(4)^{1.5-1} = 2T_1$$

$\therefore$ ताप में परिवर्तन $= T_2 - T_1 = 2T_1 - T_1 = T_1 = 273\text{ K}$

47. रुद्धोष्म प्रक्रम में,

$$p_1V_1^\gamma = p_2V_2^\gamma$$

$$\Rightarrow \quad \frac{p_2}{p_1} = \left[\frac{V_1}{V_2}\right]^\gamma = \left[\frac{4}{1}\right]^{3/2} = \frac{8}{1}$$

48. रुद्धोष्म प्रक्रम के लिए,

$$\because \quad pV^\gamma = k \quad \text{(नियतांक)}$$

$$\Rightarrow \quad p_1V_1^\gamma = p_2V_2^\gamma$$

$$\Rightarrow \quad p_2 = p_1\left(\frac{V_1}{V_2}\right)^\gamma$$

$$= 10^5 \times (2)^{1.3} \quad \left(\because V_2 = \frac{V_1}{2}\right)$$

49. रुद्धोष्म परिवर्तन में $TV^{\gamma-1}$ = नियतांक

$$\therefore \quad \frac{T_2}{T_1} = \left(\frac{V_1}{V_2}\right)^{\gamma-1}$$

$$\Rightarrow \quad T_2 = \left(\frac{V_1}{V_2}\right)^{\gamma-1} \times T_1$$

$$\Rightarrow \quad T_2 = \left(\frac{V}{V/4}\right)^{1.4-1} \times 300$$

$$= 300 \times (4)^{0.4} \text{ K}$$

50. समदाबी प्रक्रम में चार्ल्स के नियम से,

$$\frac{V_2}{V_1} = \frac{T_2}{T_1}$$

$$\Rightarrow \quad V_2 = V \times \frac{274}{273}$$

$\therefore$ आयतन में वृद्धि $= \frac{274V}{273} - V = \frac{V}{273}$

51. चार्ल्स के नियम से,

$$\frac{V_1}{V_2} = \frac{T_1}{T_2}; \frac{V}{2V} = \frac{300}{T_2}$$

$$T_2 = 600; \Delta T = 300$$

अतः किया गया कार्य,

$$W = p\,\Delta V = \mu R\,\Delta T$$

$$= 0.1 \times 2 \times 300$$

$= 60$ कैलोरी

52. गैस के प्रसार में किया गया कार्य,

$\Delta W = p\,\Delta V = 10^3 \times 0.25 = 250$ जूल

53. ऊष्मागतिकी के प्रथम नियम से,

$$\Delta Q = \Delta U + \Delta W = \Delta U + p\,\Delta U$$

$$\Rightarrow \quad 100 = \Delta U + 50 \times (4 - 10)$$

$\Rightarrow \quad \Delta U = 400$ जूल

54. निकाय द्वारा किया गया कार्य

$$W = p\Delta V$$

$$= 1.01 \times 10^5 (3.34 - 2 \times 10^{-3})$$

$= 337 \times 10^3$ जूल

≈ 340 किलो जूल

55. स्थिर दाब पर $V \propto T$

$$\Rightarrow \quad \frac{V_1}{V_2} = \frac{T_1}{T_2}$$

$$\Rightarrow \quad V_2 = \frac{V_1 T_2}{T_1}$$

$$= \frac{300 \times 280}{300}$$

$= 280$ मिली

56. किया गया कार्य,

$$W = p\Delta V$$

$= 2.4 \times 10^{-4} \times 1 \times 10^5 = 24$ जूल

57. ऊष्मागतिकी प्रक्रम में, pV वक्र एवं आयतन अक्ष के बीच घिरा क्षेत्रफल किए गए कार्य के बराबर होता है। अतः दिखाए गए चित्र से स्पष्ट है कि,

$$W_{\text{रुद्धोष्म}} < W_{\text{समतापीय}} < W_{\text{समदाबीय}}$$

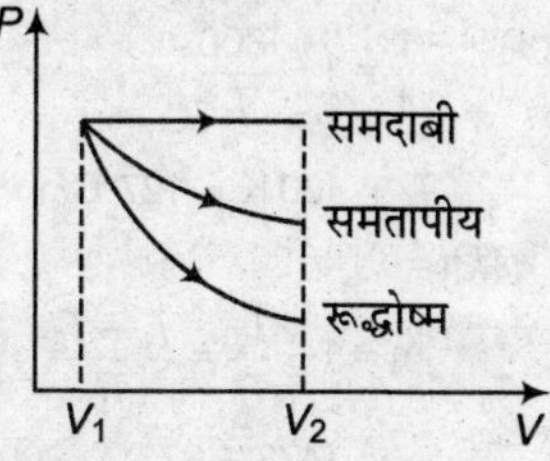

58. नाइट्रोजन के लिए $C_p = \left(\frac{f}{2} + 1\right)\mu R$

$$C_V = \frac{f}{2}\mu R$$

$C_p - C_V = \mu R = \frac{R}{28}$ $\left(\because \mu = \frac{1}{28} \text{ मोल}\right)$

59. समआयतनिक प्रक्रम में,

$$\Delta V = 0 \Rightarrow \Delta W = 0$$

ऊष्मागतिकी के प्रथम नियम से,

$$\Delta Q = \Delta U + \Delta W$$

$$\Rightarrow \quad \Delta Q = \Delta U$$

60. समआयतनिक प्रक्रम में गेलूसाक के नियम से

$$p \propto T \Rightarrow \frac{p_1}{p_2} = \frac{T_1}{T_2}$$

$$\Rightarrow \quad \frac{p_1}{p_2} = \frac{300}{400} = \frac{3}{4}$$

61. किया गया कार्य $\quad W = p\Delta V$

$$\Rightarrow \quad = \mu R(\Delta T) = 1 \times 8.314 \times 100$$

$= 8.314 \times 10^2$ जूल

62. ऊष्मा इंजन की दक्षता, $\eta = 1 - \frac{T_2}{T_1}$

$$\Rightarrow \quad \frac{30}{100} = 1 - \frac{350}{T_1}$$

$$\Rightarrow \quad \frac{350}{T_1} = 1 - \frac{30}{100} = \frac{70}{100} = \frac{7}{10}$$

$$\Rightarrow \quad T_1 = 500 \text{ K} = 227^\circ \text{C}$$

63. कार्नो इंजन की दक्षता,

$$\eta = 1 - \frac{T_2}{T_1} = \frac{W}{Q_1} = \frac{Q_1 - Q_2}{Q_1} = 1 - \frac{Q_2}{Q_1}$$

(जहाँ Q_1 = अवशोषित ऊष्मा, Q_2 = निष्काषित ऊर्जा)

$$\Rightarrow \quad 1 - \frac{T/3}{T} = \frac{W}{Q_1} \Rightarrow \frac{2}{3} = \frac{W}{Q_1} = 1 - \frac{Q_2}{Q_1}$$

$$\therefore \quad \frac{Q_2}{Q_1} = \frac{1}{3} \Rightarrow Q_2 = \frac{Q_1}{3} = \frac{Q}{3}$$

64. कार्नो प्रशीतक का कार्य गुणांक,

$$K = \frac{T_2}{T_1 - T_2} = \frac{273}{303 - 273}$$

$$= \frac{273}{30} = 9.1 \approx 9$$

65. कार्नो इंजन की दक्षता,

$$\eta = 1 - \frac{T_2}{T_1}$$

$\Rightarrow \quad \frac{25}{100} = 1 - \frac{300}{T_1}$

$\Rightarrow \quad \frac{1}{4} = 1 - \frac{300}{T_1}$

$T_1 = 400\text{ K} = 127°C$

66. कार्नो इंजन की दक्षता,

$$\eta = 1 - \frac{T_2}{T_1} = \frac{T_1 - T_2}{T_1}$$

$\Rightarrow \quad \eta_1 = \frac{(473 - 273)}{473} = \frac{200}{473}$

एवं $\quad \eta_2 = \frac{273 - 73}{273} = \frac{200}{273}$

अतः अनुपात $\quad \frac{\eta_1}{\eta_2} = \frac{273}{473} = 0.577$

67. कार्नो इंजन की दक्षता,

$$\eta = 1 - \frac{T_2}{T_1} = 1 - \frac{300}{500} = \frac{2}{5}$$

68. $T_1 = 127 + 273 = 400\text{ K}$, $T_2 = 27 + 273 = 300\text{ K}$

इंजन की दक्षता

$$\eta_{\text{अधिकतम}} = 1 - \frac{T_2}{T_1} = 1 - \frac{300}{400} = \frac{1}{4} = 25\%$$

इसलिए 26% दक्षता असम्भव है।

69. कार्नो इंजन की दक्षता,

$$\eta = 1 - \frac{T_2}{T_1}$$

$\Rightarrow \quad \frac{1}{2} = 1 - \frac{500}{T_1}$

$\Rightarrow \quad \frac{500}{T_1} = \frac{1}{2} \quad \ldots(i)$

इंजन की दक्षता 60% करने के लिए

$$\frac{60}{100} = 1 - \frac{T_2'}{T_1}$$

$\Rightarrow \quad \frac{T_2'}{T_1} = \frac{2}{5} \quad \ldots(ii)$

समी (i) को समी (ii) से भाग देने पर

$$\frac{500}{T_2'} = \frac{5}{4} \Rightarrow T_2' = 400\text{ K}$$

70. रेफ्रिजरेटर में, परिवेश में छोड़ी गई ऊष्मा शीतलन प्रकोष्ठ (cooling chamber) से ली गई ऊष्मा से अधिक होती है। इसलिए यदि रेफ्रीजरेटर का दरवाजा खुला छोड़ दिया जाए, तो कमरा गर्म होगा।

71. कार्नो इंजन की दक्षता,

$$\eta = 1 - \frac{T_2}{T_1} = 1 - \frac{Q_2}{Q_1}$$

इंजन की दक्षता 100% होने पर

$$\eta = 1 - \frac{T_2}{T_1} = 1 - \frac{Q_2}{Q_1} = 1$$

यह तभी सम्भव है जब $T_2 = 0$ तथा $Q_2 = 0$

परन्तु परमशून्य ताप प्राप्त नहीं किया जा सकता है। अतः कार्नो इंजन की दक्षता 100% नहीं हो सकती है।

72. ऊष्मागतिकी के द्वितीय नियम के अनुसार ऊष्मा स्वयं किसी निम्न ताप की वस्तु से उच्च ताप की वस्तु में प्रवाहित नहीं हो सकती है।

73. प्रथम स्थिति में इंजन की दक्षता $\eta_1 = \frac{T_1 - T_2}{T_1}$

द्वितीय स्थिति में इंजन की दक्षता $\eta_2 = \frac{2T_1 - 2T_2}{2T_1} = \frac{T_1 - T_2}{T_1} = \eta$

74. रेफ्रीजरेटर का कार्य निष्पादन गुणांक,

$$K = \frac{T_2}{T_1 - T_2} = \frac{(273 - 23)}{(273 + 27) - (273 - 23)}$$

$$= \frac{250}{300 - 250}$$

$$= \frac{250}{50} = 5$$

75. कार्नो इंजन की दक्षता

$$\eta = 1 - \frac{T_2}{T_1} = \frac{W}{Q}$$

$\Rightarrow \quad W = \left(1 - \frac{T_1}{T_2}\right) Q$

$$= \left\{1 - \frac{(273 + 27)}{(273 + 627)}\right\} \times Q$$

$\Rightarrow \quad W = \left(1 - \frac{300}{900}\right) \times 3 \times 10^6$

$= 2 \times 10^6 \times 42$ जूल

$= 8.4 \times 10^6$ जूल

76. उत्क्रमणीय प्रक्रम के लिए

$$\frac{Q}{T} = \frac{Q'}{T'}$$

$\therefore \quad \frac{Q}{T} - \frac{Q'}{T'} = 0$

77. $\eta = \frac{\text{किया गया कार्य}}{\text{दी गई ऊष्मा}} = \frac{W}{Q}$ और $\frac{Q_2}{Q_1} = \frac{T_2}{T_1}$

$\because \quad \eta = 1 - \frac{Q_2}{Q_1}$ तथा $\eta = 1 - \frac{T_2}{T_1}$

समीकरण के अनुसार

$\frac{1}{5} = 1 - \frac{T_2}{T_1} \quad \ldots(i)$

और $\quad \frac{1}{3} = 1 - \frac{T_2 - 50}{T_1} \quad \ldots(ii)$

समी (i) से

$$\frac{T_2}{T_1} = \frac{4}{5} \Rightarrow T_1 = \frac{5}{4} T_2$$

T_1 का मान समी (ii) में रखने पर,

$$\frac{1}{3} = 1 - \frac{T_2 - 50}{\frac{5}{4} T_2}$$

$\Rightarrow \quad \frac{4(T_2 - 50)}{5T_2} = \frac{2}{3}$

$\Rightarrow \quad T_2 - 50 = \frac{2}{3} \times \frac{5}{4} T_2$

अध्याय 14

गैसों का अणुगति सिद्धान्त

Kinetic Theory of Gases

आदर्श गैस (Ideal Gas)

वह गैस, जोकि ताप व दाब की प्रत्येक अवस्था में गैसीय नियमों का पालन करती है, आदर्श गैस कहलाती है। प्रकृति में कोई भी वास्तविक गैस आदर्श नहीं है परन्तु कम अणुभार वाली गैसों (जैसे H_2, O_2, N_2 तथा He) को लगभग आदर्श माना जा सकता है।

आदर्श गैस के गुण निम्नलिखित हैं

(i) इनके अणु अत्यन्त सूक्ष्म होते हैं जिनके मध्य अन्तराण्विक बल शून्य होता है जिसके कारण इन्हें द्रवित नहीं किया जा सकता है।

(ii) इनके दाब प्रसार गुणांक (β) तथा आयतन प्रसार गुणांक (α) बराबर होते हैं तथा प्रत्येक का मान $\frac{1}{273}$ प्रति °C होता है।

(iii) आदर्श गैस की आन्तरिक ऊर्जा केवल ताप पर निर्भर करती है तथा समतापी प्रक्रम के लिए आन्तरिक ऊर्जा में परिवर्तन शून्य होता है।

(iv) इनकी विशिष्ट ऊष्माएँ (c_p व c_V) ताप पर निर्भर नहीं करती हैं।

आदर्श गैस का अवस्था समीकरण या आदर्श गैस समीकरण (Equation of State of a Perfect Gas or Ideal Gas Equation)

आदर्श गैस के निश्चित द्रव्यमान के आयतन, दाब तथा ताप में परस्पर सम्बन्ध प्रदर्शित करने वाला सम्बन्ध आदर्श गैस समीकरण कहलाती है।

गैस की विभिन्न मात्रा के लिए आर्दश गैस समीकरण (Ideal Gas Equation for Different Quantity of Gas)

क्र. सं.	गैस की मात्रा	गैस समीकरण
1.	1 गोल	$pV = RT$
2..	μ मोल	$pV = \mu RT$ जहाँ $\mu = \frac{\text{गैस का द्रव्यमान } (m)}{\text{गैस का अणुभार } (M)}$
3.	1 ग्राम	$pV = rT$ जहाँ $r = \frac{R}{M}$
4.	m ग्राम	$pV = mrT$
5.	1 अणु	$pV = kT$ जहाँ $k = \frac{R}{N}$
6.	n अणु	$pV = nkT$

गैस को सम्पीडित करने में किया गया कार्य (Work Done on Compressing a Gas)

एक गैस को सम्पीडित करने में किया गया कार्य,

$$W = -\frac{(p_2V_2 - p_1V_1)}{1-n}$$

जहाँ, n गैस के मोलों की संख्या है।

आदर्श गैस नियम निम्नलिखित समीकरण का पालन करता है

$$p_1V_1 = mRT_1$$
$$p_2V_2 = mRT_2$$

अब किया गया कार्य,

$$W = -\frac{mR(T_2 - T_1)}{1-n}$$

इसी प्रकार गैस के प्रसार में किया गया कार्य,

$$W = -\int_1^2 p\,dV$$

$$W = \frac{p_2V_2 - p_1V_1}{n-1}$$

$$W = \frac{mR(T_2 - T_1)}{n-1}$$

गैसों का अणुगति सिद्धान्त (Kinetic Theory of Gases)

प्रत्येक गैस अनेक सूक्ष्म कणों से मिलकर बनी है, जिन्हें अणु कहते हैं। गैसों के अणुओं के बीच कार्यरत अन्तराण्विक बल अत्यन्त दुर्बल होते हैं। अतः ये अणु सभी सम्भव दिशाओं में गति के लिए स्वतन्त्र रहते हैं।

गैसों के सम्बन्ध में कुछ मुख्य परिकल्पनाएँ निम्न प्रकार हैं

(i) प्रत्येक गैस छोटे-छोटे कणों से मिलकर बनी होती है, जिन्हें अणु कहते हैं तथा ये अणु प्रत्येक दिशा में अनियमित गति करते हैं।

(ii) आदर्श गैस के अणु एकसमान, गोलाकार एवं दृढ़ होते हैं तथा इनका आकार अन्तराण्विक दूरी (10^{-9} मी) की तुलना में नगण्य होता है।

(iii) गैस के अणुओं के मध्य किसी भी प्रकार का आकर्षण या प्रतिकर्षण बल कार्य नहीं करता अर्थात् अणुओं के बीच कोई क्रिया नहीं होती। अत: सम्पूर्ण गतिज ऊर्जा आन्तरिक ऊर्जा के रूप में प्रकट होती है।

(iv) यह सिद्धान्त अणुओं की स्थानान्तरीय गति पर आधारित है। यह न्यूटन के गति के नियमों का पालन करते हैं।

(v) गैस के अणु परस्पर तथा पात्र की दीवारों से टकराते रहते हैं। ये टक्करें पूर्णतया प्रत्यास्थ होती हैं।

(vi) गैस के दो अणुओं के बीच टक्कर में लगा समय, अणुओं की दो क्रमागत टक्करों के बीच के समय की तुलना में नगण्य होता है।

(vii) गैस के अणुओं का आयतन, गैस के आयतन की तुलना में नगण्य होता है। इसीलिए हम डाल्टन के आंशिक दाब के नियम का उपयोग करते हैं।

(viii) गैस के अणुओं की चाल अत्यधिक होती है। अत: इन पर गुरुत्व का प्रभाव नहीं होता। क्योंकि गैस का घनत्व बर्तन के अन्दर एकसमान रहता है।

गैसीय नियमों का तुलनात्मक अध्ययन (Comparative Study of Gas Laws)

क्र. सं. S.No.	गैसीय नियम (Gases law)	संक्षिप्त परिभाषा (Short definition)	गणितीय सम्बन्ध (Mathematical relation)	विशेष (Special)
(i)	बॉयल का नियम (Boyle's law)	स्थिर ताप पर किसी गैस के निश्चित द्रव्यमान का आयतन, उसके दाब के व्युत्क्रमानुपाती होता है।	$V \propto \frac{1}{p}$ या $pV =$ नियतांक या $p_1V_1 = p_2V_2$	(p–V वक्र, $T_2 > T_1$) आयताकार अतिपरवलय
(ii)	चार्ल्स का नियम (Charles' law)	स्थिर दाब पर किसी गैस के निश्चित द्रव्यमान का आयतन उसके परमताप के अनुक्रमानुपाती होता है।	$V_t = V_0(1+\alpha t)$ या $V \propto T$ या $\frac{V_1}{T_1} = \frac{V_2}{T_2}$	(T–V वक्र) सरल रेखीय
(iii)	गैलुसेक का दाब का नियम (Gay-Lussac's law of pressure)	स्थिर आयतन पर किसी गैस के निश्चित द्रव्यमान का दाब उसके परमताप के अनुक्रमानुपाती होता है।	$p_t = p_0(1+\beta t)$ $p \propto T$ $\frac{p_1}{T_1} = \frac{p_2}{T_2}$	(T–p वक्र) सरल रेखीय
(iv)	डाल्टन का आंशिक दाब का नियम (Dalton's law of partial pressures)	अक्रियशील गैसों के मिश्रण के किसी आयतन द्वारा लगाया गया कुल दाब, उन गैसों के समान आयतनों के अलग-अलग दाबों के योग के बराबर होता है।	$p = p_1 + p_2 + p_3 \dots = \frac{RT}{V}\left[\frac{m_1}{M_1} + \frac{m_2}{M_2} + \frac{m_3}{M_3} \dots\right]$	
(v)	आवोगाद्रो का नियम (Avagadro's law)	समान ताप व दाब पर समान आयतन की गैसों में अणुओं की संख्या समान होती है।	$N_1 = N_2$	NTP पर 1 मोल आदर्श गैस के लिए $N = 6.023 \times 10^{23}$
(vi)	ग्राहम का विसरण नियम (Graham's law of diffusion)	नियत ताप व दाब पर किसी गैस के विसरण की दर उसके घनत्व के वर्गमूल के व्युत्क्रमानुपाती होती है।	$R \propto \frac{1}{\sqrt{d}}$	(R–$\sqrt{d}$ वक्र) आयताकार अतिपरवलय

गैस के दाब एवं गतिज ऊर्जा में सम्बन्ध

(Relation between Kinetic Energy and Pressure of Gas)

आदर्श गैस का दाब $p = \frac{1}{3}\frac{mN}{V}v_{rms}^2$

गैस की 1 मोल मात्रा के लिए $mN = M$, गैस का अणुभार है।

$$\therefore \quad P = \frac{1}{3}\frac{M}{V}v_{rms}^2$$

या $$3pV = v_{rms}^2$$

क्रान्तिक ताप, दाब व आयतन

(Critical Temperature, Pressure and Volume)

p-V वक्र पर वह बिन्दु, जहाँ पदार्थ गैसीय अवस्था से द्रव अवस्था परिवर्तित होता है, क्रान्तिक बिन्दु कहलाता है। इस बिन्दु पर द्रव व वाष्प में अन्तर समाप्त हो जाता है अर्थात् वाष्प व द्रव के घनत्व समान हो जाते हैं।

(i) **क्रान्तिक ताप (T_c)** वह महत्तम ताप, जिससे कम ताप पर कोई गैस मात्र दाब आरोपित करके द्रवित की जा सकती है, क्रान्तिक ताप कहलाता है। यह गैस का अभिलाक्षणिक गुण है। यदि ताप क्रान्तिक ताप से अधिक हो तो गैस द्रवित नहीं की जा सकती।

$CO_2(31.1°C)$, $O_2(-118°C)$, $N_2(-147.1°C)$ एवं $H_2O(374.1°C)$

(ii) **क्रान्तिक दाब (p_c)** गैस के क्रान्तिक ताप पर वह न्यूनतम दाब जिसे आरोपित करके गैस द्रवित की जा सकती है, क्रान्तिक दाब कहलाता है। CO_2 (73.87 बार) एवं O_2 (49.7 दाब)

(iii) **क्रान्तिक आयतन (V_c)** क्रान्तिक ताप व दाब पर किसी गैस के 1 मोल का आयतन क्रान्तिक आयतन कहलाता है। CO_2 (95×10^{-6} मी^{3})

(iv) वाण्डरवाल नियतांकों व T_c, p_c, V_c में सम्बन्ध

$$T_c = \frac{8a}{27Rb}, p_c = \frac{a}{27b^2}, V_c = 3b,$$

$$a = \frac{27R^2}{64}\frac{T_c^2}{P_c}, b = \frac{R}{8}\left(\frac{T_c}{P_c}\right)$$

और $$\frac{p_c V_c}{T_c} = \frac{3}{8}R$$

गैस के अणुओं की विभिन्न चालें

(Various speed of Gas Molecules)

गैस के अणुओं की विभिन्न चालें निम्न हैं

1. वर्ग-माध्य-मूल चाल (Root Mean Square Speed)

(i) यदि गैस के N अणुओं के वेग क्रमशः $v_1, v_2, v_3 \ldots v_N$ हैं तो अणुओं की वर्ग-माध्य-मूल चाल,

$$v_{rms} = \sqrt{\frac{v_1^2 + v_2^2 + v_3^2 + \ldots v_N^2}{N}}$$

(ii) यदि गैस का परम ताप T तथा अणुभार M हो तो 1 मोल आदर्श गैस के लिए,

$$v_{rms} = \sqrt{\frac{3RT}{M}}$$

(iii) यदि गैस के एक अणु का द्रव्यमान m हो तो

$$v_{rms} = \sqrt{\frac{3kT}{m}} \text{ (जहाँ } k \text{ वोल्ट्समैन नियतांक है)}$$

यदि गैस का परम ताप शून्य हो जाये ($T = 0$) तो उसके अणु गतिहीन हो जायेंगे ($v_{rms} = 0$)। चूँकि v_{rms} का ऋणात्मक मान सम्भव नहीं है। अतः परम शून्य ताप से नीचे कोई ताप सम्भव नहीं हैं।

2. अधिकतम सम्भव चाल

(Most Probable Speed)

गैस के अणुओं की चाल एक निश्चित परास में होती है। वह चाल जिससे अधिकतम सम्भव अणु गति करते हैं, अणुओं की अधिकतम सम्भव चाल कहलाती है। इसे v_{mp} से प्रदर्शित करते ह

$$v_{mp} = \sqrt{\frac{2p}{\rho}} = \sqrt{\frac{2RT}{M}} = \sqrt{\frac{2kT}{m}}$$

3. औसत चाल (Average Speed)

किसी निश्चित ताप पर गैस के अणुओं की चालों के माध्य को गैस के अणुओं की औसत चाल कहते हैं। इसे v_{av} से प्रदर्शित करते हैं।

यदि गैस के n अणुओं की चाल क्रमशः $v_1, v_2, {}_3, \ldots, v$ हों तब अणुओं की औसत चाल

$$v_{av} = \frac{v_1 + v_2 + v_3 + \ldots + v_n}{n}$$

$$v_{av} = \sqrt{\frac{8p}{\pi\rho}} = \sqrt{\frac{8RT}{\pi M}} = \sqrt{\frac{8kT}{\pi m}}$$

अतः स्पष्ट है कि

$$v_{rms} > v_{av} > v_{mp}$$

स्वतन्त्रता की कोटि (Degree of Freedom)

स्वतन्त्रता की कोटि किसी निकाय की सम्भव स्वतन्त्र गतियों की संख्या बताती है। या निकाय की उन स्वतन्त्र विधाओं की संख्या जिनमें निकाय में ऊर्जा निहित होती है, स्वतन्त्रता की कोटि कहलाती है।

स्वतन्त्र गतियाँ स्थानान्तरीय, घूर्णी या कांपनिक या इनका कोई संयोग हो सकती हैं।

अतः स्वतन्त्रता की कोटि भी तीन प्रकार की होती है।

(i) स्थानान्तरीय की कोटि

(ii) घूर्णी स्वतन्त्रता की कोटि

(iii) कांपनिक स्वतन्त्रता की कोटि

ऊर्जा समविभाजन का नियम

(Law of Equipartition of Encrgy)

इस नियम के अनुसार, एक अणु की कुल ऊर्जा विभिन्न स्वतन्त्रता की कोटियों में समान रूप से विभाजित होती है। प्रति अणु प्रति स्वतन्त्रता की कोटि के संगत ऊर्जा $\frac{1}{2}kT$ होती है।

(जहाँ k बोल्ट्समैन नियतांक तथा T, परम ताप है।)

यदि अणु की स्वतन्त्रता की कोटि f हो तब उसकी कुल ऊर्जा $= \frac{1}{2}fkT$

आदर्श गैस के अणुओं की स्वतन्त्रता की कोटि 3 होती है। अतः उसके औसत स्थानान्तरीय गतिज ऊर्जा $= \frac{3}{2} kT$

1 मोल गैस की कुल ऊर्जा $= \frac{1}{2} f\, RT$

μ मोल गैस की कुल ऊर्जा $= \frac{1}{2} \mu\, fRT$

गैस की विशिष्ट ऊष्मा

(Specific Heat of Gas)

गैस की विशिष्ट ऊष्मा दो प्रकार की होती है

(i) स्थिर आयतन पर गैस की विशिष्ट ऊष्मा

(Specific Heat of a Gas at Constant Volume)

स्थिर आयतन पर किसी गैस के एकांक द्रव्यमान के ताप में एकांक वृद्धि करने के लिए आवश्यक ऊष्मा की मात्रा को स्थिर आयतन पर गैस की विशिष्ट ऊष्मा कहते हैं। इसे C_V से प्रदर्शित करते हैं।

$$\therefore \quad C_V = \frac{(\Delta Q)_V}{m\,\Delta T}$$

यदि गैस के एकांक द्रव्यमान के स्थान पर गैस की 1 मोल मात्रा लें तो, विशिष्ट ऊष्मा, स्थिर आयतन पर मोल विशिष्ट ऊष्मा कहलाती है और इसे C_V से निरूपित करते हैं।

$$C_V = MC_V = \frac{M\,(\Delta Q)_V}{m\Delta T}$$

$$= \frac{1}{\mu}\frac{(\Delta Q)_V}{\Delta T} \qquad \left[\text{यहाँ} = \frac{m}{M}\right]$$

(ii) स्थिर दाब पर गैस की विशिष्ट ऊष्मा

(Specific Heat of a Gas at Constant Pressure)

स्थिर दाब पर किसी गैस के एकांक द्रव्यमान के ताप में एकांक वृद्धि करने के लिए आवश्यक ऊष्मा की मात्रा को स्थिर दाब पर गैस की विशिष्ट ऊष्मा कहते हैं। इसे C_p से प्रदर्शित करते हैं।

$$\text{अतः} \quad C_p = \frac{(\Delta Q)_p}{m\Delta T}$$

यदि गैस के एकांक द्रव्यमान के स्थान पर गैस की 1 मोल मात्रा लें तो विशिष्ट ऊष्मा, स्थिर दाब पर मोलर विशिष्ट ऊष्मा कहलाती है। इसे C_p से प्रदर्शित करते हैं।

$$C_p = MC_p = \frac{M(\Delta Q)_p}{m\Delta T} = \frac{1}{\mu}\frac{(\Delta Q)_p}{\Delta T} \qquad \left[\because \mu = \frac{m}{M}\right]$$

स्वतन्त्रता की कोटि के पदों में विशिष्ट ऊष्मा

(Specific Heat in Terms of Degree of Freedom)

स्थिर आयतन पर गैस को दी गयी ऊष्मा, गैस की केवल आन्तरिक ऊर्जा में परिवर्तन करती है। अतः

$$(\Delta Q)_V = \Delta U = \mu C_V\, \Delta T \qquad \text{...(i)}$$

गैस की आन्तरिक ऊर्जा

$$U = \frac{1}{2}\mu f\, RT$$

$$\text{अतः} \quad \Delta U = \frac{1}{2}\mu f\, R\,\Delta T \qquad \text{...(ii)}$$

समी (i) व (ii) से

$$C_V = \frac{1}{2} fR \qquad \text{...(iii)}$$

मेयर के सूत्र से

$$C_p - C_V = R$$

या

$$C_p = C_V + R$$

$$C_p = \frac{1}{2} fR + R$$

$$C_p = \left(\frac{f}{2} + 1\right) R \qquad \text{...(iv)}$$

$$\text{अतः} \quad \gamma = \frac{C_p}{C_V} = \frac{\left(\frac{f}{2}+1\right)R}{\frac{1}{2}fR}$$

$$\text{या} \quad \gamma = 1 + \frac{2}{f} \qquad \text{...(v)}$$

अतः एक परमाणुक गैस के लिए

$$\gamma = \frac{5}{3} = 167$$

द्विपरमाणुक गैस के लिए $\gamma = \frac{7}{5} = 14$

त्रिपरमाणुक गैस के लिए $\gamma = \frac{4}{3} = 133$

मेयर का सूत्र (Mayer's Formula)

स्थिर दाब पर गैस की विशिष्ट ऊष्मा C_p का मान गैस की स्थिर आयतन पर विशिष्ट ऊष्मा C_V से अधिक होता है।

स्थिर आयतन पर गैस को दी गयी ऊष्मा केवल गैस की आन्तरिक ऊर्जा में वृद्धि करती है। अतः

$$(\Delta Q)_V = \Delta U = \mu\, C_V\, \Delta T \qquad \text{...(i)}$$

स्थिर दाब पर गैस को दी गयी ऊष्मा गैस की आन्तरिक ऊर्जा बढ़ाने के साथ-साथ बाह्य कार्य करने में भी व्यय होती है। अतः

$$(\Delta Q)_p = \Delta U + W = \mu\, C_p\, \Delta T \qquad \text{...(ii)}$$

समी (i) से मान समी (ii) में रखने पर

$$\mu\, C_V\, \Delta T + W = \mu C_p\, \Delta T$$

स्थिर दाब पर किया गया कार्य $W = p\,.\,\Delta V$

$$\therefore \quad \mu\,(C_p - C_V)\,\Delta T = p\,.\,\Delta V$$

आदर्श गैस समीकरण से, $p\,.\,\Delta V = \mu\, R\,\Delta T$

$$\therefore \quad \mu\,(C_p - C_V)\,\Delta T = \mu R\,\Delta T \quad \text{या } C_p - C_V = R$$

यह मेयर का सूत्र है।

माध्य मुक्त पथ (Mean Free Path)

गैस के अणु द्वारा दो क्रमागत टक्करों के बीच तय की गयी सरल रेखीय दूरी को माध्य मुक्त पथ कहते हैं। उसे λ से प्रदर्शित करते हैं।

$$\bar{\lambda} = \frac{\text{दो क्रमागत टक्करों के मध्य गैस के अणु द्वारा तय की गयी कुल दूरी}}{\text{कुल टक्करों की संख्या}}$$

यदि गैस के अणु द्वारा n संघट्टों में चली गई दूरियाँ क्रमशः $\lambda_1, \lambda_2, \lambda_3, \ldots, \lambda_n$ हैं, तब अणु का माध्य मुक्त पथ

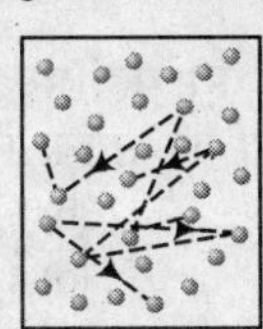

$$\bar{\lambda} = \frac{\lambda_1 + \lambda_2 + \lambda_3 + \ldots + \lambda_n}{n}$$

आवोगाद्रो संख्या

(Avogadro's Number)

किसी तत्व के एक ग्राम परमाणु में उपस्थित परमाणुओं की संख्या अथवा किसी पदार्थ के एक ग्राम अणु (अथवा एक मोल) में उपस्थित अणुओं की संख्या को आवोगाद्रो संख्या कहते हैं, इसे N_A से व्यक्त करते हैं। इसका मान 6.02×10^{23} अणु प्रति ग्राम मोल अथवा 6.02×10^{26} अणु प्रति किग्रा मोल होता है।

अभ्यास प्रश्न

1. गैस नियम $\left(\frac{pV}{T}\right)$ = स्थिर, सत्य होता है

(a) केवल समतापीय परिवर्तन के लिए
(b) केवल रुद्धोष्म परिवर्तन के लिए
(c) (a) व (b) दोनों
(d) उपरोक्त में से कोई नहीं

2. किसी गैस के दो नमूने A व B, जो आरम्भ में समान ताप व दाब पर हैं, को आयतन V से $\frac{V}{2}$ तक इस प्रकार सम्पीडित किया जाता है कि A का सम्पीडन समतापीय है तथा B का सम्पीडन रुद्धोष्म है। अन्तिम दाब

(a) B से A का अधिक है
(b) A व B के समान हैं
(c) B से, A का कम है
(d) B की तुलना में, A का चार गुना है

3. यदि बर्तन में भरी हुई गैस के अणुओं का वर्ग माध्य मूल वेग दोगुना कर दिया जाए, तो गैस का दाब हो जाएगा

(a) पूर्व मान का चार गुना (b) पूर्व मान का दोगुना
(c) समान रहेगा (d) पूर्व मान का $\frac{1}{4}$ हो जाएगा

4. दो गैसों C तथा D के ताप T, दाब p तथा आयतन V हैं। यदि दोनों गैसों को मिश्रित कर दिया जाये तथा मिश्रण का आयतन V तथा ताप T हो, तो उसका दाब होगा

(a) $\frac{1}{2}p$ (b) $2p$ (c) $\frac{1}{8}p$ (d) $\frac{3}{2}p$

5. निम्नलिखित में से किस शर्त पर प्रत्येक गैस आदर्श गैस की तरह व्यवहार करती है?

(a) सामान्य ताप तथा दाब पर
(b) निम्न दाब तथा उच्च ताप पर
(c) उच्च ताप तथा निम्न दाब पर
(d) कभी नहीं

6. किसी गैस के दिये गये द्रव्यमान के दाब में कितने प्रतिशत वृद्धि की जाए कि स्थिर ताप पर, इसके आयतन में 10% की कमी हो जाए?

(a) 8.1% (b) 9.1%
(c) 10.1% (d) 11.1%

7. बाहरी अन्तरिक्ष में किसी क्षेत्र में औसतन प्रति घन सेमी^{3} में केवल 10 अणु हैं तथा वहाँ का ताप 3 K है। इस अति विरल गैस का औसत दाब होगा

(a) 0.4×10^{-16} न्यूटन/मी^{2}
(b) 4.14×10^{-16} न्यूटन/मी^{2}
(c) 5×10^{-14} न्यूटन/मी^{2}
(d) 10^5 न्यूटन/मी^{2}

8. आदर्श गैस के दिए गए द्रव्यमान के लिए, दाब के दो अलग-अलग नियत मानों के लिए आयतन-ताप आरेख चित्र में दर्शाया गया है। आरेख से p_1 तथा p_2 के विषय में क्या निष्कर्ष निकाला जा सकता है?

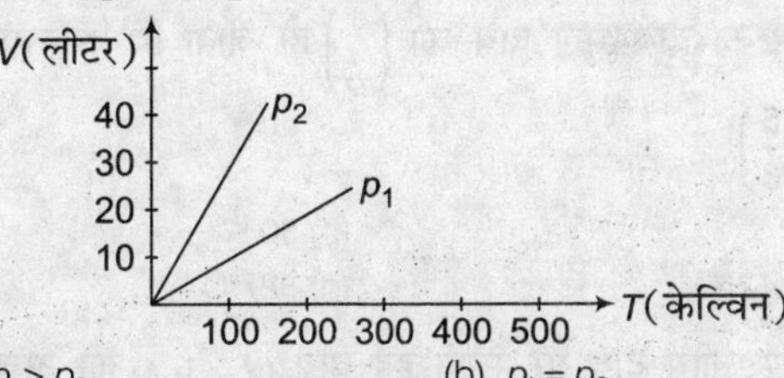

(a) $p_1 > p_2$ (b) $p_1 = p_2$
(c) $p_1 < p_2$ (d) आँकड़े अपर्याप्त हैं

9. हाइड्रोजन गैस की एक नियत मात्रा (1 मोल) के ताप पर दाब परिवर्तन में सम्बन्ध देखा जाता है। यह प्रयोग उच्च ताप तथा उच्च दाब पर किया जाता है। प्राप्त परिणामों को चित्र में दर्शाया गया है। $\frac{pV}{RT}$ का p के साथ सही परिवर्तन किस वक्र में दर्शाया गया है?

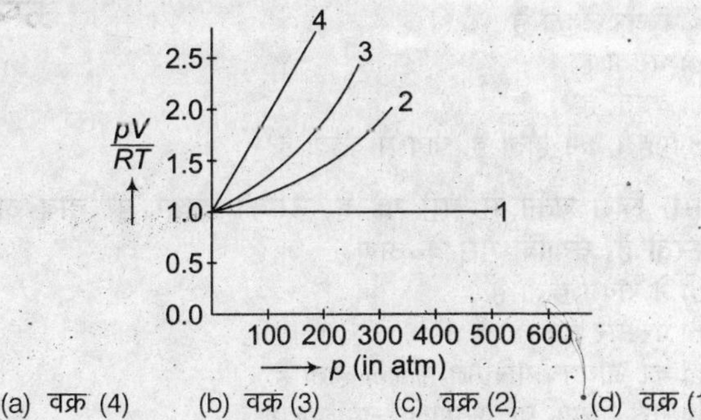

(a) वक्र (4) (b) वक्र (3) (c) वक्र (2) (d) वक्र (1)

10. दिए गए आयतन व ताप पर, गैस का दाब
(a) इसके द्रव्यमान के आधे के विलोमानुपाती होता है
(b) इसके द्रव्यमान के वर्ग के विलोमानुपाती होता है
(c) इसके द्रव्यमान के अनुपाती होता है
(d) इसके द्रव्यमान पर निर्भर नहीं करता है

11. किसी गैस द्वारा आरोपित दाब होता है
(a) गैस के घनत्व पर निर्भर नहीं करता
(b) गैस के घनत्व के विलोमानुपाती होता है
(c) गैस के घनत्व के वर्ग के समानुपाती
(d) गैस के घनत्व के समानुपाती

12. किसी बर्तन में p_0 दाब पर एक गैस है। यदि सभी अणुओं के द्रव्यमान आधे तथा उनकी चाल दोगुनी कर दें, तो परिणामी दाब p का मान होगा
(a) $2p_0$ (b) $\frac{p_0}{4}$
(c) $4p_0$ (d) p_0

13. 300 K तापमान पर 200 मी^{3} आयतन के एक डिब्बे में 0.1 मोल ऑक्सीजन तथा 0.3 मोल कार्बन डाई ऑक्साइड है। मिश्रण का दाब होगा
(a) 5 Pa (b) 4 Pa
(c) 3 Pa (d) 1.25 Pa

14. पदार्थ के अणुगति सिद्धान्त के अनुसार, अणु पदार्थ का सूक्ष्मतम कण होता है तथा इसमें होते हैं
(a) पदार्थ के सभी गुण (b) पदार्थ के कुछ गुण
(c) पदार्थ का कोई गुण नहीं (d) (b) व (c) दोनों सत्य हैं

15. 27°C पर एक गैस को अचानक इस प्रकार सम्पीडित किया जाता है कि इसका दाब मूल दाब का $\left(\frac{1}{8}\right)$ हो जाता है। अन्तिम ताप होगा $\left(\gamma = \frac{5}{3}\right)$
(a) 42 K (b) 30 K
(c) −142°C (d) 327°C

16. वायुमण्डलीय दाब पर सूखी हुई वायु $(\gamma = 1\cdot 4)$ को अचानक इसके आयतन के $\left(\frac{1}{4}\right)$ तक सम्पीडित किया जाता है। दाब होगा
(a) 10 वायुमण्डल (b) 8 वायुमण्डल
(c) 5 वायुमण्डल (d) 6 वायुमण्डल

17. किसी दिए गए ताप पर, अन्तर-आण्विक दूरी के पदों में, अणुओं के बीच बल होता है
(a) स्थिर रहता है
(b) घटता है
(c) बढ़ता है
(d) पहले कम होता है, बाद में बढ़ता है

18. गैस, जिस बर्तन में भरी गई है, उसकी दीवार पर दाब आरोपित करती है, क्योंकि गैस के अणु
(a) में संवेग होता है
(b) परस्पर टकराते हैं
(c) का आयतन परिमित (finite) होता है
(d) गैस नियमों का अनुपालन नहीं करती है

19. हमारे पास एक जार A है, जिसमें लक्षण p, V व T द्वारा वर्णित गैस भरी हुई है तथा एक अन्य जार B है, जिसमें लक्षण $2p, \frac{V}{4}$ व $2T$ द्वारा वर्णित गैस भरी हुई है। यहाँ पर सभी संकेतों के सामान्य अर्थ हैं। जार A व B में अणुओं की संख्या में अनुपात है
(a) 1 : 4 (b) 1 : 3
(c) 2 : 1 (d) 4 : 1

20. 27°C ताप पर एक बर्तन में भरी हुई एक मोल हाइड्रोजन गैस का दाब p है। उसी आयतन के दूसरे बर्तन में 127°C ताप पर एक मोल हीलियम गैस भरी है। इसका दाब होगा
(a) $\frac{8}{3}p$ (b) $1\frac{3}{8}p$ (c) $\frac{4}{3}p$ (d) $\frac{3}{4}p$

21. प्रत्येक गैस आदर्श गैस के समान व्यवहार करती है
(a) निम्न दाब तथा उच्च ताप पर (b) उच्च दाब तथा निम्न ताप पर
(c) सामान्य ताप व दाब पर (d) उच्च दाब व उच्च ताप पर

22. किसी बर्तन में p_0 दाब पर गैस है। यदि सभी अणुओं के द्रव्यमान आधे और उनकी चाल दोगुनी कर दी जाए, तो परिणामी दाब होगा
(a) $4p_0$ (b) $2p_0$
(c) p_0 (d) $p_0/2$

23. एक बर्तन में H_2 व O_2 गैसों का मिश्रण एक नियत ताप पर भरा है। इन गैसों के अणुओं का वर्ग माध्य मूल चालों का अनुपात होगा
(a) 1 : 2 (b) 2 : 1 (c) 3 : 1 (d) 4 : 1

24. 400 K ताप तथा 2×10^5 न्यूटन/मी^{2} दाब पर किसी गैस के अणुओं की वर्ग-माध्य-मूल चाल 300 मी/से है। यदि ताप को चार गुना तथा दाब को आधा कर दें, तो गैस के अणुओं की चाल होगी
(a) 600 मी/से (b) 300 मी/से
(c) 1200 मी/से (d) 450 मी/से

25. गैसों के अणुगति सिद्धान्त के अनुसार, गैस द्वारा बर्तन की दीवार पर आरोपित दाब की माप होती है
(a) दीवार के प्रति एकांक क्षेत्रफल पर प्रति सेकण्ड दिए गए संवेग के परिवर्तन की दर द्वारा
(b) दीवार के प्रति एकांक क्षेत्रफल पर दिए गए संवेग द्वारा
(c) दीवार के प्रति एकांक क्षेत्रफल पर दिए गए संवेग के परिवर्तन की दर द्वारा
(d) प्रति एकांक क्षेत्रफल, संवेग के परिवर्तन द्वारा

26. गैस द्वारा बर्तन की दीवार पर आरोपित दाब होता है
(a) $p = \frac{1}{3}\frac{M}{V}\overline{v^2}$ (b) $p = \frac{1}{3}\frac{V}{M}\overline{v^2}$
(c) $p = \frac{1}{3}M / \overline{v^2}$ (d) $p = 3\,M / \overline{v^2}$

27. आदर्श गैस द्वारा आरोपित दाब होता है
(a) प्रति एकांक आयतन माध्य गतिज ऊर्जा का दोगुना
(b) प्रति एकांक आयतन माध्य गतिज ऊर्जा का आधा
(c) प्रति एकांक आयतन माध्य गतिज ऊर्जा का दो-तिहाई
(d) प्रति एकांक आयतन माध्य गतिज ऊर्जा का एक-तिहाई

28. एक बॉक्स में गैस के n अणु हैं। यदि अणुओं की संख्या $2n$ कर दी जाए, तो गैस का दाब किस प्रकार प्रभावित होगा?
(a) दाब एक-चौथाई हो जाएगा (b) दाब परिवर्तित नहीं होगा
(c) दाब दोगुना हो जाएगा (d) दाब तीन गुना हो जाएगा

29. किसी गैस का परमताप ज्ञात होता है
(a) अणुओं के माध्य संवेग द्वारा (b) गैस में ध्वनि के वेग द्वारा
(c) गैस में अणुओं की संख्या द्वारा (d) अणुओं के माध्य वर्ग द्वारा

30. समान आयतन के दो बर्तनों में क्रमश: एक वायुमण्डल पर आण्विक हाइड्रोजन तथा दो वायुमण्डल पर हीलियम गैस भरी हुई है। यदि दोनों नमूने समान ताप पर है, तो हाइड्रोजन के अणुओं का माध्य वेग है
(a) हीलियम के अणुओं के माध्य वेग के बराबर
(b) हीलियम के अणुओं के माध्य वेग का आधा
(c) हीलियम के अणुओं के माध्य वेग का एक-चौथाई
(d) हीलियम के अणुओं के माध्य वेग का $\sqrt{2}$ गुना

31. हीलियम के नमूने में अणुओं का वर्ग माध्य मूल वेग हाइड्रोजन के नमूने में अणुओं के वर्ग माध्य मूल वेग का (5/7) है। यदि हाइड्रोजन गैस का ताप 0°C है, तो परिणामी ताप होगा लगभग
(a) 0°C (b) 4 K
(c) 2.13°C (d) 100 K

32. एक बर्तन में p_0 दाब पर एक गैस भरी हुई है। यदि सभी अणुओं का द्रव्यमान आधा कर दिया जाए तथा इनके वेग दोगुने कर दिए जाए, तो परिणामी दाब होगा
(a) $\frac{4}{p_0}$ (b) $2p_0$
(c) $3p_0$ (d) $\frac{p_0}{2}$

33. समान ताप पर दो गैसों के वाष्प घनत्वों का अनुपात 4 : 9 है। इनके वर्ग माध्य मूल वेगों का अनुपात होगा
(a) 1 : 2.25 (b) 2 : 3 (c) 3 : 2 (d) 4 : 9

34. किसी आदर्श गैस के दाब p एवं इसकी प्रति एकांक आयतन माध्य गतिज ऊर्जा E के बीच सम्बन्ध है
(a) $p = \frac{E}{2}$ (b) $p = 4E$
(c) $p = \frac{3E}{2}$ (d) $p = \frac{2E}{3}$

35. किसी एक-परमाणविक गैस के अणुओं की गति होती है
(a) रेखीय (b) कम्पन
(c) घूर्णन (d) सभी तीनों

36. किसी गैस का घनत्व 6×10^{-2} किग्रा/मी³ है तथा इसके अणुओं का वर्ग-माध्य-मूल वेग 500 मी/से है, गैस द्वारा बर्तन की दीवारों पर आरोपित दाब है
(a) 5×10^3 न्यूटन/मी² (b) 1.2×10^{-4} न्यूटन/मी²
(c) 0.83×10^{-4} न्यूटन/मी² (d) 30 न्यूटन/मी²

37. किसी गैस का परमताप चार गुना बढ़ा दिया जाता है, तो गैस के अणुओं की वर्ग माध्य मूल चाल हो जाएगी
(a) 4 गुना (b) 16 गुना
(c) $\frac{1}{4}$ गुना (d) 2 गुना

38. किसी आदर्श गैस का ताप 27°C से बढ़ाकर 927°C किया जाता है। इसके अणुओं का वर्ग माध्य मूल वेग हो जाएगा
(a) दोगुना (b) एक-तिहाई
(c) चार गुना (d) एक-चौथाई

39. यदि आवोगाद्रो संख्या अनन्त होती, तब ब्राउनियन गति होती
(a) पूर्णतया अप्रभावित रहती है
(b) ब्राउनियन कणों के सभी आकारों के लिए, आवोगाद्रो संख्या के परिमित मान के साथ प्राप्त मान से अधिक तीव्र
(c) केवल अपेक्षाकृत वृहत ब्राउनियन कणों के लिए आवोगाद्रो संख्या के परिमित मान के साथ प्राप्त मान से कम तीव्र
(d) लगभग अप्रेक्षणीय हो जाएगी, क्योंकि ब्राउनियन कणों के लगभग सभी आकारों के लिए, आण्विक टक्कर एक-दूसरे को असन्तुलित करेंगी

40. किसी ताप पर, हाइड्रोजन गैस के अणुओं का वर्ग माध्य मूल वेग, 47°C पर ऑक्सीजन के अणुओं के वर्ग-माध्य-मूल वेग के बराबर होगा?
(a) 20 K (b) 80 K (c) –73°C (d) 3°C

41. किसी गैस में ध्वनि का वेग v है। गैस के अणुओं का वर्ग-माध्य-मूल वेग C है। v व C मे अनुपात है
(a) 3γ (b) $\frac{\gamma^2}{3}$ (c) $\sqrt{\left(\frac{3}{\gamma}\right)}$ (d) $\sqrt{\left(\frac{\gamma}{3}\right)}$

42. यदि C_s, वायु में ध्वनि का वेग है तथा C, वर्ग माध्य- मूल वेग है, तब
(a) $C_s < C$ (b) $C_s = 2C$
(c) $C_s = C\left(\frac{\gamma}{3}\right)^{1/2}$ (d) इनमें से कोई नहीं

43. समान आयतन के दो बर्तनों में परमाणुक हाइड्रोजन व हीलियम एक वायुमण्डलीय व दो वायुमण्डलीय दाब पर भरी जाती हैं। यदि दोनों नमूनों के ताप समान हैं, तब हाइड्रोजन परमाणु की माध्य चाल $< v_H >$ का हीलियम के लिए $< v_{He} >$ के साथ सम्बन्ध है
(a) $3 < v_H > = \sqrt{2} < v_{He} >$ (b) $< v_H > = 4 < v_{He} >$
(c) $< v_H > = 2 < v_{He} >$ (d) $< v_H > = < v_{He/2} >$

44. किसी ग्रह पर वायुमण्डल उपस्थित होने का तात्पर्य है
[v_{rms} = अणुओं का rms वेग तथा v_e = पलायन वेग]
(a) $v_{rms} << v_e$ (b) $v_{rms} > 2v_e$
(c) $v_{rms} = 4v_e$ (d) $v_{rms} = 0$

45. 327°C पर हाइड्रोजन को स्थिर दाब पर किस ताप तक ठण्डा करना होगा, जिससे इसके अणुओं का वर्ग-माध्य-मूल वेग, अपने पूर्व मान का आधा रह जाए?
(a) – 123°C (b) 123K
(c) – 100K (d) 0°C

46. अणुओं की वर्ग-माध्य-मूल चाल होती है
(a) अणुओं के वर्गमूल के बराबर
(b) अणुओं की माध्य चाल का एक प्रकार
(c) अणुओं की चाल का वर्ग
(d) अणुओं की चाल

47. किसी दिए गए ताप पर, निम्नलिखित में से कौन-सी गैस का वर्ग माध्य-मूल वेग अधिकतम होगा?
(a) हाइड्रोजन (b) ऑक्सीजन
(c) नाइट्रोजन (d) कार्बन डाइऑक्साइड

48. किसी गैस का एक नमूना 0°C पर है। इसके अणुओं की वर्ग माध्य मूल चाल दोगुनी करने के लिए, इसका ताप कहाँ तक बढ़ाना होगा?
(a) 103K (b) 273K (c) 819°C (d) 1092°C

49. किसी गैस के परम ताप में तीन गुना वृद्धि की जाती है, अणुओं का वर्ग-माध्य-मूल वेग होगा
(a) 3 गुना (b) 9 गुना
(c) $\frac{1}{3}$ गुना (d) $\sqrt{3}$ गुना

50. यदि वायु में ध्वनि का वेग v_s तथा वर्ग-माध्य-मूल वेग v_{rms} हो, तो
(a) $v_s = v_{\text{rms}}\sqrt{\left(\frac{\gamma}{3}\right)}$ (b) $v_s = \frac{v_{\text{rms}}}{3}$
(c) $v_{\text{rms}} = \frac{v_s}{4}$ (d) $v_{\text{rms}} = v_s$

51. कमरे के ताप पर किसी द्विपरमाणुक गैस के अणुओं का वर्ग-माध्य-मूल वेग 1930 मी/से पाया गया। यह गैस होगी
(a) N_2 (b) Br_2 (c) H_2 (d) O_2

52. किसी गैस में ऑक्सीजन अणुओं की वर्ग-माध्य-मूल चाल v है। यदि तापमान दोगुना हो जाए तथा ऑक्सीजन अणु ऑक्सीजन परमाणुओं में विभक्त हो जाए, तो वर्ग-माध्य-मूल चाल हो जाएगी?
(a) $2v$ (b) $3v$
(c) $v\sqrt{2}$ (d) v

53. गैसों के अणुगति सिद्धान्त के अनुसार, गैस के अणुओं का वर्ग माध्य-मूल-वेग निम्नलिखित में से किसके समानुपाती होगा?
(a) $\sqrt{T^3}$ (b) T^4 (c) $\sqrt{T}$ (d) T^2

54. समान ताप पर दो गैसों के वाष्प घनत्व 25 : 1 के अनुपात में हैं। उनके अणुओं की वर्ग-माध्य-मूल चालों का अनुपात होगा
(a) 1 : 5 (b) 5 : 1 (c) 1 : 1 (d) 25 : 1

55. किसी गैस का एक नमूना 100°C पर है। इसके अणुओं का वर्ग-माध्य-मूल वेग दोगुना करने के लिये, इसके ताप को कहाँ तक बढ़ाना होगा?
(a) 1592 K (b) 1219°C (c) 1092 K (d) – 273 K

56. किसी ताप पर He के अणुओं का वर्ग-माध्य-मूल वेग NTP पर H_2 के अणुओं के बराबर होगा
(a) 844 K (b) 645°C
(c) 300 K (d) 273°C

57. साम्यावस्था में गैस के अणुओं का माध्य वेग होता है
(a) $\sqrt{T}$ के समानुपाती (b) T के व्युत्क्रमानुपाती
(c) T^2 के समानुपाती (d) शून्य

58. यदि एक परमाणविक गैस $\left(\gamma = \frac{5}{3}\right)$ के एक मोल को द्वि-परमाणविक गैस $\left(\gamma = \frac{7}{3}\right)$ के एक मोल के साथ मिश्रित कर दिया जाए, तो मिश्रण के लिये γ का मान होगा
(a) 1.89 (b) 1.50 (c) 1.53 (d) 3.07

59. किसी आदर्श गैस के एक ग्राम मोल की आन्तरिक ऊर्जा निर्भर करती है
(a) केवल दाब पर (b) केवल आयतन पर
(c) केवल ताप पर (d) (a) व (c) पर

60. 0K पर गैस के निम्न गुणों में क्या शून्य होगा?
(a) गतिज ऊर्जा (b) स्थितिज ऊर्जा
(c) कम्पन ऊर्जा (d) आयतन

61. दो गैसों में, समान ताप, दाब व आयतन पर, निम्न में से कौन-सी राशियाँ स्थिर होंगी?
(a) अणुओं की संख्या (b) माध्य गतिज ऊर्जा
(c) मूल माध्य वर्ग वेग (d) (b) व (c) दोनों

62. समान ताप पर O_2 तथा H_2 में प्रति ग्राम मोल ऊर्जा में अनुपात है
(a) 1 (b) 1.4
(c) 2 (d) 3

63. किसी गैस की प्रति ग्राम मोल माध्य गतिज ऊर्जा होती है
(a) $\frac{3}{2}RT$ (b) $\frac{1}{2}R^2T$
(c) $\frac{2}{3}RT$ (d) $\frac{2}{3RT}$

64. किसी गैस का ताप उत्पन्न होता है
(a) इसके अणुओं की स्थितिज ऊर्जा द्वारा
(b) इसके अणुओं की गतिज ऊर्जा द्वारा
(c) इसके अणुओं के बीच आकर्षण बल द्वारा
(d) इसके अणुओं के बीच प्रतिकर्षण बल द्वारा

65. एक बहु-परमाणविक गैस, जिसकी n स्वतन्त्रता की कोटि है, की प्रति अणु माध्य ऊर्जा होती है
(a) $\frac{2nkT}{N}$ (b) $\frac{nkT}{2N}$ (c) $\frac{nkT}{2}$ (d) $\frac{3kT}{2}$

66. निम्नलिखित में से किस ताप पर गैस के अणुओं की गतिज ऊर्जा शून्य होगी?
(a) – 40°C (b) 0 K
(c) 0°F (d) 0°C

67. निम्न में से कौन-सा वक्र गैस के परमताप (T) तथा अणुओं की माध्य गतिज ऊर्जा (E_m) के मध्य सम्बन्ध को व्यक्त करता है?
(a) E_m T (b) E_m T
(c) E_m T (d) E_m T

68. एक परमाणुक गैस में परमाणु की स्वतन्त्रता कोटि की संख्या होती है
(a) 3 (b) 8 (c) 6 (d) 5

69. यदि किसी गैस की स्वतन्त्रता की कोटि की संख्या n है, तो इस गैस की विशिष्ट ऊष्माओं में अनुपात है
(a) $\frac{1-n}{2}$ (b) $1+\frac{n}{2}$
(c) $1-\frac{1}{n}$ (d) $1+\frac{2}{n}$

70. यदि किसी गैस में स्वातन्त्र्य कोटियों की संख्या f हो, तो γ का मान होगा
(a) $1+\frac{2}{f}$ (b) $\frac{f}{2}$ (c) $2f$ (d) f

71. नियत आयतन पर एक परमाण्विक गैस की मोलर विशिष्ट ऊष्मा होती है

(a) $\frac{3}{2}R$ (b) $\frac{5}{2}R$
(c) $3R$ (d) $2R$

72. एक बन्द पात्र में तापमान में 1% की वृद्धि होने पर दाब में 0.4% की वृद्धि होती है। प्रारम्भिक तापमान है

(a) 250 K (b) 250°C
(c) 25 K (d) 25°C

73. परमताप T पर किसी गैस के अणु की माध्य गतिज ऊर्जा निम्न में से किसके अनुक्रमानुपाती है?

(a) T^2 (b) T
(c) $\sqrt{T}$ (d) $1/T$

74. एक द्वि-परमाणुविक गैस $(\gamma = 1.4)$ के दाब व घनत्व (p, ρ) से, रुद्धोष्म स्थिति में (p', ρ') तक परिवर्तित होते हैं। यदि $(\rho'/\rho) = 32$, तब (p'/p) होना चाहिए

(a) 1/16 (b) 32
(c) 128 (d) इनमें से कोई नहीं

75. यदि एक परमाणवीय गैस के $(\gamma = 5/3)$ एक मोल को द्विपरमाणविक गैस $(\gamma = 7/5)$ के एक मोल में मिलाया जाता है, तो मिश्रण के लिए γ का मान होगा

(a) 3/2 (b) 23/15
(c) 35/23 (d) 4/3

76. एक द्विपरमाणुक गैस का एक किलोग्राम 8×10^4 न्यूटन-मी$^{-2}$ के दाब पर है। गैस का घनत्व 4 किग्रा-मी$^{-3}$ है। इसकी ऊष्मीय गति के कारण गैस की ऊर्जा क्या है?

(a) 5×10^4 जूल (b) 6×10^4 जूल
(c) 7×10^4 जूल (d) 3×10^4 जूल

77. किसी द्विपरमाणुक अणु स्थानान्तरीय एवं घूर्णीय कोटियों की कुल संख्या होगी

(a) 2 (b) 3
(c) 4 (d) 5

78. त्रिपरमाणुक गैस की विशिष्ट ऊष्मा का अनुपात (γ) है।

(a) 1.40 (b) 1.33
(c) 1.67 (d) 1

79. यदि किसी गैस के लिए $\frac{R}{C_V} = 0.67$ है, तो इस गैस के अणु हैं

(a) त्रि-परमाणविक
(b) द्वि-परमाणविक व बहु-परमाणविक अणुओं का मिश्रण
(c) एक-परमाणविक
(d) बहु-परमाणविक

80. जब नियत दाब पर किसी गैस को ऊष्मा दी जाती है, तो गैस द्वारा ग्रहण की गई ऊष्मा व्यय होती है

(a) गैस की आन्तरिक ऊर्जा बढ़ाने में
(b) गैस द्वारा कार्य करने में
(c) उपरोक्त (a) व (b) दोनों में
(d) उपरोक्त में कोई नहीं

81. एक सिलेण्डर में 2 वायुमण्डलीय दाब व 17°C ताप पर नाइट्रोजन भरी है। नाइट्रोजन अणु की त्रिज्या लगभग 1.0A है। नाइट्रोजन का अणुभार = 28.0u तथा बोल्ट्ज़मान नियतांक $k = 1.38 \times 10^{-23}$ JK^{-1}। नाइट्रोजन अणु की औसत मुक्त दूरी (mean free path) कितनी होगी?

(a) 1.1×10^{-7} मी (b) 2.1×10^{-7} मी
(c) 3.1×10^{-7} मी (d) 0.8×10^{-7} मी

82. औसत मुक्त पथ का ताप के साथ सम्बन्ध है

(a) $\lambda \propto \frac{1}{T^2}$ (b) $\lambda \propto \frac{1}{T}$ (c) $\lambda \propto T$ (d) $\lambda \propto \sqrt{T}$

उत्तरमाला

1.	(c)	2.	(c)	3.	(c)	4.	(b)	5.	(b)	6.	(d)	7.	(b)	8.	(a)	9.	(d)	10.	(c)
11.	(d)	12.	(a)	13.	(a)	14.	(a)	15.	(c)	16.	(b)	17.	(d)	18.	(a)	19.	(d)	20.	(c)
21.	(a)	22.	(b)	23.	(d)	24.	(a)	25.	(a)	26.	(a)	27.	(c)	28.	(c)	29.	(d)	30.	(d)
31.	(a)	32.	(b)	33.	(c)	34.	(d)	35.	(a)	36.	(a)	37.	(d)	38.	(a)	39.	(a)	40.	(a)
41.	(d)	42.	(c)	43.	(c)	44.	(a)	45.	(a)	46.	(b)	47.	(c)	48.	(c)	49.	(d)	50.	(a)
51.	(c)	52.	(a)	53.	(c)	54.	(a)	55.	(b)	56.	(d)	57.	(d)	58.	(a)	59.	(c)	60.	(a)
61.	(b)	62.	(a)	63.	(a)	64.	(b)	65.	(c)	66.	(b)	67.	(a)	68.	(a)	69.	(d)	70.	(a)
71.	(a)	72.	(a)	73.	(b)	74.	(c)	75.	(a)	76.	(a)	77.	(d)	78.	(b)	79.	(c)	80.	(c)
81.	(a)	82.	(c)																

उत्तर व्याख्या सहित

4. डाल्टन के आंशिक दाब के सिद्धान्त से, मिश्रण का दाब

= मिश्रित गैसों के दाब का योग

$$p' = p_1 + p_2 = p + p = 2p$$

6. $p_1V_1 = p_2V_2$

माना प्रारम्भिक दाब $p_1 = p$

दाब में वृद्धि $= x\%$

$$p_2 = \left(p + \frac{xp}{100}\right) = p\left(1 + \frac{x}{100}\right)$$

$$V_1 = V \Rightarrow V_2 = V - \frac{V \times 10}{100} = \frac{90V}{100}$$

$$\therefore \quad pV = p\left(1 + \frac{x}{100}\right) \times \frac{90V}{100}$$

$$\frac{10}{9} = 1 + \frac{x}{100} \Rightarrow \frac{-x}{100} = 1 - \frac{10}{9}$$

$$\Rightarrow \quad \frac{-x}{100} = -\frac{1}{9}$$

$$\Rightarrow \quad x = 11.1\%$$

7. दाब $p = \frac{nkT}{V}$

k = बोल्ट्ज़मान नियतांक $= 1.38 \times 10^{-23}$ J/K

$T = 3$ K

$\frac{n}{V} = 10/\text{सेमी}^3 = 10 \times 10^6/\text{मी}^3$

$\therefore \quad p = 10 \times 10^6 \times 1.38 \times 10^{-23} \times 3$

$= 4.14 \times 10^{-16}$ न्यूटन/मी^{2}

8. स्थिर दाब पर, आदर्श गैस चार्ल्स के नियम का पालन करती है।

$$V \propto T \quad \text{या} \quad \frac{V}{T} = \text{नियतांक} = \frac{1}{p}$$

अतः चित्र में दिखाए गए आरेख से $p_1 > p_2$

9. $\because pV = nRT$, अतः $\frac{pV}{RT} =$ नियतांक

अतः $\frac{pV}{RT}$ व p का आरेख एक सीधी रेखा होगी।

12. सूत्र से $p \propto c^2 m$

अतः $\frac{p}{p_0} = \frac{c^2 m}{c_0^2 m_0}$ या $\frac{p}{p_0} = \frac{(2c_0)^2}{c_0^2} \times \frac{m_0}{2m_0}$

या $\frac{p}{p_0} = \frac{4}{2}$

$\therefore \quad p = 2p_0$

13.

$$p = p_1 + p_2$$

$$= \frac{\rho_1 RT}{M_1} + \frac{\rho_2 RT}{M_2} = RT\left(\frac{\rho_1}{M_1} + \frac{\rho_2}{M_2}\right)$$

परन्तु $\rho_1 = \frac{n_1 M_1}{V}$ तथा $\rho_2 = \frac{n_2 M_2}{V}$

n_1, n_2 = मोल संख्या तथा M_1, M_2 = अणुभार

अतः $p = RT\left[\frac{n_1}{V} + \frac{n_2}{V}\right] = \frac{RT}{V}[n_1 + n_2]$

$$= \frac{8.31 \times 300}{200}[0.1 + 0.3] = \frac{3}{2} \times 8.31 \times 0.4$$

$= 4.986$ Pa $= 5$ Pa

36. बर्तन की दीवारों पर आरोपित दाब

$$p = \frac{1}{3}\rho v_{rms}^2 = \frac{1}{3} \times 6 \times 10^{-2} \times (500)^2$$

$$= 2 \times 10^{-2} \times 25 \times 10^4$$

$= 50 \times 10^2 = 5 \times 10^3$ न्यूटन/मी^{2}

50. सूत्र के अनुसार, $v_s = \sqrt{\left(\frac{\gamma p}{\rho}\right)}$ ...(i)

तथा $v_{rms} = \sqrt{\left(\frac{3p}{\rho}\right)}$ ...(ii)

समी (i) को (ii) से भाग देने पर,

$$\frac{v_s}{v_{rms}} = \sqrt{\left(\frac{\gamma}{3}\right)} \Rightarrow v_s = v_{rms}\sqrt{\left(\frac{\gamma}{3}\right)}$$

51. सूत्र $v_{rms} = \sqrt{\left(\frac{3RT}{M}\right)}$ से, ...(i)

यहाँ $v_{rms} = 1930$ मी/से,

$R = 8.40$ जूल/मोल-K,

$T = 27 + 273 = 300$ K

समी (i) में दिये गये मान रखने पर,

$$(1930)^2 = \frac{3 \times 8.4 \times 300}{M}$$

$\therefore \quad M = 2 \times 10^{-3}$ किग्रा $= 2$ ग्राम

यह हाइड्रोजन (H_2) का अणुभार है।

52. $v_{rms}^2 = \frac{3RT}{M}$ तथा $v_{rms}'^2 = \frac{3R \times 2T}{M/2} = 4\left(\frac{3RT}{M}\right)$

अतः $v' = 2v$

53. सूत्र के अनुसार, $v_{rms} = \sqrt{\left(\frac{3RT}{M}\right)}$

अतः $v_{rms} \propto \sqrt{T}$

55. वर्ग माध्य-मूल-वेग, $v_{rms} \propto \sqrt{T}$

$$\frac{(v_{rms})_1}{(v_{rms})_2} = \sqrt{\frac{T_1}{T_2}}$$

$$\frac{v_{rms}}{2v_{rms}} = \sqrt{\frac{100 + 273}{T_2}}$$

$$\frac{1}{2} = \sqrt{\frac{373}{T_2}}$$

$$\Rightarrow \quad \frac{1}{4} = \frac{373}{T_2}$$

$$T_2 = 1492 \text{ K}$$

$$T = 1492 - 273 = 1219°\text{C}$$

56. वर्ग-माध्य-मूल-वेग, $v_{rms} = \sqrt{\left(\frac{3RT}{M}\right)}$

NTP पर H_2 के अणुओं का वेग,

$$v_{H_2} = \sqrt{\frac{3 \times R \times 273}{2}}$$ (H_2 का अणुभार = 2)

$$v_{He} = \sqrt{\frac{3 \times R \times T}{4}} \quad \text{(He का अणुभार = 4)}$$

प्रश्नानुसार, $v_{H_2} = v_{He}$

$$\sqrt{\left(\frac{3R \times 273}{2}\right)} = \sqrt{\left(\frac{3R \times T}{4}\right)}$$

$$\Rightarrow \quad \frac{273}{2} = \frac{T}{4}$$

$$T = 546 \text{ K}$$
$$= 546 - 273$$
$$= 273° \text{C}$$

58. मिश्रण के लिये, $\dfrac{n_1 + n_2}{\gamma - 1} = \dfrac{n_1}{\gamma_1 - 1} + \dfrac{n_2}{\gamma_2 - 1}$

$$\frac{1+1}{\gamma - 1} = \frac{1}{\frac{5}{3} - 1} + \frac{1}{\frac{7}{3} - 1} = \frac{3}{2} + \frac{3}{4}$$

$$\frac{2}{\gamma - 1} = \frac{9}{4} \Rightarrow \gamma - 1 = \frac{8}{9}$$

$$\gamma = \frac{8}{9} + 1 = \frac{17}{9} = 1.89$$

66. हम जानते हैं कि $E \propto T$

अतः $T = 0\text{ K}$ पर E का मान शून्य होगा।

70. सूत्र से $\gamma = \dfrac{C_p}{C_V} = \dfrac{\frac{fR}{2} + R}{\frac{fR}{2}} = \dfrac{R\left(1 + \frac{f}{2}\right)}{R\,\frac{f}{2}} = \dfrac{f+2}{f} = 1 + \dfrac{2}{f}$

81. यहाँ, $p = 2 \text{ atm} = 2 \times 1.013 \times 105$ न्यूटन/मी

$T = 17 + 273 = 290$ केल्विन, $\sigma = 2r = 2 \times 1\text{Å}$

$= 2 \times 10^{-10}$ मी

$$\lambda = \frac{kT}{\sqrt{2} m\sigma^2 p}$$

$$= \frac{(1.38 \times 10^{-23}) \times 290}{1.414 \times 3.14 \times (2 \times 10^{-10})^2 \times 2.026 \times 10^5}$$

$= 1.11 \times 10^{-7}$ मी

82. मुक्त पथ के सुत्रानुसार,

$$\lambda = \frac{kT}{\sqrt{2}\pi d^2 p} \Rightarrow \lambda \propto T$$

अध्याय 15

दोलन
Oscillations

आवर्त गति (Periodic Motion)

जब कोई पिण्ड इस प्रकार गति करता है कि एक निश्चित समयान्तराल के पश्चात् लगातार रूप से उसी मार्ग का अनुसरण करे तो उसकी गति आवर्त गति कहलाती है तथा यह निश्चित समयान्तराल आवर्तकाल कहलाता है।

जैसे-घड़ी की सेकण्ड की सुईं की गति आवर्त गति होती है जिसका आवर्तकाल 60 सेकण्ड होता है।

दोलनी गति (Oscillatory Motion)

जब कोई पिण्ड किसी निश्चित बिन्दु के इधर-उधर एक ही पथ पर गति करता है तो उसकी गति दोलनी गति कहलाती है तथा वह बिन्दु उसकी साम्य या माध्य स्थिति कहलाती है।

जैसे-स्वरित्र द्विभुज को कम्पित कराने पर उसकी भुजाओं की गति।

आवर्ती फलन (Periodic Functions)

आवर्ती फलन वे फलन होतें हैं। जिनका प्रयोग करके आवर्त गति को प्रदर्शित करते हैं।

एक फलन $f(t)$ आवर्ती फलन कहलाता है, यदि

$$f(t) = f(t+T) = f(t+2T)\ldots \text{(i)}$$

$\because$ ज्या तथा कोज्या फलन आवर्ती फलन के उदाहरण है।

$\therefore$ आवर्ती गति करता हुआ एक कण एक चक्कर पूरा करने के बाद प्रारम्भिक बिन्दु पर आ जाता है।

जब इस आवर्ती गति का आवर्तकाल T है, तब आवर्त गति के लिए,

$$y = A\sin\omega t = A\sin\omega(t+T) \quad \ldots\text{(ii)}$$

तथा $$y = A\cos\omega t = A\cos\omega(t+T) \quad \ldots\text{(iii)}$$

परन्तु ज्या तथा कोज्या फलनों के मान की 2π रेडियन के बाद पुनरावृत्ति होती है।

$\therefore$ $$\omega(t+T) = \omega t + 2\pi$$

या $$\omega T = 2\pi \quad \ldots\text{(iv)}$$

या $$\omega = 2\pi\nu \quad \ldots\text{(v)}$$

ज्या तथा कोज्या फलनों का रेखीय संयोजन निम्न प्रकार दिया जाता है

$$x = f(t) = A\sin\omega t + B\cos\omega t$$

$$A = R\cos\phi$$

तथा $B = R\sin\phi$ लेने पर

तब, $$x = \cos\phi\sin\omega t + R\sin\phi\cos\omega t = R\sin(\omega t+\phi) \quad \ldots\text{(vi)}$$

यह समीकरण एक आवर्ती फलन को प्रदर्शित करती जिसका आवर्तकाल T तथा आयाम R है,

जहाँ $R = \sqrt{A^2+B^2}$ तथा $\tan\phi = B/A$

जिन आवर्ती फलनों के आवर्तकाल कम होते हैं, उन्हें आवर्ती संयोजन में प्रयोग करते है।

सरल आवर्त गति (Simple Harmonic Motion)

सरल आवर्त गति एक इस प्रकार की दोलन गति है, जिसमें वस्तु एक माध्य स्थिति के दोनों ओर आवर्त गति करती है। इस गति में वस्तु पर माध्य स्थिति की ओर एक प्रत्यानयन बल सदैव कार्य करता है एवं किसी भी क्षण प्रत्यानयन बल का परिमाण वस्तु के विस्थापन के अनुक्रमानुपाती होता है।

$$F \propto -x \Rightarrow F = -kx$$

यहाँ, k बल नियतांक है।

सरल आवर्त गति को गणितीय रूप में एकल आवर्ती फलन (sine या cosine) से व्यक्त किया जाता है।

सरल आवर्त गति की समीकरण
(Equation of SHM)

सरल आवर्त गति में कण का विस्थापन निम्न प्रकार से व्यक्त किया जाता है

$$y = A\sin(\omega t + \phi)$$

जहाँ, A गति का आयाम, ω कोणीय आवृत्ति ($\omega = 2\pi/T = 2\pi\nu$) तथा ϕ प्रारम्भिक कला कोण है।

विस्थापन को निम्न प्रकार भी व्यक्त किया जा सकता है

$$x = A\cos(\omega t + \phi)$$

सरल आवर्त गति से सम्बन्धित पद
(Terms Related to SHM)

सरल आवर्त गति से सम्बन्धित पदों की व्याख्या निम्नलिखित है

(i) आयाम (Amplitude)

एक सरल आवर्त गति करते कण का अपनी साम्य स्थिति से किसी एक ओर अधिकतम विस्थापन ही, सरल आवर्त गति का आयाम कहलाता है। सरल आवर्त गति का आयाम निर्देश वृत्त की त्रिज्या है। उपरोक्त समीकरण (i) में A कण का आयाम है।

(ii) आवर्तकाल (Time Period)

समीकरण (i) के अनुसार जैसे ही ωt, 2π कोण से बढ़ता है, ज्या (sine) तथा कोज्या (cosine) फलन अपने प्रकार को दोहराते (repeat) हैं। अत: कण का विस्थापन आवर्तकाल $\frac{2\pi}{\omega}$ के पश्चात् अपनी स्थिति को दोहराता है। अत: सरल आवर्त गति, आवर्ती है जिसका आवर्तकाल

$$T = 2\pi/\omega$$

यहाँ, ω कोणीय आवृत्ति (angular frequency) है।

(iii) आवृत्ति (Frequency)

सरल आवर्त गति करते एक कण द्वारा एक सेकण्ड में किये गये कम्पनों की संख्या को सरल आवर्त गति की आवृत्ति कहते हैं। अत: आवृत्ति

$$\nu = \frac{1}{T} = \frac{\omega}{2\pi}$$

किसी क्षण त्वरण एवं विस्थापन के पदों में कोणीय आवृत्ति,

$$\omega = \sqrt{\frac{a}{x}}$$

(iv) कला (Phase)

यह किसी क्षण पर कण की स्थिति तथा दिशा को व्यक्त करता है। समीकरण (i) में राशि ($\omega t + \phi$) कलान्तर कहलाता है तथा ϕ प्रारम्भिक कला (initial phase) अर्थात् $t = 0$ पर कण की कला है।

यदि $\phi = 0$ तब $y = A\sin(\omega t + \phi)$ के लिये $t = 0$ पर कण माध्य (mean) स्थिति में है तथा $y = A\cos(\omega t + \phi)$ के लिये कण अन्तिम (extreme) स्थिति पर है। अत: हम कह सकते हैं कि दोनों फलनों के बीच $\frac{\pi}{2}$ का कलान्तर है।

कला समय के साथ निम्न सूत्रानुसार परिवर्तित होती है।

$$\Delta\phi = \omega\Delta t = 2\pi\nu\Delta t \quad \text{या} \quad \Delta\phi = \frac{2\pi}{T}\Delta t$$

(v) वेग (Velocity)

सरल आवर्त गति की समीकरण लिखने पर,

$$x = A\cos(\omega t + \phi)$$

$$\text{वेग, } v = \frac{dx}{dt} = -\omega A\sin(\omega t + \phi)$$

अत: वेग, $+\omega A$ तथा $-\omega A$ के बीच परिवर्ती है।

(vi) त्वरण (Acceleration)

$$\text{त्वरण, } a = \frac{dv}{dt} = \frac{d}{dt}[-\omega A\sin(\omega t + \phi)]$$

$$= -\omega^2 A\cos(\omega t + \phi)$$

$$a = -\omega^2 x$$

(अत: त्वरण $+\omega^2 A$ तथा $-\omega^2 A$ के बीच परिवर्ती है।)

सरल आवर्त गति में ऊर्जा
(Energy in Simple Harmonic Motion)

सरल आवर्त गति में गतिज ऊर्जा व स्थितिज ऊर्जा होती है जिनकी व्याख्या नीचे की गई है।

कण की गतिज ऊर्जा,

या $$K = \frac{1}{2}m\omega^2(A^2 - x^2) = \frac{1}{2}k(A^2 - x^2)$$

कण की स्थितिज ऊर्जा,

$$U = \frac{1}{2}kx^2 = \frac{1}{2}m\omega^{2x^2}$$

कुल ऊर्जा (Total Energy)

$$\text{कुल ऊर्जा, } E = K + U = \frac{1}{2}m\omega^2(A^2 - x^2) + \frac{1}{2}m\omega^2 x^2$$

$$= \frac{1}{2}m\omega^2 A^2$$

या $$E = \frac{1}{2}kA^2 \qquad (\because m\omega^2 = k)$$

अत: कुल ऊर्जा एक नियतांक है।

सरल लोलक (Simple Pendulum)

यदि किसी पदार्थ के भारी (लेकिन बिन्दु समान) कण को एक भारहीन, अतन्य डोरी के एक सिरे से बाँधकर किसी दृढ़ आधार से लटका दें, तो उसे सरल लोलक कहते हैं। एक सरल आवर्त गति करने वाले सरल लोलक का आवर्तकाल व आवृत्ति,

$$T = 2\pi\sqrt{\frac{l}{g}}$$

और $$\nu = \frac{1}{2\pi}\sqrt{\frac{g}{l}}$$

यदि l लम्बाई के लोलक का $\theta°$C पर आवर्तकाल T हो तथा तापमान $\Delta\theta°$C बढ़ने पर आवर्तकाल $T + \Delta T$ हो, तो

$$\frac{\Delta T}{T} = \frac{1}{2}\alpha \cdot \Delta\theta$$

यहाँ, α रेखीय प्रसार गुणांक है।

सेकण्ड लोलक आवर्तकाल 2 सेकण्ड होता है। जहाँ, $g = 9.8$ मी/से^{2} हो, वहाँ सेकण्ड लोलक की लम्बाई 0.9929 मी (लगभग 1 मी) होती है।

विभिन्न स्थितियों में सरल लोलक का आवर्तकाल
(Period Time of Simple Pendulum in Various Situations)

(i) यदि किसी सरल लोलक के गोलक का घनत्व ρ है तथा यह σ ($\sigma < \rho$) घनत्व वाले द्रव में दोलन करता है, तो वायु में आवर्तकाल की तुलना में द्रव में आवर्तकाल बढ़ जायेगा।

$\therefore$ द्रव में आवर्तकाल,

$$T = 2\pi\sqrt{\frac{l}{g\left(1-\frac{\sigma}{\rho}\right)}}$$

(ii) यदि लिफ्ट की छत से कोई लोलक लटका है एवं लिफ्ट का ऊर्ध्वाधर त्वरण a है, तो आवर्तकाल, $T = 2\pi\sqrt{\frac{l}{(g \pm a)}}$

यहाँ धनात्मक चिन्ह ऊपर की ओर त्वरण के लिये तथा ऋणात्मक चिन्ह नीचे की ओर त्वरण के लिये प्रयोग किया जाता है।

यदि लिफ्ट मुक्त रूप से गिर रही हो, तो लोलक का आवर्तकाल अनन्त होता है।

(iii) यदि लोलक के दोलक का द्रव्यमान m व आवेश q है तथा वह ऊर्ध्वाधर विद्युत क्षेत्र E में दोलन करता है, तो आवर्तकाल,

$$T = 2\pi\sqrt{\frac{l}{\left(g \pm \frac{qE}{m}\right)}}$$

यहाँ, धनात्मक चिन्ह = यदि E की दिशा ऊर्ध्वाधर नीचे की ओर है तथा ऋणात्मक चिन्ह = यदि E की दिशा ऊर्ध्वाधर ऊपर की ओर है।

(iv) यदि उपरोक्त लोलक क्षैतिज विद्युत क्षेत्र में दोलन करता है, तो आवर्तकाल, $T = 2\pi\sqrt{\frac{l}{\sqrt{g^2 + \frac{q^2E^2}{m^2}}}}$

बहुत अधिक लम्बाई $l \to \infty$ के सरल लोलक का आवर्तकाल,

$$T = 2\pi\sqrt{\frac{R}{g}} = 84.6 \text{ मिनट}$$

यहाँ, R = पृथ्वी की त्रिज्या

स्प्रिंग लोलक (Spring Pendulum)

यदि m द्रव्यमान का पिण्ड k बल नियतांक वाली स्प्रिंग के मुक्त सिरे पर सम्बद्ध होकर सरल आवर्त गति करे, तो इस निकाय को स्प्रिंग लोलक कहते हैं। सरल आवर्त गति करते हुये स्प्रिंग लोलक का आवर्तकाल व आवृत्ति,

$$T = 2\pi\sqrt{\frac{m}{k}} \quad \text{व} \quad \nu = \frac{1}{2\pi}\sqrt{\frac{k}{m}}$$

स्प्रिंग संयोजन के दोलन
(Oscillations of Spring Combination)

(i) यदि एक स्प्रिंग लोलक दो स्प्रिंगों तथा एक द्रव्यमान से बना है, तब निम्न स्थितियाँ उत्पन्न होती हैं। चित्र (a) से

$$\frac{1}{k} = \frac{1}{k_1} + \frac{1}{k_2} \quad \text{या} \quad k = \frac{k_1k_2}{k_1 + k_2}$$

$$\therefore \text{आवर्तकाल,} \quad T = 2\pi\sqrt{\frac{m}{k}} = 2\pi\sqrt{\frac{m(k_1 + k_2)}{k_1k_2}}$$

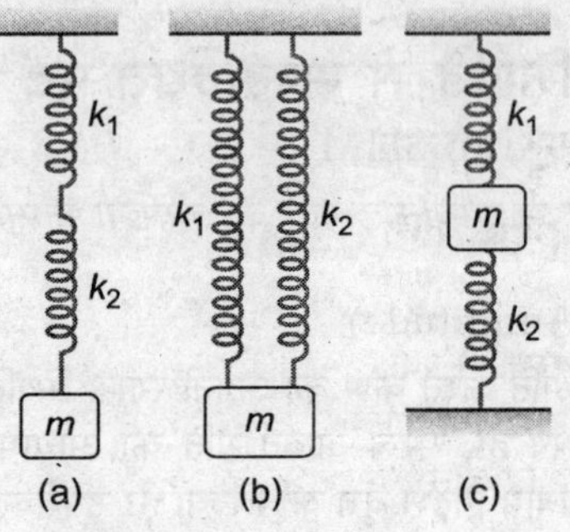

चित्र (b) तथा (c) से,

$$k = k_1 + k_2$$

$$\therefore \quad \text{आवर्तकाल,} \quad T = 2\pi\sqrt{\frac{m}{k}} = 2\pi\sqrt{\frac{m}{k_1 + k_2}}$$

(ii) यदि m_s द्रव्यमान की स्प्रिंग से द्रव्यमान m लटका है, तो आवर्तकाल

$$T = 2\pi\sqrt{\frac{m + \frac{m_s}{3}}{k}}$$

(iii) यदि दो द्रव्यमान m_1 तथा m_2 स्प्रिंग की सहायता से जुड़े हैं तथा क्षैतिज सतह पर दोलन करने के लिये स्वतन्त्र हैं

m_1 —k— m_2

तब आवर्तकाल, $T = 2\pi\sqrt{\frac{\mu}{k}}$

यहाँ μ = समानीत (reduced) द्रव्यमान $= \frac{m_1m_2}{m_1 + m_2}$

(iv) स्प्रिंग का बल नियतांक (k) स्प्रिंग की लम्बाई के व्युत्क्रमानुपाती होता है अर्थात्

$$k = \frac{1}{\text{स्प्रिंग की लम्बाई}}$$

प्रत्यानयन बल तथा बल नियतांक
(Restoring Force and Force Constant)

कण पर कार्यरत वह बल जो कि कण को उसकी माध्य स्थिति की ओर लाने का प्रयास करता है, **प्रत्यानयन बल** कहलाता है। यह बल सदैव विस्थापन के विपरीत दिशा में कार्यरत होता है। विस्थापन माध्य स्थिति से नापा जाता है। m द्रव्यमान के पिण्ड पर सरल आवर्त गति में लगा बल

$$F(t) = ma = -m\omega^2 x(t)$$

अत: $F(t) = -kx(t)$

जहाँ $k = m\omega^2$

या $\omega = \sqrt{\left(\frac{k}{m}\right)}$

जहाँ k **बल नियतांक** है, इसका मान स्प्रिंग के प्रत्यास्थ गुण द्वारा नियंत्रित होता है। कठोर स्प्रिंग के लिए k का मान अधिक होता है तथा कोमल स्प्रिंग के लिये कम होता है।

मुक्त, अवमन्दित, प्रणोदित एवं अनुनाद दोलन

(Free, Damped, Forced and Resonance Vibrations)

मुक्त दोलन (Free Oscillation) बाह्य बल की अनुपस्थिति में किसी पिण्ड को उसकी साम्यावस्था से एक ओर थोड़ा-सा विस्थापित करके छोड़ने पर पिण्ड के एक नियत आयाम तथा निश्चित आवृत्ति के दोलन, मुक्त दोलन कहलाते हैं। जिस आवृत्ति से पिण्ड दोलन करता है, वह उसकी वास्तविक आवृत्ति कहलाती है।

$$\nu = \frac{1}{2\pi}\sqrt{\frac{k}{m}}$$

इस दोलन में आयाम, आवृत्ति तथा ऊर्जा नियत रहती है।

अवमन्दित दोलन (Damped Oscillation) अवमन्दित बलों की उपस्थिति में किसी पिण्ड के लगातार घटते हुए आयाम के दोलन, अवमन्दित दोलन कहलाते हैं। अवमन्दन बल, $F_d = -bv$

यहाँ, v दोलित्र की चाल व b अवमन्दन नियतांक है।

अवमन्दित दोलित्र का विस्थापन $x(t) = Ae^{-bt/2m}\cos(\omega' t + \phi)$

यहाँ, ω' = अवमन्दित दोलित्र की कोणीय आवृत्ति

$$= \sqrt{\omega_0^2 (b/2m)^2} = \sqrt{\frac{k}{m} - \frac{b^2}{4m^2}}$$

दोलित्र की यान्त्रिक ऊर्जा, $E(t) = \frac{1}{2}kA^2e^{-bt/m}$

प्रणोदित दोलन (Forced Oscillation) जब कोई पिण्ड बाह्य आवर्ती बलों के प्रभाव में दोलन करता है, तो इसके दोलन, प्रणोदित दोलन कहलाते हैं। बाह्य बल की आवृत्ति दोलित्र की वास्तविक आवृत्ति से भिन्न होती है। इस अवस्था में पिण्ड बाह्य बल की आवृत्ति से दोलन करता है।

अनुनाद (Resonance) जब दोलन करने वाले पिण्ड पर लगाये गये बाह्य आवर्त बल की आवृत्ति दोलित्र की स्वाभाविक आवृत्ति के ठीक बराबर (या पूर्ण गुणज) होती है, तो प्रणोदित दोलन का आयाम बहुत अधिक हो जाता है। इन दोलनों को अनुनादी दोलन कहते हैं तथा इस घटना को अनुनाद कहते हैं।

प्रणोदित दोलित्र का आयाम बाह्य बलों की आवृत्ति ω_d पर निर्भर करता है। यदि $\omega_d = \omega_0$ हो, तो आयाम अधिकतम होगा, किन्तु अवमन्दन बलों के कारण अनन्त नहीं होगा। संगत आवृत्ति को अनुनादी आवृत्ति कहते हैं।

अभ्यास प्रश्न

सरल आवर्त गति, सरल लोलक एवं स्प्रिंग लोलक

1. एक कण, एक वृत्त पर एकसमान चाल से गतिमान है। इसकी गति है

(a) अनावर्तीय एवं सरल आवर्त गति
(b) आवर्तीय, परन्तु सरल आवर्त गति नहीं
(c) अनावृर्तीय
(d) उपरोक्त में से कोई नहीं

2. निम्नलिखित में, सरल आवर्त गति के लिए आवश्यक एवं पर्याप्त बन्धन कौन-सा है?

(a) स्थिर आवर्तकाल
(b) स्थिर वेग
(c) त्वरण एवं माध्य स्थिति के बीच विस्थापन में समानुपात नहीं होना
(d) प्रत्यानयन बल एवं माध्य स्थिति के बीच विस्थापन में समानुपात होगा

3. लकड़ी का एक बेलनाकार लट्ठा (log), झील के स्थिर जल पर तैर रहा है। यदि इसको थोड़ा-सा नीचे की ओर दबाकर छोड़ दें, तो क्या होगा?

(a) यह आगे-पीछे दोलन करेगा
(b) यह झील की तली में बैठ जाएगा
(c) यह ऊर्ध्व-अक्ष के परितः घूमने लगेगा
(d) यह साम्यावस्था तक ऊपर उठेगा तथा वहाँ पर स्थिर हो जाएगा

4. सरल आवर्त गति कर रहे एक कण के लिए, निम्नलिखित में कौन-सा कथन असत्य है?

(a) कण की कुल ऊर्जा सदैव स्थिर रहती है
(b) अन्तःस्थितियों (extreme positions) पर प्रत्यानयन बल अधिकतम होता है
(c) प्रत्यानयन बल सदैव एक नियत बिन्दु की ओर निर्दिष्ट होता है
(d) गति के केन्द्र पर, कण का वेग न्यूनतम होता है

5. यदि पृथ्वी के एक व्यास के अनुदिश एक सुरंग बनाकर, इस सुरंग में एक गेंद डाल दी जाए, तो

(a) पत्थर, पृथ्वी के केन्द्र तक नहीं पहुँच पाता है और वहाँ रुक जाता है
(b) पत्थर, पृथ्वी के दूसरे सिरे तक पहुँचता है तथा वहाँ रुक जाता है
(c) पत्थर, पृथ्वी के केन्द्र के परितः सरल आवर्त गति करता है
(d) पत्थर, पृथ्वी के दूसरे सिरे पर पहुँचता है तथा अन्तरिक्ष में पलायन कर जाता है

6. सरल आवर्त गति का विस्थापन समीकरण लिखिए।

(a) $y = a(\omega t - kx)$ (b) $y = a\sin\omega t$
(c) $y = a\sin(at^2 - bx + c)$ (d) $y = a\cos\omega t$

7. दो सरल आवर्त गतियाँ, समीकरण $x = a\sin(\omega t - \alpha)$ तथा $y = b\cos(\omega t - \alpha)$ द्वारा प्रदर्शित की जा रही हैं। इनके बीच कलान्तर होगा

(a) 0° (b) a° (c) 90° (d) 180°

8. सरल आवर्त गति कर रहे एक कण की कुल ऊर्जा समानुपाती है
(a) साम्यावस्था की दूरी के
(b) दोलन की आवृत्ति के
(c) साम्यावस्था पर त्वरण के
(d) गति के आयाम के वर्ग के

9. m द्रव्यमान का एक कण, k बल नियतांक के एक आदर्श स्प्रिंग से ऊर्ध्वाधर लटका हुआ है। यदि इस कण को ऊर्ध्वाधर दोलन कराया जाए, तो इसकी कुल ऊर्जा होगी
(a) अन्त:स्थितियों पर अधिकतम
(b) माध्य-स्थिति पर अधिकतम
(c) माध्य-स्थिति पर न्यूनतम
(d) सभी स्थितियों पर समान

10. यदि एक कण सरल आवर्त गति करता है, तो इसकी गतिज ऊर्जा में आवर्ती परिवर्तन होता है। यदि कण की आवृत्ति n है, तो गतिज ऊर्जा की आवृत्ति होगी
(a) $4n$ (b) $\frac{n}{4}$
(c) $2n$ (d) $\frac{n}{2}$

11. एक कण, एक सरल रेखा के अनुदिश, A आयाम की सरल आवर्त गति करता है। स्थितिज ऊर्जा अधिकतम होगी, जबकि इसका विस्थापन है
(a) $\pm A$ (b) अनन्त
(c) $\pm \frac{A}{2}$ (d) $\pm A/\sqrt{2}$

12. एक कण, 4 सेमी के आयाम के साथ सरल आवर्त गति में कम्पन कर रहा है। माध्य स्थिति से कितने विस्थापन पर इसकी ऊर्जा आधी गतिज एवं आधी स्थितिज होगी?
(a) 1 मी (b) $\sqrt{2}$ मी
(c) 3 सेमी (d) $2\sqrt{2}$ सेमी

13. किस स्थिति में स्थितिज ऊर्जा कम होती है?
(a) स्प्रिंग को सम्पीडित करने पर
(b) स्प्रिंग को खींचने पर
(c) पिण्ड को गुरुत्वाकर्षण के विरुद्ध चलाने पर
(d) जल के अन्दर वायु के बुलबुले को उठाने पर

14. एक स्प्रिंग को 2 सेमी खींचने पर इसकी स्थितिज ऊर्जा U है। यदि इसको 10 सेमी खींचे, तब इसकी स्थितिज ऊर्जा होगी
(a) $U/25$ (b) $U/5$
(c) $5/U$ (d) $25U$

15. सरल आवर्त गति करता हुआ एक कण, जब माध्य-स्थिति से गुजरता है, तो इसकी
(a) स्थितिज ऊर्जा न्यूनतम होती है
(b) गतिज ऊर्जा अधिकतम होती है
(c) गतिज ऊर्जा न्यूनतम होती है
(d) त्वरण अधिकतम होता है

16. किसी सरल आवर्त गति का आयाम 6 सेमी है। यदि तात्क्षणिक स्थितिज ऊर्जा कुल ऊर्जा की आधी हो, तो कण की माध्य स्थिति से दूरी है
(a) 3 सेमी (b) 4.2 सेमी
(c) 7.8 सेमी (d) 6 सेमी

17. सरल आवर्त गति कर रहे एक कण की गतिज ऊर्जा $K = K_0 \cos^2 \omega t$ द्वारा प्रदर्शित होती है। स्थितिज ऊर्जा का अधिकतम मान है
(a) K_0 (b) शून्य
(c) $K_0/2$ (d) $K_0/4$

18. X विस्थापन पर एक कण की स्थितिज ऊर्जा $U(X)$ है। गति सरल आवर्त होगी, यदि (K एक धनात्मक नियतांक है)
(a) $U = -KX^2/2$ (b) $U = KX^2$
(c) $U = 2K$ (d) $U = K/X$

19. सरल आवर्त गति (आयाम $= a$) कर रहे एक कण की गतिज ऊर्जा एवं स्थितिज ऊर्जा समान होगी, यदि इसका विस्थापन है
(a) $a/4$ (b) $a\sqrt{2}$
(c) $a/\sqrt{2}$ (d) $a\sqrt{2}/3$

20. सरल आवर्त गति कर रहे एक कण की कुल ऊर्जा E है, जिस समय इसका विस्थापन आयाम का आधा है, इसकी गतिज ऊर्जा है
(a) $E/2$ (b) $E/4$
(c) $3E/4$ (d) E

21. X-अक्ष के अनुदिश गति करते हुए 0.1 किग्रा द्रव्यमान की स्थितिज ऊर्जा $U = 5x(x-4)$ जूल, जहाँ x मीटर में है, द्वारा दी जाती है, तो असत्य विकल्प है
(a) कण पर नियत बल कार्य करता है
(b) $x = 2$ मी पर कण की चाल अधिकतम है
(c) कण सरल आवर्त गति करता है
(d) कण के दोलनों का आवर्तकाल $\frac{\pi}{5}$ सेकण्ड है

22. एक कण 4 सेमी आयाम की सरल आवर्त गति कर रहा है। साम्यावस्था से कितने विस्थापन पर इसकी ऊर्जा आधी स्थितिज व आधी गतिज होगी?
(a) 1 सेमी (b) $\sqrt{2}$ सेमी
(c) 2 सेमी (d) $2\sqrt{2}$ सेमी

23. एक कण अपनी साम्यावस्था की स्थिति से T आवर्तकाल का दोलन प्रारम्भ करता है। $t = \frac{T}{12}$ पर गतिज ऊर्जा व स्थितिज ऊर्जा का अनुपात होगा
(a) 1 : 4 (b) 2 : 1
(c) 3 : 1 (d) 4 : 1

24. सरल आवर्त गति करते हुए किसी कण का विस्थापन $y = a/2$ पर सम्पूर्ण ऊर्जा व गतिज ऊर्जा का अनुपात क्या होगा?
(a) 4/3 (b) 3/5
(c) 3/4 (d) 1/6

25. मध्यमान स्थिति से 3 सेमी दूरी पर सरल आवर्त गति करते हुये एक कण का त्वरण 12 सेमी/से^{2} है। इसका आवर्तकाल है
(a) 0.5 सेकण्ड (b) 2.0 सेकण्ड
(c) 1.0 सेकण्ड (d) 3.14 सेकण्ड

26. सरल आवर्त गति करते हुए एक कण का आवर्तकाल T सेकण्ड एवं आयाम a मीटर है। माध्य स्थिति से $\frac{a}{\sqrt{2}}$ मीटर की दूरी पर स्थित बिन्दु तक पहुँचने में इसके द्वारा लिया गया न्यूनतम समय है
(a) T (b) $T/8$
(c) $T/4$ (d) $T/16$

27. एक सिक्का किसी क्षैतिज प्लेटफॉर्म में रखा है, जो अपनी माध्य स्थिति O के इधर-उधर क्षैतिज सरल आवर्त गति करता है। यदि सरल आवर्त गति की कोणीय आवृति ω है, तो सिक्का प्लेटफॉर्म पर फिसलता नहीं है। सिक्के व प्लेटफॉर्म के मध्य घर्षण गुणांक μ है। दोलन के आयाम उत्तरोतर बढ़ते जाते हैं। पहली बार सिक्का फिसलने की स्थिति में होगा

(a) माध्य अवस्था पर
(b) दोलन के चरम बिन्दु पर
(c) आयाम का मान $\mu g/\omega^2$ होने पर
(d) आयाम का मान $g/\mu\omega^2$ होने पर

28. एक ब्लॉक किसी क्षैतिज टेबल पर विरामावस्था में है। टेबल क्षैतिज तल में a आयाम से सरल आवर्त दोलन करती है। घर्षण गुणांक μ है, तो वह आवृत्ति जिस पर ब्लॉक फिसलने की अवस्था में होगा

(a) $\frac{1}{2\pi}\sqrt{\frac{\mu g}{a}}$ (b) $2\pi\sqrt{\frac{a}{\mu g}}$
(c) $\frac{1}{2\pi}\sqrt{\frac{a}{\mu g}}$ (d) $\sqrt{\frac{a}{\mu g}}$

29. दो कण A व B क्रमश: T व $\frac{5T}{4}$ आवर्तकालों वाली सरल आवर्त गति कर रहे हैं। दोनों साम्यावस्था से प्रारम्भ करते हैं, जिस समय कण A एक दोलन पूरा कर लेता है, उस समय उनके बीच कलान्तर होगा

(a) शून्य (b) $\frac{\pi}{2}$
(c) $\frac{\pi}{4}$ (d) $\frac{2\pi}{5}$

30. एक कण X-अक्ष के अनुदिश सरल आवर्त गति कर रहा है, जिसका आयाम 4 सेमी तथा आवर्तकाल 1.2 सेकण्ड है, तो कण द्वारा $x = +2$ सेकण्ड से $x = +4$ सेमी तक जाने तथा वापस आने में लिया गया न्यूनतम समय है

(a) 0.6 सेकण्ड (b) 0.4 सेकण्ड (c) 0.3 सेकण्ड (d) 0.2 सेकण्ड

31. सरल आवर्त गति में एक कण का आवर्तकाल 0.1 सेकण्ड है व आयाम 10^{-2} मी है, तो कण की अधिकतम चाल है

(a) $\pi/5$ मी/से (b) $\pi/24$ मी/से
(c) $\pi/4$ मी/से (d) इनमें से कोई नहीं

32. एक सरल लोलक, $X = 0$ के परित: आयाम A तथा आवर्तकाल T के साथ सरल आवर्त गति कर रहा है। $X = A/2$ पर लोलक की चाल होगी

(a) $\pi A\sqrt{3}/T$ (b) $\pi A/T^2$
(c) $\pi A\sqrt{3}/2T$ (d) $3\pi^2 A/T$

33. किसी क्षण, यदि सरल आवर्त ऐक्सीलेटर का विस्थापन 0.02 मी तथा त्वरण 2.0 मी से$^{-2}$ है, तो ऐक्सीलेटर की कोणीय आवृत्ति है

(a) 10 रेडियन/से (b) 0.1 रेडियन/से
(c) 100 रेडियन/से (d) 1 रेडियन/से

34. 5 ग्राम द्रव्यमान का एक पिण्ड बिन्दु O के सापेक्ष 10 सेमी आयाम से सरल आवर्त गति करता है, जिसका अधिकतम वेग 100 सेमी/से है। उसका वेग 50 सेमी/से बिन्दु O से कितनी दूरी पर होगा?

(a) 5 सेमी (b) $5/\sqrt{2}$ सेमी
(c) $5\sqrt{3}$ सेमी (d) $10/\sqrt{2}$ सेमी

35. एक सरल लोलक की लम्बाई l है और इसका अधिकतम कोणीय विस्थापन θ है, इसकी अधिकतम गतिज ऊर्जा होगी

(a) $mgl\sin\theta$ (b) $mgl(1+\sin\theta)$
(c) $mgl(1+\cos\theta)$ (d) $mgl(1-\cos\theta)$

36. सरल लोलक का आवर्तकाल दोगुना हो जाता है, यदि

(a) इसकी लम्बाई चार गुनी कर दी जाए
(b) इसके बॉब का द्रव्यमान दोगुना कर दिया जाए
(c) इसकी लम्बाई दोगुनी कर दी जाए
(d) इसकी लम्बाई एवं बॉब के द्रव्यमान को आधा कर दिया जाए

37. पृथ्वी की सतह पर, स्थिर लम्बाई के एक सरल लोलक का आवर्तकाल T है। एक खान के अन्दर, इसका आवर्तकाल होगा

(a) T से अधिक (b) T से कम
(c) T के बराबर (d) अपर्याप्त सूचना

38. एक खोखला गोला, जिसमें पारा भरा हुआ है, एक तार से लटकाकर, एक सरल लोलक बनाया गया है। यदि थोड़ा पारा निकाल दिया जाए, तो लोलक का आवर्तकाल

(a) परिवर्तित नहीं होगा
(b) बढ़ेगा
(c) कम होगा
(d) त्रुटिपूर्ण हो जाएगा

39. सरल लोलक के लिए, L व T के बीच ग्राफ होगा

(a) अतिपरवलय (b) परवलय
(c) एक सरल रेखा (d) एक वक्र रेखा

40. समुद्र तल के सापेक्ष पर्वत पर g का मान 0.1% कम हो जाता है। इस जगह पर सही समय ज्ञात करने के लिए सरल लोलक की लम्बाई में करनी चाहिए

(a) 0.1% की वृद्धि (b) 0.1% की कमी
(c) 0.2% की वृद्धि (d) 0.2% की कमी

41. एक स्थिर लिफ्ट में सरल लोलक का आवर्तकाल T है। यदि लिफ्ट $5g$ त्वरण से ऊपर की ओर गति करने लगे, तो इसका आवर्तकाल

(a) वही रहेगा (b) $\frac{3}{5}$ गुना बढ़ जायेगा
(c) $\frac{2}{3}$ गुना कम हो जायेगा (d) इनमें से कोई नहीं

42. एक सरल लोलक ट्रॉली की छत से लटका हुआ है। ट्रॉली क्षैतिज दिशा में a त्वरण से गति कर रही है। सरल लोलक का आवर्तकाल $T = 2\pi\sqrt{\frac{l}{g'}}$ में g' होगा

(a) g (b) $g - a$
(c) $g + a$ (d) $\sqrt{g^2 + a^2}$

43. एक सरल लोलक के दोलक का द्रव्यमान m व आवेश q है। आलम्बन बिन्दु एक σ सतह आवेश घनत्व के क्षैतिज तल पर स्थित है। साम्यावस्था में लोलक का धागा ऊर्ध्वाधर से θ कोण बनाता है। यदि आवर्तकाल T हो, तो

(a) $\tan\theta = \frac{\sigma q}{2\varepsilon_0 mg}$ (b) $\tan\theta = \frac{\sigma q}{\varepsilon_0 mg}$
(c) $T > 2\pi\sqrt{\frac{l}{g}}$ (d) $T = 2\pi\sqrt{\frac{l}{g}}$

44. द्रव्यमान m का एक छोटा गोला, l लम्बाई के धागे से सरल लोलक के रूप में लटका है। गोले पर धनात्मक आवेश q है। लोलक ऊपर की ओर निर्देशित एकसमान विद्युत क्षेत्र में रखा है। यदि विद्युत स्थैतिक बल गुरुत्वाकर्षण बल से क्षीण है, तो लोलक किस आवर्तकाल से दोलन करेगा?

(a) $2\pi\sqrt{\frac{l}{g}}$ (b) $2\pi\sqrt{\frac{l}{g-\frac{gE}{m}}}$

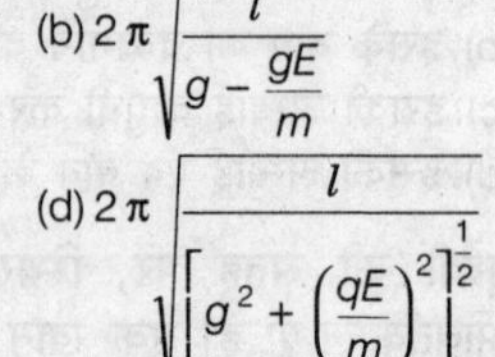

(c) $2\pi\sqrt{\frac{l}{g-\frac{qE}{m}}}$ (d) $2\pi\sqrt{\frac{l}{\left[g^2+\left(\frac{qE}{m}\right)^2\right]^{\frac{1}{2}}}}$

45. एक सरल लोलक का कोणीय आयाम θ_0 है। धागे में अधिकतम तनाव होगा

(a) $mg(1-\theta_0)$ (b) $mg(1+\theta_0)$
(c) $mg(1-\theta_0^2)$ (d) $mg(1+\theta_0^2)$

46. एक रेलगाड़ी की छत से लटके हुए एक लोलक का आवर्तकाल, जिस समय यह रेलगाड़ी स्थिर है, T है। यदि रेलगाड़ी, एकसमान त्वरण a से त्वरित होती है, तो दोलनकाल

(a) बढ़ेगा (b) कम होगा
(c) परिवर्तित नहीं होगा (d) शून्य हो जाएगा

47. एक घड़ी S एक स्प्रिंग पर आधारित है तथा एक अन्य घड़ी P, लोलक की गति पर आधारित है। पृथ्वी पर दोनों घड़ियाँ समान दर से चलती हैं। एक ग्रह, जिसका घनत्व पृथ्वी के समान परन्तु त्रिज्या दोगुनी है, पर

(a) P की अपेक्षा, S तीव्र गति से चलेगी
(b) S की अपेक्षा, P तीव्र गति से चलेगी
(c) ये दोनों पृथ्वी के समान दर से चलेंगी
(d) ये दोनों समान दर से चलेंगी

48. यदि $g = 980$ सेमी/से^{2} है, तो सेकण्ड लोलक की लम्बाई क्या होगी?

(a) 88 सेमी (b) 90 सेमी
(c) 99.2 सेमी (d) 102.4 सेमी

49. एक ग्रह के द्रव्यमान व व्यास, पृथ्वी के दोगुने हैं। इस ग्रह पर लोलक (जोकि पृथ्वी पर सेकण्ड लोलक है) का दोलनकाल होगा

(a) $1/\sqrt{2}$ सेकण्ड (b) $2\sqrt{2}$ सेकण्ड
(c) 1/4 सेकण्ड (d) 1/2 सेकण्ड

50. दो लोलक समान आयाम तथा अचर कलान्तर 90° से दोलन कर रहे हैं। एक का अधिकतम वेग v है। दूसरे का अधिकतम वेग होगा

(a) $3v$ (b) v
(c) $v\sqrt{2}$ (d) $\sqrt{2v}$

51. सरल आवर्त गति कर रहे एक कण की, इसकी माध्य स्थिति पर, गतिज ऊर्जा 16 जूल है। यदि दोलन का आयाम 25 सेमी तथा कण का द्रव्यमान 5.12 किग्रा है, तब इसके दोलन का आवर्तकाल है

(a) $\pi/2$ सेकण्ड (b) $2/\pi$ सेकण्ड
(c) 20π सेकण्ड (d) $5/\pi$ सेकण्ड

52. काँच की एक भारित नली एक द्रव में तैर रही है, जबकि नली की लम्बाई l द्रव में डूबी हुई है। इसको y दूरी तक नीचे धकेल कर छोड़ दिया जाता है। दोलन की आवृत्ति होगी

(a) $2\pi/\sqrt{(g/l)}$ (b) $\frac{1}{2\pi}/\sqrt{(l/g)}$
(c) $\frac{1}{2\pi}\sqrt{g/l}$ (d) $\frac{1}{2\pi}\sqrt{g/y}$

53. यदि सेकण्ड लोलक की लम्बाई में 21% की वृद्धि की जाती है, तो यह प्रतिदिन कितने दोलन कम करेगा?

(a) 2982 (b) 584
(c) 3427 (d) 864

54. k_1 व k_2 स्प्रिंग नियतांक के दो स्प्रिंग को (i) श्रेणी में, (ii) समान्तर में जोड़ा जाता है, तब तुल्य स्प्रिंग नियतांक होंगे, क्रमशः

(a) $k_1k_2, (k_1/k_2)$ (b) $\left[\frac{k_1k_2}{k_1+k_2}\right], (k_1+k_2)$
(c) $(k_1-k_2), \left[\frac{k_1k_2}{k_1-k_2}\right]$ (d) $(k_1k_2), (k_1-k_2)$

55. एक स्प्रिंग की लम्बाई आधी कर देने पर उसकी दोलन की आवृत्ति पर क्या प्रभाव पड़ेगा?

(a) $n' = n/\sqrt{2}$ (b) $n' = n\sqrt{3}$
(c) $n' = n^2\sqrt{2}$ (d) $n' = 2n$

56. यदि एक स्प्रिंग से लटकाए गए M द्रव्यमान के पिण्ड का आवर्तकाल एक सेकण्ड है, तो $4M$ द्रव्यमान के पिण्ड का आवर्तकाल होगा

(a) 1/2 सेकण्ड (b) 1/4 सेकण्ड
(c) 2 सेकण्ड (d) 6 सेकण्ड

57. एक स्प्रिंग, जिसका बल नियतांक k है, से m द्रव्यमान का एक पिण्ड लटकाया गया है। स्प्रिंग को मध्यबिन्दु से काटकर एक आधे भाग से यही पिण्ड लटकाया गया है। यदि पहली स्थिति में दोलन की आवृत्ति α है, तो दूसरी स्थिति में आवृत्ति होगी

(a) 2α (b) $\alpha/4$
(c) $\alpha/2$ (d) $\sqrt{2}\cdot\alpha$

58. m द्रव्यमान का एक पिण्ड, l लम्बाई व k बल नियतांक के एक स्प्रिंग से लटका हुआ है। पिण्ड के कम्पन की आवृत्ति f_1 है। अब, स्प्रिंग को काटकर दो समान भागों में विभाजित कर दिया जाता है तथा एक आधे भाग से यही पिण्ड लटकाया जाता है। अब, इस पिण्ड के कम्पन की आवृत्ति f_2 है। इन आवृत्तियों के मध्य, निम्नलिखित में कौन-सा सम्बन्ध सत्य है?

(a) $f_1 = \sqrt{2}\,f_2$ (b) $f_1 = 4f_2$
(c) $f_1 = 2f_2$ (d) $f_2 = \sqrt{2}\cdot f_1$

59. k बल नियतांक के एक भाररहित स्प्रिंग से m_1 व m_2 द्रव्यमान के दो पिण्ड एक-साथ लटकाए जाते हैं। जब ये पिण्ड साम्यावस्था में हैं, समायोजन में कोई व्यवधान उत्पन्न किए बिना, m_1 को हटा लिया जाता है, तब m_2 के कम्पन की कोणीय आवृत्ति होगी

(a) $\sqrt{(k/m_1)}$ (b) $\sqrt{(k/m_2)}$
(c) $\sqrt{[k/(m_1-m_2)]}$ (d) $\sqrt{[k/(m_1m_2)]}$

60. m_1 और m_2 दो द्रव्यमान k नियतांक वाली किसी द्रव्यमान विहीन स्प्रिंग से चित्र में दिखाये अनुसार लटके हैं। सन्तुलन की अवस्था में, निकाय को प्रभावित न करके, यदि m_1 को धीरे से हटा लिया जाये, तो दोलन का आयाम होगा

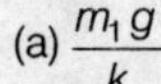

(a) $\frac{m_1 g}{k}$
(b) $\frac{m_2 g}{k}$
(c) $\frac{(m_1 + m_2)g}{k}$
(d) $\frac{(m_1 - m_2)g}{k}$

61. एक बेलनाकार पिस्टन, जिसका द्रव्यमान M है, एक खोखले बेलन, जिसका एक सिरा बन्द है, के भीतर गति कर सकता है। खोखले बेलन में गैस भरी हुई है। यदि पिस्टन को सन्तुलन बिन्दु से थोड़ा हटाकर छोड़ देने पर वह सरल आवर्त गति करने लगता है, तो इसका दोलनकाल होगा

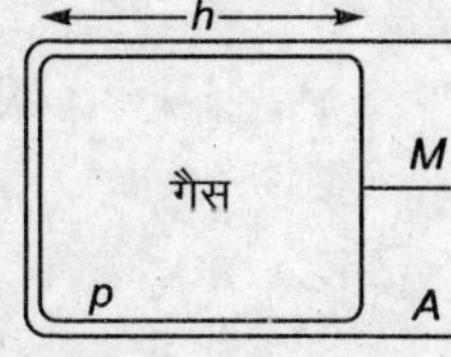

(a) $T = 2\pi\sqrt{\left(\frac{Mh}{pA}\right)}$
(b) $T = 2\pi\sqrt{\left(\frac{MA}{ph}\right)}$
(c) $T - 2\pi\sqrt{\left(\frac{M}{pAh}\right)}$
(d) $T = 2\pi\sqrt{MphA}$

62. घूमते हुए एक स्टूल पर, अपने हाथ बाहर की ओर फैलाए बैठा एक खिलाड़ी, अचानक अपने हाथ नीचे कर लेता है, तब
(a) कोणीय वेग कम होता है
(b) जड़त्व आघूर्ण कम होता है
(c) कोणीय वेग स्थिर रहता है
(d) कोणीय संवेग कम होता है

63. घूमते हुए एक स्टूल पर एक मनुष्य कोणीय वेग ω से घूमता है। वह अपनी बाँहों की दूरी पर समान द्रव्यमान के दो पिण्ड लिए हुए है। अपनी बाँहों को बिना चलाए हुए, बस वह दोनों पिण्ड गिरा देता है। उसका कोणीय वेग किस प्रकार परिवर्तित होगा?
(a) यह ω से कम होगा
(b) यह ω से दोगुना होगा
(c) यह ω के बराबर रहेगा
(d) यह पिण्डों के द्रव्यमानों के अनुसार ω से कम अधिक या बराबर होगा

मुक्त, अवमन्दित, प्रणोदित दोलन एवं अनुनाद

64. मुक्त दोलन में नियत रहता है
(a) आयाम
(b) आवृत्ति
(c) ऊर्जा
(d) ये सभी

65. अवमन्दित दोलन में 100 दोलनों के अन्त में दोलन का आयाम उसके प्रारम्भिक मान a_0 से एक-तिहाई कम हो जाता है। जब दोलित्र 200 दोलन पूर्ण करेगा, तब दोलन का आयाम होगा
(a) $\frac{a_0}{2}$
(b) $\frac{a_0}{4}$
(c) $\frac{a_0}{6}$
(d) $\frac{a_0}{9}$

66. अनुनाद के लिए बाह्य आवर्ती बल की आवृत्ति तथा कम्पन करने वाली वस्तु की स्वाभाविक आवृत्ति का अनुपात होगा
(a) 1
(b) शून्य
(c) 1 से अधिक
(d) 1 से कम

67. तरंग का आयाम
$$A = \frac{c}{a+b-c}$$
द्वारा प्रदर्शित है। अनुनाद होगा, जबकि
(a) $b = -\frac{c}{2}$
(b) $b = 0$ व $a = c$
(c) $b = -\frac{a}{2}$
(d) इनमें से कोई नहीं

68. एक कण पर, जिसका प्रत्यानयन बल विस्थापन के समानुपाती तथा अवमन्दन बल वेग के समानुपाती है, बल $F\sin\omega t$ आरोपित किया जाता है। यदि कण का आयाम $\omega = \omega_1$ के लिए अधिकतम तथा कण की ऊर्जा $\omega = \omega_2$ के लिए अधिकतम है, तो
(a) $\omega_1 = \omega_0$ और $\omega_2 \neq \omega_0$
(b) $\omega_1 = \omega_0$ और $\omega_2 = \omega_0$
(c) $\omega_1 \neq \omega_0$ और $\omega_2 = \omega_0$
(d) $\omega_1 \neq \omega_0$ और $\omega_2 \neq \omega_0$

उत्तरमाला

1.	(b)	2.	(d)	3.	(a)	4.	(d)	5.	(c)	6.	(b)	7.	(c)	8.	(d)	9.	(c)	10.	(c)
11.	(a)	12.	(d)	13.	(d)	14.	(d)	15.	(b)	16.	(b)	17.	(a)	18.	(b)	19.	(c)	20.	(c)
21.	(d)	22.	(d)	23.	(c)	24.	(a)	25.	(d)	26.	(b)	27.	(c)	28.	(a)	29.	(d)	30.	(b)
31.	(a)	32.	(a)	33.	(a)	34.	(b)	35.	(d)	36.	(a)	37.	(a)	38.	(b)	39.	(b)	40.	(b)
41.	(d)	42.	(d)	43.	(a)	44.	(c)	45.	(d)	46.	(b)	47.	(a)	48.	(c)	49.	(b)	50.	(b)
51.	(a)	52.	(c)	53.	(d)	54.	(b)	55.	(a)	56.	(c)	57.	(d)	58.	(d)	59.	(b)	60.	(a)
61.	(a)	62.	(a)	63.	(d)	64.	(d)	65.	(d)	66.	(a)	67.	(b)	68.	(c)				

उत्तर व्याख्या सहित

7. दिया है, $y = a\sin(\omega t - \alpha) = a\cos\left(\omega t - \alpha - \frac{\pi}{2}\right)$

अन्य दिया गया समीकरण, $y = b\cos(\omega t - \alpha)$ है।

अतः इनके मध्य कलान्तर $= \frac{\pi}{2} = 90°$

11. स्थितिज ऊर्जा अधिकतम होने पर गतिज ऊर्जा शून्य होगी। अतः

$$\frac{1}{2}m\omega^2(A^2 - y^2) = 0$$

या $y = \pm A$

12. $\frac{1}{2}m\omega^2 y^2 = \frac{1}{2}\left[\frac{1}{2}\frac{1}{m}\omega^2 a^2\right]$

$\Rightarrow \quad y = \frac{a}{\sqrt{2}} = \frac{4}{\sqrt{2}} = 2\sqrt{2}$ सेमी

13. स्प्रिंग को खींचने तथा सम्पीडित करने पर, दोनों ही स्थितियों में इसकी स्थितिज ऊर्जा में वृद्धि होती है। किसी पिण्ड को गुरुत्वाकर्षण के विरुद्ध चलाने पर, इस पर किए गए कार्य के कारण इसकी स्थितिज ऊर्जा में वृद्धि होती है। इसके विपरीत, बुलबुले की स्थितिज ऊर्जा, ऊपर की ओर लगने वाले बल (upthrust) के कारण तली पर अधिक होती है तथा इसके ऊपर उठने पर यह कम होती है।

14. स्प्रिंग की स्थितिज ऊर्जा, $U_P = \frac{1}{2}kx^2$

प्रथम स्थिति में,

$$U = \frac{1}{2}k(2)^2 = 2k$$

$\Rightarrow \quad k = U/2$

द्वितीय स्थिति में,

$$U_P = \frac{1}{2}k(10)^2 = \frac{1}{2} \times \frac{U}{2} \times (10)^2 = 25U$$

17. $K = K_0\cos^2\omega t$

$K_{max} = K_0$, $(PE)_{max} = K_{max} = K_0$

19. गतिज ऊर्जा $= \frac{1}{2}m\omega^2(a^2 - y^2) = \frac{1}{2}m\omega^2 y^2$, $2y^2 = a^2$

$\Rightarrow \quad y = \pm a/\sqrt{2}$

20. गतिज ऊर्जा $= \frac{1}{2}m\omega^2(a^2 - y^2)$

$$= \frac{1}{2}m\omega^2\left(a^2 - \frac{a^2}{4}\right) = \frac{1}{2}m\omega^2 \cdot \frac{3a^2}{4}$$

$$= \frac{3}{4}\left[\frac{1}{2}m\omega^2 a^2\right] = \frac{3}{4}E$$

21. दिया है,

$\therefore \quad U = (5x^2 - 20x)$ जूल

$\therefore \quad F = -\frac{dU}{dx} = -10x + 20$

यदि $F = 0$, तो $x = 2$ मी

$$F = -10(x - 2)$$

$$F = -10y$$

(यह सरल आवर्त गति को निरूपित करता है)

$$T = 2\pi\sqrt{\frac{0.1}{10}} = \frac{\pi}{5} \text{ सेकण्ड}$$

23. जब $t = \frac{T}{12}$, तब $x = r\sin\frac{2\pi}{T} \times \frac{T}{12} = \frac{r}{2}$

$\therefore \quad KE = \frac{1}{2}mv^2 = \frac{1}{2}m\omega^2(r^2 - x^2)$

$$= \frac{1}{2}m\omega^2\left(r^2 - \frac{r^2}{4}\right) = \frac{3}{4}\left(\frac{1}{2}m\omega^2 r^2\right)$$

$\therefore \quad PE = \frac{1}{2}m\omega^2 x^2 = \frac{1}{4}\left(\frac{1}{2}m\omega^2 r^2\right)$

$$\frac{KE}{PE} = \frac{3}{1}$$

24. हम जानते हैं कि सरल आवर्त गति में कण की कुल ऊर्जा,

$$E = \frac{1}{2}m\omega^2 a^2$$

तथा $y = a/2$ पर गतिज ऊर्जा,

$$K = \frac{1}{2}m\omega^2(a^2 - a^2/4) = \frac{3}{8}m\omega^2 a^2$$

$$\therefore \quad \frac{E}{K} = \frac{\frac{1}{2}m\omega^2 a^2}{\frac{3}{8}m\omega^2 a^2} = \frac{4}{3}$$

25. $\therefore T = 2\pi\sqrt{\frac{\text{विस्थापन}}{\text{त्वरण}}}$

$$= 2\pi\sqrt{\frac{3}{12}} = \pi = 3.14 \text{ सेकण्ड}$$

26. $\therefore y = a\sin\frac{2\pi}{T}t$

$\Rightarrow \quad \frac{a}{\sqrt{2}} = a\sin\frac{2\pi}{T}t$ या $\frac{1}{\sqrt{2}} = \sin\frac{2\pi}{T}t$

या $\quad \sin\frac{\pi}{4} = \sin\frac{2\pi}{T}t$ या $\frac{2\pi}{T}t = \frac{\pi}{4} \Rightarrow t = \frac{T}{8}$

27. यदि O माध्य स्थिति व x, O से विस्थापन है। सिक्का तब फिसलेगा जब अपकेन्द्रीय बल, घर्षण बल के बराबर होगा।

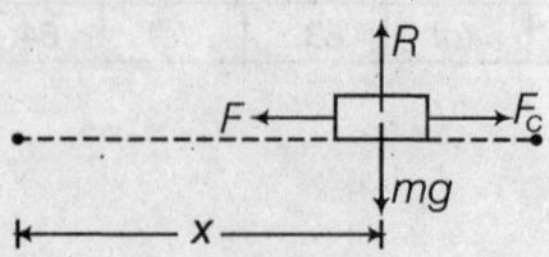

$$mA \times \omega^2 = \mu mg$$

$$mA\omega^2 = \mu mg \text{ या } A = \mu g/\omega^2$$

28. $\therefore$ घर्षण बल $= \mu mg = m\omega^2 a = m(2\pi\nu)^2 a$

$$\nu = \frac{1}{2\pi}\sqrt{\frac{\mu g}{a}}$$

29. $y_1 = a_1 \sin \omega_1 t$ तथा $y_2 = a_2 \sin \omega_2 t$

$\therefore \Delta\phi = |\omega_1 t - \omega_2 t| = |\omega_1 - \omega_2| t$

$$= \left|\frac{2\pi}{T} - \frac{2\pi}{5T/4}\right|$$

एक सम्पूर्ण दोलन के लिये, $t = T$

$$\therefore \quad \Delta\phi = \frac{2\pi}{T} \times T \left|1 - \frac{4}{5}\right| = \frac{2\pi}{5}$$

32. $v = \omega (A^2 - X^2) = \omega \sqrt{A^2 - A^2/4}$

$$= \sqrt{3}\, \omega\, A/2 = \sqrt{3} \left(\frac{2\pi}{T}\right) \frac{A}{2} = \pi A \sqrt{3}/T$$

33. $\therefore \omega^2 = \dfrac{\text{त्वरण}}{\text{विस्थापन}} = \dfrac{2.0}{0.02} = 100$ रेडियन^2/से^{2}

$\omega = 10$ रेडियन/से

40. $T = 2\pi \sqrt{l/g}$

log लेने पर व अवकलन करने पर,

$$\frac{dl}{l} = \frac{dg}{g} = -\frac{0.1}{100}$$

$\therefore \quad (dl/l) \times 100 = -0.1/100 \times 100 = -0.1\%$

41. $\dfrac{T'}{T} = \sqrt{\dfrac{g}{g' + a}} = \sqrt{\dfrac{g}{g + 5g}} = \sqrt{\dfrac{1}{6}}$

$$\Rightarrow \quad T' = \frac{T}{\sqrt{6}}$$

42. $g' = \sqrt{g^2 + a^2}$

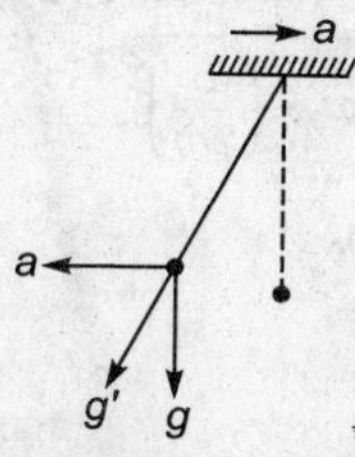

44. गोलक पर कार्यरत् बल त्वरण,

$$g_e = \frac{W - F_e}{m} = \frac{mg - qE}{m} = g - \frac{qE}{m}$$

$$\therefore \quad T = 2\pi \sqrt{\frac{l}{g_e}} = 2\pi \sqrt{\frac{l}{\left(g - \frac{qE}{m}\right)}}$$

45. अधिकतम $= mg + \dfrac{mv^2}{l} = mg + \dfrac{2mg}{l} l(1 - \cos\theta_0)$

$$= mg + 2mg\left[1 - 1 + \frac{\theta_0^2}{2}\right] = mg(1 + \theta_0^2)$$

47. $T_S = 2\pi \sqrt{\left(\dfrac{m}{k}\right)}$ तथा $T_P = 2\pi \sqrt{(l/g)}$ (पृथ्वी पर)

दिया है, $T_S = T_P$

ग्रह पर g का मान, अर्थात् g_P होगा।

$$g_P = \left(\frac{GM_P}{R_P^2}\right) = G\left(\frac{4}{3}\pi R_P^3 \rho\right) / R_P^2 = \frac{4}{3}\pi G \rho R_P$$

ρ समान है, परन्तु $R_P = 2R_E$

$\therefore \quad g_P = 2gE$

अतः ग्रह पर $T_S > T_P$

अतः P की तुलना में S तीव्र चलेगी।

49. $\therefore g_P = \dfrac{GM_P}{R_P^2}$ तथा $g_E = \dfrac{GM_E}{R_E^2}$

$\therefore \quad g_P = g_E/2$

$$T_P = \frac{1}{2\pi}\sqrt{\frac{l}{(g_E/2)}} = \left[\frac{1}{2\pi}\sqrt{\left(\frac{l}{g_E}\right)}\right] \times \sqrt{2}$$

$= 2\sqrt{2}$ सेकण्ड

50. यहाँ कलान्तर स्थिर है, अतः आवर्तकाल समान होंगे अर्थात् वेग समान होंगे।

51. यहाँ, $\dfrac{1}{2} M A^2 \omega^2 = 16$ जूल

दिया है, $A = 25$ सेमी $= 0.25$ मी, $M = 5.12$ किग्रा

तथा $\omega = 2\pi/T$

$\therefore \quad \dfrac{1}{2} \times (5.12)(0.25)^2 (4\pi^2/T^2) = 16$

हल करने पर, $T = \pi/2$ सेकण्ड

52. प्रत्यानयन बल $= A y \rho g$

$$\text{त्वरण} = \frac{A y \rho g}{A l \rho} = \frac{gy}{l}$$

$$T = 2\pi \sqrt{\left\{y / \left(\frac{gy}{l}\right)\right\}}$$

$$\Rightarrow \quad n = \frac{1}{2\pi}\sqrt{g/l}$$

54. श्रेणीक्रम में, $\dfrac{1}{k} = \dfrac{1}{k_1} + \dfrac{1}{k_2}$

$$\Rightarrow \quad \frac{1}{k} = \frac{k_2 + k_1}{k_1 k_2}$$

$$\Rightarrow \quad k = \frac{k_1 k_2}{k_1 + k_2}$$

समान्तर में, $k = k_1 + k_2$

55. स्प्रिंग की लम्बाई आधी कर देने पर प्रत्येक भाग का बल नियतांक $(2k)$ हो जाता है। अतः दोलन की आवृत्ति,

$$\frac{n'}{n} = \sqrt{\left(\frac{k}{2k}\right)} \qquad [\because n \propto \sqrt{k}]$$

$$\therefore \quad n' = n/\sqrt{2}$$

56. $T = 2\pi\sqrt{\left(\frac{M}{k}\right)}$

$\Rightarrow \quad 1 = 2\pi\sqrt{\left(\frac{M}{k}\right)}$

तथा $\quad T_1 = 2\pi\sqrt{\left(\frac{4M}{k}\right)} = 2\left[2\pi\sqrt{\left(\frac{M}{k}\right)}\right]$

$= 2 \times 1 = 2$ सेकण्ड

57. $T = 2\pi\sqrt{\left(\frac{m}{k}\right)}$

$\Rightarrow \quad \alpha = \frac{1}{2\pi}\sqrt{\left(\frac{k}{m}\right)}$

स्प्रिंग को दो समान भागों में काटने पर, प्रत्येक भाग का बल नियतांक $2k$ होगा। अतः

$$\alpha_1 = \frac{1}{2\pi}\sqrt{\left(\frac{2k}{m}\right)}$$

$$= \sqrt{2}\left[\frac{1}{2\pi}\sqrt{\left(\frac{k}{m}\right)}\right] = \sqrt{2}\cdot\alpha$$

58. $f_1 = \frac{1}{2\pi}\sqrt{\left(\frac{k}{m}\right)}$

$\Rightarrow \quad f_2 = \frac{1}{2\pi}\sqrt{\left(\frac{2k}{m}\right)}$

$$= \sqrt{2}\left[\frac{1}{2\pi}\sqrt{\left(\frac{k}{m}\right)}\right] = \sqrt{2}\cdot f_1$$

59. $T = 2\pi\sqrt{\left(\frac{m_2}{k}\right)}$

$\Rightarrow \quad \omega = \frac{\pi}{T} = \sqrt{\left(\frac{k}{m_2}\right)}$

60. केवल द्रव्यमान m_2 के साथ, स्प्रिंग का खिंचाव l है, तब

$$m_2 g = kl \quad \ldots(i)$$

द्रव्यमान $(m_1 + m_2)$ के साथ खिंचाव l' है, तब

$$(m_1 + m_2)g = k(l + \Delta l) \quad \ldots(ii)$$

खिंचाव में वृद्धि Δl है, जोकि दोलनों का आयाम है।

समी (ii) में से समी (i) को घटाने पर,

$$m_1 g = k\Delta l \text{ या } \Delta l = \frac{m_1 g}{k}$$

65. अवमन्दित दोलन में, आयाम चरघातांकीय रूप में कम होता है।

$a = a_0 e^{-bt}$, जहाँ, b = अवमन्दन गुणांक।

प्रारम्भ में, $\frac{a_0}{3} = a_0 e^{-b\times 100T}$

T = एक दोलन का समय या $\frac{1}{3} = e^{-100bT}$ ...(i)

अन्तिम रूप से, $a = a_0 e^{-b\times 200T}$

$a = a_0[e^{-b\times 100T}]^2$

या $\quad a = a_0 \times \left[\frac{1}{3}\right]^2$ [समी (i) से]

या $\quad a = a_0/9$

67. $A = \frac{c}{a+b-c}$; जब $b = 0, a = c$ अब, आयाम $A \to \infty$ यह अनुनाद के संगत है।

68. कण की ऊर्जा अनुनादी आवृत्ति अर्थात् $\omega_2 = \omega_0$ पर अधिकतम होगी। आयाम अनुनाद के लिए (आयाम अधिकतम), बाह्य बल की आवृत्ति

$$\omega = \sqrt{\omega_0^2 - \left(\frac{b}{2m}\right)^2}$$

$\Rightarrow \quad \omega_1 \neq \omega_0$

अध्याय 16

तरंग गति
Wave Motion

तरंगें (Waves)

तरंग एक विक्षोभ (disturbance) है, जो द्रव्य/माध्यम के वास्तविक संचरण के बिना ही माध्यम के एक स्थान से दूसरे स्थान तक ऊर्जा तथा संवेग का संचरण करता है। तरंगें मुख्य रूप से तीन प्रकार की होती हैं।

1. यान्त्रिक अथवा प्रत्यास्थ तरंगें (Mechanical or Elastic Waves)

यान्त्रिक अथवा प्रत्यास्थ तरंगें वे तरंगें हैं जिनके संचरण के लिए भौतिक माध्यम (physical medium) की उपस्थिति आवश्यक है। तथा जो बिना अपनी आकृति बदले एक निश्चित चाल से माध्यम में आगे बढ़ती हैं यान्त्रिक तरंगें कहलाती हैं।

2. वैद्युत-चुम्बकीय अथवा अप्रत्यास्थ तरंगें (Electromagnetic or Inelastic Waves)

वैद्युत चुम्बकीय तरंगें वे तरंगें हैं जिनके संचरण के लिए माध्यम की उपस्थिति आवश्यक नहीं है, वैद्युत चुम्बकीय तरंगें कहलाती हैं। ये तरंगें निर्वात् अथवा अन्तरिक्ष तथा माध्यम (vacuum or space and medium) सभी में संचरण करती हैं।

3. पदार्थिक तरंगें (Matter Waves)

पदार्थिक तरंगें मुख्य रूप से आधुनिक तकनीकी (modern technology) में प्रयुक्त होती हैं, परन्तु ये बहुत अपरिचित हैं। ये तरंगें इलेक्ट्रॉनों, प्रोटॉनों तथा अन्य मूल कणों के साथ सम्बद्ध होती हैं।

तरंग गति (Matter Waves)

किसी भौतिक माध्यम उत्पन्न वह विक्षोभ जो बिना अपना रूप बदले माध्यम में एक निश्चित वेग से आगे बढ़ता है, तरंग कहलाता है। माध्यम में विक्षोभ के आगे गढ़ने की इस प्रक्रिया को तरंग गति कहते हैं।

तरंग गति के प्रकार (Types of Wave Motion)

तरंग गति को दो वर्गों में बाँटा गया है

1. अनुप्रस्थ तरंग गति (Transverse Wave Motion)

इस प्रकार की तरंग गति में माध्यम के कण तरंग-संचरण की दिशा के लम्बवत् माध्य स्थिति अथवा साम्य स्थिति के परित: दोलन करते हैं। उदाहरणार्थ, खिंची डोरी के अनुदिश गतिमान तरंग।

अनुप्रस्थ तरंग शृंग (crest) (ऊपर की ओर अधिकतम विस्थापन की स्थिति) व गर्त (trough) (नीचे की ओर अधिकतम विस्थापन की स्थिति) के रूप में चलती हैं। ये तरंगें ठोस तथा द्रव की सतह पर संचरित होती हैं।

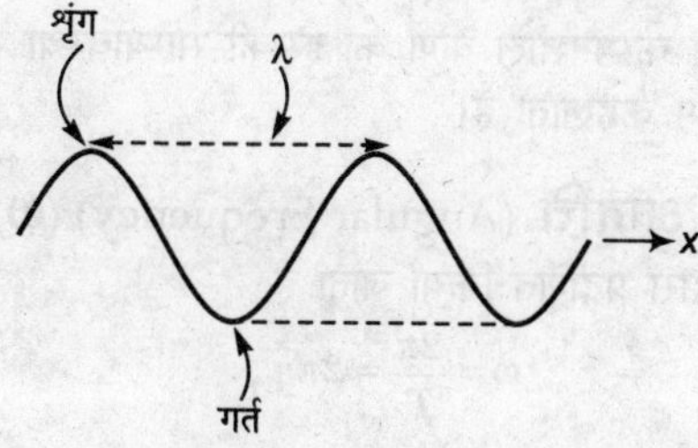

यह अनुप्रस्थ तरंग में, दो क्रमागत शृंगों अथवा दो क्रमागत गर्तों के बीच की दूरी है।

2. अनुदैर्ध्य तरंग गति (Longitudinal Wave Motion)

इस प्रकार की तरंग गति में, माध्यम के कण तरंग संचरण की दिशा के अनुदिश, अपनी माध्य स्थिति अथवा साम्य स्थिति के परित: दोलन करते हैं।

अनुदैर्ध्य तरंगें संपीडनों (compressions) (जिन स्थानों पर माध्यम के कण पास-पास होते हैं) व विरलनों (rarefactions) (जिन स्थानों पर माध्यम के कण दूर-दूर होते हैं) के रूप में चलती हैं तथा यह आयतन प्रत्यास्थता वाले माध्यमों में ही उत्पन्न होती हैं

उदाहरणार्थ, ठोसों, द्रवों व गैसों आदि में।

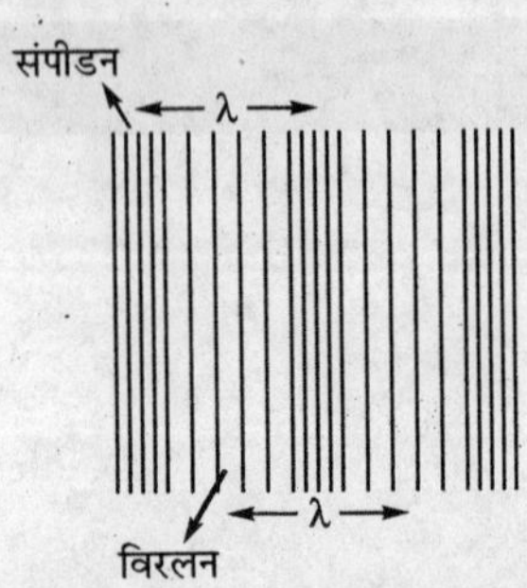

तरंग गति से सम्बन्धित कुछ महत्त्वपूर्ण परिभाषाएँ

(Some Important Definitions Related to Wave Motion)

(i) **तरंगदैर्ध्य** (Wavelength) (λ)

तरंग द्वारा उस समय में तय दूरी जिसमें माध्यम का कोई कण अपनी माध्यावस्था के परित: एक कम्पन अथवा दोलन पूर्ण करता है, तरंग की तरंगदैर्ध्य कहलाती है। तरंगदैर्ध्य को दो समीपस्थ समान कला में कम्पनशील कणों के बीच की दूरी से भी परिभाषित कर सकते हैं।

(ii) **आवृत्ति** (Frequency) (n)

माध्यम के एक कम्पनशील कण द्वारा 1 सेकण्ड में किए गए पूर्ण कम्पनों (या पूर्ण तरंगदैर्ध्यों) की संख्या तरंग की आवृत्ति कहलाती है।

(iii) **आवर्तकाल** (Time period) (T)

तरंग द्वारा एक तरंगदैर्ध्य के बराबर दूरी तय करने में लगा समय, तरंग का आवर्तकाल कहलाता है।

(iv) **आयाम** (Amplitude) (a)

माध्यम के किसी कम्पनशील कण का इसकी साम्यावस्था से अधिकतम विस्थापन, आयाम कहलाता है।

(v) **कोणीय आवृत्ति** (Angular Frequency) (ω)

इसे निम्न सूत्र द्वारा प्रदर्शित किया जाता है

$$\omega = \frac{2\pi}{T} = 2\pi n$$

(vi) **कला** (Phase)

कला वह भौतिक राशि है, जिसमें तरंग में कम्पनशील किसी भी कण की स्थिति तथा गति की दिशा के बारे में पूर्ण जानकारी निहित होती है।
जैसे— समीकरण $y = a \sin(\omega t - kx)$ में $(\omega t - kx)$ कला है।

(vii) **कोणीय तरंग संख्या** (Angular Wave Number) (k)

$$k = \frac{2\pi}{\lambda}$$

(viii) **तरंग संख्या** (Wave Number) ($\bar{\nu}$)

तरंग प्रतिरूप की एकांक लम्बाई में तरंगों की संख्या को तरंग संख्या कहते हैं।

$$\bar{\nu} = \frac{1}{\lambda} = \frac{k}{2\pi}$$

(ix) **तरंग स्पन्दन** (Wave Pulse)

जब किसी माध्यम में अल्प समय के लिए विक्षोभ उत्पन्न होता है, तो उत्पन्न लघु तरंग (short wave), तरंग स्पन्दन कहलाता है।

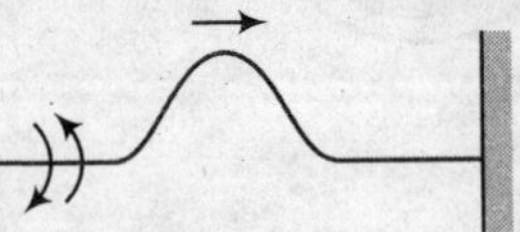

(x) **तरंग धारा** (Wave Train)

तरंग स्पन्दनों की श्रेणी को तरंग धारा कहते हैं।

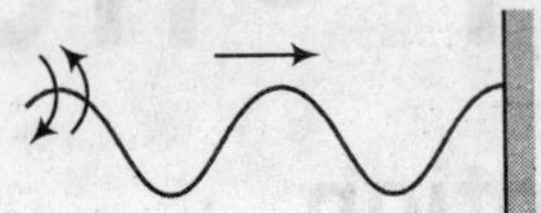

यान्त्रिक तरंगों की चाल

(Speed of Mechanical Waves)

अनुप्रस्थ तरंगों की चाल

(Speed of Transverse Waves)

किसी ठोस में अनुप्रस्थ तरंगों की चाल सैद्धान्तिक रूप से प्राप्त की जा सकती है तथा प्रायोगिक रूप से प्रमाणित की जा सकती है।

(a) यदि माध्यम ठोस है, तब $v = \sqrt{\eta/\rho}$

जहाँ η ठोस पदार्थ का दृढ़ता गुणांक तथा ρ घनत्व है।

(b) खिंची डोरी में, $v = \sqrt{T/m}$

जहाँ, T डोरी में उत्पन्न तनाव तथा m डोरी का रेखीय द्रव्यमान घनत्व है।

अनुदैर्ध्य तरंगों (ध्वनि तरंगों) की चाल

Speed of Longitudinal Waves (Sound Waves)

विभिन्न प्रकार के माध्यमों में अनुदैर्ध्य तरंगों की चाल के लिये व्यंजक निम्न हैं

(a) यदि माध्यम ठोस है, $v = \sqrt{\dfrac{B + \frac{4}{3}\eta}{\rho}}$

जहाँ B, η तथा ρ, क्रमश: ठोस का आयतनात्मक प्रत्यास्थता गुणांक, दृढ़ता गुणांक तथा घनत्व है। यदि ठोस लम्बी छड़ के रूप में है, तब $v = \sqrt{Y/\rho}$

जहाँ Y ठोस पदार्थ का यंग प्रत्यास्थता गुणांक है।

(b) द्रव में $v = \sqrt{B/\rho}$

जहाँ B द्रव का आयतन प्रत्यास्थता गुणांक तथा ρ द्रव का घनत्व है।

(c) **न्यूटन के अनुसार,** गैस में ध्वनि का संचरण एक समतापीय प्रक्रम है, अत: एक गैस में ध्वनि की चाल को प्राप्त करने के लिये B को गैस के प्रारम्भिक दाब से प्रतिस्थापित कर देते हैं, अर्थात् $B = p$

$\therefore$ $v = \sqrt{p/\rho}$

लाप्लास का संशोधन (Laplace's Correction)

लाप्लास के अनुसार, गैसों में ध्वनि का संचरण एक रुद्धोष्म प्रक्रम है, अतः गैस में ध्वनि की चाल का सूत्र निम्न होना चाहिए

$$v = \sqrt{\frac{\gamma p}{\rho}} = \sqrt{\frac{\gamma RT}{M}}$$

जहाँ, γ = प्वॉयसन अनुपात = C_p/C_V

इस सम्बन्ध में उचित मान प्रतिस्थापित करने पर, NTP पर वायु में ध्वनि की चाल का सैद्धान्तिक मान प्राप्त होता है जोकि 332.5 मी से$^{-1}$ है तथा प्रायोगिक मान के साथ मेल में है।

गैसीय माध्यम में ध्वनि की चाल को प्रभावित करने वाले कारक (Factors Affecting Velocity of Sound in the Gaseous Medium)

1. **नियत ताप पर दाब का प्रभाव**
(Effect of Pressure at Constant Temperature)

$$v = \sqrt{\frac{\gamma p}{\rho}} = \sqrt{\frac{\gamma RT}{M}}$$

स्थिर ताप पर, $\frac{p}{\rho} = \frac{RT}{M}$ = नियतांक

अतः स्थिर ताप पर ध्वनि की चाल पर गैस के दाब का कोई प्रभाव नहीं पड़ता।

2. **ताप का प्रभाव** (Effect of temperature)

ताप बढ़ने पर ध्वनि की चाल बढ़ती है।

$$v = \sqrt{\frac{\gamma RT}{M}}$$

$$\Rightarrow \quad v \propto \sqrt{T}$$

$$\Rightarrow \quad \frac{v_1}{v_2} = \sqrt{\frac{T_1}{T_2}} = \sqrt{\frac{(273 + t_1\ ^\circ C)}{(273 + t_2\ ^\circ C)}}$$

यदि तापान्तर अल्प हो, तब $v_t = v_0 + 0.61t$

यहाँ, $v_t = t^\circ C$ पर ध्वनि की चाल

$v_0 = 0^\circ C$ पर ध्वनि की चाल (332 मी/से)

t = अल्प तापान्तर

यदि $t = 1^\circ C$, तब $v_t = (v_0 + 0.61)$ मी/से

अतः 1°C तापवृद्धि पर वायु में ध्वनि की चाल 0.61 मी/से से बढ़ जाती है।

3. **घनत्व का प्रभाव** (Effect of Density)

$$v = \sqrt{\frac{\gamma p}{\rho}}$$

$$\Rightarrow \quad v \propto \frac{1}{\sqrt{\rho}}$$

अतः घनत्व बढ़ने पर, ध्वनि की चाल घटती है।

4. **आर्द्रता का प्रभाव** (Effect of Humidity)

आर्द्रता बढ़ने पर, वायु का घनत्व घट जाता है, परिणामस्वरूप वायु में ध्वनि की चाल बढ़ जाती है।

समान तापक्रम पर नम वायु (बारिश में) में ध्वनि की चाल शुष्क वायु (गर्मियों में) की तुलना में अधिक होती है।

$$\rho_{\text{नम वायु}} < \rho_{\text{शुष्क वायु}}$$

$$\Rightarrow \quad v_{\text{नम वायु}} < v_{\text{शुष्क वायु}}$$

5. **माध्यम की गति का प्रभाव**
(Effect of Velocity of Medium)

यदि माध्यम ω वेग से ध्वनि संचरण की दिशा से θ कोण पर गतिशील हो, तब

ध्वनि का परिणामी वेग $= v + \omega \cos\theta$

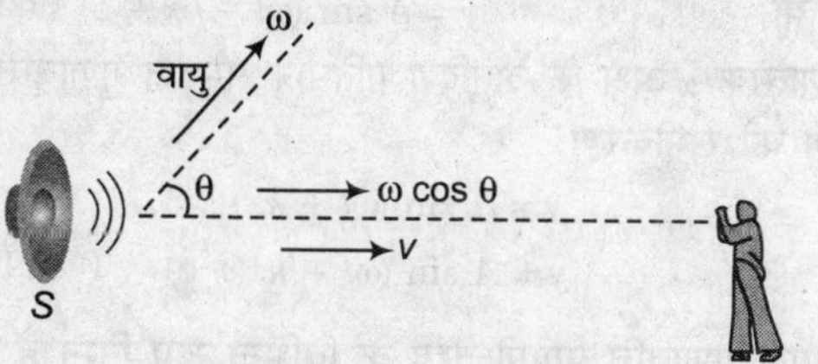

6. **आवृत्ति अथवा तरंगदैर्ध्य का प्रभाव**
(Effect of Frequency or Wavelength)

ध्वनि तरंगों की आवृत्ति अथवा तरंगदैर्ध्य का ध्वनि की चाल पर कोई प्रभाव नहीं पड़ता।

7. **अन्य कारकों का प्रभाव** (Effect of Other Factors)

अन्य कारकों, जैसे कला, प्रबलता, तारत्व, गुणता इत्यादि का ध्वनि के वेग से कोई सम्बन्ध नहीं है।

प्रगामी तरंगें (Progressive Waves)

जब किसी माध्यम में लगातार तरंगें उत्पन्न की जाती हैं, तो माध्यम के कण अपने स्थान पर साम्य स्थिति के दोनों ओर लगातार कम्पन करने लगते हैं तथा उत्पन्न विक्षोभ आगे बढ़ने लगता है। इस प्रकार माध्यम में उत्पन्न हुए विक्षोभ को प्रगामी तरंग कहते हैं।

समतल प्रगामी गुणावृत्ति तरंग का विस्थापन
(Displacement of a Plane Progressive Harmonic Wave)

(i) यदि गतिमान तरंग $(x - vt)$ अथवा $(x + vt)$ की ज्या (sine) या कोज्या (cosine) फलन है, तो तरंग समतल प्रगामी तरंग कहलाती है।

अतः
$$y(x, t) = A \sin k(x - vt)$$
$$y(x, t) = A \cos k(x - vt)$$

यहाँ, $k = \frac{2\pi}{\lambda}$ = दूरी 2π में तरंगदैर्ध्यों की संख्या

= तरंग संख्या या संचरण नियतांक

अत: $y(x, t) = A \sin \frac{2\pi}{\lambda}(x - vt) = A \sin (kx - \omega t)$

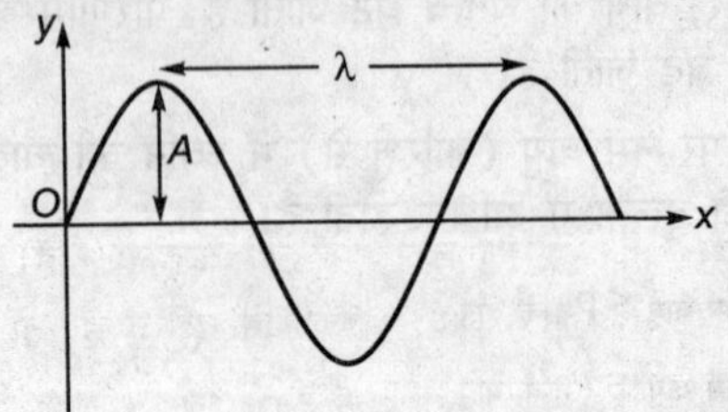

जहाँ $\omega = kv = \frac{2\pi v}{\lambda}$ = कोणीय आवृत्ति

(ii) धनात्मक x-अक्ष के अनुदिश गतिमान समतल, गुणावृत्ति प्रगामी तरंग की समीकरण

$$y = A \sin (\omega t - kx)$$

या $y = A \sin (\omega t - kx + \phi)$ (व्यापक रूप)

(iii) ऋणात्मक x-अक्ष के अनुदिश गतिमान समतल गुणावृत्ति प्रगामी तरंग की समीकरण

$$y = A \sin (\omega t + kx)$$

या $y = A \sin (\omega t + kx + \phi)$ (व्यापक रूप)

(iv) समतल गुणावृत्ति प्रगामी तरंग के विभिन्न रूप निम्न हैं

$$y = A \sin \omega\left(t \pm \frac{x}{v}\right), \quad y = A \cos \omega\left(t \pm \frac{x}{v}\right)$$

$$y = A \sin (\omega t \pm kx), \quad y = A \cos (\omega t \pm kx)$$

$$y = A \sin 2\pi\left(\frac{t}{T} \pm \frac{x}{\lambda}\right), y = A \cos 2\pi\left(\frac{t}{T} \pm \frac{x}{\lambda}\right)$$

$$y = A \sin k\,(vt \pm x), \quad y = A \cos k\,(vt \pm x)$$

(v) ज्या या कोज्या फलन का गुणांक अर्थात् A, तरंग का आयाम दर्शाता है जबकि कोणांक $(\omega t \pm kx)$ कला प्रदर्शित करता है।

(vi) समतल प्रगामी गुणावृत्ति तरंग में दो आवर्तिता होती हैं; पहली समय में (आवर्तकाल T से प्रदर्शित) तथा दूसरी आकाश में (तरंगदैर्ध्य λ से प्रदर्शित) तथा दोनों निम्न सम्बन्धानुसार होते हैं

$$\lambda = vT$$

(vii) **कलान्तर तथा पथान्तर** (Phase difference and path difference) माना किसी माध्यम में सरल आवर्त प्रगामी तरंग $+x$ दिशा में संचरित हो रही है। मूलबिन्दु से x दूरी पर स्थित माध्यम के कण का किसी क्षण t पर विस्थापन समीकरण

$$y = a \sin 2\pi\left(\frac{t}{T} - \frac{x}{\lambda}\right)$$

इस समीकरण में sine का कोणांक $2\pi\left(\frac{t}{T} - \frac{x}{\lambda}\right)$ है। माना समय t पर मूल बिन्दु से क्रमश: x_1 व x_2 दूरी पर स्थित कणों की कलाएँ ϕ_1 व ϕ_2 हैं।

$$\phi_1 = 2\pi\left(\frac{t}{T} - \frac{x_1}{\lambda}\right) \text{ तथा } \phi_2 = 2\pi\left(\frac{t}{T} - \frac{x_2}{\lambda}\right)$$

$$\phi_1 - \phi_2 = 2\frac{\pi}{\lambda}(x_2 - x_1) \quad \text{अथवा} \quad \Delta\phi = \frac{2\pi}{\lambda}\Delta x$$

(viii) **पथान्तर तथा समयान्तर** (Phase difference and time difference) माना मूल बिन्दु से x दूरी पर स्थित कण की क्रमश: t_1 व t_2 समयों पर कलाएँ ϕ_1 व ϕ_2 हैं तो

$$\phi_1 = (\omega t_1 - kx)$$

तथा $\phi_2 = (\omega t_2 - kx)$

$$\phi_1 - \phi_2 = \omega(t_1 - t_2)$$

$\Rightarrow$ $\Delta\phi = \frac{2\pi}{T}\Delta t$

तरंगों का परावर्तन व पारगमन (Reflection and Transmission of Waves)

जब ध्वनि तरंगें दो माध्यमों को अलग करने वाली सीमा पर आपतित होती हैं, तो इसका एक अंश प्रारम्भिक माध्यम में वापस लौट जाता है जबकि शेष आंशिक रूप से अवशोषित हो जाता है व आंशिक रूप से दूसरे माध्यम में पारगमित हो जाता है। इस घटना में तरंग के प्रारम्भिक माध्यम में लौटने को परावर्तन व दूसरे माध्यम में पारगमित होने को पारगमन कहते हैं।

तरंगों का अध्यारोपण (Superposition of Waves)

किसी क्षण माध्यम में किसी कण पर परिणामी तरंग फलन (resultant wave function) y, उस क्षण उस कण पर उपस्थित उन सभी तरंगों के तरंग फलनों $y_1, y_2, y_3, \ldots$ आदि का सदिश योग (vector sum) होता है।

अर्थात् $\mathbf{y} = \mathbf{y}_1 + \mathbf{y}_2 + \mathbf{y}_3 + \ldots$

इस सिद्धान्त को तरंगों के अध्यारोपण का सिद्धान्त कहते हैं। यह सिद्धान्त छोटे आयामों की तरंगों के लिए सत्य है जबकि बड़े आयाम की तरंगों जैसे, लेसर के लिए सत्य नहीं हैं दो तरंगों के अध्यारोपण से व्यतिकरण (interference), विस्पन्द (beats) तथा अप्रगामी तरंगें (stationary waves) आदि प्रभाव उत्पन्न होते हैं।

विस्पन्द (Beats)

जब लगभग समान आवृत्ति की दो ध्वनि तरंगें एक साथ उत्पन्न की जाती हैं, तो परिणामी ध्वनि तरंग की तीव्रता समय के साथ बढ़ती तथा घटती है। ध्वनि की तीव्रता में परिवर्तन की यह परिघटना विस्पन्द कहलाती है। दो क्रमागत विस्पन्दों के बीच समयान्तराल विस्पन्द काल (beat period) कहलाता है तथा प्रति सेकण्ड विस्पन्दों की संख्या विस्पन्द आवृत्ति (beat frequency) कहलाती है।

यदि ν_1 व ν_2 $(\nu_1 > \nu_2)$ दो तरंगों की आवृत्तियाँ हैं, तब विस्पन्द आवृत्ति

$$\nu = \nu_1 - \nu_2$$

अप्रगामी तरंगें (Stationary Waves)

जब दो समरूप ध्वनि प्रगामी तरंगें किसी माध्यम में एक ही समय में विपरीत दिशाओं में चलती हैं तो उनके अध्यारोपण से एक नई प्रकार की तरंग उत्पन्न हो जाती है जो माध्यम में स्थिर प्रतीत होती है, इस तरंग को अप्रगामी तरंग कहते हैं। अप्रगामी तरंगों की समीकरणें निम्न चार प्रकार की हैं

$$y = \pm A \sin kx \cos \omega t$$

$$y = \pm A \sin \omega t \cos kx$$

$$y = \pm A \sin kx \sin \omega t$$

$$y = \pm A \cos kx \cos \omega t$$

मौलिक विधाएँ व संनादी

(Fundamental Mode and Harmonics)

डोरी की सामान्य विधायें (Normal Modes of a String)

माना एक डोरी दो कसे हुए सिरों के बीच खिंची हुई है। जब डोरी में कम्पन उत्पन्न किये जाते हैं, तो यह एक या एक से अधिक लूपों में कम्पन करती है, जिन्हें सामान्य विधायें कहते हैं।

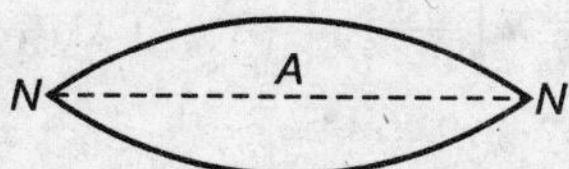

एक खिंची डोरी के कम्पनों की विभिन्न विधायें प्रदर्शित हैं

(i) जब डोरी को मध्य से विस्थापित कर छोड़ दिया जाता है, तब यह एक लूप में कम्पन करती है जिसके कसे सिरों पर निस्पन्द तथा मध्य में प्रस्पन्द बनते हैं।

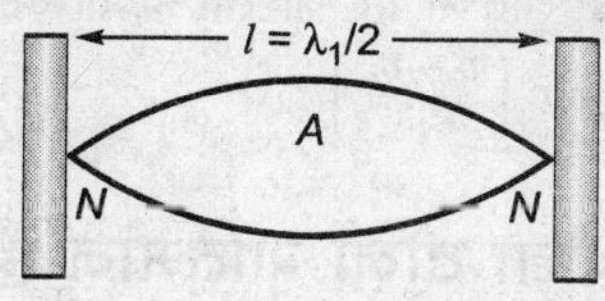

$$l = \frac{\lambda_1}{2} \quad \text{या} \quad \lambda_1 = 2l$$

यदि n_1 तरंग की आवृत्ति है, तब $n_1 = \frac{v}{\lambda_1}$ या $n_1 = \frac{v}{2l}$

यह मूल आवृत्ति (fundamental frequency) या प्रथम संनादी (first harmonic) कहलाती है।

अब
$$v = \sqrt{\frac{T}{m}}$$

मूल स्वर की आवृत्ति
$$n_1 = \frac{v}{\lambda_1} = \frac{1}{2l}\sqrt{\frac{T}{m}}$$

(ii) जब डोरी को इसकी एक-चौथाई लम्बाई पर विस्थापित कर छोड़ दिया जाता है, तो डोरी दो लूपों में कम्पन करती है, तब

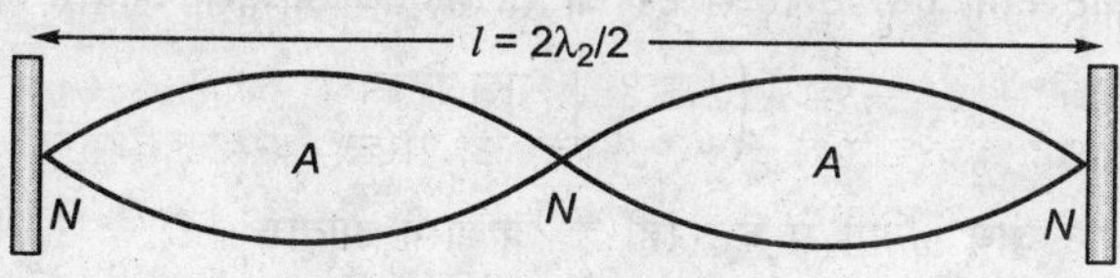

$$l = \frac{\lambda_2}{2} + \frac{\lambda_2}{2} = \lambda_2$$

यदि n_2 तरंग की आवृत्ति है, तो $n_2 = \frac{v}{\lambda_2}$ या $n_2 = \frac{v}{l} = 2n_1$

यह प्रथम अधिस्वर (first overtone) या द्वितीय संनादी (second harmonic) कहलाती है।

(iii) यदि डोरी को इसकी 1/6 लम्बाई पर विस्थापित कर छोड़ दिया जाता है, तो डोरी तीन लूपों में कम्पन करती है, तब

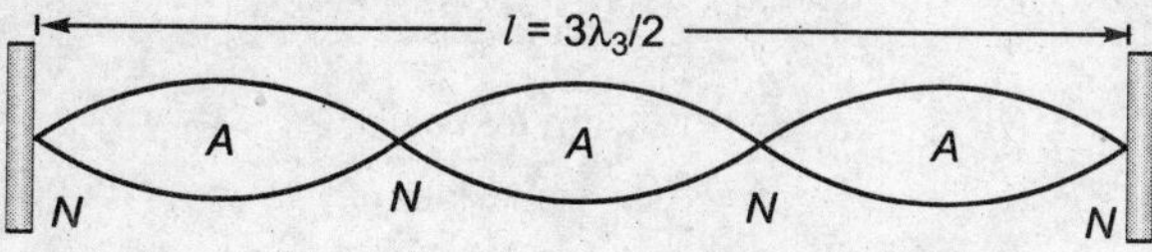

$$l = \frac{\lambda_3}{2} + \frac{\lambda_3}{2} + \frac{\lambda_3}{2} = \frac{3\lambda_3}{2}$$

यदि n_3 कम्पन की आवृत्ति है, तब

$$n_3 = \frac{v}{\lambda_3} = \frac{v}{2l/3} \quad \text{या} \quad n_3 = \frac{3v}{2l} = 3n_1$$

यह द्वितीय अधिस्वर या तृतीय संनादी कहलाती है।

(iv) सामान्यत: जब डोरी p लूपों में कम्पन करती है, तो कम्पन के p वें लूप की तरंगदैर्ध्य,

$$\lambda_p = 2l/p$$

आवृत्ति $n_p = p\frac{v}{2l} = pn_1$

यह $(p-1)$ वाँ अधिस्वर या p वाँ संनादी कहलाता है।

ऑर्गन पाइप में वायु-स्तम्भों के कम्पन

(Vibrations of Air Columns in Organ Pipes)

बन्द ऑर्गन पाइप (Closed organ pipe) जब बन्द पाइप के खुले सिरे पर धीरे से फूँक मारते हैं, तो पाइप के अन्दर वायु में अनुदैर्ध्य तरंग खुले सिरे से बन्द सिरे की ओर चलती हैं तथा बन्द सिरे से परावर्तित होती हैं। अत: वायु स्तम्भ में विपरीत दिशाओं में दो अनुदैर्ध्य तरंगें उत्पन्न होती हैं, जो अध्यारोपित होती हैं तथा अप्रगामी तरंग उत्पन्न करती हैं। पाइप के खुले सिरे पर सदैव प्रस्पन्द A तथा बन्द सिरे पर सदैव निस्पन्द N बनता है।

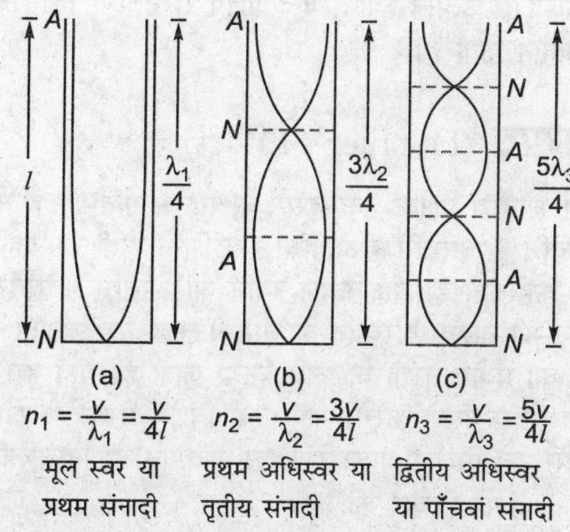

इससे स्पष्ट है कि मूल स्वर तथा अधिस्वर की आवृत्तियों का क्रम निम्न होता है

$$n_1 : n_2 : n_3 \ldots = 1 : 3 : 5 \ldots$$

चूँकि केवल विषम संनादी उपस्थित हैं, अत: ध्वनि संगीतमय नहीं है।

खुला ऑर्गन पाइप (Open organ pipe) दोनों सिरों पर खुले पाइप के एक सिरे पर जब हम धीरे से फूँक मारते हैं तो वायु-स्तम्भ में अनुदैर्ध्य तरंगें, संपीडन तथा विरलन की तरंगों के रूप में इस सिरे से पाइप के दूसरे सिरे की ओर चलती हैं। दूसरा सिरा खुला होने के कारण एक मुक्त परिसीमा की भाँति व्यवहार करके इस तरंग को परावर्तित करके पहले सिरे की ओर भेज देता है।

पहला सिरा भी खुला होने के कारण, एक मुक्त परिसीमा की भाँति व्यवहार करके इसे परावर्तित कर पुन: दूसरे सिरे की ओर भेज देता है। इस प्रकार वायु-स्तम्भ में दो समरूप अनुदैर्ध्य तरंगें विपरीत दिशाओं में

चलने लगती हैं, जिनके अध्यारोपण से वायु-स्तम्भ में अनुदैर्ध्य अप्रगामी तरंगें उत्पन्न हो जाती हैं। क्योंकि पाइप दोनों सिरों पर खुला है, अतः दोनों सिरों पर सदैव प्रस्पन्द बनते हैं।

खुले पाइप में विभिन्न स्वर चित्रानुसार प्रदर्शित हैं।

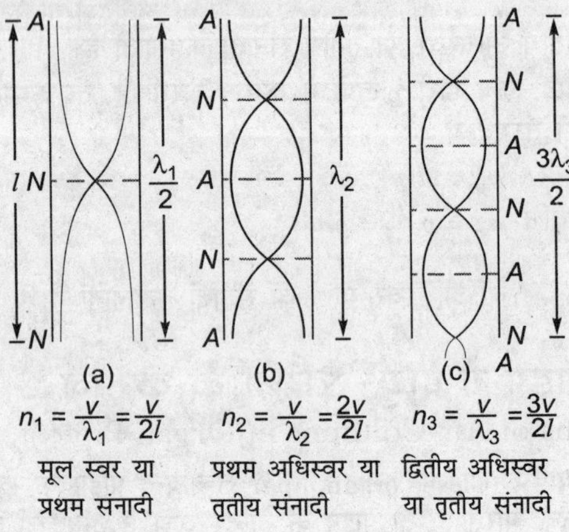

खुले पाइप में उत्पन्न मूल स्वरक तथा अधिस्वरकों की आवृत्तियों के बीच निम्नलिखित अनुपात होता है

$$n_1 : n_2 : n_3 \ldots = 1 : 2 : 3 \ldots$$

अर्थात् खुले पाइप में विषम **तथा** सम, सभी संनादी उत्पन्न होते हैं। इसी कारण खुले पाइप से उत्पन्न ध्वनि, बन्द पाइप से उत्पन्न ध्वनि की अपेक्षा मधुर प्रतीत होती है।

डॉप्लर प्रभाव (Doppler's Effect)

यदि एक तरंग स्रोत व प्रेक्षक एक-दूसरे के सापेक्ष गतिमान हैं तो प्रेक्षक द्वारा प्राप्त आवृत्ति n' वास्तविक आवृत्ति n से भिन्न होती है। यह परिघटना डॉप्लर प्रभाव कहलाती है। यह केवल ध्वनि की आवृत्ति परिवर्तन को बताता है ध्वनि की तीव्रता परिवर्तन के बारे में कुछ नहीं बताता सामान्यतः डॉप्लर प्रभाव का प्रयोग तरंगों के लिये किया जाता है। यहाँ हम इसका प्रयोग ध्वनि तरंगों के लिये करेंगे। माना एक विशेष स्थिति में स्रोत व श्रोता एक-दूसरे को मिलाने वाली रेखा पर गतिमान हैं। निम्नलिखित प्रतीकों (symbols) पर विचार कीजिए

v = ध्वनि की चाल

v_s = स्रोत की चाल

तथा v_o = श्रोता की चाल

आवृत्ति तीन प्रकार से परिवर्तित होती है

1. श्रोता स्थिर है व ध्वनि स्रोत गतिमान है

(i) यदि स्रोत, स्थिर श्रोता की ओर आ रहा है, तो आभासी आवृत्ति

$$n' = n\left(\frac{v}{v - v_s}\right)$$

(ii) यदि स्रोत, स्थिर श्रोता से दूर जा रहा है, तो आभासी आवृत्ति

$$n' = n\left(\frac{v}{v + v_s}\right)$$

2. श्रोता गतिमान है व ध्वनि स्रोत स्थिर है

(i) यदि श्रोता, स्थिर स्रोत की ओर जा रहा है, तो आभासी आवृत्ति

$$n' = n\left(\frac{v + v_o}{v}\right)$$

(ii) यदि श्रोता, स्थिर स्रोत से दूर जा रहा है, तो आभासी आवृत्ति

$$n' = n\left(\frac{v - v_o}{v}\right)$$

3. स्रोत तथा श्रोता दोनों गतिमान हैं

(i) यदि श्रोता व स्रोत एक दिशा में गतिमान हैं तथा श्रोता, स्रोत से आगे है, तब आभासी आवृत्ति

$$n' = \left(\frac{v - v_o}{v - v_s}\right)n$$

(ii) यदि दोनों एक ही दिशा में गतिमान हैं तथा स्रोत, श्रोता से आगे है, तब आभासी आवृत्ति

$$n' = n\left(\frac{v + v_o}{v + v_s}\right)$$

(iii) यदि दोनों एक-दूसरे की ओर आ रहे हैं, तब आभासी वृत्ति

$$n' = n\left(\frac{v + v_o}{v - v_s}\right)$$

(iv) यदि दोनों एक-दूसरे से दूर जा रहे हैं, तब आभासी आवृत्ति

$$n' = n\left(\frac{v - v_o}{v + v_s}\right)$$

(v) यदि वायु w वेग से बह रही है, आभासी आवृत्ति

$$n' = n\left(\frac{v \pm w - v_o}{v \pm w - v_s}\right)$$

अभ्यास प्रश्न

तरंग तथा तरंग की चाल

1. तरं द्वारा संचरित होता है

(a) आयाम (b) ऊर्जा (c) वेग (d) संवेग

2. तरंग के निम्नलिखित गुणों में जो, एक-दूसरे पर निर्भर नहीं करता है, है इसका

(a) आयाम (b) वेग (c) तरंगदैर्ध्य (d) आवृत्ति

3. निम्नलिखित ध्वनि गुणों में से कौन-सा गुण वायु के ताप में परिवर्तन से प्रभावित होता है?

(a) आयाम (b) आवृत्ति (c) तरंगदैर्ध्य (d) तीव्रता

4. पराश्रव्य तरंगें उत्पन्न की जा सकती हैं

(a) पीजो-इलेक्ट्रिक प्रभाव द्वारा (b) डॉप्लर प्रभाव द्वारा
(c) पेटिरो (Pettiro's) प्रभाव द्वारा (d) कूलॉम के नियम द्वारा

5. सोनोग्राफी में प्रयुक्त तरंगों का उपयोग किया जाता है

(a) सूक्ष्म तरंगें (b) ध्वनि तरंगें
(c) अवरक्त किरण (d) पराश्रव्य तरंगें

6. जब अनुदैर्ध्य तरंग किसी माध्यम से संचरित होती हैं, तब माध्यम के कण माध्य स्थिति के दोनों ओर सरल आवर्त गति करने लगते हैं। इन कणों के दोलन में अपरिवर्तनशील है

(a) गतिज ऊर्जा
(b) स्थितिज ऊर्जा
(c) गतिज तथा स्थितिज ऊर्जाओं का योग
(d) गतिज तथा स्थितिज ऊर्जाओं का अन्तर

7. जब वायुयान की चाल ध्वनि की चाल से अधिक हो जाती है, तो धमाका सुनाई पड़ता है, क्योंकि

(a) वायुयान विस्फोटित हो जाता है
(b) यह एक शॉक तरंग उत्पन्न करता है, जो धमाके की भाँति सुनाई देती है
(c) इसके पंखे इतनी तेजी से कम्पन्न करते हैं कि धमाका सुनाई देता है
(d) इन्जन के शोर करने से डॉप्लर प्रभाव के कारण धमाका उत्पन्न होता है

8. तरंग समीकरण $y = 25\cos(2\pi t - \pi x)$ है, तो आयाम व आवृत्ति का मान होगा

(a) 100, 25 (b) 200, 25 (c) 25, 100 (d) 25, 1.00

9. एक स्थायी तरंग $y = a\sin(100\,t)\cos(0.012\,x)$ द्वारा प्रदर्शित होती है, जहाँ y व a मिमी में t सेकण्ड में तथा x मी में है। तरंग का वेग है

(a) 10^4 मी/से (b) 4 मी/से
(c) 10^{10} मी/से (d) सूचना पूरी नहीं है

10. प्रगामी तरंग का समीकरण $y = 4\sin\left\{\pi\left(\frac{t}{5}-\frac{x}{9}\right)+\frac{\pi}{6}\right\}$ है। निम्न में से कौन-सा कथन सत्य है?

(a) $v = 5$ मी/से (b) $\lambda = 18$ मी
(c) $a = 0.04$ मी (d) $n = 50$ हर्ट्ज

11. यदि तरंग $y = A\cos(\omega t + kx)$, x-अक्ष के अनुदिश गतिमान है। $t = 0$ व $t = 2$ सेकण्ड पर स्पन्द का आकार

(a) भिन्न होगा
(b) समान होगा
(c) समान होना आवश्यक नहीं है
(d) उपरोक्त में से कोई नहीं

12. एक तरंग, समीकरण $y = A\sin\left(10\pi x + 15\pi t + \frac{\pi}{3}\right)$ से प्रदर्शित की जाती है। x मीटर तथा t सेकण्ड में है। यह समीकरण प्रदर्शित करता है

(a) (+)x-दिशा में 1.5 मी/से वेग से चलती हुई तरंग
(b) (−)x-दिशा में 1.5 मी/से वेग से चलती हुई तरंग
(c) (−)x-दिशा में चलती हुई, 0.2 मी तरंगदैर्ध्य की तरंग
(d) (+)x-दिशा में चलती हुई 0.3 मी तरंगदैर्ध्य की तरंग

13. निम्नलिखित में असत्य कथन है

(a) ध्वनि सरल रेखा में गमन करती है।
(b) ध्वनि ऊर्जा का एक रूप है।
(c) ध्वनि तरंगों के रूप में गमन करती है।
(d) वायु की अपेक्षा, निर्वात् में ध्वनि तीव्र गति से चलती है।

14. चन्द्रमा की सतह पर, अन्तरिक्ष यात्री अपने साथी को सुन नहीं सकता है, क्योंकि

(a) उत्पन्न आवृत्तियाँ, श्रव्य आवृत्तियों से अधिक होती हैं
(b) ध्वनि संचरण के लिए कोई माध्यम उपलब्ध नहीं है
(c) चन्द्रमा की सतह पर बड़ी संख्या में ज्वालामुखी हैं
(d) रात्रि में तापमान अत्यन्त कम एवं दिन में अति उच्च होता है

15. तरंग की आवृत्ति n, तरंगदैर्ध्य λ एवं संचरण वेग v के मध्य सम्बन्ध है

(a) $n = v\lambda$ (b) $n = \frac{\lambda + 1}{v}$ (c) $n = 1 \times v$ (d) $n = \frac{v}{\lambda}$

16. वायु में ध्वनि की तरंगदैर्ध्य 10 सेमी है। इसकी आवृत्ति का मान होगा

(a) 3.3 किलोहर्ट्ज (b) 330 मेगाहर्ट्ज
(c) 330 हर्ट्ज (d) 3×10^9 हर्ट्ज

17. वायु में ध्वनि का वेग होता है

(a) 300 मी/से (b) 3.8×10^{10} मी/से
(c) 3×10^8 मी/से (d) 9×10^{19} मी/से

18. निम्नलिखित में से किस माध्यम में ध्वनि का वेग अधिकतम होता है?

(a) पानी में (b) वायु में
(c) स्टील में (d) निर्वात् में

19. निर्वात् में ध्वनि के वेग (मी/से में) का मान होता है

(a) 0 (b) 330
(c) 290 (d) 1000

20. एक ध्वनि तरंग का समीकरण $y = 0.0015\sin(62.4x + 316t)$ है, तो तरंगदैर्ध्य का मान होगा

(a) 0.2 मात्रक (b) 0.1 मात्रक
(c) 0.3 मात्रक (d) गणना नहीं कर सकते हैं

21. मनुष्य द्वारा श्रव्य ध्वनि तरंगों की आवृत्ति है
(a) 5 कम्पन/से (b) 27000 कम्पन/से
(c) 5000 कम्पन/से (d) 50000 कम्पन/से

22. निम्न तरंगों में से यांत्रिक नही है
(a) ध्वनि तरंगें (b) भूकम्प तरंगें
(c) रस्सी में उत्पन्न तरंगें (d) एक्स तरंगें

23. ध्वनि तरंगें एक माध्यम में चल रही हैं, जिसकी रुद्धोष्म प्रत्यास्थता E एवं समतापी प्रत्यास्थता E' है। ध्वनि तरंग का वेग समानुपाती है
(a) E' (b) $\sqrt{E}$
(c) $\sqrt{E'}$ (d) $\frac{E}{E'}$

24. ताप में वृद्धि होने पर, ध्वनि का वेग
(a) कम होता है (b) बढ़ता है
(c) समान रहता है (d) ताप पर निर्भर नहीं करता है

25. एक अस्पताल में, एक टिश्यू (tissue) में ट्यूमर का पता लगाने के लिए पराश्रव्य स्केनर (ultrasonic scanner) का उपयोग किया जाता है। स्केनर के कार्य करने की आवृत्ति 4.2 मेगाहर्ट्ज है। टिश्यू में ध्वनि की चाल 1.7 किमी/से है। टिश्यू में ध्वनि की तरंगदैर्ध्य है लगभग
(a) 4×10^{-4} मी (b) 8×10^{-4} मी
(c) 4×10^{-3} मी (d) 8×10^{-3} मी

26. ध्वनि का वेग होगा
(a) सूखी वायु की अपेक्षा नम वायु में कम
(b) सूखी वायु की अपेक्षा नम वायु में अधिक
(c) सूखी व नम वायु में समान
(d) घनत्व पर निर्भर नहीं करता है

27. वायु में ध्वनि का वेग किसमें परिवर्तन होने से प्रभावित नहीं होता है?
(a) वायु में नमी की मात्रा (b) वायु के तापमान
(c) वायुमण्डलीय दाब (d) वायु की संरचना

28. निम्लिखित में असत्य कथन है
(a) वायु के तापमान में परिवर्तन का ध्वनि की चाल पर कोई प्रभाव नहीं होता है।
(b) वायु की अपेक्षा, पानी में ध्वनि की चाल अधिक होती है।
(c) वायु के दाब में परिवर्तन का ध्वनि की चाल पर कोई प्रभाव नहीं होता है।
(d) वायु की अपेक्षा, पानी में ध्वनि की चाल कम होती है।

29. वह ताप, जिस पर वायु में ध्वनि का वेग 27°C पर अपने मान का दोगुना हो जाता है, वह है
(a) 90°C (b) 317°C (c) 927°C (d) 123°C

30. एक गुटके से गुजरने पर ध्वनि की प्रबलता 20% कम हो जाती है। दो क्रमिक गुटकों से गुजरने पर प्रबलता में कमी होगी
(a) 50% (b) 36% (c) 40% (d) 60%

31. किसी प्रत्यास्थ माध्यम से गुजरने में ध्वनि तरंगों के 1 मी दूरी चलने पर, इनकी प्रबलता 10% कम हो जाती है। यदि ध्वनि तरंग की प्रारम्भिक प्रबलता 100 डेसीबल थी, तो माध्यम में 3 मी दूरी चलने के बाद प्रबलता का मान होगा
(a) 40 डेसीबल (b) 72.9 डेसीबल
(c) 90 डेसीबल (d) 60 डेसीबल

32. आयाम a एवं आवृत्ति ω की तरंगें वायु में समान वेग से चलती हैं। a व ω के निम्नलिखित मान की तरंगों में, किसकी प्रबलता अधिकतम है?
(a) $a = 10 \times 10^{-4}$ मी, $\omega = 500$/से
(b) $a = 20 \times 10^{-4}$ मी, $\omega = 2000$/से
(c) $a = 20 \times 10^{-4}$ मी, $\omega = 115$/से
(d) $a = 20 \times 10^{-4}$ मी, $\omega = 200$/से

33. यदि ध्वनि का आयाम दोगुना कर दिया जाए तथा इसकी आवृत्ति आधी कर दी जाए, तो उसी बिन्दु पर ध्वनि की तीव्रता
(a) एक गुणक 4 से बढ़ जाती है (b) एक गुणक 2 से बढ़ जाती है
(c) एक गुणक 2 से घट जाती है (d) अपरिवर्तित रहती है

34. 500 मी ऊँची मीनार से किसी झील में छोड़े गए पत्थर की पानी से टकराने पर उत्पन्न ध्वनि, पत्थर छोड़े जाने के समय से कुछ देर बाद सुनाई देती है। यह समयान्तराल होगा
(a) 11.5 सेकण्ड (b) 21 सेकण्ड
(c) 10 सेकण्ड (d) 14 सेकण्ड

35. प्रगामी तरंग, $y = 4\sin 2\pi\left(\frac{t}{0.02} - \frac{x}{100}\right)$; जहाँ y तथा x सेमी में तथा t सेकण्ड में हैं। इस तरंग के लिए असत्य कथन है
(a) इसका आयाम 4 सेमी है।
(b) इसकी तरंगदैर्ध्य 100 सेमी है।
(c) इसकी आवृत्ति 50 चक्र/से है।
(d) इसका संचरण वेग 5.0×10^3 सेमी/से है।

36. $y = 0.001\sin(100t + x)$; जहाँ x तथा y मी में तथा t सेकण्ड में हैं। तरंग
(a) की आवृत्ति $\frac{100}{\pi}$ हर्ट्ज है
(b) की तरंगदैर्ध्य 1 मी है
(c) धनात्मक X-दिशा में $\frac{50}{\pi}$ मी/से वेग से गतिमान है
(d) ऋणात्मक X-दिशा में 100 मी/से वेग से गतिमान है

37. एक 120 हर्ट्ज आवृत्ति की तरंग के 0.8 मी दूरी पर स्थित दो बिन्दुओं के मध्य कलान्तर $\pi/2$ है। तरंग का वेग है.
(a) 720 मी/से (b) 384 मी/से
(c) 250 मी/से (d) 1 मी/से

38. अनुप्रस्थ तरंगों का संचरण होता है
(a) गैस में, परन्तु धातु में नहीं (b) गैस व धातु दोनों में
(c) गैस में नहीं, परन्तु धातु में (d) न गैस में और न ही धातु में

39. एक कण पर दो परस्पर लम्बवत् सरल आवर्त गति इस प्रकार आरोपित की जाती हैं कि इसके x व y निर्देशांक हैं $x = 2\sin\omega t$ तथा $y = 2\sin(\omega t + \pi/4)$ कण का मार्ग होगा
(a) दीर्घवृत्त (b) परवलय
(c) सरल रेखा (d) वृत्त

40. दो ध्वनि तरंगों का कलान्तर 60° है, तो पथान्तर का मान होगा
(a) 2λ (b) $\frac{\lambda}{2}$
(c) $\frac{\lambda}{6}$ (d) $\frac{\lambda}{3}$

41. दो I_1 व I_2 तीव्रता के ध्वनि स्रोतों के लिए β_1 व β_2 तीव्रता सतह हैं, तो ध्वनि के लिए $(\beta_1 - \beta_2)$ तीव्रताओं का अन्तर होगा

(a) $\log \frac{I_2}{I_1} + 1$ (b) $10 \log \frac{I_2}{I_1}$

(c) $\frac{I_2}{I_1} + 1$ (d) इनमें से कोई नहीं

42. एन्कर से एक नाव बँधी हुई है। नाव से लहरें टकराती हैं लहरों के श्रृंगों के बीच की दूरी 100 मी है तथा लहरों का वेग 25 मी/से है, तब नाव की लहरों के साथ क्रमागत दो बार ऊपर उठने के बीच समयान्तराल होगा

(a) 2500 सेकण्ड (b) 75 सेकण्ड (c) 4 सेकण्ड (d) 0.25 सेकण्ड

43. एक बिन्दु स्रोत अवशोषण रहित माध्यम में सभी दिशाओं में समान रूप से ध्वनि उत्पन्न करता है। दो बिन्दु P और Q स्रोत से क्रमश: 2 मी तथा 3 मी दूरियों पर हैं। बिन्दुओं P व Q पर तरंग की तीव्रताओं का अनुपात हैं

(a) 9 : 4 (b) 2 : 3 (c) 3 :2 (d) 4 :9

44. चार भिन्न स्रोतों S_1, S_2, S_3 व S_4 द्वारा उत्सर्जित चार दी गई तरंगों, क्रमश: (i), (ii), (iii) व (iv) में, उचित स्थितियों के अन्तर्गत, व्यतिकरण प्रारूप देखा जा सकेगा,

$$y = 20 \sin (100 \pi t) \quad ...(i)$$

$$y = 20 \sin (101 \pi t) \quad ...(ii)$$

$$y = 20 \cos (100 \pi t) \quad ...(iii)$$

$$y = 20.1 \sin (100 \pi t) \quad ...(iv)$$

यदि

(a) स्रोत S_1 द्वारा तरंग (i) तथा स्रोत S_4 द्वारा तरंग (iv) उत्सर्जित होती है

(b) स्रोत S_1 द्वारा तरंग (i) तथा स्रोत S_3 द्वारा तरंग (iii) उत्सर्जित होती है

(c) स्रोत S_2 द्वारा तरंग (ii) तथा स्रोत S_4 द्वारा तरंग (iv) उत्सर्जित होती है

(d) उपरोक्त तरंगों के किसी भी संयोग द्वारा व्यतिकरण प्राप्त नहीं किया जा सकता है

45. समान आवृत्ति एवं समान आयाम की दो सरल रेखीय सरल आवर्त गतियाँ एक कण पर संयुक्त रूप से परस्पर लम्बवत् कार्यरत् हैं। कण की परिणामी गति वृत्ताकार होगी, यदि दोनों के मध्य कलान्तर है

(a) $\frac{\pi}{2}$ (b) $\frac{\pi}{5}$ (c) $\frac{\pi}{4}$ (d) शून्य

46. समान आयाम व आवृत्ति की दो तरंगें अध्यारोपित होती हैं जब यह तरंगें समान कला में मिलें व $\frac{\pi}{2}$ के कलान्तर में मिलें, तो दोनों स्थितियों में तीव्रताओं का अनुपात होगा

(a) $\sqrt{5} : 1$ (b) $1 : \sqrt{3}$ (c) 2 : 1 (d) 1 : 2

47. समान आयाम की दो सरल आवर्त गतियाँ, एक कण पर परस्पर लम्बवत् अध्यारोपण करती हैं। कण का पथ होगा

(a) दीर्घवृत्त (b) वृत्त

(c) सरल रेखा (d) 8 का चित्र

48. समान आवर्तकाल एवं π कलान्तर की परस्पर लम्बवत् दो सरल आवर्तगतियों के परिणामस्वरूप कण का विस्थापन होगा

(a) सरल रेखा (b) दीर्घ परवलय

(c) दीर्घवृत्त (d) आकृति

49. दो तरंगों की तीव्रताओं का अनुपात 1: 9 है। व्यतिकरण की अवस्था में इन तरंगों की अधिकतम व न्यूनतम तीव्रताओं का अनुपात होगा

(a) 10 : 1 (b) 4 : 1

(c) 5 : 1 (d) 45 : 1

अप्रगामी तरंग तथा विस्पन्द

50. विस्पन्द की प्रक्रिया को प्रदर्शित करने के लिए हमें आवश्यकता होगी

(a) दो स्रोतों की, जो लगभग समान आवृत्ति के विकिरण उत्सर्जित करते हैं

(b) दो स्रोतों की, जो ठीक समान आवृत्ति के विकिरण उत्सर्जित करते हैं तथा जिनमें निश्चित कला सम्बद्ध होता है

(c) दो स्रोतों की, जो ठीक समान आवृत्ति के विकिरण उत्सर्जित करते हैं

(d) दो स्रोतों की, जो ठीक समान तरंगदैर्ध्य के विकिरण उत्सर्जित करते हैं

51. विस्पन्द परिणाम है

(a) विनाशी व्यतिकरण

(b) विवर्तन

(c) सम्पोषी एवं विनाशी व्यतिकरण

(d) लगभग समान आवृत्तियों की दो तरंगों के अध्यारोपण का

52. दो निकटवर्ती पियानो कुंजी (piano keys) को एकसाथ दबा दिया जाए, तो इनके द्वारा उत्सर्जित स्वरों की आवृत्तियाँ n_1 व n_2 प्राप्त होती हैं। प्रति सेकण्ड सुने गए विस्पन्दों की संख्या है

(a) $(n_1 - n_2)^2 / 2$ (b) $(n_1 + n_2)^2 / 2$

(c) $(n_1 - n_2)$ (d) $2 (n_1 - n_2)^2$

53. दो तरंगों $y_1 = a \sin 1000 \pi t$ व $y_2 = a \sin 1004 \pi t$ द्वारा विस्पन्द उत्पन्न किए जा रहे हैं। प्रति सेकण्ड सुनने वाले विस्पन्दों की संख्या है

(a) शून्य (b) एक

(c) चार (d) आठ

54. समान तीव्रता के तीन ध्वनि स्रोतों की आवृत्तियाँ 400, 401 व 402 कम्पन/से हैं। प्रति सेकण्ड सुने गए विस्पन्दों की संख्या है

(a) 5 (b) 1 (c) 10 (d) 15

55. 100 आवृत्ति के एक स्वरित्र A को एक अन्य स्वरित्र B के साथ ध्वनित किया जाता है। उत्पन्न हुए विस्पन्दों की संख्या 2 है। B की भुजा पर थोड़ा मोम लगाने पर, पुन: एकसाथ ध्वनित करने पर, विस्पन्द की संख्या कम होकर 1 हो जाती है। स्वरित्र B की आवृत्ति का मान होगा

(a) 101 (b) 110

(c) 102 (d) 104

56. यदि दो स्वरित्र A व B एकसाथ ध्वनित किए जाते हैं, तो ये 4 विस्पन्द/से उत्पन्न करते हैं। A पर थोड़ा मोम लगाने पर, पुन: दोनों को एकसाथ ध्वनित करने पर, ये दो विस्पन्द उत्पन्न करते हैं। A की आवृत्ति 256 है, तब B की आवृत्ति होगी

(a) 260 (b) 252

(c) 110 (d) 510

57. दो तरंगों की तीव्रताओं में अनुपात 9:1 है, जो व्यतिकरण उत्पन्न करती हैं। अधिकतम व न्यूनतम तीव्रता में अनुपात होगा

(a) 15 : 8 (b) 5 : 1

(c) 4 : 1 (d) 6 : 1

58. एकसाथ कम्पन करते हुए दो स्वरित्र A व B, 5 विस्पन्द उत्पन्न करते हैं। B की आवृत्ति 512 है। यदि A की एक भुजा को थोड़ा घिस दिया जाए, तो यह पाया गया कि विस्पन्दों की संख्या में वृद्धि होती है। A की आवृत्ति होगी

(a) 205 (b) 705
(c) 517 (d) 225

59. दस स्वरित्र बढ़ती हुई आवृत्ति के क्रम में इस प्रकार व्यवस्थित किए जाते हैं कि कोई भी दो निकटवर्ती स्वरित्र 4 विस्पन्द/से उत्पन्न करते हैं। उच्चतम आवृत्ति, न्यूनतम आवृत्ति की दोगुनी है। सम्भावित उच्चतम एवं न्यूनतम आवृत्तियाँ हैं

(a) 90 व 40 (b) 15 व 20
(c) 16 व 110 (d) 72 व 36

60. विस्पन्द उत्पन्न करने के लिए स्रोत होने चाहिए।

(a) भिन्न आवृत्ति एवं समान आयाम के
(b) भिन्न आवृत्ति के
(c) भिन्न आवृत्ति, समान आयाम व समान कला के
(d) भिन्न आवृत्ति व समान कला के

61. अज्ञात आवृत्ति का एक स्रोत X, 250 हर्ट्ज आवृत्ति के स्रोत के साथ 8 विस्पन्द तथा 270 हर्ट्ज आवृत्ति के अन्य स्रोत के साथ 12 विस्पन्द उत्पन्न करता है। स्रोत X की आवृत्ति है

(a) 258 हर्ट्ज (b) 290 हर्ट्ज
(c) 450 हर्ट्ज (d) 440 हर्ट्ज

62. 400 : 1 सापेक्ष तीव्रता की ध्वनि की दो तरंगें व्यतिकरण दर्शाती हैं। अधिकतम व न्यूनतम तीव्रता का अनुपात होगा

(a) $\frac{11}{9}$ (b) $\frac{110}{499}$
(c) $\frac{25}{19}$ (d) $\sqrt{\frac{401}{399}}$

63. एक स्वरित्र को 256 आवृत्ति के एक अन्य स्वरित्र के साथ ध्वनित करने पर यह दो स्पन्द उत्सर्जित करता है। 256 आवृत्ति के स्वरित्र को भारित करने पर प्रति सेकण्ड एक विस्पन्द उत्पन्न करता है। स्वरित्र की आवृत्ति का मान होगा

(a) 266 (b) 268
(c) 290 (d) 254

64. 256 व 258 कम्पन/से आवृत्ति के दो स्वरित्र एकसाथ ध्वनित किए जाते हैं, तब एक प्रेक्षक द्वारा सुने गए दो क्रमिक अधिकतम (maxima) के बीच समयान्तराल है

(a) 40 सेकण्ड (b) 0.5 सेकण्ड
(c) 25 सेकण्ड (d) 15 सेकण्ड

65. एक स्वरित्र 300 हर्ट्ज आवृत्ति के एक मानक स्रोत के साथ ध्वनित किया जाता है, तो यह 5 विस्पन्द/से देता है। जब स्वरित्र को कुछ मोम लगाकर भारित किया जाता है, तो यह मानक स्रोत के साथ पुनः 5 विस्पन्द/से उत्पन्न करता है। स्वरित्र की आवृत्ति है

(a) 240 हर्ट्ज (b) 290 हर्ट्ज
(c) 305 हर्ट्ज (d) 410 हर्ट्ज

66. $y = 0.25 \sin 316t$ तथा $y = 0.25 \sin 310t$ तरंगें एक ही दिशा में संचरित हो रही हैं। प्रति सेकण्ड उत्पन्न होने वाले विस्पन्द होंगे

(a) 6 (b) 3
(c) $3/\pi$ (d) 3π

67. एक बेलनाकार पाइप में चित्रानुसार एक पिस्टन लगाया गया है। इसके खुले सिरे पर एक स्वरित्र को कम्पित कराया जाता है। इससे अधिकतम ध्वनि खुले सिरे से 13 सेमी, 41 सेमी और 69 सेमी पर सुनाई देती हैं। यदि ध्वनि का वेग 350 मी/से हो, तो स्वरित्र की आवृत्ति है

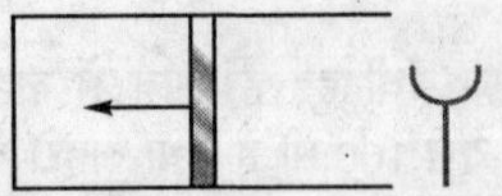

(a) 1250 हर्ट्ज (b) 625 हर्ट्ज
(c) 417 हर्ट्ज (d) 715 हर्ट्ज

68. जब दो स्वरित्र A और B एक साथ बजाये जाते हैं, तो 4 विस्पन्द प्रति सेकण्ड उत्पन्न होते हैं। A को कुछ भारित किया जाता है, तो पुनः दो विस्पन्द प्रति सेकण्ड सुनाई पड़ते हैं। स्वरित्र A की आवृत्ति 256 है, तो स्वरित्र B की आवृत्ति होगी

(a) 250 (b) 252 (c) 260 (d) 262

69. 16 स्वरित्र द्विभुजों को आवृत्ति के बढ़ते क्रम में रखा गया है। कोई भी दो क्रमागत द्विभुजों को एक साथ बजाये जाने पर 8 विस्पन्द/से उत्पन्न करते हैं। यदि अन्तिम द्विभुज की आवृत्ति प्रथम से दोगुनी है, तो प्रथम द्विभुज की आवृत्ति होगी

(a) 120 (b) 160 (c) 180 (d) 220

70. 16 स्वरित्र द्विभुजों को आवृत्ति के बढ़ते क्रम में रखा गया है। कोई भी दो क्रमागत द्विभुजों को एक साथ बजाये जाने पर 8 विस्पन्द/से उत्पन्न करते हैं। यदि अन्तिम द्विभुज की आवृत्ति प्रथम से दोगुनी है, तो प्रथम द्विभुज की आवृत्ति होगी

(a) 120 (b) 160
(c) 180 (d) 220

71. दो तरंगें कला सम्बद्ध हैं, यदि

(a) वे समान आवृत्ति की हैं, परन्तु विभिन्न आयामों की हैं
(b) वे समान कला में हैं व विभिन्न आयामों की हैं
(c) समान आवृत्ति, कला व आयाम की हैं
(d) भिन्न आवृत्ति, कला व आयाम की हैं

72. किसी सोनोमीटर के तार की आवृत्ति n है। यदि तार का तनाव चार गुना एवं इसकी लम्बाई को दोगुना कर दिया जाए, तो नई आवृत्ति होगी

(a) $n/2$ (b) $4n$
(c) $2n$ (d) n

73. निम्न में से किस तरंग में ऊर्जा का संचरण नहीं होता है?

(a) वैद्युत चुम्बकीय तरंगों में (b) अनुप्रस्थ प्रगामी तरंगों में
(c) अनुदैर्ध्य प्रगामी तरंगों में (d) अप्रगामी तरंगों में

74. अप्रगामी तरंगें बनती हैं, जब

(a) समान आयाम की दो तरंगें समान मार्ग पर विपरीत दिशा में समान चाल से चलती हैं
(b) समान आयाम व समान आवृत्ति की दो तरंगें समान मार्ग के अनुदिश, विपरीत दिशाओं में चलती हैं
(c) समान तरंगदैर्ध्य एवं आयाम की दो तरंगें, समान मार्ग पर समान चाल से चलती हैं
(d) समान तरंगदैर्ध्य की दो तरंगें, समान मार्ग पर समान कला से समान चाल से चलती हैं

75. एक वाद्य यन्त्र पर डोरी की लम्बाई 50 सेमी है तथा इसके मूलस्वरक की आवृत्ति 270 हर्ट्ज है। यदि 1000 हर्ट्ज की आवृत्ति का स्वर उत्पन्न करना हो, तो डोरी की लम्बाई होनी चाहिए
(a) 13.5 सेमी (b) 2.7 सेमी
(c) 5.4 सेमी (d) 10.3 सेमी

76. किसी तनी हुई डोरी में मूलस्वरक की आवृत्ति को दोगुना करने के लिए इसकी लम्बाई, प्रारम्भिक लम्बाई की $\frac{3}{4}$ गुनी कर दी जाती है। तनाव को किस गुणक से परिवर्तित करना होगा?
(a) $\frac{3}{8}$ (b) $\frac{2}{3}$ (c) $\frac{8}{9}$ (d) $\frac{9}{4}$

77. एक बन्द पाइप व खुले पाइप में प्रथम अधिस्वरक की आवृत्ति समान है तब इनकी लम्बाइयों का अनुपात होगा
(a) 1 : 2 (b) 2 : 3
(c) 3 : 4 (d) 4 : 5

78. एक सिरे पर बन्द पाइप में वायु-स्तम्भ, 166 हर्ट्ज आवृत्ति की कम्पित वस्तु के साथ अनुनाद की स्थिति में है। वायु-स्तम्भ की लम्बाई होगी
(a) 2.00 मी (b) 1.50 मी
(c) 1.00 मी (d) 0.50 मी

79. एक सिरे पर बन्द तथा हवा से भरी एक नलिका की मूल कम्पन आवृत्ति 512 हर्ट्ज है। यदि यह नलिका दोनों सिरों पर खोल दी जाए तो उसमें उत्पन्न मूल कम्पन आवृत्ति का मान होगा
(a) 1024 हर्ट्ज (b) 512 हर्ट्ज
(c) 256 हर्ट्ज (d) 128 हर्ट्ज

80. बन्द ऑर्गन पाइप में उत्पन्न मूल स्वर की आवृत्ति f है। समान लम्बाई के खुले ऑर्गन पाइप में उत्पन्न मूल स्वर की आवृत्ति होगी
(a) $\frac{f}{2}$ (b) f (c) $2f$ (d) $4f$

81. एक पाइप P_1 जो एक सिरे पर बन्द है, प्रथम अधिस्वरक उत्पन्न कर रहा है। दूसरा पाइप P_2 जो दोनों सिरों पर खुला है तृतीय अधिस्वरक उत्पन्न कर रहा है। ये दोनों पाइप P_1 व P_2 एक दिए गए स्वरित्र के साथ अनुनादित है। P_1 व P_2 की लम्बाईयों का अनुपात होगा
(a) 1 : 4 (b) 1 : 8 (c) 3 : 8 (d) 3 : 2

82. खुले बेलनाकार पाइप की मूल आवृत्ति वायु में f_0 है। पाइप की आधी लम्बाई पानी में डुबा दी जाए तो वायु-स्तम्भ की मूल आवृत्ति हो जाएगी
(a) $\frac{3f_0}{4}$ (b) f_0 (c) $\frac{f_0}{2}$ (d) $2f_0$

डॉप्लर प्रभाव

83. दो रेलगाड़ियाँ एक-दूसरे की ओर पृथ्वी तल के सापेक्ष क्रमशः 20 मी/से तथा 15 मी/से चाल से गतिमान हैं। प्रथम रेलगाड़ी 600 हर्ट्ज आवृत्ति की सीटी बजाती है। द्वितीय रेलगाड़ी में बैठे यात्री द्वारा दोनों रेलगाड़ियों के मिलने से पहले, सुनी गई सीटी की आवृत्ति क्या होगी? (ध्वनि की वायु में चाल 340 मी/से)
(a) 600 हर्ट्ज (b) 585 हर्ट्ज
(c) 645 हर्ट्ज (d) 666 हर्ट्ज

84. 30 मी/से की चाल से एक पहाड़ी की ओर जाती कार का चालक हॉर्न बजाता है, जिसकी आवृत्ति 600 हर्ट्ज है। यदि ध्वनि का वेग हवा में 330 मी/से है, तो चालक द्वारा सुनी गई परावर्तित ध्वनि की आवृत्ति है
(a) 720 हर्ट्ज (b) 555.5 हर्ट्ज
(c) 550 हर्ट्ज (d) 500 हर्ट्ज

85. एक वाहन जिसके हॉर्न की आवृत्ति n है, प्रेक्षक तथा वाहन को मिलाने वाली रेखा के लम्बवत् दिशा में 30 मी/से के वेग से गति कर रहा है। प्रेक्षक ध्वनि की आवृत्ति $(n + n_1)$ सुनता है। यदि वायु में ध्वनि वेग 300 मी/से हो, तो
(a) $n_1 = 10n$ (b) $n_1 = 0$
(c) $n_1 = 0.1n$ (d) $n_1 = -0.1n$

86. एक ध्वनि स्रोत, स्थिर प्रेक्षक की ओर, प्रकाश की चाल की $\left(\frac{1}{10}\right)$ चाल से गतिमान है। आभासी एवं वास्तविक आवृत्तियों में अनुपात है
(a) $\frac{10}{9}$ (b) $\frac{45}{19}$ (c) $\left(\frac{11}{10}\right)$ (d) $\left(\frac{9}{10}\right)$

87. माना किसी दिए गए ताप पर, वायु में ध्वनि का वेग 400 मी/से है। एक इंजन 1200 हर्ट्ज आवृत्ति की सीटी बजाता है। यह एक प्रेक्षक की ओर 100 मी/से की चाल से गतिमान है। प्रेक्षक द्वारा सुनी गई आभासी आवृत्ति क्या है?
(a) 1000 हर्ट्ज (b) 1350 हर्ट्ज
(c) 1500 हर्ट्ज (d) 1600 हर्ट्ज

88. एक रॉकेट v चाल से चन्द्रमा की ओर जा रहा है। रॉकेट में अन्तरिक्ष यात्री चन्द्रमा की ओर n आवृत्ति का सिग्नल प्रेषित करता है तथा चन्द्रमा द्वारा परावर्तित सिग्नल को वापस प्राप्त करता है। अन्तरिक्ष यात्री द्वारा प्राप्त सिग्नल की आवृत्ति क्या होगी? $v << c$ लें
(a) $\frac{cn}{c-v} \times h$ (b) $\frac{cn}{c-2v}$
(c) $\frac{2vn}{c} \times h$ (d) $\frac{2cn}{v} \times h$

89. प्रेक्षक द्वारा प्रेक्षित, स्रोत S द्वारा उत्सर्जित प्रकाश का वेग c है जबकि प्रेक्षक, स्रोत के सापेक्ष स्थिर है। यदि प्रेक्षक, स्रोत S की ओर v वेग से गतिमान है, तो प्रकाश का प्रेक्षित वेग होगा
(a) $\frac{c+v}{2}$ (b) $\frac{c-v}{2}$
(c) c (d) $\sqrt{\frac{(1-c^2/v^2)}{2}}$

90. जब स्रोत एवं प्रेक्षक दोनों गतिमान हैं, तो आवृत्ति में आभासी परिवर्तन ज्ञात करने सम्बन्धी नियम है
(a) डॉप्लर का नियम (b) हाइगेन्स का नियम
(c) न्यूटन का नियम (d) गैलीलियो का नियम

91. एक पहाड़ी की ओर गतिमान कार हॉर्न बजाती है। चालक प्रेक्षित करता है कि पहाड़ी से परावर्तित ध्वनि का तारत्व, हॉर्न के वास्तविक तारत्व से एक अष्टक अधिक है। यदि ध्वनि का वेग v है, तब कार का वेग है
(a) $v/\sqrt{2}$ (b) $v/2$ (c) $v/3$ (d) $v/4$

उत्तरमाला

1.	(b)	2.	(a)	3.	(c)	4.	(a)	5.	(d)	6.	(c)	7.	(b)	8.	(d)	9.	(a)	10.	(b)
11.	(b)	12.	(a)	13.	(d)	14.	(b)	15.	(d)	16.	(a)	17.	(a)	18.	(c)	19.	(a)	20.	(b)
21.	(c)	22.	(d)	23.	(b)	24.	(a)	25.	(a)	26.	(b)	27.	(c)	28.	(a)	29.	(c)	30.	(b)
31.	(b)	32.	(b)	33.	(b)	34.	(a)	35.	(d)	36.	(d)	37.	(b)	38.	(c)	39.	(a)	40.	(c)
41.	(b)	42.	(c)	43.	(a)	44.	(b)	45.	(a)	46.	(c)	47.	(a)	48.	(a)	49.	(b)	50.	(a)
51.	(d)	52.	(c)	53.	(c)	54.	(b)	55.	(c)	56.	(b)	57.	(c)	58.	(c)	59.	(d)	60.	(c)
61.	(a)	62.	(a)	63.	(d)	64.	(b)	65.	(c)	66.	(c)	67.	(b)	68.	(b)	69.	(a)	70.	(a)
71.	(c)	72.	(b)	73.	(d)	74.	(c)	75.	(a)	76.	(d)	77.	(c)	78.	(d)	79.	(a)	80.	(c)
81.	(c)	82.	(b)	83.	(d)	84.	(a)	85.	(a)	86.	(d)	87.	(b)	88.	(c)	89.	(a)	90.	(a)
91.	(b)																		

उत्तर व्याख्या सहित

6. कुल ऊर्जा (गतिज व स्थितिज) संरक्षित रहती है।

7. जब कोई वायुमान, ध्वनि की चाल से भी अधिक चाल से गति करता है, तो वह अपने पीछे विक्षोभ का एक शंक्वाकार क्षेत्र छोड़ता है, जिसे शॉक तरंगें कहते हैं, जो धमाके की भाँति तीव्र ध्वनि उत्पन्न करती है।

9. $y = a\sin\omega t\cos kx$

अतः $v = \frac{\omega}{k} = \frac{100}{0.01} = 10^4$ मी/से

10. दी गई समीकरण, की तुलना करने पर

$$y = 4\sin\left\{\pi\left(\frac{t}{5} - \frac{x}{9}\right) + \frac{\pi}{6}\right\} \quad \ldots(i)$$

तरंग का व्यापक समीकरण,

$$y = a\sin\left(\frac{2\pi}{T}t - \frac{2\pi}{\lambda}\cdot x + \phi\right) \quad \ldots(ii)$$

समी (i) व (ii) की तुलना करने पर

आयाम, $a = 4$ मी

तरंगदैर्ध्य, $\lambda = 2 \times 9 = 18$ मी

आवृत्ति, $f = \frac{1}{10}$ हर्ट्ज

तरंग चाल, $v = f\lambda = 0.1 \times 18 = 1.8$ मी/से

11. $t = 0$ व $t = 2$ सेकण्ड स्पन्द का y-x आरेख समान होगा।

12. $y = A\sin(\omega t - kx + \phi)$

मानक समीकरण की दी गई तरंग से तुलना करने पर

$$\omega = 2\pi\nu = 15\pi, k = \frac{2\pi}{\lambda} = 10\pi$$

अब, $v = \frac{\omega}{k} = \frac{15\pi}{10\pi} = 1.5$ मी/से

और $\lambda = \frac{2\pi}{k} = \frac{2\pi}{10\pi} = 0.2$ मी

20. $y = a\sin 2\pi\left[\frac{x}{\lambda} + \frac{t}{T}\right]$

दिए गए समीकरण से तुलना करने पर,

$$\frac{2\pi}{\lambda} = 62.4$$

$\Rightarrow$ $\lambda = \frac{2\pi}{62.4} = 0.1$ मात्रक

25. $\lambda = \frac{v}{n} = \frac{1.7 \times 10^3}{4.2 \times 10^6} \cong 4 \times 10^{-4}$ मी

29. $V \propto \sqrt{T} \Rightarrow \frac{V_t}{V_{27}} = \sqrt{\left(\frac{T_t}{T_{27}}\right)}$ [दिया है, $V_t = 2V_0$]

$\Rightarrow \frac{2V_0}{V_{27}} = \sqrt{\left(\frac{T_t}{T_{27}}\right)} \Rightarrow \frac{T_t}{T_{27}} = 4$

$\therefore$ $T_t = 4T_{27} = 4 \times 300 = 1200$ K

$= 1200 - 273 = 927°$C

30. माना प्रारम्भिक तीव्रता I है।

पहला गुटका पार करने पर, तीव्रता $I_1 = \left(\frac{80}{100}\right)I$

दूसरा गुटका पार करने पर, तीव्रता I_2 होगी।

$I_2 = \frac{80}{100} \times \frac{80}{100} \times I = I$ का 64%

$\therefore$ तीव्रता में कमी = 36%

34. पत्थर को झील तक पहुँचने में लगा समय,

$$t_1 = \sqrt{\left(\frac{2h}{g}\right)} = \sqrt{\left(\frac{2 \times 500}{10}\right)} = 10 \text{ सेकण्ड}$$

अब, झील से व्यक्ति तक पहुँचने में ध्वनि द्वारा लिया गया समय,

$$t_2 = \frac{h}{v} = \frac{500}{340} \approx 1.5 \text{ सेकण्ड}$$

$\Rightarrow$ कुल समय $(t) = t_1 + t_2 = 10 + 1.5 = 11.5$ सेकण्ड

35. $y = 4\sin 2\pi\left(\frac{t}{0.02} - \frac{x}{100}\right)$ ...(i)

व्यापक समीकरण, $y = a\sin 2\pi\left(\frac{t}{T} - \frac{x}{\lambda}\right)$ ...(ii)

समी (i) व (ii) से, आयाम, $a = 4$ सेमी

तरंगदैर्ध्य, $\lambda = \frac{2\pi}{2\pi/100} = 100$ सेमी

आवृत्ति, $f = \frac{100\pi}{2\pi} = 50$ हर्ट्ज,

$$v = \frac{1/0.02}{1/100} = 5.0 \times 10^3 \text{ सेमी/से}$$

36. दिये गये समीकरण, $y = 0.001 \sin(100t + x)$ ...(i)

$y = a\sin(\omega t + kx)$ ...(ii)

समी (i) व (ii) से,

$\omega = 2\pi n = 100 \Rightarrow n = \frac{50}{\pi}$ हर्ट्ज

$k = \frac{2\pi}{\lambda} = 1 \Rightarrow \lambda = 2\pi$ एवं $v = \omega/k = 100$ मी/से

t एवं x वाले पदों के बीच + चिन्ह है अतः तरंग $-x$ दिशा में संचरित हो रही है।

37. प्रश्नानुसार, $\nu = 120$ हर्ट्ज, कलान्तर $\Delta\phi = \frac{\pi}{2}$ और पथान्तर $\Delta x = 0.8$ मी

चूँकि $\Delta\phi = \frac{2\pi}{\lambda}.\Delta x \Rightarrow \lambda = \frac{2\pi}{\Delta\phi}.\Delta x = \frac{2\pi \times 0.8}{\frac{\pi}{2}} = 3.2$ ceer

अतः तरंग वेग, $v = \nu\lambda = 120 \times 3.2 = 384$ मी/से

39. यहाँ, कलान्तर $= \frac{\pi}{4}$

अतः लिसाजूस चित्र एक दीर्घवृत्त होगा।

40. कलान्तर $= \frac{2\pi}{\lambda} \times$ पथान्तर

$\therefore$ पथान्तर $= \frac{\lambda}{2\pi} \times$ कलान्तर $= \frac{\lambda}{2\pi} \times \frac{\pi}{3} = \frac{\lambda}{6}$

42. $\lambda = 100$ मी $\Rightarrow t = \frac{\lambda}{v} = \frac{100}{25} = 4$ सेकण्ड

43. तीव्रता $\propto \frac{1}{(\text{दूरी})^2} \Rightarrow \frac{I_1}{I_2} = \left(\frac{d_2}{d_1}\right)^2 = \left(\frac{3}{2}\right)^2 = \frac{9}{4}$

52. विस्पन्दों की संख्या = आवृत्तियों की संख्या में अन्तर $= n_1 - n_2$

53. $y = a\sin 2\pi nt$

$\therefore$ दी गई तरंगों की आवृत्ति 1000 व 1004

विस्पन्दों की संख्या $(n) = 1004 - 1000 = 4]$

54. 400 हर्ट्ज के लिए, विस्पन्द आवृत्ति = 1

यहाँ, 401 हर्ट्ज व 402 हर्ट्ज के लिए, विस्पन्द आवृत्ति = 1

यहाँ, 400 हर्ट्ज व 402 हर्ट्ज द्वारा उत्पन्न विस्पन्द एक-दूसरे द्वारा उत्पन्न विस्पन्द पर अध्यारोपित होगें।

$\therefore$ विस्पन्द आवृत्ति = 1

55. सम्भावित आवृत्ति $= 100 \pm 2 = 102$ या 98। भारित करने पर आवृत्ति कम हो जाती है। अब, विस्पन्द की संख्या कम होकर 1 हो जाती है। यह केवल आवृत्ति 102 के लिए सम्भव है। अतः स्वरित्र B की आवृत्ति = 102

56. A की आवृत्ति = 256, B की सम्भावित आवृत्तियाँ = 260 या 252

भारित करने पर आवृत्ति कम हो जाती है। अतः B की आवृत्ति = 252

58. A की आवृत्ति $= 512 \pm 5 = 517$ या 507

A को घिसने पर, इसकी आवृत्ति में वृद्धि होती है।

$\therefore A$ की आवृत्ति होगी = 517

59. $(n)_{\text{अन्तिम}} = (n)_{\text{प्रथम}} + (n-1)d \Rightarrow 2n = n + (10-1)4$

$n = 36$ तथा $2n = 72$

$\therefore$ सम्भावित न्यूनतम व अधिकतम आवृत्ति 36 व 72 है।

61. जब X को 250 हर्ट्ज आवृत्ति के स्रोत के साथ ध्वनित किया जाता है, तब विस्पदों की संख्या 8 है। अतः X की सम्भावित आवृत्ति 258 व 242 है। X को 270 हर्ट्ज आवृत्ति के स्रोत के साथ ध्वनित करने पर विस्पन्दों की संख्या 12 है। अतः सम्भावित आवृत्ति 258 व 282 है।

$\therefore$ X की आवृत्ति = 258 हर्ट्ज

62. $I \propto a^2$

दीप्ति पर, $a' = a_1 + a_2$

अदीप्ति पर, $a'' = a_1 - a_2$

दिया है, सापेक्ष तीव्रता 400 : 1 है

अर्थात् आयाम में अनुपात 20 : 1 है।

$\therefore$ दीप्ति व अदीप्ति पर तीव्रता में अनुपात $= \frac{(20+1)^2}{(20-1)^2} = \frac{11}{9}$

63. स्वरित्र की आवृत्ति $= 256 \pm 2 = 258$ या 254। भारित करने पर आवृत्ति कम होती है। अतः विस्पन्द की संख्या 1 है। आवृत्ति 255 हो जाती है। अतः अज्ञात स्वरित्र की आवृत्ति 254 है।

64. विस्पन्दों की संख्या = विस्पन्द आवृत्ति $= 258 - 256 = 2$ हर्ट्ज

विस्पन्द आर्वतकाल $= \frac{1}{\text{विस्पन्द आवृत्ति}} = \frac{1}{2}$ सेकण्ड = 0.5 सेकण्ड

66. $n_1 = \frac{316}{2\pi}$ एवं $n_2 = \frac{310}{2\pi}$

प्रति सेकण्ड विस्पन्दों की संख्या $= n_1 - n_2 = \frac{316}{2\pi} - \frac{310}{2\pi} = \frac{3}{\pi}$

67. एक बन्द ऑर्गन पाइप की लम्बाई को कम या ज्यादा किया जा सकता है। पहला अनुनाद $\lambda/4$ तथा दूसरा अनुनाद $3\lambda/4$ पर होता है।

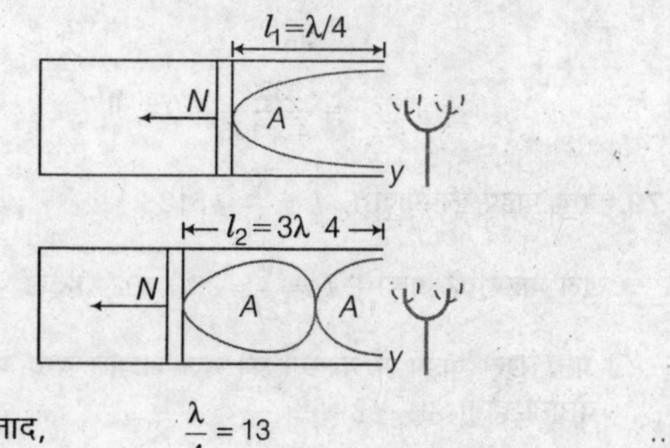

प्रथम अनुनाद, $\frac{\lambda}{4} = 13$ ...(i)

द्वितीय अनुनाद, $\frac{3\lambda}{4} = 41$ ...(ii)

समी (ii) में से समी (i) को घटाने पर,

$\frac{3\lambda}{4} - \frac{\lambda}{4} = 41 - 13 \Rightarrow \frac{\lambda}{2} = 28$

$\therefore$ $\lambda = 56$ सेमी

अतः स्वरित्र की आवृत्ति, $n = \frac{v}{\lambda} = \frac{350}{56 \times 10^{-2}} = 625$ हर्ट्ज

68. आवृत्ति, $n_A = 256$ हर्ट्ज, $n_B = ?$, $x = 4$ विस्पन्द/से जो कि भारित करने पर घट रही हैं (अर्थात् $x\downarrow$)

अतः $n_A \downarrow - n_B = x\downarrow$ ...(i) → सही

$n_B - n_A \downarrow = x\downarrow$ ...(ii) → गलत

$\Rightarrow$ $n_B = n_A - x = 256 - 4 = 252$ हर्ट्ज

69. पहले स्वरित्र की आवृत्ति = n

16वें स्वरित्र की आवृत्ति = $n + (15 \times 8)$

$$\because \quad n + (15 \times 8) = 2n,$$

$$n = 120 \text{ हर्ट्ज}$$

72. $n \propto \frac{1}{l}\sqrt{T} \Rightarrow \frac{n'}{n} = \sqrt{\frac{T'}{T}} \times \frac{l}{l'} = \sqrt{4} \times \frac{1}{2} = 1 \Rightarrow n' = n$

75. $n \propto \frac{1}{l} \Rightarrow \frac{l_2}{l_1} = \frac{n_1}{n_2}$

$$\Rightarrow \quad l_2 = l_1\left(\frac{n_1}{n_2}\right) = 50 \times \frac{270}{1000} = 13.5 \text{ सेमी}$$

76. $n = \frac{1}{2l}\sqrt{\frac{T}{m}} \quad \Rightarrow \quad n \propto \frac{\sqrt{T}}{l}$

$$\Rightarrow \frac{T_2}{T_1} = \left(\frac{n_2}{n_1}\right)^2\left(\frac{l_2}{l_1}\right)^2 = (2)^2\left(\frac{3}{4}\right)^2 = \frac{9}{4}$$

77. बन्द पाइप का प्रथम अधिस्वरक = खुले पाइप का प्रथम अधिस्वरक

$$3\left(\frac{v}{4l_1}\right) = 2\left(\frac{v}{2l_2}\right)$$

जहाँ l_1 एवं l_2 क्रमशः बन्द व खुले पाइपों की लम्बाईयाँ हैं।

$$\therefore \quad \frac{l_1}{l_2} = \frac{3}{4}$$

78. बन्द पाइप के लिए,

$$n_1 = \frac{v}{4l}$$

$$\Rightarrow \quad l = \frac{v}{4n}$$

$$= \frac{332}{4 \times 166} = 0.5 \text{ मी}$$

79. बन्द पाइप की आवृत्ति, $f_c = \frac{v}{4l} = 512$

खुले पाइप की आवृत्ति, $f_0 = \frac{v}{2l} = 2f_c = 1024$ हर्ट्ज

अतः खुले पाइप में कम्पनों की मूल आवृत्ति बन्द पाइप की तुलना मे दोगुनी होती है।

80. बन्द ऑर्गन पाइप की आवृत्ति,

$$v_{\text{बन्द}} = \frac{v}{4l}$$

खुले ऑर्गन पाइप की आवृत्ति,

$$v_{\text{खुला}} = \frac{v}{2l}$$

$$\Rightarrow \quad n_{\text{खुला}} = 2n_{\text{बन्द}} = 2f$$

81. बन्द ऑर्गन पाइप में प्रथम अधिस्वरक $n_1 = 3\frac{v}{4l_1}$

खुले ऑर्गन पाइप में तृतीय अधिस्वरक $n_2 = \frac{4v}{2l_2}$

परन्तु $\quad n_1 = n_2$ (दिया है)

$$\Rightarrow \quad \frac{3v}{4l_1} = \frac{4v}{2l_2}$$

$$\Rightarrow \quad \frac{l_1}{l_2} = \frac{3}{8}$$

83. ट्रेन B में बैठे यात्री द्वारा सुनी गयी आवृत्ति,

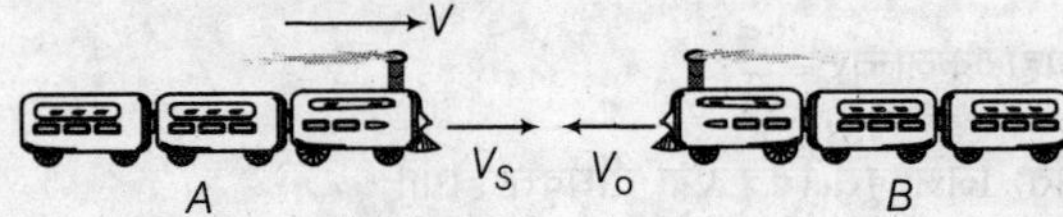

$$n' = n\left(\frac{v + v_O}{v - v_s}\right) = 600\left(\frac{340 + 15}{340 - 20}\right) \approx 666 \text{ हर्ट्ज}$$

84. चालक द्वारा परावर्तित ध्वनि की सुनी गई आवृत्ति,

$$n' = n\left[\frac{v - (-v_o)}{v - v_s}\right] = n\left[\frac{v + v_o}{v - v_s}\right] = n\left[\frac{v + v_{\text{कार}}}{v - v_{\text{कार}}}\right]$$

$$= 600\left[\frac{330 + 30}{330 - 30}\right] = 720 \text{ हर्ट्ज}$$

85. इस स्थिति में डॉप्लर प्रभाव लागू नहीं होता है। अतः $n_1 = 0$

86. $n' = n\left(\frac{v}{v - v_s}\right)$

$$\therefore \quad \frac{n'}{n} = \left[\frac{v}{v - \left(\frac{v}{10}\right)}\right] = \frac{10}{9}$$

87. जब इंजन प्रेक्षक की ओर आ रहा है, तो

$$n' = \left(\frac{v}{v - v_s}\right)n = \left(\frac{400}{400 - 100}\right) \times 1200 = 1600 \text{ हर्ट्ज}$$

अध्याय 17

स्थिरवैद्युतिकी

Electrostatics

वैद्युत आवेश (Electric Charge)

वैद्युत आवेश पदार्थ का वह गुण है, जिसके कारण वह वैद्युत व चुम्बकीय प्रभाव उत्पन्न/अनुभव करता है। *आवेश दो प्रकार के होते हैं*-धनात्मक एवं ऋणात्मक।

SI पद्धति में आवेश का मात्रक कूलॉम है। समान आवेशों के मध्य प्रतिकर्षण बल तथा असमान आवेशों के बीच आकर्षण बल लगता है। आवेशित वस्तु अनावेशित वस्तु को सदैव आकर्षित करती है।

आवेश का संरक्षण (Conservation of Charge)

दोनों वस्तुओं पर इस प्रकार उत्पन्न आवेश की कुल मात्रा शून्य है। वस्तुओं को परस्पर रगड़ने से पहले भी उन पर कुल आवेश शून्य ही था। इससे यह स्पष्ट है कि आवेश न तो उत्पन्न किया जा सकता है और न ही नष्ट किया जा सकता है। आवेश का केवल पुनर्वितरण (स्थानान्तरण) किया जाता है। यह **'आवेश-संरक्षण का नियम'** (law of conservation of charge) कहलाता है।

चालक एवं विद्युतरोधी पदार्थ (Conductor and Insulators Materials)

वे पदार्थ, जिनसे होकर विद्युत आवेश का प्रवाह सुगमता से नहीं होता है, **विद्युतरोधी** (Insulators) पदार्थ कहलाते हैं; जैसे—काँच, लकड़ी, पॉर्सिलेन, प्लास्टिक, नायलॉन इत्यादि पदार्थ अपने से होकर प्रवाहित होने वाली विद्युत धारा के लिए उच्च प्रतिरोध आरोपित करते हैं, अत: इन्हें विद्युतरोधी पदार्थ कहा जाता है।

चालक (Conductor) ऐसे पदार्थ होते हैं, जिनसे होकर आवेश का प्रवाह सुगमता से होता है। पृथ्वी, मानव तथा जन्तु और सभी धातुएँ, विद्युत के अच्छे चालक हैं।इनके अतिरिक्त कुछ अन्य प्रकार के पदार्थ भी होते हैं, जैसे—

परावैद्युत (Dielectric) वे अचालक पदार्थ, जिनमें विद्युत प्रभाव (electric effect) बिना विद्युत चालन के संचरित होता है, परावैद्युत पदार्थ कहलाते हैं।

उदाहरण- काँच, मोम, रबड़, कागज, अभ्रक आदि।

कूलॉम का नियम (Coulomb's Law)

यदि दो बिन्दु-आवेश q_1 व q_2 एक-दूसरे से r दूरी पर स्थित हों, तो उनके बीच लगने वाले बल का परिमाण $F \propto \frac{|q_1 q_2|}{r^2}$ अथवा $F = k\frac{|q_1 q_2|}{r^2}$

जहाँ k अनुक्रमानुपाती नियतांक है जिसका मान प्रयोग में आने वाली मात्रक पद्धति पर निर्भर करता है।

यहाँ $k = \frac{1}{4\pi\varepsilon_0} = (9.0\times10^9)$ न्यूटन-मी^{2}-कूलॉम$^{-2}$

यहाँ नियतांक ε_0 (एपसाइलन जीरो) को 'निर्वात् की वैद्युतशीलता' कहते हैं। इसका मान है, $\varepsilon_0 = 8.854\times10^{-12}$ कूलॉम^2/न्यूटन-मी^{2},

ε_0 का विमीय सूत्र $= [M^{-1}L^{-3}T^4A^3]$

अध्यारोपण का सिद्धान्त : अनेक आवशों के बीच कार्यरत् बल (Principle of Superposition : Force between Muliple Charges)

किसी एक आवेश पर अनेक आवेशों की वजह से लगने वाले बल का परिमाण सभी आवेशों के कारण लगने वाले अलग-अलग बलों के सदिश योग के बराबर होता है। यदि q_1, q_2, q_3 आवेशों के कारण q_0 पर लगने वाले परिणामी बल $\mathbf{F}_0 = \mathbf{F}_{01} + \mathbf{F}_{02} + \mathbf{F}_{03} + \ldots.. \mathbf{F}_{0n}$

सतत् आवेश वितरण (Continuous Charge Distributions)

आवेश का सतत् वितरण निम्नलिखित तीन प्रकार का होता है

(i) **रेखीय आवेश वितरण** (Linear Charge Distribution)
जब आवेश किसी तार अथवा पतली छड़ पर एक समान रूप से वितरित होता है तब इसे रेखीय आवेश वितरण कहते हैं। इसकी प्रति एकांक लम्बाई पर उपस्थित आवेश को रेखीय आवेश घनत्व कहते हैं, जिसे λ से प्रदर्शित करते हैं।

$$\lambda = \frac{q}{l}$$

इसका मात्रक कूलॉम/मी है।

(ii) **पृष्ठ आवेश वितरण** (Surface Charge Distribution)

जब आवेश किसी पृष्ठ क्षेत्रफल पर एकसमान रूप से वितरित होता है तो इसे पृष्ठ आवेश वितरण कहते हैं। इसके प्रति एकांक पृष्ठ क्षेत्रफल पर उपस्थित आवेश को पृष्ठ आवेश घनत्व कहते हैं, जिसे σ से प्रदर्शित करते हैं।

$$\sigma = \frac{q}{A}$$

इसका मात्रक कूलॉम/मी^{2} है।

(iii) **आयतन आवेश वितरण** (Volume Charge Distribution)

जब आवेश किसी आयतन पर एकसमान रूप से वितरित होता है तो इसे आयतन आवेश वितरण कहते हैं। इसके प्रति एकांक आयतन पर उपस्थित आवेश को आयतन आवेश घनत्व कहते हैं, जिसे ρ से प्रदर्शित करते हैं।

$$\rho = \frac{q}{V}$$

इसका मात्रक कूलॉम/मी^{3} होता है।

वैद्युत क्षेत्र (Electric Field)

किसी आवेश के चारों ओर का वह स्थान अथवा क्षेत्र जिसे एक अन्य वैद्युत आवेश प्रभावित करता है, वैद्युत क्षेत्र कहलाता है। यदि वैद्युत क्षेत्र में किसी बिन्दु पर रखे परीक्षण आवेश q_0 पर लगने वाला बल **F** हो, तो उस बिन्दु पर वैद्युत क्षेत्र की तीव्रता

$$\mathbf{E} = \frac{\mathbf{F}}{q_0}$$

अत: **वैद्युत क्षेत्र की तीव्रता E** भी एक सदिश राशि है, जिसकी दिशा वैद्युत क्षेत्र में उस बिन्दु पर रखे धन आवेश पर लगने वाले बल की होती है।

वैद्युत क्षेत्र **E** का मात्रक न्यूटन/कूलॉम होगा।

वैद्युत क्षेत्र की विमा = $[M^1L^1T^{-3}A^{-1}]$

कुछ विशेष स्थितियों में वैद्युत क्षेत्र की तीव्रता

(Intensity of Electric Field in Some Special Cases)

क्र.सं. (S.No.)		निकाय (System)	वैद्युत क्षेत्र की तीव्रता (Intensity of electric field)
1.	विलगित आवेश	q —— r —— P ----→ E	$E = \frac{1}{4\pi\varepsilon_0}\cdot\frac{q}{r^2}$
2.	एक आवेशित चादर	σ	$E = \frac{\sigma}{2\varepsilon_0}$
3.	एक आवेशित अनन्त लम्बा तार	l, r, P	$E = \frac{\lambda}{2\pi\varepsilon_0 r}$ (ग्राफ: E, r > R, R, r)
4.	आवेशित चालक गोलीय कोश/ठोस गोला	q, R	(i) भीतर, $0 \le r \le R, E = 0$ (ii) बाहर, $r \ge R, E = \frac{q}{4\pi\varepsilon_0 r^2}$ (ग्राफ: E, r = R, r)
5.	अचालक आवेशित ठोस गोला	R, r	(i) भीतर, $0 \le r \le R, E = \frac{\rho r}{3\varepsilon_0}$ (ii) बाहर, $r \ge R, E = \frac{\rho R}{3\varepsilon_0}\left(\frac{R}{r}\right)^2$

वैद्युत बल-रेखाएँ (Electric Lines of Force)

वैद्युत बल-रेखा वैद्युत क्षेत्र में खींचा गया वह काल्पनिक, निष्कोण वक्र है, जिस पर एक स्वतन्त्र व पृथक्कृत एकांक धन आवेश चलता है। अत: हम किसी भी वैद्युत क्षेत्र को वैद्युत बल रेखाओं द्वारा प्रदर्शित कर सकते हैं। वैद्युत बल रेखाओं के निम्नलिखित गुण है

(i) वैद्युत बल रेखाएँ धनात्मक आवेश से प्रारम्भ होती हैं तथा ऋणात्मक आवेश पर समाप्त होती हैं।

(ii) वैद्युत बल रेखाएँ धन आवेश से शुरू होकर ऋण आवेश पर समाप्त होती हैं, ये रेखाएँ बन्द पाश नहीं बनाती हैं।

(iii) यह एक काल्पनिक रेखा है जिसके किसी बिन्दु पर खींची गयी स्पर्श रेखा, उस बिन्दु पर परिणामी वैद्युत क्षेत्र की दिशा प्रदर्शित करती हैं।

(iv) एक बिन्दु आवेश q से उत्पन्न हुई बल रेखाओं की संख्या $\frac{q}{\varepsilon_0}$ होती है।

(v) दो बल रेखाएँ एक-दूसरे को नहीं काटती हैं।

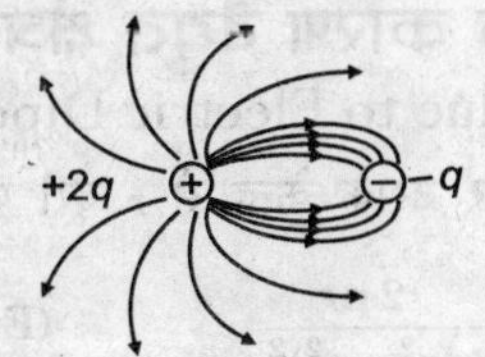

वैद्युत फलक्स (Electric Flux)

वैद्युत क्षेत्र में किसी पृष्ठ से लम्बवत् गुजरने वाली फ्लक्स रेखाओं की संख्या को उस पृष्ठ से बद्ध 'वैद्युत फ्लक्स' कहते हैं। इसे अक्षर ϕ से प्रदर्शित करते हैं। इसका मान $\mathbf{E}$ व $d\mathbf{S}$ के अदिश (डॉट) गुणन के बराबर होता है। किसी पृष्ठ अवयव $d\mathbf{S}$ से गुजरने वाला वैद्युत फ्लक्स

$$d\phi = \mathbf{E}\cdot d\mathbf{S}$$

$$\phi = EdS\cos\theta$$

जहाँ θ वैद्युत क्षेत्र $\mathbf{E}$ व क्षेत्रफल सदिश $d\mathbf{S}$ के मध्य कोण है। विद्युत फ्लक्स एक अदिश राशि है। इसका मात्रक न्यूटन-मी^{2}/कूलॉम और वोल्ट-मी है। इसका विमीय सूत्र $[ML^3T^{-3}A^{-1}]$ है।

गॉउस की प्रमेय (Gauss's Theorem)

इस प्रमेय के अनुसार, किसी वैद्युत क्षेत्र में रखे किसी बन्द पृष्ठ से सम्बद्ध वैद्युत फ्लक्स का मान, उस बन्द पृष्ठ से घिरे आयतन में उपस्थित कुल आवेश $(\sum q)$ का $\frac{1}{\varepsilon_0}$ गुना होता है अर्थात्

$$\phi_E = \oint \mathbf{E}\cdot d\mathbf{S} = \frac{q}{\varepsilon_0}$$

यहाँ q, उस बन्द पृष्ठ से घिरे आयतन में उपस्थित सभी आवेशों का बीजगणितीय योग है। यदि वैद्युत क्षेत्र निर्वात् (अथवा वायु) के अतिरिक्त किसी अन्य माध्यम में हो, तो उपरोक्त फ्लक्स का व्यंजक निम्न प्रकार होगा

$$\phi_E = \oint \mathbf{E}\cdot d\mathbf{S} = \frac{q}{K\varepsilon_0}$$

जहाँ K, माध्यम का परावैद्युतांक है।

गॉउस नियम के अनुप्रयोग (Applications of Gauss's Law)

इसके प्रमुख अनुप्रयोग निम्न हैं

(i) **अनन्त लम्बाई के आवेशित तार के निकट विद्युत क्षेत्र की तीव्रता** (Electric Field Strength Near an Infinited Charged Wire) माना एक अनन्त लम्बाई का आवेशित तार है और r त्रिज्या का एक गाउसीयन पृष्ठ है जिसके दो सपाट S_1 व S_2 पृष्ठ तथा एक वक्राकार पृष्ठ S_3 है तो इस बेलनाकार पृष्ठ से होकर जाने वाला कुल विद्युत फ्लक्स

$$\phi_E = \phi_1 + \phi_2 + \phi_3$$

$$= \int_{S_1} E\,dS_1 + \int_{S_2} E\,dS_2 + \int_{S_3} E\,dS_3$$

$$= E\,dS_1\cos 90° + E\,dS_2\cos 90° + E\oint dS_3$$

$$= 0 + 0 + E\cdot 2\pi rl = E\cdot 2\pi\,rl \quad \text{...(i)}$$

(dS_3 = वक्रपृष्ठ का क्षेत्रफल $= 2\pi rl$)

गॉउस की प्रमेय से,

$$\text{कुल विद्युत फ्लक्स} = \frac{q}{\varepsilon_0} = \frac{\lambda l}{\varepsilon_0} \quad \text{...(ii)}$$

$(\because$ रेखीय घनत्व $\lambda = \frac{q}{l})$

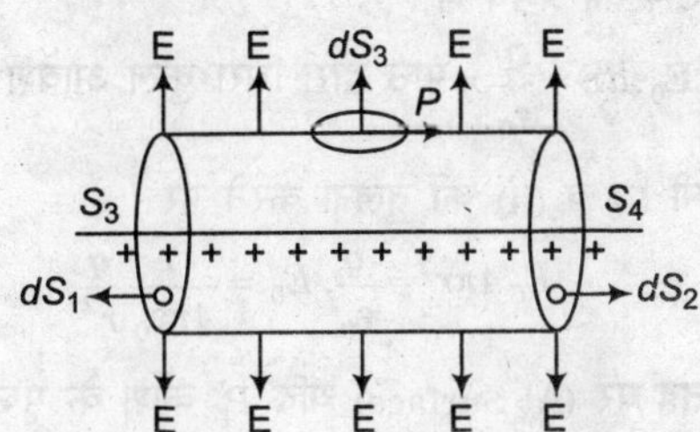

समी (i) और (ii) से,

$$E\cdot 2\pi rl = \frac{\lambda l}{\varepsilon_0}$$

$$E = \frac{\lambda}{2\pi\varepsilon_0 r}$$

या $$E = \frac{1}{4\pi\varepsilon_0}\cdot\frac{2\lambda}{r}$$

(ii) **अनन्त विस्तार की आवेशित चालक पट्टिका के कारण विद्युत क्षेत्र** (Electrical Field due to an Infinite Charged Conducting Sheet) माना अनन्त विस्तार की एक आवेशित चालक पट्टिका है। चालक पट्टिका के बाहरी पृष्ठ पर आवेश समान रूप से वितरित है। अत: प्रत्येक एकांक पृष्ठ हो होकर जाने वाला कुल विद्युत फ्लक्स

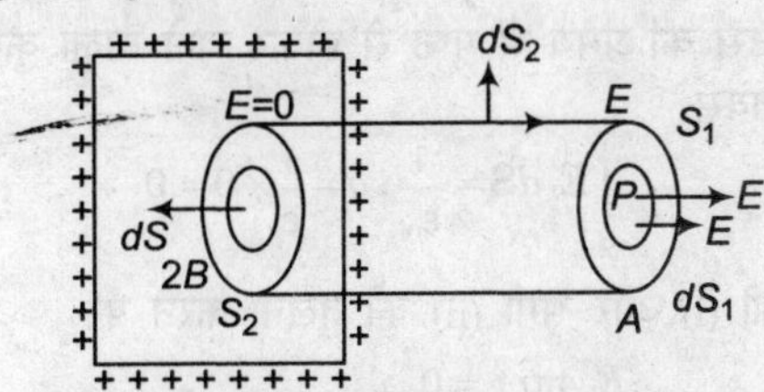

$$\phi_E = \phi_1 + \phi_2 + \phi_3 = Ea + 0 + 0 = Ea \quad \text{...(i)}$$

जहाँ a पृष्ठ का क्षेत्रफल है।

गॉउस की प्रमेय से पृष्ठ से होकर जाने वाला कुल विद्युत फ्लक्स

$$= \frac{q}{\varepsilon_0} = \frac{\sigma a}{\varepsilon_0} \quad \text{...(ii)}$$

समी (i) और समी (ii) की तुलना करने पर

$$Ea = \frac{\sigma a}{\varepsilon_0}, \; E = \frac{\sigma}{\varepsilon_0}$$

(iii) **आवेशित गोलीय कोश के कारण विद्युत क्षेत्र** (Electric Field due to Charged Spherical Shell) यदि R त्रिज्या वाला एक आवेशित गोलीय कोश है जिस पर आवेश q केन्द्र O पर है, तो

(a) बाहरी बिन्दु पर (At External Point) गोलीय पृष्ठ से होकर जाने वाला विद्युत फ्लक्स

$$= \oint_S E_0 . d\mathbf{S} = \oint_S E_0 \, dS \cos 0$$
$$= E_0 \oint dS = E_0 4\pi r^2 \quad \text{..(i)}$$

गॉउस की प्रमेय से,

$$\oint_S \mathbf{E}_0 . d\mathbf{S} = \frac{1}{\varepsilon_0} \times \text{पृष्ठ द्वारा घिरा कुल आवेश} = \frac{q}{\varepsilon_0}. \quad \text{..(ii)}$$

समी (i) व (ii) की तुलना करने पर

$$E_0 \, 4\pi r^2 = \frac{q}{\varepsilon_0}, \; E_0 = \frac{1}{4\pi\varepsilon_0}\frac{q}{r^2}$$

(b) **सतह पर** (At Surface) यदि P_1 कोश के पृष्ठ पर हो, तो $r = R$

$\therefore$ विद्युत क्षेत्र की तीव्रता, $E_S = \frac{1}{4\pi\varepsilon_0}\frac{q}{R^2}$

(c) **आन्तरिक बिन्दु पर** (At Internal Point) यदि बिन्दु कोश के भीतर कोश के केन्द्र O से $r \; (r < R)$ दूरी पर बिन्दु P_2 है, तो पृष्ठ से होकर जाने वाला कुल विद्युत फ्लक्स

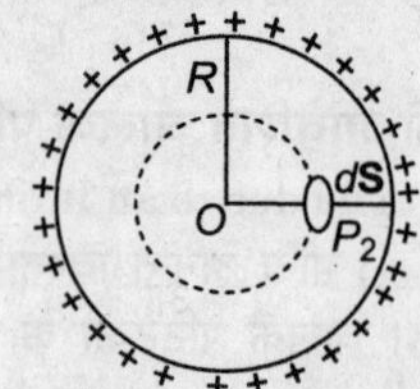

$$\oint \mathbf{E} \cdot d\mathbf{S} = E_l \, 4\pi r^2 \quad \text{...(i)}$$

गॉउस की प्रमेय से पृष्ठ से होकर जाने वाला कुल विद्युत फ्लक्स

$$\int_S \mathbf{E}_l \, d\mathbf{S} = \frac{1}{\varepsilon_0} . q = \frac{1}{\varepsilon} \times 0 = 0 \quad \text{...(ii)}$$

समी (i) और समी (ii) की तुलना करने पर

$$E_l \, 4\pi r^2 = 0$$
$$E_l = 0$$

वैद्युत द्विध्रुव (Electric Dipole)

वैद्युत द्विध्रुव वह निकाय है जिसमें दो बराबर, परन्तु विपरीत प्रकार के बिन्दु-आवेश एक-दूसरे से अल्प दूरी पर स्थित होते हैं।

किसी एक आवेश तथा दोनों आवेशों के बीच की अल्प दूरी के गुणनफल को 'वैद्युत द्विध्रुव का आघूर्ण' **p** कहते हैं।

दोनों आवेशों को मिलाने वाली रेखा (AB) को द्विध्रुव की अक्ष कहते हैं। प्रकृति में विभिन्न स्थितियों में वैद्युत द्विध्रुव प्रकट होते हैं।

माना कि वैद्युत द्विध्रुव के आवेश $-q$ व $+q$ कूलॉम हैं तथा उनके बीच अल्प दूरी $2a$ मीटर है, तब वैद्युत द्विध्रुव का आघूर्ण

$$\mathbf{p} = q \times 2a = 2qa$$

p एक सदिश राशि है। इसकी दिशा $-q$ से $+q$ की ओर होती है तथा इसका SI मात्रक कूलॉम-मी है।

वैद्युत द्विध्रुव के कारण वैद्युत क्षेत्र (Electric Field due to Electric Dipole)

(i) द्विध्रुव के अक्ष पर उसके केन्द्र से r दूरी पर स्थित किसी बिन्दु पर

$$\mathbf{E} = \frac{1}{4\pi\varepsilon_0}\frac{2\mathbf{p}r}{(r^2 - a^2)^2} \quad (\mathbf{E} \text{ व } \mathbf{p} \text{ की दिशा समान है})$$

लघु द्विध्रुव के लिये

$$\mathbf{E} = \frac{1}{4\pi\varepsilon_0}\frac{2\mathbf{p}}{r^3}$$

(ii) द्विध्रुव की लम्बद्विभाजक रेखा पर केन्द्र से r दूरी पर स्थित बिन्दु पर

$$\mathbf{E} = -\frac{1}{4\pi\varepsilon_0}\frac{\mathbf{p}}{(r^2 + a^2)^{3/2}} \quad (\mathbf{E} \text{ व } \mathbf{p} \text{ की दिशा विपरीत है})$$

लघु द्विध्रुव के लिये

$$\mathbf{E} = -\frac{1}{4\pi\varepsilon_0}\frac{\mathbf{p}}{r^3}$$

(iii) द्विध्रुव के अक्ष से θ कोण पर नत रेखा पर केन्द्र से r दूरी पर स्थित बिन्दु पर वैद्युत क्षेत्र

$$\mathbf{E} = -\frac{1}{4\pi\varepsilon_0}\frac{\mathbf{p}}{r^3}\sqrt{3\cos^2\theta + 1}$$

यदि **E** का **r** के साथ कोण β है, तो

$$\tan\beta = \frac{1}{2}\tan\theta$$

एकसमान वैद्युत क्षेत्र में रखे वैद्युत द्विध्रुव पर बल आघूर्ण (Torque on Electric Dipole in Uniform Electric Field)

(i) यदि वैद्युत द्विध्रुव वैद्युत क्षेत्र के समान्तर स्थित है तो द्विध्रुव पर कुल बल शून्य होता है।

(ii) वैद्युत क्षेत्र में क्षेत्र से θ कोण पर रखे वैद्युत पर आरोपित बल आघूर्ण

$$\tau = \mathbf{p} \times \mathbf{E} \Rightarrow \; \tau = pE\sin\theta$$

जहाँ θ, **p** व **E** के मध्य कोण हैं।

(iii) द्विध्रुव को वैद्युत क्षेत्र में θ कोण पर घुमाने में किया गया कार्य

$$W = pE(\cos\theta_1 - \cos\theta_2)$$

(iv) द्विध्रुव को क्षेत्र से θ कोण पर घुमाने में द्विध्रुव की वैद्युत स्थितिज ऊर्जा

$$U_\theta = -pE\cos\theta$$

वेक्टर स्वरूप में, $U_\theta = -\mathbf{p}\cdot\mathbf{E}$

(a) यदि $\theta = 0°$, तथा $U = -pE$ (न्यूनतम), अतः द्विध्रुव वैद्युत क्षेत्र में स्थायी सन्तुलन होता है।

(b) यदि $\theta = 180°$ तथा $U = +\,pE$ (अधिकतम), अतः द्विध्रुव वैद्युत अस्थायी सन्तुलन में होता है।

वैद्युत विभव (Electric Potential)

यदि एक परीक्षण-आवेश q_0 को अनन्त से किसी बिन्दु तक लाने में प्रतिकर्षण बल F के विरुद्ध W कार्य करना पड़े तो उस बिन्दु पर वैद्युत विभव

$$V = \frac{W}{q_0}$$

चूँकि W तथा q_0 अदिश राशियाँ हैं, अतः विभव भी एक अदिश राशि है। वैद्युत विभव का मात्रक जूल/कूलॉम है, इसे वोल्ट (V) भी कहते हैं।

विशेष स्थितियों में वैद्युत विभव
(Electric Potential in Particular Cases)

क्र. सं.	निकाय	वैद्युत विभव
1.	विलगित आवेश (q —— r —— P)	$V = \frac{q}{4\pi\varepsilon_0 r}$
2.	द्विध्रुव ($E_\perp$, y, $-q$, $+q$, $E_\parallel$, $2a$, x)	$V_\parallel = \frac{p}{4\pi\varepsilon_0 x^2}$ $V_\perp = 0$
यदि	$x, y >> r$ (P, r, θ, X)	$V = \frac{p\cos\theta}{4\pi\varepsilon_0 r^2}$

कुछ सामान्य आवेश वितरण के कारण विभव (Potential due to Some Common Charge Distribution)

(i) **एकसमान रूप से आवेशित गोलीय कोश या ठोस चालक गोले के कारण विभव** (Potential due to Charged Spherical Shell or Conducting Sphere)

$$V_{\text{आन्तरिक}} = V_{\text{पृष्ठीय}} = \frac{1}{4\pi\varepsilon_0}\cdot\frac{q}{R}$$ (जहाँ R = गोले की त्रिज्या)

तथा $V_{\text{बाह्य}} = \frac{1}{4\pi\varepsilon_0}\cdot\frac{q}{r}$

विभव (V), केन्द्र से दूरी r के साथ चित्रानुसार परिवर्तित होता है।

$$\frac{1}{4\pi\varepsilon_0}\frac{q}{r} = \frac{\sigma R}{\varepsilon_0}$$

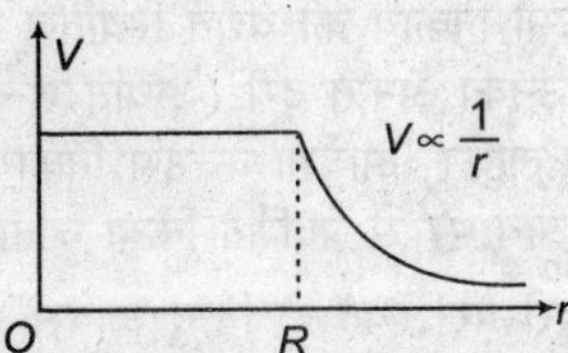

(ii) **एकसमान रूप से आवेशित अचालक ठोस गोले के कारण विभव** (Potential due to a Uniformly Non-conducting Charged Sphere) एकसमान आवेशित ठोस गोले के लिये,

$$V_{\text{बाह्य}} = \frac{1}{4\pi\varepsilon_0}\cdot\frac{q}{r}$$

$$V_{\text{पृष्ठीय}} = \frac{1}{4\pi\varepsilon_0}\cdot\frac{q}{R}$$ (जहाँ R = गोले की त्रिज्या)

तथा $$V_{\text{आन्तरिक}} = \frac{1}{4\pi\varepsilon_0}\cdot\frac{q}{R}\left[\frac{3}{2} - \frac{1}{2}\frac{r^2}{R^2}\right]$$

विभव (V) का केन्द्र से बिन्दु की दूरी (r) के साथ परिवर्तन चित्रानुसार है

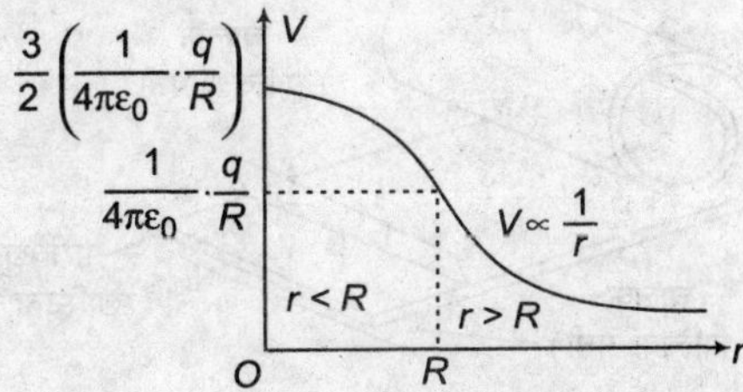

वैद्युत विभवान्तर (Electric Potential Difference)

वैद्युत क्षेत्र में किसी परीक्षण आवेश को एक बिन्दु से दूसरे बिन्दु तक ले जाने में किये गये कार्य तथा परीक्षण आवेश के मान की निष्पत्ति को उन बिन्दुओं के बीच विभवान्तर कहते हैं। अतः यदि परीक्षण आवेश q_0 को बिन्दु B से A तक ले जाने में किया गया कार्य W हो, तो A व B के बीच विभवान्तर

$$V_A - V_B = \frac{W}{q_0}$$

वैद्युत विभवान्तर का मात्रक विभव के मात्रक के समान है अर्थात् वोल्ट है।

समविभव पृष्ठ (Equipotential Surface) समविभव पृष्ठ किसी वैद्युत क्षेत्र में स्थित वह पृष्ठ है, जिसके प्रत्येक बिन्दु पर वैद्युत विभव का मान समान होता है।

(i) समविभव पृष्ठ तलीय, ठोस आदि हो सकता है, परन्तु केवल एक बिन्दु नहीं हो सकता।

(ii) दो समविभव पृष्ठ एक-दूसरे को कभी नहीं काटते हैं।

(iii) आवेशित चालक का पृष्ठ सदैव समविभव पृष्ठ होता है।

(iv) एक बिन्दु आवेश q को समविभव पृष्ठ पर दो बिन्दुओं के बीच चलाने में किया गया कार्य शून्य होता है।

(v) विलगित बिन्दु आवेश के कारण समविभव पृष्ठ गोलीय होता है।

(vi) समान वैद्युत क्षेत्र में समविभव पृष्ठ तलीय होते हैं।

(vii) रेखीय आवेश के कारण समविभव पृष्ठ बेलनाकार होता है।

वैद्युत स्थितिज ऊर्जा (Electric Potential Energy)

बिन्दु आवेशों के किसी निकाय की वैद्युत स्थितिज ऊर्जा उस कार्य के बराबर होती है, तो उनको अनन्त दूरी (अर्थात् शून्य ऊर्जा की स्थिति) से उनकी स्थितियों तक लाकर, आवेशों के उस निकाय की रचना करने में किया जाता है। इसे प्राय: U से प्रदर्शित किया जाता है।

(i) निर्वात् में r दूरी पर स्थित दो बिन्दु आवेशों q_1 व q_2 के निकाय की वैद्युत स्थितिज ऊर्जा, $U = \frac{1}{4\pi\varepsilon_0}\frac{q_1 q_2}{r}$ जूल

(ii) n–आवेशों के निकाय की विद्युत स्थितिज ऊर्जा

$$U = \frac{1}{2}\left[\frac{1}{4\pi\varepsilon_0}.\sum_{i=1}^{n}\sum_{i=1}^{n}\frac{q_i q_j}{r_{ij}}\right]$$

परावैद्युत (Dielectric)

परावैद्युत विद्युतरोधी पदार्थ वे होते हैं, जो अपने में से विद्युत को प्रवाहित नहीं होने देते किन्तु विद्युत प्रभाव का प्रदर्शन करते हैं। इनमें मुक्त इलेक्ट्रॉन नहीं होते हैं। ये विद्युत क्षेत्र में रखे जाने पर ध्रुवित हो जाते हैं।

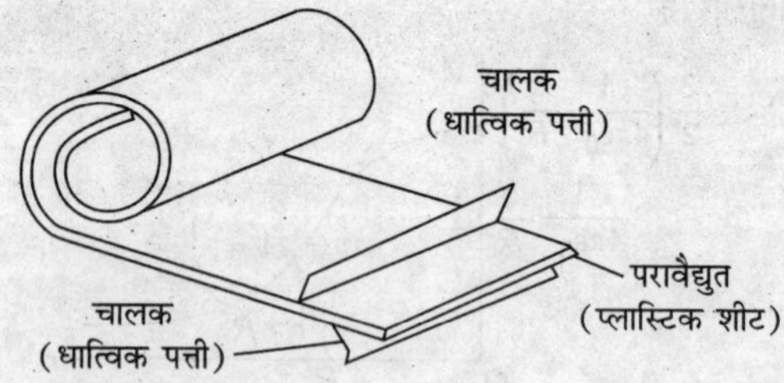

परावैद्युत दो प्रकार के होते हैं

1. ध्रुवीय परावैद्युत (Polar Dielectric)

विद्युत क्षेत्र की अनुपस्थिति में भी प्रत्येक ध्रुवीय अणु में स्थाई द्विध्रुव आघूर्ण (P) होता है, परन्तु परावैद्युत पदार्थ का परिणामी द्विध्रुव आघूर्ण शून्य होता है क्योंकि विद्युत क्षेत्र की अनुपस्थिति में ध्रुवीय अणु इस प्रकार बिखरे होते हैं कि वे एक-दूसरे को द्विध्रुव आघूर्ण को निरस्त कर देते है।

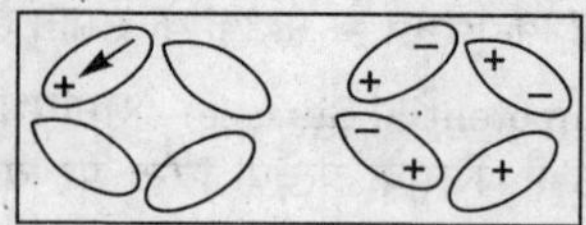

विद्युत क्षेत्र की उपस्थिति में ध्रुवीय अणु विद्युत क्षेत्र की दिशा में व्यवस्थित हो जाते हैं और पदार्थ में एक नियत द्विध्रुव आघुर्ण उत्पन्न हो जाता है। जैसे जल ऐल्कोहॉल CO^2, NH_3, HCl इत्यादि ध्रुवीय अणु परमाणुओं से बने होते हैं।

2. अध्रुवीय परावैद्युत (Non-Polar Dielectric)

अध्रुवीय अणुओं में प्रत्येक अणु का सामान्य अवस्था में द्विध्रुव आघूर्ण शून्य होता है।

जब विद्युत क्षेत्र आरोपित किया जाता है तो अणु प्रेरित वैद्युत द्विध्रुव बन जाते हैं जैसे N_2, O_2 बैंजीन, मीथेन इत्यादि अध्रुवीय परमाणुओं/अणुओं से बने होते हैं। सामान्यत: किसी भी कुचालक पदार्थ को परावैद्युत कहा जा सकता है किन्तु व्यापक रूप में ये कुचालक पदार्थ जिनके अणु अध्रुवीय हो परावैद्युत कहलाते हैं।

परावैद्युत पट्टी का ध्रुवण
(Polarisation of Dielectric Sheet)

विद्युत क्षेत्र (E) आरोपित करने पर परावैद्युत पट्टी की दोनों सतहों पर बराबर व विपरीत आवेश प्रेरित हो जाने की प्रक्रिया को ध्रुवण कहते हैं।

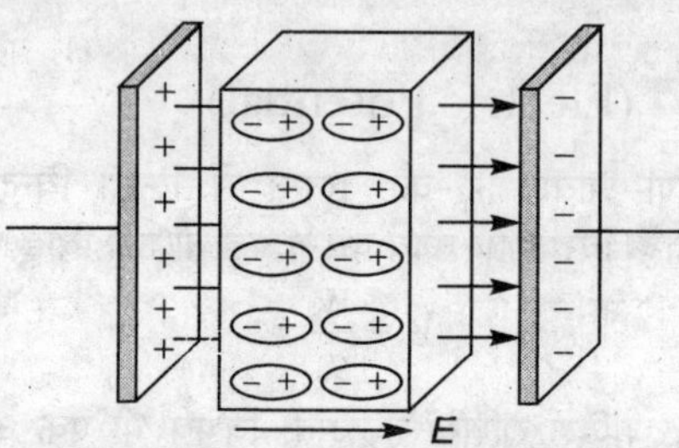

(i) प्लेटों के मध्य में परावैद्युत माध्यम की उपस्थिति में विद्युत क्षेत्र $E' = E - E_i$

यहाँ E = मुख्य विद्युत क्षेत्र, E_i = प्ररित विद्युत क्षेत्र

(ii) यदि E = मुख्य आरोपित विद्युत क्षेत्र एवं E' = परिणामी विद्युत क्षेत्र (पट्टिका रखने पर) है।

तब $$\frac{E}{E'} = K$$

यहाँ K को परावैद्युतांक कहते हैं।

$$\frac{E}{E'} = \frac{\text{प्लेटों के मध्य वायु की उपस्थिति में विद्युत क्षेत्र}}{\text{प्लेटों के मध्य माध्यम की उपस्थिति में विद्युत क्षेत्र}} = K$$

(iii) K को पदार्थ की आपेक्षिक विद्युतशीलता या विशिष्ट प्रेरणीय धारिता SIC (Specific Inductive Capacitance) भी कहते हैं।

वैद्युत धारिता (Electric Capacitance)

किसी चालक की धारिता का तात्पर्य उस चालक द्वारा आवेश तथा ऊर्जा संचय से है। इस प्रकार, किसी चालक की वैद्युत धारिता चालक को दिए गए आवेश तथा चालक के विभव में होने वाली वृद्धि के अनुपात को कहते हैं। अर्थात् $C = q/V$

जब किसी चालक को आवेश (q) दिया जाता है, तो उसका वैद्युत विभव (V) आवेश के अनुपात में बढ़ता जाता है।

$$\therefore q \propto V \Rightarrow q = CV \Rightarrow C = \frac{q}{V}$$

यहाँ, C एक नियतांक है, इसे चालक की वैद्युत धारिता कहते हैं। इसका मात्रक फैरड तथा विमीय सूत्र $[M^{-1}L^{-2}T^4A^2]$ होता है।

चालक की धारिता, चालक के आकार, आकृति, समीपवर्ती माध्यम तथा समीप स्थित अन्य चालक की उपस्थिति पर निर्भर करती है।

विलगित गोलीय चालक की धारिता
(Capacitance of Isolated Spherical Conductor)

यदि r त्रिज्या के विलगित गोलीय चालक को q आवेश दे, तो उसके पृष्ठ पर विभव

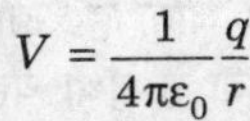

$$V = \frac{1}{4\pi\varepsilon_0}\frac{q}{r}$$

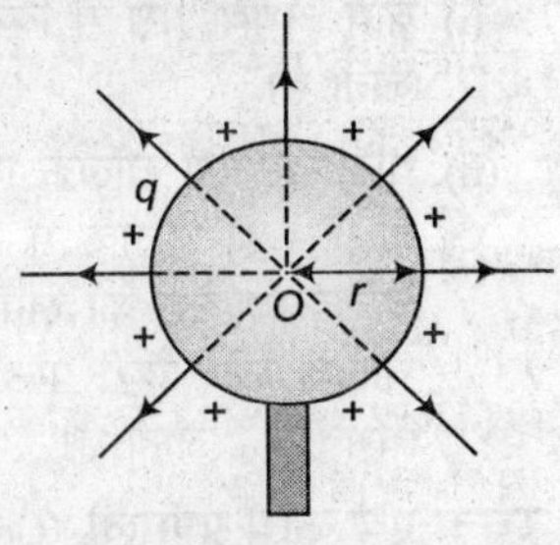

गोलाकार चालक की धारिता, $C = \frac{q}{V}$

$\therefore \quad C = 4\pi\varepsilon_0 r$

यदि चालक एक K परावैद्युतांक के माध्यम में स्थित है, तो

अत: $\quad C = 4\pi\varepsilon_0 Kr$

अत: $\quad C \propto r \Rightarrow C \propto K$

अत: विलगित गोलीय चालक की धारिता चालक की त्रिज्या व माध्यम पर निर्भर करती है ना कि उसे दिए गए आवेश की मात्रा पर।

संधारित्र (Capacitor)

एक ऐसी युक्ति, प्रबन्ध अथवा समायोजन है, जिसके द्वारा किसी चालक के आकार में परिवर्तन किये बिना, चालक की धारिता बढ़ायी जा सकती है तथा चालक पर वैद्युत आवेश एवं ऊर्जा की अधिक मात्राएँ संचित की जा सकती हैं।

संधारित्र की धारिता (Capacitance of Capacitor) संधारित्र की धारिता का तात्पर्य, उस संधारित्र द्वारा वैद्युत ऊर्जा (स्थितिज ऊर्जा के रूप में) एवं संधारित्र की प्रत्येक प्लेट पर आवेश संचय करने की क्षमता से है।

आवेशों का आदान-प्रदान (Sharing of Charges)

माना कि दो पृथक्कृत चालकों A व B को जिनकी धारितायें क्रमश: C_1 व C_2 हैं, q_1 व q_2 आवेश देने पर उनके विभव क्रमश: V_1 व V_2 हो जाते हैं। तब $q_1 = C_1V_1$ तथा $q_2 = C_2V_2$

यदि दोनों को जोड़ दिया जाये तो आवेशों का प्रवाह तब तक होगा, जब तक कि उनका विभव समान न हो जाये। वह समान विभव **उभयनिष्ठ विभव** कहलाता है।

उभयनिष्ठ विभव $V = \frac{q_1 + q_2}{C_1 + C_2} = \frac{C_1V_1 + C_2V_2}{C_1 + C_2}$

आवेशों के पुनर्वितरण में सदैव ऊर्जा की हानि होती है।

ऊर्जा ह्रास, $\Delta U = \frac{C_1C_2}{2(C_1 + C_2)}(V_1 - V_2)^2$

समान्तर प्लेट संधारित्र (Parallel Plate Capacitor)

समान्तर प्लेट संधारित्र समान आकार की एक निश्चित दूरी से पृथक् दो धात्विक प्लेटों से बना होता है। इसके एक सिरे पर $+q$ आवेश तथा दूसरी प्लेट पर $-q$ आवेश होता है।

समान्तर प्लेट संधारित्र की धारिता $C = \frac{\varepsilon_0 A}{d}$

जहाँ, A = प्रत्येक प्लेट का क्षेत्रफल, d = दोनों प्लेटों के बीच की दूरी, ε_0 = निर्वात् की वैद्युतशीलता।

(i) दो प्लेटों के बजाय यदि n समान प्लेटें एक-दूसरे से समान दूरी पर रखी हों तथा सभी प्लेटें क्रमागत जुड़ी हों, तब इस व्यवस्था की धारिता $\quad C = \frac{(n-1)\varepsilon_0 A}{d}$

(ii) यदि t मोटाई एवं परावैद्युत नियतांक K की परावैद्युत पट्टिका दोनों प्लेटों के बीच रखी जाये, तो

$$C = \frac{\varepsilon_0 A}{d - t + \frac{t}{K}} = \frac{\varepsilon_0 A}{d - t\left(1 - \frac{1}{K}\right)}$$

(a) यदि $t = d$, अर्थात् प्लेटों के बीच सम्पूर्ण स्थान में परावैद्युत भरा हो, तो

$$C = \frac{\varepsilon_0 A}{d - t\left(1 - \frac{1}{K}\right)} = \frac{K\varepsilon_0 A}{d}$$

(b) यदि $K = \infty$, तब $\quad C = \frac{\varepsilon_0 A}{d - t}$

आवेशित संधारित्र में संचित ऊर्जा तथा ऊर्जा घनत्व (Energy Stored in Charged Capacitor and Energy Density)

एक आवेशित संधारित्र वैद्युत स्थितिज ऊर्जा संचित करता है, जो इसको आवेशित करने में किए गए कार्य के बराबर होती है। यदि आवेशन एक बैटरी द्वारा किया जाता है तो बैटरी की रासायनिक ऊर्जा के बढ़ने पर वैद्युत ऊर्जा संचित होती है।

यदि किसी समय t पर, संधारित्र पर आवेश q हो तथा संधारित्र का विभव V हो, तो आवेशित संधारित्र में संचित ऊर्जा,

$$U = \frac{1}{2}CV^2 = \frac{1}{2}\frac{q^2}{C} = \frac{1}{2}qV$$

$$U = \frac{1}{2}CV^2 = \frac{1}{2}\left(\frac{\varepsilon_0 A}{d}\right) \times (E \times d)^2 \qquad \left(\because E = \frac{V}{d}\right)$$

$$U = \frac{1}{2}\varepsilon_0 E^2 Ad$$

$$\text{ऊर्जा घनत्व, } u = \frac{U}{A \times d} = \frac{1}{2}\varepsilon_0 E^2$$

यदि प्लेटों के बीच माध्यम का परावैद्युतांक K है, तब

$$u = \frac{1}{2}K\varepsilon_0 E^2 \text{ जूल मी}^{-3}$$

परावैद्युत पदार्थ के धारिता पर प्रभाव
(Effects of Dielectric on Capacitance)

परावैद्युत के धारिता पर प्रभाव निम्न हैं

(i) संधारित्र की प्लेटों के बीच पराविद्युत पदार्थ भर देने पर संधारित्र को पहले से अधिक विभव तक आवेशित किया जा सकता है।

(ii) संधारित्र की दोनों प्लेटों को परस्पर छुए बिना अत्यन्त पास रखा जा सकता है।

(iii) संधारित्र की धारिता बढ़ जाती है जबकि विभवान्तर घट जाता है।

(iv) विद्युत क्षेत्र व संधारित्र की स्थितिज ऊर्जा घट जाती है। प्लेटों के मध्य प्रभावी विद्युत दूरी घट जाती है।

(v) प्लेटों के मध्य दूरी $t\left(1-\frac{1}{K}\right)$ घट जाती है।

(vi) प्रेरित आवेश $q' = q\left(1-\frac{1}{K}\right)$ (vii) K

या $$\varepsilon_r = \frac{U_0}{U} = \frac{E_0}{E} = \frac{V_0}{V} = \frac{F_0}{F}$$

संधारित्रों का संयोजन
(Combination of Capacitors)

संधारित्रों को मुख्यतः दो प्रकार से जोड़ा जाता है

(i) श्रेणी संयोजन (Series Combination)

श्रेणी संयोजन में सभी प्लेटों पर आवेश समान होता है तथा यह सेल से प्रवाहित आवेश के समान होता है। यदि n संधारित्र श्रेणी क्रम में जुड़े हों, तब तुल्य धारिता

$$\frac{1}{C} = \frac{1}{C_1} + \frac{1}{C_2} + \frac{1}{C_3} + \ldots\ldots$$

तथा $$V = V_1 + V_2 + V_3 + \ldots\ldots$$

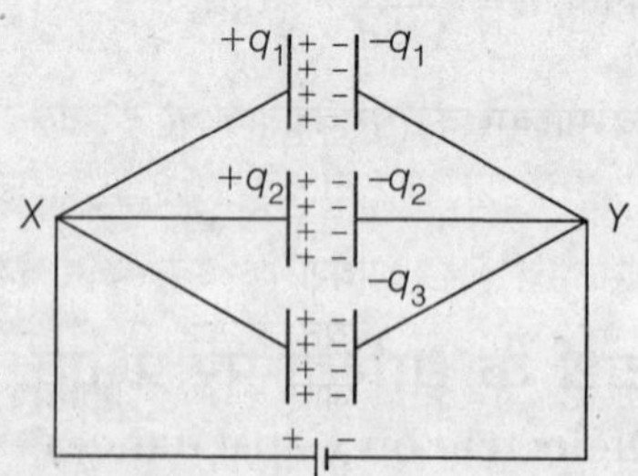

(ii) समान्तर संयोजन (Parallel Combination)

समान्तर संयोजन में प्रत्येक संधारित्र के सिरों पर विभवान्तर समान होता है तथा कुल आवेश q उनकी धारिताओं के अनुपात में वर्गीकृत होता है।

यदि n संधारित्र समान्तर क्रम में जुड़े हों, तब

$$C = C_1 + C_2 + C_3 + \ldots\ldots$$

वान डे ग्राफ जनित्र (Van de Graff Generator)

यह एक ऐसी मशीन है, जो कुछ मिलियन वोल्ट की कोटि (5×10^6 V) की वोल्टता निर्मित कर सकती है। इन वोल्टताओं का उपयोग आवेशित कणों (इलेक्ट्रॉन, प्रोट्रॉन,आयन) को त्वरित करके उनकी ऊर्जाओं में वृद्धि करने में किया जाता है।

सिद्धान्त (Principle) यह वैद्युतस्थैतिकी की दो घटनाओं पर आधारित है जो *निम्न हैं*

(i) वायु अथवा गैस में बिन्दुकित चालक सरलता से निरावेशित हो जाता है।

(ii) यदि खोखला चालक किसी अन्य चालक के सम्पर्क में आता है, तो जैसे ही चालक में आवेश प्रवाहित किया जाता है, खोखला चालक आवेश को लगातार ग्रहण करता रहता है तथा यह आवेश चालक की बाहरी पृष्ठ पर जमा होता रहता है। जिससे उसका विभव बढ़ जाता है।

रचना एवं कार्य प्रणाली (Construction and Working) वान डे ग्राफ जनित्र एक बड़ा खोखला गोला S होता हैं। इसमें दो अचालक स्तम्भ CC' नीचे दिखायें गये चित्रानुसार जुड़े हैं। एक अन्तहीन अचालक बेल्ट (पेटी) दो घिरनियों P_1 व P_2 पर एक वैद्युत मोटर के द्वारा घुमायी जाती है। धातु कंघा (तन्तु Comb) C_1 को स्प्रे (छिड़काव) तन्तु कहते हैं, यह बेल्ट के निचले सिरे के पास लगा होता है। जब यह उच्च धनात्मक वोल्टेज जो EHT स्रोत द्वारा उत्सर्जित होता है। ($\approx 10^4$ वोल्ट) पर सन्तुलित किया जाता है। तो यह अपने पास आयन उत्सर्जित करता है। धनायन कंघे के प्रतिकर्षण के कारण बेल्ट पर फैल जाते हैं। जो गतिमान बेल्ट द्वारा ऊपर की ओर चलते है। एक कंघा (तन्तु) C_2 को ग्रहणी कंघा(तन्तु) कहते हैं। यह बेल्ट को ऊपरी सिरे के पास लगा होता है। इसका बिन्दुकित सिरा बेल्ट को स्पर्श करता है तथा दूसरा सिरा धात्विक गोलें S के आन्तरिक पृष्ठ के सम्पर्क में रहता हैं। कंघा (comb) C_2 धनायनों को ग्रहण करता है तथा उनको धात्विक गोले पर स्थानान्तरित कर देता है। कंघी C_2 द्वारा स्थानान्तरित आवेश तुरन्त खोखले गोले के बाह्य पृष्ठ पर आ जाता है। जैसे ही बेल्ट घूमती है, संचयित धनावेश पर्याप्त मात्रा में उत्पन्न हो जाता है। गोले पर आवेश के बढ़ने के साथ-साथ, चारों ओर की वायु के आवेशन के कारण इसका रिसाव तीव्रता से होता है।

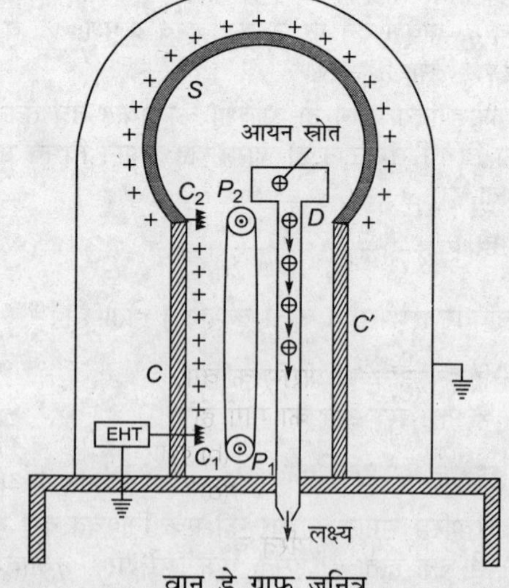

वान डे ग्राफ जनित्र

यदि प्रक्षेपण प्रोटॉन, न्यूट्रॉन, ड्यूट्रॉन आदि कणों का किया जाता है, तब अनावेशित नली का निचला सिरा पृथ्वी में तथा ऊपरी सिरा खोखले गोले में होता है, तो ये नली की लम्बाई के अनुदिश नीचे की ओर त्वरित होते हैं। दूसरे सिरे पर ये बहुत अधिक ऊर्जा के साथ लक्ष्य से टकराते हैं तथा नाभिकों को पृथक कर देते हैं।

अभ्यास प्रश्न

वैद्युत आवेश, वैद्युत क्षेत्र व गॉउस प्रमेय

1. वैद्युत आवेश का मात्रक निम्न में से कौन-सा है?
(a) कूलॉम (b) न्यूटन
(c) वोल्ट (d) कूलॉम/वोल्ट

2. एकसमान गति में, एक वैद्युत आवेश उत्पन्न करता है
(a) केवल चुम्बकीय क्षेत्र
(b) केवल वैद्युत क्षेत्र
(c) (a) और (b) दोनों
(d) न वैद्युत क्षेत्र और न ही चुम्बकीय क्षेत्र

3. दो समरूप धात्विक गोलों को क्रमश: $+2\mu C$ व $-2\mu C$ आवेश दिये गये हैं, तब
(a) दोनों गोलों के द्रव्यमान समान हैं
(b) ऋणावेशित गोले का द्रव्यमान, धनावेशित गोले से अधिक है
(c) ऋणावेशित गोले का द्रव्यमान, धनावेशित गोले से कम है
(d) उपरोक्त में से कोई नहीं

4. एक इलेक्ट्रॉन व एक प्रोटॉन एकसमान चुम्बकीय क्षेत्र में है। इनके त्वरण में अनुपात का मान तुल्य होगा
(a) एक
(b) शून्य
(c) प्रोटॉन व इलेक्ट्रॉन के द्रव्यमान का अनुपात
(d) इलेक्ट्रॉन व प्रोटॉन के द्रव्यमान का अनुपात

5. साबुन के एक बुलबुले को ऋणावेशित किया गया है, तब इसकी त्रिज्या
(a) कम होती है
(b) बढ़ती है
(c) समान रहती है
(d) सूचना अपर्याप्त होने के कारण कोई भविष्यवाणी नहीं की जा सकती

6. l लम्बाई की एक सरल रेखा पर तीन आवेश $+4q$, Q एवं q, क्रमश: $0, (l/2)$ व l दूरी पर रखे जाते हैं। q पर शुद्ध बल शून्य हो, इसके लिए Q का मान होगा
(a) $-q$ (b) $-2q$
(c) $-q/2$ (d) $-4q^2$

7. यदि किसी इलेक्ट्रॉन का प्रारम्भिक वेग, वैद्युत क्षेत्र की दिशा से भिन्न दिशा में है, तब इलेक्ट्रॉन का मार्ग होगा
(a) दीर्घ वृत्ताकार (b) वृत्ताकार
(c) सरल रेखा (d) परवलयाकार

8. वैद्युत आवेशों के बीच कार्यरत् बल के नियम को कहते हैं
(a) एम्पियर का नियम (b) कूलॉम का नियम
(c) फैराडे का नियम (d) ओम का नियम

9. r दूरी पर रखे हुए दो इलेक्ट्रॉनों के बीच बल परिवर्तित होता है
(a) r^3 (b) r
(c) r^{-1} (d) r^{-2}

10. दो आवेश + 1 माइक्रो कूलॉम व 5 माइक्रो कूलॉम है। इन पर कार्यरत् बलों में अनुपात होगा
(a) 1 : 5 (b) 1 : 1 (c) 5 : 1 (d) 1 : 25

11. F_g व F_e क्रमश: 10 सेमी की दूरी पर स्थित दो इलेक्ट्रॉनों के बीच गुरुत्वाकर्षण एवं स्थिर-वैद्युत बल को प्रदर्शित करते हैं। F_g/F_e के अनुपात की कोटि होगी
(a) 10^{41} (b) 10^{11} (c) 1 (d) 10^{-42}

12. स्थिर आवेश के दो छोटे गोलों के बीच (a) वायु में (b) परावैद्युत नियतांक k के माध्यम में बलों में अनुपात होगा
(a) $k^3:1$ (b) $k:1$ (c) $k^4:1$ (d) $k^2:1$

13. एक आवेश q_1, एक अन्य आवेश q_2 पर कुछ बल आरोपित करता है। यदि एक तीसरा आवेश q_3 इनके निकट लाया जाता है, तो q_1 द्वारा q_2 आरोपित बल होगा
(a) बढ़ता है
(b) कम होता है
(c) परिवर्तित नहीं होता है
(d) बढ़ता है, यदि q_3 व q_1 का समान चिह्न है तथा कम होता है, यदि q_3 व q_1 का विपरीत चिह्न है

14. दो आवेश q_1, q_2 निर्वात् में परस्पर d दूरी पर रखे जाते हैं तथा इनके मध्य कार्यरत् बल F है। यदि इनके बीच परावैद्युत नियतांक 4 का माध्यम प्रविष्ट कर दें, तो बल का मान हो जाएगा
(a) $4F$ (b) $2F$
(c) $F/2$ (d) $F/4$

15. एक वर्ग के तीन कोनों पर तीन समान आवेश रखे जाते हैं। यदि q_1 व q_2 के बीच बल F_{12} है तथा q_1 व q_3 के बीच बल F_{13} है, तब इनके परिमाण में अनुपात (F_{12}/F_{13}) होगा
(a) 1/3 (b) 2 (c) $1/\sqrt{2}$ (d) $\sqrt{3}$

16. बिन्दु आवेश $+4q, -q$ व $+4q$, X-अक्ष पर क्रमश: बिन्दुओं $x=0, x=a$ व $x=2a$ पर रखे जाते हैं
(a) कोई आवेश सन्तुलन अवस्था में नहीं हैं
(b) केवल $-q$ स्थायी सन्तुलन में है
(c) सभी आवेश अस्थायी सन्तुलन अवस्था में हैं
(d) सभी आवेश स्थायी सन्तुलन अवस्था में हैं

17. 2 ग्राम द्रव्यमान व $1\mu C$ आवेश के एक कण को, एक घर्षणरहित क्षैतिज मेज पर, 1mC के नियत आवेश से 1 मी दूरी पर रखा जाता है। यदि कण को छोड़ दिया जाए, तो यह प्रतिकर्षित होगा। जिस क्षण यह कण, नियत आवेश से 10 मी की दूरी पर है, कण की चाल का मान होगा
(a) 80 मी/से (b) 90 मी/से
(c) 900 मी/से (d) 600 मी/से

18. r दूरी पर रखे हुए दो इलेक्ट्रॉनों के बीच बल परिवर्तित होता है
(a) r^2 (b) r
(c) r^{-1} (d) r^{-2}

19. दो आवेश कुछ दूरी पर रखे हैं, यदि इनके बीच काँच का गुटका रख दिया जाए, तो इनके बीच बल
(a) शून्य हो जायेगा (b) बढ़ जायेगा
(c) कम हो जायेगा (d) समान रहेगा

20. हाइड्रोजन परमाणु के इलेक्ट्रॉन को नाभिक से कितनी दूर ले जाना होगा, जिससे कि स्थिर विद्युत आकर्षण बल, परमाणु भार के बराबर हो सके?
(आवोगाद्रो संख्या = 6.023×10^{23} ग्राम परमाणु)
(a) 0.25 मी (b) 1.19 मी (c) 1.5 मी (d) 12 मी

21. तीन आवेश $4q, Q$ व q एक सीधी रेखा में $0, a$ व $2a$ स्थितियों में स्थित हैं। q पर परिणामी बल शून्य होगा, यदि Q का मान है
(a) $-2q$ (b) $-q$ (c) $+4q$ (d) $-q/2$

22. दो बिन्दु आवेश + 2 C व + 6 C एक-दूसरे को 12 न्यूटन के बल से प्रतिकर्षित करते हैं। यदि प्रत्येक को − 4 C का आवेश दिया जाये, तो इनके बीच लगने वाला बल है
(a) शून्य (b) 4 N, आकर्षण
(c) 4 N, प्रतिकर्षण (d) 12 N, आकर्षण

23. एक इलेक्ट्रॉन, हाइड्रोजन नाभिक के चारों ओर r त्रिज्या के वृत्ताकार पथ पर घूम रहा है। इन दोनों के बीच कूलॉम बल $\mathbf{F}$ है
(a) $-\frac{1}{4\pi\varepsilon_0}\cdot\frac{e^2}{r^3}\hat{\mathbf{r}}$ (b) $\frac{1}{4\pi\varepsilon_0}\cdot\frac{e^2}{r^3}\mathbf{r}$
(c) $-\frac{1}{4\pi\varepsilon_0}\cdot\frac{e^2}{r^3}\mathbf{r}$ (d) $\frac{1}{4\pi\varepsilon_0}\cdot\frac{e^2}{r^2}\hat{\mathbf{r}}$

24. Q आवेश को दो भागों Q_1 तथा Q_2 में विभाजित करके इन्हें R दूरी पर रखा जाता है। दोनों भागों के मध्य अधिकतम प्रतिकर्षण होने के लिए
(a) $Q_2 = \frac{Q}{4}$ तथा $Q_1 = \frac{3Q}{4}$ (b) $Q_1 = Q_2 = \frac{Q}{2}$
(c) $Q_2 = \frac{Q}{3}$ तथा $Q_1 = \frac{2Q}{3}$ (d) $Q_2 = \frac{Q}{R}, Q_1 = Q - \frac{Q}{R}$

25. 1 से 5 तक अंकित पाँच गेंद अलग-अलग धागों द्वारा लटकाई गई हैं। युग्म (1, 2), (2, 4) व (4, 1) स्थित वैद्युत आकर्षण दर्शाते हैं, जबकि युग्म (2, 3) व (4, 5) प्रतिकर्षण दर्शाते हैं। अत: गेंद 1 होनी चाहिए
(a) धन आवेशित (b) ऋणावेशित
(c) अनावेशित (d) धातु की बनी हुई

26. बिन्दु ऋणावेश के चारों ओर वैद्युत बल रेखाएँ होती हैं
(a) गोल, वामावर्त (b) त्रिज्य, बाहर की ओर
(c) त्रिज्य, अन्दर की ओर (d) गोल, दक्षिणावर्त

27. ABC एक समबाहु त्रिभुज है, इसके प्रत्येक कोने पर आवेश $+q$ रखा जाता है, O पर विद्युत क्षेत्र की तीव्रता होगी
(a) $\frac{1}{4\pi\varepsilon_0}\frac{q}{r^2}$
(b) शून्य
(c) $\frac{1}{4\pi\varepsilon_0}\frac{q}{r}$
(d) $\frac{1}{4\pi\varepsilon_0}\frac{3q}{r^2}$

28. निम्न में से वैद्युत क्षेत्र विक्षेपित कर सकता है
(a) X-किरणें (b) γ-किरणें
(c) α-कण (d) न्यूटॉन

29. Q आवेश मुक्त खोखले चालक गोले के अन्दर विद्युत क्षेत्र की तीव्रता का मान होता है
(a) $\frac{1}{4\pi\varepsilon_0}\frac{Q}{R^2}$ (b) शून्य
(c) $\frac{1}{4\pi\varepsilon_0}\frac{Q}{R}$ (d) इनमें से कोई नहीं

30. यदि आवेश का पृष्ठ घनत्व ρ है, तब पृष्ठ के निकट वैद्युत क्षेत्र का व्यंजक होगा
(a) $2\sigma/\varepsilon_0^2$ (b) σ/ε_0
(c) $\sigma/2\varepsilon_0^2$ (d) $3\sigma/2\varepsilon_0^2$

31. 20μ कूलॉम व 80μ कूलॉम के दो बिन्दु आवेश 10 सेमी की दूरी पर हैं। आवेशों को मिलाने वाली रेखा पर किस स्थान पर वैद्युत क्षेत्र की तीव्रता शून्य होगी?
(a) −0.1 मी (b) 0.01 मी
(c) 0.033 मी (d) 0.44 मी

32. एक खोखले धात्विक गोले की त्रिज्या 10 सेमी है, इसे 32×10^{-9} कूलॉम आवेश दिया गया है। इसके केन्द्र से 4 सेमी दूरी पर वैद्युत तीव्रता है
(a) 9×10^{-9} न्यूटन/कूलॉम
(b) 288 न्यूटन/कूलॉम
(c) 2.88 न्यूटन/कूलॉम
(d) शून्य

33. जब समान रूप से आवेशित गोले को भेदते हैं, तब वैद्युत क्षेत्र की तीव्रता
(a) वही रहती है, जो सतह पर है
(b) कम होती है
(c) बढ़ती है
(d) सभी बिन्दुओं पर शून्य होती है

34. यदि किसी वैद्युत क्षेत्र के कारण कूलॉम बल के विरुद्ध, किसी आवेश को चलाया जाता है, तो
(a) वैद्युत क्षेत्र द्वारा कार्य किया जाता है
(b) किसी बाह्य स्रोत से ऊर्जा का प्रयोग किया जाता है
(c) निकाय की ऊर्जा कम होती है
(d) क्षेत्र की तीव्रता कम होती है

35. एकसमान सतह आवेश घनत्व (uniform surface charge density) के खोखले गोले के अन्दर वैद्युत क्षेत्र होता है
(a) शून्य
(b) स्थिर, परन्तु शून्य से कम
(c) केन्द्र से दूरी के सीधे समानुपाती
(d) उपरोक्त में से कोई नहीं

36. आवेशित खोखला गोला, वैद्युत क्षेत्र उत्पन्न नहीं करता, किसी
(a) आन्तरिक बिन्दु पर
(b) बाह्य बिन्दु पर
(c) 10 मी से अधिक दूरी पर
(d) 2 मी से अधिक दूरी पर

37. यह कहना असत्य होगा कि

(a) एक ओम प्रतिरोध से प्रति सेकण्ड 12.5×10^{18} इलेक्ट्रॉन प्रवाहित होने पर 2 वोल्ट का विभवान्तर उत्पन्न होता है

(b) प्रति सेकण्ड 6.25×10^{18} इलेक्ट्रॉन प्रवाहित होने पर एक एम्पियर धारा की संरचना होती है

(c) एक कूलॉम प्रत्येक के दो समान आवेश, 1 मी दूरी पर रखे जाने पर 9×10^9 न्यूटन का बल अनुभव करते हैं

(d) प्रत्येक तरंगों की द्वि-प्रकृति होती है

38. 1 सेमी की दूरी पर रखी हुई दो प्लेटों के बीच विभवान्तर 10 वोल्ट है। प्लेटों के बीच वैद्युत क्षेत्र है

(a) 10 न्यूटन/कूलॉम (b) 250 न्यूटन/कूलॉम

(c) 1000 न्यूटन/कूलॉम (d) 500 न्यूटन/कूलाम

39. एक बड़ी आवेशित चालक धात्विक प्लेट का उससे r दूरी पर विद्युत क्षेत्र E है, तो $2r$ दूरी पर वैद्युत क्षेत्र की तीव्रता होगी

(a) E (b) $\frac{E}{2}$

(c) $\frac{E}{4}$ (d) $\frac{E}{\sqrt{2}}$

40. $20\,\mu$ कूलॉम व $80\,\mu$ कूलॉम के दो बिन्दु आवेश 10 सेमी की दूरी पर है, आवेशों को मिलाने वाली रेखा के किस स्थान पर विद्युत क्षेत्र की तीव्रता शून्य होगी?

(a) – 0.1 मी (b) – 0.04 मी

(c) 0.033 मी (d) – 0.33 मी

41. एक तल पर एकसमान रूप से आवेशित, अनन्त लम्बाई की दो अचालक प्लेटें परस्पर 90° पर काटती हैं। उनके आवेश के पृष्ठ घनत्व $+\sigma$ व $-\sigma$ हैं। दोनों के बीच के स्थान में किसी बिन्दु पर विद्युत क्षेत्र की तीव्रता है

(a) $\sqrt{2}\,\frac{\sigma}{\varepsilon_0}$ (b) $\frac{\sigma}{2\varepsilon_0}$

(c) शून्य (d) $\frac{\sigma}{\varepsilon_0\sqrt{2}}$

42. ABC एक समबाहु त्रिभुज है। त्रिभुज के प्रत्येक शीर्ष पर $+q$ आवेश रखा है। त्रिभुज के केन्द्रक पर, जिसकी प्रत्येक शीर्ष से दूरी r है, विद्युत क्षेत्र की तीव्रता है

(a) $\frac{1}{4\pi\varepsilon_0}\cdot\frac{2q}{r^2}$ (b) $\frac{1}{4\pi\varepsilon_0}\cdot\frac{3q}{r^2}$

(c) शून्य (d) $\frac{1}{4\pi\varepsilon_0}\cdot\frac{q}{r}$

43. एक आवेशित खोखले धातु के गोले की त्रिज्या r है इसके पृष्ठ व केन्द्र से $3r$ दूरी के बीच विभवान्तर V है। केन्द्र से $3r$ दूरी पर विद्युत क्षेत्र की तीव्रता होगी

(a) $\frac{V}{6r}$ (b) $\frac{V}{4r}$ (c) $\frac{V}{3r}$ (d) $\frac{V}{2r}$

44. एक तेल की बूँद जिसका द्रव्यमान 50 मिलीग्राम तथा आवेश $-5\,\mu C$ है, गुरुत्वीय बल तथा विद्युत बल के कारण सन्तुलन में है। विद्युत क्षेत्र का मान है

(a) 98 N/C ऊपर की ओर (b) 98 N/C नीचे की ओर

(c) 9.8 N/C उत्तर की ओर (d) 9.8 N/C दक्षिण की ओर

45. चित्र में एक आवेशित पिण्ड से निकलने वाली वैद्युत बल रेखाएँ दिखाई गयी हैं। यदि A व B पर विद्युत क्षेत्र क्रमशः E_A व E_B हों तथा A व B के बीच दूरी r हो, तो

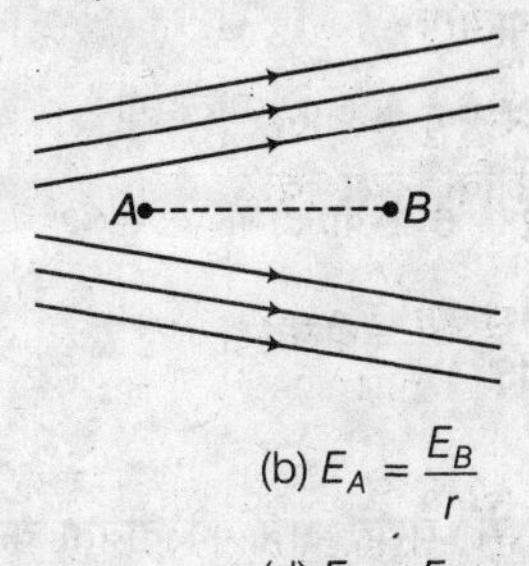

(a) $E_A > E_B$ (b) $E_A = \frac{E_B}{r}$

(c) $E_A = \frac{E_B}{r^2}$ (d) $E_A < E_B$

46. किसी एकसमान आवेशित गोलीय कोश में उत्पन्न विद्युत क्षेत्र की तीव्रता E तथा इसके केन्द्र से दूरी r के बीच ग्राफ का सही रूप है

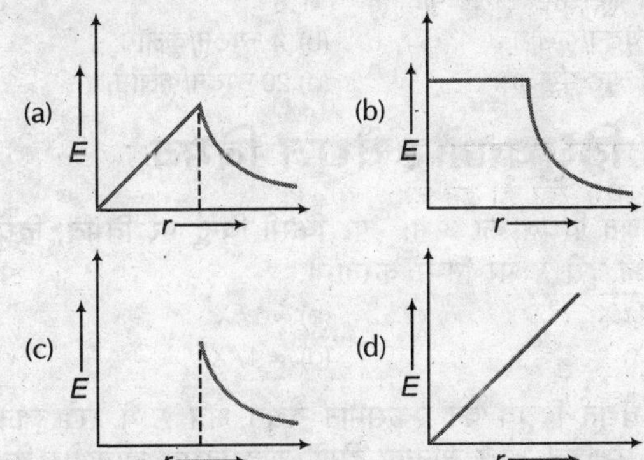

47. अनन्त आवेश x-अक्ष पर $x = 1, 2, 4, 8, \ldots$ मीटर पर रखे हैं। प्रत्येक आवेश का मान q कूलॉम है, इन आवेशों के कारण $x = 0$ बिन्दु पर विद्युत क्षेत्र का मान होगा

(a) $12 \times 10^9\, q$ न्यूटन/कूलॉम

(b) शून्य

(c) $6 \times 10^9\, q$ न्यूटन/कूलॉम

(d) $4 \times 10^9\, q$ न्यूटन/कूलॉम

48. बिन्दु आवेश के लिए, वैद्युत क्षेत्र की तीव्रता, दूरी r के साथ परिवर्तित होती है

(a) $E \propto \frac{1}{r^2}$ (b) $E \propto \frac{1}{r^0}$

(c) $E \propto \frac{1}{r^3}$ (d) $E \propto \frac{1}{r}$

49. एक घनाकार बॉक्स को $+Q$ आवेश दिया जाता है। एक दीवार से निर्गत कुल फ्लक्स का मान है

(a) $Q/4\varepsilon_0$ (b) $Q/3\varepsilon_0$

(c) $Q/9\varepsilon_0$ (d) $Q/6\varepsilon_0$

50. आवेश Q, घन के एक कोने पर रखा है। घन के सभी तलों से गुजरने वाला विद्युत फ्लक्स होगा

(a) $\frac{Q}{\varepsilon_0}$ (b) $\frac{Q}{6\varepsilon_0}$

(c) $\frac{Q}{8\varepsilon_0}$ (d) $\frac{Q}{3\varepsilon_0}$

51. किसी विद्युत क्षेत्र में विद्युत विभव निम्न सूत्र द्वारा व्यक्त किया जाता है $V = \frac{k}{r}$, यदि स्थिति सदिश $r = 2\hat{i} + 3\hat{j} + 6\hat{k}$ हो, तो विद्युत क्षेत्र का मान होगा

(a) $\frac{k}{343}(2\hat{i} + 3\hat{j} + 6\hat{k})$ वोल्ट/मी

(b) $2\hat{i} + 3\hat{j} + 6\hat{k}$ वोल्ट/मी

(c) $\frac{6\hat{i} + 3\hat{j} + 2\hat{k}}{343}$ वोल्ट/मी

(d) शून्य

52. निम्नलिखित में, वैद्युत क्षेत्र की तीव्रता का मात्रक कौन-सा है?

(a) वोल्ट × सेमी (b) वोल्ट/अर्ग (c) वोल्ट × जूल (d) वोल्ट/मीटर

53. x–दिशा में एक वैद्युत क्षेत्र E है। यदि x–दिशा से 60° कोण बनाती हुई एक रेखा पर 0.2 कूलॉम आवेश को 2 मी चलाने में किया गया कार्य 4 जूल है, तब E का मान क्या है?

(a) 5 न्यूटन/कूलॉम (b) 4 न्यूटन/कूलॉम

(c) $\sqrt{3}$ न्यूटन/कूलॉम (d) 20 न्यूटन/कूलॉम

वैद्युत द्विध्रुव और वैद्युत विभव

54. एक वैद्युत द्विध्रुव की अक्षः पर किसी बिन्दु पर विभव, द्विध्रुव से बिन्दु की दूरी X पर निर्भर करता है

(a) $\propto 1/X$ (b) $\propto 1/X^2$

(c) $\propto X$ (d) $\propto 1/X^3$

55. किसी वैद्युत द्विध्रुव को एकसमान वैद्युत क्षेत्र E में रखे जाने पर, इसकी स्थितिज ऊर्जा न्यूनतम होगी, यदि द्विध्रुव आघूर्ण E के साथ निम्न कोण बनाता है

(a) π (b) $\pi/4$

(c) $\pi/2$ (d) $3\pi/5$

56. एक वैद्युत द्विध्रुव कुछ दूरी पर अक्षीय स्थिति में रखे हुए एक आवेश पर बल F लगता है। यदि आवेश की दूरी दोगुनी कर दी जाए, तो इस पर कार्य कर रहा बल होगा

(a) $2F$ (b) $F/6$ (c) $F/9$ (d) $F/8$

57. एक वैद्युत द्विध्रुव में 1.0×10^{-6} कूलॉम परिमाण के दो विपरीत आवेश 2.0 सेमी की दूरी पर हैं। द्विध्रुव को 1.0×10^{5} न्यूटन/कूलॉम के बाह्य क्षेत्र में रखा जाता है। द्विध्रुव पर अधिकतम बल आघूर्ण है

(a) 1.0×10^{3} न्यूटन-मी (b) 0.2×10^{-3} न्यूटन-मी

(c) 2.0×10^{-3} न्यूटन-मी (d) 4.0×10^{-3} न्यूटन-मी

58. समरूप वैद्युत क्षेत्र में रखा द्विध्रुव अनुभव करता है

(a) केवल बल, बलाघूर्ण नहीं

(b) बलाघूर्ण परन्तु बल नहीं

(c) न बल न बलाघूर्ण

(d) बल व बलाघूर्ण दोनों

59. एक विद्युत द्विध्रुव को एक असमान क्षेत्र में रखा जाता है, इस पर कार्य करता है

(a) एक बल व एक बल आघूर्ण

(b) एक बल परन्तु बल आघूर्ण नहीं

(c) एक बल आघूर्ण परन्तु बल नहीं

(d) न बल और न ही बल आघूर्ण

60. किसी विद्युत द्विध्रुव को एकसमान विद्युत क्षेत्र E में रखे जाने पर इसकी स्थितिज ऊर्जा न्यूनतम होगी, यदि द्विध्रुव आघूर्ण विद्युत क्षेत्र के साथ निम्न कोण बनाता है

(a) π (b) $\frac{\pi}{2}$ (c) शून्य (d) $\frac{3\pi}{2}$

61. यदि एक सूक्ष्म द्विध्रुव के कारण अक्षीय रेखा पर विद्युत क्षेत्र की तीव्रता E_a है तथा द्विध्रुव से समान दूरी पर समता रेखा (equatorial line) पर यह E_e है, तब

(a) $2E_a = E_e$ (b) $E_a = 2E_e$

(c) $E_a = E_e$ (d) इनमें से कोई नहीं

62. विद्युत क्षेत्र $\mathbf{E}$ में $\mathbf{p}$ आघूर्ण वाले द्विध्रुव पर लगने वाला बल आघूर्ण है

(a) $\mathbf{p} \cdot \mathbf{E}$ (b) $\mathbf{p} \times \mathbf{E}$

(c) शून्य (d) $\mathbf{E} \times \mathbf{p}$

63. टिन के एक नाभिक पर $+50e$ आवेश है। यदि प्रोटॉन नाभिक से 10^{-12} मी की दूरी पर है, तब इस स्थिति पर विभव V है (प्रोटॉन पर आवेश $= 1.6 \times 10^{-19}$ कूलॉम)

(a) 10×10^{8} वोल्ट (b) 7.2×10^{4} वोल्ट

(c) 14.90×10^{4} वोल्ट (d) 14.4×10^{8} वोल्ट

64. एक बिन्दु आवेश से कुछ दूरी पर एक बिन्दु A है। इस बिन्दु पर वैद्युत क्षेत्र 500 वोल्ट/मी तथा विभव 3000 वोल्ट है। तब, बिन्दु आवेश से A की दूरी का मान होगा

(a) 6 मी (b) 110 मी (c) 45 मी (d) 144 मी

65. सही सम्बन्ध का चुनाव कीजिए

(a) विभव = आवेश/धारिता (b) आवेश = विभव/धारिता

(c) धारिता = विभव × आवेश (d) विभव = धारिता + आवेश

66. यदि एकांक आवेश को, एक समविभवी सतह पर, एक बिन्दु से दूसरे बिन्दु तक ले जाएँ, तब

(a) आवेश पर किया गया कार्य स्थिर होता है

(b) आवेश द्वारा कार्य किया जाता है

(c) आवेश पर कार्य किया जाता है

(d) कोई कार्य नहीं किया जाता

67. एक खोखले गोल चालक के अन्दर, विभव होता है

(a) स्थिर

(b) केन्द्र से दूरी के वर्ग के विलोमानुपाती

(c) केन्द्र से दूरी के विलोमानुपाती

(d) केन्द्र से दूरी के समानुपाती

68. एक खोखले गोल चालक के बाहर विभव

(a) केन्द्र से दूरी के समानुपाती होता है

(b) स्थिर होता है

(c) केन्द्र से दूरी के विलोमानुपाती होता है

(d) केन्द्र से दूरी के वर्ग के विलोमानुपाती होता है

69. धातु के 5 सेमी त्रिज्या के एक खोखले गोले को इस प्रकार आवेशित किया जाता है कि इसकी सतह पर विभव 10 वोल्ट है। गोले के केन्द्र पर विभव का मान होगा

(a) सतह से 25 सेमी दूरी पर बिन्दु के समान

(b) 10 वोल्ट

(c) सतह से 5 सेमी दूरी पर बिन्दु के समान

(d) 0

70. समान त्रिज्या 'r' के दो चालक गोले, जिनमें एक खोखला तथा दूसरा ठोस है, समान विभव तक आवेशित किए जाते हैं। दो गोलों पर आवेशों में अनुपात होगा
(a) 1 (b) > 1 (c) > 1 (d) r^3

71. एक आवेश Q को r त्रिज्या के वृत्त, जिसके केन्द्र पर एक आवेश Q स्थित है, पर एक चक्कर लगाने में किया गया कार्य होगा
(a) $\frac{1}{4\pi\varepsilon_0}\left(\frac{Q}{r}\right)$ (b) $\frac{QQ}{2r}$
(c) शून्य (d) $\frac{QQ}{4\pi\varepsilon_0 r}$

72. m द्रव्यमान व e आवेश के एक इलेक्ट्रॉन को निर्वात् में, स्थिर अवस्था से V विभवान्तर पर त्वरित किया जाता है। इसकी अन्तिम चाल होगी
(a) $\sqrt{\left(\frac{2eV}{m}\right)}$ (b) $\sqrt{\left(\frac{eV}{m}\right)^2}$
(c) $eV/2m^2$ (d) eV/m^2

73. एक वोल्ट तुल्य होता है
(a) 1 जूल (b) 1 न्यूटन/कूलॉम
(c) 1 जूल/कूलॉम (d) 1 न्यूटन/सेकण्ड

74. निम्नलिखित में क्या एक वोल्ट है?
(a) अर्ग/सेमी (b) अर्ग/ऐम्पियर
(c) जूल/कूलॉम (d) न्यूटन/कूलॉम-मी^{2}

75. एकसमान वैद्युत क्षेत्र का परिमाण E_0 तथा दिशा $+X$-अक्ष की ओर है। यदि $X = 0$ पर वैद्युत विभव V शून्य है, तो $X = +X$ पर इसका मान होगा
(a) $V_{(x)} = X^2E_0$ (b) $V_{(x)} = -XE_0$ (c) $V_{(x)} = +XE_0$ (d) $V_{(x)} = -X^2E_0$

76. एक वैद्युत क्षेत्र में, $6.75\,\mu C$ आवेश पर 2.5 न्यूटन आरोपित होता है। इस बिन्दु पर विभव प्रवणता (Potential gradient) का मान होगा
(a) 4.9×10^{10} वोल्ट/मी (b) 3.71×10^5 वोल्ट/मी
(c) 40×10^{15} वोल्ट/मी (d) 40×10^{12} वोल्ट/मी

77. एक खोखले गोल चालक के अन्दर विभव होता है
(a) स्थिर
(b) केन्द्र से दूरी के समानुपाती
(c) केन्द्र से दूरी के विलोमानुपाती
(d) केन्द्र से दूरी के वर्ग के विलोमानुपाती

78. एक संधारित्र का विभवान्तर 20 वोल्ट से 40 वोल्ट तक बढाने में किया गया कार्य W है, तो इसका विभवान्तर 40 वोल्ट से 50 वोल्ट तक बढ़ाने में किया गया कार्य होगा
(a) $\frac{3}{4}W$ (b) $\frac{W}{4}$ (c) $2W$ (d) $\frac{W}{2}$

79. एक स्थिर बिन्दु आवेश $+q$ के चारों ओर एक अन्य $+q$ आवेश R त्रिज्या के वृत्तीय पथ पर गतिमान है। कृत कार्य होगा
(a) $F \times 4\pi R$ (b) शून्य
(c) $F/2R$ (d) $F \times 2\pi R$

80. एकसमान विद्युत क्षेत्र में गतिमान 3 कूलॉम के आवेश पर 3000 न्यूटन का बल लगता है। क्षेत्र में परस्पर 1 सेमी दूरी पर स्थित बिन्दुओं के बीच विभवान्तर होगा
(a) 10 वोल्ट (b) 90 वोल्ट (c) 1000 वोल्ट (d) 2000 वोल्ट

81. एक बिन्दु से 4 मी दूर स्थित दूसरे बिन्दु तक 10 कूलॉम आवेश को ले जाने में 4 जूल कार्य करना पड़ता है। बिन्दुओं के बीच विभवान्तर है
(a) 2×10^{-4} वोल्ट (b) 4×10^{-2} वोल्ट
(c) 4 वोल्ट (d) 4×10^{-1} वोल्ट

82. एक 5 सेमी त्रिज्या के धातु के खोखले गोले को इस प्रकार आवेशित किया जाता है कि उसके पृष्ठ पर विभव 10 वोल्ट है। गोले के केन्द्र पर विभव होगा
(a) 5 वोल्ट (b) 10 वोल्ट
(c) 15 वोल्ट (d) शून्य

स्थितिज ऊर्जा और संधारित्र

83. चित्र में प्रदर्शित $q_1 = +2 \times 10^{-8}$ कूलॉम तथा $q_2 = -0.4 \times 10^{-8}$ कूलॉम हैं। एक आवेश $q_3 = 0.2 \times 10^{-8}$ कूलॉम को वृत्त की चाप के अनुदिश C से D तक चलाया जाता है। q_3 की स्थितिज ऊर्जा

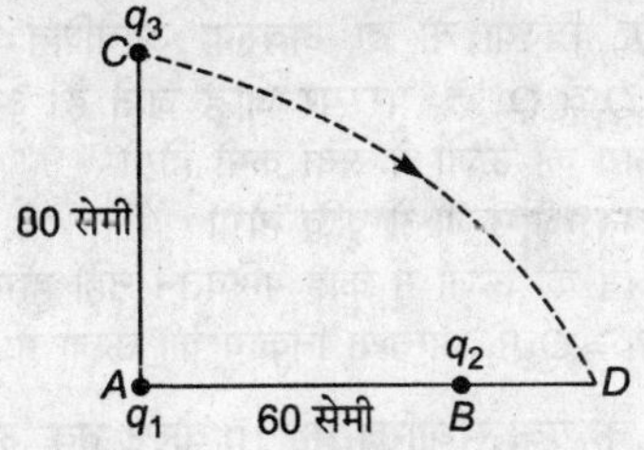

(a) लगभग 80% घट जायेगी (b) लगभग 80% बढ़ जायेगी
(c) वही रहेगी (d) लगभग 12% बढ़ जायेगी

84. जब प्रोटॉनों को इलेक्ट्रॉनों के समीप लाया जाता है, तो निकाय की स्थितिज ऊर्जा
(a) घटेगी (b) बढ़ेगी
(c) नियत रहेगी (d) इनमें से कोई नहीं

85. एक आवेशित कण, जिसका द्रव्यमान m तथा आवेश q है, को स्थिर अवस्था से, अचर परिमाण E के वैद्युत क्षेत्र में छोड़ा जाता है। समय t के बाद, कण की गतिज ऊर्जा है
(a) $\frac{2E^2t^2}{mq}$ (b) $\frac{Eqm}{2t}$ (c) $\frac{E^2q^2t^2}{2m}$ (d) $\frac{Eq^2m}{2t^2}$

86. एक प्रोटॉन का द्रव्यमान 1.67×10^{-27} किग्रा तथा आवेश 1.6×10^{-19} कूलॉम है। यदि प्रोटॉन को दस लाख वोल्ट के विभवान्तर द्वारा त्वरित किया जाता है, तब गतिज ऊर्जा का मान होगा
(a) 1.6×10^{-15} जूल (b) 1.6×10^{-13} जूल
(c) 1.6×10^{-15} जूल (d) 3.2×10^{-13} जूल

87. आदर्श परावैद्युत की चालकता होती है
(a) अनन्त (b) शून्य
(c) शून्य व अनन्त के मध्य (d) इनमें से कोई भी नहीं

88. विलगित गोलीय चालक की धारिता निर्भर करती है
(a) त्रिज्या r (b) परावैद्युतांक k
(c) a और b दोनों (d) इनमें से कोई नहीं

89. विलगित गोलीय चालक में आवेश स्थित होता है
(a) बाह्य पृष्ठ पर (b) पृष्ठ के केन्द्र पर
(c) गोलीय चालक के अन्दर समान रूप से वितरित
(d) पृष्ठ की आन्तरिक सतह पर

90. निम्नलिखित में कौन-सा सम्बन्ध सत्य है?
(a) $V = q / C$ (b) $q = V / C$
(c) $V = C \times q$ (d) $C = qV$

91. फैरड मात्रक होता है
(a) स्व-प्रेरकत्व का (b) धारिता का
(c) अन्योन्य-प्रेरकत्व का (d) विद्युत विश्लेष्य की चालकता का

92. संधारित्र कार्य करता है
(a) AC परिपथ में (b) DC परिपथ में
(c) (a) और (b) दोनों (d) उपरोक्त में से कोई नहीं

93. समान त्रिज्या एवं समान आवेशयुक्त पानी की 64 छोटी बूँदें मिलकर एक बड़ी बूँद बनाती हैं। बड़ी बूँद व छोटी बूँद की धारिताओं में अनुपात होगा
(a) 4 : 1 (b) 6 : 1
(c) 7 : 1 (d) 15 : 1

94. R_1 व R_2 त्रिज्या के दो अवरुद्ध आवेशित गोले, जिन पर आवेश क्रमशः Q_1 व Q_2 हैं, परस्पर जोड़े जाते हैं। अब
(a) निकाय की ऊर्जा में सदा कमी होगी
(b) निकाय की ऊर्जा में वृद्धि होगी
(c) निकाय की ऊर्जा में कोई परिवर्तन नहीं होगा
(d) $Q_1R_2 = Q_2R_1$, अन्यथा निकाय की ऊर्जा में कमी होगी

95. 50μ F के एक संधारित्र को 10 वोल्ट तक आवेशित किया जाता है। इसकी ऊर्जा का मान होगा
(a) 5×10^{-3} जूल (b) 5.9×10^{-8} जूल
(c) 10.9×10^{-3} जूल (d) 25×10^{-4} जूल

96. एक संधारित्र को 200 वोल्ट के विभवान्तर द्वारा आवेशित किया जाता है तथा इस पर आवेश 0.1 कूलॉम है। अनावेशित करने पर, मुक्त ऊर्जा का मान होगा
(a) 45 जूल (b) 40 जूल
(c) 10 जूल (d) 15 जूल

97. 1μF धारिता के संधारित्र को 40μ कूलॉम के आवेश द्वारा आवेशित किया जाता है। संधारित्र में संग्रहित ऊर्जा का मान होगा
(a) 190×10^{-6} अर्ग (b) 1700 अर्ग
(c) 8000 अर्ग (d) 1600 अर्ग

98. क्रमशः 0.3μF व 0.6μF धारिता के दो संधारित्र श्रेणी में जोड़े जाते हैं। इस संयोग को 6 वोल्ट के विभवान्तर से जोड़ दिया जाता है। संधारित्रों में संग्रहित ऊर्जा में अनुपात होगा
(a) 1/5 (b) 2
(c) 1/7 (d) 1/9

99. 2 मिमी प्लेट अन्तराल वाले एक समान्तर पट्ट संधारित्र को 300 वोल्ट की बैटरी से आवेशित किया गया है। ऊर्जा घनत्व है
(a) 0.115 जूल/मी^{3} (b) 0.099 जूल/मी^{3}
(c) 1269 जूल/मी^{3} (d) 0.960 जूल/मी^{3}

100. एक अनावेशित संधारित्र को एक बैटरी से आवेशित करके उसे Q आवेश दिया जाता है। ऊष्मा के रूप में व्यय हुई ऊर्जा है
(a) $\frac{VQ}{2}$ (b) $\frac{QV}{2}$
(c) $\frac{1}{2}Q^2V^2$ (d) QV^2

101. एक 12 pF धारिता के संधारित्र को 50 V की बैटरी से सम्बन्धित किया जाता है। संधारित्र में कितनी स्थिर वैद्युत ऊर्जा संचित होती है?
(a) 1.5×10^{-8} जूल (b) 15×10^{-7} जूल
(c) 10×10^{-5} जूल (d) 17×10^{-2} जूल

102. एक परिवर्ती संधारित्र स्थायी रूप से 100 वोल्ट की बैटरी से सम्बन्धित है। यदि धारिता को 2μF से 10μF तक परिवर्तित किया जाए, तो ऊर्जा में परिवर्तन है
(a) 6×10^{-1} जूल (b) 3.5×10^{-2} जूल
(c) 10.2×10^{-2} जूल (d) 4×10^{-2} जूल

103. एक संधारित्र की क्षमता 4×10^{-6} फैरड है और इसका विभव 100 वोल्ट है। इसे पूर्ण अनावेशित करने पर व्यय ऊर्जा होगी
(a) 0.02 जूल (b) 0.04 जूल
(c) 0.025 जूल (d) 0.05 जूल

104. एक समान्तर प्लेट संधारित्र का प्लेट-क्षेत्रफल A तथा प्लेट अन्तराल d है, इसे V_0 विभव तक आवेशित किया जाता है। आवेशित बैटरी को हटाकर इसकी प्लेटों को दूर की ओर खींच कर इसका प्लेट अन्तराल पूर्व की तुलना में तीन गुना कर दिया जाता है। इस प्रक्रिया में किया गया कार्य है
(a) $\frac{3\varepsilon_0 AV_0^2}{d}$ (b) $\frac{\varepsilon_0 AV_0^2}{2d}$
(c) $\frac{\varepsilon_0 AV_0^2}{3d}$ (d) $\frac{\varepsilon_0 AV_0^2}{d}$

105. C धारिता के संधारित्र में संचित ऊर्जा क्या होगी, जबकि उसका विभव V तब बढ़ाया जाये?
(a) $\frac{1}{2}CV$ (b) $\frac{1}{2}CV^2$ (c) CV (d) $\frac{1}{2VC}$

106. एक समान्तर प्लेट संधारित्र की प्लेटों के मध्य एकसमान वैद्युत क्षेत्र E (वोल्ट/मी) आरोपित किया जाता है। यदि प्लेटों के बीच की दूरी d(मी) तथा प्रत्येक प्लेट का क्षेत्रफल A (मी²) है, तब संधारित्र में संचित ऊर्जा (जूल) है
(a) $\frac{1}{2}\varepsilon_0 E^2$ (b) $\varepsilon_0 E\,Ad$ (c) $\frac{1}{2}\varepsilon_0 E^2 Ad$ (d) $E^2 Ad / \varepsilon_0$

107. एक समान्तर प्लेट संधारित्र की प्लेटों के बीच दूरी d तथा प्लेटों का क्षेत्रफल A के बीच क्षेत्र में एकसमान वैद्युत क्षेत्र E है। इस आवेश संधारित्र की ऊर्जा है
(a) $\frac{1}{2}.\frac{\varepsilon_0 R^2}{Ad}$ (b) $\varepsilon_0 E^2 Ad$
(c) $\frac{1}{2}\varepsilon_0 E^2 Ad$ (d) $\frac{1}{2}.\frac{\varepsilon_0 E^2}{Ad}$

108. जब दो आवेशित चालकों पर परस्पर स्पर्श कराया जाता है, तो
(a) दोनों चालकों की कुल ऊर्जा संरक्षित रहती है
(b) दोनों चालकों का आवेश संरक्षित रहता है
(c) आवेश और ऊर्जा दोनों संरक्षित रहती हैं
(d) परिणामी विभव, प्रारम्भिक विभवों के माध्य के तुल्य रहता है

109. आवेशित संधारित्र की प्लेटों के बीच रखे हुए एक आवेशित कण पर कार्यरत् बल F है। यदि संधारित्र की एक प्लेट हटा दें, तो समान कण पर कार्यरत् बल हो जाता है
(a) 0 (b) $F / 2$
(c) $F / 5$ (d) $3F$

110. दो धारित्रों को, जिनकी धारिताएँ C_1 तथा C_2 हैं को विभव V_1 तथा V_2 तक आवेशित किया जाता है। उन्हें समान्तर क्रम में जोड़ने पर ऊर्जा का आदान-प्रदान नहीं होगा, यदि

(a) $C_1^2 = C_2^2$ (b) $C_1V_1 = C_2V_2^2$
(c) $V_1 = V_2$ (d) $(C_1/V_1)^2 = (C_2/V_2)^2$

111. एक समान्तर प्लेट संधारित्र, जिसकी प्लेटों के बीच के स्थान को परावैद्युत गुटके ($\varepsilon_r = 3$) द्वारा भरा जाता है, को विभव V तक आवेशित कर विलगित कर दिया जाता है। अब परावैद्युत गुटके को बाहर निकालकर, प्लेटों के बीच समान मोटाई परन्तु $\varepsilon_r = 2$ के गुटके को प्रविष्ट किया जाता है। बाद में संग्रहित ऊर्जा तथा पहले संग्रहित ऊर्जा में अनुपात है

(a) 4 : 5 (b) 3 : 2 (c) 9 : 4 (d) 6 : 13

112. समान दूरी पर रखी हुई n प्लेटों को, एक के अन्तराल के बाद जोड़कर एक संधारित्र की रचना की जाती है। यदि किन्हीं दो प्लेटों के बीच धारिता C है, तो परिणामी धारिता का मान होगा

(a) C^2 (b) $(n+1)C^2$
(c) $(n-1)C$ (d) nC^2

113. किसी संधारित्र की प्लेटों के बीच रिक्त स्थान को परावैद्युत नियतांक K के द्रव द्वारा भरा जाता है। संधारित्र की धारिता में

(a) K के गुणक से वृद्धि होती है (b) K^2 के गुणक से कमी होती है
(c) K^2 के गुणक से वृद्धि होती है (d) K के गुणक से कमी होती है

114. समान्तर पट्ट संधारित्र की धारिता में वृद्धि करने के लिए, इसकी प्लेटों के बीच प्रविष्ट करनी होगी

(a) अभ्रक (mica) (b) टिन
(c) स्टेनलेस स्टील की एक शीट (d) कॉपर

115. एक समान्तर पट्ट संधारित्र की वायु में धारिता $50\mu F$ है तथा तेल में डुबोए जाने पर $110\mu F$ है। तेल के लिए परावैद्युत नियतांक K है

(a) 1.45 (b) 1.55
(c) 1.54 (d) 2.20

116. एक समान्तर पट्ट संधारित्र की धारिता $5\mu F$ है। संधारित्र की प्लेटों के बीच काँच की एक पट्टी रखने पर, विभवान्तर अपने पूर्वमान का (1/8) हो जाता है। काँच के परावैद्युत नियतांक का मान होगा

(a) 0.107 (b) 4
(c) 8 (d) 5

117. एक समान्तर प्लेट संधारित्र की प्लेटों के बीच दूरी d तथा प्रत्येक प्लेट का क्षेत्रफल A है। जब, प्लेटों के मध्य परावैद्युत नियतांक K के पदार्थ का t मोटाई वाली $(t < d)$ एक शीट को प्रविष्ट किया जाता है, तो इसकी धारिता का व्यंजक होगा

(a) $\dfrac{\varepsilon_0 A^2}{d + t\left(1 - \dfrac{1}{K}\right)}$ (b) $\dfrac{\varepsilon_0 A^2}{d + (t + t/K)}$

(c) $\dfrac{\varepsilon_0 A}{d - t(1 - 1/K)}$ (d) $\dfrac{(\varepsilon_0 A)^2}{1 - t(1 + 1/K)}$

118. एक समान्तर संधारित्र की धारिता, जब उसकी प्लेटों के बीच दूरी 0.4 सेमी हो तथा प्लेटों के बीच के स्थान में वायु भरी हो, $2.0\mu F$ है। प्लेटों के बीच की दूरी आधी करके उनके बीच 2.8 परावैद्युतांक का परावैद्युत भरने पर अन्तिम धारिता है

(a) $11.2\mu F$ (b) $4.6\mu F$
(c) $9.10\mu F$ (d) $44.4\mu F$

119. समान्तर पट्ट संधारित्र के सम्बन्ध में, निम्नलिखित में कौन-सा कथन असत्य है?

(a) समान्तर पट्ट संधारित्र की धारिता, प्लेट के उभयनिष्ठ क्षेत्रफल के साथ रैखिक रूप से परिवर्तित होती है
(b) समान्तर पट्ट संधारित्र की धारिता, प्लेटों के बीच की दूरी के विलोमानुपाती होती है
(c) समान्तर पट्ट संधारित्र की धारिता, प्लेटों के बीच पदार्थ के अनुसार परिवर्तित होती है
(d) समान्तर पट्ट संधारित्र की धारिता प्लेटों की धातु के अनुसार परिवर्तित होती है

120. समान्तर पट्ट संधारित्र की धारिता निर्भर नहीं करती है

(a) प्लेटों के क्षेत्रफल पर (b) प्लेटों के बीच माध्यम पर
(c) प्लेटों के बीच दूरी पर (d) प्लेटों की धातु पर

121. एक समान्तर पट्ट संधारित्र, जिसकी प्लेटों के बीच माध्यम वायु है, की धारिता $10\mu F$ है। संधारित्र के क्षेत्रफल को दो समान भागों में विभाजित किया जाता है तथा इसको दो माध्यमों द्वारा भरा जाता है, जिनके परावैद्युत नियतांक $K_1 = 2$ व $K_2 = 4$ हैं। निकाय की धारिता होगी

(a) $10\mu F$ (b) $40\mu F$ (c) $30\mu F$ (d) $50\mu F$

122. किसी समान्तर पट्ट संधारित्र में यदि वायु के स्थान पर काँच की एक मोटी प्लेट रख दी जाए, तो

(a) धारिता कम होती है (b) धारिता बढ़ती है
(c) धारिता शून्य हो जाती है (d) धारिता परिवर्तित नहीं होती

123. एक समान्तर प्लेट संधारित्र की प्लेटों के बीच एक A1 शीट इस प्रकार प्रविष्ट की जाती है कि यह संधारित्र की किसी प्लेट को छूती नहीं है। संधारित्र की धारिता

(a) शीट की सभी स्थितियों के लिए अपरिवर्तित है
(b) अधिकतम है, जब शीट प्लेटों के मध्य में है
(c) अधिकतम है, जब शीट, + प्लेट के निकट है
(d) अधिकतम है, जब शीट – प्लेट के निकट है

124. एक समान्तर पट्ट संधारित्र की धारिता $8\mu F$ है जबकि इसकी प्लेटों के बीच 8 सेमी की दूरी है। यदि प्लेटों के बीच की दूरी 3.2 सेमी कर दी जाए, तो धारिता होगी

(a) $16\mu F$ (b) $25\mu F$ (c) $20\mu F$ (d) $45\mu F$

125. हम उच्च वोल्टेज के संधारित्र की प्लेटों को स्पर्श करते हैं, उच्च वोल्टेज को हटा लेने पर भी, संधारित्र की प्रवृत्ति है

(a) ऊर्जा को अपने पास ही बनाए रखने की
(b) विसर्जित होने की
(c) खतरनाक तरीके से प्रभावित करता है
(d) (b) व (c) दोनों

126. संधारित्र की प्लेटों पर आवेश में वृद्धि करने का तात्पर्य है

(a) धारिता में वृद्धि करना
(b) प्लेटों के बीच विभवान्तर में वृद्धि करना
(c) (a) और (b) दोनों
(d) उपरोक्त में से कोई नहीं

127. एक वायु संधारित्र की धारिता 1 पिको फैरड है। यदि प्लेटों के बीच की दूरी दोगुनी कर दी जाये एवं प्लेटों के मध्य मोम भर दी जाये तो धारिता बढ़कर 2 पिको फैरड हो जाती है, मोम का परावैद्युतांक होगा

(a) 2 (b) 4 (c) 6 (d) 8

128. समान्तर पट्ट संधारित्र की धारिता का व्यंजक है

(a) $C = QV$
(b) $C = KA / (q \times 10^9 . 4\pi d)$
(c) $C = A / (9 \times 10^9 . 4\pi Kd)$
(d) $C = Kd / (9 \times 10^9 . 4\pi A)$

129. एक समान्तर प्लेट संधारित्र में K_1 तथा K_2 परावैद्युतांक वाले दो परावैद्युत भरे हुए हैं। संधारित्र की धारिता होगी

(a) $C = \frac{\varepsilon_0 A}{d}$ (b) $C = \frac{2K_1K_2\varepsilon_0 A}{d(K_1 + K_2)}$
(c) $= \frac{d(K_1 + K_2)}{2K_1K_2\varepsilon_0 A}$ (d) $C = \frac{2K_1K_2}{K_1 + K_2}$

130. एक समान्तर प्लेट संधारित्र की प्लेटों को 100 वोल्ट तक आवेशित किया जाता है। एक 1 मिमी मोटाई की पट्टी प्लेटों के बीच खिसकायी जाती है, तो प्लेटों के बीच वही विभान्तर बनाये रखने के लिए प्लेटों के बीच दूरी 1.6 मिमी बढ़ायी जाती है। 1 पट्टी का परावैद्युतांक है

(a) 5 (b) 1.25
(c) 4 (d) 2.5

131. एक समान्तर प्लेट संधारित्र को आवेशित करने के पश्चात् प्लेटों के बीच की दूरी बढ़ा दी जाती है। तो प्लेटों का विभवान्तर

(a) समान रहेगा (b) बढ़ेगा
(c) घटेगा (d) शून्य हो जाएगा

132. एक समान्तर प्लेट संधारित्र की धारिता बिना किसी अपरिचालक पदार्थ के C है। यदि प्लेटों के बीच की दूरी दोगुनी तथा बीच में अचालक जिसका गुणांक 3 से भर दिया जाए, संधारित्र की धारिता हो जाती है

(a) $\frac{3}{4}C$ (b) $\frac{9}{2}C$
(c) $\frac{2}{3}C$ (d) $\frac{3}{2}C$

133. जब एक लैम्प को एक संधारित्र के श्रेणी क्रम में जोड़ दिया जाता है, तो लैम्प

(a) सामान्य चमक से जलेगा
(b) फट जाएगा
(c) नहीं जलेगा
(d) पहले (b) फिर (c)

134. 8μF, 250 V वाले कम-से-कम कितने संधारित्र 16μF धारिता 10000 वोल्ट पर देंगे?

(a) 32 (b) 15
(c) 11 (d) 10

135. धारिता C का एक संधारित्र विभवान्तर V_1 से आवेशित है, संधारित्र की प्लेट प्रेरकत्व L के एक आदर्श प्रेरक से जुड़ी है। जब संधारित्र में से गुजरने वाला विभवान्तर कम होकर V_2 हो जाता है तो प्रेरक में बहने वाली धारा का मान है

(a) $\left(\frac{C(V_1 - V_2)^2}{L}\right)^{1/2}$ (b) $\frac{C(V_1^2 - V_2^2)}{L}$
(c) $\frac{C(V_1^2 + V_2^2)}{L}$ (d) $\left(\frac{C(V_1^2 - V_2^2)}{L}\right)^{\frac{1}{2}}$

136. 10 माइक्रो फैरड धारिता वाले एक संधारित्र को 1000 वोल्ट तक आवेशित किया जाता है। संधारित्र को पॉवर सप्लाई से हटाकर 6 माइक्रो फैरड धारिता वाले एक अनावेशित संधारित्र से जोड़ा जाता है। प्रत्येक संधारित्र पर विभवान्तर होगा

(a) 167 वोल्ट (b) 100 वोल्ट
(c) 625 वोल्ट (d) 250 वोल्ट

137. दो एकसमान संधारित्र समान्तर में जोड़कर V वोल्ट तक आवेशित किए जाते हैं। अब इनको अलग कर, श्रेणीक्रम में जोड़े जाते हैं अर्थात् एक संधारित्र की धन प्लेट को दूसरे संधारित्र की ऋण प्लेट से जोड़ा जाता है

(a) स्वतन्त्र प्लेटों को जोड़ने पर आवेश नष्ट हो जाता है
(b) स्वतन्त्र प्लेटों के बीच विभवान्तर 2 V है
(c) निकाय में संग्रहित ऊर्जा में वृद्धि होती है
(d) स्वतन्त्र प्लेटों पर आवेश में वृद्धि होती है

138. तीन समान धारित्रों को चित्रानुसार जोड़ा गया है, जिनमें प्रत्येक की धारा C है। A और B के बीच में तुल्य धारिता है

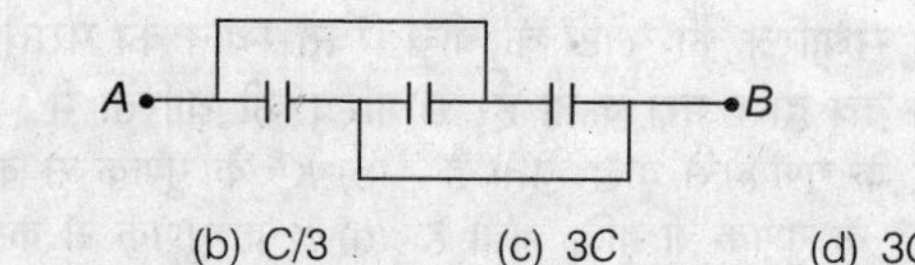

(a) C (b) $C/3$ (c) $3C$ (d) $3C/2$

139. श्रेणी क्रम में जुड़े n_1 संधारित्र जिसमें से प्रत्येक की धारिता C_1 है, 4 वोल्ट के विभवान्तर से आवेशित है। एक अन्य श्रेणी क्रम में जुड़े n_2 संधारित्र जिसमें प्रत्येक की धरिता C_2 है, V वोल्ट के विभवान्तर द्वारा आवेशित है। दोनों समान ऊर्जा एकत्र करते हैं तब C_2 का मान C_1 के पदों में होगा

(a) $\frac{2C_1}{n_1n_2}$ (b) $16\frac{n_2}{n_1}C_1$ (c) $2\frac{n_2}{n_1}C_1$ (d) $\frac{16C_1}{n_1n_2}$

140. 2μF व 6μF के दो संधारित्र श्रेणीक्रम में जुड़े हैं। समायोजन की तुल्यधारिता का मान होगा

(a) 10 μF (b) 15 μF
(c) 3/2 μF (d) 2/3 μF

141. दो संधारित्र, जिनकी धारिता क्रमश: C_1 व C_2 हैं, श्रेणीक्रम में जोड़े जाते हैं। निकाय की तुल्यधारिता का व्यंजक होगा

(a) $(C_1 + C_2)^2$
(b) $(C_1 - C_2)^2$
(c) $C_1C_2 / (C_1 + C_2)$
(d) $(C_1 + C_2) / C_1C_2$

142. एक परिपथ में दो संधारित्रों C_1 तथा C_2 को निम्न आकृति के अनुसार जोड़ा गया है। बिन्दु A का विभव V_1 और B का V_2 है

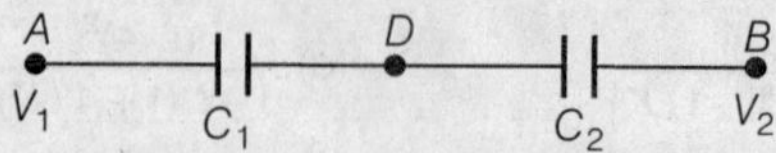

बिन्दु D का विभव होगा

(a) $\frac{1}{2}(V_1 + V_2)$ (b) $\frac{C_2V_2 + C_1V_1}{C_1 + C_2}$
(c) $\frac{C_1V_1 + C_2V_2}{C_1 + C_2}$ (d) $\frac{C_2V_1 - C_1V_2}{C_1 + C_2}$

143. $2\mu F$ धारिता के एक संधारित्र को 200 वोल्ट विभवान्तर तक आवेशित किया जाता है। बैटरी विच्छेदित करने के बाद, इस संधारित्र को एक अन्य अनावेशित संधारित्र के साथ समान्तर क्रम में जोड़ा जाता है। उभयनिष्ठ विभव 20 वोल्ट है। दूसरे संधारित्र की धारिता है

(a) $4\mu F$ (b) $10\mu F$ (c) $18\mu F$ (d) $15\mu F$

144. $20\mu F$ धारिता के एक संधारित्र को 500 वोल्ट तक आवेशित करके $10\mu F$ धारिता के एक-दूसरे संधारित्र के, जो 200 वोल्ट तक आवेशित है, समान्तर क्रम में जोड़ दिया जाता है। उभयनिष्ठ विभव का मान होगा

(a) 200 V (b) 300 V (c) 400 V (d) 500 V

145. तीन संधारित्र, प्रत्येक की धारिता $1\mu F$ है, समान्तर क्रम में जोड़े जाते हैं। इस संयोग के साथ श्रेणी में, $1\mu F$ का एक चौथा संधारित्र जोड़ा जाता है। निकाय की तुल्यधारिता है

(a) $15\mu F$ (b) $10\mu F$
(c) $(4/3)\mu F$ (d) $(3/4)\mu F$

146. दो संधारित्र, जिनकी धारिता क्रमशः C_1 व C_2 हैं, समान्तर क्रम में जोड़े जाते हैं। निकाय की तुल्यधारिता का मान होगा

(a) $C_1 + C_2$ (b) $C_1C_2/(C_1 + C_2)^2$
(c) $(C_1 - C_2)^2$ (d) $(1/C_1)^2 + (1/C_2)^2$

147. 1 माइक्रोफैरड धारिता के अनेक संधारित्रों की एक व्यवस्था के सिरों पर 3000 वोल्ट का विभवान्तर प्रयुक्त किया गया है। प्रत्येक संधारित्र की अधिकतम विभव वहन क्षमता 500 वोल्ट है तथा धारिता 1 माइक्रोफैरड है। संधारित्रों की न्यूनतम संख्या जिसके लिये व्यवस्था की कुल धारिता 2 माइक्रोफैरड हो, होगी

(a) 6 संधारित्र (b) 12 संधारित्र
(c) 72 संधारित्र (d) 2 संधारित्र

148. दर्शाये गये चित्र के अनुसार, जुड़े संधारित्रों की A तथा B के बीच तुल्य धारिता होगी

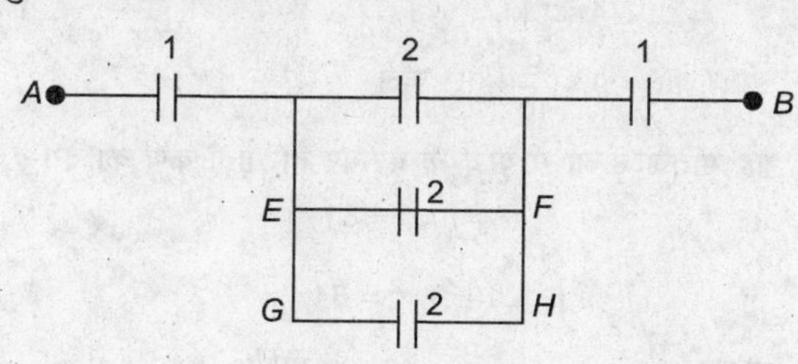

(a) $\frac{13}{6}$ (b) $\frac{6}{13}$ (c) 6 (d) 1

149. दिये गये चित्र में A और B बिन्दुओं के बीच समतुल्य धारक क्षमता होगी

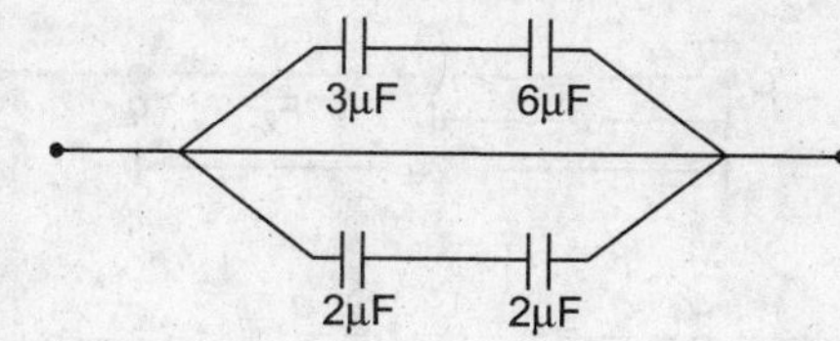

(a) $\frac{36}{13}\mu F$ (b) $2\mu F$
(c) $1\mu F$ (d) $3\mu F$

150. संलग्न चित्र में चार संधारित्रों का संयोजन एवं उनकी धारिता को दर्शाया गया है, $4\mu F$ के संधारित्र पर आवेश एवं उसके सिरों का विभवान्तर क्रमशः होगा

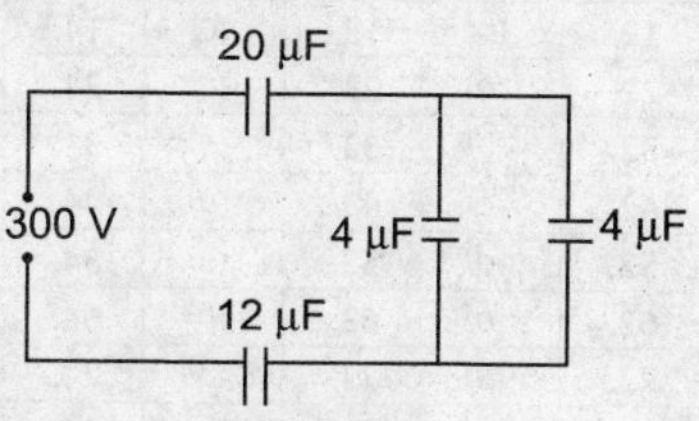

(a) 600 माइक्रो कूलॉम, 150 वोल्ट
(b) 300 माइक्रो कूलॉम, 200 वोल्ट
(c) 800 माइक्रो कूलॉम, 200 वोल्ट
(d) 580 माइक्रो कूलॉम, 145 वोल्ट

151. चार संधारित्र प्रत्येक की धारिता 3 माइक्रोफैरड है, दिए गए चित्रानुसार सम्बन्धित किए गए हैं। A तथा B की तुल्य धारिता और A तथा C की तुल्य धारिता का अनुपात होगा

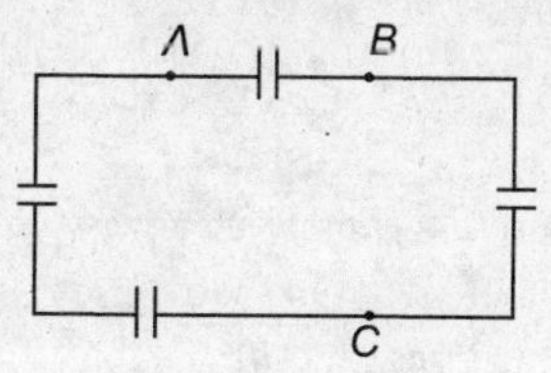

(a) 4 : 3 (b) 3 : 4
(c) 2 : 3 (d) इनमें से कोई नहीं

152. यदि चित्र में दर्शाए गये प्रत्येक संधारित्र की धारिता 3 माइक्रोफैरड हो, तो बिन्दुओं A व B के बीच तुल्य धारिता होगी

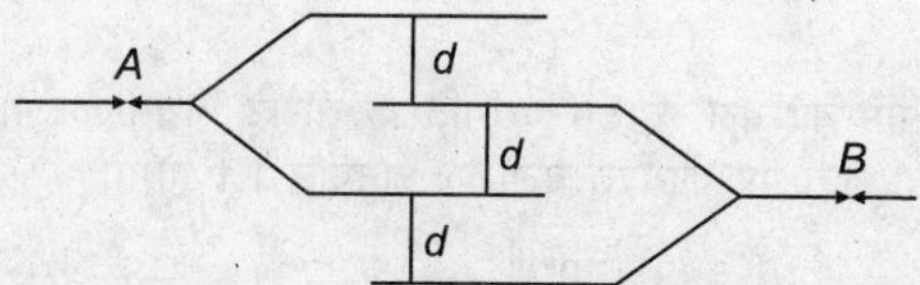

(a) 2 माइक्रोफैरड (b) 4 माइक्रोफैरड
(c) 7 माइक्रोफैरड (d) 9 माइक्रोफैरड

153. यदि संलग्न चित्र में संयोजित प्रत्येक संधारित्र की धारिता 9 माइक्रोफैरड हो तो बिन्दुओं A व B के बीच तुल्य धारिता होगी

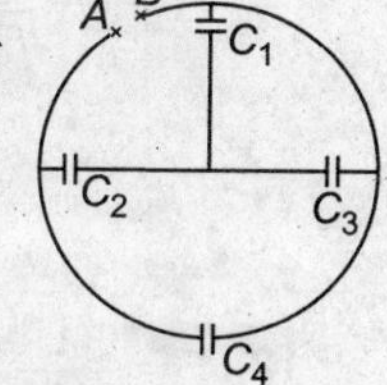

(a) 9 माइक्रोफैरड
(b) 18 माइक्रोफैरड
(c) 4.5 माइक्रोफैरड
(d) 15 माइक्रोफैरड

154. वान-डे ग्राफ जनित्र की सहायता से उत्पन्न होता है

(a) अति उच्च विभव (b) निम्न विभव
(c) प्रतिरोध (d) धारा

155. वान-डे ग्राफ जनित्र का उपयोग किया जाता है

(a) आवेशित कणों को त्वरित करके उनकी ऊर्जाओं में वृद्धि
(b) आवेशित कणों को त्वरित करके उनकी ऊर्जाओं में वृद्धि
(c) a व b दोनों
(d) उपरोक्त में से कोई नहीं

उत्तरमाला

1.	(a)	2.	(c)	3.	(b)	4.	(c)	5.	(b)	6.	(a)	7.	(d)	8.	(b)	9.	(d)	10.	(b)
11.	(d)	12.	(b)	13.	(c)	14.	(d)	15.	(b)	16.	(d)	17.	(b)	18.	(d)	19.	(c)	20.	(c)
21.	(b)	22.	(b)	23.	(c)	24.	(b)	25.	(c)	26.	(c)	27.	(d)	28.	(c)	29.	(b)	30.	(b)
31.	(c)	32.	(d)	33.	(d)	34.	(b)	35.	(a)	36.	(a)	37.	(c)	38.	(c)	39.	(a)	40.	(c)
41.	(d)	42.	(c)	43.	(a)	44.	(b)	45.	(a)	46.	(d)	47.	(a)	48.	(a)	49.	(d)	50.	(c)
51.	(a)	52.	(d)	53.	(d)	54.	(b)	55.	(c)	56.	(d)	57.	(c)	58.	(b)	59.	(a)	60.	(b)
61.	(b)	62.	(b)	63.	(b)	64.	(a)	65.	(a)	66.	(d)	67.	(a)	68.	(c)	69.	(b)	70.	(a)
71.	(c)	72.	(a)	73.	(c)	74.	(c)	75.	(b)	76.	(b)	77.	(a)	78.	(a)	79.	(b)	80.	(a)
81.	(d)	82.	(b)	83.	(a)	84.	(a)	85.	(c)	86.	(b)	87.	(b)	88.	(c)	89.	(a)	90.	(a)
91.	(b)	92.	(c)	93.	(a)	94.	(d)	95.	(d)	96.	(c)	97.	(c)	98.	(b)	99.	(b)	100.	(a)
101.	(a)	102.	(d)	103.	(a)	104.	(d)	105.	(b)	106.	(c)	107.	(c)	108.	(b)	109.	(b)	110.	(c)
111.	(b)	112.	(c)	113.	(a)	114.	(a)	115.	(d)	116.	(c)	117.	(c)	118.	(a)	119.	(d)	120.	(d)
121.	(c)	122.	(b)	123.	(a)	124.	(c)	125.	(d)	126.	(b)	127.	(b)	128.	(b)	129.	(b)	130.	(a)
131.	(b)	132.	(d)	133.	(c)	134.	(a)	135.	(d)	136.	(c)	137.	(a)	138.	(c)	139.	(d)	140.	(c)
141.	(c)	142.	(c)	143.	(c)	144.	(b)	145.	(d)	146.	(a)	147.	(c)	148.	(b)	149.	(d)	150.	(d)
151.	(a)	152.	(d)	153.	(d)	154.	(a)	155.	(a)										

उत्तर व्याख्या सहित

6. l दूरी पर स्थित $+4q$ आवेश के कारण q पर बल

$$= \frac{1}{4\pi\varepsilon_0} \times \frac{4q \times q}{(l)^2}$$

$(l/2)$ दूरी पर स्थित Q आवेश के कारण q पर बल

$$= \frac{1}{4\pi\varepsilon_0} \times \frac{qQ}{(l/2)^2}$$

अतः $$\frac{1}{4\pi\varepsilon_0} \times \frac{qQ}{(l/2)^2} + \frac{1}{4\pi\varepsilon_0} \times \frac{4q \times q}{l^2} = 0$$

$\therefore \quad Q = -q$

10. कूलॉम का बल, न्यूटन के गति के तीसरे नियम का पालन करता है। अतः, इन पर कार्यरत् बलों का अनुपात 1:1 होगा।

11. $$F_e = (9 \times 10^9)\left[\frac{e \times e}{r^2}\right]$$

तथा $$F_G = (6.6 \times 10^{-11})\left[\frac{m_e \times m_e}{r^2}\right]$$

$$\frac{F_G}{F_e} = \frac{6.6 \times 10^{-11}}{9 \times 10^9} \times \frac{(m_e)^2}{(e)^2}$$

$$= \frac{6.6 \times 10^{-11}}{9 \times 10^9} \times \frac{(9.1 \times 10^{-31})^2}{(1.6 \times 10^{-19})^2}$$

$$= 10^{-42}$$

12. $$F_a = \frac{1}{4\pi\varepsilon_0} \times \frac{q_1 q_2}{r^2}$$

$$F_m = \frac{1}{4\pi\varepsilon_0} \times \frac{1}{k} \times \frac{q_1 q_2}{r^2}$$

$$\therefore \quad \frac{F_a}{F_m} = \frac{k}{1}$$

13. दो आवेशों के बीच बल, इनके निकट तीसरे आवेश की उपस्थिति से प्रभावित नहीं होता है।

14. $$F_m = \frac{1}{K}[F_0] = \frac{F}{4}$$

15. माना वर्ग की भुजा a है। विकर्ण की लम्बाई $\sqrt{2}\,a$ होगी।

अतः $$F_{12} = \frac{1}{4\pi\varepsilon_0} \times \frac{q \times q}{a^2}$$

अतः $$F_{13} = \frac{1}{4\pi\varepsilon_0} \times \frac{q \times q}{2a^2}$$

$$\therefore \quad \frac{F_{12}}{F_{13}} = \frac{2}{1}$$

16. प्रत्येक आवेश पर, अन्य आवेशों के कारण कुल बल शून्य होगा।

17. आवेशों की स्थितिज ऊर्जा में परिवर्तन

$$= \frac{q_1 q_2}{4\pi\varepsilon_0}\left[\frac{1}{r_1} - \frac{1}{r_2}\right] = (9 \times 10^9)(1 \times 10^{-6})(10^{-3})\left[\frac{1}{1} - \frac{1}{10}\right]$$

$$= 9 \times \frac{9}{10} = 8.1 \text{ जूल}$$

यह गतिज ऊर्जा में वृद्धि के बराबर है। माना कण का वेग v है। तब

$$\frac{1}{2}mv^2 = 8.1$$

$$\frac{1}{2} \times (2 \times 10^{-3})\, v^2 = 8.1$$

अतः $$v = 90 \text{ मी/से}$$

21. q पर परिणामी बल शून्य होगा यदि q पर $4q$ के कारण लगने वाला बल F_1 व Q के कारण लगने वाला बल F_2 परिमाण में समान, परन्तु विपरीत दिशा में आरोपित हो। अतः Q पर स्थित आवेश का चिन्ह (-) होना चाहिए।

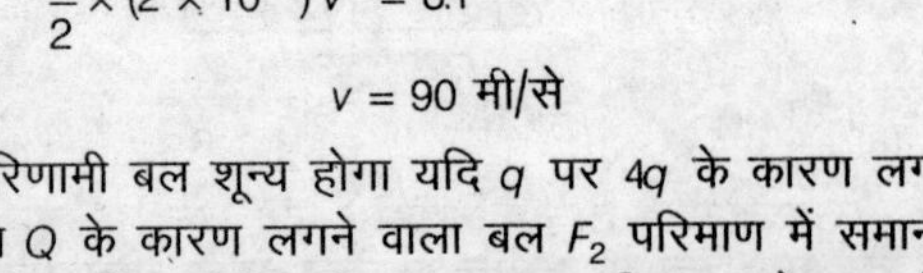

$\therefore \quad F_1 = -F_2$ से

$$\frac{1}{4\pi\varepsilon_0} \frac{4q \cdot q}{(2a)^2} = -\frac{1}{4\pi\varepsilon_0} \cdot \frac{Q \cdot q}{(a)^2}$$

या $\dfrac{4q}{4} = -Q$ या $Q = -q$

22. प्रश्नानुसार, $12 = \frac{1}{4\pi\varepsilon_0} \cdot \frac{2 \times 6}{r^2}$ ...(i)

प्रत्येक को – 4 C आवेश देने पर,

$q_1' = 2 - 4 = -2\ C, q'_2 = 6 - 4 = 2\ C$

$\therefore \quad F = \frac{1}{4\pi\varepsilon_0} \cdot \frac{q'_1 q'_2}{r^2}$ ...(ii)

$F = -\frac{1}{4\pi\varepsilon_0} \frac{2 \times 2}{r^2}$ ...(iii)

समी (iii) को (i) से भाग करने पर,

$\therefore \quad F = -4$ N या 4 N आकर्षण

24. $F = \frac{kQ_1 (Q - Q_1)}{R^2}$ ...(i)

दोनों आवेशों के मध्य प्रतिकर्षण बल अधिकतम होने के लिए

$\frac{dF}{dQ} = 0$

$\therefore \quad Q_1 = Q_2 = \frac{Q}{2}$

31. माना वैद्युत क्षेत्र की तीव्रता x दूरी पर शून्य है। तब,

$\frac{1}{4\pi\varepsilon_0} \times \frac{(20 \times 10^{-6})}{x^2} = \frac{1}{4\pi\varepsilon_0} \times \frac{(80 \times 10^{-6})}{(10 - x)^2}$

$\Rightarrow \quad \frac{(10 - x)^2}{x^2} = 4$

$\Rightarrow \quad \frac{10 - x}{x} = \pm 2$

अतः $x = \left(\frac{10}{3}\right)$ सेमी

$\Rightarrow$ 3.33 सेमी, अर्थात् 0.033 मी

38. $E = \frac{V}{d} = \frac{10 \text{ वोल्ट}}{0.01 \text{ मी}} = 1000$ न्यूटन/कूलॉम

39. आवेशित पट्टिका (plate) के कारण

विद्युत क्षेत्र की तीव्रता, $E = \frac{6}{\varepsilon_0}$, यह पट्टिका से दूरी पर निर्भर नहीं करती। अतः तीव्रता E ही रहेगी।

41. माना उस बिन्दु पर $+\sigma$ तथा $-\sigma$ आवेश घनत्व वाली प्लेटों के कारण तीव्रताएँ $\mathbf{E}_1$ व $\mathbf{E}_2$ हैं। तब

$|\mathbf{E}_1| = \frac{\sigma}{2\varepsilon_0}$ तथा $|\mathbf{E}_2| = \frac{\sigma}{2\varepsilon_0}$

$\mathbf{E}_1$ व $\mathbf{E}_2$ परस्पर लम्बवत् हैं। अतः परिणामी तीव्रता का परिणाम

$E = \sqrt{E_1^2 + E_2^2} = \frac{\sigma}{\varepsilon_0\sqrt{2}}$

42. वेक्टर योग के त्रिभुज नियम से यदि किन्हीं तीन वेक्टरों को परिमाण व दिशा में, त्रिभुज की चक्रीय क्रम में ली गई भुजाओं से निरूपित कर सकें, तो उनका परिणामी शून्य होता है।

∴ परिणामी तीव्रता $E = 0$

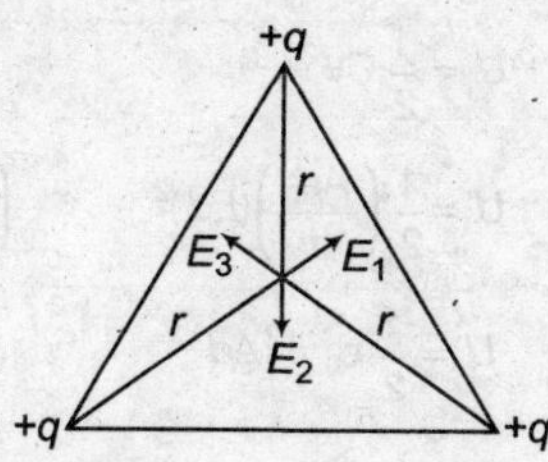

43. $V = \frac{1}{4\pi\varepsilon_0} \cdot \frac{q}{r} - \frac{1}{4\pi\varepsilon_0} \cdot \frac{q}{3r}$

$\therefore \quad V = \frac{1}{4\pi\varepsilon_0} \cdot \frac{2q}{3r}$ ...(i)

$E = \frac{1}{4\pi\varepsilon_0} \cdot \frac{q}{(3r)^2} = \frac{1}{4\pi\varepsilon_0} \cdot \frac{q}{9r^2}$

$E = \frac{1}{4\pi\varepsilon_0} \cdot \frac{2q}{3r} \cdot \frac{1}{6r} = \frac{V}{6r}$

44. सन्तुलन में $qE = mg$ से,

$5 \times 10^{-6} E = 50 \times 10^{-3} \times 9.8$

$E = 98$ N/C (नीचे की ओर)

[∵ विद्युत क्षेत्र धन से ऋण आवेश की ओर दिष्ट होता है।]

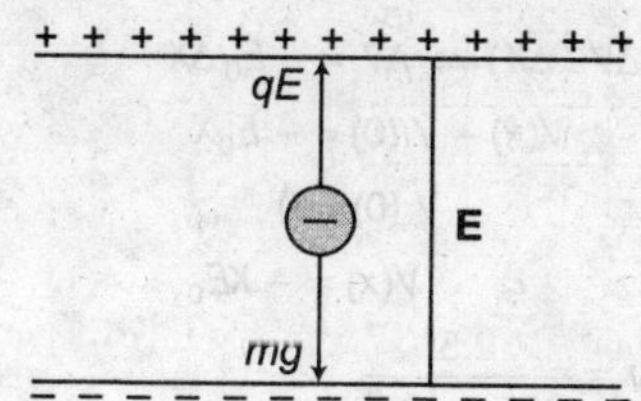

51. $E = -\frac{dV\,\hat{\mathbf{r}}}{dr}$ ...(i)

$V = \frac{k}{r}$ ...(ii)

समी (i) व (ii) से, $E = -\frac{kd}{dr}\left(\frac{1}{r}\right)\hat{\mathbf{i}} = \frac{k}{r^2}\hat{\mathbf{r}}$ ...(iii)

$\because \quad \hat{\mathbf{r}} = \frac{\mathbf{r}}{r}$ ...(iv)

समी (iii) व (iv) से,

$E = \frac{k}{r^3}\mathbf{r}$ ...(v)

$\mathbf{E} = 2\hat{\mathbf{r}} + 3\hat{\mathbf{j}} + 6\hat{\mathbf{k}}$

$\therefore \quad |r| = \sqrt{(2)^2 + (3)^2 + (6)^2}$

$|r| = \sqrt{49} = 7$ ...(vi)

समी (v) व (vi) से,

$E = \frac{k}{(7)^3}\mathbf{r}$

$E = \frac{k}{343}\mathbf{r} = \frac{k}{343}(2\hat{\mathbf{i}} + 3\hat{\mathbf{j}} + 6\hat{\mathbf{k}})$ वोल्ट/मी

53. $W = qV = q\,E\,d$

$4 = 02 \times E \times (2\cos 60°) = 02\,E\,(1)$

$\therefore E = \frac{4}{02} = 20$ न्यूटन/कूलॉम

55. $U_P = \mathrm{P\,E} = P\,E\cos\theta$

$(U_P) =$ न्यूनतम $= 0$

$\therefore \quad P = p\,E\cos\theta \Rightarrow \cos\theta = 0$

$\theta = 90°$

57. अधिकतम टॉर्क, $\tau = p \times E$

यहाँ $P = (1.0 \times 10^{-6}$ कूलॉम$)(0.02$ मी$) = 2 \times 10^{-8}$ कूलॉम मी

$\therefore \quad \tau = (2 \times 10^{-8})(1.0 \times 10)^5$ न्यूटन/कूलॉम

$= 2.0 \times 10^{-3}$ न्यूटन-मी

63. $V = \frac{1}{4\pi\varepsilon_0} \times \frac{\text{आवेश}}{r}$

यहाँ आवेश = $50 \times (1.6 \times 10^{-19})$ कूलॉम

तथा $r = 10^{-12}$ मी

$\therefore \quad V = (9 \times 10^9)\left[\frac{50 \times 1.6 \times 10^{-19}}{10^{-12}}\right]$

$= 7.2 \times 10^4$ वोल्ट

71. वृत्ताकार मार्ग के प्रत्येक बिन्दु पर विभव समान होता है, अतः किया गया कार्य शून्य है।

72. $\frac{1}{2} m v^2 = eV$

$\therefore \quad v = \sqrt{\left(\frac{2eV}{m}\right)}$

75. $E_0 = -(\Delta V / \Delta X) \Rightarrow \Delta V = -E_0 \Delta X$

$\therefore \quad V(x) - V(0) = -E_0 X$

यहाँ $V(0) = 0$

$\therefore \quad V(x) = -XE_0$

76. $E = F/q = \frac{2.5}{6.75 \times 10^{-6}}$

$= 3.71 \times 10^5$ न्यूटन/कूलॉम

विभव $= E \times d$

$\therefore$ विभव प्रवणता $= (3.71 \times 10^5)(1)$

$= 3.71 \times 10^5$ वोल्ट/मी

78. प्रश्नानुसार, $\frac{W_1}{W_2} = \frac{\frac{1}{2}CV_1^2}{\frac{1}{2}CV_2^2} = \frac{(40-20)^2}{(50-40)^2} = \frac{400}{100}$

अतः $W_2 = \frac{W_1}{4}$

कुल किया गया कार्य, $W_2 = W_1 - \frac{W_1}{4} = \frac{3}{4}W_1 = \frac{3}{4}W$

79. $\because W = q\,\Delta V,$

समविभव पृष्ठ पर, $\Delta V = 0$

$\therefore \quad W = 0$

80. यहाँ $q = 3$ कूलॉम, $F = 3000$ N, $d = 1$ सेमी $= 10^{-2}$ मी

सूत्र $E = \frac{F}{q}$ से,

$\Rightarrow \quad E = \frac{3000}{3} = 1000$ वोल्ट/मी

अब $E = \frac{V}{l} = \frac{V}{10^{-2}}$ मी

या $V = E \times 10^{-2} = 1000 \times 10^{-2}$

$\therefore \quad V = 10$ वोल्ट

81. यहाँ $W = 4$ जूल, $q = 10$ कूलॉम,

$\therefore \quad \Delta V = \frac{W}{q} = \frac{4}{10} = 4 \times 10^{-1}$ वोल्ट

82. आवेशित गोले के भीतर प्रत्येक बिन्दु पर विभव पृष्ठ पर विभव के समान होता है। अतः केन्द्र पर विभव 10 वोल्ट है।

83. बिन्दु C पर प्रतिकर्षण की स्थितिज ऊर्जा

$U_1 = \frac{1}{4\pi\varepsilon_0} \cdot \frac{q_1 q_3}{(80)}$

बिन्दु D पर प्रतिकर्षण व आकर्षण की स्थितिज ऊर्जा

$U_2 = \frac{1}{4\pi\varepsilon_0} \cdot \frac{q_1 q_3}{(80)} - \frac{1}{4\pi\varepsilon_0} \frac{q_2 q_3}{(20)}$

स्पष्टतः ऊर्जा घट रही है।

$\therefore$ ऊर्जा अन्तर $\Delta U = U_1 - U_2 = \frac{q_2 q_3}{4\pi\varepsilon_0 (20)}$

$\therefore \quad \%$ कमी $= \frac{\Delta U}{U_1} \times 100$

$= \frac{q_2 q_3}{4\pi\varepsilon_0 (20)} \times \frac{(80)\, 4\pi\varepsilon_0}{q_1 q_3} \times 100$

$= \frac{q_2 \times 4}{q_1} \times 100 = \frac{0.4 \times 10^{-8} \times 4}{2 \times 10^{-8}} \times 100$

$= 80\%$

85. वैद्युत क्षेत्र में त्वरण होगा

$a = \frac{qE}{m}$

गतिज ऊर्जा $= \frac{1}{2} m v^2 = \frac{1}{2} m a^2 t^2 = (E^2 q^2 t^2 / 2m)$

$[\because v = u + at \Rightarrow v = 0 + at]$

86. गतिज ऊर्जा = आवेश × विभवान्तर = (qV)

$= 1.6 \times 10^{-19} \times 10^6$

$= 1.6 \times 10^{-13}$ जूल

95. $E = \frac{1}{2}CV^2 = \frac{1}{2} \times (50 \times 10^{-6}) \times 10^2$

$= 25 \times 10^{-4}$ जूल

96. संचित ऊर्जा $= \frac{1}{2} qV$

$= \frac{1}{2} \times 0.1 \times 200 = 10$ जूल

97. $E = \frac{1}{2} \times \frac{q^2}{C} = \frac{1}{2} \times \frac{(40 \times 10^{-6})^2}{1 \times 10^{-6}}$

$= 800 \times 10^{-6}$ जूल $= 8000$ अर्ग

103. $U = \frac{1}{2}CV^2 = \frac{1}{2} \times 4 \times 10^{-6} \times (100^2) = 0.02$ जूल

104. कार्य $W = U_f - U_i$

$U_i = \frac{1}{2}CV_0^2$

एवं $U_f = \frac{1}{2}\frac{(C)}{3} \cdot (3V_0)^2 = 3 \times \frac{1}{2}CV_0^2$

अतः $W = \frac{\varepsilon_0 A V_0^2}{d}$

105. विभव शून्य से V तक बढ़ेगा, अतः संचित ऊर्जा $U = \frac{1}{2}CV^2$

106. संधारित्र में संचित ऊर्जा

$U = \frac{1}{2}CV^2$

$U = \frac{1}{2}\left(\frac{A\varepsilon_0}{d}\right)(Ed)^2 \qquad \left(\because C = \frac{A\varepsilon_0}{d} \text{ तथा } V = Ed\right)$

$\therefore \quad U = \frac{1}{2}\varepsilon_0 E^2 Ad$

107. संचित ऊर्जा $= \frac{1}{2}CV^2 = \frac{1}{2}\left(\frac{\varepsilon_0 A}{d}\right)V^2$

$$= \frac{1}{2}\varepsilon_0\left(\frac{V}{d}\right)^2 Ad = \frac{1}{2}\varepsilon_0 E^2\, Ad$$

108. आवेश संरक्षण सिद्धान्त द्वारा।

111. हम जानते हैं कि संधारित्र में संचित ऊर्जा

$$U = \frac{1}{2}\frac{Q^2}{C}$$

$\therefore \quad U_1 = \frac{1}{2}\times\frac{Q^2}{C_1}$ तथा $U_2 = \frac{1}{2}\times\frac{Q^2}{C_2}$

$\Rightarrow \quad \frac{U_2}{U_1} = \frac{C_1}{C_2} = \frac{(\varepsilon_r)_1}{(\varepsilon_r)} = \frac{3}{2}$

112. दिया गया निकाय, समान्तर बद्ध $(n-1)$ संधारित्रों के तुल्य है। प्रत्येक संधारित्र की धारिता C है। अतः परिणामी धारिता $(n-1)C$ होगी।

114. समान्तर प्लेट संधारित्र की प्लेटों के बीच हम धातु की प्लेट प्रविष्ट नहीं कर सकते हैं, क्योंकि यह संधारित्र को शॉर्ट सर्किट कर देगी तथा यह संधारित्र के रूप में कार्य नहीं करेगा। अतः अभ्रक की प्लेट प्रविष्ट करनी होगी।

115. हम जानते हैं कि $C \propto K$

$\therefore \quad \frac{C_1}{C_2} = K_{तेल} = \frac{110}{50} = 2.2 \qquad (\because K_{वायु} \approx 1)$

116. $V = \frac{V_0}{K} \Rightarrow K = \frac{V_0}{V}$

$\therefore \quad K = \frac{V_0}{(V_0/8)} = 8$

121. $C_0 = \frac{\varepsilon_0 A}{d} = 10\,\mu\text{F} = 10\times10^{-6}\,\text{F}$

जब क्षेत्रफल को दो भागों में विभाजित किया जाता है,

माना इनकी धारिताएँ क्रमशः C_1 व C_2 हैं।

तब $\quad C_1 = \frac{K_1\varepsilon_0 A}{2d}$ तथा $C_2 = \frac{K_2\varepsilon_0 A}{2d}$

$$C = C_1 + C_2 = \frac{\varepsilon_0 A}{2\,d}[K_1 + K_2]$$

$$= \frac{10\times10^{-6}}{2}[2+4]$$

$$= 30\times10^{-6}\text{F} = 30\mu\text{F}$$

127. $C = \frac{\varepsilon_0 A}{d} = 1$ पिकोफैरड तथा $C' = \frac{K\varepsilon_0 A}{2d} = 2$ पिकोफैरड

$\therefore \quad K = 4$

129. दो संधारित्र जिनकी प्रत्येक प्लेट का क्षेत्रफल A तथा प्लेटों के मध्य दूर $\frac{d}{2}$ है, श्रेणी क्रम में जुड़े हैं।

$\therefore \quad C = \frac{C_1C_2}{C_1 + C_2}$

$$C_1 = \frac{2K_1\varepsilon_0 A}{d}$$

$$C_2 = \frac{2K_2\varepsilon_0 A}{d}$$

$$C = \frac{2K_1K_2\varepsilon_0 A}{d(K_1 + K_2)}$$

130. वायु में प्लेटों के बीच विभवान्तर

$$V_{हवा} = \frac{\sigma}{\varepsilon_0}\cdot d \qquad \ldots(i)$$

जब प्लेटों के बीच किसी परावैद्युतांक पदार्थ को भरा दिया जाता है, तब विभवान्तर $\quad V_m = \frac{\sigma}{\varepsilon_0}\left(d - t + \frac{t}{K}\right) \qquad \ldots(ii)$

विभवान्तर में वृद्धि $V'_m = \frac{\sigma}{\varepsilon_0}\left\{(d + d') - t + \frac{t}{K}\right\} \qquad \ldots(iii)$

प्रश्नानुसार, $\quad V_{हवा} = V'_m$

तब $\quad K = \frac{t}{t - d'}$

या $\quad K = \frac{2}{2 - 1.6} = 5$

131. संधारित्र की धारिता, $C = \frac{k\varepsilon_0 A}{d}$ तथा विभवान्तर, $V = \frac{q}{C}$

जब संधारित्रों के प्लेटों के बीच की दूरी को बढ़ाया जाता है तब संधारित्र की धारिता कम हो जाती है, इसलिये विभवान्तर बढ़ जाता है।

132. $C = \frac{\varepsilon_0 A}{d}$

दिया है, $d' = 2d$ तथा $K = 3$

$$C' = \frac{3}{2}C$$

135. धारा का मान $i = \left[\frac{C(V_1^2 - V_2^2)}{L}\right]^{1/2}$

136. आवेशित होने के बाद, संधारित्र में कुल आवेश

$$Q = CV = 10\times10^{-6} \text{ फैरड} \times 1000 \text{ वोल्ट} = 10^{-2} \text{ कूलॉम}$$

विभव, $V = \frac{C_1V_1}{C_1 + C_2} = \frac{10^{-2}}{16\times10^{-6}} = 625$ वोल्ट

137. दोनों संधारित्र समान विभव तक आवेशित किए जाते हैं। अतः ये समान आवेश ग्रहण करते हैं। समान्तर क्रम में जोड़ने पर, ये एक-दूसरे को निरस्त कर देते हैं।

138. दिया गया परिपथ पुनः बनाया जा सकता है

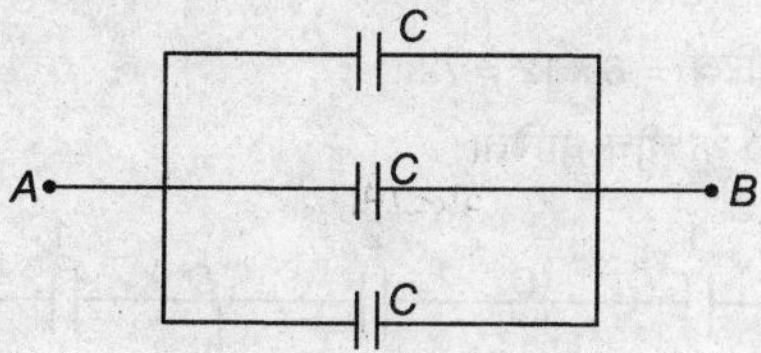

अतः A तथा B के बीच तुल्य धारिता $C_{AB} = 3C$

139. जब संधारित्रों को श्रेणी क्रम में जोड़ा जाता है

$$U_1 = \frac{1}{2}\frac{C_1}{n_1}(4V)^2$$

जब संधारित्रों को समान्तर क्रम में जोड़ा जाता है

$$U_1 = \frac{1}{2}(n_2C_2)V^2$$

दिया है, $\quad U_1 = U_2$

$$\frac{1}{2}\frac{C_1}{n_1}(4V)^2 = \frac{1}{2}(n_2C_2)V^2 \Rightarrow C_2 = \frac{16\,C_1}{n_1n_2}$$

140. $\frac{1}{C} = \frac{1}{C_1} + \frac{1}{C_2} = \frac{1}{2} + \frac{1}{6} = \frac{4}{6}$

$\therefore \quad C = \frac{6}{4} = \frac{3}{2}\,\mu F$

141. ∵ श्रेणीबद्ध दो संधारित्रों की तुल्यधारिता होती है।

$$\frac{1}{C} = \frac{1}{C_1} + \frac{1}{C_2} = \frac{C_1 + C_2}{C_1 C_2}$$

$$\therefore \qquad C = \frac{C_1 C_2}{C_1 + C_2}$$

142. C_1 पर आवेश = C_2 पर आवेश

$$\Rightarrow \qquad C_1(V_A - V_D) = C_2(V_D - V_B)$$

$$\Rightarrow \qquad C_1(V_1 - V_D) = C_2(V_D - V_2)$$

$$\Rightarrow \qquad V_D = \frac{C_1V_1 + C_2V_2}{C_1 + C_2}$$

143. माना दूसरे संधारित्र की धारिता C है, क्योंकि आवेश संरक्षित है।

$\{(2 + C) \times 10^{-6}\}\,(20) = (2 \times 10^{-6})\,(200)$

$2 + C = 20 \Rightarrow C = 18\,\mu F$

145. तीन संधारित्रों को समान्तर क्रम में जोड़ने पर,

$C' = 1 + 1 + 1 = 3\mu F$

अब $1\,\mu F$ धारिता के संधारित्र के साथ C' को श्रेणी में जोड़ा जाता है।

अतः $\quad \frac{1}{C''} = \frac{1}{C'} + \frac{1}{1} = \frac{1}{3} + \frac{1}{1} = \frac{4}{3} \Rightarrow C'' = \frac{3}{4}\,\mu F$

146. समान्तर क्रम में, $C = C_1 + C_2$

147. प्रत्येक पंक्ति में न्यूनतम संधारित्रों की संख्या $= \frac{3000}{500} = 6$

यदि C_S एक पंक्ति में 6 संधारित्रों की तुल्य धारिता हो, तो

$C_S = \frac{1}{6}$ माइक्रोफैरड

माना इस तरह की m समान्तर पंक्तियाँ हैं।

कुल धारिता $= m \times c$

$2 = m \times \frac{1}{6}$

$\therefore \qquad m = 12$

कुल संधारित्र $= 6 \times 12 = 72$

148. C तथा D के बीच धारिता

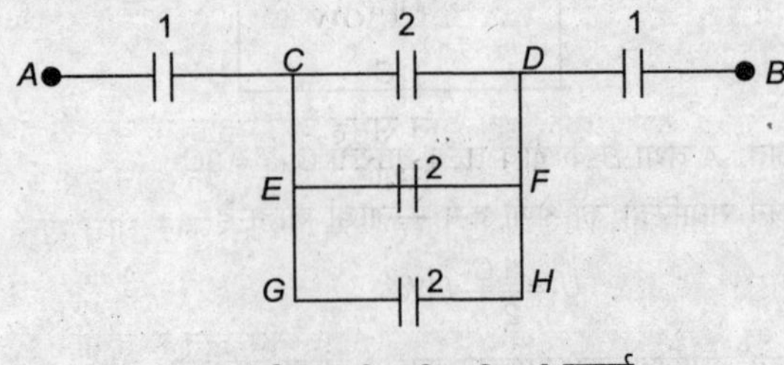

$C_{CD} = 2 + 2 + 2 = 6$ इकाई

A तथा B के बीच धारिता

$$\frac{1}{C_{AB}} = \frac{1}{1} + \frac{1}{6} + \frac{1}{1} = \frac{13}{6}$$

$C_{AB} = \frac{6}{13}$ इकाई

149.

C_1 तथा C_2 श्रेणी क्रम में हैं

$$\frac{1}{C'} = \frac{1}{C_1} + \frac{1}{C_2} = \frac{1}{3} + \frac{1}{6}$$

$C' = 2$ माइक्रोफैरड

इसी प्रकार, C_3 तथा C_4 श्रेणी क्रम में हैं।

$$\frac{1}{C''} = \frac{1}{C_3} + \frac{1}{C_4} = \frac{1}{2} + \frac{1}{2}$$

$C'' = 1$ माइक्रोफैरड

अब C' तथा C'' समान्तर क्रम में है

$C_{तुल्य} = C' + C''$

$= 2$ माइक्रोफैरड $+ 1$ माइक्रोफैरड

$= 3$ माइक्रोफैरड

150. कुल धारिता $\frac{1}{C} = \frac{1}{20} + \frac{1}{8} + \frac{1}{12}$

$\Rightarrow \qquad C = \frac{120}{31}$ माइक्रोफैरड

कुल आवेश $Q = CV = \frac{120}{31} \times 300 = 1161$ माइक्रोकूलॉम

4 माइक्रोफैरड वाले संधारित्र में आवेश $= \frac{1161}{2} = 580$ माइक्रो कूलॉम

तथा इसके सिरों पर विभवान्तर $= \frac{580}{4} = 145$ वोल्ट

152. चित्र के अनुसार दर्शाए गए संधारित्र, 3 समान्तर क्रम में जुड़े संधारित्र है।

अतः A व B के बीच तुल्य धारिता

$C_{AB} = C_1 + C_2 + C_3$

$= 3 + 3 + 3 = 9$ माइक्रोफैरड

153. संधारित्र C_1 व C_3 समान्तर क्रम में जुड़े हैं।

अतः $C_{13} = C_1 + C_3 = 9 + 9 = 18$ माइक्रोफैरड

संधारित्र C_2 व C_{13} श्रेणी क्रम में जुड़े हैं।

अतः $\quad \frac{1}{C_{2-13}} = \frac{1}{C_2} + \frac{1}{C_{13}}$

$= \frac{1}{9} + \frac{1}{18}$

$\Rightarrow \qquad C_{2-13} = \frac{9 \times 18}{9 + 18} = 6$ माइक्रोफैरड

संधारित्र C_4 तथा C_{2-13} पुनः समान्तर क्रम में जुड़े हैं।

अतः A व B के बीच तुल्य धारिता

$C_{AB} = C_4 + C_{2-13}$

$= 9 + 6 = 15$ माइक्रोफैरड

अध्याय 18

धारा वैद्युतिकी

Current Electricity

वैद्युत धारा (Electric Current)

किसी पृष्ठ से आवेश के प्रवाह की दर को वैद्युत धारा कहते हैं। सभी गतिमान आवेशों द्वारा धारा स्थापित होती है। यदि किसी पृष्ठ के किसी क्षेत्रफल से नेट आवेश Δq समयान्तराल Δt में पृष्ठ के लम्बवत् एक ओर से दूसरी ओर स्थानान्तरित होता है, तो उस क्षेत्रफल से गुजरने वाली औसत वैद्युत धारा

$$i_{av} = \frac{\Delta q}{\Delta t}$$

इस क्षेत्रफल से गुजरने वाली धारा का तात्क्षणिक मान,

$$i = \lim_{\Delta t \to 0} \frac{\Delta q}{\Delta t} = \frac{dq}{dt}$$

वैद्युत धारा का SI मात्रक ऐम्पियर है।

धारा घनत्व (Current Density)

यदि किसी चालक में किसी बिन्दु P पर एक अनन्त सूक्ष्म क्षेत्रफल $\Delta \mathbf{A}$ के लम्बवत् अर्थात् वेक्टर क्षेत्रफल $\Delta \mathbf{A}$ की दिशा में कोई धारा ΔI प्रवाहित होती है, तो उस बिन्दु पर धारा घनत्व $\mathbf{J}$ का औसत मान,

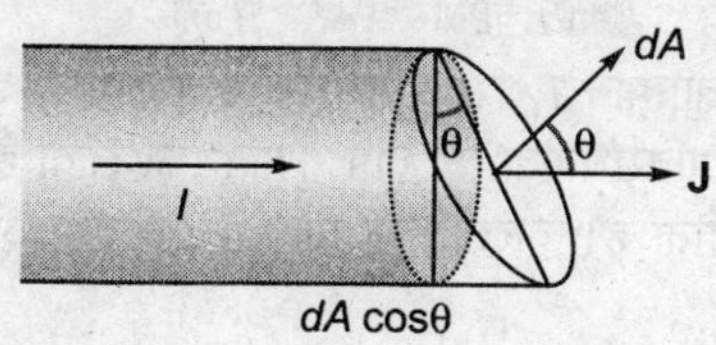

$$\langle J \rangle = \frac{\Delta I}{\Delta A}\hat{\mathbf{n}}$$

अत: धारा घनत्व का तात्क्षणिक मान (instantaneous value)

$$J = \lim_{\Delta A \to 0} \frac{\Delta I}{\Delta A} = \frac{dI}{dA}$$

यदि क्षेत्रफल dA, धारा की दिशा के लम्बवत् न हो तो धारा की दिशा के लम्बवत् क्षेत्रफल $dA\cos\theta$ होगा, तब

$$J = \frac{dI}{dA\cos\theta} \text{ अथवा } dI = J\,dA\cos\theta = \mathbf{J}.d\,\mathbf{A}$$

$$I = \int_A \mathbf{J}\cdot d\,\mathbf{A}$$

अनुगमन वेग (Drift Velocity)

जब एक चालक के सिरों पर विभवान्तर लगाकर उसमें वैद्युत क्षेत्र उत्पन्न करते हैं, तो वैद्युत क्षेत्र मुक्त इलेक्ट्रॉनों को तार की लम्बाई के अनुदिश एक नियत वेग प्रदान करता है। इस वेग को अनुगमन वेग v_d कहते हैं। यह 10^{-4} मी से$^{-1}$ के क्रम का होता है।

चालक में बहने वाली धारा, $i = neA\,v_d$ या $v_d = \dfrac{i}{neA}$

यहाँ, n = प्रति एकांक आयतन में मुक्त इलेक्ट्रॉनों की संख्या

A = चालक के अनुप्रस्थ-काट का क्षेत्रफल

धात्विक चालक में धारा प्रवाह की यान्त्रिकी (Mechanism of Current Flow in a Metallic Conductor)

किसी धातु में धारा प्रवाह इलेक्ट्रॉन समूह के प्रवाह के कारण होता है। बाह्य वि० वा० बल (बैटरी) की अनुपस्थिति में मुक्त इलेक्ट्रॉन एक बिन्दु से दूसरे बिन्दु तक अनियमित गति करते रहते हैं जिससे कुल धारा शून्य होती है।

जब बैटरी जोड़कर जोड़ देते हैं, तब मुक्त इलेक्ट्रॉन वैद्युत क्षेत्र के कारण त्वरित हो जाते हैं तथा ये वेग व ऊर्जा प्राप्त कर लेते हैं तथापि इलेक्ट्रॉन गति के दौरान धातु के आयनों से टकराते रहते हैं तथा उन्हें ऊर्जित कर देते हैं। क्योंकि हम जानते हैं धातु का तापमान इन आयनों के कम्पनों से सम्बन्धित होता है, इनकी टक्करों से धातु का तापमान बढ़ता है।

वैद्युत क्षेत्र E में चालन इलेक्ट्रॉन गति करते हैं, अत: अनियमित गति के कारण ये संघट्ट करते हैं। जब हम सभी मुक्त इलेक्ट्रानों पर सावधानी से विचार करते हैं, तो देखते हैं कि उनकी अनियमित गति का औसत शून्य है। तथा इनमें कोई अनुगमन चाल नहीं है। अत: इलेक्ट्रॉनों में अनुगमन चाल केवल वैद्युत क्षेत्र के प्रभाव में ही होती है।

यदि m द्रव्यमान का इलेक्ट्रॉन E परिमाण के वैद्युत क्षेत्र में रखा है तब इलेक्ट्रॉन एक त्वरण अनुभव करता है।

$$\mathbf{a} = \mathbf{F}/m = -e\mathbf{E}/m$$

टक्कर इस प्रकार होती है, कि टक्कर के बाद चालन इलेक्ट्रॉन अपना प्रारम्भिक अनुगमन वेग खो देता है।

प्रत्येक इलेक्ट्रॉन प्रत्येक टक्कर के बाद प्रारम्भिक अवस्था से अनियमित गति प्रारम्भ करता है। दो टक्करों के बीच औसत समय τ (श्रांति काल) लगता है। औसत अनुगमन चाल $v_d = \alpha\tau$ होती है। यदि हम सभी इलेक्ट्रॉनों की अनुगमन चाल को मापते हैं, तो औसत अनुगमन चाल पर प्राप्त होती है,

i.e, $$v_d = \frac{e\mathbf{E}}{m}\tau$$

यदि v_d अनुगमन वेग तथा प्रति एकांक आयतन में मुक्त इलेक्ट्रॉनों की संख्या n है, तब चालक में प्रवाहित धारा $i = neAv_d$ है
(जहाँ, e = इलेक्ट्रॉन का आवेश है तथा A = अनुप्रस्थ क्षेत्रफल है) तथा धारा घनत्व $\mathbf{J} = \frac{i}{A} = -ne\,\mathbf{v}_d$

$$\Rightarrow \quad \mathbf{v}_d = \frac{\mathbf{J}}{ne} = \frac{e\tau\mathbf{E}}{m} = \frac{\sigma E}{ne} = \frac{E}{j\rho ne}$$

$$\Rightarrow \quad \mathbf{E} = \left(\frac{m}{e^2 n\tau}\right)\mathbf{J}$$

$$\Rightarrow \quad \rho = \frac{m}{e^2 n\tau}$$ (जहाँ, ρ प्रतिरोधकता है।)

ओम का नियम (Ohm's Law)

यदि किसी चालक की भौतिक अवस्थाएँ जैसे ताप, दाब आदि अपरिवर्तित रहें, तब चालक में प्रवाहित धारा उसके सिरों पर लगाए गए वैद्युत विभवान्तर के अनुक्रमानुपाती होती है,

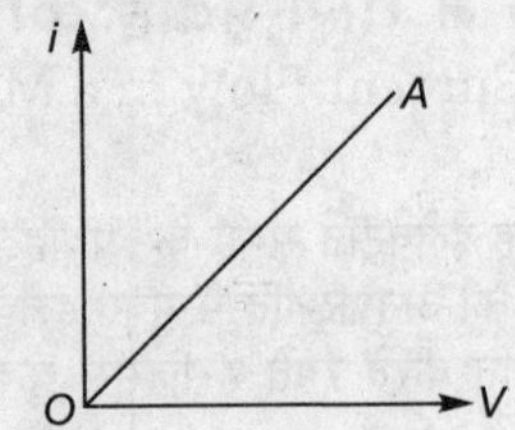

अर्थात् $I \propto V$

अथवा $\frac{V}{I}$ = नियतांक (R)

जहाँ R पदार्थ की प्रकृति पर निर्भर करता है। यह विमीय नियतांक है। ओम का नियम सार्वत्रिक नियम नहीं हैं।

वैद्युत प्रतिरोध (Electrical Resistance)

पदार्थ का वह गुण जिसके कारण वह उससे प्रवाहित होने वाली धारा का विरोध करता है, प्रतिरोध कहलाता है।

एक विशेष चालक के लिये प्रतिरोध R इसके पदार्थ की प्रतिरोधकता ρ के साथ निम्न प्रकार सम्बन्धित है।

$$R = \rho\frac{l}{A}$$

किसी धात्विक तार का ताप बढ़ाने पर तार का वैद्युत प्रतिरोध बढ़ जाता है। यदि 0°C पर तार का वैद्युत प्रतिरोध R_0 हो तथा t°C पर R_t हो, तो R_t का मान निम्न समीकरण द्वारा प्राप्त होगा

$$R_t = R_0(1 + \alpha t)$$

विशिष्ट प्रतिरोध या प्रतिरोधकता (Specific Resistance or Resistivity)

जब किसी चालक में धारा बहती है तो चालक के भीतर किसी बिन्दु पर वैद्युत क्षेत्र की तीव्रता E तथा धारा घनत्व J का अनुपात, चालक का विशिष्ट प्रतिरोध अथवा प्रतिरोधकता (ρ) कहलाता है

$$\rho = E/J$$

यदि चालक की लम्बाई l तथा अनुप्रस्थ-प्रतिरोध का क्षेत्रफल A है।

माना इसके सिरों के बीच विभवान्तर V लगाने पर इसमें बहने वाली धारा i हो, तो चालक के पदार्थ का विशिष्ट प्रतिरोध

$$\rho = \frac{E}{J} = \frac{V/l}{i/A} = \frac{V}{i}\cdot\frac{A}{l}$$

$$\Rightarrow \quad \rho = R\frac{A}{l}$$

प्रतिरोधकता का SI मात्रक ओम-मीटर है। इसका विमीय सूत्र $[ML^3T^{-3}A^{-2}]$ है।

प्रतिरोधकता की ताप पर निर्भरता (Temperature Dependence of Resistivity)

सभी धात्विक चालकों की चालकता ताप के साथ बढ़ती है। एक सीमा के बाद यह नहीं बढ़ती है। इसे एक रेखीय समीकरण द्वारा प्रदर्शित कर सकते हैं

$$\rho_T = \rho_0[1 + \alpha(T - T_0)] \quad \text{... (i)}$$

जहाँ ρ_0 निर्देशित तापमान T_0 पर प्रतिरोधकता है तथा ρ_T इसका T तापमान पर मान है। गुणक α प्रतिरोधकता का ताप गुणांक कहलाता है। इसका मात्रक प्रति डिग्री सेल्सियस होता है। चालकों के लिए $\alpha > 0$ तथा अर्द्ध चालकों के लिए $\alpha < 0$।

ओमीय तथा अन-ओमीय चालकों के *V-I* अभिलाक्षणिक वक्र (*V-I* Characteristics of Ohmic and Non-ohmic Conductors)

वे पदार्थ जो ओम के नियम का पालन करते हैं, ओमीय पदार्थ कहलाते हैं। जबकि वे युक्ति या पदार्थ जो ओम के नियम का पालन नहीं करते हैं,

अन-ओमीय पदार्थ कहलाते हैं, टॉर्च का बल्ब, डायोड वाल्व, ट्रांजिस्टर, थर्मिस्टर आदि अन-मोनीय युक्ति हैं।

(a) **ओमीय चालक के लिए**

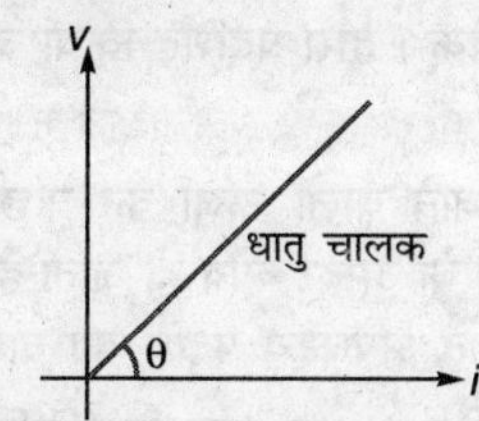

रागीकरण $R = \frac{V}{i}$ किसी भी चालक के लिये प्रतिरोध दर्शाता है, चाहे यह ओम के नियम का पालन करता हो अथवा नहीं।

अतः ओमीय चालकों के लिये V-i ग्राफ मूल बिन्दु से गुजरने वाली सरल रेखा है। इस रेखा की प्रवणता (slope) चालक के प्रतिरोध के बराबर होती है।

$$\therefore \quad R = \frac{V}{i} = \tan\theta$$

प्रतिरोध की व्युत्क्रम **चालकता** G(conductance) कहलाती है, अर्थात्

$$G = \frac{1}{R} = \frac{i}{V}$$

G का SI मात्रक ओम$^{-1}$ है, जिसे म्हो कहते हैं।

(b) **अन-ओमीय चालक के लिए**

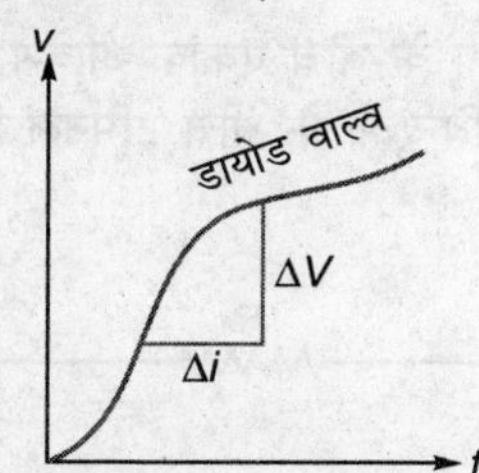

गत्यात्मक प्रतिरोध, $R_d = \frac{\Delta V}{\Delta i}$

प्रतिरोधों के लिए वर्ण कोड

(Colour Code for Resistors)

कार्बन प्रतिरोधों पर विभिन्न रंगों की तीन अथवा चार पट्टियाँ बनी होती हैं, जिनकी सहायता से उस प्रतिरोध का प्रतिरोध ज्ञात कर सकते हैं। प्रथम दो पट्टियों के रंग प्रतिरोध के संख्यात्मक मान को तीसरी पट्टी का रंग 10 की घात को तथा चौथी पट्टी का रंग प्रतिरोधक की सहनक्षमता (tolerence power) को प्रदर्शित करता है। इन सभी को नीचे दी गई सारणी से पढ़ा जा सकता है।

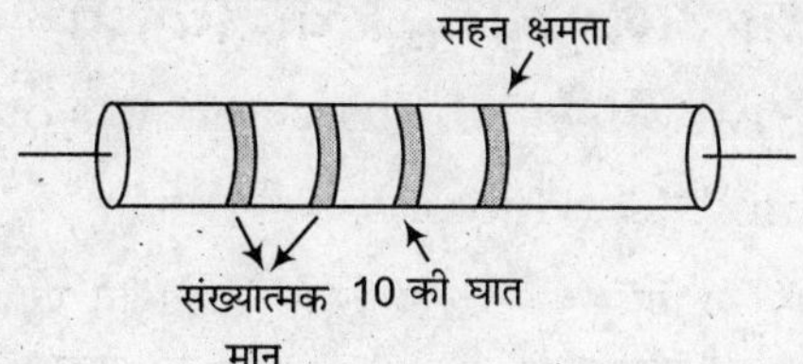

क्र. सं.	रंग	संख्यात्मक मान
1.	B Black	0
2.	B Brown	1
3.	R Red	2
4.	O Orange	3
5.	Y Yellow	4
6.	Gr Green	5
7.	B Blue	6
8.	V Violet	7
9.	G Grey	8
10.	W White	9

सहन क्षमता

Golden	Silver	No Colour
5%	10%	20%

इस सारणी को निम्न वाक्यांश से याद किया जा सकता है।

'B B Roy Great Britain Very Good Wife Wearing Golden Silver Necklace'.

प्रतिरोधों का संयोग (Combination of Resistances)

(i) **श्रेणीक्रम में** (In series) चित्रानुसार माना तुल्य प्रतिरोध R है, तब $R = R_1 + R_2$

यदि n प्रतिरोध श्रेणीक्रम में जुड़े हों, तब

$$R = R_1 + R_2 + \dots + R_n$$

(a) श्रेणीक्रम में i समान रहती है।

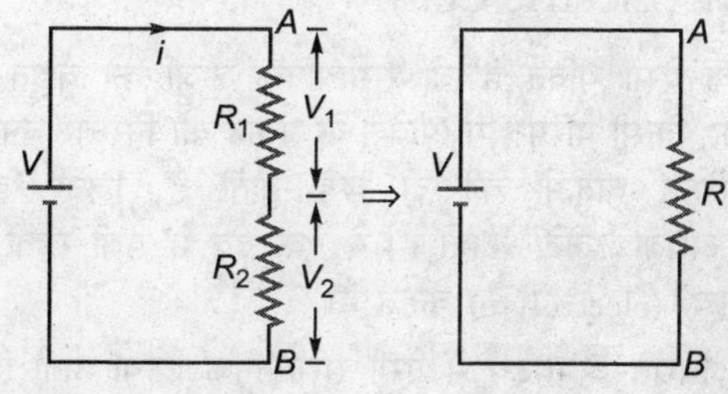

(b) चित्रानुसार $V = V_1 + V_2$ (c) $V_1 : V_2 : V_3 \dots = R_1 : R_2 : R_3 \dots$

(ii) **समान्तर क्रम में** (In parallel) माना तुल्य प्रतिरोध R है, तब

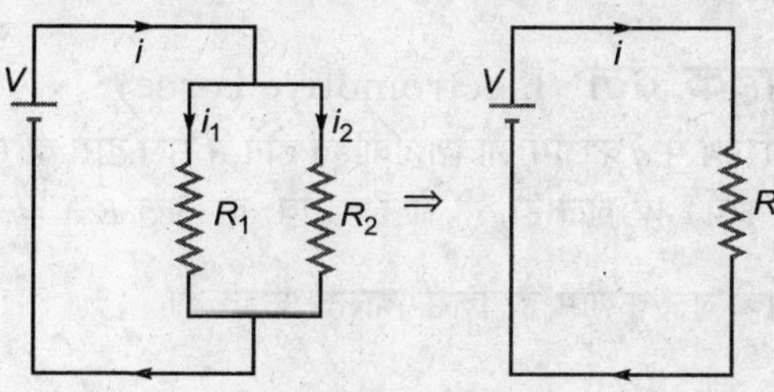

$$1/R = 1/R_1 + 1/R_2$$

यदि n प्रतिरोध समान्तर क्रम में जुड़े हों, तब

$$\frac{1}{R} = \frac{1}{R_1} + \frac{1}{R_2} + \dots + \frac{1}{R_n}$$

(a) समान्तर क्रम में V नियत रहता है।

(b) चित्रानुसार $i = i_1 + i_2$

(c) $i_1 : i_2 : i_3 = \frac{1}{R_1} : \frac{1}{R_2} : \frac{1}{R_3}$ ....

(d) तीन प्रतिरोधों के लिए, $R = \frac{R_1 R_2 R_3}{R_1 R_2 + R_2 R_3 + R_3 R_1}$

चालकत्व तथा चालकता (Conductance and Conductivity)

चालकत्व (Conductance)

चालक के वैद्युत प्रतिरोध के व्युत्क्रम को चालकत्व कहते हैं। इसे G से प्रदर्शित करते हैं। R प्रतिरोध वाले चालक का चालकत्व $G = 1/R$

इसका SI मात्रक म्हो (mho) अथवा ओम$^{-1}$ होता है। चालकत्व का SI मात्रक सिमेन है इसे S से निरूपित करते हैं।

चालकता (Conductivity)

चालक के पदार्थ की प्रतिरोधकता के व्युत्क्रम को चालकता कहते हैं। इसे σ से निरूपित करते हैं।

$$\sigma = 1/\rho \quad \text{... (i)}$$

समीकरण (i) से,

चालकता का SI मात्रक $= \frac{1}{\text{ओम - मीटर}}$

चालकता का SI मात्रक (ओम$^{-1}$) (मीटर$^{-1}$) ($\Omega^{-1}\, m^{-1}$) या म्हो मीटर$^{-1}$ या सीमेन मीटर$^{-1}$ (Sm^{-1}) है।

वैद्युत सेल (Electric Cell)

वैद्युत सेल एक ऐसी युक्ति है जो रासायनिक ऊर्जा को वैद्युत ऊर्जा में परिवर्तित करके, किसी परिपथ में आवेश के प्रवाह को निरन्तर बनाये रखती है। इसमें विभिन्न धातुओं की दो छड़ें होती हैं, जिन्हे 'इलेक्ट्रोड' (electrodes) अथवा 'प्लेटें' कहते हैं। ये एक द्रव में डूबी रहती हैं, जिसे 'विद्युत-अपघट्य' (electrolyte) कहते हैं।

सेल के भीतर विद्युत-अपघट्य में ऐसी रासायनिक क्रिया होती है, जिससे प्लेटों पर आवेशों की पूर्ति होती रहती है तथा तार में आवेश-प्रवाह (वैद्युत धारा) बना रहता है। इस प्रकार सेल रासायनिक ऊर्जा को वैद्युत ऊर्जा में बदलता रहता है।

विद्युत वाहक बल (Electromotive Force)

यदि किसी परिपथ में q कूलॉम आवेश प्रवाहित होने में सेल द्वारा दी गई ऊर्जा (किया गया कार्य) W जूल हो, तो सेल का वि. वा. बल $E = \frac{W}{q}$ वि. वा. बल का मात्रक जूल/कूलॉम है, जिसे 'वोल्ट' कहते हैं।

आन्तरिक प्रतिरोध (Internal Resistance)

सेल के अन्दर उपस्थित वैद्युत अपघट्य पदार्थ द्वारा, सेल के अन्दर आवेश के प्रवाह में, डाले गये विरोध अथवा रुकावट को ही सेल का आन्तरिक प्रतिरोध कहते हैं। इसे सामान्यतः प्रतीक r द्वारा प्रदर्शित किया जाता है। इसका मात्रक ओम (Ω) होता है।

सेल द्वारा आवेश को दी जाने वाली ऊर्जा का कुछ भाग इस आन्तरिक प्रतिरोध के कारण स्वयं सेल के अन्दर व्यय हो जाता है। जिससे आवेश/धारा के बहने पर सेल में उपस्थित अपघट्य पदार्थ का ताप बढ़ जाता है।

सेल के इस आन्तरिक प्रतिरोध (r) का मान निम्नलिखित कारकों पर निर्भर करता है

(i) वैद्युत अपघट्य की प्रकृति, इलेक्ट्रोडों के पदार्थ की प्रकृति तथा इनकी आयु पर। इनकी आयु बढ़ जाने पर अर्थात् सेल के पुराने हो जाने पर r का मान बढ़ जाता है।

(ii) सेल की दोनों प्लेटों के बीच की दूरी के अनुक्रमानुपाती होता है।

(iii) सेल में स्थित प्लेटों के अपघट्य के अन्दर डूबे हुए भागों के क्षेत्रफल के व्युत्क्रमानुपाती होता है।

(iv) वैद्युत अपघट्य की सान्द्रता (concentration) के अनुक्रमानुपाती होती है।

(v) अपघट्य के ताप के बढ़ने पर, आन्तरिक प्रतिरोध घटता है।

टर्मिनल विभवान्तर (Terminal Voltage)

किसी परिपथ के दो बिन्दुओं के बीच एकांक आवेश को प्रवाहित करने में किये गये कार्य को उन बिन्दुओं के बीच टर्मिनल विभवान्तर (V) कहते हैं।

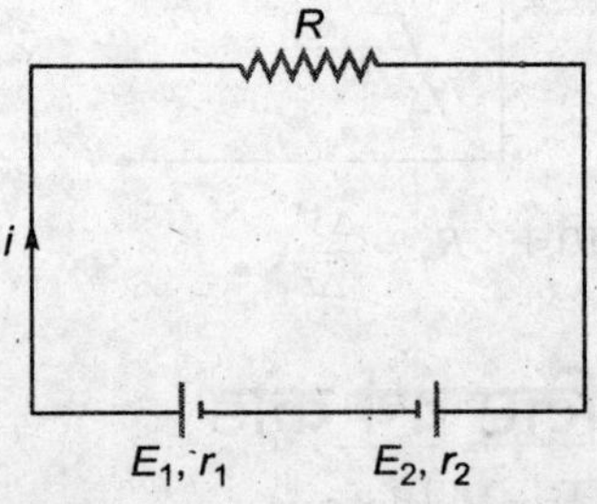

जब एक बैटरी को आवेशित किया जाता है, तो टर्मिनल विभवान्तर इसके वि. वा. बल से बड़ा होता है।

अर्थात् $V = E + ir$

पहले सेल के सिरों पर विभवान्तर,

$$V_1 = E_1 + ir_1$$

दूसरे सेल के सिरों पर विभवान्तर,

$$V_2 = E_2 - ir_2$$

सेलों का संयोग (Combination of Cells)

1. श्रेणीक्रम में (In Series)

माना समान वि. वा. बल E तथा आन्तरिक प्रतिरोध r के n सेल चित्रानुसार श्रेणी क्रम में जुड़े हैं।

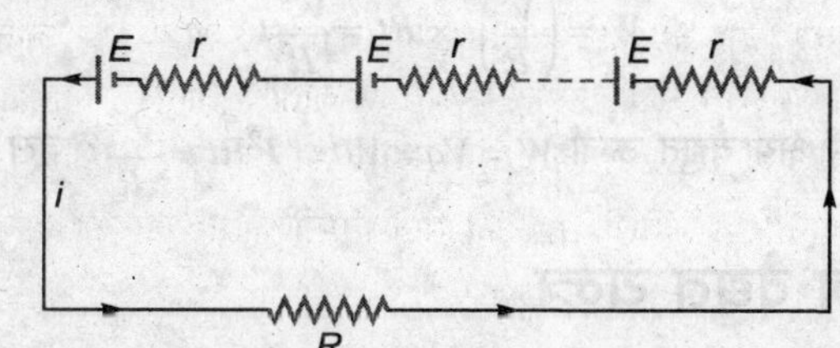

तब, नेट वि. वा. बल $= nE$

कुल प्रतिरोध $= nr + R$

परिपथ में धारा, $i = \dfrac{\text{नेट वि. वा. बल}}{\text{कुल प्रतिरोध}}$ या $i = \dfrac{nE}{nr + R}$

2. समान्तर क्रम में (In Parallel)

यहाँ तीन स्थितियाँ सम्भव हैं

स्थिति I माना समान E तथा r वाले n सेल चित्रानुसार समान्तर क्रम में जुड़े हैं।

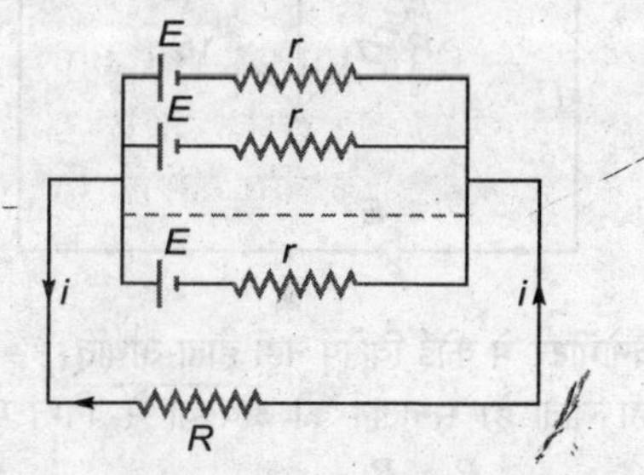

नेट वि. वा. बल $= E$

कुल प्रतिरोध $= \dfrac{r}{n} + R$

अतः $i = \dfrac{\text{नेट वि० वा० बल}}{\text{कुल प्रतिरोध}}$ या $i = \dfrac{E}{R + r/n}$

स्थिति II माना प्रत्येक सेल के E तथा r भिन्न हैं, तब

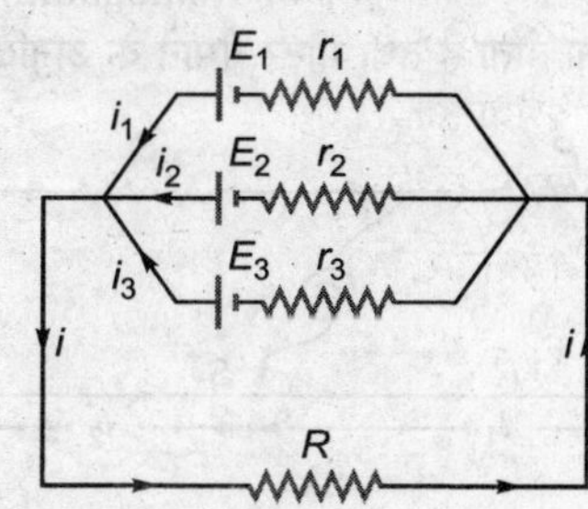

नेट वि. वा. बल $= E_{eq} = \dfrac{\Sigma(E/r)}{\Sigma\,(1/r)}$

कुल प्रतिरोध $= R_{eq} = R + \dfrac{1}{\Sigma\,(1/r)}$

अतः $i = \dfrac{E_{eq}}{R_{eq}}$

या $i = \dfrac{\Sigma\,(E/r)}{1 + R\,\Sigma\,(1/r)}$

स्थिति III यह अत्यन्त सामान्य स्थिति है, जिसमें सेलों के E तथा r भिन्न होते हैं तथा कुछ सेलों के धनात्मक टर्मिनल अन्य सेलों के ऋणात्मक टर्मिनल से जुड़े होते हैं।

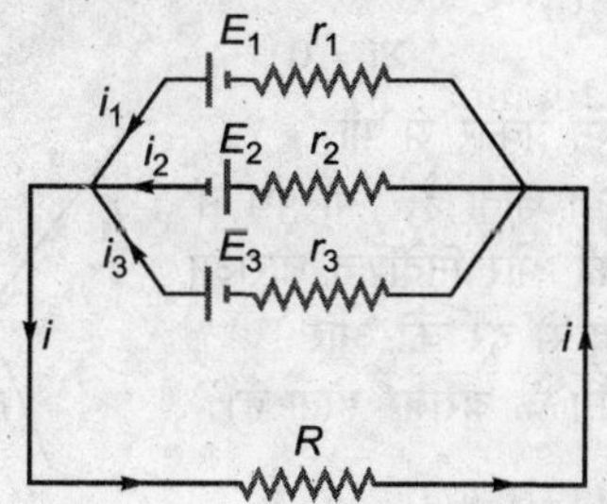

नेट वि. वा. बल $= E_{eq} = \dfrac{(E_1/r_1) - (E_2/r_2) + (E_3/r_3)}{\left(\dfrac{1}{r_1} + \dfrac{1}{r_2} + \dfrac{1}{r_3} + \dots\right)}$

कुल प्रतिरोध $= R_{eq} = R + 1/\,(1/r_1 + 1/r_2 + 1/r_3)$

अतः $i = \dfrac{E_{eq}}{R_{eq}}$

या $i = \dfrac{(E_1/r_1) - (E_2/r_2) + (E_3/r_3)}{1 + R\,(1/r_1 + 1/r_2 + 1/r_3)}$

3. मिश्रित क्रम में (In Mixed Grouping)

समान सेलों का मिश्रित क्रम चित्रानुसार है। प्रत्येक पंक्ति में सेलों की संख्या n तथा कुल स्तम्भों की संख्या m है। तब

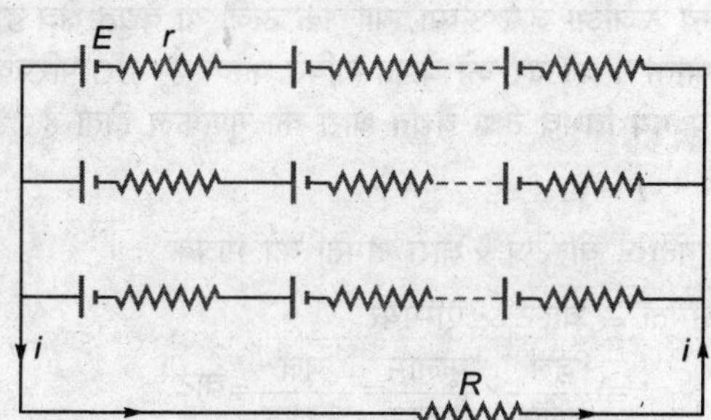

नेट वि. वा. बल $= nE$

कुल आन्तरिक प्रतिरोध $= \dfrac{nr}{m}$

कुल बाह्य प्रतिरोध $= R$

$\therefore$ बाह्य प्रतिरोध R में धारा $i = \dfrac{nE}{R + \dfrac{nr}{m}}$

किरचॉफ के विद्युत परिपथ सम्बन्धी नियम

(Kirchhoff's Laws of Electrical Circuits)

किरचॉफ ने निम्न विद्युत परिपथों को हल करने के लिए दो नियमों का प्रतिपादन किया—

(i) **सन्धि नियम** (Junction Rule) किसी वैद्युत परिपथ में किसी भी सन्धि पर मिलने वाली धाराओं का बीजगणितीय योग शून्य होता है।

अत: $\Sigma i = 0$

यह नियम निम्न प्रकार से भी परिभाषित किया जाता है, ''परिपथ में किसी बिन्दु की ओर निर्देशित धाराओं का योग, बिन्दु से दूर की ओर धाराओं के योग के बराबर होता है।''

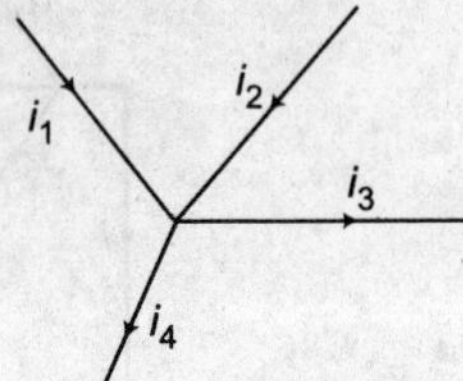

अत: $i_1 + i_2 = i_3 + i_4$

सन्धि नियम वास्तव में **वैद्युत आवेश के संरक्षण** पर आधारित है।

(ii) **लूप नियम** (Loop Rule) विद्युत वाहक बलों तथा प्रतिरोधी अवयव वाले किसी बन्द लूप में विभवान्तरों का बीजगणितीय योग शून्य होता है।

अत: $\sum_{\text{बन्द पाश}} \Delta V = 0$

किरचॉफ का द्वितीय नियम **ऊर्जा संरक्षण सिद्धान्त** पर आधारित है।

वैद्युत शक्ति (Electrical Power)

पूरे परिपथ या परिपथ के एक पाश में गतिमान इलेक्ट्रॉनों द्वारा उत्पन्न विद्युत ऊर्जा के अन्य ऊर्जाओं जैसे ऊष्मा, यान्त्रिक ऊर्जा या वैद्युत क्षेत्र द्वारा संचित ऊर्जा में रूपान्तरण की दर को वैद्युत शक्ति कहते हैं। DC परिपथ के लिए क्षमता लगाये गये विभव तथा वैद्युत धारा का गुणफल होता है

$$P = VI$$

क्षमता = वोल्टेज × धारा क्षमता का मात्रक

क्षमता = वोल्ट × ऐम्पियर

$$= \frac{\text{जूल}}{\text{कूलॉम}} \times \frac{\text{कूलॉम}}{\text{सेकण्ड}} = \frac{\text{जूल}}{\text{सेकण्ड}} = \text{वाट}$$

प्रतिरोधक में प्रयुक्त क्षमता को ओम के नियम से भी ज्ञात किया जा सकता है

$$P = VI = V^2/R = I^2R$$

नोट यह सम्बन्ध AC परिपथों के लिए मान्य है, यदि उनमें वोल्टेज तथा धारा के वर्ग माध्य मूल मान या प्रभावी मान हो।

वैद्युत ऊर्जा (Electrical Energy)

यदि R वैद्युत प्रतिरोध के चालक के सिरों पर V विभवान्तर लगाने पर t समय में चालक में प्रवाहित धारा I हो, तब t समय में चालक में प्रवाहित आवेश

$$q = It$$

इस आवेश को प्रवाहित करने में बैटरी द्वारा किया गया कार्य

$$W = Vq = VIt \quad \text{...(i)}$$

परन्तु $V = IR$

$\therefore$ $$W = IR \times It = I^2Rt \quad \text{...(ii)}$$

परन्तु $I = V/R$

$\therefore$ $$W = \left(\frac{V}{R}\right)^2 \times Rt = \frac{V^2}{R}t \quad \text{...(iii)}$$

$\therefore$ चालक में क्षय वैद्युत ऊर्जा $W = Vq = VIt = I^2Rt = \frac{V^2}{R}t$ जूल

विभिन्न वैद्युत यन्त्र

(Different Electrical Instruments)

व्हीटस्टोन सेतु (Wheatstone's Bridge)

यह चार प्रतिरोधों की एक व्यवस्था है, जिनमें से एक प्रतिरोध अज्ञात होता है तथा शेष तीन ज्ञात होते हैं। चित्र में व्हीटस्टोन सेतु दिखाया गया है।

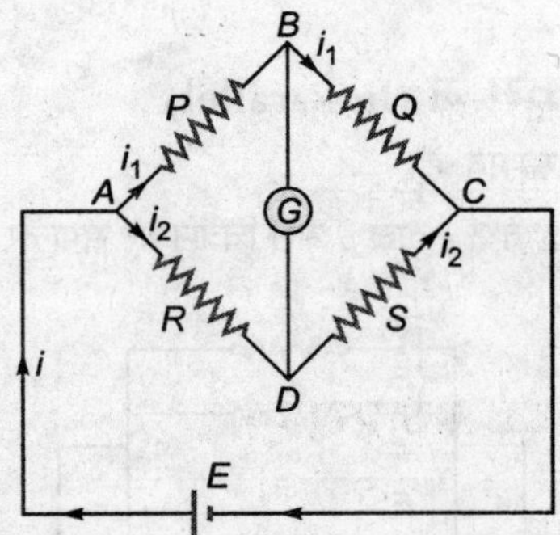

जब प्रदर्शित गैल्वेनोमीटर में कोई विक्षेप नहीं होता अर्थात् $i_g = 0$ तब सेतु सन्तुलित (balanced) कहा जाता है। सन्तुलन की अवस्था में, निम्न शर्त प्राप्त होती है।

$$\frac{P}{Q} = \frac{R}{S}$$

मीटर सेतु (Meter Bridge)

मीटर सेतु व्हीटस्टोन नेटवर्क का प्रायोगिक अनुप्रयोग (practical application) है, जिसमें किन्हीं दो प्रतिरोधों (माना R तथा S) का अनुपात उनकी सन्तुलित लम्बाइयों के अनुपात से प्राप्त होता है। इसमें AC,1 मी लम्बा एकसमान तार होता है, जो मैंगनिन (manganin) या कॉन्सटेन्टन (constantan) का बना होता है तथा मीटर पैमाने के अनुदिश खिंचा होता है।

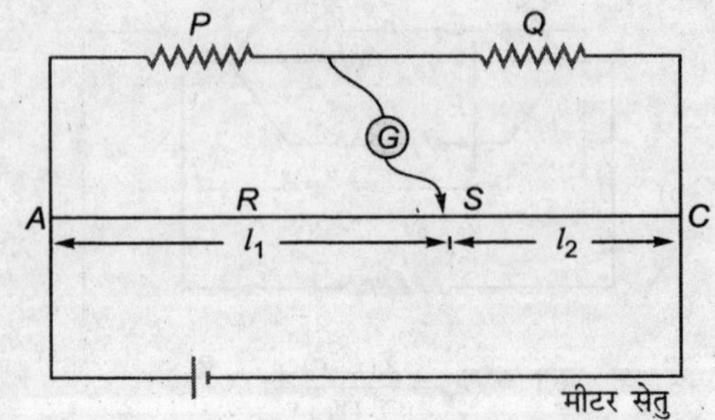

मीटर सेतु

विभवमापी (Potentiometer)

विभवमापी दो बिन्दुओं के बीच विभवान्तर मापने की एक आदर्श युक्ति (device) है। इसमें एकसमान अनुप्रस्थ-काट का एक लम्बा प्रतिरोधक तार AB होता है। जिसमें एक बैटरी की सहायता से धारा स्थापित होती है।

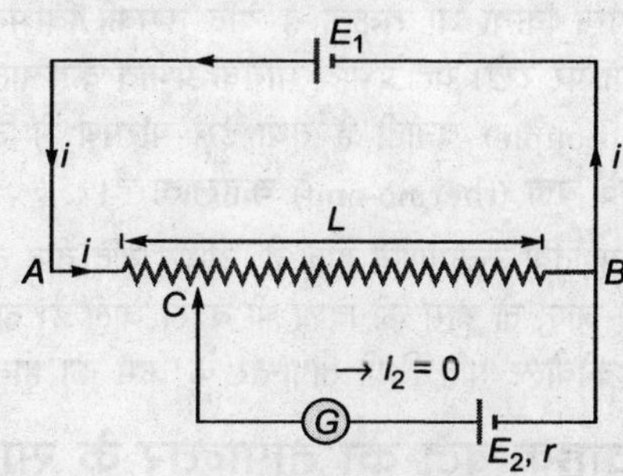

$$\text{विभव प्रवणता, } k = \frac{AB \text{ के सिरों पर विभवान्तर}}{\text{कुल प्रतिरोध}}$$

$$= \frac{V_{AB}}{R_{AB}} = \frac{iR_{AB}}{L} = i\,\lambda$$

यहाँ $\lambda = \frac{R_{AB}}{L}$ = विभवमापी के तार की प्रति एकांक लम्बाई का प्रतिरोध A तथा C के बीच सन्तुलित स्रोत का वि. वा. बल

$$E_2 = kl = i\frac{R_{CB}}{l} \times l \text{ या } E_2 = i\,R_{CB}$$

विभवमापी के अनुप्रयोग
(Applications of Potentiometer)

(i) अज्ञात बैटरी का वि. वा. बल ज्ञात करना (To find emf of an unknown battery) निम्न परिपथों (a) तथा (b) में E_2 के स्थान पर क्रमशः ज्ञात स्रोत E_K तथा अज्ञात स्रोत E_n लगाये गये हैं।

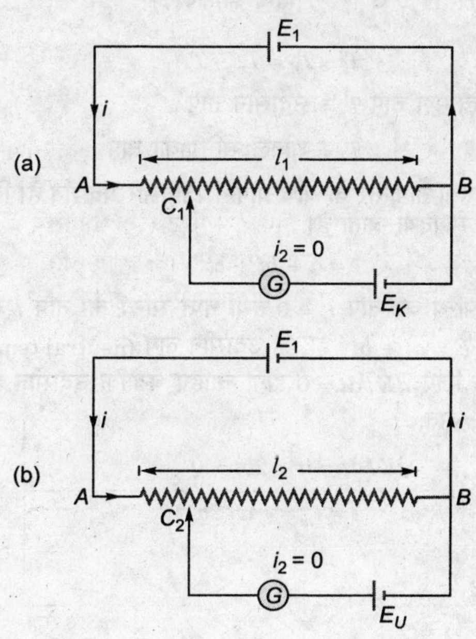

तब $E_K = i(\rho l_1)$ तथा $E_U = i\,(\rho l_2)$

यहाँ ρ = तार AB के प्रति एकांक लम्बाई का प्रतिरोध

$$\therefore \quad \frac{E_K}{E_U} = \frac{i\,(\rho l_1)}{i\,(\rho l_2)} \quad \text{या} \quad E_0 = \left(\frac{l_2}{l_1}\right) E_K$$

(ii) अज्ञात बैटरी का आन्तरिक प्रतिरोध ज्ञात करना (To find internal resistance of unknown battery) पहले सेल E को लम्बाई $AD = l_1$ पर सन्तुलित करते हैं। इसके लिये, स्विच S' को खोल देते हैं तथा S को बन्द कर देते हैं। एक ज्ञात प्रतिरोध R सेल से चित्रानुसार जोड़ते हैं।

टर्मिनल वोल्टेज V को छोटी लम्बाई $AD' = l_2$ पर सन्तुलित करते हैं। अब स्विच S खोल देते हैं तथा S' बन्द कर देते हैं। तब

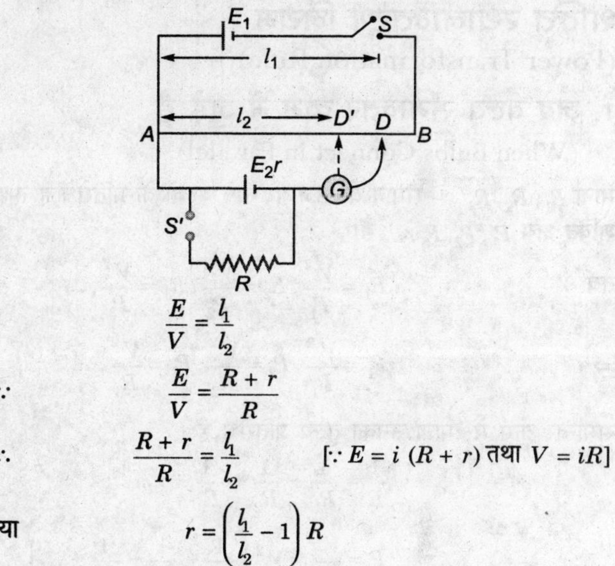

$$\frac{E}{V} = \frac{l_1}{l_2}$$

$$\because \quad \frac{E}{V} = \frac{R + r}{R}$$

$$\therefore \quad \frac{R + r}{R} = \frac{l_1}{l_2} \qquad [\because E = i\,(R + r) \text{ तथा } V = iR]$$

$$\text{या} \quad r = \left(\frac{l_1}{l_2} - 1\right) R$$

विद्युत धारा का ऊष्मीय प्रभाव
(Heating Effect of Electric Current)

जब एक आवेश dq, एक विभवान्तर V के आर-पार गति करता है, तब किया गया कार्य, $dW = Vdq$

यह कार्य, आवेशों की स्थितिज ऊर्जा में हानि को प्रदर्शित करता है। समय dt में आवेश dq का प्रवाह, अर्थात्

$$\text{धारा, } i = \frac{dq}{dt} \Rightarrow dq = idt \Rightarrow dW = Vidt$$

यदि नियत धारा i, समय t तक प्रवाहित हो, तब $W = Vit$

पुनः ओम के नियमानुसार, $V = iR \Rightarrow W = i^2Rt = \frac{V^2}{R}t = Vit$

यह कार्य, चालक के अणुओं की यादृच्छिक (random) गति की ऊर्जा में परिवर्तित हो जाता है। इस प्रकार चालक में प्रवाहित वैद्युत धारा चालक में ऊष्मीय ऊर्जा (thermal energy) उत्पन्न करती है तथा चालक गर्म हो जाता है। यह घटना (phenomenon) जूल (Joule) का धारा का ऊष्मीय प्रभाव कहलाता है।

विद्युत ऊर्जा (Electric Energy)

विद्युत ऊर्जा की सामान्य इकाई जूल है परन्तु सुविधा के लिए विद्युत ऊर्जा (बड़ी राशि के मापन में) को किलोवाट घण्टा (kWh) में मापा जाता है।

1 kWh = P (किलोवाट में) $\times\, t$ (घण्टे में)

1 kWh = 1000×3600 जूल

1 kWh = 3.6×10^6 जूल

घरों में विद्युत युक्तियाँ (जैसे : बल्ब, फ्रिज, टीवी आदि) समान्तर क्रम में जोड़े जाते हैं तथा विद्युत ऊर्जा किलोवाट घण्टा में मापी जाती है।

$$\text{यूनिटों की संख्या} = \frac{\text{वाट} \times \text{घण्टे}}{1000}$$

शक्ति स्थानान्तरण नियम (Power Transformation Rule)

1. जब बल्ब समान्तर क्रम में जुड़े हैं (When Bulbs Connect in Parallel)

माना $R_1, R_2, R_3, \ldots$ समान वोल्टेज पर लगे बल्बों के प्रतिरोध हैं तथा उनमें शक्ति क्षय $P_1, P_2, P_3, \ldots$ हैं।

तब $$R_1 = \frac{V^2}{P_1}, R_2 = \frac{V^2}{P_2}, R_3 = \frac{V^2}{P_3}, \ldots$$

$$\Rightarrow \quad P_1 = \frac{V^2}{R_1}, P_2 = \frac{V^2}{R_2}, P_3 = \frac{V^2}{R_3}, \ldots$$

समान्तर क्रम में, माना उनका तुल्य प्रतिरोध है,

$$\frac{1}{R} = \frac{1}{R_1} + \frac{1}{R_2} + \frac{1}{R_3} + \ldots$$

$$\therefore \quad P = \frac{V^2}{R} = V^2\left(\frac{1}{R_1} + \frac{1}{R_2} + \frac{1}{R_3} + \ldots\right)$$

$$\Rightarrow \quad P = \frac{V^2}{R_1} + \frac{V^2}{R_2} + \frac{V^2}{R_3}$$

$$\therefore \quad P = P_1 + P_2 + P_3$$

2. जब बल्ब श्रेणीक्रम में जुड़े हैं (When Bulbs Connect in Series)

श्रेणीक्रम में समान बल्बों का प्रतिरोध,

$$R = R_1 + R_2 + R_3 + \ldots$$

अत: नैट शक्ति क्षय,

$$\therefore \quad \frac{V^2}{P} = \frac{V^2}{P_1} + \frac{V^2}{P_2} + \frac{V^2}{P_3} + \ldots$$

$$\Rightarrow \quad \frac{1}{P} = \frac{1}{P_1} + \frac{1}{P_2} + \frac{1}{P_3}$$

ताप विद्युतिकी (Thermoelectricity)

सीबैक प्रभाव (Seeback Effect)

सन् 1822 में सीबैक ने देखा कि दो विभिन्न धातुओं से बने परिपथ में एक वि०वा० बल उत्पन्न किया जा सकता है यदि उसकी विभिन्न सन्धियों को अलग-अलग तापों पर रखें। यह प्रभाव सीबैक प्रभाव कहलाता है। दो धातुएँ तापयुग्म (thermocouple) बनाती हैं तथा इस परिपथ में उत्पन्न वि०वा० बल, ताप-वि०वा० बल (thermo-emf) कहलाता है।

ताप वि०वा० बल पूर्णतया उत्क्रमणीय होता है, अर्थात् यदि तप्त तथा शीतल सन्धि आपस में बदल दी जाए, तो धारा की दिशा भी बदल जाती है। ताप-वि०वा० बल का मान कुछ माइक्रोवोल्ट प्रति डिग्री तापान्तर के क्रम का होता है।

ताप विद्युत वाहक बल का तापान्तर के साथ परिवर्तन (Variation of Thermo-emf with Temperature Difference)

यदि शीतल सन्धि को 0°C पर रखा जाए तथा तप्त सन्धि का ताप धीरे-धीरे बढ़ाया जाए, तब यह पाया जाता है कि ताप वि०वा० बल E पहले बढ़ता है तथा महत्तम मान तक पहुँचकर शुन्य हो जाता है। वह ताप जिस पर ताप वि०वा० बल महत्तम हो जाता है, उदासीन ताप (neutral temperature) T_i कहलाता है तथा जिस ताप पर इसकी दिशा परिवर्तित होती है, वह ताप व्युत्क्रमण ताप (temperature of inversion) T_i कहलाता है। अत:

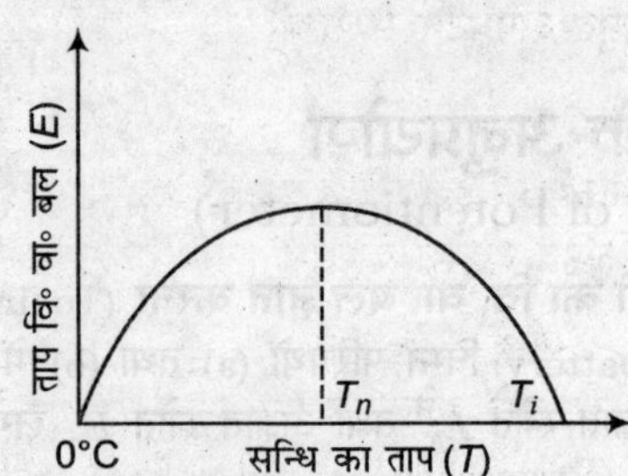

$$T_i - T_n = T_n - T_c$$

यहाँ T_i = व्युत्क्रमण ताप T_n = उदासीन ताप

T_c = शीतल सन्धि का ताप

वि०वा० बल तथा तापान्तर के बीच ग्राफ चित्रानुसार प्रदर्शित है। वि०वा० बल निम्न व्यंजक से दिया जाता है।

$$e = a + bt + ct^2$$

यदि शीतल सन्धि का ताप $t_c = 0$ तथा तप्त सन्धि का ताप t हो तब ताप वि०वा० बल $E = at + bt^2$ हो, तो उदासीन ताप (neutral temperature) ज्ञात करने के लिए $dE/dt = 0$ होना चाहिए क्योंकि उदासीन बिन्दु पर E अधिकतम है, अत:

$$dE/dt = a + 2bt = 0$$

$$\Rightarrow \quad t = t_n = -a/2b$$

तथा व्युत्क्रमण ताप (inversion temperature) के लिए $E = 0$ रखने पर

$$0 = at + bt^2 \quad \text{या} \quad t(a + bt) = 0$$

अर्थात् $a + bt = 0$ $(\because t \neq 0)$

अर्थात् $t_i = -a/b = 2t_n$

विद्युत धारा का रासायनिक प्रभाव
(Chemical Effect of Electric Current)

जब विद्युत धारा अम्लों व क्षारों के विलयनों में से गुजरती है, तो विलयन अपने आयनों में विभक्त हो जाता है। विद्युत धारा के इस प्रभाव को विद्युत धारा का रासायनिक प्रभाव कहते हैं।

वह क्रिया जिसके द्वारा एक द्रव आयनों में टूट जाता है, विद्युत अपघटन (electrolysis) कहलाती है तथा यह द्रव, जो विद्युत धारा का प्रवाह करता है, उसे विद्युत अपघट्य (electrolyte) कहते हैं। इस द्रव में डूबी तथा बैटरी से जुड़ी दो प्लेटें इलेक्ट्रोड (electrode) कहलाती हैं। बैटरी के धनात्मक टर्मिनल से जुड़े इलेक्ट्रोड को ऐनोड (anode) तथा ऋणात्मक टर्मिनल से जुड़े इलेक्ट्रोड को कैथोड (cathode) कहते हैं। बर्तन जिसमें विद्युत अपघट्य तथा इलेक्ट्रोड रहते हैं, वोल्टामीटर (voltameter) कहते हैं।

फैराडे के विद्युत अपघटन सम्बन्धी नियम
(Faraday's Laws of Electrolysis)

फैराडे ने 1834 में वैद्युत अपघटन से सम्बन्धित दो नियम दिए—

प्रथम नियम (First Law)

विद्युत अपघटन की प्रक्रिया में इलेक्ट्रोडों पर मुक्त हुए पदार्थ का द्रव्यमान, विद्युत अपघट्य में प्रवाहित आवेश के समानुपाती होता है, अर्थात्

$$m \propto q \quad \text{या} \quad m = zq \qquad \text{...(i)}$$

यहाँ z एक नियतांक है, इसे इलेक्ट्रोड पर मुक्त हुए पदार्थ का **विद्युत रासायनिक तुल्यांक** (electrochemical equivalent) कहते हैं।

यदि एक धारा i, t समय तक प्रवाहित की जाती है, तब

$$q = it$$

$$m = zit \qquad \text{...(ii)}$$

समी (i) तथा (ii) के द्वारा

$$z = \frac{m}{q} = \text{प्रति एकांक प्रवाहित आवेश पर मुक्त द्रव्यमान}$$

द्वितीय नियम (Second Law)

यदि विद्युत धारा की समान मात्रा विभिन्न विद्युत अपघट्यों में समान समय के लिए प्रवाहित की जाए, तो इलेक्ट्रोडों पर मुक्त हुए पदार्थ का द्रव्यमान, उनके रासायनिक तुल्यांकों के समानुपाती होता है।

अतः $m \propto E$ ...(iii)

$$\therefore \quad \frac{m_1}{m_2} = \frac{E_1}{E_2} \quad \text{यदि} \quad q_1 = q_2$$

E तथा z के बीच सम्बन्ध; फैराडे नियतांक
(Relation between E and z; Faraday's Constant)

समी (i) तथा (iii) द्वारा,

$$\frac{m_1}{m_2} = \frac{z_1}{z_2} \quad \text{तथा} \quad \frac{m_1}{m_2} = \frac{E_1}{E_2} \quad \text{यदि } q_1 = q_2$$

या $$\frac{z_1}{z_2} = \frac{E_1}{E_2} \ldots = \frac{E}{z} = \text{नियतांक}$$

यहाँ नियतांक E/z, फैराडे नियतांक F कहलाता है।

$$\therefore \quad E/z = F$$

फैराडे नियतांक सार्वत्रिक (universal) नियतांक है। इसका मात्रक आवेश के समान है तथा मान 96500 कूलॉम है। अतः

$$1\text{F} = 96500\text{C}$$

फैराडे के वैद्युत अपघटन के नियमों में प्रयुक्त विभिन्न नियतांकों के सम्बन्ध में निम्न बिन्दु ध्यान रखने योग्य हैं—

(a) रासायनिक तुल्यांक (E) का मान पदार्थ के आणविक भार (A) तथा इसकी संयोजकता (V) के अनुपात के बराबर है। अतः

$$E = A/V$$

(b) एक फैराडे वह आवेश है जो वैद्युत अपघटन की क्रिया में पदार्थ का एक ग्राम तुल्यांक मुक्त करता है। इसका अर्थ है कि यदि विद्युत अपघटन में 96500 C आवेश प्रवाहित किया जाए, तो किसी पदार्थ का 1 ग्राम तुल्यांक द्रव्यमान मुक्त होगा।

अभ्यास प्रश्न

विद्युत धारा, प्रतिरोध तथा सेल

1. किसी चालक में धारा उत्पन्न होने का कारण होता है

(a) इसमें मुक्त इलेक्ट्रॉनों की गति (b) प्रोटॉन

(c) मुक्त इलेक्ट्रॉन व होल (hole) (d) धन आयनों की गति

2. जब किसी चालक के सिरों के बीच कोई विभवान्तर लगाया जाता है, तो चालक में मुक्त इलेक्ट्रॉन गति अवस्था में आ जाते हैं। गतिमान इलेक्ट्रॉनों के साथ दो वेग सम्बद्ध होते हैं– अनुगमन वेग तथा माध्य वेग। यथार्थ में, ये दोनों होते हैं

(a) पूर्ण रूप से भिन्न

(b) समान

(c) कुछ चालकों में समान तथा अन्य में भिन्न

(d) उपरोक्त में से कोई नहीं

3. किसी चालक में 4.8 ऐम्पियर धारा प्रवाहित हो रही है। चालक में प्रति सेकण्ड प्रवाहित हो रहे इलेक्ट्रॉनों की संख्या का मान होगा

(a) 3×10^{19} इलेक्ट्रॉन/सेकण्ड (b) 10×10^{20} इलेक्ट्रॉन/सेकण्ड

(c) 6×10^{20} इलेक्ट्रॉन/सेकण्ड (d) 15×10^{20} इलेक्ट्रॉन/सेकण्ड

4. एक स्थिर वैद्युत जनित्र की बैल्ट की चौड़ाई 50 सेमी तथा उसका वेग 30 सेमी/से है। ये बैल्ट 10^{-4} ऐम्पियर की दर से आवेशों को एक गोले में ले जाती है। बैल्ट पर आवेश घनत्व का मान है

(a) 6.7×10^{-5} ऐम्पियर/मी^{2} (b) 6.7×10^{-4} ऐम्पियर/मी^{2}

(c) 6.7×10^{-7}ऐम्पियर/मी^{2} (d) 6.7×10^{-8} ऐम्पियर/मी^{2}

5. 0.1 वर्ग मीटर अनुप्रस्थ-काट के क्षेत्रफल से प्रति सेकण्ड 62.5×10^{18} इलेक्ट्रॉनों का प्रवाह हो रहा है, तो धारा प्रवाह का मान होगा

(a) 1 ऐम्पियर (b) 0.1 ऐम्पियर

(c) 10 ऐम्पियर (d) 0.11 ऐम्पियर

6. ओम का नियम सत्य है

(a) धातु चालकों के लिए निम्न ताप पर

(b) धातु चालकों के लिए अधिक ताप पर

(c) विद्युत अपघट्य में से धारा प्रवाहित होने पर

(d) डायोड में से धारा बहने पर

7. एक तार का प्रतिरोध ताप गुणांक 0.00125/°C है। 300K पर इसका प्रतिरोध 1 ओम है। निम्न में से किस ताप पर प्रतिरोध 2 ओम होगा?

(a) 1154 K (b) 1100 K (c) 1400 K (d) 1127 K

8. एक वोल्ट बराबर होता है

(a) 10 जूल के (b) 15 न्यूटन/कूलॉम के

(c) 1 जूल/कूलॉम के (d) 16 न्यूटन/सेकण्ड के

9. यदि n, e, τ व m क्रमशः इलेक्ट्रॉन घनत्व, इलेक्ट्रॉन आवेश, विश्रान्ति समय (relaxation time) व इलेक्ट्रॉन के द्रव्यमान को प्रदर्शित करते हैं, तब A परिच्छेद क्षेत्रफल व लम्बाई l के तार का प्रतिरोध होगा

(a) $\frac{2ml}{ne^2\tau A}$ (b) $\frac{ne^2A}{2m\tau l}$ (c) $\frac{ne^2\tau A^2}{2ml}$ (d) $\frac{2m\tau A^2}{ne^2 l}$

10. एकसमान व्यास d व लम्बाई l के तार का प्रतिरोध R है। समान पदार्थ के बने $2d$ व्यास एवं $4l$ लम्बाई के एक अन्य तार का प्रतिरोध होगा

(a) $R/2$ (b) R (c) $2R/3$ (d) $R/4$

11. चित्र में दिखाई गई धारा (I) एवं वोल्टता (V) के बीच ग्राफ में ऋणात्मक प्रतिरोध से सम्बन्धित अंश की पहचान करो।

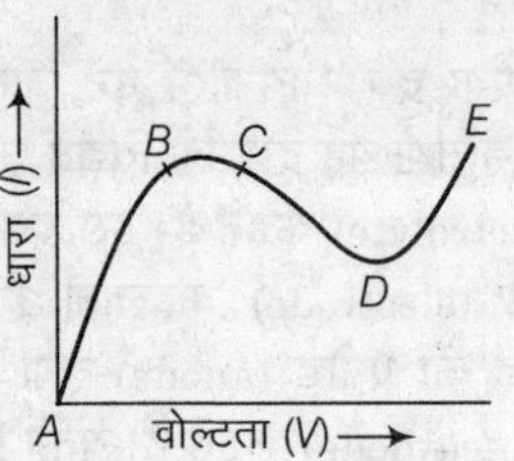

(a) BC (b) AB (c) CD (d) DE

12. धातु के एक तार का प्रतिरोध आठ गुना हो जाएगा, यदि तार की लम्बाई व अनुप्रस्थ-काट का क्षेत्रफल कर दिया जाए

(a) लम्बाई तीन गुनी कर दें

(b) लम्बाई दोगुनी कर दें

(c) लम्बाई दोगुनी तथा त्रिज्या आधी कर दें

(d) लम्बाई आधी तथा त्रिज्या दोगुनी कर दें

13. 20 सेमी लम्बे तार का प्रतिरोध 5Ω है। इस तार को एकसमान तार की 40 सेमी लम्बाई तक खींचा जाता है, तो तार का प्रतिरोध होगा

(a) 10 (b) 15

(c) 20 (d) 200

14. कॉपर के तीन तारों की लम्बाई व परिच्छेद क्षेत्रफल (l, A), $(2l, A/2)$ तथा $(l/2, 2A)$ हैं। प्रतिरोध न्यूनतम है

(a) A परिच्छेद क्षेत्रफल के तार का

(b) $A/2$ परिच्छेद क्षेत्रफल के तार का

(c) $2A$ परिच्छेद क्षेत्रफल के तार का

(d) तीनों के लिए समान

15. एक ही धातु से बने तीन तारों के द्रव्यमानों का अनुपात 1 : 2 : 3 है एवं उनकी लम्बाइयों का अनुपात 3 : 2 : 1 है। इनके प्रतिरोधों का अनुपात हैं

(a) 1 : 4 : 9 (b) 9 : 4 : 1

(c) 1 : 2 : 3 (d) 27 : 6 : 1

16. एक धातु के तार की लम्बाई जिसका प्रतिरोध 20 ओम है, खींचकर तीन गुनी कर दी गई है। तार का नया प्रतिरोध हो जाएगा

(a) 6.67 ओम (b) 60.0 ओम

(c) 120 ओम (d) 180.0 ओम

17. तार के एक टुकड़े को चार समान भागों में काटकर टुकड़ों को बराबर-बराबर रखकर एक मोटा तार बनाया जाता है। मूल तार की तुलना में, इस बण्डल का प्रतिरोध है

(a) समान (b) 1/8 गुना

(c) 1/9 गुना (d) 1/16 गुना

18. अन-ओमीय (non-ohmic) प्रतिरोध का उदाहरण है
(a) कॉपर का तार (b) कार्बन प्रतिरोध
(c) संघारित्र (d) टंग्स्टन का तार

19. बढ़ती चालकता का सही क्रम है
(a) Al, Ag, Cu (b) Al, Cu, Ag
(c) Cu, Al, Ag (d) Ag, Cu, Al

20. एक चालक के लिए ताप T_1 व T_2 पर V-i ग्राफ चित्रानुसार खींचा गया है। $(T_2 - T_1)$ निम्न में से किसके अनुक्रमानुपाती है?

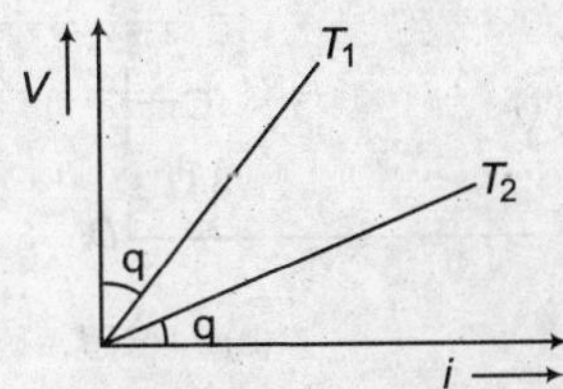

(a) $\cos 2\theta$ (b) $\sin\theta$ (c) $\cot 2\theta$ (d) $\tan\theta$

21. एक एल्युमीनियम (Al) एवं एक जर्मेनियम (Ge) के टुकड़े को T_1K से T_2K तक ठण्डा किया जाता है। प्रतिरोध
(a) एल्युमीनियम का बढ़ता है तथा जर्मेनियम का कम होता है
(b) प्रत्येक का कम होता है
(c) प्रत्येक का बढ़ता है
(d) एल्युमीनियम का कम होता है तथा जर्मेनियम का बढ़ता है

22. किसी धात्विक चालक के ताप में वृद्धि करने पर इसका प्रतिरोध
(a) समान रहता है (b) सदैव बढ़ता है
(c) कम या अधिक हो सकता है (d) सदैव कम होता है

23. किसी तार का विशिष्ट प्रतिरोध
(a) इसके द्रव्यमान के अनुसार परिवर्तित होता है
(b) इसके परिच्छेद के अनुसार परिवर्तित होता है
(c) इसकी लम्बाई के अनुसार परिवर्तित होता है
(d) इसकी लम्बाई, परिच्छेद व द्रव्यमान पर निर्भर नहीं करता है

24. यदि चालकों की संख्या n है तथा प्रत्येक का प्रतिरोध R जब इन्हें समान्तर क्रम में जोड़ा जाए, तो परिणामी प्रतिरोध का मान x होगा, तो इन्हीं n प्रतिरोध के श्रेणीक्रम संयोजन का परिणामी प्रतिरोध होगा
(a) $\frac{x}{n^2}$ (b) n^2x (c) $\frac{x}{n}$ (d) nx

25. एक परिपथ, जिसमें दो असमान प्रतिरोधक समान्तर में जुड़े हैं, में
(a) उच्च प्रतिरोधक में अधिक धारा प्रवाहित होगी
(b) दोनों प्रतिरोधक में धारा समान होगी
(c) दोनों प्रतिरोधकों के बीच विभवान्तर समान होगा
(d) न्यून प्रतिरोधक की चालकता (conductance) कम होगी

26. कॉपर के एक तार को दस समान भागों में काटा जाता है। ये सभी भाग समान्तर में जोड़े जाते हैं। रागान्तर रांयोग का प्रतिरोध बराबर होगा, बिना कटे तार के प्रतिरोध व गुणक के गुणनफल के बराबर
(a) 0.01 (b) 11 (c) 15 (d) 101

27. दो प्रतिरोध r_1 व r_2 $(r_1 < r_2)$ समान्तर में जोड़े जाते हैं। तुल्य प्रतिरोध R के लिए सत्य स्थिति है
(a) $R > r_1 + r_2$ (b) $r_2 < R < r_1 + r_2$
(c) $r_1 < R < r_2$ (d) $R < r_1$

28. दो प्रतिरोध समान्तर में जोड़े जाते हैं, जिनका परिणामी $6/5\,\Omega$ है। इनमें एक प्रतिरोध तार टूट जाता है तथा प्रभावी प्रतिरोध 2Ω हो जाता है, तो टूटे तार का प्रतिरोध होगा
(a) $4/5\,\Omega$ (b) $2\,\Omega$ (c) $9/5\,\Omega$ (d) 3Ω

29. बिन्दु A व B के मध्य प्रभावी प्रतिरोध होगा

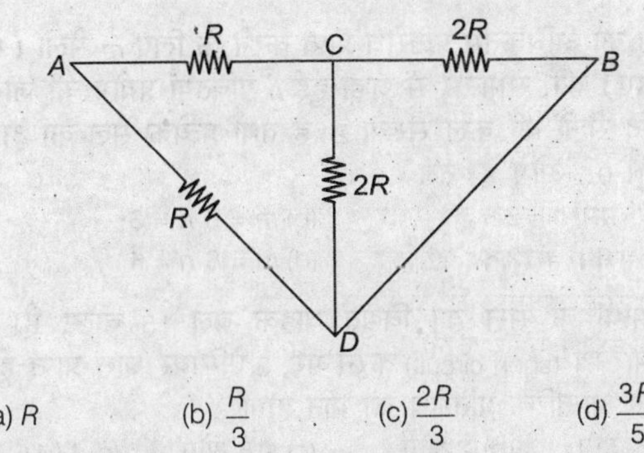

(a) R (b) $\frac{R}{3}$ (c) $\frac{2R}{3}$ (d) $\frac{3R}{5}$

30. एक विद्युत पंखे व एक हीटर पर क्रमशः 100 वाट – 220 वोल्ट तथा 1000 वाट – 220 वोल्ट अंकित हैं। हीटर का प्रतिरोध है
(a) पंखे के प्रतिरोध से अधिक (b) शून्य
(c) पंखे के प्रतिरोध से कम (d) पंखे के प्रतिरोध के बराबर

31. 1 ओम व 2 ओम के प्रतिरोधों से बना अनन्त अनुक्रम चित्र में प्रदर्शित है। A व B के मध्य संयोजित 6 वोल्ट की बैटरी का आन्तरिक प्रतिरोध नगण्य है, तब A व B के मध्य प्रभावी प्रतिरोध है

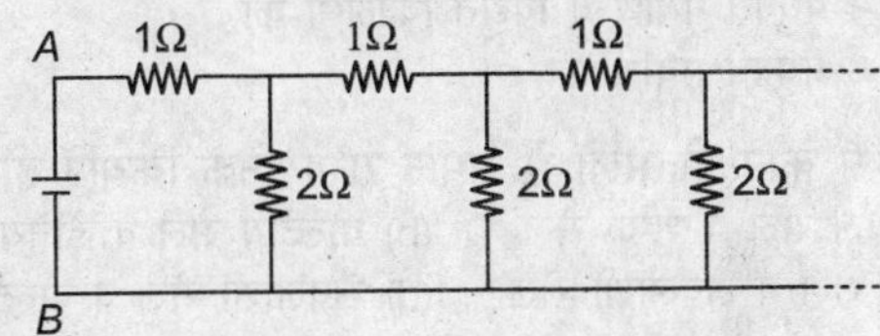

(a) 3 ओम (b) 2 ओम
(c) 6/5 ओम (d) 5/6 ओम

32. कार्बन प्रतिरोध पर रंगीन पट्टियों का क्रम लाल, भूरा, नारंगी एवं रजत है। इसके प्रतिरोध का मान है
(a) $21 \times 10^3 \pm 10\%$ (b) $23 \times 10^1 \pm 10$
(c) $21 \times 10^3 \pm 5\%$ (d) $12 \times 10^3 \pm 5\%$

33. दो प्रतिरोध जिनका अनुपात 2 : 1 है, एक सेल के समान्तर क्रम में जुड़े हैं, तो उनमें व्ययित शक्ति का अनुपात होगा
(a) 7 : 1 (b) 5 : 1 (c) 1 : 2 (d) 3 : 1

34. 6 वोल्ट की एक बैटरी को एकसमान मोटाई एवं 100 ओम की कोटि के प्रतिरोध के तीन मीटर लम्बे तार के सिरों से जोड़ा जाता है। तार पर 50 सेमी की दूरी पर दो बिन्दुओं के बीच विभवान्तर का मान होगा
(a) 1 वोल्ट (b) 2 वोल्ट
(c) 5 वोल्ट (d) 4 वोल्ट

35. एक ड्राई सेल का विद्युत वाहक बल 1.5 वोल्ट तथा आन्तरिक प्रतिरोध $0.05\,\Omega$ है। इस सेल द्वारा, अति सूक्ष्म अन्तराल के लिए प्राप्त अधिकतम धारा है
(a) 30 ऐम्पियर (b) 400 ऐम्पियर
(c) 5 ऐम्पियर (d) 0.5 ऐम्पियर

36. 1Ω, 2Ω व 3Ω के प्रतिरोधों को एक त्रिभुज के रूप में जोड़ा जाता है। यदि 3Ω के प्रतिरोध के सिरों के बीच नगण्य आन्तरिक प्रतिरोध एवं 1.5 वोल्ट का सेल जोड़ा जाता है, तो इस प्रतिरोध में प्रवाहित धारा का मान होगा

(a) 10 ऐम्पियर (b) 0.5 ऐम्पियर
(c) 20 ऐम्पियर (d) 40 ऐम्पियर

37. 3 ओम का अधिकतम प्रतिरोध प्राप्त करने के लिए m सेलों (श्रेणी में जुड़े हुए) की, समान्तर में जुड़ी हुई n पंक्तियाँ प्रयोग की जा सकती हैं। यदि सेलों की कुल संख्या 24 है तथा प्रत्येक सेल का आन्तरिक प्रतिरोध 0.5 ओम है, तब

(a) $m = 12, n = 2$ (b) $m = 6, n = 3$
(c) $m = 6, n = 12$ (d) $m = 8, n = 4$

38. एक प्राथमिक सेल का विद्युत वाहक बल 1.5 वोल्ट है। इसको लघु-परिपथ (short circuit) करने पर, 3 ऐम्पियर धारा प्राप्त होती है। सेल के आन्तरिक प्रतिरोध का मान होगा

(a) 4.5 ओम (b) 2 ओम (c) 0.5 ओम (d) 1 / 4.5 ओम

39. 50 वोल्ट की एक बैटरी को 10 ओम प्रतिरोध के सिरों के बीच जोड़ा जाता है। प्राप्त धारा 4.5 ऐम्पियर है। बैटरी के आन्तरिक प्रतिरोध का मान होगा

(a) शून्य (b) 1.5 ओम (c) 1.1 ओम (d) 5 ओम

40. सेल का आन्तरिक प्रतिरोध, प्रतिरोध है

(a) सेल के बर्तन का
(b) सेल के इलेक्ट्रोडों का
(c) सेल में प्रयुक्त पदार्थ व विद्युत विश्लेष्य का
(d) सेल में प्रयुक्त पदार्थ का

41. निम्न में से कौन-से सेलों में समान रासायनिक क्रियाएँ होती हैं?

(a) डेनियल सेल व शुष्क सेल (b) वोल्टीय सेल व डेनियल सेल
(c) शुष्क सेल व लैक्लांशी सेल (d) लैक्लांशी सेल व वोल्टीय सेल

42. 998 ओम प्रतिरोध वाला वोल्टमीटर 2 वोल्ट विद्युत वाहक बल और 2 ओम आन्तरिक प्रतिरोध वाली सेल से जोड़ा जाता है। विद्युत वाहक बल के मापने में त्रुटि होगी

(a) 4×10^{-1} वोल्ट (b) 2×10^{-3} वोल्ट
(c) 4×10^{-3} वोल्ट (d) 2×10^{-1} वोल्ट

43. आन्तरिक प्रतिरोध r के एक सेल के साथ एक बाह्य प्रतिरोध R जोड़ा जाता है। बाह्य प्रतिरोध में अधिकतम धारा प्रवाहन की स्थिति है

(a) $R > r$ (b) $R < r$
(c) $R = r$ (d) R का कोई भी मान हो

44. चित्र में, सेल का विद्युत वाहक बल 2 वोल्ट है तथा

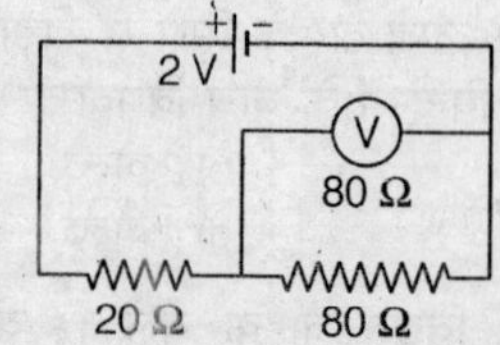

आन्तरिक प्रतिरोध नगण्य है। वोल्टमीटर का प्रतिरोध 80 ओम है। वोल्टमीटर का पाठ्यांक होगा

(a) 10 वोल्ट (b) 1.33 वोल्ट (c) 15 वोल्ट (d) 80 वोल्ट

45. जब सेलों (cells) को समान्तर क्रम में जोड़ा जाता है

(a) इनकी धारा क्षमता कम होती है
(b) इनकी धारा क्षमता में वृद्धि होती है
(c) विद्युत वाहक बल कम होता है
(d) विद्युत वाहक बल में वृद्धि होती है

46. दर्शाए गए परिपथ में बिन्दु B को पृथ्वी से जोड़ा गया है। बिन्दु A पर विभव है

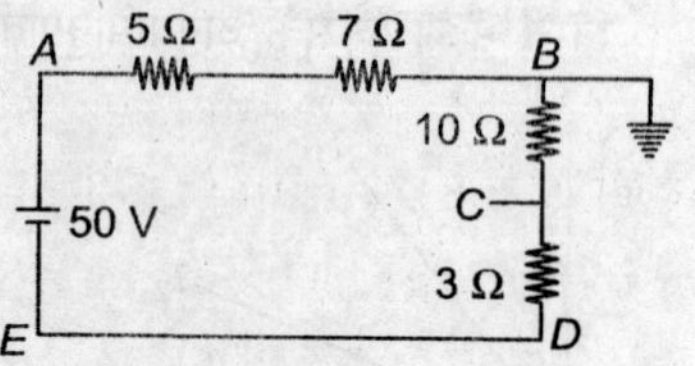

(a) 14 वोल्ट (b) 24 वोल्ट
(c) 26 वोल्ट (d) 50 वोल्ट

47. 10 वोल्ट विद्युत वाहक बल वाली बैटरी को प्रतिरोधों से आकृति में दिखाये गए अनुसार जोड़ा गया है। बिन्दुओं A और B के मध्य विभवान्तर $V_A - V_B$ होगा

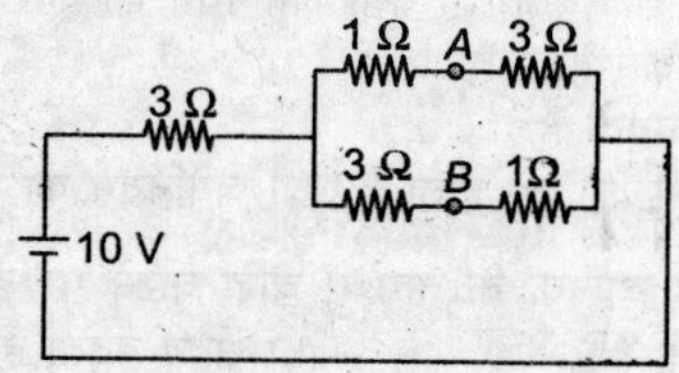

(a) –2 वोल्ट (b) 2 वोल्ट
(c) 5 वोल्ट (d) $\frac{20}{11}$ वोल्ट

48. किसी परिपथ के निम्न भाग में यदि बिन्दु B पर विभव $V_B = 0$ है, तो बिन्दुओं A तथा D के विभव हैं

1 A 1.5 Ω 2.5 Ω 2 V
A B C D

(a) $V_A = -1.5$ वोल्ट, $V_D = +2$ वोल्ट
(b) $V_A = +1.5$ वोल्ट, $V_D = +2$ वोल्ट
(c) $V_A = +1.5$ वोल्ट, $V_D = +0.5$ वोल्ट
(d) $V_A = +1.5$ वोल्ट, $V_D = -0.5$ वोल्ट

49. चित्रानुसार प्रदर्शित परिपथ का नैट वि०वा० बल व कुल आन्तरिक प्रतिरोध होगा

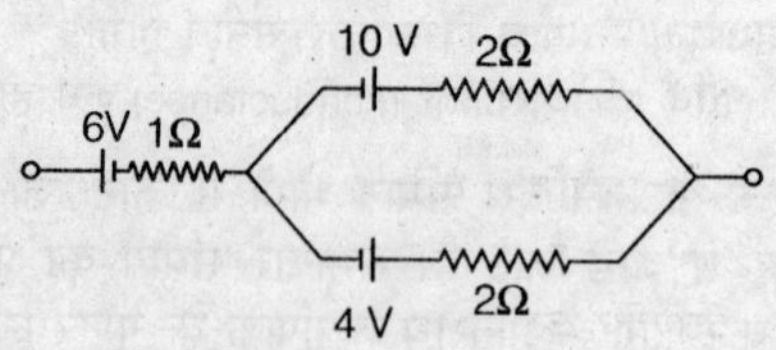

(a) 3V, 2Ω (b) 3V, 3Ω (c) 2V, 4Ω (d) 2V, 5Ω

50. किरचॉफ का प्रथम नियम अर्थात् किसी सन्धि पर $E_i = 0$, किसके संरक्षण के नियम से सम्बन्धित है?

(a) आवेश (b) कोणीय संवेग
(c) संवेग (d) ऊर्जा

51. चित्र में दर्शाए व्हीटस्टोन ब्रिज में यदि $X = Y$ तथा $A > B$, तो प्रवाहित धारा होगी

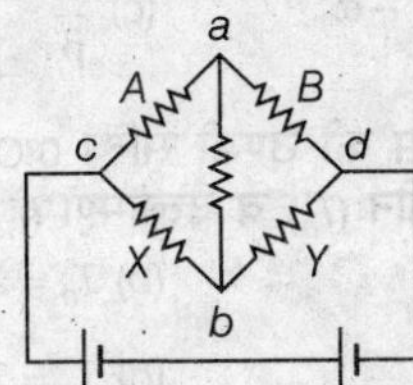

(a) *ab* (b) *b* से *a*
(c) *d* से गुजरते हुए *b* से *a* (d) *c* से गुजरते हुए *a* से *b*

52. निम्नांकित चित्र के लिए धारामापी का विक्षेप शून्य है, *R* का मान ज्ञात कीजिए।

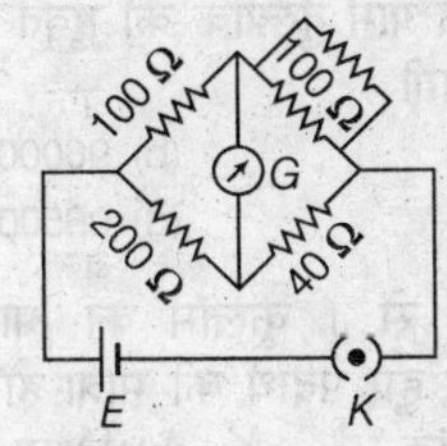

(a) 25Ω (b) 30Ω (c) 35Ω (d) 20Ω

मीटर सेतु तथा विभवमापी

53. दर्शाये गये मीटर सेतु प्रयोग में यदि धारामापी में शून्य विक्षेप के लिए सन्तुलन लम्बाई $AC = x$ है। इसका मान क्या होगा, यदि तार *AB* की त्रिज्या दोगुनी कर दी जाये?

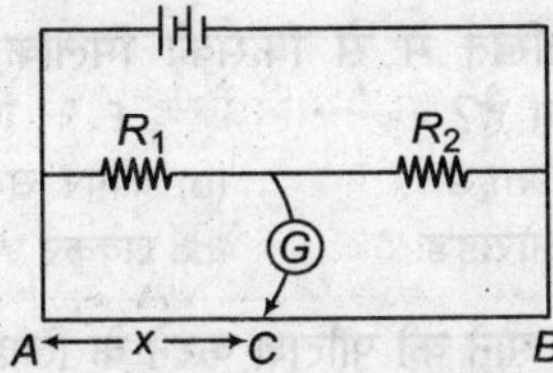

(a) x (b) $x/4$
(c) $4x$ (d) $2x$

54. मीटर सेतु द्वारा प्रतिरोध के मापन में, सेतु के तार में होकर, धारा को आवश्यक रूप से विपरीत किया जाता है, जिससे दूर होती है
(a) इन्डेक्स त्रुटि (index error)
(b) अन्त त्रुटि (end error)
(c) ऊष्मा-विद्युत प्रभाव (thermoelectric effect) के कारण त्रुटि
(d) अनियमित त्रुटि (random error)

55. एक विभवमापी के प्राथमिक परिपथ में धारा 0.5 एम्पियर है। तार के लिए $\rho = 4 \times 10^{-7}$ Ω मी तथा परिच्छेद क्षेत्रफल 8×10^{-6} मी² है। तार में विभव प्रवणता का मान होगा
(a) 25 मि वोल्ट/मी (b) 3.5 मि वोल्ट/मी
(c) 30 वोल्ट/मी (d) 40 वोल्ट/मी

56. यदि एक विभवमापी के तार का विशिष्ट प्रतिरोध ρ तथा परिच्छेद क्षेत्रफल *A* है, तब तार के अनुदिश विभव प्रवणता का व्यंजक है
(a) $I\rho / A^2$ (b) IA / ρ
(c) IA / ρ (d) $I\rho / A$

57. एक सेल को विभवमापी के साथ सन्तुलित करने पर सन्तुलन लम्बाई 50 सेमी प्राप्त हुई। परिपथ में 4.5Ω बाह्य प्रतिरोध लगाने पर सन्तुलन 45 सेमी पर प्राप्त होता है। सेल का आन्तरिक प्रतिरोध का मान होगा
(a) 0.25 Ω (b) 2.5 Ω (c) 1.0 Ω (d) 4.5 Ω

58. 2 ओम प्रतिरोध के धारामापी में 100 मिली ऐम्पियर की धारा पूर्ण विक्षेप देती है। इस धारामापी को 5 वोल्ट के वोल्टमीटर में परिवर्तित करने के लिये जोड़ा गया प्रतिरोध होगा
(a) 98 ओम (b) 52 ओम (c) 50 ओम (d) 48 ओम

59. एक विभवमापी की विभव प्रवणता 2 मिलीवोल्ट/सेमी है, इसे इसी परिपथ में 10 ओम प्रतिरोध के परित: विभवान्तर मापन के लिए प्रयुक्त किया गया है। यदि सन्तुलन बिन्दु के लिए विभवमापी ताप की 50 सेमी लम्बाई आवश्यक हो, तो 10 ओम प्रतिरोध से प्रवाहित धारा मिली ऐम्पियर में है
(a) 1 (b) 2
(c) 5 (d) 10

60. विभवमापी में जब सन्तुलन बिन्दु प्राप्त होता है, तब
(a) बैटरी का विद्युत वाहक बल प्रायोगिक सेल के विद्युत वाहक बल के बराबर हो जाता है
(b) तार के धनात्मक सिरे से जॉकी तक के तार पर विभवान्तर प्रायोगिक सेल के विद्युत वाहक बल के समान हो जाता है
(c) तार के धनात्मक सिरे से जॉकी तक के तार पर विभवान्तर बैटरी के विद्युत वाहक बल के बराबर हो जाता है
(d) विभवमापी के तारों के बीच का विभवान्तर बैटरी के विद्युत वाहक बल के तुल्य हो जाता है

61. विभवमापी के एक प्रयोग में, जब एक सेल विभवमापी के तार पर 60 सेमी लम्बाई पर सन्तुलित होता है, तो धारामापी कोई विक्षेप नहीं दिखाता है। यदि सेल को 6 ओम के प्रतिरोध से शन्ट कर दिया जाये, तो सन्तुलन बिन्दु 50 सेमी की दूरी पर मिलता है। सेल का आन्तरिक प्रतिरोध होगा
(a) 0.5 ओम (b) 0.6 ओम
(c) 1.2 ओम (d) 1.5 ओम

62. संलग्न चित्र में वोल्टमीटर का पाठ 20 वोल्ट व अमीटर का पाठ 4 ऐम्पियर है। प्रतिरोध *R* का मान होगा

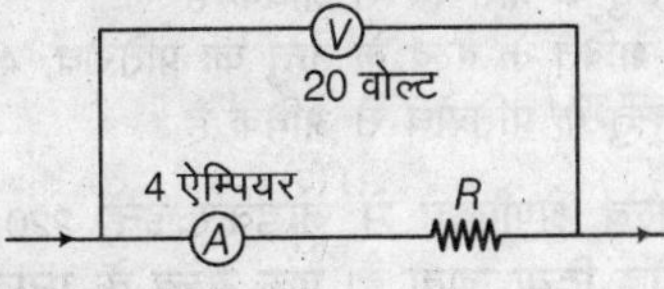

(a) 5 ओम के बराबर
(b) 5 ओम से कुछ अधिक
(c) 5 ओम से कुछ कम
(d) 5 ओम से अधिक या कम या प्रतिरोध के पदार्थ पर निर्भर करेगा

विद्युत धारा का ऊष्मीय एवं रासायनिक प्रभाव

63. 40 वाट की एक मानक ट्यूब लाइट के समान्तर में एक रूम हीटर को जोड़ा गया है तथा दोनों को समुचित मुख्य AC सप्लाई लाइन से जोड़ा गया है। यदि लाइट को बुझा दें, तो हीटर द्वारा निर्गत शक्ति
(a) अधिक होगी (b) कम होगी
(c) समान रहेगी (d) इनमें से कोई नहीं

64. 200 वाट का एक बल्ब तथा 100 वाट का एक बल्ब, दोनों 220 वोल्ट पर कार्य करने के लिए बनाए गए हैं, श्रेणी में जोड़े जाते हैं। 200 वोल्ट की सप्लाई से जोड़ने पर, इनके द्वारा व्यय की गई शक्ति होगी
(a) 40 वाट (b) 66 वाट
(c) 140 वाट (d) 440 वाट

65. हम भली-भाँति जानते हैं कि विद्युत बल्ब के तन्तु का प्रतिरोध तापमान के साथ परिवर्तित होता है। यदि एक विद्युत बल्ब, जिस पर 220 वोल्ट, 100 वाट अंकित है, को 220 (0.8) वोल्ट के स्रोत के साथ जोड़ दें, तो वास्तविक शक्ति होगी
(a) 100 × (0.8) वाट से अधिक परन्तु 100 वाट से कम
(b) $100\,(0.8)^2$ वाट
(c) 100 (0.8) वाट
(d) $100 \times (0.8)^2$ वाट से अधिक परन्तु 100 वाट से कम

66. 10 ओम प्रतिरोध का एक धारामापी 0.01 ऐम्पियर धारा पर पूर्ण पैमाने का विक्षेप देता है। इसे 10 ऐम्पियर की धारा नापने वाले अमीटर में बदलना है। आवश्यक शन्ट का प्रतिरोध होगा
(a) $\frac{10}{999}$ ओम (b) 0.1 ओम (c) 0.5 ओम (d) 1.0 ओम

67. चित्र में अमीटर का पाठ होगा

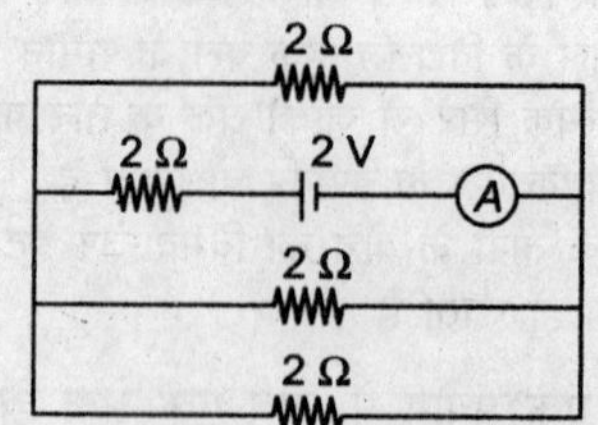

(a) $\frac{1}{8}$ ऐम्पियर (b) $\frac{3}{4}$ ऐम्पियर
(c) 1/2 ऐम्पियर (d) 2 ऐम्पियर

68. 200 वोल्ट 40 वाट एवं 200 वोल्ट 100 वाट के दो बल्ब घर के विद्युत परिपथ में जुड़े हैं, तब
(a) दोनों बल्बों में से समान धारा बह रही है
(b) दोनों बल्बों के तन्तुओं का प्रतिरोध समान है
(c) 40 वाट शक्ति के बल्ब के तन्तु का प्रतिरोध, 100 वाट शक्ति के बल्ब के तन्तु के प्रतिरोध से अधिक है
(d) 100 वाट शक्ति के बल्ब के तन्तु का प्रतिरोध, 40 वाट शक्ति के बल्ब के तन्तु के प्रतिरोध से अधिक है

69. 40 विद्युत बल्ब श्रेणीक्रम में जोड़कर इन्हें 220 वोल्ट की विद्युत सप्लाई से जोड़ दिया जाता है। एक बल्ब के फ्यूज हो जाने पर शेष 39 बल्बों को पुनः उसी सप्लाई से श्रेणीक्रम में जोड़ देते हैं, तो प्रकाश की तीव्रता होगी
(a) 39 बल्बों के साथ की अपेक्षा 40 बल्बों के साथ अधिक
(b) 40 बल्बों की अपेक्षा 39 बल्बों के साथ अधिक
(c) दोनों स्थितियों में बराबर
(d) $49^2 : 39^2$ के अनुपात में

70. किसी ताप-वैद्युत युग्म के लिए ताप विद्युत वाहक बल $e = \alpha t - \frac{1}{2}\beta t^2$ है। यदि $\alpha = 500.0 \mu V/°C$ एवं $\beta = 5.0 \mu V/°C$ हो, तो व्युत्क्रमण ताप होगा
(a) 100 (b) 200
(c) 300 (d) 400

71. ताप विद्युत-युग्म के ताप-विद्युत नियतांक α तथा β हैं। तब उत्क्रमणीय ताप पर ताप-विद्युत शक्ति होगी
(a) α (b) $-\alpha$ (c) $\frac{\alpha}{\beta}$ (d) $\frac{-\alpha}{\beta}$

72. यदि ताप-विद्युत युग्म की ठण्डी सन्धि 0°C तथा गर्म सन्धि T°C पर रखी जाए, तो उदासीन (T_n) व उत्क्रमण (T_i) में सम्बन्ध है
(a) $T_n = \frac{T_i}{2}$ (b) $T_n = 2T_i$
(c) $T_n = T_i - T$ (d) $T_n = T_i + T$

73. एक हीटर कुण्डली को दो बराबर भागों में काट कर एक भाग को हीटर में पुनः लगा दिया गया, तो आधी कुण्डली में उत्पन्न ऊष्मा एवं पूरी कुण्डली में उत्पन्न ऊष्मा का अनुपात है
(a) 2 : 1 (b) 1: 2 (c) 1: 4 (d) 4: 1

74. किसी पदार्थ के एक ग्राम तुल्यांक को मुक्त करने के लिए आवश्यक आवेश की मात्रा होगी
(a) एक ऐम्पियर (b) 96000 ऐम्पियर
(c) 96500 फैराडे (d) 96500 कूलॉम

75. विद्युत-अपघट्य में से 1 कूलॉम का आवेश प्रवाहित करने पर इलेक्ट्रोडों पर मुक्त हुए पदार्थ की मात्रा होगी
(a) रासायनिक तुल्यांक (b) विद्युत रासायनिक तुल्यांक
(c) तुल्यांक भार (d) एक मोल

76. फैराडे के विद्युत-अपघटन के नियम निम्न से सम्बन्धित हैं
(a) धनायन के परमाणु क्रमांक
(b) विद्युत-अपघट्य के तुल्यांकी भार
(c) ऋणायन के परमाणु क्रमांक
(d) धनायन के वेग

77. जल में निम्नलिखित में से किसको मिलाकर इसे सुचालक नहीं बनाया जा सकता है?
(a) सोडियम क्लोराइड (b) कॉपर सल्फेट
(c) अमोनियम क्लोराइड (d) शक्कर

78. ताँबे की चैन पर सोने की पॉलिश करने के लिए आवश्यक घोल है
(a) कॉपर सल्फेट का (b) कॉपर क्लोराइड का
(c) पोटेशियम सायनाइड का (d) पोटेशियम आरो-सायनाइड का

79. जल वोल्टामीटर में से धारा प्रवाहित करने पर हाइड्रोजन मुक्त होती है
(a) एनोड पर
(b) कैथोड पर
(c) मुक्त नहीं होती
(d) विलयन में ही रहती है

80. फैराडे के विद्युत-अपघटन के नियमानुसार पदार्थ के विघटन की मात्रा निम्न के अनुक्रमानुपाती है
(a) $\frac{1}{\text{धारा प्रवाह के समय के}}$
(b) पदार्थ के विद्युत रासायनिक तुल्यांक के
(c) $\frac{1}{\text{धारा के}}$
(d) $\frac{1}{\text{पदार्थ के विद्युत रासायनिक तुल्यांक के}}$

81. यदि किसी वोल्टमीटर में, 5 ग्राम जिंक की खपत होती है, तो हमें कितने ऐम्पियर-घण्टे मिलेंगे?

(दिया है कि जिंक का ECE $= 3.387 \times 10^{-7}$ किग्रा/कूलॉम)

(a) 2.05 (b) 8.2

(c) 4.1 (d) $5 \times 3.387 \times 10^{-7}$

82. चाँदी का परमाणु भार 108 तथा ताँबे का 64 है। रजत वोल्टामीटर व ताम्र वोल्टामीटर को श्रेणीक्रम में जोड़कर धारा प्रवाहित की जाती है। यदि 10.8 ग्राम चाँदी एकत्रित होती हो, तो कॉपर की जमा मात्रा होगी

(a) 6.4 ग्राम (b) 12.8 ग्राम (c) 3.2 ग्राम (d) 10.8 ग्राम

83. पिघले हुए NaCl से 10 मिनट के लिए 16 ऐम्पियर की धारा प्रवाहित होती है। ऋणात्मक इलेक्ट्रोड पर प्रकट होने वाली धात्विक सोडियम की मात्रा (माना फैराडे नियतांक $= 9.65 \times 10^4$ C/ग्राम मोल) होगी

(a) 0.23 ग्राम (b) 1.15 ग्राम

(c) 2.3 ग्राम (d) 11.5 ग्राम

84. एक इलेक्ट्रोप्लेटिंग प्रयोग में 4 ऐम्पियर की धारा 2 मिनट तक प्रवाहित करने पर m ग्राम चाँदी एकत्रित होती है। 6 ऐम्पियर की धारा 40 सेकण्ड तक प्रवाहित करने पर एकत्रित चाँदी की मात्रा (ग्राम में) है

(a) $4m$ (b) $\frac{m}{2}$

(c) $\frac{m}{4}$ (d) $2m$

85. मैग्नीशियम का विद्युत रासायनिक तुल्यांक 0.126 mg/C है। किसी उचित घोल में, 5A की धारा एक घण्टे तक प्रवाहित करते हैं। निक्षेपित मैग्नीशियम का द्रव्यमान होगा

(a) 0.0378 ग्राम (b) 0.227 ग्राम

(c) 0.378 ग्राम (d) 2.27 ग्राम

86. अनेक वोल्टामीटरों से धारा i को समय t के लिए प्रवाहित किया जाता है। यदि इलेक्ट्रोड पर निक्षेपित पदार्थ का द्रव्यमान m है और इसका विद्युत-रासायनिक तुल्यांक z है, तो

(a) $\frac{zit}{m} =$ स्थिरांक (b) $\frac{z}{mit} =$ स्थिरांक

(c) $\frac{i}{zmt} =$ स्थिरांक (d) $\frac{it}{zm} =$ स्थिरांक

87. किसी धातु का विद्युत रासायनिक तुल्यांक 3.3×10^{-7} किग्रा प्रति कूलॉम है। यदि 3A की धारा 2 सेकण्ड तक प्रवाहित की जाए, तो कैथोड पर धातु की कितनी मात्रा मुक्त होगी?

(a) 19.8×10^{-7} किग्रा (b) 9.39×10^{-7} किग्रा

(c) 6.6×10^{-7} किग्रा (d) 1.1×10^{-7} किग्रा

88. 96500 कूलॉम आवेश $CuSO_4$ के घोल में से प्रवाहित करने पर मुक्त ताँबे की मात्रा है

(a) 64 ग्राम (b) 32 ग्राम

(c) 32 किग्रा (d) 64 किग्रा

89. यदि 4A की धारा 40 मिनट तक प्रवाहित की जाए, तो 4.5 ग्राम जस्ता कैथोड पर जमा होता है जस्ते का विद्युत रासायनिक तुल्यांक होगा

(a) 51×10^{-17} ग्राम/C (b) 28×10^{-6} ग्राम/C

(c) 32×10^{-5} ग्राम/C (d) 47×10^{-5} ग्राम/C

90. एक ताम्र वोल्टामीटर को 0.1Ω प्रतिरोध वाली तापक कुण्डली के साथ श्रेणीक्रम में जोड़कर 20 मिनट तक एक निश्चित धारा परिपथ में प्रवाहित करने पर 0.99 ग्राम ताँबा जमा होता है। यदि ताँबे का विद्युत रासायनिक तुल्यांक 0.00033 ग्राम/C है, तब कुण्डली में उत्पन्न ऊष्मा होगी

(a) 750 जूल (b) 650 जूल

(c) 350 जूल (d) 250 जूल

91. दो वोल्टामीटरों, जिनमें एक कॉपर का तथा दूसरा सिल्वर का है, को समान्तर क्रम में संयोजित किया गया है। जब इन वोल्टामीटरों में कुल आवेश q प्रवाहित होता है, तो इनमें धातुओं के विद्युत रासायनिक तुल्यांक क्रमश: z_1 तथा z_2 हैं, तो सिल्वर वोल्टामीटर से प्रवाहित आवेश है

(a) $q\frac{z_1}{z_2}$ (b) $q\frac{z_2}{z_1}$ (c) $\frac{q}{1+\frac{z_1}{z_2}}$ (d) $\frac{q}{1+\frac{z_2}{z_1}}$

92. 125V पर 100 वाट शक्ति व्यय से विद्युत अपघटन में क्लोरीन उत्पन्न की जाती है। प्रति मिनट कितनी क्लोरीन मुक्त होगी? क्लोरीन का ECE 0.367×10^{-6} किग्रा/कूलॉम है

(a) 24.3 मिलीग्राम (b) 16.6 मिलीग्राम

(c) 17.6 मिलीग्राम (d) 21.3 मिलीग्राम

उत्तरमाला

1.	(a)	2.	(b)	3.	(a)	4.	(b)	5.	(c)	6.	(a)	7.	(d)	8.	(c)	9.	(a)	10.	(b)
11.	(c)	12.	(c)	13.	(c)	14.	(c)	15.	(d)	16.	(d)	17.	(d)	18.	(b)	19.	(b)	20.	(c)
21.	(d)	22.	(b)	23.	(d)	24.	(b)	25.	(c)	26.	(a)	27.	(d)	28.	(d)	29.	(c)	30.	(c)
31.	(b)	32.	(a)	33.	(c)	34.	(a)	35.	(a)	36.	(b)	37.	(a)	38.	(c)	39.	(c)	40.	(c)
41.	(c)	42.	(c)	43.	(c)	44.	(b)	45.	(b)	46.	(b)	47.	(b)	48.	(d)	49.	(a)	50.	(a)
51.	(b)	52.	(a)	53.	(a)	54.	(c)	55.	(a)	56.	(d)	57.	(a)	58.	(d)	59.	(d)	60.	(b)
61.	(c)	62.	(c)	63.	(c)	64.	(b)	65.	(d)	66.	(a)	67.	(b)	68.	(c)	69.	(b)	70.	(b)
71.	(b)	72.	(a)	73.	(a)	74.	(d)	75.	(b)	76.	(b)	77.	(d)	78.	(d)	79.	(b)	80.	(b)
81.	(c)	82.	(c)	83.	(c)	84.	(b)	85.	(d)	86.	(a)	87.	(a)	88.	(b)	89.	(d)	90.	(a)
91.	(c)	92.	(c)																

उत्तर व्याख्या सहित

3. $i = \frac{q}{t} = \frac{ne}{t} \Rightarrow n = \frac{it}{e}$

$\therefore\ n = \frac{4.8 \times 1}{1.6 \times 10^{-19}} = 3 \times 10^{19}$ इलेक्ट्रॉन/सेकण्ड

4. $J = \frac{I}{A} = \frac{10^{-4}}{0.30 \times 0.50} = 6.7 \times 10^{-4}$ ऐम्पियर/मी^{2}

11. ग्राफ का वह अंश, जिसमें वोल्टता में वृद्धि होने पर धारा कम होती है, ऋणात्मक प्रतिरोध दर्शाता है। अतः अंश CD ऋणात्मक प्रतिरोध दर्शाता है।

14. $R \propto \frac{l}{A}$

प्रतिरोध किसी तार की अनुप्रस्थ काट के व्युत्क्रमानुपाती होता है। अतः $2A$ परिच्छेद क्षेत्रफल वाले तार का प्रतिरोध न्यूनतम होगा।

15. $R \propto \frac{l^2}{m} \Rightarrow \quad R_1 : R_2 : R_3 = \frac{l_1^2}{m_1} : \frac{l_2^2}{m_2} : \frac{l_3^2}{m_3}$

$\Rightarrow \quad R_1 : R_2 : R_3 = \frac{9}{1} : \frac{4}{2} : \frac{1}{3} = 27 : 6 : 1$

20. $\because$ प्रतिरोध $\propto$ ताप

चित्र द्वारा, $R_1 \propto T_1 \Rightarrow \tan\theta \propto T_1$

$\Rightarrow \quad \tan\theta = KT_1$ ...(i)

एवं $\quad R_2 \propto T_2$

$\Rightarrow \quad \tan(90^\circ - \theta) \propto T_2 \Rightarrow \quad \cot\theta = KT_2$ ...(ii)

समी (i) व (ii) से, $K(T_2 - T_1) = (\cot\theta - \tan\theta)$

$$K(T_2 - T_1) = \frac{\cos\theta}{\sin\theta} - \frac{\sin\theta}{\cos\theta} = \frac{\cos^2\theta - \sin^2\theta}{\sin\theta\cos\theta} = \cot 2\theta$$

$\Rightarrow \quad (T_2 - T_1) \propto \cot 2\theta$

24. समान्तर क्रम में, $x = \frac{R}{n}, R = nx$

श्रेणी क्रम में, $R + R + R \ldots n$ बार

$= nR = n(nx) = n^2x$

28. माना टूटे हुए तार का प्रतिरोध R_1 है। अन्य प्रतिरोध $2\ \Omega$ है। समान्तर संयोग का प्रतिरोध $6/5\Omega$ है।

अतः $\quad \frac{1}{R} = \frac{1}{R_1} + \frac{1}{R_2} \Rightarrow \quad \frac{5}{6} = \frac{1}{R_1} + \frac{1}{2}$

$\Rightarrow \quad \frac{5}{6} - \frac{1}{2} = \frac{1}{R_1} \Rightarrow \frac{1}{3} = \frac{1}{R_1} \Rightarrow R_1 = 3\Omega$

29. यहाँ, बिन्दु B व D उभयनिष्ठ हैं। अतः DC व CB में लगे प्रतिरोध $2R$ व $2R$, B व C के मध्य समान्तर क्रम में संयोजित हैं, तब परिणामी प्रतिरोध

$$= \frac{2R \times 2R}{2R + 2R} = R$$

A व B के मध्य प्रभावी प्रतिरोध,

$$R_{\text{प्रभावी}} = \frac{R \times (R + R)}{R + (R + R)} = \frac{2}{3}R$$

31. माना R दिये गये परिपथ का प्रतिरोध है। किसी एक लूप का योग करने या हटाने से कुल प्रतिरोध पर कोई प्रभाव नहीं पड़ेगा। अतः परिपथ का तुल्य प्रतिरोध इस प्रकार प्रदर्शित होगा

कुल प्रतिरोध $= 1 + \frac{2 \times R}{2 + R} = R$

या $\quad R + 2 + 2R = R^2 + 2R$

या $\quad R^2 - R - 2 = 0 \Rightarrow \quad R = 2$ ओम

32. लाल, भूरा रंग क्रमशः 2 व 1 को प्रदर्शित करता है तथा नारंगी रंग 10^3 गुणक है। अतः $\quad R = 21 \times 10^3 \pm 10\%$

34. जब 6 वोल्ट की बैटरी को 3 मी लम्बे तार के सिरों से जोड़ा जाता है, तब प्रति मीटर विभवान्तर $= \frac{6}{3} = 2$ वोल्ट/मी

अतः 50 सेमी अथवा 0.5 मी लम्बाई पर विभव में कमी

$=$ विभव प्रवणता $\times$ लम्बाई

$= 2 \times 0.5 = 1$ वोल्ट

35. अधिकतम धारा, $I_{\max} = \frac{\text{विद्युत वाहक बल}}{\text{आन्तरिक प्रतिरोध}} = \frac{1.5}{0.05} = 30$ ऐम्पियर

38. $r = E/i = 1.5/3 = 0.5$ ओम

39. माना सेल का आन्तरिक प्रतिरोध r है, तब

$$i = \frac{E}{(R + r)}, \quad 4.5 = \frac{50}{(10 + r)}$$

हल करने पर, $r = 1.1$ ओम

42. मापन में त्रुटि $=$ वास्तविक मान $-$ मापित मान

वास्तविक मान $= 2$ वोल्ट

$$i = \frac{2}{998 + 2} = \frac{1}{500} \text{ ऐम्पियर}$$

$$E = V + ir$$

$\Rightarrow \quad V = E - ir = 2 - \frac{1}{500} \times 2 = \frac{998}{500}$ वोल्ट

$\therefore$ मापित मान $= \frac{998}{500}$ वोल्ट

$\Rightarrow \quad$ त्रुटि $= 2 - \frac{998}{500} = 4 \times 10^{-3}$ वोल्ट

44. वोल्टमीटर के साथ 80Ω का प्रतिरोध समान्तर में है। माना तुल्य प्रतिरोध R' है। यहाँ $R' = 40\Omega$ है। अब, 20Ω प्रतिरोध R' के साथ श्रेणी में है। अतः परिपथ का तुल्य प्रतिरोध $= 20 + 40 = 60\ \Omega$

परिपथ में धारा $= (2/60)$ ऐम्पियर

80Ω प्रतिरोध में धारा $= \frac{1}{2}\left[\frac{2}{60}\right] = \frac{1}{60}$ ऐम्पियर

$\therefore$ वोल्टमीटर का पाठ $= 80 \times (1/60) = 1.33$ वोल्ट

46. परिपथ में प्रवाहित धारा, $i = \frac{50}{(5 + 7 + 10 + 3)} = 2$ ऐम्पियर

A व B के बीच विभवान्तर, $V_A - V_B = 2 \times 12$

$\Rightarrow \quad V_A - 0 = 24$ वोल्ट $\Rightarrow V_A = 24$ वोल्ट

47. $R_{eq} = 5$, धारा, $i = \frac{10}{5} = 2$ ऐम्पियर एवं प्रत्येक शाखा में धारा $= 1$ ऐम्पियर

C एवं A के बीच विभवान्तर,

$V_C - V_A = 1 \times 1 = 1$ वोल्ट ...(i)

C एवं B के बीच विभवान्तर,

$V_C - V_B = 1 \times 3 = 3$ वोल्ट ...(ii)

समी (i) व (ii) को हल करने पर, $V_A - V_B = 2$ वोल्ट

48. A व B के मध्य विभवान्तर, $V_A - V_B = 1 \times 1.5$

$\Rightarrow \quad V_A - 0 = 1.5$ वोल्ट

$\Rightarrow \quad V_A = 1.5$ वोल्ट

B व C के मध्य विभवान्तर,

$V_B - V_C = 1 \times 2.5 = 2.5$ वोल्ट

$\Rightarrow \quad 0 - V_C = 2.5$ वोल्ट $\Rightarrow V_C = -2.5$ वोल्ट

C व D के मध्य विभवान्तर,

$$V_C - V_D = -2 \text{ वोल्ट}$$

$\Rightarrow \quad -2.5 - V_D = -2$

$\Rightarrow \quad V_D = -0.5$ वोल्ट

49. समान्तर क्रम में जुड़े सेलों के लिए,

$$E_{ec} = \frac{\frac{E_1}{r_1} - \frac{E_2}{r_2}}{\frac{1}{r_1} + \frac{1}{r_2}} = \frac{\frac{10}{2} - \frac{4}{2}}{\frac{1}{2} + \frac{1}{2}} = 3 \text{ वोल्ट}$$

अब $\quad \frac{1}{r_{eq}} = \frac{1}{r_1} + \frac{1}{r_2} = \frac{1}{2} + \frac{1}{2} = 1$

$$r_{eq} = 1\Omega$$

अब, यह तीसरे के साथ श्रेणीक्रम में है अर्थात्
इन दोनों का तुल्य वि0वा0 बल $(6-3)$V है तथा प्रतिरोध $(1+1)\,\Omega$ अथवा 2 Ω है।

51. cbd भाग में, $V_c - V_b = V_b - V_d$

cad भाग में, $\quad V_b = \frac{V_c + V_d}{2}$

$$V_c - V_a > V_a - V_d$$

$$\frac{V_c + V_d}{2} > V_a \Rightarrow V_b > V_a$$

52. सन्तुलित व्हीटस्टोन सेतु के लिए,

$$\frac{100}{\frac{100R}{(100+R)}} = \frac{200}{40}$$

$\Rightarrow \quad \frac{100+R}{R} = 5$

$\Rightarrow \quad 100 + R = 5R$

$\Rightarrow \quad R = \frac{100}{4} = 25\,\Omega$

56. यदि विशिष्ट प्रतिरोध ρ है, तब

$$R = \rho\left(\frac{l}{A}\right) \text{ तथा } V = IR$$

$\therefore \quad V = I\rho\left(\frac{l}{A}\right)$

$\Rightarrow \quad (V/I) = (l\rho/A)$

58. $R = \frac{V}{i_g} - G = \frac{5}{\frac{100}{10^3}} - 2 = \frac{5000}{100} - 2 = 48$ ओम

59. $V = xl \Rightarrow iR = xl \Rightarrow i \times 10 = \left(\frac{2 \times 10^{-3}}{10^{-2}}\right) \times 50 \times 10^{-2} = 0.1$

$\Rightarrow \quad i = 10 \times 10^{-3}$ ऐम्पियर $= 10$ मिली ऐम्पियर

61. $r = \frac{(l_1 - l_2)}{l_2} \times R' = \left(\frac{60-50}{50}\right) \times 6 = 1.2$ ओम

62. यदि अमीटर का प्रतिरोध r है, तब

$20 = (R + r)4 \Rightarrow \quad (R + r) = 5 \quad \Rightarrow R < 5$ ओम

66. $S = \frac{I_g G}{I - I_g} = \frac{10 \times 0.01}{10 - 0.01} = \frac{10}{999}$ ओम

67. XY के बीच प्रतिरोध $= \frac{2}{3}$ ओम

कुल प्रतिरोध $= 2 + \frac{2}{3} = \frac{8}{3}$ ओम

अमीटर से प्रवाहित धारा $= \frac{2}{8/3} = \frac{6}{8} = \frac{3}{4}$ ऐम्पियर

68. शक्ति, $P = \frac{V^2}{R} \Rightarrow R_1 = \frac{V_1^2}{P_1} = \frac{(200)^2}{40} = 1000$ ओम

एवं $\quad R_2 = \frac{V_2^2}{P_2} = \frac{(200)^2}{100} = 400$ ओम

69. जब बल्ब 1 फ्यूज हो जाता है, तब परिपथ का प्रतिरोध घटेगा। अतः धारा बढ़ेगी। चूँकि $P = i^2R$, इसीलिए चमक बढ़ जाएगी।

70. $\quad t_n = \frac{\alpha}{\beta} = \left(\frac{500}{5}\right) = 100°\text{C}$

अतः $\quad t_n = \frac{t_i + t_c}{2} \Rightarrow 100 = \frac{t_i + 0}{2} \Rightarrow t_i = 200°\text{C}$

71. $\quad E = \alpha T + \frac{1}{2}\beta T^2$

उत्क्रमणीय ताप के लिए,

$$E = 0, T = \frac{-2\alpha}{\beta}$$

ताप वैद्युत शक्ति

$$P = \frac{dE}{dT} = \alpha + \frac{1}{2}\beta \cdot (2T)$$

$\Rightarrow \quad \alpha + \beta T = \alpha + \beta\left(\frac{-2\alpha}{\beta}\right)$

$$= \alpha - 2\alpha = -\alpha$$

72. $T_n = \frac{T_i + T_c}{2}$

$\Rightarrow \quad T_n = \frac{T_i + 0}{2} = \frac{T_i}{2}$

73. शक्ति, $P = \frac{V^2}{R} \Rightarrow P \propto \frac{1}{R}$

एवं $\quad R \propto l$

$\therefore \quad P \propto \frac{1}{l} \Rightarrow \frac{P_1}{P_2} = \frac{l_2}{l_1} = \frac{2}{1}$

74. किसी पदार्थ के 1 ग्राम तुल्यांक को मुक्त करने के लिए आवश्यक आवेश की मात्रा 96500 C होती है।

75. $m = ZQ$; से यदि $Q = 1\text{C} \Rightarrow m = Z$

76. फैराडे के विद्युत अपघटन के नियम विद्युत-अपघट्य के तुल्यांकी भार से सम्बन्धित है।

77. चालन के लिए आयन उत्तरदायी हैं एवं शक्कर आयनों से विघटित नहीं हो सकती।

78. ताँबे की चैन पर सोने की पॉलिश करने के लिए पौटेशियम आरो-सायनाइड के घोल की आवश्यकता होगी।

79. जल वोल्टामीटर में धारा प्रवाहित करने पर हाइड्रोजन गैस कैथोड पर मुक्त होती है।

80. विघटन की मात्रा ∝ पदार्थ का विद्युत रासायनिक तुल्यांक

81. $m = Zit = Zq; q = \frac{5 \times 10^{-3}}{3.387 \times 10^{-7}}$ ऐम्पियर-सेकण्ड

या $\quad q = \frac{5 \times 10^{-3}}{3.387 \times 10^{-7} \times 3600}$ ऐम्पियर-घण्टा

$= 4.1$ ऐम्पियर-घण्टा

82. ताँबे का तुल्यांकी भार $= \frac{64}{2} = 32$

$$\frac{\text{Cu का तुल्यांकी भार}}{\text{Ag का तुल्यांकी भार}} = \frac{\text{जमा Cu का भार}}{\text{जमा Ag का भार}}$$

जमा हुए Cu का भार $= \frac{10.8 \times 32}{108} = 3.2$ ग्राम

83. धात्विक सोडियम की मात्रा,

$$m = Zit = \left(\frac{A}{VF}\right) it$$

$$= \left(\frac{23}{1 \times 96500}\right) \times 16 \times 10 \times 60$$

$= 2.3$ ग्राम

84. फैराडे नियम से, $m \propto it$

$$\therefore \quad \frac{m_1}{m_2} = \frac{i_1 t_1}{i_2 t_2}$$

$$\Rightarrow \quad \frac{m}{m_2} = \frac{4 \times 120}{6 \times 40}$$

$$\Rightarrow \quad m_2 = \frac{m}{2}$$

85. फैराडे के विद्युत अपघटन सम्बन्धी नियम से

$m = zit = 0.126 \times 10^{-3} \times 5 \times 3600 = 2.27$ ग्राम

86. फैराडे के विद्युत अपघटन सम्बन्धी नियम से

$m = zit$ या $\frac{zit}{m} = 1$ (स्थिरांक)

87. फैराडे के विद्युत अपघटन सम्बन्ध नियम से

$m = zit = 3.3 \times 10^{-7} \times 3 \times 2$

$= 19.8 \times 10^{-7}$ किग्रा

88. 1 फैराडे (96500C) विद्युत की वह मात्रा है जो तुल्यांकी भार के तुल्य पदार्थ की मात्रा को मुक्त करती है।

अतः मुक्त हुए ताँबे की मात्रा $\frac{63.5}{2} = 31.25$ ग्राम ≈ 32 ग्राम

89. $m = zit \Rightarrow z = \frac{m}{it} = \frac{4.5}{4 \times 40 \times 60}$

$= 47 \times 10^{-5}$ g/C

90. $m = zit \Rightarrow i = \frac{m}{zt} = \frac{0.99}{0.00033 \times 1200} = 2.5\text{A}$

अतः कुण्डली में उत्पन्न ऊष्मा

$H = i^2Rt = (2.5)^2 \times 0.1 \times 1200 = 750\text{J}$

91. $m = zq \Rightarrow z \propto \frac{1}{q} \Rightarrow \frac{z_1}{z_2} = \frac{q_2}{q_1}$ ...(i)

एवं $q = q_1 + q_2$

$\Rightarrow \quad \frac{q}{q_2} = \frac{q_1}{q_2} + 1 \Rightarrow q_2 = \frac{q}{1 + \frac{q_1}{q_2}}$ ...(ii)

समी (i) एवं (ii) से,

$$q_2 = \frac{q}{1 + \frac{z_2}{z_1}}$$

92. $P = 100$ वाट, $V = 125$ वोल्ट

चूँकि $P = Vi$,

$\therefore \quad i = \frac{P}{V} = \frac{100}{125}$ ऐम्पियर

मुक्त क्लोरीन का द्रव्यमान $= zit$

$= 0.367 \times 10^{-6} \times \frac{100}{125} \times 60$

$= 0.0176 \times 10^{-3}$ किग्रा $= 17.6$ मिलीग्राम

अध्याय 19

वैद्युत धारा के चुम्बकीय प्रभाव

Magnetic Effects of Electric Current

चुम्बकीय क्षेत्र (Magnetic Field)

एक धारावाही चालक अथवा चुम्बक के चारों ओर का वह क्षेत्र जिसमें उसके चुम्बकीय प्रभाव का अनुभव होता है, चुम्बकीय क्षेत्र कहलाता है।

ऑरस्टेड का प्रयोग (Oersted's Experiment) ऑरस्टेड ने प्रयोग द्वारा ज्ञात किया कि प्रत्येक धारावाही चालक के चारों ओर एक चुम्बकीय क्षेत्र उत्पन्न हो जाता है, जिसकी दिशा धारा की दिशा पर तथा उसका परिमाण धारा के परिमाण पर निर्भर करता है।

बायो-सेवर्ट का नियम (Biot-Savart's Law)

इस नियम के अनुसार, किसी सूक्ष्म धारा अवयव $I d\mathbf{l}$ के कारण किसी बिन्दु P पर उत्पन्न चुम्बकीय क्षेत्र $d\mathbf{B}$ का परिमाण,

$$dB = |d\mathbf{B}|$$

$$dB = \frac{\mu_0}{4\pi} \frac{Idl \sin\theta}{r^2} \text{ वेबर मी}^{-2} \text{ या टेस्ला}$$

यहाँ, μ_0 एक नियतांक है तथा इसे मुक्त आकाश की पारगम्यता (permeability) कहते हैं।
इसका मान $4\pi \times 10^{-7}$ वेबर ऐम्पियर$^{-1}$-मी$^{-1}$ है।

i
P
θ
r
धारावाही चालक

बायो-सेवर्ट नियम के अनुप्रयोग (Applications of Biot-Savart's Law)

क्र.सं.	धारावाही ज्यामिति	आरेख	गणितीय रूप
1.	परिमित लम्बाई का धारावाही चालक	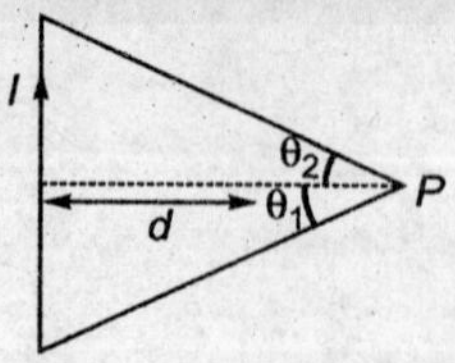	$B = \frac{\mu_0}{4\pi}\frac{I}{d}(\sin\theta_1 + \sin\theta_2)$
2.	अनन्त लम्बाई का धारावाही चालक	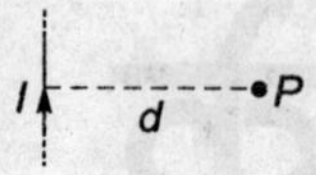	$\theta_1 = \theta_2 = \frac{\pi}{2}$ $B = \frac{\mu_0}{2\pi}\frac{I}{d}$
3.	अनन्त लम्बाई के धारावाही चालक के सिरे पर	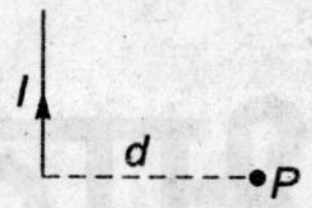	$\theta_1 = 0°, \theta = \frac{\pi}{2}$ $B = \frac{\mu_0}{4\pi}\frac{I}{d}$
4.	धारावाही वृत्ताकार कुण्डली की अक्ष पर	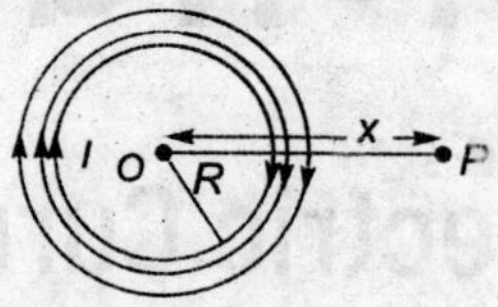	$B = \frac{\mu_0 NIR^2}{2(R^2 + x^2)^{3/2}}$
5.	धारावाही कुण्डली के केन्द्र पर	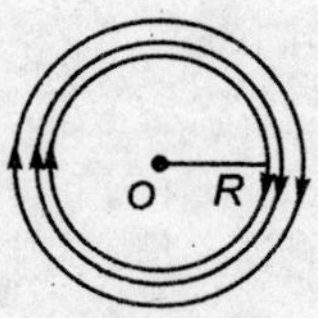	$x = 0$ $B = \frac{\mu_0 NI}{2R}$
6.	धारावाही लूप के केन्द्र पर		$N = 1$ $B = \frac{\mu_0 I}{2R}$
7.	धारावाही वृत्ताकार खण्ड के केन्द्र पर	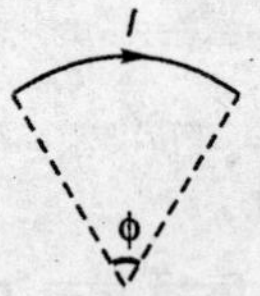	$B = \frac{\mu_0}{4\pi} \cdot \frac{I}{R} \times \theta$
8.	धारावाही परिनालिका के अक्ष पर	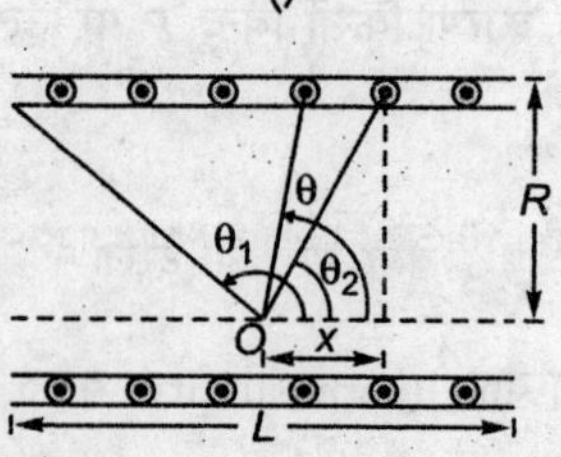	$B = \frac{\mu_0 nI}{2}(\cos\theta_1 - \cos\theta_2)$ जहाँ, n परिनालिका की प्रति मीटर लम्बाई में फेरे हैं।
9.	लम्बी परिनालिका के केन्द्र पर		$L >> R$ $\theta_1 = 180°, \theta_2 = 0°, B_c = \mu_0 nI$
10.	परिनालिका के सिरे पर		$\theta_1 = 90°, \theta_2 = 0°, B_e = \frac{\mu_0 nI}{2}$

ऐम्पियर का परिपथीय नियम

(Ampere's Circuital Law)

इस नियम के अनुसार, "किसी बन्द पथ या परिपथ के अनुदिश चुम्बकीय क्षेत्र के रेखीय समाकलन (linear integral) का मान, उस पथ से घिरे पृष्ठ से गुजरने वाली कुल धारा के मान का μ_0 गुना होता है।"

अत: $$\oint \mathbf{B} \cdot d\mathbf{l} = \mu_0 (I_{\text{net}})$$

इसका सरलतम रूप है,

$$Bl = \mu_0 I_{\text{net}}$$

परिनालिका (Solenoid)

परिनालिका बेलनाकार फ्रेम पर एक चालक तार को कसावट के साथ सटाकर लपेटी गयी कुण्डलिनी है, जिसके सभी निकटवर्ती फेरे परस्पर विद्युत रूप से विलगित होते हैं।

एक परिनालिका के अक्ष पर स्थित एक बिन्दु पर चुम्बकीय क्षेत्र,

$$B = \mu_0\, ni\, [\cos\theta_1 - \cos\theta_2]$$

जहाँ, θ_1 व θ_2 बिन्दु P को परिनालिका के सिरों से मिलाने वाली रेखा द्वारा बने कोण हैं।

अनन्त लम्बी परिनालिका के लिए,

$$\theta_1 = 0, \theta_2 = \pi$$

$\therefore$ $$B = \mu_0\, ni \quad \text{(अधिकतम)}$$
$$= \frac{\mu_0\, Ni}{l} \quad \text{(अक्ष के अनुदिश)}$$

परिनालिका के सिरों पर अर्थात् P' पर

$$\theta_1 = 0, \theta_2 = \frac{\pi}{2}$$

$\therefore$ $$B = \frac{\mu_0\, ni}{2} = \frac{\mu_0\, Ni}{2l} \quad \text{(न्यूनतम)}$$

जहाँ, $n =$ प्रति इकाई लम्बाई में फेरों की संख्या $= \dfrac{N}{l}$

टोरॉइड (Toroid)

वलय की आकृति की एक बन्द परिनालिका को टोरॉइड कहते हैं। अत: यह एक अर्न्तविहीन बेलनाकार परिनालिका है।

यदि किसी टोरॉइड की एकांक लम्बाई में फेरों की संख्या n है। इसमें बहने वाली धारा i है, तब चुम्बकीय बल रेखायें मुख्यत: टोरॉइड की क्रोड में संकेन्द्रीय वृत्तों के रूप में रहेंगी। माना ऐसे किसी वृत्त की त्रिज्या r है। यह वृत्तीय बन्द पृष्ट तार के N लूपों से घिरा है।

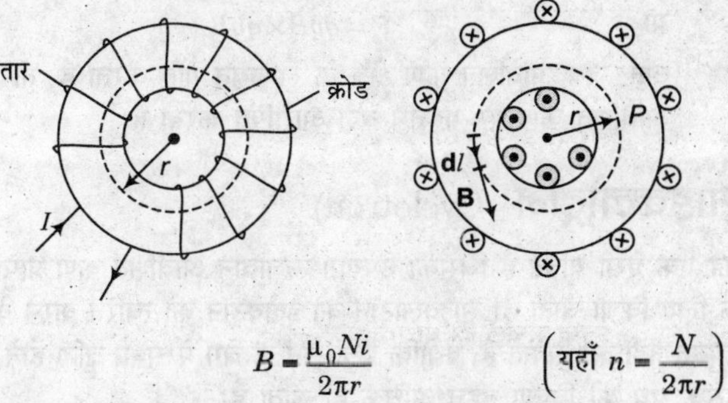

$$B = \frac{\mu_0 Ni}{2\pi r} \qquad \left(\text{यहाँ } n = \frac{N}{2\pi r}\right)$$

गतिमान आवेश पर चुम्बकीय क्षेत्र में बल

(Force on a Moving Charge in Magnetic Field)

जब एक आवेशित कण चुम्बकीय क्षेत्र में गति करता है, तब इस पर कार्यरत् बल

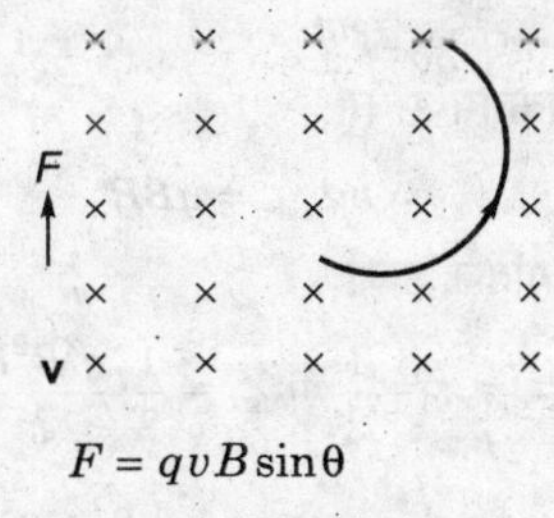

$$F = qvB\sin\theta$$

वेक्टर स्वरूप में, $$\mathbf{F} = q(\mathbf{v} \times \mathbf{B})$$

लॉरेन्ज बल (Lorentz Force)

1. यदि एक आवेश q, v वेग से एक ऐसे क्षेत्र में प्रवेश करता है जिसमें विद्युत क्षेत्र $\mathbf{E}$ तथा चुम्बकीय क्षेत्र $\mathbf{B}$ दोनों उपस्थित हैं तो इन दोनों क्षेत्रों के कारण एक बल कार्य करता है। इस बल को लॉरेन्ज बल कहते हैं। आवेशित कण पर आरोपित बल
$$F = q(\mathbf{v} \times \mathbf{B}) + q\mathbf{E}$$
यहाँ, चुम्बकीय बल $\mathbf{F}_m = q(\mathbf{v} \times \mathbf{B}) = Bqv\sin\theta$
तथा वैद्युत बल $\mathbf{F}_e = q\mathbf{E}$
2. यदि आवेश धनात्मक है, तो चुम्बकीय बल की दिशा $\mathbf{v} \times \mathbf{B}$ के समान है तथा यदि आवेश ऋणात्मक है तो चुम्बकीय बल की दिशा $\mathbf{v} \times \mathbf{B}$ के विपरीत है।

स्थितियाँ

(i) यदि $v = 0$ है, तब $F = 0$, अत: चुम्बकीय क्षेत्र में स्थिर आवेश पर कोई बल आरोपित नहीं होता है।

(ii) यदि $\theta = 0$, तब $F = 0$ है, अत: जब आवेश क्षेत्र के समान्तर है, तब क्षेत्र द्वारा कोई बल आरोपित नहीं होगा।

(iii) यदि $\theta = 90°$ तब

$$\sin\theta = \sin 0° = 1$$

या $$F = qvB \times qvB$$

अत: जब आवेशित कण क्षेत्र के लम्बवत् गति करता है, तो क्षेत्र आवेशित कण पर महत्तम बल आरोपित करता है।

साइक्लोट्रॉन (Cyclotron)

यह एक ऐसी युक्ति है जिसका उपयोग ऊर्जावान आवेशित कण प्राप्त करने के लिए किया जाता है। साइक्लोट्रॉन को इलेक्ट्रॉन को त्वरित करने के लिए प्रयुक्त नहीं कर सकते हैं, क्योंकि इलेक्ट्रॉन के वेग में सूक्ष्म वृद्धि होने पर ही उसके पथ की त्रिज्या बहुत अधिक हो जाती है।

साइक्लोट्रॉन आवृत्ति, $f = \frac{1}{T} = \frac{1}{\frac{2\pi r}{v}} = \frac{qB}{2\pi m}$

साइक्लोट्रॉन से बाहर निकलते समय आयन का अधिकतम वेग,

$$v_{\max} = \frac{qBR}{m}$$

आयन द्वारा प्राप्त अधिकतम संवेग

$$= mv_{\max} = qBR$$

आयन की अधिकतम गतिज ऊर्जा

$$= \frac{1}{2}mv_{\max}^2 = \frac{1}{2}\cdot\frac{q^2B^2R^2}{m}$$

सिंक्रोट्रॉन (Synchrotron)

एक प्रकार का कण घटक है, इसमें आवेशित कणपुंज एक चक्रीय बन्द पथ पर चलते हैं।

धारावाही चालक पर चुम्बकीय क्षेत्र में बल

(Force on a Current Carrying Conductor in Magnetic Field)

जब एक धारावाही चालक चुम्बकीय क्षेत्र में रखा जाता है तब चालक में प्रवाहित धारा की दिशा तथा चुम्बकीय क्षेत्र की दिशा के लम्बवत् दिशा में चालक पर एक बल कार्य करता है। यह बल **लॉरेन्ज बल** (Lorentz force) कहलाता है।

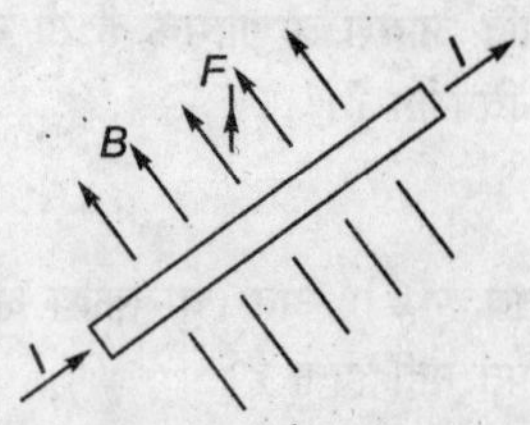

इस बल की दिशा या तो फ्लेमिंग के बायें हाथ के नियम या दायें हाथ की हथेली के नियम से ज्ञात की जा सकती है।

चुम्बकीय बल, $$F = i\,lB\sin\theta$$

वेक्टर स्वरूप में,

$$\mathbf{F} = i\,(\mathbf{l} \times \mathbf{B})$$

जहाँ, B = चुम्बकीय क्षेत्र की तीव्रता,
i = चालक में धारा,
l = चालक की लम्बाई,
θ = चालक की लम्बाई तथा चुम्बकीय क्षेत्र की दिशा के बीच का कोण

दो समान्तर धारावाही चालकों के बीच बल

(Force Between Two Parallel Current Carrying Wires)

माना दो लम्बे समान्तर तार 1 व 2 एक-दूसरे से r दूरी पर रखे हैं तथा उनमें क्रमश: धाराएँ i_1 व i_2 समान दिशा में बह रही हैं।

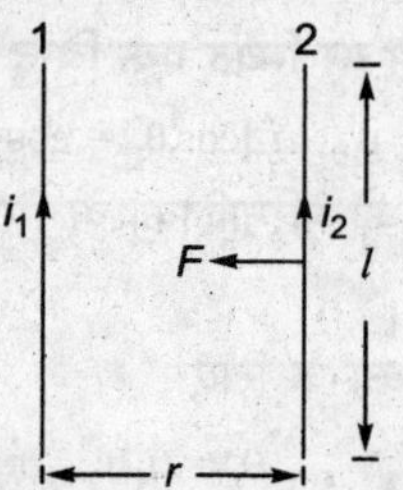

तार 2 की प्रति एकांक लम्बाई पर तार 1 के कारण बल,

$$\frac{F}{l} = \frac{\mu_0}{2\pi}\cdot\frac{i_1 i_2}{r}$$

यही समान बल तार 2 के कारण तार 1 पर आरोपित होगा।

चल कुण्डल धारामापी

(Moving Coil Galvanometer)

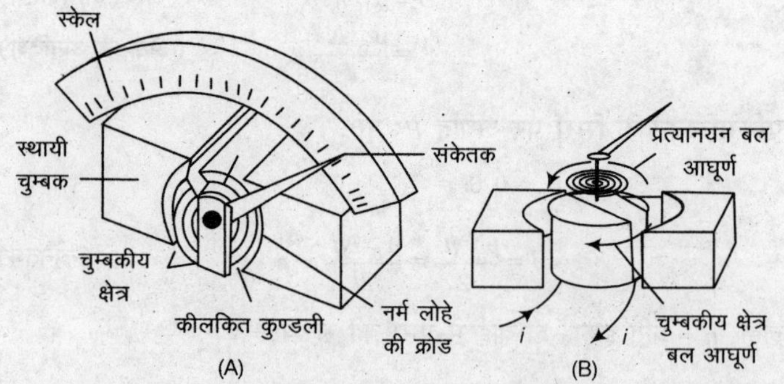

चल कुण्डल धारामापी में एक कुण्डली प्रबल व स्थायी नाल चुम्बक के ध्रुव खण्डों के बीच लटकी रहती है। चुम्बक के ध्रुव अवतल बेलनाकार कटे होते हैं। ताकि इनके बीच चुम्बकीय क्षेत्र त्रिज्याएँ हों तथा कुण्डली का तल सदैव चुम्बकीय क्षेत्र के समान्तर रहे। इसलिए $\theta = 90°$ एवं विक्षेपक आघूर्ण सदैव अधिकतम रहेगा।

$$\tau_{\text{def}} = NBiA \quad \text{...(i)}$$

कुण्डली के विक्षेपित होने पर निलम्बन तार में प्रत्यानयन बल आघूर्ण उत्पन्न होता है। यदि α ऐंठन कोण हो, तब प्रत्यानयन बल आघूर्ण

$$\tau_{rest} = C\alpha \quad \text{...(ii)}$$

यहाँ C निलम्बन तार की ऐंठन दृढ़ता है।

कुण्डली की साम्यावस्था में,

$$NBiA = C\alpha$$

$$\Rightarrow \quad i = K\alpha,$$

यहाँ $K = \frac{C}{NBA}$ धारामापी का नियतांक है। धारा i एवं α के बीच यह रैखिक सम्बन्ध चल कुण्डल धारामापी को धारामापन एवं इसके संसूचन में उपयोगी बनाता है।

धारा सुग्राहिता (S_i) एकांक धारा के लिए उत्पन्न विक्षेप को धारामापी की सुग्राहिता कहते हैं, अर्थात्

$$S_i = \frac{\alpha}{i} = \frac{NBA}{C}$$

वोल्टेज सुग्राहिता (S_v) इकाई वोल्टेज आरोपित करने पर धारामापी उत्पन्न विक्षेप को वोल्टेज सुग्राहिता कहते हैं अर्थात्

$$S_v = \frac{\alpha}{V} = \frac{\alpha}{iR} = \frac{S_i}{R} = \frac{NBA}{RC}$$

धारामापी का अमीटर में रूपान्तरण

(Conversion of Galvanometer to Ammeter)

धारामापी को अमीटर में बदलने के लिए एक अल्प मान के प्रतिरोध (शण्ट) S को धारामापी G के साथ समान्तर क्रम में लगा दिया जाता है, जैसा कि चित्र में दिखाया गया है।

(a) संयोग का तुल्य प्रतिरोध $= \frac{GS}{G+S}$

(b) G और S दोनों समांतर क्रम में होने से इनका विभवान्तर समान होता है अर्थात् $i_g G = (i - i_g) S$

अत: आवश्यक शण्ट का मान $S = \frac{i_g}{(i - i_g)} G$

(c) धारामापी से मुख्य धारा का nवाँ भाग (अर्थात् $i_g = \frac{i}{n}$) प्रवाहित करने के लिए आवश्यक शण्ट का मान $S = \frac{G}{(n-1)}$

धारामापी का वोल्टमीटर में रूपान्तरण

(Conversion of Galvanometer to Voltmeter)

धारामापी को वोल्टमीटर में बदलने के लिए एक बड़ा प्रतिरोध धारामापी के साथ श्रेणी कम में जोड़ते हैं, जैसा कि चित्र में प्रदर्शित है।

(a) संयोजन का तुल्य प्रतिरोध $= G + R$

(b) ओम के नियम से $V = i_2(G + R)$

अत: अभीष्ट श्रेणी प्रतिरोध

$$R = \frac{V}{i_g} - G = \left(\frac{V}{V_g} - 1\right) G$$

(c) यदि कुल वोल्टेज V का nवाँ भाग धारामापी से गुजारा जाये अर्थात् $V_g = \frac{V}{n}$ तब अभीष्ट श्रेणी प्रतिरोध $R = (n-1)G$

अभ्यास प्रश्न

1. एकसमान गति करते हुए एक वैद्युत आवेश द्वारा उत्पन्न होता है
(a) केवल चुम्बकीय क्षेत्र (b) केवल वैद्युत क्षेत्र
(c) (a) और (b) दोनों (d) इस प्रकार का कोई क्षेत्र नहीं

2. बायो-सेवर्ट के नियमानुसार, चालक द्वारा उत्पन्न चुम्बकीय क्षेत्र समानुपाती होता है
(a) धारा के
(b) अल्पांश लम्बाई (Δl) के
(c) अल्पांश से बिन्दु की दूरी (r) के
(d) (a) और (b) दोनों के

3. r त्रिज्या के एक चालक वृत्ताकार लूप में स्थायी धारा i प्रवाहित हो रही है। इसको एकसमान चुम्बकीय क्षेत्र B में इस प्रकार रखा जाता है कि B, लूप के तल के लम्बवत् है। लूप पर कार्यरत् चुम्बकीय बल का व्यंजक है
(a) $2\pi r i B$ (b) $i r B$ (c) शून्य (d) $\pi r i B$

4. n फेरों व r त्रिज्या वाली कुण्डली के कारण उसके अक्ष पर x दूरी पर स्थित बिन्दु पर चुम्बकीय क्षेत्र समानुपाती होता है
(a) $\frac{r^2}{(x^2+r^2)}$ (b) $\frac{n^2r^2}{(x^2+r^2)^{3/2}}$
(c) $\frac{nr^2}{(x^2+r^2)^{3/2}}$ (d) $\frac{r^2}{(x^2+r^2)^{3/2}}$

5. i धारावाही सूक्ष्म अंश (element) dl से r दूरी पर इसके कारण चुम्बकीय क्षेत्र dB है
(a) $dB = \frac{\mu_0 i^2}{4\pi}\left(\frac{dl \times r}{r^2}\right)$ (b) $dB = \frac{\mu_0 i}{4\pi}\left(\frac{dl \times r}{r}\right)$
(c) $dB = \frac{\mu_0 i^2}{4\pi}\left(\frac{dl \times r}{r}\right)$ (d) $dB = \frac{\mu_0 i}{4\pi}\left(\frac{dl \times r}{r^3}\right)$

6. धारावाही लूप के केन्द्र पर चुम्बकीय क्षेत्र का व्यंजक है
(a) $\frac{\mu_0 n I}{2r}$ (b) $\frac{\mu_0 n I^2}{2r}$
(c) $\frac{\mu_0}{2\pi}\cdot\frac{n I^2}{r}$ (d) $\mu_0 n I$

7. बोर के परमाणु मॉडल में एक इलेक्ट्रॉन नाभिक के चारों ओर 5.1×10^{-11} मी त्रिज्या के पथ में 6.8×10^{15} चक्कर प्रति सेकण्ड लगाता है, उसकी कक्षा के केन्द्र पर चुम्बकीय प्रेरण का मान होगा
(a) 13.4 टेस्ला (b) 15.6 टेस्ला
(c) 15.8 टेस्ला (d) 11.6 टेस्ला

8. एक लम्बे तार में r त्रिज्या का अर्द्धवृत्ताकार लूप है तथा इसमें धारा i प्रवाहित हो रही है। सम्पूर्ण तार के कारण लूप के केन्द्र C पर चुम्बकीय क्षेत्र क्या होगा?

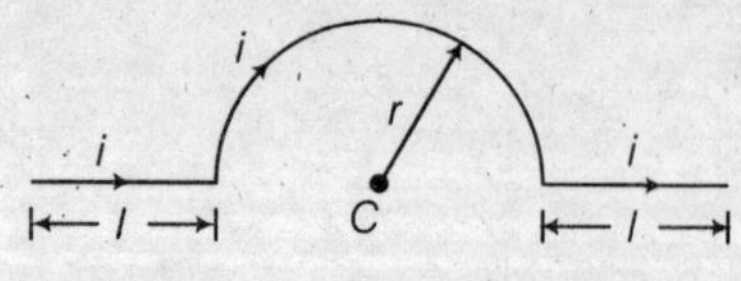

(a) $\frac{\mu_0 i}{2r}$ (b) $\frac{\mu_0 i}{4r}$ (c) $\frac{\mu_0 i}{r}$ (d) शून्य

9. एक बन्द वृत्तीय तार के दो बिन्दुओं A व B को एक बैटरी के सिरों से जोड़े गये हैं, वृत्त के केन्द्र पर चुम्बकीय क्षेत्र क्या होगा?

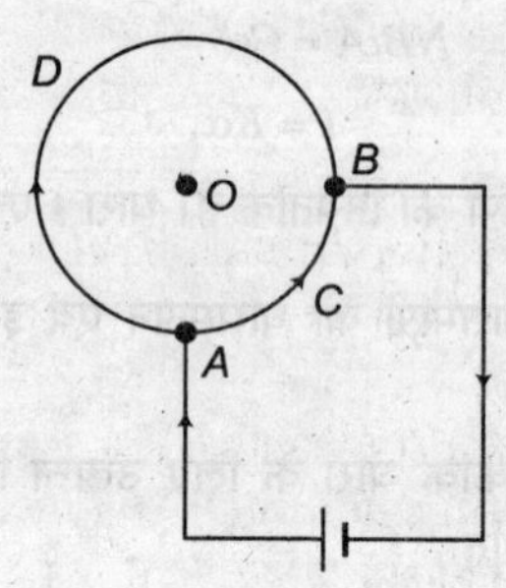

(a) शून्य (b) $\frac{\mu_0 i_1}{\sqrt{2}\pi a}$
(c) $\frac{\mu_0 i_1 i_2}{\sqrt{2}\pi a}$ (d) इनमें से कोई नहीं

10. एक लम्बे तार, जिसमें धारा i प्रवाहित हो रही है, से r दूरी पर चुम्बकीय क्षेत्र 0.4 टेस्ला है। $2r$ दूरी पर चुम्बकीय क्षेत्र का मान होगा
(a) 0.2 टेस्ला (b) 0.10 टेस्ला
(c) 0.9 टेस्ला (d) 1.96 टेस्ला

11. एक लम्बे धारा प्रवाही तार से 4 सेमी दूरी पर एक बिन्दु P पर चुम्बकीय प्रेरण 10^{-3} टेस्ला है। धारा से 12 सेमी दूरी पर प्रेरण क्षेत्र होगा
(a) 3.33×10^{-4} टेस्ला (b) 4.11×10^{-4} टेस्ला
(c) 5×10^{-3} टेस्ला (d) 11×10^{-3} टेस्ला

12. एक कुण्डली जिसमें फेरों की संख्या n व धारा i हो, तो चुम्बकीय क्षेत्र का मान होगा
(a) $\mu_0 n i$ (b) $\mu_0 i / n$
(c) $\mu_0 n^2 i$ (d) इनमें से कोई नहीं

13. चित्र में, किस आलेख द्वारा, एक लम्बे धारावाही तार से दूरी r के साथ चुम्बकीय प्रेरण B का परिवर्तन होता है

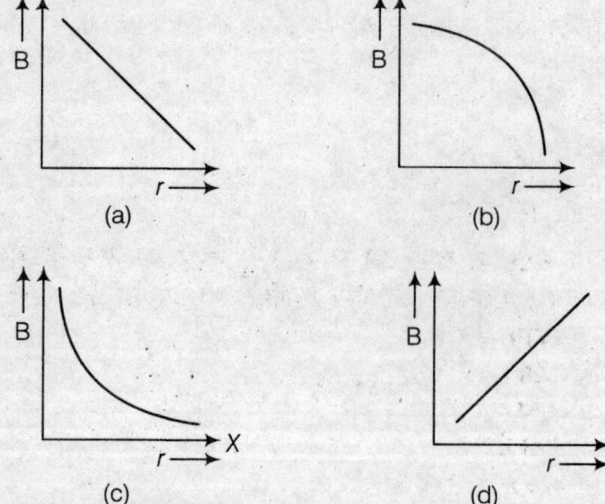

14. तार की किसी लम्बाई में स्थायी धारा प्रवाहित हो रही है। इस तार को मोड़कर पहले एक फेरे की वृत्ताकार कुण्डली बनाई जाती है। अब, इस तार को ओर मोड़कर, कम त्रिज्या का दोहरा लूप बनाया जाता है। समान धारा के कारण केन्द्र पर चुम्बकीय क्षेत्र है

(a) परिवर्तित नहीं होगा
(b) पहले मान का एक-चौथाई
(c) पहले मान का चार गुना
(d) पहले मान का आधा

15. एक ऊर्ध्व सरल रेखीय चालक में, ऊर्ध्वाधर ऊपर की ओर धारा प्रवाहित हो रही है। इसके पूर्व में कुछ दूरी पर एक बिन्दु P है तथा पश्चिम में समान दूरी पर, एक अन्य बिन्दु Q है। P पर चुम्बकीय क्षेत्र

(a) Q पर चुम्बकीय क्षेत्र से अधिक होगा
(b) Q पर चुम्बकीय क्षेत्र के समान होगा
(c) Q पर चुम्बकीय क्षेत्र से कम होगा
(d) धारा की तीव्रता के अनुसार Q पर चुम्बकीय क्षेत्र से कम या अधिक

16. बिन्दु $\mathbf{r}$ पर स्थित एक धारा अवयव $i\,\mathbf{dl}$ के कारण मूल बिन्दु पर चुम्बकीय क्षेत्र का मान समानुपाती होता है

(a) $\frac{\mathbf{dl} \times \mathbf{r}}{r^3}$ के
(b) $\frac{\mathbf{r} \times \mathbf{dl}}{r^3}$ के
(c) $\frac{\mathbf{r} \times \mathbf{dl}}{r^3}$ के
(d) $\frac{\mathbf{dl} \times \mathbf{r}}{r^2}$ के

17. एक लूप जिसमें r मीटर त्रिज्या का वृत्ताकार चाप है, जोकि केन्द्र से θ कोण बनाता है, में i ऐम्पियर की धारा प्रवाहित हो रही है, वृत्त के केन्द्र पर चुम्बकीय क्षेत्र हैं

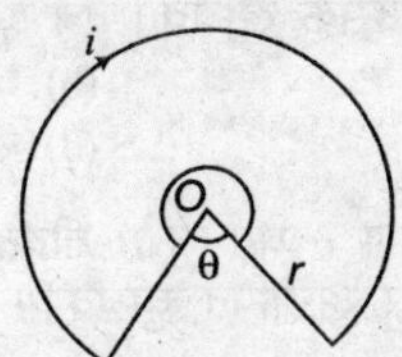

(a) $\frac{\mu_0}{4\pi} \cdot \frac{i\,\theta}{r}$
(b) $\frac{2\mu_0\, i}{4\pi\, r^2} \sin\theta$
(c) $\frac{2\mu_0\, i}{2r} \sin\theta$
(d) $\frac{\mu_0\, i \sin\theta}{4\pi}$

18. n फेरों व r त्रिज्या के तार जिसमें i धारा प्रवाहित हो रही है, के तल के लम्बवत् कुण्डली की अक्ष पर, केन्द्र से सूक्ष्म दूरी h पर क्षेत्र का मापन किया जाता है। यह केन्द्र पर क्षेत्र की तुलना में गुणक से कम है

(a) $\frac{3}{2} \cdot \frac{h^2}{r^2}$
(b) $\frac{2}{3} \cdot \frac{h^2}{r^2}$
(c) $\frac{3}{2} \cdot \frac{r^2}{h^2}$
(d) $\frac{2}{3} \cdot \frac{r^2}{h^2}$

19. एक 6.28 मी लम्बे तार से 0.20 मी व्यास की एक कुण्डली बनाकर उसमें 1 ऐम्पियर की धारा प्रवाहित की जा रही है, उसके केन्द्र पर चुम्बकीय क्षेत्र होगा

(a) 6.28×10^{-5} टेस्ला
(b) शून्य
(c) 6.28 टेस्ला
(d) 6.28×10^{-3} टेस्ला

20. यदि कॉपर के लम्बे, खोखले पाइप में सीधी धारा प्रवाहित की जाती है, तो इस धारा के साथ सम्बद्ध चुम्बकीय क्षेत्र होगा

(a) न पाइप के अन्दर, न बाहर
(b) केवल पाइप के बाहर
(c) पाइप के अन्दर व बाहर दोनों
(d) केवल पाइप के अन्दर

21. समीकरण $\oint \mathbf{B} \cdot \mathbf{dl} = \mu_0 i$ प्रदर्शित करता है

(a) गाउस का नियम
(b) ऐम्पियर का नियम
(c) बायो-सेवर्ट का नियम
(d) किरचॉफ का नियम

22. धारावाही परिनालिका के एक सिरे पर चुम्बकीय क्षेत्र का व्यंजक है

(a) $\mu_0\, n\, i/2$
(b) $\mu_0\, n\, i/3$
(c) μ_0^2/ni
(d) $n\, i/\mu_0$

23. एक चुम्बकीय क्षेत्र है, जिसकी दिशा कागज के तल के लम्बवत् ऊपर से नीचे की ओर है। कागज के तल में, एक इलेक्ट्रॉन को स्थिर वेग से क्षेत्र में प्रक्षेपित किया जाता है। क्षेत्र में प्रवेश करते समय, इलेक्ट्रॉन

(a) सरल रेखा पर चलेगा
(b) कागज के तल में, अपनी पूर्व दिशा के दाईं ओर, वृत्ताकार मार्ग पर चलेगा
(c) कागज के तल में, अपनी पूर्व दिशा के बाईं ओर वृत्ताकार मार्ग पर चलेगा
(d) कागज के तल के लम्बवत् वृत्ताकार मार्ग पर चलेगा

24. एक इलेक्ट्रॉन को, एकसमान चुम्बकीय फ्लक्स घनत्व के क्षेत्र में प्रविष्ट किया जाता है। वेग के घटक, फ्लक्स के समान्तर एवं लम्बवत् हैं। इलेक्ट्रॉन का मार्ग होगा

(a) सर्पिलाकार (helix)
(b) दीर्घवृत्त
(c) परवलय
(d) सरल रेखा

25. समान दिशा में एक वैद्युत क्षेत्र तथा एक चुम्बकीय क्षेत्र उत्पन्न किए जाते हैं। एक इलेक्ट्रॉन प्रक्षेपित किया जाता है, जिसका वेग समान दिशा में है

(a) इलेक्ट्रॉन अपनी बाईं ओर मुड़ जाएगा
(b) इलेक्ट्रॉन अपनी दाईं ओर मुड़ जाएगा
(c) इलेक्ट्रॉन के वेग के परिमाण में वृद्धि होगी
(d) इलेक्ट्रॉन के वेग का परिमाण कम हो जाएगा

26. एक प्रोटॉन (द्रव्यमान m तथा आवेश $+e$) तथा एक α-कण (द्रव्यमान $4m$ तथा आवेश $+2e$) को एक एकसमान चुम्बकीय क्षेत्र के लम्बवत् समान गतिज ऊर्जा के साथ प्रक्षेपित किया जाता है। निम्नलिखित में कौन-सा कथन सत्य है?

(a) α-कण के मार्ग की त्रिज्या, प्रोटॉन के मार्ग की त्रिज्या से अधिक होगी
(b) α-कण वृत्ताकार मार्ग पर मुड़ जाएगा, जिसकी त्रिज्या प्रोटॉन के मार्ग की त्रिज्या से कम होगी
(c) α-कण व प्रोटॉन, समान त्रिज्या के वृत्ताकार मार्ग पर मुड़ जाएँगे
(d) α-कण व प्रोटॉन, क्षेत्र से सरल रेखीय मार्ग पर पार होंगे

27. e आवेश का एक इलेक्ट्रॉन, X-दिशा में v वेग से गतिमान है। इस पर Y-दिशा में एक वैद्युत क्षेत्र कार्यरत् है। इलेक्ट्रॉन पर कार्यरत् बल है

(a) धन Z-अक्ष की दिशा में
(b) ऋण Y-अक्ष की दिशा में
(c) धन Y-अक्ष की दिशा में
(d) ऋण Z-अक्ष की दिशा में

28. एक चुम्बकीय क्षेत्र के लम्बवत् प्रोटॉन प्रक्षेपित किए जाते हैं
(a) प्रोटॉन समान दिशा में गतिमान रहेंगे, परन्तु इनके संवेग में वृद्धि होगी
(b) प्रोटॉन की गति पर चुम्बकीय क्षेत्र का कोई प्रभाव नहीं होगा
(c) प्रोटॉन विपरीत दिशा में गतिमान रहेंगे, परन्तु इनके संवेग में वृद्धि होगी
(d) ये वृत्त के चाप पर मुड़ जाएँगे

29. एक आवेशित कण एक चुम्बकीय क्षेत्र में प्रवेश करता है, जबकि इसका वेग सदिश चुम्बकीय क्षेत्र की दिशा के साथ 30° का कोण बनाता है। कण का मार्ग होगा
(a) दीर्घवृत्ताकार (ellaptical)
(b) सर्पिलाकार (helical)
(c) सरल रेखीय
(d) वृत्ताकार

30. 1 कूलॉम का एक आवेशित कण 10 मी/से के वेग से 0.5 टेस्ला चुम्बकीय क्षेत्र में गतिमान है। उस पर कार्यरत् बल का मान होगा
(a) 5 N (b) 12 N (c) 0.9 N (d) 0 N

31. एक इलेक्ट्रॉन समरूप चुम्बकीय क्षेत्र में लम्बवत् प्रवेश करता है तथा इसकी गतिज ऊर्जा E है। इसकी आवृत्ति का व्यंजक है
(a) $e\,E/q\,v\,B$ (b) $2\,m/e\,BE$
(c) $e\,B/2\,\pi\,m$ (d) $2\,\pi\,m/e\,B$

32. एक इलेक्ट्रॉन v वेग से चलते हुए चुम्बकीय क्षेत्र में उसी क्षेत्र की दिशा में ही प्रवेश करता है। इलेक्ट्रॉन पर लगने वाला बल है
(a) चुम्बकीय क्षेत्र की दिशा में
(b) चुम्बकीय क्षेत्र की दिशा के विपरीत
(c) चुम्बकीय क्षेत्र की दिशा के लम्बवत्
(d) शून्य

33. एक एकसमान चुम्बकीय क्षेत्र, इलेक्ट्रॉनों की गति की दिशा के लम्बवत् कार्यरत् है। इसके फलस्वरूप, इलेक्ट्रॉन 2 सेमी त्रिज्या के वृत्ताकार पर चलते हैं। यदि इलेक्ट्रॉन की चाल दोगुनी कर दी जाए, तो वृत्ताकार मार्ग की त्रिज्या होगी
(a) 10 सेमी (b) 1.0 सेमी
(c) 4.0 सेमी (d) 9.0 सेमी

34. 50 k eV गतिज ऊर्जा का एक ड्यूट्रॉन, B चुम्बकीय क्षेत्र के लम्बवत् तल में 0.5 मी त्रिज्या की वृत्ताकार कक्षा पर घूम रहा है। समान B में, समान तल पर 0.5 मी त्रिज्या की वृत्ताकार कक्षा पर घूम रहे प्रोटॉन की गतिज ऊर्जा होगी
(a) 45 keV (b) 90 keV (c) 210 keV (d) 100 keV

35. एक 10 eV का इलेक्ट्रॉन 10^{-4} वेबर/मी² (= 1.0 गॉस) प्रेरण के एकसमान चुम्बकीय क्षेत्र के लम्बवत् तल में घूम रहा है। इलेक्ट्रॉन की कक्षीय त्रिज्या का मान होगा
(a) 10 सेमी (b) 12 सेमी
(c) 11 सेमी (d) 16 सेमी

36. एक इलेक्ट्रॉन अचर वेग से एक ऐसे क्षेत्र में गतिमान है, जिसमें 20 वोल्ट मी$^{-1}$ तथा 0.5 टेस्ला तीव्रता के वैद्युत व चुम्बकीय क्षेत्र इलेक्ट्रॉन की गति की दिशा के लम्बवत् हैं। इलेक्ट्रॉनों का वेग होगा
(a) 50 मी से$^{-1}$ (b) 40 मी से$^{-1}$
(c) 6 मी से$^{-1}$ (d) 90 मी से$^{-1}$

37. एक सर्पिलाकर धारावाही टोराइड के कारण उत्पन्न चुम्बकीय क्षेत्र का व्यंजक होता है
(a) $B = \mu_0 ni$ (b) $B = \mu_0^2 ni$
(c) $B = \mu_0 n^2 i$ (d) $B = \frac{\mu_0 i}{2}$

38. अमीटर द्वारा मापित भौतिक राशि है
(a) वोल्टेज (b) धारा
(c) प्रतिरोधकता (d) अपवहन वेग

39. वोल्टमीटर का प्रतिरोध होता है
(a) उच्च (b) निम्न
(c) शून्य (d) अनन्त

40. गैल्वेनोमीटर का प्रयोग किया जाता है
(a) धारा की उपस्थिति ज्ञात करने में
(b) विभव मापने में
(c) प्रतिरोध की भाँति
(d) उपरोक्त में से कोई नहीं

41. यदि किसी आवेशित कण का आरम्भिक वेग चुम्बकीय क्षेत्र की दिशा के लम्बवत् है तो उसका पथ होगा

अथवा

चुम्बकीय क्षेत्र के लम्बवत् गतिमान आवेशित कण का पथ होता है
(a) सरल रेखा (b) दीर्घवृत्त
(c) वृत्त (d) सर्पिल

42. यदि आवेशित कण की गति की दिशा न तो चुम्बकीय क्षेत्र की दिशा में है और न ही उसके लम्बवत् तब इसका पथ होगा
(a) सरल रेखा (b) दीर्घवृत्त
(c) वृत्त (d) सर्पिल

43. एक आवेशित कण v वेग से B तीव्रता के चुम्बकीय क्षेत्र में गति करता है। कण पर आरोपित चुम्बकीय बल होगा
(a) सदैव शून्य
(b) शून्य कभी नहीं
(c) शून्य, यदि B एवं v परस्पर लम्बवत् हैं
(d) शून्य, यदि B एवं v समान्तर है

44. लॉरेन्ज बल का परिकलन करने के लिये सूत्र है
(a) $\vec{\mathbf{F}} = q(\vec{\mathbf{E}} + \vec{\mathbf{v}} \times \vec{\mathbf{B}})$
(b) $\vec{\mathbf{F}} = q(\vec{\mathbf{E}} - \vec{\mathbf{v}} \times \vec{\mathbf{B}})$
(c) $\vec{\mathbf{F}} = q(\vec{\mathbf{E}} + \vec{\mathbf{v}} \cdot \vec{\mathbf{B}})$
(d) $\vec{\mathbf{F}} = q(\vec{\mathbf{E}} \times \vec{\mathbf{B}} + \vec{\mathbf{v}})$

45. एक इलेक्ट्रॉन एक चुम्बकीय क्षेत्र में प्रवेश करता है। यदि चुम्बकीय क्षेत्र की दिशा इलेक्ट्रॉन के वेग के लम्बवत् है, तो
(a) इलेक्ट्रॉन की चाल बढ़ेगी (b) इलेक्ट्रॉन की चाल घटेगी
(c) इलेक्ट्रॉन की चाल वही रहेगी (d) इलेक्ट्रॉन का वेग वही रहेगा

46. एक आवेशित कण एक चुम्बकीय क्षेत्र H में इस प्रकार प्रवेश करता है कि कण का प्रारम्भिक वेग और H में 45° का कोण है। कण का पथ होगा
(a) एक सरल रेखा (b) एक वृत्त
(c) एक दीर्घवृत्त (d) एक कुण्डलिनी

47. दो कणों X एवं Y पर समान आवेश हैं। इन्हें समान विभवान्तर से त्वरित करने के पश्चात् एकसमान चुम्बकीय क्षेत्र में भेजा जाता है तब ये R_1 एवं R_2 त्रिज्या के वृत्ताकार पथ पर गति करते हैं। X एवं Y कणों के द्रव्यमानों का अनुपात है

(a) $\left(\frac{R_1}{R_2}\right)^{1/2}$ (b) $\frac{R_2}{R_1}$

(c) $\left(\frac{R_1}{R_2}\right)^2$ (d) $\frac{R_1}{R_2}$

48. आयनों का एक किरण-पुँज 2×10^{-5} मी/से के वेग से 4×10^2 टेस्ला के चुम्बकीय क्षेत्र में क्षेत्र की दिशा के लम्बवत् प्रवेश करता है। यदि आयन पर विशिष्ट आवेश 5×10^7 कूलॉम/किग्रा है, तो इसके द्वारा बनाये गये वृत्ताकार पथ की त्रिज्या होगी

(a) 0.10 मी (b) 0.16 मी

(c) 0.20 मी (d) 0.25 मी

49. एक इलेक्ट्रॉन B तीव्रता के एकसमान चुम्बकीय क्षेत्र में 10^8 मी/से की चाल से क्षेत्र के लम्बवत् गमन करता है। अचानक क्षेत्र की तीव्रता $\frac{B}{2}$ घट कर रह जाती है। पथ की प्रारम्भिक त्रिज्या r का मान अब हो जायेगा

(a) कोई परिवर्तन नहीं (b) घटकर $\frac{r}{2}$

(c) बढ़कर $2r$ (d) गति रुक जायेगी

50. एक α-कण 1.2 वेबर/मी^{2} के चुम्बकीय क्षेत्र में 0.45 मी की त्रिज्या के वृत्ताकार पथ में घूम रहा है। यदि इसका वेग 2.6×10^7 मी/से हो तो α-कण का परिभ्रमण काल होगा

(a) 1.1×10^{-5} सेकण्ड (b) 1.1×10^{-6} सेकण्ड

(c) 1.1×10^{-7} सेकण्ड (d) 1.1×10^{-8} सेकण्ड

51. चुम्बकीय क्षेत्र का फ्लक्स घनत्व 1.5 वेबर/मी^{2} है, इसमें एक प्रोटॉन 2×10^7 मी/से के वेग से, क्षेत्र के साथ $30°$ का कोण बनाता हुआ प्रवेश करता है, तो प्रोटॉन पर लगा हुआ बल होगा

(a) 2.4×10^{-12} न्यूटन

(b) 0.24×10^{-12} न्यूटन

(c) 24×10^{-12} न्यूटन

(d) 0.024×10^{-12} न्यूटन

52. यदि 10^{-12} कूलॉम आवेश वाला एक कण $\hat{\mathbf{x}}$–दिशा में 10^5 मी/से के वेग से चलने पर चुम्बकीय क्षेत्र के कारण $\hat{\mathbf{y}}$–दिशा में 10^{-10} न्यूटन के बल का अनुभव करें तो न्यूनतम चुम्बकीय क्षेत्र होगा

(a) 6.25×10^3 टेस्ला $\hat{\mathbf{z}}$-दिशा

(b) 10^{-15} टेस्ला $\hat{\mathbf{z}}$-दिशा

(c) 6.25×10^{-13} टेस्ला $\hat{\mathbf{z}}$-दिशा

(d) 10^{-3} टेस्ला $\hat{\mathbf{z}}$-दिशा

53. समान गतिज ऊर्जा के साथ, एक इलेक्ट्रॉन और एक प्रोटॉन, एकसमान चुम्बकीय क्षेत्र की दिशा के लम्बवत् प्रवेश करता है और वह क्रमशः r_e एवं r_p त्रिज्या का वृत्ताकार पथ दर्शाये तब

(a) $r_e = r_p$

(b) $r_e < r_p$

(c) $r_e > r_p$

(d) r_e, r_p से कम या ज्यादा हो सकता है जो कि चुम्बकीय क्षेत्र की दिशा पर निर्भर करेगा

54. v वेग से गतिशील एक प्रोटॉन (आवेशित कण) पर विद्युत क्षेत्र E एवं चुम्बकीय क्षेत्र B लगाया जाता है। प्रोटॉन बिना किसी विक्षेप के गतिशील रहेगा यदि

(a) E, B के लम्बवत् हो

(b) E, v के समान्तर तथा B के लम्बवत् हो

(c) E, B और v तीनों आपस में एक-दूसरे के लम्बवत् हों और $v = \frac{E}{B}$

(d) E एवं B दोनों v के समान्तर हों

55. एक कैथोड किरणों के पुंज का वेग 5×10^6 मी/से है, यह एक स्थान जिसमें विद्युत व चुम्बकीय क्षेत्र परस्पर लम्बवत् हैं, प्रवेश करता है तथा अविक्षेपित निकलता है। यदि $|B| = 0.02$ टेस्ला, हो तब विद्युत क्षेत्र का परिमाण है

(a) 10^5 वोल्ट/मी (b) 2.5×10^8 वोल्ट/मी

(c) 1.25×10^{10} वोल्ट/मी (d) 2×10^3 वोल्ट/मी

56. धारायुक्त एक लम्बी परिनालिका इस प्रकार रखते हैं इसका अक्ष ऊर्ध्व दिशा में है। v वेग से एक प्रोटॉन परिनालिका की अक्ष पर नीचे गिर रहा है। प्रोटॉन परिनालिका में प्रवेश करने के पश्चात्

(a) अपने मार्ग से विक्षेपित होगा

(b) अपने मार्ग पर त्वरित होगा

(c) अपने मार्ग पर मन्दित होगा

(d) अपने मार्ग पर वेग में बिना किसी परिवर्तन के चलता रहेगा

57. एक कण जिस पर 10^{-11} कूलॉम का आवेश है तथा जिसका द्रव्यमान 10^{-7} किग्रा है y-अक्ष की दिशा में 10^8 मी/से के वेग से चल रहा है। x-दिशा में एकसमान स्थिर चुम्बकीय क्षेत्र $B = 0.5$ टेस्ला कार्यरत है। कण पर लगा बल होगा

(a) 5×10^{-11} न्यूटन, $\hat{\mathbf{i}}$ दिशा में

(b) 5×10^3 न्यूटन, $\hat{\mathbf{k}}$ दिशा में

(c) 5×10^{-11} न्यूटन, $-\hat{\mathbf{j}}$ दिशा में

(d) 5×10^{-4} न्यूटन, $-\hat{\mathbf{k}}$ दिशा में

58. यदि एक इलेक्ट्रॉन (e^-) वेग $\vec{\mathbf{v}}$ से चुम्बकीय क्षेत्र $\vec{\mathbf{B}}$ की दिशा में गतिमान है, तब इलेक्ट्रॉन पर लगने वाला बल है

(a) शून्य (b) $e(\vec{\mathbf{v}}\cdot\vec{\mathbf{B}})$

(c) $e(\vec{\mathbf{v}}\times\vec{\mathbf{B}})$ (d) इनमें से कोई नहीं

59. m द्रव्यमान एवं q आवेश का एक इलेक्ट्रॉन v वेग से r त्रिज्या के वृत्ताकार मार्ग में एक समरूप चुम्बकीय क्षेत्र B के लम्बवत् गति कर रहा है। यदि इलेक्ट्रॉन की चाल को दोगुना एवं चुम्बकीय क्षेत्र को आधा कर दिया जाए तब वृत्ताकार मार्ग की त्रिज्या हो जायेगी

(a) $\frac{r}{4}$ (b) $\frac{r}{2}$ (c) $2r$ (d) $4r$

60. साइक्लोट्रॉन का उपयोग निम्न में से किसे त्वरित करने के लिए किया जाता है?

(a) इलेक्ट्रॉन (b) न्यूट्रॉन (c) धनायन (d) ऋणायन

61. साइक्लोट्रॉन में धनायन की अधिकतम गतिज ऊर्जा है

(a) $\frac{q^2Br_0}{2m}$ (b) $\frac{qB^2r_0}{2m}$

(c) $\frac{q^2B^2r_0^2}{2m}$ (d) $\frac{qBr_0}{2m^2}$

62. साइक्लोट्रॉन में, आवेशित कण की कोणीय आवृत्ति निर्भर नहीं करती है

(a) द्रव्यमान पर (b) चाल पर
(c) आवेश पर (d) चुम्बकीय क्षेत्र पर

63. किसी इलेक्ट्रॉन के वृत्तीय पथ की त्रिज्या क्या होगी जिसे चुम्बकीय क्षेत्र के लम्बवत् प्रक्षेपित किया गया है

(a) $\frac{mv}{Be}$ (b) $\frac{me}{Be}$ (c) $\frac{mE}{Be}$ (d) $\frac{Be}{mv}$

64. एक इलेक्ट्रॉन ऐसे क्षेत्र में प्रवेश करता है जहाँ विद्युत क्षेत्र (B) तथा चुम्बकीय क्षेत्र (E) एक-दूसरे के लम्बवत् हैं, तो

(a) इलेक्ट्रॉन हमेशा B की दिशा में गति करेगा
(b) इलेक्ट्रॉन हमेशा E की दिशा में गति करेगा
(c) हमेशा वृत्तीय गति करेगा
(d) यह अविक्षेपित भी रह सकता है

65. समरूप विद्युत क्षेत्र व समरूप चुम्बकीय क्षेत्र एक तल में समान दिशा में उपस्थित है। एक इलेक्ट्रॉन को समान दिशा में किसी वेग से प्रक्षेपित किया जाता है। तब इलेक्ट्रॉन होगा

(a) बायीं ओर विक्षेपित तथा चाल में वृद्धि नहीं
(b) दायीं ओर विक्षेपित तथा चाल में वृद्धि नहीं
(c) अविक्षेपित किन्तु चाल में कमी होगी
(d) अविक्षेपित किन्तु चाल में वृद्धि होगी

66. यदि कैथोड किरणों को किसी चुम्बकीय क्षेत्र की लम्बवत् दिशा में प्रक्षेपित किया जाये तब उनका प्रक्षेप्य पथ है

(a) दीर्घवृत्त (b) वृत्त
(c) परवलय (d) इनमें से कोई नहीं

67. एक पुंज, जिनमें He^+ एवं O^{2+} आयन मिश्रित हैं, (He^+ का द्रव्यमान = 4 amu एवं O^{2+} का द्रव्यमान = 16 amu), किसी नियत लम्बवत् चुम्बकीय क्षेत्र में से गुजरता है। यदि सभी आयनों की गतिज ऊर्जा समान है तब

(a) He^+ आयन O^{2+} आयनों की अपेक्षा अधिक विक्षेपित होंगे
(b) He^+ आयन O^{2+} आयनों की अपेक्षा कम विक्षेपित होंगे
(c) सभी आयन एकसमान विक्षेपित होंगे
(d) कोई भी आयन विक्षेपित नहीं होगा

68. एक समरूप चुम्बकीय प्रेरण B में, M द्रव्यमान तथा Q आवेश का एक कण $\vec{v}$ वेग से R त्रिज्या का वृत्तीय पथ बनाते हुये गतिशील है। जब कण 1 पूर्ण चक्र लगाता है तो क्षेत्र द्वारा किया गया कार्य है

(a) $BQv2\pi R$ (b) $\left(\frac{Mv^2}{R}\right)2\pi R$
(c) शून्य (d) $BQ2\pi R$

69. -16×10^{-18} कूलॉम का एक आवेशित कण x-अक्ष के अनुदिश 10 मी/से वेग से ऐसे क्षेत्र में प्रवेश करता है जहाँ चुम्बकीय क्षेत्र B, y दिशा के अनुदिश तथा विद्युत क्षेत्र जिसका परिमाण 10^4 वोल्ट/मी ऋणात्मक z-अक्ष के अनुदिश है। यदि आवेशित कण x-अक्ष की दिशा में ही गति करता रहता है, तो B का परिमाण होगा

(a) 10^{-3} वेबर/मी^{2} (b) 10^3 वेबर/मी^{2}
(c) 10^5 वेबर/मी^{2} (d) 10^{16} वेबर/मी^{2}

70. एक आवेशित कण को स्थिर व समरूप विद्युत क्षेत्र एवं चुम्बकीय क्षेत्र में विराम अवस्था से स्वतन्त्र किया जाता है। दोनों क्षेत्र एक दूसरे के समान्तर हैं। कण की गति का मार्ग है

(a) सरल रेखा (b) वृत्त
(c) कुण्डलिनीवत् (d) साइक्लॉइड

71. एक α–कण व एक प्रोटॉन समान वेग से एक चुम्बकीय क्षेत्र के लम्बवत् गतिमान है तब इनके वृत्ताकार मार्गों की त्रिज्याओं का अनुपात है

(a) 4 : 1 (b) 1 : 4 (c) 2 : 1 (d) 1 : 2

72. इलेक्ट्रॉन 6×10^7 मी/से चाल से चुम्बकीय क्षेत्र 1.5×10^{-2} टेस्ला के लम्बवत् गति करते हैं। यदि इलेक्ट्रॉन का विशिष्ट आवेश 1.7×10^{11} कूलॉम/किग्रा हो तो वृत्तीय पथ की त्रिज्या होगी

(a) 2.9 सेमी (b) 3.9 सेमी
(c) 2.35 सेमी (d) 3 सेमी

73. एक इलेक्ट्रॉन, एक प्रोटॉन, एक ड्यूट्रॉन एवं एक α –कण एकसमान चाल से एक स्थिर चुम्बकीय क्षेत्र के लम्बवत् गति कर रहे हैं। इनकी वृत्तीय कक्षाओं की त्रिज्यायें क्रमशः R_e, R_p, R_d एवं R_α हैं तब

(a) $R_e = R_p$ (b) $R_p = R_d$ (c) $R_d = R_\alpha$ (d) $R_p = R_\alpha$

74. एक इलेक्ट्रॉन ($q = 1.6\times10^{-19}$ कूलॉम) 3.534×10^{-5} टेस्ला के एक समरूप चुम्बकीय क्षेत्र के लम्बवत् गति कर रहा है। इलेक्ट्रॉन को एक वृत्तीय कक्षा पूर्ण करने में लगा समय है

(a) 2 माइक्रो सेकण्ड (b) 4 माइक्रो सेकण्ड
(c) 3 माइक्रो सेकण्ड (d) 1 माइक्रो सेकण्ड

75. द्रव्यमान m तथा आवेश q का कोई आवेशित कण किसी चुम्बकीय क्षेत्र B के लम्बवत् r त्रिज्या के वृतीय पथ पर गतिमान है। एक परिक्रमा पूरी करने में कण द्वारा लिया गया समय है

(a) $\frac{2\pi qB}{m}$ (b) $\frac{2\pi m}{qB}$ (c) $\frac{2\pi mq}{B}$ (d) $\frac{2\pi q^2B}{m}$

76. एक गतिमान इलेक्ट्रॉन पर 1500 वोल्ट/मी तीव्रता का एक विद्युत क्षेत्र एवं 0.40 वेबर/मी^{2} तीव्रता का एक चुम्बकीय क्षेत्र कार्यरत है। एक सरल रेखा के अनुदिश इसका न्यूनतम वेग

(a) 1.6×10^{15} मी/से (b) 6×10^{-16} मी/से
(c) 3.75×10^3 मी/से (d) 3.75×10^2 मी/से

77. एक इलेक्ट्रॉन (द्रव्यमान $= 9.1\times10^{-31}$ किलोग्राम; आवेश $= 1.6\times10^{-19}$ कूलॉम) अविचलित रहता है, यदि इस पर 3.2×10^5 वोल्ट/मी तीव्रता का एक विद्युत क्षेत्र एवं 2.0×10^{-3} वेबर/मी तीव्रता का चुम्बकीय क्षेत्र आरोपित किया जाये यदि विद्युत क्षेत्र को हटा लिया जाये तब इलेक्ट्रॉन जिस कक्षा में घूमेगा उसकी त्रिज्या होगी

(a) 45 मी (b) 4.5 मी (c) 0.45 मी (d) 0.045 मी

78. एक कण पर आवेश q है। यह नियत, समरूप तथा परस्पर लम्बवत् क्षेत्रों $\vec{E}$ और $\vec{B}$ में $\vec{v}$ वेग से दोनों क्षेत्रों ($\vec{E}$ और $\vec{B}$) को लम्बवत् प्रविष्ट होता है, तथा बिना किसी परिवर्तन के उसी परिमाण या दिशा में $\vec{v}$ वेग से निर्गत होता है तब

(a) $\vec{v} = \vec{E}\times\frac{\vec{B}}{B^2}$ (b) $\vec{v} = \vec{B}\times\frac{\vec{E}}{B^2}$
(c) $\vec{v} = \vec{E}\times\frac{\vec{B}}{E^2}$ (d) $\vec{v} = \vec{B}\times\frac{\vec{E}}{E^2}$

79. दो समरूप चालक तार AOB तथा COD परस्पर लम्बवत् (समकोणिक) स्थित है। तार AOB में I_1 तथा COD में I_2 धारा प्रवाहित होती है। तब O से d दूरी पर स्थित बिन्दु पर तार AOB तथा COD के तल के लम्बवत् चुम्बकीय क्षेत्र होगा

(a) $\frac{\mu_0}{2\pi}\left(\frac{I_1 + I_2}{d}\right)^{1/2}$ (b) $\frac{\mu_0}{2\pi d}(I_1^2 + I_2^2)^{1/2}$

(c) $\frac{\mu_0}{2\pi d}(I_1 + I_2)$ (d) $\frac{\mu_0}{2\pi d}(I_1^2 + I_1^2)$

80. नियत चाल v से आवेशित कण (आवेश q) R त्रिज्या के वृत्त में गति करता है। तब सम्बद्ध चुम्बकीय आघूर्ण μ होगा

(a) $\frac{qvR}{2}$ (b) qvR^2

(c) $\frac{qvR^2}{2}$ (d) qvR

81. एक कण का द्रव्यमान m तथा आवेश q है इसे समरूप विद्युत क्षेत्र E में विराम स्थिति से छोड़ा जाता है। y दूरी तय करने के बाद कण द्वारा प्राप्त गतिज ऊर्जा होगी

(a) $q\,Ey^2$ (b) $q\,E^2y$

(c) qEy (d) q^2Ey

82. दो समान्तर चालकों में से समान परिमाण की धारा एक ही दिशा में बह रही है। वे आरोपित करेंगे

(a) एक-दूसरे पर आकर्षण बल

(b) एक-दूसरे पर प्रतिकर्षण बल

(c) एक-दूसरे पर कोई बल नहीं

(d) एक दूसरे पर घूर्णीय आघूर्ण

83. एक रेखीय चालक जिसकी लम्बाई 40 सेमी है तथा इसमें 3 ऐम्पियर धारा बह रही है, 500 गॉस तीव्रता के एक चुम्बकीय क्षेत्र में रखा है। यदि चालक चुम्बकीय क्षेत्र की दिशा से 30° का कोण बनाता है तो उस पर लगने वाले बल का मान होगा

(a) 3×10^4 न्यूटन (b) 3×10^2 न्यूटन

(c) 3×10^{-2} न्यूटन (d) 3×10^{-4} न्यूटन

84. दो पतले एवं लम्बे तार एक दूसरे के समान्तर b दूरी पर स्थित हैं। प्रत्येक तार में से I धारा बह रही है। एक तार द्वारा दूसरे तार की प्रति इकाई लम्बाई पर आरोपित बल होगा

(a) $\frac{\mu_0 i^2}{b^2}$ (b) $\frac{\mu_0 i^2}{2\pi b}$ (c) $\frac{\mu_0 i}{2\pi b}$ (d) $\frac{\mu_0 i}{2\pi b^2}$

85. एक आयताकार कुण्डली में से i धारा प्रवाहित हो रही है। इस कुण्डली को तार के समीप इस प्रकार रखा जाता है कि इसकी एक भुजा तार के समानान्तर रहे। यदि तार में से स्थायी धारा I प्रवाहित हो रही है, तब कुण्डली

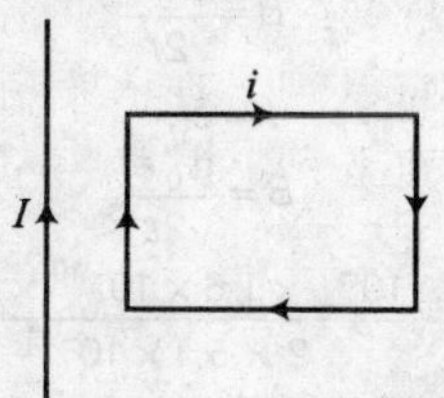

(a) तार के समान्तर अक्ष के परितः घूम जायेगी

(b) तार से दूर अथवा दायीं ओर चलेगी

(c) तार की ओर चलेगी

(d) स्थिर रहेगी

86. एक वृत्तीय लूप की त्रिज्या r है, इसमें i धारा प्रवाहित हो रही है इसके तुल्य चुम्बकीय द्विध्रुव का चुम्बकीय आघूर्ण होगा

(a) ir (b) $2\pi ir$

(c) $i\pi r^2$ (d) $\frac{1}{r^2}$

87. एक चल कुण्डल धारामापी की प्रभावी क्षेत्रफल A वाली कुण्डली के फेरों की संख्या N है और इसमें धारा I प्रवाहित हो रही है। चुम्बकीय क्षेत्र B त्रैज्यीय है। कुण्डली पर लगने वाला बल आघूर्ण होगा

(a) NA^2B^2I (b) $NABI^2$

(c) N^2ABI (d) $NABI$

उत्तरमाला

1.	(c)	2.	(d)	3.	(c)	4.	(c)	5.	(d)	6.	(a)	7.	(a)	8.	(b)	9.	(a)	10.	(a)
11.	(a)	12.	(a)	13.	(c)	14.	(c)	15.	(b)	16.	(b)	17.	(a)	18.	(a)	19.	(a)	20.	(b)
21.	(b)	22.	(a)	23.	(b)	24.	(a)	25.	(d)	26.	(c)	27.	(b)	28.	(c)	29.	(b)	30.	(a)
31.	(c)	32.	(d)	33.	(c)	34.	(d)	35.	(c)	36.	(b)	37.	(a)	38.	(b)	39.	(a)	40.	(a)
41.	(c)	42.	(d)	43.	(d)	44.	(a)	45.	(c)	46.	(d)	47.	(c)	48.	(a)	49.	(c)	50.	(c)
51.	(a)	52.	(d)	53.	(b)	54.	(c)	55.	(a)	56.	(d)	57.	(d)	58.	(a)	59.	(d)	60.	(c)
61.	(c)	62.	(b)	63.	(a)	64.	(d)	65.	(c)	66.	(b)	67.	(c)	68.	(c)	69.	(b)	70.	(a)
71.	(c)	72.	(c)	73.	(c)	74.	(d)	75.	(b)	76.	(c)	77.	(c)	78.	(a)	79.	(b)	80.	(a)
81.	(c)	82.	(a)	83.	(c)	84.	(b)	85.	(c)	86.	(c)	87.	(d)						

उत्तर व्याख्या सहित

3. लूप की परिधि के विभिन्न धारावाही सूक्ष्म अंशों (elements) पर कार्यरत् बल सभी सम्भव दिशाओं में वितरित होंगे। इस प्रकार वितरित बलों का सदिश योग शून्य होगा।

5. बायो-सेवर्ट के नियम के अनुसार,

$$dB \propto i\left(\frac{dl \times r}{r^3}\right) \Rightarrow dB = \frac{\mu_0 i}{4\pi}\left(\frac{dl \times r}{r^3}\right)$$

7. कक्षा के केन्द्र पर चुम्बकीय क्षेत्र,

$$B = \frac{\mu_0 i}{2r} \quad \ldots(i)$$

यहाँ $i = ef$,

$\therefore$ $B = \frac{\mu_0 ef}{2r}$

या $B = \frac{4\pi \times 10^{-7} \times 1.6 \times 10^{-19} \times 6.8 \times 10^{15}}{2 \times 5.1 \times 10^{-11}}$

= 13.4 टेस्ला

8. किसी बिन्दु पर धारा-अल्पांश $i\,\mathbf{dl}$ के कारण चुम्बकीय प्रेरण निम्न होता है

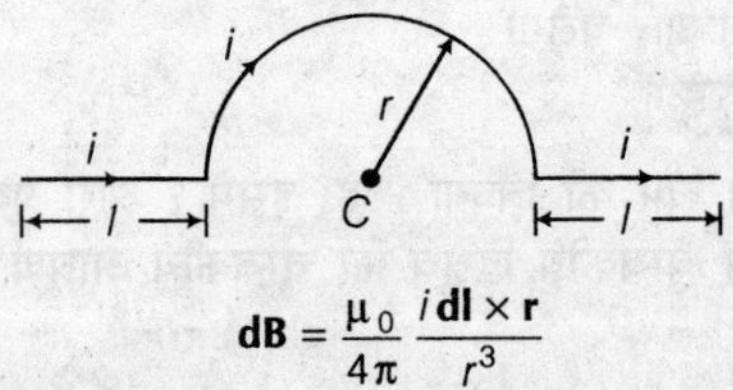

$$\mathbf{dB} = \frac{\mu_0}{4\pi}\frac{i\,\mathbf{dl} \times \mathbf{r}}{r^3}$$

जहाँ $\mathbf{r}$, धारा अल्पांश से उस बिन्दु तक ध्रुवान्तर (radius vector) है। तार के सीधे भागों (प्रत्येक की लम्बाई l के किसी धारा-अल्पांश तथा अल्पांश से केन्द्र C तक ध्रुवान्तर (radius vector) के बीच कोण शून्य (अथवा 180°) है।

अतः $i\,\mathbf{dl} \times \mathbf{r}$ शून्य होगा।

स्पष्ट है, कि तार के दोनों सीधे भागों के कारण केन्द्र C पर चुम्बकीय प्रेरण शून्य होगा।

अब, तार के अर्द्धवृत्ताकार भाग के किसी धारा अल्पांश $i\,\mathbf{dl}$ तथा अल्पांश से केन्द्र C तक ध्रुवान्तर के बीच कोण $\pi/2$ है। अतः इस अल्पांश द्वारा केन्द्र C पर चुम्बकीय प्रेरण का परिमाण

$$dB = \frac{\mu_0}{4\pi}\cdot\frac{i(dl)(r)\sin\pi/2}{r^3} = \frac{\mu_0}{4\pi}\cdot\frac{i\,dl}{r^2}$$

सम्पूर्ण अर्द्धवृत्ताकार लूप के कारण चुम्बकीय प्रेरण

$$B = \frac{\mu_0}{4\pi}\cdot\frac{i}{r^2}\int dl = \frac{\mu_0}{4\pi}\cdot\frac{i}{r^2}(\pi r) = \frac{\mu_0 i}{4r}$$

चूँकि सीधे भागों के अंशदान शून्य हैं, अतः यही सम्पूर्ण तार द्वारा उत्पन्न चुम्बकीय प्रेरण है।

9. माना कि तार के दो भागों ACB व ADB की लम्बाइयाँ क्रमशः l_1 व l_2 हैं तथा तार की प्रति एकांक लम्बाई का प्रतिरोध ρ हैं, तब ACB व ADB के प्रतिरोध क्रमशः $R_1 = l_1\rho$ तथा $R_2 = l_2\rho$ होंगे।

माना ACB व ADB में धाराएँ क्रमशः i_1 व i_2 हैं। चूँकि ये भाग परस्पर समान्तर में हैं, अतः इनके सिरों के बीच विभवान्तर समान हैं, अर्थात्

$$i_1 R_1 = i_2 R_2$$

अथवा $i_1 l_1 \rho = i_2 l_2 \rho$

अथवा $i_1 l_1 = i_2 l_2$

बॉयो-सेवर्ट नियम के अनुसार, वृत्तीय धारा-लूपों ACB तथा ADB के कारण केन्द्र O पर चुम्बकीय क्षेत्र,

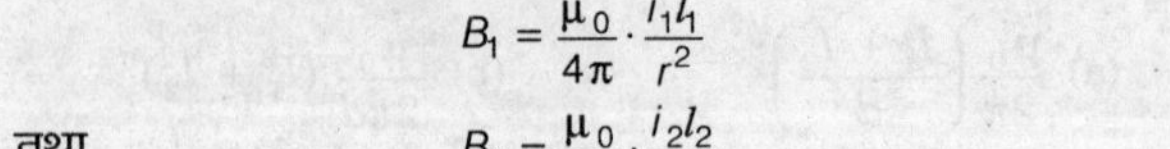

$$B_1 = \frac{\mu_0}{4\pi}\cdot\frac{i_1 l_1}{r^2}$$

तथा $B_2 = \frac{\mu_0}{4\pi}\cdot\frac{i_2 l_2}{r^2}$

परन्तु, $i_1 l_1 = i_2 l_2$

$\therefore$ $B_1 = B_2$

दक्षिण हस्त पेंच नियम के अनुसार, B_1 व B_2 की दिशाएँ परस्पर विपरीत होंगी। अतः केन्द्र O पर क्षेत्र शून्य होगा।

10. $B = \frac{\mu_0 i}{2\pi r} \Rightarrow B \propto \frac{1}{r}$

जब r दोगुना हो जाता है, B आधा हो जाता है अर्थात् जब चुम्बकीय क्षेत्र 0.2 टेस्ला होगा।

11. $B \propto 1/r$

जब दूरी बढ़ाकर तीन गुनी कर दी जाती है, तब चुम्बकीय प्रेरण कम होकर एक-तिहाई हो जाता है। अतः

$$B = \frac{1}{3} \times 10^{-3} \text{ टेस्ला} = 3.33 \times 10^{-4} \text{ टेस्ला}$$

13. $B = \frac{\mu_0 i}{2\pi r} \Rightarrow B \propto \frac{1}{r}$

15. धारावाही सरल रेखीय चालक के कारण, किसी बिन्दु पर चुम्बकीय क्षेत्र का परिमाण धारावाही चालक से बिन्दु की दूरी पर निर्भर करता है, इसकी दिशा पर नहीं। अतः $B_P = B_Q$ (समान दूरी पर)।

16. O पर चुम्बकीय क्षेत्र $-\frac{\mathbf{dl} \times \mathbf{r}}{r^3}$ के अनुक्रमानुपाती होगा

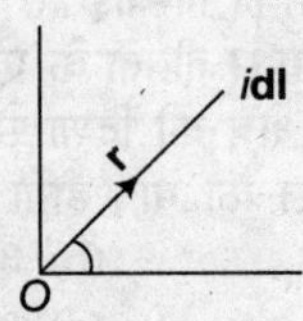

17. वृत्ताकार कुण्डली के केन्द्र पर चुम्बकीय क्षेत्र,

$$B = \frac{\mu_0}{4\pi}\frac{2\pi i}{r}$$

अर्थात् 2π कोण के लिये, $B = \frac{\mu_0}{4\pi}\cdot\frac{2\pi i}{r}$

$\therefore$ θ कोण के लिये, $B = \frac{\mu_0}{4\pi}\cdot\frac{2\pi i}{r}\cdot\frac{\theta}{2\pi} = \frac{\mu_0}{4\pi}\cdot\frac{i\theta}{r}$

18. केन्द्र से h दूरी पर चुम्बकीय क्षेत्र,

$$B_1 = \frac{\mu_0}{4\pi}\cdot\frac{2\pi i r^2}{(r^2 + h^2)^{3/2}}$$

केन्द्र पर, $B_2 = \frac{\mu_0 i}{2r}$ ($\because$ केन्द्र पर $h = 0$)

$$\therefore \quad \frac{B_1}{B_2} = \frac{r^3}{(r^2 + h^2)^{3/2}} = \frac{1}{\left(1 + \frac{h^2}{r^2}\right)^{3/2}}$$

$$B_2 = B_1\left(1 + \frac{h^2}{r^2}\right)^{3/2} = B_1\left(1 + \frac{3}{2}\frac{h^2}{r^2}\right)$$

$$\frac{B_2 - B_1}{B_1} = \frac{3}{2}\cdot\frac{h^2}{r^2}$$

19. $r = \frac{0.20}{2} = 0.1$ मी, $i = 1$ ऐम्पियर

माना कुण्डली में फेरों की संख्या n है।

$\therefore \quad (2\pi r)\, n = l \Rightarrow n = \frac{l}{2\pi r}$

वृत्ताकार कुण्डली के केन्द्र पर चुम्बकीय क्षेत्र, $B = \frac{\mu_0 n i}{2r}$

$\Rightarrow \quad B = \frac{\mu_0}{2r} \times \frac{l}{2\pi r} \times i$

$$B = \frac{\mu_0 l i}{4\pi r^2} = \frac{4\pi \times 10^{-7} \times 6.28 \times 1}{4\pi \times (0.1)^2}$$

$$= \frac{10^{-7} \times 6.28 \times 1}{0.01} = 6.28 \times 10^{-5} \text{ टेस्ला}$$

20. ऐम्पियर के नियम के अनुसार, $\oint B \cdot dl = \mu_0 i$

पाइप के अन्दर किसी बन्द मार्ग के लिए, निहित धारा कोई नहीं है। अतः पाइप के अन्दर B शून्य है। केवल पाइप के बाहर क्षेत्र होगा।

21. $\oint \mathbf{B} \cdot \mathbf{dl} = \mu_0 i$ ऐम्पियर का नियम है।

22. $B = \frac{\mu_0}{4\pi}(2\pi n i)[\cos\theta_1 - \cos\theta_2]$ वेबर/मी^{2}

यदि बिन्दु परिनालिका के एक सिरे पर स्थित है, तो

$\theta_1 = 90°$ तथा $\theta_2 = 180°$

$\therefore \quad B = \frac{\mu_0 n i}{2}$

24. जब आवेशित कण 0° या 90° या 180° के कोण के अतिरिक्त किसी अन्य कोण पर चुम्बकीय क्षेत्र में प्रवेश करता है, तो इसका पथ हैलीकल (सर्पीलाकार) होगा।

31. $mv^2 / r = e\,v\,B$

$\therefore \quad v = \frac{e B r}{m} \Rightarrow \omega r = \frac{e B R}{m} \qquad (\because v = r\omega)$

$\Rightarrow \quad 2\pi n = \frac{e B}{m} \Rightarrow n = \frac{e B}{2\pi m}$

32. इलेक्ट्रॉन पर लगने वाला बल, $\mathbf{F} = \mathbf{v} \times \mathbf{B}$

अतः $\mathbf{F} = |\mathbf{v} \times \mathbf{B}| = vB\sin\theta$

यहाँ, $\theta = 0$, अतः $F = 0$

33. $r = \frac{mv}{qB} \Rightarrow r \propto v$

v के दोगुना होने पर, त्रिज्या भी दोगुनी हो जाती है। अतः त्रिज्या

$= 2 \times 2 = 4$ सेमी

35. इलेक्ट्रॉन की गतिज ऊर्जा = 10 eV

$\therefore \quad \frac{1}{2} mv^2 = 10 \times (1.6 \times 10^{-19})$

$$v^2 = \frac{2 \times 10 \times 1.6 \times 10^{-19}}{m}$$

$$v^2 = \frac{2 \times 10 \times 1.6 \times 10^{-19}}{9.1 \times 10^{-31}}$$

$\Rightarrow \quad v = 1.875 \times 10^6$ मी/से

तथा $\quad B e v = \frac{mv^2}{r}$

$\Rightarrow \quad r = \frac{mv}{eB} = \frac{9.1 \times 10^{-31} \times 1.875 \times 10^6}{1.6 \times 10^{-19} \times 10^{-4}}$

$= 10.66 \times 10^{-2} \approx 11$ सेमी

36. $B e v = e E \Rightarrow v = E / B$

$\therefore \quad v = \frac{20}{0.5} = 40$ मी/से

43. चुम्बकीय क्षेत्र, $\vec{\mathbf{F}} = q(\vec{\mathbf{v}} \times \vec{\mathbf{B}})$; यदि $\vec{\mathbf{v}} \parallel \vec{\mathbf{B}}$ तब $\vec{\mathbf{F}} = 0$

44. लॉरेन्ज बल,

$$\vec{\mathbf{F}} = \vec{\mathbf{F}}_e + \vec{\mathbf{F}}_m = q\vec{\mathbf{E}} + q(\vec{\mathbf{v}} \times \vec{\mathbf{B}}) = q[\vec{\mathbf{E}} + (\vec{\mathbf{v}} \times \vec{\mathbf{B}})]$$

45. चुम्बकीय क्षेत्र में आवेशित कण पर बल इसके वेग की दिशा के लम्बवत् कार्य करता है इसलिए इलेक्ट्रॉन की चाल नियत रहती है।

46. H के लम्बवत् वेग घटक गति को वृत्तीय बनाता है जबकि H के समान्तर वेग घटक गति को सरल रेखीय बनाये रखता है। दोनों एक साथ आवेशित कण की गति को हैलीकल बनाते हैं।

47. वृत्ताकार पथ की त्रिज्या,

$$r = \frac{\sqrt{2mK}}{qB} = \frac{1}{B}\sqrt{\frac{2mV}{q}} \Rightarrow r \propto \sqrt{m}$$

$\therefore \quad \frac{m_1}{m_2} = \left(\frac{R_1}{R_2}\right)^2$

48. वृत्ताकार पथ की त्रिज्या,

$$r = \frac{mv}{Bq} = \frac{v}{(q/m)B} = \frac{2 \times 10^5}{5 \times 10^7 \times 4 \times 10^{-2}} = 0.1 \text{मी}$$

49. $r \propto \frac{1}{B}$ अर्थात् $\frac{r_1}{r_2} = \frac{B_2}{B_1} \Rightarrow r_2 = \frac{B_1}{B_1/2} \times r = 2r$

50. परिभ्रमण काल, $T = \frac{2\pi m}{qB} = \frac{2\pi r}{v}$

$$= \frac{2 \times 3.14 \times 0.45}{2.6 \times 10^7} = 1.08 \times 10^{-7} \text{ सेकण्ड}$$

51. चुम्बकीय बल, $F = qvB\sin\theta$

$= 1.6 \times 10^{-19} \times 2 \times 10^7 \times 1.5 \sin 30°$

$= 1.6 \times 10^{-19} \times 2 \times 10^7 \times 1.5 \times \frac{1}{2}$

$= 2.4 \times 10^{-12}$ न्यूटन

52. न्यूनतम चुम्बकीय क्षेत्र, $F = qvB\sin\theta$

$\Rightarrow \quad B = \frac{F}{qv\sin\theta}$

$B_{\min} = \frac{F}{qv} \qquad$ (जब $\theta = 90°$)

$\therefore \quad B_{\min} = \frac{F}{qv} = \frac{10^{-10}}{10^{-12} \times 10^5} = 10^{-3}$ टेस्ला $\hat{z}$ की दिशा में

53. वृत्ताकार पथ की त्रिज्या,

$r = \frac{\sqrt{2mK}}{qB}$ अर्थात् $r \propto \frac{\sqrt{m}}{q}$

यहाँ गतिज ऊर्जा K एवं B समान हैं।

$\therefore \quad \frac{r_e}{r_p} = \sqrt{\frac{m_e}{m_p}} \times \frac{q_p}{q_e} \Rightarrow \frac{r_e}{r_p} = \sqrt{\frac{m_e}{m_p}} \qquad (\because q_e = q_p)$

चूँकि $m_e < m_p$ इसलिए $r_e < r_p$।

54. प्रश्न में, $|\vec{\mathbf{F}}_e| = |\vec{\mathbf{F}}_m|$ एवं दोनों एक दूसरे के विपरीत हैं।

55. प्रश्नानुसार, $eE = evB$

विद्युत क्षेत्र $E = vB = 5 \times 10^6 \times 0.02 = 10^5$ वोल्ट/मी

56. प्रोटॉन की गति की दिशा एवं चुम्बकीय क्षेत्र की दिशा एक ही है।

57. लगा बल, $\vec{\mathbf{F}} = q(\vec{\mathbf{v}} \times \vec{\mathbf{B}}) = 10^{-11}(10^8\hat{\mathbf{j}} \times 0.5\,\hat{\mathbf{i}})$

$= 5 \times 10^{-4}(\hat{\mathbf{j}} \times \hat{\mathbf{i}}) = 5 \times 10^{-4}(-\hat{\mathbf{k}})$ न्यूटन

58. चुम्बकीय बल, $F = qvB \sin\theta = qvB \sin 0 = 0$

59. वृत्ताकार मार्ग की त्रिज्या, $r = \frac{mv}{qB}$

$$\Rightarrow \quad \frac{r_1}{r_2} = \frac{v_1}{v_2} \times \frac{B_2}{B_1} \Rightarrow \frac{r_1}{r_2} = \frac{1}{2} \times \frac{1}{2} = \frac{1}{4}$$

$$r_2 = 4r_1$$

61. $K_{max} = \frac{1}{2}mv^2$ तथा $r_0 = \frac{mv}{qB} \Rightarrow v = \frac{qBr_0}{m}$

$$\Rightarrow \quad K_{max} = \frac{1}{2}m\left(\frac{qBr_0}{m}\right)^2 = \frac{q^2B^2r_0^2}{2m}$$

62. कोणीय आवृत्ति, $\omega = \frac{2\pi}{T} = \frac{qB}{m}$

$$\Rightarrow \quad \omega \propto v^\circ \quad \left(\because T = \frac{2\pi m}{qB}\right)$$

अतः साइक्लोट्रॉन में आवेशित कण की कोणीय आवृत्ति चाल पर निर्भर नहीं करती है।

64. विद्युत क्षेत्र द्वारा उत्पन्न विचलन, चुम्बकीय क्षेत्र द्वारा उत्पन्न विचलन से निरस्त हो सकता है।

65. इलेक्ट्रॉन पर चुम्बकीय बल $= Bev \sin\theta = Bev \sin 0 =$ शून्य

चुम्बकीय क्षेत्र के कारण इलेक्ट्रॉन विक्षेपित नहीं होगा।

इलेक्ट्रॉन पर विद्युत बल $= Ee$.

यह बल इलेक्ट्रॉन की गति के विपरीत दिशा में है। इलेक्ट्रॉन की चाल घटेगी।

अतः इलेक्ट्रॉन विक्षेपित नहीं होगा किन्तु इसकी चाल घट जायेगी।

67. $r = \frac{\sqrt{2mK}}{qB}$

$$\Rightarrow \quad r \propto \frac{\sqrt{m}}{q} \Rightarrow \frac{r_{He^+}}{r_{O^{2+}}} = \sqrt{\frac{m_{He^+}}{m_{O^{2+}}}} \times \frac{q_{O^{2+}}}{q_{He^+}}$$

$= \sqrt{\frac{4}{16}} \times \frac{2}{1} = \frac{1}{1}$ अर्थात् दोनों समान रूप से विचलित होंगे।

68. किया गया कार्य, $W = F.d \cos 90° = 0$।

69. चूँकि कण अविचलित गुजरता है

$$qE = qvB \Rightarrow B = E/v = \frac{10^4}{10} = 10^3 \text{ वेबर/मी}^2$$

70. क्योंकि आवेश पर चुम्बकीय बल शून्य है।

71. वृत्ताकार मार्ग की त्रिज्या, $r = \frac{mv}{qB}$

$$\therefore \quad \frac{r_\alpha}{r_p} = \frac{m_\alpha}{m_p} \times \frac{q_p}{q_\alpha} = \frac{4}{1} \times \frac{1}{2} = \frac{2}{1}$$

72. वृत्तीय पथ की त्रिज्या, $r = \frac{mv}{qB}$

$$= \frac{6 \times 10^7}{1.7 \times 10^{11} \times 1.5 \times 10^{-2}} = 2.35 \text{ सेमी}$$

73. वृत्तीय पथ की त्रिज्या, $r = \frac{mv}{qB} = \frac{v}{\left(\frac{q}{m}\right)B}$

$$r \propto \frac{1}{(q/m)}$$

$$\because \left(\frac{q}{m}\right)_{e^-} > \left(\frac{q}{m}\right)_{p^+} > \left\{\left(\frac{q}{m}\right)_d = \left(\frac{q}{m}\right)_\alpha\right\} \quad \therefore R_d = R_\alpha$$

74. वृत्तीय कक्षा पूर्ण करने में लगा समय,

$$T = \frac{2\pi m}{qB} = \frac{2 \times 3.14 \times 9.1 \times 10^{-31}}{1.6 \times 10^{-19} \times 3.534 \times 10^{-5}}$$

$$= 1 \times 10^{-6} \text{ सेकण्ड}$$

$$= 1 \text{माइक्रो सेकण्ड}$$

76. जब इलेक्ट्रॉन दोनों क्षेत्रों की उपस्थिति में गति करता है एवं अविचलित रहता है तब $qE = qvB$.

$$\therefore \quad v = \frac{E}{B} = \frac{1500}{0.40} = 3750 \text{ मी/से} = 3.65 \times 10^3 \text{ मी/से}$$

77. अविचलित गति के लिए

$$v = \frac{E}{B} = \frac{3.2 \times 10^5}{2 \times 10^{-3}} = 1.6 \times 10^8 \text{ मी/से}$$

यदि विद्युत क्षेत्र को हटा लिया जाए तब केवल चुम्बकीय क्षेत्र के कारण वृत्तीय पथ की त्रिज्या

$$r = \frac{mv}{qB} = \frac{9.1 \times 10^{-31} \times 1.6 \times 10^8}{1.6 \times 10^{-19} \times 2 \times 10^{-3}} = 0.45 \text{ मी}$$

79. $\frac{\mu_0}{2\pi d}\sqrt{(I_1^2 + I_2^2)}$

80. चुम्बकीय आघूर्ण, $\mu = i.A = \frac{qv}{2\pi R}(\pi R^2) = \frac{qvR}{2}$

81. आवेशित कण पर विद्युत क्षेत्र में बल $F = qE$

कण का त्वरण $a = \frac{F}{m} = \frac{qE}{m}$

प्रयुक्त समीकरण $v^2 = u^2 + 2as$,

$$v^2 = 0 + 2\left(\frac{qE}{m}\right)y \Rightarrow \frac{1}{2}mv^2 = qEy;$$

तब, $KE = qEy$.

82. दो समान्तर धारावाही चालकों में प्रवाहित धाराओं की दिशा समान होने पर इनके बीच आकर्षी बल कार्य करता है।

83. चुम्बकीय बल, $F = Bil \sin\theta$

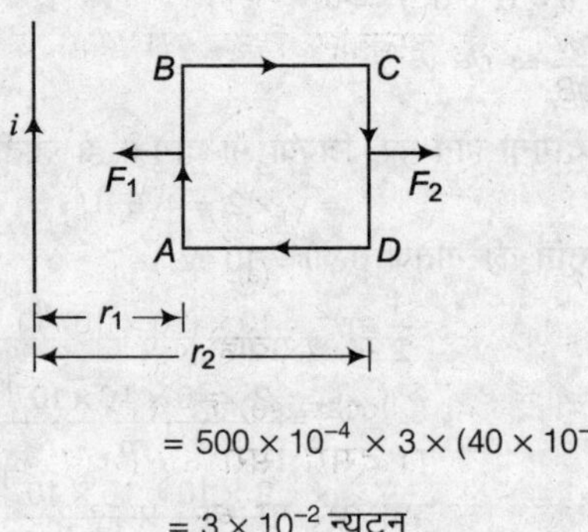

$$= 500 \times 10^{-4} \times 3 \times (40 \times 10^{-2}) \times \frac{1}{2}$$

$$= 3 \times 10^{-2} \text{ न्यूटन}$$

84. प्रति इकाई लम्बाई पर बल $= \frac{\mu_0}{4\pi}.\frac{2i_1i_2}{r} = \frac{\mu_0}{2\pi}.\frac{i^2}{b}$

85. $\because \quad r_1 < r_2$

इसलिए $F_1 > F_2$

$$\Rightarrow \quad F_{net} = (F_1 - F_2)$$

तार की ओर

86. द्विध्रुव का चुम्बकीय आघूर्ण, $M = i\pi r^2$

अध्याय 20

स्थिर चुम्बकत्व तथा चुम्बकीय पदार्थ

Magnetostatics and Magnetic Materials

धारा लूप चुम्बकीय द्विध्रुव के रूप में तथा इसका चुम्बकीय द्विध्रुव आघूर्ण

(Current Loop as a Magnetic Dipole and its Magnetic Dipole Moment)

धारावाही लूप चुम्बकीय क्षेत्र उत्पन्न करता है। यदि इसे स्वतन्त्रतापूर्वक लटकाया जाए तो यह सदैव उत्तर-दक्षिण दिशा में ठहरता है। यदि दो धारावाही लूपों को परस्पर निकट लाएँ तो उनमें प्रवाहित धारा की दिशाओं के आधार पर वे एक-दूसरे को आकर्षित अथवा प्रतिकर्षित करते हैं। इस प्रकार धारावाही लूप एक चुम्बकीय द्विध्रुव की भाँति कार्य करता है।

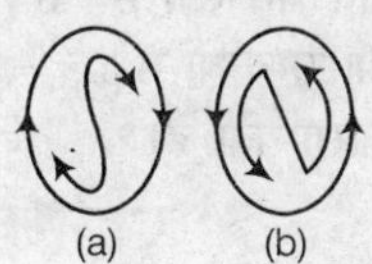

यदि प्रेक्षक द्वारा देखने पर धारावाही लूप के निकटवर्ती सिरे पर धारा प्रवाह की दिशा दक्षिणावर्त (Clockwise) हो [(चित्र (a)] तो यह सिरा दक्षिणी ध्रुव की भाँति तथा लूप का दूसरा सिरा उत्तरी ध्रुव की भाँति व्यवहार करता है। चित्र (b) यदि निकटवर्ती सिरे पर धारा प्रवाह की दिशा वामावर्त (anticlock wise) हो, तो यह सिरा उत्तरी ध्रुव की भाँति तथा लूप का दूसरा सिरा दक्षिणी ध्रुव की भाँति व्यवहार करता है। यदि लूप के अनुप्रस्थ-काट का क्षेत्रफल A तथा उसमें प्रवाहित धारा I हो तब उसका चुम्बकीय द्विध्रुव आघूर्ण

$$M = IA$$

यदि किसी कुण्डली में फेरों की संख्या N हो तब उसका चुम्बकीय द्विध्रुव आघूर्ण

$$M = NIA$$

एकसमान चुम्बकीय क्षेत्र में धारा लूप पर कार्यरत् बल युग्म का आघूर्ण

(Torque Experienced by a Current Loop in Uniform Magnetic Field)

माना l लम्बाई तथा b चौड़ाई का एक आयताकार लूप $ABCD$ एकसमान चुम्बकीय क्षेत्र में इस प्रकार स्थित है कि लूप की अक्ष चुम्बकीय क्षेत्र से θ कोण बनाती है। लूप धारा I दक्षिणावर्त दिशा में बह रही है।

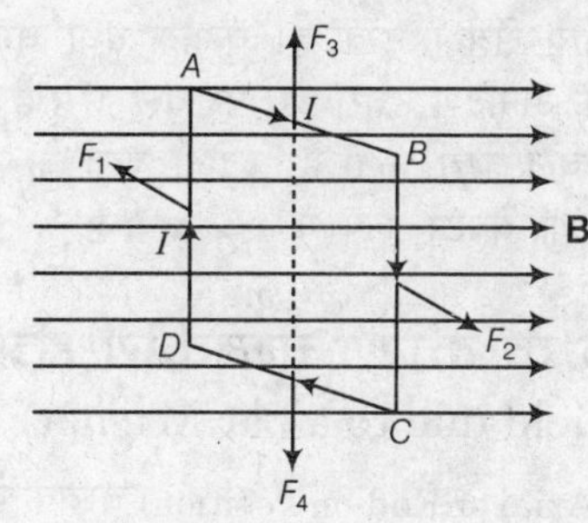

तब, धारावाही लूप पर कार्यरत बल युग्म का आघूर्ण

$$\tau = \text{बल} \times \text{बलों के बीच की लम्बवत् दूरी}$$

$$= IlB \times b \sin\theta$$

$$\tau = IAB \sin\theta \; (A = l \times b)$$

यदि लूप के स्थान पर N फेरों वाली कुण्डली अथवा परिनालिका चुम्बकीय क्षेत्र में स्थित हों तब उस पर कार्यरत बल युग्म का आघूर्ण

$$\tau = NIAB \sin\theta$$

एकसमान चुम्बकीय क्षेत्र में स्थित दण्ड चुम्बक या द्विध्रुव

(A Bar Magnet of Dipole in a Uniform Magnetic Field)

(i) दण्ड चुम्बक को चुम्बकीय क्षेत्र में घुमाने में किया गया कार्य (Work Done in Rotating a Bar Magnet in Magnetic Field)

यदि कोई बाह्य कारक चुम्बक को धीरे से घुमाये तो कारक को क्षेत्र द्वारा आरोपित आघूर्ण के विपरीत एक बल आघूर्ण $mB\sin\theta$ आरोपित करना होगा। कारक द्वारा चुम्बक को $d\theta$ कोण घुमाने में कृत कार्य $dW = (MB\sin\theta)\,d\theta$ होगा। कोण θ_0 से θ तक घुमाने में कृत कार्य

$$W = \int_{\theta_0}^{\theta} MB\sin\theta\,d\theta = MB(\cos\theta_0 - \cos\theta)$$

या $$W = MB(\cos\theta_0 - \cos\theta)$$

(ii) दण्ड चुम्बक की चुम्बकीय क्षेत्र में स्थितिज ऊर्जा (Potential Energy of a Bar Magnet)

यह कार्य निकाय की स्थितिज ऊर्जा के रूप में संचित हो जाता है। अत:

$$U(\theta) - U(\theta_0) = MB(\cos\theta_0 - \cos\theta)$$

यदि हम $\theta = 90°$ पर स्थितिज ऊर्जा को शून्य माने, तब कोण θ पर

स्थितिज ऊर्जा, $U(\theta) = U(\theta) - U(90°)$

$$= -MB\cos\theta = -\mathbf{M}\cdot\mathbf{B}$$

या $$U(\theta) = -\mathbf{M}\cdot\mathbf{B}$$

चुम्बकीय द्विध्रुव पर कार्यरत् बल-आघूर्ण

(Torque acting on Magnetic Dipole)

माना ध्रुव प्राबल्यता M तथा चुम्बकीय लम्बाई $2l$ का एक दण्ड चुम्बक एकसमान चुम्बकीय क्षेत्र में रखा है। चुम्बक तथा चुम्बकीय क्षेत्र के बीच कोण θ है। क्षेत्र के अनुदिश उत्तरी ध्रुव पर बल MB है तथा क्षेत्र के विपरीत दक्षिणी ध्रुव पर बल $MB\sin\theta$ है। दोनों बलों के कारण बल-आघूर्ण, $\tau = MB\sin\theta$ तथा वेक्टर रूप में, $\tau = \mathbf{M}\times\mathbf{B}$

दण्ड चुम्बक के कारण चुम्बकीय क्षेत्र

(Magnetic Field due to a Bar Magnet)

अक्षीय स्थिति (Axial or End-on Position) चुम्बक के केन्द्र से r दूरी पर बिन्दु P पर चुम्बकीय क्षेत्र,

$$B = \frac{\mu_0}{4\pi}\cdot\frac{2Mr}{(r^2 - l^2)^2}$$

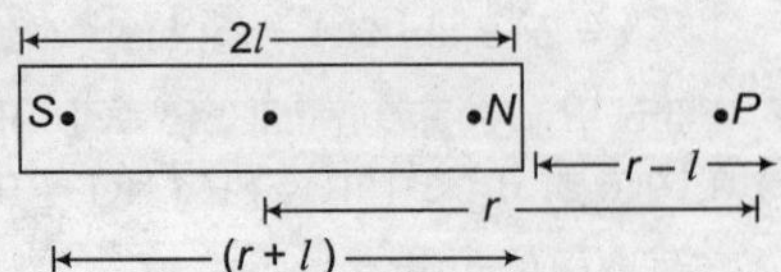

यदि $r >> l$ है, तो चुम्बक, चुम्बकीय द्विध्रुव कहलाता है।

अत: $$B = \frac{\mu_0}{4\pi}\cdot\frac{2M}{r^3}$$

निरक्षीय स्थिति (Broad or Side-on Position) चुम्बक के केन्द्र से r दूरी पर निरक्षीय स्थिति में एक बिन्दु P पर चुम्बकीय क्षेत्र,

$$B = \frac{\mu_0}{4\pi}\cdot\frac{M}{(r^2 + l^2)^{3/2}}$$

यदि $r >> l$ है, तब $B = \frac{\mu_0}{4\pi}\cdot\frac{M}{r^3}$

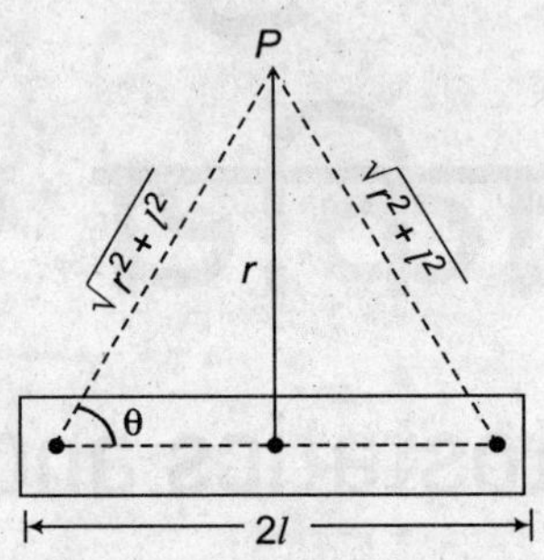

अन्य बिन्दु P पर (At any Point P) छोटे दण्ड चुम्बक के कारण चुम्बक की अक्ष से कोण θ की दिशा में, चुम्बक के मध्य बिन्दु से r दूरी पर निर्वात् (अथवा वायु) में स्थित बिन्दु P पर उत्पन्न चुम्बकीय क्षेत्र,

$$B = \frac{\mu_0}{4\pi}\cdot\frac{M}{r^3}\sqrt{1 + 3\cos^2\theta} \quad \text{तथा} \quad \tan\alpha = (1/2)\tan\theta$$

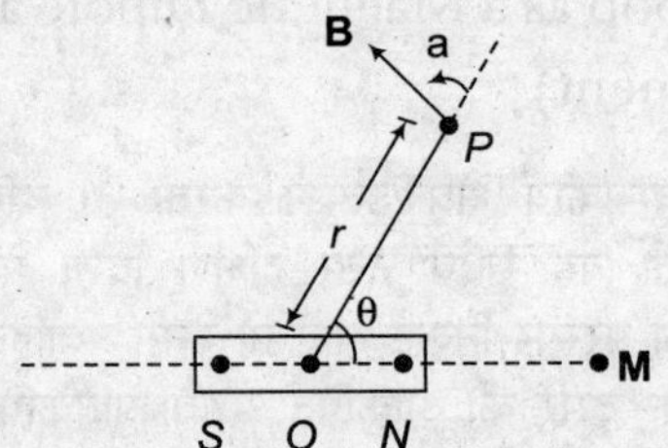

बिन्दु P की अक्षीय स्थिति के लिए $\theta = 0°$ तथा निरक्षीय स्थिति के लिए $\theta = 90°$ होता है। इन सभी सम्बन्धों में $\mu_0 = 4\pi \times 10^{-7}$ टेस्ला-मी/ऐम्पियर = निर्वात् की चुम्बकीय पारगम्यता है।

गॉस का नियम (Gauss's Law)

माना एक बन्द पृष्ठ S का एक छोटा क्षेत्रफल सदिश अवयव ΔS है। ΔS का चुम्बकीय फ्लक्स $\Delta\phi_B = B\cdot\Delta S$

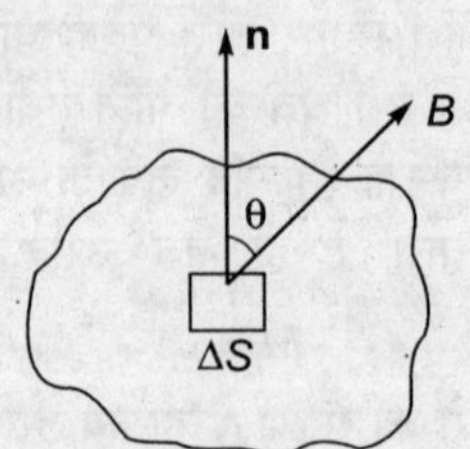

जहाँ, $B, \Delta S$ पर चुम्बकीय क्षेत्र है। हम S को छोटे-छोटे क्षेत्रफल अवयवों में बांट लेते हैं तथा प्रत्येक अवयव का फ्लक्स ज्ञात कर लेते हैं। तब कुल फ्लक्स

$$\phi_B = \Sigma\, \Delta\phi_B = \sum_{\text{कुल}} B \cdot \Delta S = 0$$

इसकी तुलना स्थिर वैद्युतिकी के गॉस के नियम से करते हैं, इस स्थिति में बन्द पृष्ठ से बद्ध फ्लक्स $\Delta E \cdot \Delta S = q/\varepsilon_0$
जहाँ q बन्द पृष्ठ से बद्ध आवेश है।

गॉस के नियमानुसार, किसी पृष्ठ से सम्बद्ध चुम्बकीय फ्लक्स सदैव शून्य होता है।

किसी परमाणु में परिभ्रमण करते इलेक्ट्रॉन का चुम्बकीय द्विध्रुव आघूर्ण

(Magnetic Dipole Moment of a Revolving Electron in an Atom)

माना कोई इलेक्ट्रॉन किसी परमाणु में नाभिक के चारों ओर r त्रिज्या के एक कक्ष में v वेग से गतिमान है जैसा कि चित्र 9.15 में दिखाया गया है।

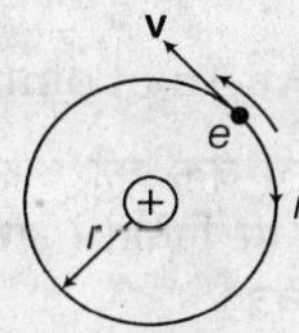

इलेक्ट्रॉन द्वारा एक चक्कर पूरा करने में लगा समय

$$t = \frac{\text{कक्षा की परिधि}}{\text{इलेक्ट्रॉन का वेग}} = \frac{2\pi r}{v}$$

परिक्रमण करते इस इलेक्ट्रॉन में समतुल्य धारा, i

$$= \frac{\text{1चक्कर में प्रवाहित आवेश}}{\text{1चक्कर पूरा करने में लगा समय}}$$

$$i = \frac{e}{T}$$

$$\Rightarrow \quad i = \frac{ev}{2\pi r} \qquad \left[\because T = \frac{2\pi r}{v}\right]$$

तब इलेक्ट्रॉन की कक्षीय गति के कारण चुम्बकीय आघूर्ण,

$$M = NiA$$

यहाँ $N = 1, A = \pi r^2, i = ev/2\pi r$

उपरोक्त मानों से,

$$M = \frac{ev}{2\pi r}.\pi r^2 = \frac{evr}{2}$$

$$\therefore \quad M = evr/2$$

इसकी दिशा इलेक्ट्रॉन की कक्षा के तल के लम्बवत् नीचे की ओर होगी।

यदि किसी इलेक्ट्रॉन का द्रव्यमान M_e तथा कोणीय संवेग $\mathbf{L}$ हो, तो

$$L = m_e vr \quad \text{या} \quad vr = \frac{L}{m_e}$$

तब इलेक्ट्रॉन का कक्षीय गति के कारण चुम्बकीय आघूर्ण,

$$M = \frac{evr}{2}$$

$$M = \frac{eL}{2m_e}$$

या
$$\mathbf{M} = -\left(\frac{e}{2m_e}\right) \cdot \mathbf{L}$$

ऋणात्मक चिन्ह चुम्बकीय आघूर्ण **M** की कोणीय संवेग **L** से विपरीत दिशा को दर्शाता है। **M** की दिशा दक्षिणी ध्रुव से उत्तरी ध्रुव की ओर जबकि **L** की लूप के तल के लम्बवत् नीचे से ऊपर की ओर होगी। परन्तु बोहर के सिद्धान्तानुसार, किसी इलेक्ट्रॉन का कोणीय संवेग $\left(\frac{h}{2\pi}\right)$ का पूर्ण गुणज होता है

अर्थात्
$$L = \frac{nh}{2\pi}$$

जहाँ, n = मुख्य क्वाण्टम संख्या

तब इलेक्ट्रॉन का चुम्बकीय आघूर्ण,

$$M = \frac{e}{2m_e} \cdot \frac{nh}{2\pi} = \left(\frac{eh}{4\pi m_e}\right) \cdot n$$

राशि $\frac{eh}{4\pi m_e}$ चुम्बकीय आघूर्ण का प्राकृतिक मात्रक है।

इसे **बोहर मैग्नेट्रॉन** कहते हैं। इसे μ_B से व्यक्त किया जाता है।

अर्थात्
$$\mu_B = \frac{eh}{4\pi m_e}$$

$$e = 1.6 \times 10^{-19} \text{ कूलॉम}$$

$h = 6.63 \times 10^{-34}$ जूल-सेकण्ड, $M_e = 9.1 \times 10^{-31}$ किग्रा रखने पर

$$\mu_B = \frac{1.6 \times 10^{-19} \times 6.63 \times 10^{-34}}{4 \times 3.14 \times 9.11 \times 10^{-31}}$$

$$= 9.27 \times 10^{-24} \text{ ऐम्पियर-मी}$$

चुम्बकीय क्षेत्र रेखाएँ (Magnetic Field Lines)

चुम्बकीय क्षेत्र में खींचा गया वह काल्पनिक निष्कोण वक्र जिसके किसी बिन्दु पर खींची गयी स्पर्श रेखा उस बिन्दु पर चुम्बकीय क्षेत्र को प्रदर्शित करती है। चुम्बकीय क्षेत्र में किसी बिन्दु पर चुम्बकीय क्षेत्र रेखाओं के लम्बवत् एकांक पृष्ठ क्षेत्रफल से गुजरने वाली चुम्बकीय क्षेत्र रेखाओं की संख्या उस बिन्दु पर चुम्बकीय क्षेत्र के परिमाण को व्यक्त करती है।

चुम्बकीय क्षेत्र रेखाओं के गुण
(Properties of Magnetic Field Lines)

(i) चुम्बकीय क्षेत्र रेखाएँ बन्द वक्र (close loop) बनाती हैं जबकि वैद्युत क्षेत्र रेखाएँ खुले वक्र होते हैं।

(ii) दो चुम्बकीय क्षेत्र रेखाएँ कभी भी परस्पर नहीं काट सकती हैं क्योंकि यदि काटेंगी तो कटान बिन्दु पर दो स्पर्श रेखाएँ खींची जा सकेंगी अर्थात् उस बिन्दु पर क्षेत्र की दो दिशाएँ होंगी जोकि असम्भव है।

(iii) चुम्बकीय क्षेत्र रेखाओं की सघनता, चुम्बकीय क्षेत्र की प्रबलता का मापक है।

(iv) एक अकेले चुम्बंकीय ध्रुव के कारण चुम्बकीय क्षेत्र रेखाएँ प्राप्त करना सम्भव नहीं है।

(v) उदासीन बिन्दु पर चुम्बकीय क्षेत्र की परिणामी तीव्रता शून्य होने के कारण चुम्बकीय सुई किसी भी दिशा में ठहर सकती है।

(vi) चुम्बकीय क्षेत्र रेखाओं का न तो आरम्भिक बिन्दु होता है और न ही अन्त बिन्दु।

(vii) यदि नर्म लोहे के खोखले गोले को चुम्बकीय क्षेत्र में रख दें तो गोले के अन्दर चुम्बकीय क्षेत्र शून्य होता है अर्थात् नर्म लोहे का गोला चुम्बकीय परिरक्षण (magnetic shielding) का कार्य करता है।

चुम्बकीय द्विध्रुव (Magnetic Dipole)

एक दण्ड चुम्बक में दो समान तथा विपरीत चुम्बकीय ध्रुव एक दूरी से पृथक् होते हैं अत: चुम्बक को **चुम्बकीय द्विध्रुव** (magnetic dipole) भी कहते हैं।

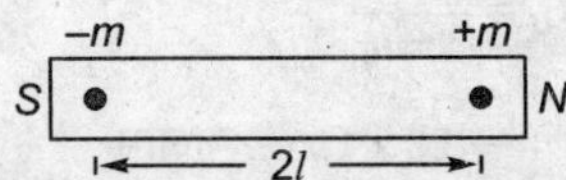

यदि m ध्रुव प्राबल्यता (pole strength) है तथा $2l$ दोनों ध्रुवों के बीच की दूरी है तब दण्ड चुम्बक का चुम्बकीय आघूर्ण, $M = m \times 2l$

यहाँ M एक सदिश राशि है जो चुम्बक के दक्षिणी ध्रुव से उत्तरी ध्रुव की ओर निर्देशित होती है।

दण्ड चुम्बक के कारण चुम्बकीय क्षेत्र
(Magnetic Field due to a Bar Magnet)

(i) अक्षीय स्थिति (Axial or End-on Position)

चुम्बक के केन्द्र से r दूरी पर बिन्दु P पर चुम्बकीय क्षेत्र,

$$B = \frac{\mu_0}{4\pi} \frac{2Mr}{(r^2 - l^2)^2}$$

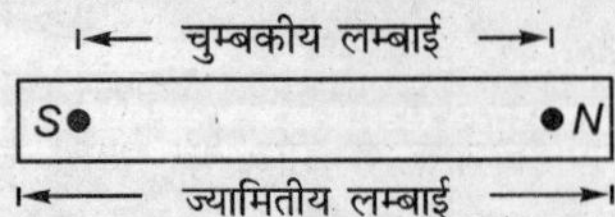

यदि $r >> l$, तो चुम्बक, चुम्बकीय द्विध्रुव (magnetic dipole) कहलाती है। अत:

$$B = \frac{\mu_0}{4\pi} \frac{2M}{r^3}$$

(ii) निरक्षीय स्थिति (Broad Side-on Position)

चुम्बक के केन्द्र से r दूरी पर निरक्षीय स्थिति में एक बिन्दु P पर चुम्बकीय क्षेत्र,

$$B = \frac{\mu_0}{4\pi} \frac{M}{(r^2 + l^2)^{3/2}}$$

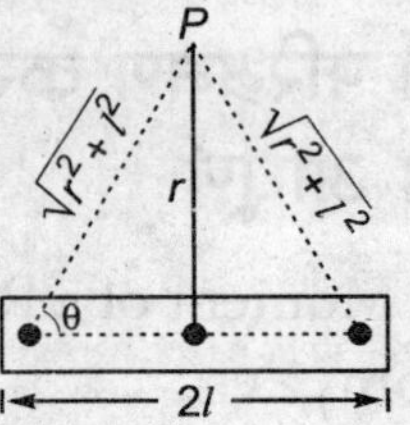

यदि $r >> l$, तब

$$B = \frac{\mu_0}{4\pi} \frac{M}{r^3}$$

(iii) अन्य बिन्दु P पर (At Any Point P)

छोटे दण्ड चुम्बक के कारण चुम्बक की अक्ष से कोण θ की दिशा में, चुम्बक के मध्य बिन्दु से r दूरी पर निर्वात (अथवा वायु) में स्थित बिन्दु P पर उत्पन्न चुम्बकीय क्षेत्र, (चित्र)

$$B = \frac{\mu_0}{4\pi} \frac{M}{r^3} \sqrt{1 + 3\cos^2\theta}$$

तथा $$\tan\alpha = \frac{1}{2}\tan\theta$$

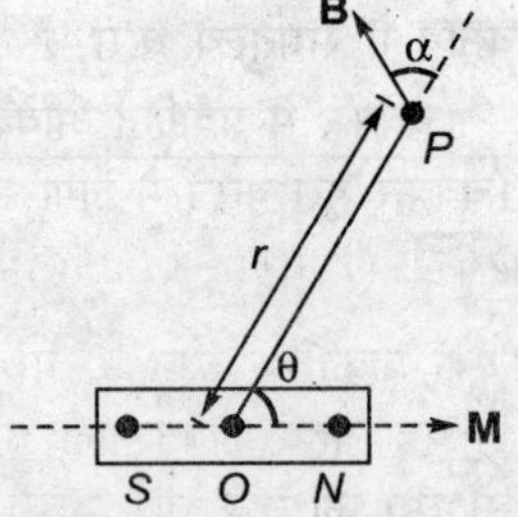

बिन्दु P की अक्षीय स्थिति के लिए $\theta = 0°$ तथा निरक्षीय स्थिति के लिए $\theta = 90°$ होता है।

छड़ चुम्बक का एक धारावाही परिनालिका की भाँति व्यवहार
(Behaviour of Bar Magnet as a Current Carrying Solenoid)

यदि इस कुण्डली में किसी सेल के द्वारा विद्युत धारा प्रवाहित की जाती है, तो यह एक छड़ चुम्बक की भाँति व्यवहार करने लगती है। अब कम्पास सूई की सहायता से यदि धारा के कारण उत्पन्न चुम्बकीय क्षेत्र का रेखांकन

किया जाए, तो नीचे दिए गए चित्र 9.18 के अनुसार चुम्बकीय बल रेखाएँ प्राप्त होती हैं।

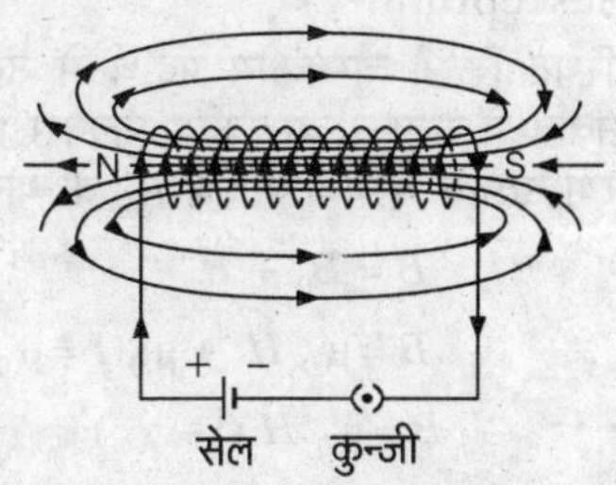

धारावाही परिनालिका के कारण उत्पन्न चुम्बकीय क्षेत्र

इस प्रकार प्राप्त चुम्बकीय क्षेत्र की बल रेखाओं में निम्न विशेषताएँ पाई जाती हैं

(i) परिनालिका के अक्ष पर बल रेखाएँ अक्ष के समान्तर तथा बहुत पास-पास होती हैं। अक्ष पर बल रेखाओं का समान्तर होना यह सिद्ध करता है कि धारावाही परिनालिका के अक्ष पर चुम्बकीय क्षेत्र एकसमान है तथा बल रेखाओं का पास-पास होना यह सिद्ध करता है कि वहाँ चुम्बकीय क्षेत्र प्रबल है।

(ii) चुम्बकीय बल रेखाएँ परिनालिका के एक सिरे से अन्दर की ओर जाती हैं, वह सिरा दक्षिणी ध्रुव की भाँति व्यवहार करता है तथा दूसरे सिरे से बाहर निकलती हैं, वह सिरा उत्तरी ध्रुव की भाँति व्यवहार करता है।

(iii) परिनालिका के तल को सामने से देखने पर, यदि प्रवाहित धारा की दिशा दक्षिणावर्त होती है, तो परिनालिका का सामने का तल दक्षिणी ध्रुव की भाँति व्यवहार करता है और यदि परिनालिका में धारा की दिशा वामावर्त होती है, तो परिनालिका का सामने का तल उत्तरी ध्रुव की भाँति व्यवहार करता है।

उपरोक्त तथ्यों से स्पष्ट है कि धारावाही परिनालिका दण्ड चुम्बक के तुल्य है।

पृथ्वी का चुम्बकत्व (Earth's Magnetism)

पृथ्वी चुम्बकीय क्षेत्र का एक प्राकृतिक स्रोत है। पृथ्वी इस प्रकार व्यवहार करती है जैसे इसके गर्भ में एक बहुत शक्तिशाली चुम्बक रखी हो जिसका दक्षिणी ध्रुव पृथ्वी के उत्तरी ध्रुव की ओर तथा उत्तरी ध्रुव पृथ्वी के दक्षिणी ध्रुव की ओर हो।

पृथ्वी के चुम्बकीय क्षेत्र के घटक (Components of Earth's Magnetic Field)

(i) दिक्पात का कोण (Angle of Declination)

किसी स्थान पर अपने गुरुत्व केन्द्र से स्वतन्त्रतापूर्वक लटकी चुम्बकीय सुईं की अक्ष से गुजरने वाले ऊर्ध्वाधर तल को **चुम्बकीय याम्योत्तर** (magnetic meridian) कहते हैं जबकि पृथ्वी के भौगोलिक उत्तरी तथा दक्षिणी ध्रुवों को मिलाने वाली रेखा में से गुजरने वाले ऊर्ध्वाधर तल को **भौगोलिक याम्योत्तर** (geographical meridian) कहते हैं। चुम्बकीय याम्योत्तर तथा भौगोलिक याम्योत्तर के बीच के न्यून कोण को **दिक्पात कोण** कहते हैं। चित्र में α दिक्पात कोण है।

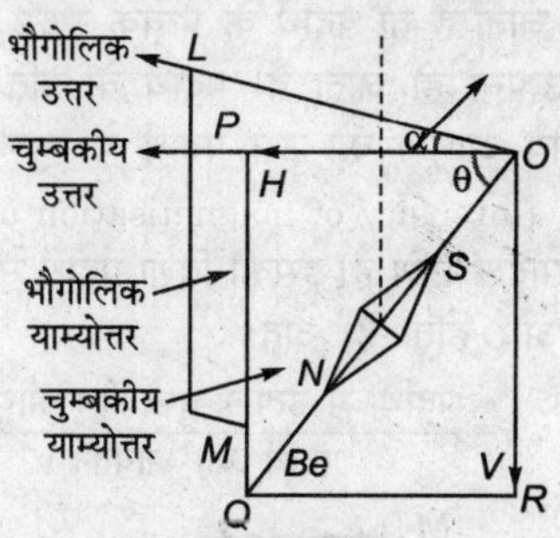

(ii) नमन कोण अथवा नति कोण (Angle of Dip)

नमन कोण वह कोण है जो पृथ्वी के चुम्बकीय क्षेत्र की दिशा तथा क्षैतिज दिशा के बीच बनता है। पृथ्वी के चुम्बकीय ध्रुवों पर पृथ्वी का चुम्बकीय क्षेत्र ऊर्ध्वाधर दिशा में तथा चुम्बकीय निरक्ष पर क्षैतिज दिशा में होता है। चित्र में θ नमन कोण है।

(iii) पृथ्वी के चुम्बकीय क्षेत्र का क्षैतिज घटक (Horizontal Component of Earth's Magnetic Field)

पृथ्वी के चुम्बकीय क्षेत्र B_e को दो घटकों में वियोजित किया जा सकता है।

(a) क्षैतिज घटक H (H की दिशा दक्षिण से उत्तर की ओर होती है।)

(b) ऊर्ध्वाधर घटक V

$$H = B_e \cos\theta$$

तथा
$$V = B_e \sin\theta$$

या
$$B_e = \sqrt{H^2 + V^2}$$

तथा
$$\theta = \tan^{-1}\left[\frac{V}{H}\right]$$

दोलन चुम्बकत्वमापी (Vibration Magnetometer)

यह एक चुम्बकीय यन्त्र है जिससे दो चुम्बकों के चुम्बकीय आघूर्णों तथा दो विभिन्न स्थानों के चुम्बकीय क्षेत्रों की तुलना कर सकते हैं इसके दोलनकाल के लिये व्यंजक

$$T = 2\pi\sqrt{\frac{I}{MB_H}}$$

जहाँ I = चुम्बक का जड़त्व आघूर्ण, M = चुम्बक का चुम्बकीय आघूर्ण

तथा B_H = भू-चुम्बकीय क्षैतिज घटक।

पदार्थों का चुम्बकन (Magnetisation of Materials)

किसी पदार्थ के परमाणवीय द्विध्रुवों को नियमित क्रम में संरेखित करने की अभिक्रिया को पदार्थ का चुम्बकन कहते हैं।

चुम्बकीय क्षेत्र का मान बढ़ाने पर तथा पदार्थ का तापक्रम कम करने पर इन परमाणवीय द्विध्रुवों के संरेखन की मात्रा बढ़ जाती है। अधिक प्रबल क्षेत्रों में यह संरेखन लगभग पूर्ण हो जाता है और तब पदार्थ चुम्बकन की संतृप्त (saturation) अवस्था में आ जाता है।

(i) **चुम्बकन की तीव्रता** (Intensity of Magnetisation)
जब किसी चुम्बकीय क्षेत्र के कारण परमाणवीय द्विध्रुवों का आंशिक अथवा पूर्णतया संरेखन हो जाता है तो पदार्थ के प्रत्येक सूक्ष्म आयतन में एक नैट चुम्बकीय आघूर्ण उत्पन्न हो जाता है। पदार्थ के प्रति एकांक आयतन में उत्पन्न नैट चुम्बकीय आघूर्ण को उस पदार्थ के चुम्बकन की तीव्रता या केवल चुम्बकन, I, (intensity of magnetisation or magnetisation) कहते हैं। यह एक सदिश राशि है। इसकी दिशा पदार्थ में उत्पन्न दक्षिणी ध्रुव से उत्तरी ध्रुव की ओर होती है। अत:

$$\mathbf{I} = \frac{\text{पदार्थ में उत्पन्न चुम्बकीय आघूर्ण } \mathbf{M}}{\text{पदार्थ का आयतन } V}$$

$$= \frac{\mathbf{M}}{V} \text{ ऐम्पियर/मी}$$

यदि पदार्थ एक दण्ड (bar) के रूप में हो और इसका अनुप्रस्थ काट A तथा लम्बाई $2l$ हो तथा इसके सिरों पर उत्पन्न ध्रुव प्राबल्यता m हो, तब

$$|\mathbf{I}| = I = \frac{M}{V}$$

$$= \frac{m \times 2l}{A \times 2l} = \frac{m}{A}$$

(ii) **चुम्बकन क्षेत्र** (Magnetising Field)
परिनालिका की प्रति मीटर लम्बाई में फेरों में बहने वाली धारा द्वारा उत्पन्न चुम्बकीय क्षेत्र, चुम्बकन क्षेत्र कहलाता है। इसे H से प्रकट करते हैं।

$$H = nI$$

यहाँ n परिनालिका की प्रति मीटर लम्बाई में फेरों की संख्या है।

(iii) **चुम्बकीय प्रवृत्ति** (Magnetic Susceptibility)
किसी पदार्थ के चुम्बकन तथा चुम्बकन क्षेत्र के परिमाण के अनुपात को उस पदार्थ की चुम्बकीय सुग्राहिता कहते हैं।

$$\chi = \frac{I}{H}$$

χ एक शुद्ध अंक होता है तथा इसका मान I व H के मात्रकों पर निर्भर नहीं करता है। χ का तात्पर्य सामान्यत: पदार्थ की आयतन सुग्राहिता (volume susceptibility) से होता है।

(iv) **पारगम्यता अथवा चुम्बकशीलता** (Permeability)
किसी माध्यम में उत्पन्न चुम्बकीय प्रेरण के परिमाण (B) तथा चुम्बकन क्षेत्र के परिमाण (H) के अनुपात को उस माध्यम की पारगम्यता अथवा चुम्बकशीलता कहते हैं।

$$\mu = \frac{B}{H}$$

किसी माध्यम की चुम्बकशीलता μ इस माध्यम की वैद्युतशीलता ε का चुम्बकीय समरूप (magnetic analogue) होती है।

किसी धारावाही परिनालिका में निर्वात अथवा वायु की उपस्थिति में, परिनालिका के अन्दर (सिरों से दूर) चुम्बकीय प्रेरण $B = \mu_0 ni = \mu_0 H$ होता है।

μ_0 को निर्वात (अथवा वायु) की चुम्बकशीलता कहते हैं। इसका मान $4\pi \times 10^{-7}$ न्यूटन/ऐम्पियर^2 होता है।

(v) **चुम्बकीय पारगम्यता एवं चुम्बकीय प्रवृत्ति में सम्बन्ध** (Relation between Magnetic Permeability and Magnetic Susceptibility)
चुम्बकीय क्षेत्र में स्थित किसी चुम्बकीय पदार्थ में उत्पन्न कुल चुम्बकीय प्रेरण घनत्व (B) निर्वात में उत्पन्न चुम्बकीय फ्लक्स घनत्व B_0 एवं पदार्थ के चुम्बकन के कारण उत्पन्न चुम्बकीय क्षेत्र B_m के योग के बराबर होगा

अर्थात्

$$B = B_0 + B_m$$

$$B = \mu_0 H + \mu_0 I = \mu_0 (H + I)$$

$$B = \mu_0 H (1 + \chi_m)$$

जहाँ $\mu_r = (1 + \chi_m)$

चुम्बकीय पदार्थों का वर्गीकरण

(Classification of Magnetic Materials)

पदार्थ में चुम्बकत्व का मुख्य कारण वैद्युत आवेशों की गति है। अणुओं में इलेक्ट्रॉनों तथा प्रोटॉनों की गति उनके चुम्बकीय व्यवहार के लिये उत्तरदायी है। प्राय: बाह्य चुम्बकीय क्षेत्र में रखने पर प्रत्येक पदार्थ में कुछ चुम्बकत्व आ जाता है। पदार्थों के चुम्बकीय व्यवहार के आधार पर उन्हें निम्नलिखित वर्गों में विभाजित किया गया है

1. **प्रतिचुम्बकीय पदार्थ** (Diamagnetic Substances)
प्रतिचुम्बकीय पदार्थ वे पदार्थ हैं जो किसी चुम्बकीय क्षेत्र में रखे जाने पर, क्षेत्र की दिशा की विपरीत दिशा में मामूली से चुम्बकित हो जाते हैं तथा किसी शक्तिशाली चुम्बक के सिरे के समीप लाये जाने पर थोड़ा सा प्रतिकर्षित होते हैं। इन पदार्थों के इस गुण को 'प्रतिचुम्बकत्व' (diamagnetism) कहते हैं। जो पदार्थ केवल प्रतिचुम्बकत्व गुण/प्रभाव प्रदर्शित करते हैं उन्हें प्रतिचुम्बकीय पदार्थ कहते हैं। उदाहरणार्थ—Ag, Au, Sb, P, Zn, Cu, C (हीरा), NaCl, H_2O, Hg, H_2, N_2। अधिकांशत: अकार्बनिक यौगिक तथा लगभग सभी कार्बनिक यौगिक प्रतिचुम्बकीय होते हैं।

2. **अनुचुम्बकीय पदार्थ** (Paramagnetic Substances)
अनुचुम्बकीय पदार्थ वे पदार्थ हैं जो किसी चुम्बकीय क्षेत्र में रखे जाने पर, क्षेत्र की दिशा में मामूली से चुम्बकित हो जाते हैं तथा किसी शक्तिशाली चुम्बक के सिरे के समीप लाये जाने पर थोड़ा सा आकर्षित होते हैं। इन पदार्थों के इस गुण को 'अनुचुम्बकत्व' (paramagnetism) कहते हैं, उदाहरणार्थ—Pt, Al, Cr, Na, Mn, $CuCl_2$। निकिल व आयरन के लवणों के घोल, O_2, आदि अनुचुम्बकीय होते हैं।

3. **लौह-चुम्बकीय पदार्थ** (Ferromagnetic Substances)
लौहचुम्बकीय पदार्थ वे पदार्थ हैं जो किसी चुम्बकीय क्षेत्र में रखे जाने पर, क्षेत्र की दिशा में प्रबल रूप से चुम्बकित हो जाते हैं तथा इनके सिरों पर स्वतन्त्र ध्रुव (independent poles) उत्पन्न हो जाते हैं। किसी चुम्बक के सिरे के समीप लाये जाने पर ये पदार्थ तेजी से आकर्षित होते हैं। इन पदार्थों के इस गुण को 'लौहचुम्बकत्व' (ferromagnetism) कहते हैं। उदाहरणार्थ—लोहा (Fe), निकिल (Ni), कोबाल्ट (Co) तथा इनकी मिश्र

धातुएँ जैसे, कोबाल्ट-स्टील, टंग्स्टन-स्टील, एल्निको (alnico), गेडोलिनियम (gadolinium) तथा डिसप्रोसियम (dysprosium), आदि लौह-चुम्बकीय पदार्थ हैं। इन पदार्थों में इलेक्ट्रॉन के चक्रण प्राकृतिक रूप से समान्तर दिशाओं में होते हैं।

क्यूरी का नियम (Curie's Law)

इस नियम के अनुसार, अनुचुम्बकीय पदार्थों की चुम्बकीय प्रवृत्ति इसके परमताप के व्युत्क्रमानुपाती होती है

अर्थात् $\chi \propto \frac{1}{T}$

$\Rightarrow$ $\chi = \frac{C}{T}$

यहाँ C = क्यूरी नियतांक, T = परमताप

ताप बढ़ाने पर, अनुचुम्बकीय पदार्थों की चुम्बकीय प्रवृत्ति घटती है तथा इसके विलोमत्। लौह-चुम्बकीय पदार्थों की चुम्बकीय प्रवृत्ति क्यूरी-नियम के अनुसार परिवर्तित नहीं होती।

क्यूरी ताप (Curie Temperature)

किसी लौह-चुम्बकीय पदार्थ का ताप बढ़ाते रहने पर इसके लिए χ का मान घटता रहता है तथा एक निश्चित ताप पर χ का मान एक से कम हो जाने पर लौह-चुम्बकीय पदार्थ, अनुचुम्बकीय पदार्थ में परिवर्तित हो जाता है। इस निश्चित ताप को क्यूरी ताप (Curie temperature) कहते हैं। अत: क्यूरी ताप वह ताप है जिस पर कोई लौह-चुम्बकीय पदार्थ, अनुचुम्बकीय पदार्थ में बदल जाता है।

वैद्युत चुम्बक (Electromagnets)

वैद्युत चुम्बक बनाने के लिए पदार्थ में निम्न निग्राहिता एवं निम्न धारणशीलता (low coercivity and low retentivity) होनी चाहिए। इसके B-H वक्र का क्षेत्रफल भी कम होता है जिसके कारण प्रत्येक चक्र में ऊर्जा हानि भी कम होती है। अत: वैद्युत चुम्बक तथा ट्रांसफार्मर की क्रोड नर्म लोहे (soft iron) के बनाये जाते हैं। जिसमें उपरोक्त सभी गुण होते हैं।

विद्युत चुम्बक की प्रबलता को प्रभावित करने वाले कारक

(Factors Affecting the Strength of Electromagnet)

निम्नलिखित कारक विद्युत चुम्बक की प्रबलता को प्रभावित करते हैं

(i) **धारा की प्रबलता** धारा बढ़ाने पर विद्युत चुम्बक की प्रबलता बढ़ जाती है।

(ii) **क्रोड का पदार्थ** कुण्डली में नर्म लोहे की क्रोड रखने पर विद्युत चुम्बक की प्रबलता बढ़ जाती है।

(iii) **फेरों की संख्या** कुण्डली में फेरों की संख्या बढ़ाकर विद्युत चुम्बक की प्रबलता काफी बढ़ जाती है।

स्थायी चुम्बक (Permanent Magnet)

स्थायी चुम्बक बनाने के लिए पदार्थ में उच्च निग्राहिता एवं उच्च धारणशीलता (high coercivity and high retentivity) होनी चाहिये। इसके B-H लूप का क्षेत्रफल अधिक होने के कारण ऊर्जा हानि भी अधिक होती है परन्तु यह केवल स्थायी चुम्बक बनाते समय अर्थात् एक बार ही होती है। अत: स्थायी चुम्बक स्टील या फौलाद के बनाये जाते हैं।

अभ्यास प्रश्न

चुम्बकीय आघूर्ण, चुम्बकीय द्विध्रुव पर बल आघूर्ण तथा चुम्बकीय बल रेखायें

1. एक छोटा चुम्बक जिसका चुम्बकीय आघूर्ण 6.75 ऐम्पियर-मी^{2} है। इसकी अक्ष पर उदासीन बिन्दु प्राप्त होता है। यदि पृथ्वी के चुम्बकीय क्षेत्र की तीव्रता का क्षैतिज घटक 5×10^{-5} वेबर/मी^{2} है तो उदासीन बिन्दु की दूरी होगी

(a) 10 सेमी (b) 20 सेमी
(c) 30 सेमी (d) 40 सेमी

2. चुम्बकीय आघूर्ण 0.1 ऐम्पियर-मी^{2} के दो एकसमान चुम्बकीय द्विध्रुवों के अक्षों को एक-दूसरे के लम्बवत् रखा गया है जिससे उनके केन्द्रों के बीच की दूरी 2 मी है। द्विध्रुवों के बीच मध्य बिन्दु पर परिणामी चुम्बकीय क्षेत्र होगा

(a) 5×10^{-2} टेस्ला (b) $\sqrt{5} \times 10^{-7}$ टेस्ला
(c) 10^{-7} टेस्ला (d) इनमें से कोई नहीं

3. यदि M चुम्बकीय आघूर्ण के एक छड़ चुम्बक को तीव्रता B के समान चुम्बकीय क्षेत्र में स्वतन्त्रतापूर्वक लटका दिया जाए तो चुम्बक को θ कोण से घुमाने में किया गया कार्य होगा

(a) $MB(1-\sin\theta)$ (b) $MB\sin\theta$
(c) $MB\cos\theta$ (d) $MB(1-\cos\theta)$

4. एक चुम्बकीय सुई चुम्बकीय क्षेत्र के समान्तर स्थित है, इसको 60° घुमाने में W कार्य करना पड़ता है। इसी अवस्था में बने रहने के लिए आवश्यक बल आघूर्ण होगा

(a) $\sqrt{3}W$ (b) W
(c) $\frac{\sqrt{3}}{2}W$ (d) $2W$

5. दो समान पतले दण्ड चुम्बकों को, जिनमें प्रत्येक की लम्बाई l है और ध्रुव प्राबल्य m है, 90° के कोण पर रखा जाता है इस प्रकार कि एक चुम्बक उत्तरी ध्रुव पर दूसरी चुम्बक के दक्षिणी ध्रुव के साथ आता है निकाय का चुम्बकीय आघूर्ण है

(a) ml (b) $2ml$
(c) $\sqrt{2}ml$ (d) $\frac{1}{2}ml$

6. एक लघु छड़ चुम्बक के उत्तरी ध्रुव को पृथ्वी के उत्तर की ओर रखने पर उदासीन बिन्दु क्षैतिज तल में किसी बिन्दु P पर मिलता है। यदि चुम्बक को क्षैतिज तल में 90° से घुमा दिया जाए तो बिन्दु P पर कुल चुम्बकीय प्रेरण होगा (पृथ्वी के चुम्बकीय क्षेत्र का क्षैतिज घटक $= B_H$)

(a) शून्य (b) $2B_H$
(c) $\frac{\sqrt{5}}{2}B_H$ (d) $\sqrt{5}B_H$

7. एक लम्बी चुम्बकीय सुई जिसकी लम्बाई $2L$, चुम्बकीय आघूर्ण M एवं ध्रुव प्राबल्य m इकाई है, मध्य में से दो भागों में टूट जाती है। प्रत्येक टुकड़े का चुम्बकीय आघूर्ण एवं ध्रुव प्राबल्य है

(a) $\frac{M}{2}, \frac{m}{2}$ (b) $M, \frac{m}{2}$ (c) $\frac{M}{2}, m$ (d) M, m

8. 10 ऐम्पियर-मी^{2} के चुम्बकीय आघूर्ण की दो छोटी चुम्बकों को अक्षीय स्थिति में, उनके केन्द्रों से 0.1 मी दूरी पर रखा गया है। उनके बीच कार्यरत बल होगा

(a) 0.6×10^7 न्यूटन (b) 0.06×10^7 न्यूटन
(c) 0.6 न्यूटन (d) 0.06 न्यूटन

9. 10^4 जूल प्रति टेस्ला चुम्बकीय आघूर्ण का एक छड़ चुम्बक क्षैतिज तल में स्वतंत्रतापूर्वक घूम सकता है। 4×10^{-5} टेस्ला के क्षैतिज चुम्बकीय क्षेत्र में इस छड़ चुम्बक को क्षेत्र की समानान्तर दिशा में 60° कोण पर घुमाने हेतु किये गए कार्य का मान होगा

(a) 0.2 जूल (b) 2.0 जूल
(c) 4.18 जूल (d) 2×10^2 जूल

10. एक छोटे छड़ चुम्बक का द्विध्रुव आघूर्ण 1.25 ऐम्पियर-मी^{2} है, इसकी अक्ष पर चुम्बक के केन्द्र से 0.5 मी की दूरी पर चुम्बकीय क्षेत्र होगा

(a) 1.0×10^{-4} न्यूटन/ऐम्पियर-मी
(b) 4×10^{-2} न्यूटन/ऐम्पियर-मी
(c) 2×10^{-6} न्यूटन/ऐम्पियर-मी
(d) 6.64×10^{-8} न्यूटन/ऐम्पियर-मी

11. एक चुम्बक जिसका चुम्बकीय आघूर्ण $50\hat{\mathbf{i}}$ ऐम्पियर-मी^{2} है, चुम्बकीय क्षेत्र $\vec{\mathbf{B}} = (0.5\hat{\mathbf{i}} + 3.0\hat{\mathbf{j}})$ टेस्ला में x-अक्ष के अनुदिश रखा गया है। चुम्बक पर कार्य करने वाला बल आघूर्ण है

(a) $175\,\hat{\mathbf{k}}$ न्यूटन-मी (b) $150\,\hat{\mathbf{k}}$ न्यूटन-मी
(c) $75\,\hat{\mathbf{k}}$ न्यूटन-मी (d) $25\sqrt{37}\,\hat{\mathbf{k}}$ न्यूटन-मी

12. 5×10^{-2} टेस्ला के चुम्बकीय क्षेत्र में क्षेत्र की दिशा से 30° कोण पर रखी एक छड़ चुम्बक 25×10^{-6} न्यूटन-मी का बल आघूर्ण अनुभव करती है। यदि चुम्बक की लम्बाई 5 सेमी हो तो इसकी ध्रुव प्राबल्य है

(a) 2×10^{-2} ऐम्पियर-मी (b) 5×10^{-2} ऐम्पियर-मी
(c) 2 ऐम्पियर-मीटर (d) 5 ऐम्पियर-मीटर

13. एक चुम्बक का द्विध्रुव आघूर्ण M तथा इसकी अक्ष पर चुम्बकीय विभव V है। द्विध्रुव आघूर्ण $\frac{M}{4}$ वाली एक अन्य चुम्बक के कारण उसी बिन्दु पर चुम्बकीय विभव होगा

(a) $4V$ (b) $2V$ (c) $\frac{V}{2}$ (d) $\frac{V}{4}$

14. दो एकसमान लघु चुम्बक, जिनमें प्रत्येक का चुम्बकीय आघूर्ण 10 ऐम्पियर-मी^{2} है, इस प्रकार व्यवस्थित की जाती है, कि इनके अक्ष पर दूसरे के लम्बवत् रहें एवं इनके केन्द्र एक ही सरल रेखा के अनुदिश एक क्षैतिज तल में हों। यदि इनके केन्द्रों के बीच की दूरी 0.2 मी है, तो इनके बीच में मध्य बिन्दु पर चुम्बकीय प्रेरण होगा ($\mu_0 = 4\pi \times 10^{-7}$ Hm^{-1})

(a) $\sqrt{2} \times 10^{-7}$ टेस्ला
(b) $\sqrt{5} \times 10^{-7}$ टेस्ला
(c) $\sqrt{2} \times 10^{-3}$ टेस्ला
(d) $\sqrt{5} \times 10^{-3}$ टेस्ला

15. किसी बिन्दु पर पृथ्वी का चुम्बकीय क्षेत्र 0.7 गॉस है। इस क्षेत्र को 5 सेमी त्रिज्या वाले लूप के केन्द्र पर चुम्बकीय क्षेत्र से, निरस्त किया गया है, तो लूप में आवश्यक धारा होगी

(a) 0.66 ऐम्पियर
(b) 5.6 ऐम्पियर
(c) 0.28 ऐम्पियर
(d) 2.8 ऐम्पियर

16. एक चुम्बकीय सुई को एक असमान चुम्बकीय क्षेत्र में रखा जाता है। यह अनुभव करती है

(a) एक बल और एक बल आघूर्ण
(b) एक बल लेकिन एक बल आघूर्ण नहीं
(c) एक बल आघूर्ण लेकिन एक बल नहीं
(d) न बल आघूर्ण और न ही बल

17. चुम्बक में चुम्बकत्व का कारण है

(a) इलेक्ट्रॉन की घूर्णीय गति
(b) पृथ्वी
(c) पृथ्वी में भारी चुम्बकीय दाब के कारण
(d) कॉस्मिक किरणें

18. दण्ड चुम्बक के लिए चुम्बकीय प्रेरण की बल रेखाएँ

(a) उत्तरी ध्रुव से निकलती हैं तथा दक्षिणी ध्रुव पर समाप्त होती हैं
(b) दण्ड चुम्बक के भीतर और बाहर सतत् रहती हैं
(c) उसके केन्द्र से वृत्तीय पथ पर निकलती हैं
(d) उत्तरी ध्रुव से केवल उत्सर्जित होती हैं, जैसे प्रकाश बल्ब से प्रकाश किरणें

19. कोई एकसमान चुम्बकीय क्षेत्र कागज के तल में बाँयी ओर से दाँयी ओर दिशा में विद्यमान है। जब मुलायम लोहे के किसी दण्ड की चुम्बकीय क्षेत्र के समान्तर रखा जाता है, तो उससे निकलने वाली बल रेखाओं को किस चित्र के द्वारा दर्शाया जा सकता है

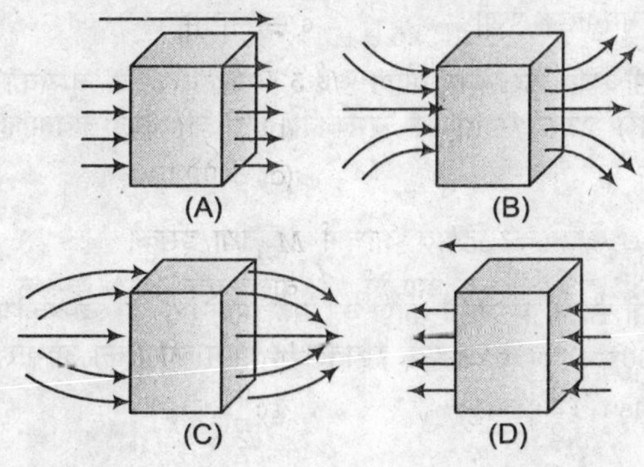

(a) चित्र (A) से
(b) चित्र (B) से
(c) चित्र (C) से
(d) चित्र (D) से

20. बाह्य चुम्बकीय क्षेत्र से मुक्त, किसी सुग्राही चुम्बकीय यंत्र को रखने के लिए उसे डिब्बे के भीतर रखा जाता है। यह डिब्बा बना रहता है

(a) चीर की लकड़ी का
(b) प्लास्टिक का
(c) उच्च चुम्बकशीलता के मुलायम लोहे का
(d) उच्च चालकता की धातु का

21. चुम्बकीय बल रेखाएँ

(a) हमेशा एक-दूसरे को काटती हैं
(b) हमेशा बन्द वक्र बनाती हैं
(c) चुम्बक के ध्रुव के बहुत दूर इकट्ठी होने लगती हैं
(d) निर्वात् में होकर नहीं गुजरती हैं

22. दण्ड चुम्बक की चुम्बकीय बल रेखाएँ एक-दूसरे को नहीं काटतीं क्योंकि

(a) एक बिन्दु पर सदैव एक कुल चुम्बकीय क्षेत्र होता है
(b) रेखाओं पर समान आवेश होते हैं, अतः वे एक-दूसरे के प्रतिकर्षित करती हैं
(c) ये रेखायें एक ही बिन्दु से अपसारित होती हैं
(d) रेखाएँ एक-दूसरे को काटें, इसके लिए चुम्बकीय लेन्सों की आवश्यकता होती है

23. चुम्बक को पूरी तरह विचुम्बकित किया जा सकता है

(a) चुम्बक को छोटे-छोटे टुकड़ों में तोड़कर
(b) इसे थोड़ा सा गर्म करके
(c) इसे बर्फ के ठंडे जल में [illegible]
(d) उचित क्षमता को एक विपरीत क्षेत्र के द्वारा [illegible]

24. एक छड़ चुम्बक के अन्दर चुम्बकीय बल रेखाएँ

(a) चुम्बक के दक्षिणी ध्रुव से उत्तरी ध्रुव की ओर होती हैं
(b) चुम्बक के उतरी ध्रुव से दक्षिणी ध्रुव की ओर होती हैं
(c) अस्तित्व में नहीं रहती
(d) छड़ चुम्बक के अनुप्रस्थ काट के क्षेत्रफल पर निर्भर करती हैं

25. एक छड़ चुम्बक की चुम्बकीय बल रेखाओं को निम्न में से किस चित्र द्वारा सही दर्शाया गया है?

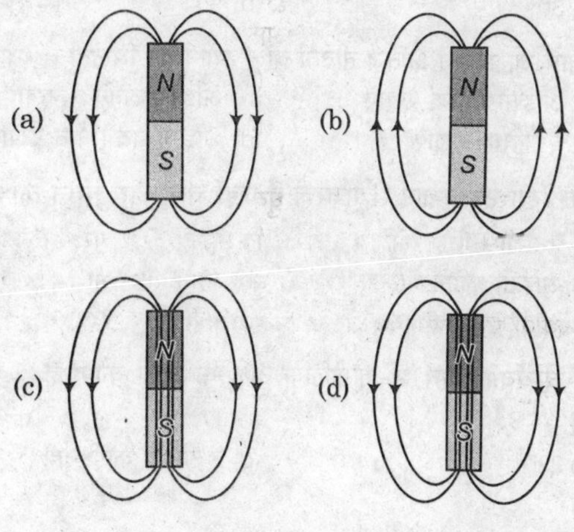

पृथ्वी का चुम्बकत्व एवं दोलन चुम्बकत्वमापी

26. चुम्बकीय याम्योत्तर के लम्बवत् तल में एक नमन सुई (चुम्बकीय सुई) रहती है
(a) ऊर्ध्वाधर
(b) क्षैतिज
(c) किसी भी दिशा में
(d) क्षैतिज के नमन कोण पर झुकी हुई

27. पृथ्वी के चुम्बकीय क्षेत्र का ऊर्ध्वाधर घटक शून्य होता है
(a) चुम्बकीय ध्रुवों पर (b) भौगोलिक ध्रुवों पर
(c) प्रत्येक स्थान पर (d) चुम्बकीय विषुवत् रेखा

28. भू-चुम्बकीय क्षेत्र की तीव्रता का क्षैतिज घटक शून्य होता है
(a) भूमध्य रेखा पर (b) चुम्बकीय ध्रुव पर
(c) 60° के अक्षांश पर (d) 60° देशांश पर

29. पृथ्वी के चुम्बकीय ध्रुवों पर नमन कोण होगा
(a) शून्य (b) 45°
(c) 90° (d) 180°

30. नमन कोण है
(a) पृथ्वी के चुम्बकीय क्षेत्र के ऊर्ध्वाधर घटक और चुम्बकीय याम्योत्तर के मध्य का कोण
[illegible] क्षेत्र के ऊर्ध्वाधर घटक और भौगोलिक [illegible]
[illegible] चुम्बकीय क्षेत्र की दिशा एवं क्षैतिज दिशा के बीच का कोण
(d) चुम्बकीय याम्योत्तर एवं भौगोलिक याम्योत्तर के मध्य का कोण

31. पृथ्वी की सतह पर उन बिन्दुओं को मिलाने वाली रेखाएँ जहाँ पर चुम्बकीय क्षेत्र क्षैतिज है, कहलाती हैं
(a) चुम्बकीय याम्योत्तर (b) चुम्बकीय अक्ष
(c) चुम्बकीय रेखाएँ (d) चुम्बकीय निरक्ष

32. चुम्बकीय निरक्ष पर नमन कोण का मान है
(a) 0° (b) 45°
(c) 30° (d) 90°

33. रेखाएँ जो समान क्षैतिज तीव्रता वाले स्थान पर मिलती हैं, कहलाती हैं
(a) आइसोगोनिक रेखाएँ (b) आइसोक्लीनिक रेखाएँ
(c) एगोनिक रेखाएँ (d) आइसोडायनेमिक रेखाएँ

34. एक रेखा उस स्थान से गुजरती है जहाँ चुम्बकीय नमन का मान शून्य है, कहलायेंगी
(a) आइसोक्लीनिक रेखा (b) एगोनिक रेखा
(c) आइसोगोनिक रेखा (d) एक्लीनिक रेखा

35. भू-चुम्बकीय एवं भू-भौगोलिक अक्ष के मध्य कोण है
(a) 0° (b) 17°
(c) 23° (d) इनमें से कोई नहीं

36. किसी स्थान पर भू-चुम्बकीय क्षैतिज घटक, ऊर्ध्वाधर घटक से $\sqrt{3}$ गुना है, तो उस स्थान पर नमन कोण होगा
(a) 60° (b) 45° (c) 90° (d) 30°

37. पृथ्वी के चुम्बकीय क्षेत्र के क्षैतिज घटक के कारण बल रेखाएँ होती हैं
(a) समान्तर सीधी रेखाएँ (b) संकेन्द्रीय वृत्त
(c) दीर्घवृत्तीय (d) परवलयाकार

38. किन्हीं दो स्थानों के नमन कोण क्रमशः 30° तथा 45° हों, तो उन स्थानों पर पृथ्वी के चुम्बकत्व के क्षैतिज घटकों का अनुपात होगा
(a) $\sqrt{3}:\sqrt{2}$ (b) $1:\sqrt{2}$ (c) $1:\sqrt{3}$ (d) 1 : 2

39. यदि किसी स्थान पर पृथ्वी के चुम्बकीय क्षेत्र के क्षैतिज घटक एवं ऊर्ध्वाधर घटक बराबर हैं, तो नमन कोण का मान होगा
(a) 30° (b) 90° (c) 45° (d) 0°

40. एक स्थान पर नति कोण 40.6° है एवं पृथ्वी के चुम्बक का ऊर्ध्वाधर घटक $V = 6 \times 10^{-5}$ टेस्ला है। इस स्थान पर पृथ्वी के चुम्बकीय क्षेत्र की सम्पूर्ण तीव्रता (I) होगी
(a) 7×10^{-5} टेस्ला (b) 6×10^{-5} टेस्ला
(c) 5×10^{-5} टेस्ला (d) 9.2×10^{-5} टेस्ला

41. एक निश्चित स्थान पर नमन कोण का मान 30° एवं पृथ्वी के चुम्बकीय क्षेत्र का क्षैतिज घटक 0.50 ऑस्टेड है। पृथ्वी का कुल चुम्बकीय क्षेत्र है
(a) $\sqrt{3}$ (b) 1 (c) $\frac{1}{\sqrt{3}}$ (d) $\frac{1}{2}$

42. भूमध्य रेखा और ध्रुव पर चुम्बकीय क्षेत्र की कुल तीव्रता का अनुपात
(a) 1 : 1 (b) 1 : 2 (c) 2 : 1 (d) 1 : 4

43. एक दण्ड चुम्बक उत्तर-दक्षिण दिशा में रखा जाता है। यदि उसका उत्तरी ध्रुव उत्तर की ओर हो तो शून्य तीव्रता वाले बिन्दुओं की दिशा चुम्बक के केन्द्र से किस ओर होगी?
(a) उत्तर और दक्षिण (b) पूर्व और पश्चिम
(c) उत्तर पूर्व और दक्षिण पश्चिम (d) उत्तर पश्चिम और दक्षिण पूर्व

44. नियत नमन कोण वाले स्थानों को दर्शाने वाली रेखा को कहते हैं
(a) समदाबीय रेखा (b) समदिक्पाती रेखा
(c) समनतिक रेखा (d) समगतिकी रेखा

45. किसी स्थान पर नमन कोण 30° है। यदि पृथ्वी के चुम्बकीय क्षेत्र का क्षैतिज घटक H हो, तो चुम्बकीय क्षेत्र की कुल तीव्रता है
(a) $\frac{H}{2}$ (b) $\frac{2H}{\sqrt{3}}$
(c) $H\sqrt{2}$ (d) $H\sqrt{3}$

46. किसी स्थान पर नमन कोण का सही मान 60° है, चुम्बकीय याम्योत्तर से 30° के कोण पर झुके समतल में नमन कोण का आभासी मान है
(a) $\tan^{-1}\left(\frac{1}{2}\right)$ (b) $\tan^{-1}(2)$
(c) $\tan^{-1}\left(\frac{2}{3}\right)$ (d) इनमें से कोई नहीं

47. किस स्थान पर, पृथ्वी का चुम्बकीय क्षेत्र क्षैतिज हो जाता है
(a) चुम्बकीय ध्रुव (b) भौगोलिक ध्रुव
(c) चुम्बकीय याम्योत्तर (d) चुम्बकीय विषुवत्

48. किसी स्थान पर समान द्रव्यमान और आकार (size) के दो चुम्बक प्रति मिनट क्रमशः 10 और 15 दोलन करते हैं, इनके चुम्बकीय आघूर्णों का अनुपात होगा
(a) 4 : 9 (b) 9 : 4
(c) 2 : 3 (d) 3 : 2

49. दोलन चुम्बकत्वमापी में चुम्बक का आवर्तकाल 2 सेकण्ड होता है। यदि दूसरे का चुम्बकीय आघूर्ण चार गुना है, तो आवर्तकाल प्रथम चुम्बक की तुलना में होगा
(a) 1 सेकण्ड (b) 4 सेकण्ड
(c) 8 सेकण्ड (d) 0.5 सेकण्ड

50. दोलन चुम्बकत्वमापी में एक चुम्बक एकसमान चुम्बकीय क्षेत्र H में दोलन करता है, उसका दोलनकाल T है। यदि चुम्बकीय क्षेत्र H का मान चार गुना कर दिया जाता है तो आवर्तकाल होगा
(a) $2T$ (b) $T/2$
(c) $2/T$ (d) T

51. किसी चुम्बक का आवर्तकाल T है, यदि इसे अक्ष के अनुदिश तथा लम्बवत् चार समान भागों में विभाजित किया जाता है तो प्रत्येक भाग का आवर्तकाल होगा

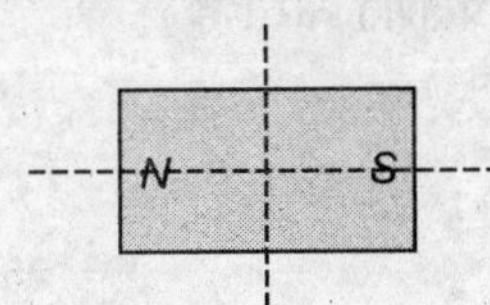

(a) $4T$ (b) $T/4$
(c) $T/2$ (d) T

52. M_A चुम्बकीय आघूर्ण वाले छड़ चुम्बक A की दोलन आवृत्ति, M_B चुम्बकीय आघूर्ण वाले छड़ चुम्बक B की दोलन आवृत्ति से दोगुनी है, तब
(a) $M_A = 2M_B$ (b) $M_A = 8M_B$
(c) $M_A = 4M_B$ (d) $M_B = 8M_A$

53. दो छड़ चुम्बकों की लम्बाई, चौड़ाई और द्रव्यमान समान हैं परन्तु चुम्बकीय आघूर्ण क्रमशः M और $2M$ हैं। इन्हें योग की स्थिति में दोलन चुम्बकत्वमापी में रखा जाता है तो आवर्तकाल 3 सेकण्ड प्राप्त होता है। अन्तर की स्थिति में आवर्तकाल होगा
(a) $\sqrt{3}$ सेकण्ड (b) $3\sqrt{3}$ सेकण्ड
(c) 3 सेकण्ड (d) 6 सेकण्ड

54. पृथ्वी के क्षैतिज चुम्बकीय क्षेत्र में स्वतन्त्रापूर्वक लटका हुआ M चुम्बकीय आघूर्ण का एक चुम्बक प्रति मिनट n दोलन करता है। यदि चुम्बकीय आघूर्ण चार गुना तथा पृथ्वी का क्षैतिज चुम्बकीय क्षेत्र दोगुना हो जाए तो प्रति मिनट दोलनों की संख्या होगी
(a) $\frac{n}{2\sqrt{2}}$ (b) $\frac{n}{\sqrt{2}}$
(c) $2\sqrt{2}n$ (d) $\sqrt{2}n$

चुम्बकीय पदार्थ

55. निम्न में से कौन-सा पदार्थ विद्युत-चुम्बक की क्रोड के लिए सबसे अधिक उपयुक्त है?
(a) नर्म लोहा (b) स्टील
(c) कॉपर-निकिल मिश्रधातु (d) हवा

56. स्थायी चुम्बक के पदार्थ में होता है
(a) उच्च धारणशीलता एवं निम्न निग्राहिकता
(b) निम्न धारणशीलता एवं उच्च निग्राहिता
(c) निम्न धारणशीलता एवं निम्न निग्राहिता
(d) उच्च धारणशीलता एवं उच्च निग्राहिता

57. प्रति-चुम्बकीय पदार्थ
(a) चुम्बक द्वारा दुर्बल रूप से आकर्षित होते हैं
(b) चुम्बक द्वारा प्रबल रूप से आकर्षित होते हैं
(c) चुम्बक द्वारा दुर्बल रूप से प्रतिकर्षित होते हैं
(d) चुम्बक द्वारा प्रबल रूप से प्रतिकर्षित होते हैं

58. यदि प्रतिचुम्बकीय पदार्थ दण्ड चुम्बक के उत्तरी या दक्षिणी ध्रुव के पास लाया जाए तब यह
(a) ध्रुवों द्वारा आकर्षित होता है
(b) ध्रुवों द्वारा प्रतिकर्षित होता है
(c) उत्तरी ध्रुव द्वारा प्रतिकर्षित तथा दक्षिणी ध्रुव द्वारा आकर्षित होता है
(d) उत्तरी ध्रुव द्वारा आकर्षित तथा दक्षिणी ध्रुव द्वारा प्रतिकर्षित होता है

59. स्थायी चुम्बक निम्न में से किस पदार्थ से बनाया जाता है?
(a) प्रतिचुम्बकीय (b) अनुचुम्बकीय
(c) लौहचुम्बकीय (d) विद्युतचुम्बकीय

60. किसके लिए चुम्बकीय पारगम्यता अधिकतम है?
(a) प्रतिचुम्बकीय पदार्थ (b) अनुचुम्बकीय पदार्थ
(c) लौहचुम्बकीय पदार्थ (d) इनमें सभी

61. निम्न में से किस पदार्थ की चुम्बकीय प्रवृत्ति ताप पर निर्भर नहीं करती है?
(a) फैराइट पदार्थ (b) लौहचुम्बकीय पदार्थ
(c) प्रतिचुम्बकीय पदार्थ (d) अनुचुम्बकीय पदार्थ

62. निम्न में से कौन-सा पदार्थ अनुचुम्बकीय है?
(a) लोहा (b) ऐल्युमीनियम
(c) निकिल (d) हाइड्रोजन

63. प्रतिचुम्बकीय पदार्थ का उदाहरण है?
(a) ऐल्युमीनियम (b) ताँबा
(c) लोहा (d) निकिल

64. एक समदैशिक माध्यम के लिए B, μ, H एवं M किस समीकरण द्वारा सम्बन्धित हैं? (जहाँ दिए गए संकेतों का सामान्य अर्थ है)
(a) $(B - M) = \mu_0 H$
(b) $M = \mu_0 (H + M)$
(c) $H = \mu_0 (H + M)$
(d) $B = \mu_0 (H + M)$

65. प्रति-चुम्बकीय पदार्थ चुम्बकीय क्षेत्र में गति करते हैं
(a) दुर्बल से प्रबल चुम्बकीय क्षेत्र की ओर
(b) चुम्बकीय क्षेत्र के लम्बवत्
(c) प्रबल से दुर्बल क्षेत्र की ओर
(d) उपरोक्त में से किसी की दिशा में नहीं

66. सभी पदार्थों का सार्वत्रिक गुण है
(a) प्रतिचुम्बकत्व (b) लौहचुम्बकत्व
(c) अनुचुम्बकत्व (d) इनमें सभी

67. क्यूरी नियम लिखा जा सकता है
(a) $\chi \propto (T - T_c)$ (b) $\chi \propto \frac{1}{T - T_c}$
(c) $\chi \propto \frac{1}{T}$ (d) $\chi \propto T$

68. क्यूरी ताप वह ताप है जिस पर
(a) अनुचुम्बकीय पदार्थ, लौह चुम्बकीय पदार्थ बन जाते हैं
(b) लौह चुम्बकीय पदार्थ, अनुचुम्बकीय पदार्थ बन जाते हैं
(c) अनुचुम्बकीय पदार्थ, प्रति चुम्बकीय बन जाते हैं
(d) लौह चुम्बकीय पदार्थ प्रति चुम्बकीय बन जाते हैं

69. दिए गए चित्र में दिखाया गया पदार्थ है

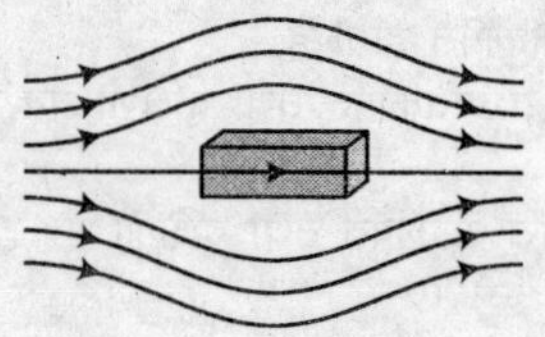

(a) अनुचुम्बकीय (b) प्रतिचुम्बकीय
(c) लौहचुम्बकीय (d) इसमें से कोई नहीं

70. विद्युत चुम्बक बनाने के लिए उपयुक्त पदार्थों में क्या गुण होने चाहिए?
(a) उच्च धारणशीलता एवं उच्च निग्राहिता
(b) निम्न धारणशीलता एवं निम्न निग्राहिता
(c) उच्च धारणशीलता एवं निम्न निग्राहिता
(d) निम्न धारणशीलता एवं उच्च निग्राहिता

71. किसी अनुचुम्बकीय पदार्थ की चुम्बकीय प्रवृत्ति
(a) परमताप T के अनुक्रमानुपाती है
(b) नियत रहती है
(c) T के व्युत्क्रमानुपाती है
(d) T के साथ चर घातांकी रूप से घटती है

72. जब एक लौहचुम्बकीय पदार्थ को क्यूरी ताप से ऊपर गर्म किया जाता है तब पदार्थ
(a) नियमित रूप से चुम्बकित हो जाता है
(b) लौहचुम्बकीय बना रहता है
(c) प्रतिचुम्बकीय पदार्थ की तरह व्यवहार करता है
(d) अनुचुम्बकीय पदार्थ की तरह व्यवहार करता है

73. लौहचुम्बकीय पदार्थ की प्रवृत्ति का मान है
(a) > 1 (b) < 1
(c) 0 (d) 1

74. अतिचालक पूर्णतः प्रदर्शित करते हैं
(a) लंघु लौहचुम्बकत्व
(b) लौहचुम्बकत्व
(c) अनुचुम्बकत्व
(d) प्रतिचुम्बकत्व

उत्तरमाला

1.	(c)	2.	(b)	3.	(d)	4.	(a)	5.	(c)	6.	(d)	7.	(c)	8.	(c)	9.	(a)	10.	(c)
11.	(b)	12.	(a)	13.	(d)	14.	(d)	15.	(b)	16.	(a)	17.	(a)	18.	(b)	19.	(b)	20.	(c)
21.	(b)	22.	(a)	23.	(d)	24.	(a)	25.	(d)	26.	(a)	27.	(d)	28.	(b)	29.	(c)	30.	(c)
31.	(d)	32.	(a)	33.	(d)	34.	(d)	35.	(b)	36.	(d)	37.	(a)	38.	(a)	39.	(c)	40.	(d)
41.	(c)	42.	(b)	43.	(b)	44.	(c)	45.	(b)	46.	(b)	47.	(d)	48.	(a)	49.	(a)	50.	(b)
51.	(c)	52.	(c)	53.	(b)	54.	(c)	55.	(a)	56.	(d)	57.	(c)	58.	(b)	59.	(c)	60.	(c)
61.	(c)	62.	(b)	63.	(b)	64.	(d)	65.	(c)	66.	(a)	67.	(c)	68.	(b)	69.	(b)	70.	(b)
71.	(a)	72.	(d)	73.	(a)	74.	(d)												

उत्तर व्याख्या सहित

1. उदासीन बिन्दु पर,

$$\left|\text{चुम्बक के कारण चुम्बकीय क्षेत्र}\right| = \left|\text{पृथ्वी के कारण चुम्बकीय क्षेत्र}\right|$$

$$\frac{\mu_0}{4\pi} \cdot \frac{2M}{d^3} = 5 \times 10^{-5}$$

या $10^{-7} \times \frac{2 \times 6.75}{d^3} = 5 \times 10^{-5}$

$\therefore$ $d = 0.3$ मी $= 30$ सेमी

2. प्रथम चुम्बक के सापेक्ष P अक्षीय स्थिति में है।

$\therefore$ चुम्बकीय क्षेत्र $B_1 = \frac{\mu_0}{4\pi}\left(\frac{2M}{d^3}\right)$

$$B_1 = 10^{-7} \times \frac{2 \times 1}{1} = 2 \times 10^{-7} \text{ टेस्ला}$$

द्वितीय चुम्बक के सापेक्ष P निरक्षीय स्थिति में है।

$\therefore$ चुम्बकीय क्षेत्र, $B_2 = \frac{\mu_0}{4\pi}\left(\frac{M}{d^3}\right)$ (ऊपर की ओर)

$$B_2 = \frac{B_1}{2} = 10^{-7} \text{ टेस्ला}$$

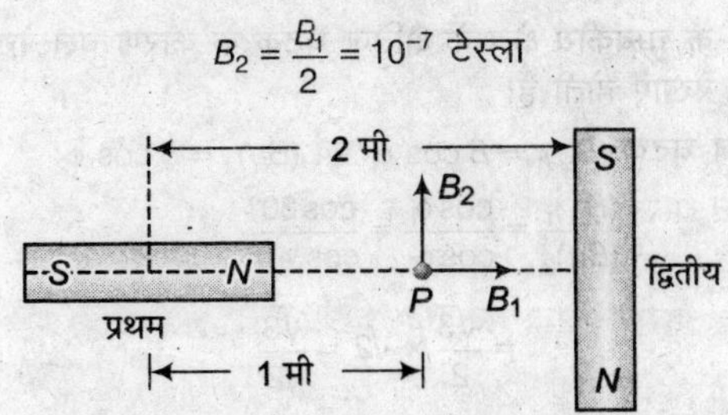

चूँकि B_1 व B_2 परस्पर लम्बवत् हैं, अतः परिणामी चुम्बकीय क्षेत्र

$$B_R = \sqrt{B_1^2 + B_2^2} = \sqrt{(2 \times 10^{-7})^2 + (10^{-7})^2}$$

$$= \sqrt{5} \times 10^{-7} \text{ टेस्ला}$$

3. M चुम्बकीय आघूर्ण वाले चुम्बक को चुम्बकीय क्षेत्र B में θ कोण घुमाने में किया गया कार्य

$$W = MB\,(1 - \cos\theta)$$

4. घुमाने में किया गया कार्य

$$W = MB\,(\cos\theta_1 - \cos\theta_2)$$

$$= MB\,(\cos 0° - \cos 60°)$$

$$= MB\left(1 - \frac{1}{2}\right) = \frac{MB}{2}$$

एवं बल आघूर्ण, $\tau = MB\sin\theta = MB\sin 60° = MB\frac{\sqrt{3}}{2}$

$$\therefore \quad \tau = \left(\frac{MB}{2}\right)\sqrt{3} \Rightarrow \tau = \sqrt{3}\,W$$

5. निकाय का परिणामी चुम्बकीय आघूर्ण

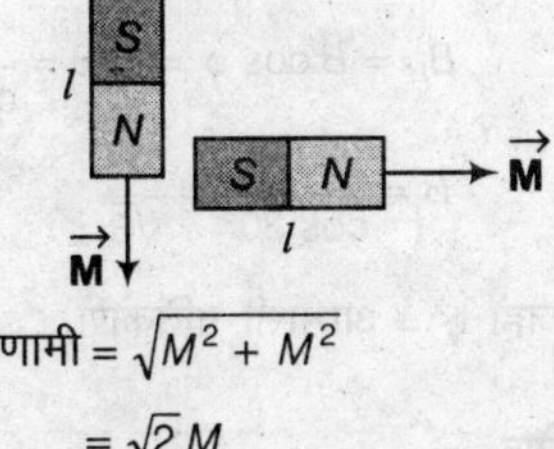

$$M \text{ परिणामी} = \sqrt{M^2 + M^2}$$

$$= \sqrt{2}\,M$$

$$= \sqrt{2}\,ml$$

6. प्रारम्भ में,

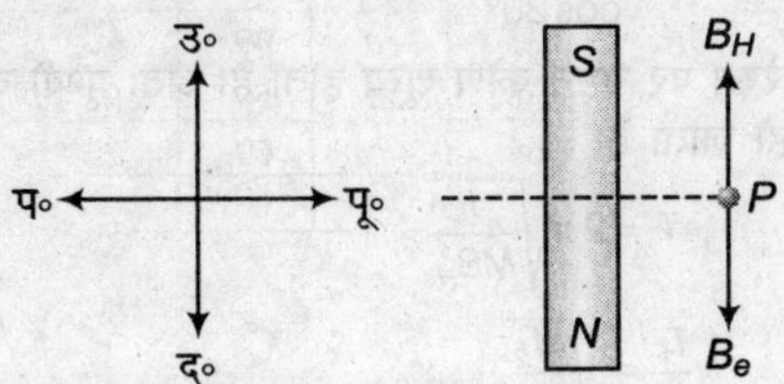

उदासीन बिन्दु निरक्ष पर प्राप्त होगा तथा उदासीन बिन्दु पर $|B_H| = |B_e|$

जहाँ, B_H – पृथ्वी के चुम्बकीय क्षेत्र का क्षैतिज घटक तथा

B_e = चुम्बक की निरक्षीय तीव्रता

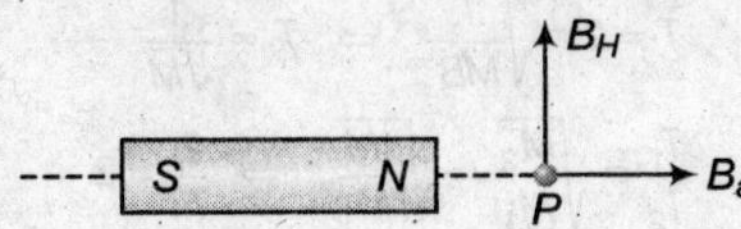

अन्त में,

बिन्दु P चुम्बक की अक्षीय स्थिति में आ जाता है व बिन्दु P पर परिणामी चुम्बकीय क्षेत्र

$$B = \sqrt{B_a^2 + B_H^2} = \sqrt{(2B_e)^2 + (B_H)^2}$$

$$= \sqrt{(2B_H)^2 + B_H^2} = \sqrt{5}B_H$$

7.

S N ⇒ S N | S N

← 2L → ← L → ← L →

प्रत्येक भाग का ध्रुव सामर्थ्य = m

प्रत्येक भाग का चुम्बकीय आघूर्ण = $M' = m'L' = mL = \frac{M}{2}$

8. दो छोटे चुम्बकों की अक्षीय स्थिति में, उनके बीच कार्यरत बल

$$F = \frac{\mu_0}{4\pi}\left(\frac{6MM'}{d^4}\right) \Rightarrow F = 10^{-7}\,\frac{6 \times 10 \times 10}{(0.1)^4} = 0.6 \text{ न्यूटन}$$

9. छड़ का चुम्बकीय आघूर्ण, $M = 10^4$ जूल/टेस्ला

$$B = 4 \times 10^{-5} \text{ टेस्ला}$$

अतः कार्य $W = \vec{M} \cdot \vec{B} = MB\cos\theta$

$$= 10^4 \times 4 \times 10^{-5} \times \cos 60° = 0.2 \text{ जूल}$$

10. चुम्बक की अक्ष पर चुम्बकीय क्षेत्र

$$B = \frac{\mu_0}{4\pi}\frac{2M}{d^3} = 10^{-7} \times \frac{2 \times 1.25}{(0.5)^3}$$

$$= 2 \times 10^{-6} \text{ न्यूटन/ऐम्पियर-मी}$$

11. चुम्बक पर कार्यरत बल आघूर्ण

$$\vec{\tau} = \vec{M} \times \vec{B} \Rightarrow \vec{\tau} = 50\,\hat{i} \times (0.5\,\hat{i} + 3\,\hat{j})$$

$$= 150\,(\hat{i} \times \hat{j}) = 150\,\hat{k} \text{ न्यूटन-मी}$$

12. चुम्बक पर कार्यरत बल-आघूर्ण

$$\tau = MB\sin\theta \Rightarrow \tau = (mL)\,B\sin\theta$$

$$\Rightarrow \quad 25 \times 10^{-6} = (m \times 5 \times 10^{-2}) \times 5 \times 10^{-2} \times \sin 30°$$

$$\Rightarrow \quad m = 2 \times 10^{-2} \text{ ऐम्पियर-मी}$$

13. किसी चुम्बक के अक्ष पर d दूरी पर चुम्बकीय विभव

$$V = \frac{\mu_0}{4\pi} \cdot \frac{M}{d^2} \Rightarrow V \propto M$$

$$\Rightarrow \quad \frac{V_1}{V_2} = \frac{M_1}{M_2} \Rightarrow \frac{V}{V_2} = \frac{M}{M/4}$$

$$\Rightarrow \quad V_2 = \frac{V}{4}$$

14.

B_2 ① S N P B_1 ② S N

← 0.1 मी → ← 0.1 मी →

बिन्दु P पर परिणामी चुम्बकीय प्रेरण

$$B_{\text{नेट}} = \sqrt{B_a^2 + B_e^2} = \sqrt{\left(\frac{\mu_0}{4\pi} \cdot \frac{2M}{d^3}\right)^2 + \left(\frac{\mu_0}{4\pi} \cdot \frac{M}{d^3}\right)^2}$$

$$= \sqrt{5} \cdot \frac{\mu_0}{4\pi} \cdot \frac{M}{d^3} = \sqrt{5} \times 10^{-7} \times \frac{10}{(0.1)^3}$$

$$= \sqrt{5} \times 10^{-3} \text{ टेस्ला}$$

15. बन्द लूप के केन्द्र पर चुम्बकीय क्षेत्र,

$$B = \frac{\mu_0 I}{2r} = \frac{4\pi \times 10^{-7} \times I}{2 \times 5 \times 10^{-2}}$$

$$0.70 \times 10^{-4} = \frac{4\pi \times 10^{-7} \times I}{10 \times 10^{-2}}$$

$I = 5.6$ ऐम्पियर

16. असमान चुम्बकीय क्षेत्र में चुम्बकीय सुई पर एक परिणामी बल एवं बल आघूर्ण दोनों कार्य करते हैं।

17. चुम्बक में चुम्बकत्व का कारण इलेक्ट्रॉनों की घूर्णन गति है।

18. दण्ड चुम्बक के लिए चुम्बकीय प्रेरण की बल रेखाएँ चुम्बक के भीतर एवं बाहर सतत् रहती हैं।

20. बाह्य चुम्बकीय क्षेत्र से मुक्त किसी सुग्राही चुम्बकीय यन्त्र को उच्च चुम्बकशीलता के मुलायम लोहे के डिब्बे के अन्दर रखा जाता है।

21. चुम्बकीय बल रेखाएँ हमेशा बन्द वक्र बनाती हैं।

22. चुम्बकीय क्षेत्र में एक बिन्दु पर सदैव एक चुम्बकीय क्षेत्र होता है। यदि दो चुम्बकीय बल रेखाएँ एक दूसरे को काटेंगी तब उनके कटान बिन्दु पर खींची गई दो स्पर्श रेखाएँ, एक ही बिन्दु पर चुम्बकीय क्षेत्र की दो दिशाओं को प्रदर्शित करेंगी जो कि असम्भव है।

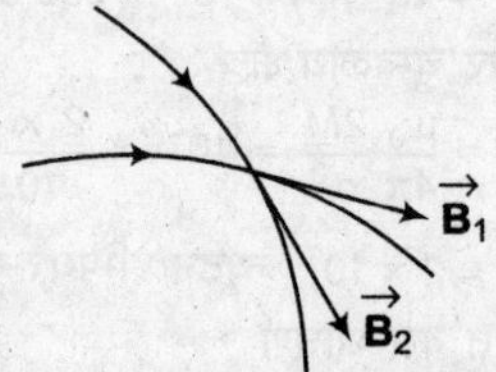

23. चुम्बक को उचित क्षमता के एक विपरीत क्षेत्र द्वारा पूरी तरह विचुम्बकित किया जा सकता है।

24. छड़ चुम्बक के अन्दर चुम्बकीय बल रेखाएँ चुम्बक के दक्षिणी ध्रुव से उत्तरी ध्रुव की ओर चलती हैं।

25. चुम्बकीय बल रेखाएँ चुम्बक के बाहर उत्तरी ध्रुव से दक्षिणी ध्रुव की ओर तथा चुम्बक के अन्दर दक्षिणी ध्रुव से उत्तरी ध्रुव की ओर चलती हैं।

26. चुम्बकीय यामयोत्तर के लम्बवत् तल में नमन सुईं ऊर्ध्वाधर रहती है।

27. विषुवत रेखा पर नमन कोण 0° है। अतः पृथ्वी के चुम्बकीय क्षेत्र का ऊर्ध्वाधर घटक

$$V = B \sin \phi = 0$$

28. ध्रुवों पर, नति कोण 90° है। अतः पृथ्वी के चुम्बकीय क्षेत्र का क्षैतिज घटक

$$B_H = B \cos \theta = 0$$

29. पृथ्वी के ध्रुवों पर नमन कोण $(\theta) = 90°$

30. पृथ्वी के चुम्बकीय क्षेत्र की दिशा एवं क्षैतिज दिशा के बीच का कोण, नमन कोण (angle of dip) कहलाता है।

31. पृथ्वी की सतह पर चुम्बकीय निरक्ष पर स्थित सभी बिन्दुओं पर चुम्बकीय क्षेत्र क्षैतिज रहता है।

32. चुम्बकीय निरक्ष पर नमन कोण 0° होता है।

33. समान क्षैतिज तीव्रता वाले स्थानों को मिलाने वाली रेखाएँ आइसोडायनेमिक रेखाएँ कहलाती हैं।

34. शून्य नमन कोण वाले स्थान से गुजरने वाली रेखा एक्लीनिक रेखा कहलाती है।

35. भू-चुम्बकीय एवं भू-भौगोलिक अक्ष के मध्य 17° कोण है।

36. दिया है $B_H = \sqrt{3}\, B_V$ एवं $\tan\theta = \frac{B_V}{B_H} = \frac{1}{\sqrt{3}} \Rightarrow \theta = 30°$

37. पृथ्वी के चुम्बकीय क्षेत्र के क्षैतिज घटक के कारण बल रेखाएँ समान्तर सीधी रेखाएँ होती हैं।

38. क्षैतिज घटक $(B_H)_1 = B\cos\phi_1$ एवं $(B_H)_2 = B\cos\phi_2$

$$\therefore \quad \frac{(B_H)_1}{(B_H)_2} = \frac{\cos\phi_1}{\cos\phi_2} = \frac{\cos 30°}{\cos 45°}$$

$$= \frac{\sqrt{3}}{2} \times \sqrt{2} = \frac{\sqrt{3}}{\sqrt{2}}$$

39. $B_V = B_H \tan\phi$; यदि $B_V = B_H$, तब $\tan\phi = 1$ या $\phi = 45°$

40. $B_V = B\sin\phi$

$$B = \frac{B_V}{\sin\phi} = \frac{6 \times 10^{-5}}{\sin 40.6°} = \frac{6 \times 10^{-5}}{0.65} = 92 \times 10^{-5} \text{ टेस्ला}$$

41. क्षैतिज घटक, $B_H = B\cos\phi$;

$$\therefore \quad B = \frac{B_H}{\cos\phi} = \frac{0.5}{\cos 30°}$$

$$= \frac{0.5}{\sqrt{3}/2} = \frac{1}{\sqrt{3}}$$

42. भूमध्य रेखा व ध्रुव पर चुम्बकीय क्षेत्र की कुल तीव्रता का अनुपात = 1 : 2

43.

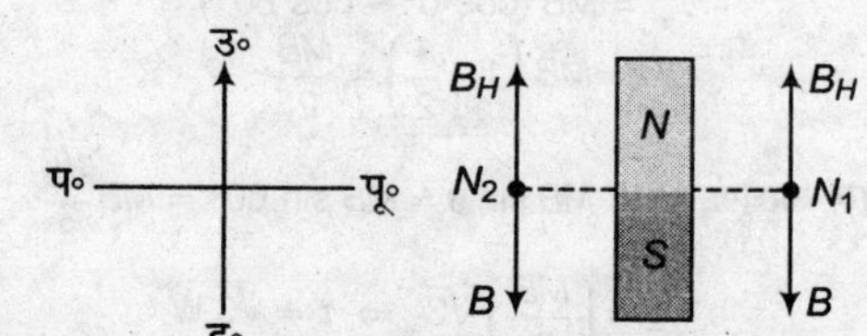

44. नियत नमन कोण वाले स्थानों को दर्शाने वाली रेखा समनतिक रेखा कहलाती है।

45. क्षैतिज घटक $\quad B_H = B\cos\phi \Rightarrow B = \frac{B_H}{\cos\phi}$

$$\Rightarrow \quad B = \frac{H}{\cos 30°} = \frac{2H}{\sqrt{3}}$$

46. $\tan\phi' = \frac{\tan\phi}{\cos\beta}$; जहाँ ϕ' = आभासी नतिकोण,

ϕ = वास्तविक नतिकोण,

β = ऊर्ध्वतल के द्वारा चुम्बकीय याम्योत्तर से बनाया गया कोण

$$\therefore \quad \tan\phi' = \frac{\tan 60°}{\cos 30°} = 2 \quad \Rightarrow \phi' = \tan^{-1}(2)$$

47. विषुवत् रेखा पर नमन कोण शून्य होता है। अतः पृथ्वी का चुम्बकीय क्षेत्र क्षैतिज हो जाता है।

48.

$$T = 2\pi\sqrt{\frac{I}{MB_H}}$$

$$\therefore \quad \frac{T_1}{T_2} = \sqrt{\frac{M_2}{M_1}}$$

$$\text{या} \quad \frac{M_1}{M_2} = \frac{T_2^2}{T_1^2} = \frac{(60/15)^2}{(60/10)^2} = \frac{4}{9}$$

49. दोलन चुम्बकत्वमापी में चुम्बक का आवर्तकाल

$$T = 2\pi\sqrt{\frac{I}{MB}} \quad \Rightarrow T \propto \frac{1}{\sqrt{M}}$$

$$\frac{T_1}{T_2} = \sqrt{\frac{M_2}{M_1}} = \sqrt{\frac{4M}{M}} \quad \Rightarrow \frac{2}{T_2} = 2$$

$$\Rightarrow \quad T_2 = 1 \text{ सेकण्ड}$$

50. दोलन चुम्बकत्वमापी में चुम्बक का आवर्तकाल

$$T = 2\pi\sqrt{\frac{I}{MB_H}} \Rightarrow \frac{T_1}{T_2} = \sqrt{\frac{(B_H)_2}{(B_H)_1}}$$

$$\Rightarrow \quad T_2 = T\sqrt{\frac{(BH)_1}{(BH)_2}} = \frac{T}{2} \quad \{\because (B_H)_2 = 4(B_H)_1\}$$

51. जब l लम्बाई की चुम्बक को चार एकसमान भागों में काटा जाता है तब $m' = \frac{m}{2}$ एवं $l' = \frac{l}{2}$

$$\therefore \quad M' = \frac{m}{2} \times \frac{l}{2} = \frac{ml}{4} = \frac{M}{4}$$

चुम्बक को विभाजित करने पर चुम्बक का द्रव्यमान $\frac{M}{4}$ तथा लम्बाई $\frac{l}{2}$ हो जायेगी

नया जड़त्व आघूर्ण, $I' = \dfrac{\frac{M}{4}\left(\frac{l}{2}\right)^2}{12} = \frac{1}{16}\cdot\frac{Ml^2}{12}$

$$\therefore \quad I' = \frac{1}{16}I; \qquad \left[\because I = \frac{Ml^2}{12}\right]$$

प्रत्येक भाग का दोलनकाल,

$$T' = 2\pi\sqrt{\frac{I'}{M'B_H}} = 2\pi\sqrt{\frac{I/16}{(M/4)B_H}}$$

$$= 2\pi\sqrt{\frac{I}{4MB_H}} = \frac{T}{2} \qquad \left[\because T = 2\pi\sqrt{\frac{I}{MB_1}}\right]$$

52. छड़ चुम्बक B की आवृत्ति

$$\nu = \frac{1}{2\pi}\sqrt{\frac{MB_H}{I}} \Rightarrow \nu \propto \sqrt{M}$$

$$\therefore \quad \frac{\nu_A}{\nu_B} = \sqrt{\frac{M_A}{M_B}}$$

$$\frac{2}{1} = \sqrt{\frac{M_A}{M_B}}$$

$$\Rightarrow \quad M_A = 4M_B$$

53. योग स्थिति में, $T \propto \frac{1}{\sqrt{(M_1 + M_2)}}$;

एवं अन्तर स्थिति में, $T \propto \frac{1}{\sqrt{(M_1 - M_2)}}$

$$\frac{3^2}{T^2} = \frac{2M - M}{2M + M}$$

$$\Rightarrow \quad T^2 = 9 \times 3 \text{ सेकण्ड}^2$$

$$\therefore \quad T = 3\sqrt{3} \text{ सेकण्ड}$$

54. प्रति मिनट दोलनों की संख्या $= \frac{1}{2\pi}\frac{\sqrt{MB_H}}{I}$

$$\Rightarrow \quad n \propto \sqrt{MB_H};$$

$M \to 4$ गुना

$B_H \to 2$ गुना

अतः $\nu \to \sqrt{8}$ गुना

अर्थात् $\nu' = \sqrt{8}\nu = 2\sqrt{2}n$

55. नर्म लोहा उच्च लौह चुम्बकत्व का गुण रखता है।

57. प्रतिचुम्बकीय पदार्थ चुम्बक द्वारा दुर्बल रूप से प्रतिकर्षित होते हैं।

58. समान ध्रुव प्रेरित होने के कारण प्रतिकर्षित होगा।

59. स्थायी चुम्बक, लौहचुम्बकीय पदार्थ से बनाया जाता है।

60. चुम्बकीय पारगम्यता लौहचुम्बकीय पदार्थ में अधिकतम होती है।

61. प्रतिचुम्बकीय पदार्थ की प्रवृत्ति ताप पर निर्भर नहीं करती है।

62. ऐल्यूमीनियम, अनुचुम्बकीय पदार्थ है।

63. ताँबा प्रति चुम्बकीय पदार्थ है।

65. प्रति चुम्बकीय पदार्थ, चुम्बकीय क्षेत्र में प्रबल क्षेत्र से दुर्बल क्षेत्र की ओर गति करते हैं।

66. प्रतिचुम्बकत्व सभी पदार्थों का सार्वत्रिक गुण है।

67. क्यूरी नियम के अनुसार

$$\chi \propto \frac{1}{T}$$

68. क्यूरी ताप वह निश्चित ताप है जिस पर लौह चुम्बकीय पदार्थ, अनुचुम्बकीय पदार्थ बन जाते हैं।

69. दिए गए चित्र में चुम्बकीय बल रेखाएँ पदार्थ से बाहर अधिक जा रही हैं। अतः पदार्थ, प्रतिचुम्बकीय पदार्थ है।

70. विद्युत चुम्बक बनाने के लिए पदार्थ में निम्न धारणशीलता एवं निम्न निग्राहिता होनी चाहिए।

71. अनुचुम्बकीय पदार्थ की चुम्बकीय प्रवृत्ति परमताप T के व्युत्क्रमानुपाती होती है।

72. जब किसी लौहचुम्बकीय पदार्थ को क्यूरी तापक्रम के ऊपर गर्म किया जाता है तो यह अनुचुम्बकीय पदार्थ के जैसा व्यवहार करता है।

73. लौह चुम्बकीय पदार्थ की प्रवृत्ति का मान एक से अधिक (> 1) होता है।

74. अतिचालक पूर्णतः प्रतिचुम्बकत्व प्रदर्शित करते हैं।

अध्याय 21

विद्युत चुम्बकीय प्रेरण तथा प्रत्यावर्ती धारा

Electromagnetic Induction and Alternating Current

विद्युत चुम्बकीय प्रेरण (Electromagnetic Induction)

जब वैद्युत धारा किसी चालक से होकर बहती है, तो चालक के चारों ओर एक चुम्बकीय क्षेत्र उत्पन्न हो जाता है। इसके विपरीत, जब चालक से सम्बन्धित चुम्बकीय क्षेत्र चालक के सापेक्ष गतिमान है, तब यह चालक में इलेक्ट्रॉनों की गति उत्पन्न करता है। वह परिघटना, जिसमें किसी चालक में वि०वा० बल तथा धारा प्रेरित होती है, **विद्युत चुम्बकीय प्रेरण** (Electromagnetic Induction) कहलाती है।

चुम्बकीय फ्लक्स (Magnetic Flux)

किसी चुम्बकीय क्षेत्र में रखे पृष्ठ के अभिलम्बवत् गुजरने वाली चुम्बकीय बल रेखाओं की संख्या को उस पृष्ठ से सम्बद्ध चुम्बकीय फ्लक्स कहते हैं। यदि एकसमान चुम्बकीय क्षेत्र **B** में कोई समतल पृष्ठ जिसका क्षेत्रफल वेस्टर **A** हो, तो पृष्ठ से बद्ध चुम्बकीय फलस्क

$$\phi = \mathbf{B} \cdot \mathbf{A}$$

$$\phi = B \cdot A \cos\theta$$

विद्युत चुम्बकीय प्रेरण के फैराडे के नियम (Faraday's Laws of Electromagnetic Induction)

प्रथम नियम (First Law) ''जब किसी परिपथ से सम्बद्ध चुम्बकीय फ्लक्स में परिवर्तन होता है, तो परिपथ में वि०वा० बल प्रेरित हो जाता है।'' परिपथ यदि बन्द है, तो इस वि०वा० बल के कारण परिपथ में एक वैद्युत धारा भी प्रेरित हो जाती है।

द्वितीय नियम (Second Law) ''परिपथ में प्रेरित वि०वा० बल का परिमाण परिपथ से सम्बद्ध कुल चुम्बकीय फ्लक्स ϕ के समय के सापेक्ष परिवर्तन की दर के अनुक्रमानुपाती होता है।''

गणितीय रूप से, $e = -\dfrac{Nd\phi}{dt}$

यहाँ, N = कुण्डली में फेरों की संख्या है।

प्रेरित धारा एवं प्रेरित आवेश (Induced Current and Induced Charge)

यदि परिपंथ का प्रतिरोध R है, तब परिपथ में प्रेरित धारा

$$I = \frac{e}{R} = \frac{N}{R} \cdot \frac{d\phi}{dt}$$

dt समय में प्रेरित आवेश,

$$dq = Idt = -\frac{N}{R} \cdot \frac{d\phi}{dt} dt = -\frac{Nd\phi}{R}$$

लेन्ज का नियम (Lenz's Law)

किसी परिपथ में प्रेरित वि०वा० बल (अथवा प्रेरित धारा) की दिशा इस प्रकार होती है कि यह सदैव उस परिवर्तन का विरोध करती है, जिसके कारण यह स्वयं उत्पन्न हुई है। यह कथन **लेन्ज का नियम** कहलाता है। लेन्ज का नियम ऊर्जा संरक्षण पर आधारित है तथा यह कुण्डली में प्रेरित वि०वा० बल तथा धारा की दिशा दर्शाता है।

गतिज विद्युत वाहक बल

(Dynamically Induced EMF)

माना एक पतली चालक छड़ ab (लम्बाई l) एकसमान चुम्बकीय क्षेत्र $\vec{B}$ जो कागज के तल के लम्बवत् नीचे की ओर दिष्ट है, में $\vec{v}$ वेग से दाईं ओर गतिमान है।

फ्लेमिंग के बाएँ हाथ के नियम से, छड़ में एक आवेश वाहक (q) चुम्बकीय बल qvB का अनुभव करता है जो b से a की ओर दिष्ट होता है।

जबकि एक इलेक्ट्रॉन छड़ की लम्बाई के अनुदिश a से b की ओर बल evB अनुभव करता है। इस बल के कारण छड़ के मुक्त इलेक्ट्रॉन a से b की ओर गति करते हैं जिसके परिणामस्वरूप सिरा b ऋणात्मक तथा सिरा a धनात्मक हो जाता है। इसके कारण छड़ के अनुदिश विभवान्तर स्थापित हो जाता है। यह प्रेरित वि०वा० बल है। तुल्य सेल चित्र में प्रदर्शित है।

यदि छड़ में उत्पन्न विद्युत क्षेत्र E है तब $E = \frac{V}{l}$

यहाँ V, छड़ के सिरों पर प्रेरित वि०वा० बल है।

आवेशों की साम्यावस्था में,

विद्युत बल = चुम्बकीय बल

$$eE = Bev$$

या $$E = vB$$

$\therefore$ प्रेरित वि०वा० बल, $V = El = Bvl$

यदि छड़ चुम्बकीय क्षेत्र में θ कोण पर गति करे, तब प्रेरित वि०वा० बल,

$$V = B_n vl$$

जहाँ $B_n = \vec{v}$ के लम्बवत् चुम्बकीय क्षेत्र का घटक $= B \sin\theta$

$\therefore$ प्रेरित वि०वा० बल $= Bvl \sin\theta$

प्रेरित धारा की दिशा फ्लेमिंग के दाएँ हाथ के नियम से दी जाती है।

स्वप्रेरण (Self Induction)

जब एक परिपथ में बहने वाली धारा में परिवर्तन होता है, तब परिपथ से सम्बद्ध चुम्बकीय फ्लक्स में भी परिवर्तन होता है। परिणामस्वरूप, परिपथ में प्रेरित वि०वा० बल स्थापित हो जाता है। यह घटना स्वप्रेरण कहलाती है तथा उत्पन्न वि०वा० बल, **पश्च विद्युत वाहक बल** या **स्वप्रेरित विद्युत वाहक बल** कहलाता है।

यदि परिपथ में बहने वाली धारा I है, तब परिपथ से सम्बद्ध विद्युत वाहक बल

$$\phi \propto I \quad \text{या} \quad \phi = LI$$

जहाँ, L कुण्डली का स्वप्रेरण गुणांक है तथा इसका मात्रक हेनरी (H) है।

यदि कुण्डली में धारा के परिवर्तित करने पर उत्पन्न होने वाला प्रेरित वि०वा० बल e हो, तो $e = -\frac{d\phi}{dt}$

$$e = \frac{-d(LI)}{dt} = -L\frac{dI}{dt} \quad \text{...(i)}$$

कुण्डली में N फेरों के लिये,

$$e = -\frac{N\,d\phi}{dt} \quad \text{...(ii)}$$

समी. (i) व (ii) से

$$\frac{-Nd\phi}{dt} = \frac{-dI}{dt}$$

$$L = \frac{Nd\phi}{dI} \quad \text{या} \quad \frac{N\phi}{i}$$

कुण्डली का स्वप्रेरकता, इसमें बहने वाली धारा के मान में परिवर्तन के विरोध की क्षमता की माप है।

स्वप्रेरण गुणांक (Self Induction Coefficient) किसी कुण्डली का स्वप्रेरण गुणांक उसमें प्रेरित विद्युत वाहक बल के संख्यात्मक मान के बराबर होता है जबकि कुण्डली में प्रवाहित धारा परिवर्तन की दर 1 ऐम्पियर 1 सेकण्ड हो। इसका मात्रक हेनरी होता है।

स्वप्रेरण के महत्त्वपूर्ण सूत्र

(Important Formulae of Self Induction)

(i) R त्रिज्या व N फेरों की संख्या वाली वृत्तीय कुण्डली का स्वप्रेरण,
$$L = \frac{1}{2}\mu_0 \pi N^2 R$$

(ii) l लम्बाई, N चक्करों की संख्या व A अनुप्रस्थ-काट वाली परिनालिका का स्वप्रेरण, $L = \frac{\mu_0 N^2 A}{l} = \mu_0 n^2 Al$

जहाँ $$n = \frac{N}{l}$$

(iii) R त्रिज्या व N चक्करों की संख्या वाली अन्तहीन परिनालिका (टोरॉइड) का स्वप्रेरण, $L = \frac{1}{2}\mu_0 N^2 R$

(iv) a भुजा व N चक्करों की संख्या वाली वर्गाकार कुण्डली का स्वप्रेरण, $$L = \frac{2\sqrt{2}}{\pi}\mu_0 N^2 a$$

अन्योन्य प्रेरण (Mutual Induction)

जब दो कुण्डलियों को पास-पास रखकर उनमें से एक कुण्डली में बैटरी के द्वारा वैद्युत धारा प्रवाहित की जाती है अथवा उसमें प्रवाहित धारा बन्द की जाती है अर्थात् धारा के मान में परिवर्तन किया जाता है, तो पास रखी दूसरी कुण्डली में एक प्रेरित वैद्युत वाहक बल उत्पन्न हो जाता है। वैद्युत चुम्बकीय प्रेरण की इस घटना को **अन्योन्य प्रेरण** कहते हैं।

यदि किसी क्षण पर प्राथमिक कुण्डली में बहने वाली धारा I_1 है, तब द्वितीयक कुण्डली से सम्बद्ध फ्लक्स

$$\phi_2 \propto I_1 \quad \text{या} \quad \phi_2 = MI_1$$

यहाँ M, कुण्डली का अन्योन्य प्रेरकत्व है।

द्वितीयक कुण्डली में प्रेरित वि०वा० बल, $e = -\frac{d\phi_2}{dt}$

$$= -\frac{d}{dt}(MI_1) = -\frac{MdI_1}{dt}$$

सामान्यतः $e = -\frac{MdI_1}{dt}$ तथा $M = \frac{\phi_2}{I_1}$

स्वप्रेरकत्व के समान, अन्योन्य प्रेरकत्व का मात्रक हेनरी (H) है।

अन्योन्य प्रेरणा गुणांक (Mutual Induction) किन्हीं दो कुण्डलियों का अन्योन्य प्रेरक गुणांक द्वितीय कुण्डली में प्रेरित वि०वा० बल के संख्यात्मक मान के बराबर होता है, जबकि प्राथमिक कुण्डली में प्रवाहित धारा में परिवर्तन की दर 1 ऐम्पियर/सेकण्ड हो।

अन्योन्य प्रेरण के महत्त्वपूर्ण सूत्र (Important Formulae of Mutual Induction)

(i) दो समतल संकेन्द्री कुण्डलियों के अन्योन्य प्रेरण,

$$M = \frac{\mu_0 N_1 N_2 \pi r_2^2}{2r_1}$$

जहाँ, r_1 व r_2 दोनों कुण्डलियों की त्रिज्याएँ हैं।

(ii) दो परिनालिकाओं के लिये अन्योन्य प्रेरण (जबकि एक परिनालिका दूसरे के ऊपर लपेटी गयी हो),

$$M = \frac{\mu_0 N_1 N_2 A}{l} = \frac{\mu_0 N_1 N_2 \pi r^2}{l}$$

(iii) समतलीय संकेन्द्री वर्गाकार कुण्डलियों के लिये,

$$M = \frac{2\sqrt{2}\mu_0 N_1 N_2 a^2}{\pi b}$$

जहाँ a, b क्रमशः दोनों वर्गाकार कुण्डलियों की भुजाएँ हैं।

भंवर धाराएँ (Eddy Currents)

(i) जब धातु का कोई टुकड़ा किसी चुम्बकीय क्षेत्र में इस प्रकार गति करता है कि टुकड़े से बद्ध चुम्बकीय फ्लक्स में निरन्तर परिवर्तन होता है या धातु का टुकड़ा किसी परिवर्ती (variable) चुम्बकीय क्षेत्र में स्थित होता है, तो धातु के सम्पूर्ण आयतन में जल के भंवर के समान चक्करदार धाराएँ उत्पन्न हो जाती हैं, ये धाराएँ इसकी गति का विरोध करती हैं। इन प्रेरित धाराओं को भंवर धाराएँ कहते हैं।

(ii) भंवर धाराओं के आविष्कारक फोको के नाम पर इन्हें 'फोको धाराएँ' भी कहते हैं।

(iii) भंवर धाराओं के कारण ऊष्मा के रूप में होने वाली ऊर्जा ह्रास को न्यूनतम करने के लिए ही डायनमों तथा मोटर की आर्मेचर कुण्डलियों की क्रोडों में तथा ट्रांसफॉर्मर के फ्रेम में नर्म लोहे की पटलित क्रोड का उपयोग किया जाता है।

(iv) प्रेरण भट्टी (Induction furnace), विद्युत ब्रेक, रुद्ध दोलन धारामापी (Dead beat galvanometer) तथा मोटरगाड़ियों में लगे चालमापी (Speedometer), भंवर धाराओं के सिद्धान्त पर ही आधारित हैं।

विद्युत मोटर (Electric Motor)

एक विद्युत मोटर विद्युत ऊर्जा को यांत्रिक ऊर्जा में परिवर्तित करता है तथा यह इस तथ्य पर आधारित है कि एकसमान चुम्बकीय क्षेत्र में एक धारावाही कुण्डली पर बलाघूर्ण कार्य करता है। क्योंकि कुण्डली चुम्बकीय क्षेत्र में घूमती है अतः इससे बद्ध चुम्बकीय फ्लक्स में परिवर्तन होता है तथा इसलिए एक वि. वा. बल जिसे पश्च वि. वा. बल कहते हैं कुण्डली में उत्पन्न हो जाता है।

जब मोटर पहली बार घूमती है तो कुण्डली विराम में होती है तथा इसलिए इसमें कोई पश्च वि. वा. बल नहीं होता है। मोटर को स्टार्ट करते समय जलने से बचाने के लिए इसके श्रेणीक्रम में जोड़ा गया उच्च प्रतिरोध स्टॉटर कहलाता है। इसका उपयोग केवल मोटर को स्टार्ट करते समय ही होता है। मोटर की अधिकतम चाल पर मोटर में उत्पन्न वि. वा. बल अधिकतम हो जाता है तथा इसलिए धारा घट जाती है।

विद्युत जनित्र अथवा डायनमो (Electric Generator or Dynamo)

वह यन्त्र जो यान्त्रिक ऊर्जा को विद्युत ऊर्जा में परिवर्तित कर देता है, विद्युत जनित्र (डायनमो) कहलाता है। यह विद्युत चुम्बकीय प्रेरण के सिद्धान्त पर आधारित है। विद्युत जनित्र में यान्त्रिक ऊर्जा का उपयोग चुम्बकीय क्षेत्र में रखे चालक को घूर्णी गति प्रदान करने में किया जाता है जिसके फलस्वरूप प्रेरित विद्युत धारा उत्पन्न होती है। *विद्युत जनित्र दो प्रकार के होते हैं*

1. प्रत्यावर्ती धारा जनित्र (Alternating Current Generator)

सिद्धान्त (Principle) विद्युत जनित्र विद्युत चुम्बकीय प्रेरण के सिद्धान्त पर कार्य करता है। जब किसी चालक से बद्ध चुम्बकीय फ्लक्स में परिवर्तन होता है, तो उसमें विद्युत वाहक बल उत्पन्न हो जाता है, जिसे प्रेरित विद्युत वाहक बल कहते हैं और यदि परिपथ बन्द है, तो उसमें विद्युत धारा प्रवाह होने लगती है, जिसे प्रेरित विद्युत धारा कहते हैं।

संरचना (Construction) *प्रत्यावर्ती धारा जनित्र के निम्नलिखित प्रमुख भाग होते हैं*

(i) **क्षेत्र चुम्बक** (Field Magnet) यह एक अतिशक्तिशाली चुम्बक होता है, जिसके ध्रुवों के मध्य एक कुण्डली को चुम्बकीय क्षेत्र की दिशा के लम्बवत् अक्ष के परितः तेजी से घुमाया जाता है।

(ii) **आर्मेचर या कुण्डली** (Armature) यह एक मुलायम लोहे के एक क्रोड पर लिपटी अत्यधिक संख्या में पृथक्कित तारों की कुण्डली है, जिसे चुम्बकीय क्षेत्र में तीव्र गति से घुमाया जाता है।

(iii) **सर्पीवलय** (Slip Rings) कुण्डली के सिरे दो अलग-अलग धातु के वलयों C_1 व C_2 से जोड़ देते हैं। ये वलय सम-अक्षीय होते हैं तथा कुण्डली के साथ-साथ घूमते हैं।

(iv) **ब्रुश** (Brush) ये कार्बन या किसी धातु की पत्तियों से बने दो ब्रुश (B_1 व B_2) होते हैं। इनका एक-एक सिरा, दो वलयों को स्पर्श करता है तथा शेष दूसरे सिरों को बाहरी परिपथ से सम्बन्धित कर दिया जाता है। ये ब्रुश कुण्डली के साथ नहीं घूमते हैं।

कार्यविधि (Procedure) माना प्रारम्भ में कुण्डली $ABCD$ का तल चुम्बकीय क्षेत्र के लम्बवत् है। कुण्डली का सिरा A सर्पीवलय C_1 से तथा सिरा D सर्पीवलय C_2 से जुड़ा है। ब्रुश B_1, वलय C_1 को तथा ब्रुश B_2, वलय C_2 को स्पर्श करता है।

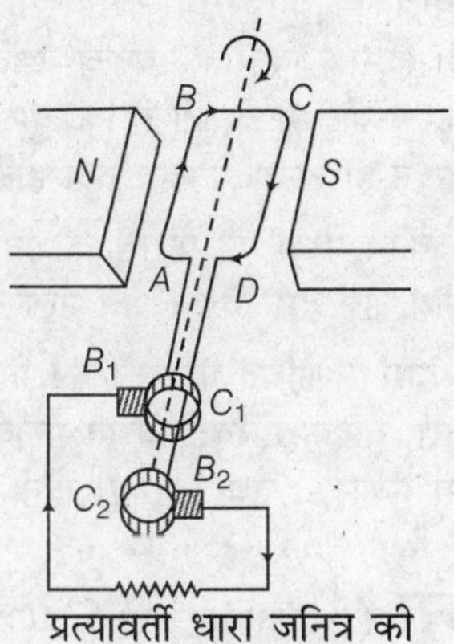

प्रत्यावर्ती धारा जनित्र की

यदि कुण्डली दक्षिणावर्त दिशा में घुमाई जा रही है, तो फ्लेमिंग के दाएँ हाथ के नियम से कुण्डली में प्रेरित धारा $ABCD$ दिशा में प्रवाहित होगी। कुण्डली का आधा चक्कर पूरा होने के बाद भुजा AB व CD क्रमशः अपनी-अपनी स्थितियाँ बदल लेती हैं। सर्पीवलय C_1 व C_2 भी अपने स्थान पर घूम जाते हैं परन्तु ब्रुश B_1 का सम्बन्ध सर्पीवलय C_1 से तथा ब्रुश B_2 का सम्बन्ध सर्पीवलय C_2 से ही बना रहता है।

आधा चक्र पूरा होने के पश्चात् कुण्डली की दोनों भुजाओं की गति की दिशा विपरीत हो जाती है, अतः बाहरी परिपथ में धारा की दिशा परिवर्तित हो जाती है। इस प्रकार कुण्डली के एक पूरे चक्कर के दौरान बाह्य परिपथ में धारा की दिशा परिवर्तित हो जाती है, जो कुण्डली के घूमने के साथ इसी प्रकार परिवर्तित होती रहती है। अतः बाह्य परिपथ में प्राप्त धारा प्रत्यावर्ती धारा होती है, क्योंकि इसकी दिशा निश्चित समयान्तराल पर बदलती रहती है।

प्रत्यावर्ती धारा की आवृत्ति, कुण्डली के घूमने की आवृत्ति के बराबर होती है। तापीय विद्युत संयंत्र, जल विद्युत संयंत्र, नाभिकीय ऊर्जा संयंत्र, आदि प्रत्यावर्ती विद्युत धारा उत्पन्न करते हैं।

2. दिष्ट धारा जनित्र (Direct Current Generator)

सिद्धान्त (Principle) यह प्रत्यावर्ती धारा जनित्र की भाँति ही होता है। अन्तर केवल इतना होता है कि इसमें सर्पीवलयों के स्थान पर विभक्त वलय लगे होते हैं।

दिष्ट धारा जनित्र में भी जब कोई कुण्डली या आर्मेचर शक्तिशाली चुम्बकीय क्षेत्र में घूर्णन करती है, तो उसमें विद्युत चुम्बकीय प्रेरण के सिद्धान्त के अनुसार प्रेरित विद्युत वाहक बल तथा प्रेरित धारा उत्पन्न होती है।

दिष्ट धारा जनित्र के निम्न भाग होते हैं

(i) **क्षेत्र चुम्बक** (Field Magnet) यह एक शक्तिशाली छड़ चुम्बक होता है, जिसके ध्रुवों के मध्य कुण्डली घूमती है। इसके द्वारा उत्पन्न चुम्बकीय क्षेत्र की बल-रेखाएँ N से S की ओर होती हैं।

(ii) **आर्मेचर** (Armature) यह एक आयताकार कुण्डली $ABCD$ होती है, जो कच्चे लोहे के क्रोड पर पृथक्कित ताँबे के तार के अनेक फेरों को लपेट कर बनाई जाती है।

(iii) **विभक्त वलय** (Split Rings) ये वलय किसी पीतल की धातु के बेलन को उसकी अक्ष के अनुदिश दो बराबर भागों में काटकर बनाए जाते हैं। कुण्डली इन दोनों वलयों में जुड़ी रहती है। इस आर्मेचर कुण्डली को क्षेत्रीय चुम्बक के ध्रुवों (NS) के मध्य किसी बाह्य स्रोत, जैसे—पेट्रोल इंजन, जल टरबाइन, इत्यादि से अत्यधिक गति से घुमाया जाता है।

(iv) **ब्रुश** (Brush) ये कार्बन के बने होते हैं, जो चालक होते हैं। बाहरी परिपथ में धारा ब्रुशों B_1 व B_2 की सहायता से ही प्रवाहित होती है। ये विभक्त वलय को स्पर्श करते हैं तथा अपने स्थान से विस्थापित होते रहते हैं।

कार्यविधि (Procedure) जब आर्मेचर चुम्बकीय ध्रुवों के मध्य दक्षिणावर्त दिशा में घूर्णन करता है, तो आर्मेचर से गुजरने वाले चुम्बकीय फ्लक्स में परिवर्तन होता है और आर्मेचर कुण्डली में एक विद्युत वाहक बल प्रेरित हो जाता है तथा इस विद्युत वाहक बल के कारण कुण्डली में धारा प्रवाहित होने लगती है। आर्मेचर कुण्डली के पहले आधे चक्कर में आर्मेचर कुण्डली में प्रेरित विद्युत वाहक बल का मान शून्य से बढ़कर अधिकतम हो जाता है तथा पुनः शून्य हो जाता है। दूसरे आधे चक्कर में विद्युत वाहक बल विपरीत दिशा में शून्य से अधिकतम मान तक पहुँच जाता है तथा पुनः घटकर शून्य हो जाता है। परन्तु प्रत्येक आधे चक्कर के पश्चात् विभक्त वलय के भाग आपस में ब्रुशों के स्थान को बदल देते हैं।

अतः बाह्य परिपथ में धारा निरन्तर एक ही दिशा में प्रवाहित होती रहती है अर्थात् दिष्ट धारा प्राप्त होती है। शुष्क सेल, बटन सेल, आदि दिष्ट धारा उत्पन्न करते हैं।

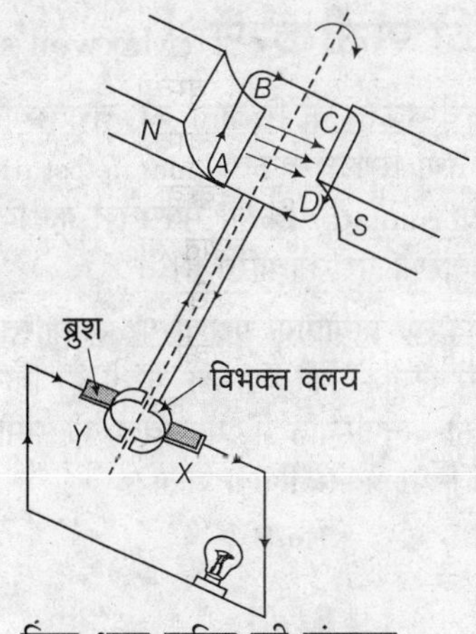

दिष्ट धारा जनित्र की संरचना

विद्युतचुम्बकीय तरंगें (Electromagnetic Waves)

समय के साथ परिवर्तित वैद्युत क्षेत्र, चुम्बकीय क्षेत्र उत्पन्न करता है तथा समय के साथ परिवर्तित चुम्बकीय क्षेत्र, वैद्युत क्षेत्र उत्पन्न करता है। मैक्सवेल (Maxwell) ने बताया कि प्रकृति में एक तरंग निहित है जिसमें समय तथा त्रिविमीय क्षेत्र (space) के साथ परिवर्तित वैद्युत तथा चुम्बकीय क्षेत्र होते हैं, जो एक-दूसरे के लिये स्रोत का कार्य करते हैं। यह तरंग विद्युतचुम्बकीय तरंग (electromagnetic wave) कहलाती है। इस तरंग में वैद्युत तथा चुम्बकीय क्षेत्र दोनों परस्पर लम्बवत् होते हैं तथा तरंग संचरण की दिशा के भी लम्बवत् होते हैं।

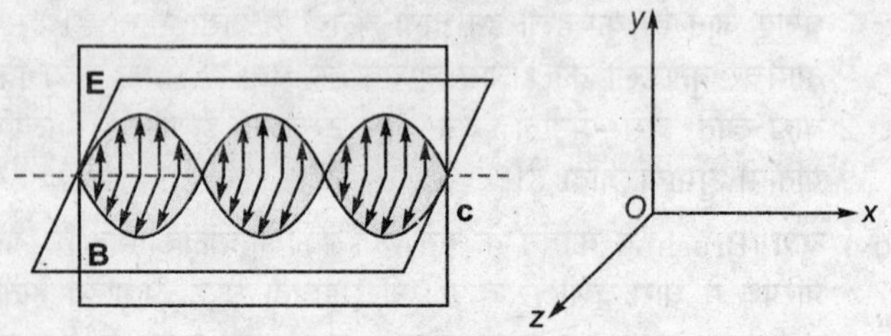

मैक्सवेल ने विद्युतचुम्बकीय तरंगों की निर्वात में चाल निम्न सूत्र से व्यक्त की।

$$c = \frac{1}{\sqrt{\mu_0 \varepsilon_0}}$$

विस्थापन धारा (Displacement Current)

समय के साथ परिवर्तित होने वाले वैद्युत क्षेत्र के कारण जो धारा उत्पन्न होती है उसे विस्थापन धारा कहते हैं

1. विस्थापन धारा की भविष्यवाणी मैक्सवेल ने की थी
2. विस्थापन धारा को निम्न सम्बन्ध से दर्शाते हैं

$$i_d = \varepsilon_0 \frac{d\phi_E}{dt}$$

जहाँ ε_0 निर्वात् की विद्युतशीलता है,

तथा $\frac{d\phi}{dt}$ चुम्बकीय फ्लक्स परिवर्तन की दर है।

3. क्षेत्र से बद्ध अपरिवर्ती विद्युत फ्लक्स की स्थिति में विस्थापन धारा शून्य होती है।

मैक्सवेल की समीकरणें (Maxwell's Equations)

मैक्सवेल ने विद्युतचुम्बकत्व के सिद्धान्त को, वैद्युतस्थैतिक (electrostatics) तथा स्थिरचुम्बकत्व (magnetostatics) के नियमों को मिलाकर, सूत्रित (formulate) किया। मैक्सवेल का विद्युतचुम्बकीय सिद्धान्त चार समीकरणों पर आधारित है।

मैक्सवेल की समीकरणें प्रायोगिक प्रेक्षणों पर आधारित हैं तथा समस्त विद्युतचुम्बकीय परिघटनाओं की व्याख्या करती हैं। किसी परावैद्युत तथा चुम्बकीय पदार्थ की अनुपस्थिति में, मैक्सवेल की समीकरणों को समाकलन रूप में निम्न प्रकार लिखा जाता है

$$\oint \mathbf{E} \cdot d\mathbf{S} = \frac{q}{\varepsilon_0} \qquad \text{...(i)}$$

$$\oint \mathbf{B} \cdot d\mathbf{S} = 0 \qquad \text{...(ii)}$$

$$\oint \mathbf{E} \cdot d\mathbf{l} = -\frac{d\phi_B}{dt} \qquad \text{...(iii)}$$

$$\oint \mathbf{B} \cdot d\mathbf{l} = \mu_0 \left(i + \varepsilon_0 \frac{d\phi_E}{dt} \right) \qquad \text{...(iv)}$$

समी (i) वैद्युत में गॉस का नियम है जिसके अनुसार, किसी बन्द पृष्ठ से गुजरने वाला वैद्युत फ्लक्स, पृष्ठ द्वारा परिबद्ध नेट आवेश तथा विद्युतशीलता नियतांक ε_0 के भागफल के बराबर होता है। इस समीकरण में q, $\mathbf{E}$ का स्रोत है। यह समीकरण स्थिर तथा गतिमान दोनों आवेशों के लिये सत्य है।

समी (ii) चुम्बकत्व में गॉस का नियम है जिसके अनुसार, किसी बन्द पृष्ठ से गुजरने वाला चुम्बकीय फ्लक्स शून्य होता है। यह इंगित करता है कि स्वतन्त्र चुम्बकीय ध्रुवों का कोई अस्तित्व नहीं होता। किसी पृष्ठ द्वारा परिबद्ध आयतन में विपरीत चुम्बकीय ध्रुव बराबर-बराबर हैं जिससे कि नेट ध्रुव सामर्थ्य शून्य होती है। (इसके विपरीत, स्वतन्त्र वैद्युत आवेशों का अस्तित्व होता है)। यह समीकरण यह भी दर्शाती है कि चुम्बकीय बल रेखाओं का न तो आदि होता है और न ही अन्त। वे बन्द वक्र होती हैं।

समी (iii) विद्युतचुम्बकीय प्रेरण का फैराडे का नियम है। इसके अनुसार, एक परिवर्ती चुम्बकीय क्षेत्र द्वारा वैद्युत क्षेत्र उत्पन्न होता है।

समी (iv) मैक्सवेल द्वारा संशोधित ऐम्पियर का नियम है। इसके अनुसार, ना केवल चालन धारा, बल्कि परिवर्ती वैद्युत फ्लक्स भी चुम्बकीय क्षेत्र उत्पन्न करता है। इस प्रकार, i तथा $d\phi_E/dt$ दोनों ही $\mathbf{B}$ के स्रोत हैं।

प्रत्यावर्ती धारा (Alternating Current)

धारा अथवा वोल्टता के आवर्ती होने पर धारा या वोल्टता प्रत्यावर्ती कहलाती है। यदि इसका आयाम नियत रहे तथा इसका एकान्तर अर्द्धचक्र धनात्मक तथा ऋणात्मक हो और यदि धारा अथवा वोल्टता समय के साथ ज्या या कोज्या फलनों के रूप में परिवर्तित होती हैं, तब धारा या वोल्टता **ज्यावक्रीय** कहलाती हैं।

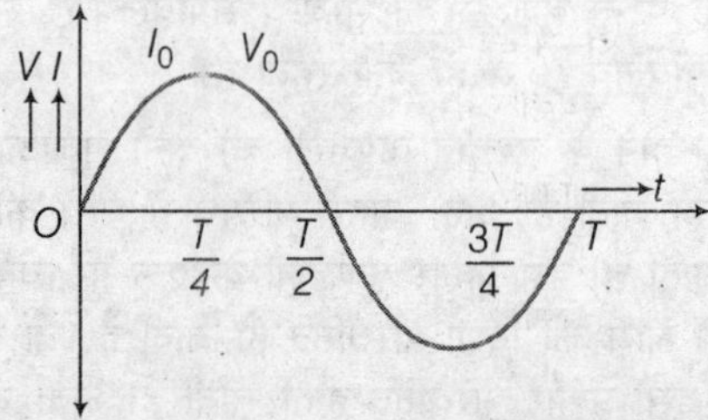

वैद्युत धारा जिसका परिमाण समय के साथ परिवर्तित होता है तथा दिशा आवर्त रूप से उत्क्रमित होती है, प्रत्यावर्ती धारा कहलाती है।

प्रत्यावर्ती धारा का तात्क्षणिक मान,

$$i = i_0 \sin\omega t \quad \text{या} \quad i = i_0 \cos\omega t$$

यहाँ, i_0 प्रत्यावर्ती धारा का शिखर मान है।

वह वोल्टता, जिसका परिमाण समय के साथ परिवर्तित होता है तथा दिशा आवर्त रूप से उत्क्रमित होती है, प्रत्यावर्ती वोल्टता कहलाती है।

प्रत्यावर्ती वोल्टता का तात्क्षणिक मान, $V = V_0 \sin\omega t$ तथा

$$V = V_0 \cos\omega t$$

यहाँ, V_0 वोल्टता का शिखर मान है।

नोट हमारे घरेलू परिपथ में आने वाली AC (प्रत्यावर्ती धारा) की आवृत्ति 50 हर्ट्ज है।

प्रत्यावर्ती धारा एवं वोल्टता के माध्य एवं वर्ग-माध्य-मूल मान (Mean and Root Mean Square Values of Alternating Current and Voltage)

माध्य अथवा औसत मान (Mean or Average Value) प्रत्यावर्ती धारा में धारा की दिशा और मान दोनों ही आवर्त रूप से परिवर्तित होते हैं। एक पूर्ण चक्र के लिए प्रत्यावर्ती धारा का औसत मान शून्य होता है। पहले अर्द्धचक्र के लिए धारा का औसत मान,

$$i_m = \frac{2i_0}{\pi} = 0.637\, i_0$$

दूसरे अर्द्धचक्र के लिए, $i_m = -\frac{2i_0}{\pi} = -0.637\, i_0$

जहाँ, i_0 धारा का शिखर मान है।

इसी प्रकार प्रत्यावर्ती वोल्टता का अर्द्धचक्रों के लिए मान अग्र प्रकार है

$$V_m = \frac{2V_0}{\pi} = 0.637\, V_0$$

तथा $$V_m = \frac{2V_0}{\pi} = -0.637\, V_0$$

वर्ग-माध्य-मूल मान (Root Mean Square Value) प्रत्यावर्ती धारा के एक पूर्ण चक्र के लिए धारा के वर्ग के औसत मान के वर्गमूल को धारा का वर्ग-माध्य-मूल मान (rms value) कहते हैं। इसे i_{rms} से प्रदर्शित करते हैं।

$$i_{rms} = \frac{i_0}{\sqrt{2}} = 0.707\, i_0$$

इसी प्रकार, प्रत्यावर्ती वोल्टता का वर्ग-माध्य-मूल मान

$$V_{rms} = \frac{V_0}{\sqrt{2}} = 0.707\, V_0$$

प्रत्यावर्ती धारा के वर्ग-माध्य-मूल मान (i_{rms}) को धारा का प्रभावी मान (effective value) अथवा आभासी मान (virtual value) भी कहते हैं।

अत: $$i_{\text{आभासी}} = i_{rms} = \frac{i_0}{\sqrt{2}}$$

इसी प्रकार, $$V_{\text{आभासी}} = V_{rms} = \frac{V_0}{\sqrt{2}}$$

प्रत्यावर्ती धारा परिपथ (AC Circuits)

प्रमुख प्रत्यावर्ती धारा परिपथ निम्न हैं

(i) **शुद्ध प्रतिरोध** (Pure Resistor) यदि एक प्रत्यावर्ती धारा परिपथ में प्रत्यावर्ती विद्युत वाहक बल $V = V_0 \sin\omega t$ तथा प्रतिरोध R जुड़े हैं, तब धारा

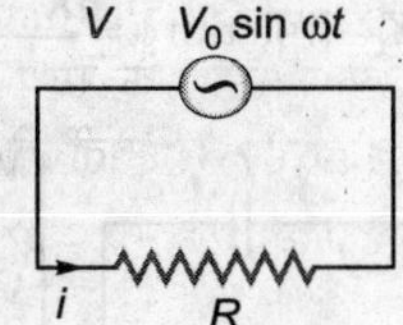

$$i = \frac{V}{R} = \frac{V_0}{R}\sin\omega t = i_0 \sin\omega t$$

यदि परिपथ में केवल शुद्ध प्रतिरोध है, तब वोल्टेज तथा धारा समान कला में होती है।

(ii) **शुद्ध संधारित्र** (Pure Capacitor) चित्र में, परिपथ में एक प्रत्यावर्ती विद्युत वाहक बल स्रोत $V = V_0 \sin\omega t$ तथा धारिता C का एक संधारित्र प्रदर्शित है। ऐसे परिपथ को शुद्ध धारितीय कहते हैं।

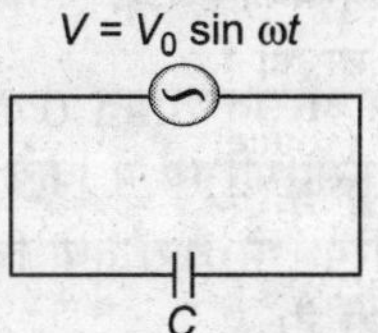

धारा, $i = i_0 \sin\left(\omega t + \frac{\pi}{2}\right) = i_0 \cos\omega t$

जहाँ, $i_0 = \frac{V_0}{1/\omega C}$

उपरोक्त समीकरण से स्पष्ट है कि प्रभावी प्रतिरोध $\frac{1}{\omega C} (= X_C)$ परिपथ का **धारितीय प्रतिघात** है। इसका मात्रक ओम (Ω) है। इस परिपथ में धारा, वोल्टेज से 90° $\left(\frac{\pi}{2}\right)$ अग्रगामी है।

(iii) **शुद्ध प्रेरकत्व** (Pure Inductor) चित्र में, एक परिपथ में एक प्रत्यावर्ती विद्युत वाहक बल $V = V_0 \sin\omega t$ तथा स्वप्रेरकत्व L की शुद्ध प्रेरकत्व वाली कुण्डली प्रदर्शित है।

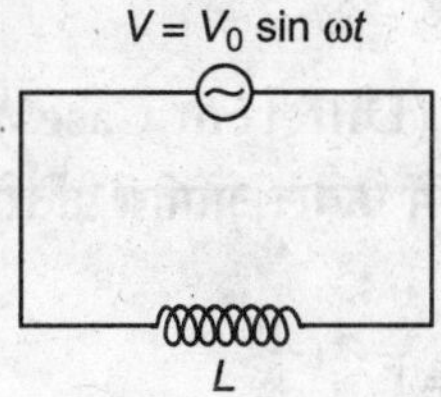

धारा, $i = i_0 \sin(\omega t - \pi/2)$

जहाँ, $i_0 = \frac{V_0}{\omega L}$

उपरोक्त समीकरण से स्पष्ट है कि प्रभावी प्रतिरोध $\omega L (= X_L)$ परिपथ का **प्रेरकीय प्रतिघात** कहलाता है। इसका मात्रक भी ओम (Ω) है। परिपथ में धारा, वोल्टेज से 90° पश्चगामी है।

प्रत्यावर्ती धारा परिपथ से सम्बन्धित राशियाँ (Quantities Related to Alternating Current Circuit)

प्रतिघात (Reactance) किसी प्रत्यावर्ती धारा परिपथ में लगे प्रेरकत्व (L) एवं धारिता (C) द्वारा धारा के प्रवाह में उत्पन्न अवरोध को प्रतिघात कहते हैं तथा इसे X से व्यक्त करते हैं।

केवल L प्रेरकत्व के प्रतिघात को प्रेरकीय प्रतिघात कहते हैं, इसे X_L से तथा केवल धारिता वाले प्रतिघात को धारितीय प्रतिघात कहते हैं, इसे X_C से व्यक्त करते हैं।

प्रतिबाधा (Impedence) किसी AC परिपथ का कुल प्रतिरोध ही प्रतिबाधा कहलाता है। इसे Z से प्रदर्शित करते हैं। इसका मात्रक ओम (Ω) है।

$$Z = \sqrt{X^2 + R^2} = \sqrt{(X_L - X_C)^2 + R^2}$$

जहाँ, X_L प्रेरण प्रतिघात तथा X_C धारितीय प्रतिघात है।

प्रतिबाधा का व्युत्क्रम **प्रवेश्यता** (admittance) कहलाता है।

$Y = \frac{1}{Z}$ इसका मात्रक सीमेन (S) है।

AC परिपथ में शक्ति और औसत शक्ति (Power and Average Power in AC Circuit) किसी परिपथ में किये जाने वाले कार्य की दर शक्ति कहलाती है। AC परिपथ में धारा तथा विद्युत वाहक बल समान कला में होना आवश्यक नहीं है।

अत: हम लिख सकते हैं

$$V = V_0 \sin\omega t, i = i_0 \sin(\omega t + \phi)$$

तात्क्षणिक क्षमता, $P = Vi = V_0 \sin\omega t\, i_0 \sin(\omega t + \phi)$

$$P_{av} = V_{rms}\, i_{rms} \cos\phi$$

$$\therefore \quad P_{av} = \frac{V_0}{\sqrt{2}} \frac{i_0}{\sqrt{2}} \cos\phi$$

यहाँ $\cos\phi = \frac{R}{Z}$, AC परिपथ का **शक्ति गुणांक** है।

यहाँ $R = 0$, $\cos\phi = 0$ तथा $P_{av} = 0$ अर्थात् प्रतिरोधहीन परिपथ में कोई शक्ति हानि नहीं होती है। इस प्रकार का परिपथ वाटहीन परिपथ कहलाता है तथा इसमें बहने वाली धारा वाटहीन धारा (wattless current) कहलाती है।

विभिन्न स्थितियाँ (Different Cases)

(i) **जब AC परिपथ में केवल ओमीय प्रतिरोध है**

इस स्थिति में, $\phi = 0$

$$\therefore \quad \cos\phi = 1$$

$$\therefore \quad P_{av} = V_{rms} \times i_{rms} = V_{rms} \times \frac{V_{rms}}{R} = \frac{V_{rms}^2}{R}$$

(ii) **जब AC परिपथ में केवल संधारित्र है**

इस स्थिति में, $\phi = -\frac{\pi}{2}$

$$\cos\phi = \cos\left(-\frac{\pi}{2}\right) = 0$$

$$\therefore \quad P_{av} = 0$$

(iii) **जब AC परिपथ में केवल प्रेरकत्व है**

इस स्थिति में, $\phi = \frac{\pi}{2}$

$$\therefore \quad \cos\phi = \cos\frac{\pi}{2} = 0$$

$$\therefore \quad P_{av} = 0$$

AC श्रेणीक्रम परिपथ (Series AC Circuit)

(i) ***R-L* श्रेणी परिपथ** (*R-L* Series Circuit)

$E = E_0 \sin\omega t$ के लिये,

$$I = \frac{E_0}{Z} \sin(\omega t + \phi)$$

जहाँ, $Z = \sqrt{R^2 + (\omega L)^2}$

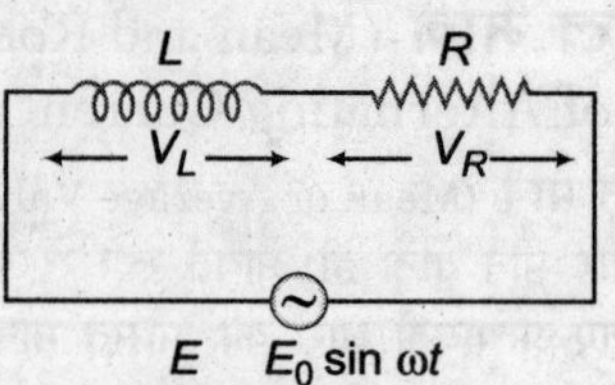

तथा $\tan\phi = \frac{\omega L}{R} = \frac{V_L}{R_R} = \frac{X_L}{R}$

$$V = \sqrt{V_R^2 + V_L^2}$$

वोल्टता, धारा से ϕ कोण आगे है, जिसे नीचे चित्र में दर्शाया गया है।

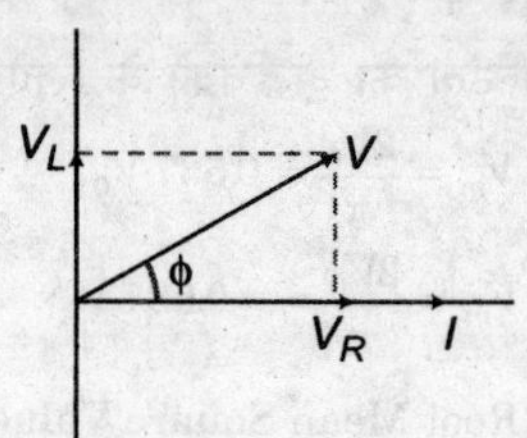

(ii) ***R-C* श्रेणी परिपथ** (*R-C* Series Circuit)

$E = E_0 \sin\omega t$ के लिये,

$$I = \frac{E_0}{Z} \sin(\omega t - \phi)$$

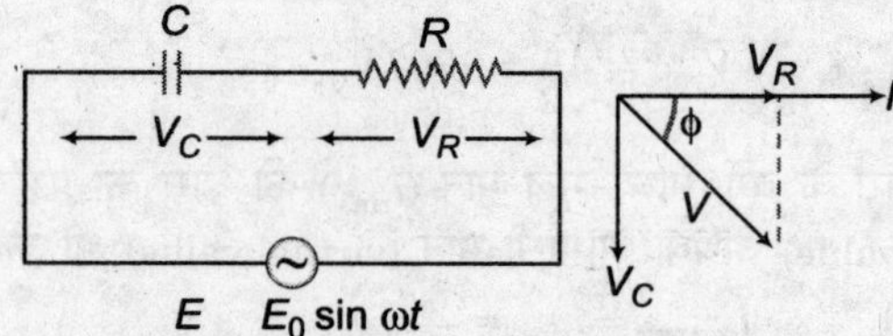

जहाँ, $Z = \sqrt{R^2 + \left(\frac{1}{\omega C}\right)^2}$ तथा $\tan\phi = \frac{-1/\omega C}{R}$

धारा, वोल्टता से ϕ कोण आगे है।

$$V^2 = V_R^2 + V_C^2$$

(iii) ***L-C* श्रेणी परिपथ** (*L-C* Series Circuit) अथवा ***L-C* श्रेणी अनुनादित परिपथ** (*L-C* Series Resonant Circuit)

$E = E_0 \sin\omega t, I = \frac{E_0}{Z} \sin(\omega t - \phi)$ के लिये,

जहाँ, $Z = X_L - X_C$ तथा $\tan\phi = \frac{X_L - X_C}{0}$

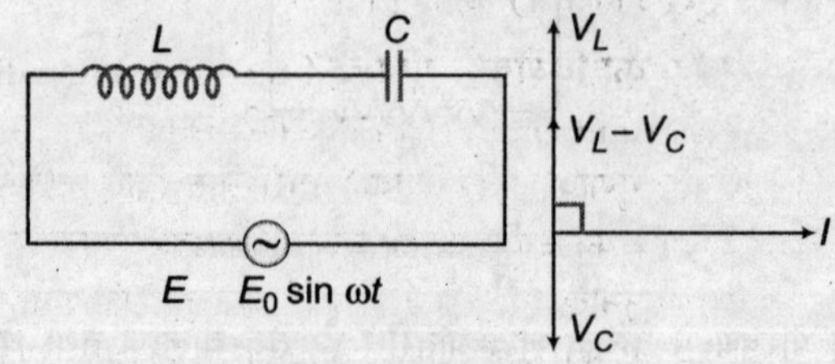

यदि $X_L > X_C, \phi = \frac{\pi}{2}$ तथा यदि $X_L < X_C, \phi = -\frac{\pi}{2}$

यदि $X_L = X_C \Rightarrow \omega = \frac{1}{\sqrt{LC}} \quad \Rightarrow \quad 2\pi f = \frac{1}{\sqrt{LC}}$

$\Rightarrow f = \frac{1}{2\pi\sqrt{LC}}, Z = 0$ तथा I_0 का मान अनन्त हो जायेगा। ये अवस्था **अनुनाद की अवस्था** कहलाती है।

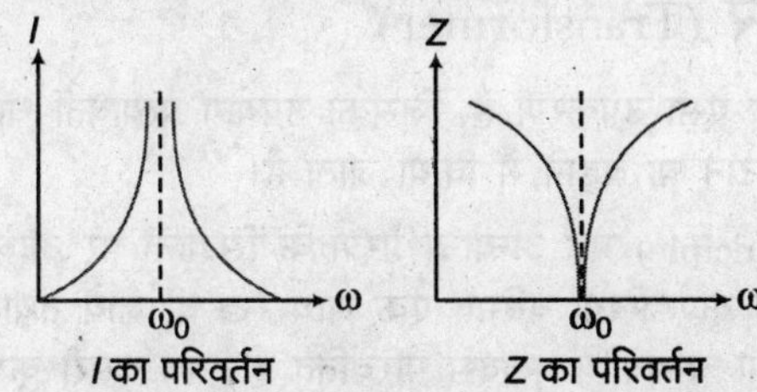

(iv) ***L-C-R* श्रेणी अनुनादी परिपथ** (*L-C-R* Series Resonant Circuit) $E = E_0 \sin \omega t, I = \frac{E_0}{Z} \sin(\omega t - \phi)$ के लिये,

जहाँ, $$Z = \sqrt{R^2 + \left(\omega L - \frac{1}{\omega C}\right)^2}$$

तथा $$\tan \phi = \frac{X}{R} = \frac{X_L - X_C}{R} = \frac{\omega L - \frac{1}{\omega C}}{R}$$

L C R

E $E_0 \sin \omega t$

यदि

(i) $X_L > X_C$, तो धारा वोल्टता से पीछे रहती है।

(ii) $X_L < X_C$, तो धारा वोल्टता से आगे रहती है।

(iii) $X_L = X_C$, धारा व वोल्टता में शून्य कलान्तर होता है।

यदि $X_L = X_C$

$$\Rightarrow \quad \omega_0 = \frac{1}{\sqrt{LC}}$$

इस स्थिति में परिपथ अनुनाद की स्थिति में कहलाता है।

अनुनाद की स्थिति में धारा का मान अधिकतम होता है तथा परिपथ की प्रतिबाधा न्यूनतम (शुद्ध प्रतिरोधी) होती है।

श्रेणी अनुनादी परिपथ का विशेषता गुणांक (*Q*-गुणक) (Quality Factor of Series Resonant Circuit) किसी श्रेणी अनुनादी परिपथ के गुण परिपथ के विशेषता गुणांक (*Q*-गुणक) द्वारा ज्ञात किए जाते हैं। श्रेणीक्रम अनुनादी परिपथ का अभिलक्षण उसके विशेषता गुणांक से निर्धारित होता है। यह अनुनाद की स्थिति में i-f वक्र की तीक्ष्णता को व्यक्त करता है। *Q*-गुणक को निम्न प्रकार से मापा या व्यक्त किया जा सकता है

$$Q\text{-गुणक} = 2\pi \times \frac{\text{अधिकतम संचित ऊर्जा}}{\text{ऊर्जा व्यय}}$$

$$= \frac{2\pi}{T} \times \frac{\text{अधिकतम संचित ऊर्जा}}{\text{औसत शक्ति व्यय}} = \frac{\text{अनुनाद आवृत्ति}}{\text{बैण्ड चौड़ाई}}$$

$$= \frac{\omega_0}{\Delta\omega}$$

$$Q\text{-गुणक} = \frac{V_L}{V_R} = \frac{V_C}{V_R} = \frac{\omega_0 L}{R} \text{ या } = \frac{1}{\omega_0 CR}$$

$$Q\text{-गुणक} = \frac{1}{R}\sqrt{\frac{L}{C}}$$

i
R = 0
Q-गुणक = अनन्त
R = बहुत कम
Q-गुणक = बहुत अधिक
R = अल्प
Q-गुणक = सामान्य
R = अल्प
Q-गुणक = अल्प
f_0 f

अनुनाद वक्र

वाटहीन धारा (Wattless Current)

किसी ओमीय प्रतिरोधरहित प्रत्यावर्ती धारा परिपथ में औसत शक्ति-क्षय शून्य ($P_{av} = 0$) रहता है। इस प्रकार का परिपथ, वाटहीन परिपथ एवं उसमें प्रवाहित धारा को वाटहीन धारा कहते हैं।

वाटहीन परिपथ में परिणामी विभवान्तर एवं धारा के बीच कलान्तर 90° होता है। अत: परिपथ में औसत शक्ति-क्षय

$$P_{av} = V_{rms} \cdot i_{rms} \cdot \cos 90° = 0$$

L-C परिपथ में वैद्युत दोलन (Oscillations in *L-C* Circuit)

हम जानते है कि संधारित्र में ऊर्जा वैद्युत क्षेत्र मे संचित होती है, परन्तु प्रेरक चुम्बकीय क्षेत्र में ऊर्जा संचित करता है। एक *L-C* परिपथ में L प्रेरकत्व का प्रतिरोधहीन प्रेरक तथा संधारित्र C होता है।

यह टैंक परिपथ (tank circuit) के नाम से भी जाना जाता है।

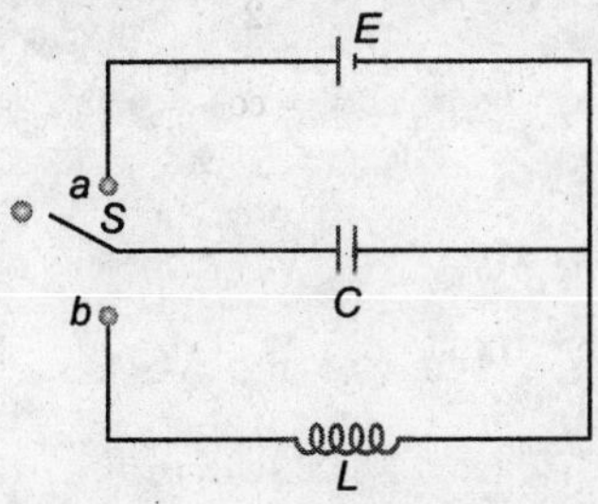

चित्र में *L-C* परिपथ प्रदर्शित है। जब स्विच S का सम्पर्क टर्मिनल a से किया जाता है, तो संधारित्र आवेशित होने लगता है। जब संधारित्र पूर्ण रूप से आवेशित हो जाता है, तब स्विच S का सम्पर्क a से तोड़कर,

b से कर देते हैं। प्रारम्भ में संधारित्र में संचित वैद्युत ऊर्जा, $U_C = \frac{q_0^2}{2C}$

संधारित्र तब प्रेरक के द्वारा निरावेशित होने लगता है। अत: प्रक्रिया निम्न चित्रानुसार होगी।

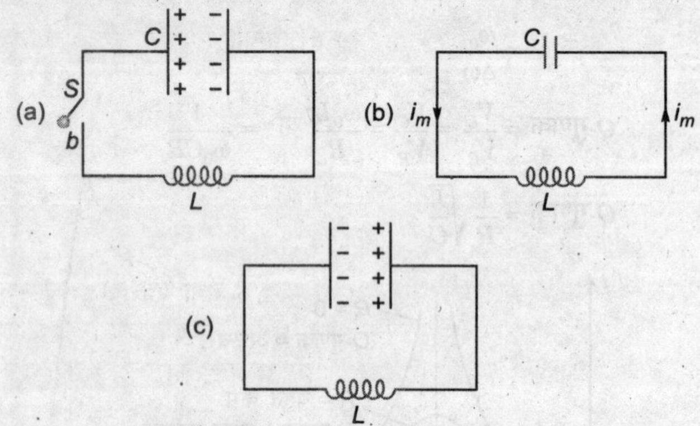

जैसे ही धारा शून्य से बढ़ती है, यह चित्र (b) के अनुसार, प्रेरक में चुम्बकीय क्षेत्र उत्पन्न करती है। जब संधारित्र पूर्ण रूप से निरावेशित हो जाता है तथा संधारित्र की प्लेटों के बीच विभवान्तर शून्य हो जाता है, तो धारा अधिकतम i_0 हो जाती है। इस क्षण पर प्रेरक में संचित ऊर्जा, $U_B = \frac{1}{2}Li_0^2$ तथा संधारित्र में संचित ऊर्जा शून्य हो जाती है।

संधारित्र के विसर्जित हो जाने पर धारा i_0 बिल्कुल शून्य नहीं हो जाती हैं, बल्कि कुछ समय तक उसी दिशा में घटते हुए बहती है तथा चुम्बकीय क्षेत्र भी घटता है, जिससे संधारित्र विपरीत दिशा में आवेशित होने लगता है, [चित्र (c)] संधारित्र के पूर्णत: आवेशित हो जाने पर परिपथ में धारा पुन: शून्य हो जाती है। इस स्थिति में $U_B = 0$ तथा $U_E = \frac{1}{2} \cdot \frac{q_0^2}{C}$ हो जाती है। अत: प्रेरकत्व में संचित चुम्बकीय ऊर्जा पुन: संधारित्र की प्लेटों के बीच वैद्युत ऊर्जा के रूप में संचित हो जाती है।

अब, संधारित्र विपरीत दिशा में विसर्जित होता है तथा परिपथ में धारा का मान पुन: विपरीत दिशा में शून्य होने से बढ़ने लगता है तथा धारा का मान अधिकतम हो जाने पर $U_B = \frac{1}{2}Li_0^2$ तथा $U_E = 0$ होता है। इस प्रकार, संधारित्र के आवेशन विसर्जन की यह क्रिया लगातार चलती रहती है तथा L-C परिपथ में वैद्युत धारा पहले एक दिशा में शून्य से अधिकतम मान तक बढ़कर फिर शून्य तक घटती है तथा फिर दूसरी दिशा में उसी अधिकतम मान तक बढ़कर पुन: शून्य तक घटती है। इस प्रकार, L-C परिपथ में वैद्युत दोलन होते रहते हैं।

दोलनों की आवृत्ति (Frequency of Oscillations) L-C परिपथ में दोलन की आवृत्ति संधारित्र की धारिता C तथा प्रेरकत्व L के मानों पर निर्भर करती है। यदि परिपथ का प्रतिरोध नगण्य हो, तो परिपथ में वैद्युत दोलनों की आवृत्ति,

$$f = \frac{1}{2\pi}\sqrt{\frac{1}{LC}}$$

ट्रांसफॉर्मर (Transformer)

ट्रांसफॉर्मर एक ऐसा उपकरण है, जिसका उपयोग प्रत्यावर्ती धारा के वोल्टेज को घटाने या बढ़ाने में किया जाता है।

सिद्धान्त (Principle) यह अन्योन्य प्रेरण के सिद्धान्त पर आधारित है अर्थात् यदि दो कुण्डलियाँ युग्मित एक साथ रख दी जाये तथा उनमें से एक में धारा या चुम्बकीय फ्लक्स परिवर्तित हो, तब दूसरी कुण्डली में प्रेरित विद्युत वाहक बल उत्पन्न हो जाता है।

ट्रांसफॉर्मर मुख्यत: दो प्रकार के होते हैं

(i) **उच्चायी ट्रांसफॉर्मर** (Step-up Transformer) ये ट्रांसफॉर्मर निम्न प्रत्यावर्ती वोल्टता को उच्च वोल्टता में बदलते हैं।

(ii) **अपचायी ट्रांसफॉर्मर** (Step-down Transformer) ये ट्रांसफॉर्मर उच्च प्रत्यावर्ती वोल्टता को निम्न वोल्टता में बदलते हैं।

आदर्श ट्रांसफॉर्मर के लिये, $\frac{e_S}{e_P} = \frac{V_S}{V_P} = \frac{N_S}{N_P} = \frac{I_P}{I_S} = k$

जहाँ, k = परिणमन अनुपात।

(a) उच्चायी ट्रांसफॉर्मर के लिये, $k > 1$

(b) अपचायी ट्रांसफॉर्मर के लिये, $k < 1$

ट्रांसफॉर्मर की दक्षता (Efficiency of Transformer)

ट्रांसफॉर्मर की निर्गत् शक्ति तथा निवेशी शक्ति का अनुपात, उसकी दक्षता कहलाती है। इसे η से प्रदर्शित करते हैं अर्थात्

$$\text{ट्रांसफॉर्मर की दक्षता} = \frac{\text{द्वितीयक कुण्डली से प्राप्त ऊर्जा}}{\text{प्राथमिक कुण्डली से प्राप्त ऊर्जा}}$$

$$= \frac{\text{निर्गत् शक्ति}}{\text{निवेशी शक्ति}} = \frac{V_S I_S}{V_P I_P}$$

आदर्श ट्रांसफॉर्मर की दक्षता 1 (अथवा 100%) होती है। परन्तु वास्तव में ऊर्जा हानि के कारण, ट्रांसफॉर्मर की दक्षता 1 (अथवा 100%) से कम होती है।

अभ्यास प्रश्न

विद्युत चुम्बकीय प्रेरण, प्रेरित धारा तथा आवेश

1. निम्नलिखित में सत्य कथन का चुनाव कीजिए।
(a) एक कुण्डली में अधिक चुम्बकीय फ्लक्स बने रहने पर, यदि परिपथ पूर्ण है, तो कुण्डली में धारा बनी रहती है।
(b) धातु के तार की एक कुण्डली को असमान चुम्बकीय क्षेत्र में स्थिर रखने पर इसमें विद्युत वाहक बल प्रेरित होता है।
(c) चुम्बकीय क्षेत्र में गतिमान आवेशित कण की ऊर्जा में कोई परिवर्तन नहीं होता, यद्यपि इस पर चुम्बकीय बल कार्य कर रहा है।
(d) एक आवेशित कण, एकसमान चुम्बकीय क्षेत्र में बल रेखाओं से 45° पर प्रवेश करता है। कण का मार्ग वृत्ताकार है।

2. चालक की एक गतिमान कुण्डली प्रेरित विद्युत वाहक बल उत्पन्न करती है। इसका आधार है
(a) कूलॉग का नियम (b) फैराडे का नियम
(c) लेन्ज का नियम (d) ऐम्पियर का नियम

3. फैराडे नियम से उत्पन्न वि०वा० बल है
(a) चालक परिपथ के अनुदिश
(b) उस सतह के किनारों के अनुदिश जिस पर चुम्बकीय फ्लक्स की गणना की जाती है
(c) उस पूरी सतह पर जिस पर चुम्बकीय फ्लक्स की गणना की जाती है
(d) उपरोक्त में से कोई नहीं

4. जब भी किसी कुण्डली से बद्ध चुम्बकीय फ्लक्स में परिवर्तन किया जाता है, तो परिपथ में प्रेरित विद्युत वाहक बल उत्पन्न होता है। यह विद्युत वाहक बल रहता है
(a) सदैव के लिए
(b) लम्बे समय के लिए
(c) अल्प समय के लिए
(d) जब तक फ्लक्स में परिवर्तन होता रहता है

5. एक चुम्बक कुण्डली की ओर (i) तीव्र गति से, (ii) धीरे-धीरे लाया जाता है, तब विद्युत वाहक बल होगा
(a) स्थिति (i) में अधिक
(b) स्थिति (i) में कम
(c) कुण्डली की त्रिज्या के अनुसार कम या अधिक
(d) दोनों स्थिति में समान

6. लेन्ज का नियम .... संरक्षण के सिद्धान्त का परिणाम है।
(a) आवेश (b) संवेग
(c) ऊर्जा (d) द्रव्यमान

7. विद्युत चुम्बकीय प्रेरण के नियमों का उपयोग किया गया है
(a) विद्युत मीटर (b) वोल्टमीटर
(c) धारामापी (d) जनित्र

8. सिलेण्डर के आकार का एक छड़ चुम्बक, एक वृत्ताकार कुण्डली की अक्ष के अनुदिश रखा गया है। अपनी अक्ष के परित: चुम्बक को घुमाने पर, कुण्डली में प्रेरित होगी
(a) विद्युत वाहक बल व धारा दोनों
(b) कोई धारा नहीं
(c) केवल विद्युत वाहक बल
(d) धारा

9. कॉपर के छल्ले को क्षैतिज रखा गया है तथा एक छड़ चुम्बक को इसमें इस प्रकार गिराया जाता है कि चुम्बक की लम्बाई छल्ले की अक्ष के अनुदिश है। गिरते हुए चुम्बक का त्वरण का मान होगा
(a) गुरुत्वीय त्वरण के बराबर
(b) गुरुत्वीय त्वरण से कम
(c) छल्ले के व्यास तथा चुम्बक की लम्बाई पर निर्भर करता है
(d) गुरुत्वीय त्वरण से अधिक

10. A_0 क्षेत्रफल की एक कुण्डली को एक चुम्बकीय क्षेत्र में रखा जाता है, जिसमें समय अन्तराल t में B_0 परिवर्तन होता है। कुण्डली में प्रेरित विद्युत वाहक बल का मान होगा
(a) $3A_0B_0/t$ (b) $\frac{4}{3}A_0B_0/t$
(c) $\frac{3}{4}B_0/A_0t_0$ (d) $4B_0/A_0t$

11. एक कुण्डली, जिसमें 500 वर्गाकार लूप हैं, प्रत्येक की भुजा 10 सेमी है, को 1.0 टेस्ला/सेकण्ड की दर से बढ़ते हुए चुम्बकीय फ्लक्स के लम्बवत् रखा जाता है। प्रेरित विद्युत वाहक बल (वोल्ट में) का मान होगा
(a) 1 (b) 0.9
(c) 10 (d) 5.0

12. किसी बिन्दु पर प्रेरित विद्युत क्षेत्र का अस्तित्व (समयाश्रित चुम्बकीय क्षेत्र के कारण) उस बिन्दु पर किसी चालक माध्यम की उपस्थिति पर निर्भर नहीं करता है। यह कथन है
(a) सदैव सत्य
(b) सदैव असत्य
(c) कुछ स्थितियों में सत्य
(d) उपरोक्त में से कोई नहीं

13. जब किसी कुण्डली में चुम्बक को प्रविष्ट किया जाता है, तो प्रेरित विद्युत वाहक बल उत्पन्न होता है। प्रेरित विद्युत वाहक बल की प्रबलता निर्भर नही करती है
(a) कुण्डली में फेरों की संख्या पर
(b) चुम्बक की प्रबलता पर
(c) कुण्डली के तार के विशिष्ट प्रतिरोध पर
(d) उपरोक्त में से कोई नहीं

14. अवरुद्ध (insulated) तार की एक कुण्डली को बैटरी के साथ जोड़ा गया है। यदि इसको धारामापी के निकट ले जाएँ, तो धारामापी का संकेतक विक्षेपित हो जाता है, क्योंकि

(a) प्रेरित धारा उत्पन्न होती है
(b) कुण्डली, चुम्बक के रूप में कार्य करती है
(c) धारामापी की कुण्डली में फेरों की संख्या परिवर्तित हो जाती है
(d) उपरोक्त में से कोई नहीं

15. यदि परिनालिका में धारा में नियत दर से वृद्धि होती है, तो प्रेरित धारा

(a) समय के साथ बढ़ती है तथा प्रेरक धारा की दिशा में होती है
(b) स्थिर तथा प्रेरक धारा की विपरीत दिशा में होती है
(c) स्थिर तथा प्रेरक धारा की दिशा में होती है
(d) समय के साथ बढ़ती है तथा प्रेरक धारा के विपरीत दिशा में होती है

16. दो भिन्न लूप समकेन्द्रीय हैं तथा समान तल में हैं। बाह्य लूप में धारा दक्षिणावर्त दिशा में है तथा इसमें समय के साथ वृद्धि हो रही है, तब अन्दर के लूप में प्रेरित धारा की दिशा होगी

(a) दक्षिणावर्त
(b) शून्य
(c) वामावर्त
(d) दोनों लूप की त्रिज्या के अनुपात पर आधारित दिशा में

17. तीन समान कुण्डलियों A, B व C के तल समान्तर है। A व C में धारा चित्रानुसार है। B व C अपने स्थान पर स्थिर हैं तथा कुण्डली A, कुण्डली B की ओर गतिमान है, तो B में प्रेरित धारा होगी

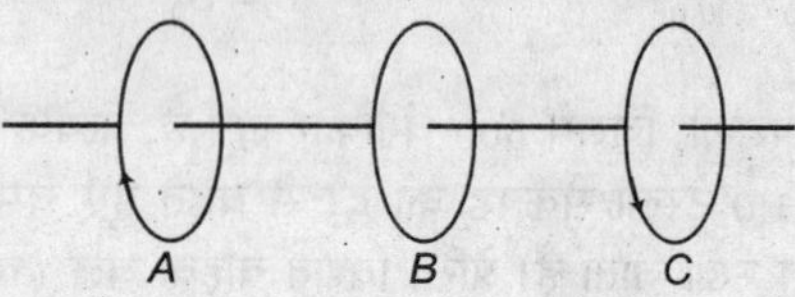

(a) दक्षिणावर्त
(b) वामावर्त
(c) कोई प्रेरित धारा नहीं होगी
(d) धारा तभी प्रेरित होगी जब दोनों कुण्डलियाँ गति करेंगी

18. 2×10^{-2} टेस्ला का चुम्बकीय क्षेत्र 50 फेरों की व 100 सेमी^{2} क्षेत्रफल की कुण्डली के तल के लम्बवत् आरोपित किया जाता है। यदि कुण्डली में प्रेरित औसत विद्युत वाहक बल 0.1 वोल्ट हो, तब इसे t सेकण्ड में क्षेत्र से बाहर निकाल लिया जाए। t का मान होगा

(a) 0.09 सेकण्ड (b) 0.1 सेकण्ड
(c) 0.15 सेकण्ड (d) 2 सेकण्ड

19. 10 ओम प्रतिरोध के बन्द परिपथ में फ्लक्स (वेबर में), समय t के साथ समीकरण $\phi = 6t^2 - 5t + 1$ के अनुसार परिवर्तित होता है। समय $t = 0.25$ सेकण्ड पर प्रेरित धारा का परिमाण होगा

(a) 10 ऐम्पियर (b) 5 ऐम्पियर
(c) 4 ऐम्पियर (d) 0.2 ऐम्पियर

20. 20 चक्करों एवं 25 वर्ग सेमी परिच्छेद क्षेत्रफल की आयताकार कुण्डली का प्रतिरोध $100\,\Omega$ है। यदि कुण्डली के तल के लम्बवत् चुम्बकीय क्षेत्र 1000 टेस्ला/सेकण्ड की दर से परिवर्तित होता है, तब कुण्डली में प्रेरित धारा है

(a) 10 ऐम्पियर (b) 40 ऐम्पियर
(c) 0.5 ऐम्पियर (d) 2 ऐम्पियर

21. एक कुण्डली में 0.1 सेकण्ड में धारा 1 ऐम्पियर से 1.5 ऐम्पियर हो जाती है। यदि इस कुण्डली का प्रेरकत्व 10 माइक्रो हेनरी है, तब 600 माइक्रो ओम प्रतिरोध के बाह्य परिपथ में प्रेरित धारा है

(a) 10 ऐम्पियर (b) $\frac{5}{3}$ ऐम्पियर
(c) $\frac{6}{5}$ ऐम्पियर (d) $\frac{1}{2}$ ऐम्पियर

22. 2.5 ओम प्रतिरोध के परिपथ के रूप में 0.5 किमी लम्बा क्षैतिज तार पूर्व से पश्चिम की ओर फैला है। तार 5 मी की ऊँचाई से पृथ्वी पर गिरता है। यदि $g = 10.0$ मी/से^{2} तथा $B = 2 \times 10^{-5}$ वेबर/मी^{2}, तब परिपथ में प्रेरित धारा का मान होगा

(a) 10 ऐम्पियर (b) 0.06 ऐम्पियर
(c) 0.02 ऐम्पियर (d) 0.09 ऐम्पियर

स्वप्रेरण, अन्योन्य प्रेरण, विद्युत जनित्र

23. परिनालिका का स्वप्रेरण होता है

(a) इसकी लम्बाई के समानुपाती
(b) कुण्डली में प्रवाहित धारा के समानुपाती
(c) परिच्छेद क्षेत्रफल के समानुपाती
(d) परिच्छेद क्षेत्रफल के विलोमानुपाती

24. यदि परिनालिका की कुण्डली की प्रति एकांक लम्बाई में फेरों की संख्या दोगुनी कर दें, तो परिनालिका का स्वप्रेरकत्व

(a) दोगुना हो जाएगा (b) आधा हो जाएगा
(c) परिवर्तित नहीं होगा (d) चार गुना हो जाएगा

25. यदि किसी कुण्डली में फेरों की संख्या N है, तो स्वप्रेरकत्व का मान समानुपाती होगा

(a) $\frac{N^0}{2}$ (b) $\frac{N}{2}$
(c) N^2 (d) N^{-2}

26. 5 मिली हेनरी की कुण्डली में धारा में 0.1 सेकण्ड में शून्य से 1 ऐम्पियर तक वृद्धि होती है, तब प्रेरित विद्युत वाहक बल का मान होगा

(a) 10 वोल्ट (b) 0.06 वोल्ट
(c) 0.05 वोल्ट (d) 0.9 वोल्ट

27. 5 हेनरी की चोक कुण्डली में धारा 2 ऐम्पियर/सेकण्ड की दर से कम हो रही है। कुण्डली के सिरों के बीच उत्पन्न विद्युत वाहक बल है

(a) 10 वोल्ट (b) –10 वोल्ट (c) 4.5 वोल्ट (d) –4.5 वोल्ट

28. 0.4 मी लम्बाई के एक सरल रेखीय चालक को 0.9 वेबर/मी^{2} तीव्रता के चुम्बकीय क्षेत्र के लम्बवत् 7 मी/से की चाल से चलाया जाता है। चालक के सिरों के बीच प्रेरित विद्युत वाहक बल का मान होगा

(a) 10.2 वोल्ट (b) 2.26 वोल्ट (c) 2.52 वोल्ट (d) 4.6 वोल्ट

29. आयताकार परिच्छेद के एक ट्रांसफॉर्मर पर एक कुण्डली लपेटी जाती है। यदि ट्रांसफॉर्मर की सभी रैखिक विमाओं में 2 के गुणक से वृद्धि की जाए तथा कुण्डली की प्रत्येक एकांक लम्बाई फेरों की संख्या समान रहे, तो स्वप्रेरकत्व में वृद्धि का गुणक है

(a) 45 (b) 80 (c) 8 (d) 90

30. यदि एक कुण्डली में धारा का मान 0.05 सेकण्ड में 2 ऐम्पियर से परिवर्तित होकर 4 एम्पियर हो जाता है, तो कुण्डली में 8 वोल्ट का विद्युत वाहक बल प्रेरित होता है। कुण्डली का स्वप्रेरण गुणांक है

(a) 0.9 हेनरी (b) 0.2 हेनरी (c) 0.5 हेनरी (d) 0.6 हेनरी

31. एक परिनालिका में नियत वि॰वा॰ बल के दिष्ट धारा स्रोत से धारा प्रवाहित की जाती है। परिनालिका के अन्दर लोहे की छड़ रखी है। जब छड़ को परिनालिका से बाहर की ओर खींचा जाता है, तो परिनालिका में धारा में होगी

(a) वृद्धि (b) कमी (c) नियत (d) शून्य हो जायेगी

32. दो सम अक्षीय (co-axial) कुण्डलियों में समान दिशा में धारा प्रवाहित हो रही है। दोनों कुण्डलियों के बीच दूरी में वृद्धि करने पर, विद्युत धारा में

(a) वृद्धि होगी (b) कमी होगी (c) परिवर्तित नहीं होगी (d) सूचना अपर्याप्त है

33. दो कुण्डलियों को एक-दूसरे के निकट रखा गया है। उनके कारण अन्योन्य प्रेरण निर्भर करता है

(a) दो कुण्डलियों में धारा परिवर्तन की दर पर
(b) कुण्डलियों की स्थिति व सापेक्षिक अभिविन्यास पर
(c) कुण्डलियों के तार के पदार्थ पर
(d) कुण्डलियों की धारा पर

34. दो संकेन्द्री कुण्डलियाँ जिनकी त्रिज्याएँ R_1 व R_2 हैं, समान तल में विद्यमान है। यदि $R_1 > R_2$ हो, तो उनके मध्य अन्योन्य प्रेरण M का मान अनुक्रमानुपाती होगा

(a) $\frac{R_1}{R_2}$ (b) $\frac{R_2}{R_1}$ (c) $\frac{R_1^2}{R_2}$ (d) $\frac{R_2^2}{R_1}$

35. एक आयताकार कुण्डली $ABCD$ को चित्र में दर्शित अक्ष के परित: एकसमान कोणीय वेग से वामावर्त दिशा में घुमाया जाता है। कुण्डली का घूर्णन अक्ष तथा चुम्बकीय क्षेत्र दोनों ही क्षैतिज हैं। कुण्डली में प्रेरित विद्युत वाहक बल अधिकतम होगा

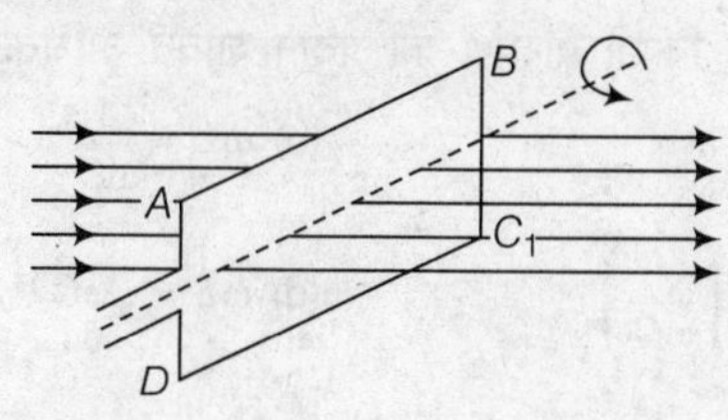

(a) कुण्डली का तल चुम्बकीय क्षेत्र के साथ 45° का कोण बनाता है
(b) कुण्डली का तल लम्बवत् है
(c) कुण्डली का तल चुम्बकीय क्षेत्र के समान्तर है
(d) कुण्डली का तल चुम्बकीय क्षेत्र के साथ 30° का कोण बनाता है

36. डायनेमो के कार्य करने का आधार सिद्धान्त है

(a) धारा का रासायनिक प्रभाव
(b) धारा का चुम्बकीय प्रभाव
(c) धारा का ऊष्मीय प्रभाव
(d) विद्युत चुम्बकीय प्रेरण

37. एक जनित्र (generator) का विद्युत वाहक बल 440 वोल्ट तथा आन्तरिक प्रतिरोध 400 ओम है। इसके सिरों को 4000 ओम के लोड के साथ जोड़ा जाता है। लोड के सिरों के बीच विभवान्तर है

(a) 240 वोल्ट (b) 420 वोल्ट (c) 290 वोल्ट (d) 400 वोल्ट

38. किसी AC जनित्र तथा DC जनित्र में एक मूलभूत अन्तर यह है कि

(a) AC जनित्र में विद्युत चुम्बक होता है जबकि DC जनित्र में स्थायी चुम्बक होता है।
(b) DC जनित्र उच्च वोल्टता का जनन करता है।
(c) AC जनित्र उच्च वोल्टता का जनन करता है।
(d) AC जनित्र में सर्पी वलय होते हैं जबकि DC जनित्र में दिक्परिवर्तक होता है।

39. एक AC जनित्र को DC जनित्र में परिवर्तित करने के लिए

(a) विभक्त वलय दिक्परिवर्तक का प्रयोग आवश्यक है
(b) विभक्त वलयों तथा ब्रुशों का प्रयोग आवश्यक है
(c) एक अधिक प्रबल चुम्बकीय क्षेत्र का होना आवश्यक है
(d) एक आयताकार पाश (तार से बने) का प्रयोग आवश्यक है

प्रत्यावर्ती धारा व वोल्टता तथा प्रत्यावर्ती धारा परिपथ

40. भारत में घरेलू उपयोग में आने वाली प्रत्यावर्ती धारा की आवृत्ति होती है

(a) 190 हर्ट्ज (b) 20 हर्ट्ज (c) 50 हर्ट्ज (d) 90 हर्ट्ज

41. एक AC परिपथ में धारा का वर्ग-माध्य-मूल मान I_{rms}, शिखर धारा I_0 से निम्न प्रकार सम्बन्धित है

(a) $I_{rms} = \frac{I_0}{\pi}$ (b) $I_{rms} = \frac{1}{\sqrt{2}} I_0$ (c) $I_{rms} = \sqrt{2} I_0$ (d) $I_{rms} = \pi I_0$

42. प्रत्यावर्ती धारा का वर्ग-माध्य-मूल मान तुल्य होता है

(a) शिखर मान का आधा (b) शिखर मान का दोगुना (c) शिखर मान का $\frac{1}{\sqrt{2}}$ गुना (d) शिखर मान के बराबर

43. यदि AC परिपथ में वोल्टता का शिखर मान E द्वारा प्रदर्शित किया जाता है, तो वोल्टता का वर्ग-माध्य-मूल मान होगा

(a) $\frac{E}{2\pi}$ (b) $\frac{E}{4\pi}$ (c) $\frac{E}{\sqrt{\pi}}$ (d) $\frac{E}{\sqrt{2}}$

44. यदि किसी परिपथ में तात्क्षणिक धारा $i = 2\cos(\omega t + \phi)$ ऐम्पियर द्वारा प्राप्त होती है, तब धारा का वर्ग-माध्य-मूल मान होगा

(a) 10 ऐम्पियर (b) $\sqrt{2}$ ऐम्पियर (c) $2\sqrt{3}$ ऐम्पियर (d) शून्य

45. किसी प्रत्यावर्ती धारा का समीकरण $I = 2\cos(\omega t + \phi)$ ऐम्पियर हो, तो I_{rms}

(a) 5 ऐम्पियर (b) 40 ऐम्पियर (c) शून्य (d) $\sqrt{2}$ ऐम्पियर

46. AC परिपथ में धारा

(a) विभवान्तर से पीछे होती है
(b) विभवान्तर से आगे होती है
(c) विभवान्तर के समान कला में होती है
(d) स्थितियों के अनुसार, उपरोक्त में से कोई भी

47. एक AC स्रोत को प्रतिरोधक परिपथ से जोड़ा जाता है। निम्नलिखित में सत्य कथन हैं

(a) वोल्टता की तुलना में, धारा कला में पीछे है।
(b) वोल्टता की तुलना में, धारा कला में आगे है।
(c) वोल्टता व धारा समान कला में हैं।
(d) प्रतिरोध के मान के अनुसार, उपरोक्त में कोई भी सत्य हो सकता है।

48. $E = IR$ द्वारा प्रदर्शित ओम का नियम

(a) AC परिपथ पर समान प्रकार से लागू होता है
(b) AC परिपथ पर कभी लागू नहीं हो सकता है
(c) DC परिपथ में R के स्थान पर Z लेकर, सदैव AC परिपथ पर उसी प्रकार लागू होता है
(d) यह बताता है कि AC के लिए, $E_{\text{eff}} = 0.707\ E_{\text{max}}$

49. एक प्रत्यावर्ती वोल्टता $V = 200\sqrt{2}\sin(100t)$ एक 1 माइक्रोफैरड धारिता के संधारित्र व AC अमीटर से जुड़ा हुआ है। अमीटर का पाठ्यांक होगा

(a) 10 मिली ऐम्पियर (b) 20 मिली ऐम्पियर
(c) 40 मिली ऐम्पियर (d) 80 मिली ऐम्पियर

50. एक परिपथ में, धारा की कला वोल्टता से $\frac{\pi}{2}$ कोण पीछे रहती है। परिपथ में है

(a) केवल R (b) केवल L
(c) केवल C (d) R तथा C

51. केवल प्रेरकत्व युक्त परिपथ में, धारा व विभवान्तर के बीच सम्बन्ध है

(a) विभवान्तर $\frac{\pi}{2}$ से आगे है
(b) धारा $\frac{\pi}{2}$ से आगे है
(c) दोनों समान कला में हैं
(d) कलान्तर π है

52. एक परिपथ, जिसमें एक प्रतिरोध R एवं एक चोक L श्रेणीबद्ध हैं, में f आवृत्ति की प्रत्यावर्ती धारा प्रवाहित हो रही है। परिपथ की प्रतिबाधा का मान होगा

(a) R^2 (b) $\sqrt{(R^2 + 4\pi^2 f^2 L^2)}$
(c) $(R + 2\pi f L)$ (d) $\frac{R}{2\pi f L}$

53. धारिता प्रतिघात के सम्बन्ध में, निम्नलिखित में क्या सत्य है?

(a) संधारित्र का प्रतिघात, इसकी आवेश संचित करने की क्षमता के समानुपाती होता है
(b) संधारित्र का प्रतिघात, धारा की आवृत्ति के विलोमानुपाती होता है
(c) AC परिपथ में, संधारित्र का प्रतिघात, DC परिपथ में संधारित्र के प्रतिरोध के समरूप होता है
(d) संधारित्र का प्रतिघात फैरड में मापा जाता है

54. यदि प्रत्यावर्ती धारा की आवृत्ति को मूल मान का चार गुना कर दें, तब प्रेरकत्व प्रतिघात होगा

(a) 4 गुना (b) 2 गुना
(c) आधा (d) समान रहता है

55. एक प्रतिरोध R में ज्याकृति प्रत्यावर्ती धारा प्रवाहित हो रही है। यदि धारा का शीर्ष मान I_P है, तब क्षय हुई शक्ति का व्यंजक होगा

(a) $\frac{4}{\pi} I_P^2 R$ (b) $\frac{1}{2} I_P^2 R$
(c) $I_P^2 R \cos\theta$ (d) $\frac{1}{\pi^2} I_P^2 R$

56. एक AC परिपथ, जिसके बीच प्रत्यावर्ती विभव $E = E_0 \sin\omega t$ लगाया गया है, में $i = i_0 \sin\left(\omega t - \frac{\pi}{2}\right)$ धारा प्रवाहित हो रही है, तब परिपथ में व्यय शक्ति P का व्यंजक होगा

(a) $P = \frac{E_0 I_0}{2}$ (b) $P = \frac{EI}{\sqrt{2}}$
(c) $P = \frac{E_0 I_0}{\sqrt{2}}$ (d) शून्य

57. एक AC परिपथ में, किसी उपकरण के बीच विभवान्तर V तथा इसमें प्रवाहित धारा I, समीकरण $V = 5\cos\omega t$ वोल्ट एवं $I = 2\sin\omega t$ ऐम्पियर द्वारा प्राप्त होते हैं। इस उपकरण में क्षय शक्ति है

(a) 0 वाट (b) 50 वाट (c) 10 वाट (d) 25 वाट

58. एक प्रत्यावर्ती धारा परिपथ में प्रवाहित धारा $I = 5\sin\left(100t - \frac{\pi}{2}\right)$ ऐम्पियर है और विभवान्तर $V = 200\sin(100t)$ वोल्ट है। शक्ति क्षय है

(a) 110 वाट (b) 90 वाट (c) 35 वाट (d) 0 वाट

59. एक AC परिपथ में, V व I का मान $V = 100\sin(100t)$ वोल्ट और $I = 100\sin\left(100t + \frac{\pi}{3}\right)$ ऐम्पियर परिपथ में शक्ति ह्रास है

(a) 10^4 वाट (b) 2.5 किलोवाट
(c) 5 किलोवाट (d) 10 वाट

60. एक AC परिपथ के लिए V_{rms} का मान 30 वोल्ट है, जो 10 ओम के प्रतिरोध पर आरोपित है। शक्ति ह्रास का मान है

(a) $90\sqrt{2}$ वाट (b) 90 वाट (c) $45\sqrt{2}$ वाट (d) 45 वाट

61. AC स्रोत से किसी परिपथ को प्रदान शक्ति अधिकतम होगी, जब

(a) $\omega L = \omega C$ (b) $\omega L = \frac{1}{\omega C}$
(c) $\omega L = -\left(\frac{1}{\omega C}\right)^2$ (d) $\omega L = \sqrt{\omega C}$

अनुनादी परिपथ तथा ट्रांसफॉर्मर

62. AC स्रोत के साथ श्रेणीबद्ध L, R व C में अनुनाद पर यदि $R = 20$ ओम, तब संयोग की प्रतिबाधा है

(a) 20 ओम (b) शून्य ओम
(c) 1 ओम (d) 400 ओम

63. एक श्रेणी अनुनादी परिपथ में $R = 300\,\Omega$, $L = 0.9\text{H}$, $(C) = 2.0\,\mu\text{F}$, $\omega = 1000\,\text{rad/s}$ है, तो परिपथ की प्रतिबाधा होगी

(a) $1300\,\Omega$ (b) $900\,\Omega$
(c) $500\,\Omega$ (d) $400\,\Omega$

64. एक AC परिपथ में शक्ति $P = E_{\text{rms}} I_{\text{rms}} \cos\phi$ प्राप्त होती है। अनुनाद की स्थिति में, श्रेणीबद्ध L-C-R परिपथ में शक्ति गुणांक का मान है

(a) शून्य (b) 1
(c) $\frac{1}{3}$ (d) $\frac{1}{\sqrt{2}}$

65. एक AC परिपथ में R व L श्रेणीक्रम में जुड़े हैं। परिपथ का शक्ति गुणांक होगा

(a) $\frac{R}{\omega L}$ (b) $\frac{R}{(R^2 + \omega^2 L^2)^{1/2}}$
(c) $\frac{\omega L}{R}$ (d) $\frac{R}{(R^2 - \omega^2 L^2)^{1/2}}$

66. एक R-L परिपथ का शक्ति गुणांक $\frac{1}{\sqrt{2}}$ है। यदि AC की आवृत्ति को दोगुना कर दिया जाये, तो शक्ति गुणांक क्या होगा?

(a) $\frac{1}{\sqrt{3}}$ (b) $\frac{1}{\sqrt{5}}$
(c) $\frac{1}{\sqrt{7}}$ (d) $\frac{1}{\sqrt{11}}$

67. एक AC परिपथ, जिसमें एक प्रेरकत्व व एक संधारित्र श्रेणीबद्ध हैं, में धारा अधिकतम उस समय प्राप्त हुई, जबकि प्रेरकत्व व धारिता के मान क्रमशः 0.5 हेनरी व 8 माइक्रोफैरडे हैं। निवेशी AC वोल्टता की कोणीय आवृत्ति होनी चाहिए

(a) 500 हर्ट्ज (b) 6000 हर्ट्ज
(c) 5×10^5 हर्ट्ज (d) 700 हर्ट्ज

68. एक प्रत्यावर्ती विभव के साथ श्रेणी में एक प्रेरकत्व तथा एक प्रतिरोध जोड़े जाते हैं। इस परिपथ में,

(a) प्रेरकत्व के बीच विभवान्तर की तुलना में, प्रतिरोधक में धारा व इसके बीच विभवान्तर आगे होते हैं
(b) प्रेरकत्व के बीच विभवान्तर की तुलना में, प्रतिरोधक में धारा व इसके बीच विभवान्तर $\frac{\pi}{2}$ से पीछे होते हैं
(c) प्रेरकत्व के बीच विभवान्तर की तुलना में, प्रतिरोधक के बीच विभवान्तर $\frac{\pi}{2}$ कोण से पीछे होता है परन्तु प्रतिरोधक में धारा, प्रेरकत्व के बीच विभवान्तर से $\frac{\pi}{2}$ कोण से आगे होती है
(d) प्रेरकत्व के बीच विभवान्तर की तुलना में, प्रतिरोधक में धारा व इसके बीच विभवान्तर π कोण से पीछे होते हैं

69. अनुनाद पर, प्रतिरोध R में प्रवाहित धारा होगी

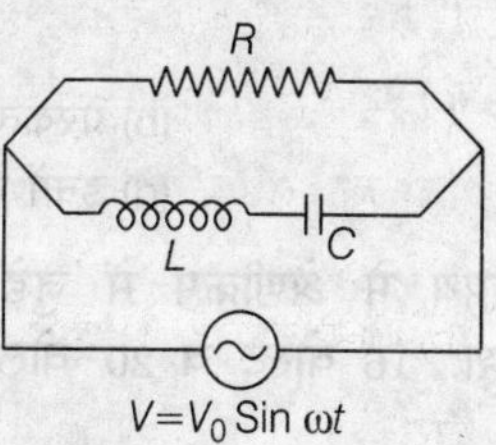

(a) न्यूनतम परन्तु परिमित (b) शून्य
(c) अधिकतम परन्तु परिमित (d) अनन्त

70. एक श्रेणीबद्ध L-C-R, AC परिपथ में धारा

(a) जनित्र वोल्टता से सदैव आगे होती है
(b) जनित्र वोल्टता से सदैव पीछे होती है
(c) सदैव वोल्टता के साथ समान कला में होती है
(d) उपरोक्त में कोई भी सत्य नहीं है

71. एक अनुनादी परिपथ में, अनुनाद आवृत्ति से उच्च आवृत्ति पर परिपथ की प्रवृत्ति क्या होगी?

(a) प्रतिरोधक (b) धारित्रीय
(c) प्रेरकत्व (d) इनमें से कोई नहीं

72. एक परिपथ की अनुनाद आवृत्ति f है। यदि धारिता को मूल मान की चार गुनी कर दें, तब अनुनाद आवृत्ति होगी

(a) $\frac{f}{2}$ (b) $2f$ (c) f (d) $\frac{f}{4}$

73. एक L-C-R परिपथ में L का मान $\left(\frac{0.4}{\pi}\right)$ हेनरी तथा R का मान $30\,\Omega$ है। यदि इस परिपथ में 200 वोल्ट तथा 50 चक्र प्रति सेकण्ड का प्रत्यावर्ती विभवान्तर लगाए, तब परिपथ की प्रतिबाधा एवं धारा का मान होगा

(a) $12\,\Omega$, 17.5 ऐम्पियर (b) $10\,\Omega$, 7 ऐम्पियर
(c) $40\,\Omega$, 5 ऐम्पियर (d) $50\,\Omega$, 4 ऐम्पियर

74. L-C-R परिपथ का, जिसमें प्रेरकत्व (L), प्रतिरोध (R) व धारिता (C), गुणता गुणांक ω आवृत्ति पर है

(a) $\frac{L\omega}{R}$ (b) $\frac{R^2}{L^2\omega}$ (c) $\left(\frac{L\omega}{R}\right)^{1/2}$ (d) $\left(\frac{L\omega}{R}\right)^2$

75. L-C-R श्रेणीक्रम संयोजन की अनुनादी अवस्था में धारा व वोल्टता के मध्य कलान्तर होता है

(a) शून्य (b) $\frac{\pi}{2}$
(c) π (d) $-\pi$

76. L-C-R परिपथ का वह घटक, जो AC स्रोत में ऊर्जा हानि करता है

(a) L (b) R
(c) C (d) ये सभी

77. एक L-C-R परिपथ में यदि आरोपित वोल्टता का प्रभावी मान V; R के सिरों पर वोल्टता V_R, L के सिरों पर वोल्टता V_L तथा C के सिरों पर वोल्टता V_C है, तो

(a) $V = V_R + V_L + V_C$ (b) $V^2 = V_R^2 + V_L^2 + V_C^2$
(c) $V^2 = V_R^2 + (V_L - V_C)^2$ (d) $V^2 = V_L^2 + (V_R - V_C)^2$

78. अनुनादी आवृत्ति से कम आवृत्ति पर श्रेणी $L\ C\ R$ परिपथ की प्रकृति क्या होगी?

(a) प्रतिरोधी (b) प्रेरकत्वीय
(c) धारितीय (d) इनमें से कोई नहीं

79. किसी AC परिपथ में श्रेणीक्रम में जुड़े प्रेरक व प्रतिरोध पर विभवान्तर क्रमशः 16 वोल्ट व 20 वोल्ट है। परिपथ का कुल विभवान्तर है

(a) 20.0 वोल्ट (b) 25.6 वोल्ट
(c) 31.9 वोल्ट (d) 53.5 वोल्ट

80. $C\text{-}R$ परिपथ का समय नियतांक (time constant) है

(a) $\frac{1}{CR}$ (b) $\frac{C}{R}$ (c) CR (d) $\frac{R}{C}$

81. एक $L\ C$ परिपथ अनुनाद की अवस्था में है। यदि $C = 0.1$ माइक्रोफैरड तथा $L = 0.25$ हेनरी है, तो ओमीय प्रतिरोध को नगण्य मानने पर दोलन आवृत्ति होगी

(a) 1007 हर्ट्ज (b) 100 हर्ट्ज
(c) 109 हर्ट्ज (d) 500 हर्ट्ज

82. ट्रांसफॉर्मर की द्वितीयक कुण्डली में ट्रांसफॉर्मर वोल्टता प्रेरित होने का मुख्य कारण है

(a) परिवर्ती वैद्युत क्षेत्र (b) परिवर्ती चुम्बकीय क्षेत्र
(c) ट्रांसफॉर्मर की लोहे की कोर (d) प्राथमिक कुण्डली के कम्पन

83. ट्रांसफॉर्मर की कोर में भँवर धाराएँ उत्पन्न न हों, इसके लिए

(a) द्वितीयक कुण्डली में फेरों की संख्या में वृद्धि करनी होगी
(b) लेमीनेटेड ट्रांसफॉर्मर लेना होगा
(c) न्यून प्रत्यावर्ती धारा को उच्च वोल्टता पर प्रयोग करना होगा
(d) ट्रांसफॉर्मर को अपचायी बनाना होगा

84. ट्रांसफॉर्मर एक साधन है, जिससे प्राप्त होता है

(a) DC वोल्टता (b) AC वोल्टता
(c) AC व DC वोल्टता (d) इनमें से कोई नहीं

85. 2400 वोल्ट का विभवान्तर प्राप्त करने के लिए एक उच्चायी ट्रांसफॉर्मर 120 वोल्ट पर उपयोग किया जाता है। यदि प्राथमिक कुण्डली में फेरों की संख्या 75 है, तब द्वितीयक कुण्डली में फेरों की संख्या होगी

(a) 10 (b) 110
(c) 1500 (d) 1600

86. एक ट्रांसफॉर्मर में प्राथमिक व द्वितीयक कुण्डली में फेरों की संख्या क्रमशः 5 व 4 है। यदि प्राथमिक कुण्डली में 220 वोल्ट की वोल्टेज लगाई जाए, तो प्राथमिक व द्वितीयक कुण्डलियों में धाराओं का अनुपात है

(a) 4 : 5 (b) 9 : 5
(c) 7 : 9 (d) 13 : 12

87. एक अपचायी ट्रांसफॉर्मर 110 वोल्ट से 11 वोल्ट अपचयन करता है। प्राथमिक व द्वितीयक कुण्डलियों में धारा क्रमशः 2 A व 18 A है। ट्रांसफॉर्मर की दक्षता है

(a) 50% (b) 90%
(c) 70% (d) 80%

88. एक ट्रांसफॉर्मर की प्राथमिक व द्वितीयक कुण्डलियों के फेरों का अनुपात 1 : 2 है। यदि 1.5 वोल्ट विद्युत वाहक बल का एक लैक्लांशी सेल प्राथमिक कुण्डली में लगाया गया है, तो द्वितीयक कुण्डली के सिरों के बीच विभवान्तर है

(a) 0.75 V (b) शून्य
(c) 3 V (d) 1.5 V

उत्तरमाला

1.	(b)	2.	(b)	3.	(b)	4.	(d)	5.	(a)	6.	(c)	7.	(d)	8.	(b)	9.	(b)	10.	(a)
11.	(d)	12.	(a)	13.	(c)	14.	(a)	15.	(d)	16.	(c)	17.	(b)	18.	(b)	19.	(d)	20.	(c)
21.	(d)	22.	(c)	23.	(c)	24.	(d)	25.	(c)	26.	(c)	27.	(a)	28.	(c)	29.	(c)	30.	(b)
31.	(c)	32.	(b)	33.	(b)	34.	(d)	35.	(c)	36.	(d)	37.	(d)	38.	(d)	39.	(a)	40.	(c)
41.	(b)	42.	(c)	43.	(d)	44.	(b)	45.	(d)	46.	(d)	47.	(c)	48.	(c)	49.	(b)	50.	(b)
51.	(a)	52.	(b)	53.	(b)	54.	(a)	55.	(b)	56.	(d)	57.	(a)	58.	(d)	59.	(b)	60.	(b)
61.	(b)	62.	(a)	63.	(c)	64.	(b)	65.	(b)	66.	(b)	67.	(a)	68.	(b)	69.	(c)	70.	(d)
71.	(c)	72.	(a)	73.	(d)	74.	(a)	75.	(a)	76.	(b)	77.	(c)	78.	(c)	79.	(b)	80.	(c)
81.	(a)	82.	(b)	83.	(b)	84.	(b)	85.	(c)	86.	(a)	87.	(b)	88.	(c)				

उत्तर व्याख्या सहित

4. असमान चुम्बकीय क्षेत्र के कारण फ्लक्स में परिवर्तन होता है।

10. $e = \frac{d\phi}{dt} = \frac{dBA}{dt} = A_0\frac{dB}{dt} = A_0\left(\frac{4B_0 - B_0}{t}\right) = 3A_0B_0/t$

11. $e = N\frac{d\phi}{dt} = N\frac{d}{dt}(BA) = NA\frac{dB}{dt}$

$= 500 \times (10 \times 10 \times 10^{-4}) \times 1.0$

$= 5$ वोल्ट

17. चूँकि A, B के निकट आती है, अतः A के कारण B को विच्छेद करने वाले क्षेत्र के मान में वृद्धि होती है।

इसलिये B में प्रेरित धारा इस क्षेत्र का विरोध करेगी। अतः B में प्रेरित धारा वामावर्त ही होनी चाहिए।

19. $e = -\frac{d\phi}{dt} = \frac{-d}{dt}(6t^2 - 5t + 1)$

$= -(12t - 5)$

$= -(12 \times 0.25 - 5) = 2$ वोल्ट

$I = \frac{e}{R} = \frac{2}{10} = 0.2$ ऐम्पियर

20. $e = -\frac{d\phi}{dt}$ तथा $i = \frac{e}{R}$

$\therefore \quad i = -\frac{1}{R}\frac{d\phi}{dt} = -\frac{1}{R}\frac{d}{dt}(n\,B\,A) = -\frac{nA}{R}\frac{dB}{dt}$

$= -\frac{20 \times (25 \times 10^{-4})}{100} \times 1000$

$= -0.5$ ऐम्पियर

$= |0.5|$ ऐम्पियर

ऋण चिह्न दिशा दर्शाता है।

22. $i = \frac{e}{R} = \frac{1}{R}\frac{d\phi}{dt}$

यहाँ, $d\phi = B \times A$

$= (2 \times 10^{-5}) \times (0.5 \times 10^{+3} \times 5)$

$dt =$ तार को पृथ्वी पर गिरने में लगा समय

$= (2h/g)^{1/2} = (10/10)^{1/2} = 1$ सेकण्ड

$\therefore \quad i = \frac{1}{2.5}\left[\frac{(2 \times 10^{-5}) \times (0.5 \times 10^3 \times 5)}{1}\right]$

$= 0.02$ ऐम्पियर

25. $L = (\mu_0 N^2 \pi r/2)$

$\therefore \quad L \propto N^2$

26. $e = (5 \times 10^{-3})\left(\frac{1}{0.1}\right) = 0.05$ वोल्ट

27. $e = L\frac{di}{dt} = 5 \times 2 = 10$ वोल्ट

28. प्रेरित विद्युत वाहक बल $e = Blv$

$\therefore \quad e = (0.9)(0.4)(7) = 2.52$ वोल्ट

29. $L = \mu_0 N^2 A/l = \mu_0 (N/l)^2 Al$

यहाँ $\frac{N}{l}$ परिवर्तित नहीं होता है। यदि रेखीय विमा में 2 के गुणक से वृद्धि होती है, तब क्षेत्रफल 4 गुना तथा लम्बाई 2 गुना हो जाती है। अतः स्वप्रेरण गुणांक 8 गुना हो जाता है।

30. $e = L\frac{di}{dt} \Rightarrow 8 = L\left[\frac{(4-2)}{0.05}\right]$

$\therefore \quad L = \frac{8 \times 0.05}{2} = 0.2$ हेनरी

31. $\phi = LI =$ नियत

33. दो कुण्डलियों के अन्योन्य प्रेरण का मान कुण्डलियों की स्थिति व सापेक्षिक अभिविन्यास पर निर्भर करता है।

37. परिपथ का कुल प्रतिरोध

$= 4000 + 400 = 4400$ ओम

प्रवाहित धारा, $i = \frac{V}{R} = \frac{440}{4400} = 0.1$ ऐम्पियर

लोड पर वोल्टता $= Ri = 4000 \times 0.1 = 400$ वोल्ट

41. AC परिपथ में, $I_{rms} = \frac{I_0}{\sqrt{2}}$

49. चूँकि $V = 200\sqrt{2}\sin(100t)$

इसलिये, $V_0 = 200\sqrt{2}$ वोल्ट

या $V_{rms} = 200$ वोल्ट

और $\omega = 100$ प्रति सेकण्ड

और $C = 1$ माइक्रोफैरड $= 10^{-6}$ फैरड

$\therefore \quad I = \frac{V_{rms}}{X_C} = V_{rms} \times C \times \omega$

$= 200 \times 10^{-6} \times 100$

$= 2 \times 10^{-2}$ ऐम्पियर

$= 20$ मिली ऐम्पियर

51. यदि परिपथ में केवल प्रेरक (L) लगा होता है, तो धारा की कला, वोल्टता से $\frac{\pi}{2}$ कोण पीछे रहती है।

अध्याय 22

किरण प्रकाशिकी एवं प्रकाशिक यन्त्र

Ray Optics and Optical Instruments

प्रकाश का परावर्तन (Reflection of Light)

जब प्रकाश की एक किरण पॉलिश की गई सतह पर पड़ती है, तो वह समान माध्यम में वापस लौट जाती है। यह परिघटना **परावर्तन** (reflection) कहलाती है। परावर्तन में आवृत्ति, चाल तथा तरंगदैर्ध्य अपरिवर्तित रहती है परन्तु एक कलान्तर उत्पन्न हो सकता है जो कि परावर्तक पृष्ठ की प्रकृति पर निर्भर करता है।

प्रायोगिक रूप से पाया गया है कि आपतित तथा परावर्तित तरंगें दो माध्यमों की उभयनिष्ठ परिसीमा पर अभिलम्ब से समान कोण बनाती हैं। अत: परावर्तन के दो नियम दिये जाते हैं।

1. आपतन कोण = परावर्तन कोण, अर्थात् $\angle i = \angle r$
2. आपतित किरण, परावर्तित किरण तथा अभिलम्ब तीनों समान तल में होते हैं।

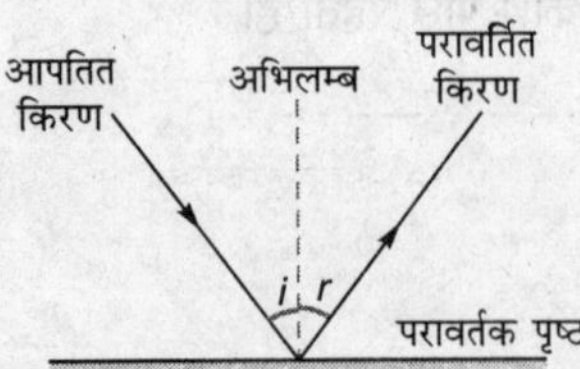

समतल दर्पण से परावर्तन
(Reflection from a Plane Mirror)

एक बिन्दु वस्तु का समतल दर्पण द्वारा प्राप्त प्रतिबिम्ब चित्र में प्रदर्शित है। प्राप्त प्रतिबिम्ब (I) के निम्नलिखित अभिलाक्षणिक हैं

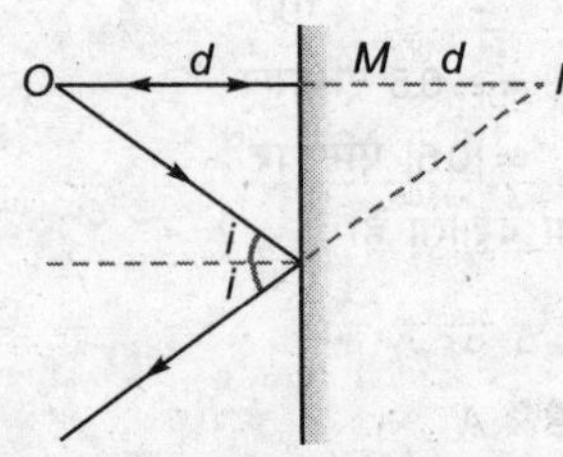

(i) प्रतिबिम्ब का आकार = वस्तु का आकार

(ii) प्रतिबिम्ब की दर्पण से दूरी = वस्तु की दर्पण से दूरी अर्थात् $MO = MI$

(iii) प्रतिबिम्ब आभासी, सीधा तथा पार्श्विक रूप से व्युत्क्रमित बनता है।

गोलीय दर्पण (Spherical Mirrors)

गोलीय दर्पण वे हैं जिनकी परावर्तक सतह गोलीय होती है। गोलीय दर्पण दो प्रकार के होते हैं :

(i) **उत्तल दर्पण** (Convex mirror) ऐसे दर्पण जिनमें परावर्तन उभरी हुई सतह से होता है, उत्तल दर्पण कहलाते हैं।

(ii) **अवतल दर्पण** (Concave mirror) ऐसे दर्पण जिनमें परावर्तन दबी हुई सतह से होता है, अवतल दर्पण कहलाते हैं।

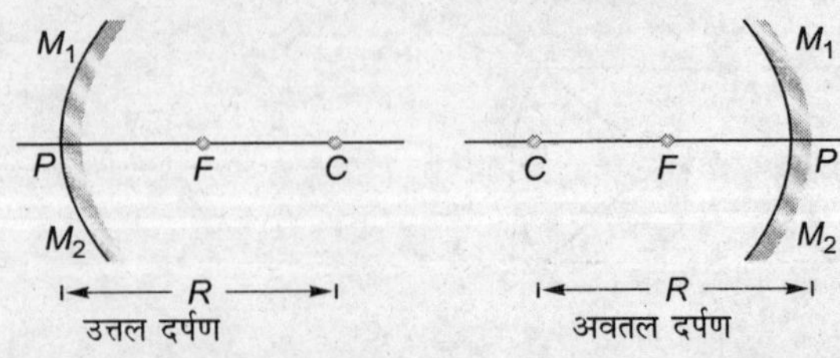

गोलीय दर्पण से सम्बन्धित कुछ परिभाषाएँ
(Some Definitions Related to Lenses)

(i) **गोलीय दर्पणों का वक्रता केन्द्र व वक्रता त्रिज्या** (Centre of curvature and radius of curvature of spherical mirrors)
किसी गोलीय दर्पण की वक्रता त्रिज्या व वक्रता केन्द्र उस गोले की त्रिज्या व केन्द्र हैं, जिसका दर्पण एक भाग है। चित्र में AC वक्रता त्रिज्या व P वक्रता केन्द्र है।

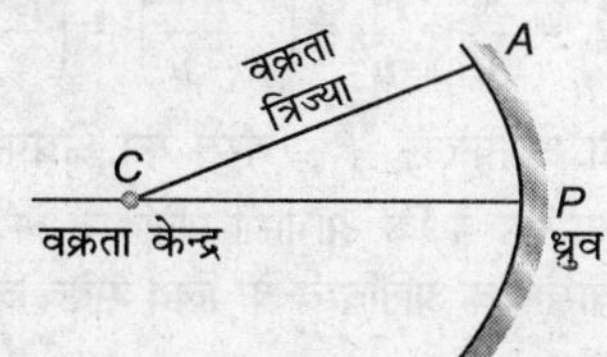

(ii) **ध्रुव** (Pole) दर्पण की परावर्तक सतह के मध्य बिन्दु को दर्पण का ध्रुव कहते हैं। इसे P से प्रदर्शित करते हैं।

(iii) **मुख्य फोकस** (Principal focus) दर्पण के मुख्य अक्ष के समान्तर आने वाली प्रकाश की किरणें दर्पण से परावर्तन के पश्चात् जिस बिन्दु पर मिलती हैं या मिलती हुई प्रतीत होती हैं, वह बिन्दु दर्पण का मुख्य फोकस कहलाता है।

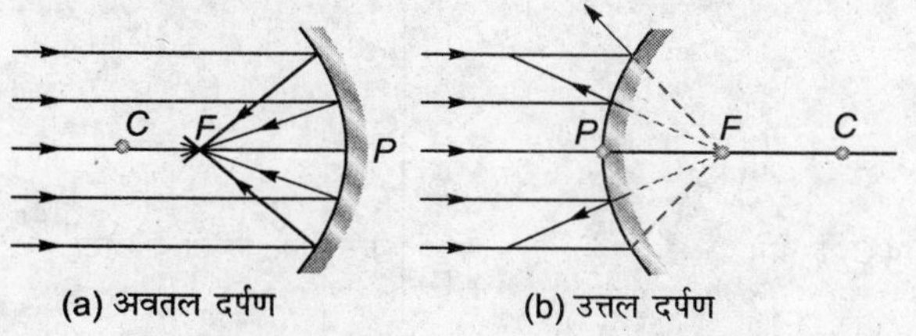

(a) अवतल दर्पण (b) उत्तल दर्पण

अवतल दर्पण का फोकस दर्पण के सामने, जबकि उत्तल दर्पण का फोकस दर्पण के पीछे होता है। अवतल दर्पण का फोकस वास्तविक जबकि उत्तल दर्पण का फोकस आभासी होता है।

(iv) **फोकस दूरी** (Focal length) दर्पण के ध्रुव से फोकस तक की दूरी को दर्पण की फोकस दूरी कहते हैं, इसे f से प्रदर्शित करते हैं। उत्तल दर्पण की फोकस दूरी धनात्मक व अवतल दर्पण की फोकस दूरी ऋणात्मक होती है। यदि किसी गोलीय दर्पण की वक्रता त्रिज्या R व फोकस दूरी f हो, तो

$$f = \frac{R}{2}$$

गोलीय दर्पण से प्रतिबिम्ब बनाने के नियम
(Laws for Formation of Image by Spherical Mirrors)

प्रतिबिम्ब बनाने के निम्नलिखित तीन नियम हैं

(i) दर्पण के मुख्य अक्ष के समान्तर आने वाली प्रकाश की किरणें दर्पण रो परावर्तन के पश्चात् दर्पण के फोकस से गुजरती हैं अथवा आती हुई प्रतीत होती हैं।

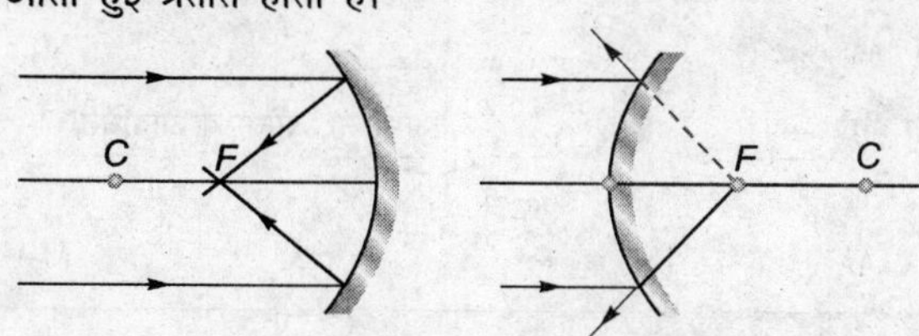

(ii) दर्पण के वक्रता केन्द्र से होकर आने वाली किरण परावर्तन के पश्चात् उसी मार्ग पर वापस लौट जाती है।

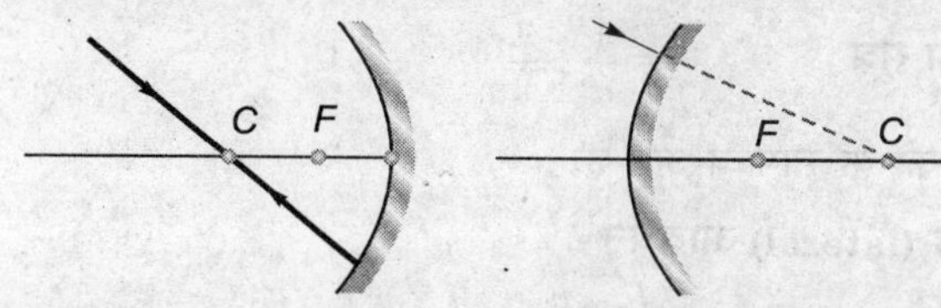

(iii) दर्पण के फोकस से होकर आने वाली किरणें परावर्तन के पश्चात् दर्पण के मुख्य अक्ष के समान्तर हो जाती हैं।

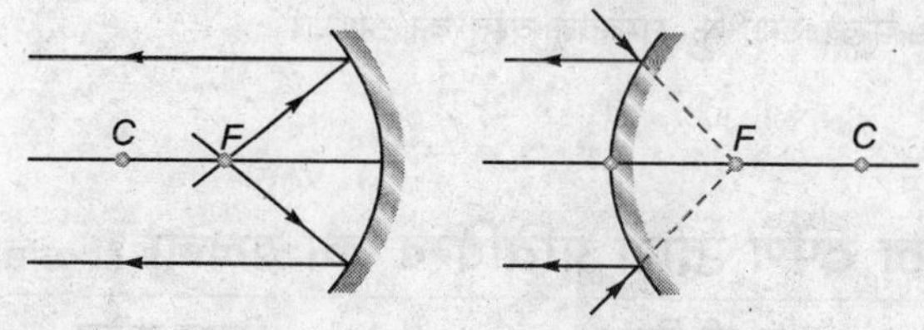

दर्पणों के लिये चिन्ह परिपाटी
(Sign Convention for Mirrors)

चिन्ह परिपाटी के अनुसार,

(i) मूल बिन्दु ध्रुव (P) पर होना चाहिए।

(ii) सभी दूरियाँ ध्रुव (P) से मापी जानी चाहिए।

(iii) वस्तु की दूरी को u से, प्रतिबिम्ब की दूरी को v से, फोकस दूरी को f से तथा वक्रता त्रिज्या को R से प्रकट करते हैं।

(iv) वस्तु दर्पण के सदैव बायीं ओर होनी चाहिए।

(v) दर्पण के ध्रुव से बाईं ओर मापी गई दूरियाँ ऋणात्मक एवं ध्रुव से दाईं ओर मापी गई दूरियाँ धनात्मक ली जाती हैं।

(vi) दर्पण की मुख्य अक्ष से ऊपर की ओर मापी गई लम्बाईयाँ धनात्मक एवं मुख्य अक्ष से नीचे की ओर मापी गई लम्बाईयाँ ऋणात्मक ली जाती हैं।

(vii) निम्नलिखित आरेख में चिन्ह परिपाटी का अनुप्रयोग प्रदर्शित है।

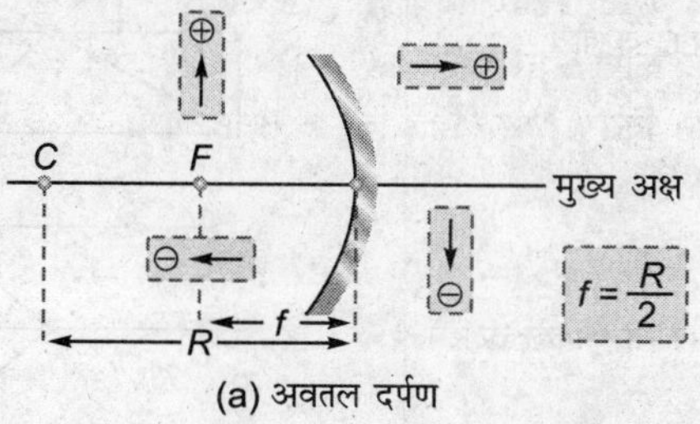

(a) अवतल दर्पण

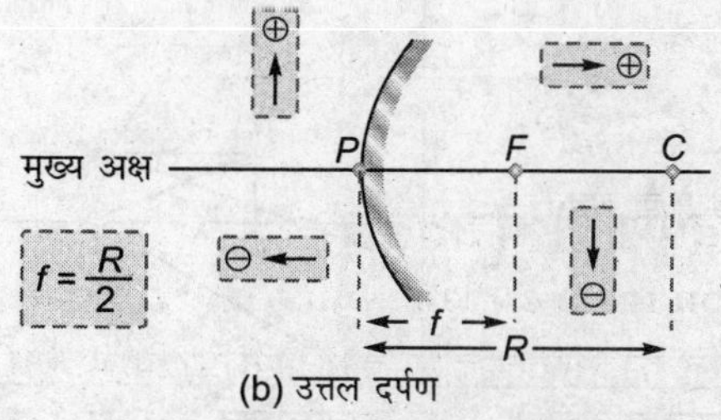

(b) उत्तल दर्पण

गोलीय दर्पण के लिये सूत्र तथा आवर्धन
(Formula and Magnification for Spherical Mirrors)

दर्पण का सूत्र $\frac{1}{f} = \frac{1}{u} + \frac{1}{v}$

यहाँ प्रतीकों के सामान्य अर्थ हैं।

पार्श्विक (lateral) आवर्धन

$$m = \frac{I}{O} = \frac{v}{u} = \frac{f}{f-u} = \frac{f-v}{f}$$

यहाँ I = मुख्य अक्ष के लम्बवत् प्रतिबिम्ब का आकार

O = मुख्य अक्ष के लम्बवत् वस्तु का आकार

अक्षीय (axial) आवर्धन

$$m_{ax} = -\frac{dv}{du} = \frac{x_2}{x_1} = \frac{v^2}{u^2} = \left(\frac{f}{f-u}\right)^2 = \left(\frac{f-v}{f}\right)^2$$

यहाँ x_2 = मुख्य अक्ष के अनुदिश प्रतिबिम्ब का आकार

x_1 = मुख्य अक्ष के अनुदिश वस्तु का आकार

क्षेत्रीय (areal) आवर्धन

$$m_{ar} = \frac{A_i}{A_o} = \frac{v^2}{u^2} = \left(\frac{f}{f-u}\right)^2 = \left(\frac{f-v}{f}\right)^2$$

यहाँ A_i = प्रतिबिम्ब का क्षेत्रफल, A_o = वस्तु का क्षेत्रफल

यहाँ ध्यान देने योग्य तथ्य यह है कि आभासी प्रतिबिम्ब के लिये आवर्धन सदैव धनात्मक होता है तथा वास्तविक प्रतिबिम्ब के लिये सदैव ऋणात्मक होता है।

अवतल दर्पण द्वारा प्रतिबिम्ब का बनना (Formation of Image by a Concave Mirror)

क्र.सं.	वस्तु की स्थिति	किरण आरेख	प्रतिबिम्ब की स्थिति	प्रतिबिम्ब की प्रकृति एवं आकार
1.	अनन्त पर	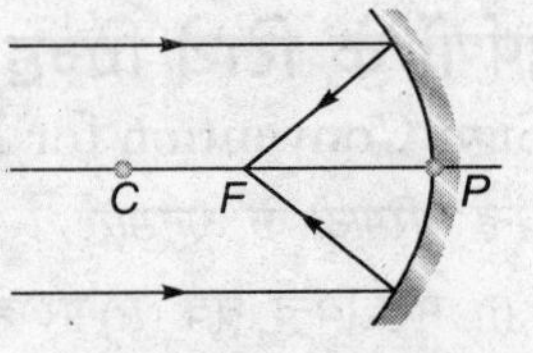 C F P	मुख्य फोकस (*F*) पर या फोकस तल में	वास्तविक, उल्टा व बहुत छोटा
2.	*C* के परे	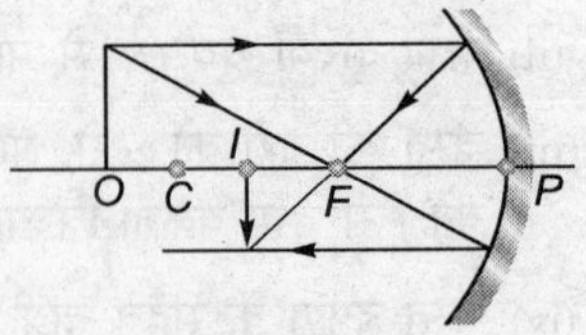 O C I F P	*F* व *C* के बीच	वास्तविक, उल्टा व छोटा
3.	*C* पर	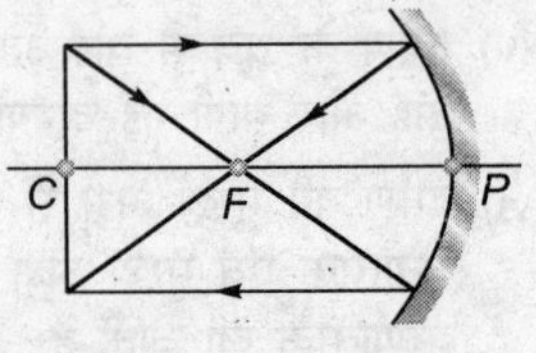 C F P	*C* पर	वास्तविक, उल्टा व वस्तु के बराबर
4.	*F* व *C* के बीच	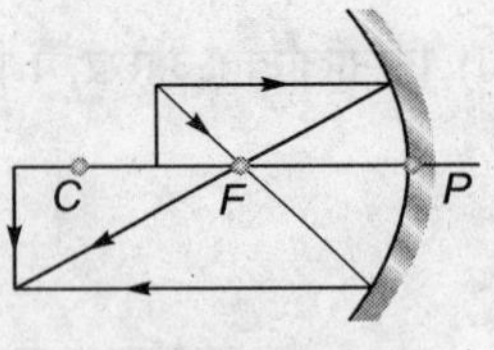 C F P	*C* के परे	वास्तविक, उल्टा व आवर्धित
5.	*F* पर या फोकस तल में	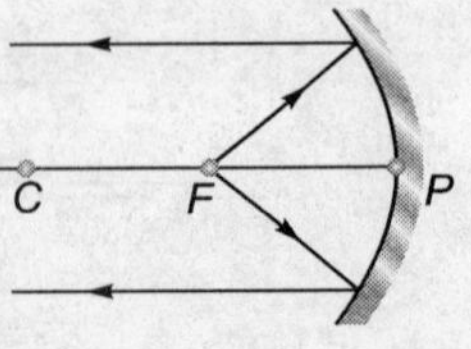 C F P	अनन्त पर	वास्तविक, उल्टा व अधिक आवर्धित
6.	*F* व *P* के बीच	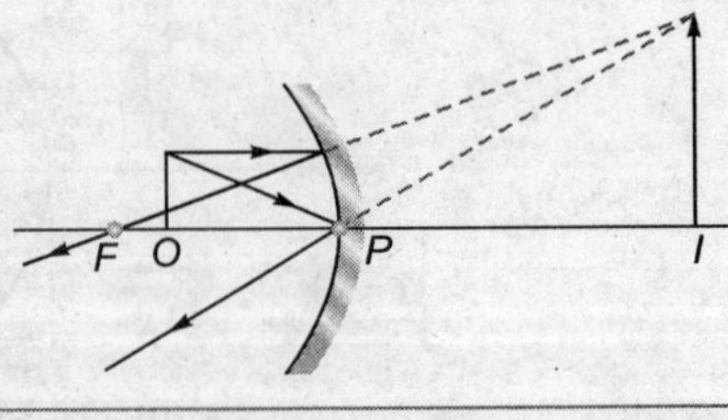 F O P I	दर्पण के पीछे	आभासी, सीधा व आवर्धित

उत्तल दर्पण द्वारा प्रतिबिम्ब का बनना

(Formation of Image by a Convex Mirror)

प्रतिबिम्ब सदैव आभासी, सीधा व व वस्तु से आकार में छोटा बनता है।

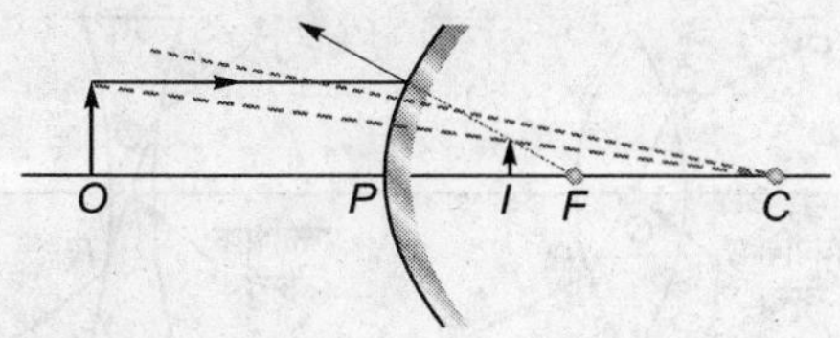

प्रकाश का अपवर्तन (Refraction of Light)

जब प्रकाश एक माध्यम, माना वायु, से दूसरे माध्यम, काँच, में जाता है तो इसका एक भाग पहले माध्यम में वापस आ जाता है तथा शेष भाग दूसरे माध्यम में प्रवेश कर जाता है। जब यह दूसरे माध्यम से गुजरता है तो इसकी संचरण दिशा परिवर्तित हो जाती है। यह या तो अभिलम्ब की ओर झुक जाती है या अभिलम्ब से दूर हट जाती है। यह परिघटना (phenomenon) अपवर्तन कहलाती है।

अपवर्तन के नियम (स्नैल के नियम)

[(Laws of Refraction (Snell's Law)]

अपवर्तन के दो नियम हैं

1. आपतित किरण, आपतन बिन्दु पर अभिलम्ब व अपवर्तित किरण तीनों एक ही तल में होते हैं।

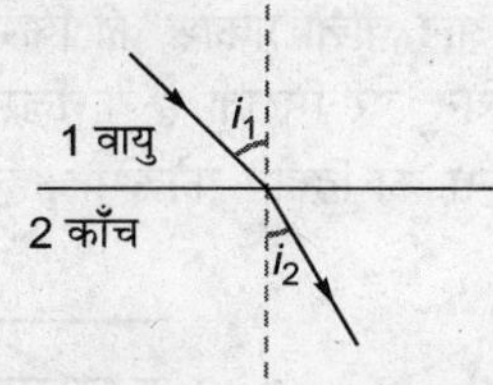

2. आपतन कोण की ज्या ($\sin i_1$) व अपवर्तन कोण की ज्या ($\sin i_2$) का अनुपात एक नियतांक होता है, जिसे दूसरे माध्यम का पहले माध्यम के सापेक्ष अपवर्तनांक कहते हैं।

$$_1\mu_2 = \frac{\sin i_1}{\sin i_2}$$

इस नियम को **स्नैल का नियम** भी कहते हैं।

पूर्ण आन्तरिक परावर्तन

(Total Internal Reflection)

जब प्रकाश की किरण सघन माध्यम से विरल माध्यम में जाती है, तो आपतन कोण का मान बढ़ाने पर अपवर्तन कोण का मान भी बढ़ता है। आपतन कोण के जिस मान के लिये अपवर्तन कोण का मान 90° हो जाता है, **क्रान्तिक कोण** (critical angle) कहलाता है। इसे θ_C से प्रकट करते हैं।

$$\sin \theta_C = \frac{\mu_{\text{विरल}}}{\mu_{\text{सघन}}} = \frac{\mu_R}{\mu_D} \text{ या } \theta_C = \sin^{-1}\left(\frac{\mu_R}{\mu_D}\right)$$

जब आपतन कोण का मान θ_C से बड़ा हो जाता है तो प्रकाश की किरण पहले माध्यम में ही परावर्तित हो जाती है। इस परिघटना को **पूर्ण आन्तरिक परावर्तन** (TIR) कहते हैं।

पूर्ण आन्तरिक परावर्तन के लिए निम्न दो प्रतिबन्ध आवश्यक होते हैं

(i) प्रकाश सघन माध्यम से विरल माध्यम की ओर चले।

(ii) सघन माध्यम में आपतन कोण का मान क्रान्तिक कोण से बड़ा हो, ($i > i_C$)।

पूर्ण आन्तरिक परावर्तन के अनुप्रयोग

(Applications of Total Internal Reflection)

(i) **हीरे का चमकना** (Brilliance of diamond) यह हीरे के अन्दर होने वाले पूर्ण आन्तरिक परावर्तन के कारण ही होता है। हीरे का अपवर्तनांक 2.42 होने के कारण, इसके लिए क्रान्तिक कोण का मान लगभग 24° है। हीरे की तराशें (cuttings) इस प्रकार होती हैं कि इसके अन्दर $i > i_C$ होता है, तब हीरे के अन्दर बार-बार पूर्ण आन्तरिक परावर्तन होता रहता है।

(ii) **प्रकाशीय तन्तु** (Optical fibre) वर्तमान में तन्तु प्रकाशिकी (fibre optics) में पूर्ण आन्तरिक परावर्तन का प्रयोग होता है। इसमें प्रकाश बहुत अधिक बार पूर्ण आन्तरिक परावर्तित होकर काँच के तन्तु के अक्ष के अनुदिश चलता है। इस काँच के तन्तु की त्रिज्या बहुत कम (केवल कुछ माइक्रोन) के बराबर होती है। इसके क्रोड (core) का अपवर्तनांक $n_1 = 1.7$ तथा बाहरी भाग, जिसे परिनिधान अधिपट्टन (cladding) कहते हैं, का अपवर्तनांक $n_2 = 1.5$ होता है। वर्तमान में प्रकाशीय तन्तु का प्रयोग दूरसंचार (telecommunication) में संकेतों (signals) को एक स्थान से दूसरे स्थान तक भेजने में किया जाता है।

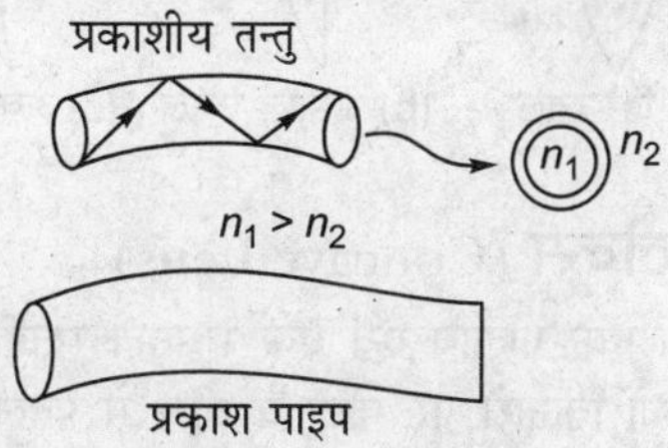

(iii) **जल के अन्दर वायु के बुलबुले का चमकना** (Shining of air bubble inside water) यह जल के अन्दर स्थित वायु के बुलबुले के बाहरी पृष्ठ पर होने वाले पूर्ण आन्तरिक परावर्तन के कारण ही होता है। यहाँ प्रकाश सघन माध्यम (जल) से विरल माध्यम (वायु) में जा रहा है और यदि $i > i_C$ (= 49°), तो बुलबुले की बाहरी सतह पर पूर्ण आन्तरिक परावर्तन हो जाता है।

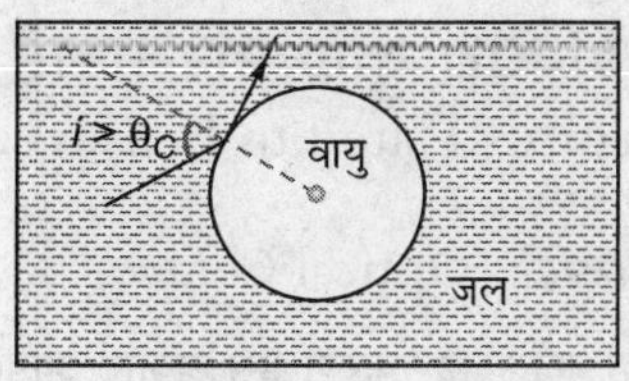

गोलीय पृष्ठ द्वारा अपवर्तन

(Refraction from a Spherical Surface)

गोलीय सतह दो प्रकार की होती है

1. उत्तल (convex) 2. अवतल (concave)

दोनों ही पृष्ठों के लिए अपवर्तन का सूत्र निम्न होता है

$$\frac{{}_1\mu_2}{v} - \frac{1}{u} = \frac{{}_1\mu_2 - 1}{R}$$

जहाँ ${}_1\mu_2$, पहले माध्यम के सापेक्ष दूसरे माध्यम का अपवर्तनांक है। यदि μ_1 व μ_2 क्रमश: पहले व दूसरे माध्यम के अपवर्तनांक हैं, तब

$$\frac{\mu_2}{v} - \frac{\mu_1}{u} = \frac{\mu_2 - \mu_1}{R}$$

लेन्स (Lens)

दो गोलीय सतहों अथवा एक गोलीय एवं एक समतल अपवर्तक सतहों से घिरा पारदर्शी माध्यम होता है लेन्स कहलाता है। लेन्स दो प्रकृति के होते हैं।

1. उत्तल लेन्स (Convex Lens)

दो गोलीय अथवा एक गोलीय एवं एक समतल सतह से घिरा ऐसा पारदर्शी माध्यम जो किनारों पर पतला तथा बीच में मोटा होता है, उत्तल लेन्स कहलाता है।

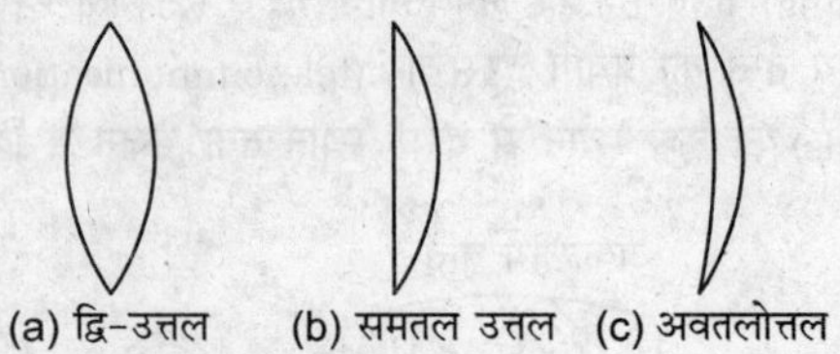

(a) द्वि–उत्तल (b) समतल उत्तल (c) अवतलोत्तल

2. अवतल लेन्स (Concave Lens)

दो गोलीय अथवा एक गोलीय एवं एक समतल सतहों के बीच घिरा पारदर्शी माध्यम जो किनारों पर मोटा व बीच में पतला हो, अवतल लेन्स कहलाता है।

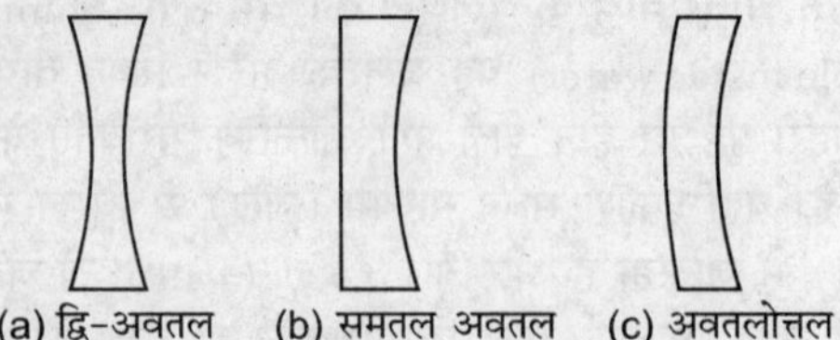

(a) द्वि–अवतल (b) समतल अवतल (c) अवतलोत्तल

लेन्सों से सम्बन्धित कुछ परिभाषाएँ

(Some Definitions Related to Lenses)

(i) प्रकाशिक केन्द्र (Optical Centre)

यदि लेन्स पर प्रकाश की कोई किरण इस प्रकार आपतित हो कि लेन्स से अपवर्तित होकर बाहर निकलने पर निर्गत किरण आपतित किरण के समान्तर हो, तो अपवर्तित किरण लेन्स की मुख्य अक्ष को जिस बिन्दु पर काटती है

अथवा काटती हुई प्रतीत होती हैं, उसे लेन्स का प्रकाशिक केन्द्र कहते हैं।

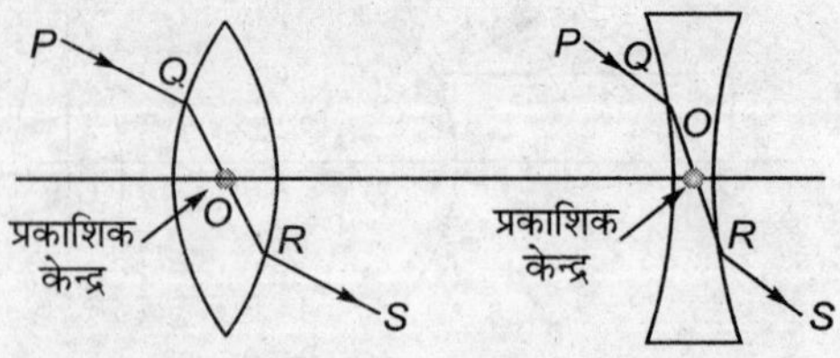

(ii) मुख्य फोकस (Principal Focus)

लेन्स के दो मुख्य फोकस होते हैं

(a) **प्रथम मुख्य फोकस** (First principal focus) लेन्स के मुख्य अक्ष पर स्थित वह बिन्दु जिससे चलने वाली अथवा जिसकी ओर आती प्रतीत होने वाली किरणें लेन्स से अपवर्तन के पश्चात् मुख्य अक्ष के समान्तर हो जाती हैं, लेन्स का प्रथम फोकस कहलाता है।

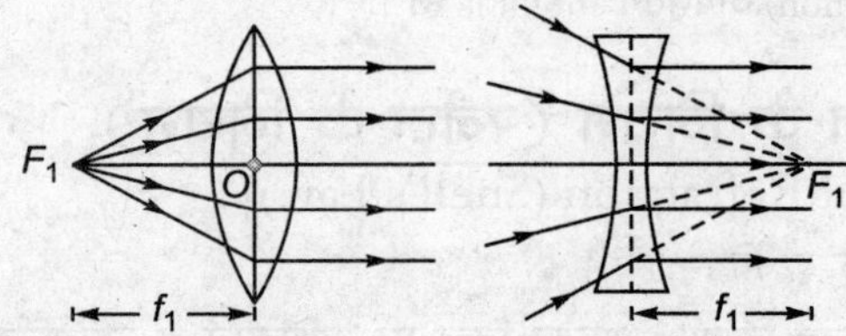

(b) **द्वितीय मुख्य फोकस** (Second principal focus) लेन्स के मुख्य अक्ष के समान्तर आने वाली प्रकाश की किरणें लेन्स से अपवर्तन के पश्चात् जिस बिन्दु पर मिलती हैं या जिस बिन्दु से आती हुई प्रतीत होती हैं, लेन्स का द्वितीय फोकस कहलाता है।

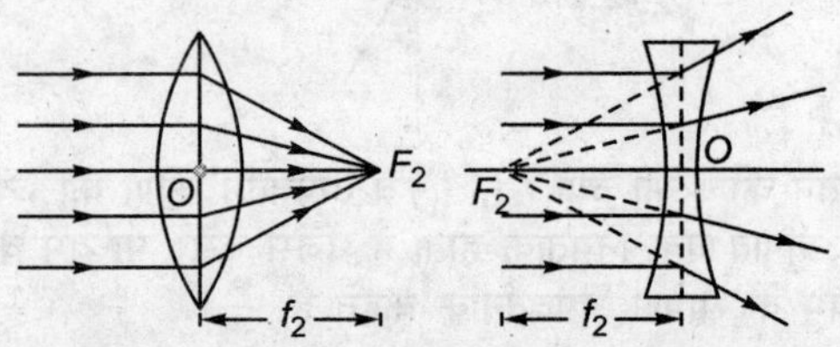

(iii) फोकस दूरी (Focal Length)

लेन्स के प्रकाशिक केन्द्र व फोकस के बीच की दूरी को लेन्स की फोकस दूरी कहते हैं। उत्तल लेन्स की फोकस दूरी धनात्मक व अवतल लेन्स की फोकस दूरी ऋणात्मक होती है।

लेन्सों से प्रतिबिम्ब बनाने के नियम

(Laws for Formation of Image by Lenses)

(i) लेन्स के मुख्य अक्ष के समान्तर आने वाली प्रकाश की किरणें लेन्स से अपवर्तन के पश्चात् फोकस से होकर जाती हैं।

(ii) लेन्स के फोकस से होकर आने वाली किरणें अपवर्तन के पश्चात् अक्ष के समान्तर हो जाती हैं।

(iii) लेन्स के प्रकाशिक केन्द्र से होकर आने वाली किरणें अपवर्तन के पश्चात् बिना अपना मार्ग बदले सीधी निकल जाती हैं।

उत्तल लेन्स द्वारा प्रतिबिम्ब का बनना (Formation of Image by Convex Lens)

क्र.सं.	वस्तु की स्थिति	किरण आरेख	प्रतिबिम्ब की स्थिति	प्रतिबिम्ब की प्रकृति एवं आकार
1.	अनन्त पर	$2F_1$, F_1, F_2, $2F_2$	F_2 पर	वास्तविक, बहुत छोटा व उल्टा
2.	$2F_1$ के पीछे	A, B, $2F_1$, F_1, F_2, B′, $2F_2$, A′	F_2 व $2F_2$ के बीच	वास्तविक, छोटा व उल्टा
3.	$2F_1$ पर	A, B $2F_1$, F_1, F_2, B′, $2F_2$, A′	$2F_2$ पर	वास्तविक, वस्तु के बराबर व उल्टा
4.	F_1 व $2F_1$ के बीच	A, $2F_1$, B, F_1, F_2, $2F_2$, B′, A′	$2F_2$ के पीछे	वास्तविक, वस्तु से बड़ा व उल्टा
5.	F_1 पर	A, F_1, B, F_2	अनन्त पर	वास्तविक, वस्तु से बड़ा व उल्टा
6.	लेन्स व F_1 के बीच	A′, A, B′, F_1, B, F_2	वस्तु के पीछे	आभासी, सीधा व आवर्धित

अवतल लेन्स द्वारा प्रतिबिम्ब का बनना
(Formation of Image by Concave Lens)

प्रतिबिम्ब सदैव आभासी, सीधा तथा छोटा बनता है तथा लेन्स व फोकस के बीच स्थित होता है।

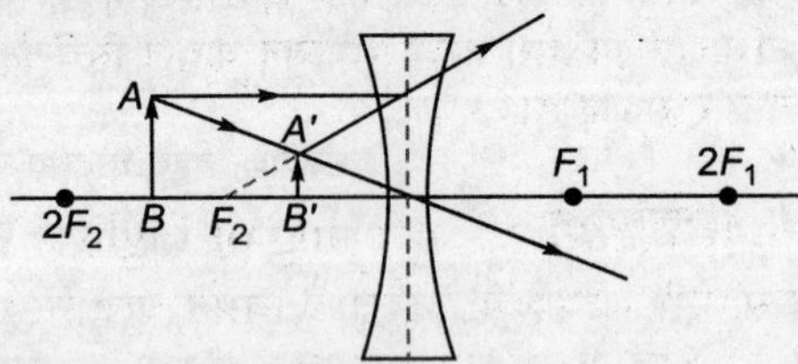

लेन्स का सूत्र (Lens Formula)

यदि लेन्स से u दूरी पर स्थिर वस्तु का लेन्स से बना प्रतिबिम्ब v पर प्राप्त हो तब लेन्स की अवतल दूरी के लिए, $\frac{1}{f}=\frac{1}{v}-\frac{1}{u}$

लेन्स मेकर सूत्र (Lens Maker's Formula)

किसी लेन्स की वक्रता त्रिज्याएँ क्रमशः R_1 व R_2 हो, तो लेन्स सूत्र

$$\frac{1}{f}=(\mu-1)\left(\frac{1}{R_1}-\frac{1}{R_2}\right)$$

यह समीकरण लेन्स मेकर सूत्र कहलाती है

तथा $$\frac{1}{v}-\frac{1}{u}=\frac{1}{f}=P$$

इसे लेन्स की समीकरण कहते हैं, जहाँ P = लेन्स की क्षमता है।

लेन्स का आवर्धन (Magnification of Lens)

एक लेन्स द्वारा उत्पन्न पार्श्विक (lateral) या रेखीय (linear) आवर्धन m अग्रलिखित सूत्र से दिया जाता है।

$$m=\frac{\text{प्रतिबिम्ब की ऊँचाई}}{\text{वस्तु की ऊँचाई}}=\frac{I}{O}$$

एक वस्तु OO' का उत्तल लेन्स द्वारा प्राप्त वास्तविक प्रतिबिम्ब II' चित्रानुसार है

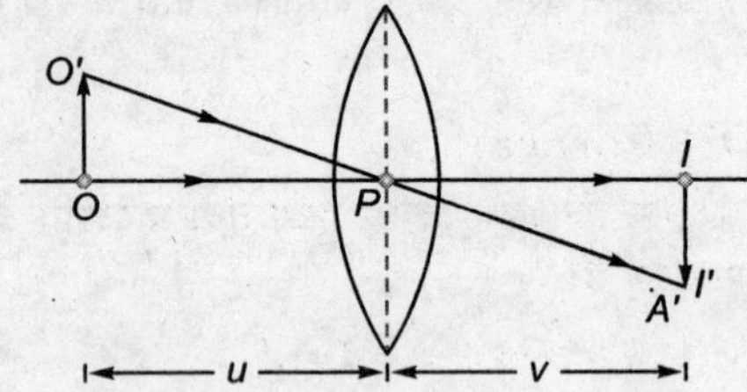

$$\frac{\text{प्रतिबिम्ब की ऊँचाई}}{\text{वस्तु की ऊँचाई}}=\frac{II'}{OO'}=\frac{v}{u}$$

v व u के मान उचित चिह्नों के साथ प्रतिस्थापित करने पर

$$\frac{II'}{OO'}=\frac{-I}{O}=\frac{v}{-u}$$

या $$\frac{I}{O}=m=\frac{v}{u}$$

अत : $$m=\frac{v}{u}$$

लेन्स को किसी पारदर्शी द्रव में डुबोने पर लेन्स की फोकस दूरी पर प्रभाव

वायु में लेन्स की फोकस दूरी के लिए,

$$\frac{1}{f_a}=({}_a\mu_g-1)\left(\frac{1}{R_1}-\frac{1}{R_2}\right)$$

द्रव में लेन्स की फोकस दूरी के लिए,

$$\frac{1}{f_l}=({}_l\mu_g-1)\left(\frac{1}{R_1}-\frac{1}{R_2}\right)$$

या $$\frac{f_l}{f_a}=\frac{({}_a\mu_g-1)}{({}_l\mu_g-1)}=\frac{({}_a\mu_g-1)}{\left(\frac{{}_a\mu_g}{{}_a\mu_l}-1\right)}$$

या $$f_l=\frac{({}_a\mu_g-1)}{\left(\frac{{}_a\mu_g}{{}_a\mu_l}-1\right)}\times f_a$$

(i) यदि ${}_a\mu_g > {}_a\mu_l$

$\Rightarrow$ $f_l > f_a$, लेन्स की प्रकृति अपरिवर्तित रहेगी।

(ii) यदि ${}_a\mu_g = {}_a\mu_l$

$\Rightarrow$ $f_l = \infty$, लेन्स, समतल प्लेट की भाँति व्यवहार करेगा।

(iii) यदि ${}_a\mu_g < {}_a\mu_l$

$\Rightarrow$ $f_l < f_a$, लेन्स की प्रकृति बदल जायेगी।

सम्पर्क में रखे दो पतले लेन्स
(Combination of Two Thin Lenses)

यदि दो या अधिक लेन्स $(f_1, f_2, \ldots)$ सम्पर्क में रखे हैं, तब उनकी तुल्य फोकस दूरी

$$\frac{1}{f}=\frac{1}{f_1}+\frac{1}{f_2}+\ldots$$

संयोग की क्षमता $P=P_1+P_2+\ldots$

संयोग का आवर्धन $M=m_1\times m_2\times\ldots$

यदि f_1, f_2 फोकस दूरी के दो लेन्स x दूरी से पृथक हैं, तो उनकी तुल्य फोकस दूरी

$$\frac{1}{F}=\frac{1}{f_1}+\frac{1}{f_2}-\frac{x}{f_1f_2}$$

संयोग की क्षमता $$P=P_1+P_2-xP_1P_2$$

संयोग का कुल आवर्धन अपरिवर्तित रहता है, अर्थात्

$$m=m_1\times m_2$$

लेन्स की शक्ति या क्षमता (Power of Lens)

किसी लेन्स की मीटर में मापी गई फोकस दूरी के व्युत्क्रम को लेन्स की क्षमता कहते हैं। इसे P से प्रदर्शित करते हैं।

लेन्स की क्षमता $P=\frac{1}{f}$ (मीटर में)

$\Rightarrow$ $$P=\frac{100}{f}\text{ (सेमी में)}$$

उत्तल लेन्स की क्षमता धनात्मक तथा अवतल लेन्स की क्षमता ऋणात्मक होती है।

प्रिज्म (Prism)

प्रिज्म किसी कोण पर झुकी दो अपवर्तक सतहों के बीच घिरा पारदर्शी समांगी माध्यम है।

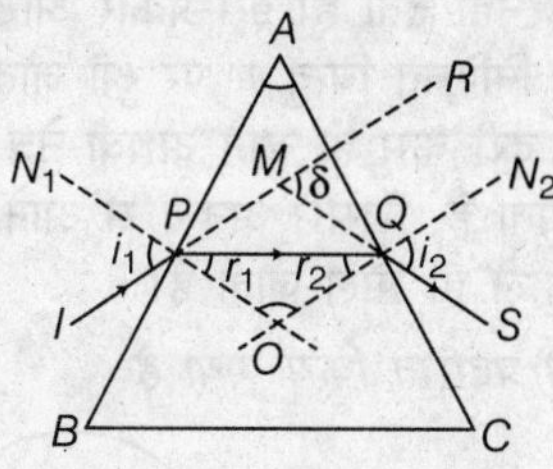

प्रिज्म के पदार्थ का अपवर्तनाक, $n = \dfrac{\sin\left(\dfrac{A+\delta_m}{2}\right)}{\sin A/2}$

यहाँ, A = प्रिज्म कोण, δ_m = न्यूनतम, विचलन कोण

प्रिज्म द्वारा वर्ण-विक्षेपण (Dispersion by Prism)

जब किसी प्रिज्म पर श्वेत प्रकाश की किरण आपतित होती है तो वह विभिन्न रंगों की अनेक किरणों में विभाजित हो जाती है। इस घटना को प्रकाश का वर्ण-विक्षेपण कहते हैं। वर्ण विक्षेपण का कारण किसी पदार्थिक माध्यम में भिन्न-भिन्न रंगों के प्रकाश की चाल का भिन्न-भिन्न होना है, क्योंकि काँच का अपवर्तनांक बैंगनी रंग

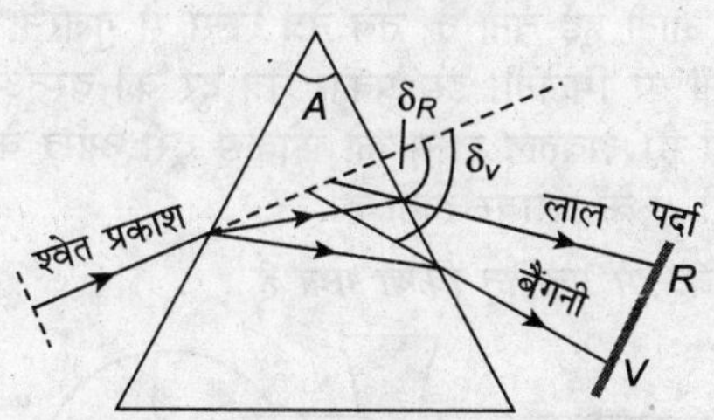

के प्रकाश के लिए सबसे अधिक तथा लाल रंग के प्रकाश के लिए सबसे कम होता है। अतः सूत्र $\delta_n = (\mu - 1)A$ से बैंगनी प्रकाश का विचलन कोण लाल प्रकाश के विचलन कोण से अधिक होगा। अन्य रंगों के लिए विचलन सूत्र दोनों रंगों के मध्य होगा।

विचलन की इस भिन्नता के कारण ही श्वेत प्रकाश प्रिज्म से गुजरने पर विभिन्न रंगों में विभाजित हो जाता है।

कोणीय वर्ण-विक्षेपण (Angular Dispersion)

दो रंगों की निर्गत किरणों के बीच बनने वाले कोण को उनके रंगों के लिए कोणीय वर्ण-विक्षेपण कहते हैं। कोणीय वर्ण-विक्षेपण $\theta = \delta_V - \delta_R = (\mu_V - \mu_R)A$

वर्ण-विक्षेपण क्षमता (Dispersion Power)

प्रिज्म से प्रकाश के वर्ण-विक्षेपण की स्थिति में कोणीय विक्षेपण तथा माध्य रंग (पीले) की प्रकाश किरण के विचलन के अनुपात को प्रिज्म के पदार्थ की वर्ण विक्षेपण क्षमता कहते हैं।

वर्ण विक्षेपण क्षमता, $\omega = \dfrac{\theta}{\delta_Y} = \dfrac{\delta_V - \delta_R}{\delta_Y}$

$$\omega = \frac{(\mu_V - \mu_R)}{(\mu_Y - 1)} = \frac{d\mu}{(\mu - 1)}$$

एक प्रिज्म विचलन तथा विक्षेपण दोनों एक साथ उत्पन्न करता है परन्तु दो प्रिज्मों के उचित संयोग द्वारा प्रिज्म संयोजन केवल विचलन या केवल विक्षेपण उत्पन्न कर सकता है।

प्रकाश का प्रकीर्णन (Scattering of Light)

जब प्रकाश किसी ऐसे माध्यम से गुजरता है जिसमें धूल, वायु, आदि के अतिसूक्ष्म कण उपस्थित हों, तो उन कणों द्वारा प्रकाश का कुछ भाग सभी दिशाओं में फैल जाता है। इस घटना को प्रकाश का प्रकीर्णन कहते हैं। लॉर्ड रैले के अनुसार, यदि माध्यम के कणों का आकार प्रकाश की तरंगदैर्ध्य से अतिसूक्ष्म होता है, तो प्रकाश के प्रकीर्णन की मात्रा प्रकाश की तरंगदैर्ध्य (λ) की चतुर्थघात के व्युत्क्रमानुपाती होती है अर्थात्

$$\text{प्रकीर्णन} \propto \frac{1}{\lambda^4}$$

लाल रंग के प्रकाश का प्रकीर्णन न्यूनतम तथा बैंगनी रंग के प्रकाश का प्रकीर्णन अधिकतम होता है।

प्रकाश के प्रकीर्णन पर आधारित घटनाएँ निम्न हैं

(i) स्वच्छ आकाश का रंग नीला दिखाई देना।
(ii) सूर्योदय तथा सूर्यास्त के समय सूर्य का रंग।
(iii) खतरे के संकेत का लाल रंग।
(iv) टिण्डल प्रभाव।

मानव नेत्र (Human Eye)

मनुष्य की आँख भी कैमरे की भाँति एक प्रकाशिक यन्त्र है। इसके निम्न मुख्य भाग होते हैं—

(1) दृढ़पटल (Sclera)

यह पर्तों से बना सफेद अपारदर्शक भाग आँख की रक्षा हेतु आँख के गोले को ढके रहता है।

(2) कोर्निया (Cornea)

दृढ़पटल के सामने का भाग कुछ उभरा हुआ तथा पारदर्शक होता है। इस भाग को कोर्निया कहते हैं।

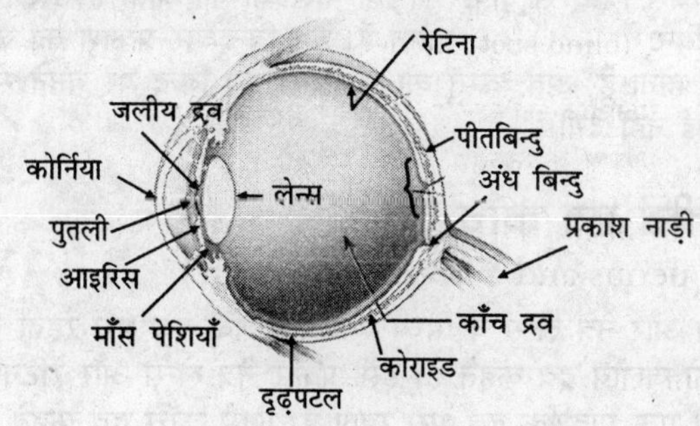

(3) आइरिस (Iris)

कोर्निया के पीछे एक अपारदर्शक रंगीन पर्दा होता है जिसे आइरिस कहते हैं। आइरिस के बीच में एक छिद्र होता है। यह कैमरे के डायाफ्राम की भाँति कार्य करता है। यह किसी आँख के रंग को निर्धारित करता है।

(4) पुतली या परितारिका (Pupil)

आइरिस के बीच वाले छोटे छिद्र को आँख की पुतली कहते हैं। पुतली आइरिस की सहायता से तेज प्रकाश में छोटा आकार तथा अँधेरे में बड़ा आकार ग्रहण कर लेती है। जिससे आँख के अन्दर जाने वाली प्रकाश की मात्रा का स्वत: ही नियन्त्रण होता रहता है।

(5) कोरोइड (Choroid)

श्वेत पर्त के निचले भाग से सम्बन्धित अन्दर की ओर एक काले रंग की झिल्ली होती है जिसे कोरोइड कहते हैं। यह आँख के अन्दर के प्रकाश का शोषण करके प्रकाश का भीतरी सतहों से परावर्तन रोक देती है।

(6) नेत्र लेन्स (Eye Lens)

आइरिस के पीछे जिलेटिन के समान प्रोटीन का बना पारदर्शक तथा मुलायम पदार्थ का एक उत्तल लेन्स होता है जिसे नेत्र लेन्स कहते हैं। इस लेन्स के दोनों पृष्ठों की वक्रता त्रिज्याएँ भिन्न-भिन्न होती हैं। नेत्र लेन्स माँसपेशियों की सहायता से अपनी स्थिति में रखा रहता है जिन्हें पक्ष्माभी माँसपेशियाँ (ciliary muscles) कहते हैं। इन माँसपेशियों में कम अथवा अधिक दाब लगाकर लेन्स की वक्रता त्रिज्याओं को बदला जा सकता है। वक्रता त्रिज्याओं में परिवर्तन होने से लेन्स की फोकस दूरी बदल जाती है जिससे आँख से विभिन्न दूरियों पर स्थित वस्तुओं का प्रतिबिम्ब रेटिना पर बनाया जा सकता है।

(7) रेटिना (Retina)

कोरोइड से सम्बन्धित आँख के सबसे आन्तरिक भाग में दृष्टि नाड़ियों से बना एक पर्दा होता है जिसे रेटिना कहते हैं। इस पर्दे पर शंकु एवं शलाका (rod) आकार की प्रकाश संवेदी लाखों कोशिकाएँ होती हैं जो क्रमश: प्रकाश के रंग एवं तीव्रता के लिए सुग्राही होती हैं। इस पर प्रकाश पड़ने से दृष्टि-नाड़ियाँ प्रभावित हो जाती हैं। इन नाड़ियों का सम्बन्ध मस्तिष्क (Brain) से होता है। मस्तिष्क वस्तु के बारे में पूर्ण ज्ञान करा देता है। रेटिना के केन्द्र के पास एक गोल पीला बिन्दु होता है जिसे पीत बिन्दु (yellow spot) कहते हैं। वस्तु का प्रतिबिम्ब जब पीत बिन्दु पर बनता है तो सबसे अधिक स्पष्ट दिखाई देता है। इसके अतिरिक्त जिस बिन्दु से दृष्टि-नाड़ियाँ मस्तिष्क को जाती हैं उस बिन्दु को अन्ध बिन्दु (blind spot) कहते हैं। इस बिन्दु पर प्रकाश का कोई प्रभाव नहीं होता है, अत: वस्तु का प्रतिबिम्ब इस बिन्दु पर बनने से वस्तु दिखाई नहीं देगी।

(8) जलीय एवं काँच द्रव

(Aqueous and Vitreous Homour)

कोर्निया और नेत्र लेन्स के मध्य एक पारदर्शक द्रव भरा रहता है। इस द्रव को जलीय द्रव कहते हैं। इसी प्रकार नेत्र लेन्स और रेटिना के बीच में भी एक पादर्शक द्रव भरा रहता है। जिसे काँच द्रव कहते हैं।

दृष्टि दोष (Defects of Vision)

दृष्टि में प्रमुखत: दो दोष उत्पन्न होते हैं

(i) **निकट दृष्टि दोष** (Myopia) इस दोष में एक नियत बिन्दु से दूर की वस्तुएँ दिखाई नहीं देती है। इस प्रकार आँख का दूर बिन्दु अनन्त पर न होकर एक निश्चित बिन्दु F पर आ जाता है। यह दोष नेत्र लेन्स की फोकस दूरी कम हो जाने अथवा नेत्र गोले का व्यास बढ़ जाने के कारण होता है, जिससे अनन्त से आने वाली किरणें रेटिना पर न मिलकर पहले ही मिल जाती है।

इसे निम्न चित्र में प्रदर्शित किया गया है

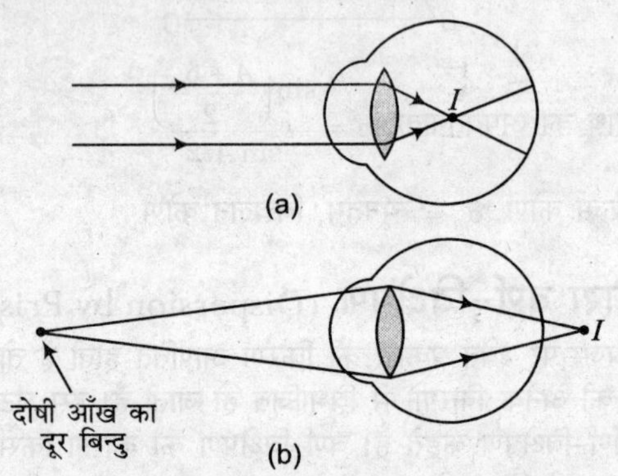

इस दोष को दूर करने के लिए ऐसे अवतल लेन्स का प्रयोग किया जाता है, जो अनन्त से चलने वाली किरणों को अपहृत करके दूर बिन्दु F से आती हुई बना दे, तब नेत्र लेन्स से गुजरने के पश्चात् ये किरणें रेटिना पर मिलेंगी। इस प्रकार नेत्र दूर की वस्तुओं को स्पष्ट देखने लगता है। अवतल लेन्स की फोकस दूरी आँख के दूर बिन्दु F तक की दूरी d के बराबर होती है।

इसे निम्न चित्र में प्रदर्शित किया गया है

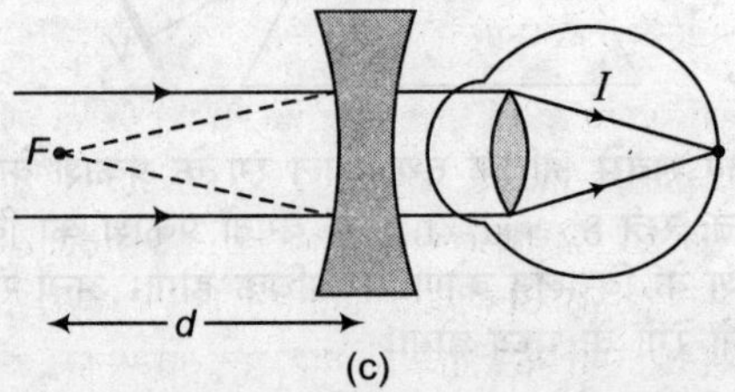

(ii) **दूर दृष्टि दोष** (Hypermetropia) इस दोष में आँख एक निश्चित बिन्दु के पास की वस्तुएँ स्पष्ट नहीं देख सकती अर्थात् आँख का निकट बिन्दु 25 सेमी से अधिक दूरी पर हो जाता है।

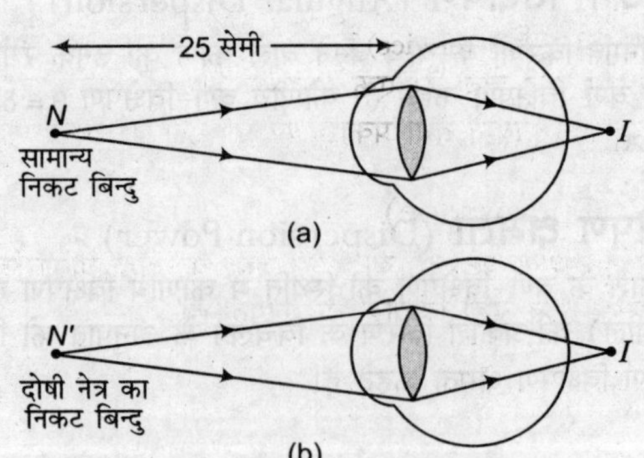

यह दोष नेत्र लेन्स की फोकस-दूरी बढ़ जाने अथवा नेत्र गोले के व्यास के बढ़ जाने के कारण होता है, जिससे अनन्त से आने वाली किरणें रेटिना के पीछे केन्द्रित होती हैं। आँख अपनी समंजन क्षमता का उपयोग कर उन्हें रेटिना पर केन्द्रित कर देती है। अत: आँख को दूर की वस्तुएँ स्पष्ट दिखाई देती हैं, लेकिन वस्तु के N' बिन्दु पर आने तक समंजन क्षमता समाप्त हो जाती है। इससे पास की वस्तुएँ स्पष्ट दिखाई नहीं देती है।

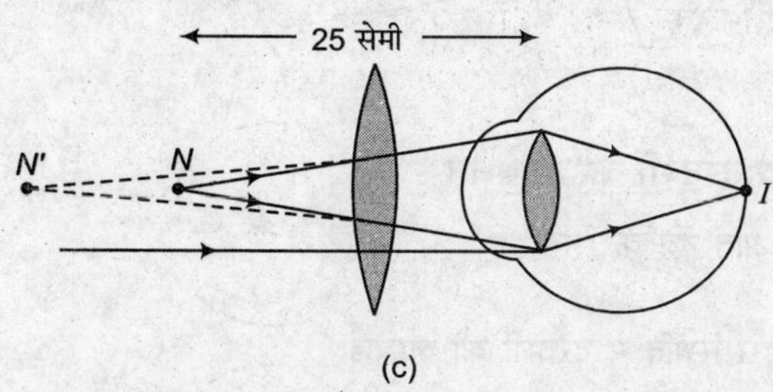

(c)

इस दोष को दूर करने के लिए एक ऐसे उत्तल लेन्स का प्रयोग किया जाता है, कि आँख से $D = 25$ सेमी दूर बिन्दु N पर रखी वस्तु से चलने वाली किरणें इस लेन्स से निकलने के पश्चात् दोषित आँख के निकट बिन्दु N' (आँख से दूरी $= d$) से आती हुई प्रतीत हों, तब यह किरणें रेटिना पर मिलेगी और आँख N पर रखी वस्तु को स्पष्ट देख लेगी।

(iii) **जरा दृष्टि दोष** (Presbyopia) अधिक आयु में व्यक्ति में निकट दृष्टि दोष व दूर दृष्टि दोष दोनों हो जाते हैं। इसके निवारण के लिए उचित फोकस दूरी का द्वि-लेन्स उपयोग में लेते हैं।

(iv) **अबिन्दुकता** (Astigmatism) इस दोष में व्यक्ति क्षैतिज व ऊर्ध्वाधर रेखाओं को एक साथ नहीं देख सकता है। इसके निवारण के लिए बेलनाकार लेन्सों का उपयोग किया जाता है।

(v) **वर्णान्धता** (Colour Blindness) कुछ व्यक्तियों की आँखों के रेटिना में शंकु कम होते हैं, जिससे वे कुछ रंगों को नहीं देख पाते हैं। ऐसे व्यक्तियों को वर्णान्ध (colour blind) कहते हैं। ऐसे व्यक्ति सामान्यत: तो ठीक देख सकते हैं, परन्तु रंगों में ठीक प्रकार से अन्तर नहीं कर पाते हैं। यह दोष जन्मजात अर्थात् आनुवंशिक होता है। इसका कोई उपचार नहीं है।

प्रकाशिक यन्त्र (Optical Instrument)

प्रकाशिक यन्त्र एक युक्ति (device) है जो दर्पणों, प्रिज्मों तथा लेन्सों के उपयुक्त संयोग से बनी होती है। एक प्रकाशिक यन्त्र के कार्य करने का सिद्धान्त परावर्तन के नियमों तथा प्रकाश के अपवर्तन पर निर्भर करता है।

सूक्ष्मदर्शी (Microscope)

सूक्ष्मदर्शी वह प्रकाशिक यन्त्र है, जो सूक्ष्म वस्तु का बड़ा प्रतिबिम्ब बनाता है, जिससे वस्तु बड़ी दिखायी देने लगती है।

(i) सरल सूक्ष्मदर्शी (Simple Microscope)

यह एक कम फोकस दूरी का उत्तल लेन्स होता है जो अपने निकट स्थित किसी वस्तु का सीधा, बड़ा व आभासी प्रतिबिम्ब बनाता है।

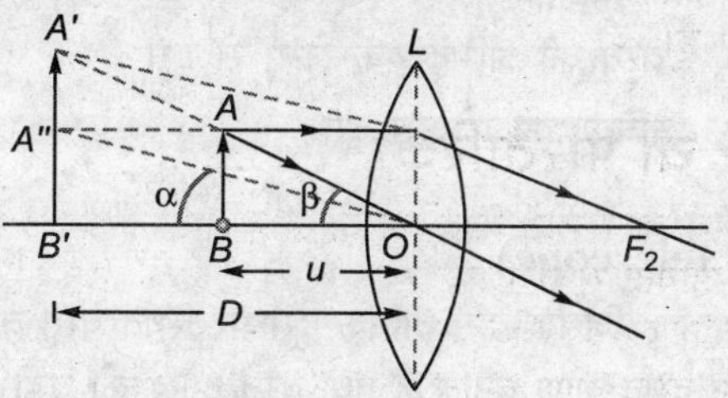

सरल सूक्ष्मदर्शी का आवर्धन

(a) जब अन्तिम प्रतिबिम्ब स्पष्ट दूरी की न्यूनतम दूरी पर बनता है।

$$M = 1 + \frac{D}{f}$$

(b) श्रांत नेत्र के लिये, $M = \frac{D}{f}$

(ii) संयुक्त सूक्ष्मदर्शी (Compound Microscope)

संयुक्त सूक्ष्मदर्शी में एक बेलनाकार नली में दो उत्तल लेन्स लगे होते हैं। इनमें से एक लेन्स की फोकस दूरी व द्वारक बड़ा होता है, इसे नेत्रिका कहते हैं। यह नेत्र की ओर होता है। छोटी फोकस दूरी व छोटे द्वारक वाले लेन्स को अभिदृश्यक लेन्स कहते हैं। यह वस्तु की ओर होता है।

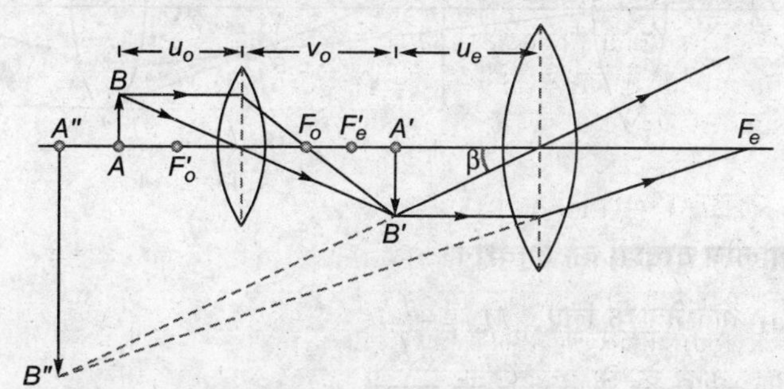

संयुक्त सूक्ष्मदर्शी का आवर्धन

(a) श्रांत नेत्र के लिए,

$$M_\infty = -\frac{v_o}{u_o}\left(\frac{D}{f_e}\right)$$

इस स्थिति में सूक्ष्मदर्शी की लम्बाई

$$L_\infty = v_o + f_e$$

(b) जब अन्तिम प्रतिबिम्ब स्पष्ट दूरी की न्यूनतम दूरी D पर बनता है,

$$M_D = -\frac{v_o}{u_o}\left(1 + \frac{D}{f_e}\right)$$

सूक्ष्मदर्शी की लम्बाई

$$L_D = v_o + \frac{Df_e}{D + f_e}$$

v_o = प्रथम प्रतिबिम्ब की अभिदृश्यक लेन्स से दूरी

u_o = वस्तु की अभिदृश्यक लेन्स से दूरी

f_e = नेत्रिका की फोकस दूरी।

दूरदर्शी (Telescope)

दूरदर्शी वह यन्त्र है जिसके द्वारा अधिक दूरी पर स्थित वस्तु का बना प्रतिबिम्ब आँख पर बड़ा दर्शन कोण बनाता है तथा वस्तु आँख को बड़ी दिखायी देने लगती है।

(i) खगोलीय दूरदर्शी (Astronomical Telescope)

इसमें धातु की एक बेलनाकार नली में दो उत्तल लेन्स लगे होते हैं। इनमें एक लेन्स की फोकस दूरी व द्वारक बड़ा होता है। यह वस्तु की ओर होता है, इसे अभिदृयक लेन्स कहते हैं। दूसरे उत्तल लेन्स की फोकस दूरी व द्वारक छोटा होता है।

यह आँख की ओर होता है, इसे अभिनेत्र लेन्स कहते हैं।

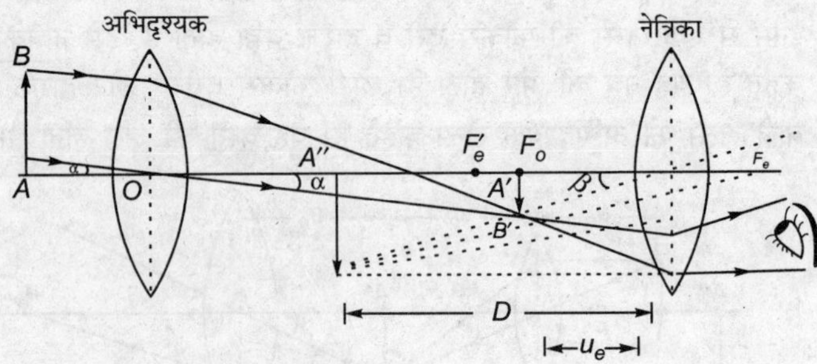

खगोलीय दूरदर्शी का आवर्धन

(a) श्रांत नेत्र के लिए, $M_\infty = -\frac{f_o}{f_e}$

इस स्थिति में, दूरदर्शी की लम्बाई, $L_\infty = f_o + f_e$

(b) जब अन्तिम प्रतिबिम्ब स्पष्ट दृष्टि की न्यूनतम दूरी D पर बनता है।

$$M_D = -\frac{f_o}{f_e}\left(1 + \frac{f_e}{D}\right)$$

दूरदर्शी की लम्बाई, $L_D = f_o + \frac{Df_e}{D + f_e}$

f_o = अभिदृश्यक लेन्स की फोकस दूरी

f_e = नेत्रिका की फोकस दूरी

(ii) पार्थिव दूरदर्शी (Terrestrial Telescope)

खगोलीय दूरदर्शी में अन्तिम प्रतिबिंम्ब, वस्तु के सापेक्ष उल्टा बनता है। इस समस्या को दूर करने के लिए, f फोकस दूरी का उत्तल लेन्स अभिदृश्यक तथा नेत्रिका के बीच इस प्रकार लगाते हैं कि अभिदृश्यक का फोकस तल लेन्स से $2f$ दूरी पर रहे।

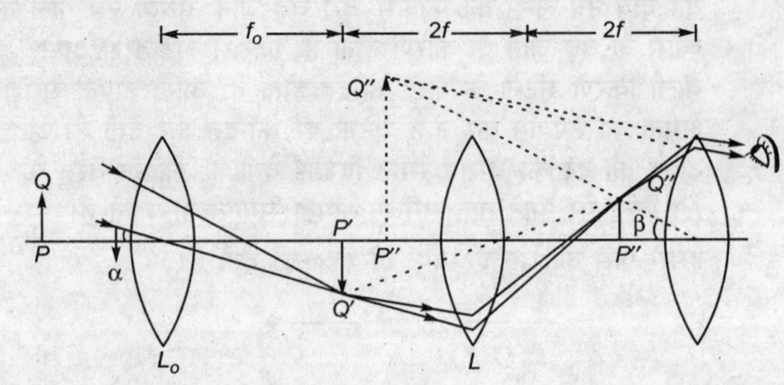

पार्थिव दूरदर्शी का आवर्धन

(a) श्रांत नेत्र के लिये, $M_\infty = \frac{f_o}{f_e}$

इस स्थिति में दूरदर्शी की लम्बाई

$$L_\infty = f_o + 4f + f_e$$

(b) जब अन्तिम प्रतिबिम्ब स्पष्ट दृष्टि की न्यूनतम दूरी पर बने

$$M_D = \frac{f_o}{f_e}\left(1 + \frac{f_e}{D}\right)$$

दूरदर्शी की लम्बाई, $L_D = f_o + 4f + \frac{Df_e}{D + f_e}$

(iii) गैलीलियो दूरदर्शी (Galileo Telescope)

गैलीलियो दूरदर्शी का सरल मॉडल चित्रानुसार है। इसमें अभिसारी लेन्स को अभिदृश्यक के समान तथा अपसारी लेन्स को नेत्रिका के समान प्रयोग करते हैं।

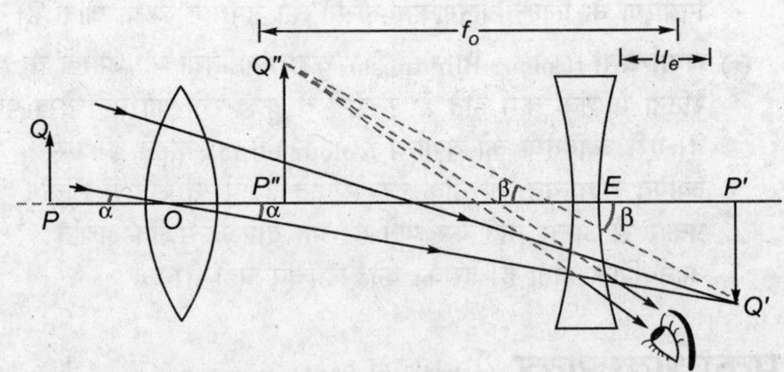

गैलीलियो दूरदर्शी का आवर्धन

(a) श्रांत नेत्र के लिये, $M_\infty = \frac{f_o}{f_e}$

इस स्थिति में दूरदर्शी की लम्बाई,

$$L_\infty = f_o - f_e$$

(b) जब अन्तिम प्रतिबिम्ब स्पष्ट दृष्टि की न्यूनतम दूरी पर बनता है।

$$M_D = \frac{f_o}{f_e}\left(1 - \frac{f_e}{D}\right)$$

दूरदर्शी की लम्बाई, $L_D = f_o - \frac{Df_e}{D - f_e}$

अभ्यास प्रश्न

प्रकाश का परावर्तन तथा अपवर्तन

1. समतल दर्पण पर एक किरण अभिलम्बवत् आपतित हो रही है। परावर्तन का कोण होगा

(a) 0° (b) 90°
(c) परावर्तित नहीं होगी (d) इनमें से कोई नहीं

2. समतल दर्पण द्वारा उत्पन्न आवर्धन होता है

(a) −1 (b) +1
(c) शून्य (d) 0 से + ∞ के बीच

3. यदि एक अवतल दर्पण के फोकस से x_1 दूरी पर स्थित वस्तु का प्रतिबिम्ब फोकस से x_2 दूरी पर बनता है, तो दर्पण की फोकस दूरी का मान होगा

(a) $\sqrt{\dfrac{x_1}{x_2}}$ (b) $\dfrac{x_1 + x_2}{2}$
(c) $(x_1x_2)^2$ (d) $\sqrt{x_1x_2}$

4. सूर्य (व्यास d), f फोकस दूरी वाले अवतल दर्पण के सामने अक्ष से θ रेडियन कोण नीचे है। दर्पण द्वारा बनाए गए सूर्य के प्रतिबिम्ब का व्यास है

(a) θf (b) $\dfrac{\theta}{\pi} f$ (c) $2\theta f$ (d) $\dfrac{\theta}{2} f$

5. एक व्यक्ति की लम्बाई 6 फिट है, वह अपना सीधा चित्र 2 फिट लम्बे दर्पण में देख सकता है, तो दर्पण होगा

(a) समतल या उत्तल (b) अवतल
(c) उत्तल (d) समतल या अवतल

6. अवतल दर्पण पर आपतित प्रकाश की दिशा PQ द्वारा दर्शाई गई है। जबकि परावर्तन के बाद यह किरण, चार किरणों 1, 2, 3 तथा 4 के रूप में चित्रानुसार चलती है। चारों किरणों में से कौन-सी किरण परावर्तित किरण की दिशा को सही प्रकार से दर्शाती है?

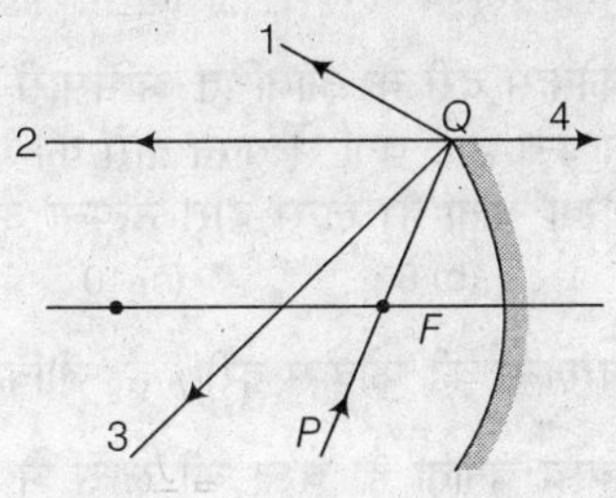

(a) 1 (b) 2 (c) 3 (d) 4

7. 4.5 cm आकार की कोई सुई 15 cm फोकस दूरी के किसी उत्तल दर्पण से 12 cm दूर रखी है। यदि सूई को दर्पण से दूर ले जाते हैं, तब

(a) प्रतिबिम्ब का आकार बढ़ेगा
(b) प्रतिबिम्ब का आकार घटेगा
(c) प्रतिबिम्ब अपरिवर्तित रहेगा
(d) प्रतिबिम्ब परिवर्तित होना चाहिए

8. जब वस्तु अवतल दर्पण से 30 सेमी की दूरी पर रखी है, तब उसका प्रतिबिम्ब 10 सेमी की दूरी पर बनता है। यदि वस्तु 9 मी/से की चाल से चलती है, तब प्रतिबिम्ब जिस चाल से घूमेगा, वह है

(a) 0.1 मी/से (b) 1 मी/से
(c) 3 मी/से (d) 9 मी/से

9. प्रयोगशाला में कुछ ऐसे पदार्थ विकसित किए गए हैं जिनका अपवर्तनांक ऋणात्मक होता है (चित्र)। ऐसे माध्यम (माध्यम 2) में वायु (माध्यम 1) से आपतित एक किरण निम्न में से किस पथ का अनुगमन करेगी?

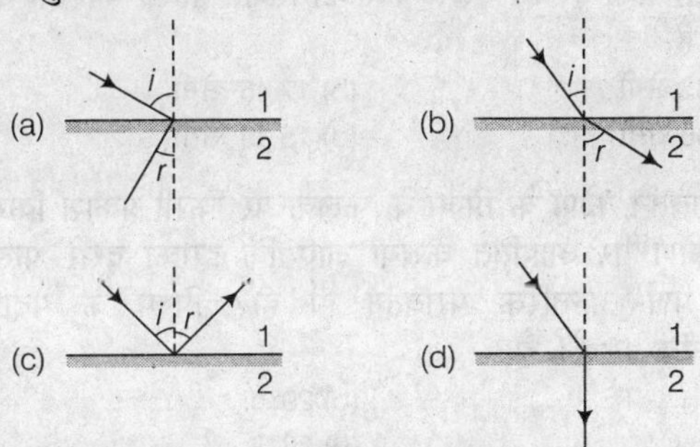

10. एकवर्णी प्रकाश की तरंगदैर्ध्य λ_1 है। यह n_1 अपवर्तनांक के माध्यम में चल रहा है तथा n_2 अपवर्तनांक वाले सघन माध्यम में प्रवेश करता है। दूसरे माध्यम में तरंगदैर्ध्य है

(a) $\lambda_1\left(\dfrac{n_1}{n_2}\right)$ (b) $\lambda_1\left(\dfrac{n_2}{n_1}\right)$ (c) λ_1 (d) $\lambda_1\left(\dfrac{n_2 - n_1}{n_1}\right)$

11. एक प्रकाश किरण काँच की शिला (प्लेट) जिसका अपवर्तनांक (वायु के सापेक्ष) 1.62 है, पर गिरती है। वह आपतन कोण, जिनके लिए परावर्तित तथा अपवर्तित किरणें लम्बवत् होती हैं, है

(a) $\tan^{-1}(1.62)$ (b) $\sin^{-1}(1.62)$
(c) $\cos^{-1}(1.62)$ (d) इनमें से कोई नहीं

12. जल में प्रकाश 500 मी दूरी चलता है। जल के लिए $\mu = \dfrac{4}{3}$ है तथा निर्वात् में प्रकाश की चाल 3×10^{10} सेमी/से है। अनुरूप प्रकाशिक पथ ज्ञात कीजिए।

(a) 7.0 सेमी (b) 8.0 सेमी (c) 10 सेमी (d) 5 सेमी

13. t मोटाई व n अपवर्तनांक वाले काँच की प्लेट से प्रकाश गुजरता है। यदि निर्वात् में प्रकाश का वेग c हो, तो काँच की प्लेट के पार करने में प्रकाश को लगा समय होगा

(a) $\dfrac{t}{nc}$ (b) tnc (c) $\dfrac{nt}{c}$ (d) $\dfrac{tc}{n}$

14. प्रकाश की एक किरण किसी माध्यम की सतह पर 45° के कोण पर प्रकाश के वेग से आपतित होती है एवं माध्यम में 30° के कोण पर अपवर्तित होती है। प्रकाश का माध्यम में वेग होगा

(a) 1.96×10^8 मी/से (b) 2.12×10^8 मी/से
(c) 3.18×10^8 मी/से (d) 3.33×18^8 मी/से

15. जब एक एकवर्णी प्रकाश किरण 4 सेमी काँच से या 4.5 सेमी पानी से गुजरती है, तो इसका प्रकाशीय पथ समान रहता है। यदि काँच का अपवर्तनांक 1.53 हो, तो पानी का अपवर्तनांक होगा

(a) 1.30 (b) 1.36
(c) 1.42 (d) 1.46

16. एक पतले उभयोत्तल लेन्स का अपवर्तनांक 3/2 तथा वक्रता त्रिज्या 30 मी है, यह जल (अपवर्तनांक 4/3) में रखा है। इसकी फोकस दूरी है

(a) 0.15 मी (b) 0.30 मी
(c) 0.45 मी (d) 1.20 मी

17. एक कार में 20 सेमी फोकस दरी वाला उत्तल दर्पण लगा है। एक दूसरी कार जिसकी चौड़ाई 2 मी तथा ऊँचाई 1.6 मी है, वह पहली कार से 6 सेमी दूर है। दूसरी कार की स्थिति पहली कार के दर्पण में दिखती है

(a) 19.35 सेमी (b) 17.45 सेमी
(c) 45.68 सेमी (d) 15.49 सेमी

18. 60° अपवर्तन कोण के प्रिज्म के फलक पर किसी प्रकाश किरण को किस कोण पर आपतित कराया जाए कि इसका दूसरे फलक से केवल पूर्ण आन्तरिक परावर्तन ही हो? प्रिज्म के पदार्थ का अपवर्तनांक 1.524 है

(a) 16° (b) 29°
(c) 45° (d) 58°

19. एक प्रकाश किरण काँच (अपवर्तनांक = 3/2) से जल (अपवर्तनांक = 4/3) में गमन करती है, तो क्रान्तिक कोण का मान है

(a) $\sin^{-1}\left(\frac{1}{2}\right)$ (b) $\sin^{-1}\left(\frac{\sqrt{8}}{9}\right)$
(c) $\sin^{-1}\left(\frac{2}{3}\right)$ (d) $\sin^{-1}\left(\frac{5}{7}\right)$

20. एक प्रकाश किरण काँच $\left(\mu = \frac{3}{2}\right)$ में चल रही है, काँच वायु सम्पर्क वृत्त के उस बिन्दु पर आपतित होती जहाँ क्रान्तिक कोण θ है। यदि पानी $\left(\mu = \frac{4}{3}\right)$ की पतली परत सम्पर्क सतह पर गिरती है, तब सम्पर्क सतह पर वह कोण जिस पर किरण वायु से निकलती है, होगा

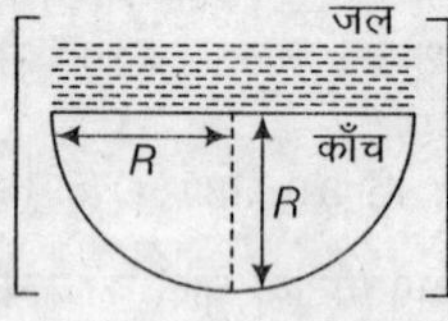

(a) 160° (b) 45°
(c) 90° (d) 80°

21. एक वस्तु का छोटा प्रतिबिम्ब वस्तु से 1 मी की दूरी पर पर्दे पर प्राप्त होता है, तो दर्पण/लेन्स होगा

(a) उचित फोकस दूरी का उत्तल दर्पण
(b) उचित फोकस दूरी का अवतल दर्पण
(c) 0.25 मी से कम फोकस दूरी का उत्तल लेन्स
(d) उचित फोकस दूरी का अवतल लेन्स

22. एक परतदार लेन्स चित्र में दिखाया गया है यह दो अलग-अलग पारदर्शी पदार्थों से बना है। यह अलग-अलग छाया (चित्र) से प्रदर्शित किया जाता है, एक बिन्दु वस्तु इसकी अक्ष पर रखी है। वस्तु होगी

(a) 3 प्रतिबिम्ब (b) 2 प्रतिबिम्ब (c) 1 प्रतिबिम्ब (d) 9 प्रतिबिम्ब

23. एक उत्तल लेन्स की फोकस दूरी f हैं, यह वस्तु का n गुना आभासी प्रतिबिम्ब बनाती है। वस्तु की लेन्स से दूरी है

(a) $(n-1)f$ (b) $(n+1)f$
(c) $\left(\frac{n-1}{n}\right)f$ (d) $\left(\frac{n+1}{n}\right)f$

24. जब एक वस्तु लेन्स के सामने लेन्स से 10 सेमी की दूरी पर रखी है, तब लेन्स इसका आभासी प्रतिबिम्ब इससे 4 सेमी दूर बनता है, लेन्स .... है। जिसकी फोकस .... दूरी है।

(a) अवतल, 6.67 सेमी
(b) अवतल, 2.86 सेमी
(c) उत्तल, 2.86 सेमी
(d) अवतल या उत्तल हो सकता है, 6.67 सेमी

25. 0.1 मी फोकस दूरी वाले काँच के एक समोत्तल लेन्स को मुख्य अक्ष के लम्बरूप तल द्वारा दो बराबर भागों में काट दिया जाता है। इस प्रकार बने नये लेन्सों की फोकस दूरियों का अनुपात है

(a) 1 : 1 (b) 1 : 2 (c) 2 : 1 (d) $2 : \frac{1}{2}$

26. हम 50 सेमी फोकस दूरी का अभिदृश्यक अवर्णक लेन्स युग्म बनाना चाहते हैं, प्रयुक्त दोनों लेन्सों के पदार्थ A तथा B है। यदि A तथा B की विक्षेपण क्षमताओं का अनुपात 1 : 2 है, तब उत्तल तथा अवतल लेन्स की फोकस दूरियाँ क्रमश: हैं

(a) 25 सेमी तथा 50 सेमी (b) 50 सेमी तथा 25 सेमी
(c) 50 सेमी तथा 100 सेमी (d) 100 सेमी तथा 50 सेमी

27. 10 सेमी फोकस दूरी के आवर्धित अभिसारी लेन्स को नेत्र के निकट रखकर अत्यन्त छोटे वर्गों से युक्त तारों की एक जाली को 8 सेमी की दूरी पर देखा जाता है। लेन्स द्वारा उत्पन्न आवर्धन है

(a) 5 (b) 8 (c) 10 (d) 20

28. एक उत्तल लेन्स की फोकस दूरी f है, जोकि वस्तु के आकार का $\frac{1}{n}$ गुना प्रतिबिम्ब बनाता है। वस्तु की लेन्स से दूरी होगी

(a) nf (b) $\frac{f}{n}$
(c) $(n+1)f$ (d) $(n-1)f$

29. 2.5 सेमी फोकस दूरी के उत्तल लेन्स से प्राप्त अधिकतम आवर्धन होगा (स्पष्ट दृष्टि की न्यूनतम दूरी 25 सेमी है)

(a) 10 (b) 0.1
(c) 62.5 (d) 11

30. एक प्रकाश पुंज लाल व हरे रंग की किरणों से बना है। ये पुंज आयताकार काँच की पट्टिका पर स्थित किसी बिन्दु पर तिर्यक आपतित होता है। पट्टिका को पार करने के पश्चात् निर्गत पुंज में लाल व हरे प्रकाश की किरणें निकलती हैं
(a) दो अलग- अलग बिन्दुओं से असमान्तर दिशाओं में
(b) दो अलग- अलग बिन्दुओं से अलग- अलग समान्तर दिशाओं में
(c) एक बिन्दु से अलग- अलग दिशाओं में
(d) एक बिन्दु से समान दिशा में

31. एक वस्तु का एक उत्तल लेन्स द्वारा 16 सेमी लम्बा प्रतिबिम्ब पर्दे पर बनता है। लेन्स पर्दे की ओर चलता है, वस्तु की स्थिति अपरिवर्तित रहती है, तब पर्दे पर नया प्रतिबिम्ब 9 सेमी लम्बा बनता है। वस्तु का आकार है
(a) 9 सेमी (b) 11 सेमी (c) 12 सेमी (d) 13 सेमी

32. दो लेन्सों में एक अवतल तथा दूसरा इतनी ही क्षमता उत्तल लेन्स है, ये इस प्रकार रखें हैं, कि इनके मुख्य अक्ष सम्पाती हैं। यदि इनके बीच की दूरी x है, तब
(a) $x = 0$ के लिए केवल वास्तविक प्रतिबिम्ब बनेगा
(b) x के सभी मानों के लिए वास्तविक प्रतिबिम्ब बनेगा
(c) $x = 0$ के लिए निकाय काँच की प्लेट के समान कार्य करेगा
(d) शून्य के अलावा x के सभी मानों के लिए प्रतिबिम्ब आभासी बनेगा

33. एक द्वि-उत्तल लेन्स काँच (अपवर्तनांक $\mu = 1.5$) से बनी है, इसकी दोनों वक्रता त्रिज्याएँ 20 सेमी की हैं। आपतित किरण लेन्स की अक्ष के समान्तर है, यह d दूरी पर अभिसारित होती है, तब
(a) $d = 10$ सेमी (b) $d = \frac{20}{3}$ सेमी
(c) $d = 40$ सेमी (d) $d = 20$ सेमी

34. काँच के एक उत्तल लेन्स ($\mu_g = 1.5$) की फोकस दूरी 8 सेमी है, जबकि यह वायु में रखा है। जब इस लेन्स की जल ($\mu_w = 1.33$) में रखा जाता है, तब फोकस दूरी क्या होगी?
(a) 32 सेमी (b) 15 सेमी
(c) 4 सेमी (d) 2 सेमी

35. एक उत्तल लेन्स तथा एक अवतल लेन्स दोनों में प्रत्येक की फोकस दूरी 25 सेमी है, इन्हें सम्पर्क में रखकर एक लेन्स युग्म बनाया जाता है, लेन्स युग्म की क्षमता है
(a) शून्य (b) ∞
(c) 100 (d) 10

36. एक पतला उभयोत्तल लेन्स काँच ($\mu = 1.3$) का बना है। इसकी दोनों वक्रता त्रिज्याओं का परिमाण 10 सेमी है। लेन्स के अक्ष के समान्तर प्रकाश किरणें L दूरी पर अभिसारित होती हैं, तब
(a) $L = 16.7$ सेमी (b) $L = 10$ सेमी
(c) $L = 40$ सेमी (d) $L = 20/3$ सेमी

37. एक प्रकाश किरण 30° कोण वाले प्रिज्म पर 60° के कोण पर आपतित होती है। निर्गत किरण तथा आपतित किरण के बीच कोण 30° है। किरण तथा जिस तल से यह निर्गत होती है, के बीच कितना कोण होता है?
(a) 0° (b) 30°
(c) 60° (d) 90°

38. किसी प्रिज्म के एक अपवर्तक फलक पर कोण θ बनाते हुए आपतित होने वाली एक प्रकाश किरण दूसरे फलक से अभिलम्बत: निर्गत होती है। यदि प्रिज्म का कोण 5° है तथा प्रिज्म 1.5 अपवर्तनांक के पदार्थ का बना है, तो आपतन कोण है
(a) 7.5° (b) 5° (c) 15° (d) 2.5°

39. काँच का एक प्रिज्म समद्विबाहु त्रिभुज के रूप में है। उसकी एक अपवर्तक सतह पर चाँदी की पॉलिश है। प्रकाश की एक किरण दूसरे अपवर्तक सतह पर लम्बवत् गिरती है, किरण के दो बार परावर्तन के बाद, प्रिज्म के आधार के लम्बवत् निकल जाती है, तब प्रिज्म के कोण होंगे
(a) 54°, 54°, 72° (b) 72°, 72°, 36°
(c) 45°, 45°, 90° (d) 57°, 57°, 76°

40. प्रिज्म का महत्तम अपवर्तनांक, जोकि प्रिज्म में प्रकाश गुजर जाए, जबकि प्रिज्म का अपवर्तक कोण 90° है
(a) $\sqrt{3}$ (b) $\sqrt{2}$ (c) $\frac{\sqrt{3}}{2}$ (d) $\frac{3}{2}$

41. यदि एक प्रिज्म के लाल, पीले और बैंगनी रंगों के लिए अपवर्तनांक क्रमश: 1.61, 1.63 तथा 1.65 हैं, तो प्रिज्म की विक्षेपण क्षमता है
(a) $\frac{1.65-1.62}{1.61-1}$ (b) $\frac{1.62-1.61}{1.65-1}$ (c) $\frac{1.65-1.61}{1.63-1}$ (d) $\frac{1.65-1.63}{1.65-1}$

42. विचलनरहित विक्षेपण हेतु क्रॉउन तथा फ्लिंट काँच के प्रिज्म का संयोजन बनाया गया है। यदि माध्य रंग के लिए इनके क्रमश: अपवर्तनांक 1.500 और 1.602 हैं तथा फ्लिंट काँच के प्रिज्म का कोण 10° का है, तो क्राउन काँच के प्रिज्म का कोण होगा
(a) 12°2.4′ (b) 12°4′ (c) 1.24° (d) 12°

43. किसी प्रिज्म का अपवर्तनांक 1.732 है, यदि इसके लिए न्यूनतम विचलन कोण, प्रिज्म कोण के बराबर है, तो प्रिज्म कोण है
(a) 80° (b) 70° (c) 60° (d) 50°

44. किसी प्रिज्म का अपवर्तन कोण A तथा उसके पदार्थ का अपवर्तनांक $\cot A/2$ है। न्यूनतम विचलन कोण होगा
(a) $180° - 3A$ (b) $180° + 2A$ (c) $90° - A$ (d) $180° - 2A$

45. μ अपवर्तनांक तथा A प्रिज्म कोण वाले प्रिज्म को न्यूनतम विचलन की स्थिति में रखा गया है। यदि न्यूनतम विचलन कोण A है, तो A का मान μ के पदों में है
(a) $\sin^{-1}\left(\frac{\mu}{2}\right)$ (b) $\sin^{-1}\sqrt{\frac{\mu-1}{2}}$
(c) $2\cos^{-1}\left(\frac{\mu}{2}\right)$ (d) $\cos^{-1}\left(\frac{\mu}{2}\right)$

46. एक प्रिज्म कोण A, विचलन कोण δ, आपतन कोण i और निर्गमन कोण e है। जब इस प्रिज्म के द्वारा न्यूनतम विचलन देखा जाता है, तब साधारणत:
(a) $i > e$ (b) $i < e$ (c) $i = e$ (d) $i = e = \delta$

47. आकाश का रंग नीला दिखता है
(a) प्रकीर्णन द्वारा (b) विक्षेपण द्वारा
(c) अपवर्तन द्वारा (d) परावर्तन द्वारा

48. दोपहर में सूर्य श्वेत दिखाई देता है
(a) अपवर्तन द्वारा (b) विक्षेपण द्वारा
(c) प्रकीर्णन द्वारा (d) इनमें से कोई नहीं

मानव नेत्र तथा दृष्टि दोष

49. साधारण आँख के लिए स्पष्ट दृष्टि की न्यूनतम दूरी है
(a) 0.25 मी (b) 0.50 मी
(c) 25 मी (d) अनन्त

50. रेटिना पर बना प्रतिबिम्ब होता है
(a) उल्टा और वास्तविक (b) सीधा और काल्पनिक
(c) सीधा और वास्तविक (d) उल्टा और काल्पनिक

51. निकट दृष्टि दोष को दूर करने के लिए उपयोग में लाते हैं
(a) उत्तल लेन्स (b) अवतल लेन्स
(c) बेलनाकार लेन्स (d) टॉरिक लेन्स

52. रेटिना पर वस्तु द्वारा उत्पन्न प्रतिबिम्ब मस्तिष्क तक ले जाती हैं
(a) पक्ष्माभी माँसपेशियाँ (b) अन्ध बिन्दु
(c) बेलनाकार लेन्स (d) प्रकाशीय तन्त्रिकाएँ

53. एक दूरदृष्टि दोष वाले व्यक्ति को निकट बिन्दु 0.75 मी है। इसके चश्मे की क्षमता 2.50 D है। अब निकट बिन्दु है
(a) 0.75 मी (b) 0.83 मी (c) 0.26 सेमी (d) 0.26 मी

54. एक व्यक्ति का निकट बिन्दु 0.5 मी तथा दूर बिन्दु 3 मी है। प्रयुक्त किए जाने वाले चश्मे की क्षमता
(i) पढ़ने के लिए
(ii) दूर की वस्तुओं को देखने के लिए
(a) – 2 D तथा + 3 D (b) + 2 D तथा – 3 D
(c) + 2 D तथा – 0.33 D (d) – 2 D तथा + 0.33 D

55. एक दूरदृष्टि दोष वाला व्यक्ति + 5 D क्षमता का लेन्स प्रयोग करता है। इसका निकट बिन्दु है
(a) 1 मी (b) 1.5 मी (c) 0.5 मी (d) 0.66 मी

प्रकाशिक यन्त्र, विभेदन सीमा एवं क्षमता

56. सरल सूक्ष्मदर्शी से अधिकतम आवर्धन के लिये नेत्र की स्थिति होगी
(a) लेन्स के निकट
(b) फोकस व प्रकाश केन्द्र के मध्य
(c) फोकस के निकट
(d) इनमें से कोई नहीं

57. सूक्ष्मदर्शी से निर्मित अन्तिम प्रतिबिम्ब होता है
(a) वास्तविक एवं आवर्धित (b) वास्तविक एवं छोटा
(c) आभासी एवं छोटा (d) आभासी एवं आवर्धित

58. चश्मा लगाने वाले व्यक्ति द्वारा सूक्ष्मदर्शी का प्रयोग करने के सन्दर्भ में सही है
(a) सूक्ष्मदर्शी का प्रयोग नहीं करना चाहिये
(b) चश्मा हटा लेना चाहिये
(c) चश्मा पहने हुए ही रखना चाहिये
(d) उसे सलाह देना कठिन है

59. एक सूक्ष्मदर्शी के अभिदृश्यक तथा अभिनेत्र लेन्स की फोकस दूरी क्रमश: 1.6 सेमी तथा 2.5 सेमी हैं। दोनों लेन्सों के बीच की दूरी 21.7 सेमी है। यदि अन्तिम प्रतिबिम्ब अनन्त पर बनता है, तब वस्तु तथा अभिदृश्यक लेन्स के बीच दूरी है
(a) 1.8 सेमी (b) 1.70 सेमी
(c) 1.65 सेमी (d) 1.75 सेमी

60. एक सरल सूक्ष्मदर्शी द्वारा स्पष्ट दृष्टि की न्यूनतम दूरी पर आवर्धित प्रतिबिम्ब निर्माण के लिये वस्तु की स्थिति होगी
(a) फोकस से दूर
(b) फोकस पर
(c) फोकस व प्रकाश केन्द्र के मध्य
(d) इनमें से कोई नहीं

61. 60 सेमी फोकस दूरी वाले अभिदृश्यक और 5 सेमी फोकस दूरी वाले एकल नेत्रिका लेन्स से बनी एक सरल दूरबीन को एक दूरस्थ पिण्ड पर ऐसा फोकस करते हैं कि अभिनेत्र लेन्स से समानान्तर किरणें निकलती हैं। यदि पिण्ड अभिदृश्यक पर 2° कोण अन्तरित करता है, तो प्रतिबिम्ब की कोणीय चौड़ाई होगी
(a) 10° (b) 24° (c) 50° (d) 1/6°

62. संयुक्त सूक्ष्मदर्शी की आवर्द्धन क्षमता 95 है तथा वस्तु अभिदृश्यक लेन्स से $\frac{1}{3.8}$ सेमी की दूरी पर है। अभिदृश्यक की फोकस दूरी $\frac{1}{4}$ सेमी है। अभिनेत्र लेन्स का आवर्द्धन कितना है?
(a) 5 (b) 10 (c) 100 (d) 200

63. एक संयुक्त सूक्ष्मदर्शी के द्वारा वस्तु को देखने के लिए अभिनेत्र लेन्स से 5 मिमी दूरी पर फोकसित किया जाता है। जब एक 3 मिमी की पारदर्शी पदार्थ की चादर वस्तु तथा सूक्ष्मदर्शी के बीच रखी जाती है, तो अभिदृश्यक लेन्स 1 मिमी घूमकर वस्तु को फोकसित होता है, तब पारदर्शी चादर का अपवर्तनांक होगा
(a) 1.5 (b) 1.6 (c) 1.8 (d) 2.0

64. संयुक्त सूक्ष्मदर्शी की लम्बाई 14 सेमी है। सामान्य आँख के लिए इसकी आवर्द्धन क्षमता 25 है। यदि नेत्रिका की फोकस दूरी 5 सेमी है, तब अभिदृश्यक के लिए वस्तु की होगी
(a) 2.4 सेमी (b) 2.1 सेमी
(c) 1.5 सेमी (d) 1.8 सेमी

65. एक संयुक्त सूक्ष्मदर्शी के अभिदृश्यक लेन्स और नेत्रिका लेन्स द्वारा उत्पन्न आवर्धन क्रमशः 25 एवं 6 हैं। इस सूक्ष्मदर्शी की आवर्धन क्षमता है
(a) 19 (b) 31
(c) 150 (d) $\sqrt{150}$

66. एक संयुक्त सूक्ष्मदर्शी के अभिदृश्यक तथा अभिनेत्र लेन्सों की फोकस दूरी क्रमश: 1 सेमी तथा 5 सेमी हैं। अभिदृश्यक तथा अभिनेत्र लेन्सों के बीच की दूरी 20 सेमी है। यदि अन्तिम प्रतिबिम्ब अभिनेत्र लेन्स से 25 सेमी की दूरी पर बनता है, अभिदृश्यक के सामने वस्तु रखी जाती है
(a) $\frac{95}{6}$ सेमी (b) 5 सेमी
(c) $\frac{95}{89}$ सेमी (d) $\frac{25}{6}$ सेमी

67. दूरदर्शी के द्वारा चन्द्रमा का प्रतिबिम्ब पृथ्वी से लिया गया है। बाद में अभिदृश्यक पर मक्खी बैठ जाती है, तब दूरदर्शी द्वारा प्राप्त प्रतिबिम्ब में
(a) तीव्रता कम हो जाएगी
(b) तीव्रता बढ़ जाएगी
(c) मक्खी का प्रतिबिम्ब सूक्ष्म होगा
(d) मक्खी का प्रतिबिम्ब वहाँ होगा

68. चन्द्रमा का व्यास 3.5×10^3 किमी तथा पृथ्वी से दूरी 3.8×10^5 किमी है। अभिदृश्यक तथा नेत्रिका की फोकस दूरी क्रमश: 4 सेमी तथा 10 सेमी है। चन्द्रमा के प्रतिबिम्ब का व्यास होगा लगभग
(a) 2° (b) 21°
(c) 40° (d) 50°

69. खगोलीय दूरदर्शी की आवर्द्धन क्षमता 10 तथा अभिनेत्र लेन्स की फोकस दूरी 20 सेमी है। अभिदृश्यक लेन्स की फोकस दूरी है
(a) 200 सेमी (b) 2 सेमी
(c) 0.5 सेमी (d) 0.5×10^{-2} सेमी

70. क्रिकेट मैच देखने के लिये भू-दूरदर्शी की तुलना में बाइनाकुलर का उपयोग करते हैं, क्योंकि
(a) यह सही त्रिविमीय दृश्य देती है
(b) इसकी लम्बाई कम रहती है
(c) दूरदर्शी सीधा प्रतिबिम्ब नहीं बनाता है
(d) दूरदर्शी में वर्ण विपथन रहता है

71. एक खगोलीय दूरदर्शी की लम्बाई सामान्य दृष्टि (श्रांत आँख) के लिए (जहाँ अभिदृश्यक लेन्स की फोकस दूरी f_0 है और नेत्रिका की फोकस दूरी f_e है) होगी
(a) $f_0 \times f_e$ (b) $\frac{f_0}{f_e}$ (c) $f_0 + f_e$ (d) $f_0 - f_e$

72. +15 सेमी , + 20 सेमी, + 150 सेमी तथा + 250 सेमी फोकस दूरियों वाले चार लेन्स खगोलीय दूरदर्शी निर्मित करने हेतु उपलब्ध हैं। अधिकतम आवर्धन प्राप्त करने के लिए, नेत्रिका की फोकस दूरी होनी चाहिए
(a) + 15 सेमी (b) + 20 सेमी
(c) + 150 सेमी (d) + 250 सेमी

73. एक दूरदर्शक की आवर्धन क्षमता 9 है। जब उसें समान्तर किरणों के लिये समायोजित किया जाता है तो अभिदृश्यक और नेत्र लेन्स के बीच की दूरी 20 सेमी होती है, दोनों लेन्सों की फोकस दूरियाँ क्रमश: हैं
(a) 20 सेमी, 2 सेमी (b) 11 सेमी, 9 सेमी
(c) 10 सेमी, 10 सेमी (d) 15 सेमी, 5 सेमी

74. किसी प्रयोगशाला में L_1, L_2, L_3 तथा L_4 चार उत्तल लेन्स जिनकी फोकस दूरियाँ क्रमश: 2, 4, 6 तथा 8 सेमी हैं, उपलब्ध हैं इनमें दो का उपयोग करके 10 सेमी लम्बाई का तथा आवर्धन क्षमता 4 वाला दूरदर्शी बनाया गया। इसके अभिदृश्यक तथा नेत्र लेन्स है
(a) L_2, L_3 (b) L_1, L_4 (c) L_3, L_2 (d) L_4, L_1

75. एक खगोलीय दूरदर्शी की आवर्धन क्षमता 8 है और दोनों लेन्सों के बीच की दूरी 54 सेमी है, तो नेत्रिका तथा अभिदृश्यक लेन्स की फोकस दूरी क्रमश: होगी
(a) 6 सेमी और 48 सेमी (b) 48 सेमी और 6 सेमी
(c) 8 सेमी और 64 सेमी (d) 64 सेमी और 8 सेमी

76. तारों को देखने के लिए 2 मी व्यास वाले किसी दूरदर्शी में 5000 Å तरंगदैर्ध्य का प्रकाश प्रयुक्त किया जाता है। दो तारों के बीच न्यूनतम कोणीय अन्तराल क्या होगा कि इनके प्रतिबिम्ब दूरदर्शी द्वारा विभेदित हो सकें?
(a) 4×10^{-4} रेडियन (b) 0.25×10^{-6} रेडियन
(c) 0.31×10^{-6} रेडियन (d) 5.0×10^{-3} रेडियन

77. जब सूक्ष्मदर्शी में 6000 Å की तरंगदैर्ध्य का प्रकाश प्रयुक्त करने पर दो बिन्दुओं के बीच की दूरी का विश्लेषण करने पर ज्ञात होता है, कि यह दूरी 0.1 मिमी है। यदि 4800 Å तरंगदैर्ध्य का प्रकाश प्रयोग करने पर विभेदन सीमा है
(a) 0.88 मिमी (b) 0.08 मिमी (c) 0.1 मिमी (d) 0.04 मिमी

78. एक जीप की हेड-लाइट परस्पर 1.2 मी दूर है। किसी प्रेक्षक की नेत्र पुतली का व्यास 2 मिमी और प्रकाश की तरंगदैर्ध्य 5896 Å प्रयुक्त की जाये तब प्रेक्षक से जीप की अधिकतम दूरी कितनी होनी चाहिये यदि दोनों हेडलाइट ठीक पृथक हों?
(a) 33.4 किमी (b) 33.4 मी (c) 3.34 किमी (d) 3.34 मी

उत्तरमाला

1.	(a)	2.	(b)	3.	(d)	4.	(a)	5.	(c)	6.	(b)	7.	(b)	8.	(b)	9.	(a)	10.	(a)
11.	(a)	12.	(a)	13.	(c)	14.	(b)	15.	(b)	16.	(d)	17.	(a)	18.	(b)	19.	(c)	20.	(c)
21.	(c)	22.	(b)	23.	(c)	24.	(a)	25.	(a)	26.	(a)	27.	(a)	28.	(c)	29.	(d)	30.	(b)
31.	(c)	32.	(c)	33.	(a)	34.	(a)	35.	(a)	36.	(a)	37.	(d)	38.	(a)	39.	(b)	40.	(b)
41.	(c)	42.	(a)	43.	(c)	44.	(d)	45.	(c)	46.	(c)	47.	(a)	48.	(c)	49.	(a)	50.	(a)
51.	(b)	52.	(d)	53.	(d)	54.	(c)	55.	(a)	56.	(a)	57.	(d)	58.	(b)	59.	(d)	60.	(c)
61.	(b)	62.	(a)	63.	(a)	64.	(b)	65.	(c)	66.	(c)	67.	(b)	68.	(h)	69	(a)	70.	(a)
71.	(c)	72.	(b)	73.	(a)	74.	(d)	75.	(a)	76.	(c)	77.	(b)	78.	(c)				

उत्तर व्याख्या सहित

3. चूँकि $u = f - x_1, u = f - x_2$

$$\therefore \quad \frac{1}{f - x_1} + \frac{1}{f - x_2} = \frac{1}{f}$$

$$\Rightarrow \quad \frac{f - x_2 + f - x_1}{(f - x_1)(f - x_2)} = \frac{1}{f}$$

$$\Rightarrow \quad f^2 - fx_2 - fx_1 + x_1x_2 = 2f^2 - f(x_1 + x_2)$$

$$\Rightarrow \quad f^2 = x_1x_2 \Rightarrow f = \sqrt{x_1x_2}$$

यह न्यूटन का दर्पण सूत्र है।

4. चूँकि $\frac{I}{d} = \frac{f}{u}$

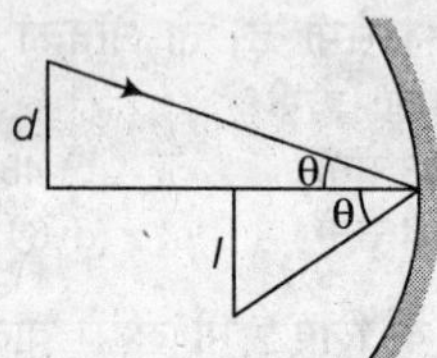

$$\Rightarrow \quad I = \frac{d}{u} f \Rightarrow I = \theta f$$

5. प्रतिबिम्ब सीधा व छोटा है, अतः दर्पण उत्तल है।

6. प्रश्न में दिए चित्र में, PQ फोकस से जाने वाली प्रकाश की किरण है तथा अवतल दर्पण के पृष्ठ पर गिरती है। दर्पण से परावर्तन में किरण दर्पण के मुख्य अक्ष से समान्तर हो जाती है।

7. उत्तल दर्पण की फोकस दूरी $f = +15$ सेमी (उत्तल दर्पण की फोकस दूरी धनात्मक है)

वस्तु की दूरी, $u = -12$ सेमी

वस्तु का आकार, $O = 4.5$ सेमी

दर्पण सूत्र द्वारा

$$\frac{1}{f} = \frac{1}{v} + \frac{1}{u}$$

$$\frac{1}{15} = \frac{1}{v} - \frac{1}{12}$$

$$\Rightarrow \quad \frac{1}{v} = \frac{1}{15} + \frac{1}{12}$$

$$= \frac{4 + 5}{60} = \frac{9}{60}$$

दर्पण से प्रतिबिम्ब की दूरी $v = 6.7$ सेमी

धनात्मक चिह्न यह दर्शाता है कि प्रतिबिम्ब दर्पण के पीछे बनता है।

आवर्धन का सूत्र प्रयुक्त करने पर,

$$m = -\frac{v}{u} = \frac{I}{O}$$

$$\frac{-6.7}{-12} = \frac{I}{4.5}$$

प्रतिबिम्ब का आकार $I = 2.5$ सेमी

चूँकि I धनात्मक है। अतः प्रतिबिम्ब आभासी होगा।

आवर्द्धन $\quad m = \frac{I}{O} = \frac{2.5}{4.5} = \frac{25}{45} = \frac{5}{9}$

जैसे ही सुई दर्पण से बाहर की ओर अर्थात् दूर जाती है, तब प्रतिबिम्ब भी दर्पण से दूर जाता है $(u \to \infty, v \to f)$ तथा प्रतिबिम्ब का आकार घटता है।

8. $\frac{1}{u} + \frac{1}{v} = \frac{1}{f} \Rightarrow -\frac{du}{u^2} - \frac{dv}{v^2} = 0$

$$\Rightarrow \quad -\frac{dv}{v^2} = \frac{du}{u^2}$$

$$\Rightarrow \quad \frac{dv}{dt} = -\frac{v^2}{u^2}\frac{du}{dt}$$

$$= -\frac{10 \times 10}{30 \times 30} \times 9 \text{ मी/से} = -1 \text{ मी/से}$$

9. स्नैल नियम से, $\mu = \frac{\sin i}{\sin r}$

$$\Rightarrow \quad \sin r = \frac{\sin i}{\mu}$$

चूँकि μ ऋणात्मक है, $\sin r$ ऋणात्मक है, अब r ऋणात्मक होगा।

10. चूँकि $\quad n_1 = \frac{c}{v_1} = \frac{v_\lambda}{v\lambda_1} = \frac{\lambda}{\lambda_1}$

$$n_2 = \frac{c}{v_2} = \frac{v\lambda}{v\lambda_2} = \frac{\lambda}{\lambda_2}$$

अब, $\quad \frac{n_1}{n_2} = \frac{\lambda_2}{\lambda_1}$

$$\Rightarrow \quad \lambda_2 = \left(\frac{n_1}{n_2}\right)\lambda_1$$

11. हम जानते हैं, $\mu = \frac{\sin i}{\sin r}$ (स्नैल के नियम से) और

$$i + r = 90° \Rightarrow r = 90° - i$$

$$\mu = \frac{\sin i}{\sin(90° - i)} = \tan i$$

$$\Rightarrow \quad i = \tan^{-1}(\mu) = \tan^{-1}(1.62)$$

12. हम जानते हैं,

$$\mu = \frac{\text{निर्वात् में प्रकाश का वेग}}{\text{जल में प्रकाश का वेग}}$$

$$\frac{4}{3} = \frac{3 \times 10^{10}}{\text{जल में प्रकाश का वेग}}$$

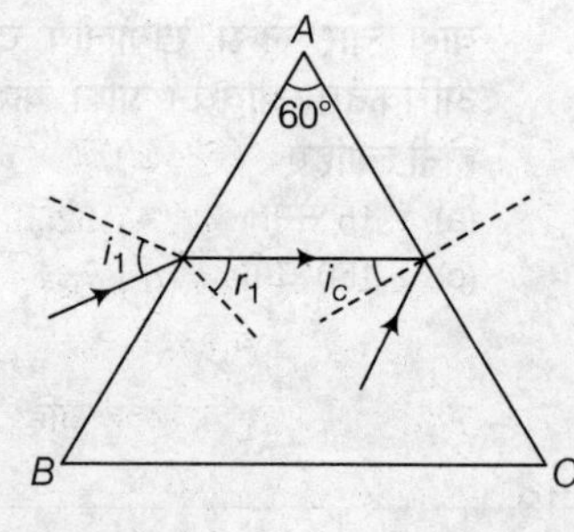

जल में प्रकाश का वेग

$= 2.25 \times 10^{10}$ सेमी/से

$$\text{समय} = \frac{500 \times 100}{2.25 \times 10^{10}}$$

$$= 2.22 \times 10^{-6} \text{ सेकण्ड}$$

परिणामी प्रकाशिक पथ $= \mu \times$ जल में चली दूरी

$$= \frac{4}{3} \times 500 = \frac{666.64}{100} \text{ सेमी}$$

$$= 6.66 \cong 7 \text{ सेमी}$$

13. समय $= \frac{\text{दूरी}}{\text{चाल}} = \frac{t}{c/n} = \frac{nt}{c}$

14. $\quad \mu = \frac{c}{v} = \frac{\sin i}{\sin r} = \frac{\sin 45°}{\sin 30°}$

$$\Rightarrow \quad v = \frac{3 \times 10^8}{\sqrt{2}} = 2.12 \times 10^8 \text{ मी/से}$$

15. प्रकाशीय पथ $\mu x =$ नियतांक अर्थात् $\mu_1 x_1 = \mu_2 x_2$

$$\Rightarrow \quad 1.53 \times 4 = \mu_2 \times 4.5 \Rightarrow \mu_2 = 1.36$$

16. चूँकि $\frac{1}{f} = \left(\frac{\mu_1}{\mu_2} - 1\right)\left(\frac{1}{R_1} - \frac{1}{R_2}\right)$

$$\frac{1}{f} = \left(\frac{\frac{3}{2}}{\frac{4}{3}} - 1\right)\left(\frac{1}{0.3} + \frac{1}{0.3}\right)$$

$$\Rightarrow \quad \frac{1}{f} = \left(\frac{9}{8} - 1\right)\left(\frac{2}{0.3}\right)$$

$$\Rightarrow \quad \frac{1}{f} = \frac{1}{8} \times \frac{2}{0.3} \Rightarrow f = 1.20 \text{ मी}$$

17. दर्पण के सूत्र से,

$$\frac{1}{v} + \frac{1}{-600} = \frac{1}{20}$$

$$\frac{1}{v} = \frac{1}{20} + \frac{1}{600} \Rightarrow \frac{1}{v} = \frac{31}{600}$$

$$\Rightarrow \quad v = \frac{600}{31} = 19.35 \text{ सेमी}$$

18. प्रिज्म कोण $A = 60°$

प्रिज्म का अपवर्तनांक $\mu = 1.524$

माना i आपतन कोण है क्रान्तिक कोण i_c है क्योंकि यह पूर्ण आन्तरिक परावर्तन प्रदर्शित करता है।

अतः हम क्रान्तिक कोण प्रयुक्त करते हैं।

$$\sin i_c = \frac{1}{\mu} = \frac{1}{1.524} = 0.6561 \Rightarrow i_c = 41°$$

प्रिज्म हेतु $r_1 + r_2 = A$

यहाँ $\quad r_2 = i_c$

$\therefore \quad r_1 + i_c = A$

$x_1 + 41° = 60°$

$x_1 = 19°$

$$\mu = \frac{\sin i_1}{\sin r_1}$$

अथवा $\sin i_1 = 1.524 \sin 19°$

$= 1.524 \times 0.3256$

अथवा $\quad i_1 = \sin^{-1}(0.4962)$

$i_1 = 29° \, 75'$

अतः कोण $29° \, 75'$ होना चाहिए।

19. $\mu = 1 = 3\left(1 - \frac{1}{\mu}\right)$

$$\Rightarrow \quad 1 - \frac{1}{\mu} = \frac{1}{3} \Rightarrow \frac{1}{\mu} = 1 - \frac{1}{3} = \frac{2}{3}$$

$$\Rightarrow \quad \mu = 3/2$$

अब $\quad \frac{1}{\sin i_c} = \frac{3}{2}$

$$\Rightarrow \quad \sin i_c = \frac{2}{3}$$

$$\Rightarrow \quad i_c = \sin^{-1}\left(\frac{2}{3}\right)$$

20. दिया है, $\mu_g \sin\theta_c = \mu_1 \sin 90°$

$$\Rightarrow \quad \mu_g \sin\theta = 1$$

जब लगातार पानी गिरता है,

$$\mu_w \sin r = \mu_s \sin\theta_c$$

या $\quad 1\mu_w \sin r = 1$

पुनः $\quad \mu_a \sin\theta = \mu_w \sin r$

$$\Rightarrow \quad \mu_a \sin\theta = 1 \Rightarrow \sin\theta = 1$$

$$\Rightarrow \quad \theta = 90°$$

21. यदि यह वास्तविक है, तो पर्दे पर प्रतिबिम्ब बनेगा। अवतल दर्पण या उत्तल लेन्स द्वारा वास्तविक प्रतिबिम्ब बनता है।

माना $\quad u = 2f + x,$

तब $\quad \frac{1}{u} + \frac{1}{v} = \frac{1}{f}$

$$\Rightarrow \quad \frac{1}{2f + x} + \frac{1}{v} = \frac{1}{f}$$

$$\Rightarrow \quad \frac{1}{v} = \frac{1}{f} - \frac{1}{2f + x} = \frac{f + x}{f(2f + x)}$$

$$\Rightarrow \quad v = \frac{f(2f + x)}{f + x}$$

दिया है $u + v = 1.0$ मी

$$2f + x + \frac{f(2f + x)}{f + x} = (2f + x)\left(1 + \frac{f}{f + x}\right) < 1.0 \text{ मी}$$

$$\Rightarrow \quad \frac{(2f + x)}{f + x} < 1.0 \text{ मी}$$

$$\Rightarrow \quad (2f + x)^2 < (f + x)$$

$$f < 0.25 \text{ मी}$$

22. इसमें (लेन्स में) दो अपवर्तनांकों के पदार्थ मिश्रित हैं अतः दो प्रतिबिम्ब बनेंगे।

23. चूँकि $\quad n = \frac{f}{f + u}$

$$f + u = \frac{f}{n} \Rightarrow u = \frac{f}{n} - f = \left(\frac{1 - n}{n}\right)f$$

$$\Rightarrow \quad u = -\left(\frac{n - 1}{n}\right)f, |n| = \left(\frac{n - 1}{n}\right)f$$

24. चूँकि $\quad \frac{1}{f} = \frac{1}{v} - \frac{1}{u}$

$$\Rightarrow \quad \frac{1}{f} = \frac{1}{-4} - \frac{1}{-10}$$

$$\Rightarrow \quad \frac{1}{f} = \frac{1}{10} - \frac{1}{4}$$

$$\Rightarrow \quad \frac{1}{f} = \frac{2 - 5}{20} = -\frac{3}{20}$$

$$\Rightarrow \quad f = -\frac{20}{3} \text{ सेमी} = -6.67 \text{ सेमी}$$

ऋणात्मक चिह्न दर्शाता है, कि लेन्स अवतल है।

25.

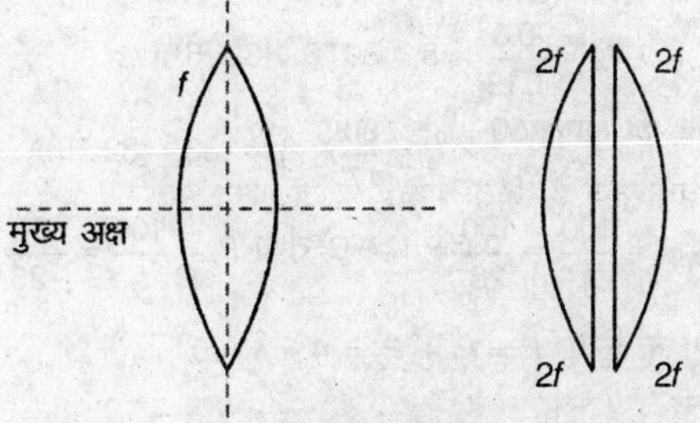

नए समतलोत्तल लेन्सों की फोकस दूरियों का अनुपात 1 : 1 है।

26. दिया है, $\frac{\omega_1}{\omega_2} = \frac{1}{2}$

अब, $\frac{f_1}{f_2} = -\frac{\omega_1}{\omega_2} = -\frac{1}{2} \Rightarrow f_2 = -2f_1$

अब, $\frac{1}{F} = \frac{1}{f_1} + \frac{1}{f_2}$

$\frac{1}{50} = \frac{1}{f_1} + \frac{1}{-2f_1}$

$\Rightarrow \quad 50f = \frac{-2+1}{-2f_1} = \frac{1}{2f_1}$

$\Rightarrow \quad 2f_1 = 50 \Rightarrow f_1 = 25$ सेमी

तथा $\quad f_2 = -2 \times 25$ सेमी $= -50$ सेमी

27. $\frac{1}{v} - \frac{1}{-8} = \frac{1}{10} \Rightarrow v = -40$ सेमी

$m = \frac{-40}{-8} = 5$

28. $m = \frac{f}{(f+u)} \Rightarrow -\frac{1}{n} = \frac{f}{(f+u)} \Rightarrow u = -(n+1)f$

29. m (अधिकतम) $= 1 + \frac{D}{f} = 1 + \frac{25}{2.5} = 11$

30. वायु या निर्वात् के अतिरिक्त सभी माध्यमों में भिन्न रंगों का वेग भिन्न होता है। इसलिए दोनों रंगों का अपवर्तन कोण भिन्न होगा। इसलिए पट्टिका से निकलने के उपरान्त वे अलग-अलग बिन्दुओं से निकलेंगी तथा दो अलग-अलग समान्तर दिशाओं में गति करेंगी।

31. चूँकि $y = \sqrt{y_1 \times y_2} = \sqrt{16 \times 9} = 4 \times 3 = 12$ सेमी

32. चूँकि $\frac{1}{f} = \frac{1}{f_1} + \frac{1}{f_2} - \frac{x}{f_1 f_2} = \frac{1}{f_1} - \frac{1}{f_1} + \frac{x}{f_1^2}$

$\frac{1}{f} = \frac{x}{f_1^2} \Rightarrow f > 0$ x के प्रत्येक मान के लिए, $x = 0, f = \infty$

अतः $x = 0$ के लिए, निकाय एक काँच की प्लेट के समान कार्य करता है।

33. $d = f$ से,

जहाँ $\frac{1}{f} = (\mu - 1)\frac{2}{R} = (1.5 - 1) \times \frac{2}{20} = \frac{2}{20}$

$\Rightarrow \quad f = 10$ सेमी

34. चूँकि $\frac{f_w}{f_a} = \frac{({}_a\mu_g - 1)}{(\mu_g - 1)}$

$\Rightarrow \quad \frac{f_w}{f_a} = \frac{(1.5-1)}{\left(\frac{1.5}{1.33} - 1\right)}$

$\frac{f_w}{f_a} = \frac{0.5}{0.17}$

$f_w = \frac{0.5}{0.13} \times 8 = 30.76 \approx 32$ सेमी

$f_w = \frac{50}{17} \times f_a = \frac{50}{17} \times 8 \times 1.33 \approx 32$ सेमी

35. यहाँ, $P_1 = \frac{100}{f_1} = \frac{100}{25} = +4$ D तथा $P_2 = \frac{100}{f_2} = \frac{100}{-25} = -4$ D

संयोग के लिए, $P = P_1 + P_2 = 4 - 4 = 0$

36. $\frac{1}{f} = (\mu - 1)\left(\frac{1}{R_1} - \frac{1}{R_2}\right)$

दिया है, $R_1 = +10$ सेमी, $R_2 = -10$, सेमी, $\mu = 1.3$

$\Rightarrow f = 16.7$ सेमी समान्तर किरणें फोकस पर अभिसारित होती हैं, इसलिए $L = f$

37. यहाँ $i_1 = 60°, A = 30°, \delta = 30°$

$i_1 + i_2 = A + \delta, i_2 = 0$

अतः किरण तथा जिस पृष्ठ से यह निकलती है उसके बीच कोण है।

$90° - 0° = 90°$

38. यहाँ $A = 5°, \mu = 1.5, i_1 = ?$

क्योंकि किरण प्रिज्म के पृष्ठ से निकलती है

$i_2 = 0°$

$\therefore \quad r_2 = 0°$

चूँकि $\quad r_1 + r_2 = A$

$r_1 = A - r_2 = 5 - 0 = 5°$

$\mu = \frac{\sin i}{\sin r_1}, \sin i_1 = \mu \sin r_1$

$= 1.5 \times \sin 5° = 1.5 \times 0.087 = 0.1305$

$i_1 = \sin^{-1}(0.1305) = 7.5°$

39.

ΔABC से, $A + 90° + (90° - i) = 180° \Rightarrow i = A$

अब बिन्दु d पर संयुग्मी कोण, $\theta = 2i, \theta = 2A$

केवल विकल्प (b) इसे सन्तुष्ट करता है।

40. प्रिज्म से किरण निकलने के लिए,

$\mu < \text{cosec}\frac{A}{2}$

$\mu < \text{cosec}\left(\frac{90°}{2}\right)$

$\mu < \sqrt{2}$

$\mu_{max} = \sqrt{2}$

41. $\omega = \frac{\mu_v - \mu_r}{\mu_y - 1} = \frac{1.65 - 1.61}{1.63 - 1}$

42. विचलन रहित विक्षेपण के लिए, $\frac{A}{A'} = \left(\frac{\mu'_y - 1}{\mu_y - 1}\right)$

$\therefore \quad \frac{A}{10} = \frac{(1.602 - 1)}{(1.500 - 1)} = \frac{0.602}{0.500}$

$\Rightarrow \quad A = 12°2.4'$

43. $\mu = \dfrac{\sin\dfrac{A+\delta_m}{2}}{\sin\dfrac{A}{2}} = \dfrac{\sin\dfrac{A+A}{2}}{\sin\dfrac{A}{2}} = \dfrac{\sin A}{\sin\dfrac{A}{2}}$

$= \dfrac{2\sin\dfrac{A}{2}\cos\dfrac{A}{2}}{\sin\dfrac{A}{2}} = 2\cos\dfrac{A}{2}$

इसीलिए $\sqrt{3} = 2\cos\dfrac{A}{2}$

$\Rightarrow \dfrac{\sqrt{3}}{2} = \cos\dfrac{A}{2} \Rightarrow A = 60°$

44. $n = \dfrac{\sin\left(\dfrac{A+\delta_m}{2}\right)}{\sin\dfrac{A}{2}} = \cot\dfrac{A}{2} = \dfrac{\cos\dfrac{A}{2}}{\sin\dfrac{A}{2}}$

$\Rightarrow \sin\left(\dfrac{A+\delta_m}{2}\right) = \cos\dfrac{A}{2} = \sin\left(90° - \dfrac{A}{2}\right)$

$\Rightarrow \dfrac{A+\delta_m}{2} = 90° - \dfrac{A}{2}$

$\Rightarrow \delta_m = (180° - 2A)$

45. दिया है, $\delta_m = A$, इसलिए $\mu = \dfrac{\sin\left(\dfrac{A+\delta_m}{2}\right)}{\sin\left(\dfrac{A}{2}\right)}$

$\Rightarrow \mu = \dfrac{\sin\left(\dfrac{A+A}{2}\right)}{\sin\left(\dfrac{A}{2}\right)} = 2\cos\dfrac{A}{2}$

$\Rightarrow A = 2\cos^{-1}\left(\dfrac{\mu}{2}\right)$

46. न्यूनतम विचलन की स्थिति में, $\angle i = \angle e, \angle r_1 = \angle r_2$

53. चूँकि $\dfrac{1}{f} = \dfrac{1}{v} - \dfrac{1}{u}$

$2.5 = \dfrac{1}{-0.75} - \dfrac{1}{u}$

$\Rightarrow \dfrac{1}{u} = -\dfrac{100}{75} - \dfrac{25}{10}$

$\Rightarrow \dfrac{1}{u} = -\dfrac{4}{3} - \dfrac{5}{2}$

$\Rightarrow \dfrac{1}{u} = \dfrac{-8-15}{6} = -\dfrac{23}{6}$

$\Rightarrow u = -\dfrac{6}{23} = -0.26$ मी

54. पढ़ने के लिए $u = -25$ सेमी, $v = -50$ सेमी, $f = ?$

$\therefore \dfrac{1}{f} = \dfrac{1}{v} - \dfrac{1}{u} = -\dfrac{1}{50} + \dfrac{1}{25} = \dfrac{1}{50}$

$P = \dfrac{100}{f} = +2$ D

दूर देखने के लिए, f' = दूर के बिन्दु की दूरी = – 3 मी

$P = \dfrac{1}{f'} = -\dfrac{1}{3} = -0.33$ D

55. दिया है, $f = \dfrac{1}{P} = \dfrac{1}{5}$ मी = 20 सेमी

अब, $\dfrac{1}{v} - \dfrac{1}{u} = \dfrac{1}{20}$

$\Rightarrow \dfrac{1}{v} - \dfrac{1}{-25} = \dfrac{1}{20}$

$\Rightarrow \dfrac{1}{v} = \dfrac{1}{20} - \dfrac{1}{25}$

$\Rightarrow \dfrac{1}{v} = \dfrac{5-4}{100}$

$\Rightarrow \dfrac{1}{v} = \dfrac{1}{100}$

$\Rightarrow d = 100$ सेमी = 1 मी

59. चूँकि $L = v_0 + f_e \Rightarrow v_0 = L - f_e$

$v_0 = (21.7 - 2.5)$ सेमी

$\Rightarrow v_0 = 19.2$ सेमी

$\dfrac{1}{19.2} - \dfrac{1}{u_0} = \dfrac{1}{1.6}$

$\Rightarrow -\dfrac{1}{u_0} = \dfrac{10}{16} - \dfrac{10}{192}$

$\Rightarrow -\dfrac{1}{u_0} = \dfrac{120-10}{192} = \dfrac{110}{192}$

$\Rightarrow u_0 = \dfrac{192}{110}$ सेमी $= -1.75$ सेमी

61. चूँकि $m = \dfrac{f_o}{f_e}$ एवं $m = \dfrac{\text{प्रतिबिम्ब द्वारा अन्तरित कोण}}{\text{वस्तु द्वारा अन्तरित कोण}}$

$\therefore \dfrac{f_o}{f_e} = \dfrac{\alpha}{\beta} \Rightarrow \alpha = \dfrac{f_o \times \beta}{f_e} = \dfrac{60\times 2}{5} = 24°$

62. वस्तु के लिए, $\dfrac{1}{v_0} - \dfrac{1}{-\dfrac{1}{3.8}} = \dfrac{1}{\dfrac{1}{4}}$

$\Rightarrow \dfrac{1}{v_0} + 3.8 = 4$

$\Rightarrow \dfrac{1}{v_0} = 0.2 = \dfrac{1}{5}$

$\Rightarrow v_0 = 5$

अब, $M_0 = \dfrac{5}{-\dfrac{1}{3.8}} = -19$

$M = M_0 \times M_e \; -95 = -19 \times M_e \Rightarrow M_e = \dfrac{95}{19} = 5$

63. विस्थापन $= t\left(1 - \dfrac{1}{\mu}\right)$

$1 = 3\left(1 - \dfrac{1}{\mu}\right) \Rightarrow \dfrac{1}{3} = 1 - \dfrac{1}{\mu}$

$\Rightarrow \dfrac{1}{\mu} = 1 - \dfrac{1}{3} = \dfrac{2}{3} \Rightarrow \mu = \dfrac{3}{2} = 1.5$

65. $m = m_o \times m_e = 25 \times 6 = 150$

66. नेत्रिका के लिए,

$v_e = -25$ सेमी, $f_e = 5$ सेमी

$\dfrac{1}{-25} - \dfrac{1}{u_e} = \dfrac{1}{5}$

$\Rightarrow \quad \frac{1}{u_e} = -\frac{1}{25} - \frac{1}{5}$

$\Rightarrow \quad \frac{1}{u_e} = -\frac{-1-5}{25}$

$\Rightarrow \quad u_e = -\frac{25}{6}$

अब, $v_0 = L - |u_e| = 20 - \frac{25}{6}$

$= \frac{120-25}{6}$ सेमी $= \frac{95}{6}$ सेमी

अब, $\frac{1}{\frac{95}{6}} - \frac{1}{u_0} = \frac{1}{1} \Rightarrow \frac{1}{u_0} = \frac{6}{95} - 1$

$\Rightarrow \quad u_0 = -\frac{95}{89}$ सेमी $\Rightarrow |u_0| = \frac{95}{89}$ सेमी

68. यहाँ, $\alpha = \frac{3.5 \times 10^3}{3.8 \times 10^5}$ रेडियन

$= \frac{3.5}{3.8 \times 100} \times \frac{108°}{\pi} = \frac{3.5 \times 180 \times 7°}{3.8 \times 100 \times 22}$

अब, $M = \frac{f_0}{f_e} = \frac{400}{10} = 40$

$\beta = \frac{40 \times 35 \times 180 \times 7°}{35 \times 100 \times 22} = 21.1° \approx 21°$

69. चूँकि $M = \frac{f_0}{f_e} \Rightarrow 10 = \frac{f_0}{20} \Rightarrow f_0 = 200$ सेमी

71. $L = f_o + f_e$

72. अधिक आवर्धन प्राप्त करने के लिये नेत्रिका की फोकस दूरी कम-से-कम होनी चाहिये।

73. $|m| = \frac{f_o}{f_e} = 9$ तथा $f_o + f_e = 20$ सेमी

हल करने पर, $f_o = 18$ सेमी, $f_e = 2$ सेमी

74. दूरदर्शी की आवर्धन क्षमता उच्च रखने के लिये f_o का मान अधिक एवं f_e का मान कम से कम रखना चाहिए।

75. $f_o + f_e = 54$ एवं $\frac{f_o}{f_e} = m = 8 \Rightarrow f_o = 8f_e$

$\Rightarrow \quad 8f_e + f_e = 54$

$\Rightarrow \quad f_e = \frac{54}{9} = 6$ सेमी

$\Rightarrow \quad f_o = 8f_e = 8 \times 6 = 48$ सेमी

76. न्यूनतम कोणीय अन्तराल $\Delta\theta = \frac{1}{RP} = \frac{1.22\lambda}{d}$

$= \frac{1.22 \times 5000 \times 10^{-10}}{2}$

$= 0.31 \times 10^{-6}$ रेडियन

77. चूँकि $\frac{\lambda_2}{\lambda_1} = \frac{4800}{6000} = 0.8$

विभेदन सीमा $= 0.8 \times 0.1$ मिमी

$= 0.08$ मिमी

78. जीप की दूरी $x = \frac{D \times d}{1.22 \times \lambda}$

जहाँ D = लेन्स का व्यास

तथा d = स्रोत के मध्य दूरी।

$x = \frac{(2 \times 10^{-3}) \times 1.2}{1.22 \times 5896 \times 10^{-10}}$ मी

अथवा $x = 3336$ मी या $x = 3.34$ किमी

अध्याय 23

तरंग प्रकाशिकी

Wave Optics

प्रकाश की तरंग प्रकृति (Wave Nature of Light)

हाइगेन्स के अनुसार, प्रकाश ऊर्जा का ही रूप है तथा यह काल्पनिक माध्यम ईथर में तरंग के रूप में संचरित होता है। यह माध्यम व्यापक, पारदर्शी, हल्का, पूर्ण प्रत्यास्थ तथा आदर्श तरल है। प्रकाश तरंग, मुक्त आकाश में 3×10^8 मी/से के वेग से गमन करती है तथा ऊर्जा व संवेग का संचरण करती है। माध्यम में प्रकाश का वेग माध्यम के अपवर्तनांक पर निर्भर करता है।

तरंगाग्र (Wavefront)

यदि हम माध्यम में कोई ऐसा पृष्ठ (surface) खींचें कि जिसमें स्थित सभी कण कम्पन की समान कला में हों, तो ऐसे पृष्ठ को 'तरंगाग्र' कहते हैं। समांग माध्यम में किसी तरंग का तरंगाग्र तरंग के संचरण की दिशा के लम्बवत् होता है। अत: तरंगाग्र के अभिलम्बवत् खींची गई रेखा, तरंग के संचरण की दिशा को प्रदर्शित करती है तथा इसे 'किरण' (ray) कहते हैं।

तरंगाग्र पर स्थित प्रत्येक बिन्दु नवीन विक्षोभ के स्रोत की भाँति व्यवहार करता है, जिसे द्वितीयक तरंगिका कहते हैं। यदि माध्यम समांगी है, तो द्वितीयक तरंगिकाएँ भी उसी वेग से गति करती हैं जिस वेग से प्रारम्भिक तरंगाग्र गति करता है।

किसी क्षण द्वितीयक तरंगिकाओं को अग्र दिशा में स्पर्श करती हुई सतह नया तरंगाग्र कहलाती है, इसे द्वितीयक तरंगाग्र कहते हैं।

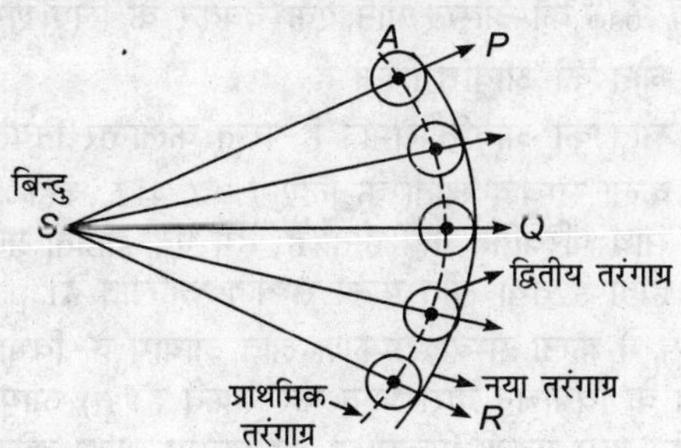

हाइगेन्स का सिद्धान्त (Huygens' Principle)

हाइगेन्स ने किसी माध्यम में तरंगों के संचरण के लिए सिद्धान्त प्रतिपादित किया है। इसी सिद्धान्त के आधार पर प्रकाश व ध्वनि तरंगें संचरित होती हैं। इसी सिद्धान्त को हाइगेन्स का द्वितीयक तरंगिकाओं का सिद्धान्त कहते हैं।

हाइगेन्स ने तरंगों का संचरण निम्न परिकल्पनाओं के आधार पर समझाया।

(i) जब किसी माध्यम में कोई तरंग उत्पन्न की जाती है, तो माध्यम के सभी कण कम्पन करने लगते हैं। एक ही कला में कम्पन करने वाले कणों का बिन्दु पथ तरंगाग्र कहलाता है।

(ii) तरंगाग्र पर स्थित प्रत्येक कण एक नए तरंग स्रोत की भाँति व्यवहार करता है जिससे सभी दिशाओं में नयी गोलीय तरंगें निकलती हैं। इन तरंगों को द्वितीयक तरंगिकाएँ कहते हैं। ये तरंगिकाएँ मूल तरंग की चाल से आगे बढ़ती हैं।

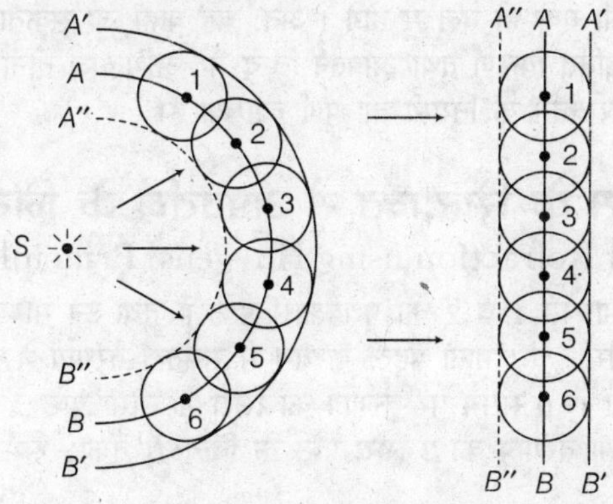

(iii) किसी क्षण सभी द्वितीयक तरंगिकाओं का आवरण अर्थात् उन्हें स्पर्श करते हुए खींचा गया पृष्ठ उस क्षण तरंगाग्र की नयी स्थिति व्यक्त करता है। चित्र में $A' B'$ नया तरंगाग्र है। हाइगेन्स के अनुसार इसका पीछे वाला भाग अग्रसित होने-वाले तरंगाग्र का भाग नहीं है।

हाइगेन्स के सिद्धान्त से परावर्तन के नियम

(Laws of Reflection using Huygens' Principle)

माना XY एक परावर्तक तल है जिस पर एक समतल तरंगाग्र तिरछा आपतित हो रहा है। माना तरंगाग्र का सिरा A परावर्तक तल को स्पर्श करता है। t समय पश्चात् तरंगाग्र का सिरा B परावर्तक तल के बिन्दु B' पर पहुँचता है।

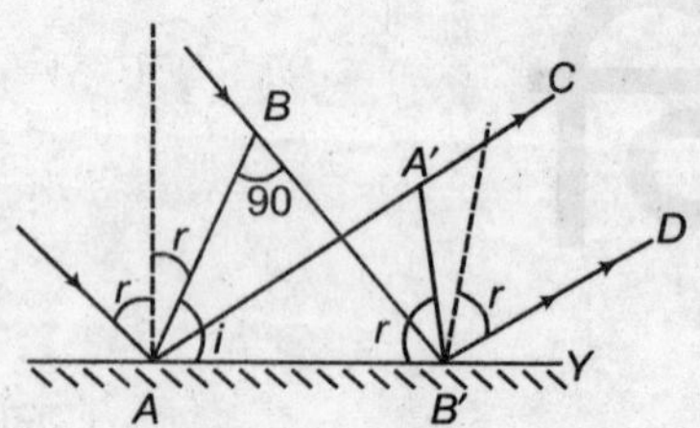

सबसे पहले A बिन्दु से द्वितीयक तरंगिकायें चलती है तथा t समय में $AA'=(ut)$ दूरी तय करती है इतने ही समय में तरंगाग्र का बिन्दु B दूरी BB' चलकर पृष्ठ के बिन्दु B' पर पहुँच जाता है। यहाँ से अब द्वितीयक तरंगिकायें चलती हैं, जैसे-जैसे आपतित तरंगाग्र आगे बढ़ेगा, वैसे-वैसे A व B' के बीच सभी बिन्दुओं से एक के बाद एक चलने वाली द्वितीयक तरंगिकायें एक साथ $A'B'$ के बीच सभी बिन्दुओं से एक के बाद एक चलने वाली द्वितीयक तरंगिकायें एक साथ $A'B'$ को स्पर्श करेंगी । अब $A'B'$, AB के संगत परावर्तित तरंगाग्र है।

समकोण त्रिभुजों ABB' तथा $AA'B'$ में

$$\angle ABB' = \angle AA'B'$$

भुजा BB' = भुजा AA'

भुजा AB' उभयनिष्ठ

अत: दोनों त्रिभुज सर्वांगसम हैं।

$\therefore$ कोण $\angle BAB' = \angle AB'A'$

आपतन कोण i = परावर्तन कोण r

यही **परावर्तन का दूसरा नियम** है।

$\because AB, A'B'$ तथा XY कागज के ही तल में हैं अत: इन पर खींचे गये अभिलम्ब भी एक ही तल में होंगे । अत: यह कहा जा सकता है कि आपतित किरण परावर्तित किरण तथा आपतन बिन्दु पर अभिलम्ब तीनों एक ही तल में हैं, जोकि परावर्तन के नियमों की पूर्ण व्याख्या है।

हाइगेन्स के सिद्धान्त से अपवर्तन के नियम

(Laws of Refraction using Huygens' Principle)

माना XY माध्यम 1 व 2 का पृथक्कारी पृष्ठ है तथा इन माध्यमों में तरंगों की चाल v_1 और v_2 हैं। माना पहले माध्यम में समतल तरंगाग्र AB तिरछा आपतित होता है तथा $t=0$ समय पर तरंगाग्र का सिरा A सीमा पृष्ठ XY को A पर स्पर्श करता है तथा तरंगाग्र का B सिरा पृष्ठ के बिन्दु B' तक t समय बाद पहुँचता है।

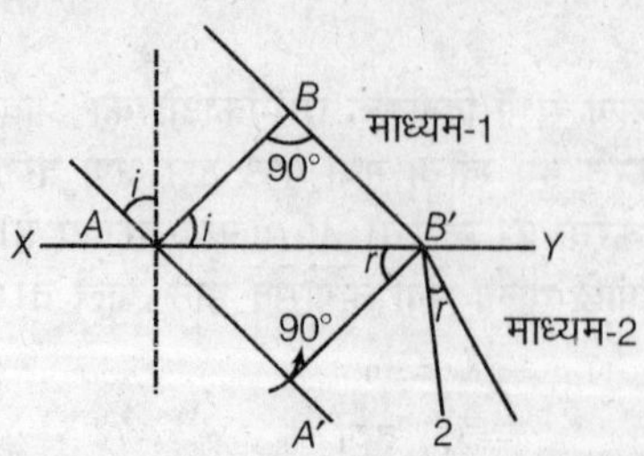

सबसे पहले A बिन्दु से तरंगिकायें चलती हैं जो t समय मे दूसरे माध्यम में $AA'=(v_2t)$ दूरी तय करती है इतने ही समय में तरंगाग्र का बिन्दु B पहले माध्यम में $BB'=(v_1t)$ दूरी तय करके पृष्ठ के बिन्दु B' पर पहुँच जाता है। जहाँ से तरंगिकायें चलना प्रारम्भ करती हैं।

जैसे-जैसे तरंगाग्र आगे बढ़ेगा, वैसे-वैसे A व B' के बीच सभी बिन्दुओं से एक के बाद एक चलने वाली द्वितीयक तरंगिकायें एक साथ $A'B'$ को स्पर्श करेंगी। इस प्रकार $A'B'$, AB के संगत अपवर्तित तरंगाग्र है।

चूँकि $AB, A'B'$ तथा XY कागज के तल में ही हैं अत: इन पर खींचे गये अभिलम्ब भी एक ही तल में होंगे। अत: यह कहा जा सकता है कि आपतित किरण तथा आपतन बिन्दु पर अभिलम्ब तीनों एक ही तल में स्थित हैं। यही **अपवर्तन का प्रथम** नियम है।

माना आपतित तरंगाग्र AB तथा अपवर्तित तरंगाग्र $A'B'$ अपवर्तक तल XY के साथ क्रमश: i तथा r कोण बनाते हैं, तब समकोण त्रिभुज $AB'B$ में

$$\angle ABB' = 90°$$

$$\sin i = \sin \angle BAB' = \frac{BB'}{AB'} = \frac{v_1 t}{AB'} \quad ...(i)$$

इसी प्रकार, समकोण त्रिभुज $AA'B'$ में

$$\angle AA'B' = 90°$$

$$\sin r = \sin \angle AB'A' = \frac{AA'}{AB'} = \frac{v_2 t}{AB'} \quad ...(ii)$$

समी (i) को समी (ii) से भाग देने पर

$$\frac{\sin i}{\sin r} = \frac{v_1}{v_2} = \text{नियतांक}$$

अत: आपतन कोण की ज्या और अपवर्तन कोण की ज्या का अनुपात एक नियतांक है। यह अपवर्तन का **दूसरा नियम** है।

कला सम्बद्ध स्रोत (Coherent Sources)

दो स्रोत कला सम्बद्ध कहलायेंगे, यदि उनकी आवृत्तियाँ समान तथा उनके बीच कलान्तर समय पर निर्भर न करें। इस स्थिति में कुल तीव्रता I दोनों स्रोतों की अलग तीव्रताओं I_1 व I_2 के योगफल से भिन्न होती है, परन्तु इनका व्यतिकरण पद एक दिए गए बिन्दु कलान्तर पर निर्भर करता है $I = I_1 + I_2 + 2\sqrt{I_1 I_2}\cos\phi$

जहाँ ϕ कलान्तर है।

$2\sqrt{I_1 I_2}\cos\phi$ का औसत मान एक चक्कर के लिए शून्य है, यदि

(a) स्रोत की आवृत्ति भिन्न है

(b) स्रोत की आवृत्ति समान है परन्तु कलान्तर नियत नहीं है

(c) कला सम्बद्ध स्रोतों के लिए $I = I_1 + I_2$ जहाँ ϕ समय के साथ परिवर्तित नहीं होता है, हमें एक तीव्रता प्रतिरूप प्राप्त होता है तथा स्रोत कला सम्बद्ध कहलाते हैं।

अभ्यास में कला सम्बद्ध प्रकाश स्रोत आयाम के विभाजन या तरंगाग्र के वियोजन द्वारा प्राप्त कर सकते हैं। (i) आयाम के विभाजन द्वारा पतली फिल्मों में व्यतिकरण न्यूटन वलय, (ii) तरंगाग्र के विभाजन द्वारा यंग का द्विस्लिट प्रयोग, फ्रेनल बाईप्रिज्म, लायड दर्पण।

प्रकाश का व्यतिकरण (Interference of Light)

जब किसी माध्यम से एक ही आवृत्ति की दो तरंगें एक साथ एक ही दिशा में जाती हैं, तो उनके अध्यारोपण से माध्यम के विभिन्न बिन्दुओं पर परिणामी तीव्रता उन तरंगों की अलग-अलग तीव्रताओं के योग से भिन्न होती है। कुछ बिन्दुओं पर परिणामी तरंग की तीव्रता बहुत अधिक तथा कुछ बिन्दुओं पर बहुत कम पायी जाती है। इस घटना को व्यतिकरण कहते हैं। जब तरंगें समान कला में मिलती हैं अर्थात् प्रकाश की तीव्रता अधिकतम होती है, तब व्यतिकरण को **संपोषी व्यतिकरण** कहते हैं। जब तरंगें विपरीत कला में मिलती हैं अर्थात् प्रकाश की तीव्रता न्यूनतम होती है, तब व्यतिकरण को **विनाशी व्यतिकरण** कहते हैं।

उच्चिष्ठ तथा निम्निष्ठ की स्थितियाँ
(Conditions of Maxima and Minima)

माना $y_1 = a_1 \sin \omega t$ तथा $y_2 = a_2 \sin(\omega t + \delta)$ समान आवृत्ति की समान दिशा में गतिमान दो सरल आवर्त तरंगों की समीकरणें हैं। a_1 व a_2 उनके आयाम हैं तथा δ उनके मध्य प्रारम्भिक कलान्तर है तथा $\frac{\omega}{2\pi}$ दो तरंगों की उभयनिष्ठ आवृत्ति है।

अध्यारोपण के सिद्धान्त द्वारा, परिणामी विस्थापन

$$A^2 = a_1^2 + a_2^2 + 2a_1 a_2 \cos \delta$$

परिणामी तीव्रता $I = A^2$

$$\therefore \quad I = a_1^2 + a_2^2 + 2a_1 a_2 \cos \delta$$

$$I = I_1 + I_2 + 2\sqrt{I_1 I_2} \cos \delta$$

(i) **संपोषी व्यतिकरण (अधिकतम तीव्रता) के लिए** [For Constructive Interference (Maximum Intensity)] तीव्रता I अधिकतम होगी, यदि $\cos\delta = +1$ अर्थात् यदि कलान्तर $\delta = 2n\pi$; $n = 0, 1, 2$ अथवा पथान्तर $= n\lambda$

अत: $I_{\text{अधिकतम}} = a_1^2 + a_2^2 + 2a_1 a_2 = (a_1 + a_2)^2$

(ii) **विनाशी व्यतिकरण (न्यूनतम तीव्रता) के लिए** [For Destructive Interference (Minimum Intensity)] तीव्रता I न्यूनतम होगी, यदि $\cos\delta = -1$

अर्थात् $\delta = (2n - 1)\pi$; $n = 1, 2, \ldots$

पथान्तर $= (2n - 1)\frac{\lambda}{2}$

अत: $I_{\text{न्यूनतम}} = a_1^2 + a_2^2 - 2a_1 a_2 = (a_1 - a_2)^2$

यंग का द्विक-रेखाछिद्र प्रयोग
(Young's Double Slit Experiment)

चित्र में स्लिट S पर एकवर्णी प्रकाश डाला जाता है। स्लिट S से प्रकाश तरंगें स्लिटों S_1 तथा S_2 पर पड़ती हैं। स्लिट S_1 व S_2 इस प्रकार रखी हैं कि

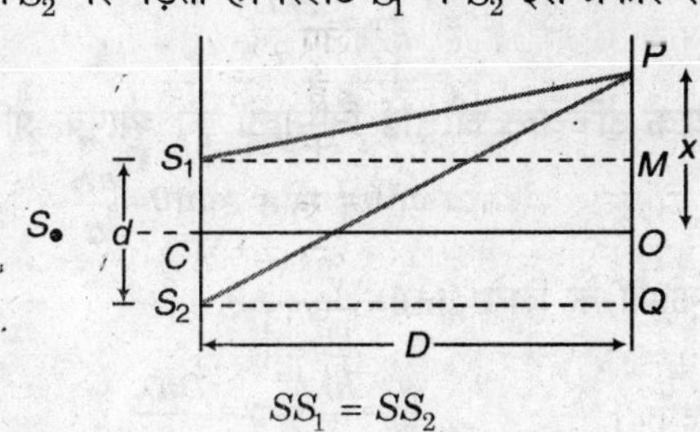

$SS_1 = SS_2$

अत: S से निकलने वाली तरंगें S_1 तथा S_2 पर एक साथ पहुँचती हैं अर्थात् S_1 व S_2 पर तरंगें समान कला में हैं। S_1, S_2 के सामने एक पर्दा P है। हमें दीप्त तथा अदीप्त फ्रिन्जों की स्थितियाँ ज्ञात करनी हैं।

माना फ्रिन्ज-नमूने के केन्द्र से बिन्दु P की दूरी x है

$$\therefore \quad S_2P - S_1P = \frac{dx}{D}$$

अत: व्यतिकारी तरंगों के बीच $\frac{dx}{D}$ का पथान्तर है।

दीप्त फ्रिन्जों की स्थिति (Position of Bright Fringes) संपोषी व्यतिकरण के लिये

पथान्तर $= n\lambda$

अर्थात् $\frac{xd}{D} = 2n\frac{\lambda}{2} = n\lambda$ या $x = \frac{n\lambda D}{d}$ (जहाँ $n = 0, 1, 2, 3..$)

$n = 0$ के लिये केन्द्रीय फ्रिन्ज प्राप्त होती है, अत: $x = 0$ अर्थात् $x_0 = 0$

अदीप्त फ्रिन्जों की स्थिति (Position of Dark Fringes) विनाशी व्यतिकरण के लिए

पथान्तर $= (2n - 1)\frac{\lambda}{2}$

अर्थात् $\frac{xd}{D} = (2n - 1)\frac{\lambda}{2}$ (जहाँ, $n = 0,1,2,3..$)

$x = \frac{(2n - 1)\lambda D}{2d}$ (जहाँ, $n = 0, 1, 2, 3..$)

फ्रिन्ज चौड़ाई (Fringe Width) दो क्रमागत दीप्त अथवा अदीप्त फ्रिन्जों के बीच की दूरी फ्रिन्ज चौड़ाई कहलाती है।

फ्रिन्ज चौड़ाई $\beta = \frac{\lambda D}{d}$

फ्रिन्जों का विस्थापन (Displacement of Fringes) यदि t मोटाई तथा μ अपवर्तनांक की एक पतली पारदर्शी पट्टिका किसी एक व्यतिकारी तरंगों (माना S_1P में) के पथ में रख दी जाये तब वायु में प्रभावी पथ का मान $(\mu - 1)t$ से बढ़ जाता है।

फ्रिन्ज चौड़ाई अपरिवर्तित रहती है।

फ्रिन्ज का विस्थापन $\Delta x = x_n - (x_n)_{t=0}$

$$= \frac{D}{d}[n\lambda + (\mu - 1)t] - \frac{nD\lambda}{d}$$

$$= \frac{D}{d}(\mu - 1)\, t = \frac{\beta}{\lambda}(\mu - 1)t$$

दो कला सम्बद्ध स्रोतों के लिये,

$$I_{\text{अधिकतम}} = (\sqrt{I_1} + \sqrt{I_2})^2$$

जहाँ, $\cos\phi = +1$

तथा $I_{\text{न्यूनतम}} = (\sqrt{I_1} - \sqrt{I_2})^2$

जहाँ, $\cos\phi = -1$

$$\therefore \quad \frac{I_{\text{अधिकतम}}}{I_{\text{न्यूनतम}}} = \frac{(\sqrt{I_1} + \sqrt{I_2})^2}{(\sqrt{I_1} - \sqrt{I_2})^2}$$

यदि दोनों स्लिटें समान चौड़ाई की हों,

अर्थात् $I_1 = I_2 = I_0$ (माना)

$I_{\text{अधिकतम}} = 4I_0$ तथा $I_{\text{न्यूनतम}} = 0$

स्थायी एवं स्पष्ट व्यतिकरण प्रतिरूप प्राप्त करने की शर्तें

(Conditions of Observing Sustainable and Contrast Interference Pattern)

(a) प्रकाश स्रोत एकवर्णी एवं समान आवृत्ति की तरंगें उत्पन्न करने वाले होने चाहिए।

(b) प्रकाश स्रोत पूर्ण कला सम्बद्ध होने चाहिए।

(c) दोनों प्रकाश स्रोत समान आयाम वाली तरंगें उत्पन्न करने वाले होने चाहिए, जिससे प्रकाश की अधिकतम एवं न्यूनतम तीव्रताओं में अच्छा विपर्यास (contrast) हो।

(d) प्रकाश स्रोत संकीर्ण एवं एक-दूसरे के अत्यन्त निकट होने चाहिए।

(e) स्रोत एवं पर्दे के बीच की दूरी अधिक होनी चाहिए।

(f) व्यतिकारी प्रकाश तरंगें यदि ध्रुवित हों, तो वे ध्रुवण की समान अवस्था में होनी चाहिए।

प्रकाश का विवर्तन (Diffraction of Light)

जब प्रकाश तरंगें छोटे छिद्र या अवरोध के तीक्ष्ण किनारों पर पड़ती हैं, तो प्रकाश ऋजुरेखीय पथ से विचलित हो जाता है अर्थात् किनारों पर आंशिक रूप से मुड़ जाता है। इस प्रकार किनारों से मुड़ना प्रकाश का विवर्तन कहलाता है।

सुप्रेक्ष्य विवर्तन होने के लिये विवर्तक वस्तु का आकार तथा तरंग की तरंगदैर्ध्य समान कोटि की होनी चाहिये।

विवर्तन दो प्रकार से वर्गीकरण किया गया है

(i) **फ्रेस्नल विर्तन** (Fresnel diffraction) जब बिन्दु प्रकाश स्रोत तथा पर्दा विवर्तक वस्तु से अधिक परन्तु सीमित अर्थात् कुछ मीटर की दूरी पर स्थित हो तथा किसी लेन्स का प्रयोग न किया गया हो, तो पर्दे पर प्राप्त विवर्तन प्रतिरूप को फ्रेस्नल विवर्तन प्रतिरूप कहते हैं।

(ii) **फ्रॉनहोफर विवर्तन** (Fraunhoffer diffraction) जब प्रकाश स्रोत तथा पर्दे में कोई एक अथवा दोनों विवर्तक वस्तु से अनन्त दूरी पर हों अर्थात् एक अथवा दो लेन्सों का प्रयोग किया गया हो, तो पर्दे पर प्राप्त विवर्तन प्रतिरूप को फ्रॉनहोफर विवर्तन प्रतिरूप कहते हैं।

फ्रेनल विवर्तन की अपेक्षा फ्रॉनहोफर विवर्तन का अध्ययन अधिक सरल होता है।

एकल झिर्री द्वारा विवर्तन

(Diffraction due to a Single Slit)

माना एकल स्लिट AB की चौड़ाई a है। एकवर्णी प्रकाश स्रोत S लेन्स L_1 के प्रथम फोकस पर स्थित है। लेन्स आपतित किरणों को समान्तर कर देता है। यह समान्तर किरण पुंज एकल स्लिट पर पड़ता है तत्पश्चात् पर्दे XY पर पड़ता है और विवर्तन प्रतिरूप प्राप्त होता है। पर्दा लेन्स L_2 के फोकस तल में स्थित होता है।

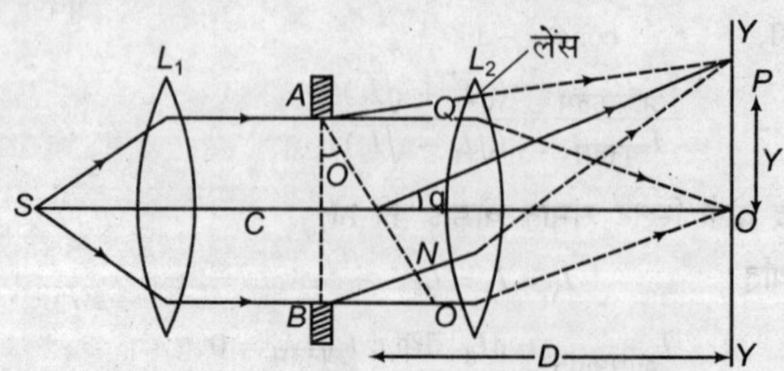

जब λ तरंगदैर्ध्य का एकवर्णी प्रकाश a चौड़ाई की एकल स्लिट पर पड़ता है, तो निम्निष्ठों की स्थितियों के लिए सूत्र होगा

$$a\sin\theta = n\lambda$$

जहाँ, $n = \pm 1, \pm 2, \pm 3...$

उच्चिष्ठों की स्थिति के लिये

$$a\sin\theta = (2n+1)\frac{\lambda}{2} \quad n = 1, 2, 3, 4..$$

केन्द्रीय उच्चिष्ठ (Central Maximum) यदि स्लिट के बिन्दु B से θ कोण पर विवर्तित तरंगिका पर स्लिट के बिन्दु A से लम्ब AN हो तो A व B से निकलने वाली व θ कोण पर विवर्तित तरंगिकाओं के बीच पथान्तर

$$BN = a\sin\theta \Rightarrow a\sin\theta = \lambda$$

A व C से θ कोण पर विवर्तित तरंगिकाओं में पथान्तर

$$\frac{2\pi}{\lambda} \times \frac{\lambda}{2} = \pi$$

अतः A व C से चलने वाली तरंगिकायें P पर विपरीत कला में पहुँचती हैं। अतः P बिन्दु पर परिणामी तीव्रता शून्य होती है। इस प्रकार पहली अदीप्त फ्रिन्ज प्राप्त होगी जिसकी दिशा है।

$$a\sin\theta = \lambda$$

अन्य अदीप्त फ्रिन्जों के लिये पथान्तर 2λ, λ,..... होंगे

अर्थात् व्यापक रूप में $a\sin\theta = n\lambda$

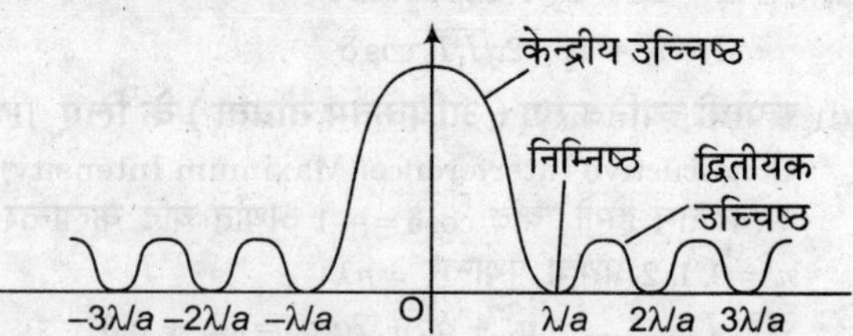

केन्द्रीय उच्चिष्ठ की चौड़ाई (Width of Central Maximum) माना प्रथम निम्निष्ठ की केन्द्र O से एक ओर की कोणीय स्थिति θ_1 है तो प्रथम निम्निष्ठ के लिये

$$a\sin\theta_1 = \lambda \Rightarrow \sin\theta_1 = \frac{\lambda}{a}$$

यदि θ_1 कोण छोटा हो तथा केन्द्रीय उच्चिष्ठ की अर्द्ध रेखीय चौड़ाई λ_1 हो, तो $\quad \sin\theta_1 = \theta_1 = \frac{y_1}{D}$

$$\frac{y_1}{D} = \frac{\lambda}{a} \Rightarrow y_1 = \frac{\lambda D}{a}$$

अतः केन्द्रीय उच्चिष्ठ की चौड़ाई

$$2y_1 = \frac{2\lambda D}{a}$$

द्वितीयक उच्चिष्ठ चौड़ाई निम्निष्ठों का व्यापक प्रतिबन्ध है

$$a\sin\theta = n\lambda \Rightarrow \sin\theta = \frac{n\lambda}{a}$$

छोटे कोणों के लिये, $\sin\theta = \frac{y}{D}$

$$\frac{y}{D} = \frac{n\lambda}{a} \Rightarrow y = \frac{Dn\lambda}{a}$$

nवें निम्निष्ठ के लिये, $Y_n = \frac{nD\lambda}{a}$

इसी प्रकार nवाँ द्वितीयक उच्चिष्ठ $n = n$ व $n = (n+1)$ के बीच में पड़ता है।

अत: nवें द्वितीयक उच्चिष्ठ की चौड़ाई $\beta = y_{n+1} - y_n$

$$\beta = (n+1)\frac{D\lambda}{a} - n\frac{D\lambda}{a}$$

$$\beta = \frac{D\lambda}{a}$$

विभेदन क्षमता एवं विभेदन सीमा
(Resolving Power and Limit of Resolution)

किसी प्रकाशिक यन्त्र की दो निकट स्थित वस्तुओं के प्रतिबिम्बों को अलग-अलग करने की क्षमता को उस यन्त्र की विभेदन क्षमता कहते हैं। तथा निकट स्थित वस्तुओं के बीच की वह न्यूनतम कोणीय दूरी जिस पर वे वस्तुएँ उस यन्त्र द्वारा अलग-अलग दिखाई देती हैं, यन्त्र की विभेदन सीमा कहलाती है।

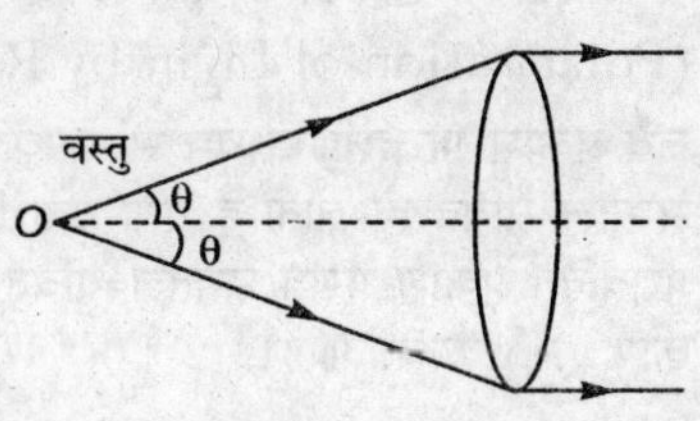

सूक्ष्मदर्शी की विभेदन क्षमता
(Resolving Power of Microscope)

सूक्ष्मदर्शी की विभेदन क्षमता $= \frac{2\mu \sin\theta}{\lambda} \Rightarrow \text{RP} \propto \frac{1}{\lambda}$

जहाँ, λ प्रयुक्त प्रकाश की तरंगदैर्ध्य एवं 2α वस्तु द्वारा सूक्ष्मदर्शी के अभिदृश्यक पर अन्तरित कोण है।

$\Rightarrow$ विभेदन सीमा $= \frac{\lambda}{2\mu \sin\theta}$

दूरदर्शी की विभेदन क्षमता
(Resolving Power of Telescope)

दूरदर्शी की विभेदन क्षमता $= \frac{d}{1.22\,\lambda}$

जहाँ λ प्रयुक्त प्रकाश की तरंगदैर्ध्य तथा d दूरदर्शी के अभिदृश्यक के द्वारक का व्यास है।

विभेदन सीमा $= \frac{1.22\lambda}{d}$

नोट सूक्ष्मदर्शी की विभेदन क्षमता लघु तरंगदैर्ध्य के प्रकाश को प्रयुक्त करके बढ़ाई जा सकती है।

दूरदर्शी की विभेदन क्षमता बड़े द्वारक का अभिदृश्यक प्रयुक्त करके बढ़ाई जा सकती है।

प्रकाश का ध्रुवण (Polarisation of Light)

सामान्यत: प्रकाश की तरंग में वैद्युत सदिश के कम्पन तरंग की गति के लम्बवत् तल में प्रत्येक दिशा में सममित रूप से होते हैं। जब प्रकाश की कोई तरंग टूरमैलीन क्रिस्टल (एक विशेष प्रकार का क्रिस्टल) पर डाली जाती है, तो तरंग के केवल वे कम्पन ही बाहर निकल पाते हैं, जो क्रिस्टल की अक्ष के समान्तर होते हैं। इस प्रकार निर्गत् तरंग में कम्पन तरंग की गति की दिशा के लम्बवत् तल में होते हैं। ऐसी तरंग को **समतल ध्रुवित तरंग** कहते हैं और इस घटना को 'प्रकाश का ध्रुवण' कहते हैं।

अध्रुवित तथा ध्रुवित प्रकाश
(Unpolarised and Polarised Light)

(i) अध्रुवित प्रकाश में वैद्युत वेक्टर के कम्पन प्रकाश के चलने की दिशा के लम्बवत् तल में सममित रूप से सभी दिशाओं में होते हैं।

(ii) ध्रुवित प्रकाश में वैद्युत वेक्टर के कम्पन प्रकाश की किरण के चलने की दिशा के लम्बवत् तल में होते हैं, परन्तु ये सभी दिशाओं में सममित रूप से न होकर एक ही दिशा में होते हैं।

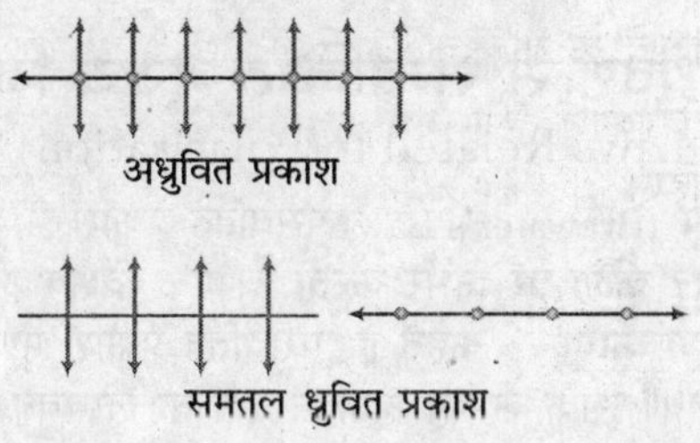

केवल अनुप्रस्थ तरंगों का ही ध्रुवण सम्भव है।

टूरमैलीन क्रिस्टल से पारगमन होने के बाद अध्रुवित प्रकाश (तीव्रता I_0) ध्रुवित (तीव्रता $\frac{I_0}{2}$) हो जाता है।

समतल ध्रुवित प्रकाश के कम्पन का तल तथा ध्रुवण का तल (Plane of Vibration and Plane of Polarisation of a Plane Polarised Light)

कम्पन तल (Plane of Vibration)

किसी समतल-ध्रुवित प्रकाश का कम्पन तल वह तल है, जिसमें प्रकाश के संचरण की दिशा एवं प्रकाश के कम्पन (अर्थात् विद्युत चुम्बकीय तरंग के विद्युत क्षेत्र के कम्पन) की दिशा होती है। चित्र में प्रदर्शित समतल-ध्रुवित प्रकाश का कम्पन तल $ABCD$ है, क्योंकि प्रकाश के संचरण की दिशा OO' तथा कम्पन की दिशा (तीरों के अनुदिश) दोनों इसी तल में हैं।

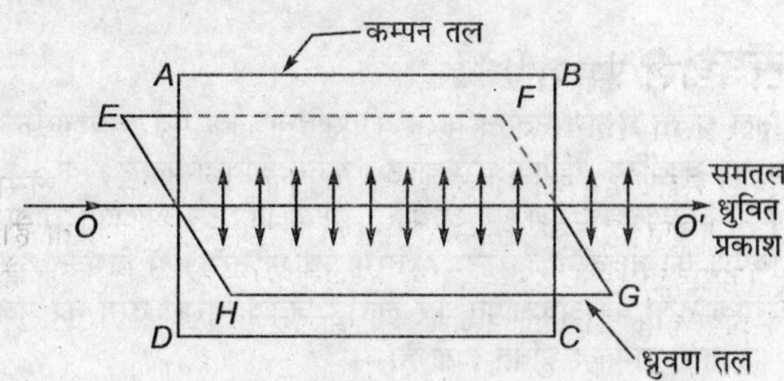

ध्रुवण तल (Plane of Polarisation)

किसी समतल-ध्रुवित प्रकाश का ध्रुवण तल वह तल है, जिसमें प्रकाश के संचरण की दिशा तो होती है लेकिन कोई कम्पन नहीं होता है। ध्रुवण तल सदैव कम्पन तल के लम्बवत् होता है। चित्र में प्रदर्शित समतल-ध्रुवित प्रकाश का ध्रुवण तल $EFGH$ है तथा तलों $ABCD$ व $EFGH$ की कटान रेखा OO' प्रकाश संचरण की दिशा प्रदर्शित करती है।

(i) तीर द्वारा प्रदर्शित समतल–ध्रुवित प्रकाश के कम्पन आपतन तल में होते हैं, अत: यह आपतन तल (plane of incidence) ही इसका कम्पन तल होता है, [चित्र (a)]। इस ध्रुवित प्रकाश का ध्रुवण तल, आपतन तल के लम्बवत् होता है।

(ii) बिन्दु द्वारा प्रदर्शित समतल–ध्रुवित प्रकाश के कम्पन आपतन तल के लम्बवत् होते हैं, अत: इसका कम्पन तल आपतन तल के लम्बवत् होता है तथा इस ध्रुवित प्रकाश का ध्रुवण तल प्रकाश का आपतन तल होता है [चित्र (b)]।

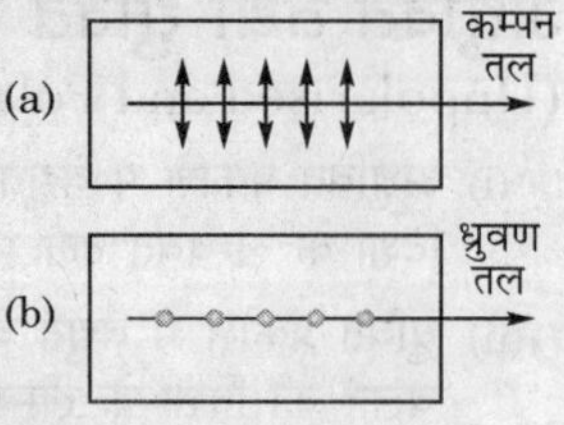

प्रकाश के ध्रुवण से सम्बन्धित मुख्य नियम

(Important Laws Related to Polarisation)

ब्रूस्टर का नियम (Brewster's Law) परावर्तित प्रकाश में ध्रुवित प्रकाश की मात्रा, आपतन कोण पर निर्भर करती है। एक विशेष आपतन कोण के लिए, जिसे **ध्रुवण कोण** i_p कहते हैं, परावर्तित प्रकाश पूर्णतया समतल ध्रुवित होता है तथा इसके कम्पन आपतन तल के लम्बवत् होते हैं।

ब्रूस्टर के नियम से, $n = \tan i_p$

जहाँ, n = पारदर्शी माध्यम का अपवर्तनांक।

मैलस का नियम (Law of Malus) जब किसी ध्रुवक (polariser) से आने वाला पूर्णत: समतल ध्रुवित प्रकाश किसी विश्लेषक (analyser) पर आपतित होता है तो विश्लेषक से निर्गत प्रकाश की तीव्रता, $\cos^2\theta$ के अनुक्रमानुपाती होती है। जहाँ, θ विश्लेषक की ध्रुवण दिशा तथा विश्लेषक पर आपतित प्रकाश के वैद्युत वैक्टर के बीच कोण है। इसे 'मैलस का नियम' कहते हैं।

इस प्रकार यदि विश्लेषक पर आपतित समतल ध्रुवित प्रकाश की तीव्रता I_0 हो, तब विश्लेषक से निर्गत् प्रकाश की तीव्रता

$$I = I_0 \cos^2\theta$$

यदि ध्रुवक पर आपतित अध्रुवित प्रकाश की तीव्रता I हो, तो निर्गत प्रकाश की तीव्रता $I' = I_0 \cos^2\theta$

$$I = I_0/2 \qquad \left(\because \cos^2\theta = \frac{1}{2}\right)$$

पोलेरॉइड (Polaroid)

यह समतल ध्रुवित प्रकाश उत्पन्न करने की सुविधाजनक एवं व्यवहारिक विधि है। यह कार्बनिक यौगिक हरपेथाइट (कुनैन आयडोसल्फेट) के क्रिस्टलों के द्विवर्णता के गुण पर आधारित है। ये क्रिस्टल आपतित साधारण प्रकाश किरण को दो तरंगों (ब्रूस्टर O-तरंग तथा E-तरंग) में विभक्त करके उसमें से एक तरंग को अवशोषित कर लेते हैं जबकि दूसरी तरंग को गुजरने देते हैं। यह तरंग समतल ध्रुवित होती है।

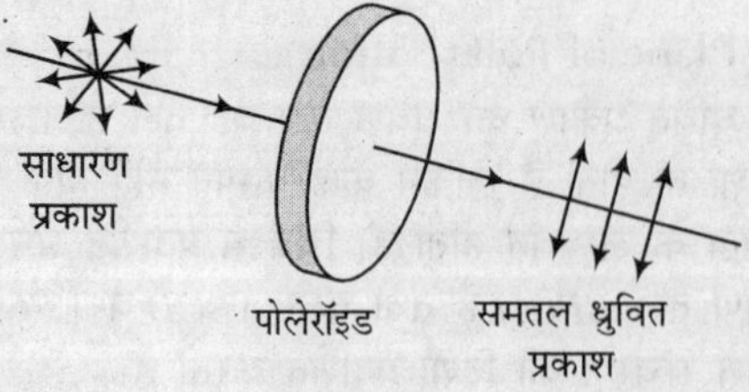

पोलेरॉइड (समतल ध्रुवित प्रकाश) के अनुप्रयोग

(Applications of Polaroid (Plane Polarised))

इसके अनुप्रयोग निम्न हैं—

(i) इसका उपयोग रात में सामने से आने वाले वाहन की तेज रोशनी से उत्पन्न चकाचौंध (glare) से बचने में किया जाता है।

(ii) सूक्ष्मदर्शी से अत्यन्त सूक्ष्म कणों को देखने के लिए पोलेरॉइड लगे सूक्ष्मदर्शी का उपयोग करते हैं।

(iii) पोलेरॉइड का उपयोग धातुओं के प्रकाशीय गुणों का अध्ययन करने तथा क्रिस्टलों के विश्लेषण करने में होता है।

(iv) इसकी सहायता से त्रिविमीय चित्र को देखा जा सकता है।

परावर्तन द्वारा प्रकाश का ध्रुवण

(Polarisation of Light by Reflecting)

जब प्रकाश पारदर्शी माध्यम से परावर्तित होता है तो वह आंशिक रूपसे समतल ध्रुवित हो जाता है तथा एक विशेष आपतन कोण के लिए परावर्तित प्रकाश पूर्णत समतल ध्रुवित हो जाता है, यह विशेष कोण ध्रुवण कोण (i_p) कहलाता है।

प्रकीर्णन द्वारा प्रकाश का ध्रुवण

(Polarisation of Light by Scattering)

जब अतिसूक्ष्म कणों (जैसे—धूल के कण, धुएँ के कण तथा अणुओं) पर प्रकाश आपतित होता है, तो कणों के द्वारा प्रकाश समस्त दिशाओं में प्रकीर्णित हो जाता है। इस घटना को **प्रकाश का प्रकीर्णन** कहते हैं तथा जिन कणों द्वारा प्रकीर्णन होता है उन्हें **प्रकीर्णक** कहते हैं। प्रकाश के आपतन की दिशा के अभिलम्बवत् दिशा में प्रकीर्णित प्रकाश पूर्णत: ध्रुवित होता है जबकि प्रकाश संचरण की दिशा में प्रकाश अध्रुवित होता है।

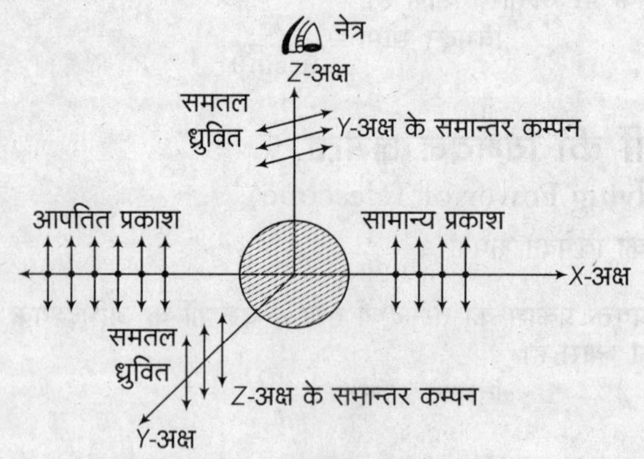

अतिसूक्ष्म कणों से प्रकीर्णन द्वारा प्रकाश का ध्रुवण

चित्र में दर्शाए अनुसार एक प्रकीर्णक कण (O) पर अध्रुवित प्रकाश पुंज X-अक्ष के अनुदिश आपतित होता है चूँकि प्रकाश अनुप्रस्थ तरंग गति करता है अत: अध्रुवित प्रकाश में विद्युत सदिश के सभी सम्भव दिशाओं में कम्पन yz-तल में सीमित है। यदि हम Y-अक्ष के अनुदिश देखते हैं, तो प्रकाश की अनुप्रस्थ प्रकृति के कारण, कम्पन Y-अक्ष के लम्बवत् अथवा Z-अक्ष के समान्तर होने चाहिए तथा इसी प्रकार जब Z-अक्ष के अनुदिश देखें, तो कम्पन Y-अक्ष के समान्तर होने चाहिए। इससे स्पष्ट होता है कि आपतित प्रकाश के लम्बवत् दिशा में प्रकाश सदैव समतल ध्रुवित होता है तथा अन्य समस्त दिशाओं में आंशिक रूप से समतल ध्रुवित होता है।

अभ्यास प्रश्न

हाइगेन्स का सिद्धान्त तथा व्यतिकरण

1. हाइगेन्स के तरंग सिद्धान्त द्वारा स्पष्ट नहीं कर सकते हैं
(a) प्रकाश का व्यतिकरण (b) प्रकाश का ध्रुवण
(c) प्रकाश विद्युत प्रभाव (d) प्रकाश का विवर्तन

2. हाइगेन्स के द्वितीयक तरंगिकाओं का सिद्धान्त
(a) मोटे लेन्स की फोकस दूरी ज्ञात करने के लिए उपयोग कर सकते हैं
(b) तरंगाग्र को ज्ञात करने के लिए ज्यामितीय विधि है
(c) प्रकाश का वेग ज्ञात करने के लिए उपयोग किया जाता है
(d) ध्रुवीकरण को स्पष्ट करने के लिए उपयोग किया जाता है

3. तरंगाग्र से तात्पर्य है
(a) इसमें सभी कण समान कला में होते हैं
(b) इसमें कुछ कण समान कला में व कुछ कण विपरीत कला में होते हैं
(c) सभी कण विपरीत कला में होते हैं
(d) उपरोक्त में से कोई नहीं

4. किसी तरंग के तरंगाग्र की दिशा, तरंग गति के ····· होती है।
(a) समान्तर (b) लम्बवत्
(c) विपरीत (d) इनमें से कोई नहीं

5. किसी बिन्दुवत् स्रोत से निकलने वाली अपसारी किरणों से बनने वाले तरंगाग्र की आकृति होती है
(a) बेलनाकार (b) गोलाकार (c) समतल (d) घनाकार

6. व्यतिकरण की घटना द्वारा प्राप्त होती है
(a) केवल अनुदैर्ध्य यान्त्रिक तरंगों द्वारा
(b) केवल अनुप्रस्थ यान्त्रिक तरंगों द्वारा
(c) केवल विद्युत चुम्बकीय तरंगों द्वारा
(d) उपरोक्त सभी प्रकार की तरंगों द्वारा

7. दो कला सम्बद्ध स्रोतों के प्रकाश के व्यतिकरण में ऊर्जा
(a) बढ़ती है
(b) पुनर्वितरित होती है एवं वितरण समय के साथ परिवर्तित नहीं होती है
(c) पुनर्वितरित होती है एवं वितरण समय के साथ परिवर्तित होती है
(d) घटती है

8. विनाशी व्यतिकरण के लिए पथान्तर है
(a) $n\lambda$ (b) $n(\lambda + 1)$ (c) $\frac{(n+1)\lambda}{2}$ (d) $\frac{(2n+1)\lambda}{2}$

9. किसी तरंग के लिये कलान्तर ϕ के तुल्य पथान्तर है
(a) $\frac{\pi}{2\lambda}\phi$ (b) $\frac{\pi}{\lambda}\phi$ (c) $\frac{\lambda}{2\pi}\phi$ (d) $\frac{\lambda}{\pi}\phi$

10. वायु की उपस्थिति में व्यतिकरण प्रकोष्ठ में व्यतिकरण देखा गया। प्रकोष्ठ को निर्वातित कर समान प्रकाश प्रयुक्त किया जाता है, तब सावधानीपूर्वक प्रेक्षण में व्यक्त होगा
(a) व्यतिकरण नहीं
(b) चमकीली पट्टी के साथ व्यतिकरण
(c) अदीप्त पट्टी के साथ व्यतिकरण
(d) व्यतिकरण जिसमें फ्रिन्ज की चौड़ाई कुछ बढ़ेगी

11. चार प्रकाश तरंगों की समीकरणें निम्न हैं
1. $y_1 = a_1 \sin \omega t$
2. $y_2 = a_2 \sin (\omega t + \delta)$
3. $y_3 = a_1 \sin 2\omega t$
4. $y_4 = a_2 \sin (2\omega t + \delta)$

उपरोक्त में से किन दो तरंगों के अध्यारोपण से व्यतिकरण सम्भव है?
(a) y_1 व y_2 से (b) y_1 व y_3 से (c) y_1 व y_4 से (d) y_2 व y_3 से

12. $y_1 = a \sin \omega t$ और $y_2 = b \cos \omega t$ द्वारा निरुपित दो तरंगों के बीच कलान्तर है
(a) शून्य (b) $\frac{\pi}{2}$ (c) π (d) $\frac{\pi}{4}$

13. यदि $y_1 = 4 \sin \omega t$ और $y_2 = 3 \sin\left(\omega t + \frac{\pi}{3}\right)$ द्वारा निरुपित दो तरंगें एक बिन्दु पर व्यतिकरण करती है, तो परिणामी तरंग का आयाम लगभग होगा
(a) 7 (b) 6 (c) 5 (d) 3.5

14. यंग के व्यतिकरण के प्रयोग में उच्चिष्ठ और निम्निष्ठ की तीव्रताओं का अनुपात 9 : 1 है, तो कला सम्बद्ध स्रोतों के आयामों का अनुपात होगा
(a) 9 : 1 (b) 3 : 1 (c) 2 : 1 (d) 1 : 1

15. यंग के द्वि-स्लिट के प्रयोग में यदि झिर्रियों की चौड़ाइयों का अनुपात 1 : 9 है, तो निम्निष्ठ तथा उच्चिष्ठ की प्रकाश तीव्रताओं का अनुपात होगा
(a) 1 (b) 1/9 (c) 1/4 (d) 1/3

16. दो स्वतन्त्र तरंगों की समीकरणें निम्नलिखित है
$y_1 = a_1 \sin \omega_1 t$ तथा $y_2 = a_2 \sin \omega_2 t$
क्या इन दोनों तरंगों से व्यतिकरण सम्भव है?
(a) हाँ
(b) नहीं
(c) कभी सम्भव तथा कभी सम्भव नहीं
(d) कुछ नहीं कहा जा सकता

17. λ तरंगदैर्ध्य की दो एकवर्णी प्रकाश तरंगों में संपोषी व्यतिकरण के लिए पथान्तर होना चाहिए।
(a) $(2n-1)\frac{\lambda}{4}$ (b) $(2n-1)\frac{\lambda}{2}$
(c) $n\lambda$ (d) $(2n+1)\frac{\lambda}{2}$

18. $x = \frac{n\lambda D}{\alpha}$ में n किस मान के लिए केन्द्रीय फ्रिन्ज प्राप्त होगी?
(a) 1 (b) 2 (c) 0 (d) 5

19. श्वेत प्रकाश से बने व्यतिकरण प्रतिरूप में केन्द्रीय श्वेत फ्रिन्ज की निकटतम फ्रिन्ज किस रंग की होगी?
(a) बैंगनी (b) लाल (c) हरा (d) पीला

20. दो कला सम्बद्ध स्रोतों की तीव्रताओं का अनुपात 100 : 1 है। इनकी अधिकतम व न्यूनतम तीव्रताओं का अनुपात है
(a) $\frac{1}{100}$ (b) $\frac{1}{10}$ (c) $\frac{10}{1}$ (d) $\frac{3}{2}$

21. यदि समान आवृत्ति की दो प्रकाश तरंगों की तीव्रताओं का अनुपात 4 : 1 है और उनमें व्यतिकरण हो, तो प्रतिरूप में अधिकतम और न्यूनतम तीव्रताओं का अनुपात होगा
(a) 9 : 1 (b) 3 : 1 (c) 25 : 9 (d) 16 : 25

22. व्यतिकरण उत्पन्न करने वाली दो प्रकाश तरंगों के आयामों का अनुपात 3 : 2 है, तो अधिकतम व न्यूनतम तीव्रताओं का अनुपात है
(a) 36 : 1 (b) 9 : 4
(c) 25 : 1 (d) 6 : 4

23. यंग के द्वि-स्लिट प्रयोग में 4360Å और 5460Å तरंगदैर्ध्य के नीले और हरे प्रकाश एक साथ प्रयोग किये जाते हैं। यदि चौथी दीप्त फ्रिन्ज की केन्द्रीय फ्रिन्ज से दूरी x हो, तो
(a) x (नीला) = x (हरा) (b) x (नीला) > x (हरा)
(c) x (नीला) < x (हरा) (d) $\frac{x\text{(नीला)}}{x\text{(हरा)}} = \frac{5460}{4360}$

24. यंग प्रयोग में दो कला सम्बद्ध स्रोत एक-दूसरे से 0.90 मिमी की दूरी पर रखे हैं तथा फ्रिन्जें एक मीटर की दूरी पर प्राप्त होती हैं। यदि द्वितीय अदीप्त फ्रिन्ज की केन्द्रीय फ्रिन्ज से दूरी 1 मिमी है, तो उपयुक्त एकवर्णी प्रकाश स्रोत की तरंगदैर्ध्य होगी
(a) 60×10^{-4} सेमी (b) 10×10^{-4} सेमी
(c) 10×10^{-5} सेमी (d) 6×10^{-5} सेमी

25. यंग के द्वि-स्लिट प्रयोग में Na प्रकाश (λ = 5898 Å) उपयोग में लाया जाये तो 92 फ्रिन्जें दिखाई देती हैं। किन्तु यदि दूसरा प्रकाश (λ = 5461Å) उपयोग में लाया जाये तो कितनी फ्रिन्जें दिखाई देंगी?
(a) 62 (b) 67 (c) 85 (d) 99

26. यंग के द्वि-स्लिट प्रयोग में अभ्रक की t मोटाई की एवं μ अपवर्तनांक वाली पट्टी प्रथम स्रोत S से आने वाली किरण के मार्ग में रख दी जाती है। बताइये फ्रिन्जें समायोजन कितनी दूरी से विस्थापित होगा?
(a) $\frac{d}{D}(\mu - 1)t$ (b) $\frac{D}{d}(\mu - 1)t$ (c) $\frac{d}{(\mu - 1)D}$ (d) $\frac{D}{d}(\mu - 1)$

27. दो सम्बन्द्ध स्रोतों की तीव्रताओं का अनुपात 100:1 है। इनकी अधिकतम व न्यूनतम तीव्रताओं का अनुपात है
(a) $\frac{1}{100}$ (b) $\frac{1}{10}$ (c) $\frac{10}{1}$ (d) $\frac{3}{2}$

28. 0.20 मिमी चौड़ाई की एकल स्लिट 500 नैनोमीटर तरंगदैर्ध्य के प्रकाश से प्रदीप्त होती है। पर्दा, स्लिट से 80 सेमी दूर रखा जाता है, तो केन्द्रीय दीप्त फ्रिन्ज की चौड़ाई होगी
(a) 10 मिमी (b) 15 मिमी
(c) 4 मिमी (d) 20 मिमी

29. तरंगों के दो स्रोत कला सम्बद्ध कहलाते हैं यदि
(a) दोनों के कम्पनों का आयाम बराबर हो
(b) दोनों समान तरंगदैर्ध्य की तरंगें उत्पन्न करते हों
(c) दोनों समान तरंगदैर्ध्य की तरंगें उत्पन्न करते हों जिनकी कला स्थिर हो
(d) दोनों समान वेग की तरंगें उत्पन्न करते हों

30. निम्नलिखित में से कौन-सा सबसे अच्छा एकवर्णी प्रकाश स्रोत है?
(a) मोमबत्ती (b) बल्ब (c) लेसर (d) मर्करी

31. निम्नलिखित में से किसके द्वारा दो कला सम्बद्ध स्रोत नहीं उत्पन्न किए जा सकते हैं?
(a) लायड दर्पण (b) फ्रेनल द्वि-प्रिज्म
(c) यंग द्विक्-रेखाछिद्र (d) प्रिज्म

प्रकाश का विवर्तन तथा ध्रुवण

32. प्रकाश के विवर्तन से पुष्टि होती है
(a) अनुप्रस्थ प्रकृति की (b) कण स्वरूप की
(c) तरंग स्वरूप की (d) अनुदैर्ध्य प्रकृति की

33. लाल प्रकाश का प्रयोग करके एक विवर्तन प्रतिरूप बनाया जाता है। यदि लाल प्रकाश के स्थान पर नीले प्रकाश का प्रयोग करें, तब
(a) बैण्ड की चौड़ाई कम हो जाएगी एवं विवर्तन प्रतिरूप संकुचित हो जाएगा
(b) बैण्ड की चौड़ाई अधिक हो जाएगी एवं विवर्तन प्रतिरूप फैल जाएगा
(c) बैण्ड लुप्त हो जाएँगे
(d) कोई परिवर्तन नहीं होगा

34. एक समतल तरंगाग्र ($\lambda = 6 \times 10^{-7}$मी) 0.4 मिमी चौड़ाई की झिर्री पर आपतित होता है। झिर्री के पीछे रखा 0.8 मी फोकस दूरी का उत्तल लेन्स प्रकाश को पर्दे पर फोकस करता है। द्वितीय उच्चिष्ठ का रेखीय व्यास क्या होगा?
(a) 6 मिमी (b) 10 मिमी (c) 15 मिमी (d) 20 मिमी

35. एकल स्लिट जिसकी चौड़ाई 0.6 मिमी है, के विवर्तन प्रयोग में, पीले प्रकाश का उपयोग करते हैं। यदि पीले प्रकाश के स्थान पर X-किरणों का उपयोग किया जाए, तो विवर्तन प्रतिरूप प्रदर्शित करेगा
(a) संकरा केन्द्रीय उच्चिष्ठ (b) कोई विवर्तन प्रतिरूप नहीं
(c) अधिक संख्या में फ्रिन्जें (d) कम संख्या में फ्रिन्जें

36. किसी एकल झिर्री के द्वारा प्राप्त विवर्तन प्रारूप में केन्द्रीय उच्चिष्ठ की कोणीय चौड़ाई (β) निर्भर नहीं करती है
(a) झिर्री एवं स्रोत के मध्य की दूरी
(b) प्रयुक्त प्रकाश की तरंगदैर्ध्य पर
(c) झिर्री की चौड़ाई पर
(d) प्रयुक्त प्रकाश की आवृत्ति पर

37. यदि एकल पट्टी द्वारा फ्रानहॉफर परावर्तन में, पट्टी की चौड़ाई बढ़ती है, तो केन्द्रीय उच्चतम की चौड़ाई होगी
(a) बढ़ेगा
(b) घटेगी
(c) अपरिवर्तित रहेगी
(d) प्रयुक्त प्रकाश की तरंगदैर्ध्य पर निर्भर करेगी

38. किस गुण के आधार पर प्रकाश तरंग को ध्वनि तरंग से अलग किया जाता है?
(a) व्यतिकरण (b) अपवर्तन (c) ध्रुवण (d) परावर्तन

39. प्रकाश तरंगें ध्रुवित की जा सकती हैं क्योंकि ये होती हैं
(a) अनुप्रस्थ (b) परावर्तित (c) अनुदैर्ध्य (d) उच्च आवृत्ति वाली

40. विद्युत चुम्बकीय तरंगों के संचरण में संचरण की दिशा व ध्रुवण तल के मध्य कोण होता है
(a) 110° (b) 45° (c) 0° (d) 180°

41. निम्न में से कौन-सी घटना प्रकाश एवं ध्वनि तरंगों के लिये सामान्य नहीं है?
(a) व्यतिकरण (b) विवर्तन (c) ध्रुवण (d) परावर्तन

42. ध्रुवित ग्लास धूप के चश्मों में प्रयोग किए जाते हैं, क्योंकि
(a) यह केवल एक फैशन की वस्तु है
(b) इसका रंग अच्छा है
(c) ध्रुवण के कारण यह प्रकाश की तीव्रता आधी कर देते हैं
(d) यह सस्ता है

43. प्रकाश दो पोलेरीमीटर नलियों से एक के पश्चात् एक में से गुजरता है जिनकी प्रत्येक की लम्बाई 0.29 मी है। प्रथम नली में 60 किग्रा/माr^3 सान्द्रता तथा 0.01 रेडियन-मी^{2}/किग्रा विशिष्ट घूर्णन का दक्षिण घूर्णक विलयन है। द्वितीय नली में 30 किग्रा/मी^{3} सान्द्रता तथा 0.02 रेडियन-मी^{2}/किग्रा विशिष्ट घूर्णन का वाम घूर्णक विलयन है। उत्पन्न परिणामी घूर्णन होगा
(a) 45° (b) 0° (c) 20° (d) 60°

44. I_0 तीव्रता के प्रकाश की दिशा से 45° कोण पर एक ध्रुवक स्थित है। ध्रुवक से गुजरने के पश्चात् प्रकाश की तीव्रता होगी
(a) I_0 (b) $I_0/2$
(c) $I_0/4$ (d) शून्य

45. दो निकोल इस प्रकार व्यवस्थित किए गए है कि इनके मुख्य तल एक-दूसरे से 60° का कोण बनाते हैं। आपतित अध्रुवित प्रकाश का कितने प्रतिशत भाग इस निकाय से गुजरेगा?
(a) 70 (b) 110 (c) 12.5 (d) 37.5

46. दो ध्रुवकों को I_0 तीव्रता के अध्रुवित प्रकाश के मार्ग में इस प्रकार रखा जाता है कि द्वितीयक ध्रुवक से कोई प्रकाश नहीं गुजरता है। एक तीसरा ध्रुवक इन दोनों के बीच में इस प्रकार रखा जाये कि तीसरे ध्रुवक की अक्ष, प्रथम ध्रुवक की अक्ष से θ कोण बनाती है। अन्तिम ध्रुवक से निर्गत प्रकाश की तीव्रता होगी
(a) $\left(\frac{I_0}{8}\right)\sin^2 2\theta$ (b) $\left(\frac{I_0}{4}\right)\sin^2 2\theta$
(c) $\left(\frac{I_0}{2}\right)\cos^2\theta$ (d) $I_0\cos^4\theta$

47. सामान्य प्रकाश का एक पुंज 6 पोलेरॉइडों के एक निकाय पर आपतित होता है। इन पोलेरॉइडों को इस प्रकार व्यवस्थित किया गया है कि प्रत्येक पोलेरॉइड अपने से पहले पोलेरॉइड के साथ 30° का कोण बनाता है। इस निकाय पर आपतित होने वाले प्रकाश का कितने प्रतिशत भाग निकाय से गुजरेगा
(a) 100% (b) 50% (c) 30% (d) 12%

48. एक प्रकाश का आयाम A है तथा ध्रुवक व विश्लेषक के मध्य कोण 60° है। विश्लेषक द्वारा परावर्तित प्रकाश का आयाम होगा
(a) $A\sqrt{2}$ (b) $A/\sqrt{2}$ (c) $\sqrt{3}\,A/2$ (d) $A/2$

49. वायु से काँच मे जाते हुए प्रकाश के परावर्तन में यदि परावर्तित पूर्णतः ध्रुवित है, तो आपतन कोण का मान होगा
(a) $\tan^{-1}\left(\frac{1}{n}\right)$ (b) $\sin^{-1}\left(\frac{1}{n}\right)$
(c) $\sin^{-1}(n)$ (d) $\tan^{-1}(n)$

50. पानी के लिए ध्रुवण कोण 53°4′ है। यदि पानी के पृष्ठ पर प्रकाश इस कोण पर आपतित होकर परावर्तित हो जाता है तो अपवर्तन कोण होगा
(a) 53°4′ (b) 126°56′
(c) 36°56′ (d) 30°4′

51. प्रकाश की एक किरण सघन माध्यम से विरल माध्यम में आपतन कोण i पर टकराती है। परावर्तित तथा अपवर्तित किरणें परस्पर 90° का कोण बनाती है। परावर्तन तथा अपवर्तन कोण क्रमशः r तथा r' है। क्रान्तिक कोण है

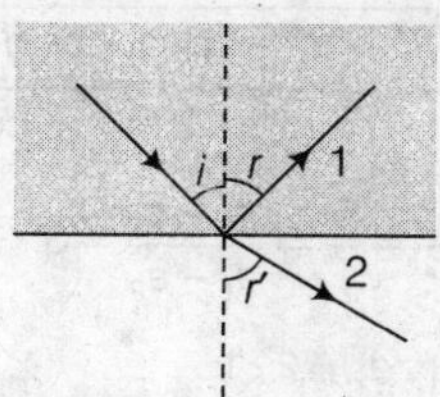

(a) $\sin^{-1}(\tan r)$ (b) $\tan^{-1}(\sin i)$
(c) $\sin^{-1}(\tan i)$ (d) $\sin^{-1}(\tan r')$

उत्तरमाला

1.	(c)	2.	(b)	3.	(a)	4.	(b)	5.	(b)	6.	(d)	7.	(b)	8.	(d)	9.	(c)	10.	(d)
11.	(a)	12.	(b)	13.	(b)	14.	(c)	15.	(c)	16.	(b)	17.	(c)	18.	(c)	19.	(a)	20.	(d)
21.	(a)	22.	(c)	23.	(c)	24.	(d)	25.	(d)	26.	(b)	27.	(d)	28.	(c)	29.	(c)	30.	(c)
31.	(d)	32.	(c)	33.	(a)	34.	(a)	35.	(b)	36.	(a)	37.	(b)	38.	(c)	39.	(a)	40.	(b)
41.	(c)	42.	(c)	43.	(b)	44.	(b)	45.	(c)	46.	(a)	47.	(d)	48.	(d)	49.	(d)	50.	(c)
51.	(a)																		

उत्तर व्याख्या सहित

5. किसी बिन्दु स्रोत से निकलने वाली अपसारी किरणों का तरंगाग्र गोलाकार होगा।

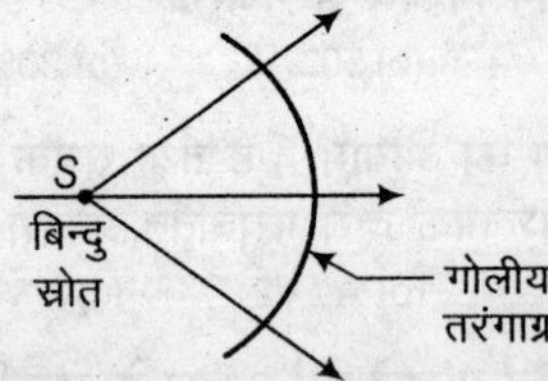

6. व्यतिकरण की घटना यान्त्रिक (अनुप्रस्थ एवं अनुदैर्घ्य) एवं विद्युतचुम्बकीय तरंगों दोनों में प्राप्त होती है।

7. दो कला सम्बद्ध स्रोतों के प्रकाश के व्यतिकरण में ऊर्जा का पुनर्वितरण होता है तथा यह वितरण समय के साथ अपरिवर्तित रहता है।

9. पथान्तर $= \frac{\lambda}{2\pi}\phi$

11. समान आवृत्ति की कला सम्बद्ध तरंगों के बीच व्यतिकरण सम्भव है। अतः तरंगों y_1 तथा y_2 के बीच व्यतिकरण फ्रिन्जें प्राप्त हो सकती हैं।

12. $y_1 = a\sin\omega t$ एवं $y_2 = b\cos\omega t = b\sin\left(\omega t + \frac{\pi}{2}\right)$

अतः दोनों तरंगों के बीच कलान्तर $\varphi = \pi/2$

13. दोनों तरंगों के बीच कलान्तर $\phi = \pi/3$

परिणामी तरंग का आयाम

$$A = \sqrt{a_1^2 + a_2^2 + 2a_1 a_2 \cos\phi}$$
$$= \sqrt{(4)^2 + (3)^2 + 2\times 4\times \cos\pi/3} = 6$$

14. $\frac{I_{max}}{I_{min}} = \frac{(a_1+a_2)^2}{(a_1-a_2)^2} = \frac{9}{1} \Rightarrow \frac{a_1+a_2}{a_1-a_2} = 3$

हल करने पर, $a_1 : a_2 = 2:1$

15. झिर्रियों की चौड़ाइयों का अनुपात $= 1:9$

अतः झिर्रियों की चौड़ाइयों के अनुपात में तीव्रताएँ होती है।

तीव्रता $\propto$ (आयाम)^2

$\therefore \quad I_1 : I_2 = 1:9 \Rightarrow a_1^2 : a_2^2 = 1:9$

$\Rightarrow \quad a_1 : a_2 = 1:3$

$I_{max} = (a_1+a_2)^2$

तथा $\quad I_{min} = (a_1-a_2)^2$

$\therefore \quad \frac{I_{min}}{I_{max}} = \frac{1}{4}$

23. n वीं चमकीली फ्रिन्ज की दूरी $y_n = \frac{n\lambda D}{d}$ अर्थात् $y_n \propto \lambda$

$\therefore \quad \frac{x_{n_1}}{x_{n_2}} = \frac{\lambda_1}{\lambda_2} \Rightarrow \frac{x(\text{नीला})}{x(\text{हरा})} = \frac{4360}{5460}$

$\therefore \quad x$ (हरा) $> x$ (नीला)

24. केन्द्रीय फ्रिन्ज से n वीं अदीप्त फ्रिन्ज की दूरी

$$x_n = \frac{(2n-1)\lambda D}{2d}$$

$\Rightarrow \quad x_2 = \frac{(2\times 2-1)\lambda D}{2d} = \frac{3\lambda D}{2d}$

$\Rightarrow \quad 1\times 10^{-3} = \frac{3\times\lambda\times 1}{2\times 0.9\times 10^{-3}}$

$\Rightarrow \quad \lambda = 6\times 10^{-5}$ सेमी

25. $n_1\lambda_1 = n_2\lambda_2$

$$\frac{n_1}{n_2} = \frac{\lambda_2}{\lambda_1}$$

$$\frac{n_1}{92} = \frac{5898}{5461} \Rightarrow n_1 = 99$$

26. $(\mu-1)t$ पथान्तर के लिये विस्थापन $x = \frac{D}{d}(\mu-1)t$

27. $\frac{I_1}{I_2} = \frac{100}{1}$

अब $\quad \frac{I_{\text{अधिकतम}}}{I_{\text{न्यूनतम}}} = \left[\frac{\sqrt{\frac{I_1}{I_2}}+1}{\sqrt{\frac{I_1}{I_2}}-1}\right]^2$

$$= \left[\frac{\sqrt{100}+1}{\sqrt{100}-1}\right]^2 = \frac{121}{81} = \frac{3}{2}$$

28. केन्द्रीय दीप्त फ्रिन्ज की चौड़ाई $= \frac{2\lambda D}{d}$

$$= \frac{2\times 500\times 10^{-9}\times 80\times 10^{-2}}{0.20\times 10^{-3}}$$

$= 4\times 10^{-3}$ मी $= 4$ मिमी

34. द्वितीयक उच्चिष्ठ के लिए, $d\sin\theta = \frac{5\lambda}{2}$

$\Rightarrow \quad d\theta = d\cdot\frac{x}{D(\approx f)} = \frac{5\lambda}{2}$

$\Rightarrow \quad 2x = \frac{5\lambda f}{d}$

$$= \frac{5\times 0.8\times 6\times 10^{-7}}{4\times 10^{-4}}$$

$= 6\times 10^{-3}$ मी

$= 6$ मिमी

36. एकल झिर्री से विवर्तन के लिये $d\sin\theta = \lambda$ (d = झिर्री की चौड़ाई)

कोणीय चौड़ाई $= 2\theta = 2\sin^{-1}\left(\frac{\lambda}{d}\right)$

यह झिर्रियों और पर्दे के बीच की दूरी, अर्थात् D पर निर्भर नहीं करती।

37. फ्रिन्ज चौड़ाई, $\quad \omega = \frac{2f\lambda}{a} \;\therefore\; \omega \propto \frac{1}{a}$

अतः a बढ़ेगा है तथा ω घटेगा

41. ध्रुवण, प्रकाश तथा ध्वनि तरंगों के लिये सामान्य नहीं है।

42. ध्रुवित चश्मा प्रकाश की तीव्रता को आधा कर देता है।

43. उत्पन्न घूर्णन $\theta = S/c$

कुल उत्पन्न घूर्णन $\theta_r = \theta_1 - \theta_2 = l(S_1c_1 - S_2c_2)$

$$= 0.29 \times [0.01 \times 60 - 0.02 \times 30] = 0°$$

44. मैलस के नियम द्वारा,

$$I = I_0 \cos^2 \theta = I \cos^2 45$$
$$= \frac{I_0}{2}$$

45. प्रथम ध्रुवक से ध्रुवित प्रकाश की तीव्रता $= \frac{100}{2} = 50$

मैलस के नियम से,

$$I = 50 \cos^2 60°$$
$$= \frac{50}{4} = 12.5$$

46. द्वितीय ध्रुवक से कोई प्रकाश नहीं गुजरता, अतः P_1 एवं P_2 एक दूसरे के लम्बवत् हैं।

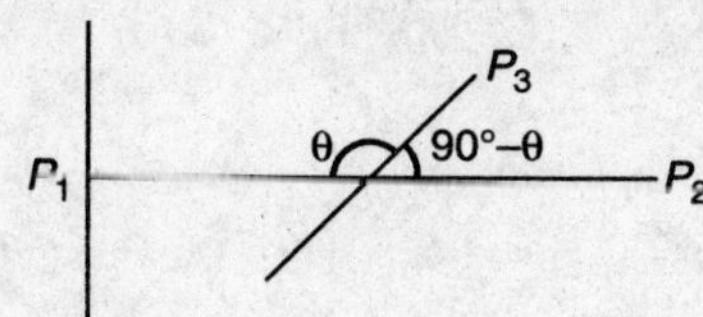

यदि प्रकाश की प्रारम्भिक तीव्रता I_0 है, तो प्रथम ध्रुवक से निर्गत प्रकाश की तीव्रता $= \frac{I_0}{2}$

P_3 से निर्गत प्रकाश की तीव्रता $I_1 = \frac{I_0}{2}\cos^2\theta$

अन्तिम ध्रुवक अर्थात् P_2 से निर्गत प्रकाश की तीव्रता

$$I_2 = I_1 \cos^2(90° - \theta) = \frac{I_0}{2}\cos^2\theta \sin^2\theta$$
$$= \frac{I_0}{8}(2\sin\theta\cos\theta)^2 = \frac{I_0}{8}\sin^2 2\theta$$

47. यदि I अन्तिम तीव्रता एवं I_0 प्रारम्भिक तीव्रता है, तब

$$I = \frac{I_0}{2}(\cos^2 30°)^5$$

या
$$\frac{I}{I_0} = \frac{1}{2} \times \left(\frac{\sqrt{3}}{2}\right)^{10} = 0.12$$

प्रतिशत भाग = 12%

48. परावर्तित प्रकाश का आयाम $A \cos 60° = A/2$

50. $\theta_p + r = 90°$ या $r = 90° - \theta_p = 90° - 53°4' = 36°\ 56'$

51. चूँकि परावर्तित तथा अपवर्तित किरणें परस्पर लम्बवत् है। अतः आपतन कोण ध्रुवण कोण है। ब्रुस्टर के नियम से,

$${}_1n_2 = \tan i$$

जहाँ, ${}_1n_2$ पहले (सघन) माध्यम के सापेक्ष दूसरे (विरल) माध्यम का अपवर्तनांक है।

परन्तु $i = r$ (परावर्तन के नियम)।

अतः ${}_1n_2 = \tan r$

माना क्रान्तिक कोण (सघन माध्यम 1 में) C है, तब

$$\sin C = \frac{1}{{}_2n_1}$$

परन्तु
$$\frac{1}{{}_2n_1} = {}_1n_2$$

$\therefore$
$$\sin C = {}_1n_2 = \tan r$$

$\Rightarrow$
$$C = \sin^{-1}(\tan r)$$

अध्याय 24

पदार्थ की द्वैती प्रकृति एवं विकिरण

Dual Nature of Matter and Radiation

प्रकाश (विकिरण) की द्वैती प्रकृति

(Dual Nature of Light or Radiation)

प्रकाश विकिरणों की प्रकृति द्वैती होती है जिसका अर्थ है कि विकिरण तरंग तथा कण दोनों की भाँति व्यवहार करता है।

(i) प्रकाश के तरंग सिद्धान्त की सहायता से व्यतिकरण विवर्तन, ध्रुवण आदि प्रकाशिक घटनाओं की सफलतापूर्वक व्याख्या की जा सकती है, अर्थात् इन प्रयोगों में प्रकाश के तरंग सिद्धान्त की पुष्टि होती है।

(ii) जबकि कुछ परिघटनायें जैसे—प्रकाश वैद्युत प्रभाव, कॉम्पटन प्रभाव की व्याख्या प्लांक द्वारा प्रतिपादित क्वाण्टम सिद्धान्त की सहायता से की जा सकती है, जिसमें प्रकाश को कण प्रकृति का माना गया है।

इस प्रकार, प्रकाश (विकिरण) कण तथा तरंग दोनों की तरह व्यवहार करता है, विकिरण अथवा प्रकाश की इस प्रकृति को ही प्रकाश की द्वैती प्रकृति कहते है।

प्रकाश वैद्युत प्रभाव (Photoelectric Effect)

जब एक निश्चित न्यूनतम आवृत्ति (या अधिकतम तरंगदैर्ध्य) का प्रकाश किसी धातु पृष्ठ पर गिरता है, तो धातु पृष्ठ से इलेक्ट्रॉन उत्सर्जित होते हैं। इलेक्ट्रॉनों के उत्सर्जन की इस घटना को **प्रकाश वैद्युत प्रभाव** कहते हैं।

हर्ट्ज तथा लेनार्ड के प्रेक्षण

(Hertz and Lenard Observations)

हर्ट्ज, लेनार्ड तथा मिलिकन ने प्रकाश वैद्युत उत्सर्जन पर अनेक प्रयोग किये। उन्होंने भिन्न-भिन्न धातुओं की प्लेटें लेकर उन पर विभिन्न आवृत्तियों तथा विभिन्न तीव्रताओं का प्रकाश डाला तथा प्रत्येक दशा में उत्सर्जित प्रकाश इलेक्ट्रॉनों की ऊर्जा एवं प्रकाश वैद्युत धारा की प्रबलता को मापा। इन प्रयोगों के आधार पर उन्होंने प्रकाश वैद्युत उत्सर्जन के सम्बन्ध में अनेक फल प्राप्त किये।

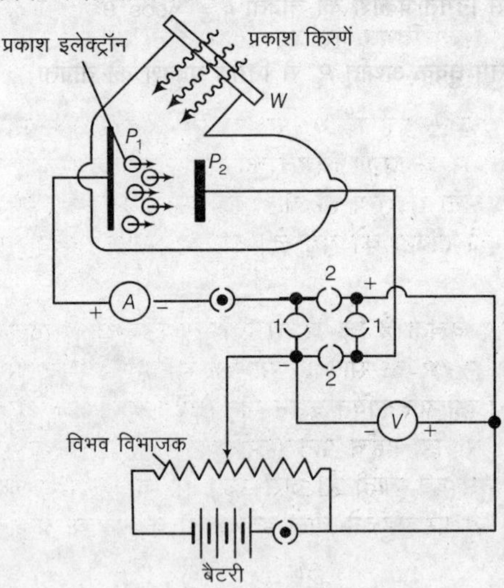

इसके लिये एक सरल उपकरण चित्र में दिखाया गया है। इसमें एक निर्वातित नलिका के भीतर धातु की दो प्लेटें P_1 तथा P_2 एक-दूसरे से कुछ दूरी पर लगायी गयी हैं। प्लेट P_1 एक क्वार्ट्ज की खिड़की W के सामने पड़ती है तथा इस पर प्रकाश की किरणें डाली जाती हैं, इसे 'कैथोड प्लेट' भी कहते हैं। इन प्लेटों का सम्बन्ध एक सुग्राही अमीटर A से तथा एक दिक्परिवर्तक (commutator) C के द्वारा एक विभव विभाजक (potential divider) से किया गया है। इससे प्लेटों के बीच विभवान्तर को परिवर्तित किया जा सकता है तथा विभवान्तर की दिशा भी बदली जा सकती है। इस विभवान्तर को वोल्टमीटर V के द्वारा नापा जा सकता है।

प्रकाश की तीव्रता पर निर्भरता

(Dependence upon the Intensity of Light)

जब एक निश्चित आवृत्ति तथा तीव्रता की प्रकाश किरणें प्लेट P_1 पर डाली जाती हैं, तो प्लेट से प्रकाश इलेक्ट्रॉन निकलने लगते हैं। यदि दिक्परिवर्तक में केवल प्लग 1, 1 लगाकर प्लेट P_2 को प्लेट P_1 के सापेक्ष धन विभव पर रखा गया है, तो ये सभी प्रकाश इलेक्ट्रॉन प्लेट P_2 पर पहुँच जाते हैं तथा परिपथ में अधिकतम प्रकाश वैद्युत धारा बहने लगती है। प्रकाश वैद्युत धारा के इस अधिकतम मान को ही संतृप्त प्रकाश वैद्युत धारा (saturated photoelectric current) कहते हैं। प्लेट P_2 के धन विभव को बढ़ाने पर प्रकाश वैद्युत धारा में कोई वृद्धि नहीं होती, क्योंकि P_1 से निकलने वाले सभी इलेक्ट्रॉन पहले ही P_2 पर पहुँच रहे हैं। यदि हम P_1 पर गिरने वाले प्रकाश की तीव्रता I को दोगुना कर दें, तो अधिकतम धारा का मान भी दोगुना हो जाता है। इससे पता चलता है कि प्रकाश वैद्युत धारा अर्थात् **प्रकाश इलेक्ट्रॉनों के उत्सर्जन की दर आपतित प्रकाश की तीव्रता के अनुक्रमानुपाती होती है।**

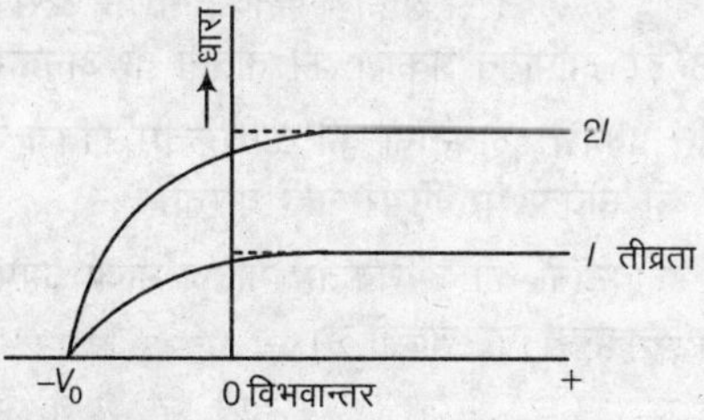

अब यदि हम दिक्परिवर्तक C में केवल प्लग 2, 2 लगाकर प्लेट P_2 को P_1 के सापेक्ष ऋण विभव पर कर दें तो धारा तुरन्त घट जाती है, परन्तु शून्य नहीं हो जाती।

इससे यह पता चलता है कि P_1 से निकलने वाले इलेक्ट्रॉनों में गतिज ऊर्जा होती है। P_2 के ऋण विभव को बढ़ाने पर धारा तेजी से घटती जाती है तथा अन्त में शून्य हो जाती है। इस समय यदि हम P_1 पर गिरने वाले प्रकाश की तीव्रता को बढ़ा दें, तब भी प्रकाश वैद्युत धारा प्राप्त नहीं कर सकते।

इससे यह पता चलता है कि P_1 से विभिन्न ऊर्जाओं के इलेक्ट्रॉन निकलते हैं। जब प्लेट P_2 (P_1 के सापेक्ष) मामूली से ऋण विभव पर होती है, तो वह इलेक्ट्रॉनों को प्रतिकर्षित करने लगती हैं। अत: अब थोड़ी ऊर्जा वाले इलेक्ट्रॉन P_2 पर नहीं पहुँच पाते (अधिक ऊर्जा वाले अब भी पहुँच जाते हैं) जिससे धारा घट जाती है। जैसे-जैसे P_2 का ऋण विभव बढ़ाया जाता है, वैसे-वैसे P_2 पर पहुँचने वाले इलेक्ट्रॉनों की संख्या कम होती जाती है।

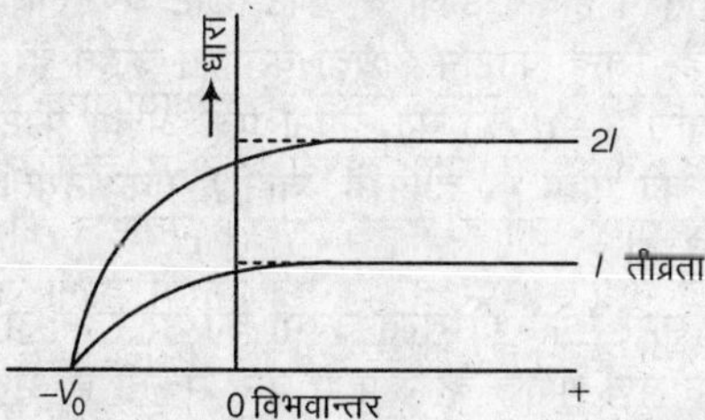

अन्त में एक निश्चित ऋण विभव पर सबसे अधिक ऊर्जा वाले इलेक्ट्रॉन भी P_2 पर नहीं पहुँच पाते। इस अवस्था में प्रकाश वैद्युत धारा का मान शून्य हो जाता है।

P_1 के सापेक्ष P_2 के इस ऋण विभव को जिस पर प्रकाश वैद्युत धारा शून्य हो जाती है, 'निरोधी विभव' (stopping potential) अथवा 'संस्तब्ध-विभव' (cut-off potential) कहते हैं। चूँकि निरोधी विभव द्वारा अधिकतम ऊर्जा वाले इलेक्ट्रॉन रुकते हैं, अत: इससे प्रकाश इलेक्ट्रॉनों की अधिकतम गतिज ऊर्जा (maximum kinetic energy) ज्ञात की जा सकती है। यदि निरोधी विभव का मान V_0 हो, तो प्रकाश इलेक्ट्रॉनों की अधिकतम गतिज ऊर्जा

$$E_k = eV_0$$

जहाँ e इलेक्ट्रॉन पर आवेश है। चूँकि निरोधी विभव पर प्रकाश की तीव्रता बढ़ाने से प्रकाश वैद्युत धारा प्राप्त नहीं की जा सकती, अत: स्पष्ट है कि **निरोधी विभव**, अथवा **प्रकाश इलेक्ट्रॉनों की अधिकतम गतिज ऊर्जा, प्रकाश की तीव्रता पर निर्भर नहीं है।** तीव्रता दोगुनी करने पर प्रकाश वैद्युत धारा तो दोगुनी हो जायेगी, परन्तु निरोधी विभव वही रहेगा।

प्रकाश की आवृत्ति पर निर्भरता

(Dependence upon the Frequency of Light)

यदि निरोधी विभव पर पहुँच जाने पर हम प्लेट P_1 पर उतनी ही तीव्रता का परन्तु पहले से ऊँची आवृत्ति का प्रकाश डालें, तो परिपथ में उतनी ही प्रकाश वैद्युत धारा फिर से बहने लगती है। प्लेट P_2 के ऋण विभव को बढ़ा देने पर यह धारा पुन: रुक जाती है।

इससे यह पता चलता है कि **प्रकाश की आवृत्ति जितनी ऊँची होगी, उत्सर्जित प्रकाश इलेक्ट्रॉनों की अधिकतम गतिज ऊर्जा भी उतनी ही अधिक होगी**, अथवा **निरोधी विभव उतना ही ऊँचा होगा।**

यदि हम विभिन्न आवृत्तियों के प्रकाशों को प्रयुक्त करके, प्रकाश इलेक्ट्रॉनों की अधिकतम गतिज ऊर्जा $E_k = (eV_0)$ तथा प्रकाश आवृत्ति (ν) में एक ग्राफ खींचें तो सरल रेखा प्राप्त होती है। इससे यह पता चलता है कि **प्रकाश इलेक्ट्रॉनों की अधिकतम गतिज ऊर्जा, प्रकाश की आवृत्ति के बढ़ने पर बढ़ती है।**

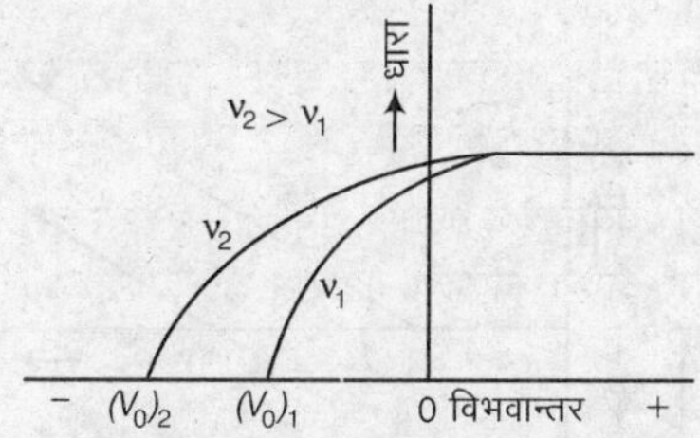

यदि हम E_k तथा ν के बीच खींचे गये ग्राफ की रेखा को पीछे की ओर बढ़ायें, तो यह आवृत्ति-अक्ष को एक बिन्दु ν_0 पर काटती है तथा ऊर्जा-अक्ष पर अन्त:खण्ड (intercept) $-B$ देती है।

इससे यह पता चलता है कि किसी दी हुई धातु की प्लेट से प्रकाश इलेक्ट्रॉन उत्सर्जित करने के लिये प्लेट पर डाले जाने वाले प्रकाश की आवृत्ति ν_0 से ऊँची होनी चाहिए। यदि आवृत्ति ν_0 मान से नीचे है, तो धातु से कोई भी प्रकाश इलेक्ट्रॉन नहीं निकलेगा चाहे कितना भी तीव्र तथा कितने भी समय के लिये प्रकाश क्यों न डाला जाये।

इसके विपरीत ν_0 से ऊँची आवृत्ति का मन्द प्रकाश भी इलेक्ट्रॉन उत्सर्जन के लिये पर्याप्त है। **प्रकाश की इस न्यूनतम आवृत्ति को, जो किसी पदार्थ से प्रकाश इलेक्ट्रॉन का उत्सर्जन कर सके, उस पदार्थ की**

'देहली आवृत्ति' (threshold frequency) अथवा 'संस्तब्ध आवृत्ति' (cut-off frequency) कहते हैं। इसे हम ग्राफ से सीधे पढ़ सकते हैं।

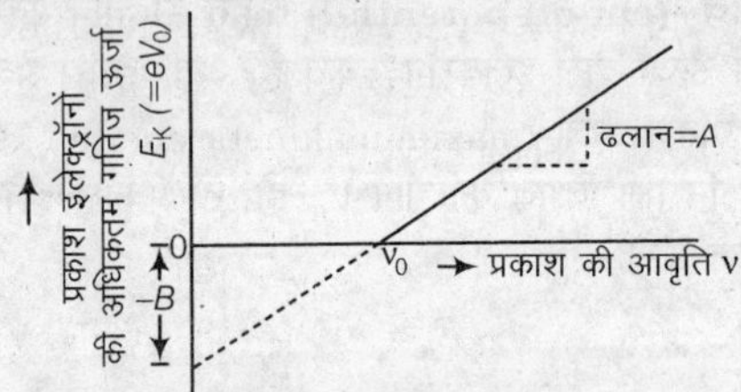

देहली तरंगदैर्ध्य (Threshold Wavelength)

किसी पदार्थ की देहली आवृत्ति (ν_0) के संगत प्रकाश की तरंगदैर्ध्य को देहली तरंगदैर्ध्य अथवा संस्तब्ध तरंगदैर्ध्य (cut-off wavelength) कहते हैं। इसे λ_0 से व्यक्त करते हैं।

$$\lambda_0 = \frac{C}{\nu_0}$$

इस सूत्र से स्पष्ट है कि धातु पर आपतित प्रकाश की एक न्यूनतम आवृत्ति ν_0 के संगत तरंगदैर्ध्य का एक अधिकतम मान λ_0 है। अत: किसी धातु पर आपतित प्रकाश की वह अधिकतम (दीर्घतम) तरंगदैर्ध्य जिससे अधिक तरंगदैर्ध्य का प्रकाश धातु से प्रकाश इलेक्ट्रॉन उत्सर्जित न कर सके, उस धातु की देहली तरंगदैर्ध्य कहलाती है। इसका मान भिन्न-भिन्न धातुओं के लिये विभिन्न होता है।

प्रकाश वैद्युत कार्य फलन
(Photoelectric Work Function)

चित्र के ग्राफ को निम्नलिखित समीकरण द्वारा व्यक्त कर सकते हैं

$$E_k = A\nu - B$$

जहाँ, A ग्राफ की रेखा का ढलान (slope) है। यह समीकरण हमें प्रायोगिक फल के रूप में प्राप्त हुई है।

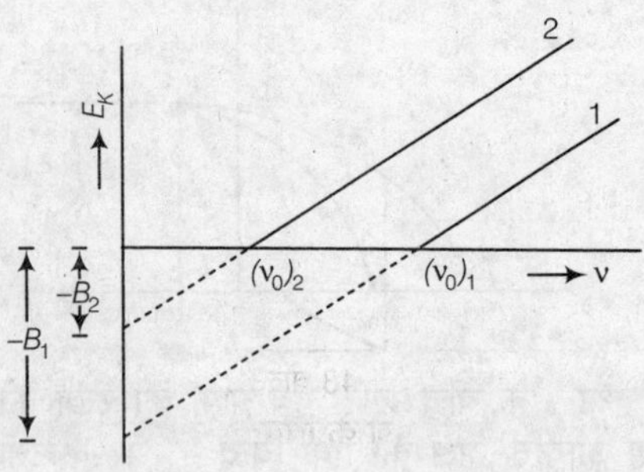

यदि हम दो भिन्न-भिन्न धातुओं 1 व 2 की प्लेटें 1 व 2 की प्लेटें (P_1). लेकर प्रयोग करें तो हम यह देखते हैं कि प्रत्येक दशा में अधिकतम गतिज ऊर्जा E_k तथा प्रकाश आवृत्ति ν के बीच ग्राफ सरल रेखा ही है। ये सरल रेखाएँ परस्पर समान्तर हैं अर्थात् इनका ढलान A समान है जबकि ν_0 तथा B के मान भिन्न-भिन्न हैं। इससे यह स्पष्ट है कि समीकरण $E_k = A\nu - B$ में A एक सार्वत्रिक नियतांक है, परन्तु B कैथोड प्लेट के पदार्थ पर निर्भर करता है। ग्राफ से स्पष्ट है कि

जब $\nu = \nu_0$ तब $E_k = 0$,

अत: उपरोक्त समीकरण से $0 = A\nu_0 - B$ अथवा $B = A\nu_0$

चूँकि ν_0 प्रकाश इलेक्ट्रॉन के उत्सर्जन के लिये न्यूनतम आवृत्ति है; अत: B उस न्यूनतम ऊर्जा को व्यक्त करता है, जो प्रकाश इलेक्ट्रॉन के उत्सर्जन के लिए आवश्यक है। **उस न्यूनतम ऊर्जा को जो किसी धातु से प्रकाश इलेक्ट्रॉन उत्सर्जित करने के लिए आवश्यक है, उस धातु का 'प्रकाश वैद्युत कार्य फलन' (photoelectric work function) कहते हैं।** सामान्यत: इसे W से व्यक्त करते हैं। अत: ग्राफ का ढलान A ज्ञात करके कैथोड की धातु का कार्य फलन B ज्ञात कर सकते हैं। अधिकांश धातुओं के लिए कार्य फलन का मान कुछ इलेक्ट्रॉन वोल्ट की कोटि का होता है। धातुओं से तापायन उत्सर्जित करने के लिए भी कार्य फलन के मान ये ही होते हैं।

प्रकाश वैद्युत उत्सर्जन के नियम
(Laws of Photoelectric Emission)

लेनार्ड (Lenard) तथा मिलिकन (Millikan) ने प्रकाश वैद्युत उत्सर्जन पर किये गये प्रयोगों के आधार पर निम्नलिखित नियम दिए

(i) किसी धातु के पृष्ठ से प्रकाश इलेक्ट्रॉनों के उत्सर्जन की दर धातु के पृष्ठ पर आपतित प्रकाश की तीव्रता के अनुक्रमानुपाती होती है।

(ii) उत्सर्जित प्रकाश इलेक्ट्रॉनों की अधिकतम गतिज ऊर्जा आपतित प्रकाश की तीव्रता पर निर्भर नहीं करती।

(iii) प्रकाश इलेक्ट्रॉनों की अधिकतम गतिज ऊर्जा आपतित प्रकाश की आवृत्ति के बढ़ने पर बढ़ती है।

आइन्सटीन का प्रकाश विद्युत प्रभाव का समीकरण
(Einstein's Equation of Photoelectric Effect)

यदि किसी धातु की सतह पर ν आवृत्ति का प्रकाश आपतित होता है तथा धातु की सतह की देहली आवृत्ति ν_0 है, तो उत्सर्जित इलेक्ट्रॉनों की अधिकतम गतिज ऊर्जा,

$$E_K = h(\nu - \nu_0) \text{ या } \frac{1}{2} mv^2_{\max} = h(\nu - \nu_0)$$

यही **आइन्सटीन की प्रकाश विद्युत समीकरण** है।

प्रकाश की कणीय प्रकृति : फोटॉन
(Photon : Particle Nature of Light)

सन् 1900 में प्रकाश विद्युत प्रभाव की व्याख्या के लिए, वैज्ञानिक मैक्स प्लांक ने क्वाण्टम सिद्धान्त का प्रतिपादन किया।

प्लांक के अनुसार, किसी पदार्थ अथवा पृष्ठ द्वारा ऊर्जा का उत्सर्जन तथा अवशोषण सतत् न होकर ऊर्जा के छोटे-छोटे बण्डलों अथवा पैकेटों के रूप में होता है, जिन्हें फोटॉन अथवा क्वाण्टा कहते हैं। प्रत्येक तरंगदैर्ध्य λ अथवा आवृत्ति $\nu = (c/\lambda)$ का अपना एक अलग फोटॉन होता है, जिसकी ऊर्जा की मात्रा $h\nu$ होती है, जहाँ h एक नियतांक है, जिसे प्लांक नियतांक कहते हैं।

प्लांक के अनुसार, कोई भी वस्तु ऊष्मा का उत्सर्जन अथवा अवशोषण इन फोटॉनों के पूर्ण गुणज के रूप में कर सकती है अर्थात् कोई वस्तु $h\nu, 2h\nu, 3h\nu, \ldots$ आदि के रूप में ऊर्जा का अवशोषण अथवा उत्सर्जन करेगी। प्लांक नियतांक का मात्रक जूल-सेकण्ड होता है। अत: क्वाण्टम सिद्धान्त के अनुसार, प्रकाश फोटॉनों के समूह के रूप में चलता है, फोटॉनों की उपस्थिति से प्रकाश की कण प्रकृति (Particle nature) की पुष्टि होती है।

कण की तरंग प्रकृति तथा द्रव्य तरंगें
(Wave Nature of Particle and Matter Waves)

सर्वप्रथम सन् 1925 में फ्रांस के वैज्ञानिक दे-ब्रोग्ली ने ये परिकल्पना प्रस्तुत की कि यदि विकिरण की द्वैती प्रकृति (dual nature) होती है, तो द्रव्य कणों जैसे इलेक्ट्रॉन, प्रोटॉन, न्यूट्रॉन आदि की भी द्वैती प्रकृति होनी चाहिये। दे-ब्रोग्ली के अनुसार, जब कोई द्रव्य कण गति करता है, तो वह तरंग की भाँति व्यवहार करता है अर्थात् प्रत्येक गतिमान द्रव्य कण से एक तरंग सम्बद्ध होती है। इन तरंगों को ही 'द्रव्य तरंगें या दे-ब्रोग्ली तरंगें' कहते हैं।

1. **दे-ब्रोग्ली तरंगदैर्ध्य** दे-ब्रोग्ली के अनुसार किसी गतिमान कण से सम्बद्ध तरंग का तरंगदैर्ध्य
$$\lambda = \frac{h}{p} = \frac{h}{mv} = \frac{h}{\sqrt{2mL}} \Rightarrow \lambda \propto \frac{1}{p} \propto \frac{1}{v} \propto \frac{1}{\sqrt{E}}$$
यहाँ h = प्लांक नियतांक, m = कण का द्रव्यमान, v = कण का वेग, E = कण की गतिज ऊर्जा
सबसे सूक्ष्म तरंगदैर्ध्य जिसका मापन सम्भव है, γ-किरणों की है।
माइक्रो आकार के कण, जैसे इलेक्ट्रॉन, प्रोटॉन, न्यूट्रॉन α-कण इत्यादि से सम्बद्ध द्रव्य तरंग की तरंगदैर्ध्य की कोटि 10^{-10} मी है।

2. **आवेशित कणों से सम्बद्ध दे-ब्रोग्ली तरंगदैर्ध्य** V विभवान्तर से त्वरित आवेशित कण की ऊर्जा $E = \frac{1}{2}mv^2 = qV$
अतः दे-ब्रोग्ली तरंगदैर्ध्य $\lambda = \frac{h}{p} = \frac{h}{\sqrt{2mE}} = \frac{h}{\sqrt{2mqV}}$
$$\lambda_{\text{इलेक्ट्रॉन}} = \frac{12.27}{\sqrt{V}}\text{Å}, \lambda_{\text{प्रोट्रॉन}} = \frac{0.286}{\sqrt{V}}\text{Å},$$
$$\lambda_{\text{इलेक्ट्रॉन}} = \frac{0.202}{\sqrt{V}}\text{Å}, \lambda_{\alpha\text{-कण}} = \frac{0.286}{\sqrt{V}}\text{Å}$$

3. **अनावेशित कणों से सम्बद्ध दे-ब्रोग्ली तरंगदैर्ध्य** न्यूट्रॉन से सम्बद्ध दे-ब्रोग्ली तरंगदैर्ध्य
$$\lambda_{\text{न्यूट्रॉन}} = \frac{0.286 \times 10^{-10}}{\sqrt{E(eV \text{ में})}} \text{ मी} = \frac{0.286}{\sqrt{E(eV \text{ में})}}\text{Å}$$
सामान्य ताप पर न्यूट्रॉनों की तापीय ऊर्जा
$$\because \quad E = kT \Rightarrow \lambda = \frac{h}{\sqrt{3mkT}};$$
जहाँ k = बोल्ट्समैन नियतांक $= 1.38 \times 10^{-23} \frac{\text{जूल}}{\text{केल्विन}}$, T = परमताप
$$\text{इसलिए, } \lambda_{\text{तापीय न्यूट्रॉन}} = \frac{6.62 \times 10^{-34}}{\sqrt{3 \times 1.67 \times 10^{-27} \times 1.38 \times 10^{-23}\, T}} = \frac{25.17}{\sqrt{T}}\text{Å}$$

4. **फोटॉन एवं इलेक्ट्रॉन की तरंगदैर्ध्यों का अनुपात** E ऊर्जा के फोटॉन की तरंगदैर्ध्य $\lambda_{ph} = \frac{hc}{E}$ होती है। जबकि गतिज ऊर्जा K वाले इलेक्ट्रॉन की तरंगदैर्ध्य $\lambda_c = \frac{h}{\sqrt{2mK}}$, अतः समान ऊर्जा की स्थिति में $\frac{\lambda_{ph}}{\lambda_c} = \frac{c}{E}\sqrt{2mK} = \sqrt{\frac{2mc^2K}{E^2}}$

डेविसन-जर्मर प्रयोग
(Davission-Germer Experiment)

सन् 1927 में डेविसन एवं जर्मर ने प्रयोग द्वारा प्रदर्शित किया कि इलेक्ट्रॉन पुंज भी तरंग की भाँति व्यवहार कर सकती है अर्थात् डेविसन एवं जर्मर ने द्रव्य तरंगों की प्रायोगिक पुष्टि की।

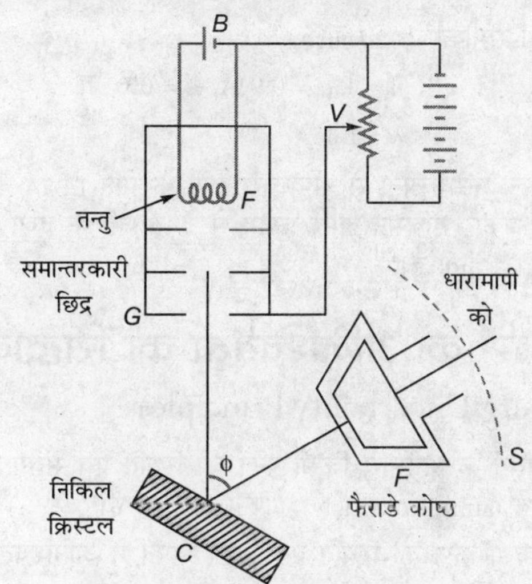

डेविसन-जर्मर की प्रायोगिक व्यवस्था

गर्म तन्तु F से उत्सर्जित इलेक्ट्रॉन पुंज समान्तरकारी छिद्रों से त्वरित होकर एक पतली किरण पुंज के रूप में इलेक्ट्रॉन गन से निकलकर निकिल के क्रिस्टल c से टकराकर सभी दिशाओं में विवर्तित हो जाता है। विवर्तित इलेक्ट्रॉन पुंज एक फैराडे कोष्ठ F में प्रवेश करता है जोकि संसूचन के लिए धारामापी से जुड़ा होता है। फैराडे कोष्ठ को विभिन्न स्थितियों में रखकर प्रत्येक स्थिति के लिए धारामापी में विक्षेप का पाठ्यांक नोट कर लेते हैं। धारा, जोकि इलेक्ट्रॉनों के विवर्तित पुंज की तीव्रता का मापक है, को θ के सापेक्ष ग्राफ पर खींचा जाता है। यहाँ θ, आपतित इलेक्ट्रॉन पुंज तथा फैराडे कोष्ठ में प्रवेश करने वाले इलेक्ट्रॉन पुंज के बीच कोण है।

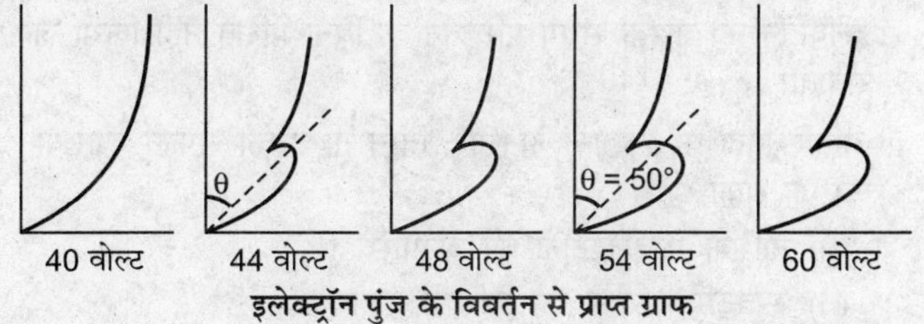

इलेक्ट्रॉन पुंज के विवर्तन से प्राप्त ग्राफ

ग्राफों से स्पष्ट है कि विवर्तन कोण $\theta = 50°$ पर एक उभार (bump) या शिखर (peak) प्राप्त होता है, जोकि त्वरक विभव बढ़ाने पर पहले बढ़ता है तथा $V = 54$ वोल्ट पर यह उभार सर्वाधिक उन्नत हो जाता है। उभार की यह स्थिति प्रदर्शित करती है कि 54 वोल्ट पर इलेक्ट्रॉन पुंज $\theta = 50°$ पर विवर्तन होता है। अतः इलेक्ट्रॉन पुंज एक तरंग के समान है, जिसके लिए निकिल क्रिस्टल विवर्तन ग्रेटिंग की भाँति कार्य करता है।

दे-ब्रोग्ली के अनुसार त्वरित इलेक्ट्रॉन से बद्ध तरंगदैर्ध्य
$$\lambda = \frac{12.27}{\sqrt{V}}\text{Å} = \frac{12.27}{\sqrt{54}}$$
$$= 1.67\text{Å} \qquad \ldots\text{(i)} \quad (V = 54 \text{ वोल्ट पर})$$

जबकि X-किरण विश्लेषण से ज्ञात होता है कि निकिल क्रिस्टल एक समतल विवर्तन ग्रेटिंग का कार्य करता है, जिसका ग्रेटिंग अन्तराल $d = 0.91\text{Å}$ होता है। प्रयोग में संगत पृष्ठसर्पी कोण $\theta = 50^\circ$ (grazing angle)

$$\phi = \frac{180^\circ - 50^\circ}{2} = 65^\circ$$

ब्रैग समीकरण, $2d \sin\phi = n\lambda$

$n = 1, d = 0.91\text{Å}, \phi = 65^\circ$ पर

$$\lambda = 1.65\text{Å} \quad \text{...(ii)}$$

जोकि दे-ब्रोग्ली परिकल्पना से प्राप्त तरंगदैर्ध्य के मान 1.67Å के अति समीप है इस प्रकार डेविसन जर्मर प्रयोग से दे-ब्रोग्ली के द्रव्य तरंग की परिकल्पना सिद्ध होती है।

हाइजेनबर्ग का अनिश्चितता का सिद्धान्त

(Heisenberg Uncertainty Principle)

1. हाइजेनबर्ग के अनुसार, किसी कण की स्थिति एवं संवेग को एकसाथ (simultaneously) मापना असंभव है।
2. यदि किसी कण की स्थिति एवं संवेग मापन में अनिश्चितता क्रमशः Δx व Δp है तब $\Delta x \Delta p = \hbar$; यहाँ $\hbar = \frac{h}{2\pi}$

   तथा $h = 6.63 \times 10^{-34}$ जूल-सेकण्ड

   प्लांक नियतांक $\frac{h}{2\pi} = 1.05 \times 10^{-34}$ जूल-सेकण्ड

   एक इलेक्ट्रॉन को उसके संवेग परिवर्तन के बिना प्रेक्षित नहीं किया जा सकता $\Delta x\, \Delta p \geq \frac{h}{2}\left(\text{या } \frac{h}{4\pi}\right)$
3. यदि $\Delta x = 0$ तब $\Delta p = \infty$ एवं यदि $\Delta p = 0$ तब $\Delta x = \infty$

   अर्थात् यदि हम किसी कण (इलेक्ट्रॉन) की स्थिति का शुद्धतापूर्वक मापन कर लेते हैं तब कण के संवेग मापन में अनिश्चितता अनन्त है। इसी प्रकार यदि हम किसी कण के संवेग का शुद्धतापूर्वक मापन कर लेते हैं, तब इसकी स्थिति में अनिश्चितता अनन्त है। एक इलेक्ट्रॉन को उसके संवेग परिवर्तन के बिना प्रेक्षित नहीं किया जा सकता।
4. अनिश्चितता के सिद्धान्त अनुसार, निम्न तथ्यों की सफल व्याख्या की जा सकी
   (i) नाभिक में इलेक्ट्रॉनों की अनुपस्थिति
   (ii) स्पेक्ट्रमी रेखाओं का निश्चित आकार
5. हाइजेनबर्ग अनिश्चितता के सिद्धान्त का उपयोग ऊर्जा एवं समय, कोणीय संवेग एवं कोणीय विस्थापन के लिए भी होता है।

   अतः $\Delta E \Delta t \equiv \frac{h}{2\pi}$ एव $\Delta L \Delta\theta \geq \frac{h}{2\pi}$
6. यदि नाभिक की त्रिज्या r हो तब नाभिक में इलेक्ट्रॉन के पाये जाने की प्रायिकता $\Delta x = 2r$ एवं इसके संवेग में अनिश्चितता $\Delta p = \frac{h}{4\pi r}$

कालाश्रित श्रोडिंगर समीकरण

(Time Dependent Schrodinger Equation)

कालाश्रित श्रोडिंगर समीकरण निम्न प्रकार है

एकविमीय कालाश्रित श्रोडिंगर तरंग समीकरण (One Dimensional Time Dependent Schrodinger Wave Equation) श्रोडिंगर समीकरण कण से सम्बन्ध डी-ब्रॉग्ली तरंगों की अवकल समीकरण है। यह समीकरण तरंग यांत्रिकी पर आधारित है। माना एक m द्रव्यमान का कण x-अक्ष की धनात्मक दिशा में किसी वेग से गति कर रहा है। इस कण से सम्बन्धित डी-ब्रॉग्ली तरंग के समीकरण को निम्न प्रकार लिखा जा सकता है

$$\psi(x, t) = Ae^{-\left(\frac{2\pi}{h}i\right)(Et-px)} \quad \text{...(i)}$$

यहाँ, E कुल ऊर्जा व p संवेग है। उपरोक्त समीकरण का x के सापेक्ष दो बार अवकलन करने पर प्राप्त समीकरण इस प्रकार होगी,

$$\frac{\partial^2\psi}{\partial x^2} = Ae^{-\left(\frac{2\pi}{h}i\right)(Et-px)} \times \left(\frac{2\pi p}{h}i\right)^2 = \frac{-4\pi^2 p^2}{h^2}\psi \quad \text{...(ii)}$$

समीकरण (i) का समय t के सापेक्ष अवकलन करने पर,

$$\frac{\partial\psi}{\partial t^2} = Ae^{-\left(\frac{2\pi}{h}i\right)(Et-px)} \times \left(\frac{-2\pi p}{h}i\right) = -\frac{2\pi E}{h}i\psi \quad \text{...(iii)}$$

तथा संवेग, $$p^2 = -\frac{1}{\psi}\frac{h^2}{4\pi^2}\frac{\partial^2\psi}{\partial x^2} \quad \text{...(iv)}$$

कुल ऊर्जा, $$E = -\frac{1}{\psi}\frac{h}{2\pi i}\frac{\partial\psi}{\partial t} = \frac{1}{\psi}\frac{ih}{2\pi}\frac{\partial\psi}{\partial t} \quad \text{...(v)}$$

हम जानते हैं, कि किसी कण की कुल ऊर्जा E, उसकी स्थितिज ऊर्जा U व गतिज ऊर्जा K के योग के बराबर होती है।

अतः $$E = U + K \Rightarrow E = U + \frac{p^2}{2m}$$

उपरोक्त समीकरण में E व p^2 का मान रखने पर,

$$\frac{1}{\psi}\frac{ih}{2\pi}\frac{\partial\psi}{\partial t} = U - \frac{1}{\psi}\frac{h^2}{8\pi^2}\frac{\partial^2\psi}{\partial x^2}$$

$$U\psi - \left(\frac{h^2}{8\pi^2 m}\right)\frac{\partial^2\psi}{\partial x^2} = \left(\frac{ih}{2\pi}\right)\frac{\partial\psi}{\partial t} \quad \text{छ(न)}$$

या $$U\psi - \left(\frac{\hbar^2}{2m}\right)\frac{\partial^2\psi}{\partial x^2} = \left(\frac{i\hbar}{2\pi}\right)\frac{\partial\psi}{\partial t}\left(\hbar = \frac{h}{2\pi}\right)$$

यही कालाश्रित श्रोडिंगर समीकरण है। यदि कण मुक्त अवस्था में हो, तो

$$U = 0$$

अतः $$\left(-\frac{h^2}{8\pi^2 m}\right)\frac{\partial^2\psi}{\partial x^2} = \left(\frac{ih}{2\pi}\right)\frac{\partial\psi}{\partial t} \quad \text{...(vii)}$$

या $$\left(-\frac{\hbar^2}{2m}\right)\frac{\partial^2\psi}{\partial x^2} = (i\hbar)\frac{\partial\psi}{\partial t}$$

यह **एकविमीय कालाश्रित श्रोडिंगर** तरंग समीकरण का अन्य रूप है।

काल अनाश्रित श्रोडिगंर समीकरण

(Time Independent Schrodinger Equation)

काल अनाश्रित श्रोडिंगर समीकरण निम्न प्रकार है

$$\left[-\frac{\hbar^2}{2m}\nabla^2 + v(\bar{r})\right]\psi(\bar{r}) = E\psi(\bar{r})$$

एकविमीय काल अनाश्रित श्रोडिंगर तरंग समीकरण (One Dimensional Time Independent Schrodinger Wave Equation)

माना कि कण से सम्बन्ध होने वाली अप्रगामी तरंगों का एक निकाय x-अक्ष की धनात्मक दिशा में v वेग से गतिमान है। तरंग गति की अवकल समीकरण को निम्नलिखित प्रकार से व्यक्त कर सकते हैं

$$\frac{\partial^2\psi}{\partial x^2} = \frac{1}{v^2}\frac{\partial^2\psi}{\partial t^2} \quad \text{...(i)}$$

माना ψ_0 लिए गए बिन्दु पर आयाम है, जोकि स्थिति x का फलन है। उपरोक्त समीकरण को समय के पदों में हल करने पर,

$$\psi = \psi_0 e^{i\omega t} \quad \text{...(ii)}$$

$$\frac{\partial^2\psi}{\partial x^2} + \frac{4\pi^2}{\lambda^2}\psi = 0\left(\omega = 2\pi v = \frac{2\pi v}{\lambda}, \frac{\omega}{v} = \frac{2\pi}{\lambda}\right) \quad \text{...(iii)}$$

हम जानते हैं, कि डी-ब्रॉग्ली तरंगदैर्ध्य के लिए $\lambda = \frac{h}{mv}$ होता है। अत:

समी (v) में λ का मान रखने पर

$$\frac{\partial^2\psi}{\partial x^2} + \frac{4\pi^2 m^2 v^2}{h^2}\psi = 0 \quad \text{...(iv)}$$

यदि कण की कुल ऊर्जा E, स्थितिज ऊर्जा U व गतिज ऊर्जा K हो, तो

$$E = K + U \Rightarrow E - U = K$$

$$E - U = \frac{1}{2}mv^2, \quad 2(E-U) = mv^2 \Rightarrow 2m(E-U) = m^2v^2$$

m^2v^2 का यह मान समीकरण (vi) में रखने पर,

$$\frac{\partial^2\psi}{\partial x^2} + \frac{8\pi^2 m^2}{\hbar^2}(E-U)\psi = 0$$

यह एकविमीय काल अनाश्रित श्रोडिंगर तरंग समीकरण है तथा इसे निम्न प्रकार भी लिखा जा सकता है

$$\frac{\partial^2\psi}{\partial x^2} + \frac{2\pi}{\hbar^2}(E-U)\psi = 0 \qquad \left(\because \hbar = \frac{h}{2\pi}\right)$$

कॉम्पटन प्रभाव (Compton Effect)

(1) फोटॉन का इलेक्ट्रॉन से संघट्ट होने पर इलेक्ट्रॉन द्वारा फोटॉन का प्रकीर्णन कॉम्पटन प्रभाव कहलाता है।

(2) इस संघट्ट में ऊर्जा एवं संवेग संरक्षित रहते हैं।

(3) आपतित फोटॉन की तुलना में प्रकीर्णित फोटॉन की तरंगदैर्ध्य अधिक एवं ऊर्जा कम होती है।

(4) इस प्रक्रिया में फोटॉन की ऊर्जा में होने वाली कमी, इलेक्ट्रॉन की गतिज ऊर्जा की वृद्धि के रूप में प्राप्त होती है।

(5) कॉम्पटन प्रभाव में फोटॉन की तरंगदैर्ध्य में होने वाले परिवर्तन को कॉम्पटन विस्थापन कहते हैं।

कॉम्पटन विस्थापन $\lambda_f - \lambda_i = \Delta\lambda = \frac{h}{m_0 c}(1 - \cos\phi)$

यदि $\phi = 0°$, $\Delta\lambda = 0$

$\phi = 90°$, $\Delta\lambda = \frac{h}{m_0 c} = 0.24$ nm

$\phi = 180°$, $\Delta\lambda = \frac{2h}{m_0 c} = 0.48$ nm (कॉम्पटन तरंगदैर्ध्य)

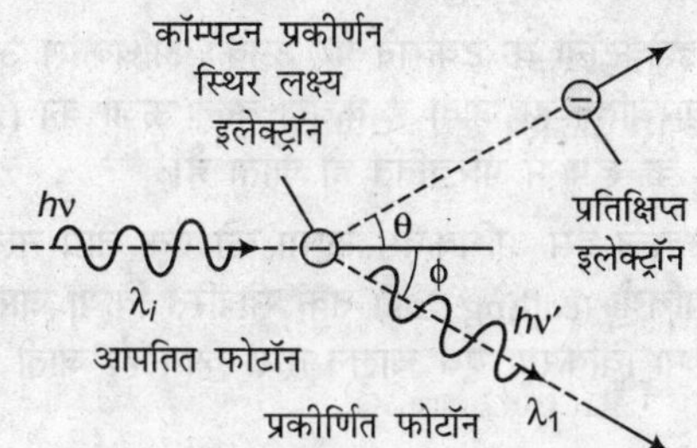

कॉम्पटन विस्थापन केवल प्रकीर्णन कोण पर निर्भर करता है। यह आपतित तरंगदैर्ध्य पर तथा प्रकीर्णित पदार्थ पर निर्भर नहीं करता है।

X-किरणें (X-Rays)

जब तीव्रगामी इलेक्ट्रॉन पुंज, किसी उच्च गलनांक एवं उच्च परमाणु भार के ठोस पदार्थ पर आपतित होती है, तो X-किरणें उत्पन्न होती हैं। इनकी खोज सन् 1885 में जर्मन भौतिक विद् रॉन्जन (Rontgen) ने की थी। इसलिए X-किरणों को रॉन्जन किरणें भी कहते हैं।

कूलिज नलिका द्वारा X-किरणों का उत्पादन

(Production of X-Rays by Coolidge Tube)

(i) कूलिज नलिका में एक कठोर काँच की एक गोलाकार नलिका होती है, जिसमें कैथोड एवं लक्ष्य (target) लगे होते हैं। कैथोड, टंगस्टन का फिलामेण्ट होता है। इस फिलामेण्ट पर बेरियम ऑक्साइड या स्ट्रान्शियम ऑक्साइड की पतली परत चढ़ी होती है। यह फिलामेण्ट मोलिब्डेनम के बेलन द्वारा घिरा होता है, इस बेलन को लक्ष्य के सापेक्ष ऋण विभव पर रखा जाता है।

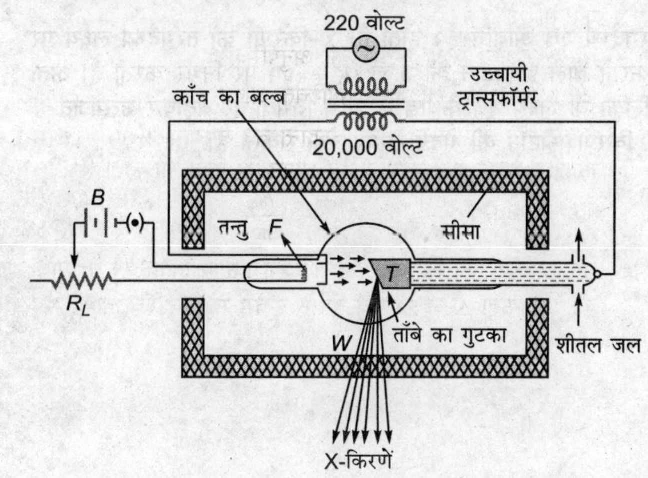

(ii) लक्ष्य (उच्च गलनांक, उच्च परमाणु भार एवं उच्च ऊष्मा चालकता) टंगस्टन या मोलिब्डेनम का बना होता है। यह ताँबे के गुटके पर लगा होता है।

(iii) इस लक्ष्य का तल आपतित इलेक्ट्रॉन पुंज से 45° के कोण पर झुका होता है।

(iv) फिलामेण्ट में धारा प्रवाहित करके इसे गर्म किया जाता है। लक्ष्य एवं कैथोड के बीच उच्च विभवान्तर ($\approx 10\,kV$ से $80\,kV$) आरोपित करने पर फिलामेण्ट से उत्सर्जित इलेक्ट्रॉन त्वरित होते हैं। इन त्वरित इलेक्ट्रॉनों के पुंज को लक्ष्य पर फोकस किया जाता है।

(v) लक्ष्य पर इलेक्ट्रॉनों के टकराने पर उनकी अधिकांश ऊर्जा (98%) ऊष्मा में परिवर्तित हो जाती है केवल कुल ऊर्जा का (2%) भाग X-किरणों के रूप में परिवर्तित हो जाता है।

(vi) लक्ष्य में उत्पन्न इस अधिकतम ऊष्मा को एक ताम्र नली द्वारा शीतलक पत्तियों (colling fins) तक संचरित किया जाता है। जहाँ से यह ऊष्मा विकिरण एवं चालन द्वारा व्यय हो जाती है।

X-किरणों के प्रकार (Types of X-Rays)

(i) कोमल X-किरणें (Soft X-Rays)

कम भेदन क्षमता या उच्च तरंगदैर्ध्य (10Å से 100Å) या निम्न आवृत्ति (3×10^{17} Hz से 3×10^{16} Hz) या कोमल पदार्थों को भेदने वाली X-किरणें।

(ii) कठोर X-किरणें (Hard X-Rays)

अधिक भेदन क्षमता या निम्न तरंगदैर्ध्य (0.1Å से 10Å) या उच्च आवृत्ति (3×10^{19} Hz से 3×10^{17} Hz) या कठोर पदार्थों को भेदने वाली X-किरणें।

X-किरणों की तीव्रता एवं भेदन क्षमता पर नियन्त्रण (Controlling the Intensity and Penetration Power of X-Rays)

X-किरणों की तीव्रता, नलिका के लक्ष्य के प्रति एकांक क्षेत्रफल से प्रति सेकण्ड उत्सर्जित फोटॉनों की संख्या के अनुक्रमानुपाती होती है। अतः नलिका में तन्तु में प्रवाहित धारा का मान बढ़ाने पर उत्सर्जित X-किरण फोटॉनों की संख्या अर्थात् X-किरणों की तीव्रता बढ़ जाती है।

X-किरणों की भेदन क्षमता $\propto h\nu \propto \frac{1}{\lambda}$ (λ एवं ν, X-किरण फोटॉन की तरंगदैर्ध्य एवं आवृत्ति है) होती है। X-किरणों की तरंगदैर्ध्य लक्ष्य पर टकराने वाले इलेक्ट्रॉन की ऊर्जा ($K = eV$) पर निर्भर करती है। अतः नलिका के लक्ष्य एवं कैथोड के बीच विभवान्तर बढ़ाकर उत्सर्जित X-किरणें फोटॉन की भेदन क्षमता बढ़ा सकती हैं।

X-किरणों के गुण (Properties of X-Rays)

(i) निर्वात में इनकी चाल प्रकाश की चाल (3×10^8 मी/से) के बराबर होती है।

(ii) ये विद्युत तथा चुम्बकीय क्षेत्रों से प्रभावित नहीं होती हैं क्योंकि ये आवेशित कण नहीं हैं।

(iii) ये आँखों पर, दृश्य प्रभाव उत्पन्न नहीं करती हैं, किन्तु इनमें प्रकाश से सम्बन्धित सभी परिघटनायें होती हैं अर्थात् ये परावर्तन, अपवर्तन, विवर्तन, व्यतिकरण तथा ध्रुवण आदि परिघटनाओं को प्रदर्शित करती हैं।

(iv) सीसा X-किरणों का सर्वोत्तम अवशोषक होता है। मानव शरीर की आन्तरिक X-किरण फोटोग्राफी के लिए $BaSO_4$ का विलयन प्रयोग में लाया जाता हैं क्योंकि $BaSO_4$ भी X-किरणों को अवशोषित करता है।

(v) ये हाइड्रोजन परमाणु से उत्सर्जित नहीं होती हैं क्योंकि हाइड्रोजन परमाणु में विभिन्न ऊर्जा-स्तरों के बीच ऊर्जा-अन्तर का मान कम (13.6 eV) होता है।

(vi) इनको रडार में प्रयोग नहीं किया जाता है। क्योंकि ये किरणें लक्ष्य से परावर्तित कम तथा अवशोषित अधिक होती हैं।

(vii) X-किरणों द्वारा प्रकाश-विद्युत प्रभाव तथा कॉम्पटन प्रभाव होता है जोकि इसकी क्वाण्टम प्रकृति को प्रदर्शित करता है जबकि क्रिस्टल द्वारा X-किरणों का विवर्तन इनकी तरंग प्रकृति को प्रदर्शित करता है।

(viii) ये बेरियम प्लेटिनोसायनाइड, जिंक सल्फाइड तथा कैडमियम टंग्स्टन आदि पदार्थों में प्रतिदीप्ति (fluorescence) उत्पन्न करती हैं।

(ix) जीवित पदार्थों पर आपतित होने पर उनके ऊतकों (tissues) तथा श्वेत रक्त-कणिकाओं (white blood cells) को नष्ट कर देती हैं।

ब्रैग का नियम (Bragg's Law)

ब्रैग के नियमानुसार, "जब एक क्रिस्टल के विभिन्न समदूरस्थ जालक तल जिनके मध्य की दूरी d है, पर X-किरणों का एकवर्णी (monochromatic) समान्तर किरण पुंज कोण बनाता हुआ आपतित होता है, तो ये किरणें भिन्न-भिन्न कोणों पर विवर्तित होती हैं। इन विवर्तित किरणों के अध्यारोपण से निर्मित तथा सम्पोषी तथा विनाशी व्यतिकरण द्वारा फोटो-प्लेट पर धब्बों का एक प्रारूप बनता है।"

इन नियम के अनुसार, $2d\sin\theta = n\lambda$

इसे **ब्रैग का समीकरण** भी कहते हैं।

जहाँ, n = पूर्णांक, λ = आपतित X-किरण की तरंगदैर्ध्य, θ = पृष्ठसर्पी कोण (Glancing angle) किसी क्रिस्टल या जालक का नियतांक, क्रिस्टलों (NaCl, KCl इत्यादि) की संरचना ज्ञात करने एवं प्रयुक्त प्रकाश की तरंगदैर्ध्य ज्ञात करने हेतू ब्रैग की विधि (Bragg's method) का उपयोग किया जाता है, जिसके अन्तर्गत X- किरण क्रिस्टल स्पेक्ट्रोमीटर का उपयोग किया जाता है।

हॉल प्रभाव (Hall Effect)

सन् 1879 में हॉल नामक वैज्ञानिक ने प्रयोगों द्वारा यह ज्ञात किया कि जब किसी चालक प्लेट पर किसी एक दिशा में चुम्बकीय क्षेत्र लगाया जाता है और दूसरी दिशा में धारा प्रवाहित की जाती है, तो दोनों के परस्पर लम्बवत् दिशा में चालक पर विद्युत क्षेत्र उत्पन्न हो जाता है, इस प्रभाव को हॉल प्रभाव कहते हैं, इस प्रभाव द्वारा हॉल ने यह ज्ञात किया कि चालक में आवेश वाहक इलेक्ट्रॉन होते हैं।

$$R_H = \mu \frac{1}{\sigma}$$

जहाँ, σ वैद्युतचालकता तथा μ इलेक्ट्रॉनों की गतिशीलता है।

अभ्यास प्रश्न

प्रकाश विद्युत प्रभाव एवं द्रव्य तरंगें

1. v वेग से गतिमान m द्रव्यमान के कण से सम्बद्ध दे-ब्रोग्ली तरंगदैर्ध्य होगी

(a) h/mv (b) mn/h
(c) mh/v (d) m/hv

2. एक कण का विराम द्रव्यमान शून्य और ऊर्जा एवं संवेग अशून्य है। इसकी गति होगी

(a) c (प्रकाश का निर्वात में वेग) के बराबर
(b) c से अधिक
(c) c से कम
(d) अनन्त की ओर अग्रसर

3. एक धातु का कार्य फलन 2.4 eV है। प्रकाश वैद्युत उत्सर्जन के लिए फोटॉन की अधिकतम तरंगदैर्ध्य होगी

(a) 3000 Å (b) 3500 Å
(c) 4500 Å (d) 5156 Å

4. गतिज ऊर्जा E के एक इलेक्ट्रॉन से सम्बद्ध दे-ब्रोग्ली तरंगदैर्ध्य λ होगी

(a) $\frac{h}{\sqrt{2mE}}$ (b) $\frac{2h}{mE}$ (c) $2mhE$ (d) $\frac{2\sqrt{2mE}}{h}$

5. दे-ब्रोग्ली तरंगदैर्ध्य अनुक्रमानुपाती होती है

(a) $\lambda \propto \frac{1}{v}$ (b) $\lambda \propto \frac{1}{m}$ (c) $\lambda \propto \frac{1}{p}$ (d) $\lambda \propto p$

6. क्रिकेट की गतिमान गेंद के लिए दे-ब्रोग्ली तरंगदैर्ध्य होगी

(a) भारी कणों के लिए यह उपयोगी नहीं है
(b) $\frac{h}{\sqrt{2mE}}$ (c) $\sqrt{\frac{h}{2mE}}$
(d) $\frac{h}{2mE}$

7. द्रव्य तरंग की तरंगदैर्ध्य किस पर निर्भर नहीं करती है?

(a) द्रव्यमान (b) वेग (c) संवेग (d) आवेश

8. परमताप T K पर किसी परमाणु के लिए दे-ब्रोग्ली तरंगदैर्ध्य होगी

(a) $\frac{h}{mkT}$ (b) $\frac{h}{\sqrt{3mkT}}$
(c) $\frac{\sqrt{3mkT}}{h}$ (d) $\sqrt{3mkT}$

9. यदि α-कण को V विभवान्तर से त्वरित किया जाए, तो दे-ब्रोग्ली तरंगदैर्ध्य का मान होगा

(a) $\frac{0.287}{\sqrt{V}}$ Å (b) $\frac{12.27}{\sqrt{V}}$ Å
(c) $\frac{0.101}{\sqrt{V}}$ Å (d) $\frac{0.202}{\sqrt{V}}$ Å

10. यदि कण समान वेग से गतिशील हो, तो अधिकतम दे-ब्रोग्ली तरंगदैर्ध्य निम्न की होगी

(a) न्यूट्रॉन (b) प्रोटॉन
(c) β-कण (d) α-कण

11. एकसमान ऊर्जा के प्रोटॉन तथा α-कण की दे-ब्रोग्ली तरंगदैर्ध्य का अनुपात होगा

(a) 2 : 1 (b) 1 : 2 (c) 4 : 1 (d) 1 : 4

12. एक फोटॉन, एक इलेक्ट्रॉन और एक यूरेनियम नाभिक सभी की समान तरंगदैर्ध्य है, इनमें से सबसे अधिक ऊर्जा होगी

(a) फोटॉन की
(b) इलेक्ट्रॉन की
(c) यूरेनियम नाभिक की
(d) तरंगदैर्ध्य और कणों के गुण पर निर्भर

13. इलेक्ट्रॉन की दे-ब्रोग्ली तरंगदैर्ध्य 10^{-10} मी से 0.5×10^{-10} मी तक घटाने के लिए इसे दी गई ऊर्जा होगी

(a) प्रारम्भिक ऊर्जा की चार गुनी
(b) प्रारम्भिक ऊर्जा की तीन गुनी
(c) प्रारम्भिक ऊर्जा के बराबर
(d) प्रारम्भिक ऊर्जा की दोगुनी

14. M द्रव्यमान के एक कण का स्थिर अवस्था में क्षय होता है और m_1 व m_2 द्रव्यमान के दो कण पैदा होते हैं। इन कणों के वेग शून्येतर (non-zero) हैं। इन कणों की दे-ब्रोग्ली तरंगदैर्ध्य का अनुपात $\frac{\lambda_1}{\lambda_2}$ होगा

(a) $\frac{m_1}{m_2}$ (b) $\frac{m_2}{m_1}$ (c) 1 (d) $\sqrt{\frac{m_2}{m_1}}$

15. 100 eV गतिज ऊर्जा वाले इलेक्ट्रॉन की धारा की तरंग लम्बाई क्या होगी?

($h = 6.6 \times 10^{-34}$ जूल-से, $1\,\text{eV} = 1.6 \times 10^{-19}$ जूल, $m_c = 9.1 \times 10^{31}$ किग्रा)

(a) 4.8 Å (b) 3.6 Å (c) 1.2 Å (d) 2.4 Å

16. 1.25 kV विभवान्तर से त्वरित इलेक्ट्रॉन की दे-ब्रोग्ली तरंगदैर्ध्य है

(a) 2.46 Å (b) 0.446 Å (c) 0.346 Å (d) 0.546 Å

17. इलेक्ट्रॉन तरंग व्यवहार प्रदर्शित करते हैं, क्योंकि

(a) ये गैस को आयनीकृत करते हैं

(b) ये वैद्युत क्षेत्र द्वारा विक्षेपित होते हैं

(c) ये चुम्बकीय क्षेत्र द्वारा विक्षेपित होते हैं

(d) ये क्रिस्टल से विवर्तित होते हैं

18. 5000 Å तरंगदैर्ध्य वाले फोटॉन का संवेग होगा

(a) 1.3×10^{-27} किग्रा-मी/से

(b) 1.3×10^{-28} किग्रा-मी/से

(c) 4×10^{29} किग्रा-मी/से

(d) 4×10^{-18} किग्रा-मी/से

19. 1 keV फोटॉन की तरंगदैर्ध्य 1.24×10^{-9} मी है तो 1 MeV वाले फोटॉन की आवृत्ति होगी

(a) 1.24×10^{15} हर्ट्ज (b) 2.4×10^{20} हर्ट्ज

(c) 1.24×10^{18} हर्ट्ज (d) 2.4×10^{23} हर्ट्ज

20. 4400 Å तरंगदैर्ध्य का फोटॉन निर्वात से गुजरता है फोटॉन के प्रभावी द्रव्यमान तथा संवेग क्रमश: होंगे

(a) 5×10^{-36} किग्रा, 1.5×10^{-27} किग्रा-मी/से

(b) 5×10^{-35} किग्रा, 1.5×10^{-26} किग्रा-मी/से

(c) शून्य, 1.5×10^{-26} किग्रा-मी/से

(d) 5×10^{-36} किग्रा, 1.5×10^{-43} किग्रा-मी/से

21. यदि n_r तथा n_b लाल व नीले प्रकाश के एकसमान ऊर्जा के फोटॉनों की संख्या है, तब

(a) $n_r > n_b$

(b) $n_r < n_b$

(c) $n_r = n_b$

(d) n_r व n_b के बीच कोई सम्बन्ध नहीं है

22. इलेक्ट्रॉन की गतिज ऊर्जा के बढ़ने से, उससे सम्बद्ध तरंग की तरंगदैर्ध्य

(a) बढ़ जाती है

(b) कम हो जाती है

(c) तरंगदैर्ध्य गतिज ऊर्जा पर निर्भर नहीं करती है

(d) उपरोक्त में से कोई नहीं

23. एक प्रोटॉन तथा एल्फा कण की दे-ब्रोग्ली तरंगदैर्ध्य समान है, तो इनके वेगों की निष्पत्ति है

(a) 4 : 1 (b) 2 : 1 (c) 1 : 2 (d) 1 : 4

24. यदि एक इलेक्ट्रॉन तथा एक फोटॉन समान तरंगदैर्ध्य की तरंगों के रूप में संचरित होते हैं। इसका अर्थ है कि

(a) उनकी ऊर्जा समान है (b) संवेग समान है

(c) वेग समान है (d) कोणीय संवेग समान है

25. इलेक्ट्रॉन एवं प्रोटॉन की गतिज ऊर्जा 10^{-32} जूल है। इन दोनों के दे-ब्रोग्ली तरंगदैर्ध्य के बीच सम्बन्ध होगा

(a) $\lambda_p < \lambda_e$ (b) $\lambda_p > \lambda_e$ (c) $\lambda_p = \lambda_e$ (d) $\lambda_p = 2\lambda_e$

26. $2\pi r$ परिधि वाले बोर के प्रथम कक्ष में घूमते हुए इलेक्ट्रॉन के लिए दे-ब्रोग्ली तरंगदैर्ध्य का मान होता है

(a) $2\pi r$ (b) πr (c) $\frac{1}{2\pi r}$ (d) $\frac{1}{4\pi r}$

27. दे-ब्रोग्ली के अनुसार, हाइड्रोजन परमाणु की किसी कक्षा (त्रिज्या $= 5.3 \times 10^{-11}$ मी) में घूमते हुए इलेक्ट्रॉन की संगत दे-ब्रोग्ली तरंगदैर्ध्य 10^{-10} मी है। इस इलेक्ट्रॉन के लिए मुख्य क्वाण्टम संख्या होगी

(a) 1 (b) 2

(c) 3 (d) 4

28. जल की विशिष्ट ऊष्मा 4.2 जूल ग्राम$^{-1}$ °C है। यदि 400 ग्राम जल को 20°C से 40°C तक गर्म करने में 3×10^9 हर्ट्ज आवृत्ति का प्रकाश प्रयुक्त किया जाए, तो आवश्यक फोटॉनों के मोलों की संख्या है

(a) 1.69×10^{29} (b) 1.69×10^{28}

(c) 2.80×10^4 (d) 2.80×10^5

29. नेत्र हरे रंग को ($\lambda = 5000$Å) संसूचित कर लेता है। इससे 5×10^4 फोटॉन-मी$^{-2}$ की जानकारी होती है। जबकि कान 10^{-13} वाट मी$^{-2}$ शक्ति का संसूचन करता है कौन अधिक सुग्राही है तथा कितने गुना है?

(a) नेत्र 5.05 गुना अधिक सुग्राही हैं

(b) कान 5.05 गुना अधिक सुग्राही हैं

(c) दोनों समान रूप से 1 : 1 अनुपात में सुग्राही है

(d) नेत्र 10^{-1} गुना अधिक सुग्राही है

30. प्रकाश-वैद्युत प्रभाव के कारण धातु पृष्ठ से उत्सर्जित इलेक्ट्रॉनों की गतिज ऊर्जा

(a) प्रकाश की तीव्रता पर निर्भर नहीं करती है

(b) आपतित प्रकाश की आवृत्ति पर निर्भर नहीं करती है

(c) आपतित प्रकाश की तीव्रता के प्रतिलोमानुपाती होती है

(d) आपतित प्रकाश की तीव्रता के समानुपाती होती है

31. किसी धातु का कार्य फलन 4.2 eV है, तो इसकी देहली तरंगदैर्ध्य होगी

(a) 4000 Å (b) 3500 Å

(c) 2945 Å (d) 2500 Å

32. प्रकाश विद्युत धारा को शून्य करने के लिए आवश्यक निरोधी विभव

(a) आपतित प्रकाश की तरंगदैर्ध्य के अनुक्रमानुपाती होता है

(b) आपतित प्रकाश की तरंगदैर्ध्य के साथ समान रूप से बढ़ता है

(c) आपतित प्रकाश की आवृत्ति के अनुक्रमानुपाती होता है

(d) आपतित प्रकाश की आवृत्ति के साथ समान रूप से बढ़ता है

33. किसी धातु की प्लेट से प्रति सेकण्ड उत्सर्जित फोटो इलेक्ट्रॉनों की संख्या बढ़ती है, जबकि आपतित फोटॉन की

(a) ऊर्जा बढ़ती है (b) आवृत्ति बढ़ती है

(c) तरंगदैर्ध्य बढ़ती है (d) तीव्रता बढ़ती है

34. एक इलेक्ट्रॉन को निकालने के लिए आवश्यक न्यूनतम ऊर्जा कहलाती है
(a) निरोधी विभव (b) गतिज ऊर्जा
(c) कार्य फलन (d) इनमें से कोई नहीं

35. किसी प्रकाश वैद्युत सेल में ऊर्जा का रूपान्तरण होता है
(a) रासायनिक से वैद्युतीय (b) चुम्बकीय से वैद्युतीय
(c) प्रकाशीय से वैद्युतीय (d) यान्त्रिक से वैद्युतीय

36. फोटॉन के टकराने के पश्चात् कितने समय अन्तराल में फोटो इलेक्ट्रॉन बाहर निकलेगा?
(a) 10^{-10} सेकण्ड (b) 10^{-16} सेकण्ड
(c) 10^{-1} सेकण्ड (d) 10^{-4} सेकण्ड

37. यदि आपतित प्रकाश की तीव्रता बढ़ा दी जाए, तो
(a) प्रकाश वैद्युत धारा बढ़ जाएगी
(b) प्रकाश वैद्युत धारा कम हो जाएगी
(c) उत्सर्जित प्रकाश इलेक्ट्रॉनों की गतिज ऊर्जा बढ़ जाएगी
(d) उत्सर्जित प्रकाश इलेक्ट्रॉनों की गतिज ऊर्जा घट जाएगी

38. एक प्रकाश संवेदी प्लेट पर आपतित प्रकाश की आवृत्ति दोगुनी करने पर उत्सर्जित प्रकाश इलेक्ट्रॉनों की गतिज ऊर्जा
(a) पूर्वमान की दोगुनी हो जाएगी
(b) अपरिवर्तित रहेगी
(c) दोगुनी से ज्यादा हो जाएगी
(d) दोगुनी से कम हो जाएगी

39. प्रकाश-वैद्युत प्रभाव में, यदि प्रकाश की तीव्रता दोगुनी कर दी जाए, तो फोटो इलेक्ट्रॉन की अधिकतम गतिज ऊर्जा हो जाएगी
(a) दोगुनी (b) आधी
(c) चार गुनी (d) अपरिवर्तित

40. ν_0 देहली आवृत्ति के पदार्थ पर ν $(\nu_0 < \nu)$ आवृत्ति का प्रकाश आपतित होता है। उत्सर्जित फोटो इलेक्ट्रॉन की ऊर्जा होगी
(a) $h(\nu - \nu_0)$ (b) h/ν
(c) $he(\nu - \nu_0)$ (d) h/ν_0

41. यदि आपतित फोटॉन की तरंगदैर्ध्य कम कर दी जाए, तो
(a) उत्सर्जित फोटो इलेक्ट्रॉन का वेग कम हो जाएगा
(b) उत्सर्जित फोटो इलेक्ट्रॉन की ऊर्जा बढ़ जाएगी
(c) फोटो इलेक्ट्रॉन का वेग परिवर्तित नहीं होगा
(d) प्रकाश वैद्युत धारा बढ़ेगी

42. आपतित फोटॉन की ऊर्जा 4 eV है तथा कार्यफलन 2 eV हो, तो निरोधी विभव होगा
(a) 2V (b) 4V
(c) 6V (d) $2\sqrt{2}$V

43. प्रकाश के फोटॉन सिद्धान्त के अनुसार, जब निर्वात में फोटॉन इलेक्ट्रॉन से टकराता है तब फोटॉन से सम्बद्ध कौन सी राशियाँ परिवर्तित नहीं होती हैं?
(a) ऊर्जा तथा संवेग (b) चाल तथा संवेग
(c) केवल चाल (d) केवल ऊर्जा

44. जब पराबैंगनी किरणें धातु प्लेट पर आपतित होती हैं तो प्रकाश-वैद्युत प्रभाव उत्पन्न नहीं होता। यह निम्न के आपतित होने पर उत्पन्न होगा
(a) X-किरणें (b) रेडियों तरंगें
(c) अवरक्त किरणें (d) हरित गृह

45. प्रकाश-वैद्युत प्रभाव द्वारा, आइन्सटीन ने सिद्ध किया
(a) $E = h\nu$ (b) $KE = \frac{1}{2}mv^2$
(c) $E = mc^2$ (d) $E = \frac{Rhc^2}{n^2}$

46. निम्न में से कौन, प्रकाश की कण प्रकृति को दर्शाता है?
(a) अपवर्तन (b) व्यतिकरण
(c) ध्रुवण (d) प्रकाश-वैद्युत प्रभाव

47. आपतित फोटॉन की आवृत्ति तथा कार्यफलन ν तथा ϕ_0 है। यदि ν_0 देहली आवृत्ति हो, तो फोटो इलेक्ट्रॉन के उत्सर्जन के लिए आवश्यक शर्त है
(a) $\nu < \nu_0$ (b) $\nu = \frac{\nu_0}{2}$
(c) $\nu \geq \nu_0$ (d) इनमें से कोई नहीं

48. एक धातु का कार्य फलन 3.45 eV है। फोटॉन की अधिकतम तरंगदैर्ध्य कितनी होनी चाहिए जिससे कि धातु से फोटॉन इलेक्ट्रॉन निकल सकें?
(a) 3587 Å (b) 3857 Å
(c) 3758 Å (d) इनमें से कोई नहीं

49. किसी धातु के लिए कार्य फलन 5 eV है, तो उसकी देहली तरंगदैर्ध्य लगभग होगी
(a) 2000 Å (b) 2500 Å (c) 3000 Å (d) 5000 Å

50. यदि 0.6 eV कार्य फलन वाले किसी धातु को 2 eV ऊर्जा के प्रकाश से प्रकाशित किया जाए, तो निरोधी विभव का मान होगा
(a) 2.6 V (b) 3.6 V
(c) 0.8 V (d) 1.4 V

51. 4000Å तरंगदैर्ध्य का प्रकाश सोडियम की सतह पर आपतित है। सोडियम सतह के लिए प्रकाश इलेक्ट्रॉन की देहली तरंगदैर्ध्य 5420 Å है, तो सोडियम का कार्य फलन होगा
(a) 4.58 eV (b) 2.29 eV
(c) 1.14 eV (d) 0.57 eV

52. एक 1.07 eV कार्य फलन के धातु पृष्ठ को 332 नैनोमीटर तरंगदैर्ध्य के प्रकाश से प्रकाशित किया जाता है। फोटो इलेक्ट्रॉन के निकलने को रोकने के लिए निरोधी विभव चाहिए
(a) 4.81 वोल्ट (b) 3.74 वोल्ट
(c) 2.66 वोल्ट (d) 1.07 वोल्ट

53. एक धातु का कार्य फलन 2.51 eV है। इसकी देहली आवृत्ति का मान है
(a) 5.9×10^{14} चक्र $से^{-1}$ (b) 6.5×10^{14} चक्र $से^{-1}$
(c) 9.4×10^{14} चक्र $से^{-1}$ (d) 6.08×10^{14} चक्र $से^{-1}$

54. सोडियम तथा ताँबे के कार्य फलन क्रमशः 2 eV तथा 4 eV हैं। 4000 Å तरंगदैर्ध्य के प्रकाश के साथ प्रकाश-वैद्युत सेल के लिए कौन-सी धातु उपयुक्त होगी?
(a) ताँबा (b) सोडियम
(c) दोनों (a) तथा (b) (d) इनमें से कोई नहीं

55. एक प्रकाश-वैद्युत प्रयोग 4000 Å के आपतित प्रकाश के लिए निरोधी विभव 2 वोल्ट है। यदि आपतित प्रकाश बदलकर 3000 Å का कर दिया जाए, तो निरोधी विभव होगा
(a) 2 वोल्ट (b) 2 वोल्ट से कम
(c) शून्य (d) 2 वोल्ट से अधिक

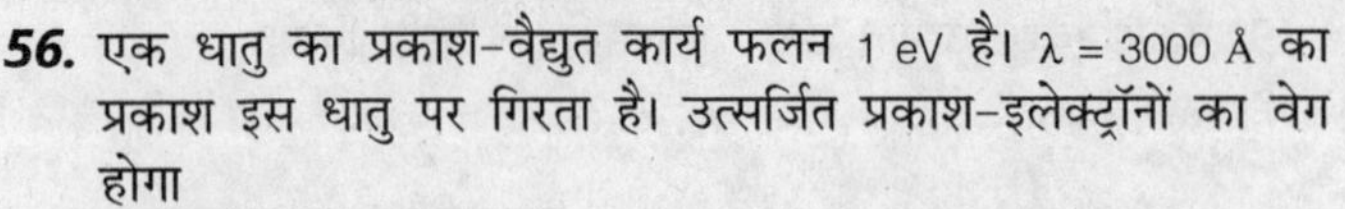

56. एक धातु का प्रकाश-वैद्युत कार्य फलन 1 eV है। $\lambda = 3000$ Å का प्रकाश इस धातु पर गिरता है। उत्सर्जित प्रकाश-इलेक्ट्रॉनों का वेग होगा

(a) 10 मी/से (b) 1×10^3 मी/से
(c) 1×10^4 मी/से (d) 1×10^6 मी/से

57. किसी धातु से प्रकाश-वैद्युत प्रभाव के लिए अधिकतम तरंगदैर्ध्य 200 नैनोमीटर है। 100 नैनोमीटर के विकिरण से प्राप्त इलेक्ट्रॉन की अधिकतम गतिज ऊर्जा होगी

(a) 12.4 eV (b) 6.2 eV (c) 100 eV (d) 200 eV

58. एक प्रकाश वैद्युत सेल का कैथोड बदलने पर कार्य फलन ϕ_1 से ϕ_2 ($\phi_2 > \phi_1$) हो जाता है। यदि परिवर्तन के पहले व बाद में धारा क्रमश: I_1 व I_2 है तथा अन्य परिस्थितियाँ समान हैं, तो (माना $h\nu > \phi_2$)

(a) $I_1 = I_2$ (b) $I_1 < I_2$
(c) $I_1 > I_2$ (d) $I_1 < I_2 < 2I_1$

59. प्रकाश-वैद्युत प्रयोग में, ν आवृत्ति के आपतित प्रकाश के विरुद्ध निरोधी विभव V_s लगाया जाता है। परिणामी वक्र ν-अक्ष से θ कोण बनाती हुई एक सरल रेखा है, तो $\tan\theta$ बराबर होगा (θ = पृष्ठ का कार्य फलन)

(a) $\frac{h}{e}$ (b) $\frac{e}{h}$
(c) $-\frac{\phi}{e}$ (d) $\frac{eh}{\phi}$

60. यदि तरंग फलन $\psi_1, \psi_2, \psi_3 \ldots \psi_n$ श्रोडिंगर की समीकरण के हल हों, जिनके लिए ऊर्जा समान है, यदि ψ_s रैखिक रूप से स्वतन्त्र हो, तो रेखीय संयोग भी इसी ऊर्जा के लिए श्रोडिंगर समीकरण का हल होगा।

(a) $2E(C_1\psi_1 + C_2\psi_2)$ (b) $E(C_1\psi_1 + C_2\psi_2)$
(c) $3E(C_1\psi_1 + C_2\psi_2)$ (d) $4E(C_1\psi_1 + C_2\psi_2)$

61. दर्शाइए कि फलन $\psi(n) = Axe^{-\frac{x}{2}}$ संकारक $A = \left(\frac{\partial^2}{\partial x^2}\right) - x^2$ का आइगन फलन है। इसका आइगन मान होगा

(a) $\lambda = -5$ (b) $\lambda = -4$
(c) $\lambda = -3$ (d) $\lambda = -2$

X-किरणें

62. X-किरणों की खोज किसने की थी?

(a) बैकरेल ने (b) रॉन्जन ने
(c) मैडम क्यूरी ने (d) वानले ने

63. किस तरंगदैर्ध्य के विकिरण -किरण क्षेत्र में होंगे?

(a) 10000 Å (b) 1000 Å
(c) 1 Å (d) 10^{-2} Å

64. विकिरण चिकित्सा में X-किरणों का उपयोग होता है

(a) टूटी हुई हड्डी का पता लगाने में
(b) कैंसर के उपचार में
(c) हृदय रोगों का पता लगाने में
(d) रेडियोग्राही परिपथ में त्रुटि ज्ञात करने के लिए

65. X-किरणें हैं

(a) इलेक्ट्रॉनों का समूह
(b) धनावेशित कणों का समूह
(c) विद्युत चुम्बकीय विकिरण
(d) ऋणावेशित कणों का समूह

66. X-किरण नलिका पर आरोपित विभवान्तर है, लगभग

(a) 10 V (b) 100 V
(c) 10000 V (d) 10^6 V

67. X-किरणों की प्रकृति समान है

(a) बीटा-किरणों के (b) गामा-किरणों के
(c) दे-ब्रोग्ली तरंगों के (d) कैथोड-किरणों के

68. X-किरणों की तरंगदैर्ध्य की परास है

(a) सेन्टीमीटर (b) माइक्रोन (10^{-6} मी)
(c) एंग्स्ट्रॉम (10^{-10} मी) (d) मीटर

69. सतत् X-किरणों के लिए तरंगदैर्ध्य होती है

(a) लक्ष्य से टकराने वाले इलेक्ट्रॉनों की ऊर्जा के व्युत्क्रमानुपाती
(b) इलेक्ट्रॉन पुंज की तीव्रता के व्युत्क्रमानुपाती
(c) इलेक्ट्रॉन पुंज की तीव्रता के समानुपाती
(d) लक्ष्य के ताप के समानुपाती

70. जब त्वरित इलेक्ट्रॉनों का कोई पुंज किसी लक्ष्य से टकराता है, तो X-किरण का सतत् स्पेक्ट्रम उत्सर्जित होता है। 40 kV पर प्रचलित X-किरण नली से उत्सर्जित X-किरण स्पेक्ट्रम में निम्न में से कौन-सी तरंगदैर्ध्य अनुपस्थित होगी?

(a) 1.5 Å (b) 0.5 Å (c) 0.25 Å (d) 1.0 Å

71. X-किरण नलिका पर लगाया गया विभवान्तर बढ़ाने पर उत्सर्जित विकिरण में

(a) तीव्रता बढ़ती है
(b) न्यूनतम तरंगदैर्ध्य बढ़ती है
(c) तीव्रता परिवर्तित हो जाती है
(d) न्यूनतम तरंगदैर्ध्य घटती है

72. X-किरणें उत्पन्न करने के लिए V विभवान्तर द्वारा त्वरित इलेक्ट्रॉन पुंज को एक धातु के लक्ष्य से टकराया जाता है। निम्नलिखित में से V के किस मान के लिए उत्सर्जित X-किरणों की न्यूनतम तरंगदैर्ध्य $\lambda_{min} = 0.3094$ Å होगी?

(a) 40 किलोवोल्ट (b) 30 किलोवोल्ट
(c) 20 किलोवोल्ट (d) 10 किलोवोल्ट

73. कूलिज नलिका में अधिक शक्तिशाली X-किरणें उत्पन्न होती हैं, जब

(a) तन्तु धारा बढ़ाई जाती है
(b) तन्तु धारा घटाई जाती है
(c) नलिका के सिरों पर लगाए गए विभवान्तर को बढ़ाया जाता है
(d) नलिका के सिरों पर लगाए गए विभवान्तर को घटाया जाता है

74. X-किरणों के उत्पादन के लिए मॉलिब्डेनम का उपयोग लक्ष्य के रूप में करते हैं क्योंकि, यह

(a) एक भारी तत्त्व है तथा उच्च वेग वाले इलेक्ट्रॉनों को आसानी से शोषित कर सकता है
(b) उच्च गलनांक वाला भारी तत्त्व है
(c) उच्च ऊष्मीय चालकता वाला तत्त्व है
(d) भारी है तथा इलेक्ट्रॉनों को आसानी से मोड़ सकता है

75. यदि v_g, v_x तथा v_m क्रमश: γ-किरणों, X-किरणों तथा सूक्ष्म तरंगों की निर्वात में चाल को प्रदर्शित करते हैं, तो

(a) $v < v_x < v_m$ (b) $v_g < v_x < v_m$
(c) $v = v_x = v_m$ (d) $v_g = v_x > v_m$

76. V त्वरक विभव पर उत्पन्न X-किरण की न्यूनतम तरंगदैर्ध्य λ है। यदि त्वरक विभव बदलकर $4V$ कर दिया जाए, तो न्यूनतम तरंगदैर्ध्य हो जाएगी

(a) 4λ (b) 2λ (c) $\frac{\lambda}{4}$ (d) $\frac{\lambda}{2}$

77. उस वैद्युत-चुम्बकीय विकिरण को जिसकी तरंगदैर्ध्य प्रकाश की तरंगदैर्ध्य की लगभग (1/1000) है, कहते हैं

(a) अवरक्त किरणें (b) पराबैंगनी किरणें
(c) X-किरणें (d) γ-किरणें

78. निम्न में सर्वाधिक भेदन क्षमता वाली X-किरणों की तरंगदैर्ध्य है

(a) 2 Å (b) 4Å (c) 6Å (d) 8Å

79. X-किरण नलिका से आने वाली X-किरणें होंगी

(a) एकवर्णी
(b) एक अधिकतम तरंगदैर्ध्य से कम सभी सम्भव तरंगदैर्ध्यों वाली
(c) एक न्यूनतम तरंगदैर्ध्य से अधिक सभी सम्भव तरंगदैर्ध्यों वाली
(d) एक न्यूनतम तथा अधिकतम तरंगदैर्ध्य के बीच सभी तरंगदैर्ध्यों वाली

80. X-किरण की तरंगदैर्ध्य 0.010 Å है। इसका संवेग होगा

(a) 2.126×10^{-23} किग्रा-मी/से
(b) 6.626×10^{-22} किग्रा-मी/से
(c) 3.456×10^{-25} किग्रा-मी/से
(d) 3.313×10^{-22} किग्रा-मी/से

81. एक कूलिज नलिका में कैथोड़-एनोड विभवान्तर 100 kV है। इससे प्राप्त X-किरण फोटॉन की अधिकतम ऊर्जा हो सकती है

(a) 10^5 J (b) 10^5 MeV
(c) 10^{-1} MeV (d) 10^5 keV

82. X-किरणों की भेदन क्षमता बढ़ती है, इसका

(a) वेग बढ़ाने पर (b) आवृत्ति बढ़ाने पर
(c) तीव्रता बढ़ाने पर (d) वेग कम करने पर

83. यदि X-किरणों की नलिका के सिरों का विभवान्तर बढ़ाया जाएँ, तो उत्सर्जित विकिरणों

(a) की तीव्रता बढ़ती है
(b) की न्यूनतम तरंगदैर्ध्य बढ़ती है
(c) की तीव्रता घटती है
(d) की न्यूनतम तरंगदैर्ध्य घटती है

84. V वोल्ट विभवान्तर पर त्वरित इलेक्ट्रॉनों द्वारा उत्पादित X-किरणों का न्यूनतम तरंगदैर्ध्य होगी

(a) $\frac{eV}{hc}$ (b) $\frac{eh}{cV}$
(c) $\frac{hc}{eV}$ (d) $\frac{cV}{eh}$

85. V वोल्ट विभवान्तर पर त्वरित इलेक्ट्रॉनों द्वारा उत्पादित X-किरणों की अधिकतम आवृत्ति होगी

(a) $\frac{eh}{V}$ (b) $\frac{hV}{e}$ (c) $\frac{eV}{h}$ (d) $\frac{h}{eV}$

86. निम्न में से कौन-सी X-किरणें अधिक कठोर होंगी?

(a) 4 Å (b) 1 Å
(c) 0.1 Å (d) 2 Å

87. एक X-किरण नलिका में, उत्सर्जित X-किरण पुंज की तीव्रता बढ़ाई जाती है

(a) फिलामेन्ट-धारा बढ़ाकर (b) फिलामेन्ट-धारा घटाकर
(c) लक्ष्य विभव-बढ़ाकर (d) लक्ष्य-विभव घटाकर

88. X-किरणों की भेदन क्षमता निर्भर करती है

(a) तन्तु में बहने वाली धारा पर (b) आरोपित विभवान्तर पर
(c) लक्ष्य की प्रकृति पर (d) उपरोक्त सभी पर

89. कठोर X-किरणों के लिए

(a) तरंगदैर्ध्य उच्चतर होता है
(b) तीव्रता उच्चतर होती है
(c) आवृत्ति उच्चतर होती है
(d) फोटॉन ऊर्जा निम्नतर होती है

90. एक धातु लक्ष्य पर 100 keV इलेक्ट्रॉनों की बमबारी की जाती है। उत्सर्जित होने वाली अत्यधिक शक्तिशाली X-किरणों की तरंगदैर्ध्य लगभग है

(a) 12 Å (b) 4
(c) 0.31 Å (d) 0.124 Å

91. एक X-किरण मशीन में त्वरक विभवान्तर 25000 वोल्ट है। उत्पन्न हुए विकिरण में परिकलन से प्राप्त न्यूनतम तरंगदैर्ध्य होगी

($h = 6.62 \times 10^{-34}$ जूल-सेकण्ड, $e = 1.6 \times 10^{-19}$ कूलॉम)

(a) 0.25 Å (b) 0.50 Å
(c) 1.00 Å (d) 2.50 Å

92. सतत् X-किरणों की अधिकतम आवृत्ति ν एवं आरोपित विभवान्तर V में सम्बन्ध है

(a) $\nu \propto \sqrt{V}$ (b) $\nu \propto V$
(c) $\nu \propto V^{3/2}$ (d) $\nu \propto V^2$

93. X-किरणों के लाक्षणिक वर्णक्रम में k_α रेखा की तरंगदैर्ध्य (λ), परमाणु क्रमांक (Z) के साथ किस प्रकार परिवर्तित होती है, लगभग

(a) $\lambda \propto Z$ (b) $\lambda \propto \sqrt{Z}$
(c) $\lambda \propto \frac{1}{Z^2}$ (d) $\lambda \propto \frac{1}{\sqrt{Z}}$

94. यदि λ_1 एवं λ_2 क्रमश: X-किरणों एवं गामा किरणों की तरंग लम्बाई हैं, तब इनमें सम्बन्ध होगा

(a) $\lambda_1 = \frac{1}{\lambda_2}$ (b) $\lambda_1 = \lambda_2$
(c) $\lambda_1 > \lambda_2$ (d) $\lambda_1 < \lambda_2$

95. एक X-किरण नलिका में 42000 वोल्ट से इलेक्ट्रॉनों को त्वरित किया जाता है। उत्पन्न X-किरणों की अधिकतम आवृत्ति होगी

(a) 10^{19} Hz (b) 10^{18} Hz
(c) 10^{16} Hz (d) 10^{20} Hz

($1 \text{eV} = 1.6 \times 10^{-9}$ जूल, $h = 6.63 \times 10^{-34}$ जूल-सेकण्ड)

96. 1Å तरंगदैर्ध्य के X-किरण फोटॉन एवं 5000Å तरंगदैर्ध्य के दृश्य प्रकाश की ऊर्जाओं का अनुपात होगा

(a) 1 : 5000 (b) 5000 : 1
(c) $1 : 25 \times 10^6$ (d) 25×10^6

97. 0.1Å तरंगदैर्ध्य की X-किरणें उत्पन्न करने के लिए विभवान्तर का न्यूनतम मान होगा

(a) 12.4 किलोवोल्ट
(b) 24.8 किलोवोल्ट
(c) 124 किलोवोल्ट
(d) 248 किलोवोल्ट

98. K_α अभिलाक्षणिक X-किरण, निम्न में से किस संक्रमण से सम्बन्धित है

(a) $n = 2$ से $n = 1$ (b) $n = 3$ से $n = 2$
(c) $n = 3$ से $n = 1$ (d) $n = 4$ से $n = 2$

99. 1.65 Å तरंगदैर्ध्य के X-किरण फोटॉन की ऊर्जा है
($h = 6.6 \times 10^{-34}$ J-s, $c = 3 \times 10^8$ m/s 1 eV $= 1.6 \times 10^{-19}$ J)

(a) 3.5 keV (b) 5.5 keV
(c) 7.5 keV (d) 9.5 keV

100. V विभवान्तर से त्वरित इलेक्ट्रॉनों के द्वारा उत्पन्न X-किरणों की न्यूनतम तरंगदैर्ध्य समानुपाती है

(a) $\sqrt{V}$ के (b) V^2 के (c) $1/\sqrt{V}$ के (d) $1/V$ के

101. हडड्डी के फ्रेक्चर की जाँच में कठोर X-किरण की न्यूनतम तरंगदैर्ध्य 10^{-11} मी होती है, तब X-किरण मशीन में इलेक्ट्रॉन की त्वरण वोल्टता होनी चाहिए

(a) < 124.2 kV (b) > 124.2 kV
(c) 60 kV तथा 70 kV के मध्य (d) 100 kV

102. अभिलाक्षणिक K_β, X-किरणों के उत्पादन के लिए, इलेक्ट्रॉन संक्रमण होना चाहिए

(a) $n = 2$ से $n = 1$ (b) $n = 3$ से $n = 2$
(c) $n = 3$ से $n = 1$ (d) $n = 4$ से $n = 2$

103. X-किरणों के लिए ब्रेग का नियम है

(a) $d \sin\theta = 2n\lambda$ (b) $2d \sin\theta = n\lambda$
(c) $n\sin\theta = 2\lambda d$ (d) इनमें से कोई नहीं

उत्तरमाला

1.	(a)	2.	(a)	3.	(d)	4.	(a)	5.	(c)	6.	(c)	7.	(d)	8.	(b)	9.	(c)	10.	(c)
11.	(a)	12.	(a)	13.	(a)	14.	(c)	15.	(c)	16.	(c)	17.	(d)	18.	(a)	19.	(b)	20.	(a)
21.	(a)	22.	(c)	23.	(a)	24.	(b)	25.	(a)	26.	(a)	27.	(c)	28.	(c)	29.	(a)	30.	(a)
31.	(c)	32.	(d)	33.	(d)	34.	(c)	35.	(c)	36.	(a)	37.	(a)	38.	(c)	39.	(d)	40.	(a)
41.	(b)	42.	(a)	43.	(c)	44.	(a)	45.	(a)	46.	(d)	47.	(c)	48.	(a)	49.	(b)	50.	(d)
51.	(b)	52.	(c)	53.	(d)	54.	(b)	55.	(d)	56.	(d)	57.	(b)	58.	(a)	59.	(a)	60.	(b)
61.	(c)	62.	(b)	63.	(c)	64.	(a)	65.	(c)	66.	(c)	67.	(b)	68.	(b)	69.	(a)	70.	(c)
71.	(d)	72.	(a)	73.	(c)	74.	(b)	75.	(c)	76.	(c)	77.	(c)	78.	(a)	79.	(c)	80.	(b)
81.	(c)	82.	(b)	83.	(d)	84.	(c)	85.	(c)	86.	(b)	87.	(a)	88.	(b)	89.	(c)	90.	(d)
91.	(b)	92.	(b)	93.	(c)	94.	(c)	95.	(a)	96.	(b)	97.	(c)	98.	(a)	99.	(c)	100.	(d)
101.	(a)	102.	(c)	103.	(b)														

उत्तर व्याख्या सहित

1. दे-ब्रोग्ली तरंगदैर्ध्य, $\lambda = \frac{h}{p} = \frac{h}{mv}$

2. फोटॉन का विराम द्रव्यमान शून्य और ऊर्जा एवं संवेग अशून्य होता है अत: कण फोटॉन है एवं यह निर्वात में प्रकाश के वेग से गतिमान होता है।

3. धातु का कार्य फलन, $W = 2.4$ eV $= 2.4 \times 1.6 \times 10^{-19}$ जूल

$$\lambda = \frac{hc}{W} = \frac{6.6 \times 10^{-34} \times 3 \times 10^8}{2.4 \times 1.6 \times 10^{-19}}$$

$$= 5.156 \times 10^{-7} \text{ मी} = 5156 \text{ Å}$$

4. इलेक्ट्रॉन की गतिज ऊर्जा, $\frac{1}{2}mv^2 = E$

$$\Rightarrow \quad mv = \sqrt{2mE}$$

दे-ब्रोग्ली तरंगदैर्ध्य

$$\therefore \quad \lambda = \frac{h}{mv} = \frac{h}{\sqrt{2mE}}$$

5. दे-ब्रोग्ली तरंगदैर्ध्य, $\lambda = \frac{h}{p} \Rightarrow \lambda \propto \frac{1}{p}$

6. दे-ब्रोग्ली तरंगदैर्ध्य, $\lambda = \frac{h}{p}$

यदि क्रिकेट की गेंद का द्रव्यमान m व गतिज ऊर्जा E हो, तब गेंद का संवेग

$$p = \sqrt{2mE}$$

$\therefore$ दे-ब्रोग्ली तरंगदैर्ध्य $(\lambda) = \frac{h}{\sqrt{2mE}}$

7. द्रव्य तरंग की तरंगदैर्ध्य $(\lambda) = \frac{h}{mv}$

अतः तरंगदैर्ध्य आवेश पर निर्भर नहीं करती है।

8. दे-ब्रोग्ली तरंगदैर्ध्य

$\lambda = \frac{h}{p} = \frac{h}{mv} = \frac{h}{\sqrt{2mE}}$; $E = \frac{3}{2}kT$ रखने पर

$$\therefore \quad \lambda = \frac{h}{\sqrt{3mkT}}$$

9. तरंगदैर्ध्य $\lambda = \frac{h}{\sqrt{2mE}} = \frac{h}{\sqrt{2m_\alpha Q_\alpha V}}$

$Q_\alpha = 2 \times 1.6 \times 10^{-19}$C रखने पर

$m_\alpha = 4m_p = 4 \times 1.67 \times 10^{-27}$ किग्रा

$$\Rightarrow \quad \lambda = \frac{0.101}{\sqrt{V}} \text{ Å}$$

10. दे-ब्रोग्ली तरंगदैर्ध्य $\lambda = \frac{h}{mv} \Rightarrow \lambda \propto \frac{1}{m}$

β-कण का द्रव्यमान सबसे कम होता है इसलिए अधिकतम दे-ब्रोग्ली तरंगदैर्ध्य β-कण की होगी।

11. $\frac{\lambda_p}{\lambda_\alpha} = \frac{\sqrt{2m_\alpha E}}{\sqrt{2m_p E}} = \sqrt{\frac{m_\alpha}{m_p}} = \sqrt{\frac{4m}{m}} = \frac{2}{1}$

12. $\lambda = \frac{h}{\sqrt{2mE}} \Rightarrow 2mE = \frac{h^2}{\lambda^2} \Rightarrow E \propto \frac{1}{m}$

फोटॉन का द्रव्यमान सबसे कम है। अतः फोटॉन की ऊर्जा अधिक होगी।

13. संवेग $p = mv = \frac{h}{\lambda} \Rightarrow v = \frac{h}{m\lambda}$

तथा गतिज ऊर्जा $(KE) = \frac{1}{2}mv^2$ या $KE = \frac{1}{2}m\left(\frac{h}{m\lambda}\right)^2$

या $KE \propto \frac{1}{\lambda^2}$

$\therefore \quad \frac{(KE)_1}{(KE)_2} = \left(\frac{\lambda_2}{\lambda_1}\right)^2$

$\Rightarrow \quad \frac{(KE)_1}{(KE)_2} = \left(\frac{0.5 \times 10^{-10}}{10^{-10}}\right)^2$

या $\frac{(KE)_1}{(KE)_2} = \frac{1}{4} \Rightarrow (KE)_2 = 4(KE)_1$

14. संवेग संरक्षण के नियम से, $0 = m_1v_1 + m_2v_2$

या $m_1v_1 = -m_2v_2$

अब दे-ब्रोग्ली तरंगदैर्ध्य $\lambda_1 = \frac{h}{m_1v_1}$ तथा $\lambda_2 = \frac{h}{m_2v_2}$

$\therefore \quad \frac{\lambda_1}{\lambda_2} = \frac{m_2v_2}{m_1v_1} = -1$

ऋण चिन्ह इस बात को प्रदर्शित करता है कि दोनों कण विपरीत दिशाओं में गति कर रहे हैं।

15. गतिज ऊर्जा, $KE = \frac{p^2}{2m} \Rightarrow p = \sqrt{2m \times KE}$

$$\lambda = \frac{h}{mv} = \frac{h}{p} = \frac{h}{\sqrt{2m \times KE}}$$

$$\lambda = \frac{6.6 \times 10^{-34}}{\sqrt{2 \times 9.1 \times 10^{-31} \times 100 \times 1.6 \times 10^{-19}}}$$

$= 122 \times 10^{-10}$ मी $= 12$ Å

16. इलेक्ट्रॉन की दे-ब्रोग्ली तरंगदैर्ध्य, $\lambda = \frac{12.27}{\sqrt{V}}$ Å $= \frac{12.27}{\sqrt{1250}} = 0.346$ Å

17. इलेक्ट्रॉन क्रिस्टल से विवर्तित होते हैं। विवर्तन तरंगों का गुण है। अतः इलेक्ट्रॉन तरंग प्रकृति रखते हैं।

18. फोटॉन का संवेग $(p) = \frac{h}{\lambda}$

$= \frac{6.6 \times 10^{-34}}{5 \times 10^{-7}} = 1.3 \times 10^{-27}$ किग्रा-मी/से

19. प्रश्नानुसार, $\frac{hc}{\lambda} = 10^3$ eV तथा $h\nu = 10^6$eV

$\therefore \quad \nu = \frac{10^3 c}{\lambda} = \frac{10^3 \times 3 \times 10^8}{1.24 \times 10^{-9}} = 2.4 \times 10^{20}$ हर्ट्ज

20. संवेग, $p = \frac{h}{\lambda}$

$= \frac{6.6 \times 10^{-34}}{4400 \times 10^{-10}} = 1.5 \times 10^{-27}$ किग्रा-मी/से

तथा द्रव्यमान, $m = \frac{p}{c} = \frac{1.5 \times 10^{-27}}{3 \times 10^8} = 5 \times 10^{-36}$ किग्रा

21. VIBGYOR के अनुसार λ बढ़ता है।

सूत्र $E = \frac{nhc}{\lambda}$ से

लाल रंग के लिए $E_r = n_r\frac{hc}{\lambda_r}$ तथा नीले रंग के लिए $E_b = n_b\frac{hc}{\lambda_b}$

प्रश्नानुसार, $E_r = E_b$
(दिया है)

या $n_r\frac{hc}{\lambda_r} = n_b\frac{hc}{\lambda_b}$ या $\frac{n_r}{n_b} = \frac{\lambda_r}{\lambda_b}$

$\because \quad \frac{\lambda_r}{\lambda_b} > 1$

अतः $\frac{n_r}{n_b} > 1$ या $n_r > n_b$

22. तरंग की तरंगदैर्ध्य $\lambda = \frac{h}{p} = \frac{h}{\sqrt{2mE}}$;

$\therefore \lambda \propto \frac{1}{\sqrt{E}}$ (h एवं m = नियत)

23. $\lambda = \frac{h}{m_1v_1} = \frac{h}{m_2v_2}$;

$\therefore \quad \frac{v_1}{v_2} = \frac{m_2}{m_1} = \frac{4}{1}$

24. यदि एक इलेक्ट्रॉन और एक फोटॉन समान तरंगदैर्ध्य की तरंगों के रूप में गतिमान है, तो इसका तात्पर्य है कि इनके संवेग समान हैं। दे-ब्रोग्ली समीकरण के अनुरूप $p \propto \frac{1}{\lambda}$

25. $\lambda = \frac{h}{\sqrt{2mE}}$; $E = 10^{-32}$ जूल = दोनों कणों के लिए नियत

अतः $\lambda \propto \frac{1}{\sqrt{m}}$ चूँकि $m_p > m_e$ इसलिए $\lambda_p < \lambda_e$

26. बोहर सिद्धान्त के अनुसार,

$$mvr = \frac{nh}{2\pi}$$

$\Rightarrow \quad 2\pi r = n\left(\frac{h}{mv}\right) = n\lambda, n = 1, \lambda = 2\pi r$

27. हम जानते हैं $2\pi r = n\lambda$

$\Rightarrow$ मुख्य क्वाण्टम संख्या $n = \frac{2\pi r}{\lambda} = \frac{2 \times 3.14 \times 5.3 \times 10^{-11}}{10^{-10}} = 3$

28. $E = nh\nu$ या $ms\Delta T = nh\nu$

$$n = \frac{ms\Delta T}{h\nu} = \frac{400 \times 42 \times (40 - 20)}{6.626 \times 10^{-34} \times 3 \times 10^9}$$

$= 1.69 \times 10^{28}$ फोटॉन

$= \frac{1.69 \times 10^{28}}{6.023 \times 10^{23}}$

$= 2.8 \times 10^4$ मोल फोटॉन

29. नेत्र के द्वारा प्राप्त ऊर्जा, $E = \frac{nhc}{\lambda}$

$$= \frac{5 \times 10^4 \times 6.67 \times 10^{-34} \times 3 \times 10^8}{5000 \times 10^{-10}}$$

$$= 0.2000 \times 10^{-13} \text{ वाट मी}^{-2}$$

इसलिए आँख $\frac{1}{0.200} = 5.00$ के मान से संवेदनशील है।

30. प्रकाश इलेक्ट्रॉनों की गतिज ऊर्जा आपतित विकिरणों की आवृत्ति पर निर्भर करती है एवं आपतित प्रकाश की तीव्रता पर निर्भर नहीं करती।

31. $W_0(\text{eV}) = \frac{12375}{\lambda_0} \Rightarrow \lambda_0 = \frac{12375}{42} \approx 2945 \text{ Å}$

32. निरोधी विभव $V_0 = \frac{h}{e}(\nu - \nu_0)$

33. तीव्रता $\propto$ (फोटॉनों की संख्या) $\propto$ (प्रकाश इलेक्ट्रॉनों की संख्या)

34. किसी धातु की सतह से इलेक्ट्रॉन उत्सर्जित कराने के लिए आवश्यक ऊर्जा की न्यूनतम मात्रा को कार्य फलन कहते हैं।

35. प्रकाश-वैद्युत सेल, प्रकाशीय ऊर्जा का वैद्युत ऊर्जा में रूपान्तरण करते हैं।

36. फोटॉन के धातु की सतह से टकराने पर लगभग 10^{-10} सेकण्ड के समय अन्तराल में फोटो इलेक्ट्रॉन बाहर आ जाता है।

37. तीव्रता बढ़ाने का तात्पर्य है कि समान ऊर्जा के फोटॉनों की संख्या में वृद्धि अतः सगान ऊर्जा के इलेक्ट्रॉनों की संख्या में भी वृद्धि होगी जिसके परिणामस्वरूप प्रकाश वैद्युत धारा बढ़ेगी।

38. $E = W_0 + K_{max} \Rightarrow K_{max} = E - W_0 = h\nu - W_0$

$\Rightarrow \quad K_1 = h\nu - W_0$

एवं $\quad K_2 = 2h\nu - W_0 \Rightarrow K_2 > 2K_1$

39. प्रकाश इलेक्ट्रॉनों की अधिकतम गतिज ऊर्जा K_{max} आपतित प्रकाश की तीव्रता पर निर्भर नहीं करती।

40. फोटो इलेक्ट्रॉन की ऊर्जा, $E_K = E - W$

$$= h\nu - h\nu_0 = h(\nu - \nu_0)$$

41. आपतित फोटॉनों की तरंगदैर्ध्य घटाने से, प्रकाश इलेक्ट्रॉनों की ऊर्जा बढ़ती है।

42. $E = W_0 + eV_0 \Rightarrow 4\,eV = 2\,eV + eV_0 \Rightarrow V_0 = 2$ वोल्ट

43. निर्वात में फोटॉन की चाल 3×10^8 मी/से होती है।

45. $E = h\nu$

46. प्रकाश विद्युत प्रभाव, प्रकाश की कण प्रकृति को दर्शाता है।

47. फोटो इलेक्ट्रॉन उत्सर्जन के लिए $\nu \geq \nu_0$

48. $h\nu_0 = \phi_0$ या $\frac{ch}{\lambda_0} = \phi_0$ या $\lambda_0 = \frac{ch}{\phi_0}$

$$= \frac{3 \times 10^8 \times 6.6 \times 10^{-34}}{3.45 \times 1.6 \times 10^{-19}}$$

$$= 3.587 \times 10^{-7} = 3587 \text{ Å}$$

49. देहली तरंगदैर्ध्य $(\lambda_{max}) = \frac{hc}{\phi} \qquad \left(\because \phi = \frac{hc}{\lambda_{max}}\right)$

$$= \frac{6.6 \times 10^{-34} \times 3 \times 10^8}{5 \times 1.6 \times 10^{-19}} = \frac{19.8}{8} \times 10^{-7}$$

$$= 2.475 \times 10^{-7} \text{ मी}$$

$$= 2475 \text{ Å} \approx 2500 \text{ Å}$$

50. फोटो इलेक्ट्रॉन की अधिकतम गतिज ऊर्जा

$$E_K = E - \phi = 2 - 0.6 = 1.4 \text{ eV}$$

$\therefore$ निरोधी विभव = 1.4 वोल्ट

56. $E = \phi_0 + K_{max}$

$\because \quad E = \frac{12375}{\lambda} = \frac{12375}{3000} = 4.125 \text{ eV}$

$\therefore \quad K_{max} = E - \phi_0 = 4.125 \text{ eV} - 1 \text{ eV} = 3.125 \text{ eV}$

$\therefore \quad \frac{1}{2} m v_{max}^2 = 3.125 \times 1.6 \times 10^{-19}$ जूल

$\Rightarrow \quad v_{max} = \sqrt{\frac{2 \times 3.125 \times 1.6 \times 10^{-19}}{9.1 \times 10^{-31}}} = 1 \times 10^6$ मी/से

57. $\text{KE}_{max} = h\nu - h\nu_0 = \frac{hc}{\lambda} - \frac{hc}{\lambda_0} = hc\left(\frac{1}{\lambda} - \frac{1}{\lambda_0}\right)$

$$= 6.625 \times 10^{-34} \times 3 \times 10^8 \left(\frac{1}{100 \times 10^{-9}} - \frac{1}{200 \times 10^{-9}}\right)$$

$$= \frac{6.625 \times 3}{200} \times \frac{10^{-34} \times 10^8}{10^{-9}} \text{ जूल}$$

$$= \frac{6.625 \times 3}{200} \times \frac{10^{-17}}{1.6 \times 10^{-19}} \text{ eV} = \frac{6.625 \times 3}{200 \times 1.6} \times 10^2 \text{ eV}$$

$$= \frac{6625 \times 3}{3200} \text{ eV} = 6.2 \text{ eV}$$

60. यदि श्रोडिंगर की समीकरण के रैखिक रूप से सवतन्त्र हल n है जो समान ऊर्जा से सम्बन्ध रखते हैं, तब संगत ऊर्जा को n फील्ड अपभ्रष्ट कहते हैं। यहाँ, हम $n = 2$ मानकर विचार कर रहे हैं

श्रोडिंगर समीकरण $-\frac{\hbar}{2m}\nabla^2\psi_1 + V\psi_1 = E\psi_1 \quad$ ...(i)

$$-\frac{\hbar}{2m}\nabla^2\psi_2 + V\psi_2 = E\psi_2 \quad \text{...(ii)}$$

समी. (i) को C_1 तथ समी. (ii) को C_2 से गुणा करके जोड़ने पर,

$$-\frac{\hbar^2}{2m}\nabla^2(C_1\psi_1 + C_2\psi_2) + V(C_1\psi_1 + C_2\psi_2) = E(C_1\psi_1 + C_2\psi_2) \quad \text{...(iii)}$$

समीकरण (iii) दर्शाती है कि रैखिक संयोग $(C_1\psi_1 + C_2\psi_2)$ भी श्रोडिंगर की समीकरण का हल होगा तथा संगत ऊर्जा E ही होगी।

61. $A\psi(x) = \left(\frac{\partial^2}{\partial x^2} - x^2\right)(Axe^{-x^2/2})$

$$A\psi(x) = \frac{\partial^2}{\partial x^2}(Axe^{-x^2/2}) - Ax^3 e^{-\frac{x^2}{2}}$$

$$A\psi(x) = -3Axe^{-\frac{x^2}{2}} = -3\psi(x)$$

अतः आइगन मान $\lambda = -3$ है।

62. X-किरणों की खोज रॉन्जन ने की थी।

63. X-किरणें 0.1 Å से 100 Å तरंगदैर्ध्य परास की वैद्युत चुम्बकीय तरंगें हैं।

64. X-किरणों के अनुप्रयोग से शरीर में टूटी हड्डी तथा परमाणु के भीतरी इलेक्ट्रॉन कोश की संरचना को जाना जाता है।

65. X-किरणें विद्युत चुम्बकीय विकिरण हैं।

66. X-किरण नलिका पर आरोपित वोल्टेज 10 kV-80 kV की परास का होता है।

67. X-किरणें एवं γ-किरणें विद्युत चुम्बकीय तरंगें हैं।

68. X-किरणों की परास 0.1 Å से 100 Å है।

69. X-किरणों के लिए तरंगदैर्ध्य $\lambda_{min} = \frac{hc}{eV}$

70. $\lambda_{min} = \frac{12375}{40 \times 10^3}$ Å = 0.3094 Å

अतः 0.25 Å तरंगदैर्ध्य अनुपस्थित होगी।

71. X-किरणों की न्यूनतम तरंगदैर्ध्य $\lambda_{min} = \frac{12375}{V}$

अतः X-किरण नलिका के सिरों पर विभवान्तर बढ़ाने पर उत्सर्जित न्यूनतम तरंगदैर्ध्य घटती है।

72. X-किरणों की न्यूनतम तरंगदैर्ध्य, $\lambda_{min} = \frac{12375}{V}$ Å

या $V = \frac{12375}{0.3094}$ वोल्ट $= 40 \times 10^3$ वोल्ट = 40 किलोवोल्ट

73. कूलिज नलिका के सिरों पर लगाए गए विभवान्तर को बढ़ाने पर अधिक ऊर्जा वाले X-किरण फोटॉन अर्थात् अधिक शक्तिशाली X-किरणें उत्पन्न होती हैं।

74. आपतित इलेक्ट्रॉनों की गतिज ऊर्जा का केवल 2% ही X-किरणें उत्पन्न करता है शेष ऊष्मा के रूप में बदलता है। अतः लक्ष्य के पदार्थ का गलनांक उच्च होना चाहिए।

75. γ-किरणें, X-किरणें तथा सूक्ष्म तरंगें (micro waves) तीनों वैद्युत चुम्बकीय विकिरण है। अतः इनकी निर्वात में चाल परस्पर बराबर होगी।

$\therefore \quad v = v_x = v_m$

76. $\lambda = \frac{12375}{V}$ Å या $\frac{\lambda'}{\lambda} = \frac{V}{V'} \Rightarrow \frac{\lambda'}{\lambda} = \frac{V}{4V}$ या $\lambda' = \frac{\lambda}{4}$

77. दृश्य प्रकाश की औसत तरंगदैर्ध्य $\approx 5 \times 10^{-7}$ मी

$\therefore \quad \frac{\lambda}{1000} = \frac{5 \times 10^{-7}}{1000} = 5 \times 10^{-10}$ मी = 5 Å

यह तरंगदैर्ध्य X-किरणों के परास में हैं।

78. X-किरणों की भेदन-क्षमता उनकी तरंगदैर्ध्य के व्युत्क्रमानुपाती होती है। अतः 2 Å की X-किरणों की भेदन क्षमता सर्वाधिक होगी।

79. X-किरण नलिका से आने वाली X-किरणें एक न्यूनतम तरंगदैर्ध्य से अधिक सभी सम्भव तरंगदैर्ध्य की होती हैं।

80. संवेग $p = \frac{h}{\lambda} = \frac{6.6 \times 10^{-34}}{0.01 \times 10^{-10}} = 6.6 \times 10^{-22}$ किग्रा-मी/से

81. चूँकि $\lambda_{min} = \frac{12375}{V}$ Å $= \frac{12375}{10^5}$ Å = 0.123 Å

$E_{max} = \frac{hc}{\lambda_{min}}$; या $E = \frac{12375}{\lambda_{min}}$ मान रखने पर

$E_{max} \cong 10^{-1}$ MeV

82. $\frac{E}{t} = P = \frac{h\nu}{t}$

अर्थात् भेदन क्षमता $\propto$ ऊर्जा $\propto$ आवृत्ति

83. $\lambda_{min} = \frac{hc}{eV}$ या $\lambda_{min} \propto \frac{1}{V}$ वोल्टेज बढ़ाने पर, λ_{min} घटता है।

84. $E = eV = h\nu_{max} = \frac{hc}{\lambda_{min}} \Rightarrow \lambda_{min} = \frac{hc}{eV}$

85. $E = eV = h\nu_{max}$

$\Rightarrow \nu_{max} = \frac{eV}{h}$

86. $\nu_{max} \propto \frac{1}{\lambda_{min}}$ कठोर X-किरणों की आवृत्ति उच्च एवं तरंगदैर्ध्य निम्न होती है।

87. तन्तु से बहने वाली धारा के मान को बदलकर X-किरणों की तीव्रता बदली जा सकती है।

89. कठोर X-किरणों की आवृत्ति उच्चतर होती है।

90. X-किरणों की तरंगदैर्ध्य $\lambda_{min} = \frac{12375}{100 \times 10^3}$ Å = 0.124 Å

91. तरंगदैर्ध्य $\lambda_{min} = \frac{hc}{eV} = \frac{12375}{V}$ Å = 0.495 Å ≈ 0.5 Å

92. $E = h\nu = eV \Rightarrow \nu \propto V$

93. मोसले नियम से $\nu = a(Z - b)^2$ एवं $\nu \propto \frac{1}{\lambda}$

94. सामान्यतः X-किरणों की तरंगदैर्ध्य γ-किरणों से अधिक होती है।

95. ऊर्जा, $h\nu_{max} = eV$

$\therefore \quad \nu_{max} = \frac{eV}{h} = \frac{1.6 \times 10^{-19} \times 42000}{6.63 \times 10^{-34}} = 10^{19}$ हर्ट्ज

96. ऊर्जा, $E = h\nu = h\frac{c}{\lambda}$

$\therefore \quad \frac{E_1}{E_2} = \frac{\lambda_2}{\lambda_1} = \frac{5000}{1}$

97. तरंगदैर्ध्य $\lambda_{min} = \frac{hc}{eV} = \frac{12375}{V}$ Å

$\therefore$ विभवान्तर, $V = \frac{12375}{\lambda(\text{Å में})} = 124$ kV

98. K_α, अभिलाक्षणिक X-किरण $n = 2$ से $n = 1$ में संक्रमण से प्राप्त होता है।

99. $E\,(\text{eV}) = \frac{12375}{1.65} = 7500$ eV = 7.5 keV

100. $h\nu_{max} = eV \Rightarrow \frac{hc}{\lambda_{min}} = eV$

$\therefore \quad \lambda_{min} \propto \frac{1}{V}$

101. $V_{max} = \frac{12400 \times 10^{-10}}{10^{-11}} = 124$ kV

$\Rightarrow V < 124$ kV

102.

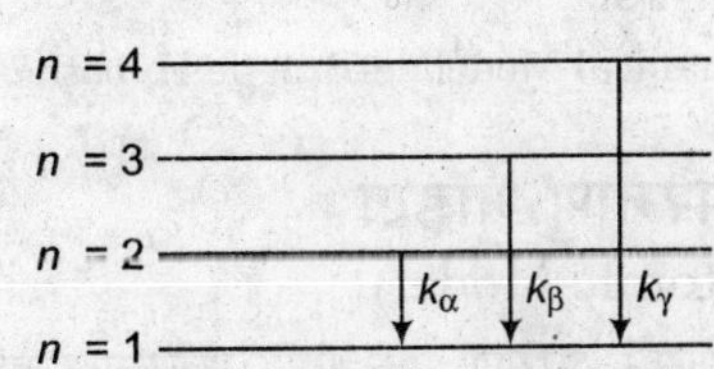

103. ब्रैग के नियम से, $2d \sin\theta = n\lambda$

अध्याय 25

परमाणवीय एवं नाभिकीय भौतिकी

Atomic and Nuclear Physics

परमाणु मॉडल (Atomic Model)

डाल्टन के परमाणु सिद्धान्त के अनुसार, प्रत्येक पदार्थ सूक्ष्म कणों से मिलकर बना है, जिसे परमाणु (atom) कहते हैं। परमाणु के आकार (size), रूप (shape), द्रव्यमान (mass), आवेश (charge), आदि संरचनात्मक गुणों का अध्ययन एवं परमाणु के सम्बन्ध में प्रयोगात्मक तथ्यों की व्याख्या करने के लिए समय-समय पर विभिन्न परमाणु मॉडल प्रस्तुत किये गये। प्रत्येक परमाणु मॉडल अपने से पूर्ववर्ती मॉडल की कमियों को दूर करने में सफल सिद्ध हुए। अब तक निम्नलिखित परमाणु मॉडल प्रस्तुत किये गये हैं

1. टॉमसन मॉडल (Thomson's/Plum Pudding Model)
2. रदरफोर्ड मॉडल (Rutherford's Model)
3. बोहर मॉडल (Bohr's Model)
4. सोमरफेल्ड मॉडल (Sommerfeld Model)
5. वेक्टर परमाणु मॉडल (Vector Atom Model)
6. तरंग यान्त्रिकी मॉडल (Wave Mechanical Model/de-Broglie Hypothesis)

टॉमसन का परमाणु मॉडल (Thomson's Atomic Model)

जे जे टॉमसन के अनुसार, परमाणु एक भारी, एकसमान रूप से वितरित द्रव्यमान का ठोस गोला है। इस धनावेशित गोले में रखे इलेक्ट्रॉनों की संरचना पुडिंग में रखे आलूबुखारों (plums) से मिलती है। अत: इस मॉडल को प्लम पुडिंग मॉडल (plum pudding model) भी कहते हैं।

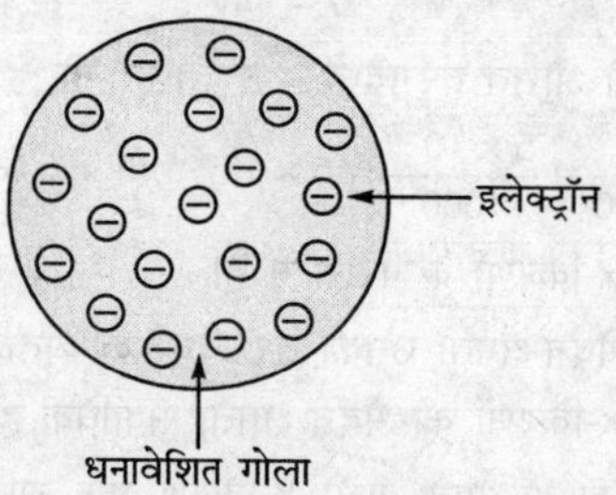

यह मॉडल हाइड्रोजन के स्पेक्ट्रम की व्याख्या करने में विफल रहा। अत: इसे अस्वीकृत कर दिया गया।

रदरफोर्ड का α-कण प्रकीर्णन प्रयोग (Rutherford's α-particle Scattering Experiment)

रदरफोर्ड ने रेडियोऐक्टिव स्रोत से उत्सर्जित होने वाले लगभग 5 MeV ऊर्जा वाले α-कणों की एक बारीक स्वर्ण पत्र पर बोछार की तथा उससे प्रकीर्णित होने वाले α-कणों का अध्ययन किया तथा प्राप्त प्रेक्षणों के आधार पर निम्नलिखित निष्कर्ष प्राप्त किए

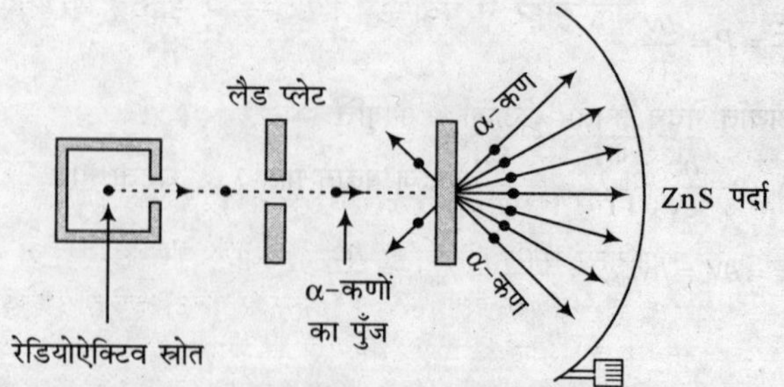

(i) अधिकांश α-कण स्वर्ण पत्र से होकर बिना विक्षेपित हुए सीधे निकल जाते हैं, जिससे ज्ञात होता है कि परमाणु का अधिकांश भाग खोखला होता है।

(ii) कुछ α-कण 90° से कम कोण पर तथा कुछ α-कण 90° से बड़े कोण पर विक्षेपित होते हैं। α-कण एक धनावेशित कण है तथा यह किसी बड़े धनावेश द्वारा ही विक्षेपित हो सकता है। अत: परमाणु का समस्त धनावेश उसके केन्द्रीय भाग में सूक्ष्म क्षेत्र में केन्द्रित रहता है, जिसे नाभिक कहते हैं।

(iii) बहुत कम α-कण अपने मार्ग पर वापस लौटते हैं जिससे ज्ञात होता है कि नाभिक लगभग 10^{-14} मी कोटि का क्षेत्र है।

(iv) समान मोटाई की विभिन्न धातुओं के पत्रों से समान कोण पर प्रकीर्णित α-कणों की संख्या भिन्न-भिन्न होती है, जिससे ज्ञात होता है कि विभिन्न धातुओं के नाभिकों में आवेश भिन्न-भिन्न होता है।

रदरफोर्ड का परमाणु मॉडल तथा इसके निष्कर्ष
(Rutherford's Atomic Model and Its Conclusion)

α-कण के प्रकीर्णन के प्रयोगों के निष्कर्षों के आधार पर रदरफोर्ड ने एक मॉडल दिया, जिसे रदरफोर्ड मॉडल कहते हैं। इस मॉडल के अनुसार,

(i) परमाणु के केन्द्र पर लगभग 10^{-14} मी का नाभिक होता है, जिसमें परमाणु का समस्त धनात्मक आवेश तथा द्रव्यमान केन्द्रित होता है। नाभिक पर $+Ze$ आवेश होता है, जहाँ Z अवयव का परमाणु क्रमांक है।

(ii) इलेक्ट्रॉन (ऋणात्मक आवेशित कण) 10^{-10} मी की त्रिज्या के खोखले गोले के भीतर बंटे रहते हैं।

(iii) इलेक्ट्रॉनों का कुल ऋणात्मक आवेश नाभिक के धनात्मक आवेश के बराबर होता है।

(iv) इलेक्ट्रॉन, नाभिक के चारों ओर स्थिर नहीं रहते हैं, अन्यथा नाभिक के धनात्मक आवेश के आकर्षण के कारण इलेक्ट्रॉन नाभिक में गिर जाते तथा परमाणु अस्थायी हो जाता। अत: रदरफोर्ड ने माना कि इलेक्ट्रॉन नाभिक के चारों ओर वृत्तीय कक्षाओं में घूमते हैं।

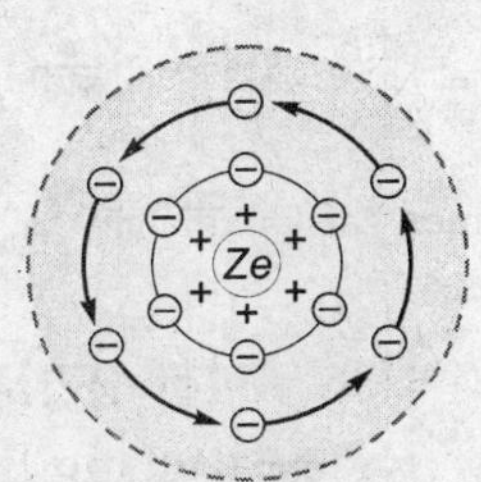

रदरफोर्ड मॉडल में दो कठिनाइयाँ पायी गयीं

(a) परमाणु के स्थायित्व के सम्बन्ध में

(b) रेखीय स्पेक्ट्रम की व्याख्या के सम्बन्ध में

इन कठिनाइयों को नील बोहर ने क्वाण्टम सिद्धान्त के आधार पर दूर किया।

रदरफोर्ड मॉडल के दोष
(Drabacks of The Rutherford Model)

यह परमाणु के स्थायित्व को नहीं समझा सका क्योंकि चिरसम्मत (Classical) विद्युत चुम्बक के सिद्धान्त के अनुसार एक त्वरित आवेश ऊर्जा उत्सर्जित करता है। अत: वृत्तीय कक्षाओं में घूम रहे इलेक्ट्रॉन भी ऊर्जा उत्सर्जित करेंगे और इलेक्ट्रॉन धीरे-धीरे अपनी ऊर्जा खो देगा अर्थात् इनके वृत्तीय कक्षा की त्रिज्या कम होती जाएगी और अन्ततः इलेक्ट्रॉन नाभिक में गिर जाएगा।

इस मॉडल के आधार पर परमाणु का स्पेकट्रम सतत होना चाहिए परन्तु व्यवहारिक रूप से रेखीय स्पेक्ट्रम (असतत) प्राप्त होता है।

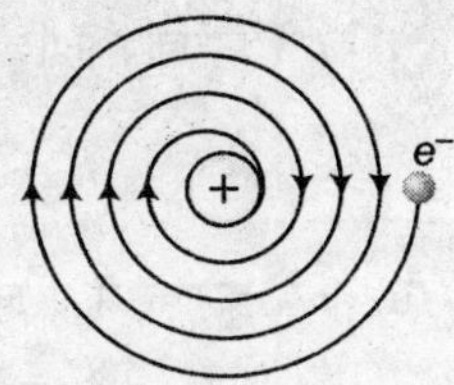

यह मॉडल नाभिक के चारों ओर इलेक्ट्रॉन वितरण को भी नहीं समझा सका।

हाइड्रोजन परमाणु का बोहर मॉडल
(Bohr Model of Hydrogen Atom)

सन् 1913 में नील बोहर (Niel Bohr) ने एक परमाणु मॉडल प्रस्तुत किया जो प्लांक तथा आइन्सटीन द्वारा प्रतिपादित विकिरण के क्वाण्टम सिद्धान्त (quantum theory) पर आधारित था। उन्होंने रदरफोर्ड के परमाणु मॉडल में मैक्स प्लांक के सिद्धान्त की अवधारणा का प्रयोग कर, रदरफोर्ड मॉडल की कमियों को दूर किया था। इसके लिये उन्होंने निम्नलिखित परिकल्पनायें (postulates) प्रस्तुत कीं

(i) इलेक्ट्रॉन केवल उन्हीं कक्षाओं में घूम सकते हैं जिनमें उनका कोणीय संवेग (angular momentum) $\frac{h}{2\pi}$ का पूर्ण गुणज हो, जहाँ h प्लांक का सार्वत्रिक नियतांक (Planck's universal constant) है।

अत:
$$mvr = \frac{nh}{2\pi}$$

जहाँ n एक पूर्णांक है ($n = 1, 2, 3, ...$), जिसे कक्षा की क्रम संख्या अथवा मुख्य क्वाण्टम संख्या (principal quantum number) कहते हैं।

इस समीकरण को बोहर का क्वाण्टीकरण प्रतिबन्ध (Bohr's quantisation condition) कहते हैं।

(ii) स्थायी कक्षाओं में घूमते समय इलेक्ट्रॉन ऊर्जा का उत्सर्जन नहीं करते, यद्यपि उनमें अभिकेन्द्र त्वरण होता है। अत: परमाणु का स्थायित्व बना रहता है।

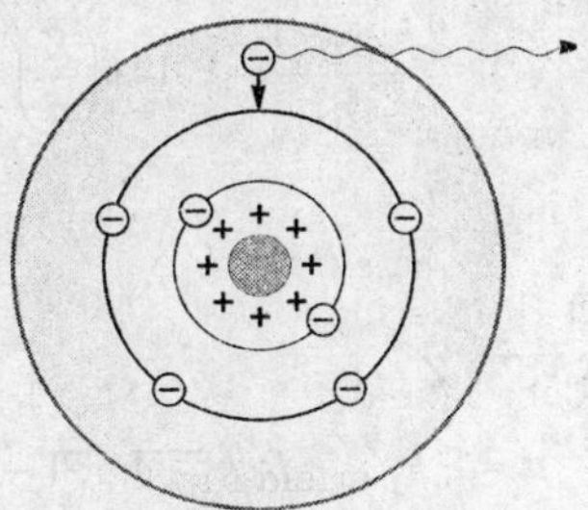

(iii) जब परमाणु को किसी कारणवश बाहर से ऊर्जा मिलती है तो उसका कोई इलेक्ट्रॉन अपनी निश्चित कक्षा को छोड़कर किसी ऊँची कक्षा में चला जाता है। परमाणु की यह अवस्था उत्तेजित अवस्था (excited state) कहलाती है। इलेक्ट्रॉन ऊँची कक्षा में केवल 10^{-8} सेकण्ड तक ही ठहर पाता है और तुरन्त नीची कक्षा में वापस लौट आता है, लौटते समय विद्युतचुम्बकीय तरंगों के रूप में ऊर्जा उत्सर्जित करता है।

यदि ऊँची कक्षा में इलेक्ट्रॉन की ऊर्जा E_2 हो तथा नीची कक्षा में E_1 हो, तो उत्सर्जित तरंगों की आवृत्ति ν निम्न समीकरण के अनुसार होती है

$$h\nu = E_2 - E_1$$

अथवा
$$\nu = \frac{E_2 - E_1}{h}$$

बोहर मॉडल के अनुसार विभिन्न प्रॉचल
(Various Parameters According to Bohr's Model)

(i) nवें कक्षक की त्रिज्या,

$$r_n = \frac{4\pi\varepsilon_0 n^2 h^2}{4\pi^2 mZe^2} = \frac{\varepsilon_0 n^2 h^2}{\pi mZe^2}$$

(ii) nवें कक्षक में इलेक्ट्रॉन की कक्षीय चाल,

$$v = \frac{e^2}{2\varepsilon_0 h}\cdot\frac{Z}{n} = \frac{c}{137}\frac{Z}{n} \quad (c = \text{प्रकाश की चाल})$$

(iii) इलेक्ट्रॉन की कक्षीय आवृत्ति,

$$f = \frac{v}{2\pi r} = \frac{me^4Z^2}{4\varepsilon_0^2 n^3 h^3}$$

(iv) इलेक्ट्रॉन का आवर्तकाल, $T = \frac{h^3(4\pi\varepsilon_0)^2}{4\pi^2 mZ^2e^4}\times n^3$

या $T = (1.52\times10^{-16})\times\frac{n^3}{Z^2}$

(v) इलेक्ट्रॉन की गतिज ऊर्जा,

$$K = \frac{1}{2}mv^2 = \frac{mZ^2e^4}{8\varepsilon_0^2 n^2 h^2}$$

(vi) इलेक्ट्रॉन की स्थितिज ऊर्जा,

$$U = -\frac{mZ^2e^4}{4\varepsilon_0^2 n^2 h^2}$$

(vii) कुल ऊर्जा,

(a) $E = K + U = -\frac{mZ^2e^4}{8\varepsilon_0^2 n^2 h^2}$

(b) $E_n = -\frac{Z^2Rhc}{n^2} = -13.6\left(\frac{Z}{n}\right)^2$

यहाँ $R = \frac{me^4}{8\varepsilon_0^2 ch^3}$ (रिड्बर्ग नियतांक)

हाइड्रोजन स्पेक्ट्रम के लिये, $Z = 1$

अत: यदि $n = 1, E_1 = -Rch$ जूल या $-13.6\,\text{eV}$

यदि $n = 2, E_2 = -\frac{Rch}{4}$ जूल या $-3.4\,\text{eV}$

यदि $n = 3, E_3 = -\frac{Rch}{9}$ जूल या $-1.5\,\text{eV}$

यदि $n = \infty, E_\infty = 0$

ऊर्जा स्तर (Energy Levels)

क्वाण्टम सिद्धान्त के अनुसार परमाणु एवं अणु कुछ स्वीकृत ऊर्जा अवस्थाओं में ही विद्यमान हो सकते हैं। ये ऊर्जा अवस्थाओं में ही विद्यमान हो सकते हैं। ये ऊर्जा अवस्थाएँ ही ऊर्जा स्तर कहलाते हैं।

इलेक्ट्रान की ऊर्जा, $E = -\frac{13.6}{n^2}$ eV

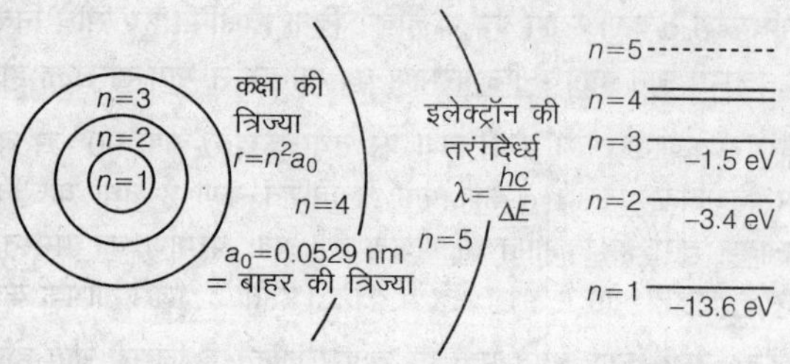

जहाँ n मुख्य क्वाण्टम संख्या है।

हाइड्रोजन स्पेक्ट्रम (Hydrogen Spectrum)

बामर ने हाइड्रोजन के स्पेक्ट्रम का अध्ययन किया। इस स्पेक्ट्रम में काली पृष्ठभूमि (back ground) पर पृथक्–पृथक् चमकीली रेखायें होती हैं। इन रेखाओं को $H_\alpha, H_\beta, H_\gamma, H_\delta$... कहते हैं।

बामर ने सन् 1885 में यह ज्ञात किया कि बामर श्रेणी की सभी रेखाओं की तरंगदैर्ध्य (λ) निम्न समीकरण के द्वारा प्रदर्शित की जा सकती है

$$\frac{1}{\lambda} = R\left(\frac{1}{2^2}-\frac{1}{n_2^2}\right), \text{ जहाँ } n_2 = 3, 4, 5, ...$$

जहाँ R एक नियतांक है, जिसे रिड्बर्ग का नियतांक (Rydberg's constant) कहते हैं तथा इसका मान 1.097×10^7 मी$^{-1}$ है।

बामर श्रेणी की कई रेखायें स्पेक्ट्रम के दृश्यभाग (visible part) में होती हैं स्पेक्ट्रम के अदृश्य भाग में भी अन्य श्रेणियाँ प्राप्त की गई हैं जैसे लाइमन श्रेणी (Lyman series) पराबैंगनी (ultra-violet) भाग में तथा पाश्चन, ब्रैकेट व फुण्ड श्रेणियाँ (Paschen, Brackett and Pfund series) अवरक्त (infrared) भाग में प्राप्त हुई। इन विभिन्न श्रेणियों की रेखाओं की तरंगदैर्ध्य निम्नलिखित व्यापक सूत्रों से प्रदर्शित की जा सकती हैं

1. लाइमन श्रेणी (Lyman series) के लिए ($n_1 = 1$)

$$\frac{1}{\lambda} = R\left[\frac{1}{1^2}-\frac{1}{n_2^2}\right], \quad \text{जहाँ } n_2 = 2, 3, 4, ...$$

2. बामर श्रेणी (Balmer series) के लिए ($n_1 = 2$)

$$\frac{1}{\lambda} = R\left[\frac{1}{2^2}-\frac{1}{n_2^2}\right], \text{ जहाँ } n_2 = 3, 4, 5, ...$$

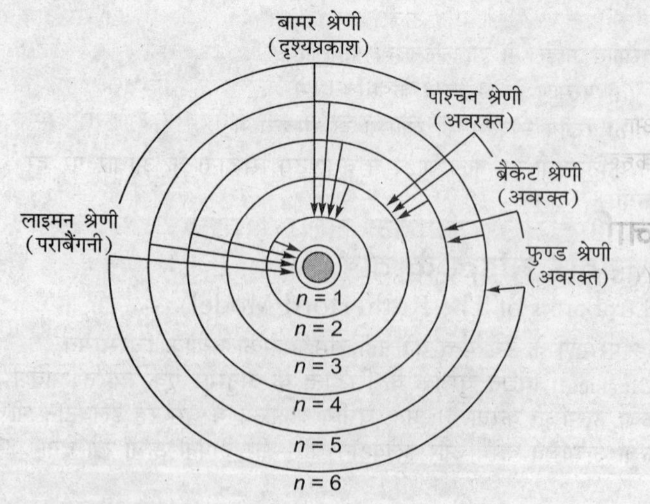

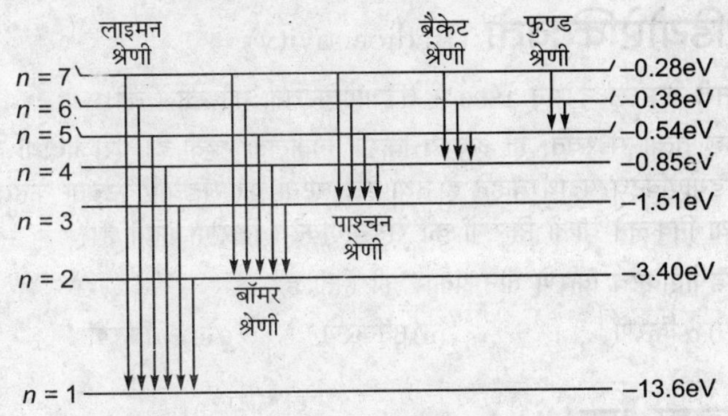

3. पाश्चन श्रेणी (Paschen series) के लिए ($n_1 = 3$)

$$\frac{1}{\lambda} = R\left[\frac{1}{3^2} - \frac{1}{n_2^2}\right], \text{ जहाँ } n_2 = 4, 5, 6, \ldots$$

4. ब्रैकेट श्रेणी (Brackett series) के लिए ($n_1 = 4$)

$$\frac{1}{\lambda} = R\left[\frac{1}{4^2} - \frac{1}{n_2^2}\right], \text{ जहाँ } n_2 = 5, 6, 7, \ldots$$

5. फुण्ड श्रेणी (Pfund series) के लिए ($n_1 = 5$)

$$\frac{1}{\lambda} = R\left[\frac{1}{5^2} - \frac{1}{n_2^2}\right], \text{ जहाँ } n_2 = 6, 7, 8, \ldots$$

उत्तेजन ऊर्जा एवं उत्तेजन विभव
(Excitation Energy and Excitation Potential)

किसी इलेक्ट्रॉन को निम्नतम ऊर्जा स्तर (ground energy level) से किसी उच्च ऊर्जा स्तर (higher energy level) तक संक्रमण (transition) करने के लिए आवश्यक ऊर्जा उत्तेजन ऊर्जा कहलाती है तथा किसी इलेक्ट्रॉन को उत्तेजित ऊर्जा प्रदान करने के लिए आवश्यक त्वरक विभव उत्तेजन विभव कहलाता है।

आयनन ऊर्जा एवं आयनन विभव
(Ionization Energy and Ionization Potential)

किसी इलेक्ट्रॉन को मूल ऊर्जा स्तर (ground energy level) से आयनित ऊर्जा स्तर ($n = \infty$) (ionised energy level) तक संक्रमण करने के लिए आवश्यक ऊर्जा को परमाणु की आयनन ऊर्जा कहते हैं तथा इलेक्ट्रॉन को आयनन ऊर्जा प्राप्त करने के आवश्यक त्वरक विभव, आयनन विभव कहलाता है।

नाभिक का संगठन तथा आकार
(Composition and Size of Nucleaus)

नाभिक का संगठन (Composition of Nucleus)

प्रत्येक पदार्थ परमाणुओं से बना होता है। परमाणु का समस्त द्रव्यमान तथा धनात्मक आवेश बहुत छोटे क्षेत्र में संघनित होता है। इस क्षेत्र को नाभिक कहते हैं। नाभिक की त्रिज्या 10^{-15} मी से 10^{-14} मी की कोटि की होती है। नाभिक में प्रोटॉन तथा न्यूट्रॉन होते हैं, जिन्हें न्यूक्लिऑन (nucleons) कहते हैं।

प्रोटॉनों की संख्या = परमाणु क्रमांक (Z)

न्यूट्रॉनों की संख्या = द्रव्यमान संख्या (A) – परमाणु क्रमांक (Z)

$$= A - Z$$

अत: नाभिक को ${}_ZX^A$ से प्रदर्शित किया जाता है।

नाभिक की संरचना के सम्बन्ध में निम्नलिखित दो मुख्य परिकल्पनाएँ हैं

1. प्रोटॉन-इलेक्ट्रॉन परिकल्पना
(Proton-Electron Hypothesis)

इस परिकल्पना के अनुसार नाभिक प्रोटॉन तथा इलेक्ट्रॉनों से मिलकर बना है। नाभिक का द्रव्यमान उसमें उपस्थित प्रोटॉनों के द्रव्यमान के लगभग बराबर होता है तथा उस पर आवेश नाभिक में उपस्थित प्रोटॉनों एवं इलेक्ट्रॉनों के आवेशों के बीजगणितीय योग के बराबर होता है।

परिकल्पना के दोष (Drawbacks of Hypothesis)

(i) यदि इलेक्ट्रॉन नाभिक में उपस्थित है तो उसकी गतिज ऊर्जा लगभग 100 MeV होनी चाहिए, जबकि नाभिक से उत्सर्जित β-कणों की अधिकतम ऊर्जा 4 MeV होती है। अत: इलेक्ट्रॉन नाभिक के अन्दर नहीं हो सकते हैं।

(ii) यदि इलेक्ट्रॉन नाभिक में उपस्थित है तो उसका चुम्बकीय आघूर्ण नाभिक के चुम्बकीय आघूर्ण से कम होना चाहिए, जबकि इलेक्ट्रॉन का चुम्बकीय आघूर्ण नाभिक के चुम्बकीय आघूर्ण का लगभग 1000 गुना होता है। अत: स्पष्ट है कि इलेक्ट्रॉन नाभिक में उपस्थित नहीं हो सकता है।

(iii) यदि इलेक्ट्रॉन नाभिक में उपस्थित हो तब उसका कोणीय संवेग प्रयोगों द्वारा ज्ञात कोणीय संवेग से भिन्न प्राप्त होता है। अत: स्पष्ट है कि इलेक्ट्रॉन नाभिक में उपस्थित नहीं हो सकता है।

2. प्रोटॉन-न्यूट्रॉन परिकल्पना
(Proton-Neutron Hypothesis)

न्यूट्रॉन के गुण नाभिकीय कणों के अधिक निकटतम हैं। इस परिकल्पना के अनुसार नाभिक प्रोटॉन तथा न्यूट्रॉनों से मिलकर बना है। प्रोटॉन नाभिक को धनावेश तथा प्रोटॉन व न्यूट्रॉन मिलकर नाभिक को द्रव्यमान प्रदान करते हैं। नाभिक में प्रोटॉनों की संख्या परमाणु क्रमांक (z) को तथा प्रोटॉनों एवं न्यूट्रॉनों की कुल संख्या द्रव्यमान संख्या (A) को प्रदर्शित करती है।

नाभिक का आकार (Size of Nucleus)

नाभिक की त्रिज्या R, उसकी द्रव्यमान संख्या A पर निम्न सूत्रानुसार निर्भर करती है

$$R = R_0 A^{1/3}$$

जहाँ R_0 एक नियतांक है जिसका मान 1.2×10^{-15} मी है।

नाभिक के गुण (Properties of Nucleus)

नाभिकीय गुण निम्न प्रकार हैं

(i) **नाभिकीय आकार** (Nuclear size)

(a) नाभिक का आकार फर्मी (1फर्मी = 10^{-15} मी) के क्रम का होता है।

(b) नाभिक की त्रिज्या, $R = R_0 A^{1/3}$

जहाँ $R_0 = 1.3$ फर्मी तथा A द्रव्यमान संख्या है।

(ii) **आयतन** (Volume) नाभिक का आयतन

$$V = \frac{4}{3}\pi R^3 = \frac{4}{3}\pi (R_0 A^{1/3})^3$$

(iii) **घनत्व** (Density)

(a) $\text{नाभिक का घनत्व} = \frac{\text{नाभिक का द्रव्यमान}}{\text{नाभिक का आयतन}}$

$$= \frac{Am_p}{\frac{4}{3}\pi (R_0 A^{1/3})^3} = \frac{m_p}{\frac{4}{3}\pi R_0^3}$$

जहाँ $m_p = 1.6 \times 10^{-27}$ किग्रा = प्रोटॉन का द्रव्यमान

तथा $R_0 = 1.3$ फर्मी

(b) नाभिकीय पदार्थ का घनत्व 10^{17} किग्रा/मी^{3} के क्रम का होता है।

(c) नाभिकीय पदार्थ का घनत्व, द्रव्यमान संख्या पर निर्भर नहीं करता है।

परमाणु द्रव्यमान मात्रक (Atomic Mass Unit)

यह कार्बन ($_6C^{12}$) नाभिक के द्रव्यमान का $\left(\frac{1}{12}\right)$ वाँ भाग है। इसे amu अथवा प्राय: u से प्रदर्शित करते हैं।

$$1 \text{ amu} = \frac{1.992678 \times 10^{-26}}{12} \text{ किग्रा}$$

$$= 1.660565 \times 10^{-27} \text{ किग्रा} = 931 \text{MeV}$$

समस्थानिक, समभारी एवं समन्यूट्रॉनिक (Isotopes, Isobars and Isotones)

समस्थानिक (Isotopes)

समान पदार्थ के परमाणु जिनके समान परमाणु क्रमांक होते हैं परन्तु द्रव्यमान संख्या भिन्न होती है, समस्थानिक कहलाते हैं। चूँकि इनमें समान संख्या में प्रोटॉन होते हैं, अत: इनकी आवर्त सारणी में स्थिति समान रहती है। एक पदार्थ के विभिन्न समस्थानिकों के रासायनिक गुण समान होते हैं। उदाहरण के लिये, ($_1H^1$, $_1H^2$ तथा $_1H^3$), ($_8O^{16}$, $_8O^{17}$ तथा $_8O^{18}$) तथा ($_{10}Ne^{20}$, $_{10}Ne^{21}$ तथा $_{10}Ne^{22}$) आदि समस्थानिक हैं।

समभारी (Isobars)

विभिन्न पदार्थों के परमाणु जिनकी द्रव्यमान संख्या समान होती है परन्तु परमाणु क्रमांक भिन्न होते हैं, समभारी कहलाते हैं।

चूँकि इनके परमाणु क्रमांक भिन्न हैं, अत: आवर्त सारणी में इनकी स्थितियाँ भिन्न होती हैं तथा इनके रासायनिक गुण भी भिन्न होते हैं।

उदाहरण के लिये, ($_8O^{17}$ तथा $_9F^{17}$) तथा ($_{11}Na^{24}$ तथा $_{12}Mg^{24}$) समभारी हैं।

समन्यूट्रॉनिक (Isotones)

विभिन्न पदार्थों के परमाणु जिनके नाभिक में न्यूट्रॉनों की संख्या समान होती है परन्तु प्रोटॉनों की संख्या भिन्न होती है, समन्यूट्रॉनिक कहलाते हैं। उदाहरण के लिये, ($_{11}Na^{23}$, $_{12}Mg^{24}$) तथा ($_{19}K^{39}$, $_{20}Ar^{40}$) समन्यूट्रॉनिक हैं।

रेडियोऐक्टिवता (Radioactivity)

हेनरी बेकुरल ने सन् 1896 में रेडियोऐक्टिवता की खोज की।

कुछ तत्वों से स्वत: ही अदृश्य किरणें निकलती रहती हैं। ऐसे पदार्थों को रेडियोऐक्टिव पदार्थ कहते हैं तथा इस घटना को रेडियोऐक्टिवता कहते हैं तथा निकलने वाली किरणों को रेडियोऐक्टिव किरणें कहते हैं।

रेडियोऐक्टिव किरणें तीन प्रकार की होती हैं

(i) α-किरणें (ii) β-किरणें (iii) γ-किरणें

ऐल्फा क्षय (Alpha Decay)

$_{92}U^{328}$ का $_{90}Th^{234}$ में क्षय ऐल्फा का एक प्रचलित उदाहरण है। इस प्रक्रिया में हीलियम नाभिक $_2He^4$ उत्सर्जित होता है।

$$_{92}U^{238} \longrightarrow {}_{90}Th^{234} + {}_2He^4$$

ऐल्फा-क्षय मे, उत्पादित विघटनण नाभिक की द्रव्यमान-संख्या क्षय होने वाले मूल नाभिक की तुलना मे 4 कम होती है तथा परमाणु क्रमांक 2 कम होता है। सामान्यत: किसी मूल नाभिक $_Z X^A$ के विघटनण नाभिक $_{Z-2}Y^{A-4}$ मे रूपातंरण को इस प्रकार व्यक्त करते हैं।

$$_Z X^A \longrightarrow {}_{Z-2}Y^{A-4} + {}_2He^4$$

α-किरणों के गुण (Properties of α-Rays)

(i) α-किरणें α-कणों से मिलकर बनी हैं जो हीलियम परमाणु का नाभिक है।

(ii) α-किरणों पर 2 इकाई धनावेश होता है व इनका द्रव्यमान प्रोटॉन के द्रव्यमान का चार गुना होता है।

(iii) α-किरणें वैद्युत व चुम्बकीय क्षेत्रों में विक्षेपित हो जाती हैं।

(iv) α-किरणों की भेदन क्षमता अत्यन्त कम होती है। ये 0.1 मिमी मोटी ऐल्युमीनियम की चादर द्वारा रुक जाती है।

(v) जिंक सल्फाइड के पर्दे से टकराने पर α-किरणें प्रतिदीप्ति उत्पन्न करती हैं।

(vi) धातु की पन्नी में से गुजरने पर α-किरणें विक्षेपित हो जाती हैं।

(vii) α-किरणें किसी सतह से टकराने पर ऊष्मीय प्रभाव उत्पन्न करती हैं।

(viii) α-किरणें जिस गैस में से गुजरती हैं उसका आयनीकरण कर देती हैं।

(ix) α-किरणों की चाल, प्रकाश की चाल का $\frac{1}{10}$ भाग होती है।

(x) α-किरणें कुछ पदार्थों में कृत्रिम रेडियोऐक्टिवता उत्पन्न कर सकती हैं।

(xi) α-कण के उत्सर्जन से नाभिक का आकार घट जाता है।

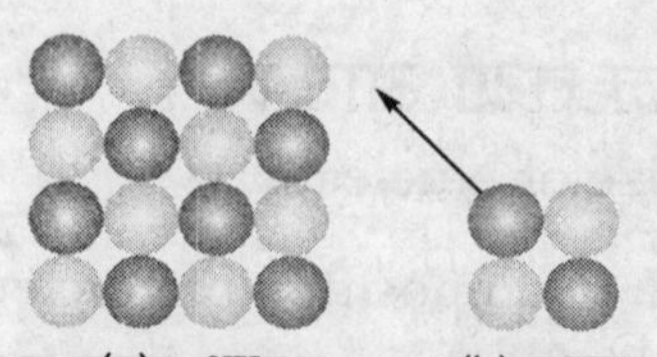

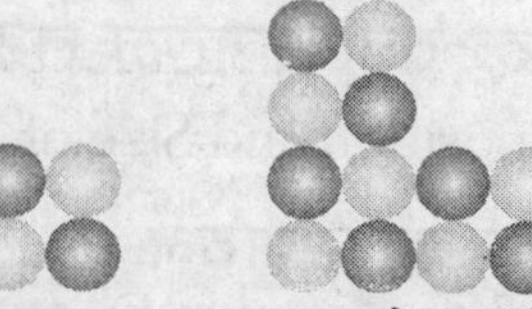

(a) α-क्षय (नाभिक अत्यधिक बड़ा है) (b) α-कण (c) α-कण के उत्सर्जित होने पर नाभिक के आकार में कमी

(xii) α-कणों का स्पेक्ट्रम विविक्त रेखिल स्पेक्ट्रम होता है। जिन नाभिकों से α-कण उत्सर्जित होते हैं, उन नाभिकों में भी विविक्त ऊर्जा-स्तर होते हैं।

α-कण उत्सर्जन की व्याख्या क्वाण्टम यान्त्रिकीय सुरंगन प्रभाव (quantum mechanical tunnelling effect) द्वारा की गई है।

बीटा क्षय (Beta Decay)

बीटा क्षय में किसी नाभिक से एवं इलेक्ट्रॉन (β^- क्षय) अथवा एक पॉजिट्रॉन (β^+-क्षय) का स्वत: उत्सर्जन होता है β^--क्षय तथा β^+-क्षय के सामान्य उदाहरण निम्न है :

$$_{15}P^{32} \longrightarrow {}_{16}S^{32} + e^- + \nu$$

$$_{11}Na^{22} \longrightarrow {}_{10}Na^{22} + e^+ + \nu$$

β-किरणों के गुण (Properties of β -Rays)

(i) β-किरणें अत्यन्त तीव्र गति से चलने वाले इलेक्ट्रॉन हैं।

(ii) β-किरणों पर 1 इकाई ऋणावेश होता है।

(iii) β-किरणें वैद्युत व चुम्बकीय क्षेत्रों में विक्षेपित हो जाती हैं।

(iv) β-किरणों की चाल प्रकाश की चाल के लगभग बराबर होती है।

(v) β-किरणें जिस गैस में से होकर गुजरती हैं उसका आयनीकरण कर देती हैं, परन्तु इनकी आयनीकरण क्षमता α-किरणों की आयनीकरण क्षमता की अपेक्षा $\frac{1}{100}$ गुनी होती है।

(vi) β -किरणों की भेदन क्षमता, α-किरणों की भेदन क्षमता की लगभग 100 गुनी होती है।

(vii) β-किरणें जिंक सल्फाइड तथा बेरियम-प्लोटिनोसाइड के पर्दे से टकराने पर प्रतिदीप्ति उत्पन्न करती हैं।

(viii) β -किरणें फोटोग्राफिक फिल्म को प्रभावित करती हैं।

(ix) β -किरणें कृत्रिम रेडियोऐक्टिवता उत्पन्न कर सकती हैं।

(x) एक ही रेडियोएक्टिव पदार्थ से उत्सर्जित β-कणों में गतिज ऊर्जा, शून्य तथा एक निश्चित उच्चतम मान के बीच अविरत रूप से वितरित (continuous distribution of kinetic energy) होती है (चित्र) तथा यह उच्चतम मान भिन्न-भिन्न पदार्थों के लिये भिन्न-भिन्न होता है। अत: β-कणों की परास (range) निश्चित नहीं होती है, जबकि α-कणों की परास निश्चित होती है।

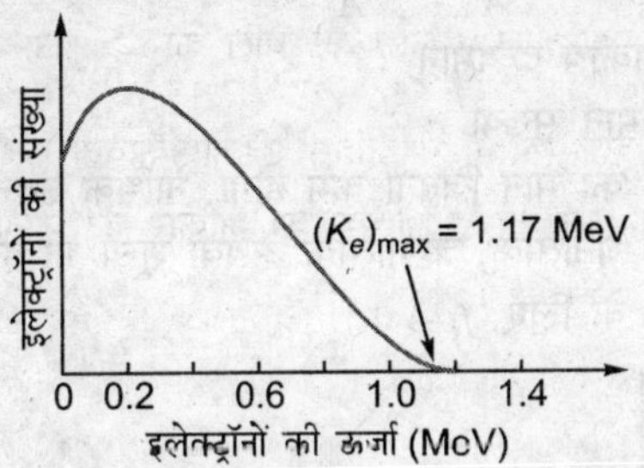

गामा क्षय (Gamma Decay)

परमाणु के समान, नाभिक में भी विभिन्न ऊर्जा स्तर होते हैं-अनउत्तेजित अवस्था तथा उत्तेजित अवस्थाएँ। हालाँकि इनके ऊर्जा के मानों मे अत्यधिक विभिन्नता होती है। परमाणविक ऊर्जा स्तरों का कोटिमान eV का होता है। जबकि नाभिकीय ऊर्जा स्तरों में ऊर्जाओं का अन्तर MeV के कोटिमान का होता है।

जब कोई उत्तेजित नाभिक निम्न उत्तेजित अवस्था अथवा अनुत्तेजित अवस्था में संक्रमित होता है तो नाभिक के दोनों ऊर्जा के स्तरों के अन्तर के समान ऊर्जा का फोटॉन उत्सर्जित होता है। यही गामा-क्षय कहलाता है। यह ऊर्जा (MeV), कठोर X-किरणों के परिसर से कम तरंगदैर्ध्य वाले विकिरणों से सम्बन्धित होती है। सामान्यत: किसी गामा किरण का उत्सर्जन, ऐल्फा अथवा बीटा-क्षय में विघटन नाभिक का उत्तेजित अनतस्था में रहने की अवस्था में होता है।

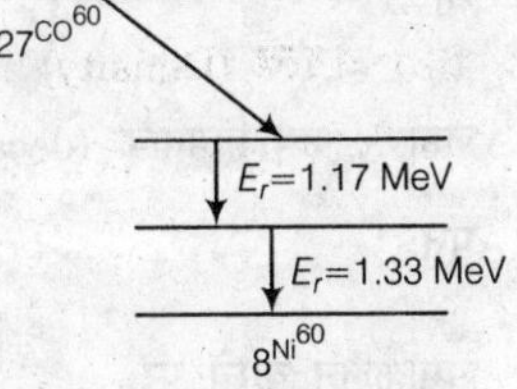

उत्तेजित नाभिक अनुत्तेजित अवस्था में आने की प्रक्रिया मे एक फोटॉनों अथवा एक से अधिक फोटॉनों (क्रमवार संक्रमण की अवस्था में) का उत्सर्जन करते हैं। 1.17 MeV तथा 1.33 MeV ऊर्जाओं की गामा किरणों के क्रमवार उत्सर्जन का सामान्य उदाहरण $_{27}Co^{60}$ नाभिक के β^--क्षय द्वारा $_{28}Ni^{60}$ नाभिक में क्षयित होने की प्रक्रिया मे प्रदर्शित होता है।

γ-किरणों के गुण (Properties of γ-Rays)

(i) γ-किरणों का कोई द्रव्यमान नहीं होता। इनकी प्रकृति अधात्विक है।

(ii) γ-किरणों पर कोई आवेश नहीं होता।

(iii) γ-किरणें वैद्युत व चुम्बकीय क्षेत्रों में विक्षेपित नहीं होती हैं।

(iv) γ-किरणों की आयनीकरण क्षमता α-किरणों व β-किरणों की अपेक्षा काफी कम होती है।

(v) γ-किरणों की चाल प्रकाश की चाल के बराबर होती है।

(vi) γ-किरणों की भेदन क्षमता काफी अधिक होती है। ये 30 सेमी मोटी लोहे की चादर के पार निकल जाती है।

(vii) γ-किरणें भी फोटोग्राफिक फिल्म को प्रभावित करती हैं।

(viii) γ-किरणें जिस सतह पर गिरती हैं उसमें से इलेक्ट्रॉनों का उत्सर्जन हो जाता है।

(ix) γ-किरणें किसी सतह से टकराने पर ऊष्मीय प्रभाव उत्पन्न करती हैं।

(x) γ-किरणों का स्पेक्ट्रम रेखिल, विविक्त स्पेक्ट्रम होता है। इससे नाभिकीय ऊर्जा स्तरों के बारे में जानकारी प्राप्त होती है।

रेडियोऐक्टिव क्षय नियम (Radioactive Decay Law)

रेडियोऐक्टिव क्षय वास्तव में यादृच्छिक (random) प्रक्रिया है। किसी भी क्षण रेडियोऐक्टिव परमाणुओं के क्षय होने की दर उस क्षण उपस्थित परमाणुओं की संख्या के अनुक्रमानुपाती होती है।

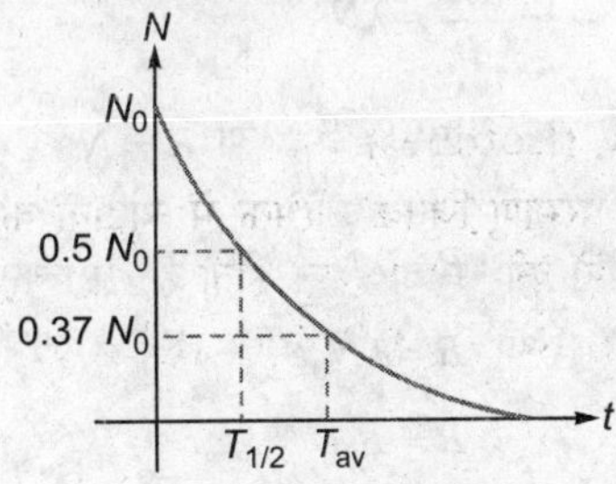

अर्थात् $\left(-\frac{dN}{dt}\right) \propto N$

या $\left(-\frac{dN}{dt}\right) = \lambda N$

जहाँ λ क्षय नियतांक (decay constant) है।

पुनः $\frac{dN}{N} = -\lambda dt$

समाकलन करने पर, $N = N_0 e^{-\lambda t}$

जहाँ N_0 , $t = 0$ पर प्रारम्भिक नाभिकों की संख्या है। यह फलन चित्र में प्रदर्शित है।

अर्द्ध-आयु (Half-Life)

वह समयान्तराल जिसके अन्तर्गत् किसी रेडियोऐक्टिव पदार्थ की मात्रा अर्थात् उसके परमाणुओं (नाभिकों) की संख्या रेडियोऐक्टिव क्षय के फलस्वरूप घटकर अपने प्रारम्भिक मान की आधी रह जाती है, वह रेडियोऐक्टिव पदार्थ की अर्द्ध-आयु ($T_{1/2}$) कहलाती है। चूँकि $\frac{1}{2}N_0 = N_0 e^{-\lambda T_{1/2}}$

$$\lambda T_{1/2} = \ln(2) = 0.693 \quad \therefore \quad T_{1/2} = \frac{\ln(2)}{\lambda} = \frac{0.693}{\lambda}$$

जहाँ λ पदार्थ का क्षय नियतांक है।

माध्य आयु अथवा औसत आयु

(Mean Life or Average Life)

किसी नाभिक के क्षय का समय शून्य से लेकर अनन्त तक कुछ भी हो सकता है। सभी नाभिकों की आयु के औसत को रेडियोऐक्टिव पदार्थ की औसत आयु या माध्य आयु कहते हैं। इसे प्राय: τ से प्रदर्शित करते हैं। किसी रेडियोऐक्टिव पदार्थ की औसत आयु क्षय नियतांक (λ) के व्युत्क्रम के बराबर होती है। अर्थात् $\tau = \frac{1}{\lambda}$

रेडियोऐक्टिव पदार्थ की सक्रियता

(Activity of Radioactive Substance)

रेडियोऐक्टिव पदार्थ की क्षय दर R, प्रति सेकण्ड क्षय संख्या के बराबर होती है।

चूँकि $-\frac{dN}{dt} \propto N$

या $-\frac{dN}{dt} = \lambda N$

अतः $R = -\frac{dN}{dt}$ या $R \propto N$

या $R = \lambda N$

या $R = \lambda N_0 e^{-\lambda t}$

$\therefore$ $R = R_0 e^{-\lambda t}$

जहाँ $R_0 = \lambda N_0$, $t = 0$ पर रेडियोऐक्टिव पदार्थ की सक्रियता है। सक्रियता का समय के साथ ग्राफ चित्रानुसार है

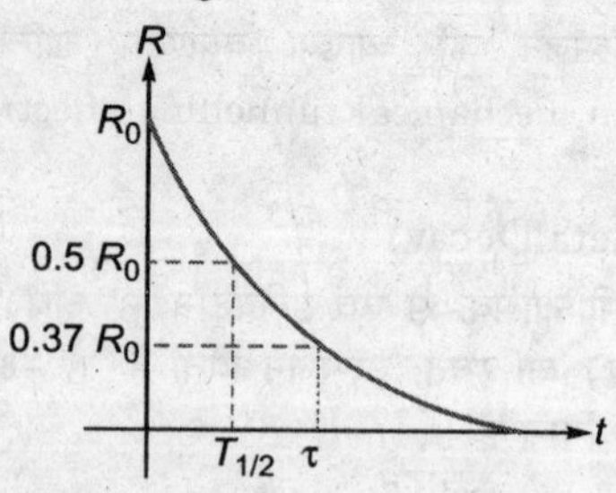

आइन्सटीन का द्रव्यमान-ऊर्जा तुल्यता सिद्धान्त

(Einstein's Mass-energy Equivalence Principle)

आइन्सटीन के अनुसार, द्रव्यमान एवं ऊर्जा को परस्पर एक-दूसरे में परिवर्तित किया जा सकता है। किसी निकाय में Δm द्रव्यमान के तुल्य ऊर्जा $\Delta E = (\Delta m)c^2$ होती है।

जहाँ $c = 3 \times 10^8$ मी से$^{-1}$ प्रकाश की चाल है। इस प्रकार एक इलेक्ट्रॉन (विराम) के तुल्य ऊर्जा 0.51 MeV, न्यूट्रॉन या प्रोटॉन के तुल्य ऊर्जा 930 MeV होती है। इस प्रकार यह सिद्धान्त द्रव्यमान संरक्षण एवं ऊर्जा संरक्षण के नियमों का एकीकरण (unification) करता है।

द्रव्यमान क्षति (Mass Defect)

नाभिक में उपस्थित न्यूट्रॉनों एवं प्रोटॉनों के द्रव्यमानों के योग एवं नाभिक के वास्तविक द्रव्यमान के अन्तर को द्रव्यमान क्षति कहते हैं।

नाभिक के बनने में द्रव्यमान क्षति,

$$\Delta M = [Zm_p + (A - Z)m_n] - M$$

जहाँ Z प्रोटॉनों एवं $(A - Z)$ न्यूट्रॉनों की संख्या है, जबकि m_p, m_n एवं M क्रमश; प्रोटॉन, न्यूट्रॉन एवं नाभिक का वास्तविक द्रव्यमान है।

संकुलन गुणांक (Packing Fraction)

प्रति न्यूक्लिऑन द्रव्यमान को संकुलन गुणांक कहते हैं।

संकुलन गुणांक $(f) = \frac{\Delta M}{A} = \frac{M - A}{A}$

जहाँ M = नाभिकीय द्रव्यमान

A = द्रव्यमान संख्या

संकुलन गुणांक का मान जितना कम होगा, नाभिक उतना ही स्थायी होगा। संकुलन गुणांक धनात्मक, ऋणात्मक अथवा शून्य भी हो सकता है।

नाभिक $A = 16$ के लिए, $f \to 0$

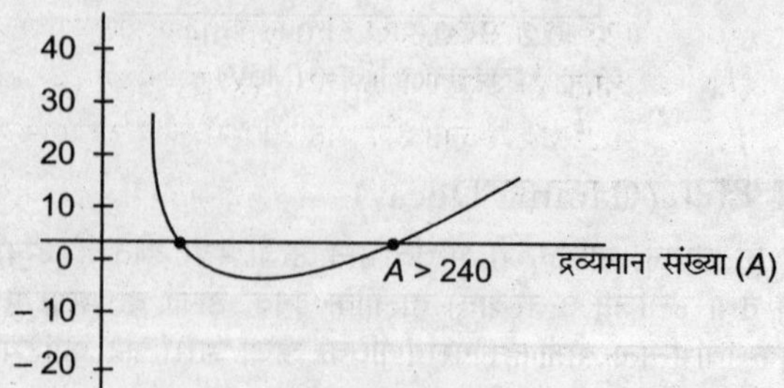

बन्धन ऊर्जा (Binding Energy)

किसी नाभिक की बन्धन ऊर्जा वह न्यूनतम ऊर्जा है जो नाभिक के न्यूक्लिऑनों को अनन्त दूरी तक अलग-अलग करने के लिए आवश्यक हैं। बन्धन ऊर्जा की संकल्पना को द्रव्यमान-ऊर्जा सम्बन्ध $\Delta E = \Delta mc^2$ से भी समझा जा सकता है, जहाँ Δm विलगित न्यूक्लिऑनों के कुल द्रव्यमान तथा स्थायी नाभिक के द्रव्यमान का अन्तर है। नाभिक $_ZX^A$ की बन्धन ऊर्जा

$$E_b = [Zm_p + (A+Z)m_n - m_x]c^2 \quad \text{...(i)}$$

जहाँ m_p = प्रोटॉन का द्रव्यमान, m_n = न्यूट्रॉन का द्रव्यमान,
तथा m_x = नाभिक का द्रव्यमान।

प्रति न्यूक्लिऑन बन्धन ऊर्जा तथा द्रव्यमान संख्या के साथ इसका परिवर्तन

(Binding Energy per Nucleon and its Variation with Mass Number)

यदि नाभिक की बन्धन ऊर्जा इसके द्रव्यमान संख्या से भाग कर दी जाए, तो प्रति न्यूक्लिऑन बन्धन ऊर्जा प्राप्त होती है। प्रति न्यूक्लिऑन बन्धन ऊर्जा E_b का द्रव्यमान संख्या A के साथ ग्राफ चित्रानुसार है।
इस वक्र से निम्न महत्वपूर्ण निष्कर्ष प्राप्त होते हैं।

(i) द्रव्यमान संख्या लगभग $A = 50$ से $A = 80$ तक के बीच वक्र में एक सपाट शिखर (flat maximum) है, जिसके संगत $\frac{E_b}{A}$ का औसत मान 8.5 MeV है। अत: वे नाभिक जिनकी द्रव्यमान संख्यायें 50 व 80 के बीच हैं, अधिक स्थायी हैं। इनमें Fe^{56}, जिसकी प्रति न्यूक्लिऑन बन्धन-ऊर्जा अधिकतम (लगभग 8.8 MeV) है, सबसे अधिक स्थायी है।

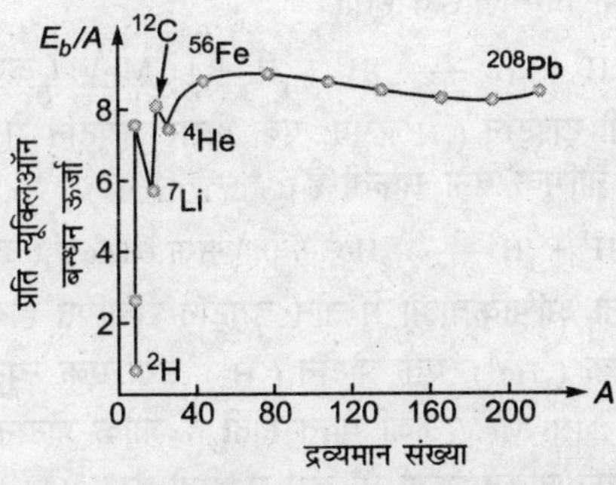

(ii) 80 से ऊँची द्रव्यमान संख्या वाले नाभिकों के लिए प्रति न्यूक्लिऑन बन्धन ऊर्जा धीरे-धीरे घटती जाती है तथा यूरेनियम नाभिक ($A = 238$) के लिए लगभग 7.6 MeV रह जाती है। अत: नाभिकों का स्थायित्व भी घटता जाता है।

(iii) 50 से नीची द्रव्यमान संख्या वाले नाभिकों के लिए प्रति न्यूक्लिऑन बन्धन ऊर्जा घटने लगती है। उदाहरण के लिए, भारी हाइड्रोजन ($A - 2$) के लिए यह केवल 1.1 MeV होती है। अत: 20 से नीचे द्रव्यमान संख्या वाले नाभिक अपेक्षाकृत कम स्थायी हैं।

(iv) $A = 50$ से नीचे, वक्र संतत रूप से नहीं गिरता, बल्कि $_8O^{16}$, $_6C^{12}$ तथा $_2He^4$ नाभिकों पर गौण शिखर प्राप्त होते हैं। इससे यह निष्कर्ष निकलता है कि ये नाभिक समीप की द्रव्यमान संख्याओं वाले अन्य नाभिकों से अधिक स्थायी हैं।

(v) इस ग्राफ के अनुसार बहुत भारी तथा बहुत हल्के नाभिकों की प्रति न्यूक्लिऑन बन्धन ऊर्जा बीच वाले नाभिकों के सापेक्ष कम होती है, अत: यदि हम किसी बहुत भारी नाभिक (जैसे यूरेनियम) को किसी विधि द्वारा अपेक्षाकृत हल्के (अर्थात् बीच वाले) नाभिकों में तोड़ लें तो प्रति न्यूक्लिऑन बन्धन ऊर्जा बढ़ जायेगी। अत: इस प्रक्रिया में ऊर्जा बहुत बड़ी मात्रा में मुक्त होगी। इस प्रक्रिया को 'नाभिकीय विखण्डन' (nuclear fission) कहते हैं।

(vi) इसी प्रकार, यदि हम दो अथवा अधिक बहुत हल्के नाभिकों (जैसे भारी हाइड्रोजन $_1H^2$ के नाभिक) को किसी विधि द्वारा अपेक्षाकृत भारी नाभिक (जैसे $_2He^4$) में संयुक्त कर लें तब भी प्रति न्यूक्लिऑन बन्धन ऊर्जा बढ़ जायेगी। अत: इस प्रक्रिया में भी अत्यधिक ऊर्जा मुक्त होगी। इस प्रक्रिया को 'नाभिकीय संलयन' (nuclear fusion) कहते हैं।

नाभिकीय विखण्डन (Nuclear Fission)

किसी भारी नाभिक के दो या दो से अधिक छोटे-छोटे नाभिकों में टूटने की प्रक्रिया को नाभिकीय विखण्डन कहते हैं।
प्रत्येक विखण्डन प्रक्रिया में बहुत बड़े स्तर पर ऊर्जा (≈ 190 MeV) मुक्त होती है। निम्नलिखित अभिक्रिया में यूरेनियम ($Z = 92, A = 235$) के नाभिक पर तीव्रगामी न्यूट्रॉनों की बमबारी करके विखण्डन प्रक्रिया दर्शायी गयी है।

$$_{92}U^{235} + {}_0n^1 \to {}_{92}U^{236} \longrightarrow {}_{56}Ba^{141} + {}_{36}Kr^{92} + 3{}_0n^1 + \text{ऊर्जा}$$

नाभिकीय विखण्डन की घटना में विखण्डित नाभिकों का कुल द्रव्यमान, बड़े नाभिक के द्रव्यमान से कम होता है। द्रव्यमानों का यह अन्तर ही, नाभिकीय विखण्डन के दौरान उत्पन्न होने वाली ऊर्जा में परिवर्तित होता है।

नाभिकीय विखण्डन की श्रृंखला अभिक्रिया

(Chain Reaction of Nuclear Fission)

यूरेनियम के नाभिक का विखण्डन करने के लिये केवल एक न्यूट्रॉन की आवश्यकता होती है परन्तु विखण्डन के फलस्वरूप हमें तीन न्यूट्रॉन प्राप्त होते हैं, जो अन्य तीन यूरेनियम के नाभिकों का विखण्डन कर सकते हैं। जिसके फलस्वरूप हमें 9 न्यूट्रॉन प्राप्त होंगें, इस प्रकार नाभिकीय विखण्डन की एक श्रृंखला बन जाती है, इसे श्रृंखला अभिक्रिया कहते हैं। यह दो प्रकार की होती है

(i) नियन्त्रित श्रृंखला अभिक्रिया

(ii) अनियन्त्रित श्रृंखला अभिक्रिया

क्रान्तिक द्रव्यमान (Critical Mass)

श्रृंखला अभिक्रिया जो एक बार प्रारम्भ होती है, नियत दर से जारी रहेगी, त्वरित्र होगी या मन्दित होगी, एक गुणांक पर निर्भर करती है, जिसे न्यूट्रॉन का क्रान्तिक गुणांक कहते हैं।

$$\text{क्रान्तिक गुणांक } u = \frac{\text{न्यूट्रॉन के उत्सर्जन की दर}}{\text{न्यूट्रॉनों के हानि की दर}}$$

यदि $K = 1$ हो, तो श्रृंखला अभिक्रिया स्थायी रूप से जारी रहेगी। इस समय विखण्डलनशील पदार्थ के द्रव्यमान को क्रान्तिक द्रव्यमान एवं आकार कहते हैं।
अत: पदार्थ का क्रान्तिक द्रव्यमान वह न्यूनतम द्रव्यमान है, जो पदार्थ में श्रृंखला अभिक्रिया बनाने के लिए आवश्यक है।

नाभिकीय भट्टी (Nuclear Reactor)

यह एक संयंत्र है जिसमें नाभिकीय विखण्डन नियन्त्रित शृंखला अभिक्रिया के द्वारा सम्पन्न होता है। इसे परमाणु पाइल (pile) भी कहा जाता हैं अत: यह एक नियन्त्रित ऊर्जा स्रोत है जिसका उपयोग बहुत अधिक उद्देश्यों के लिए होता है।

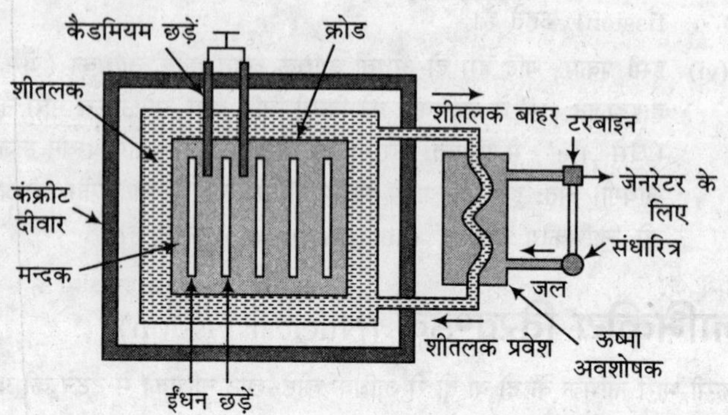

ईंधन (या विखण्डनीय पदार्थ)

(Fissionable Material)

विखण्डनीय पदार्थ को ईंधन कहा जाता है। उदाहरण-यूरेनियम समस्थानिक

(U^{235}), थोरियम समस्थानिक (Th^{232})

एवं प्लूटोनियम समस्थानिक (Pu^{239}, Pu^{240}, Pu^{241})

मंदक (Moderator)

तीव्रगामी न्यूट्रॉनों की गति को मन्द करने के लिए उपर्युक्त कम परमाणु भार वाले पदार्थों को मन्दक कहते हैं, जैसे-ग्रेफाइट, भारी पानी D_2O। भारी पानी अच्छा मन्दक होता है।

मन्दक के गुण (Properties of Moderator)

(i) इसका परमाणु भार कम होना चाहिए।

(ii) इसे न्यूट्रॉन का अवशोषण नहीं करना चाहिए।

(iii) मन्दक को न्यूट्रॉन के साथ प्रत्यास्थ संघट्ट में होने चाहिए तथा उसका वेग कम कर देना चाहिए।

नियन्त्रक पदार्थ (Control Material)

नियन्त्रक पदार्थ का उपयोग शृंखला अभिक्रिया को नियन्त्रित करने एवं नियत दर पर सम्पन्न करने के लिए किया जाता है। ये पदार्थ विखण्डन के लिए उपलब्ध न्यूट्रॉनों की संख्या को नियन्त्रित करते हैं। उदाहरण स्वरूप कैडमियम छड़ को भट्टी के अन्दर प्रविष्ट किया जाता है क्योंकि ये न्यूट्रॉनों का अवशोषण करती है कैडमियम की छड़ों को भट्टी के अन्दर या बाहर करके विखण्डन के लिये उपलब्ध न्यूट्रॉनों की संख्या को नियन्त्रित किया जाता है।

शीतलक (Coolant)

विखण्डन के दौरान उत्पन्न ऊष्मा को अवशोषित करने के लिए प्रयुक्त पदार्थों को शीतलक कहते हैं। जैसे–भारी पानी, द्रव, ऑक्सीजन, कार्बन डाइऑक्साइड, नाइट्रोजन इत्यादि

परिरक्षक आवरण (Protective Shield) भट्टी के चारों ओर कार्य कर रहे सजीव प्राणियों की रक्षा हेतु (हानिकारक विकिरण) प्रयुक्त सीमेण्ट व कन्करीट युक्त आवरण को परिरक्षक कहते हैं।

नाभिकीय भट्टी के उपयोग

(Uses of Nuclear Reactor)

(i) विद्युत ऊर्जा के उत्पादन में।

(ii) रेडियो समस्थानिकों के उत्पादन में जिसका उपयोग चिकित्सा विज्ञान, कृषि एवं उद्योगों में होता है

(iii) Pu^{239} के निर्माण में जिसका उपयोग परमाणु बम बनाने में होता है।

(iv) तीव्रगामी न्यूट्रॉनों के उत्पादन में जिसका उपयोग कैंसर उपचार में एवं नाभिकीय अनुसंधान में होता है।

नाभिकीय संलयन (Nuclear Fusion)

जब दो अथवा अधिक हल्के नाभिक अति उच्च चाल से गति करते हुए परस्पर संयुक्त होकर एक भारी नाभिक बनाते हैं, तो इस प्रक्रिया को नाभिकीय संलयन कहते हैं। संलयन से प्राप्त नाभिक का द्रव्यमान, संलयन करने वाले मूल नाभिकों के द्रव्यमानों के योग से कम होता है तथा द्रव्यमान की यह क्षति ऊर्जा के रूप में प्राप्त हो जाती है।

उदाहरणार्थ, दो ड्यूट्रॉनों ($_1H^2$, भारी-हाइड्रोजन नाभिक) को संलयित करके एक ट्राइटॉन (ट्राइटियम का नाभिक) बनाया जा सकता है। इसके लिये अभिक्रिया निम्नलिखित होगी

$$_1H^2 + {}_1H^2 \longrightarrow {}_1H^3 + {}_1H^1 + 4.0\,\text{MeV} \text{ (ऊर्जा)}$$

इस प्रकार बनी ट्राइट्रॉन ($_1H^3$) पुन: एक तीसरे ड्यूट्रॉन से संलयित होकर एक हीलियम नाभिक बना सकती है

$$_1H^3 + {}_1H^2 \longrightarrow {}_2He^4 + {}_0n^1 + 17.6\,\text{MeV} \text{ (ऊर्जा)}$$

इस प्रकार दोनों अभिक्रियाओं में तीन ड्यूट्रॉन संलयित होकर एक हीलियम नाभिक ($_2He^4$), एक प्रोटॉन ($_1H^1$) तथा एक न्यूट्रॉन($_0n^1$) बनाते हैं तथा 21.6 MeV ऊर्जा मुक्त होती है जोकि प्रोटॉन ($_1H^1$) तथा न्यूट्रॉन ($_0n^1$) की गतिज ऊर्जा के रूप में होती है।

उपरोक्त संलयनों से प्राप्त ऊर्जा (21.6 MeV), U^{235} के एक नाभिक के विखण्डन से प्राप्त ऊर्जा (190 MeV) से काफी कम है। इससे ऐसा लगता है कि संलयन से प्राप्त ऊर्जा विखण्डन से प्राप्त ऊर्जा से कम होती है। परन्तु ऐसी बात नहीं है। 1 ग्राम भारी हाइड्रोजन में हाइड्रोजन के नाभिकों (ड्यूट्रॉनों) की संख्या, 1 ग्राम U^{235} में U^{235} के नाभिकों की संख्या से बहुत अधिक होती है। अत: भारी हाइड्रोजन के नाभिकों के संलयन से प्राप्त ऊर्जा, उतने ही द्रव्यमान के U^{235} के विखण्डन से प्राप्त ऊर्जा से कहीं अधिक होती है।

संसूचक (Detector)

नाभिकीय अभिक्रियाओं में नाभिक कण, जैसे प्रोटोन, न्यूट्रॉन आदि व विकिरण (α, β, γ) किरणें उत्सर्जित होती हैं।

संसूचक का उपयोग नाभिकीय कणों के मात्रात्मक व गुणात्मक अध्ययन करने के लिए किया जाता है। अधिकतम सभी संसूचकों में कणों या विकिरणों का संसूचन आयनन प्रक्रिया पर निर्भर करता है।

आयनन कोष्ठ (Ionisation Chamber) आयनन कोष्ठ में आरोपित वोल्टता लगभग 10 V – 200 V इस प्रकार लेते हैं, कि आयनों का पुनर्योजन रुक जाता है और V में वृद्धि करने पर भी स्पन्द धारा की ऊँचाई में कोई परिवर्तन नहीं होता है अर्थात् इस क्षेत्र में धारा संतृप्त रहती है। आयनन कोष्ठ में स्थिर या नियत स्पन्द की ऊँचाई गैस के दाब, इलेक्ट्रोडों के आकार तथा गैस के आयनन प्रकृति पर निर्भर करती है।

यदि आयनन कोष्ठ में उत्पादित आयन युग्म n हो, तो प्रतिरोध पर बन्द वोल्टता की ऊँचाई

$$V = \frac{\text{कोष्ठ में मुक्त आवेश}}{C} = \frac{ne}{C}$$

$$\Rightarrow \quad V = \frac{Q}{C} = \frac{ne}{C}$$

जहाँ, C = संधारित्र की धारिता तथा n = उत्पन्न आयन युग्म संख्या

ऊँचाई, $V_0 = AV = \frac{AeE}{WC}$, Q = आवेश

कण की ऊर्जा, $E = \frac{V_0 WC}{Ae}$

नाभिक का द्रव बूँद मॉडल (Liquid Drop Model)

बोहर (Bohr) की अवधारणा के अनुसार, नाभिक को एकसमान (uniform) तथा अत्यधिक घनत्व (10^7 kg/m^3) वाले असम्पीड्य (uncompressible) द्रव बूँद के समान माना जा सकता है, इसे नाभिक का द्रव बूँद मॉडल कहते हैं।

बूँद की बन्धन ऊर्जा (Binding Energy of Drop)

$$E_b = E_V + E_S + E_C + E_a + E_p$$

जहाँ, E_V आयतन ऊर्जा

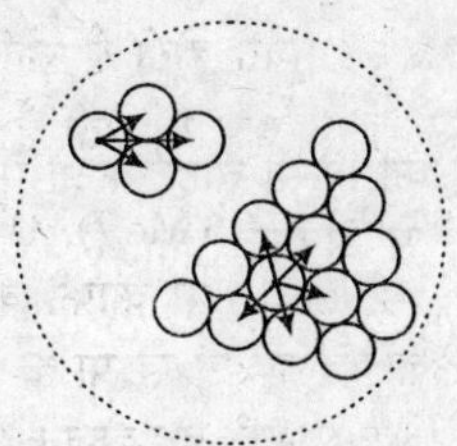

$E_V \propto A$, E_S पृष्ठीय ऊर्जा

$E_S \propto -A^{\frac{2}{3}}$, E_C कूलॉम ऊर्जा

$$E_C = -\frac{3}{5}\frac{Z(Z-1)c^2}{R}, \text{ जहाँ } R = R_0 A^{\frac{1}{3}}$$

E_a असममित ऊर्जा $E_A \propto \frac{(N-Z)^2}{A}$, E_p युग्मन ऊर्जा $E_p \propto \frac{1}{A^{\frac{3}{4}}} = -\frac{a_p}{A^{\frac{3}{4}}}$

जहाँ, $a_p = 0$, यदि A विषम, $a_p = -33.5$ meV
(A सम $\rightarrow Z$ व N सम) $\quad (a_p = 33.5 \text{ meV})$
(A सम $\rightarrow Z$ व N विषम)

रैखिक त्वरित्र (Linear Accelerator)

रैखिक त्वरित्र में विभिन्न लम्बाई की धातु की बेलनाकार लम्बाई की नलिकाएँ होती हैं। इसमें दो नलियों के बीच का दूरी अन्तराल समान होता है। इसमें नलिकाओं की लम्बाई, $L_n \propto \sqrt{n}$

तथा $\quad$ वेग, $v_n = \sqrt{\frac{2nev}{m}}$

यदि त्वरित्र में N अपवाह नलिकाएँ हो, तो त्वरित्र से निर्गत धन आयन की कुल ऊर्जा $E = Nev$

गाइगर मूलर गणित्र
(Geiger-Muller Counter)

गाइजर मूलर गणित्र में प्लेटों के क्षेत्र में संगत वोल्टता लगभग 800-2000 वोल्ट रखते हैं तथा इसमें 2 से 10 cm Hg दाब पर 90% ऑर्गन गैस व 10% शमनकारी गैस का मिश्रण भरते हैं।

इसमें स्पन्द वोल्टता की ऊँचाई नियत रहती है।

$$\text{गणन दक्षता, } \eta = \frac{n}{N} = (l - e^{-S/\rho})$$

जहाँ,

N = गणित्र में प्रति सेकण्ड प्रवेश करने वाले आयनकारी कणों की संख्या,
$n = N$ आयनकारी कणों के कारण गणन संख्या प्रति सेकण्ड,
S = आयनन कोष्ठ के गैस का एक वायुमण्डलीय दाब पर विशिष्ट आयतन,
ρ = गैस का दाब तथा
l = कोष्ठ में आयन कारक द्वारा तय की गई दूरी

सिंटीलेशन गणित्र (Scintillation Counter)

इस गणित्र का उपयोग आयनकारी विकिरण को मापने में किया जाता है। इसमें स्किंरिलर शामिल होता है, जो घटना विकिरण के जवाब में फोटोन उत्पन्न करता है। इसमें एक PMT नलिका का उपयोग इलेक्ट्रॉनिक सिग्नलों को संशोधित करने में किया जाता है।

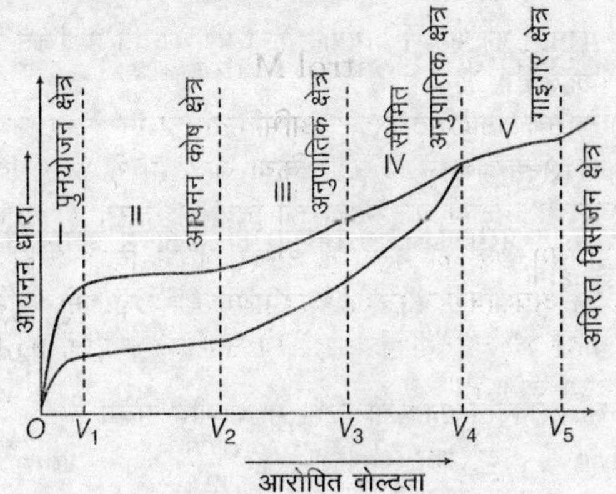

अभ्यास प्रश्न

परमाणु संरचना

1. परमाणु की आमाप (size) की कोटि है
(a) 10^{-8} मी (b) 10^{-10} मी
(c) 10^{-12} मी (d) 10^{-14} मी

2. रदरफोर्ड के α-कण प्रकीर्णन के प्रयोग में जिस बल के कारण α-कण प्रकीर्णित होते हैं, वह बल है
(a) गुरुत्वीय बल (b) नाभिकीय बल
(c) कूलॉमीय बल (d) चुम्बकीय बल

3. यदि रदरफोर्ड प्रयोग में, 90° कोण पर प्रकीर्णित कणों की संख्या 7 प्रति मिनट है तो 60° तथा 120° कोण पर प्रकीर्णित कणों की संख्याएँ होंगी
(a) 112 प्रति मिनट, 12.5 प्रति मिनट
(b) 100 प्रति मिनट, 200 प्रति मिनट
(c) 50 प्रति मिनट, 12.5 प्रति मिनट
(d) 117 प्रति मिनट, 25 प्रति मिनट

4. यदि 90° कोण पर प्रकीर्णित कण 56 हों, तो 60° कोण पर यह होंगे
(a) 224 (b) 256 (c) 98 (d) 108

5. 5 मेगा इलेक्ट्रॉन वोल्ट ऊर्जा का एक एल्फा कण एक स्थिर यूरेनियम नाभिक से 180° के कोण पर प्रकीर्ण होता है। α-कण की नाभिक के निकटतम आने की दूरी का कोटिमान है
(a) 1 Å (b) 10^{-10} सेमी
(c) 10^{-12} सेमी (d) 10^{-15} सेमी

6. हाइड्रोजन परमाणु के बोहर मॉडल के अनुसार स्थायी कक्षा की त्रिज्या जो कि मुख्य क्वाण्टम संख्या n के द्वारा प्रकट होती है, अनुक्रमानुपाती है
(a) n^{-1} (b) n (c) n^{-2} (d) n^2

7. रदरफोर्ड के α-कणों के प्रयोग से यह जानकारी प्राप्त होती है कि अधिकांश α-कण बिना प्रकीर्णन के निकल जाते हैं तथा कुछ अधिक कोण से प्रकीर्णित होते हैं। इसके द्वारा परमाणु संरचना की क्या जानकारी मिलती है?
(a) परमाणु खोखला है
(b) परमाणु का सम्पूर्ण द्रव्यमान केन्द्र पर केन्द्रित है, जिसे नाभिक कहते हैं
(c) नाभिक धनावेशित है
(d) उपरोक्त सभी

8. हाइड्रोजन परमाणु की r त्रिज्या की कक्षा में इलेक्ट्रॉन की गतिज ऊर्जा होगी
(a) $\frac{e^2}{r^2}$ (b) $\frac{e^2}{2r}$ (c) $\frac{e^2}{r}$ (d) $\frac{e^2}{2r^2}$

9. किसी इलेक्ट्रॉन का nवीं कक्षा में कोणीय संवेग है
(a) nh (b) $\frac{h}{2\pi n}$ (c) $\frac{nh}{2\pi}$ (d) $n^2 \frac{h}{2\pi}$

10. तेज गति वाले α-कण पुंज एक पतली सोने की फिल्म पर गिरते हैं। निम्न चित्र में पुंज के आपतित भाग A, B और C के सापेक्ष संचरित व परावर्तित भाग A', B' और C' प्रदर्शित हैं। α-कणों की संख्या

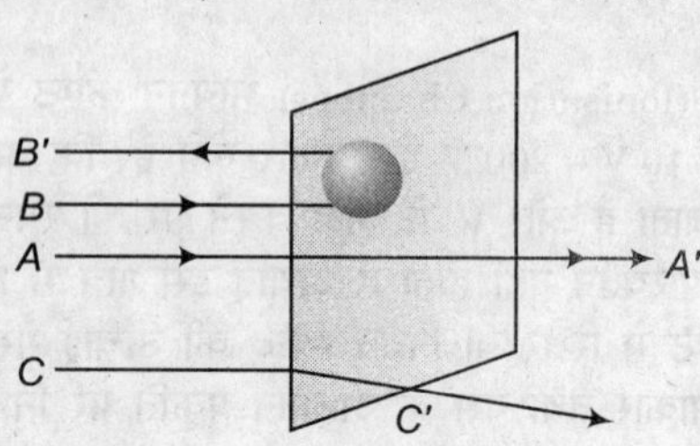

(a) B' में न्यूनतम एवं C' में अधिकतम है
(b) A' में अधिकतम एवं B' में न्यूनतम है
(c) A' में न्यूनतम एवं B' में अधिकतम है
(d) C' में न्यूनतम एवं B' में अधिकतम है

11. बोहर के सिद्धान्तानुसार, परमाणु संख्या Z व मुख्य क्वाण्टम संख्या n द्वारा निर्मित कक्षा में इलेक्ट्रॉन की त्रिज्या समानुपाती है
(a) Z^2n^2 के (b) $\frac{Z^2}{n^2}$ के
(c) $\frac{Z^2}{n}$ के (d) $\frac{n^2}{Z}$ के

12. बोहर के परमाणु में इलेक्ट्रॉन की द्वितीय स्थिर कक्षा की त्रिज्या R है। तीसरी कक्षा की त्रिज्या होगी
(a) $3R$ (b) $2.25R$
(c) $9R$ (d) $\frac{R}{3}$

13. यदि m इलेक्ट्रॉन का द्रव्यमान, इसका वेग v तथा Ze आवेश वाले नाभिक के चारों ओर स्थिर वृत्तीय कक्षा की त्रिज्या r हो, तो बोहर के प्रथम अभिगृहित के अनुसार इलेक्ट्रॉन की गतिज ऊर्जा $K = \frac{1}{2} mv^2$, C.G.S. पद्धति में होगी
(a) $\frac{1}{2} \frac{Ze^2}{r}$ (b) $\frac{1}{2} \frac{Ze^2}{r^2}$
(c) $\frac{Ze^2}{r}$ (d) $\frac{Ze}{r^2}$

14. हाइड्रोजन परमाणु की किसी बोहर कक्षा में इलेक्ट्रॉन की गतिज ऊर्जा का स्थितिज ऊर्जा से अनुपात होता है
(a) $\frac{1}{2}$ (b) 2 (c) $-\frac{1}{2}$ (d) -2

15. हाइड्रोजन परमाणु के बोहर मॉडल में, निम्नतम कक्षा में होती है
(a) अनन्त ऊर्जा (b) अधिकतम ऊर्जा
(c) न्यूनतम ऊर्जा (d) शून्य ऊर्जा

16. बोहर कक्षा में इलेक्ट्रॉन की गतिज ऊर्जा का उसकी कुल ऊर्जा से अनुपात होगा
(a) -1 (b) 2
(c) 1 : 2 (d) इनमें से कोई नहीं

17. रदरफोर्ड के प्रकीर्णन प्रयोग में α प्रकीर्णन स्थिति में संघट्ट प्राचल $b = 0$ के लिए सही कोण होगा४
(a) 90° (b) 270° (c) 0° (d) 180°

18. यदि परमाणु $_{100}\text{Fm}^{257}$ बोहर मॉडल का अनुसरण करता है तथा $_{100}\text{Fm}^{257}$ अन्तिम कक्षा की त्रिज्या, बोहर त्रिज्या की n गुनी है, तब n का मान है
(a) 100 (b) 200
(c) 4 (d) $\frac{1}{4}$

19. किसी परमाणु के नाभिक द्वारा एक साथ प्रकीर्णित समान ऊर्जा के चार α-कणों के पथों को चित्रानुसार प्रदर्शित किया गया है। कौन-सा पथ सम्भव नहीं है?

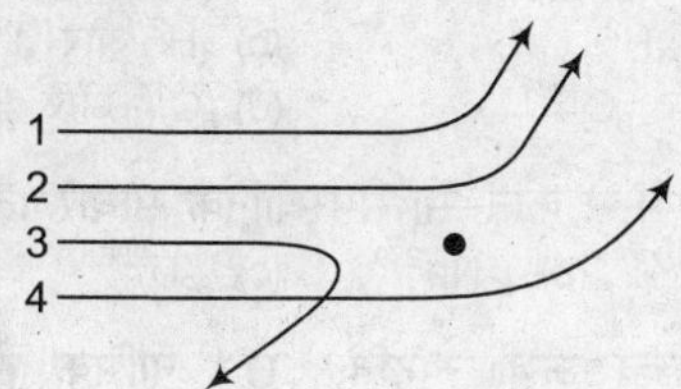

(a) 3 तथा 4 (b) 2 तथा 3
(c) 1 तथा 4 (d) केवल 4

20. बोहर सिद्धान्त के द्वारा एक कक्षा में घूमते हुए इलेक्ट्रॉन की गतिज व स्थितिज ऊर्जा के व्यंजक क्रमश: हैं
(a) $+\frac{e^2}{8\pi\varepsilon_0 r}$ एवं $-\frac{e^2}{4\pi\varepsilon_0 r}$ (b) $+\frac{8\pi\varepsilon_0 e^2}{r}$ एवं $-\frac{4\pi\varepsilon_0 e^2}{r}$
(c) $-\frac{e^2}{8\pi\varepsilon_0 r}$ एवं $-\frac{e^2}{4\pi\varepsilon_0 r}$ (d) $+\frac{e^2}{8\pi\varepsilon_0 r}$ एवं $+\frac{e^2}{4\pi\varepsilon_0 r}$

21. हाइड्रोजन परमाणु के बोहर मॉडल में प्रोटॉन तथा इलेक्ट्रॉन के मध्य कूलाम आकर्षण से अभिकेन्द्रीय बल प्राप्त होता है। यदि भिन्न स्तर कक्ष की त्रिज्या a_0 इलेक्ट्रॉन का द्रव्यमान m एवं इलेक्ट्रॉन पर आवेश e है तथा निर्वात् की विद्युतशीलता ε_0 है, तो इलेक्ट्रॉन की चाल होगी
(a) 0 (b) $\frac{e}{\sqrt{\varepsilon_0 a_0 m}}$
(c) $\frac{e}{\sqrt{4\pi\varepsilon_0 a_0 m}}$ (d) $\frac{\sqrt{4\pi\varepsilon_0 a_0 m}}{e}$

22. बोहर सिद्धान्त के अनुसार हाहड्रोजन परमाणु के द्वितीय कक्ष में गति करते हुये इलेक्ट्रॉन के संवेग का आघूर्ण होगा
(a) $2\pi h$ (b) πh
(c) $\frac{h}{\pi}$ (d) $\frac{2h}{\pi}$

23. परमाणु संरचना को समझाने के लिए बोहर ने उपयोग किया
(a) रेखीय संवेग का संरक्षण
(b) कोणीय सवेग का क्वाण्टीकरण
(c) आवृत्ति का संरक्षण
(d) ऊर्जा का संरक्षण

24. हाइड्रोजन स्पेक्ट्रम की स्पेक्ट्रमी श्रेणी में जो श्रेणी पराबैंगनी क्षेत्र में प्राप्त होती है, कहलाती है
(a) बॉमर श्रेणी (b) फुण्ड श्रेणी
(c) पाश्चन श्रेणी (d) लाइमन श्रेणी

25. निम्नलिखित में से सत्य कथन है
(a) लाइमन श्रेणी एक अवितरत स्पेक्ट्रम है
(b) पाश्चन श्रेणी अवरक्त क्षेत्र में रेखीय स्पेक्ट्रम है
(c) बॉमर श्रेणी पराबैंगनी क्षेत्र में रेखीय स्पेक्ट्रम है
(d) हाइड्रोजन परमाणु के रदरफोर्ड मॉडल से विभिन्न स्पेक्ट्रमी श्रेणियों की व्याख्या कर सकते हैं

26. हाइड्रोजन परमाणु के प्रथम एवं चतुर्थ ऊर्जा स्तरों के बीच अवशोषण संक्रमणों की संख्या 3 है। इनके बीच उत्सर्जन संक्रमणों की संख्या होगी
(a) 3 (b) 4
(c) 5 (d) 6

27. रिडबर्ग स्थिरांक R के पदों में प्रथम बॉमर रेखा की तरंग संख्या है
(a) R (b) $\frac{3R}{4}$ (c) $\frac{5R}{36}$ (d) $\frac{8R}{9}$

28. यदि R रिडबर्ग नियतांक हो, तो हाइड्रोजन के लिए लाइमन श्रेणी में प्रथम रेखा की तरंग संख्या होगी
(a) $\frac{R}{4}$ (b) $\frac{3R}{4}$ (c) $\frac{R}{2}$ (d) $2R$

29. बॉमर श्रेणी की प्रथम रेखा की तरंगदैर्ध्य 6563 Å है, लाइमन श्रेणी की प्रथम रेखा की तरंगदैर्ध्य होगी
(a) 1215.4 Å (b) 2500 Å
(c) 7500 Å (d) 600 Å

30. यदि $\lambda_{max} = 6563$ Å हो, तो बॉमर श्रेणी के लिए द्वितीय रेखा की तरंगदैर्ध्य होगी
(a) $\lambda = \frac{16}{3R}$ (b) $\lambda = \frac{36}{5R}$
(c) $\lambda = \frac{4}{3R}$ (d) इनमें से कोई नहीं

31. हाइड्रोजन के उत्सर्जन वर्णक्रम में प्राप्त पाँचों वर्णक्रम श्रेणियों में सबसे बड़ी तथा सबसे छोटी तरंगदैर्ध्य का अनुपात है
(a) $\frac{4}{3}$ (b) $\frac{525}{376}$ (c) 25 (d) $\frac{900}{11}$

32. हाइड्रोजन स्पेक्ट्रम की प्रत्येक श्रेणी में तरंगदैर्ध्य की ऊपरी तथा निम्न सीमाएँ होती हैं स्पेक्ट्रमी श्रेणी जिसकी तरंगदैर्ध्य की ऊपरी सीमा 18752 Å है, वह होगी
(a) बॉमर श्रेणी (b) लाइमन श्रेणी
(c) पाश्चन श्रेणी (d) फुण्ड श्रेणी

33. हाइड्रोजन परमाणु में एक इलेक्ट्रॉन का कक्ष $n = 4$ से कक्षा $n = 2$ में संक्रमण होता है। उत्सर्जित विकिरण की तरंग संख्या (जबकि R = रिडबर्ग नियतांक) होगी
(a) $\frac{16}{3R}$ (b) $\frac{2R}{16}$ (c) $\frac{3R}{16}$ (d) $\frac{4R}{16}$

34. हाइड्रोजन के उत्सर्जन तर्णक्रम में प्राप्त पाँचों बर्णक्रम श्रेणियों में सबसे बड़ी तथा सबसे छोटी तरंगदैर्ध्य का अनुपात है
(a) $\frac{4}{3}$ (b) $\frac{525}{376}$ (c) 25 (d) $\frac{900}{11}$

35. हाइड्रोजन परमाणु जब $n = 4$ ऊर्जा स्तर से $n = 2$ स्तर में संक्रमण करता है तो नीला प्रकाश उत्सर्जित होता है। यदि यह $n = 5$ स्तर से $n = 2$ स्तर में करता है तब कौन-सा प्रकाश उत्सर्जित होगा?
(a) लाल (b) पीला (c) हरा (d) बैंगनी

नाभिक की संरचना

36. नाभिक की द्रव्यमान संख्या
(a) सदैव परमाणु संख्या से कम होती है
(b) सदैव परमाणु संख्या से अधिक रहती है
(c) सदैव परमाणु संख्या के समान होती है
(d) कभी परमाणु संख्या से अधिक, कभी समान होती है

37. नाभिकीय बल प्रभावी होने के लिए दूरी की कोटि है
(a) 10^{-10} मी (b) 10^{-13} मी
(c) 10^{-15} मी (d) 10^{-20} मी

38. निम्नलिखित में से कौन-से युग्म समभारिक हैं?
(a) $_1H^1$ और $_1H^2$ (b) $_1H^2$ और $_1H^3$
(c) $_6C^{12}$ और $_6C^{13}$ (d) $_{15}P^{30}$ और $_{14}Si^{30}$

39. एक परमाणु जिसका परमाणु द्रव्यमान 24 है। इसके नाभिक में होते हैं
(a) 11 इलेक्ट्रॉन, 11 प्रोटॉन एवं 13 न्यूट्रॉन
(b) 11 इलेक्ट्रॉन, 13 प्रोटॉन एवं 11 न्यूट्रॉन
(c) 11 प्रोटॉन एवं 13 न्यूट्रॉन
(d) 11 प्रोटॉन एवं 13 इलेक्ट्रॉन

40. प्रति न्यूक्लिऑन द्रव्यमान क्षय कहलाता है
(a) बन्धन ऊर्जा (b) संकुलन गुणांक
(c) आयनन ऊर्जा (d) उत्तेजन ऊर्जा

41. समस्थानिक वे परमाणु होते हैं जिनमें
(a) प्रोटॉनों की संख्या समान किन्तु न्यूट्रॉनों की संख्या असमान होती है
(b) न्यूट्रॉनों की संख्या समान किन्तु प्रोटॉनों की संख्या असमान होती है
(c) प्रोटॉनों तथा न्यूट्रॉनों की संख्या समान होती है
(d) उपरोक्त में से कोई नहीं

42. नाभिकीय बल होते हैं
(a) लघु परासीय, आकर्षी एवं आवेश पर निर्भर नहीं
(b) लघु परासीय, आकर्षी एवं आवेश पर निर्भर
(c) दीर्घ परासीय, प्रतिकर्षी एवं आवेश पर निर्भर नहीं
(d) दीर्घ परासीय, प्रतिकर्षी एवं आवेश पर निर्भर

43. नाभिक की परमाणु संख्या Z है एवं परमाणु द्रव्यमान M है। न्यूट्रॉन की संख्या है
(a) $M - Z$ (b) M
(c) Z (d) $M + Z$

44. स्थाई नाभिक के लिए, न्यूट्रॉन संख्या N तथा प्रोटॉन संख्या Z के बीच सही सम्बन्ध है
(a) $N > Z$ (b) $N = Z$
(c) $N < Z$ (d) $N \geq Z$

45. M_n तथा M_p क्रमशः न्यूट्रॉन तथा प्रोटॉन के द्रव्यमानों को प्रदर्शित करते हैं। यदि किसी तत्व का परमाणु द्रव्यमान M तथा इसमें N-न्यूट्रॉन व Z-प्रोटॉन हों, तो सही सम्बन्ध होगा
(a) $M < [NM_n + ZM_p]$ (b) $M > [NM_n + ZM_p]$
(c) $M = [NM_n + ZM_p]$ (d) $M = N[M_n + M_p]$

46. A द्रव्यमान संख्या के नाभिक की त्रिज्या अनुक्रमानुपाती है
(a) A^3 (b) A (c) $A^{2/3}$ (d) $A^{1/3}$

47. $_ZX^A$ नाभिक, न्यूट्रॉन एवं प्रोटॉन के द्रव्यमान क्रमशः m, m_n तथा m_p हैं, तब
(a) $m < (A - Z)m_n + Zm_p$ (b) $m = (A - Z)m_n + Zm_p$
(c) $m = (A - Z)m_p + Zm_n$ (d) $m > (A - Z)m_n + Zm_p$

48. इलेक्ट्रॉन की विराम ऊर्जा है
(a) 1 मेगा इलेक्ट्रॉन-वोल्ट (b) 930 मेगा इलेक्ट्रॉन-वोल्ट
(c) 0.053 मेगा इलेक्ट्रॉन-वोल्ट (d) इनमें से कोई नहीं

49. तापीय न्यूट्रॉन की औसत गतिज ऊर्जा होगी
(a) 0.03 इलेक्ट्रॉन-वोल्ट (b) 3 इलेक्ट्रॉन-वोल्ट
(c) 3 किलो इलेक्ट्रॉन-वोल्ट (d) 3 मेगा इलेक्ट्रॉन-वोल्ट

50. निम्नलिखित में से कौन-से युग्म समभारिक हैं?
(a) $_1H^1$ और $_1H^2$ (b) $_1H^2$ और $_1H^3$
(c) $_6C^{12}$ और $_6C^{13}$ (d) $_6C^{14}$ और $_7N^{14}$

51. निम्नलिखित में से कौन-सा समस्थानिक साधारणतः विखण्डनीय है?
(a) $_{92}U^{238}$ (b) $_{92}Np^{239}$ (c) $_{92}U^{235}$ (d) $_2He^4$

52. जब एक उच्च ऊर्जा न्यूट्रॉन, $_7U^{14}$ नाभिक से टकराकर $_6U^{14}$ नाभिक बनाता है तो इसके साथ उत्सर्जित कण हैं
(a) फोटॉन (b) प्रोटॉन
(c) पॉजिट्रॉन (d) इलेक्ट्रॉन

53. विराम में स्थित एक भारी नाभिक दो टुकड़ों में टूट जाता है। ये टुकड़े 8 : 1 के वेग से गतिमान हो जाते हैं, तो टुकड़ों की त्रिज्याओं का अनुपात होगा
(a) 1 : 2 (b) 1 : 4 (c) 4 : 1 (d) 2 : 1

54. एक ताप-नाभिकीय अभिक्रिया में 1 ग्राम हाइड्रोजन 0.993 ग्राम हीलियम में बदलता है, तो मुक्त ऊर्जा होगी
(a) 63×10^7 जूल (b) 63×10^{10} जूल
(c) 63×10^{14} जूल (d) 63×10^{20} जूल

55. किसी नाभिकीय अभिक्रिया में द्रव्यमान-क्षति 0.3 ग्राम है। तब मुक्त ऊर्जा की मात्रा किलोवाट घण्टे में है (प्रकाश का वेग $= 3 \times 10^8$ मी/से)
(a) 1.5×10^6 (b) 2.5×10^6
(c) 3×10^6 (d) 7.5×10^6

56. निम्न नाभिकीय अभिक्रिया में Z और A के क्रमशः मान होंगे
$$_{92}U^{235} + {_0n^1} \longrightarrow {_{51}Xe^{140}} + {_ZSr^A} + 2{_0n^1} + \text{फोटॉन}$$
(a) $Z = 39, A = 92$ (b) $Z = 37, A = 93$
(c) $Z = 38, A = 95$ (d) $Z = 41, A = 94$

57. निम्नलिखित में से संलयन प्रक्रिया कौन-सी है?
(a) $_1H^2 + {_1H^2} \longrightarrow {_2He^4}$
(b) $_0n^1 + {_7N^{14}} \longrightarrow {_6C^{14}} + {_1H^1}$
(c) $_0n^1 + {_{92}U^{238}} \longrightarrow {_{93}Np^{239}} + \beta + \gamma$
(d) $_1H^3 \longrightarrow {_2He^3} + \beta + \gamma$

58. निम्नलिखित में से कौन-सा कथन सत्य है?
(a) $_{78}Pt^{912}$ में 78 न्यूट्रॉन हैं
(b) $_{84}Po^{214} \longrightarrow {_{82}Pb^{210}} + \beta^-$
(c) $_{92}U^{238} \longrightarrow {_{90}Th^{234}} + {_2He^4}$
(d) $_{90}Th^{234} \longrightarrow {_{91}Pa^{234}} + {_2He^4}$

59. 3.2 मेगावाट शक्ति उत्पन्न करने के लिए प्रति मिनट U^{235} के विखण्डनों की संख्या होगी (प्रति विखण्डन मुक्त ऊर्जा = 200 मेगा इलेक्ट्रॉन-वोल्ट, 1 इलेक्ट्रॉन वोल्ट = 1.6×10^{-19} जूल)।
(a) 6×10^{18} (b) 6×10^{17}
(c) 10^{17} (d) 6×10^{16}

60. O^{16} की प्रति न्यूक्लिऑन बन्धन ऊर्जा 7.97 मेगा इलेक्ट्रॉन-वोल्ट है और O^{17} की 7.75 मेगा इलेक्ट्रॉन-वोल्ट है। O^{17} से एक न्यूट्रॉन हटाने के लिए आवश्यक ऊर्जा मेगा इलेक्ट्रॉन-वोल्ट में है
(a) 3.52 (b) 3.64 (c) 4.23 (d) 7.86

61. ड्यूटीरियम तथा हीलियम परमाणु की प्रति यूक्लिऑन बन्धन ऊर्जा 1.1 मेगा इलेक्ट्रॉन-वोल्ट तथा 7.0 मेगा इलेक्ट्रॉन-वोल्ट है। यदि दो ड्यूटीरियम नाभिक, हीलियम परमाणु के निर्माण के लिए संलयित होते हैं, तो उत्पन्न ऊर्जा है
(a) 19.2 मेगा इलेक्ट्रॉन-वोल्ट (b) 23.6 मेगा इलेक्ट्रॉन-वोल्ट
(c) 26.9 मेगा इलेक्ट्रॉन-वोल्ट (d) 13.9 मेगा इलेक्ट्रॉन-वोल्ट

62. एकल $_{92}U^{235}$ के नाभिक के विखण्डन में मुक्त ऊर्जा 200 मेगा इलेक्ट्रॉन-वोल्ट है। $_{92}U^{235}$ के ईंधन रिएक्टर जोकि 5 वाट के शक्ति स्तर पर कार्य करता है कि विखण्डन दर क्या होगी?
(a) 1.56×10^{10} सेकण्ड$^{-1}$ (b) 1.56×10^{11} सेकण्ड$^{-1}$
(c) 1.56×10^{16} सेकण्ड$^{-1}$ (d) 1.56×10^{17} सेकण्ड$^{-1}$

रेडियोऐक्टिव विघटन

63. रेडियोऐक्टिव नाभिक उत्सर्जित कर सकता है
(a) α, β अथवा γ कोई भी केवल एक कण
(b) α, β अथवा γ तीनों क्रम में एक के बाद एक
(c) α, β अथवा γ तीनों एक साथ
(d) केवल α और β एक साथ

64. किसी रेडियोऐक्टिव क्षय में न तो परमाणु क्रमांक बदलता है और न ही द्रव्यमान संख्या। क्षय प्रक्रिया में, निम्न में से क्या उत्सर्जित होगा?
(a) प्रोटॉन (b) न्यूट्रॉन (c) इलेक्ट्रॉन (d) फोटॉन

65. $_{92}U^{238}$ नाभिक रेडियोऐक्टिव क्षय के फलस्वरूप $_{91}Pa^{234}$ में परिवर्तित हो जाता है। इस क्षय के दौरान उत्सर्जित कण होंगे
(a) एक प्रोटॉन और एक न्यूट्रॉन
(b) एक प्रोटॉन और दो α-कण
(c) एक α-कण और एक β-कण
(d) दो β-कण और एक प्रोटॉन

66. α-कण निम्नलिखित परमाणु का नाभिक होता है
(a) नियॉन (b) हाइड्रोजन
(c) हीलियम (d) ड्यूटीरियम

67. यदि एक रेडियोऐक्टिव नमूने की अर्द्ध-आयु 10 घण्टे है, तो उसकी औसत-आयु होगी
(a) 14.4 घण्टे (b) 7.2 घण्टे
(c) 20 घण्टे (d) 45 घण्टे

68. रेडियम का क्षय नियतांक λ है। उचित प्रक्रिया द्वारा इसका यौगिक रेडियम ब्रोमाइड प्राप्त किया जाता है। रेडियम ब्रोमाइड का क्षय नियतांक होगा
(a) λ (b) λ से अधिक
(c) λ से कम (d) शून्य

69. एक रेडियो आइसोटोप की अर्द्ध-आयु 5 वर्ष है। 15 वर्षों में इस पदार्थ का कितना अंश क्षय होगा?
(a) 1 (b) $\frac{3}{4}$ (c) $\frac{7}{8}$ (d) $\frac{1}{8}$

70. एक रेडियोऐक्टिव तत्व के N परमाणुओं द्वारा n एल्फा कण उत्सर्जित होते हैं। तत्व की अर्द्ध-आयु है
(a) $\frac{n}{N}$ सेकण्ड (b) $\frac{N}{n}$ सेकण्ड
(c) $\frac{0.693N}{n}$ सेकण्ड (d) $\frac{0.639n}{N}$ सेकण्ड

71. एक रेडियोऐक्टिव पदार्थ उत्सर्जित करता है
(a) विद्युत चुम्बकीय विकिरण व आवेशित कण
(b) नाभिक के प्रति परिक्रमा करते हुए इलेक्ट्रॉन
(c) आवेशित कण
(d) उदासीन कण

72. निम्न नाभिकीय अभिक्रिया में M दर्शाता है

$$_2He^4 + {}_ZX^A \longrightarrow {}_{Z+2}Y^{A+3} + M$$

(a) इलेक्ट्रॉन (b) पॉजिट्रॉन
(c) प्रोटॉन (d) न्यूट्रॉन

73. एक रेडियोधर्मी तत्व की औसत-आयु के दौरान विघटित भाग है
(a) e (b) $\frac{1}{e}$ (c) $\frac{e-1}{e}$ (d) $\frac{e}{e-1}$

74. रेडियोधर्मी तत्व X की अर्द्ध-आयु रेडियोधर्मी तत्व Y की माध्य-आयु के बराबर है। प्रारम्भ में दोनों तरह के परमाणुओं की संख्या बराबर है तब
(a) X और Y की क्षय-दर प्रारम्भ में बराबर होगी
(b) X और Y की क्षय-दर सदैव बराबर होगी
(c) Y का क्षय X से अधिक तेजी से होगा
(d) X का क्षय Y से अधिक तेजी से होगा

75. किसी रेडियोधर्मी पदार्थ की औसत आयु 5 घण्टे है। 5 घण्टे में
(a) सक्रिय नाभिकों का आधा भाग क्षय हो जाएगा
(b) सक्रिय नाभिकों के आधे से कम भाग क्षय होगा
(c) सक्रिय नाभिकों के आधे से अधिक भाग क्षय होगा
(d) सभी सक्रिय नाभिक क्षय हो जायेंगे

76. 60 सेकण्ड में किसी तत्व की रेडियो सक्रियता प्रारम्भिक मान की $\frac{1}{64}$ गुनी हो जाती है। तत्व का अर्द्ध-आयु काल है
(a) 5 सेकण्ड (b) 10 सेकण्ड
(c) 20 सेकण्ड (d) 30 सेकण्ड

77. रेडॉन का अर्द्ध-आयु काल 3.8 दिन है। रेडॉन का तीन-चौथाई भाग कितने दिन में क्षय होगा?
(a) 12 दिन (b) 15.2 दिन (c) 7.6 दिन (d) 11.4 दिन

78. एक रेटियोऐक्टिव प्रतिदर्श की सक्रियता 64×10^{-5} क्यूरी तथा अर्द्ध-आयु 3 दिन है, कितने दिन पश्चात् इसकी सक्रियता 5×10^{-6} हो जाएगी?
(a) 12 दिन (b) 7 दिन (c) 18 दिन (d) 21 दिन

79. किसी रेडियोऐक्टिव पदार्थ का 10% क्षय 5 दिन में होता है, तो 20 दिन पश्चात् प्रारम्भिक पदार्थ का शेष रहेगा लगभग
(a) 60% (b) 65% (c) 70% (d) 75%

80. रेडियोधर्मी क्षय $_{90}X^{200} \longrightarrow {}_{80}Y^{168}$ में उत्सर्जित α और β-कणों की क्रमानुसार संख्याएँ होंगी

(a) 6 और 8 (b) 8 और 8
(c) 6 और 6 (d) 8 और 6

81. एक रेडियोऐक्टिव नाभिक का क्षय निम्न प्रकार से होता है

$$A \xrightarrow{\alpha} A_1 \xrightarrow{\beta} A_2 \xrightarrow{\alpha} A_3 \xrightarrow{\gamma} A_4$$

यदि A की द्रव्यमान संख्या व परमाणु संख्या क्रमश: 180 व 72 हैं, तो A_4 के लिए यह मान होंगे क्रमश:

(a) 172 और 69 (b) 174 और 70
(c) 176 और 69 (d) 176 और 70

82. रेडियोऐक्टिव आइसोटोप $_{88}\text{Ra}^{238}$ के श्रेणीक्रम में क्षय होते समय तीन α-कण तथा एक β-कण निकलते हैं। अन्त में प्राप्त होने वाला आइसोटोप है

(a) $_{84}X^{220}$ (b) $_{86}X^{222}$ (c) $_{83}X^{226}$ (d) $_{83}X^{215}$

83. एक तत्व A का दो चरणों में दूसरे तत्व C में क्षय होता है, तो

$$A \longrightarrow B + {}_2\text{He}^4$$
$$B \longrightarrow C + 2e^-$$

(a) A और C समस्थानिक हैं (b) A और C समभारिक हैं
(c) A और B समस्थानिक हैं (d) A और B समभारिक हैं

84. किसी पदार्थ के α-कण उत्सर्जन के लिए औसत आयु 1620 वर्ष है एवं β-कण उत्सर्जन के लिए 405 वर्ष है। α तथा β-कण उत्सर्जन के कितने समय पश्चात् एक-चौथाई पदार्थ शेष रहेगा?

(a) 1500 वर्ष (b) 300 वर्ष
(c) 449 वर्ष (d) 810 वर्ष

85. एक रेडियोधर्मी नाभिक, जिसमें Z-प्रोटॉन तथा कुल N न्यूक्लिऑन हैं, एक α-कण, 2β-कण तथा 2γ-कण उत्सर्जित करता है। क्षय होने के पश्चात् नाभिक में बचे हुये प्रोटॉनों तथा न्यूट्रॉनों की संख्या क्रमश: है

(a) $Z-3, N-1$ (b) $Z-2, N-2$
(c) $Z-1, N-3$ (d) $Z, N-4$

86. एक रेडियोएक्टिव तत्व के एक नमूने की अर्द्ध-आयु 1 घण्टा है। समय $t=0$ पर इसमें 8×10^{10} अणु उपस्थित हैं। $t=2$ घण्टे से $t=4$ घण्टे की अवधि में विघटित होने वाले अणुओं की संख्या होगी

(a) 2×10^{10} (b) 1.5×10^{10}
(c) शून्य (d) 4×10^{10}

87. आइसोटोप $_{11}\text{Na}^{24}$ की अर्द्ध-आयु 15 घण्टे है। इस आइसोटोप के एक नमूने के $\frac{7}{8}$ भाग के क्षय होने के लिए कितना समय लगेगा?

(a) 75 घण्टे (b) 65 घण्टे
(c) 55 घण्टे (d) 45 घण्टे

88. $_{80}\text{Po}^{206}$ का क्षय नियतांक λ है। इसकी अर्द्ध-आयु तथा माध्य आयु क्रमश: है

(a) $\frac{1}{\lambda}$ तथा $\frac{\log_e 2}{\lambda}$ (b) $\frac{\log_e 2}{\lambda}$ तथा $\frac{1}{\lambda}$
(c) $\lambda \log_e 2$ तथा $\frac{1}{\lambda}$ (d) $\frac{1}{\lambda}$ तथा $\lambda \log_e 2$

89. एक रेडियोधर्मी स्रोत की गणना दर $t=0$ सेकण्ड पर 1600 प्रति सेकण्ड पाई गयी और $t=8$ सेकण्ड पर यह 100 गणना प्रति सेकण्ड थी। $t=6$ सेकण्ड पर पाई जाने वाली गणना दर, गणना प्रति सेकण्ड में होगी

(a) 400 (b) 300
(c) 200 (d) 150

90. एक रेडियोधर्मी पदार्थ की अर्द्ध-आयु 20 मिनट है। 20% तथा 80% क्षय के बीच समय होगा

(a) 20 मिनट (b) 40 मिनट (c) 30 मिनट (d) 25 मिनट

91. किसी निश्चित समय पर रेडियोऐक्टिव तत्व की विघटन दर 10^3 विघटन/से थी। यदि तत्व की अर्द्ध-आयु 1 सेकण्ड है, तो 3 सेकण्ड पश्चात् विघटन दर होगी

(a) 1000 (b) 250 (c) $\frac{1000}{3}$ (d) 125

92. किसी रेडियोधर्मी प्रतिदर्श का अर्द्ध-आयु काल 5 वर्ष है। 10 वर्ष में क्षय होने की प्रायिकता होगी

(a) 100% (b) 75% (c) 50% (d) 25%

93. एक रेडियोधर्मी पदार्थ की अर्द्ध-आयु 20 मिनट है उन समय बिन्दुओं का अन्तर क्या है जब वह क्रमश: 33% व 67% विघटित होता है?

(a) 10 मिनट (b) 20 मिनट (c) 30 मिनट (d) 40 मिनट

94. किसी प्रतिदर्श की सक्रियता 64×10^{-5} क्यूरी है। इसकी अर्द्ध-आयु 3 दिन है, कितने दिन बाद सक्रियता 5×10^{-6} क्यूरी हो जाएगी?

(a) 12 दिन (b) 7 दिन
(c) 18 दिन (d) 21 दिन

95. रैखिक त्वरित्र में nवीं नलिका की लम्बाई L_n के लिए सत्य स्थिति है

(a) $L_n \propto \frac{1}{n}$ (b) $L_n \propto n$
(c) $L_n \propto \sqrt{n}$ (d) $L_n \propto n^2$

96. रैखिक त्वरित्र की nवीं नलिका की लम्बाई के लिए व्यंजक है

(a) $L_n = \frac{T}{2}\sqrt{\frac{2neV}{m}}$ (b) $L_n = \frac{1}{2f}\sqrt{\frac{2neV}{m}}$
(c) $L_n = \frac{\lambda}{2}\sqrt{\frac{2neV}{mc^2}}$ (d) ये सभी

97. संसूचक में धातु की बेलनाकार नली किसका काम करती है?

(a) कैथोड का (b) आयन स्रोत का
(c) ऐनोड का (d) इनमें से कोई नहीं

98. गाइगर-मूलर गणित्र में प्लेटो वक्र का ढाल होता हैं

(a) $S = \frac{n_2 - n_1}{N_{av}} \times \frac{100}{V_2 - V_1} \times 100$

(b) $S = \frac{n_2 - n_1}{V_2 - V_1} \times 100\%$ प्रति 100 वोल्ट

(c) $S = \frac{V_2 - V_1}{(n_2 - n_1)} \times \frac{100}{N_{av}} \times 100\%$ प्रति 100

(d) $S = \frac{V_2 - V_1}{n_2 - n_1} \times 100\%$ प्रति 100 वोल्ट

उत्तरमाला

1.	(b)	2.	(c)	3.	(a)	4.	(a)	5.	(c)	6.	(d)	7.	(d)	8.	(b)	9.	(c)	10.	(b)
11.	(d)	12.	(b)	13.	(a)	14.	(c)	15.	(c)	16.	(a)	17.	(d)	18.	(d)	19.	(d)	20.	(a)
21.	(c)	22.	(c)	23.	(b)	24.	(d)	25.	(b)	26.	(d)	27.	(c)	28.	(b)	29.	(a)	30.	(a)
31.	(d)	32.	(c)	33.	(c)	34.	(d)	35.	(d)	36.	(d)	37.	(c)	38.	(d)	39.	(c)	40.	(b)
41.	(a)	42.	(a)	43.	(a)	44.	(d)	45.	(a)	46.	(d)	47.	(a)	48.	(d)	49.	(a)	50.	(d)
51.	(a)	52.	(b)	53.	(a)	54.	(b)	55.	(d)	56.	(d)	57.	(a)	58.	(c)	59.	(a)	60.	(c)
61.	(b)	62.	(b)	63.	(a)	64.	(d)	65.	(c)	66.	(c)	67.	(a)	68.	(a)	69.	(c)	70.	(c)
71.	(a)	72.	(d)	73.	(c)	74.	(c)	75.	(c)	76.	(b)	77.	(c)	78.	(d)	79.	(b)	80.	(d)
81.	(a)	82.	(c)	83.	(a)	84.	(c)	85.	(d)	86.	(b)	87.	(d)	88.	(b)	89.	(c)	90.	(b)
91.	(d)	92.	(b)	93.	(b)	94.	(d)	95.	(c)	96.	(d)	97.	(a)	98.	(a)				

उत्तर व्याख्या सहित

1. एक परमाणु के आकार का क्रम $1\ \text{Å} = 10^{-10}$ मी होता है।

2. α-कण प्रकीर्णन कूलॉमीय बल के कारण होता है।

3. प्रकीर्णित कणों की संख्या, $N \propto \left[\dfrac{1}{\sin^4 \dfrac{\theta}{2}}\right]$

$$N_1 = 7 \times \frac{1}{(\sin 30°)^4} = 112 \text{ प्रति मिनट}$$

$$N_2 = 7 \times \frac{1}{(\sin 60°)^4}$$

$$= 12.5 \text{ प्रति मिनट}$$

4. $N \propto \dfrac{1}{\sin^4\left(\dfrac{\theta}{2}\right)} \Rightarrow \dfrac{N_2}{N_1} = \left[\dfrac{\sin\left(\dfrac{\theta_1}{2}\right)}{\sin\left(\dfrac{\theta_2}{2}\right)}\right]^4$

या $$\frac{N_2}{N_1} = \left[\frac{\sin \dfrac{90°}{2}}{\sin \dfrac{60°}{2}}\right]^4$$

या $$N_2 = (\sqrt{2})^4 \times N_1$$

$$= 4 \times 56 = 224$$

5. गतिज ऊर्जा = स्थितिज ऊर्जा

या $$5 \times 10^6 \times 1.6 \times 10^{-19} = \frac{1}{4\pi\varepsilon_0}\frac{(Ze)(2e)}{r}$$

यूरेनियम के लिए, $Z = 92$,

$\therefore$ निकटतम उपगमन की दूरी $r = 5.3 \times 10^{-12}$ सेमी।

6. बोहर त्रिज्या, $r = \dfrac{\varepsilon_0 n^2 h^2}{\pi Z m e^2}$

$\Rightarrow$ $$r \propto n^2$$

7. रदरफोर्ड के α-कणों के प्रकीर्णन प्रयोग से ज्ञात होता है कि परमाणु का अधिकांश भाग खोखला है। इसका समस्त धनावेश तथा लगभग समस्त द्रव्यमान इसके केन्द्र पर केन्द्रित रहता है जिसे नाभिक कहते हैं।

8. हाइड्रोजन परमाणु की r त्रिज्या की nवीं कक्षा में उपस्थित इलेक्ट्रॉन की स्थितिज ऊर्जा $U = -\dfrac{e^2}{r}$ (CGS में)

$\because$ $$\text{KE} = \frac{1}{2}|\text{PE}| \Rightarrow K = \frac{e^2}{2r}$$

9. बोहर के द्वितीय अभिगृहीत के अनुसार,

nवीं कक्षा में कोणीय संवेग $= \dfrac{nh}{2\pi}$

11. $r = \dfrac{\varepsilon_0 n^2 h^2}{\pi Z m e^2}; \Rightarrow r \propto \dfrac{n^2}{Z}$

12. $r \propto n^2 \Rightarrow \dfrac{r_{(n=2)}}{r_{(n=3)}} = \dfrac{4}{9} \Rightarrow r_{(n=3)} = \dfrac{9}{4}R = 2.25\,R$

13. इलेक्ट्रॉन के परिक्रमण के लिए कूलॉम बल आवश्यक अभिकेन्द्रीय बल प्रदान करता है

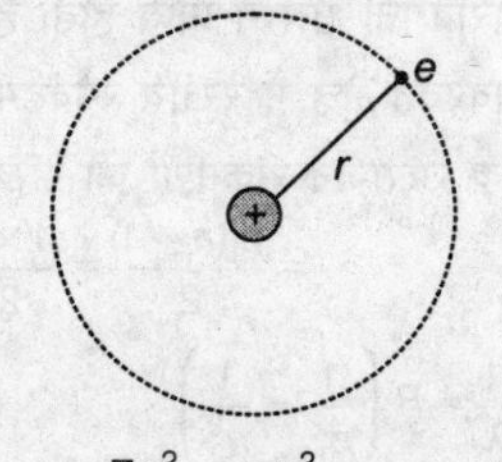

$\Rightarrow$ $$\frac{Ze^2}{r^2} = \frac{mv^2}{r} \Rightarrow mv^2 = \frac{Ze^2}{r}$$

$\therefore$ $$\text{KE} = \frac{1}{2}mv^2 = \frac{Ze^2}{2r}$$

14. गतिज ऊर्जा, $\text{KE} = \dfrac{k\,Ze^2}{2r}$

एवं स्थितिज ऊर्जा, $\text{PE} = -\dfrac{k\,Ze^2}{r}$

$\therefore$ गतिज तथा स्थितिज ऊर्जाओं में अनुपात, $\dfrac{\text{KE}}{\text{PE}} = -\dfrac{1}{2}$

15. हाइड्रोजन परमाणु में निम्नतम कक्षा ($n = 1$) न्यूनतम ऊर्जा (– 13.6 इलेक्ट्रॉन वोल्ट) रखती है।

16. बोहर कक्षा में,

इलेक्ट्रॉन की गतिज ऊर्जा = – इलेक्ट्रॉन की कुल ऊर्जा

17. संघट्ट प्राचल, $b \propto \cot \dfrac{\theta}{2}$

यहाँ $b = 0$ अतः $\theta = 180°$

18. $r_m = \left(\frac{m^2}{Z}\right)(0.53 \text{ Å}) = (n \times 0.53) \text{ Å}$

$$\therefore \quad \frac{m^2}{Z} = n$$

$_{100}Fm^{257}$ के लिए, $m = 5, Z = 100$

$$n = \frac{(5)^2}{100} = \frac{1}{4}$$

20. घूमते हुए इलेक्ट्रॉन की स्थितिज ऊर्जा,

$$PE = -\frac{ke^2}{r} = -\frac{e^2}{4\pi\varepsilon_0 r}$$

तथा गतिज ऊर्जा, $KE = -\frac{1}{2}(PE) = \frac{e^2}{8\pi\varepsilon_0 r}$

21. $\frac{mv^2}{a_0} = \frac{1}{4\pi\varepsilon_0}\frac{e^2}{a_0^2}$

⇒ इलेक्ट्रॉन की चाल, $v = \frac{e}{\sqrt{4\pi\varepsilon_0 a_0 m}}$

22. कोणीय संवेग, $L = n\left(\frac{h}{2\pi}\right)$

दी गयी स्थिति में $n = 2$, अतः $L = 2 \times \frac{h}{2\pi} = \frac{h}{\pi}$

23. बोहर ने परमाणु संरचना को समझाने के लिए कोणीय संवेग के क्वाण्टीकरण का उपयोग किया। बोहर के अनुसार इलेक्ट्रॉन, नाभिक के चारों ओर केवल उन्हीं कक्षाओं में परिक्रमण करते हैं जिनका कोणीय संवेग $\frac{h}{2\pi}$ या इसके सरल गुणक हो।

24. लाइमन श्रेणी, पराबैंगनी क्षेत्र में प्राप्त होती है।

25. पाश्चन श्रेणी, अवरक्त क्षेत्र में रेखीय स्पेक्ट्रम है।

26. n कक्षाओं के बीच उत्सर्जन संक्रमणों की संख्या

$$= \frac{n(n-1)}{2} = \frac{4 \times 3}{2} = 6$$

27. तरंग संख्या $= \frac{1}{\lambda} = R\left(\frac{1}{n_1^2} - \frac{1}{n_2^2}\right)$

प्रथम बामर रेखा के लिए, $n_1 = 2, n_2 = 3$

$\therefore$ तरंग संख्या $= R\left(\frac{1}{2^2} - \frac{1}{3^2}\right) = R\left(\frac{9-4}{9 \times 4}\right) = \frac{5R}{36}$

28. लाइमन श्रेणी की प्रथम रेखा की तरंग संख्या,

$$\bar{v} = \frac{1}{\lambda} = R\left[\frac{1}{(1)^2} - \frac{1}{(2)^2}\right] = \frac{3R}{4}$$

29. बामर श्रेणी के लिए,

$$\frac{1}{\lambda_B} = R\left[\frac{1}{2^2} - \frac{1}{3^3}\right] = \frac{5R}{36}$$

एवं लाइमन श्रेणी के लिए,

$$\frac{1}{\lambda_L} = R\left[\frac{1}{1^2} - \frac{1}{2^2}\right] = \frac{3R}{4}$$

$$\therefore \quad \lambda_L = \lambda_B \times \frac{5}{27} = 1215.4 \text{ Å}$$

30. बामर श्रेणी में,

$$\frac{1}{\lambda} = R\left(\frac{1}{2^2} - \frac{1}{n^2}\right),$$

जहाँ $n = 3, 4, 5$

द्वितीय रेखा के लिए, $n = 4$

$$\therefore \quad \frac{1}{\lambda} = R\left(\frac{1}{2^2} - \frac{1}{4^2}\right) = \frac{3}{16}R$$

$$\Rightarrow \quad \lambda = \frac{16}{3R}$$

31. दी गई स्थिति में लघुत्तम तरंगदैर्ध्य, $n_1 = \infty$ से $n_2 = 1$ तक आती है एवं दीर्घतम तरंगदैर्ध्य $n_1 = 6$ से $n_2 = 5$ तक आती है। अतः

$$\frac{1}{\lambda_{min}} = R\left(\frac{1}{1^2} - \frac{1}{\infty^2}\right) = R$$

$$\frac{1}{\lambda_{max}} = R\left(\frac{1}{5^2} - \frac{1}{6^2}\right)$$

$$= R\left(\frac{36-25}{25 \times 36}\right) = \frac{11}{900}R$$

$$\therefore \quad \frac{\lambda_{max}}{\lambda_{min}} = \frac{900}{11}$$

32. $$\frac{1}{\lambda} = R\left[\frac{1}{n_1^2} - \frac{1}{n_2^2}\right]$$

$$\therefore \quad \frac{1}{n_1^2} - \frac{1}{n_2^2} = \frac{1}{R\lambda}$$

$$= \frac{1}{1.097 \times 10^7 \times 18752 \times 10^{-10}}$$

$$= 0.0486 = \frac{7}{144}$$

यह मान $n_1 = 3$ तथा $n_2 = 4$ के लिए प्राप्त होता है जो कि पाश्चन श्रेणी है।

33. तरंग संख्या $\frac{1}{\lambda} = R\left[\frac{1}{n_1^2} - \frac{1}{n_2^2}\right] = R\left[\frac{1}{4} - \frac{1}{16}\right] = \frac{3R}{16}$

34. $n_1 = \infty$ से $n_2 = 1$ संक्रमण से सबसे लघु तरंगदैर्ध्य एवं $n_1 = 6$ से $n_2 = 5$ संक्रमण से सबसे दीर्घ तरंगदैर्ध्य प्राप्त होगी। अतः

$$\frac{1}{\lambda_{min}} = R\left(\frac{1}{1^2} - \frac{1}{\infty^2}\right) = R$$

$$\frac{1}{\lambda_{max}} = R\left(\frac{1}{5^2} - \frac{1}{6^2}\right)$$

$$= R\left(\frac{36-25}{25 \times 36}\right) = \frac{11}{900}R$$

$$\therefore \quad \frac{\lambda_{max}}{\lambda_{min}} = \frac{900}{11}$$

35. संक्रमण $5 \rightarrow 2$ में उत्सर्जित ऊर्जा संक्रमण $4 \rightarrow 2$ से अधिक है।

37. नाभिकीय बल सूक्ष्म दूरी (10^{-15} मी) दूरी की कोटि में प्रभावी रहते हैं।

38. $_{15}P^{30}$ और $_{14}Si^{30}$ समभारिक हैं।

39. नाभिक में इलेक्ट्रॉन नहीं होते हैं।

40. प्रति न्यूक्लिऑन द्रव्यमान क्षय संकुलन गुणांक कहलाता है।

41. समस्थानिकों के लिए Z समान है एवं A अलग-अलग है। इसलिए न्यूट्रॉनों की संख्या $A - Z$ भी अलग-अलग होगी।

42. नाभिकीय बल आवेश पर निर्भर नहीं करते हैं। यह दो न्यूट्रॉनों के बीच भी कार्य करता है।

43. $N = M - Z$ = न्यूक्लिऑनों की संख्या − प्रोटॉनों की संख्या

44. हल्के नाभिकों के स्थायित्व के लिए, $\frac{N}{Z} = 1$ एवं भारी नाभिकों के लिए, $\frac{N}{Z} > 1$

45. नाभिक का वास्तविक द्रव्यमान न्यूक्लियॉनों के कुल द्रव्यमान से सदैव कम होता है, इसलिए

$$M < (NM_n + Zm_p)$$

46. नाभिक की त्रिज्या, $R = R_0 A^{1/3}$

$$\Rightarrow \quad R \propto A^{1/3}$$

47. नाभिक का द्रव्यमान सदैव इसके अवयवों न्यूट्रॉन एवं प्रोटॉन के कुल द्रव्यमान से कम होता है अर्थात् $m < (A - Z)m_n + Zm_p$

48. इलेक्ट्रॉन की विराम ऊर्जा, $E = m_0c^2$

$$= 9.1 \times 10^{-31} \times 9 \times 10^{16} \text{ जूल}$$

$$= \frac{81.9 \times 10^{-15}}{1.6 \times 10^{-19}} \text{ इलेक्ट्रॉन वोल्ट}$$

$$= 51 \times 10^4 \text{ इलेक्ट्रॉन वोल्ट}$$

$$= 0.51 \text{ मेगा इलेक्ट्रॉन वोल्ट}$$

49. तापीय न्यूट्रॉन की औसत गतिज ऊर्जा, 0.03 इलेक्ट्रॉन वोल्ट होती है।

50. ${}_6C^{14}$ व ${}_7N^{14}$ समभारिक हैं।

51. साधारणतः ${}_{92}U^{238}$ विखण्डनीय है।

52. $${}_7N^{14} + {}_0n^1 \longrightarrow {}_6C^{14} + \underset{\text{प्रोटॉन}}{{}_1H^1}$$

53. रेखीय संवेग संरक्षण से, $m_1v_1 = m_2v_2$

या $$\frac{m_1}{m_2} = \frac{v_2}{v_1} \Rightarrow \frac{\frac{4}{3}\pi r_1^3 d}{\frac{4}{3}\pi r_2^3 d} = \frac{v_2}{v_1}$$

या $$\frac{r_1^3}{r_2^3} = \frac{1}{8} \Rightarrow \frac{r_1}{r_2} = \frac{1}{2}$$

54. द्रव्यमान क्षति = 1 − 0.993 = 0.007 ग्राम

∴ मुक्त ऊर्जा, $E = \Delta m c^2$

$$= 7 \times 10^{-6} \times 9 \times 10^{16} = 63 \times 10^{10} \text{ जूल}$$

55. आइन्सटीन के द्रव्यमान-ऊर्जा तुल्यता से,

$$E = \Delta mc^2$$

$$\Rightarrow \quad E = \frac{0.3}{1000} \times (3 \times 10^8)^2$$

$$= 2.7 \times 10^{13} \text{ जूल}$$

$$= \frac{2.7 \times 10^{13}}{3.6 \times 10^6} = 7.5 \times 10^6 \text{ किलोवाट-घण्टा}$$

56. ${}_{92}U^{235} + {}_0n^1 \longrightarrow {}_{51}Xe^{140} + {}_ZSr^A + 2{}_0n^1$ + फोटॉन

$$235 + 1 = 140 + A + 2 \times 1$$

$$\Rightarrow \quad A = 94 \text{ तथा } 92 = 51 + Z$$

$$\Rightarrow \quad Z = 41$$

57. संलयन प्रक्रिया में हल्के नाभिक संलयित होकर भारी नाभिक बनाते हैं। अतः विकल्प (a) संलयन प्रक्रिया है।

58. समीकरण ${}_{92}U^{238} \longrightarrow {}_{90}Th^{234} + {}_2He^4$ सन्तुलित है।

59. प्रति सेकण्ड विखण्डनों की संख्या

$$= \frac{\text{निर्गत शक्ति}}{\text{एक नाभिक के विखण्डन से मुक्त ऊर्जा}}$$

$$= \frac{32 \times 10^6}{200 \times 10^6 \times 1.6 \times 10^{-19}} = 1 \times 10^{17}$$

प्रति मिनट विखण्डनों की संख्या $= 60 \times 10^{17} = 6 \times 10^{18}$

60. समीकरण $O^{17} \longrightarrow {}_0n^1 + O^{16}$

∴ आवश्यक ऊर्जा = O^{17} की बन्धन ऊर्जा − O^{16} की बन्धन ऊर्जा

$$= 17 \times 7.75 - 16 \times 7.97$$

$$= 4.23 \text{ मेगा इलेक्ट्रॉन वोल्ट}$$

61. एक नाभिक की बन्धन ऊर्जा = 2 × 1.1 = 2.2 मेगा इलेक्ट्रॉन वोल्ट

दो ड्यूटीरियम नाभिकों की कुल बन्धन ऊर्जा

$$= 2.2 \times 2 = 4.4 \text{ मेगा इलेक्ट्रॉन वोल्ट}$$

एक हीलियम नाभिक (${}_2He^4$) की कुल बन्धन ऊर्जा

$$= 4 \times 7 = 28 \text{ मेगा इलेक्ट्रॉन वोल्ट}$$

संलयन में मुक्त ऊर्जा = 28 − 4.4 = 23.6 मेगा इलेक्ट्रॉन-वोल्ट

62. विखण्डन दर $$= \frac{\text{कुल ऊर्जा प्रति सेकण्ड}}{\text{एक विखण्डन से प्राप्त ऊर्जा}}$$

$$= \frac{5}{200 \times 1.6 \times 10^{-13}}$$

$$= \frac{5000 \times 10^{11}}{200 \times 16}$$

$$= 1.56 \times 10^{11} \text{ प्रति सेकण्ड}$$

63. कोई भी रेडियोऐक्टिव पदार्थ α व β-कणों को एक साथ उत्सर्जित नहीं करते हैं। कुछ पदार्थ α-कण, कुछ β-कण उत्सर्जित करते हैं। γ-किरणें, α व β-कणों के साथ उत्सर्जित होती हैं।

64. γ-किरण फोटॉन के क्षय होने पर परमाणु क्रमांक एवं परमाणु द्रव्यमान अपरिवर्तित रहते हैं क्योंकि यह द्रव्यमानहीन एवं आवेशहीन है।

65. $${}_{92}U^{238} \xrightarrow{-\alpha} {}_{90}U^{234} \xrightarrow{-\beta} {}_{91}Pa^{234}$$

अतः 1α एवं 1β कण उत्सर्जित होंगे।

66. α-कण हीलियम परमाणु का द्वि-धनावेशित आयन (He^{+2}) है।

67. औसत आयु $(\tau) = 1.44\, T_{1/2}$

$$= 1.44 \times 10 = 14.4 \text{ घण्टे}$$

68. रेडियम से रेडियम ब्रोमाइड रासायनिक प्रक्रिया द्वारा प्राप्त हो रहा है जिसका रेडियोऐक्टिव विघटन पर कोई प्रभाव नहीं पड़ता है। अतः रेडियम ब्रोमाइड का क्षय नियतांक λ ही रहेगा।

69. अर्द्ध-आयुओं की संख्या, $n = \frac{t}{T} = \frac{15}{5} = 3$

n अर्द्ध-आयुओं में शेष भाग $= \frac{1}{2^n}$

n अर्द्ध-आयुओं में क्षय भाग $= 1 \quad \frac{1}{2^n} - 1 - \frac{1}{8} = \frac{7}{8}$

70. $$\lambda = \frac{-\frac{dN}{N}}{dt}$$

परन्तु $$n = \frac{dN}{dt}$$

∴ $$\lambda = \frac{n}{N} \quad \text{...(i)}$$

तथा $t = \frac{0.693}{\lambda}$ ...(ii)

समी (i) व (ii) से,

$$T = \frac{0.693\,N}{n} \text{ सेकण्ड}$$

71. रेडियोऐक्टिव पदार्थ आवेशित कण (α तथा β) एवं विद्युत चुम्बकीय विकिरण (γ किरण फोटॉन) उत्सर्जित करता है।

72. आवेश व द्रव्यमान संरक्षण से,

$$4 + A = A + 3 + x \Rightarrow x = 1$$

तथा $2 + Z = Z + 2 + 2n \Rightarrow n = 0$

$\therefore$ M न्यूट्रॉन है।

73. $N = N_0 e^{-\lambda t}$ एवं औसत आयु, $t = \frac{1}{\lambda}$

$\therefore$ $N = N_0 e^{\left(-\lambda \times \frac{1}{\lambda}\right)} = N_0 e^{-1}$

$\Rightarrow$ $\frac{N}{N_0} = e^{-1} = \frac{1}{e}$

अतः विघटित भाग $= 1 - \frac{N}{N_0} = 1 - \frac{1}{e} = \frac{e-1}{e}$

74. $\left(T_{\frac{1}{2}}\right)_X = \tau_Y \Rightarrow \left(T_{\frac{1}{2}}\right)_X = 1.44\left(T_{\frac{1}{2}}\right)_Y$

तथा $N_X = N_Y$

क्षय की दर $-\frac{dN}{dt} = \lambda N$

$$\therefore \quad \frac{\left(\frac{-dN}{dt}\right)_X}{\left(\frac{-dN}{dt}\right)_Y} = \frac{\lambda_X \cdot N_X}{\lambda_Y \cdot N_Y}$$

$$= \frac{(T_{1/2})_Y}{(T_{1/2})_X} \quad \left[\because \lambda = \frac{0.693}{T_{1/2}}\right]$$

$$= \frac{1}{1.44}$$

$$\therefore \quad \left(\frac{-dN}{dt}\right)_Y > \left(\frac{-dN}{dt}\right)_X$$

75. $\tau = 5$ घण्टे, $\tau = 1.44\,T_{1/2}$

$\Rightarrow$ $T_{1/2} = \frac{\tau}{1.44} = \frac{5}{1.44}$ घण्टे

अतः 5 घण्टे में रेडियोधर्मी पदार्थ के सक्रिय नाभिकों के आधे से अधिक भाग क्षय होगा।

76. $A = A_0\left(\frac{1}{2}\right)^{\frac{t}{T_{1/2}}} \Rightarrow \frac{1}{64} = \left(\frac{1}{2}\right)^{\frac{60}{T_{1/2}}}$

या $\left(\frac{1}{2}\right)^6 = \left(\frac{1}{2}\right)^{\frac{60}{T_{1/2}}}$

या $T_{1/2} = 10$ सेकण्ड

77. पदार्थ की शेष मात्रा $= N_0 - \frac{3}{4}N_0 = \frac{N_0}{4}$

$\therefore$ पदार्थ के क्षय में 2 अर्द्ध-आयु लगेंगी।

$\therefore$ लगा समय $= 2 \times 3.8 = 7.6$ दिन

78. $R_0 = 64 \times 10^{-5}$ क्यूरी, $R = 5 \times 10^{-6}$ क्यूरी

$$R = R_0\left(\frac{1}{2}\right)^{t/T}$$

या $\frac{5 \times 10^{-6}}{64 \times 10^{-5}} = \left(\frac{1}{2}\right)^{t/T}$ ($\because T = 3$ दिन)

$$\left(\frac{1}{2}\right)^7 = \left(\frac{1}{2}\right)^{\frac{t}{3}}$$

$\therefore$ $t = 21$ दिन

79. $N = N_0 e^{-\lambda t}$

$\therefore$ $0.9\,N_0 = N_0 e^{-\lambda \times 5}$

$\Rightarrow$ $5\lambda = \log_e \frac{1}{0.9}$ ...(i)

एवं $x\,N_0 = N_0 e^{-\lambda \times 20}$

$\Rightarrow$ $20\lambda = \log_e\left(\frac{1}{x}\right)$ ...(ii)

समी (i) को (ii) से विभाजित करने पर,

$$\frac{1}{4} = \frac{\log_e\left(\frac{1}{0.9}\right)}{\log_e\left(\frac{1}{x}\right)}$$

$$= \frac{\log_{10}\left(\frac{1}{0.9}\right)}{\log_{10}\left(\frac{1}{x}\right)} = \frac{\log_{10} 0.9}{\log_{10} x}$$

या $\log_{10} x = 4\log_{10} 0.9$

$\Rightarrow$ $x = 0.658 \approx 65\%$

80. ${}_{90}X^{200} \longrightarrow n\,{}_2\text{He}^4 + m\,{}_{-1}\beta^0 + {}_{80}Y^{168}$

$\therefore$ $200 = 4n + 168$

$\Rightarrow$ $n = \frac{(200-168)}{4} = 8$

एवं $90 = 2n - m + 80$

या $m = 2 \times 8 + 80 - 90 = 6$

81. ${}_{72}A^{180} \xrightarrow{\alpha} {}_{70}A_1^{176} \xrightarrow{\beta} {}_{71}A_2^{176} \xrightarrow{\alpha} {}_{69}A_3^{172} \xrightarrow{\gamma} {}_{69}A_4^{172}$

82. ${}_{88}\text{Ra}^{238} \xrightarrow{3\alpha} {}_{82}\text{Ra}^{226} \xrightarrow{\beta} {}_{83}X^{226}$

83. ${}_ZA^A \longrightarrow {}_{Z-2}B^{A-4} + {}_2\text{He}^4$

${}_{Z-2}B^{A-4} \longrightarrow {}_ZC^{A-4} + 2e^{-1}$

अतः A और C समस्थानिक हैं।

84. औसत आयु, $T_m = \frac{405 \times 1620}{405 + 1620} = 324$ वर्ष

$\therefore$ अर्द्ध-आयु काल, $T_{1/2} = 0.693\,T_m = 0.693 \times 324$

$$t = \frac{\log_{10}\left(\frac{N_0}{N}\right)}{\log_{10} 2}$$

$$= \frac{0.693 \times 324 \times \log_{10}\left(\frac{4}{1}\right)}{\log_{10} 2}$$

$$= 0.69 \times 324 \times 2$$

$$= 449 \text{ वर्ष}$$

85. ${}_{Z}X_1^N \xrightarrow{-\alpha} {}_{Z-2}X^{N-4} \xrightarrow{-2\beta} {}_{Z}X_3^{N-4} \xrightarrow{2\gamma} {}_{Z}X_3^{N-4}$

86. 2 घण्टे पश्चात् शेष अणुओं की संख्या,

$$N = 8 \times 10^{10}\left(\frac{1}{2}\right)^{\frac{2}{1}} \qquad \left[\because N = N_0\left(\frac{1}{2}\right)^{\frac{t}{T}}\right]$$

$$= 2 \times 10^{10}$$

4 घण्टे पश्चात् शेष अणुओं की संख्या,

$$N' = 8 \times 10^{10}\left(\frac{1}{2}\right)^{\frac{4}{1}} = 0.5 \times 10^{10}$$

अतः $t = 2$ घण्टे तथा $t = 4$ घण्टे के बीच विघटित होने वाले अणुओं की संख्या

$$= N - N' = 2 \times 10^{10} - 0.5 \times 10^{10}$$

$$= 1.5 \times 10^{10}$$

87.
$$\frac{N}{N_0} = 1 - \frac{7}{8} = \frac{1}{8} = \frac{1}{2^3} \qquad \ldots(i)$$

$$\frac{N}{N_0} = \left(\frac{1}{2}\right)^n$$

समी (i) एवं (ii) से,

$$n = 3$$

कुल आयु, $t = n \times T = 3 \times 15 = 45$ घण्टे

88. अर्द्ध-आयु $(T_{1/2}) = \dfrac{\log_e 2}{\lambda}$ तथा $\tau = \dfrac{1}{\lambda}$

89. $t = 0$ पर, $N_0 = 1600$ तथा $t = 8$ सेकण्ड पर, $N_8 = 100$

$$\frac{N_8}{N_0} = \frac{100}{1600} = \frac{1}{16} = \left(\frac{1}{2}\right)^4 \qquad \ldots(i)$$

तथा
$$\frac{N}{N_0} = \left(\frac{1}{2}\right)^n \qquad \ldots(ii)$$

समी (i) व (ii) से, $n = 4$

$$n = \frac{t}{T} \Rightarrow 4 = \frac{8}{T}$$

$\Rightarrow$ $T = 2$ सेकण्ड

अब 6 सेकण्ड में, $n = \dfrac{t}{T} = \dfrac{6}{2} = 3$

बची हुई मात्रा, $N = N_0\left(\dfrac{1}{2}\right)^n$ से,

$$N_6 = 1600\left(\frac{1}{2}\right)^3 = 200$$

$N_6 = 200$ प्रति सेकण्ड

90. $T_{1/2} = 20$ मिनट, हम जानते हैं कि

$$\frac{N}{N_0} = \left(\frac{1}{2}\right)^{\frac{t}{T_{1/2}}}$$

20% विघटन के लिए,

$$\frac{N}{N_0} = \frac{80}{100} = \left(\frac{1}{2}\right)^{\frac{t_1}{20}} \qquad \ldots(i)$$

80% विघटन के लिए,

$$\frac{N}{N_0} = \frac{20}{100} = \left(\frac{1}{2}\right)^{\frac{t_2}{20}} \qquad \ldots(ii)$$

समी (ii) को (i) से विभाजित करने पर,

$$\frac{1}{4} = \left(\frac{1}{2}\right)^{\frac{t_2 - t_1}{20}}$$

सरल करने पर, $t_2 - t_1 = 40$ मिनट

91. $\left(\dfrac{-dN}{dt}\right) = 10^3$ विघटन प्रति सेकण्ड

अर्द्ध-आयुओं की संख्या $= \dfrac{3}{1} = 3$

$$\therefore \quad N = N_0\left(\frac{1}{2}\right)^3 = \frac{N_0}{8}$$

$\therefore$ विघटन की दर, $\left(\dfrac{-dN}{dt}\right)' = \dfrac{1000}{8}$

$= 125$ विघटन/से

92. $T_{1/2} = 5$ वर्ष, $t = 10$ वर्ष

$\therefore$ अर्द्ध-आयुओं की सख्या

$$(n) = \frac{t}{T} = \frac{10}{5} = 2$$

$\therefore$ शेष मात्रा $= N_0 \times \left(\dfrac{1}{2}\right)^2$

$$= \frac{N_0}{4} \approx 25\%$$

$\therefore$ क्षय होने की प्रायिकता $= 100 - 25 = 75\%$

93. $\lambda = \dfrac{0.693}{T_{1/2}} = \dfrac{0.693}{20} = 0.03465$

विघटन समय, $t = \dfrac{2.303}{\lambda}\log\dfrac{N_0}{N}$

$$t_1 = \frac{2.303}{0.03465}\log\frac{100}{67} = 11.6 \text{ मिनट}$$

तथा
$$t_2 = \frac{2.303}{0.03465}\log\frac{100}{33} = 32 \text{ मिनट}$$

तब समयान्तराल $= t_2 - t_1 = 32 - 11.6 = 20.4$ मिनट ≈ 20 मिनट

94. प्रतिदर्श की सक्रियता, $(R_0) = 64 \times 10^{-5}$ क्यूरी

$T_{1/2} = 3$ दिन

$R = 5 \times 10^{-6}$ क्यूरी

$$R = R_0\left(\frac{1}{2}\right)^n$$

$$\Rightarrow \quad \frac{5 \times 10^{-6}}{64 \times 10^{-5}} = \left(\frac{1}{2}\right)^n$$

$$\frac{1}{128} - \left(\frac{1}{2}\right)^n$$

$$n = 7$$

$\therefore$ लगा समय $(t) = n \times T_{1/2} = 7 \times 3 = 21$ दिन

अध्याय 26

ठोस तथा अर्द्धचालक युक्तियाँ

Solid and Semiconductor Devices

ठोस (Solids)

पदार्थ की वह अवस्था जिसमें आयतन व आकृति दोनों निश्चित होते है, ठोस कहलाते हैं। ठोसों के अभिलाक्षणिक गुण इसके अवयवी कणों के मध्य कार्यरत् बलों की प्रकृति पर निर्भर करते हैं।

ठोसों में ऊर्जा बैण्ड (Energy Bands in Solids)

मुक्त परमाणुओं में इलेक्ट्रॉनों के विविक्त ऊर्जा स्तर होते हैं। ये ऊर्जा स्तर इतने समीपस्थ होते हैं कि ये ऊर्जा बैण्ड निर्मित करते हैं। अत: ऊर्जा स्तरों का समूह ऊर्जा बैण्ड कहलाता है।

ठोसों में ऊर्जा बैण्ड मुख्यत: निम्न प्रकार के होते हैं

(i) **चालन ऊर्जा बैण्ड** (Conduction Energy Band) यह ठोस पदार्थों में इलेक्ट्रॉनों की उच्चतम अनुमत ऊर्जाओं का बैण्ड है या न्यूनतम ऊर्जा का रिक्त बैण्ड है। चालकों में यह बैण्ड आंशिक रूप से भरा हुआ होता है

(ii) **संयोजी ऊर्जा बैण्ड** (Valence Energy Band) यह अधिकतम ऊर्जा का वह बैण्ड है, जिसमें इलेक्ट्रॉन सदैव उपस्थित रहते हैं। इस बैण्ड में परमाणु के बाह्यतम कक्ष के इलेक्ट्रॉन धारा प्रवाह में योगदान नहीं देते हैं।

(iii) **वर्जित ऊर्जा बैण्ड** (Forbidden Energy Band) इस बैण्ड में इलेक्ट्रॉन नहीं पाये जाते हैं। यह बैण्ड पूर्णतया खाली होता है।

वह न्यूनतम ऊर्जा जो इलेक्ट्रॉन को संयोजी बैण्ड से चालन बैण्ड में स्थानान्तरण के लिये आवश्यक होती है, **बैण्ड अन्तराल** या वर्जित ऊर्जा अन्तराल E_g कहलाती है। अत: $E_g = E_c - E_v$ होता है। सिलिकॉन के लिए बैण्ड अन्तराल ऊर्जा 1.1eV होती है।

परम शून्य ताप पर चालन बैण्ड में इलेक्ट्रॉनों द्वारा प्राप्त अधिकतम ऊर्जा स्तर, **फर्मी स्तर** कहलाता है तथा संगत ऊर्जा, **फर्मी ऊर्जा** E_f कहलाती है।

ठोसों के प्रकार (Types of Solids)

ठोस मुख्यत: तीन प्रकार के होते हैं

(i) **चालक** (Conductor) वे पदार्थ जिनमें संयोजी तथा चालन बैण्ड एक-दूसरे पर अध्यारोपित होते हैं, उसे चालक कहते हैं। ये विद्युत को स्वयं में से प्रवाहित होने देते हैं।

(ii) **अचालक** (Insulator) वे पदार्थ जिनमें संयोजी बैण्ड तथा चालन बैण्ड के मध्य वर्जित ऊर्जा अन्तराल 3eV से अधिक होता है, उन्हें अचालक कहते हैं, इनमें से विद्युत का चालन नहीं होता हैं।

अर्द्धचालक (Semiconductors)

कुछ पदार्थों जैसे— सिलिकॉन, जर्मेनियम, कार्बन आदि का प्रतिरोध, चालक से अधिक व अचालकों से कम होता है। ऐसे पदार्थ **अर्द्धचालक** कहलाते हैं। इसके अतिरिक्त इनका प्रतिरोध ताप गुणांक भी ऋणात्मक होता है तथा उनकी चालकता में अत्यधिक परिवर्तन जब होता है, तब इसमें त्रिसंयोजी या पंचसंयोजी तत्व मिलाये जाते हैं।

ये मुख्यत: दो प्रकार के होते हैं

(i) **निज अर्द्धचालक** (Intrinsic Semiconductors) एक शुद्ध अर्द्धचालक, जिसमें कोई अपद्रव्य न मिला हो, निज अर्द्धचालक कहलाता है। इस प्रकार, शुद्ध जर्मेनियम तथा सिलिकॉन अपनी प्राकृतिक अवस्था में निज अर्द्धचालक हैं। इसे शुद्ध अर्द्धचालक अथवा प्राकृतिक अर्द्धचालक भी कहते हैं।

(ii) **बाह्य अर्द्धचालक** (Extrinsic Semiconductors) निज (शुद्ध) अर्द्धचालकों की वैद्युत चालकता अल्प होती है। परन्तु यदि किसी ऐसे पदार्थ की बहुत थोड़ी-सी मात्रा को, जिसकी संयोजकता 5 अथवा 3 हो, शुद्ध जर्मेनियम (अथवा सिलिकॉन) क्रिस्टल में अपद्रव्य के रूप में मिश्रित कर दें, तो क्रिस्टल की चालकता काफी बढ़ जाती है। इस क्रिया को अपमिश्रण कहते हैं। ऐसे अशुद्ध अर्द्धचालकों को बाह्य अथवा अपद्रव्य अथवा अपमिश्रित अथवा कृत्रिम अर्द्धचालक कहते हैं।

बाह्य अर्द्धचालक दो प्रकार के होते हैं

(a) **n–टाइप अर्द्धचालक** (n-type Semiconductors) जब एक पंचसंयोजक (एन्टीमनी, फॉस्फोरस अथवा आर्सेनिक) अपद्रव्य परमाणु क्रिस्टल जालक में प्रवेश करके Ge (अथवा Si) के एक परमाणु को प्रतिस्थापित करता है, तो इसके पाँच संयोजी इलेक्ट्रॉनों में से चार इलेक्ट्रॉन निकटस्थ चार Ge (अथवा Si) परमाणुओं के साथ सहसंयोजक बन्ध (covalent bonds) बना लेते हैं। पाँचवाँ इलेक्ट्रॉन सामान्य ताप पर ही ($kT \sim 0.025$ eV) क्रिस्टल में गति करने के लिए स्वतन्त्र हो जाता है तथा आवेश वाहक का कार्य करता है। इस प्रकार के अपद्रव्य वाले Ge (अथवा Si) क्रिस्टल को n-टाइप क्रिस्टल कहते हैं, क्योंकि इसके आवेश वाहक (इलेक्ट्रॉन) ऋणात्मक होते हैं।

n-टाइप अर्द्धचालकों में $n_e >> n_h$ तथा $n_e n_h = n_i^2$ इसमें इलेक्ट्रॉन बहुसंख्यक आवेश वाहक होते हैं।

एक n-टाइप अर्द्धचालक का कुल आवेश शून्य होता है।

(b) **p–टाइप अर्द्धचालक** (p-type Semiconductors) जब एक त्रिसंयोजक (बोरॉन, ऐल्युमीनियम, गैलियम अथवा इण्डियम) परमाणु क्रिस्टल जालक में एक Ge (अथवा Si) परमाणु को प्रतिस्थापित करता है तो निकटस्थ Ge (अथवा Si) परमाणुओं से सहसंयोजक बन्ध बनाने के लिए केवल तीन संयोजी इलेक्ट्रॉन ही प्राप्त होते हैं। अतः अपद्रव्य परमाणु के एक ओर एक रिक्त स्थान रहता है, अर्थात् एक धन कोटर बन जाता है। ऐसे क्रिस्टल को p–टाइप क्रिस्टल कहते हैं।

p-टाइप अर्द्धचालक में $n_h >> n_e$ तथा $n_e n_h = n_i^2$ इसमें कोटर बहुसंख्यक आवेश वाहक होते हैं। एक p-टाइप अर्द्धचालक का कुल आवेश शून्य होता है।

चालक, कुचालक व अर्द्धचालक का तुलनात्मक अध्ययन

गुण (Properties)	चालक (Conductor)	कुचालक (Insulator)	अर्द्धचालक (Semiconductor)
विद्युत चालकता	10^2 से 10^8 ℧/m	10^{-5} ℧/m से कम	10^{-5} से 10^0 ℧/m
प्रतिरोधकता	10^{-2} से 10^{-8} Ω-m	10^5 Ω-m से अधिक	10^5 से 10^{-2} Ω-m
बैण्ड संरचना	CB, VB	CB, ΔE_g (अधिक), VB	CB, ΔE_g (कम), VB
ऊर्जा अन्तराल (E_g)	शून्य या अत्यन्त अल्प	अत्यधिक हीरे के लिए 6 eV	Ge → 0.7 eV Si → 1.1 eV GaAs → 1.3 eV GaF_2 → 2.8 eV

गुण (Properties)	चालक (Conductor)	कुचालक (Insulator)	अर्द्धचालक (Semiconductor)
धारा वाहक	स्वतन्त्र इलेक्ट्रॉन	–	मुक्त इलेक्ट्रॉन एवं होल
सामान्य ताप पर संयोजी बैण्ड व चालन बैण्ड की स्थिति	संयोजी बैण्ड तथा चालन बैण्ड पूर्णतः भरे होते हैं या चालन बैण्ड थोड़ा खाली होता है।	संयोजी बैण्ड पूर्णतः भरा हुआ तथा चालन बैण्ड पूर्णतः खाली होता है।	संयोजी बैण्ड थोड़ा खाली तथा चालन बैण्ड थोड़ा भरा होता है।
प्रतिरोध ताप गुणांक (α)	धनात्मक	शून्य	ऋणात्मक
ताप बढ़ाने पर चालकता पर प्रभाव	घटती है	–	बढ़ती है
ताप बढ़ाने पर प्रतिरोधकता	बढ़ती है	–	घटती है
उदाहरण	Cu, Ag, Au, Na, Pt, Hg इत्यादि।	लकड़ी प्लास्टिक अभ्रक, हीरा, काँच आदि।	Ge, Si, Ga इत्यादि
इलेक्ट्रॉन घनत्व	10^{29}/मी^{3}	–	Ge ~ 10^{19}/मी^{3} Si ~ 10^{16}/मी^{3}

p-n संधि (p-n Junction)

जब p–टाइप क्रिस्टल के टुकड़े को परमाणवीय रूप से n–टाइप क्रिस्टल के टुकड़े के सम्पर्क में लाकर जोड़ा जाता है, तब दो विभिन्न क्षेत्रों के बीच की परिसीमा को p-n सन्धि (p-n Junction) कहते हैं। p-n सन्धि डायोड को चित्र में प्रदर्शित किया गया है

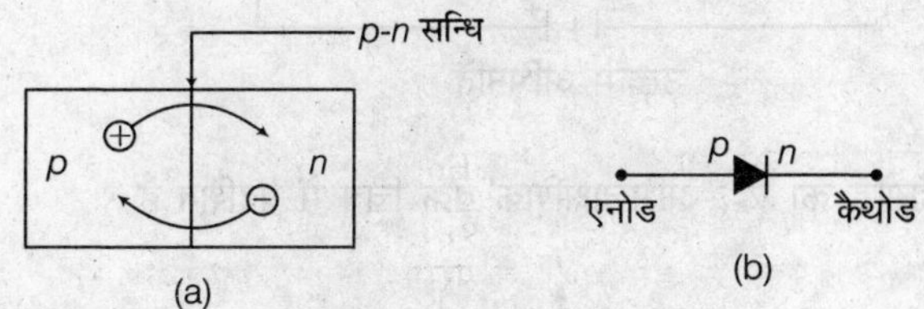

p-n सन्धि डायोड में विसरण के परिणामस्वरूप सन्धि पर एक परत बन जाती है जिसमें आवेश वाहक नहीं होते है केवल स्थिर आयन स्थित होते हैं, इस परत को अवक्षय परत कहते हैं तथा अवक्षय परत के सिरों पर उत्पन्न विभवान्तर विभव प्राचीर कहलाता है। यह अलग-अलग डायोडों के लिए अलग-अलग होता है।

$$\text{Ge के लिए } (V_B)\text{Ge} = 0.3\text{V}$$

$$\text{Si के लिए } (V_B)\text{Si} = 0.7\text{V}$$

अग्र अभिनति (Forward Bias) जब किसी बैटरी का धन (+) सिरा p-क्षेत्र से तथा ऋण (–) सिरा n-क्षेत्र से जोड़ा जाता है, तो p से n की ओर को एक दिष्ट बाह्य वैद्युत क्षेत्र E स्थापित हो जाता है। यह क्षीण आन्तरिक क्षेत्र E_i के विरुद्ध होता है। आरोपित वैद्युत-क्षेत्र E के कारण, बड़ी संख्या में कोटर p-क्षेत्र से n-क्षेत्र में, तथा इलेक्ट्रॉन n-क्षेत्र से

p-क्षेत्र में जाने लगते हैं। इन बहुसंख्यक वाहकों की गति से एक अपेक्षाकृत बड़ी अग्र धारा निर्मित होती है जोकि बाह्य आरोपित विभवान्तर के बढ़ने पर बढ़ती है।

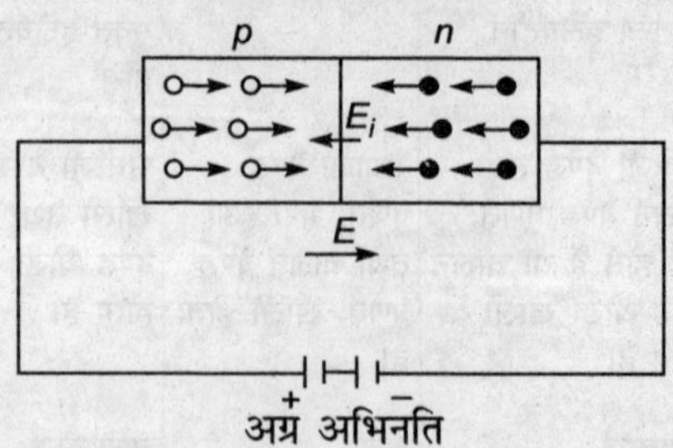

अग्र अभिनति

अत: कुल अग्र धारा प्राप्त होती है। इस दशा में सन्धि अग्र अभिनति में कही जाती है।

उत्क्रम अभिनति (Reverse Bias) यदि बैटरी का धन ध्रुव n-क्षेत्र से तथा ऋण ध्रुव p-क्षेत्र से जोड़ा जाए, तो बाह्य क्षेत्र E, n से p की ओर दिष्ट होता है तथा अब यह आन्तरिक क्षेत्र E_i का सहायक होता है।

अब, p-क्षेत्र में कोटर तथा n-क्षेत्र में इलेक्ट्रॉन सन्धि से दूर धकेल दिए जाते हैं तथा उनकी गति रुक जाती है। अत: उनसे कोई धारा निर्मित नहीं होती। इस दशा में सन्धि उत्क्रम अभिनति में कही जाती है। किन्तु, उत्क्रम अभिनति में अल्पसंख्यक वाहकों की गति के कारण बहुत क्षीण उत्क्रम धारा विद्यमान रहती है। यह धारा ताप बढ़ाने पर बढ़ती है।

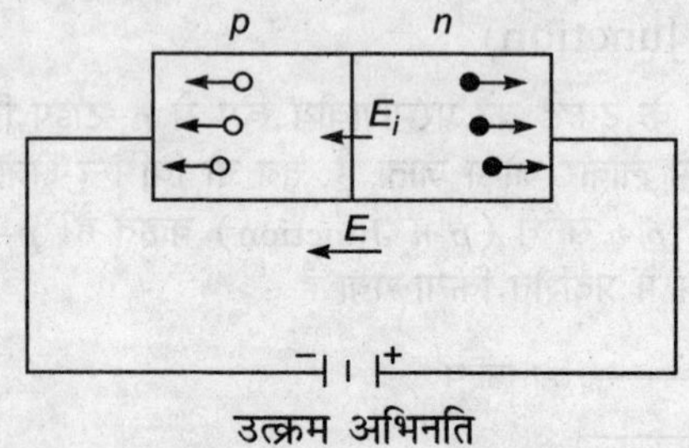

उत्क्रम अभिनति

सन्धि डायोड का V-i अभिलाक्षणिक वक्र चित्र में प्रदर्शित है

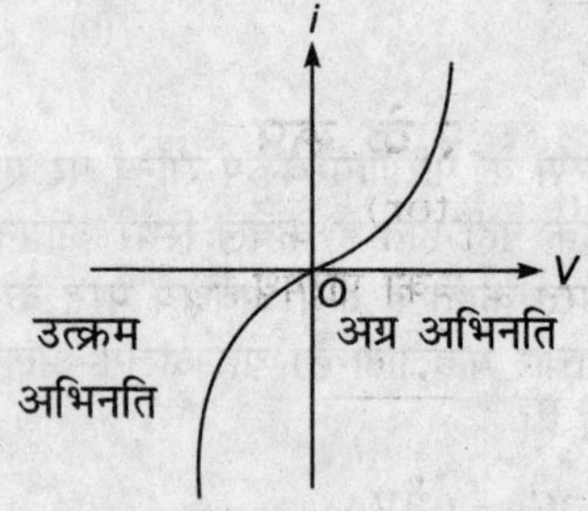

उत्क्रम अभिनति में अधिक वोल्टता प्रयुक्त करने पर उत्क्रम धारा का मान अचानक बहुत बढ़ जाता है। यह वोल्टता **जेनर** या **भन्जन वोल्टता** कहलाती है।

p-n सन्धि डायोड दिष्टकारी के रूप में

(p-n Junction Diode as a Rectifier)

वह युक्ति, जो प्रत्यावर्ती धारा अथवा वोल्टेज को दिष्ट धारा अथवा वोल्टेज में परिवर्तित करती है, **दिष्टकारी** कहलाती है। *यह मुख्य दो प्रकार के होते हैं*

(i) **अर्द्ध तरंग दिष्टकारी** (Half-wave Rectifier)> एक सरल दिष्टकारी परिपथ जिसे अर्द्ध-तरंग दिष्टकारी कहते हैं, में केवल एक डायोड होता है। p-n सन्धि डायोड का अर्द्ध-तरंग दिष्टकारी परिपथ चित्र (a) में तथा निवेशी व निर्गत तरंग रूप चित्र (b) में दिखाये गए हैं। यह AC की केवल अर्द्ध-तरंग को ही परिवर्तित करता है।

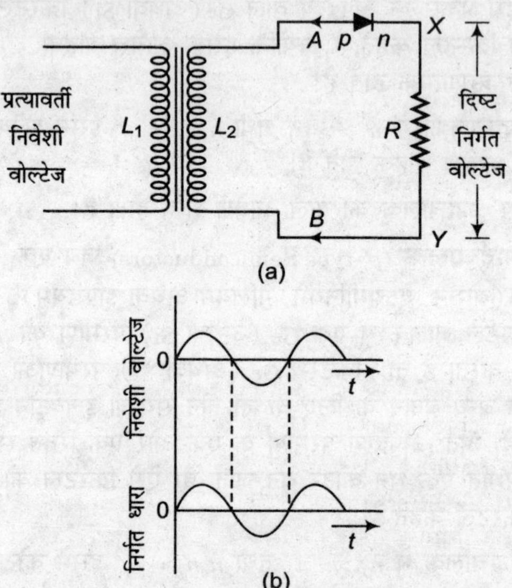

(ii) **पूर्ण तरंग दिष्टकारी** (Full-wave Rectifier) चित्र में, पूर्ण-तरंग दिष्टकारी परिपथ दर्शाया गया है। पूर्ण-तरंग दिष्टकरण के लिए दो डायोड प्रयुक्त किए जाते हैं।

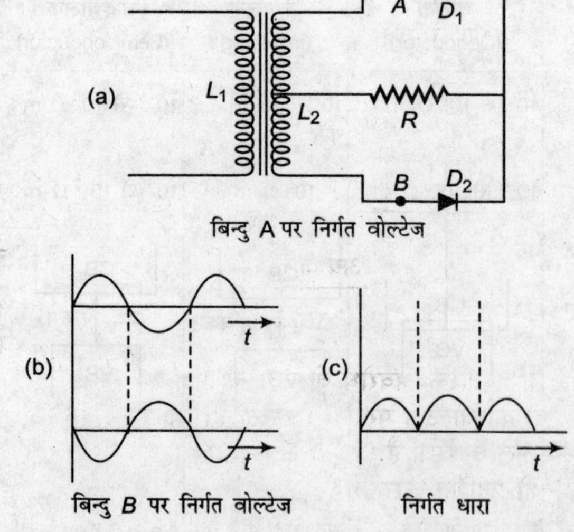

p-n सन्धि डायोड का पूर्ण-तरंग दिष्टकारी परिपथ चित्र (a) में तथा निवेशी व निर्गत तरंग रूप क्रमश: चित्र (b) व (c) में दिखाएँ गए हैं।

डायोड के प्रकार (Types of Diode) अथवा विशिष्ट प्रकार के डायोड (Special Types of Diodes)

1. प्रकाश उत्सर्जक डायोड [Light Emitting Diode (LED)]

ये डायोड विशेष प्रकार के अर्द्धचालक पदार्थ से बने होते हैं तथा केवल अग्र-अभिनत अवस्था (forward biased) होने पर प्रकाश ऊर्जा विकरित करते हैं।

एक साधारण p-n सन्धि डायोड में अग्र अभिनत अवस्था में इलेक्ट्रॉन n-क्षेत्र से p-क्षेत्र की ओर गति करते हैं तथा कोटरों से संयोग करके उदासीन हो जाते हैं

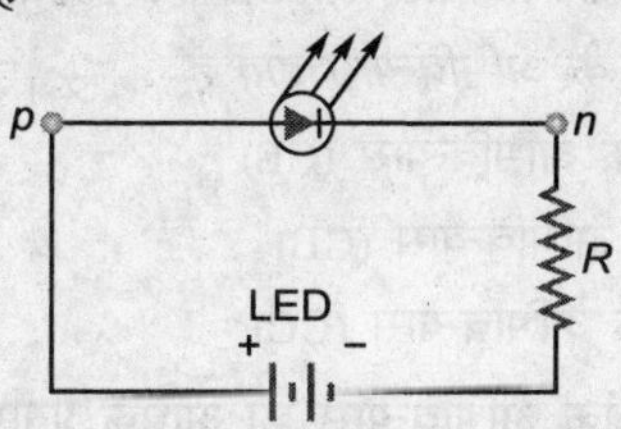

चूँकि इलेक्ट्रॉन उच्च ऊर्जा स्तर (चालन बैण्ड) से निम्न ऊर्जा स्तर (संयोजक बैण्ड) में संक्रमण करता है। अत: ऊर्जा का ऊष्मा के रूप में क्षय होता है। जबकि LED में विशेष प्रकार के अर्द्धचालक पदार्थों; जैसे—गैलियम, आर्सेनिक, फॉस्फाइड (Ga, As, P), गैलियम फॉस्फाइड (GaP) का प्रयोग होने से संक्रमण के समय इलेक्ट्रॉन की ऊर्जा का क्षय ऊष्मा के रूप में न होकर विभिन्न वर्णों (लाल, पीला, हरा) के प्रकाश के रूप में होता है।

LED के अभिलक्षण (Characteristics of LED)

LED का अभिलक्षण वक्र, सामान्य p-n सन्धि डायोड की भाँति होता है, जिसे नीचे दिए गए चित्र 29.33 में दर्शाया गया है

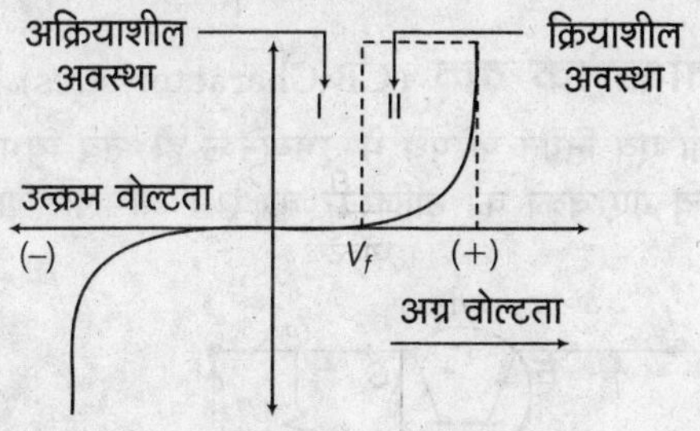

वक्र में V_f, LED की आन्तरिक अवरोध वोल्टता को प्रदर्शित करता है जिसका मान बैटरी की वोल्टता पर निर्भर करता है। वक्र में क्षेत्र I, LED की अक्रियाशील अवस्था है जबकि क्षेत्र-II, LED की क्रियाशील अवस्था को प्रदर्शित करता है।

2. प्रकाश डायोड (Photo Diode)

यह प्रकाश वैद्युत प्रभाव के सिद्धान्त पर आधारित एक अर्द्धचालकीय युक्ति (semiconducting device) है।

उत्क्रम अभिनत अवस्था (reverse biased) होने पर साधारण p-n सन्धि डायोड में प्रवाहित होने वाली उत्क्रम धारा (reverse current) डायोड पर आरोपित उत्क्रम विभव पर निर्भर नहीं करती है। इस अवस्था में डायोड पर प्रकाश आपतित करने पर डायोड की अवक्षय परत में प्रकाश वैद्युत प्रभाव द्वारा नये इलेक्ट्रॉन-कोटर युग्म उत्पन्न हो जाते हैं, जोकि उत्क्रम धारा को बढ़ा देते हैं। उत्क्रम धारा में यह वृद्धि आपतित प्रकाश की तीव्रता के अनुक्रमानुपाती होती है।

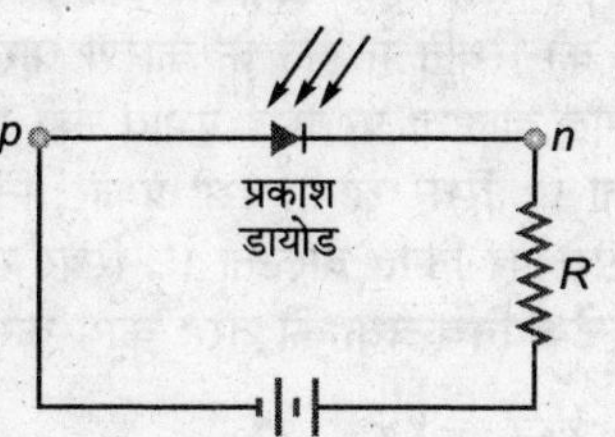

3. सोलर सेल (Solar Cell)

यह प्रकाश वोल्टीय प्रभाव (photo voltaic effect) पर आधारित एक अर्द्धचालक युक्ति है।

यह एक साधारण p-n सन्धि डायोड होता है, जिसका कोई एक क्षेत्र (p या n) इतना पतला (thin) बनाते हैं कि इस पर आपतित प्रकाश इसकी सन्धि तक पहुँच जाता है तथा अवशोषित हो जाता है। खुले परिपथ में होने पर भी इसके आर-पार एक वि० वा० बल उत्पन्न हो जाता है, जिसे प्रकाश वोल्टीय वि० वा० बल कहते हैं। तथा यह प्रभाव प्रकाश वोल्टीय प्रभाव कहलाता है। इस प्रकार यह युक्ति सौर ऊर्जा को विद्युत ऊर्जा में बदलती है तथा बहुत से सोलर सेलों के निकाय द्वारा उच्च वि० वा० बल उत्पन्न किये जा सकते हैं।

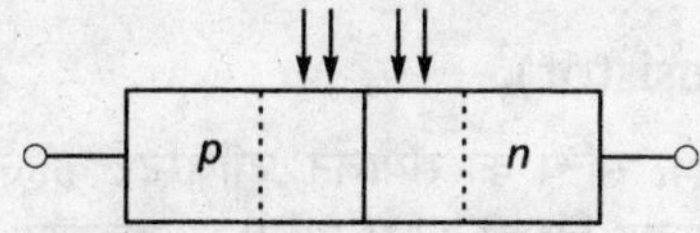

4. जेनर डायोड (Zener Diode)

एक साधारण p-n सन्धि डायोड को भंजक क्षेत्र (breakdown region) में प्रचालित नहीं किया जा सकता है, परन्तु इसमें मादन (doping) के स्तर को उच्च करके, उच्च उत्क्रम धारा होने पर भी इसे सुरक्षापूर्वक प्रचालित किया जा सकता है। यह घटना जेनर प्रभाव कहलाता है तथा इस प्रकार के उच्च मादित सन्धि डायोड को जेनर डायोड कहते हैं।

जेनर डायोड वोल्टता रेगुलेटर के रूप में (Zener Diode as Voltage Regulator)

वोल्टता नियन्त्रक के रूप में जेनर डायोड का परिपथ चित्र में दर्शाया गया है

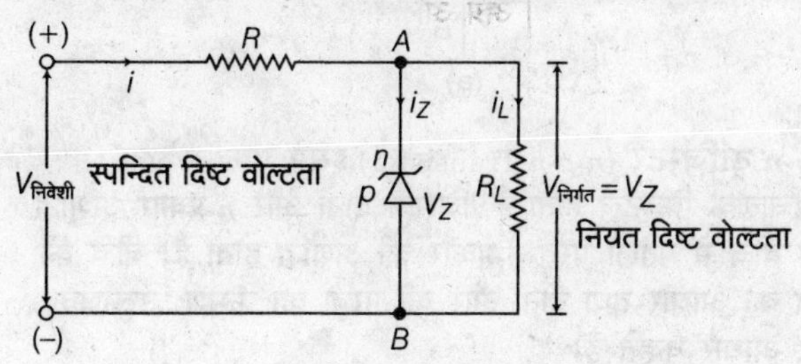

परिवर्ती निवेशी वोल्टता को जेनर डायोड के साथ उत्क्रम अभिनत में लगाया गया है, स्थिर निर्गत दिष्ट वोल्टता (नियत परिमाण वाली वोल्टता) को लोड प्रतिरोध R_L के सिरों पर प्राप्त किया जाता है व R निवेशी (Input) वोल्टता के साथ श्रेणीक्रम में जुड़ा एक प्रतिरोध है ($R < R_L$)। निवेशी विभव में वृद्धि होने के कारण, प्रतिरोध R के सिरों पर विभव में वृद्धि होती है, जिससे जेनर डायोड में बहने वाली धारा का मान बढ़ता है, परन्तु भंजन की स्थिति में होने के कारण धारा का मान बढ़ने पर भी डायोड की निर्गत वोल्टता पर कोई प्रभाव नहीं पड़ेगा। अत: R_L के सिरों पर निर्गत वोल्टता V_Z स्थिर रहेगी। इसी प्रकार, निवेशी वोल्टता के घटने पर भी R_L के सिरों पर निर्गत वोल्टता V_Z स्थिर रहेगी। इस प्रकार जेनर डायोड एक **वोल्टेज नियन्त्रक** की तरह कार्य करता है।

अत: $$V_{\text{निर्गत}} = V_Z \quad \text{...(i)}$$

अब यदि प्रतिरोध R_S के सिरों पर विभव पतन V_R तथा लोड के सिरों पर विभव पतन V_L हो, तब $V_{\text{निवेशी}} = V_S + V_L$

$$= iR_S + V_{\text{निर्गत}} \quad [\because V_L = V_{\text{निर्गत}}] \quad \text{...(ii)}$$

समी (i) से, $$V_{\text{निवेशी}} = iR_S + V_Z \quad \text{...(iii)}$$

बिन्दु A पर किरचॉफ के प्रथम नियम से,

$$i = i_Z + i_L \quad \text{...(iv)}$$

समी (iii) से, $$R_S = \frac{V_{\text{निवेशी}} - V_Z}{i}$$

$$\Rightarrow \quad R_S = \frac{V_{\text{निवेशी}} - V_Z}{i_Z + i_L} \quad \text{...(v)}$$

ट्रांजिस्टर (Transistor)

श्रेणीक्रम में जुड़े दो p-n सन्धि का संयोजन, ट्रांजिस्टर कहलाता है। सन्धि ट्रांजिस्टर सामान्यतया द्विध्रुवी सन्धि ट्रांजिस्टर कहलाता है। ट्रांजिस्टर दो प्रकार के होते हैं

(i) ***p-n-p* ट्रांजिस्टर** (*p-n-p* Transistor) इसमें एक अकेला अर्द्धचालक क्रिस्टल होता है, जिसके दोनों ओर p-प्रकार की अशुद्धि तथा बीच में एक पतली परत में n-प्रकार की अशुद्धि मिला देते हैं। बीच की मोटाई बहुत कम (10^{-6} मी) होती है। बीच के इस भाग को आधार कहते हैं। आधार के दोनों ओर p-प्रकार की अर्द्धचालक होते हैं तथा इन्हें उत्सर्जक और संग्राहक कहते हैं।

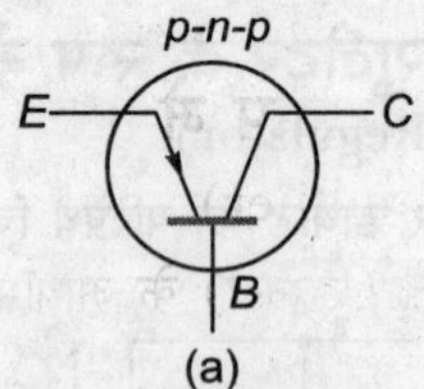

(a)

(ii) ***n-p-n* ट्रांजिस्टर** (*n-p-n* Transistor) इसमें एक अकेला अर्द्धचालक क्रिस्टल होता है, जिसके दोनों ओर n-प्रकार अशुद्धि तथा बीच में पतली परत p-प्रकार की अशुद्धि होती है। बीच की परत को आधार तथा दोनों ओर की परतों को क्रमश: उत्सर्जक और आधार कहते हैं।

ट्रांजिस्टर के प्रतीक चिन्ह निम्न हैं

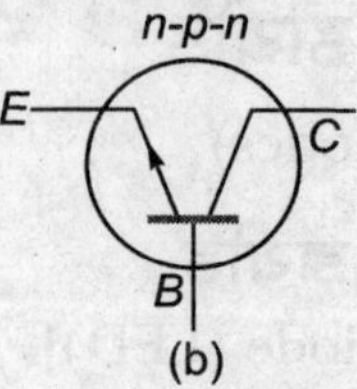

(b)

उत्सर्जक आधार सन्धि को अग्र अभिनति व संग्राहक आधार सन्धि को उत्क्रम अभिनति किया जाता है।

यदि I_E उत्सर्जक धारा, I_B आधार धारा तथा I_C संग्राहक धारा है, तो

$$I_E = I_B + I_C$$

I_B, I_C व I_E के प्रतिशत मान क्रमश: 5%, 95% तथा 100% होते हैं।

ट्रांजिस्टर के तीन प्रकार के अभिविन्यास होते हैं

(i) उभयनिष्ठ उत्सर्जक अभिविन्यास (CE)

(ii) उभयनिष्ठ आधार अभिविन्यास (CB)

(iii) उभयनिष्ठ संग्राहक अभिविन्यास (CC)

सामान्य उभयनिष्ठ उत्सर्जक अभिविन्यास का अधिक प्रयोग किया जाता है, क्योंकि इसका धारा लाभ व वोल्टता लाभ अधिक होता है।

उभयनिष्ठ उत्सर्जक अभिविन्यास में निर्गम धारा (I_B) व निर्गम वोल्टता (V_{BE}) का ग्राफ निर्गम अभिलाक्षणिक कहलाता है तथा निर्गत धारा (I_C) व निर्गत वोल्टता (V_{CE}) का ग्राफ निर्गत अभिलाक्षणिक कहलाता है।

ट्रांजिस्टर के अभिलाक्षणिक वक्र
(Transistor Characteristics)

किसी ट्रांजिस्टर को एक परिपथ में तीन विभिन्न विन्यासों में प्रयुक्त किया जाता है।

उभयनिष्ठ आधार (CB), उभयनिष्ठ उत्सर्जक (CE), उभयनिष्ठ संग्राहक (CC)

1. CB **अभिलाक्षणिक वक्र** (CB Characteristics)

जब आधार निवेशी एवं निर्गत परिपथ में उभयनिष्ठ हो, तब विभव एवं धारा के बीच खींचे गए वक्रों को ट्रांजिस्टर का CB अभिलाक्षणिक वक्र कहते हैं।

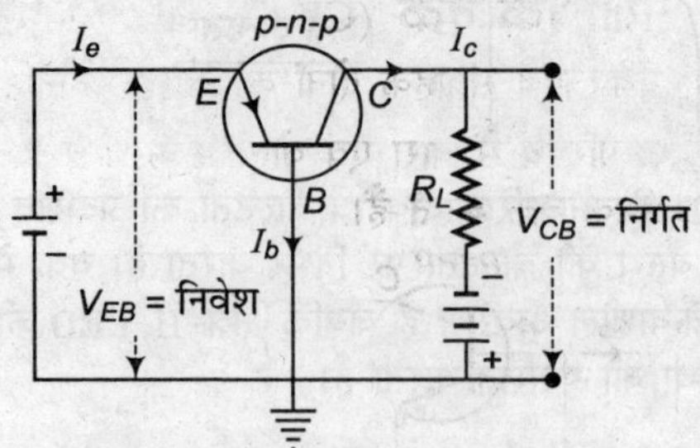

(i) निवेशी धारा = I_e (ii) निवेशी वोल्टेज = V_{EB}

(iii) निर्गत वोल्टेज = V_{CB} (iv) निर्गत धारा = I_C

उत्सर्जक आधार वोल्टेज V_{EB}, में अल्प वृद्धि करने पर अल्प निवेशी प्रतिरोध के कारण उर्त्सजक धारा I_e तेजी से बढ़ती है।

(v) **निवेश अभिलाक्षणिक** यदि V_{CB} = नियत हो, तो I_e एवं V_{EB} के बीच खींचा गया ग्राफ निवेश अभिलक्षणिक कहलाता है। इसे उत्सर्जक अभिलाक्षणिक भी कहते हैं।

n-p-n ट्रांजिस्टर का निवेश अभिलक्षणिक भी उपरोक्त चित्र के समान ही होता है किन्तु इसके I_e एवं V_{EB} दोनों ऋणात्मक एवं V_{CB} धनात्मक होता है।

ट्रांजिस्टर का गतिक निवेशी प्रतिरोध है

$$R_i = \left(\frac{\Delta V_{EB}}{\Delta I_e}\right)_{V_{CB}=\text{नियत}} \quad (R_i \text{ की कोटि } 100\,\Omega \text{ है})$$

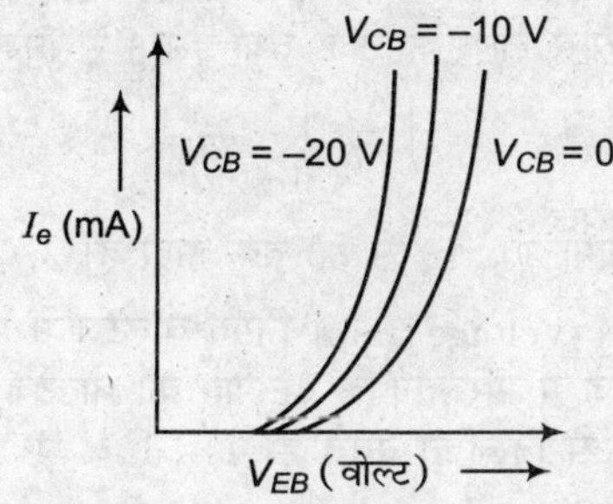

(vi) **निर्गत अभिलाक्षणिक** यदि उत्सर्जक धारा I_e को नियत लें तब I_C एवं V_{CB} के मध्य खींचा गया ग्राफ *CB* विन्यास का निर्गत अभिलाक्षणिक कहलाता है।

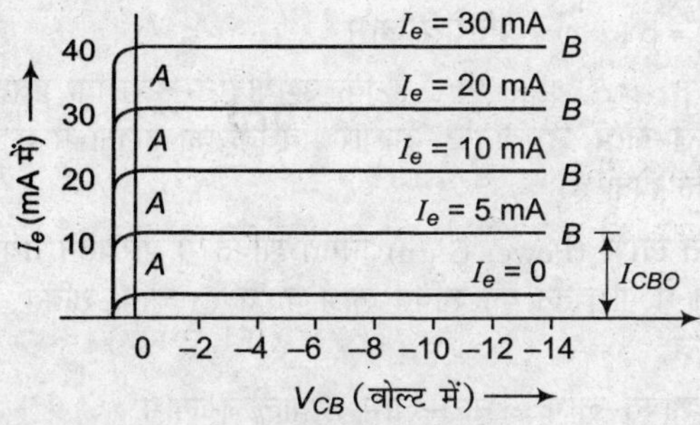

गतिक निर्गत प्रतिरोध है $R_o = \left(\frac{\Delta V_{CB}}{\Delta I_C}\right)_{I_e=\text{नियत}}$

2. CE अभिलाक्षणिक वक्र (CE Characteristics)

इसमें उत्सर्जक, आधार एवं संग्राहक दोनों के लिए उभयनिष्ठ होता है। उभयनिष्ठ उत्सर्जक परिपथ में धारा एवं वोल्टेज के बीच खींचे गए वक्रों को CE अभिलाक्षणिक वक्र कहते हैं।

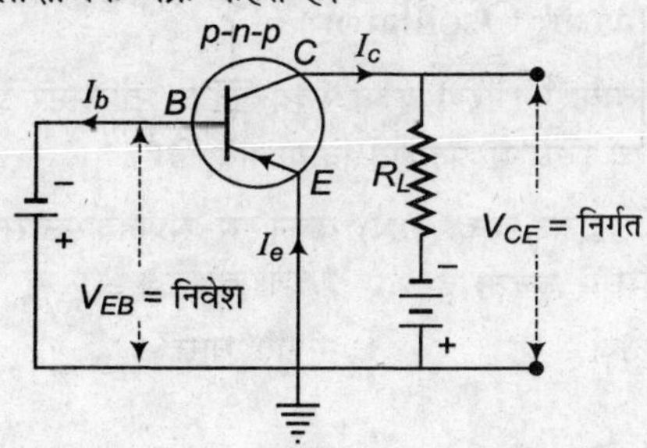

निवेश अभिलाक्षणिक निवेश अभिलाक्षणिक आधार I_b एवं उत्सर्जक आधार वोल्टेज V_{EB}, के मध्य खींचा जाता है। जबकि संग्राहक उत्सर्जक वोल्टेज V_{CE} नियत रहता है।

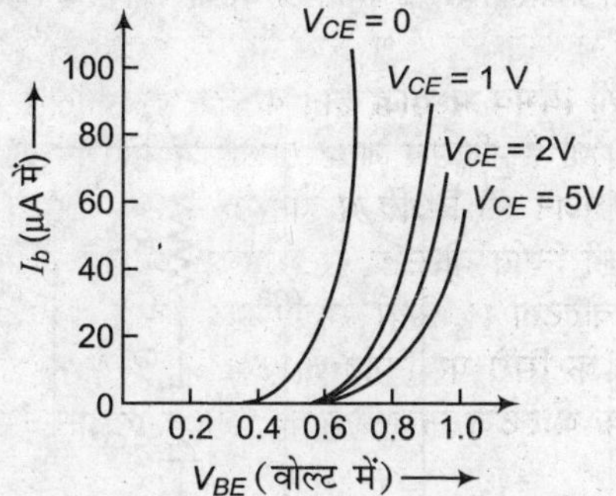

गतिक निवेशी प्रतिरोध $R_i = \left(\frac{\Delta V_{BE}}{\Delta I_B}\right)_{V_{CE}=\text{नियत}}$

निर्गत अभिलाक्षणिक आधार धारा I_B, को नियत रखकर, संग्राहक धारा I_C तथा संग्राहक उत्सर्जक वोल्टता V_{CE} के बीच खींचे गए वक्र उभयनिष्ठ उत्सर्जक विन्यास के लिए सन्धि ट्रांजिस्टर के निर्गत अभिलाक्षणिक होते हैं। V_{CE} का वह मान जिस तक I_C का मान बदलता है, नी वोल्टेज कहलाता है।

ट्रांजिस्टर नी वोल्टेज के ऊपर वाले क्षेत्र में क्रियाशील होता है।

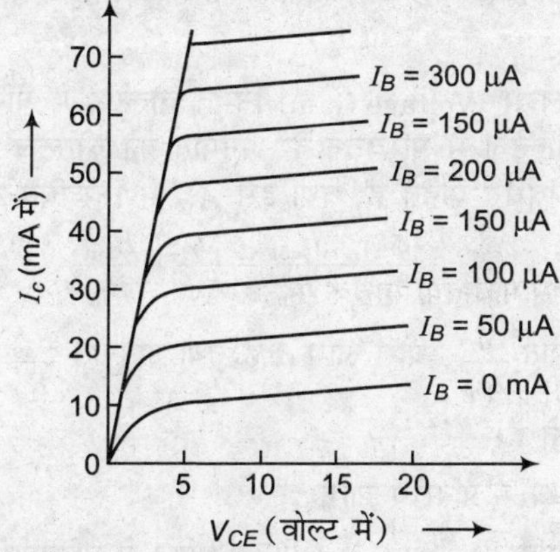

गतिक निर्गत प्रतिरोध $R_0 = \left(\frac{\Delta V_{CE}}{\Delta I_C}\right)_{V_B=\text{नियत}}$

ट्रांजिस्टर प्रवर्धक के रूप में

(Transistor as an Amplifier)

वह युक्ति जो निवेशी संकेत (सिग्नल) के आयाम को आवर्धित करती है, प्रवर्धक कहलाती है।

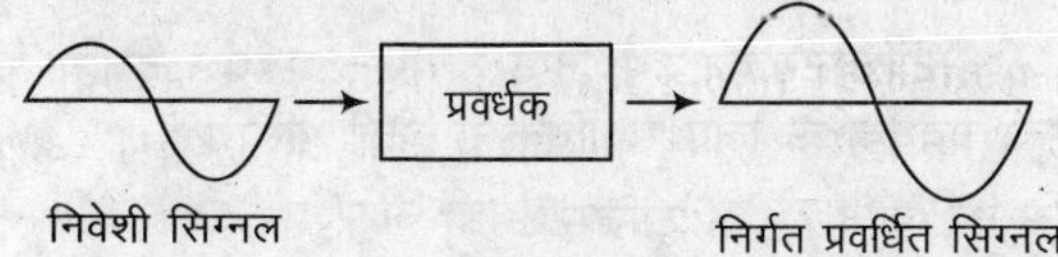

ट्रांजिस्टर को प्रवर्धक के रूप में निम्नलिखित विन्यासों में जोड़ा जा सकता है

1. उभयनिष्ठ-आधार प्रवर्धक

(Common-Base Amplifier)

p-n-p ट्रांजिस्टर प्रवर्धक का उभयनिष्ठ-आधार परिपथ चित्र में दिखाया गया है।

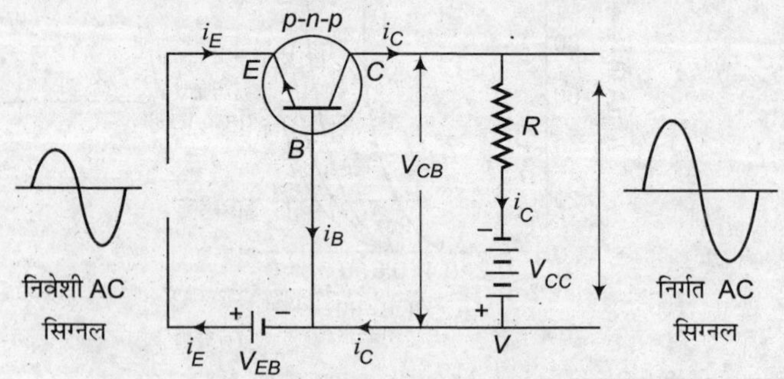

उभयनिष्ठ-आधार प्रवर्धक में प्राप्त विभिन्न लाभ निम्न हैं

(i) **धारा लाभ** (Current Gain) एक नियत संग्राहक आधार वोल्टेज पर, संग्राहक धारा में परिवर्तन तथा उत्सर्जक धारा में परिवर्तन के अनुपात को ट्रांजिस्टर का धारा-लाभ α कहते हैं। इस प्रकार

$$\alpha = \left(\frac{\Delta i_C}{\Delta i_E}\right)_{V_{CB}}$$

α का मान 1 से कुछ कम होता है, अर्थात् कुछ धारा हानि होती है।

(ii) **वोल्टेज लाभ** (Voltage Gain) निर्गत वोल्टेज में परिवर्तन तथा निवेशी वोल्टेज में परिवर्तन के अनुपात को वोल्टेज लाभ अथवा वोल्टेज प्रवर्धन कहते हैं, तथा इसे A_V से निरूपित करते हैं।

$$A_V = \frac{\Delta i_C \times R_{\text{out}}}{\Delta i_E \times R_{\text{in}}} = \frac{\Delta i_C}{\Delta i_E} \times \frac{R_{\text{out}}}{R_{\text{in}}}$$

अब अनुपात $\frac{\Delta i_C}{\Delta i_E}$, धारा लाभ α है तथा अनुपात $\frac{R_{\text{out}}}{R_{\text{in}}}$ को प्रतिरोध लाभ कहते हैं।

$\therefore \quad A_V = \alpha \times$ प्रतिरोध लाभ

(iii) **शक्ति लाभ** (Power Gain) निर्गत शक्ति में परिवर्तन तथा निवेशी शक्ति में परिवर्तन के अनुपात को शक्ति लाभ अथवा शक्ति प्रवर्धन कहते हैं तथा इसे A_P से निरूपित करते हैं। चूँकि शक्ति = धारा × वोल्टेज, अत: शक्ति लाभ = धारा लाभ × वोल्टेज लाभ

$\therefore \quad A_P = \alpha \times A_V$

$= \alpha^2 \times$ प्रतिरोध लाभ

2. उभयनिष्ठ-उत्सर्जक प्रवर्धक

(Common-Emitter Amplifier)

चित्र में *p-n-p* ट्रांजिस्टर का उभयनिष्ठ उत्सर्जक प्रवर्धक दर्शाया गया है। यह ट्रांजिस्टर प्रवर्धक के लिए सर्वाधिक उपयोगी परिपथ है।

CE प्रवर्धक की भाँति *n-p-n* ट्रांजिस्टर

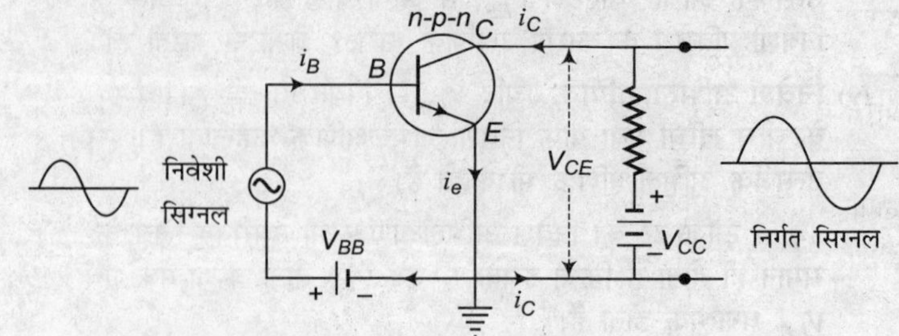

उभयनिष्ठ-उत्सर्जक प्रवर्धक में प्राप्त विभिन्न लाभ निम्न हैं

(i) **धारा लाभ** (Current Gain) एक नियत संग्राहक-आधार वोल्टेज पर, संग्राहक धारा में परिवर्तन तथा आधार धारा में परिवर्तन के अनुपात को धारा लाभ कहते हैं तथा इसे β से निरूपित करते हैं।

इस प्रकार $\quad \beta = \left(\frac{\Delta i_C}{\Delta i_B}\right)_{V_{CE}}$

β का मान सामान्यत: 15 से 50 तक होता है।

(ii) **वोल्टेज लाभ** (Voltage Gain) निर्गत वोल्टेज में परिवर्तन तथा निवेशी वोल्टेज में परिवर्तन के अनुपात को वोल्टेज लाभ कहते हैं तथा इसे A_V से निरूपित करते हैं।

$$A_V = \frac{\Delta i_C \times R_{\text{out}}}{\Delta i_B \times R_{\text{in}}} = \frac{\Delta i_C}{\Delta i_B} \times \frac{R_{\text{out}}}{R_{\text{in}}}$$

अब, अनुपात $\frac{\Delta i_C}{\Delta i_B}$, धारा लाभ β है तथा $\frac{R_{\text{out}}}{R_{\text{in}}}$ प्रतिरोध लाभ है।

$\therefore \quad A_V = \beta\ (a\text{–}c) \times$ प्रतिरोध लाभ

चूँकि $\beta >> \alpha$, अत: स्पष्ट है कि उभयनिष्ठ-उत्सर्जक प्रवर्धक में वोल्टेज-लाभ, उभयनिष्ठ-आधार प्रवर्धक की तुलना में कहीं अधिक होता है।

(iii) **शक्ति लाभ** (Power Gain) निर्गत शक्ति में परिवर्तन तथा निवेशी शक्ति में परिवर्तन को शक्ति लाभ कहते हैं। चूँकि शक्ति = धारा × वोल्टेज,

अत: शक्ति-लाभ = धारा-लाभ × वोल्टेज-लाभ

$\therefore \quad = \beta \times \{\beta \times$ प्रतिरोध लाभ$\}$

$= \beta^2 \times$ प्रतिरोध लाभ

चूँकि $\beta >> \alpha$, उभयनिष्ठ-उत्सर्जक प्रवर्धक में शक्ति लाभ, उभयनिष्ठ-आधार प्रवर्धक की तुलना में कहीं अधिक होता है।

ट्रांजिस्टर दोलित्र के रूप में

(Transistor as an Oscillator)

दोलित्र एक धनात्मक पुनर्भरण युक्त स्वयं पोषित ट्रांजिस्टर प्रवर्धक होता है, जिसका परिपथ चित्र में प्रदर्शित किया गया है।

परिपथ की कुंजी K को बन्द (ON) करने पर संग्राहक-उत्सर्जक परिपथ में धारा I_C धीरे-धीरे बढ़ती है।

कुण्डली L' के कुण्डली L के साथ प्रेरकीय युग्मित होने के कारण कुण्डली L से बद्ध चुम्बकीय फ्लक्स भी धीरे-धीरे बढ़ता है अत: कुण्डली L में एक प्रेरित वैद्युत वाहक उत्पन्न हो जाता है तथा संधारित्र C आवेशित होता है। इसके परिणामस्वरूप आधार-उत्सर्जक परिपथ की अग्र अभिनति में वृद्धि होती है अत: उत्सर्जक धारा में भी वृद्धि होती है जिसके परिणामस्वरूप संग्राहक धारा में भी वृद्धि होती है। अत: कुण्डली L' व L से बद्ध चुम्बकीय फ्लक्स में वृद्धि हो जाती है।

जिस कारण आधार-उत्सर्जक परिपथ की अग्र अभिनति में पुन:वृद्धि होती है। यह प्रक्रिया तब तक चलती है जब तक कि संग्राहक धारा अपना अधिकतम नियत मान प्राप्त नहीं कर लेती है। इस स्थिति में कुण्डली L व L' से बद्ध चुम्बकीय फ्लक्स में होने वाला परिवर्तन शून्य हो जाता है।

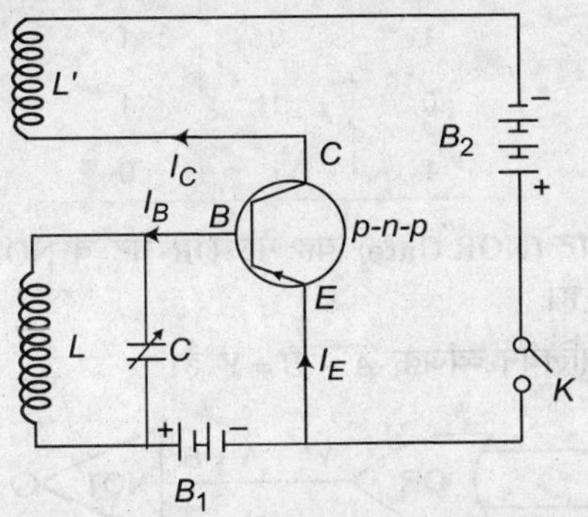

अब संधारित्र C, कुण्डली L में धीरे-धीरे निरावेशित होता है। अत: परिपथ में उत्सर्जक धारा एवं संग्राहक धारा दोनों घटती हैं। परिणामस्वरूप कुण्डली L से बद्ध चुम्बकीय फ्लक्स घटता है और उसमें एक वैद्युत वाहक बल प्रेरित हो जाता है जोकि आधार-उत्सर्जक परिपथ की अग्र अभिनति में कमी करता है, जिसके परिणामस्वरूप उत्सर्जक धारा एवं संग्राहक धारा घटती है। यह क्रम तब तक चलता है जब तक कि संग्राहक धारा घटकर शून्य नहीं हो जाती है। इस स्थिति में पुन: कुण्डली L व L' से बद्ध चुम्बकीय फ्लक्स में परिवर्तन शून्य हो जाता है। अब आधार-उत्सर्जक परिपथ की अग्र अभिनति के कारण उत्सर्जक एवं संग्राहक धारा पुन: धीरे-धीरे बढ़ती है

इस प्रकार L-C परिपथ में $f = \frac{1}{2\pi\sqrt{LC}}$ आवृत्ति के दोलन होते हैं।

ट्रांजिस्टर स्विच के रूप में

(Transistor as a Switch)

एक n-p-n ट्रांजिस्टर का उभयनिष्ठ उत्सर्जक परिपथ चित्र में प्रदर्शित किया गया है। परिपथ के आधार-उत्सर्जक परिपथ में,

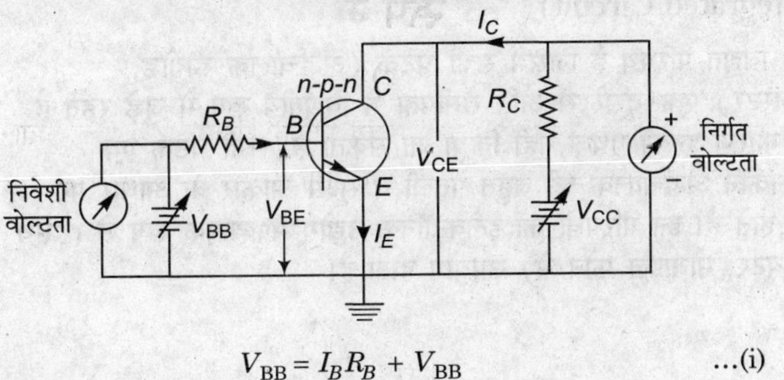

$$V_{BB} = I_B R_B + V_{BB} \quad \text{...(i)}$$

संग्राहक-उत्सर्जक परिपथ में,

$$V_{CB} = V_{CC} - I_C R_C \quad \text{...(ii)}$$

यदि निवेशी विभव V_i तथा निर्गत विभव V_O हो तब समी (i) व (ii) से,

$$V_i = I_B R_B + V_{BE}$$

तथा

$$V_O = V_{CC} - I_C R_C$$

यदि ट्रांजिस्टर सिलिकॉन का बना है तो उसके लिए विभव प्राचीर 0.6 वोल्ट होगी।

(i) यदि $V_i < 0.6$ वोल्ट तब परिपथ में कोई संग्राहक धारा नहीं बहती है। अत: $V_O = V_{CC}$ है।

ट्रांजिस्टर की यह स्थिति उसकी संस्तब्ध अवस्था कहलाती है, इस स्थिति में ट्रांजिस्टर से होकर कोई धारा नहीं बहती है और ट्रांजिस्टर एक खुले स्विच की भाँति कार्य करता है।

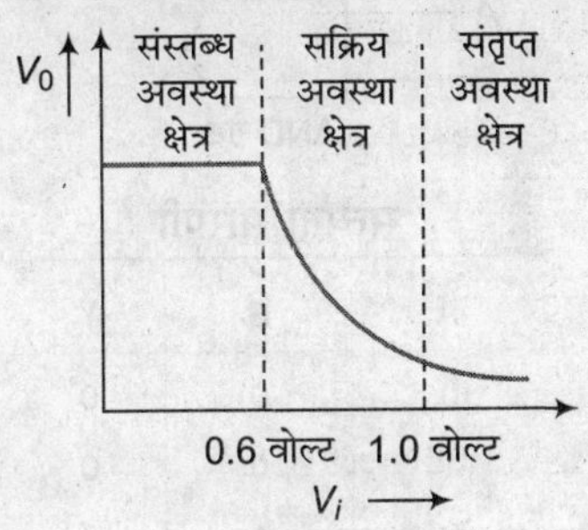

(ii) यदि 1.0 वोल्ट $V_i > 0.6$ वोल्ट तब परिपथ में संग्राहक धारा बहती है, जो विभव 0.6 वोल्ट से 1.0 वोल्ट तक बढ़ने पर सरल रेखीय रूप में बढ़ती है तथा निर्गत विभव सरल रेखीय रूप में घटता है। यह स्थिति ट्रांजिस्टर की सक्रिय अवस्था कहलाती है।

(iii) यदि $V_i > 1.0$ वोल्ट तब निर्गत विभव अरेखीय रूप से घटता है। इस स्थिति में संग्राहक धारा अधिकतम होती है तथा ट्रांजिस्टर संतृप्त अवस्था में कहलाता है।

इस प्रकार ट्रांजिस्टर लघु निवेशी वोल्टता के लिए खुले स्विच की भाँति व उच्च निवेशी वोल्टता के लिए बन्द स्विच की भाँति कार्य करता है।

लॉजिक गेट्स (Logic Gates)

आधारभूत लॉजिक गेट्स निम्नलिखित हैं

(i) **OR गेट** (OR Gate) इसमें दो या दो से अधिक निवेश व एक निर्गत होता है। इसका बूलियन व्यंजक $Y = A + B$ होता है जिसे 'Y तुल्य है A या B के', पढ़ते हैं।

तर्क—निर्गत टर्मिनल पर 0 तब ही प्राप्त होगा, जबकि सारे निवेश टर्मिनल 0 पर हों।

OR गेट का प्रतीक में प्रदर्शित है।

निवेशी A, B — Y निर्गत

सत्यता सारणी

A	B	Y = A + B
0	0	0
1	0	1
0	1	1
1	1	1

(ii) **AND गेट** (AND Gate) इसमें भी दो या दो से अधिक निवेश तथा एक निर्गत होता है।

इसका बूलियन व्यंजक $Y = A \cdot B$ होता है। जिसे 'Y तुल्य है A और B के', पढ़ते हैं।

तर्क निर्गत टर्मिनल पर 1 तभी प्राप्त होगा, जबकि सारे निवेश टर्मिनल 1 पर हों।

AND गेट का प्रतीक चित्र में प्रदर्शित है।

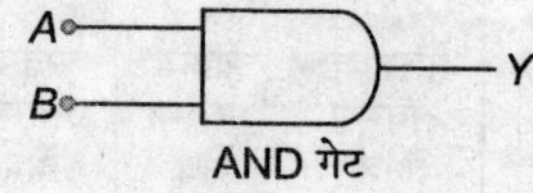

AND गेट

सत्यता सारणी

A	B	Y
0	0	0
1	0	0
0	1	0
1	1	1

(iii) **NOT गेट** (NOT Gate) इसमें सिर्फ एक निवेश तथा एक निर्गत होता है।

इसका बूलियन व्यंजक $\overline{A} = Y$ है। जिसे 'Y तुल्य है A के प्रतिलोम के' पढ़ते हैं।

तर्क निर्गत हमेशा निवेश का प्रतिलोम होता है।

NOT गेट का प्रतीक तथा व्यावहारिक परिपथ चित्र में प्रदर्शित है।

A —▷o— Y

सत्यता सारणी

A	Y
0	1
1	0

लॉजिक गेटों का संयोजन

(Combination of Logic Gates)

आधारभूत गेट्स के संयोजन से निम्न गेट्स प्राप्त होते हैं

(i) NAND **गेट** (NAND Gate) यह गेट AND गेट व NOT गेट का संयोजन है।

इसका बूलियन व्यंजक $\overline{A \cdot B} = Y$ है।

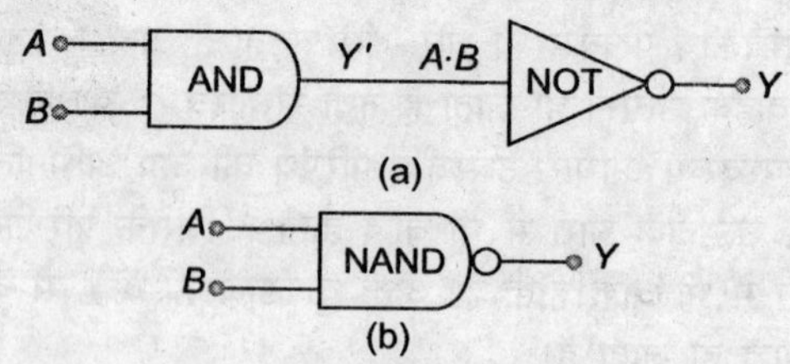

सत्यता सारणी

A	B	Y
0	0	1
1	0	1
0	1	1
1	1	0

(ii) NOR **गेट** (NOR Gate) यह गेट OR गेट व NOT गेट का संयोजन है।

इसका बूलियन व्यंजक $\overline{A + B} = Y$ है।

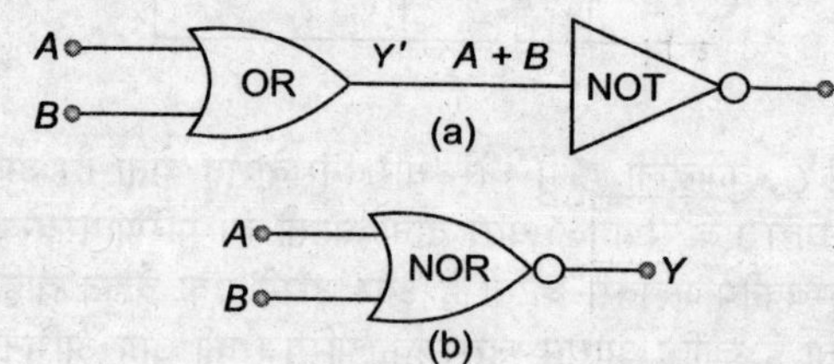

सत्यता सारणी

A	B	Y
0	0	1
1	0	0
0	1	0
1	1	0

इन्टिग्रेटेड परिपथ अथवा IC परिपथ

(Integrated Circuit)

ऐसा विद्युत परिपथ है जिसमें सभी घटक (अर्द्धचालक डायोड, ट्रांजिस्टर) एक-दूसरे से अति समीपता से विद्युतीय रूप में जुड़े रहते है। इस कारण इनको पृथक नहीं किया जा सकता है। सभी घटक एक सिलिकॉन अर्द्धचालक की बहुत पतली व सूक्ष्म आकार के आधार पर लगे होते है। इन परिपथों का इलेक्ट्रॉनिक उद्योग में व्यापक रूप से (TV कम्प्यूटर, मोबाइल फोन में) उपयोग होता है।

अभ्यास प्रश्न

ठोसों में ऊर्जा बैण्ड तथा अर्द्धचालक युक्ति

1. चालक, विद्युतरोधी और अर्द्धचालक में अन्तर का कारण है
(a) धारा को प्रवाहित करने की उनकी योग्यता
(b) क्रिस्टल जालक का प्रकार
(c) उनके इलेक्ट्रॉनों की बन्ध ऊर्जा
(d) उनके ऊर्जा-स्तरों की आपेक्षिक चौड़ाई

2. 0 K ताप पर जर्मेनिगम क्रिस्टल का वर्जित ऊर्जा अन्तराल का मान होता है
(a) 1.09 eV (b) 0.203 eV
(c) 0.72 eV (d) 0.19 eV

3. कुचालकों के लिए सत्य कथन है
(a) संयोजी बैण्ड इलेक्ट्रॉन से आंशिक भरा होता है
(b) चालन बैण्ड इलेक्ट्रॉन से आंशिक भरा होता है
(c) चालन बैण्ड इलेक्ट्रॉन से भरा और संयोजी बैण्ड रिक्त होता है
(d) चालन बैण्ड रिक्त और संयोजी बैण्ड इलेक्ट्रॉन से भरा होता है

4. निम्न में से कौन-सा ऊर्जा बैण्ड चित्र, अर्द्धचालक को प्रकट करता है?

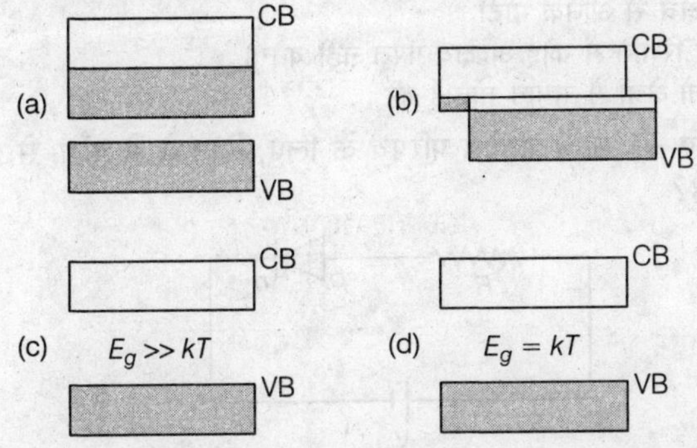

5. परम शून्य ताप पर चालन बैण्ड में इलेक्ट्रॉनों द्वारा प्राप्त अधिकतम ऊर्जा स्तर कहलाता है
(a) फर्मी स्तर (b) वर्जित ऊर्जा अन्तराल
(c) संयोजी बैण्ड (d) चालन बैण्ड

6. चालक, अर्द्धचालक और कुचालक में वर्जित ऊर्जा बैण्ड क्रमशः E_{g_1}, E_{g_2} तथा E_{g_3} हैं। इनमें सम्बन्ध होता है
(a) $E_{g_1} > E_{g_2} > E_{g_3}$ (b) $E_{g_1} < E_{g_2} < E_{g_3}$
(c) $E_{g_1} = E_{g_2} = E_{g_3}$ (d) $E_{g_1} < E_{g_2} > E_{g_3}$

7. एक निश्चित तापक्रम पर, वास्तविक अर्द्धचालक के चालन बैण्ड में इलेक्ट्रॉनों की सम्भावना पाई जाती है
(a) बैण्ड अन्तराल बढ़ने के साथ चरघातांकी (exponentially) घटती है
(b) तापक्रम और बैण्ड अन्तराल पर निर्भर नहीं करती है
(c) तापक्रम बढ़ने के साथ घटती है
(d) बैण्ड अन्तराल बढ़ने के साथ चरघातांकी (exponentially) बढ़ती है

8. सिलिकॉन की बैण्ड अन्तराल ऊर्जा होती है
(a) 0.70 इलेक्ट्रॉन वोल्ट
(b) 1.1 इलेक्ट्रॉन वोल्ट
(c) 0.70 इलेक्ट्रॉन एवं 1.1 इलेक्ट्रॉन वोल्ट के बीच
(d) 5 इलेक्ट्रॉन वोल्ट

9. कमरे के ताप पर अर्द्धचालकों में
(a) संयोजन बैण्ड आंशिक रूप से खाली रहता है एवं चालन बैण्ड आंशिक रूप से भरा रहता है
(b) संयोजन बैण्ड पूर्णतः भरा रहता है एवं चालन बैण्ड आंशिक रूप से भरा रहता है
(c) संयोजन बैण्ड पूर्णतः भरा रहता है
(d) चालन बैण्ड पूर्णतः खाली रहता है

10. एक शुद्ध अर्द्धचालक में
(a) केवल इलेक्ट्रॉन ही धारा प्रवाह के लिए उत्तरदायी हैं
(b) इलेक्ट्रॉन तथा कोटर दोनों ही के कारण धारा प्रवाह होती है
(c) केवल कोटर ही धारा प्रवाह के लिए उत्तरदायी होते हैं
(d) इलेक्ट्रॉन व कोटर दोनों के ही कारण धारा प्रवाहित होती है, जबकि इलेक्ट्रॉन बहुसंख्यक आवेश होते हैं

11. शुद्ध अर्द्धचालक में नियन्त्रित मात्रा में अशुद्धि मिलाने की प्रक्रिया कहलाती है
(a) अपमार्जन (b) अभिमार्जक (c) अपमिश्रण (d) अपद्रव्यम

12. अर्द्धचालक में स्वतन्त्र इलेक्ट्रॉन प्राप्त करने के लिए उसमें मिलाया जाने वाला अपद्रव्य होता है
(a) चतुर्थ-संयोजक (b) त्रि-संयोजक
(c) द्वि-संयोजक (d) पंच-संयोजक

13. डोपिंग किए जाने वाले पदार्थ अशुद्ध पदार्थ कहे जाते हैं क्योंकि ये
(a) अर्द्धचालकों को 100% से कुछ कम शुद्ध करते हैं
(b) अर्द्धचालक पदार्थ के रासायनिक गुणों में परिवर्तन करते हैं
(c) आवेश वाहकों की संख्या में कमी करते हैं
(d) शुद्ध अर्द्धचालकों की क्रिस्टल रचना में परिवर्तन करते हैं

14. p-प्रकार का अर्द्धचालक निर्मित होता है, निम्नलिखित के मिलाने से
(a) शुद्ध सिलिकॉन में आर्सेनिक (b) शुद्ध सिलिकॉन में गैलियम
(c) शुद्ध जर्मेनियम में फॉस्फोरस (d) शुद्ध जर्मेनियम में एन्टीमनी

15. निम्न में से सिलिकॉन में अशुद्धि के रूप में मिलाने पर n-प्रकार का अर्द्धचालक प्राप्त होता है
(a) फॉस्फोरस (b) मैग्नीशियम (c) बोरॉन (d) एल्युमीनियम

16. p-प्रकार के अर्द्धचालक में बहुसंख्यक तथा अल्पसंख्यक आवेश वाहक होते हैं क्रमशः
(a) इलेक्ट्रॉन तथा कोटर (b) इलेक्ट्रॉन तथा प्रोटॉन
(c) प्रोटॉन तथा इलेक्ट्रॉन (d) कोटर तथा इलेक्ट्रॉन

17. कमरे के ताप पर, p-टाइप अर्द्धचालक में होते हैं
(a) बड़ी संख्या में कोटर (holes) तथा कुछ इलेक्ट्रॉन
(b) कोटर तथा इलेक्ट्रॉन दोनों ही नहीं
(c) बराबर संख्या में मुक्त इलेक्ट्रॉन तथा कोटर
(d) बड़ी संख्या में मुक्त इलेक्ट्रॉन तथा कुछ कोटर

18. n–प्रारूपी अर्द्धचालक सिलिकॉन अर्द्धचालक का निम्नलिखित के साथ अपमिश्रण करके बनाया जाता है
(a) त्रि-संयोजक अपद्रव्य
(b) द्वि-संयोजक अपद्रव्य
(c) एक-संयोजक अपद्रव्य
(d) पंच-संयोजक अपद्रव्य

19. एक अर्द्धचालक में विद्युत चालकता उसका
(a) तापक्रम बढ़ाने के साथ घटती है
(b) तापक्रम बढ़ाने के साथ बढ़ती है
(c) तापक्रम बढ़ाने पर नहीं बदलती
(d) तापक्रम बढ़ाने के साथ पहले बढ़ती है और फिर घटती है

20. जब ताप में वृद्धि की जाए अथवा विद्युत क्षेत्र आरोपित किया जाए, तो संयोजी इलेक्ट्रॉनों द्वारा प्राप्त ऊर्जा स्तर कहलाता है
(a) संयोजी बैण्ड (b) चालन बैण्ड
(c) वर्जित ऊर्जा अन्तराल (d) इनमें से कोई नहीं

21. सामान्य ताप पर अर्द्धचालक की विद्युत चालकता (म्हो/मी में), निम्न परास में होती है
(a) 10^{-3} से 10^{-7} (b) 10^{-5} से 10^{2}
(c) 10^{-6} से 10^{-5} (d) 10^{-10} से 10^{-19}

22. एक शुद्ध अर्द्धचालक आंशिक रूप से चालक की तरह व्यवहार करता है
(a) कमरे के ताप पर (b) निम्न ताप पर
(c) उच्च ताप पर (d) (b) तथा (c)

23. अर्द्धचालकों का ताप बढ़ाने पर, इनका प्रतिरोध
(a) अपरिवर्तित रहता है (b) घटता है
(c) बढ़ता है (d) इनमें से कोई नहीं

24. निम्न में से कौन-सा कथन सत्य है?
(a) अर्द्धचालकों का प्रतिरोध ताप गुणांक धनात्मक होता है
(b) अर्द्धचालकों का प्रतिरोध ताप गुणांक ऋणात्मक होता है
(c) अर्द्धचालकों का प्रतिरोध ताप गुणांक नाम से भौतिकी अनभिज्ञ है
(d) अर्द्धचालकों का प्रतिरोध ताप गुणांक धनात्मक या ऋणात्मक कुछ भी हो सकता है

25. एक ताँबे तथा दूसरे जर्मेनियम का टुकड़ा कमरे के ताप से 80 K तक ठण्डा किया जाता है, तो
(a) ताँबे का प्रतिरोध बढ़ता है तथा जर्मेनियम का प्रतिरोध घटता है
(b) प्रत्येक का प्रतिरोध घटता है
(c) प्रत्येक का प्रतिरोध बढ़ता है
(d) ताँबे का प्रतिरोध घटता है तथा जर्मेनियम का प्रतिरोध बढ़ता है

26. चालन इलेक्ट्रॉनों की गतिशीलता कोटरों से अधिक होती है, क्योंकि
(a) इन पर ऋण आवेश होता है
(b) ये हल्के होते हैं
(c) इन्हें गति करने के लिए कम ऊर्जा की आवश्यकता होती है
(d) इनमें आपस की टक्करों की सम्भावना कम रहती है

27. प्लेटिनम व सिलिकॉन को 250°C तक गर्म करने के बाद ठण्डा किया जाता है। ठण्डा करने की प्रक्रिया में
(a) प्लेटिनम का प्रतिरोध बढ़ेगा व सिलिकॉन का घटेगा
(b) सिलिकॉन का प्रतिरोध बढ़ेगा व प्लेटिनम का घटेगा
(c) दोनों का प्रतिरोध बढ़ेगा
(d) दोनों का प्रतिरोध घटेगा

28. लोहे तथा सिलिकॉन के तारों को 30°C से 50°C तक गर्म किया जाता है, तो निम्न में से सत्य कथन है
(a) दोनों तारों का प्रतिरोध बढ़ता है
(b) दोनों तारों का प्रतिरोध घटता है
(c) लोहे के तार का प्रतिरोध बढ़ता है तथा सिलिकॉन के तार का प्रतिरोध घटता है
(d) लोहे के तार का प्रतिरोध घटता है तथा सिलिकॉन के तार का प्रतिरोध बढ़ता है

29. जब p-n सन्धि डायोड को अग्र अभिनति में रखा जाता है, तो सन्धि में धारा का प्रवाह मुख्यत: निम्न के कारण होता है
(a) इलेक्ट्रॉनों के अनुगमन द्वारा (b) इलेक्ट्रॉनों के विसरण द्वारा
(c) (a) और (b) दोनों के द्वारा (d) इनमें से कोई नहीं

30. p-n सन्धि डायोड में अग्र अभिनति की अवस्था में विभव प्राचीर की चौड़ाई
(a) बढ़ती है
(b) घटती है
(c) पहले बढ़ती है और फिर घटती है
(d) स्थिर रहती है

31. सिलिकॉन डायोड का कट-इन (cut-in) विभव लगभग होता है
(a) 0.2 V (b) 9.6 V
(c) 9.7 V (d) 1.2 V

32. p-n सन्धि डायोड में यदि p-क्षेत्र को n-क्षेत्र से अधिक अपमिश्रित (heavily doped) किया जाए, तो अवक्षय परत होगी
(a) p-क्षेत्र से अधिक मोटी
(b) n-क्षेत्र से अधिक मोटी
(c) इस स्थिति में कोई अवक्षय परत नहीं बनेगी
(d) दोनों क्षेत्रों में समान मोटाई की

33. दिए गए p-n सन्धि डायोड परिपथ के लिए, निम्न में से कौन-से कथन सत्य हैं?

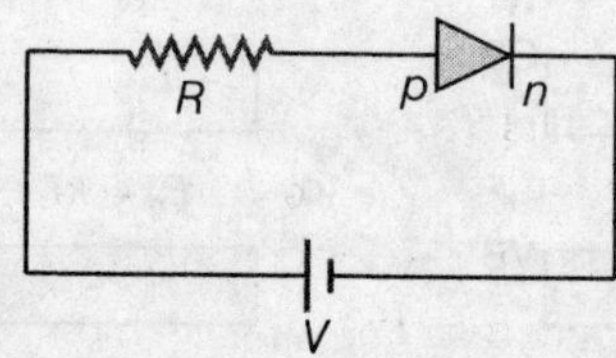

(a) अग्र अभिनति में प्रतिरोध R के परित: वोल्टेज V है
(b) अग्र अभिनति में प्रतिरोध R के परित: वोल्टेज $2V$ है
(c) उत्क्रम अभिनति में प्रतिरोध R के परित: वोल्टेज V है
(d) उत्क्रम अभिनति में प्रतिरोध R के परित: वोल्टेज $2V$ है

34. जब किसी p-n सन्धि को अग्र अभिनति में रखा जाता है, तो प्राचीर विभव V_B तथा अवक्षय परत की चौड़ाई x किस प्रकार परिवर्तित होते हैं?
(a) V_B बढ़ता है, x घटती है
(b) V_B घटता है, x बढ़ती है
(c) V_B बढ़ता है, x बढ़ती है
(d) V_B घटता है, x घटती है

35. किसी p-n सन्धि डायोड में उत्क्रम अभिनति
(a) सन्धि प्राचीर विभव को कम करता है
(b) सन्धि प्राचीर विभव को अधिक करता है
(c) बहुसंख्यक वाहक को काफी बढ़ाता है
(d) अल्पसंख्यक वाहक को काफी अधिक बढ़ाता है

36. जब p-n सन्धि डायोड पश्चगामी होते हैं, तो
(a) इलेक्ट्रॉन और होल एक -दूसरे को आकर्षित करते हैं तथा अवक्षय परत की ओर गति करते हैं
(b) इलेक्ट्रॉन तथा होल अवक्षय परत से दूर जाते हैं
(c) विभव प्राचीर की ऊँचाई कम हो जाती है
(d) धारा प्रवाह में कोई परिवर्तन नहीं होता है

37. p-n सन्धि डायोड का उपयोग किया जाता है
(a) आवर्द्धन में (b) दिष्टकरण के लिए
(c) दोलित्र के लिए (d) मॉड्यूलेशन के लिए

38. दिष्टकारी का कार्य होता है
(a) AC को DC में परिवर्तित करना
(b) DC को AC में परिवर्तित करना
(c) उपरोक्त (a) तथा (b) दोनों
(d) उपरोक्त में से कोई नहीं

39. पूर्ण तरंग दिष्टकारी में दोनों डायोडों पर बायसिग होती है
(a) दोनों पर अग्र
(b) दोनों पर उत्क्रम
(c) एक पर अग्र तथा दूसरे पर उत्क्रम
(d) उपरोक्त में से कोई नहीं

40. जेनर भंजन होगा यदि
(a) अपद्रव्य की मात्रा कम होगी
(b) अपद्रव्य की मात्रा अधिक होगी
(c) n-भाग में अपद्रव्य की मात्रा कम होगी
(d) p-भाग में अपद्रव्य की मात्रा कम होगी

41. एक प्रकाश उत्सर्जी डायोड (LED) के सिरों के मध्य विभवान्तर 2 वोल्ट एवं उसमें प्रवाहित धारा 10 मिलीऐम्पियर है। जब डायोड एक सीमान्त प्रतिरोध R व 6 वोल्ट की बैटरी के साथ कार्यरत है। तब प्रतिरोध R का मान है
(a) 40 किलोओम (b) 4 किलोओम (c) 200 ओम (d) 400 ओम

42. एक n-p-n ट्रांजिस्टर सही रूप में कार्य करता है, जब
(a) आधार के सापेक्ष दोनों संग्राहक एवं उत्सर्जक धनात्मक होते हैं
(b) आधार के सापेक्ष संग्राहक धनात्मक एवं उत्सर्जक ऋणात्मक होता है
(c) संग्राहक धनात्मक एवं उत्सर्जक आधार के विभव पर होता है
(d) आधार के सापेक्ष एवं उत्सर्जक दोनों ऋणात्मक होते हैं

43. किसी सिलिकॉन ट्रांजिस्टर को ऑन करने के लिए आधार व उत्सर्जक के मध्य न्यूनतम विभवान्तर होता है
(a) 1 वोल्ट (b) 3 वोल्ट
(c) 5 वोल्ट (d) 4.2 वोल्ट

44. उभयनिष्ठ आधार n-p-n ट्रांजिस्टर के लिए $\frac{i_C}{i_E} = 0.96$ है, तो उभयनिष्ठ उत्सर्जक परिपथ के लिए धारा लब्धि का महत्तम मान होगा
(a) 12 (b) 24 (c) 6 (d) 5

45. एक उभयनिष्ठ उत्सर्जक ट्रांजिस्टर परिपथ के लिए $\Delta I_B = 5\,\mu A$ तथा $\Delta I_C = 5\,mA$, β का मान होगा
(a) 70 (b) 90 (c) 0 (d) 100

46. ट्रांजिस्टर प्रवर्धक के लिए, वोल्टेज लाभ है
(a) सभी आवृत्तियों के लिए नियत
(b) कम आवृत्ति पर अधिक तथा माध्य आवृत्ति पर नियत
(c) अधिक तथा कम आवृत्ति पर कम तथा माध्य आवृत्ति पर नियत है
(d) उपरोक्त में से कोई नहीं

47. n-p-n ट्रांजिस्टर परिपथ में संग्राहक धारा 10 mA है। उत्सर्जित इलेक्ट्रॉनों में से 90% इलेक्ट्रॉन संग्राहक पर पहुँचते हैं, तो उत्सर्जक धारा (i_E) एवं आधार धारा (i_B) होगी
(a) $i_E = -1\,mA, i_B = 9\,mA$ (b) $i_E = 9\,mA, i_B = -1\,mA$
(c) $i_E = 1\,mA, i_B = 11\,mA$ (d) $i_E = 11\,mA, i_B = 1\,mA$

48. किसी ट्रांजिस्टर का स्थानान्तरण अनुपात 50 है। उभयनिष्ठ उत्सर्जक व्यवस्था में प्रयुक्त करने पर ट्रांजिस्टर का निवेशी प्रतिरोध $1\,k\Omega$ है। 0.01 वोल्ट की निवेशी AC वोल्टता के लिए संग्राहक AC धारा का शिखर मान होगा
(a) 500 μA (b) 0.25 mA (c) 400 mA (d) 0.01 mA

49. उभयनिष्ठ उत्सर्जक विन्यास में धारा लाभ 1 से अधिक होता है, क्योंकि
(a) $I_c < I_b$ (b) $I_c < I_e$ (c) $I_c > I_b$ (d) $I_e > I_b$

50. उभयनिष्ठ आधार विन्यास में धारा लाभ 1 से कम होता है
(a) $I_e < I_b$ (b) $I_b < I_e$ (c) $I_c < I_e$ (d) $I_e < I_c$

51. तीन प्रवर्धक अवस्थाएँ एक साथ जुड़ी हैं, जिनमें प्रत्येक का लाभ 10 है। इस पूरी व्यवस्था का कुल लाभ है
(a) 10 (b) 30 (c) 1000 (d) 100

52. एक ट्रांजिस्टर का $\beta = 40$ है। आधार धारा में परिवर्तन $100\,\mu A$ है, तो संग्राहक धारा में परिवर्तन है
(a) $40 \times 100\,\mu A$ (b) $(100 - 40\,\mu A)$
(c) $100 + 40\,\mu A$ (d) $\frac{100}{40}\,\mu A$

53. एक ट्रांजिस्टर की उभयनिष्ठ आधार व्यवस्था में धारा लाभ 0.95 है। इसका मान उभयनिष्ठ उत्सर्जक व्यवस्था में है
(a) 0.95 (b) 1.5 (c) 19 (d) $\frac{1}{19}$

54. एक ट्रांजिस्टर के उभयनिष्ठ आधार विन्यास में धारा लाभ 40 है। यदि उत्सर्जक धारा 8.2 mA है, तब आधार धारा है
(a) 0.02 mA (b) 0.2 mA (c) 2.0 mA (d) 0.4 mA

55. एक उभयनिष्ठ उत्सर्जक ट्रांजिस्टर प्रवर्धक में $\beta = 60$, $R_0 = 5000\,\Omega$ तथा ट्रांजिस्टर का आंतरिक प्रतिरोध $500\,\Omega$ है। प्रवर्धक का वोल्टेज प्रवर्धन होगा
(a) 500 (b) 460 (c) 600 (d) 560

56. एक n-p-n ट्रांजिस्टर के उत्सर्जक में 10^{-6} सेकण्ड में 10^{10} इलेक्ट्रॉन प्रवेश करते हैं। 4% इलेक्ट्रॉन आधार में रह जाते हैं,धारा स्थानान्तरण अनुपात है
(a) 0.98 (b) 0.97
(c) 0.96 (d) 0.94

57. एक n-p-n ट्रांजिस्टर परिपथ में संग्राहक धारा 10 mA है। यदि उत्सर्जित इलेक्ट्रॉनों में से 95% संग्राहक पर पहुँचते हैं, निम्नलिखित में से कौन-सा कथन सत्य है?
(a) उत्सर्जक धारा 8 mA होगी
(b) उत्सर्जक धारा 10.53 mA होगी
(c) उत्सर्जक धारा 5.53 mA होगी
(d) आधार धारा 2 mA होगी

58. एक ट्रांजिस्टर की आधार धारा 1 mA है तथा उत्सर्जक धारा 90 mA है। संग्राहक धारा होगी
(a) 90 μA (b) 1 mA (c) 89 mA (d) 91 mA

लॉजिक गेट तथा IC

59. द्वि-निवेशी OR गेट का निर्गत 0 होगा केवल जब
(a) दोनों निवेश 0 हों
(b) कोई निवेश 1 हो
(c) दोनों निवेश 1 हों
(d) कोई निवेश 0 हो

60. बूलियन व्यंजक $A + B = Y$ प्रदर्शित करता है
(a) A व B का जोड़ Y है।
(b) $Y = 1$ तभी होगा जब $A = 1$ या $B = 1$ या दोनों $A = B = 1$
(c) $Y = 1$ केवल तभी जब $A = B = 1$
(d) $Y = 1$ जब $A = 1$ या $B = 1$ लेकिन तब नहीं जब $A = B = 1$

61. निम्न में से गलत है
(a) $1 + 0 = 1$ (b) $0 + 1 = 1$
(c) $1 + 1 = 1$ (d) इनमें से कोई नहीं

62. AND गेट क्या है?
(a) इसको स्विच परिपथ द्वारा प्रदर्शित नहीं किया जा सकता।
(b) इसको बनाने में दो स्विच श्रेणीक्रम में लगाए जाते हैं
(c) इसको बनाने में दो स्विच समान्तर क्रम में लगाए जाते हैं
(d) इसको बनाने में स्विचों को मिश्रित क्रम में लगाया जाता है

63. बूलियन व्यंजक $A \cdot B = Y$ व्यक्त करता है, कि
(a) A व B का गुणनफल Y है।
(b) $Y = 1$ यदि $A = 1$ या $B = 1$
(c) $Y = 1$ जब $A = B = 1$ लेकिन तब नहीं जब केवल $A = 1$ या $B = 1$
(d) $Y = 1$ जब $A = 1$ या $B = 1$ लेकिन तब नहीं जब $A = B = 1$

64. यदि NOT गेट पर निवेश 1 है, तो निर्गत होगा
(a) 1 (b) 0
(c) 0 या 1 (d) 0 व 1 दोनों

65. निम्न में से कौन-सा NOT गेट का कार्य नहीं है?
(a) सिग्नल को रोकना
(b) निवेश को प्रतिलोम करना
(c) निवेश के मान को परिवर्तित कर देना
(d) अंकीय परिपथ का तर्क बदल देना

66. नीचे चित्र में तीन लॉजिक गेट के संकेत दिखाए गए हैं इनमें क्रमशः OR, NOR एवं NAND हैं

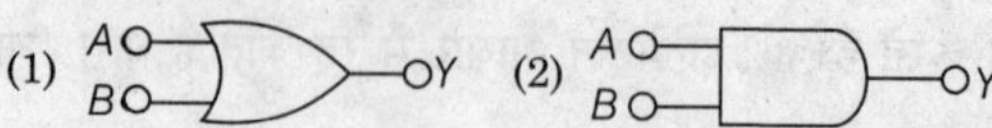

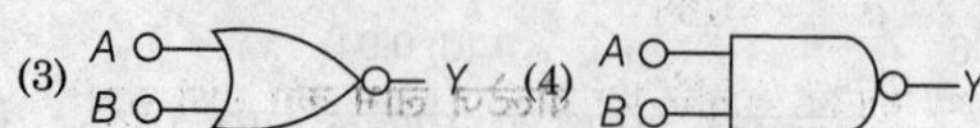

(a) 1, 4, 3 (b) 4, 1, 2
(c) 1, 3, 4 (d) 4, 2, 1

67. अंकीय परिपथ को इसके बारम्बार प्रयोग द्वारा बनाया जा सकता है।
(a) OR गेट (b) AND गेट
(c) NOT गेट (d) NAND गेट

68. एक AND गेट को NOT गेट के साथ श्रेणी क्रम में जोड़ा जाता है। A व B निवेशों के लिए निर्गत Y के मान का बूलियन व्यंजक है
(a) $A \cdot B$ (b) $A + B$
(c) $\overline{A + B}$ (d) $\overline{A \cdot B}$

69. निम्न सत्यता सारणी किस गेट के लिए है?

A	B	Y
0	0	1
1	0	0
0	1	0
1	1	0

(a) XOR गेट (b) NOR गेट (c) AND गेट (d) OR गेट

70. यदि $A = B = 1$, तो बूलियन बीजगणित के पदों में निम्न में से कौन-सा विकल्प $A \cdot B + A$ के समतुल्य नहीं है?
(a) $B \cdot A + B$ (b) $B + A$
(c) B (d) इनमें से कोई नहीं

71. निम्न परिपथ के लिए बूलियन समीकरण है

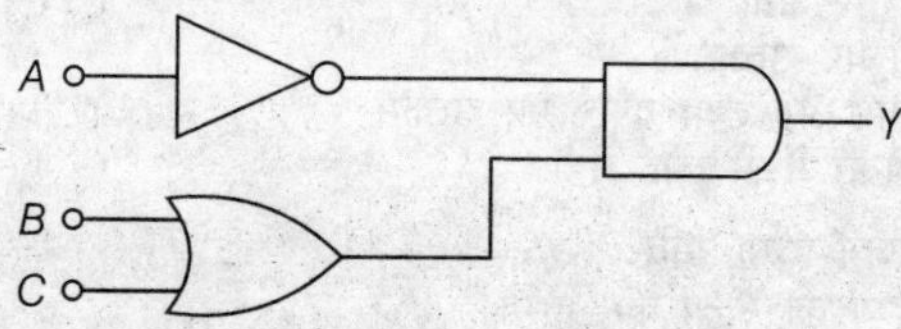

(a) $Y = \overline{A} \cdot B + C$ (b) $Y = \overline{A} \cdot (\overline{B} + \overline{C})$
(c) $Y = \overline{A} \cdot (B + \overline{C})$ (d) $Y = \overline{A} \cdot (B + C)$

72. दिए गए लॉजिक गेटों के निकाय के लिए यदि निवेशी A, B, C की स्थिति $A = B = C = 0$ एवं $A = B = 1, C = 0$ हो, तो निर्गत की स्थिति होगी

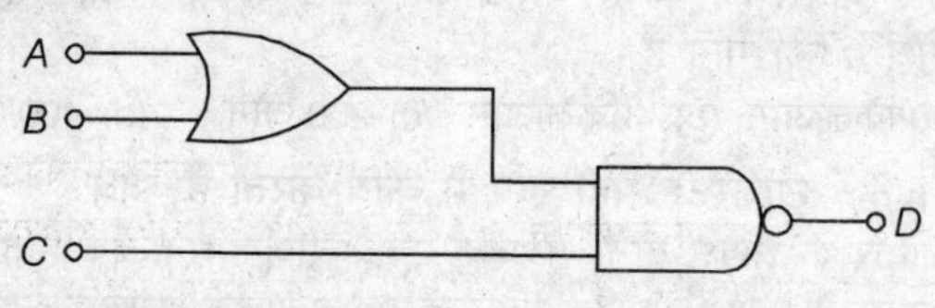

(a) 0, 0 (b) 0, 1 (c) 1, 0 (d) 1, 1

73. निम्न में से किस गेट का निर्गत 1 है?

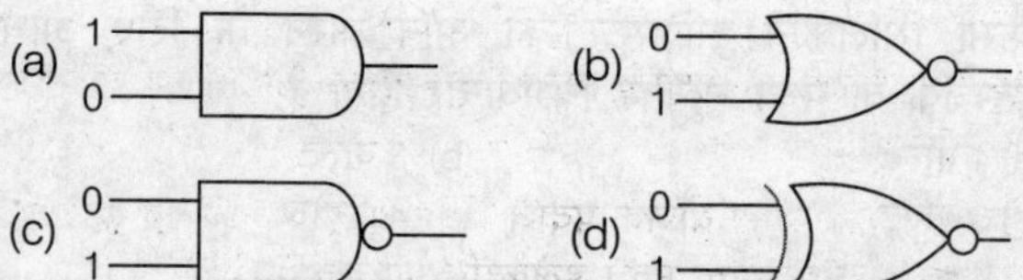

74. व्यंजक $(A + B) \cdot (\overline{A \cdot B})$ के लिए A व B के मान होंगे
(a) 0, 0 (b) 0, 1 (c) 1, 0 (d) 1, 1

75. चित्र में दिखाए गए परिपथ से निर्गत 1 प्राप्त करने के लिए निवेशी होने चाहिए

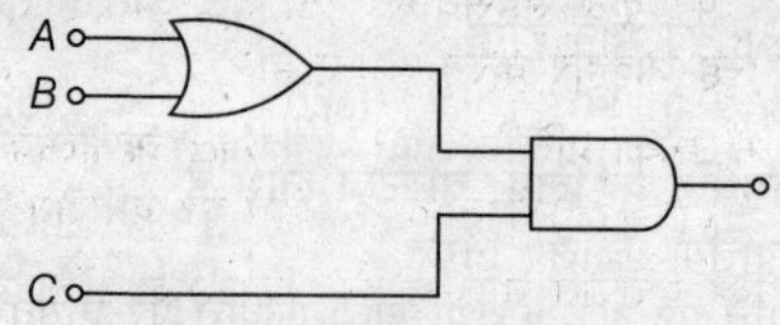

(a) $A = 0, B = 1, C = 0$ (b) $A = 1, B = 0, C = 0$
(c) $A = 1, B = 0, C = 1$ (d) $A = 1, B = 1, C = 0$

76. द्वि-निवेशी लॉजिक गेट के निवेश 0, 0 हैं तथा निर्गत 1 है। यदि निवेश 1 व 0 हों, तो निर्गत 0 है। लॉजिक गेट है

(a) XOR (b) NAND (c) NOR (d) OR

77. IC का पूर्ण नाम है

(a) इन्टीग्रेटिड सर्किट (b) इम्प्लीमेनट सर्किट

(c) इन्स्टॉलेशन सर्किट (d) इनमें से कोई नहीं

उत्तरमाला

1.	(d)	2.	(c)	3.	(d)	4.	(d)	5.	(a)	6.	(b)	7.	(a)	8.	(b)	9.	(a)	10.	(b)
11.	(c)	12.	(d)	13.	(d)	14.	(b)	15.	(a)	16.	(d)	17.	(a)	18.	(d)	19.	(b)	20.	(b)
21.	(b)	22.	(a)	23.	(b)	24.	(b)	25.	(d)	26.	(c)	27.	(b)	28.	(c)	29.	(b)	30.	(b)
31.	(a)	32.	(b)	33.	(a)	34.	(d)	35.	(b)	36.	(b)	37.	(b)	38.	(a)	39.	(c)	40.	(b)
41.	(d)	42.	(b)	43.	(a)	44.	(b)	45.	(a)	46.	(b)	47.	(d)	48.	(a)	49.	(c)	50.	(c)
51.	(c)	52.	(a)	53.	(c)	54.	(b)	55.	(c)	56.	(c)	57.	(b)	58.	(c)	59.	(a)	60.	(b)
61.	(d)	62.	(b)	63.	(c)	64.	(b)	65.	(a)	66.	(c)	67.	(d)	68.	(d)	69.	(b)	70.	(d)
71.	(d)	72.	(d)	73.	(c)	74.	(c)	75.	(c)	76.	(c)	77.	(a)						

उत्तर व्याख्या सहित

1. चालक, विद्युतरोधी और अर्द्धचालकों के ऊर्जा-स्तरों की आपेक्षिक चौड़ाई भिन्न-भिन्न होती है।

2. जर्मेनियम के लिए संयोजी बैण्ड से चालन बैण्ड में इलेक्ट्रॉन को ले जाने के लिए न्यूनतम आवश्यक ऊर्जा 0.72 eV है।

3. कुचालकों में संयोजी बैण्ड इलेक्ट्रॉन से भरा होता है तथा चालन बैण्ड रिक्त होता है।

4. अर्द्धचालक में संयोजी बैण्ड और चालन बैण्ड के मध्य वर्जित ऊर्जा अन्तराल बहुत कम होता है (लगभग kT के तुल्य) तथा संयोजी बैण्ड पूर्णत: भरा होता है, जबकि चालन बैण्ड रिक्त होता है।

8. 1.1 इलेक्ट्रॉन वोल्ट

9. कमरे के तापमान पर, अर्द्धचालक में कुछ इलेक्ट्रॉन पर्याप्त मात्रा में ऊर्जा ग्रहण करते हैं और इसलिये संयोजकता बैण्ड से चालकता बैण्ड तक जा सकते हैं। इस कारण कमरे के ताप पर, संयोजकता बैण्ड आंशिक रूप से खाली एवं चालकता बैण्ड आंशिक रूप से भरा हुआ रहता है।

10. एक शुद्ध अर्द्धचालक में इलेक्ट्रॉन और कोटर केवल तापीय उत्तेजन से उत्पन्न होते हैं और मुक्त इलेक्ट्रॉनों की संख्या कोटरों की संख्या के बराबर होती है।

11. शुद्ध अर्द्धचालक में अशुद्धि मिलाने की प्रक्रिया अपमिश्रण या मादन कहलाती है।

12. अर्द्धचालक में पंच-संयोजक पदार्थ की अशुद्धि मिलाने पर प्रत्येक अशुद्धि परमाणु के संगत एक मुक्त इलेक्ट्रॉन प्राप्त होता है।

14. शुद्ध सिलिकॉन में गैलियम मिलाने पर p-प्रकार का अर्द्धचालक निर्मित होता है।

17. p-प्रकार के अर्द्धचालक में, कोटर बहुसंख्यक आवेश वाहक होते हैं।

19. तापक्रम वृद्धि के साथ विद्युत चालकता बढ़ती है।

22. कमरे के ताप पर कुछ सहसंयोजी बन्ध टूट जाते हैं तथा अर्द्धचालक, चालक की तरह व्यवहार करने लगता है।

23. अर्द्धचालकों में इनका प्रतिरोध ताप गुणांक (α) ऋणात्मक होता है। अतः सम्बन्ध $R = R_0(1 - \alpha t)$ से तापक्रम बढ़ाने पर प्रतिरोध घटेगा।

24. अर्द्धचालकों का प्रतिरोध ताप गुणांक ऋणात्मक होता है, क्योंकि ताप बढ़ाने से अर्द्धचालक की प्रतिरोधकता घटती है।

25. कमरे के ताप से 80 K तक ठण्डा करने पर ताँबे का प्रतिरोध घटता है तथा जर्मेनियम का प्रतिरोध बढ़ता है।

33. अग्र अभिनति में, p-n सन्धि डायोड का प्रतिरोध शून्य होता है, इसलिये सम्पूर्ण वोल्टेज परिपथ में जुड़े प्रतिरोधक पर आरोपित होगा।

34. V_B व x दोनों के मान घटते हैं।

36. पश्चगामी होने पर इलेक्ट्रॉन व होल अवक्षय परत से दूर की ओर गति करते हैं तथा विभव प्राचीर की ऊँचाई को बढ़ा देते हैं।

38. दिष्टकारी का कार्य AC को DC में परिवर्तित करना है।

40. अपमिश्रण कम होने पर एवलांश भंजन तथा अधिक होने पर जेनर भंजन हो सकता है।

41. परिपथ में वोल्टेज = 6 − 2 = 4 वोल्ट

$$V = IR$$

$$4 = 10 \times 10^{-3} \times R$$

या $R = 400$ ओम

42. आधार के सापेक्ष संग्राहक धनात्मक एवं उत्सर्जक ऋणात्मक होता है। यह अभिनति द्वारा किया जाता है, जिससे निर्गम प्रतिरोध कम व निर्गत प्रतिरोध अधिक हो।

43. सिलिकॉन के लिए यह मान लगभग 1 वोल्ट है।

44. $\dfrac{\Delta I_C}{\Delta I_E} = \alpha = 0.96$

$$\beta = \frac{\alpha}{1-\alpha} = \frac{0.96}{1-0.96} = 24$$

46. कम तथा अधिक आवृत्ति पर वोल्टेज लाभ कम तथा माध्य आवृत्ति पर वोल्टेज लाभ नियत रहेगा।

47. संग्राहक धारा, $I_C = \dfrac{90}{100} \times I_E$

जहाँ, I_E = उत्सर्जक धारा

$\Rightarrow \quad 10 = 0.9 \times I_E$

$\Rightarrow \quad I_E = 11\,\text{mA}$

यद्यपि, $I_E = I_B + I_C$

आधार धारा $I_B = I_E - I_C = 11 - 10 = 1\,\text{mA}$

48. दिया है, $\beta = 50, R_i = 1000\Omega, V_i = 0.01$ वोल्ट

$$\beta = \frac{I_c}{I_b} \quad \text{... (i)}$$

तथा $I_b = \frac{V_i}{R_i} = \frac{0.01}{10^3} = 10^{-5}$ ऐम्पियर

तब, $I_c = 50 \times 10^{-5}$ ऐम्पियर $= 500\,\mu A$ [समी (i) से]

49. $\beta = \frac{I_c}{I_b} > 1$ या $I_c > I_b$

50. $\alpha = \frac{I_c}{I_e} < I$ या $I_c < I_e$

51. यदि K एक अवस्था का लाभ है तब कुल ह अवस्थाओं का लाभ $= (K)^n = 10^3 = 1000$

52. हम जानते हैं, $\beta = \frac{\Delta I_c}{\Delta I_b}$ या $\Delta I_c = \beta \cdot \Delta I_b = 40 \times 100\mu A$

53. सूत्र $\beta = \frac{\alpha}{1-\alpha}$ से $= \frac{0.95}{1-0.95} = \frac{0.95}{0.95} = 19$

54. $\beta = \frac{I_c}{I_b} = \frac{I_e - I_b}{I_b} = \frac{I_e}{I_b} - 1$

या $\frac{I_e}{I_b} = 1 + \beta$ या $I_b = \frac{I_e}{1+\beta} = \frac{8.2}{1+40} = \frac{8.2}{41} = 0.20$ mA

55. $A_V = \beta \frac{R_o}{R_i} = 60 \times \frac{5000}{500} = 600$

56. संग्राहक पर पहुँचने वाले इलेक्ट्रॉनों की संख्या,

$$n_c = \frac{96}{100} \times 10^{10} = 0.96 \times 10^{10}$$

उत्सर्जक धारा, $I_e = \frac{n_e \times e}{t}$

संग्राहक धारा, $I_e = \frac{n_c \times e}{t}$

धारा स्थानान्तरण अनुपात, $\alpha = \frac{I_c}{I_e} = \frac{n_c}{n_e}$

$$= \frac{0.96 \times 10^{10}}{10^{10}} = 0.96$$

57. यहाँ, $I_c = 10mA$

$\therefore$ $I_c = \frac{95}{100} I_e$

$\Rightarrow$ $10mA = \frac{95}{100} I_e$ या $I_e = \frac{100 \times 10}{95} = 10.53mA$

58. $I_E = I_B + I_c \Rightarrow I_c = 89mA$

64. NOT गेट निवेश को प्रतिलोम कर देता है अतः निर्गत 0 होगा।

71. $Y = \overline{A} \cdot (B + C)$

72. दिए गए संयोजन के लिए निर्गत D निम्न है

$$D = \overline{(A+B) \cdot C} = \overline{(A+B)} + \overline{C}$$

यदि $A = B = C = 0$

तब $D = \overline{(0+0)} + \overline{0} = \overline{0} + \overline{0} = 1 + 1 = 1$

यदि $A = B = 1, C = 0$ तब

$D = \overline{(1+1)} + \overline{0} = \overline{1} + \overline{0} = 0 + 1 = 1$

73. NAND गेट के लिए $= \overline{0 \cdot 1} = \overline{0} = 1$

74. बूलियन व्यंजक को निम्न प्रकार लिखा जा सकता है

$$Y = \overline{(A+B)} \cdot \overline{(AB)}$$
$$= (\overline{A} \cdot \overline{B}) \cdot (\overline{A} + \overline{B})$$
$$= (\overline{A} \cdot \overline{A}) \cdot \overline{B} + \overline{A}(\overline{B} \cdot \overline{B})$$
$$= (\overline{A} \cdot \overline{B}) + \overline{A} \cdot \overline{B}$$
$$= \overline{A} \cdot \overline{B}$$

अतः सत्यता सारणी है

A	B	Y
0	0	1
1	0	0
0	1	0
1	1	0

75. दिए हुए संयोजन के लिए बूलियन व्यंजक निम्न होगा

$$Y = (A + B) \cdot C$$

सत्यता सारणी निम्न होगी

A	B	C	$Y = (A+B) \cdot C$
0	0	0	0
1	0	0	0
0	1	0	0
0	0	1	0
1	1	0	0
0	1	1	1
1	0	1	1
1	1	1	1

अतः $A = 1, B = 0$ तथा $C = 1$

76. NOR गेट का बूलियन व्यंजक $Y = \overline{A + B}$

यहाँ $\overline{0 + 0} = \overline{0} = 1$

$\overline{1 + 0} = \overline{1} = 0$

मध्य प्रदेश

शासन, स्कूल शिक्षा विभाग के अन्तर्गत

उच्च माध्यमिक शिक्षक

प्रैक्टिस पेपर्स (1-5)

मध्य प्रदेश
उच्च माध्यमिक शिक्षक पात्रता परीक्षा (भाग-ब)

प्रैक्टिस पेपर 1

निर्देश

इस प्रश्न-पत्र में कुल 120 वस्तुनिष्ठ प्रकार के प्रश्न हैं तथा प्रत्येक प्रश्न के लिए एक अंक निर्धारित है।

1. विद्युत रासायनिक तुल्यांक का एस आई पद्धति में मात्रक है
(a) किग्रा-कूलॉम (b) कूलॉम/किग्रा
(c) किग्रा/कूलॉम (d) किग्रा/कूलॉम^2

2. सार्थक अंकों के अनुसार संख्याओं 436.32, 227.2 तथा 0.301 का योगफल है
(a) 663.821 (b) 664
(c) 663.8 (d) 663.82

3. एक कोण दूरी मापक का प्रयोग मापने में होता है
(a) पहाड़ी का क्षेत्रफल (b) एक वस्तु की ऊँचाई
(c) एक टॉवर की चौड़ाई (d) मकान का आयतन

4. एक कण विराम से एक वेग से चलना प्रारम्भ करता है, जो रेखीय रूप से लगातार $v = pt$ के अनुसार बढ़ रहा है, जहाँ $p = 4$ मी/से है। प्रथम 2 सेकण्ड में तय की गई दूरी होगी
(a) 6 मी (b) 4 मी
(c) 8 मी (d) 10 मी

5. एक पिण्ड का x-अक्ष के सापेक्ष विस्थापन समय पर समीकरण $\sqrt{x} = t + 1$ के अनुसार निर्भर करता है, तब पिण्ड का वेग
(a) समय के साथ बढ़ता है (b) समय के साथ घटता है
(c) समय पर निर्भर नहीं है (d) इनमें से कोई नहीं

6. सीधे राजमार्ग पर कोई कार 126 किमी/घण्टा की चाल से चल रही है। इसे 200 मी की दूरी पर रोक दिया जाता है। कार के मन्दन को एकसमान मानिए और इसका मान निकालिए। कार को रुकने में कितना समय लगेगा?
(a) 3.06 मी/से^{2} तथा 11.4 सेकण्ड
(b) 2.06 मी/से^{2} तथा 11.4 सेकण्ड
(c) 3.06 मी/से^{2} तथा 10.4 सेकण्ड
(d) 3.06 मी/से^{2} तथा 4.1 सेकण्ड

7. दिया है, $\mathbf{A} = \hat{\mathbf{i}} + 2\hat{\mathbf{j}} - 3\hat{\mathbf{k}}$, जब $\mathbf{A}$ तथा $\mathbf{B}$ को जोड़ा जाता है, x-अक्ष के अनुदिश एकांक सदिश प्राप्त होता है, तब $\mathbf{B}$ है
(a) $-2\hat{\mathbf{j}} + 3\hat{\mathbf{k}}$ (b) $-\hat{\mathbf{i}} - 2\hat{\mathbf{j}}$
(c) $-\hat{\mathbf{i}} + 3\hat{\mathbf{k}}$ (d) $2\hat{\mathbf{j}} - 3\hat{\mathbf{k}}$

8. दो बल $\mathbf{F}_1$ तथा $\mathbf{F}_2$ एक-दूसरे के लम्बवत् कार्यरत् हैं, तब इनका परिणामी है
(a) $F_1 + F_2$ (b) $\sqrt{F_1^2 + F_2^2}$
(c) $\sqrt{F_1^2 - F_2^2}$ (d) $\frac{F_1 + F_2}{2}$

9. बल के x तथा y घटक 2 न्यूटन तथा -3 न्यूटन हैं। बल है
(a) $2\hat{\mathbf{i}} - 3\hat{\mathbf{j}}$ (b) $2\hat{\mathbf{i}} + 3\hat{\mathbf{j}}$ (c) $-2\hat{\mathbf{i}} - 3\hat{\mathbf{j}}$ (d) $3\hat{\mathbf{i}} + 2\hat{\mathbf{j}}$

10. एक कण का वेग $v = 3\hat{\mathbf{i}}$ मी/से तथा नियत त्वरण $\mathbf{a} = (-1\hat{\mathbf{i}} - 5\hat{\mathbf{j}})$ मी/से^{2} से मुक्त बिन्दु को छोड़ता है, जब कण वेग के x घटक के अधिकतम मान पर पहुँचता है, तब वेग का y घटक ज्ञात कीजिए
(a) -2.0 मी/से (b) -1.0 मी/से (c) -1.5 मी/से (d) 1.0 मी/से

11. एक प्रक्षेप्य कण $15°$ के कोण से प्रक्षेपित किया जाता है, तब इसका परास 50 मी है। यदि यह कण समान चाल से $45°$ के कोण पर प्रक्षेपित किया जाता है, तब इसका परास होगा
(a) 60 मी (b) 71 मी (c) 100 मी (d) 141 मी

12. एक पत्थर को क्षैतिज से θ कोण पर फेंका जाता है, तब यह महत्तम ऊँचाई H पर पहुँचता है। तब पत्थर कितने समय तक वायु में रहा?
(a) $\sqrt{\frac{2H}{g}}$ (b) $2\sqrt{\frac{2H}{g}}$
(c) $\frac{2\sqrt{2H}\sin\theta}{g}$ (d) $\frac{\sqrt{2H}\sin\theta}{g}$

13. धरातल से 2 मी ऊँचाई पर स्थित एक क्षैतिज पाइप से जल बह रहा है। यदि जल चित्रानुसार 3 मी की क्षैतिज दूरी पर गिरता है, तब जल की चाल जिससे यह पाइप को छोड़ता है, होगी ($g = 9.8$ मी/से^{2} लें)

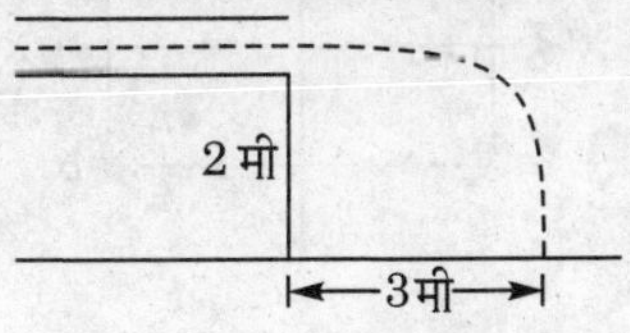

(a) 2.4 मी/से (b) 4.7 मी/से
(c) 7.4 मी/से (d) 6.2 मी/से

14. कणों के बीच संघट्ट में संवेग संरक्षण का अवबोधन किस आधार पर किया जा सकता है?
(a) ऊर्जा संरक्षण
(b) केवल न्यूटन का प्रथम नियम
(c) केवल न्यूटन का द्वितीय नियम
(d) न्यूटन के द्वितीय एवं तृतीय नियम

15. 0.05 किग्रा द्रव्यमान की एक वस्तु को 9.5 मी/से^{2} त्वरण के साथ गिरते हुए प्रेक्षित किया जाता है। वस्तु पर वायु की विपरीत दिशा में बल है ($g = 9.8$ मी/से^{2})
(a) 0.015 न्यूटन (b) 0.15 न्यूटन
(c) 0.030 न्यूटन (d) शून्य

16. एक लिफ्ट जिसमें m द्रव्यमान का एक ब्लॉक है, v एकसमान वेग से ऊपर की ओर गति करती है। यदि घर्षण गुणांक μ हो, तो ब्लॉक द्वारा उत्पन्न घर्षण बल होगा
(a) शून्य (b) mg
(c) μmg (d) $2\mu mg$

17. एक एकसमान चेन का द्रव्यमान व लम्बाई क्रमश: M व L है। यह एक चिकनी क्षैतिज मेज पर रखी हुई है तथा इसका आधा भाग ऊर्ध्व लटका हुआ है। चेन को मेज के ऊपर खींचने में किया गया कार्य होगा
(a) $MgL/2$ (b) $MgL/4$ (c) $MgL/8$ (d) $MgL/16$

18. एक मनुष्य एक दीवार को धकेलता है, परन्तु इसको विस्थापित नहीं कर सकता। वह करता है
(a) ऋणात्मक कार्य
(b) धनात्मक कार्य, परन्तु अधिकतम नहीं
(c) कोई कार्य नहीं
(d) अधिकतम धनात्मक कार्य

19. किसी स्प्रिंग को s दूरी तक खींचने पर, इसकी स्थितिज ऊर्जा 10 जूल है। इस स्प्रिंग को अतिरिक्त s दूरी तक खींचने में किया गया कार्य (जूल में) होगा
(a) 30 (b) 40 (c) 70 (d) 90

20. P प्रयास द्वारा W प्रतिरोध को पार करने के लिए, किसी मशीन में यान्त्रिक लाभ होगा
(a) $W \times 2P$ (b) W/P
(c) P/W (d) $W - 2P$

21. चित्र में प्रदर्शित समान द्रव्यमान की चार वस्तुएँ समान चाल से गति करना प्रारम्भ करती हैं। निम्न में से किस संयोजन के लिए द्रव्यमान केन्द्र मूल बिन्दु पर स्थिर रहेगा?

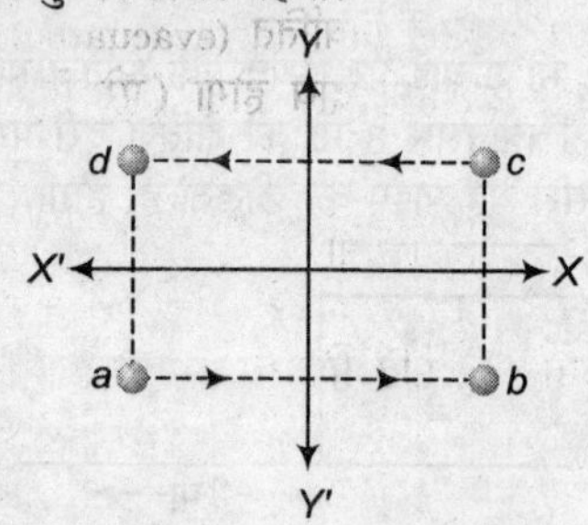

(a) c तथा d (b) a तथा b
(c) a तथा c (d) b तथा d

22. एक M द्रव्यमान की वस्तु A ऊर्ध्वाधर नीचे की ओर गुरुत्व के प्रभाव में गिर रही है, तथा यह दो भागों में टूट जाती है, जिसका एक भाग B, $\frac{1}{3}M$ द्रव्यमान का तथा दूसरा भाग C, $\frac{2}{3}M$ द्रव्यमान का है। वस्तुओं B तथा C का संयुक्त द्रव्यमान केन्द्र वस्तु A की तुलना में विस्थापित होगा
(a) C की ओर
(b) B की ओर
(c) टूटने की ऊँचाई पर निर्भर करेगा
(d) विस्थापित नहीं होगा

23. दो कण जिनके द्रव्यमान क्रमश: m_1 व m_2 हैं, विराम अवस्था से एक-दूसरे की ओर अपने पारस्परिक आकर्षण बल के प्रभाव के अन्तर्गत गति करते हैं। उनके द्रव्यमान केन्द्र की चाल उस समय t पर क्या होगी, जब उनके मध्य की दूरी r है?
(a) शून्य
(b) $\left(G\frac{m_1m_2}{r^2}\cdot\frac{1}{m_1}\right)t$
(c) $\left(G\frac{m_1m_2}{r^2}\cdot\frac{1}{m_2}\right)t$
(d) $\left(G\frac{m_1m_2}{r^2}\cdot\frac{1}{m_1+m_2}\right)t$

24. 2 किग्रा और 4 किग्रा द्रव्यमान की दो वस्तुएँ क्रमश: 2 मी/से व 10 मी/से के वेग से गति कर रही हैं। इनके द्रव्यमान केन्द्र का वेग होगा
(a) 8.1 मी/से (b) 7.3 मी/से
(c) 6.4 मी/से (d) 5.3 मी/से

25. घड़ी के मिनट वाले काँटे एवं घण्टे वाले काँटे की कोणीय चाल का अनुपात होता है
(a) 1 : 6 (b) 6 : 1 (c) 1 : 12 (d) 12 : 1

26. पहिए की घूर्णन कोणीय चाल पर क्या प्रभाव पड़ेगा जब द्रव्यमान उसके परिधि की ओर खिसक जाए?
(a) बढ़ेगा
(b) घटेगा
(c) अपरिवर्तित रहेगा
(d) कुछ नहीं कहा जा सकता

27. एक दी गई अक्ष के परित: एक पिण्ड का जड़त्व आघूर्ण 1.2 किग्रा × मी^{2} है। आरम्भ में पिण्ड विराम अवस्था में है। इसमें 1500 जूल घूर्णन गतिज ऊर्जा उत्पन्न करने के लिए, इस अक्ष के परित: इस पिण्ड पर 25 रेडियन/से^{2} का कोणीय त्वरण लगाने का समय अन्तराल होगा
(a) 4 सेकण्ड (b) 2 सेकण्ड
(c) 8 सेकण्ड (d) 15 सेकण्ड

28. एक कार 22 किमी/घण्टा की चाल से दौड़ रही है। इसके पहियों का व्यास 0.50 मी है। यदि इसके पहियों को ब्रेक लगाकर 20 चक्करों में रोक दें, तो ब्रेक द्वारा कोणीय मंदन होगा
(a) 25.5 रेडियन/से^{2}
(b) 12.5 रेडियन/से^{2}
(c) 18.5 रेडियन/से^{2}
(d) उपरोक्त में से कोई नहीं

29. यदि अपने अक्ष के परित: पृथ्वी की घूर्णन चाल में वृद्धि होती है, तब विषुवत् रेखा पर पिण्ड का भार
(a) बढ़ेगा
(b) कम होगा
(c) परिवर्तित नहीं होगा
(d) कभी कम होगा तथा कभी बढ़ेगा

30. ध्रुवों पर किसी वस्तु का भार, विषुवत् रेखा पर उसी वस्तु के भार से
(a) कम होता है
(b) अधिक होता है
(c) बराबर होता है
(d) कुछ कहा नहीं जा सकता

31. g, R व G के पदों में, पृथ्वी के द्रव्यमान का सूत्र क्या होगा?
(a) $g^2(R/G)$ (b) $2G(R^2/g)$
(c) $4G(R/g)$ (d) $g(R^2/G)$

32. गुरुत्वीय त्वरण g व पृथ्वी के माध्य घनत्व ρ के बीच निम्नलिखित में क्या सम्बन्ध है? जहाँ, G गुरुत्वाकर्षण नियतांक तथा R पृथ्वी की त्रिज्या है।
(a) $\rho = \frac{4\pi g R^2}{3G}$ (b) $\rho = \frac{8\pi g R^3}{3G}$
(c) $\rho = \frac{3g}{4\pi G R}$ (d) $\rho = \frac{6g}{4\pi G R^3}$

33. किसी तार के पदार्थ का यंग प्रत्यास्थता गुणांक प्रतिबल के उस परिमाण के बराबर होगा जो
(a) तार की लम्बाई में कोई परिवर्तन न कर सके
(b) तार की लम्बाई दोगुनी कर दें
(c) तार की लम्बाई 50% बढ़ा दें
(d) तार की लम्बाई आधी कर दे

34. 2 मी लम्बे तथा 2 वर्ग मिमी अनुप्रस्थ-काट के एक इस्पात तार की लम्बाई में 0.5 मिमी की वृद्धि करने के लिए आवश्यक बल है (इस्पात के लिए $Y = 2.2 \times 10^{11}$ न्यूटन/मी^{2})
(a) 1.1×10^5 न्यूटन (b) 1.1×10^4 न्यूटन
(c) 1.1×10^3 न्यूटन (d) 1.1×10^2 न्यूटन

35. एक ही पदार्थ के दो तार जिनकी लम्बाइयाँ समान हैं, समान बल से खींचे जाते हैं, इनके द्रव्यमानों में अनुपात 3 : 2 है। इनकी लम्बाइयों की वृद्धि में अनुपात है
(a) 3 : 2 (b) 9 : 4
(c) 2 : 3 (d) 4 : 9

36. एक पदार्थ के दो तारों की लम्बाईयाँ बराबर हैं, परन्तु त्रिज्याओं में अनुपात 1 : 2 है, असमान बल से खींचे जाते हैं। इनकी लम्बाई में बराबर वृद्धि होती है। बलों के बीच अनुपात है
(a) 1 : 1 (b) 1 : 2
(c) 2 : 3 (d) 1 : 4

37. बर्फ का एक टुकड़ा जिसका घनत्व 900 किग्रा/मी^{3} है, पानी (धनत्व 1000 किग्रा/मी^{3}) में तैर रहा है, तो बर्फ के टुकड़े का कितने प्रतिशत आयतन पानी के ऊपर होगा?
(a) 20% (b) 35%
(c) 10% (d) 25%

38. एक घनाकार पिण्ड किसी द्रव में इस प्रकार तैर रहा है कि उसका आधा आयतन द्रव में डूबा है। यदि सम्पूर्ण निकाय ऊपर की ओर $g/3$ त्वरण से त्वरित हो, तो पिण्ड का वह भाग जो द्रव में डूबेगा, होगा

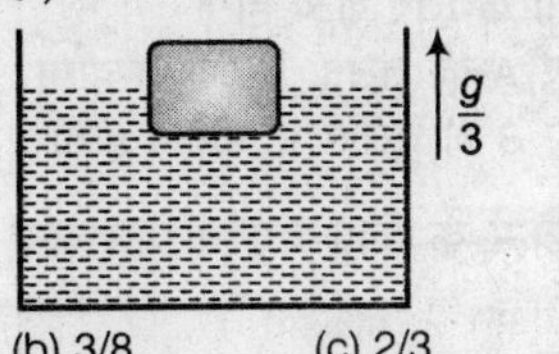

(a) 1/2 (b) 3/8 (c) 2/3 (d) 3/4

39. चाँदी का 2.1 किग्रा भार का टुकड़ा किसी धागे की सहायता से आपेक्षिक घनत्व 0.8 वाले द्रव में पूर्णत: डूबा है। धागे में तनाव (किग्रा भार में) क्या होगा, यदि चाँदी का आपेक्षिक घनत्व 10.5 है?
(a) 1.6 (b) 1.94 (c) 3.1 (d) 5.25

40. यदि वस्तु का भार, उत्प्लावन बल से अधिक होता है, तो वस्तु
(a) डूब जाती है (b) तैरती है
(c) आंशिक रूप से डूब जाती है (d) आंशिक रूप से तैरती है

41. निम्नलिखित में से एक तापमापी, जो तीव्र-परिवर्तनशील ताप के मापन में प्रयोग किया जा सकता है, हैं
(a) तापयुग्म तापमापी
(b) प्रतिरोध तापमापी
(c) प्लेटिनम प्रतिरोध तापमापी
(d) वाष्पन-दाब तापमापी

42. 2000°C ताप के मापन के लिए उपयुक्त तापमापी है
(a) गैस तापमापी (b) प्रतिरोध तापमापी
(c) वाष्पन दाब तापमापी (d) पूर्ण विकिरण पाइरोमीटर

43. निम्न तापमापियों में, जिसको 5000°C की कोटि के तापमापन के लिए प्रयोग किया जा सके, है
(a) प्लेटिनम प्रतिरोध तापमापी (b) विकिरण पाइरोमीटर
(c) पारे का तापमापी (d) प्रतिरोध तापमापी

44. पारा 367°C पर उबलता है। फिर भी, पारे के तापमापी इस प्रकार बनाए जाते हैं कि ये 500°C तक तापमापन कर सकते हैं। ऐसा किया जाता है
(a) तापमापी की नली (stem) में पारे के स्तम्भ के ऊपर, निर्वात् बनाए रखकर
(b) पारे के स्तम्भ के ऊपर, उच्च दाब पर N_2 गैस भरकर
(c) पारे के स्तम्भ के ऊपर, निम्न दाब पर N_2 गैस भरकर
(d) पारे के स्तम्भ के ऊपर, उच्च दाब पर CO_2 गैस भरकर

45. एक बर्तन में 5 लीटर गैस 0.8 मी दाब पर है। इस बर्तन को एक 3 लीटर आयतन वाले निर्वातित (evacuated) बर्तन से जोड़ा जाता है। अन्दर का परिणामी दाब होगा (पूरे निकाय को विलगित मान लिया जाए)
(a) $\frac{4}{3}$ मी (b) 0.5 मी (c) 2.0 मी (d) $\frac{3}{4}$ मी

46. समतापीय प्रक्रम में प्रति मोल द्वारा किया गया कार्य होता है
(a) $RT \log_{10} \frac{V_2}{V_1}$ (b) $RT \log_{10} \frac{V_1}{V_2}$
(c) $RT \log_e \frac{V_2}{V_1}$ (d) $RT \log_e \frac{V_1}{V_2}$

47. आदर्श गैस A तथा वास्तविक गैस B के आयतन, समतापीय अवस्था में V से बढ़ाकर $2V$ कर दिए जाते है। आन्तरिक ऊर्जा में परिवर्तन
(a) A और B दोनों में समान होगा
(b) दोनों गैसों के लिए शून्य होगा
(c) B के लिए A की तुलना में अधिक होगा
(d) A के लिए B की तुलना में अधिक होगा

48. समतापीय प्रक्रम के लिए प्रयुक्त पात्र बना होना चाहिए
(a) ताँबे का (b) काँच का
(c) लकड़ी का (d) कपड़े का

49. 27°C ताप पर एक बर्तन में भरी हुई एक मोल हाइड्रोजन गैस का दाब p है। उसी आयतन के दूसरे बर्तन में 127°C ताप पर एक मोल हीलियम गैस भरी है। इसका दाब होगा
(a) $\frac{8}{3}p$ (b) $1\frac{3}{8}p$ (c) $\frac{4}{3}p$ (d) $\frac{3}{4}p$

50. प्रत्येक गैस आदर्श गैस के समान व्यवहार करती है
(a) निम्न दाब तथा उच्च ताप पर (b) उच्च दाब तथा निम्न ताप पर
(c) सामान्य ताप व दाब पर (d) उच्च दाब व उच्च ताप पर

51. किसी बर्तन में p_0 दाब पर गैस है। यदि सभी अणुओं के द्रव्यमान आधे और उनकी चाल दोगुनी कर दी जाए, तो परिणामी दाब होगा
(a) $4p_0$ (b) $2p_0$
(c) p_0 (d) $p_0/2$

52. एक बर्तन में H_2 व O_2 गैसों का मिश्रण एक नियत ताप पर भरा है। इन गैसों के अणुओं का वर्ग माध्य मूल चालों का अनुपात होगा
(a) 1 : 2 (b) 2 : 1
(c) 3 : 1 (d) 4 : 1

53. सरल आवर्त गति कर रहे एक कण की कुल ऊर्जा E है, जिस समय इसका विस्थापन आयाम का आधा है, इसकी गतिज ऊर्जा है
(a) $E/2$ (b) $E/4$
(c) $3E/4$ (d) E

54. X-अक्ष के अनुदिश गति करते हुए 0.1 किग्रा द्रव्यमान की स्थितिज ऊर्जा $U = 5x(x-4)$ जूल, जहाँ x मीटर में है, द्वारा दी जाती है, तो असत्य विकल्प है
(a) कण पर नियत बल कार्य करता है
(b) $x = 2$ मी पर कण की चाल अधिकतम है
(c) कण सरल आवर्त गति करता है
(d) कण के दोलनों का आवर्तकाल $\frac{\pi}{5}$ सेकण्ड है

55. एक कण 4 सेमी आयाम की सरल आवर्त गति कर रहा है। साम्यावस्था से कितने विस्थापन पर इसकी ऊर्जा आधी स्थितिज व आधी गतिज होगी?
(a) 1 सेमी (b) $\sqrt{2}$ सेमी
(c) 2 सेमी (d) $2\sqrt{2}$ सेमी

56. एक कण अपनी साम्यावस्था की स्थिति से T आवर्तकाल का दोलन प्रारम्भ करता है। $t = \frac{T}{12}$ पर गतिज ऊर्जा व स्थितिज ऊर्जा का अनुपात होगा
(a) 1 : 4 (b) 2 : 1
(c) 3 : 1 (d) 4 : 1

57. एक ध्वनि तरंग का समीकरण $y = 0.0015\sin(62.4x + 316t)$ है, तो तरंगदैर्ध्य का मान होगा
(a) 0.2 मात्रक (b) 0.1 मात्रक
(c) 0.3 मात्रक (d) गणना नहीं कर सकते हैं

58. मनुष्य द्वारा श्रव्य ध्वनि तरंगों की आवृत्ति है
(a) 5 कम्पन/से (b) 27000 कम्पन/से
(c) 5000 कम्पन/से (d) 50000 कम्पन/से

59. निम्न तरंगों में से यांत्रिक नही है
(a) ध्वनि तरंगें (b) भूकम्प तरंगें
(c) रस्सी में उत्पन्न तरंगें (d) एक्स तरंगें

60. ध्वनि तरंगें एक माध्यम में चल रही हैं, जिसकी रुद्धोष्म प्रत्यास्थता E एवं समतापी प्रत्यास्थता E' है। ध्वनि तरंग का वेग समानुपाती है
(a) E' (b) $\sqrt{E}$ (c) $\sqrt{E'}$ (d) $\frac{E}{E'}$

61. r दूरी पर रखे हुए दो इलेक्ट्रॉनों के बीच बल परिवर्तित होता है
(a) r^3 (b) r (c) r^{-1} (d) r^{-2}

62. दो आवेश + 1 माइक्रो कूलॉम व 5 माइक्रो कूलॉम है। इन पर कार्यरत् बलों में अनुपात होगा
(a) 1 : 5 (b) 1 : 1 (c) 5 : 1 (d) 1 : 25

63. F_g व F_e क्रमशः 10 सेमी की दूरी पर स्थित दो इलेक्ट्रॉनों के बीच गुरुत्वाकर्षण एवं स्थिर–वैद्युत बल को प्रदर्शित करते हैं। F_g/F_e के अनुपात की कोटि होगी
(a) 10^{41} (b) 10^{11} (c) 1 (d) 10^{-42}

64. स्थिर आवेश के दो छोटे गोलों के बीच (a) वायु में (b) परावैद्युत नियतांक k के माध्यम में बलों में अनुपात होगा
(a) $k^3 : 1$ (b) $k : 1$
(c) $k^4 : 1$ (d) $k^2 : 1$

65. यदि n, e, τ व m क्रमशः इलेक्ट्रॉन घनत्व, इलेक्ट्रॉन आवेश, विश्रान्ति समय (relaxation time) व इलेक्ट्रॉन के द्रव्यमान को प्रदर्शित करते हैं, तब A परिच्छेद क्षेत्रफल व लम्बाई l के तार का प्रतिरोध होगा
(a) $\frac{2ml}{ne^2\tau A}$ (b) $\frac{ne^2A}{2m\tau l}$ (c) $\frac{ne^2\tau A^2}{2ml}$ (d) $\frac{2m\tau A^2}{ne^2l}$

66. एकसमान व्यास d व लम्बाई l के तार का प्रतिरोध R है। समान पदार्थ के बने $2d$ व्यास एवं $4l$ लम्बाई के एक अन्य तार का प्रतिरोध होगा
(a) $R/2$ (b) R (c) $2R/3$ (d) $R/4$

67. चित्र में दिखाई गई धारा (I) एवं वोल्टता (V) के बीच ग्राफ में ऋणात्मक प्रतिरोध से सम्बन्धित अंश की पहचान करो।

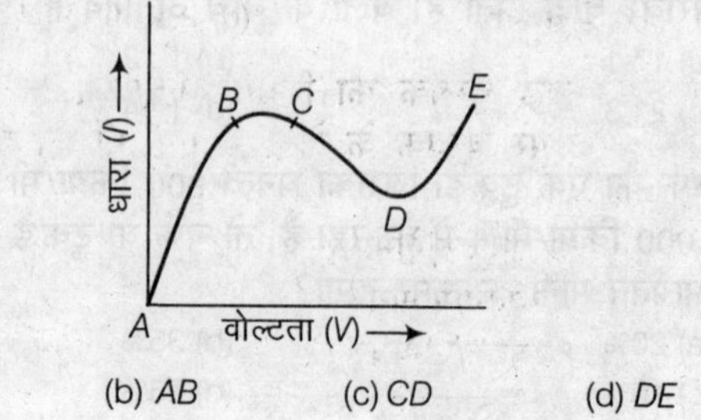

(a) BC (b) AB (c) CD (d) DE

68. धातु के एक तार का प्रतिरोध आठ गुना हो जाएगा, यदि तार की लम्बाई व अनुप्रस्थ-काट का क्षेत्रफल कर दिया जाए
(a) लम्बाई तीन गुनी कर दें
(b) लम्बाई दोगुनी कर दें
(c) लम्बाई दोगुनी तथा त्रिज्या आधी कर दें
(d) लम्बाई आधी तथा त्रिज्या दोगुनी कर दें

69. एक बन्द वृत्तीय तार के दो बिन्दुओं A व B को एक बैटरी के सिरों से जोड़े गये हैं, वृत्त के केन्द्र पर चुम्बकीय क्षेत्र क्या होगा?

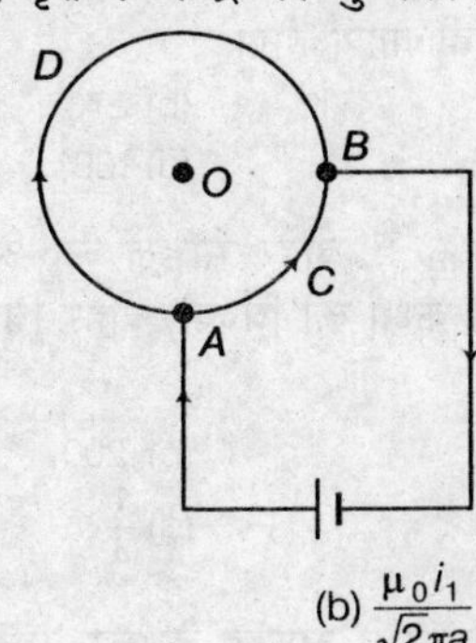

(a) शून्य (b) $\frac{\mu_0 i_1}{\sqrt{2}\pi a}$
(c) $\frac{\mu_0 i_1 i_2}{\sqrt{2}\pi a}$ (d) इनमें से कोई नहीं

70. एक लम्बे तार, जिसमें धारा i प्रवाहित हो रही है, से r दूरी पर चुम्बकीय क्षेत्र 0.4 टेस्ला है। $2r$ दूरी पर चुम्बकीय क्षेत्र का मान होगा
(a) 0.2 टेस्ला (b) 0.10 टेस्ला
(c) 0.9 टेस्ला (d) 1.96 टेस्ला

71. एक लम्बे धारा प्रवाही तार से 4 सेमी दूरी पर एक बिन्दु P पर चुम्बकीय प्रेरण 10^{-3} टेस्ला है। धारा से 12 सेमी दूरी पर प्रेरण क्षेत्र होगा
(a) 3.33×10^{-4} टेस्ला (b) 4.11×10^{-4} टेस्ला
(c) 5×10^{-3} टेस्ला (d) 11×10^{-3} टेस्ला

72. एक कुण्डली जिसमें फेरों की संख्या n व धारा i हो, तो चुम्बकीय क्षेत्र का मान होगा
(a) $\mu_0 n i$ (b) $\mu_0 i / n$
(c) $\mu_0 n^2 i$ (d) इनमें से कोई नहीं

73. 10^4 जूल प्रति टेस्ला चुम्बकीय आघूर्ण का एक छड़ चुम्बक क्षैतिज तल में स्वतंत्रतापूर्वक घूम सकता है। 4×10^{-5} टेस्ला के क्षैतिज चुम्बकीय क्षेत्र में इस छड़ चुम्बक को क्षेत्र की समानान्तर दिशा में 60° कोण पर घुमाने हेतु किये गए कार्य का मान होगा
(a) 0.2 जूल (b) 2.0 जूल
(c) 4.18 जूल (d) 2×10^2 जूल

74. एक छोटे छड़ चुम्बक का द्विध्रुव आघूर्ण 1.25 ऐम्पियर-मी² है, इसकी अक्ष पर चुम्बक के केन्द्र से 0.5 मी की दूरी पर चुम्बकीय क्षेत्र होगा
(a) 1.0×10^{-4} न्यूटन/ऐम्पियर-मी
(b) 4×10^{-2} न्यूटन/ऐम्पियर-मी
(c) 2×10^{-6} न्यूटन/ऐम्पियर-मी
(d) 6.64×10^{-8} न्यूटन/ऐम्पियर-मी

75. एक चुम्बक जिसका चुम्बकीय आघूर्ण $50\hat{i}$ ऐम्पियर-मी² है, चुम्बकीय क्षेत्र $\vec{B} = (0.5\hat{i} + 3.0\hat{j})$ टेस्ला में X-अक्ष के अनुदिश रखा गया है। चुम्बक पर कार्य करने वाला बल आघूर्ण है
(a) $175\,\hat{k}$ न्यूटन-मी (b) $150\,\hat{k}$ न्यूटन-मी
(c) $75\,\hat{k}$ न्यूटन-मी (d) $25\sqrt{37}\,\hat{k}$ न्यूटन-मी

76. 5×10^{-2} टेस्ला के चुम्बकीय क्षेत्र में क्षेत्र की दिशा से 30° कोण पर रखी एक छड़ चुम्बक 25×10^{-6} न्यूटन-मी का बल आघूर्ण अनुभव करती है। यदि चुम्बक की लम्बाई 5 सेमी हो तो इसकी ध्रुव प्राबल्य है
(a) 2×10^{-2} ऐम्पियर-मी (b) 5×10^{-2} ऐम्पियर-मी
(c) 2 ऐम्पियर-मीटर (d) 5 ऐम्पियर-मीटर

77. कॉपर के छल्ले को क्षैतिज रखा गया है तथा एक छड़ चुम्बक को इसमें इस प्रकार गिराया जाता है कि चुम्बक की लम्बाई छल्ले की अक्ष के अनुदिश है। गिरते हुए चुम्बक का त्वरण का मान होगा
(a) गुरुत्वीय त्वरण के बराबर
(b) गुरुत्वीय त्वरण से कम
(c) छल्ले के व्यास तथा चुम्बक की लम्बाई पर निर्भर करता है
(d) गुरुत्वीय त्वरण से अधिक

78. A_0 क्षेत्रफल की एक कुण्डली को एक चुम्बकीय क्षेत्र में रखा जाता है, जिसमें समय अन्तराल t में B_0 परिवर्तन होता है। कुण्डली में प्रेरित विद्युत वाहक बल का मान होगा
(a) $3A_0B_0/t$ (b) $\frac{4}{3}A_0B_0/t$
(c) $\frac{3}{4}B_0/A_0t_0$ (d) $4B_0/A_0t$

79. एक कुण्डली, जिसमें 500 वर्गाकार लूप हैं, प्रत्येक की भुजा 10 सेमी है, को 1.0 टेस्ला/सेकण्ड की दर से बढ़ते हुए चुम्बकीय फ्लक्स के लम्बवत् रखा जाता है। प्रेरित विद्युत वाहक बल (वोल्ट में) का मान होगा
(a) 1 (b) 0.9 (c) 10 (d) 5.0

80. किसी बिन्दु पर प्रेरित विद्युत क्षेत्र का अस्तित्व (समयाश्रित चुम्बकीय क्षेत्र के कारण) उस बिन्दु पर किसी चालक माध्यम की उपस्थिति पर निर्भर नहीं करता है। यह कथन है
(a) सदैव सत्य
(b) सदैव असत्य
(c) कुछ स्थितियों में सत्य
(d) उपरोक्त में से कोई नहीं

81. जब एक एकवर्णी प्रकाश किरण 4 सेमी काँच से या 4.5 सेमी पानी से गुजरती है, तो इसका प्रकाशीय पथ समान रहता है। यदि काँच का अपवर्तनांक 1.53 हो, तो पानी का अपवर्तनांक होगा
(a) 1.30 (b) 1.36
(c) 1.42 (d) 1.46

82. एक पतले उभयोत्तल लेन्स का अपवर्तनांक 3/2 तथा वक्रता त्रिज्या 30 मी है, यह जल (अपवर्तनांक 4/3) में रखा है। इसकी फोकस दूरी है
(a) 0.15 मी (b) 0.30 मी
(c) 0.45 मी (d) 1.20 मी

83. एक कार में 20 सेमी फोकस दरी वाला उत्तल दर्पण लगा है। एक दूसरी कार जिसकी चौड़ाई 2 मी तथा ऊँचाई 1.6 मी है, वह पहली कार से 6 सेमी दूर है। दूसरी कार की स्थिति पहली कार के दर्पण में दिखती है
(a) 19.35 सेमी (b) 17.45 सेमी
(c) 45.68 सेमी (d) 15.49 सेमी

84. 60° अपवर्तन कोण के प्रिज्म के फलक पर किसी प्रकाश किरण को किस कोण पर आपतित कराया जाए कि इसका दूसरे फलक से केवल पूर्ण आन्तरिक परावर्तन ही हो? प्रिज्म के पदार्थ का अपवर्तनांक 1.524 है
(a) 16° (b) 29° (c) 45° (d) 58°

85. यंग के द्वि-स्लिट के प्रयोग में यदि झिर्रियों की चौड़ाइयों का अनुपात 1 : 9 है, तो निम्निष्ठ तथा उच्चिष्ठ की प्रकाश तीव्रताओं का अनुपात होगा
(a) 1 (b) 1/9 (c) 1/4 (d) 1/3

86. दो स्वतन्त्र तरंगों की समीकरणें निम्नलिखित है
$y_1 = a_1 \sin \omega_1 t$ तथा $y_2 = a_2 \sin \omega_2 t$
क्या इन दोनों तरंगों से व्यतिकरण सम्भव है?
(a) हाँ
(b) नहीं
(c) कभी सम्भव तथा कभी सम्भव नहीं
(d) कुछ नहीं कहा जा सकता

87. λ तरंगदैर्ध्य की दो एकवर्णी प्रकाश तरंगों में संपोषी व्यतिकरण के लिए पथान्तर होना चाहिए।
(a) $(2n-1)\frac{\lambda}{4}$ (b) $(2n-1)\frac{\lambda}{2}$
(c) $n\lambda$ (d) $(2n+1)\frac{\lambda}{2}$

88. $x = \frac{n\lambda D}{\alpha}$ में n किस मान के लिए केन्द्रीय फिन्ज प्राप्त होगी?
(a) 1 (b) 2 (c) 0 (d) 5

89. 100 eV गतिज ऊर्जा वाले इलेक्ट्रॉन की धारा की तरंग लम्बाई क्या होगी?
($h = 6.6 \times 10^{-34}$ जूल-से, $1\text{ eV} = 1.6 \times 10^{-19}$ जूल, $m_c = 9.1 \times 10^{31}$ किग्रा)
(a) 4.8 Å (b) 3.6 Å (c) 1.2 Å (d) 2.4 Å

90. 1.25 kV विभवान्तर से त्वरित इलेक्ट्रॉन की दे-ब्रोग्ली तरंगदैर्ध्य है
(a) 2.46 Å (b) 0.446 Å (c) 0.346 Å (d) 0.546 Å

91. इलेक्ट्रॉन तरंग व्यवहार प्रदर्शित करते हैं, क्योंकि
(a) ये गैस को आयनीकृत करते हैं
(b) ये वैद्युत क्षेत्र द्वारा विक्षेपित होते हैं
(c) ये चुम्बकीय क्षेत्र द्वारा विक्षेपित होते हैं
(d) ये क्रिस्टल से विवर्तित होते हैं

92. 5000 Å तरंगदैर्ध्य वाले फोटॉन का संवेग होगा
(a) 1.3×10^{-27} किग्रा-मी/से
(b) 1.3×10^{-28} किग्रा-मी/से
(c) 4×10^{29} किग्रा-मी/से
(d) 4×10^{-18} किग्रा-मी/से

93. हाइड्रोजन परमाणु के बोहर मॉडल में, निम्नतम कक्षा में होती है
(a) अनन्त ऊर्जा (b) अधिकतम ऊर्जा
(c) न्यूनतम ऊर्जा (d) शून्य ऊर्जा

94. बोहर कक्षा में इलेक्ट्रॉन की गतिज ऊर्जा का उसकी कुल ऊर्जा से अनुपात होगा
(a) – 1 (b) 2
(c) 1 : 2 (d) इनमें से कोई नहीं

95. रदरफोर्ड के प्रकीर्णन प्रयोग में α प्रकीर्णन स्थिति में संघट्ट प्राचल $b = 0$ के लिए सही कोण होगा
(a) 90° (b) 270°
(c) 0° (d) 180°

96. यदि परमाणु $_{100}\text{Fm}^{257}$ बोहर मॉडल का अनुसरण करता है तथा $_{100}\text{Fm}^{257}$ अन्तिम कक्षा की त्रिज्या, बोहर त्रिज्या की n गुनी है, तब n का मान है
(a) 100 (b) 200
(c) 4 (d) $\frac{1}{4}$

97. निम्न में से सिलिकॉन में अशुद्धि के रूप में मिलाने पर n-प्रकार का अर्द्धचालक प्राप्त होता है
(a) फॉस्फोरस (b) मैग्नीशियम
(c) बोरॉन (d) एल्युमीनियम

98. p-प्रकार के अर्द्धचालक में बहुसंख्यक तथा अल्पसंख्यक आवेश वाहक होते हैं क्रमश:
(a) इलेक्ट्रॉन तथा कोटर
(b) इलेक्ट्रॉन तथा प्रोटॉन
(c) प्रोटॉन तथा इलेक्ट्रॉन
(d) कोटर तथा इलेक्ट्रॉन

99. कमरे के ताप पर, p-टाइप अर्द्धचालक में होते हैं
(a) बड़ी संख्या में कोटर (holes) तथा कुछ इलेक्ट्रॉन
(b) कोटर तथा इलेक्ट्रॉन दोनों ही नहीं
(c) बराबर संख्या में मुक्त इलेक्ट्रॉन तथा कोटर
(d) बड़ी संख्या में मुक्त इलेक्ट्रॉन तथा कुछ कोटर

100. n-प्रारूपी अर्द्धचालक सिलिकॉन अर्द्धचालक का निम्नलिखित के साथ अपमिश्रण करके बनाया जाता है
(a) त्रि-संयोजक अपद्रव्य (b) द्वि-संयोजक अपद्रव्य
(c) एक-संयोजक अपद्रव्य (d) पंच-संयोजक अपद्रव्य

101. बल $\mathbf{F} = -3\hat{\mathbf{i}} + \hat{\mathbf{j}} + 5\hat{\mathbf{k}}$ का बलाघूर्ण किसी बिन्दु τ पर आरोपित है। यदि उस बिन्दु का स्थिति सदिश $7\hat{\mathbf{i}} + 3\hat{\mathbf{j}} + \hat{\mathbf{k}}$ है, तब τ है
(a) $7\hat{\mathbf{i}} - 8\hat{\mathbf{j}} + 9\hat{\mathbf{k}}$ (b) $14\hat{\mathbf{i}} - \hat{\mathbf{j}} + 3\hat{\mathbf{k}}$
(c) $2\hat{\mathbf{i}} - 3\hat{\mathbf{j}} + 8\hat{\mathbf{k}}$ (d) $14\hat{\mathbf{i}} - 38\hat{\mathbf{j}} + 16\hat{\mathbf{k}}$

102. u चाल से गतिमान, m द्रव्यमान की एक गेंद, nm द्रव्यमान की एक अन्य स्थिर गेंद से आमने-सामने की प्रत्यास्थ टक्कर करती है। भारी गेंद को स्थानान्तरित आपाती ऊर्जा (incident energy) का अंश होगा
(a) $\frac{n}{1+n}$ (b) $\frac{n}{(1-n)^2}$
(c) $\frac{2n}{(1-n)^2}$ (d) $\frac{4n}{(1+n)^2}$

103. समान द्रव्यमान M एवं समान लम्बाई l की चार पतली छड़ें चित्रानुसार एक वर्ग बनाती हैं। इस निकाय का केन्द्र O से गुजरने वाली एवं इसके तल के लम्बवत् अक्ष के परित: जड़त्व आघूर्ण है

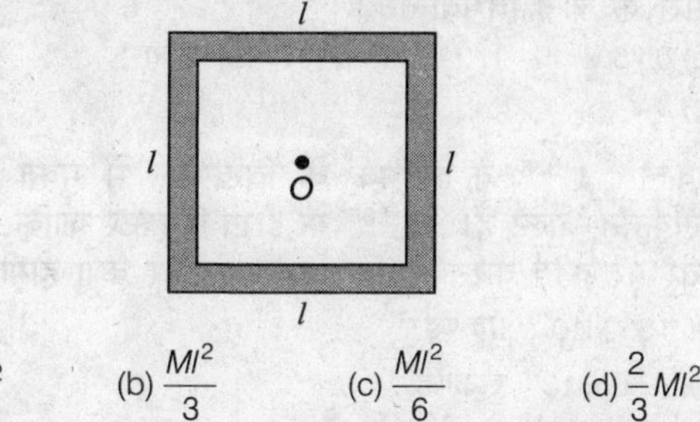

(a) $\frac{4}{3}Ml^2$ (b) $\frac{Ml^2}{3}$ (c) $\frac{Ml^2}{6}$ (d) $\frac{2}{3}Ml^2$

104. पृथ्वी की सतह के ठीक ऊपर (just above), वृत्ताकार कक्षा में एक कृत्रिम उपग्रह की कक्षीय चाल v है। पृथ्वी की त्रिज्या की आधी ऊँचाई पर परिक्रमण कर रहे एक उपग्रह का कक्षीय वेग होगा

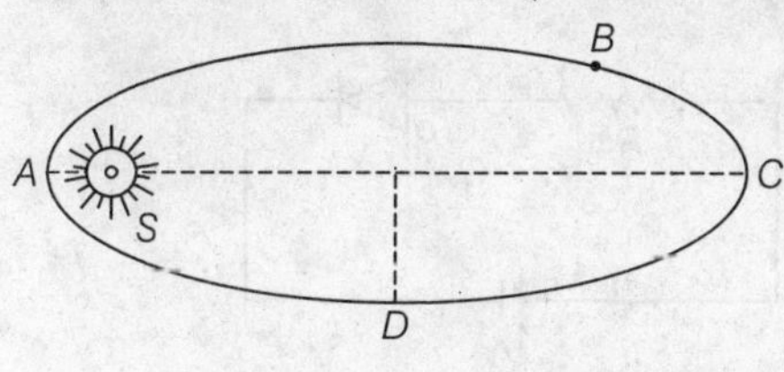

(a) $9v/4$ (b) $\sqrt{(3/2)}\,v$ (c) $\sqrt{(2/3)}\,v$ (d) $\frac{6}{5}v$

105. 1 मी लम्बे व 10^{-6} मी^{2} अनुप्रस्थ-परिच्छेद वाला भारहीन तार एक चिकनी क्षैतिज मेज पर रखा है। इसका एक सिरा स्थिर है। एक 1 किग्रा द्रव्यमान की गेंद इसके दूसरे सिरे से लटकी है। तार तथा गेंद कोणीय वेग 20 रेडियन/से से घूम रही है। यदि तार की लम्बाई 10^{-3} मी बढ़ जाती है, तब यंग प्रत्यास्थता गुणांक है

(a) 4×10^{11} न्यूटन/मी^{2} (b) 6×10^{11} न्यूटन/मी^{2}
(c) 8×10^{11} न्यूटन/मी^{2} (d) 10×10^{11} न्यूटन/मी^{2}

106. एक टैंक जिसकी लम्बाई 5 मी है, पानी से आधा भरा जायेगा तथा ऊपर का आधा भाग द्रव के घनत्व 0.85 ग्राम/सेमी^{3} द्वारा भरा जाता है। इस द्रव के कारण टैंक की तली में दाब है

(a) 1.85 ग्राम डाइन सेमी$^{-3}$ (b) 89.25 ग्राम डाइन सेमी$^{-3}$
(c) 462.5 ग्राम डाइन सेमी$^{-3}$ (d) 500 डाइन सेमी$^{-3}$

107. K_1 और K_2 ऊष्मा चालकता की दो दीवारें सम्पर्क में हैं तथा उनकी क्रमश: मोटाई d_1 और d_2 हैं। स्थिर अवस्था में उनके बाह्य सिरों का ताप T_1 और T_2 है, तो अन्त: सन्धि का ताप होगा

(a) $\frac{K_1T_1d_2 + K_2T_2d_1}{K_1d_2 + K_2d_1}$ (b) $\frac{K_1T_1 + K_2T_2}{d_1 + d_2}$

(c) $\left(\frac{K_1d_1 + K_2d_2}{T_1 + T_2}\right)T_1T_2$ (d) $\frac{K_1d_1T_1 + K_2d_2T_2}{K_1d_1 + K_2d_2}$

108. किसी कृष्ण नस्तु का तापक्रम 2880 केल्विन है। तरंगदैर्ध्य 499 नैनोमीटर से 500 नैनोमीटर के मध्य विकिरण ऊर्जा U_1, तरंगदैर्ध्य 999 नैनोमीटर से 1000 नैनोमीटर के मध्य विकिरण ऊर्जा U_2 तथा 1499 नैनोमीटर से 1500 नैनोमीटर के मध्य विकिरण ऊर्जा U_3 है। यदि वीन नियतांक $b = 2.88 \times 10^6$ नैनोमीटर केल्विन हो, तो तब

(a) $U_1 = 0$ (b) $U_3 = 0$
(c) $U_1 > U_2$ (d) $U_2 > U_1$

109. एक पिस्टन युक्त सिलिण्डर में 27°C पर 0.2 मोल वायु भरी है। पिस्टन को इतने धीरे धकेला जाता है कि इसके भीतर की वायु परिवेश के साथ ऊष्मीय सन्तुलन में रहती है। यदि अन्तिम आयतन प्रारम्भिक आयतन का दोगुना है तो निकाय द्वारा किया गया कार्य लगभग होगा

(a) 543 जूल (b) 345 जूल (c) 453 जूल (d) 600 जूल

110. हाइड्रोजन गैस की एक नियत मात्रा (1 मोल) के ताप पर दाब परिवर्तन में सम्बन्ध देखा जाता है। यह प्रयोग उच्च ताप तथा उच्च दाब पर किया जाता है। प्राप्त परिणामों को चित्र में दर्शाया गया है। $\frac{pV}{RT}$ का p के साथ सही परिवर्तन किस वक्र में दर्शाया गया है?

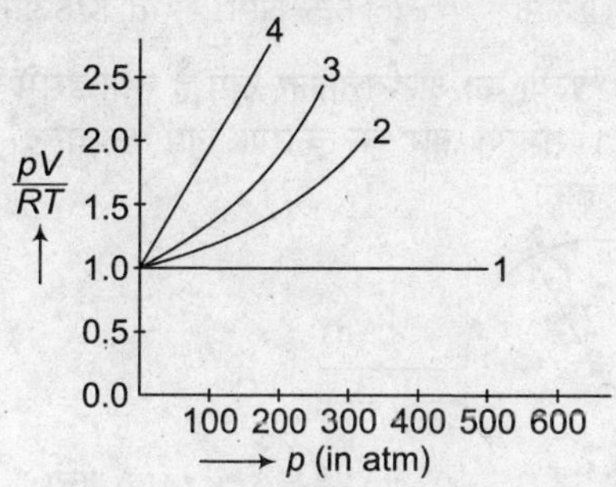

(a) वक्र (4) (b) वक्र (3) (c) वक्र (2) (d) वक्र (1)

111. एक सरल लोलक के दोलक का द्रव्यमान m व आवेश q है। आलम्बन बिन्दु एक σ सतह आवेश घनत्व के क्षैतिज तल पर स्थित है। साम्यावस्था में लोलक का धागा ऊर्ध्वाधर से θ कोण बनाता है। यदि आवर्तकाल T हो, तो

(a) $\tan\theta = \frac{\sigma q}{2\varepsilon_0 mg}$ (b) $\tan\theta = \frac{\sigma q}{\varepsilon_0 mg}$

(c) $T > 2\pi\sqrt{\frac{l}{g}}$ (d) $T = 2\pi\sqrt{\frac{l}{g}}$

112. 100 आवृत्ति के एक स्वरित्र A को एक अन्य स्वरित्र B के साथ ध्वनित किया जाता है। उत्पन्न हुए विस्पन्दों की संख्या 2 है। B की भुजा पर थोड़ा मोम लगाने पर, पुन: एकसाथ ध्वनित करने पर, विस्पन्द की संख्या कम होकर 1 हो जाती है। स्वरित्र B की आवृत्ति का मान होगा

(a) 101 (b) 110 (c) 102 (d) 104

113. बिन्दु आवेश $+4q, -q$ व $+4q$, X-अक्ष पर क्रमश: बिन्दुओं $x = 0, x = a$ व $x = 2a$ पर रखे जाते हैं

(a) कोई आवेश सन्तुलन अवस्था में नहीं हैं
(b) केवल $-q$ स्थायी सन्तुलन में है
(c) सभी आवेश अस्थायी सन्तुलन अवस्था में हैं
(d) सभी आवेश स्थायी सन्तुलन अवस्था में हैं

114. संलग्न चित्र में चार संधारित्रों का संयोजन एवं उनकी धारिता को दर्शाया गया है, 4 μF के संधारित्र पर आवेश एवं उसके सिरों का विभवान्तर क्रमश: होगा

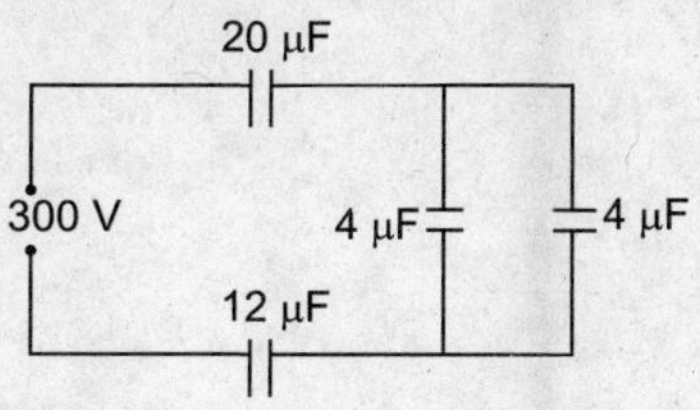

(a) 600 माइक्रो कूलॉम, 150 वोल्ट (b) 300 माइक्रो कूलॉम, 200 वोल्ट
(c) 800 माइक्रो कूलॉम, 200 वोल्ट (d) 580 माइक्रो कूलॉम, 145 वोल्ट

115. 1 ओम व 2 ओम के प्रतिरोधों से बना अनन्त अनुक्रम चित्र में प्रदर्शित है। A व B के मध्य संयोजित 6 वोल्ट की बैटरी का आन्तरिक प्रतिरोध नगण्य है, तब A व B के मध्य प्रभावी प्रतिरोध है

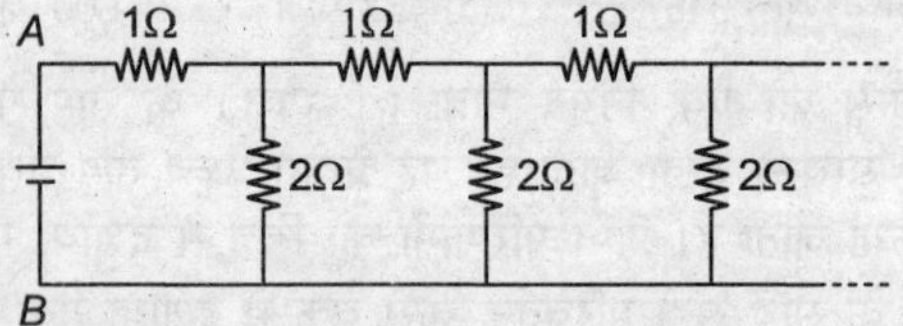

(a) 3 ओम (b) 2 ओम (c) 6/5 ओम (d) 5/6 ओम

116. एक लम्बे तार में r त्रिज्या का अर्द्धवृत्ताकार लूप है तथा इसमें धारा i प्रवाहित हो रही है। सम्पूर्ण तार के कारण लूप के केन्द्र C पर चुम्बकीय क्षेत्र क्या होगा?

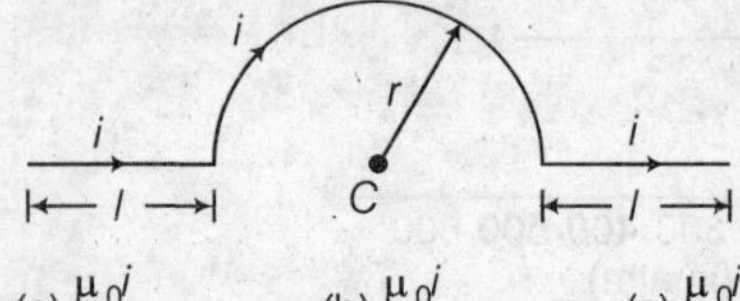

(a) $\frac{\mu_0 i}{2r}$ (b) $\frac{\mu_0 i}{4r}$ (c) $\frac{\mu_0 i}{r}$ (d) शून्य

117. एक समदैशिक माध्यम के लिए B, μ, H एवं M किस समीकरण द्वारा सम्बन्धित हैं? (जहाँ दिए गए संकेतों का सामान्य अर्थ है)
(a) $(B - M) = \mu_0 H$ (b) $M = \mu_0 (H + M)$
(c) $H = \mu_0 (H + M)$ (d) $B = \mu_0 (H + M)$

118. एक ट्रांसफॉर्मर की प्राथमिक व द्वितीयक कुण्डलियों के फेरों का अनुपात 1 : 2 है। यदि 1.5 वोल्ट विद्युत वाहक बल का एक लैक्लांशी सेल प्राथमिक कुण्डली में लगाया गया है, तो द्वितीयक कुण्डली के सिरों के बीच विभवान्तर है
(a) 0.75 V (b) शून्य
(c) 3 V (d) 1.5 V

119. एकल $_{92}U^{235}$ के नाभिक के विखण्डन में मुक्त ऊर्जा 200 मेगा इलेक्ट्रॉन–वोल्ट है। $_{92}U^{235}$ के ईंधन रिएक्टर जोकि 5 वाट के शक्ति स्तर पर कार्य करता है कि विखण्डन दर क्या होगी?
(a) 1.56×10^{10} सेकण्ड$^{-1}$
(b) 1.56×10^{11} सेकण्ड$^{-1}$
(c) 1.56×10^{16} सेकण्ड$^{-1}$
(d) 1.56×10^{17} सेकण्ड$^{-1}$

120. दिए गए p-n सन्धि डायोड परिपथ के लिए, निम्न में से कौन-से कथन सत्य हैं?

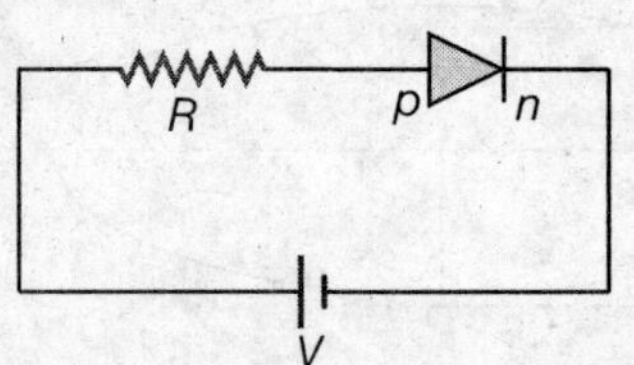

(a) अग्र अभिनति में प्रतिरोध R के परितः वोल्टेज V है
(b) अग्र अभिनति में प्रतिरोध R के परितः वोल्टेज $2V$ है
(c) उत्क्रम अभिनति में प्रतिरोध R के परितः वोल्टेज V है
(d) उत्क्रम अभिनति में प्रतिरोध R के परितः वोल्टेज $2V$ है

उत्तरमाला

1.	(c)	2.	(b)	3.	(b)	4.	(c)	5.	(a)	6.	(a)	7.	(a)	8.	(b)	9.	(a)	10.	(c)
11.	(c)	12.	(b)	13.	(b)	14.	(d)	15.	(a)	16.	(a)	17.	(c)	18.	(c)	19.	(a)	20.	(b)
21.	(a)	22.	(d)	23.	(a)	24.	(b)	25.	(d)	26.	(b)	27.	(b)	28.	(a)	29.	(b)	30.	(a)
31.	(d)	32.	(c)	33.	(b)	34.	(d)	35.	(c)	36.	(d)	37.	(c)	38.	(d)	39.	(b)	40.	(a)
41.	(a)	42.	(d)	43.	(b)	44.	(b)	45.	(b)	46.	(c)	47.	(c)	48.	(a)	49.	(c)	50.	(a)
51.	(b)	52.	(d)	53.	(c)	54.	(d)	55.	(d)	56.	(c)	57.	(b)	58.	(c)	59.	(d)	60.	(c)
61.	(d)	62.	(b)	63.	(d)	64.	(b)	65.	(a)	66.	(b)	67.	(c)	68.	(c)	69.	(a)	70.	(a)
71.	(a)	72.	(a)	73.	(a)	74.	(c)	75.	(b)	76.	(a)	77.	(b)	78.	(a)	79.	(d)	80.	(a)
81.	(b)	82.	(d)	83.	(a)	84.	(b)	85.	(c)	86.	(b)	87.	(c)	88.	(c)	89.	(c)	90.	(c)
91.	(d)	92.	(a)	93.	(c)	94.	(a)	95.	(d)	96.	(d)	97.	(a)	98.	(d)	99.	(a)	100.	(d)
101.	(d)	102.	(d)	103.	(a)	104.	(c)	105.	(a)	106.	(c)	107.	(a)	108.	(d)	109.	(b)	110.	(d)
111.	(a)	112.	(c)	113.	(d)	114.	(d)	115.	(b)	116.	(b)	117.	(d)	118.	(c)	119.	(b)	120.	(a)

उत्तर व्याख्या सहित

1. फैराडे के वैद्युत अपघटन के प्रथम नियम से,

$$m = zq \quad \text{या} \quad z = \frac{m}{q}$$

इसलिए z का SI मात्रक किग्रा/कूलॉम है।

2. दी गई राशियों का योगफल = 436.32 + 227.2 + 0.301 = 663.821

क्योंकि अंक 8 अंक 5 से बड़ा है।

इसलिए 663 में 1 जोड़ने पर,

$\Rightarrow \quad 663 + 1 = 664$

3. पेड़, मकान, टॉवर, पहाड़ी आदि की ऊँचाई कोणीय दूरी मापक की सहायता से मापी जाती है।

4. दिया है, $v = pt$

$$\int_0^x dx = p\int_0^2 t\, dt$$

$$= \left[\frac{pt^2}{2}\right]_0^2 = \frac{4 \times 4}{2}$$

= 8 मी

5. $\sqrt{x} = t + 1$

दोनों ओर का वर्ग करने पर,

$$x = (t+1)^2 = t^2 + 1 + 2t$$

t के सापेक्ष अवकलन करने पर,

$$\frac{dx}{dt} = 2t + 2$$

वेग $\quad v = \frac{dx}{dt} = 2t + 2$

अतः वेग समय के साथ बढ़ता है।

6. कार का प्रारम्भिक वेग (u) = 126 किमी/घण्टा

$= 126 \times \frac{5}{18}$ मी/से $\quad \left(\because 1 \text{ किमी/घण्टा} = \frac{5}{18} \text{ मी/से}\right)$

= 35 मी/से

कार का अन्तिम वेग (v) = 0

कार द्वारा तय की गई दूरी (s) = 200 मी

गति के तृतीय नियम से, $v^2 = u^2 + 2as$

अथवा $\quad a = \frac{v^2 - u^2}{2s} = \frac{0 - (35)^2}{2 \times 200}$

$= \frac{-35 \times 35}{400}$

$= -\frac{49}{16}$ मी/से^{2} = 3.06 मी/से^{2}

$\therefore$ कार का मन्दन = – 3.06 मी/से^{2}

गति के प्रथम समीकरण से, $v = u + at$

अथवा $\quad t = \frac{v-u}{a} = \frac{(0-35)}{(-49/16)} = \frac{35 \times 16}{49}$

$= \frac{5 \times 16}{7} = \frac{80}{7}$ सेकण्ड

= 11.4 सेकण्ड

अतः कार द्वारा रुकने में लिया गया समय 11.4 सेकण्ड है।

7. चूँकि $\mathbf{B} + (\hat{i} + 2\hat{j} - 3\hat{k}) = \hat{i}$ या $\mathbf{B} = -2\hat{j} + 3\hat{k}$

8. $\because$ दो दिए गए वेक्टर का परिमाण,

$$R = \sqrt{A^2 + B^2 + 2AB\cos\theta}$$

$$F^2 = F_1^2 + F_2^2 + 2F_1F_2\cos 90^\circ$$

दिया है, $\quad \theta = 90^\circ$

या $\quad F^2 = F_1^2 + F_2^2 \Rightarrow F = \sqrt{F_1^2 + F_2^2}$

9. यहाँ, $\mathbf{F} = F_x\hat{i} + F_y\hat{j}$ या $\mathbf{F} = 2\hat{i} - 3\hat{j}$

10. t समय पर कण का वेग,

$$\mathbf{v} = \mathbf{v}_0 + \mathbf{a}t$$

x का घटक

$$v_x = v_{ax} + a_x t$$

y का घटक

$$v_y = v_{oy} + a_x = (-0.5t) \text{ मी/से}$$

जब कण x-अक्ष के अनुदिश अधिकतम दूरी तय कर लेता है, $v_x = 0$.

$$3 - t = 0 \Rightarrow t = 3 \text{ सेकण्ड}$$

वेग का y घटक

$$v_y = -0.5 \times 3 = -1.5 \text{ मी/से}$$

11. $\because R = \frac{u^2 \sin 2\theta}{g}$, यहाँ $R_1 = 50, R_2 = ?\ , \theta_1 = 15^\circ, \theta_2 = 45^\circ$

$$u_1 = u_2 = u$$

$\therefore \quad \frac{R_1}{R_2} = \frac{\sin 2\theta_1}{\sin 2\theta_2}$

$\Rightarrow \quad \frac{50}{R_2} = \frac{\sin 30^\circ}{\sin 90^\circ}$

$\Rightarrow \quad R_2 = 100$ मी

12. $H = \frac{u^2 \sin^2\theta}{2g}$ तथा $T = \frac{2u\sin\theta}{g}$

$\Rightarrow \quad T^2 = \frac{4u^2\sin^2\theta}{g^2}$

$\therefore \quad \frac{T^2}{H} = \frac{8}{g}$

$\Rightarrow \quad T = \sqrt{\frac{8H}{g}} = 2\sqrt{\frac{2H}{g}}$

13. $t = \sqrt{\frac{2h}{g}} = \sqrt{\frac{4}{(9.8)}} = 0.64$ सेकण्ड

अब, $\quad v = \frac{s}{t} = \frac{3}{0.64} = 4.7$ मी/से

14. कणों के बीच संघट्ट में संवेग संरक्षण को न्यूटन के द्वितीय एवं तृतीय नियम द्वारा समझा जा सकता है।

15. यहाँ वस्तु का द्रव्यमान $m = 0.05$ किग्रा

त्वरण $g = 9.8$ मी/से^{2}, $a = 9.5$ मी/से^{2}

$\therefore \quad mg - f_{वायु} = ma$

$\Rightarrow \quad f_{वायु} = m(g - a)$

$= 0.05\,(9.8 - 9.5)$

$= 0.015$ न्यूटन

16. द्रव्यमान m लिफ्ट के सापेक्ष गति नहीं करता तथा गति की प्रवृत्ति भी नहीं है। अतः इस पर कार्य करने वाला घर्षण बल शून्य है।

21. द्रव्यमान केन्द्र हमेशा दो पिण्डों को जोड़ने वाली रेखा पर स्थित होता है। cd तथा ab को जोड़ते समय यह रेखा मूल बिन्दु से होकर नहीं गुजरेगी।

bd को जोड़ते समय, प्रारम्भ में यह मूल बिन्दु से होकर गुजरेगी परन्तु बाद में ऋणात्मक x-अक्ष की ओर विस्थापित हो जायेगी। सिर्फ ac को जोड़ते समय यह रेखा सदैव मूल बिन्दु से होकर गुजरेगी, अतः हम कह सकते हैं कि cd के लिए द्रव्यमान केन्द्र हमेशा मूल बिन्दु पर स्थित होगा।

22. चूँकि द्रव्यमान, आन्तरिक बलों के कारण दो भागों में विभाजित हो रहे हैं। अतः द्रव्यमान केन्द्र की स्थिति में कोई परिवर्तन नहीं होगा।

23. चूँकि प्रारम्भ में दोनों कण विराम में हैं अतः द्रव्यमान केन्द्र का वेग शून्य होगा तथा निकाय पर कोई बाह्य बल कार्य नहीं कर रहा है इसलिए द्रव्यमान केन्द्र की चाल नियत होगी अर्थात् इसकी चाल शून्य ही रहेगी।

24. द्रव्यमान केन्द्र का वेग,

$$\mathbf{v}_{CM} = \frac{m_1\mathbf{v}_1 + m_2\mathbf{v}_2}{m_1 + m_2} = \frac{2\times 2 + 4\times 10}{2+4} = 7.3 \text{ मी/से}$$

26. जब द्रव्यमान परिधि की ओर खिसक जाता है, तो घूर्णन-अक्ष से उसकी दूरी बढ़ जाती है। इसके कारण जड़त्व आघूर्ण बढ़ जाता है। अतः संवेग संरक्षण के नियमानुसार, ω घट जाता है।

$$L = I\,\omega$$

27. गतिज ऊर्जा $= \frac{1}{2} I\,\omega^2 = \frac{1}{2} I(\alpha\, t)^2 = \frac{1}{2} I\,\alpha^2 t^2$

$\therefore \quad 1500 = \frac{1}{2}(1.2)(25)^2 t^2$

$\Rightarrow \quad t^2 = 4 \Rightarrow t = 2$ सेकण्ड

28. यहाँ, $v = 72$ किमी/घण्टा $= 72 \times \frac{5}{18} = 20$ मी/से तथा $r = 0.25$ मी

पहिए की कोणीय चाल, $\omega_0 = \frac{v}{r} = \frac{20}{0.25} = 80$ रेडियन/से

20 चक्करों में कोणीय विस्थापन, $\theta = 2\pi \times 20 = 40\pi$ रेडियन

सूत्र $\quad \omega^2 = \omega_0^2 + 2\,\alpha\theta$ से,

$$0 = (80)^2 + 2\alpha\,(40\pi)$$

$\therefore \quad \alpha = -\frac{(80)^2}{80\pi} = -25.5$ रेडियन/से^{2}

ऋणात्मक चिह्न कार का मन्दन दर्शाता है।

31. $F = \frac{GMm}{R^2}$ तथा $F = mg \Rightarrow g = \frac{GM}{R^2}$

$\therefore \quad M = g(R^2/G)$

32. $g = \frac{GM}{R^2} = \frac{G(4/3)\,\pi\, R^3\rho}{R^2}$

$\therefore \quad \rho = \frac{3g}{4\,\pi\, G\, R}$

33. यंग प्रत्यास्थता गुणांक $Y = \frac{MgL}{\pi r^2 l}$

$\therefore \quad l \propto \frac{1}{r^2}$

यदि तार की त्रिज्या को दोगुना कर दिया जाता है तब लम्बाई में वृद्धि $\frac{1}{4}$ गुना हो जाती है अर्थात् $\frac{12}{4} = 3$ मिमी।

34. चूँकि $Y = \frac{Fl}{A\Delta l}$ या $F = \frac{YA\,\Delta l}{l}$

या $\quad F = \frac{2.2\times 10^{11} \times 2\times 10^{-6} \times 0.5\times 10^{-3}}{2} = 1.1\times 10^2$ न्यूटन

35. चूँकि $Y = \frac{Fl}{A\,\Delta l} \Rightarrow \Delta l \propto \frac{1}{A}$

पुनः $\quad m = Al\rho,\ m \propto A$

$\therefore \quad \Delta l \propto \frac{1}{m}$

$\therefore \quad \frac{\Delta l_1}{\Delta l_2} = \frac{m_2}{m_1} = \frac{2}{3}$

36. चूँकि $Y = \frac{Fl}{A\Delta l}$

दिए गए प्रश्न में Y, l तथा Δl नियतांक हैं।

$\therefore \quad F \propto A$ या $F = \pi r^2 \qquad (\because$ क्षेत्रफल $= \pi r^2)$

या $\quad F \propto r^2$

या $\quad \frac{F_1}{F_2} = \frac{r_1^2}{r_2^2} = \frac{1}{4}$

37. माना बर्फ के टुकड़े का आयतन V तथा घनत्व ρ है। यदि इस टुकड़े का तैरते समय पानी के अन्दर आयतन V_{in} है, तो

$$V_{in}\sigma g = V\rho g$$

$\Rightarrow \quad V_{in} = \left(\frac{\rho}{\sigma}\right) V$ (σ = पानी का घनत्व)

अथवा $\quad V_{out} = V - V_{in} = \left(\frac{\sigma - \rho}{\sigma}\right) V$

$\Rightarrow \quad \frac{V_{out}}{V} = \left(\frac{\sigma-\rho}{\sigma}\right) = \frac{1000-900}{1000} = \frac{1}{10}$

$\therefore \quad V_{out} = V$ का 10%

38. यदि दो भिन्न-भिन्न घनत्व की वस्तुएँ A तथा B समान द्रव में तैर रही हैं, तो

$$\frac{\rho_A}{\rho_B} = \frac{(f_{in})_A}{(f_{in})_B} = \frac{1/2}{2/3} = \frac{3}{4}$$

39. द्रव में टुकड़े का आभासी भार $= V(\rho - \sigma)\,g$

$$= \frac{M}{\rho}(\rho - \sigma)\,g = M\left(1 - \frac{\sigma}{\rho}\right) g$$

$$= 2.1\left(1 - \frac{0.8}{10.5}\right) g$$

$= 1.94\, g$ न्यूटन $= 1.94$ किग्रा भार

45. स्थिर ताप पर, बॉयल के नियम से,

$$p_1V_1 = p_2V_2$$

$$0.8\times 5 = p \times (3+5)$$

$\Rightarrow \quad p = 0.5$ मी

46. समतापीय प्रक्रिया के लिए,

$$pV = RT \Rightarrow p = \frac{RT}{V}$$

$\therefore$ किया गया कार्य,

$$W = p\,dV = \int_{V_1}^{V_2} \frac{RT}{V}\,dV = RT \log_e \frac{V_2}{V_1}$$

47. आदर्श गैस की आन्तरिक ऊर्जा में कोई परिवर्तन नहीं होता है क्योंकि उसके अणुओं के बीच कोई अन्तराणविक बल कार्य नहीं करता परन्तु वास्तविक गैस की आन्तरिक ऊर्जा बढ़ती है क्योंकि अन्तराणविक बलों के विरुद्ध कार्य करना पड़ता है।

48. समतापीय प्रक्रम में ताप नियत रखने के लिए इसे एक सुचालक दीवार वाले पात्र में सम्पन्न कराना चाहिए, ताकि ऊष्मा आसानी से बाहर जा सके।

53. गतिज ऊर्जा $= \frac{1}{2} m\,\omega^2 (a^2 - y^2)$

$$= \frac{1}{2} m\,\omega^2 \left(a^2 - \frac{a^2}{4}\right) = \frac{1}{2} m\,\omega^2 \cdot \frac{3a^2}{4}$$

$$= \frac{3}{4}\left[\frac{1}{2} m\,\omega^2 a^2\right] = \frac{3}{4} E$$

54. दिया है,

$\therefore \quad U = (5x^2 - 20x)$ जूल

$\therefore \quad F = -\frac{dU}{dx} = -10x + 20$

यदि $\quad F = 0$, तो $x = 2$ मी

$F = -10(x - 2)$

$F - -10\,y$

(यह सरल आवर्त गति को निरूपित करता है)

$T = 2\pi\sqrt{\frac{0.1}{10}} = \frac{\pi}{5}$ सेकण्ड

56. जब $t = \frac{T}{12}$, तब $x = r\sin\frac{2\pi}{T} \times \frac{T}{12} = \frac{r}{2}$

$$\therefore \quad KE = \frac{1}{2} mv^2 = \frac{1}{2} m\omega^2 (r^2 - x^2)$$

$$= \frac{1}{2} m\omega^2 \left(r^2 - \frac{r^2}{4}\right)$$

$$= \frac{3}{4}\left(\frac{1}{2} m\omega^2 r^2\right)$$

$$\therefore \quad PE = \frac{1}{2} m\omega^2 x^2 = \frac{1}{4}\left(\frac{1}{2} m\omega^2 r^2\right)$$

$$\frac{KE}{PE} = \frac{3}{1}$$

57. $y = a\sin 2\pi\left[\frac{x}{\lambda} + \frac{t}{T}\right]$

दिए गए समीकरण से तुलना करने पर,

$$\frac{2\pi}{\lambda} = 62.4 \Rightarrow \lambda = \frac{2\pi}{62.4}$$

$= 0.1$ मात्रक

62. कूलॉम का बल, न्यूटन के गति के तीसरे नियम का पालन करता है। अतः, इन पर कार्यरत् बलों का अनुपात 1:1 होगा।

63. $\quad F_e = (9 \times 10^9)\left[\frac{e \times e}{r^2}\right]$

तथा $\quad F_G = (6.6 \times 10^{-11})\left[\frac{m_e \times m_e}{r^2}\right]$

$$\frac{F_G}{F_e} = \frac{6.6 \times 10^{-11}}{9 \times 10^9} \times \frac{(m_e)^2}{(e)^2}$$

$$= \frac{6.6 \times 10^{-11}}{9 \times 10^9} \times \frac{(9.1 \times 10^{-31})^2}{(1.6 \times 10^{-19})^2} = 10^{-42}$$

64. $F_a = \frac{1}{4\pi\varepsilon_0} \times \frac{q_1 q_2}{r^2}$

$$F_m = \frac{1}{4\pi\varepsilon_0} \times \frac{1}{k} \times \frac{q_1 q_2}{r^2}$$

$$\therefore \quad \frac{F_a}{F_m} = \frac{k}{1}$$

67. ग्राफ का वह अंश, जिसमें वोल्टता में वृद्धि होने पर धारा कम होती है, ऋणात्मक प्रतिरोध दर्शाता है। अतः अंश CD ऋणात्मक प्रतिरोध दर्शाता है।

69. माना कि तार के दो भागों ACB व ADB की लम्बाइयाँ क्रमशः l_1 व l_2 हैं तथा तार की प्रति एकांक लम्बाई का प्रतिरोध ρ हैं, तब ACB व ADB के प्रतिरोध क्रमशः $R_1 = l_1\rho$ तथा $R_2 = l_2\rho$ होंगे।

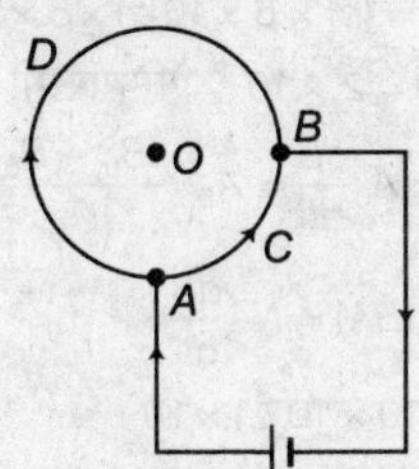

माना ACB व ADB में धाराएँ क्रमशः i_1 व i_2 हैं। चूँकि ये भाग परस्पर समान्तर में हैं, अतः इनके सिरों के बीच विभवान्तर समान हैं,

अर्थात् $\quad i_1 R_1 = i_2 R_2$

अथवा $\quad i_1 l_1 \rho = i_2 l_2 \rho$

अथवा $\quad i_1 l_1 = i_2 l_2$

बॉयो-सेवर्ट नियम के अनुसार, वृत्तीय धारा-लूपों ACB तथा ADB के कारण केन्द्र O पर चुम्बकीय क्षेत्र,

$$B_1 = \frac{\mu_0}{4\pi} \cdot \frac{i_1 l_1}{r^2}$$

तथा $\quad B_2 = \frac{\mu_0}{4\pi} \cdot \frac{i_2 l_2}{r^2}$

परन्तु, $\quad i_1 l_1 = i_2 l_2$

$\therefore \quad B_1 = B_2$

दक्षिण हस्त पेंच नियम के अनुसार, B_1 व B_2 की दिशाएँ परस्पर विपरीत होंगी। अतः केन्द्र O पर क्षेत्र शून्य होगा।

70. $B = \frac{\mu_0 i}{2\pi r} \Rightarrow B \propto \frac{1}{r}$

जब r दोगुना हो जाता है, B आधा हो जाता है अर्थात् जब चुम्बकीय क्षेत्र 0.2 टेस्ला होगा।

71. $B \propto 1/r$

जब दूरी बढ़ाकर तीन गुनी कर दी जाती है, तब चुम्बकीय प्रेरण कम होकर एक-तिहाई हो जाता है। अतः

$$B = \frac{1}{3} \times 10^{-3} \text{ टेस्ला}$$

$$= 3.33 \times 10^{-4} \text{ टेस्ला}$$

73. छड़ का चुम्बकीय आघूर्ण, $M = 10^4$ जूल/टेस्ला

$B = 4 \times 10^{-5}$ टेस्ला

अतः $\quad$ कार्य $W = \vec{M} \cdot \vec{B} = MB\cos\theta$

$$= 10^4 \times 4 \times 10^{-5} \times \cos 60°$$

= 02 जूल

74. चुम्बक की अक्ष पर चुम्बकीय क्षेत्र

$$B = \frac{\mu_0}{4\pi}\frac{2M}{d^3} = 10^{-7} \times \frac{2 \times 1.25}{(0.5)^3}$$

$= 2 \times 10^{-6}$ न्यूटन/ऐम्पियर-मी

75. चुम्बक पर कार्यरत बल आघूर्ण

$$\vec{\tau} = \vec{\mathbf{M}} \times \vec{\mathbf{B}} \Rightarrow \vec{\tau} = 50\hat{\mathbf{i}} \times (0.5\,\hat{\mathbf{i}} + 3\,\hat{\mathbf{j}})$$

$= 150\,(\hat{\mathbf{i}} \times \hat{\mathbf{j}}) = 150\,\hat{\mathbf{k}}$ न्यूटन-मी

76. चुम्बक पर कार्यरत बल-आघूर्ण

$\tau = MB\sin\theta$

$\Rightarrow \quad \tau = (mL)\,B\sin\theta$

$\Rightarrow \quad 25 \times 10^{-6} = (m \times 5 \times 10^{-2}) \times 5 \times 10^{-2} \times \sin 30°$

$\Rightarrow \quad m = 2 \times 10^{-2}$ ऐम्पियर-मी

78. $e = \frac{d\phi}{dt} = \frac{dBA}{dt} = A_0\frac{dB}{dt} = A_0\left(\frac{4B_0 - B_0}{t}\right) = 3A_0B_0/t$

79. $e = N\frac{d\phi}{dt} = N\frac{d}{dt}(BA) = NA\frac{dB}{dt}$

$= 500 \times (10 \times 10 \times 10^{-4}) \times 1.0$

$= 5$ वोल्ट

81. प्रकाशीय पथ μx = नियतांक अर्थात् $\mu_1 x_1 = \mu_2 x_2$

$\Rightarrow \quad 1.53 \times 4 = \mu_2 \times 4.5 \Rightarrow \mu_2 = 1.36$

82. चूँकि $\frac{1}{f} = \left(\frac{\mu_1}{\mu_2} - 1\right)\left(\frac{1}{R_1} - \frac{1}{R_2}\right)$

$$\frac{1}{f} = \left(\frac{\frac{3}{2}}{\frac{4}{3}} - 1\right)\left(\frac{1}{0.3} + \frac{1}{0.3}\right) \Rightarrow \frac{1}{f} = \left(\frac{9}{8} - 1\right)\left(\frac{2}{0.3}\right)$$

$\Rightarrow \quad \frac{1}{f} = \frac{1}{8} \times \frac{2}{0.3} \Rightarrow f = 120$ मी

83. दर्पण के सूत्र से,

$$\frac{1}{v} + \frac{1}{-600} = \frac{1}{20}$$

$$\frac{1}{v} = \frac{1}{20} + \frac{1}{600} \Rightarrow \frac{1}{v} = \frac{31}{600}$$

$\Rightarrow \quad v = \frac{600}{31} = 19.35$ सेमी

84. प्रिज्म कोण $A = 60°$

प्रिज्म का अपवर्तनांक $\mu = 1.524$

माना i आपतन कोण है क्रान्तिक कोण i_c है क्योंकि यह पूर्ण आन्तरिक परावर्तन प्रदर्शित करता है।

अतः हम क्रान्तिक कोण प्रयुक्त करते हैं।

$$\sin i_c = \frac{1}{\mu} = \frac{1}{1.524} = 0.6561 \Rightarrow i_c = 41°$$

प्रिज्म हेतु $r_1 + r_2 = A$

यहाँ $\quad r_2 = i_c$

$\therefore \quad r_1 + i_c = A$

$x_1 + 41° = 60°$

$x_1 = 19°$

$\mu = \frac{\sin i_1}{\sin r_1}$

अथवा $\sin i_1 = 1.524 \sin 19°$

$= 1.524 \times 0.3256$

अथवा $\quad i_1 = \sin^{-1}(0.4962)$

$i_1 = 29° 75'$

अतः कोण $29° 75'$ होना चाहिए।

85. झिर्रियों की चौड़ाइयों का अनुपात = 1 : 9

अतः झिर्रियों की चौड़ाइयों के अनुपात में तीव्रताएँ होती है।

तीव्रता $\propto$ (आयाम)^2

$\therefore \quad I_1 : I_2 = 1 : 9$

$\Rightarrow \quad a_1^2 : a_2^2 = 1 : 9$

$\Rightarrow \quad a_1 : a_2 = 1 : 3$

$I_{max} = (a_1 + a_2)^2$

तथा $\quad I_{min} = (a_1 - a_2)^2$

$\therefore \quad \frac{I_{min}}{I_{max}} = \frac{1}{4}$

89. गतिज ऊर्जा, $KE = \frac{p^2}{2m} \Rightarrow p = \sqrt{2m \times KE}$

$$\lambda = \frac{h}{mv} = \frac{h}{p} = \frac{h}{\sqrt{2m \times KE}}$$

$$\lambda = \frac{6.6 \times 10^{-34}}{\sqrt{2 \times 9.1 \times 10^{-31} \times 100 \times 1.6 \times 10^{-19}}}$$

$= 1.22 \times 10^{-10}$ मी

$= 1.2$ Å

90. इलेक्ट्रॉन की दे-ब्रोग्ली तरंगदैर्ध्य, $\lambda = \frac{12.27}{\sqrt{V}}$ Å

$= \frac{12.27}{\sqrt{1250}} = 0.346$ Å

91. इलेक्ट्रॉन क्रिस्टल से विवर्तित होते हैं। विवर्तन तरंगों का गुण है। अतः इलेक्ट्रॉन तरंग प्रकृति रखते हैं।

92. फोटॉन का संवेग $(p) = \frac{h}{\lambda}$

$= \frac{6.6 \times 10^{-34}}{5 \times 10^{-7}}$

$= 1.3 \times 10^{-27}$ किग्रा-मी/से

93. हाइड्रोजन परमाणु में निम्नतम कक्षा ($n = 1$) न्यूनतम ऊर्जा (– 13.6 इलेक्ट्रॉन वोल्ट) रखती है।

94. बोहर कक्षा में,

इलेक्ट्रॉन की गतिज ऊर्जा = – इलेक्ट्रॉन की कुल ऊर्जा

95. संघट्ट प्राचल, $b \propto \cot\frac{\theta}{2}$

यहाँ $b = 0$ अतः $\theta = 180°$

96. $r_m = \left(\frac{m^2}{Z}\right)(0.53\text{ Å}) = (n \times 0.53)$ Å

$\therefore \quad \frac{m^2}{Z} = n$

${}_{100}Fm^{257}$ के लिए, $m = 5, Z = 100$

$$n = \frac{(5)^2}{100} = \frac{1}{4}$$

99. p-टाइप के अर्द्धचालक में, कोटर बहुसंख्यक आवेश वाहक होते हैं।

101. बल आघूर्ण $\tau = \mathbf{r} \times \mathbf{F} = \begin{vmatrix} \hat{\mathbf{i}} & \hat{\mathbf{j}} & \hat{\mathbf{k}} \\ 7 & 3 & 1 \\ -3 & 1 & 5 \end{vmatrix}$

$$= \hat{\mathbf{i}}[15-1] + \hat{\mathbf{j}}[-3-35] + \hat{\mathbf{k}}[7+9] = 14\hat{\mathbf{i}} - 38\hat{\mathbf{j}} + 16\hat{\mathbf{k}}$$

103. छड़ AB का बिन्दु P के परितः तथा तल के लम्बवत् जड़त्व आघूर्ण $= \frac{Ml^2}{12}$

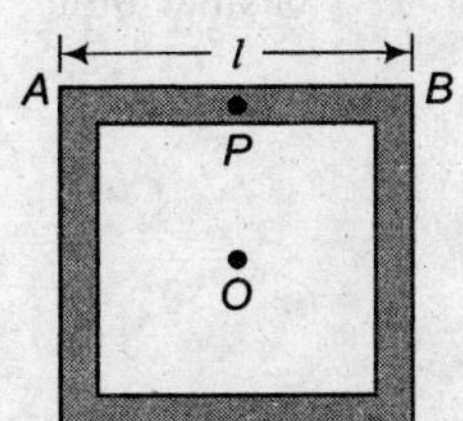

बिन्दु O के परितः छड़ AB का जड़त्व आघूर्ण

$$= \frac{Ml^2}{12} + M\left(\frac{l}{2}\right)^2 = \frac{Ml^2}{3}$$ (समान्तर अक्ष प्रमेय से)

परन्तु निकाय चार समान छड़ों से मिलकर बना है अतः सममिति से

$$I_{\text{निकाय}} = 4\left(\frac{Ml^2}{3}\right) = \frac{4}{3}Ml^2$$

104. $v = \sqrt{\left(\frac{GM}{x}\right)}$

प्रथम स्थिति में, $v = \sqrt{\left(\frac{GM}{R}\right)}$

द्वितीय स्थिति में, $v' = \sqrt{\frac{GM}{(3R/2)}}$ $(\because x = R + R/2 = 3R/2))$

$\therefore$ $$v' = \sqrt{\left(\frac{2}{3}\right)}\, v$$

105. चूँकि $Y = \frac{Fl}{A\Delta l} = \frac{(ml\omega^2)l}{A\Delta l}$ या $Y = \frac{ml^2\omega^2}{A\Delta l}$

या $$Y = \frac{1 \times 1 \times 1 \times 20 \times 20}{10^{-6} \times 10^{-3}} = 4 \times 10^{11} \text{ न्यूटन/मी}^2$$

106. तली पर दाब, $p = (h_1 d_1 + h_2 d_2)g$

$$= (250 \times 1 + 250 \times 0.85)\, g$$

$$= 250\,(1.85)\, g = 462.5 \text{ ग्राम डाइन सेमी}^{-3}$$

107. श्रेणीक्रम संयोजन में प्रत्येक छड़ से ऊष्मा प्रवाह की दर समान रहती है।

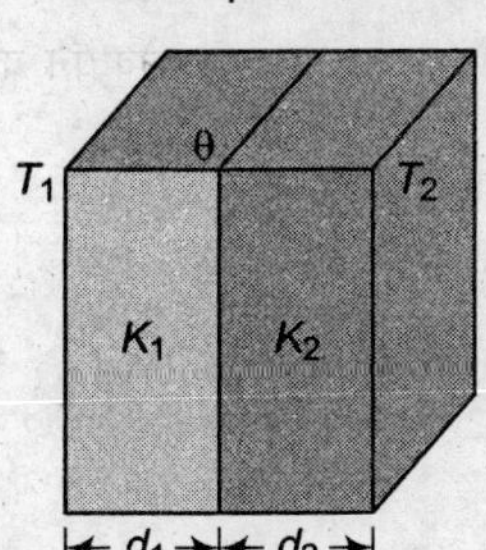

$\therefore$ $$\frac{dQ}{dt} = \frac{K_1 A(T_1 - \theta)}{d_1}$$

$$= \frac{K_2 A(\theta - T_2)}{d_2}$$

$\Rightarrow$ $$K_1 d_2 (T_1 - \theta) = K_2 d_1 (\theta - T_2)$$

$\Rightarrow$ $$\theta = \frac{K_1 d_2 T_1 + K_2 d_1 T_2}{K_1 d_2 + K_2 d_1}$$

109. धीमे प्रक्रम समतापीय प्रक्रम होते हैं। अतः किया गया कार्य,

$$W = \mu RT \log_e \left(\frac{V_2}{V_1}\right)$$

$$= 0.2 \times 8.3 \times \log_e 2 \times (27 + 273)$$

$$= 0.2 \times 8.3 \times 300 \times 0.693 = 345 \text{ जूल}$$

110. $\because pV = nRT$, अतः $\frac{pV}{RT} =$ नियतांक

अतः $\frac{pV}{RT}$ व p का आरेख एक सीधी रेखा होगी।

112. सम्भावित आवृत्ति $= 100 \pm 2 = 102$ या 98। भारित करने पर आवृत्ति कम हो जाती है। अब, विस्पन्द की संख्या कम होकर 1 हो जाती है। यह केवल आवृत्ति 102 के लिए सम्भव है। अतः स्वरित्र B की आवृत्ति = 102

113. प्रत्येक आवेश पर, अन्य आवेशों के कारण कुल बल शून्य होगा।

114. कुल धारिता $\frac{1}{C} = \frac{1}{20} + \frac{1}{8} + \frac{1}{12}$

$\Rightarrow$ $$C = \frac{120}{31} \text{ माइक्रोफैरड}$$

कुल आवेश $Q = CV = \frac{120}{31} \times 300 = 1161$ माइक्रोकूलॉम

4 माइक्रोफैरड वाले संधारित्र में आवेश $= \frac{1161}{2} = 580$ माइक्रो कूलॉम

तथा इसके सिरों पर विभवान्तर $= \frac{580}{4} = 145$ वोल्ट

115. माना R दिये गये परिपथ का प्रतिरोध है। किसी एक लूप का योग करने या हटाने से कुल प्रतिरोध पर कोई प्रभाव नहीं पड़ेगा। अतः परिपथ का तुल्य प्रतिरोध इस प्रकार प्रदर्शित होगा

कुल प्रतिरोध $= 1 + \frac{2 \times R}{2 + R} = R$

या $$R + 2 + 2R = R^2 + 2R$$

या $$R^2 - R - 2 = 0 \Rightarrow R = 2 \text{ ओम}$$

116. किसी बिन्दु पर धारा-अल्पांश $i\,\mathbf{dl}$ के कारण चुम्बकीय प्रेरण निम्न होता है

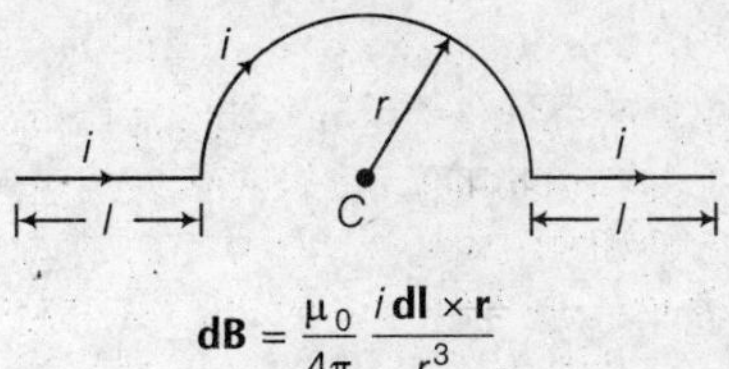

$$\mathbf{dB} = \frac{\mu_0}{4\pi} \frac{i\,\mathbf{dl} \times \mathbf{r}}{r^3}$$

जहाँ $\mathbf{r}$, धारा अल्पांश से उस बिन्दु तक ध्रुवान्तर (radius vector) है। तार के सीधे भागों (प्रत्येक की लम्बाई l के किसी धारा-अल्पांश तथा अल्पांश से केन्द्र C तक ध्रुवान्तर (radius vector) के बीच कोण शून्य (अथवा 180°) है।

अतः $i\,\mathbf{dl} \times \mathbf{r}$ शून्य होगा।

स्पष्ट है, कि तार के दोनों सीधे भागों के कारण केन्द्र C पर चुम्बकीय प्रेरण शून्य होगा।

अब, तार के अर्द्धवृत्ताकार भाग के किसी धारा अल्पांश $i\,\mathbf{dl}$ तथा अल्पांश से केन्द्र C तक ध्रुवान्तर के बीच कोण $\pi/2$ है। अतः इस अल्पांश द्वारा केन्द्र C पर चुम्बकीय प्रेरण का परिमाण

$$dB = \frac{\mu_0}{4\pi} \cdot \frac{i\,(dl)(r)\sin\pi/2}{r^3} = \frac{\mu_0}{4\pi} \cdot \frac{i\,dl}{r^2}$$

सम्पूर्ण अर्द्धवृत्ताकार लूप के कारण चुम्बकीय प्रेरण

$$B = \frac{\mu_0}{4\pi} \cdot \frac{i}{r^2} \int dl = \frac{\mu_0}{4\pi} \cdot \frac{i}{r^2}(\pi r) = \frac{\mu_0 i}{4r}$$

चूँकि सीधे भागों के अंशदान शून्य हैं, अतः यही सम्पूर्ण तार द्वारा उत्पन्न चुम्बकीय प्रेरण है।

119. विखण्डन दर $= \dfrac{\text{कुल ऊर्जा प्रति सेकण्ड}}{\text{एक विखण्डन से प्राप्त ऊर्जा}}$

$$= \frac{5}{200 \times 1.6 \times 10^{-13}}$$

$$= \frac{5000 \times 10^{11}}{200 \times 16}$$

$= 1.56 \times 10^{11}$ प्रति सेकण्ड

120. अग्र अभिनति में, p-n सन्धि डायोड का प्रतिरोध शून्य होता है, इसलिये सम्पूर्ण वोल्टेज परिपथ में जुड़े प्रतिरोधक पर आरोपित होगा।

मध्य प्रदेश
उच्च माध्यमिक शिक्षक पात्रता परीक्षा (भाग-ब)

प्रैक्टिस पेपर 2

निर्देश

इस प्रश्न-पत्र में कुल 120 वस्तुनिष्ठ प्रकार के प्रश्न हैं तथा प्रत्येक प्रश्न के लिए एक अंक निर्धारित है।

1. दो राशियों को मापकर आप उसका मान $A = 1.0$ मी ± 0.2 मी, $B = 2.0$ मी $\pm$ 0.2 मी प्राप्त करते हैं। $\sqrt{AB}$ का सही मान होगा

(a) 1.4 मी ± 0.4 मी (b) 1.41 मी + 0.15 मी
(c) 1.4 मी ± 0.3 मी (d) 1.4 मी ± 0.2 मी

2. 10^6 डाइन/सेमी^{2} दाब बराबर है

(a) 10^5 न्यूटन/मी^{2} (b) 10^4 न्यूटन/मी^{2}
(c) 10^6 न्यूटन/मी^{2} (d) 10^7 न्यूटन/मी^{2}

3. मानक (सार्वत्रिक) समय निर्भर है

(a) पृथ्वी की अपनी अक्ष के परितः गति पर
(b) क्वार्ट्ज क्रिस्टल के दोलनों पर
(c) सीजियम परमाणु के कम्पन पर
(d) सूर्य के चारों ओर पृथ्वी की कक्षीय गति पर

4. एक कार सर्वप्रथम 5 किमी दूरी पूर्व दिशा में तय करती है उसके बाद 12 किमी दूरी उत्तर दिशा में तय करती है। कार द्वारा तय की गई कुल दूरी तथा विस्थापन होगा

(a) 17 किमी, 35 किमी (b) 15 किमी, 40 किमी
(c) 17 किमी, 13 किमी (d) 5 किमी, 35 किमी

5. एक पिण्ड एक अर्द्धवृत्ताकार मार्ग पर l मी दूरी चलता है। पिण्ड का दूरी एवं विस्थापन के बीच अनुपात होगा

(a) $\frac{2}{\pi}$ (b) π (c) $\pi/2$ (d) $\frac{3\pi}{4}$

6. तीन व्यक्ति 480 मी परिधि वाले वृत्ताकार क्षेत्र के चारों ओर साइकिल पर 48 मी, 60 मी तथा 72 मी प्रति मिनट की चाल से चलते हैं। वे पुनः कितने समय बाद मिलेंगे?

(a) 60 मिनट (b) 15 मिनट
(c) 24 मिनट (d) 40 मिनट

7. दो बल $\frac{P}{2}$ एक-दूसरे के लम्बवत् लगते हैं। इन दोनों को समद्विभाजित करने के लिए एक तीसरा बल विपरीत दिशा में लगता है। तीसरे बल का परिमाण

(a) P (b) $\frac{P}{2}$ (c) $\frac{P}{\sqrt{2}}$ (d) $\sqrt{2}P$

8. सदिश $3\hat{i} + 4\hat{j} + 5\hat{k}$ का मान है

(a) $3\sqrt{2}$ (b) $5\sqrt{2}$
(c) $7\sqrt{2}$ (d) $9\sqrt{2}$

9. $\mathbf{A} = 3\hat{i} - \hat{j} + 7\hat{k}$ तथा $\mathbf{B} = 5\hat{i} - \hat{j} + 9\hat{k}$, $\mathbf{A} + \mathbf{B}$ के दिक्कोज्या m है

(a) शून्य (b) $\frac{3}{\sqrt{31}}$ (c) $\frac{8}{\sqrt{336}}$ (d) 5

10. 15° के कोण पर प्रक्षेपित किसी प्रक्षेप्य का क्षैतिज परास 50 मी है। इसे 45° के कोण पर प्रक्षेपित किया जाए तो इसका परास होगा।

(a) 60 मी (b) 71 मी (c) 100 मी (d) 141 मी

11. एक टेनिस गेंद एक सीढ़ी के खण्डों से लुढ़कते हुए u मी/से के क्षैतिज वेग से नीचे गिरती है। सीढ़ी के प्रत्येक खण्ड की चौड़ाई b मी है तथा ऊँचाई h मी है। गेंद nवें खण्ड पर आधार वाले तल पर पहुँचती है, तब n का मान क्या होगा?

(a) $n = \frac{2hu}{gb^2}$ (b) $n = \frac{2hu^2}{gb^2}$
(c) $n = \frac{2hu^2}{gb}$ (d) $n = \frac{hu^2}{gb^2}$

12. एक बम वर्षक वायुयान 500 मी/से के वेग से क्षैतिज दिशा में गतिशील है। इस वायुयान से एक बम गिराया जाता है जो 10 सेकण्ड में धरातल पर पहुँचता है, तब यह बम धरातल पर किस कोण पर गिरेगा? ($g = 10$ मी/से^{2})

(a) $\tan^{-1}\left(\frac{1}{5}\right)$ (b) $\tan^{-1}\left(\frac{1}{8}\right)$
(c) $\tan^{-1}(1)$ (d) $\tan^{-1}(5)$

13. दो ब्लॉक एक घर्षणरहित मेज पर सम्पर्क में रखे गये हैं। एक का द्रव्यमान m तथा दूसरे का $2m$ है। $2m$ पर एक बल F चित्रानुसार लगाया जाता है तथा m पर समान बल F दाँये से लगाया जाता है। दोनों ब्लॉक के बीच सम्पर्क का बल दोनों स्थितियों में क्रमशः होगा

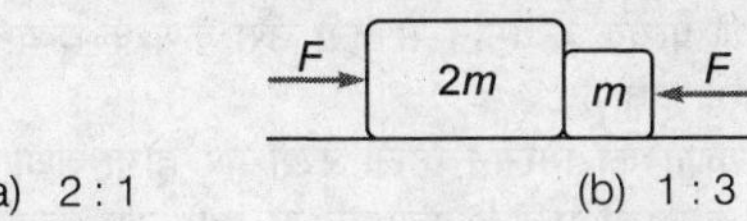

(a) 2 : 1 (b) 1 : 3
(c) 1 : 2 (d) 3 : 1

14. कणों के बीच संघट्ट में संवेग संरक्षण का अवबोधन किस आधार पर किया जा सकता है?
(a) ऊर्जा संरक्षण
(b) केवल न्यूटन का प्रथम नियम
(c) केवल न्यूटन का द्वितीय नियम
(d) न्यूटन के द्वितीय एवं तृतीय नियम

15. 0.05 किग्रा द्रव्यमान की एक वस्तु को 9.5 मी/से^{2} त्वरण के साथ गिरते हुए प्रेक्षित किया जाता है। वस्तु पर वायु की विपरीत दिशा में बल है ($g = 9.8$ मी/से^{2})
(a) 0.015 न्यूटन (b) 0.15 न्यूटन
(c) 0.030 न्यूटन (d) शून्य

16. एक लिफ्ट जिसमें m द्रव्यमान का एक ब्लॉक है, v एकसमान वेग से ऊपर की ओर गति करती है। यदि घर्षण गुणांक μ हो, तो ब्लॉक द्वारा उत्पन्न घर्षण बल होगा
(a) शून्य (b) mg
(c) μmg (d) $2\mu mg$

17. m द्रव्यमान के एक पिण्ड, जिसको t_1 समय में स्थिर अवस्था से v वेग तक त्वरित किया जाता है, पर t समय में किया गया कार्य होगा
(a) $\frac{1}{2} m \frac{v}{t_1} t^2$ (b) $\frac{m}{4} \frac{v}{t_1} t^2$
(c) $\frac{1}{2}\left(\frac{mv}{t_1}\right)^2 t^2$ (d) $\frac{1}{2} m \frac{v^2}{t_1^2} t^2$

18. 2 किग्रा द्रव्यमान के एक छोटे पिण्ड पर एक स्थिति निर्भर (position dependent) बल $F = 7 - 2x + 3x^2$ कार्य करता है तथा इसको $x = 0$ से $x = 5$ मी तक विस्थापित कर देता है। किया गया कार्य (जूल में) होगा
(a) 70 (b) 140 (c) 35 (d) 135

19. L लम्बाई तथा M द्रव्यमान की एक, एकसमान चेन एक क्षैतिज मेज पर इस प्रकार स्थित है कि लम्बाई का 1/3 भाग मेज के किनारे से नीचे ऊर्ध्वाधरत: लटका हुआ है। यदि गुरुत्वीय त्वरण g हो, तो लटके हुए भाग को मेज पर खींचने के लिए आवश्यक कार्य होगा
(a) $\frac{MgL}{3}$ (b) MgL (c) $\frac{MgL}{9}$ (d) $\frac{MgL}{18}$

20. 1 ग्राम व 9 ग्राम द्रव्यमान के दो पिण्ड, समान गतिज ऊर्जा के साथ गतिमान हैं। उनके क्रमिक रेखीय संवेगों के परिमाण में अनुपात है
(a) 1 : 10 (b) 9 : 1
(c) 1 : 3 (d) 4 : 1

21. दो कणों से बने निकाय के द्रव्यमान के सम्बन्ध में सही कथन होगा
(a) द्रव्यमान केन्द्र, दो कणों को मिलाने वाली रेखा के ठीक मध्य बिन्दु पर होगा
(b) द्रव्यमान केन्द्र कणों को मिलाने वाली रेखा पर होगा तथा उस बिन्दु पर होगा जिसकी प्रत्येक द्रव्यमान से दूरी उस कण के द्रव्यमान के व्युत्क्रमानुपाती होती है
(c) द्रव्यमान केन्द्र कणों को मिलाने वाली रेखा पर होगा तथा उस बिन्दु पर होगा जिसकी प्रत्येक द्रव्यमान से दूरी उस कण के द्रव्यमान के वर्ग के समानुपाती होती है
(d) द्रव्यमान केन्द्र कणों को मिलाने वाली रेखा पर होगा तथा उस बिन्दु पर होगा जिसकी प्रत्येक द्रव्यमान से दूरी उस कण के द्रव्यमान से समानुपाती होती है

22. किसी पिण्ड का द्रव्यमान केन्द्र
(a) सदैव पिण्ड के बाहर की ओर होता है
(b) पिण्ड की सतह के भीतर, बाहर अथवा सतह पर हो सकता है
(c) सदैव पिण्ड के अन्दर की ओर होता है
(d) सदैव पिण्ड की सतह पर होता है।

23. दो द्रव्यमानों m एवं M ($M > m$) को संलयित करने पर द्रव्यमान केन्द्र कहाँ होगा?
(a) m की ओर (b) M की ओर
(c) m व M के बीच (d) इनमें से कोई नहीं

24. दो कणों के निकाय का द्रव्यमान केन्द्र उनके बीच की दूरी को विभक्त करता।
(a) कणों के द्रव्यमानों के वर्ग के व्युत्क्रमानुपात में
(b) कणों के द्रव्यमानों के वर्ग के समानुपात में
(c) कणों के द्रव्यमानों के व्युत्क्रमानुपात में
(d) कणों के द्रव्यमानों के समानुपात में

25. वृत्तीय गति करती हुई किसी वस्तु का कोणीय विस्थापन समय के साथ $\theta = \theta_0 + \theta_1 t + \theta_2 t^2$ के अनुसार परिवर्तित होता है। वस्तु का कोणीय त्वरण है
(a) θ_1 (b) θ_2
(c) $2\theta_1$ (d) $2\theta_2$

26. 120 चक्र/मिनट से घूर्णन करते एक गति पालक चक्र की कोणीय चाल है
(a) $\pi / 4$ रेडियन/से (b) 2π रेडियन/से
(c) 4π रेडियन/से (d) $4\pi^2$ रेडियन/से

27. एक घड़ी की सेकण्ड की सूईं की लम्बाई 3.0 सेमी है, इसके नोंक की चाल होगी
(a) 0.314 सेमी/से (b) 3.14 सेमी/से
(c) 31.4 सेमी/से (d) 0.0314 सेमी/से

28. साम्यावस्था में गैस के अणुओं का माध्य वेग होता है
(a) $\sqrt{T}$ के समानुपाती
(b) T के व्युत्क्रमानुपाती
(c) T^2 के समानुपाती
(d) शुन्य

29. g, R व G के पदों में, पृथ्वी के द्रव्यमान का सूत्र क्या होगा?
(a) $g^2(R/G)$ (b) $2G(R^2/g)$
(c) $4G(R/g)$ (d) $g(R^2/G)$

30. गुरुत्वीय त्वरण g व पृथ्वी के माध्य घनत्व ρ के बीच निम्नलिखित में क्या सम्बन्ध है? जहाँ, G गुरुत्वाकर्षण नियतांक तथा R पृथ्वी की त्रिज्या है।
(a) $\rho = \frac{4\pi g R^2}{3G}$ (b) $\rho = \frac{8\pi g R^3}{3G}$
(c) $\rho = \frac{3g}{4\pi G R}$ (d) $\rho = \frac{6g}{4\pi G R^3}$

31. दो पिण्डों के मध्य गुरुत्वाकर्षण बल 1 न्यूटन है। यदि उनके मध्य की दूरी पहले से दोगुनी कर दें, तो उनके बीच बल होगा
(a) 1 न्यूटन (b) 0.5 न्यूटन
(c) 2 न्यूटन (d) 0.25 न्यूटन

32. एक खोखले गोलीय कोश के अन्दर गुरुत्वीय क्षेत्र की तीव्रता होगी

(a) परिवर्ती (b) न्यूनतम
(c) अधिकतम (d) शून्य

33. जब एक निश्चित भार एक एकसमान लम्बे तार से लटकाया जाता है, तब इसकी लम्बाई 1 सेमी बढ़ जाती है। यदि समान भार अन्य इसी पदार्थ से बने तथा इतनी ही लम्बाई के परन्तु आधे व्यास वाले तार से लटका है, तब इसकी लम्बाई में वृद्धि होगी

(a) 0.5 सेमी (b) 2 सेमी (c) 4 सेमी (d) 8 सेमी

34. एक ही पदार्थ के 4 मी लम्बे तारों के व्यास का अनुपात $n:1$ है। समान भार आरोपित करने पर पतले तार की लम्बाई में वृद्धि होती है

(a) n^2 गुना (b) n गुना
(c) $2n$ गुना (d) $(2n+1)$ गुना

35. एक दृढ़ छड़ जिसका द्रव्यमान M है, तीन एकसमान लम्बाई l के तारों से बँधी है। दो बाहरी तार ताँबे के तथा बीच वाला तार लोहे का है। यदि प्रत्येक तार में तनाव समान है, तो दोनों धातुओं के तारो के व्यासों का अनुपात होगा

(a) $\frac{Y_{\text{ताँबा}}}{Y_{\text{लोहा}}}$ (b) $\sqrt{\frac{Y_{\text{लोहा}}}{Y_{\text{ताँबा}}}}$ (c) $\frac{Y^2_{\text{लोहा}}}{Y^2_{\text{ताँबा}}}$ (d) $\frac{Y_{\text{लोहा}}}{Y_{\text{ताँबा}}}$

36. एक रबर की रस्सी को एक कमरे की छत से लटकाया गया है। इसमें स्वयं के भार के कारण लम्बाई में कितनी वृद्धि होगी, यदि पदार्थ का घनत्व 1.5×10^3 किग्रा/मी³, यंग प्रत्यास्थता गुणांक 5×10^6 न्यूटन/मी² तथा तार की लम्बाई 8 मी हो?

(a) 9.6×10^{-2} मी (b) 1.92×10^{-2} मी
(c) 9.6×10^{-3} मी (d) 9.6 मी

37. बर्फ का घनत्व ρ तथा पानी का σ है। जब बर्फ का द्रव्यमान M पिघल जाता है, तब बर्फ के आयतन में कमी होगी

(a) $\frac{M}{\sigma - \rho}$ (b) $\frac{\sigma - \rho}{M}$
(c) $M\left(\frac{1}{\rho} - \frac{1}{\sigma}\right)$ (d) $\frac{1}{M}\left(\frac{1}{\rho} - \frac{1}{\sigma}\right)$

38. एक 50 किग्रा की एक लड़की ऊँची हील के जूते पहनती है वह केवल एक हील पर अपने वजन द्वारा सन्तुलित होती है। वृत्तीय हील का व्यास 1.0 सेमी है। क्षैतिज फर्श पर लगने वाला दाब क्या होगा?

(a) 6.9×10^6 पास्कल (b) 6.2×10^6 पास्कल
(c) 9.6×10^6 पास्कल (d) 9.0×10^6 पास्कल

39. एकसमान शंक्वाकार बर्तन चित्र में प्रदर्शित है तथा 900 किग्रा/मी⁻³ के घनत्व के द्रव द्वारा इसे भर दिया जाता है। द्रव के कारण बर्तन के आधार पर आरोपित बल होंगे ($g = 10$ मी/से²)

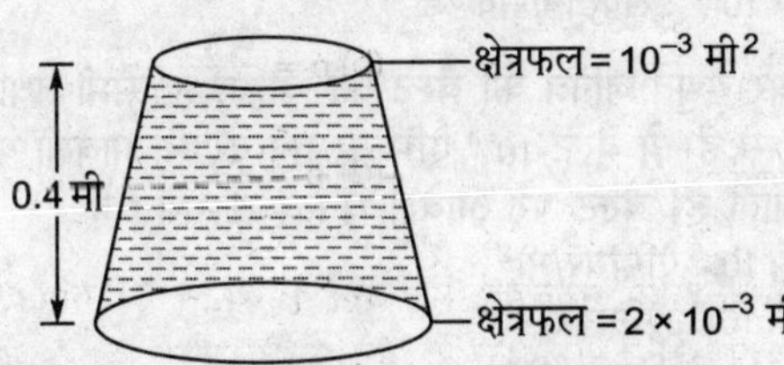

(a) 3.6 न्यूटन (b) 7.2 न्यूटन
(c) 9.0 न्यूटन (d) 12.0 न्यूटन

40. समुद्र में y गहराई पर घनत्व ρ तथा B सतह के घनत्व ρ_0 से निम्न प्रकार सम्बन्धित है

(a) $\rho = \rho_0\left(1 - \frac{\rho_0 gy}{B}\right)$ (b) $\rho = \rho_0\left(1 + \frac{\rho_0 gy}{B}\right)$
(c) $\rho = \rho_0\left(1 + \frac{B}{\rho_0 hgy}\right)$ (d) $\rho = \rho_0\left(1 - \frac{B}{\rho_0 gy}\right)$

41. वह ताप, जिस पर फारेनहाइट व सेण्टीग्रेड पैमाने एकसमान पाठयांक दर्शाते हैं

(a) 40°C (b) 40°R
(c) −40°C (d) 40°F

42. लोहे के एक पिण्ड का ताप 140F है। इसका ताप सेल्सियस पैमाने पर होगा

(a) 60° (b) 160° (c) 140° (d) 170°

43. एक पर्वतारोही को ज्ञात होता है कि पानी 80°C पर उबलता है। उबलते हुए इस पानी का ताप फारेनहाइट में निम्न है

(a) 50 (b) 150
(c) 176 (d) 200

44. निम्न में से किस ताप पर H_2O का घनत्व अधिकतम होता है?

(a) 32F (b) 39.2F
(c) 42F (d) 0F

45. ऊष्मागतिकी के प्रथम नियम का सम्बन्ध होता है

(a) संवेग संरक्षण से
(b) ऊर्जा संरक्षण से
(c) द्रव्यमान संरक्षण से
(d) ताप के संरक्षण से

46. आदर्श गैस की आन्तरिक ऊर्जा निर्भर करती है

(a) विशिष्ट आयतन पर (b) दाब पर
(c) ताप पर (d) घनत्व पर

47. एक आदर्श गैस के प्रसार के दौरान ताप को नियत रखा जाता है। गैस बाहरी कार्य करती है। इस प्रक्रिया के दौरान गैस की आन्तरिक ऊर्जा

(a) घटती है
(b) बढ़ती है
(c) स्थिर रहती है
(d) आणविक गति पर निर्भर करती है

48. यदि एक निकाय को दी गई ऊष्मा 35 जूल हो तथा निकाय द्वारा किया गया कार्य 15 जूल हो, तो निकाय में होने वाला आन्तरिक ऊर्जा में परिवर्तन है

(a) −50 जूल (b) 20 जूल (c) 30 जूल (d) 50 जूल

49. दो गैसों C तथा D के ताप T, दाब p तथा आयतन V हैं। यदि दोनों गैसों को मिश्रित कर दिया जाये तथा मिश्रण का आयतन V तथा ताप T हो, तो उसका दाब होगा

(a) $\frac{1}{2}p$ (b) $2p$ (c) $\frac{1}{8}p$ (d) $\frac{3}{2}p$

50. किसी गैस के दिये गये द्रव्यमान के दाब में कितने प्रतिशत वृद्धि की जाए कि स्थिर ताप पर, इसके आयतन में 10% की कमी हो जाए?

(a) 8.1% (b) 9.1%
(c) 10.1% (d) 11.1%

51. बाहरी अन्तरिक्ष में किसी क्षेत्र में औसतन प्रति घन सेमी^{3} में केवल 10 अणु हैं तथा वहाँ का ताप 3 K है। इस अति विरल गैस का औसत दाब होगा

(a) 0.4×10^{-16} न्यूटन/मी^{2}

(b) 4.14×10^{-16} न्यूटन/मी^{2}

(c) 5×10^{-14} न्यूटन/मी^{2}

(d) 10^5 न्यूटन/मी^{2}

52. आदर्श गैस के दिए गए द्रव्यमान के लिए, दाब के दो अलग–अलग नियत मानों के लिए आयतन–ताप आरेख चित्र में दर्शाया गया है। आरेख से p_1 तथा p_2 के विषय में क्या निष्कर्ष निकाला जा सकता है?

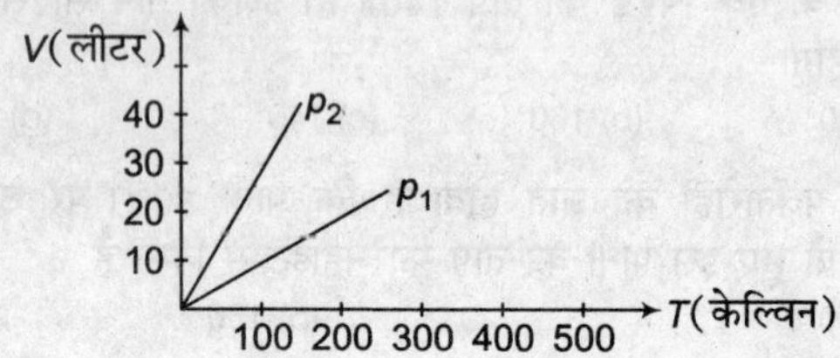

(a) $p_1 > p_2$ (b) $p_1 = p_2$

(c) $p_1 < p_2$ (d) आँकड़े अपर्याप्त हैं

53. दो सरल आवर्त गतियाँ, समीकरण $x = a\sin(\omega t - \alpha)$ तथा $y = b\cos(\omega t - \alpha)$ द्वारा प्रदर्शित की जा रही हैं। इनके बीच कलान्तर होगा

(a) 0° (b) a°

(c) 90° (d) 180°

54. एक कण, एक सरल रेखा के अनुदिश, A आयाम की सरल आवर्त गति करता है। स्थितिज ऊर्जा अधिकतम होगी, जबकि इसका विस्थापन है

(a) $\pm A$ (b) अनन्त

(c) $\pm \frac{A}{2}$ (d) $\pm A/\sqrt{2}$

55. प्रकाश-वैद्युत प्रभाव द्वारा, आइन्सटीन ने सिद्ध किया?

(a) $E = h\nu$ (b) $KE = \frac{1}{2}mv^2$

(c) $E = mc^2$ (d) $E = \frac{Rhc^2}{n^2}$

56. किस स्थिति में स्थितिज ऊर्जा कम होती है?

(a) स्प्रिंग को सम्पीडित करने पर

(b) स्प्रिंग को खींचने पर

(c) पिण्ड को गुरुत्वाकर्षण के विरुद्ध चलाने पर

(d) जल के अन्दर वायु के बुलबुले को उठाने पर

57. जब अनुदैर्ध्य तरंग किसी माध्यम से संचरित होती हैं, तब माध्यम के कण माध्य स्थिति के दोनों ओर सरल आवर्त गति करने लगते हैं। इन कणों के दोलन में अपरिवर्तनशील है

(a) गतिज ऊर्जा

(b) स्थितिज ऊर्जा

(c) गतिज तथा स्थितिज ऊर्जाओं का योग

(d) गतिज तथा स्थितिज ऊर्जाओं का अन्तर

58. जब वायुयान की चाल ध्वनि की चाल से अधिक हो जाती है, तो धमाका सुनाई पड़ता है, क्योंकि

(a) वायुयान विस्फोटित हो जाता है

(b) यह एक शॉक तरंग उत्पन्न करता है, जो धमाके की भाँति सुनाई देती है

(c) इसके पंखे इतनी तेजी से कम्पन्न करते हैं कि धमाका सुनाई देता है

(d) इन्जन के शोर करने से डॉप्लर भाव के कारण धमाका उत्पन्न होता है

59. एक स्थायी तरंग $y = a\sin(100\,t)\cos(0.012\,x)$ द्वारा प्रदर्शित होती है, जहाँ y व a मिमी में t सेकण्ड में तथा x मी में है। तरंग का वेग है

(a) 10^4 मी/से (b) 4 मी/से

(c) 10^{10} मी/से (d) सूचना पूरी नहीं है

60. प्रगामी तरंग का समीकरण $y = 4\sin\left\{\pi\left(\frac{t}{5} - \frac{x}{9}\right) + \frac{\pi}{6}\right\}$ है। निम्न में से कौन–सा कथन सत्य है?

(a) $v = 5$ मी/से (b) $\lambda = 18$ मी

(c) $a = 0.04$ मी (d) $n = 50$ हर्ट्ज

61. l लम्बाई की एक सरल रेखा पर तीन आवेश $+4q, Q$ एवं q, क्रमश: 0, $(l/2)$ व l दूरी पर रखे जाते हैं। q पर शुद्ध बल शून्य हो, इसके लिए Q का मान होगा

(a) $-q$ (b) $-2q$

(c) $-q/2$ (d) $-4q^2$

62. दो आवेश + 1 माइक्रो कूलॉम व 5 माइक्रो कूलॉम है। इन पर कार्यरत् बलों में अनुपात होगा

(a) 1 : 5 (b) 1 : 1

(c) 5 : 1 (d) 1 : 25

63. F_g व F_e क्रमश: 10 सेमी की दूरी पर स्थित दो इलेक्ट्रॉनों के बीच गुरुत्वाकर्षण एवं स्थिर-वैद्युत बल को प्रदर्शित करते हैं। F_g / F_e के अनुपात की कोटि होगी

(a) 10^{41} (b) 10^{11} (c) 1 (d) 10^{-42}

64. स्थिर आवेश के दो छोटे गोलों के बीच (a) वायु में (b) परावैद्युत नियतांक k के माध्यम में बलों में अनुपात होगा

(a) $k^3 : 1$ (b) $k : 1$ (c) $k^4 : 1$ (d) $k^2 : 1$

65. किसी चालक में 4.8 ऐम्पियर धारा प्रवाहित हो रही है। चालक में प्रति सेकण्ड प्रवाहित हो रहे इलेक्ट्रॉनों की संख्या का मान होगा

(a) 3×10^{19} इलेक्ट्रॉन/सेकण्ड

(b) 10×10^{20} इलेक्ट्रॉन/सेकण्ड

(c) 6×10^{20} इलेक्ट्रॉन/सेकण्ड

(d) 15×10^{20} इलेक्ट्रॉन/सेकण्ड

66. एक स्थिर वैद्युत जनित्र की बैल्ट की चौड़ाई 50 सेमी तथा उसका वेग 30 सेमी/से है। ये बैल्ट 10^{-4} ऐम्पियर की दर से आवेशों को एक गोले में ले जाती है। बैल्ट पर आवेश घनत्व का मान है

(a) 6.7×10^{-5} ऐम्पियर/मी^{2}

(b) 6.7×10^{-4} ऐम्पियर/मी^{2}

(c) 6.7×10^{-7} ऐम्पियर/मी^{2}

(d) 6.7×10^{-8} ऐम्पियर/मी^{2}

67. चित्र में दिखाई गई धारा (I) एवं वोल्टता (V) के बीच ग्राफ में ऋणात्मक प्रतिरोध से सम्बन्धित अंश की पहचान करो।

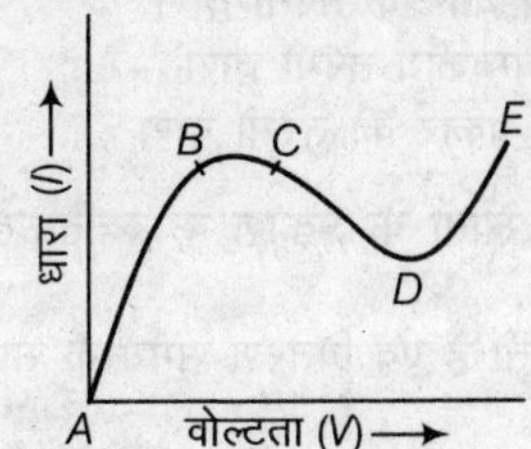

(a) BC (b) AB
(c) CD (d) DE

68. कॉपर के तीन तारों की लम्बाई व परिच्छेद क्षेत्रफल (l, A), ($2l, A/2$) तथा ($l/2, 2A$) हैं। प्रतिरोध न्यूनतम है
(a) A परिच्छेद क्षेत्रफल के तार का
(b) $A/2$ परिच्छेद क्षेत्रफल के तार का
(c) $2A$ परिच्छेद क्षेत्रफल के तार का
(d) तीनों के लिए समान

69. r त्रिज्या के एक चालक वृत्ताकार लूप में स्थायी धारा i प्रवाहित हो रही है। इसको एकसमान चुम्बकीय क्षेत्र B में इस प्रकार रखा जाता है कि B, लूप के तल के लम्बवत् है। लूप पर कार्यरत् चुम्बकीय बल का व्यंजक है
(a) $2\pi r i B$ (b) $i r B$
(c) शून्य (d) $\pi r i B$

70. i धारावाही सूक्ष्म अंश (element) dl से r दूरी पर इसके कारण चुम्बकीय क्षेत्र dB है
(a) $dB = \frac{\mu_0 i^2}{4\pi}\left(\frac{dl \times r}{r^2}\right)$
(b) $dB = \frac{\mu_0 i}{4\pi}\left(\frac{dl \times r}{r}\right)$
(c) $dB = \frac{\mu_0 i^2}{4\pi}\left(\frac{dl \times r}{r}\right)$
(d) $dB = \frac{\mu_0 i}{4\pi}\left(\frac{dl \times r}{r^3}\right)$

71. बोर के परमाणु मॉडल में एक इलेक्ट्रॉन नाभिक के चारों ओर 5.1×10^{-11} मी त्रिज्या के पथ में 6.8×10^{15} चक्कर प्रति सेकण्ड लगाता है, उसकी कक्षा के केन्द्र पर चुम्बकीय प्रेरण का मान होगा
(a) 13.4 टेस्ला (b) 15.6 टेस्ला
(c) 15.8 टेस्ला (d) 11.6 टेस्ला

72. क्यूरी नियम लिखा जा सकता है
(a) $x \propto (T - T_c)$ (b) $x \propto \frac{1}{T - T_c}$
(c) $x \propto \frac{1}{T}$ (d) $x \propto T$

73. एक छोटा चुम्बक जिसका चुम्बकीय आघूर्ण 6.75 ऐम्पियर-मी^{2} है। इसकी अक्ष पर उदासीन बिन्दु प्राप्त होता है। यदि पृथ्वी के चुम्बकीय क्षेत्र की तीव्रता का क्षैतिज घटक 5×10^{-5} वेबर/मी^{2} है तो उदासीन बिन्दु की दूरी होगी
(a) 10 सेमी (b) 20 सेमी
(c) 30 सेमी (d) 40 सेमी

74. चुम्बकीय आघूर्ण 0.1 ऐम्पियर-मी^{2} के दो एकसमान चुम्बकीय द्विध्रुवों के अक्षों को एक-दूसरे के लम्बवत् रखा गया है जिससे उनके केन्द्रों के बीच की दूरी 2 मी है। द्विध्रुवों के बीच मध्य बिन्दु पर परिणामी चुम्बकीय क्षेत्र होगा
(a) 5×10^{-2} टेस्ला (b) $\sqrt{5} \times 10^{-7}$ टेस्ला
(c) 10^{-7} टेस्ला (d) इनमें से कोई नहीं

75. यदि M चुम्बकीय आघूर्ण के एक छड़ चुम्बक को तीव्रता B के समान चुम्बकीय क्षेत्र में स्वतन्त्रतापूर्वक लटका दिया जाए तो चुम्बक को θ कोण से घुमाने में किया गया कार्य होगा
(a) $MB(1 - \sin\theta)$ (b) $MB \sin\theta$
(c) $MB \cos\theta$ (d) $MB(1 - \cos\theta)$

76. एक चुम्बकीय सुई चुम्बकीय क्षेत्र के समान्तर स्थित है, इसको 60° घुमाने में W कार्य करना पड़ता है। इसी अवस्था में बने रहने के लिए आवश्यक बल आघूर्ण होगा
(a) $\sqrt{3}W$ (b) W
(c) $\frac{\sqrt{3}}{2}W$ (d) $2W$

77. जब भी किसी कुण्डली से बद्ध चुम्बकीय फ्लक्स में परिवर्तन किया जाता है, तो परिपथ में प्रेरित विद्युत वाहक बल उत्पन्न होता है। यह विद्युत वाहक बल रहता है
(a) सदैव के लिए
(b) लम्बे समय के लिए
(c) अल्प समय के लिए
(d) जब तक फ्लक्स में परिवर्तन होता रहता है

78. A_0 क्षेत्रफल की एक कुण्डली को एक चुम्बकीय क्षेत्र में रखा जाता है, जिसमें समय अन्तराल t में B_0 परिवर्तन होता है। कुण्डली में प्रेरित विद्युत वाहक बल का मान होगा
(a) $3A_0B_0/t$ (b) $\frac{4}{3}A_0B_0/t$
(c) $\frac{3}{4}B_0/A_0t_0$ (d) $4B_0/A_0t$

79. एक कुण्डली, जिसमें 500 वर्गाकार लूप हैं, प्रत्येक की भुजा 10 सेमी है, को 1.0 टेस्ला/सेकण्ड की दर से बढ़ते हुए चुम्बकीय फ्लक्स के लम्बवत् रखा जाता है। प्रेरित विद्युत वाहक बल (वोल्ट में) का मान होगा
(a) 1 (b) 0.9 (c) 10 (d) 5.0

80. तीन समान कुण्डलियों A, B व C के तल समान्तर है। A व C में धारा चित्रानुसार है। B व C अपने स्थान पर स्थिर हैं तथा कुण्डली A, कुण्डली B की ओर गतिमान है, तो B में प्रेरित धारा होगी

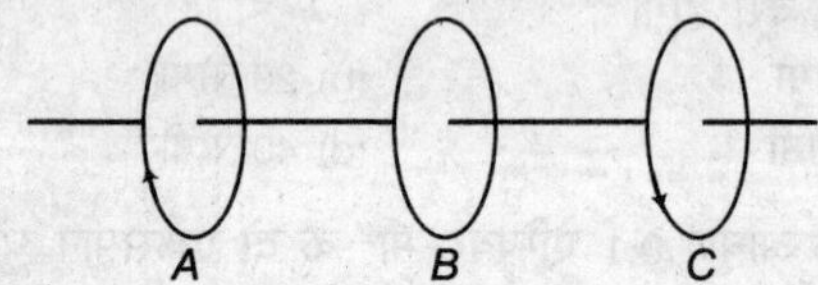

(a) दक्षिणावर्त
(b) वामावर्त
(c) कोई प्रेरित धारा नहीं होगी
(d) धारा तभी प्रेरित होगी जब दोनों कुण्डलियाँ गति करेंगी

81. यदि एक अवतल दर्पण के फोकस से x_1 दूरी पर स्थित वस्तु का प्रतिबिम्ब फोकस से x_2 दूरी पर बनता है, तो दर्पण की फोकस दूरी का मान होगा

(a) $\sqrt{\frac{x_1}{x_2}}$ (b) $\frac{x_1 + x_2}{2}$
(c) $(x_1x_2)^2$ (d) $\sqrt{x_1x_2}$

82. सूर्य (व्यास d), f फोकस दूरी वाले अवतल दर्पण के सामने अक्ष से θ रेडियन कोण नीचे है। दर्पण द्वारा बनाए गए सूर्य के प्रतिबिम्ब का व्यास है

(a) θf (b) $\frac{\theta}{\pi}f$
(c) $2\theta f$ (d) $\frac{\theta}{2}f$

83. एक व्यक्ति की लम्बाई 6 फिट है, वह अपना सीधा चित्र 2 फिट लम्बे दर्पण में देख सकता है, तो दर्पण होगा

(a) समतल या उत्तल
(b) अवतल
(c) उत्तल
(d) समतल या अवतल

84. अवतल दर्पण पर आपतित प्रकाश की दिशा PQ द्वारा दर्शाई गई है। जबकि परावर्तन के बाद यह किरण, चार किरणों 1, 2, 3 तथा 4 के रूप में चित्रानुसार चलती है। चारों किरणों में से कौन-सी किरण परावर्तित किरण की दिशा को सही प्रकार से दर्शाती है?

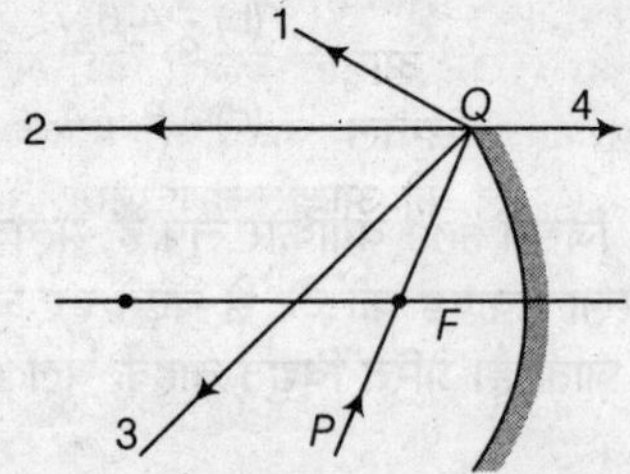

(a) 1 (b) 2
(c) 3 (d) 4

85. किसी बिन्दुवत् स्रोत से निकलने वाली अपसारी किरणों से बनने वाले तरंगाग्र की आकृति होती है

(a) बेलनाकार (b) गोलाकार
(c) समतल (d) घनाकार

86. व्यतिकरण की घटना द्वारा प्राप्त होती है

(a) केवल अनुदैर्ध्य यान्त्रिक तरंगों द्वारा
(b) केवल अनुप्रस्थ यान्त्रिक तरंगों द्वारा
(c) केवल विद्युत चुम्बकीय तरंगों द्वारा
(d) उपरोक्त सभी प्रकार की तरंगों द्वारा

87. दो कला सम्बद्ध स्रोतों के प्रकाश के व्यतिकरण में ऊर्जा

(a) बढ़ती है
(b) पुनर्वितरित होती है एवं वितरण समय के साथ परिवर्तित नहीं होती है
(c) पुनर्वितरित होती है एवं वितरण समय के साथ परिवर्तित होती है
(d) घटती है

88. किसी तरंग के लिये कलान्तर ϕ के तुल्य पथान्तर है

(a) $\frac{\pi}{2\lambda}\phi$ (b) $\frac{\pi}{\lambda}\phi$ (c) $\frac{\lambda}{2\pi}\phi$ (d) $\frac{\lambda}{\pi}\phi$

89. v वेग से गतिमान m द्रव्यमान के कण से सम्बद्ध दे-ब्रोग्ली तरंगदैर्ध्य होगी

(a) h/mv (b) mn/h (c) mh/v (d) m/hv

90. एक कण का विराम द्रव्यमान शून्य और ऊर्जा एवं संवेग अशून्य है। इसकी गति होगी

(a) c (प्रकाश का निर्वात में वेग) के बराबर
(b) c से अधिक
(c) c से कम
(d) अनन्त की ओर अग्रसर

91. एक धातु का कार्य फलन 2.4 eV है। प्रकाश वैद्युत उत्सर्जन के लिए फोटॉन की अधिकतम तरंगदैर्ध्य होगी

(a) 3000 Å (b) 3500 Å (c) 4500 Å (d) 5156 Å

92. गतिज ऊर्जा E के एक इलेक्ट्रॉन से सम्बद्ध दे-ब्रोग्ली तरंगदैर्ध्य λ होगी

(a) $\frac{h}{\sqrt{2mE}}$ (b) $\frac{2h}{mE}$ (c) $2mhE$ (d) $\frac{2\sqrt{2mE}}{h}$

93. परमाणु की आमाप (size) की कोटि है

(a) 10^{-8} मी (b) 10^{-10} मी
(c) 10^{-12} मी (d) 10^{-14} मी

94. रदरफोर्ड के α-कण प्रकीर्णन के प्रयोग में जिस बल के कारण α-कण प्रकीर्णित होते हैं, वह बल है

(a) गुरुत्वीय बल (b) नाभिकीय बल
(c) कूलॉम्बीय बल (d) चुम्बकीय बल

95. यदि रदरफोर्ड प्रयोग में, 90° कोण पर प्रकीर्णित कणों की संख्या 7 प्रति मिनट है तो 60° तथा 120° कोण पर प्रकीर्णित कणों की संख्याएँ होंगी

(a) 112 प्रति मिनट, 12.5 प्रति मिनट
(b) 100 प्रति मिनट, 200 प्रति मिनट
(c) 50 प्रति मिनट, 12.5 प्रति मिनट
(d) 117 प्रति मिनट, 25 प्रति मिनट

96. यदि 90° कोण पर प्रकीर्णित कण 56 हों, तो 60° कोण पर यह होंगे

(a) 224 (b) 256 (c) 98 (d) 108

97. चालक, विद्युतरोधी और अर्द्धचालक में अन्तर का कारण है
(a) धारा को प्रवाहित करने की उनकी योग्यता
(b) क्रिस्टल जालक का प्रकार
(c) उनके इलेक्ट्रॉनों की बन्ध ऊर्जा
(d) उनके ऊर्जा-स्तरों की आपेक्षिक चौड़ाई

98. 0 K ताप पर जर्मेनियम क्रिस्टल का वर्जित ऊर्जा अन्तराल का मान होता है
(a) 1.09 eV (b) 0.203 eV
(c) 0.72 eV (d) 0.19 eV

99. कुचालकों के लिए सत्य कथन है
(a) संयोजी बैण्ड इलेक्ट्रॉन से आंशिक भरा होता है
(b) चालन बैण्ड इलेक्ट्रॉन से आंशिक भरा होता है
(c) चालन बैण्ड इलेक्ट्रॉन से भरा और संयोजी बैण्ड रिक्त होता है
(d) चालन बैण्ड रिक्त और संयोजी बैण्ड इलेक्ट्रॉन से भरा होता है

100. निम्न में से कौन-सा ऊर्जा बैण्ड चित्र, अर्द्धचालक को प्रकट करता है?

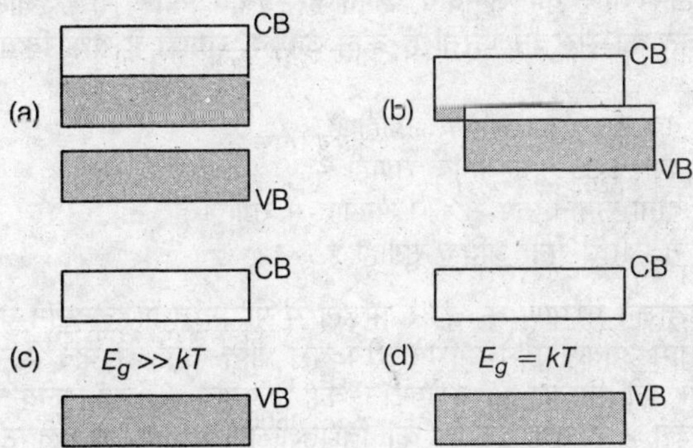

101. राम कानपुर से लखनऊ की ओर चलना प्रारम्भ करता है एवं उसी समय रहीम लखनऊ से कानपुर को चलना प्रारम्भ करता है। दोनों एक बिन्दु पर मिलते हैं तथा एक-दूसरे को मिलने के बाद राम अपनी यात्रा 5 घण्टे 20 मिनट तथा रहीम 6 घण्टे 45 मिनट में पूरी कर लेता है। यदि राम 4 किमी/घण्टा की गति से चलता है, तो रहीम जिस गति से चलता है वह है
(a) 8 किमी/घण्टा (b) $3\frac{5}{9}$ किमी/घण्टा
(c) $4\frac{1}{2}$ किमी/घण्टा (d) इनमें से कोई नहीं

102. दिए गए v-t ग्राफ में पिण्ड द्वारा 5 सेकण्ड में चली गई दूरी होगी

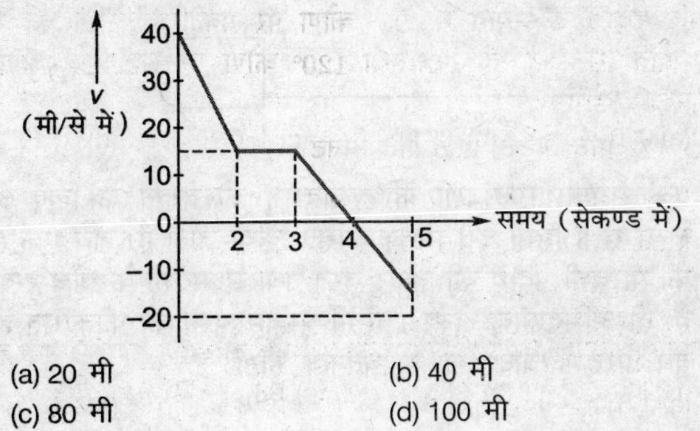

(a) 20 मी (b) 40 मी
(c) 80 मी (d) 100 मी

103. एक प्रक्षेप्य को θ कोण पर प्रक्षेपित किया जाता है, यह एक दीवार को पार करता है जिसका उच्चिष्ठ बिन्दु चित्र में दिखाया गया है। प्रक्षेप कोण बताओ जिससे प्रक्षेप्य को प्रक्षेपित किया जाता है

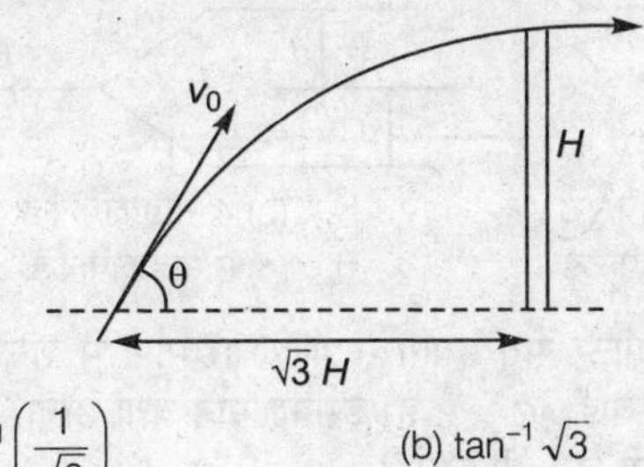

(a) $\tan^{-1}\left(\frac{1}{\sqrt{3}}\right)$ (b) $\tan^{-1}\sqrt{3}$
(c) $\tan^{-1}\left(\frac{2}{\sqrt{3}}\right)$ (d) $\tan^{-1}\left(\frac{\sqrt{3}}{2}\right)$

104. यदि पृथ्वी की त्रिज्या R_e तथा पृथ्वी तल पर गुरुत्वीय त्वरण g है, तो पृथ्वी तल से ऊँचाई h पर जाने में m द्रव्यमान के पिण्ड की स्थितिज ऊर्जा में वृद्धि होगी
(a) $\frac{3mgh}{\left(1+\frac{h}{R_e}\right)}$ (b) $\frac{1+\frac{h}{R_e}}{mgh}$
(c) $\frac{mgh}{\left(1+\frac{h}{R_e}\right)}$ (d) $\frac{2mgh}{\left(1+\frac{2h}{R_e}\right)}$

105. एक स्टील के तार की लम्बाई 2 मी त्रिज्या 1 मिमी है तथा $Y = 2\times10^{11}$ न्यूटन/मी^{2} है। एक 1 किग्रा का गोला तार के एक सिरे से जुड़ा है तथा लम्बवत् वृत्त में 2 चक्कर प्रति सेकण्ड के कोणीय वेग से तेजी से घूमता है। जब गोला लम्बवत् वृत्त के निचले बिन्दु पर है, तब तार की लम्बाई में लगभग वृद्धि होगी ($g = 10$ मी/से^{2})
(a) 1 मिमी (b) 2 मिमी (c) 0.1 मिमी (d) 0.01 मिमी

106. 1500 मी^{3} के आयतन तथा 1650 किग्रा भार का एक गुब्बारा हीलियम द्वारा भरा गया है (हीलियम का घनत्व 0.2 किग्रा/मी^{3}) वायु का घनत्व 1.3 किग्रा/मी^{3} तब गुब्बारे से बँधी रस्सी पर खिंचाव होगा
(a) 300 किग्रा (b) 1950 किग्रा
(c) 1650 किग्रा (d) शून्य

107. एक रॉकेट v चाल से चन्द्रमा की ओर जा रहा है। रॉकेट में अन्तरिक्ष यात्री चन्द्रमा की ओर n आवृत्ति का सिग्नल प्रेषित करता है तथा चन्द्रमा द्वारा परावर्तित सिग्नल को वापस प्राप्त करता है। अन्तरिक्ष यात्री द्वारा प्राप्त सिग्नल की आवृत्ति क्या होगी? $v << c$ लें
(a) $\frac{cn}{c-v}\times h$ (b) $\frac{cn}{c-2v}$
(c) $\frac{2vn}{c}\times h$ (d) $\frac{2cn}{v}\times h$

108. 2 ग्राम द्रव्यमान व 1μC आवेश के एक कण को, एक घर्षणरहित क्षैतिज मेज पर, 1mC के नियत आवेश से 1 मी दूरी पर रखा जाता है। यदि कण को छोड़ दिया जाए, तो यह प्रतिकर्षित होगा। जिस क्षण यह कण, नियत आवेश से 10 मी की दूरी पर है, कण की चाल का मान होगा
(a) 80 मी/से (b) 90 मी/से
(c) 900 मी/से (d) 600 मी/से

109. यदि चित्र में दर्शाए गये प्रत्येक संधारित्र की धारिता 3 माइक्रोफैरड हो, तो बिन्दुओं A व B के बीच तुल्य धारिता होगी

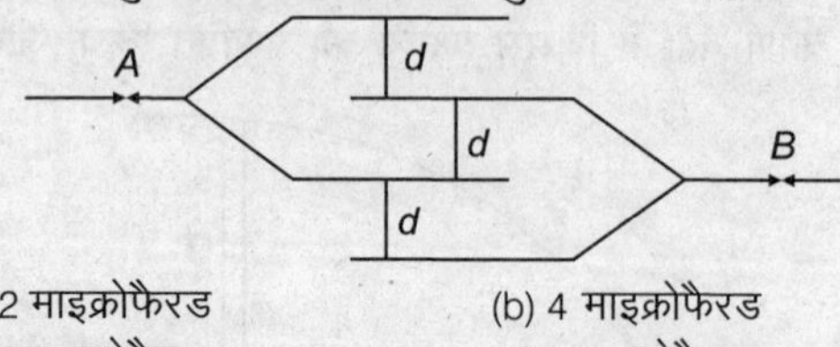

(a) 2 माइक्रोफैरड (b) 4 माइक्रोफैरड
(c) 7 माइक्रोफैरड (d) 9 माइक्रोफैरड

110. दर्शाये गये मीटर सेतु प्रयोग में यदि धारामापी में शून्य विक्षेप के लिए सन्तुलन लम्बाई $AC = x$ है। इसका मान क्या होगा, यदि तार AB की त्रिज्या दोगुनी कर दी जाये?

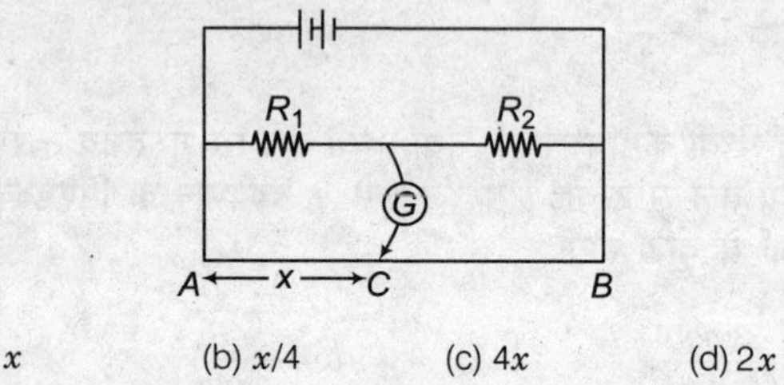

(a) x (b) $x/4$ (c) $4x$ (d) $2x$

111. चित्र में, किस आलेख द्वारा, एक लम्बे धारावाही तार से दूरी r के साथ चुम्बकीय प्रेरण B का परिवर्तन होता है

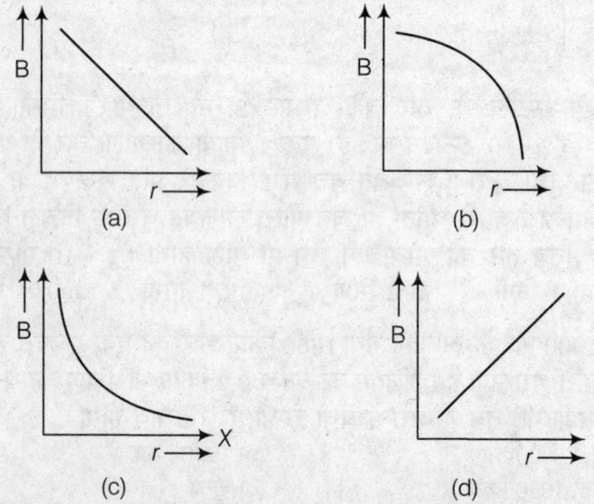

112. M_A चुम्बकीय आघूर्ण वाले छड़ चुम्बक A की दोलन आवृत्ति, M_B चुम्बकीय आघूर्ण वाले छड़ चुम्बक B की दोलन आवृत्ति से दोगुनी है, तब

(a) $M_A = 2M_B$ (b) $M_A = 8M_B$
(c) $M_A = 4M_B$ (d) $M_B = 8M_A$

113. एक AC परिपथ, जिसमें एक प्रेरकत्व व एक संधारित्र श्रेणीबद्ध हैं, में धारा अधिकतम उस समय प्राप्त हुई, जबकि प्रेरकत्व व धारिता के मान क्रमश: 0.5 हेनरी व 8 माइक्रोफैरड हैं। निवेशी AC वोल्टता की कोणीय आवृत्ति होनी चाहिए

(a) 500 हर्ट्ज
(b) 6000 हर्ट्ज
(c) 5×10^5 हर्ट्ज
(d) 700 हर्ट्ज

114. एक प्रकाश किरण काँच $\left(\mu = \frac{3}{2}\right)$ में चल रही है, काँच वायु सम्पर्क वृत्त के उस बिन्दु पर आपतित होती जहाँ क्रान्तिक कोण θ है। यदि पानी $\left(\mu = \frac{4}{3}\right)$ की पतली परत सम्पर्क सतह पर गिरती है, तब सम्पर्क सतह पर वह कोण जिस पर किरण वायु से निकलती है, होगा

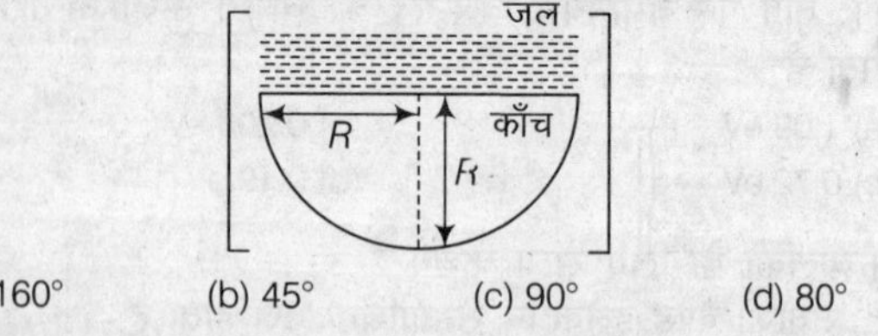

(a) 160° (b) 45° (c) 90° (d) 80°

115. पानी के लिए ध्रुवण कोण 53°4′ है। यदि पानी के पृष्ठ पर प्रकाश इस कोण पर आपतित होकर परावर्तित हो जाता है तो अपवर्तन कोण होगा

(a) 53°4′ (b) 126°56′ (c) 36°56′ (d) 30°4′

116. नेत्र हरे रंग को ($\lambda = 5000$Å) संसूचित कर लेता है। इससे 5×10^4 फोटॉन–मी$^{-2}$ की जानकारी होती है। जबकि कान 10^{-13} वाट मी$^{-2}$ शक्ति का संसूचन करता है कौन अधिक सुग्राही है तथा कितने गुना है?

(a) नेत्र 5.05 गुना अधिक सुग्राही हैं
(b) कान 5.05 गुना अधिक सुग्राही हैं
(c) दोनों समान रूप से 1 : 1 अनुपात में सुग्राही है
(d) नेत्र 10^{-1} गुना अधिक सुग्राही है

117. हाइड्रोजन परमाणु के बोहर मॉडल में प्रोटॉन तथा इलेक्ट्रॉन के मध्य कूलाम आकर्षण से अभिकेन्द्रीय बल प्राप्त होता है। यदि भिन्न स्तर कक्ष की त्रिज्या a_0 इलेक्ट्रॉन का द्रव्यमान m एवं इलेक्ट्रॉन पर आवेश e है तथा निर्वात् की विद्युतशीलता ε_0 है, तो इलेक्ट्रॉन की चाल होगी

(a) 0 (b) $\frac{e}{\sqrt{\varepsilon_0 a_0 m}}$ (c) $\frac{e}{\sqrt{4\pi\varepsilon_0 a_0 m}}$ (d) $\frac{\sqrt{4\pi\varepsilon_0 a_0 m}}{e}$

118. एक उभयनिष्ठ उत्सर्जक ट्रांजिस्टर प्रवर्धक में $\beta = 60, R_0 = 5000\,\Omega$ तथा ट्रांजिस्टर का आंतरिक प्रतिरोध $500\,\Omega$ है। प्रवर्धक का वोल्टेज प्रवर्धन होगा

(a) 500 (b) 460 (c) 600 (d) 560

119. दिए गए लॉजिक गेटों के निकाय के लिए यदि निवेशी A, B, C की स्थिति $A = B = C = 0$ एवं $A = B = 1, C = 0$ हो, तो निर्गत की स्थिति होगी

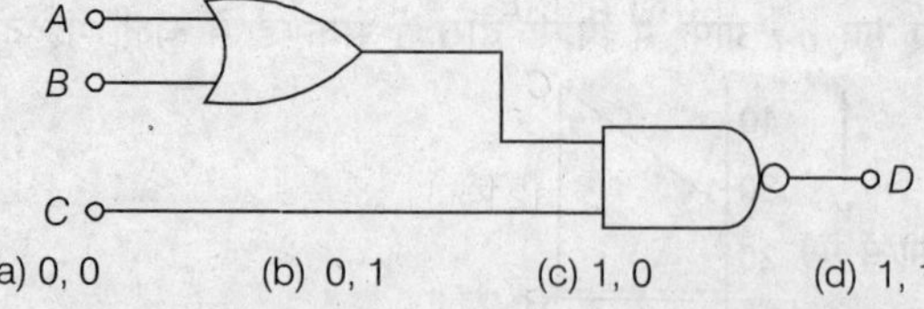

(a) 0, 0 (b) 0, 1 (c) 1, 0 (d) 1, 1

120. एक संयुक्त सूक्ष्मदर्शी के द्वारा वस्तु को देखने के लिए अभिनेत्र लेन्स से 5 मिमी दूरी पर फोकसित किया जाता है। जब एक 3 मिमी की पारदर्शी पदार्थ की चादर वस्तु तथा सूक्ष्मदर्शी के बीच रखी जाती है, तो अभिदृश्यक लेन्स 1 मिमी घूमकर वस्तु को फोकसित होता है, तब पारदर्शी चादर का अपवर्तनांक होगा

(a) 1.5 (b) 1.6 (c) 1.8 (d) 2.0

उत्तरमाला

1.	(d)	2.	(a)	3.	(a)	4.	(c)	5.	(c)	6.	(d)	7.	(c)	8.	(b)	9.	(a)	10.	(c)
11.	(b)	12.	(a)	13.	(c)	14.	(d)	15.	(a)	16.	(a)	17.	(d)	18.	(d)	19.	(d)	20.	(c)
21.	(b)	22.	(b)	23.	(b)	24.	(c)	25.	(d)	26.	(c)	27.	(a)	28.	(d)	29.	(d)	30.	(c)
31.	(d)	32.	(d)	33.	(c)	34.	(a)	35.	(b)	36.	(a)	37.	(c)	38.	(b)	39.	(b)	40.	(b)
41.	(c)	42.	(a)	43	(c)	44.	(b)	45.	(b)	46.	(c)	47.	(c)	48.	(b)	49.	(b)	50.	(d)
51.	(b)	52.	(a)	53.	(c)	54.	(a)	55.	(a)	56.	(d)	57.	(c)	58.	(b)	59.	(a)	60.	(b)
61.	(a)	62.	(b)	63.	(d)	64.	(b)	65.	(a)	66.	(b)	67.	(c)	68.	(c)	69.	(c)	70.	(d)
71.	(a)	72.	(c)	73.	(c)	74.	(b)	75.	(d)	76.	(a)	77.	(d)	78.	(a)	79.	(d)	80.	(b)
81.	(d)	82.	(a)	83.	(c)	84.	(b)	85.	(b)	86.	(d)	87.	(b)	88.	(c)	89.	(a)	90.	(a)
91.	(d)	92.	(a)	93.	(b)	94.	(c)	95.	(a)	96.	(a)	97.	(a)	98.	(c)	99.	(d)	100.	(d)
101.	(b)	102.	(d)	103.	(c)	104.	(c)	105.	(a)	106.	(d)	107.	(c)	108.	(b)	109.	(d)	110.	(a)
111.	(c)	112.	(c)	113.	(a)	114.	(c)	115.	(c)	116.	(a)	117.	(c)	118.	(c)	119.	(d)	120.	(a)

उत्तर व्याख्या सहित

1. दिया है, $A = 1.0$ मी $\pm$ 0.2 मी

$B = 2.0$ मी $\pm$ 0.2 मी

$X = \sqrt{AB} = \sqrt{1.0 \times 2.0}$

$= 1.414$ मी

दो सार्थक अंकों का पूर्णांकन

$x = \sqrt{AB} = 1.414$ मी

अब
$$\frac{\Delta x}{x} = \frac{1}{2}\left[\frac{\Delta A}{A} + \frac{\Delta B}{B}\right]$$

$$= \frac{1}{2}\left[\frac{0.2}{1.0} + \frac{0.2}{2.0}\right] = \frac{0.6}{2 \times 2.0}$$

$$\Delta x = \frac{0.6 \times x}{2 \times 2.0} = 0.15 \times 1.414$$

$$= 0.212$$

एक सार्थक अंक का पूर्णांकन, $\Delta x = 0.2$ मी

अतः $\sqrt{AB} = 1.4$ मी $\pm$ 0.2 मी

2. 1 न्यूटन $= 10^5$ डाइन तथा 1 मी = 100 सेमी

10^6 डाइन/सेमी^{2} $= 10^6 \times 10^{-5}$ न्यूटन $\times (10^{-2})^{-2}$

$= 10^5$ न्यूटन/मी^{2}

3. मानक (सार्वत्रिक) समय पृथ्वी की अपनी अक्ष पर गति पर निर्भर है।

4. दिया है, पूर्व दिशा में तय की दूरी $AB = 5$ किमी

उत्तर दिशा में तय की दूरी, $BC = 12$ किमी

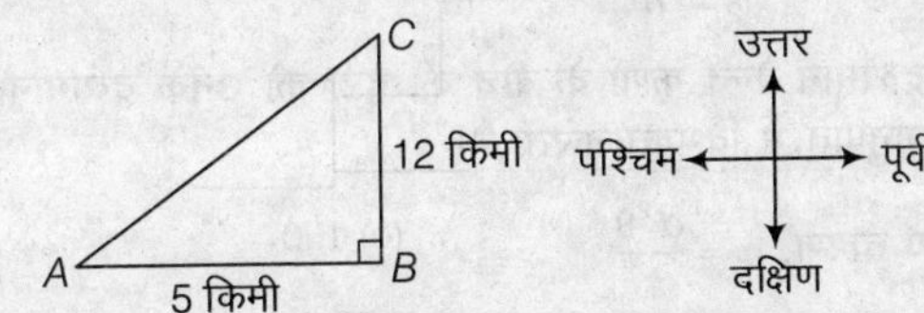

प्रश्नानुसार,

कार द्वारा तय की गई कुल दूरी $= AB + BC = 5 + 12 = 17$ किमी

कार का विस्थापन (AC) पाइथागोरस प्रमेय से,

$$AC = \sqrt{AB^2 + BC^2}$$

$$= \sqrt{(5)^2 + (12)^2} = \sqrt{169} = 13 \text{ किमी}$$

5. अर्द्धवृत्ताकार मार्ग की लम्बाई $(l) = (2\pi r/2)$

$\therefore$ त्रिज्या $r = (l/\pi)$ या व्यास $= 2r = (2l/\pi)$

अतः विस्थापन का परिमाण = व्यास $= (2l/\pi)$

अब,
$$\frac{\text{दूरी}}{\text{विस्थापन}} = \frac{2\pi r/2}{2r} = \pi/2$$

6. माना कि वे x मिनट बाद मिलेंगे। x मिनट में चली गई दूरियाँ क्रमशः $48x$, $60x$ व $72x$ मी होंगी।

चक्करों की संख्या क्रमशः होगी

$$\frac{48x}{480}, \frac{60x}{480}, \frac{72x}{480}$$

या
$$\frac{x}{10}, \frac{x}{8}, \frac{3x}{20}$$

$\because$ चक्करों की संख्या पूर्णांकों में होगी।

$\therefore x = 40$ मिनट (10, 8, 20 का ल.स.)

अतः वे पुनः 40 मिनट बाद मिलेंगे, जब वे क्रमशः 4, 5, 6 चक्कर पूरे कर चुकेंगे।

7. चूँकि
$$R = \sqrt{a^2 + b^2 + 2ab\cos\theta}$$

$$\Rightarrow \quad R = \sqrt{\left(\frac{P}{2}\right)^2 + \left(\frac{P}{2}\right)^2 + 2\left(\frac{P}{2}\right)\left(\frac{P}{2}\right)\cos 90°}$$

$$\Rightarrow \quad R = \sqrt{2} \cdot \frac{P}{2} = \frac{P}{\sqrt{2}}$$

8. आवश्यक आंकिक मान $\sqrt{3^2 + 4^2 + 5^2}$, अतः $\sqrt{50}$ या $5\sqrt{2}$

9. दिया है, $\mathbf{C} = \mathbf{A} + \mathbf{B} = 3\hat{\mathbf{i}} - \hat{\mathbf{j}} + 7\hat{\mathbf{k}} + 5\hat{\mathbf{i}} - \hat{\mathbf{j}} + 9\hat{\mathbf{k}}$

$$\mathbf{C} = \mathbf{A} + \mathbf{B} = 8\hat{\mathbf{i}} - 2\hat{\mathbf{j}} + 16\hat{\mathbf{k}}$$

कोज्या की दिशा अर्थात् दोनों सदिशों **A** तथा **B** के बीच का कोण शून्य है क्योंकि दोनों वेक्टर एक-दूसरे के समान्तर हैं।

10. यहाँ
$$50 = \frac{u^2 \sin(2 \times 15°)}{g}$$

या
$$\frac{u^2}{g} = \frac{50}{\sin 30°} = \frac{50}{1/2} = 100$$

$$R = \frac{u^2 \sin(2 \times 45°)}{g} = \frac{u^2}{g} = 100 \text{ मी}$$

11. $nh = \frac{1}{2}gt^2$

$\Rightarrow \quad t = \sqrt{\left(\frac{2nh}{g}\right)} \quad \ldots(i)$

गेंद द्वारा तय क्षैतिज दूरी

$$nb = ut, nb = u\sqrt{\left(\frac{2nh}{g}\right)} \quad \ldots(ii)$$

समी (ii) का वर्ग करने पर,

$$n^2b^2 = \frac{u^2 2nh}{g}$$

$$\therefore \quad n = \frac{2u^2h}{gb^2}$$

12. वेग का क्षैतिज घटक $v_x = 500$ मी/से तथा वेग का ऊर्ध्व घटक तथा लम्बवत् घटक जबकि बम धरातल से टकराता है।

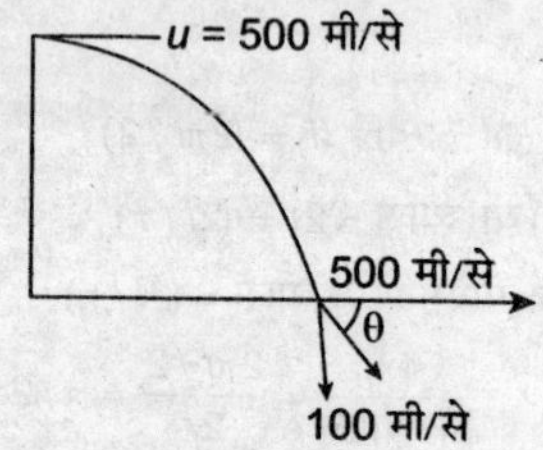

$$v_y = 0 + 10 \times 10 = 100 \text{ मी/से}$$

$\therefore$ धरातल पर कोण

$$\theta = \tan^{-1}\left(\frac{v_y}{v_x}\right) = \tan^{-1}\left(\frac{100}{500}\right)$$

$$\theta = \tan^{-1}\left(\frac{1}{5}\right)$$

13. जब $2m$ पर बल F बाँयें से लगाया जाता है, सम्पर्क तल

$$F_1 = \frac{m}{m+2m}F = \frac{F}{3}$$

जब m पर बल F दाँयें से लगाया जाता है, सम्पर्क तल

$$F_2 = \frac{2m}{m+2m}F = \frac{2F}{3}$$

$$\therefore \quad F_1 : F_2 = 1 : 2$$

14. कणों के बीच संघट्ट में संवेग संरक्षण को न्यूटन के द्वितीय एवं तृतीय नियम द्वारा समझा जा सकता है।

15. यहाँ वस्तु का द्रव्यमान $m = 0.05$ किग्रा

त्वरण $g = 9.8$ मी/से^{2},

$a = 9.5$ मी/से^{2}

$\therefore \quad mg - f_{\text{वायु}} = ma$

$\Rightarrow \quad f_{\text{वायु}} = m(g - a)$

$= 0.05\ (9.8 - 9.5)$

$= 0.015$ न्यूटन

16. द्रव्यमान m लिफ्ट के सापेक्ष गति नहीं करता तथा गति की प्रवृत्ति भी नहीं है। अतः इस पर कार्य करने वाला घर्षण बल शून्य है।

17. पिण्ड पर किया गया कार्य = गतिज ऊर्जा में वृद्धि

पिण्ड का त्वरण, $a = \frac{v}{t_1}$

समय t में पिण्ड द्वारा ग्रहित वेग,

$$v_1 = at = \frac{v}{t_1} \times t$$

$$\text{गतिज ऊर्जा} = \frac{1}{2}m\left(\frac{v}{t_1} \times t\right)^2$$

$$= \frac{1}{2}m\frac{v^2}{t_1^2} \times t^2$$

18. $W = \int_0^5 F \times dx = \int_0^5 (7 - 2x + 3x^2)\,dx$

$$= [7x]_0^5 - \left[\frac{2x^2}{2}\right]_0^5 + \left[\frac{3x^3}{3}\right]_0^5$$

$= 35 - 25 + 125$

$= 135$ जूल

19. लटकी हुई चेन का गुरुत्व केन्द्र मेज से $\frac{1}{2} \times \frac{1}{3} = \frac{1}{6}$ मात्रक नीचे है।

लटके भाग का द्रव्यमान $\frac{M}{3}$ है तथा इसे ऊपर खींचने में किया गया कार्य

$$= mgh = \frac{M}{3} \times g \times \frac{L}{6} = \frac{MgL}{18}$$

20. $\frac{1}{2}(1)\,v_1^2 = \frac{1}{2}(9)\,v_2^2 \Rightarrow \quad \frac{v_1^2}{v_2^2} = 9 \Rightarrow \frac{v_1}{v_2} = 3$

इनके रेखीय संवेगों में अनुपात $= \frac{m_1v_1}{m_2v_2} = \frac{1}{9} \times 3 = \frac{1}{3}$

21. हम जानते हैं कि $m_1r_1 = m_2r_2 \Rightarrow m \times r =$ नियत $\Rightarrow r \propto \frac{1}{m}$

अतः द्रव्यमान केन्द्र कणों को मिलाने वाली रेखा पर होगा तथा उसकी कणों से दूरी उनके द्रव्यमानों के व्युत्क्रमानुपाती होगी।

22. किसी पिण्ड का द्रव्यमान केन्द्र पिण्ड की सतह के भीतर, बाहर अथवा सतह पर हो सकता है। यह वस्तु के द्रव्यमान वितरण पर निर्भर करता है।

23. अतः द्रव्यमान केन्द्र की दूरी, $r \propto \frac{1}{m}$

द्रव्यमान केन्द्र हमेशा भारी (अधिक) द्रव्यमान की ओर होता है।

24. $m_1r_1 = m_2r_2 \Rightarrow \frac{r_1}{r_2} = \frac{m_2}{m_1} \Rightarrow r \propto \frac{1}{m}$

अतः द्रव्यमान केन्द्र कणों के बीच की दूरी को उनके द्रव्यमानों के व्युत्क्रमानुपात में विभक्त करता है।

25. कोणीय त्वरण, $\alpha = \frac{d^2\theta}{dt^2}$

$$= \frac{d^2(\theta_0 + \theta_1 t + \theta_2 t^2)}{dt^2} = 2\theta_2$$

26. $\omega = 2\pi n = 2\pi (120/60) = 4\pi$ रेडियन/से

27. हम जानते हैं, कि घड़ी की सेकण्ड वाली सूईं 60 सेकण्ड में एक चक्कर लगाती है, अर्थात् 2π रेडियन कोण घूमती है। अतः सूईं का कोणीय वेग

$$\omega = \frac{\text{कोण}}{\text{समय}} = \frac{2\pi}{60} \text{ रेडियन/से}$$

चूँकि सूईं की लम्बाई 3.0 सेमी है, अतः इसकी नोंक की चाल

$$v = r\omega = 3 \times \frac{2 \times 3.14}{60} = 0.314 \text{ सेमी/से}$$

29. $F = \frac{GMm}{R^2}$ तथा $F = mg$

$$\Rightarrow \quad g = \frac{GM}{R^2}$$

$$\therefore \quad M = g(R^2/G)$$

30. $g = \frac{GM}{R^2} = \frac{G(4/3)\pi R^3\rho}{R^2}$

$$\therefore \quad \rho = \frac{3g}{4\pi G R}$$

31. $F = \frac{GMm}{R^2} \Rightarrow F \propto \frac{1}{R^2}$

$$\therefore \quad \frac{F_1}{F_2} = \left(\frac{R_2}{R_1}\right)^2 = \left(\frac{2R}{R}\right)^2 = 4$$

या $\quad F_2 = \frac{F_1}{4} = 0.25\,F$

$= 0.25 \times 1 = 0.25$ न्यूटन

32. खोखले गोलीय कोश के भीतर गुरुत्वीय क्षेत्र की तीव्रता, $I = 0$

33. $Y = \frac{Fl}{\alpha \Delta L}$

या $\quad \Delta L \propto \frac{1}{\alpha}$

$$\Delta L \propto \frac{1}{D^2}$$

$$\Rightarrow \quad \frac{\Delta L_2}{\Delta L_1} = \frac{D_1^2}{D_2^2} = 4$$

या $\quad \Delta L_2 = 4\Delta L_1 = 4$ सेमी

34. $Y = \dfrac{\frac{F}{A}}{\frac{\Delta l}{l}} = \frac{Fl}{A\,\Delta l}$

या $\quad Y = \frac{Fl \times 4}{\pi D^2 \times \Delta l}$

या $\quad \Delta l \propto \frac{1}{D^2}$

या $\quad \frac{\Delta L_2}{\Delta L_1} = \frac{D_1^2}{D_2^2} = \frac{n^2}{1}$

35. चूँकि $Y = \frac{mgL}{\pi r^2 l}$

$$\Rightarrow \quad Y = \frac{4mgL}{\pi(2r)^2 l} = \frac{4mgL}{\pi(d)^2 l}$$

$$\Rightarrow \quad Y \propto \frac{1}{d^2}$$

$$\Rightarrow \quad d \propto \sqrt{\frac{1}{Y}}$$

तब, $\quad d_{\text{ताँबा}} \propto \sqrt{\frac{1}{Y_{\text{ताँबा}}}}$

और $\quad d_{\text{लोहा}} \propto \sqrt{\frac{1}{Y_{\text{लोहा}}}}$

अतः $\quad \frac{d_{\text{ताँबा}}}{d_{\text{लोहा}}} = \sqrt{\frac{Y_{\text{लोहा}}}{Y_{\text{ताँबा}}}}$

36. यदि (A) अनुप्रस्थ-परिच्छेद का क्षेत्रफल तथा l रस्सी की लम्बाई है, तब रस्सी का द्रव्यमान, $m = \frac{Al}{\rho}$, चूँकि रस्सी का भार उसके मध्य बिन्दु पर कार्यरत् है।

अतः $\quad Y = \frac{mg}{A} \times \frac{(l/2)}{\Delta l}$

$$\Delta L = \frac{mgl}{2AY} = \frac{Al\rho gl}{2AY} = \frac{g\rho l^2}{2Y}$$

या $\quad \Delta L = \frac{9.8 \times 1.5 \times 10^3 \times 8^2}{2 \times 5 \times 10^6}$

$= 9.6 \times 10^{-2}$ मी

37. बर्फ का आयतन $= \frac{M}{\rho}$,

पानी का आयतन $= \frac{M}{\sigma}$

आयतन में परिवर्तन $= \frac{M}{\rho} - \frac{M}{\sigma} = M\left(\frac{1}{\rho} - \frac{1}{\sigma}\right)$

38. लड़की का द्रव्यमान $(m) = 50$ किग्रा

वृत्ताकार हील का व्यास $(2r) = 1.0$ सेमी

$\therefore$ त्रिज्या $(r) = 0.5$ सेमी $= 5 \times 10^{-3}$ मी

वृत्ताकार हील का क्षेत्रफल $(A) = \pi r^2 = 3.14 \times (5 \times 10^3)^2$ मी^{2}

$= 78.50 \times 10^6$ मी^{2}

$\therefore$ दाब, $\quad p = \frac{F}{A} = \frac{mg}{A}$

$$= \frac{50 \times 9.8}{78.50 \times 10^{-6}}$$

$= 6.24 \times 10^6$ पास्कल

39. बर्तन के आधार पर लगाया गया बल = दाब × आधार का क्षेत्रफल

$= h\rho g \times A = 0.4 \times 900 \times 10 \times 2 \times 10^{-3}$

$= 7.2$ न्यूटन

40. बल्क मॉड्यूलस $B = -V_0 \frac{\Delta p}{\Delta v}$

$\Rightarrow \quad \Delta V = -V_0 \frac{\Delta p}{B} \Rightarrow V = V_0\left(1 - \frac{\Delta p}{B}\right)$

$\therefore$ घनत्व, $\quad \rho = \rho_0\left(1 - \frac{\Delta p}{B}\right)^{-1} = \rho_0\left(1 + \frac{\Delta p}{B}\right)$

जहाँ, $\quad \Delta p = p - p_0 = h\rho_0 g$

समुद्र के तल तथा गहराई में दाब का अन्तर

$\therefore \quad \rho = \rho_0\left(1 + \frac{\rho_0 g y}{B}\right)$ (चूँकि $h = y$)

41. माना x वह ताप है ज़िस पर सेण्टीग्रेड व फारेनहाइट पैमानों पर पाठ समान है, तब

$$\frac{x - 32}{9} = \frac{x}{5} \Rightarrow 5x - 160 = 9x$$

$$4x = -160° \Rightarrow x = -40° C$$

42. $\frac{140 - 32}{9} = \frac{C}{5} \Rightarrow \frac{700 - 160}{9} = C \Rightarrow C = 60°$

43. $\frac{F - 32}{9} = \frac{80}{5}, F - 32 = 144$

$F = 176 F$

44. 4°C पर पानी का घनत्व अधिकतम होता है।

अतः $\quad \frac{F - 32}{180} = \frac{C}{100}$

$\Rightarrow \quad \frac{F - 32}{180} = \frac{4}{100} \Rightarrow F = 39.2 F$

45. ऊष्मागतिकी का प्रथम नियम ऊर्जा संरक्षण से सम्बन्धित है।

46. आदर्श गैस की आन्तरिक ऊर्जा केवल गतिज ऊर्जा होती है। जोकि गैस के ताप पर निर्भर करती है।

47. आन्तरिक ऊर्जा ताप पर निर्भर करती है अतः ताप स्थिर रहने पर निकाय की आन्तरिक ऊर्जा स्थिर रहेगी।

48. ऊष्मागतिकी के प्रथम नियम से

$$\Delta U = \Delta Q - \Delta W = 35 - 15$$

$= 20$ जूल

49. डाल्टन के आंशिक दाब के सिद्धान्त से, मिश्रण का दाब

= मिश्रित गैसों के दाब का योग

$$p' = p_1 + p_2 = p + p = 2p$$

50. $p_1 V_1 = p_2 V_2$

माना प्रारम्भिक दाब $p_1 = p$

दाब में वृद्धि $= x\%$

$$p_2 = \left(p + \frac{xp}{100}\right) = p\left(1 + \frac{x}{100}\right)$$

$$V_1 = V \Rightarrow V_2 = V - \frac{V \times 10}{100} = \frac{90V}{100}$$

$$\therefore \quad pV = p\left(1 + \frac{x}{100}\right) \times \frac{90V}{100}$$

$$\frac{10}{9} = 1 + \frac{x}{100} \Rightarrow \frac{-x}{100} = 1 - \frac{10}{9}$$

$$\Rightarrow \quad \frac{-x}{100} = -\frac{1}{9} \Rightarrow x = 11.1\%$$

51. दाब $p = \frac{nkT}{V}$

$k =$ बोल्ट्ज़मान नियतांक $= 1.38 \times 10^{-23}$ J/K

$T = 3$ K

$\frac{n}{V} = 10$/सेमी^{3} $= 10 \times 10^6$/मी^{3}

$\therefore \quad p = 10 \times 10^6 \times 1.38 \times 10^{-23} \times 3$

$= 4.14 \times 10^{-16}$ न्यूटन/मी^{2}

52. स्थिर दाब पर, आदर्श गैस चार्ल्स के नियम का पालन करती है।

$V \propto T$ या $\frac{V}{T} =$ नियतांक $= \frac{1}{p}$

अतः चित्र में दिखाए गए आरेख से $p_1 > p_2$

53. दिया है, $y = a\sin(\omega t - \alpha) = a\cos\left(\omega t - \alpha - \frac{\pi}{2}\right)$

अन्य दिया गया समीकरण, $y = b\cos(\omega t - \alpha)$ है।

अतः इनके मध्य कलान्तर $= \frac{\pi}{2} = 90°$

54. स्थितिज ऊर्जा अधिकतम होने पर गतिज ऊर्जा शून्य होगी। अतः

$\frac{1}{2} m\,\omega^2 (A^2 - y^2) = 0$

या $\quad y = \pm A$

56. स्प्रिंग को खींचने तथा सम्पीडित करने पर, दोनों ही स्थितियों में इसकी स्थितिज ऊर्जा में वृद्धि होती है। किसी पिण्ड को गुरुत्वाकर्षण के विरुद्ध चलाने पर, इस पर किए गए कार्य के कारण इसकी स्थितिज ऊर्जा में वृद्धि होती है। इसके विपरीत, बुलबुले की स्थितिज ऊर्जा, ऊपर की ओर लगने वाले बल (upthrust) के कारण तली पर अधिक होती है तथा इसके ऊपर उठने पर यह कम होती है।

57. कुल ऊर्जा (गतिज व स्थितिज) संरक्षित रहती है।

58. जब कोई वायुमान, ध्वनि की चाल से भी अधिक चाल से गति करता है, तो वह अपने पीछे विक्षोभ का एक शंक्वाकार क्षेत्र छोड़ता है, जिसे शॉक तरंगें कहते हैं, जो धमाके की भाँति तीव्र ध्वनि उत्पन्न करती है।

59. $\quad y = a\sin\omega t \cos kx$

अतः $\quad v = \frac{\omega}{k} = \frac{100}{0.01} = 10^4$ मी/से

60. दी गई समीकरण, की तुलना करने पर

$$y = 4\sin\left\{\pi\left(\frac{t}{5} - \frac{x}{9}\right) + \frac{\pi}{6}\right\} \quad \text{...(i)}$$

तरंग का व्यापक समीकरण,

$$y = a\sin\left(\frac{2\pi}{T}t - \frac{2\pi}{\lambda} \cdot x + \phi\right) \quad \text{...(ii)}$$

समी (i) व (ii) की तुलना करने पर

आयाम, $a = 4$ मी

तरंगदैर्ध्य, $\lambda = 2 \times 9 = 18$ मी

आवृत्ति, $f = \frac{1}{10}$ हर्ट्ज

तरंग चाल, $v = f\lambda$

$= 0.1 \times 18$

$= 1.8$ मी/से

61. l दूरी पर स्थित $+4q$ आवेश के कारण q पर बल

$$= \frac{1}{4\pi\varepsilon_0} \times \frac{4q \times q}{(l)^2}$$

$(l/2)$ दूरी पर स्थित Q आवेश के कारण q पर बल

$$= \frac{1}{4\pi\varepsilon_0} \times \frac{qQ}{(l/2)^2}$$

अत: $\frac{1}{4\pi\varepsilon_0} \times \frac{qQ}{(l/2)^2} + \frac{1}{4\pi\varepsilon_0} \times \frac{4q \times q}{l^2} = 0$

$\therefore \quad Q = -q$

62. कूलॉम का बल, न्यूटन के गति के तीसरे नियम का पालन करता है। अत:, इन पर कार्यरत् बलों का अनुपात 1:1 होगा।

63. $$F_e = (9 \times 10^9)\left[\frac{e \times e}{r^2}\right]$$

तथा $$F_G = (6.6 \times 10^{-11})\left[\frac{m_e \times m_e}{r^2}\right]$$

$$\frac{F_G}{F_e} = \frac{6.6 \times 10^{-11}}{9 \times 10^9} \times \frac{(m_e)^2}{(e)^2}$$

$$= \frac{6.6 \times 10^{-11}}{9 \times 10^9} \times \frac{(9.1 \times 10^{-31})^2}{(1.6 \times 10^{-19})^2}$$

$$= 10^{-42}$$

64. $F_a = \frac{1}{4\pi\varepsilon_0} \times \frac{q_1 q_2}{r^2}$

$$F_m = \frac{1}{4\pi\varepsilon_0} \times \frac{1}{k} \times \frac{q_1 q_2}{r^2}$$

$$\therefore \quad \frac{F_a}{F_m} = \frac{k}{1}$$

65. $i = \frac{q}{t} = \frac{ne}{t} \Rightarrow n = \frac{it}{e}$

$\therefore n = \frac{4.8 \times 1}{1.6 \times 10^{-19}} = 3 \times 10^{19}$ इलेक्ट्रॉन/सेकण्ड

66. $J = \frac{I}{A} = \frac{10^{-4}}{0.30 \times 0.50} = 6.7 \times 10^{-4}$ ऐम्पियर/मी^{2}

67. ग्राफ का वह अंश, जिसमें वोल्टता में वृद्धि होने पर धारा कम होती है, ऋणात्मक प्रतिरोध दर्शाता है। अत: अंश CD ऋणात्मक प्रतिरोध दर्शाता है।

68. $R \propto \frac{l}{A}$

प्रतिरोध किसी तार की अनुप्रस्थ काट के व्युत्क्रमानुपाती होता है। अत: $2A$ परिच्छेद क्षेत्रफल वाले तार का प्रतिरोध न्यूनतम होगा।

69. लूप की परिधि के विभिन्न धारावाही सूक्ष्म अंशों (elements) पर कार्यरत् बल सभी सम्भव दिशाओं में वितरित होंगे। इस प्रकार वितरित बलों का सदिश योग शून्य होगा।

70. बायो-सेवर्ट के नियम के अनुसार,

$$dB \propto i\left(\frac{dl \times r}{r^3}\right)$$

$$\Rightarrow \quad dB = \frac{\mu_0 i}{4\pi}\left(\frac{dl \times r}{r^3}\right)$$

71. कक्षा के केन्द्र पर चुम्बकीय क्षेत्र,

$$B = \frac{\mu_0 i}{2r} \quad \text{...(i)}$$

यहाँ $i = ef$

$$\therefore \quad B = \frac{\mu_0 ef}{2r}$$

या $$B = \frac{4\pi \times 10^{-7} \times 1.6 \times 10^{-19} \times 6.8 \times 10^{15}}{2 \times 5.1 \times 10^{-11}}$$

$= 13.4$ टेस्ला

72. क्यूरी नियम के अनुसार, $\chi \propto \frac{1}{T}$

73. उदासीन बिन्दु पर,

$$\left|\text{चुम्बक के कारण चुम्बकीय क्षेत्र}\right| = \left|\text{पृथ्वी के कारण चुम्बकीय क्षेत्र}\right|$$

$$\frac{\mu_0}{4\pi} \cdot \frac{2M}{d^3} = 5 \times 10^{-5}$$

या $10^{-7} \times \frac{2 \times 6.75}{d^3} = 5 \times 10^{-5}$

$\therefore \quad d = 0.3$ मी $= 30$ सेमी

74. प्रथम चुम्बक के सापेक्ष P अक्षीय स्थिति में है।

$\therefore$ चुम्बकीय क्षेत्र $B_1 = \frac{\mu_0}{4\pi}\left(\frac{2M}{d^3}\right)$

$$B_1 = 10^{-7} \times \frac{2 \times 1}{1} = 2 \times 10^{-7} \text{ टेस्ला}$$

द्वितीय चुम्बक के सापेक्ष P निरक्षीय स्थिति में है।

$\therefore$ चुम्बकीय क्षेत्र, $B_2 = \frac{\mu_0}{4\pi}\left(\frac{M}{d^3}\right)$ (ऊपर की ओर)

$$B_2 = \frac{B_1}{2} = 10^{-7} \text{ टेस्ला}$$

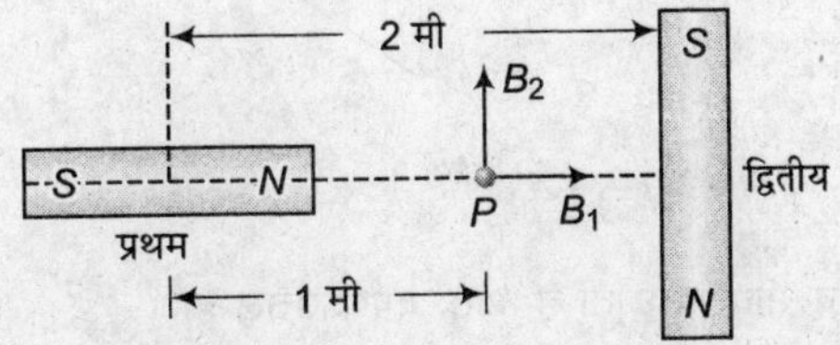

चूँकि B_1 व B_2 परस्पर लम्बवत् हैं, अत: परिणामी चुम्बकीय क्षेत्र

$$B_R = \sqrt{B_1^2 + B_2^2} = \sqrt{(2 \times 10^{-7})^2 + (10^{-7})^2}$$

$$= \sqrt{5} \times 10^{-7} \text{ टेस्ला}$$

75. M चुम्बकीय आघूर्ण वाले चुम्बक को चुम्बकीय क्षेत्र B में θ कोण घुमाने में किया गया कार्य

$$W = MB(1 - \cos\theta)$$

76. घुमाने में किया गया कार्य

$$W = MB(\cos\theta_1 - \cos\theta_2)$$

$$= MB(\cos 0° - \cos 60°)$$

$$= MB\left(1 - \frac{1}{2}\right) = \frac{MB}{2}$$

एवं बल आघूर्ण, $\tau = MB \sin\theta = MB \sin 60° = MB\frac{\sqrt{3}}{2}$

$\therefore \quad \tau = \left(\frac{MB}{2}\right)\sqrt{3} \Rightarrow \tau = \sqrt{3}\, W$

77. असमान चुम्बकीय क्षेत्र के कारण फ्लक्स में परिवर्तन होता है।

78. $e = \frac{d\phi}{dt} = \frac{dBA}{dt} = A_0\frac{dB}{dt} = A_0\left(\frac{4B_0 - B_0}{t}\right) = 3A_0B_0/t$

79. $e = N\frac{d\phi}{dt} = N\frac{d}{dt}(BA) = NA\frac{dB}{dt}$

$= 500 \times (10 \times 10 \times 10^{-4}) \times 1.0 = 5$ वोल्ट

80. चूँकि A, B के निकट आती है, अतः A के कारण B को विच्छेद करने वाले क्षेत्र के मान में वृद्धि होती है।

इसलिये B में प्रेरित धारा इस क्षेत्र का विरोध करेगी। अतः B में प्रेरित धारा वामावर्त ही होनी चाहिए।

81. चूँकि $u = f - x_1, u = f - x_2$

$\therefore \quad \frac{1}{f - x_1} + \frac{1}{f - x_2} = \frac{1}{f}$

$\Rightarrow \quad \frac{f - x_2 + f - x_1}{(f - x_1)(f - x_2)} = \frac{1}{f}$

$\Rightarrow \quad f^2 - fx_2 - fx_1 + x_1x_2 = 2f^2 - f(x_1 + x_2)$

$\Rightarrow \quad f^2 = x_1x_2$

$\Rightarrow \quad f = \sqrt{x_1x_2}$

यह न्यूटन का दर्पण सूत्र है।

82. चूँकि $\frac{l}{d} = \frac{f}{u}$

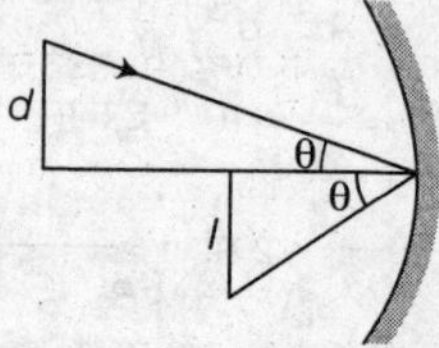

$\Rightarrow \quad l = \frac{d}{u}f \Rightarrow l = \theta f$

83. प्रतिबिम्ब सीधा व छोटा है, अतः दर्पण उत्तल है।

84. प्रश्न में दिए चित्र में, PQ फोकस से जाने वाली प्रकाश की किरण है तथा अवतल दर्पण के पृष्ठ पर गिरती है। दर्पण से परावर्तन में किरण दर्पण के मुख्य अक्ष से समान्तर हो जाती है।

85. किसी बिन्दु स्रोत से निकलने वाली अपसारी किरणों का तरंगाग्र गोलाकार होगा।

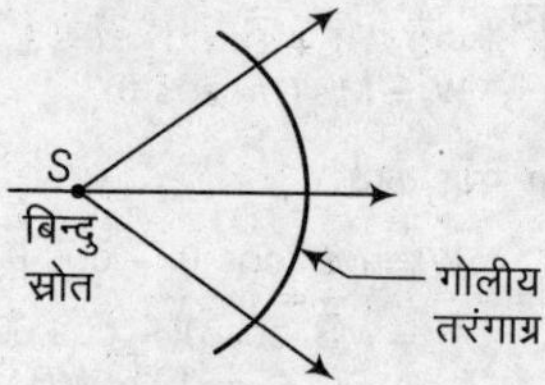

86. व्यतिकरण की घटना यान्त्रिक (अनुप्रस्थ एवं अनुदैर्ध्य) एवं विद्युतचुम्बकीय तरंगों दोनों में प्राप्त होती है।

87. दो कला सम्बद्ध स्रोतों के प्रकाश के व्यतिकरण में ऊर्जा का पुनर्वितरण होता है तथा यह वितरण समय के साथ अपरिवर्तित रहता है।

88. पथान्तर $= \frac{\lambda}{2\pi}\phi$

89. दे-ब्रोग्ली तरंगदैर्ध्य, $\lambda = \frac{h}{p} = \frac{h}{mv}$

90. फोटॉन का विराम द्रव्यमान शून्य और ऊर्जा एवं संवेग अशून्य होता है अतः कण फोटॉन है एवं यह निर्वात में प्रकाश के वेग से गतिमान होता है।

91. धातु का कार्य फलन, $W = 2.4$ eV

$= 2.4 \times 1.6 \times 10^{-19}$ जूल

$\lambda = \frac{hc}{W} = \frac{6.6 \times 10^{-34} \times 3 \times 10^8}{2.4 \times 1.6 \times 10^{-19}}$

$= 5.156 \times 10^{-7}$ मी

$= 5156$ Å

92. इलेक्ट्रॉन की गतिज ऊर्जा, $\frac{1}{2}mv^2 = E \Rightarrow mv = \sqrt{2mE}$

दे-ब्रोग्ली तरंगदैर्ध्य

$\therefore \quad \lambda = \frac{h}{mv} = \frac{h}{\sqrt{2mE}}$

93. एक परमाणु के आकार का क्रम 1 Å $= 10^{-10}$ मी होता है।

94. α-कण प्रकीर्णन कूलॉमीय बल के कारण होता है।

95. प्रकीर्णित कणों की संख्या, $N \propto \left[\frac{1}{\sin^4\frac{\theta}{2}}\right]$

$N_1 = 7 \times \frac{1}{(\sin 30°)^4} = 112$ प्रति मिनट

$N_2 = 7 \times \frac{1}{(\sin 60°)^4} = 12.5$ प्रति मिनट

96. $N \propto \frac{1}{\sin^4\left(\frac{\theta}{2}\right)} \Rightarrow \frac{N_2}{N_1} = \left[\frac{\sin\left(\frac{\theta_1}{2}\right)}{\sin\left(\frac{\theta_2}{2}\right)}\right]^4$

या $\quad \frac{N_2}{N_1} = \left[\frac{\sin\frac{90°}{2}}{\sin\frac{60°}{2}}\right]^4$

या $\quad N_2 = (\sqrt{2})^4 \times N_1 = 4 \times 56 = 224$

97. चालक, विद्युतरोधी और अर्द्धचालकों के ऊर्जा-स्तरों की आपेक्षिक चौड़ाई भिन्न-भिन्न होती है।

98. जर्मेनियम के लिए संयोजी बैण्ड से चालन बैण्ड में इलेक्ट्रॉन को ले जाने के लिए न्यूनतम आवश्यक ऊर्जा 0.72 eV है।

99. कुचालकों में संयोजी बैण्ड इलेक्ट्रॉन से भरा होता है तथा चालन बैण्ड रिक्त होता है।

100. अर्द्धचालक में संयोजी बैण्ड और चालन बैण्ड के मध्य वर्जित ऊर्जा अन्तराल बहुत कम होता है (लगभग kT के तुल्य) तथा संयोजी बैण्ड पूर्णतः भरा होता है, जबकि चालन बैण्ड रिक्त होता है।

101. राम द्वारा $5\frac{1}{3}$ घण्टे में 4 किमी/घण्टा से चली दूरी

$$= 4 \times \frac{16}{3} = \frac{64}{3} \text{ किमी}$$

माना रहीम की चाल = v किमी / घण्टा

लगा समय = $6\frac{3}{4} = \frac{27}{4}$ घण्टे

$\therefore$ चली दूरी = $\frac{27}{4} \times v = \frac{27v}{4}$ किमी

जब राम व रहीम A बिन्दु पर मिलते हैं, तो उनके द्वारा चलने में लगा समय बराबर है।

$$\therefore \quad \frac{\text{राम द्वारा चली दूरी}}{\text{रहीम की चाल}} = \frac{\text{रहीम द्वारा चली दूरी}}{\text{राम की चाल}}$$

$$\frac{64}{3 \times v} = \frac{27v}{4 \times 4}$$

$$v^2 = \frac{64 \times 16}{81}$$

$$v = \frac{8 \times 4}{9} = \frac{32}{9}$$

$$= 3\frac{5}{9} \text{ किमी/घण्टा}$$

102. v-t ग्राफ व समय अक्ष के बीच क्षेत्रफल

$$= \frac{1}{2} \times 2 \times 20 + 3 \times 20 + \frac{1}{2} \times 1 \times 20 + \frac{1}{2} \times 1 \times 20$$

$$= 100 \text{ मी}$$

105. चूँकि $Y = \frac{(mg + ml\omega^2)l}{\pi r^2 \Delta l}$

या $\Delta l = \frac{m(g + ml\omega^2)l}{\pi r^2 Y}$

या $\Delta l = \frac{1(10 + 2 \times 4\pi^2 \times 4)^2}{\pi (1 \times 10^{-3})^2 \times 2 \times 10^{11}}$

या $\Delta l = \frac{(20 + 64 \times 9.88)7}{2 \times 22 \times 10^5}$

$$= \frac{4566.24}{44 \times 10^5} \times 10^3 \text{ मिमी}$$

$$= 1 \text{ मिमी}$$

106. रस्सी पर खिचांव = प्रभावी भार

$$= [1650 + (1500 \times 0.2) - 1500 \times 1.3] \text{ kgf}$$

$$= 1650 + 300 - 1950 = 0$$

108. आवेशों की स्थितिज ऊर्जा में परिवर्तन

$$= \frac{q_1 q_2}{4\pi\varepsilon_0}\left[\frac{1}{r_1} - \frac{1}{r_2}\right] = (9 \times 10^9)(1 \times 10^{-6})(10^{-3})\left[\frac{1}{1} - \frac{1}{10}\right]$$

$$= 9 \times \frac{9}{10} = 8.1 \text{ जूल}$$

यह गतिज ऊर्जा में वृद्धि के बराबर है। माना कण का वेग v है। तब

$$\frac{1}{2} mv^2 = 8.1$$

$$\frac{1}{2} \times (2 \times 10^{-3}) v^2 = 8.1$$

अत: $\quad v = 90$ मी/से

109. चित्र के अनुसार दर्शाए गए संधारित्र, 3 समान्तर क्रम में जुड़े संधारित्र हैं। अत: A व B के बीच तुल्य धारिता

$$C_{AB} = C_1 + C_2 + C_3$$

$$= 3 + 3 + 3 = 9 \text{ माइक्रोफैरड}$$

111. $B = \frac{\mu_0 i}{2\pi r} \Rightarrow B \propto \frac{1}{r}$

112. छड़ चुम्बक B की आवृत्ति

$$\nu = \frac{1}{2\pi}\sqrt{\frac{MB_H}{I}} \Rightarrow \nu \propto \sqrt{M}$$

$$\therefore \quad \frac{\nu_A}{\nu_B} = \sqrt{\frac{M_A}{M_B}} \qquad \frac{2}{1} = \sqrt{\frac{M_A}{M_B}}$$

$$\Rightarrow \quad M_A = 4M_B$$

114. दिया है, $\mu_g \sin\theta_c = \mu_1 \sin 90° \Rightarrow \mu_g \sin\theta = 1$

जब लगातार पानी गिरता है,

$$\mu_w \sin r = \mu_s \sin\theta_c$$

या $\quad {}_1\mu_w \sin r = 1$

पुन: $\quad \mu_a \sin\theta = \mu_w \sin r$

$\Rightarrow \quad \mu_a \sin\theta = 1 \Rightarrow \sin\theta = 1$

$\Rightarrow \quad \theta = 90°$

115. $\theta_p + r = 90°$ या $r = 90° - \theta_p = 90° - 53°4' = 36°56'$

116. नेत्र के द्वारा प्राप्त ऊर्जा, $E = \frac{nhc}{\lambda}$

$$= \frac{5 \times 10^4 \times 6.67 \times 10^{-34} \times 3 \times 10^8}{5000 \times 10^{-10}}$$

$$= 0.2000 \times 10^{-13} \text{ वाट मी}^{-2}$$

इसलिए आँख $\frac{1}{0.200} = 5.00$ के मान से संवेदनशील है।

117. $\frac{mv^2}{a_0} = \frac{1}{4\pi\varepsilon_0}\frac{e^2}{a_0^2}$

$\Rightarrow$ इलेक्ट्रॉन की चाल, $v = \frac{e}{\sqrt{4\pi\varepsilon_0 a_0 m}}$

118. $A_V = \beta \frac{R_o}{R_i} = 60 \times \frac{5000}{500} = 600$

119. दिए गए संयोजन के लिए निर्गत D निम्न है

$$D = \overline{(A + B) \cdot C} = \overline{(A + B)} + \overline{C}$$

यदि $A = B = C = 0$

तब $\quad D = \overline{(0 + 0)} + \overline{0} = \overline{0} + \overline{0} = 1 + 1 = 1$

यदि $\quad A = B = 1, C = 0$ तब

$$D = \overline{(1 + 1)} + \overline{0} = \overline{1} + \overline{0} = 0 + 1 = 1$$

120. विस्थापन $= t\left(1 - \frac{1}{\mu}\right)$

$$1 = 3\left(1 - \frac{1}{\mu}\right) \Rightarrow \frac{1}{3} = 1 - \frac{1}{\mu}$$

$$\Rightarrow \quad \frac{1}{\mu} = 1 - \frac{1}{3} = \frac{2}{3} \Rightarrow \mu = \frac{3}{2} = 1.5$$

मध्य प्रदेश
उच्च माध्यमिक शिक्षक पात्रता परीक्षा (भाग-ब)

प्रैक्टिस पेपर 3

निर्देश

इस प्रश्न-पत्र में कुल 120 वस्तुनिष्ठ प्रकार के प्रश्न हैं तथा प्रत्येक प्रश्न के लिए एक अंक निर्धारित है।

1. निम्नलिखित में से कौन-सा मापन की इकाई (मात्रक) का एक आवश्यक गुणन नहीं है?

(a) अप्रवेश्यता (b) अविनाशिता
(c) दृढ़ता (d) पुनः उत्पादन

2. स्टील का यंग गुणांक 1.9×10^{11} न्यूटन/मी^{2} है। जब इसे CGS पद्धति में (मात्रक में) परिवर्तित किया जाता है, तब यह बराबर होगा।
[1 न्यूटन $= 10^5$ डाइन, 1 मी$^2 = 10^4$ सेमी^{2}]

(a) 1.9×10^{10} डाइन/सेमी^{2}
(b) 1.9×10^{11} डाइन/सेमी^{2}
(c) 1.9×10^{12} डाइन/सेमी^{2}
(d) 1.9×10^{13} डाइन/सेमी^{2}

3. निम्नलिखित में से कौन-से एक जोड़े की राशि तथा मात्रक सुमेलित हैं?

(a) वैद्युत क्षेत्र–कूलॉम/मी
(b) चुम्बकीय फ्लक्स–वेबर/मी^{2}
(c) शक्ति–फैरड
(d) धारिता–हेनरी

4. एक पिण्ड एक अर्द्धवृत्ताकार मार्ग पर l मी दूरी चलता है। पिण्ड का दूरी एवं विस्थापन के बीच अनुपात होगा

(a) $\frac{2}{\pi}$ (b) π
(c) $\pi/2$ (d) $\frac{3\pi}{4}$

5. क्षैतिज सीधी पटरी पर चल रही रेलगाड़ी की खिड़की से एक पत्थर गिरता है। पृथ्वी तक पहुँचने में, पत्थर का मार्ग होगा

(a) सरल रेखीय (b) वृत्ताकार
(c) परवलयाकार (d) अतिपरवलयाकार

6. तीन व्यक्ति 480 मी परिधि वाले वृत्ताकार क्षेत्र के चारों ओर साइकिल पर 48 मी, 60 मी तथा 72 मी प्रति मिनट की चाल से चलते हैं। वे पुनः कितने समय बाद मिलेंगे?

(a) 60 मिनट (b) 15 मिनट
(c) 24 मिनट (d) 40 मिनट

7. z-अक्ष तथा सदिश $\hat{i} + \hat{j} + \sqrt{2}\hat{k}$ के बीच कोण है

(a) 30° (b) 45°
(c) 60° (d) 90°

8. दो समान बल (जिनमें प्रत्येक का मान **P** है) θ कोण पर कार्यरत् हैं। इनका परिणामी है

(a) $2P\sin\frac{\theta}{2}$ (b) $2P\cos\frac{\theta}{2}$
(c) $2P\cos\theta$ (d) $P\sqrt{2}$

9. दो सदिशों का परिमाण $2A$ तथा $\sqrt{2}A$ है, θ कोण पर कार्यरत हैं जिनका परिणामी $\sqrt{10}A$ है। θ का मान है

(a) 30° (b) 45°
(c) 60° (d) 90°

10. दो कागज के पर्दे A तथा B एक-दूसरे से 100 मी की दूरी पर हैं। एक गोली A तथा B को भेदती है, B में छिद्र, A में छिद्र से 10 सेमी नीचे होता है। यदि A को भेदते समय गोली क्षैतिजतः है, तब A पर गोली का वेग है

(a) 100 मी/से (b) 200 मी/से
(c) 600 मी/से (d) 700 मी/से

11. एक बन्दूक से एक छल्ला $\frac{5\pi}{36}$ रेडियन के कोण पर इस प्रकार छोड़ा जाता है कि ठीक लक्ष्य पर टकराए, परन्तु व्यवहार में यह ज्ञात होता है कि एक पहाड़ी इसके प्रक्षेप्य के पथ में ठीक उच्चतम बिन्दु पर बाधा डालती है तब वह प्रक्षेप्य कोण ज्ञात कीजिए जिससे कि छल्ला पहाड़ी को पार करके लक्ष्य पर ठीक पहुँच सके

(a) $\frac{5\pi}{36}$ रेडियन (b) $\frac{11\pi}{36}$ रेडियन
(c) $\frac{7\pi}{36}$ रेडियन (d) $\frac{13\pi}{36}$ रेडियन

12. दो कण एक नियत बिन्दु से 60° व 30° के कोणों पर प्रक्षेपित किए जाते हैं। दोनों कणों की महत्तम ऊँचाई समान हैं, उनके प्रक्षेपण वेगों का अनुपात है

(a) 1 (b) 2
(c) $\sqrt{3}$ (d) $\frac{1}{\sqrt{3}}$

13. सम्मुख आकृति क्षैतिज खींची हुई जाली का भाग है। भाग AB, 10 न्यूटन बल के साथ खींचा गया है। भाग BC और BF का तनाव है

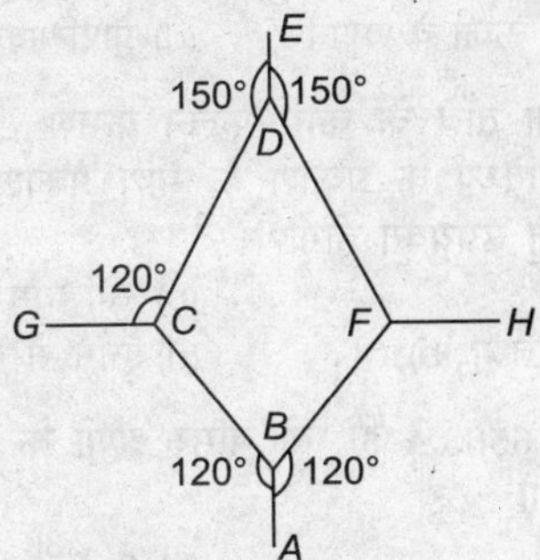

(a) 10 न्यूटन, 11 न्यूटन
(b) 10 न्यूटन, 6 न्यूटन
(c) 10 न्यूटन, 10 न्यूटन
(d) आँकड़ों की कमी के कारण गणना नहीं की जा सकता

14. m द्रव्यमान वाला एक रेत का थैला रस्सी से लटका हुआ है। $\frac{m}{20}$ द्रव्यमान वाली गोली इस पर v वेग से चलाई जाती है और वह उस थैले में घुस जाती है। थैले का वेग है

(a) $\frac{v}{20} \times 21$ (b) $\frac{20v}{21}$
(c) $\frac{v}{20}$ (d) $\frac{v}{21}$

15. एक कार का इंजन कार में 6 न्यूटन का बल उत्पन्न करता है। यदि यह कार समान द्रव्यमान वाली एक अन्य कार को खींचती है, तो त्वरण होगा

(a) 6 मी/से^{2} (b) 12 मी/से^{2} (c) 3 मी/से^{2} (d) 1.5 मी/से^{2}

16. एक नियत बल 3 किग्रा द्रव्यमान के पिण्ड पर कार्यरत् है यह इसके वेग को 25 सेकण्ड में 2 मी/से से 3.5 मी/से तक बढ़ा देता है। पिण्ड की गति की दिशा अपरिवर्तित रहती है। बल की दिशा व परिमाण होंगे

(a) गति की दिशा के अनुदिश 0.18 न्यूटन
(b) गति की दिशा के विपरीत 0.18 न्यूटन
(c) गति की दिशा के अनुदिश 0.28 न्यूटन
(d) गति की दिशा के विपरीत 0.28 न्यूटन

17. एक लड़का दौड़ता हुआ आता है और घूमते हुए प्लेटफॉर्म (platform) पर बैठ जाता है। क्या संरक्षित रहता है?

(a) स्थितिज ऊर्जा (b) गतिज ऊर्जा
(c) कोणीय संवेग (d) इनमें से कोई नहीं

18. रेखीय संवेग के संरक्षण का नियम, न्यूटन के किस नियम का तर्कसंगत निष्कर्ष है?

(a) प्रथम नियम (b) द्वितीय नियम
(c) तृतीय नियग (d) ये सभी

19. एक कण पर, जिसका प्रत्यानयन बल विस्थापन के समानुपाती तथा अवमन्दन बल वेग के समानुपाती है, बल $F \sin \omega t$ आरोपित किया जाता है। यदि कण का आयाम $\omega = \omega_1$ के लिए अधिकतम तथा कण की ऊर्जा $\omega = \omega_2$ के लिए अधिकतम है, तो

(a) $\omega_1 = \omega_0$ और $\omega_2 \neq \omega_0$ (b) $\omega_1 = \omega_0$ और $\omega_2 = \omega_0$
(c) $\omega_1 \neq \omega_0$ और $\omega_2 = \omega_0$ (d) $\omega_1 \neq \omega_0$ और $\omega_2 \neq \omega_0$

20. एक लोलक का बॉब (द्रव्यमान m तथा लम्बाई l) क्षैतिज स्थिति से छोड़ा जाता है। यह एक घर्षणरहित मेज पर रखे हुए समान द्रव्यमान के पिण्ड से प्रत्यास्थ टक्कर मारता है। पिण्ड की गतिज ऊर्जा होगी

(a) 3 mgl (b) $mg\ l/2$ (c) mgl (d) शून्य

21. एक गाड़ी को 10 मी लम्बी भारहीन डोरी के एक सिरे से बांधा गया है। डोरी का दूसरा सिरा M द्रव्यमान के व्यक्ति के हाथ में है। यह सम्पूर्ण निकाय चिकने क्षैतिज समतल पर है। व्यक्ति $x = 0$ पर तथा गाड़ी $x = 10$ मी पर है। यदि व्यक्ति गाड़ी को डोरी द्वारा खींचता है, तब व्यक्ति व गाड़ी के मिलने का बिन्दु होगा

(a) $x = 0$ (b) $x = 5$ मी
(c) $x = 10$ मी (d) इनमें से कोई नहीं

22. प्रेक्षक O द्वारा प्रेक्षित, स्रोत S द्वारा उत्सर्जित प्रकाश का वेग c है जबकि प्रेक्षक, स्रोत के सापेक्ष स्थिर है। यदि प्रेक्षक, स्रोत S की ओर v वेग से गतिमान है, तो प्रकाश का प्रेक्षित वेग होगा

(a) $\frac{c + v}{2}$ (b) $\frac{c - v}{2}$
(c) c (d) $\sqrt{\frac{(1 - c^2/v^2)}{2}}$

23. ABC एक समबाहु त्रिभुज है, इसके प्रत्येक कोने पर आवेश $+q$ रखा जाता है, O पर विद्युत क्षेत्र की तीव्रता होगी

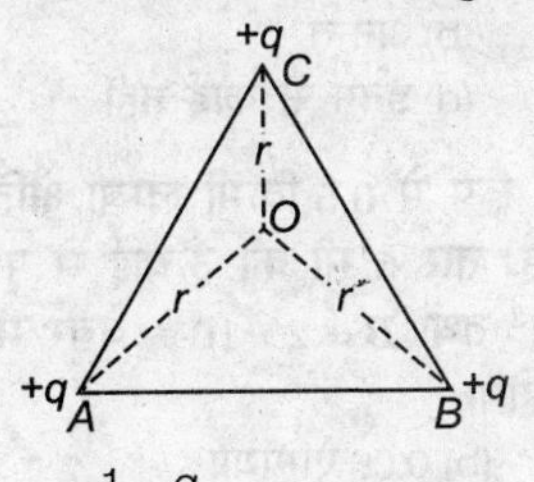

(a) $\frac{1}{4\pi\varepsilon_0} \frac{q}{r^2}$ (b) शून्य
(c) $\frac{1}{4\pi\varepsilon_0} \frac{q}{r}$ (d) $\frac{1}{4\pi\varepsilon_0} \frac{3q}{r^2}$

24. यदि संलग्न चित्र में संयोजित प्रत्येक संधारित्र की धारिता 9 माइक्रोफैरड हो तो बिन्दुओं A व B के बीच तुल्य धारिता होगी

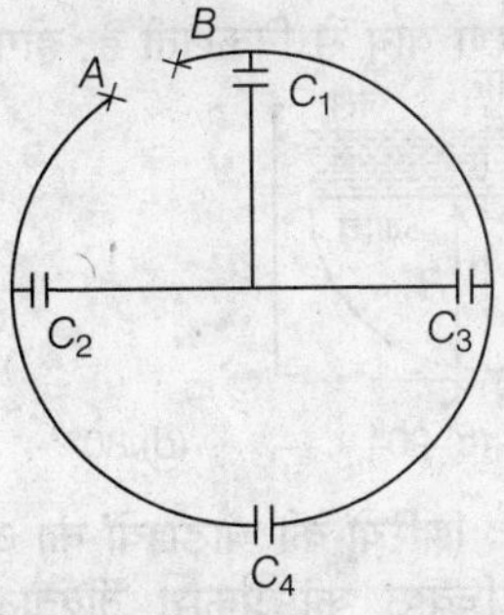

(a) 9 माइक्रोफैरड (b) 18 माइक्रोफैरड
(c) 4.5 माइक्रोफैरड (d) 15 माइक्रोफैरड

25. 40 वाट की एक मानक ट्यूब लाइट के समान्तर में एक रूम हीटर को जोड़ा गया है तथा दोनों को समुचित मुख्य AC सप्लाई लाइन से जोड़ा गया है। यदि लाइट को बुझा दें, तो हीटर द्वारा निर्गत शक्ति

(a) अधिक होगी (b) कम होगी
(c) समान रहेगी (d) इनमें से कोई नहीं

26. एक 6.28 मी लम्बे तार से 0.20 मी व्यास की एक कुण्डली बनाकर उसमें 1 ऐम्पियर की धारा प्रवाहित की जा रही है, उसके केन्द्र पर चुम्बकीय क्षेत्र होगा

(a) 6.28×10^{-5} टेस्ला
(b) शून्य
(c) 6.28 टेस्ला
(d) 6.28×10^{-3} टेस्ला

27. यदि एक इलेक्ट्रॉन (e^-) वेग $\vec{v}$ से चुम्बकीय क्षेत्र $\vec{B}$ की दिशा में गतिमान है, तब इलेक्ट्रॉन पर लगने वाला बल है

(a) शून्य (b) $e(\vec{v} \cdot \vec{B})$
(c) $e(\vec{v} \times \vec{B})$ (d) इनमें से कोई नहीं

28. यदि प्रतिचुम्बकीय पदार्थ दण्ड चुम्बक के उत्तरी या दक्षिणी ध्रुव के पास लाया जाए तब यह

(a) ध्रुवों द्वारा आकर्षित होता है
(b) ध्रुवों द्वारा प्रतिकर्षित होता है
(c) उत्तरी ध्रुव द्वारा प्रतिकर्षित तथा दक्षिणी ध्रुव द्वारा आकर्षित होता है
(d) उत्तरी ध्रुव द्वारा आकर्षित तथा दक्षिणी ध्रुव द्वारा प्रतिकर्षित होता है

29. पृथ्वी के केन्द्र पर, किसी पिण्ड का भार होगा

(a) शून्य (b) अनन्त
(c) पृथ्वी की सतह के समान (d) इनमें से कोई नहीं

30. 2.5 ओम प्रतिरोध के परिपथ के रूप में 0.5 किमी लम्बा क्षैतिज तार पूर्व से पश्चिम की ओर फैला है। तार 5 मी की ऊँचाई से पृथ्वी पर गिरता है। यदि $g = 10.0$ मी/से^{2} तथा $B = 2 \times 10^{-5}$ वेबर/मी^{2}, तब परिपथ में प्रेरित धारा का मान होगा

(a) 10 ऐम्पियर (b) 0.06 ऐम्पियर
(c) 0.02 ऐम्पियर (d) 0.09 ऐम्पियर

31. एक प्रकाश किरण काँच $\left(\mu = \frac{3}{2}\right)$ में चल रही है, काँच वायु सम्पर्क वृत्त के उस बिन्दु पर आपतित होती जहाँ क्रान्तिक कोण θ है। यदि पानी $\left(\mu = \frac{4}{3}\right)$ की पतली परत सम्पर्क सतह पर गिरती है, तब सम्पर्क सतह पर वह कोण जिस पर किरण वायु से निकलती है, होगा

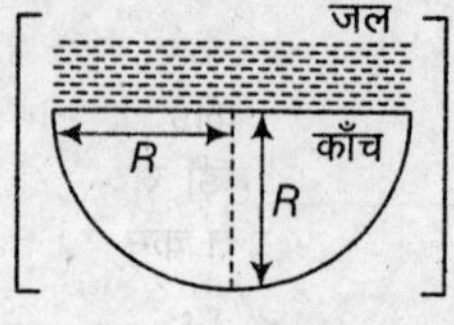

(a) 160° (b) 45° (c) 90° (d) 80°

32. यंग के द्वि–स्लिट के प्रयोग में यदि झिर्रियों की चौड़ाइयों का अनुपात 1 : 9 है, तो निम्निष्ठ तथा उच्चिष्ठ की प्रकाश तीव्रताओं का अनुपात होगा

(a) 1 (b) 1/9 (c) 1/4 (d) 1/3

33. दो एकसमान तार एक दृढ़ आधार से लटके हैं, परन्तु एक ताँबे का तथा दूसरा लोहे का है। लोहे का यंग प्रत्यास्थता गुणांक ताँबे के यंग प्रत्यास्थता गुणांक का तीन गुना है। ताँबे व लोहे के तार पर लटकाये गए भारों का अनुपात, ताकि इनकी लम्बाई बराबर बढ़े, होगा

(a) 1 : 3 (b) 2 : 1 (c) 3 : 1 (d) 4 : 1

34. इलेक्ट्रॉन की दे–ब्रोग्ली तरंगदैर्ध्य 10^{-10} मी से 0.5×10^{-10} मी तक घटाने के लिए इसे दी गई ऊर्जा होगी

(a) प्रारम्भिक ऊर्जा की चार गुनी (b) प्रारम्भिक ऊर्जा की तीन गुनी
(c) प्रारम्भिक ऊर्जा के बराबर (d) प्रारम्भिक ऊर्जा की दोगुनी

35. सोडियम तथा ताँबे के कार्य फलन क्रमशः 2 eV तथा 4 eV हैं। 4000 Å तरंगदैर्ध्य के प्रकाश के साथ प्रकाश-वैद्युत सेल के लिए कौन-सी धातु उपयुक्त होगी?

(a) ताँबा (b) सोडियम
(c) दोनों (a) तथा (b) (d) इनमें से कोई नहीं

36. यदि $\lambda_{max} = 6563$ Å हो, तो बॉमर श्रेणी के लिए द्वितीय रेखा की तरंगदैर्ध्य होगी

(a) $\lambda = \frac{16}{3R}$ (b) $\lambda = \frac{36}{5R}$
(c) $\lambda = \frac{4}{3R}$ (d) इनमें से कोई नहीं

37. एक तालाब की गहराई से ऊपरी सतह तक उठने में एक बुलबुले की त्रिज्या दोगुनी हो जाती है। वायुमण्डलीय दाब, h ऊँचाई के पानी के स्तम्भ के बराबर है, तो झील की गहराई होगी

(a) $7h$ (b) $2h$ (c) $4h$ (d) $h/2$

38. निम्न नाभिकीय अभिक्रिया में M दर्शाता है

$$_2He^4 + {}_ZX^A \longrightarrow {}_{Z+2}Y^{A+3} + M$$

(a) इलेक्ट्रॉन (b) पॉजिट्रॉन (c) प्रोटॉन (d) न्यूट्रॉन

39. एक n-p-n ट्रांजिस्टर परिपथ में संग्राहक धारा 10 mA है। यदि उत्सर्जित इलेक्ट्रॉनों में से 95% संग्राहक पर पहुँचते हैं, निम्नलिखित में से कौन-सा कथन सत्य है?

(a) उत्सर्जक धारा 8 mA होगी (b) उत्सर्जक धारा 10.53 mA होगी
(c) उत्सर्जक धारा 5.53 mA होगी (d) आधार धारा 2 mA होगी

40. बूलियन व्यंजक $A + B = Y$ प्रदर्शित करता है

(a) A व B का जोड़ Y है।
(b) $Y = 1$ तभी होगा जब $A = 1$ या $B = 1$ या दोनों $A = B = 1$
(c) $Y = 1$ केवल तभी जब $A = B = 1$
(d) $Y = 1$ जब $A = 1$ या $B = 1$ लेकिन तब नहीं जब $A = B = 1$

41. द्रव दाबमापी की अपेक्षा गैस तापमापी अधिक सुग्राही होते हैं, क्योंकि

(a) द्रवों की अपेक्षा, गैसों में प्रसार अधिक होता है
(b) गैस सरलता से उपलब्ध होती है
(c) गैस भारी होती है
(d) गैसें, सरलता से अपनी अवस्था परिवर्तित करती है

42. गैस नियम $\left(\frac{pV}{T}\right)$ = स्थिर, सत्य होता है

(a) केवल समतापीय परिवर्तन के लिए
(b) केवल रुद्धोष्म परिवर्तन के लिए
(c) (a) व (b) दोनों
(d) उपरोक्त में से कोई नहीं

43. दो कण X तथा Y, प्रारम्भ में विरामावस्था में हैं, परस्पर आकर्षण स्वरूप एक-दूसरे की ओर गति करते हैं। यदि किसी क्षण X कण का वेग v तथा Y कण कर वेग $2v$ है, तब उनके द्रव्यमान केन्द्र का वेग होगा

(a) 0 (b) अपरिवर्तित (c) $2v$ (d) $\frac{v}{2}$

44. दो उपग्रह A व B, जिनके द्रव्यमान $3:1$ के अनुपात में हैं, r व $4r$ त्रिज्याओं की वृत्तीय कक्षाओं में घूम रहे हैं, तब A व B की कुल ऊर्जाओं में अनुपात है

(a) 1/3 (b) 3/13
(c) 3/4 (d) 12

45. गैस के मुक्त प्रसार हेतु निम्न में से क्या सत्य है

(a) $Q = W = 0$ तथा $\Delta E_{\text{आन्तरिक}} = 0$
(b) $Q = 0, W > 0$ तथा $\Delta E_{\text{आन्तरिक}} = -W$
(c) $W = 0, Q > 0,$ तथा $\Delta E_{\text{आन्तरिक}} = Q$
(d) $W > 0, Q < 0$ तथा $\Delta E_{\text{आन्तरिक}} = 0$

46. किसी आदर्श गैस के लिए एक प्रक्रम में, $dW = 0$ एवं $dQ < 0$ है। तब गैस का

(a) ताप घटेगा (b) आयतन बढ़ेगा
(c) दाब नियत रहेगा (d) ताप बढ़ेगा

47. एक निकाय को 200 कैलोरी ऊष्मा दी जाती है एवं निकाय द्वारा परिवेश पर किया गया कार्य 40 जूल है, तब इसकी आन्तरिक ऊर्जा में

(a) वृद्धि 600 जूल है (b) कमी 800 जूल है
(c) वृद्धि 800 जूल है (d) कमी 50 जूल है

48. नियत दाब पर एक आदर्श एक परमाणविक गैस के एक मोल को एक वायुमण्डल दाब पर 0°C से 100°C तक गर्म किया जाता है। उसकी आन्तरिक ऊर्जा में परिवर्तन होगा

(a) 6.56 जूल (b) 8.32×10^2 जूल
(c) 12.48×10^2 जूल (d) 20.80 जूल

49. एक घन को 0°C पर सभी भुजाओं (पृष्ठों) से समान बाह्य दाब के द्वारा दबाया जाता है। ताप में वृद्धि कितनी होगी कि यह घन अपनी पहली स्थिति में आ जाए (दिया है, घन के पदार्थ का K आयतन प्रत्यास्थता गुणांक है, α रेखीय प्रसार गुणांक है)

(a) $\frac{p}{K\alpha}$ (b) $\frac{p}{3K\alpha}$
(c) $\frac{3\pi\alpha}{p}$ (d) $\frac{K}{3p}$

50. 300 K तापमान पर 200 मी^{3} आयतन के एक डिब्बे में 0.1 मोल ऑक्सीजन तथा 0.3 मोल कार्बन डाई ऑक्साइड है। मिश्रण का दाब होगा

(a) 5 Pa (b) 4 Pa (c) 3 Pa (d) 1.25 Pa

51. पदार्थ के अणुगति सिद्धान्त के अनुसार, अणु पदार्थ का सूक्ष्मतम कण होता है तथा इसमें होते हैं

(a) पदार्थ के सभी गुण
(b) पदार्थ के कुछ गुण
(c) पदार्थ का कोई गुण नहीं
(d) (b) व (c) दोनों सत्य हैं

52. 27°C पर एक गैस को अचानक इस प्रकार सम्पीडित किया जाता है कि इसका दाब मूल दाब का $\left(\frac{1}{8}\right)$ हो जाता है। अन्तिम ताप होगा $\left(\gamma = \frac{5}{3}\right)$

(a) 42 K (b) 30 K
(c) −142°C (d) 327°C

53. एक सितार विकिरण उत्सर्जित करते हुए आदर्श कृष्ण पिण्ड की तरह व्यवहार करता है। इस सितारे द्वारा प्रति सेकण्ड उत्सर्जित विकिरण ऊर्जा तथा एक अन्य सितारे, जिसकी त्रिज्या पहले की चार गुनी है, द्वारा प्रति सेकण्ड उत्सर्जित विकिरण ऊर्जा में क्या अनुपात है, जबकि दूसरे सितारे का केल्विन ताप पहले का आधा है?

(a) 1 : 1 (b) 1 : 16
(c) 4 : 1 (d) 16 : 1

54. 27°C पर हीलियम का आयतन 8 लीटर है। अचानक दबाकर इसका आयतन 1 ली कर दिया जाता है। इस गैस का ताप होगा $\left(\gamma = \frac{5}{2}\right)$

(a) 108°C (b) 9327°C (c) 1200°C (d) 927°C

55. एक स्प्रिंग को 2 सेमी खींचने पर इसकी स्थितिज ऊर्जा U है। यदि इसको 10 सेमी खींचे, तब इसकी स्थितिज ऊर्जा होगी

(a) $U/25$ (b) $U/5$
(c) $5/U$ (d) $25U$

56. सरल आवर्त गति करता हुआ एक कण, जब माध्य-स्थिति से गुजरता है, तो इसकी

(a) स्थितिज ऊर्जा न्यूनतम होती है
(b) गतिज ऊर्जा अधिकतम होती है
(c) गतिज ऊर्जा न्यूनतम होती है
(d) त्वरण अधिकतम होता है

57. एक तरंग, समीकरण $y = A \sin\left(10\pi x + 15\pi t + \frac{\pi}{3}\right)$ से प्रदर्शित की जाती है। x मीटर तथा t सेकण्ड में है। यह समीकरण प्रदर्शित करता है

(a) $(+)x$-दिशा में 1.5 मी/से वेग से चलती हुई तरंग
(b) $(-)x$-दिशा में 1.5 मी/से वेग से चलती हुई तरंग
(c) $(-)x$-दिशा में चलती हुई, 0.2 मी तरंगदैर्ध्य की तरंग
(d) $(+)x$-दिशा में चलती हुई 0.3 मी तरंगदैर्ध्य की तरंग

58. निम्नलिखित में असत्य कथन है

(a) ध्वनि सरल रेखा में गमन करती है।
(b) ध्वनि ऊर्जा का एक रूप है।
(c) ध्वनि तरंगों के रूप में गमन करती है।
(d) वायु की अपेक्षा, निर्वात् में ध्वनि तीव्र गति से चलती है।

59. चन्द्रमा की सतह पर, अन्तरिक्ष यात्री अपने साथी को सुन नहीं सकता है, क्योंकि

(a) उत्पन्न आवृत्तियाँ, श्रव्य आवृत्तियों से अधिक होती हैं
(b) ध्वनि संचरण के लिए कोई माध्यम उपलब्ध नहीं है
(c) चन्द्रमा की सतह पर बड़ी संख्या में ज्वालामुखी हैं
(d) रात्रि में तापमान अत्यन्त कम एवं दिन में अति उच्च होता है

60. तरंग की आवृत्ति n, तरंगदैर्ध्य λ एवं संचरण वेग v के मध्य सम्बन्ध है

(a) $n = v\lambda$ (b) $n = \frac{\lambda + 1}{v}$
(c) $n = 1 \times v$ (d) $n = \frac{v}{\lambda}$

61. माना किसी दिए गए ताप पर, वायु में ध्वनि का वेग 400 मी/से है। एक इंजन 1200 हर्ट्ज आवृत्ति की सीटी बजाता है। यह एक प्रेक्षक की ओर 100 मी/से की चाल से गतिमान है। प्रेक्षक द्वारा सुनी गई आभासी आवृत्ति क्या है?

(a) 1000 हर्ट्ज (b) 1350 हर्ट्ज
(c) 1500 हर्ट्ज (d) 1600 हर्ट्ज

62. एक आवेश q_1, एक अन्य आवेश q_2 पर कुछ बल आरोपित करता है। यदि एक तीसरा आवेश q_3 इनके निकट लाया जाता है, तो q_1 द्वारा q_2 आरोपित बल होगा
(a) बढ़ता है
(b) कम होता है
(c) परिवर्तित नहीं होता है
(d) बढ़ता है, यदि q_3 व q_1 का समान चिह्न है तथा कम होता है, यदि q_3 व q_1 का विपरीत चिह्न है

63. दो आवेश q_1, q_2 निर्वात् में परस्पर d दूरी पर रखे जाते हैं तथा इनके मध्य कार्यरत् बल F है। यदि इनके बीच परावैद्युत नियतांक 4 का माध्यम प्रविष्ट कर दें, तो बल का मान हो जाएगा
(a) $4F$ (b) $2F$ (c) $F/2$ (d) $F/4$

64. एक वर्ग के तीन कोनों पर तीन समान आवेश रखे जाते हैं। यदि q_1 व q_2 के बीच बल F_{12} है तथा q_1 व q_3 के बीच बल F_{13} है, तब इनके परिमाण में अनुपात (F_{12}/F_{13}) होगा
(a) 1/3 (b) 2 (c) $1/\sqrt{2}$ (d) $\sqrt{3}$

65. एक धातु के तार की लम्बाई जिसका प्रतिरोध 20 ओम है, खींचकर तीन गुनी कर दी गई है। तार का नया प्रतिरोध हो जाएगा
(a) 6.67 ओम (b) 60.0 ओम (c) 120 ओम (d) 180.0 ओम

66. तार के एक टुकड़े को चार समान भागों में काटकर टुकड़ों को बराबर-बराबर रखकर एक मोटा तार बनाया जाता है। मूल तार की तुलना में, इस बण्डल का प्रतिरोध है
(a) समान (b) 1/8 गुना
(c) 1/9 गुना (d) 1/16 गुना

67. अन-ओमीय (non-ohmic) प्रतिरोध का उदाहरण है
(a) कॉपर का तार (b) कार्बन प्रतिरोध
(c) संघारित्र (d) टंग्स्टन का तार

68. बढ़ती चालकता का सही क्रम है
(a) Al, Ag, Cu (b) Al, Cu, Ag
(c) Cu, Al, Ag (d) Ag, Cu, Al

69. धारावाही परिनालिका के एक सिरे पर चुम्बकीय क्षेत्र का व्यंजक है
(a) $\mu_0 ni/2$ (b) $\mu_0 ni/3$ (c) μ_0^2/ni (d) ni/μ_0

70. एक चुम्बकीय क्षेत्र है, जिसकी दिशा कागज के तल के लम्बवत् ऊपर से नीचे की ओर है। कागज के तल में, एक इलेक्ट्रॉन को स्थिर वेग से क्षेत्र में प्रक्षेपित किया जाता है। क्षेत्र में प्रवेश करते समय, इलेक्ट्रॉन
(a) सरल रेखा पर चलेगा
(b) कागज के तल में, अपनी पूर्व दिशा के दाईं ओर, वृत्ताकार मार्ग पर चलेगा
(c) कागज के तल में, अपनी पूर्व दिशा के बाईं ओर वृत्ताकार मार्ग पर चलेगा
(d) कागज के तल के लम्बवत् वृत्ताकार मार्ग पर चलेगा

71. एक इलेक्ट्रॉन को, एकसमान चुम्बकीय फ्लक्स घनत्व के क्षेत्र में प्रविष्ट किया जाता है। वेग के घटक, फ्लक्स के समान्तर एवं लम्बवत् हैं। इलेक्ट्रॉन का मार्ग होगा
(a) सर्पिलाकार (helix) (b) दीर्घवृत्त
(c) परवलय (d) सरल रेखा

72. समान दिशा में एक वैद्युत क्षेत्र तथा एक चुम्बकीय क्षेत्र उत्पन्न किए जाते हैं। एक इलेक्ट्रॉन प्रक्षेपित किया जाता है, जिसका वेग समान दिशा में है
(a) इलेक्ट्रॉन अपनी बाईं ओर मुड़ जाएगा
(b) इलेक्ट्रॉन अपनी दाईं ओर मुड़ जाएगा
(c) इलेक्ट्रॉन के वेग के परिमाण में वृद्धि होगी
(d) इलेक्ट्रॉन के वेग का परिमाण कम हो जाएगा

73. दण्ड चुम्बक की चुम्बकीय बल रेखाएं एक-दूसरे को नहीं काटतीं क्योंकि
(a) एक बिन्दु पर सदैव एक कुल चुम्बकीय क्षेत्र होता है
(b) रेखाओं पर समान आवेश होते हैं, अतः वे एक-दूसरे के प्रतिकर्षित करती हैं
(c) ये रेखायें एक ही बिन्दु से अपसारित होती हैं
(d) रेखाएँ एक-दूसरे को काटें, इसके लिए चुम्बकीय लेन्सों की आवश्यकता होती है

74. चुम्बक को पूरी तरह विचुम्बकित किया जा सकता है
(a) चुम्बक को छोटे-छोटे टुकड़ों में तोड़कर
(b) इसे थोड़ा सा गर्म करके
(c) इसे बर्फ के ठंडे जल में डालकर
(d) उचित क्षमता को एक विपरीत क्षेत्र के द्वारा

75. एक छड़ चुम्बक के अन्दर चुम्बकीय बल रेखाएँ
(a) चुम्बक के दक्षिणी ध्रुव से उत्तरी ध्रुव की ओर होती हैं
(b) चुम्बक के उतरी ध्रुव से दक्षिणी ध्रुव की ओर होती हैं
(c) अस्तित्व में नहीं रहती
(d) छड़ चुम्बक के अनुप्रस्थ काट के क्षेत्रफल पर निर्भर करती हैं

76. एक छड़ चुम्बक की चुम्बकीय बल रेखाओं को निम्न में से किस चित्र द्वारा सही दर्शाया गया है?

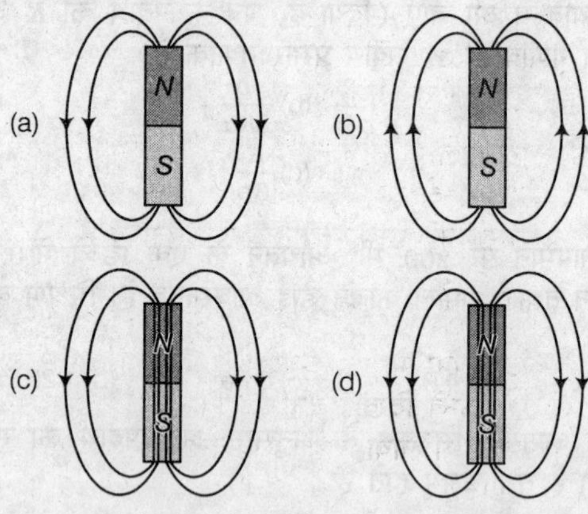

77. 2.5 ओम प्रतिरोध के परिपथ के रूप में 0.5 किमी लम्बा क्षैतिज तार पूर्व से पश्चिम की ओर फैला है। तार 5 मी की ऊँचाई से पृथ्वी पर गिरता है। यदि $g = 10.0$ मी/से^{2} तथा $B = 2\times10^{-5}$ वेबर/मी^{2}, तब परिपथ में प्रेरित धारा का मान होगा
(a) 10 ऐम्पियर (b) 0.06 ऐम्पियर (c) 0.02 ऐम्पियर (d) 0.09 ऐम्पियर

78. परिनालिका का स्वप्रेरण होता है
(a) इसकी लम्बाई के समानुपाती
(b) कुण्डली में प्रवाहित धारा के समानुपाती
(c) परिच्छेद क्षेत्रफल के समानुपाती
(d) परिच्छेद क्षेत्रफल के विलोमानुपाती

79. यदि परिनालिका की कुण्डली की प्रति एकांक लम्बाई में फेरों की संख्या दोगुनी कर दें, तो परिनालिका का स्वप्रेरकत्व

(a) दोगुना हो जाएगा (b) आधा हो जाएगा
(c) परिवर्तित नहीं होगा (d) चार गुना हो जाएगा

80. यदि किसी कुण्डली में फेरों की संख्या N है, तो स्वप्रेरकत्व का मान समानुपाती होगा

(a) $\frac{N^0}{2}$ (b) $\frac{N}{2}$ (c) N^2 (d) N^{-2}

81. एक परतदार लेन्स चित्र में दिखाया गया है यह दो अलग-अलग पारदर्शी पदार्थों से बना है। यह अलग-अलग छाया (चित्र) से प्रदर्शित किया जाता है, एक बिन्दु वस्तु इसकी अक्ष पर रखी है। वस्तु होगी

(a) 3 प्रतिबिम्ब (b) 2 प्रतिबिम्ब (c) 1 प्रतिबिम्ब (d) 9 प्रतिबिम्ब

82. एक उत्तल लेन्स की फोकस दूरी f हैं, यह वस्तु का n गुना आभासी प्रतिबिम्ब बनाती है। वस्तु की लेन्स से दूरी है

(a) $(n-1)f$ (b) $(n+1)f$
(c) $\left(\frac{n-1}{n}\right)f$ (d) $\left(\frac{n+1}{n}\right)f$

83. जब एक वस्तु लेन्स के सामने लेन्स से 10 सेमी की दूरी पर रखी है, तब लेन्स इसका आभासी प्रतिबिम्ब इससे 4 सेमी दूर बनता है, लेन्स .... है। जिसकी फोकस .... दूरी है।

(a) अवतल, 6.67 सेमी
(b) अवतल, 2.86 सेमी
(c) उत्तल, 2.86 सेमी
(d) अवतल या उत्तल हो सकता है, 6.67 सेमी

84. 0.1 मी फोकस दूरी वाले काँच के एक समोत्तल लेन्स को मुख्य अक्ष के लम्बरूप तल द्वारा दो बराबर भागों में काट दिया जाता है। इस प्रकार बने नये लेन्सों की फोकस दूरियों का अनुपात है

(a) 1 : 1 (b) 1 : 2 (c) 2 : 1 (d) $2:\frac{1}{2}$

85. यंग के द्वि-स्लिट प्रयोग में Na प्रकाश ($\lambda = 5898$ Å) उपयोग में लाया जाये तो 92 फ्रिन्जें दिखाई देती हैं। किन्तु यदि दूसरा प्रकाश ($\lambda = 5461$Å) उपयोग में लाया जाये तो कितनी फ्रिन्जें दिखाई देंगी?

(a) 62 (b) 67 (c) 85 (d) 99

86. यंग के द्वि-स्लिट प्रयोग में अभ्रक की t मोटाई की एवं μ अपवर्तनांक वाली पट्टी प्रथम स्रोत S से आने वाली किरण के मार्ग में रख दी जाती है। बताइये फ्रिन्जें समायोजन कितनी दूरी से विस्थापित होगा?

(a) $\frac{d}{D}(\mu-1)t$ (b) $\frac{D}{d}(\mu-1)t$ (c) $\frac{d}{(\mu-1)D}$ (d) $\frac{D}{d}(\mu-1)$

87. दो सम्बन्द्ध स्रोतों की तीव्रताओं का अनुपात 100 : 1 है। इनकी अधिकतम व न्यूनतम तीव्रताओं का अनुपात है

(a) $\frac{1}{100}$ (b) $\frac{1}{10}$
(c) $\frac{10}{1}$ (d) $\frac{3}{2}$

88. 0.20 मिमी चौड़ाई की एकल स्लिट 500 नैनोमीटर तरंगदैर्ध्य के प्रकाश से प्रदीप्त होती है। पर्दा, स्लिट से 80 सेमी दूर रखा जाता है, तो केन्द्रीय दीप्त फ्रिन्ज की चौड़ाई होगी

(a) 10 मिमी (b) 15 मिमी
(c) 4 मिमी (d) 20 मिमी

89. इलेक्ट्रॉन एवं प्रोटॉन की गतिज ऊर्जा 10^{-32} जूल है। इन दोनों के दे-ब्रोग्ली तरंगदैर्ध्य के बीच सम्बन्ध होगा

(a) $\lambda_p < \lambda_e$ (b) $\lambda_p > \lambda_e$
(c) $\lambda_p = \lambda_e$ (d) $\lambda_p = 2\lambda_e$

90. $2\pi r$ परिधि वाले बोर के प्रथम कक्ष में घूमते हुए इलेक्ट्रॉन के लिए दे-ब्रोग्ली तरंगदैर्ध्य का मान होता है

(a) $2\pi r$ (b) πr (c) $\frac{1}{2\pi r}$ (d) $\frac{1}{4\pi r}$

91. दे-ब्रोग्ली के अनुसार, हाइड्रोजन परमाणु की किसी कक्षा (त्रिज्या $= 5.3\times10^{-11}$ मी) में घूमते हुए इलेक्ट्रॉन की संगत दे-ब्रोग्ली तरंगदैर्ध्य 10^{-10} मी है। इस इलेक्ट्रॉन के लिए मुख्य क्वाण्टम संख्या होगी

(a) 1 (b) 2 (c) 3 (d) 4

92. जल की विशिष्ट ऊष्मा 4.2 जूल ग्राम $^{-1}$ °C है। यदि 400 ग्राम जल को 20°C से 40°C तक गर्म करने में 3×10^9 हर्ट्ज आवृत्ति का प्रकाश प्रयुक्त किया जाए, तो आवश्यक फोटॉनों के मोलों की संख्या है

(a) 1.69×10^{29} (b) 1.69×10^{28}
(c) 2.80×10^{4} (d) 2.80×10^{5}

93. निम्नलिखित में से सत्य कथन है

(a) लाइमन श्रेणी एक अवितरत स्पेक्ट्रम है
(b) पाश्चन श्रेणी अवरक्त क्षेत्र में रेखीय स्पेक्ट्रम है
(c) बॉमर श्रेणी पराबैंगनी क्षेत्र में रेखीय स्पेक्ट्रम है
(d) हाइड्रोजन परमाणु के रदरफोर्ड मॉडल से विभिन्न स्पेक्ट्रमी श्रेणियों की व्याख्या कर सकते हैं

94. हाइड्रोजन परमाणु के प्रथम एवं चतुर्थ ऊर्जा स्तरों के बीच अवशोषण संक्रमणों की संख्या 3 है। इनके बीच उत्सर्जन संक्रमणों की संख्या होगी

(a) 3 (b) 4 (c) 5 (d) 6

95. रिडबर्ग स्थिरांक R के पदों में प्रथम बॉमर रेखा की तरंग संख्या है

(a) R (b) $\frac{3R}{4}$
(c) $\frac{5R}{36}$ (d) $\frac{8R}{9}$

96. यदि R रिडबर्ग नियतांक हो, तो हाइड्रोजन के लिए लाइमन श्रेणी में प्रथम रेखा की तरंग संख्या होगी

(a) $\frac{R}{4}$ (b) $\frac{3R}{4}$ (c) $\frac{R}{2}$ (d) $2R$

97. एक ताँबे तथा दूसरे जर्मेनियम का टुकड़ा कमरे के ताप से 80 K तक ठण्डा किया जाता है, तो

(a) ताँबे का प्रतिरोध बढ़ता है तथा जर्मेनियम का प्रतिरोध घटता है
(b) प्रत्येक का प्रतिरोध घटता है
(c) प्रत्येक का प्रतिरोध बढ़ता है
(d) ताँबे का प्रतिरोध घटता है तथा जर्मेनियम का प्रतिरोध बढ़ता है

98. चालन इलेक्ट्रॉनों की गतिशीलता कोटरों से अधिक होती है, क्योंकि
(a) इन पर ऋण आवेश होता है
(b) ये हल्के होते हैं
(c) इन्हें गति करने के लिए कम ऊर्जा की आवश्यकता होती है
(d) इनमें आपस की टक्करों की सम्भावना कम रहती है

99. प्लेटिनम व सिलिकॉन को 250°C तक गर्म करने के बाद ठण्डा किया जाता है। ठण्डा करने की प्रक्रिया में
(a) प्लेटिनम का प्रतिरोध बढ़ेगा व सिलिकॉन का घटेगा
(b) सिलिकॉन का प्रतिरोध बढ़ेगा व प्लेटिनम का घटेगा
(c) दोनों का प्रतिरोध बढ़ेगा
(d) दोनों का प्रतिरोध घटेगा

100. लोहे तथा सिलिकॉन के तारों को 30°C से 50°C तक गर्म किया जाता है, तो निम्न में से सत्य कथन है
(a) दोनों तारों का प्रतिरोध बढ़ता है
(b) दोनों तारों का प्रतिरोध घटता है
(c) लोहे के तार का प्रतिरोध बढ़ता है तथा सिलिकॉन के तार का प्रतिरोध घटता है
(d) लोहे के तार का प्रतिरोध घटता है तथा सिलिकॉन के तार का प्रतिरोध बढ़ता है

101. एक नल की टोंटी से 5 मी नीचे धरातल पर पानी की बूँदें लगातार समय अन्तराल पर धरातल पर गिर रही है, जब पहली बूँद धरातल से टकराती है, तब टोंटी से पाँचवी बूँद गिरना प्रारम्भ करती है। जब पहली बूँद धरातल से टकराती है, तब तीसरी बूँद की धरातल से ऊँचाई होगी ($g = 10$ मी/से^{2})
(a) 1.25 मी (b) 2.15 मी
(c) 2.73 मी (d) 3.75 मी

102. रेलवे की एक चौपहिया गाड़ी का द्रव्यमान केन्द्र रेलवे लाइन से 1 मी ऊपर है, जो 1.5 मी दूर है या अलग है। महत्तम चाल होगी, जिसमें यह 100 मी त्रिज्या के बिना झुके वक्राकार पथ पर सुरक्षित चल सके
(a) 12 मी/से (b) 18 मी/से (c) 22 मी/से (d) 27 मी/से

103. एक दी गई अक्ष के परितः एक पिण्ड का जड़त्व आघूर्ण 1.2 किग्रा × मी^{2} है। आरम्भ में पिण्ड विराम अवस्था में है। इसमें 1500 जूल घूर्णन गतिज ऊर्जा उत्पन्न करने के लिए, इस अक्ष के परितः इस पिण्ड पर 25 रेडियन/से^{2} का कोणीय त्वरण लगाने का समय अन्तराल होगा
(a) 4 सेकण्ड (b) 2 सेकण्ड (c) 8 सेकण्ड (d) 15 सेकण्ड

104. सरल लोलक द्वारा g मापन के एक प्रयोग में आवर्तकाल 0.2% शुद्धता से नापा गया, जबकि लम्बाई का मापन 0.5% की शुद्धता से किया गया। इस प्रकार प्राप्त g के मान की प्रतिशत शुद्धता (percentage accuracy) है
(a) 0.1 (b) 0.5
(c) 0.7 (d) 0.9

105. एक घन को 0°C पर सभी भुजाओं (पृष्ठों) से समान बाह्य दाब के द्वारा दबाया जाता है। ताप में वृद्धि कितनी होगी कि यह घन अपनी पहली स्थिति में आ जाए (दिया है, घन के पदार्थ का K आयतन प्रत्यास्थता गुणांक है, α रेखीय प्रसार गुणांक है)?
(a) $\frac{p}{K\alpha}$ (b) $\frac{p}{3K\alpha}$ (c) $\frac{3\pi\alpha}{p}$ (d) $\frac{K}{3p}$

106. दिये गये चित्र के अनुसार एक द्रव साइफन में प्रवाहित हो रहा है, प्रवाह की दर निर्भर करेगी

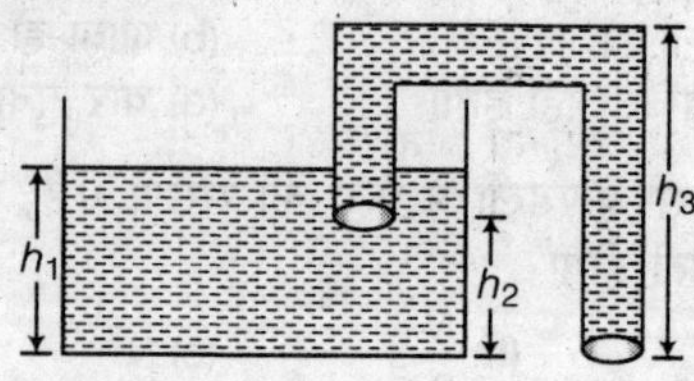

(a) केवल h_3 पर (b) केवल h_1 पर
(c) h_2 व h_3 पर (d) h_1 व h_2 पर

107. किसी एकसमान आवेशित गोलीय कोश में उत्पन्न विद्युत क्षेत्र की तीव्रता E तथा इसके केन्द्र से दूरी r के बीच ग्राफ का सही रूप है

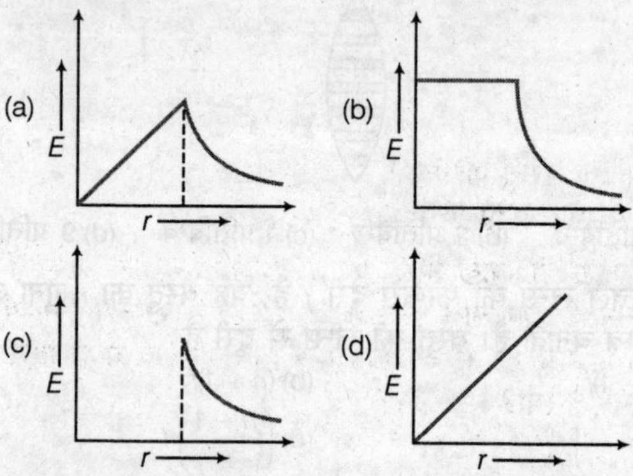

108. यदि संलग्न चित्र में संयोजित प्रत्येक संधारित्र की धारिता 9 माइक्रोफैरड हो तो बिन्दुओं A व B के बीच तुल्य धारिता होगी

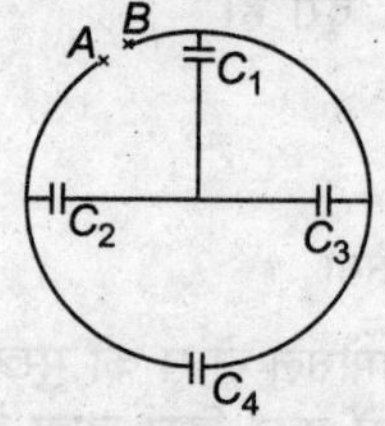

(a) 9 माइक्रोफैरड (b) 18 माइक्रोफैरड
(c) 4.5 माइक्रोफैरड (d) 15 माइक्रोफैरड

109. एक लूप जिसमें r मीटर त्रिज्या का वृत्ताकार चाप है, जोकि केन्द्र से θ कोण बनाता है, में i ऐम्पियर की धारा प्रवाहित हो रही है, वृत्त के केन्द्र पर चुम्बकीय क्षेत्र हैं

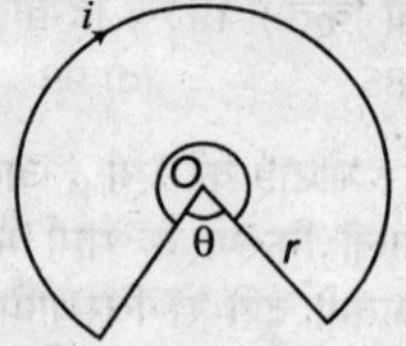

(a) $\frac{\mu_0}{4\pi} \cdot \frac{i\,\theta}{r}$
(b) $\frac{2\mu_0\, i}{4\pi\, r^2} \sin\theta$
(c) $\frac{2\,\mu_0\, i}{2r} \sin\theta$
(d) $\frac{\mu_0\, i \sin\theta}{4\pi}$

110. पृथ्वी के क्षैतिज चुम्बकीय क्षेत्र में स्वतन्त्रापूर्वक लटका हुआ M चुम्बकीय आघूर्ण का एक चुम्बक प्रति मिनट n दोलन करता है। यदि चुम्बकीय आघूर्ण चार गुना तथा पृथ्वी का क्षैतिज चुम्बकीय क्षेत्र दोगुना हो जाए तो प्रति मिनट दोलनों की संख्या होगी

(a) $\frac{n}{2\sqrt{2}}$ (b) $\frac{n}{\sqrt{2}}$
(c) $2\sqrt{2}n$ (d) $\sqrt{2}n$

111. अनुनाद पर, प्रतिरोध R में प्रवाहित धारा होगी

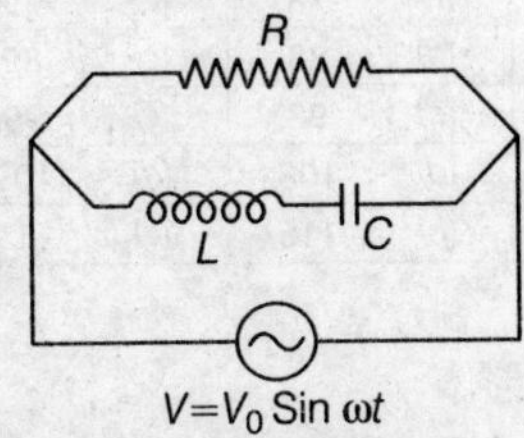

(a) न्यूनतम परन्तु परिमित (b) शून्य
(c) अधिकतम परन्तु परिमित (d) अनन्त

112. प्रयोगशाला में कुछ ऐसे पदार्थ विकसित किए गए हैं जिनका अपवर्तनांक ऋणात्मक होता है (चित्र)। ऐसे माध्यम (माध्यम 2) में वायु (माध्यम 1) से आपतित एक किरण निम्न में से किस पथ का अनुगमन करेगी?

(a) 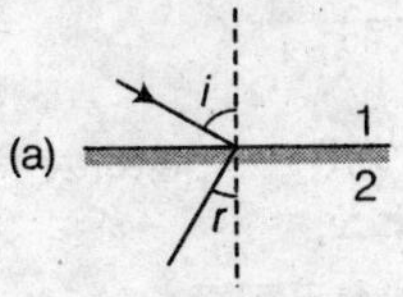

(b) 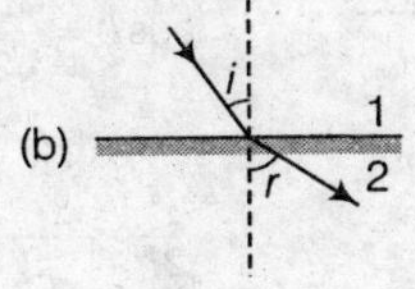

(c) 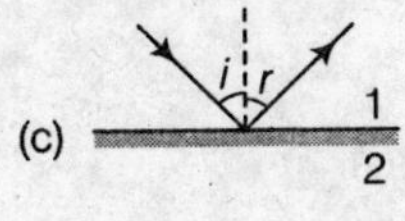

(d) 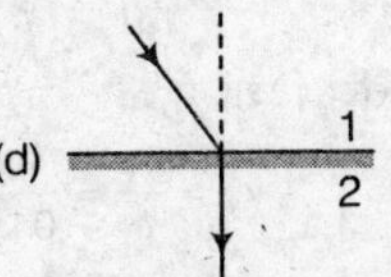

113. +15 सेमी , + 20 सेमी, + 150 सेमी तथा + 250 सेमी फोकस दूरियों वाले चार लेन्स खगोलीय दूरदर्शी निर्मित करने हेतु उपलब्ध हैं। अधिकतम आवर्धन प्राप्त करने के लिए, नेत्रिका की फोकस दूरी होनी चाहिए

(a) + 15 सेमी (b) + 20 सेमी
(c) + 150 सेमी (d) + 250 सेमी

114. प्रकाश दो पोलेरीमीटर नलियों से एक के पश्चात् एक में से गुजरता है जिनकी प्रत्येक की लम्बाई 0.29 मी है। प्रथम नली में 60 किग्रा/मार^3 सान्द्रता तथा 0.01 रेडियन-मी^{2}/किग्रा विशिष्ट घूर्णन का दक्षिण घूर्णक विलयन है। द्वितीय नली में 30 किग्रा/मी^{3} सान्द्रता तथा 0.02 रेडियन-मी^{2}/किग्रा विशिष्ट घूर्णन का वाम घूर्णक विलयन है। उत्पन्न परिणामी घूर्णन होगा

(a) 45° (b) 0° (c) 20° (d) 60°

115. 4400 Å तरंगदैर्ध्य का फोटॉन निर्वात से गुजरता है फोटॉन के प्रभावी द्रव्यमान तथा संवेग क्रमशः होंगे

(a) 5×10^{-36} किग्रा, 1.5×10^{-27} किग्रा-मी/से
(b) 5×10^{-35} किग्रा, 1.5×10^{-26} किग्रा-मी/से
(c) शून्य, 1.5×10^{-26} किग्रा-मी/से
(d) 5×10^{-36} किग्रा, 1.5×10^{-43} किग्रा-मी/से

116. हाइड्रोजन स्पेक्ट्रम की प्रत्येक श्रेणी में तरंगदैर्ध्य की ऊपरी तथा निम्न सीमाएँ होती हैं स्पेक्ट्रमी श्रेणी जिसकी तरंगदैर्ध्य की ऊपरी सीमा 18752 Å है, वह होगी

(a) बॉमर श्रेणी (b) लाइमन श्रेणी
(c) पाश्चन श्रेणी (d) फुण्ड श्रेणी

117. एक n-p-n ट्रांजिस्टर परिपथ में संग्राहक धारा 10 mA है। यदि उत्सर्जित इलेक्ट्रॉनों में से 95% संग्राहक पर पहुँचते हैं, निम्नलिखित में से कौन-सा कथन सत्य है?

(a) उत्सर्जक धारा 8 mA होगी
(b) उत्सर्जक धारा 10.53 mA होगी
(c) उत्सर्जक धारा 5.53 mA होगी
(d) आधार धारा 2 mA होगी

118. चित्र में दिखाए गए परिपथ से निर्गत 1 प्राप्त करने के लिए निवेशी होने चाहिए

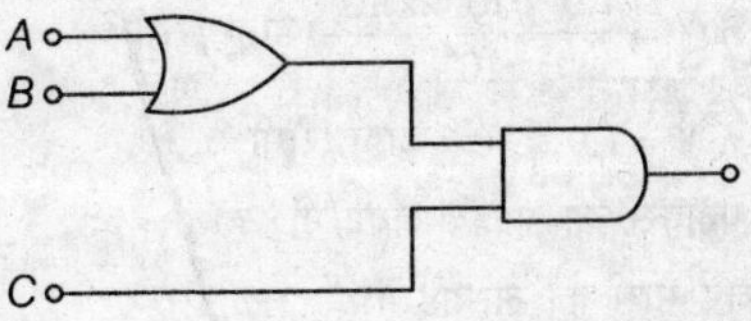

(a) $A = 0, B = 1, C = 0$
(b) $A = 1, B = 0, C = 0$
(c) $A = 1, B = 0, C = 1$
(d) $A = 1, B = 1, C = 0$

119. इलेक्ट्रॉन की दे-ब्रोग्ली तरंगदैर्ध्य 10^{-10} मी से 0.5×10^{-10} मी तक घटाने के लिए इसे दी गई ऊर्जा होगी

(a) प्रारम्भिक ऊर्जा की चार गुनी (b) प्रारम्भिक ऊर्जा की तीन गुनी
(c) प्रारम्भिक ऊर्जा के बराबर (d) प्रारम्भिक ऊर्जा की दोगुनी

120. चित्र में अमीटर का पाठ होगा

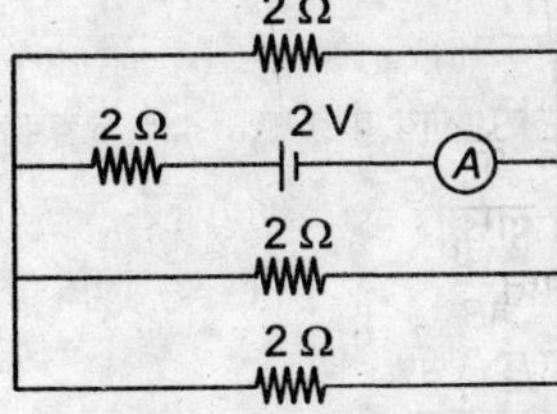

(a) $\frac{1}{8}$ ऐम्पियर (b) $\frac{3}{4}$ ऐम्पियर
(c) 1/2 ऐम्पियर (d) 2 ऐम्पियर

उत्तरमाला

1.	(a)	2.	(c)	3.	(b)	4.	(c)	5.	(c)	6.	(d)	7.	(b)	8.	(b)	9.	(b)	10.	(d)
11.	(d)	12.	(d)	13.	(c)	14.	(d)	15.	(c)	16.	(a)	17.	(d)	18.	(d)	19.	(c)	20.	(c)
21.	(d)	22.	(a)	23.	(d)	24.	(d)	25.	(c)	26.	(a)	27.	(a)	28.	(b)	29.	(a)	30.	(c)
31.	(c)	32.	(c)	33.	(a)	34.	(a)	35.	(b)	36.	(a)	37.	(a)	38.	(d)	39.	(b)	40.	(b)
41.	(d)	42.	(c)	43.	(b)	44.	(d)	45.	(a)	46.	(a)	47.	(b)	48.	(c)	49.	(b)	50.	(a)
51.	(a)	52.	(c)	53.	(a)	54.	(d)	55.	(d)	56.	(b)	57.	(a)	58.	(d)	59.	(b)	60.	(d)
61.	(b)	62.	(c)	63.	(d)	64.	(b)	65.	(d)	66.	(d)	67.	(b)	68.	(b)	69.	(a)	70.	(b)
71.	(a)	72.	(d)	73.	(a)	74.	(d)	75.	(a)	76.	(d)	77.	(c)	78.	(c)	79.	(d)	80.	(c)
81.	(b)	82.	(c)	83.	(a)	84.	(a)	85.	(d)	86.	(b)	87.	(d)	88.	(c)	89.	(a)	90.	(a)
91.	(c)	92.	(c)	93.	(b)	94.	(d)	95.	(c)	96.	(b)	97.	(d)	98.	(c)	99.	(b)	100.	(c)
101.	(d)	102.	(d)	103.	(b)	104.	(d)	105.	(b)	106.	(a)	107.	(d)	108.	(d)	109.	(a)	110.	(c)
111.	(c)	112.	(a)	113.	(b)	114.	(b)	115.	(a)	116.	(c)	117.	(b)	118.	(c)	119.	(a)	120.	(b)

उत्तर व्याख्या सहित

1. अविनाशिता, दृढ़ता तथा पुनः उत्पादन मापन की इकाई के आवश्यक लक्षण हैं।

2. यंग गुणांक $Y = 1.9 \times 10^{11}$ न्यूटन/मी^{2}

$\because$ 1 न्यूटन $= 10^5$ डाइन, 1 मी^{2} $= 10^4$ सेमी^{2}

$\therefore$ CGS में $Y = \dfrac{1.9 \times 10^{11} \times 10^5}{10^4}$ डाइन/सेमी^{2}

$Y = 1.9 \times 10^{12}$ डाइन/सेमी^{2}

3. चुम्बकीय फ्लक्स का मात्रक वेबर/मी^{2} होता है।

4. अर्द्धवृत्ताकार मार्ग की लम्बाई $(l) = (2\pi r/2)$

$\therefore$ त्रिज्या $r = (l/\pi)$ या व्यास $= 2r = (2l/\pi)$

अतः विस्थापन का परिमाण = व्यास $= (2l/\pi)$

अब, $\dfrac{\text{दूरी}}{\text{विस्थापन}} = \dfrac{2\pi r/2}{2r} = \pi/2$

6. माना कि वे x मिनट बाद मिलेंगे। x मिनट में चली गई दूरियाँ क्रमशः $48x, 60x$ व $72x$ मी होंगी।

चक्करों की संख्या क्रमशः होगी

$$\frac{48x}{480}, \frac{60x}{480}, \frac{72x}{480} \Rightarrow \frac{x}{10}, \frac{x}{8}, \frac{3x}{20}$$

$\because$ चक्करों की संख्या पूर्णांकों में होगी।

$\therefore x = 40$ मिनट (10, 8, 20 का ल.स.)

अतः वे पुनः 40 मिनट बाद मिलेंगे, जब वे क्रमशः 4, 5, 6 चक्कर पूरे कर चुकेंगे।

7. $\mathbf{A} \cdot \mathbf{B} = AB\cos\theta \Rightarrow \cos\theta = \dfrac{\mathbf{A} \cdot \mathbf{B}}{AB}$

या $\cos\theta = \dfrac{(\hat{\mathbf{i}} + \hat{\mathbf{j}} + \sqrt{2}\hat{\mathbf{k}})}{1\sqrt{1^2 + 1^2 + (\sqrt{2})^2}}$

या $\cos\theta = \dfrac{\sqrt{2}}{2} = \dfrac{1}{\sqrt{2}} \Rightarrow \theta = 45°$

8. चूँकि, $R^2 = P^2 + P^2 + 2P^2\cos\theta$

या $R^2 = 2P^2 + 2P^2\cos\theta$

या $R^2 = 2P^2(1 + \cos\theta)$

या $R^2 = 2P^2\left(\cos^2\dfrac{\theta}{2}\right)$

या $R^2 = 4P^2\cos^2\dfrac{\theta}{2}$ या $R = 2P\cos\dfrac{\theta}{2}$

9. तुल्य प्रतिरोध, $R = \sqrt{A^2 + B^2 + 2AB\cos\theta}$

$\Rightarrow 10A^2 = 4A^2 + 2A^2 + 2 \times 2A \times \sqrt{2}A \times \cos\theta$

या $4A^2 = 4\sqrt{2}A^2\cos\theta$

या $\cos\theta = \dfrac{1}{\sqrt{2}} \Rightarrow \theta = 45°$

10. $h = \dfrac{1}{2}gt^2$ (ऊर्ध्वाधर दिशा में)

$\therefore t = \sqrt{\dfrac{2h}{g}} = \sqrt{\dfrac{2 \times 0.1}{10}} = 0.141$ सेकण्ड

अब क्षैतिज दिशा में,

$v_x = \dfrac{S_x}{t} = \dfrac{100}{0.141} \approx 700$ मी/से

11. आवश्यक कोण $= \dfrac{\pi}{2} - \dfrac{5\pi}{36} = \dfrac{18\pi - 5\pi}{36} = \dfrac{13\pi}{36}$ रेडियन

12. $h_{max} = \dfrac{v^2\sin^2\theta}{2g}$

दिए गए प्रश्न में दोनों अवस्थाओं में h_{max} समान है

$\therefore v_1^2\sin^2 60° = v_2^2\sin^2 30°$

या $\dfrac{v_1}{v_2} = \dfrac{\sin 30°}{\sin 60°} = \dfrac{1}{2} \times \dfrac{2}{\sqrt{3}} = \dfrac{1}{\sqrt{3}}$

13. बिन्दु B पर मुक्त वस्तु चित्र से, माना भाग BC तथा BF में तनाव T_1 तथा T_2 है। लामी की प्रमेय से,

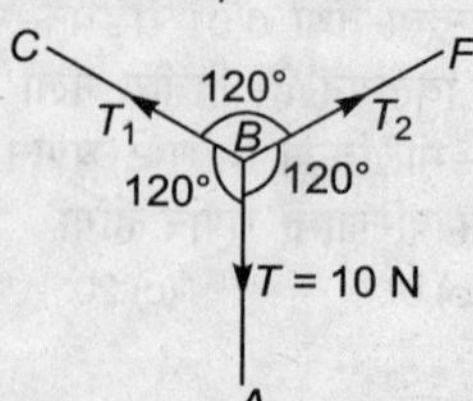

14. संवेग-संरक्षण के नियम से,

$\dfrac{m}{20}v = \left(m + \dfrac{m}{20}\right)V$ या $V = \dfrac{v}{20} \times \dfrac{20}{21} = \dfrac{v}{21}$

15. इंजन द्वारा लगाया गया बल = 6 न्यूटन
जब दो कारें खींची जाती हैं।

$$(m+m)a = 6m \quad \text{या} \quad 2ma = 6m$$

या $$a = 3 \text{ मी/से}^2$$

16. पिण्ड का द्रव्यमान $m = 3.0$ किग्रा, प्रारम्भिक चाल $u = 2.0$ मी/से
अन्तिम चाल $v = 3.5$ मी/से, समय $t = 25$ सेकण्ड, बल F = ?
गति के प्रथम समीकरण से, $v = u + at$

$$\therefore \quad 3.5 = 2.0 + a \times 25 \quad \text{या} \quad a = \frac{1.5}{25} \text{ मी/से}^2$$

त्वरण $a = \frac{1.5}{25}$ मी/से^{2}

∴ पिण्ड पर कार्यरत् बल

$$F = ma = 3.0 \times \frac{1.5}{25} = \frac{4.5}{25} \text{ न्यूटन} = 0.18 \text{ न्यूटन}$$

क्योंकि पिण्ड की गति की दिशा परिवर्तित नहीं होती है
इसलिए पिण्ड पर कार्यरत् बल गति की दिशा में होगा।

19. कण की ऊर्जा अनुनादी आवृत्ति अर्थात् $\omega_2 = \omega_0$ पर अधिकतम होगी।
आयाम अनुनाद के लिए (आयाम अधिकतम), बाह्य बल की आवृत्ति

$$\omega - \sqrt{\omega_0^2 - \left(\frac{b}{2m}\right)^2}$$

$$\Rightarrow \quad \omega_1 \neq \omega_0$$

20. गतिज ऊर्जा = स्थितिज ऊर्जा में कमी = mgl

21. यदि कोई बाह्य बल कार्य न करे तो द्रव्यमान केन्द्र की स्थिति समान रहती है। अतः वे उनके द्रव्यमान केन्द्र पर मिलेंगे।

24. संधारित्र C_1 व C_3 समान्तर क्रम में जुड़े हैं।
अतः $C_{13} = C_1 + C_3 = 9 + 9 = 18$ माइक्रोफैरड
संधारित्र C_2 व C_{13} श्रेणी क्रम में जुड़े हैं।

अतः $$\frac{1}{C_{2-13}} = \frac{1}{C_2} + \frac{1}{C_{13}} = \frac{1}{9} + \frac{1}{18}$$

$$\Rightarrow \quad C_{2-13} = \frac{9 \times 18}{9 + 18} = 6 \text{ माइक्रोफैरड}$$

संधारित्र C_4 तथा C_{2-13} पुनः समान्तर क्रम में जुड़े हैं।
अतः A व B के बीच तुल्य धारिता

$$C_{AB} = C_4 + C_{2-13} = 9 + 6 = 15 \text{ माइक्रोफैरड}$$

26. $r = \frac{0.20}{2} = 0.1$ मी, $i = 1$ ऐम्पियर
माना कुण्डली में फेरों की संख्या n है।

$$\therefore \quad (2\pi r)\, n = l \Rightarrow n = \frac{l}{2\pi r}$$

वृत्ताकार कुण्डली के केन्द्र पर चुम्बकीय क्षेत्र, $B = \frac{\mu_0 n i}{2r}$

$$\Rightarrow \quad B = \frac{\mu_0}{2r} \times \frac{l}{2\pi r} \times i$$

$$B = \frac{\mu_0 l i}{4\pi r^2} = \frac{4\pi \times 10^{-7} \times 6.28 \times 1}{4\pi \times (0.1)^2}$$

$$= \frac{10^{-7} \times 6.28 \times 1}{0.01} = 6.28 \times 10^{-5} \text{ टेस्ला}$$

27. चुम्बकीय बल, $F = qvB \sin\theta = qvB \sin 0 = 0$

28. समान ध्रुव प्रेरित होने के कारण प्रतिकर्षित होगा।

30. $i = \frac{e}{R} = \frac{1}{R}\frac{d\phi}{dt}$

यहाँ, $d\phi = B \times A$
$= (2 \times 10^{-5}) \times (0.5 \times 10^{+3} \times 5)$
dt = तार को पृथ्वी पर गिरने में लगा समय
$= (2h/g)^{1/2} = (10/10)^{1/2} = 1$ सेकण्ड

$$\therefore \quad i = \frac{1}{2.5}\left[\frac{(2 \times 10^{-5}) \times (0.5 \times 10^3 \times 5)}{1}\right]$$

$= 0.02$ ऐम्पियर

31. दिया है, $\mu_g \sin\theta_c = \mu_1 \sin 90°$

$$\Rightarrow \quad \mu_g \sin\theta = 1$$

जब लगातार पानी गिरता है,

$$\mu_w \sin r = \mu_s \sin\theta_c$$

या $$\mu_w \sin r = 1$$

पुनः $$\mu_a \sin\theta = \mu_w \sin r$$

$$\Rightarrow \quad \mu_a \sin\theta = 1 \Rightarrow \sin\theta = 1$$

$$\Rightarrow \quad \theta = 90°$$

32. झिर्रियों की चौड़ाइयों का अनुपात = 1 : 9
अतः झिर्रियों की चौड़ाइयों के अनुपात में तीव्रताएँ होती है।
तीव्रता ∝ (आयाम)^2

$$\therefore \quad I_1 : I_2 = 1 : 9 \Rightarrow a_1^2 : a_2^2 = 1 : 9$$

$$\Rightarrow \quad a_1 : a_2 = 1 : 3$$

$$I_{max} = (a_1 + a_2)^2$$

तथा $$I_{min} = (a_1 - a_2)^2$$

$$\therefore \quad \frac{I_{min}}{I_{max}} = \frac{1}{4}$$

33. चूँकि $Y \propto F \Rightarrow \frac{F_{Cu}}{F_{Fe}} = \frac{Y_{Cu}}{Y_{Fe}} = \frac{1}{3}$

34. संवेग $p = mv = \frac{h}{\lambda} \Rightarrow v = \frac{h}{m\lambda}$

तथा गतिज ऊर्जा (KE) $= \frac{1}{2}mv^2$ या $\text{KE} = \frac{1}{2}m\left(\frac{h}{m\lambda}\right)^2$

या $$\text{KE} \propto \frac{1}{\lambda^2}$$

$$\therefore \quad \frac{(\text{KE})_1}{(\text{KE})_2} = \left(\frac{\lambda_2}{\lambda_1}\right)^2$$

$$\Rightarrow \quad \frac{(\text{KE})_1}{(\text{KE})_2} = \left(\frac{0.5 \times 10^{-10}}{10^{-10}}\right)^2$$

या $$\frac{(\text{KE})_1}{(\text{KE})_2} = \frac{1}{4} \Rightarrow (\text{KE})_2 = 4(\text{KE})_1$$

36. बामर श्रेणी में,

$$\frac{1}{\lambda} = R\left(\frac{1}{2^2} - \frac{1}{n^2}\right),$$

जहाँ $n = 3, 4, 5$
द्वितीय रेखा के लिए, $n = 4$

$\therefore \quad \frac{1}{\lambda} = R\left(\frac{1}{2^2} - \frac{1}{4^2}\right) = \frac{3}{16}R$

$\Rightarrow \quad \lambda = \frac{16}{3R}$

37. तली में आयतन, $V_1 = V$ तथा दाब $p_1 = (h + h_1)dg$

जहाँ h_1 पानी की गहराई है।

ऊपर जाने पर $V_2 = 8V$ $(\because V \propto r^3$ तथा $r_1 = 2r)$

तथा $p_2 = hdg$

सूत्र के अनुसार, $p_1V_1 = p_2V_2$

$(h_1 + h)dgV = 8Vhdg$

$h + h_1 = 8h \Rightarrow h_1 = 8h - h$

$h_1 = 7h$

38. आवेश व द्रव्यमान संरक्षण से,

$4 + A = A + 3 + x \Rightarrow x = 1$

तथा $2 + Z = Z + 2 + 2n \Rightarrow n = 0$

$\therefore M$ न्यूट्रॉन है।

39. यहाँ, $I_c = 10\text{mA}$

$\therefore \quad I_c = \frac{95}{100} I_e$

$\Rightarrow \quad 10\text{mA} = \frac{95}{100} I_e$ या $I_e = \frac{100 \times 10}{95} = 10.53\text{mA}$

43. प्रारम्भ में दोनों कण विराम में हैं अतः $v_{CM} = 0$ निकाय पर आरोपित बाह्य बल शून्य है अतः द्रव्यमान केन्द्र का वेग अपरिवर्तित रहेगा।

45. गैस का मुक्त प्रसार एक रुद्धोष्म प्रक्रम है। अतः गैस के मुक्त प्रसार के लिए

$Q = 0, W = 0, \Delta E_{\text{आन्तरिक}} = 0$

46. ऊष्मागतिकी के प्रथम नियम से,

$\Rightarrow \quad dU = dQ - dW$

$\Rightarrow \quad dU = dQ(< 0) \quad (\because dW = 0)$

$\Rightarrow \quad dU < 0$ इसलिए ताप घटेगा।

47. ऊष्मागतिकी के प्रथम नियम से

$\Delta Q = \Delta U + \Delta W$

$\because \quad \Delta Q = 200$ कैलोरी

$= 200 \times 4.2 = 840$ जूल

तथा $\Delta W = 40$ जूल

$\Rightarrow \quad \Delta U = \Delta Q - \Delta W$

$= 840 - 40 = 800$ जूल

48. आन्तरिक ऊर्जा में परिवर्तन

$\Delta U = (\Delta Q)_V = \mu C_V \Delta T$

एक परमाणुक गैस के लिए $C_V = \frac{3}{2}R$

$\Rightarrow \quad \Delta U = \mu\left(\frac{3}{2}R\right)\Delta T = 1 \times \frac{3}{2} \times 8.31 \times (100 - 0)$

$= 12.48 \times 10^2$ जूल

49. चूँकि $K = \frac{pV}{\Delta V} = \frac{pV}{\gamma \Delta T} = \frac{p}{3\alpha T} \Rightarrow T = \frac{p}{3K\alpha}$

50. $p = p_1 + p_2$

$= \frac{\rho_1 RT}{M_1} + \frac{\rho_2 RT}{M_2} = RT\left(\frac{\rho_1}{M_1} + \frac{\rho_2}{M_2}\right)$

परन्तु $\rho_1 = \frac{n_1M_1}{V}$ तथा $\rho_2 = \frac{n_2M_2}{V}$

$n_1, n_2 =$ मोल संख्या तथा $M_1, M_2 =$ अणुभार

अतः $p = RT\left[\frac{n_1}{V} + \frac{n_2}{V}\right] = \frac{RT}{V}[n_1 + n_2]$

$= \frac{8.31 \times 300}{200}[0.1 + 0.3] = \frac{3}{2} \times 8.31 \times 0.4$

$= 4.986 \text{ Pa} = 5 \text{ Pa}$

53. $E_1 \propto 4\pi r^2 \times T^4$ तथा $E_2 \propto [16 \times 4\pi r^2] \times \left(\frac{T^4}{16}\right)$

$\therefore \quad \frac{E_1}{E_2} = \frac{1}{\left(\frac{16}{16}\right)} = \frac{16}{16} = \frac{1}{1}$

54. तीव्र प्रक्रम रुद्धोष्म प्रक्रम होते हैं, जिसके लिए

$TV^{\gamma - 1} =$ नियतांक

$\Rightarrow \quad T_2 = T_1\left(\frac{V_1}{V_2}\right)^{\gamma - 1}$

$= 300 \times \left(\frac{8}{1}\right)^{\frac{5}{2} - 1}$

$= 300 \times (8)^{3/2} \approx 927°\text{C}$

55. स्प्रिंग की स्थितिज ऊर्जा, $U_P = \frac{1}{2}k\,x^2$

प्रथम स्थिति में,

$U = \frac{1}{2}k\,(2)^2 = 2k$

$\Rightarrow \quad k = U/2$

द्वितीय स्थिति में,

$U_P = \frac{1}{2}k\,(10)^2$

$= \frac{1}{2} \times \frac{U}{2} \times (10)^2 = 25\,U$

57. $y = A\sin(\omega t - kx + \phi)$

मानक समीकरण की दी गई तंरग से तुलना करने पर

$\omega = 2\pi\nu = 15\pi, k = \frac{2\pi}{\lambda} = 10\pi$

अब, $v = \frac{\omega}{k} = \frac{15\pi}{10\pi} = 1.5$ मी/से

और $\lambda = \frac{2\pi}{k} = \frac{2\pi}{10\pi} = 0.2$ मी

61. जब इंजन प्रेक्षक की ओर आ रहा है, तो

$n' = \left(\frac{v}{v - v_s}\right)n$

$= \left(\frac{400}{400 - 100}\right) \times 1200$

$= 1600$ हर्ट्ज

62. दो आवेशों के बीच बल, इनके निकट तीसरे आवेश की उपस्थिति से प्रभावित नहीं होता है।

63. $F_m = \frac{1}{K}[F_0] = \frac{F}{4}$

64. माना वर्ग की भुजा a है। विकर्ण की लम्बाई $\sqrt{2}\,a$ होगी।

अतः: $$F_{12} = \frac{1}{4\pi\varepsilon_0} \times \frac{q \times q}{a^2}$$

अतः: $$F_{13} = \frac{1}{4\pi\varepsilon_0} \times \frac{q \times q}{2a^2}$$

$$\therefore \quad \frac{F_{12}}{F_{13}} = \frac{2}{1}$$

69. $B = \frac{\mu_0}{4\pi}(2\pi\, n\, i)\,[\cos\theta_1 - \cos\theta_2]$ वेबर/मी^{2}

यदि बिन्दु परिनालिका के एक सिरे पर स्थित है, तो

$$\theta_1 = 90°$$

तथा $$\theta_2 = 180°$$

$$\therefore \quad B = \frac{\mu_0\, ni}{2}$$

71. जब आवेशित कण 0° या 90° या 180° के कोण के अतिरिक्त किसी अन्य कोण पर चुम्बकीय क्षेत्र में प्रवेश करता है, तो इसका पथ हैलीकल (सर्पीलाकार) होगा।

73. चुम्बकीय क्षेत्र में एक बिन्दु पर सदैव एक चुम्बकीय क्षेत्र होता है। यदि दो चुम्बकीय बल रेखाएँ एक दूसरे को काटेंगी तब उनके कटान बिन्दु पर खींची गई दो स्पर्श रेखाएँ, एक ही बिन्दु पर चुम्बकीय क्षेत्र की दो दिशाओं को प्रदर्शित करेंगी जो कि असम्भव है।

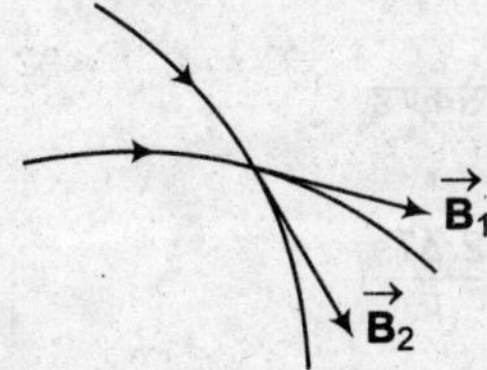

74. चुम्बक को उचित क्षमता के एक विपरीत क्षेत्र द्वारा पूरी तरह विचुम्बकित किया जा सकता है।

75. छड़ चुम्बक के अन्दर चुम्बकीय बल रेखाएँ चुम्बक के दक्षिणी ध्रुव से उत्तरी ध्रुव की ओर चलती हैं।

76. चुम्बकीय बल रेखाएँ चुम्बक के बाहर उत्तरी ध्रुव से दक्षिणी ध्रुव की ओर तथा चुम्बक के अन्दर दक्षिणी ध्रुव से उत्तरी ध्रुव की ओर चलती हैं।

77. $i = \frac{e}{R} = \frac{1}{R}\frac{d\phi}{dt}$

यहाँ, $d\phi = B \times A$

$= (2 \times 10^{-5}) \times (0.5 \times 10^{+3} \times 5)$

dt = तार को पृथ्वी पर गिरने में लगा समय

$= (2h/g)^{1/2} = (10/10)^{1/2}$

= 1 सेकण्ड

$$\therefore \quad i = \frac{1}{2.5}\left[\frac{(2 \times 10^{-5}) \times (0.5 \times 10^{3} \times 5)}{1}\right]$$

= 0.02 ऐम्पियर

80. $L = (\mu_0 N^2 \pi\, r/2)$

$$\therefore \quad L \propto N^2$$

81. इसमें (लेन्स में) दो अपवर्तनांकों के पदार्थ मिश्रित हैं अतः दो प्रतिबिम्ब बनेंगे।

82. चूँकि $$n = \frac{f}{f+u}$$

$$f + u = \frac{f}{n}$$

$$\Rightarrow \quad u = \frac{f}{n} - f = \left(\frac{1-n}{n}\right)f$$

$$\Rightarrow \quad u = -\left(\frac{n-1}{n}\right)f, |n| = \left(\frac{n-1}{n}\right)f$$

83. चूँकि $$\frac{1}{f} = \frac{1}{v} - \frac{1}{u}$$

$$\Rightarrow \quad \frac{1}{f} = \frac{1}{-4} - \frac{1}{-10}$$

$$\Rightarrow \quad \frac{1}{f} = \frac{1}{10} - \frac{1}{4}$$

$$\Rightarrow \quad \frac{1}{f} = \frac{2-5}{20} = -\frac{3}{20}$$

$$\Rightarrow \quad f = -\frac{20}{3} \text{ सेमी}$$

$= -6.67$ सेमी

ऋणात्मक चिह्न दर्शाता है, कि लेन्स अवतल है।

84.

f

मुख्य अक्ष

2f 2f

2f 2f

नए समतलोत्तल लेन्सों की फोकस दूरियों का अनुपात 1 : 1 है।

85. $n_1\lambda_1 = n_2\lambda_2$

$$\frac{n_1}{n_2} = \frac{\lambda_2}{\lambda_1}$$

$$\frac{n_1}{92} = \frac{5898}{5461} \Rightarrow n_1 = 99$$

86. $(\mu - 1)t$ पथान्तर के लिये विस्थापन $x = \frac{D}{d}(\mu - 1)t$

87. $$\frac{I_1}{I_2} = \frac{100}{1}$$

अब $$\frac{I_{\text{अधिकतम}}}{I_{\text{न्यूनतम}}} = \left[\frac{\sqrt{\frac{I_1}{I_2}} + 1}{\sqrt{\frac{I_1}{I_2}} - 1}\right]^2 = \left[\frac{\sqrt{100}+1}{\sqrt{100}-1}\right]^2 = \frac{121}{81} = \frac{3}{2}$$

88. केन्द्रीय दीप्त फ्रिन्ज की चौड़ाई $= \frac{2\lambda D}{d}$

$$= \frac{2 \times 500 \times 10^{-9} \times 80 \times 10^{-2}}{0.20 \times 10^{-3}}$$

$= 4 \times 10^{-3}$ मी

= 4 मिमी

89. $\lambda = \frac{h}{\sqrt{2mE}}$; $E = 10^{-32}$ जूल = दोनों कणों के लिए नियत

अतः $\lambda \propto \frac{1}{\sqrt{m}}$

चूँकि $m_p > m_e$ इसलिए $\lambda_p < \lambda_e$

90. बोहर सिद्धान्त के अनुसार,

$$mvr = \frac{nh}{2\pi}$$

$$\Rightarrow \quad 2\pi r = n\left(\frac{h}{mv}\right) = n\lambda, n = 1, \lambda = 2\pi r$$

91. हम जानते हैं $2\pi r = n\lambda$

$\Rightarrow$ मुख्य क्वाण्टम संख्या $n = \frac{2\pi r}{\lambda}$

$$= \frac{2 \times 3.14 \times 5.3 \times 10^{-11}}{10^{-10}} = 3$$

92. $E = nh\nu$ या $ms\Delta T = nh\nu$

$$n = \frac{ms\Delta T}{h\nu} = \frac{400 \times 42 \times (40 - 20)}{6.626 \times 10^{-34} \times 3 \times 10^9}$$

$= 1.69 \times 10^{28}$ फोटॉन

$$= \frac{1.69 \times 10^{28}}{6.023 \times 10^{23}}$$

$= 2.8 \times 10^4$ मोल फोटॉन

93. पाश्चन श्रेणी, अवरक्त क्षेत्र में रेखीय स्पेक्ट्रम है।

94. n कक्षाओं के बीच उत्सर्जन संक्रमणों की संख्या

$$= \frac{n(n-1)}{2} = \frac{4 \times 3}{2} = 6$$

95. तरंग संख्या $= \frac{1}{\lambda} = R\left(\frac{1}{n_1^2} - \frac{1}{n_2^2}\right)$

प्रथम बामर रेखा के लिए,

$$n_1 = 2, n_2 = 3$$

$\therefore$ तरंग संख्या $= R\left(\frac{1}{2^2} - \frac{1}{3^2}\right)$

$$= R\left(\frac{9-4}{9 \times 4}\right) = \frac{5R}{36}$$

96. लाइमन श्रेणी की प्रथम रेखा की तरंग संख्या,

$$\bar{\nu} = \frac{1}{\lambda} = R\left[\frac{1}{(1)^2} - \frac{1}{(2)^2}\right] = \frac{3R}{4}$$

97. कमरे के ताप से 80 K तक ठण्डा करने पर ताँबे का प्रतिरोध घटता है तथा जर्मेनियम का प्रतिरोध बढ़ता है।

101. जिस समय 5वीं बूँद गिरना प्रारम्भ करती है, उस समय पहली बूँद धरातल पर पहुँच जाती है।

$$u = 0, h = \frac{1}{2}gt^2 = \frac{1}{2} \times 10 \times t^2$$

या $\quad 5 = \frac{1}{2} \times t^2$

या $\quad t = 1$ सेकण्ड

अतः प्रत्येक बूँद में मध्यान्तर $= \frac{1}{4}$ सेकण्ड = 0.25 सेकण्ड

जब 5वीं बूँद धरातल की ओर चलना प्रारम्भ करती है, तब तीसरी बूँद वायु में चल रही होती है।

$t_1 = 0.25 + 0.25 = 0.5$ सेकण्ड

$\therefore$ तीसरी बूँद द्वारा वायु में चली गई दूरी

$$h_1 = \frac{1}{2}gt_1^2 = \frac{1}{2} \times 10 \times (0.5)^2$$

$= 5 \times 0.25 = 1.25$ मी

इसलिए तीसरी बूँद द्वारा चली गई दूरी

$= 5 - 1.25 = 3.75$ मी

102. यहाँ $h = 1$ मी, $r = 100$ मी, $2h = 1.5$ मी

कोई रुकावट न लगे इसके लिए

$$\frac{mv^2}{r} \times h = mgx$$

$$v = \sqrt{\frac{grx}{h}} = \sqrt{\frac{9.8 \times 100 \times 0.75}{1}}$$

$v = 27.1$ मी/से

103. गतिज ऊर्जा $= \frac{1}{2} I\omega^2 = \frac{1}{2} I(\alpha t)^2 = \frac{1}{2} I\alpha^2 t^2$

$\therefore \quad 1500 = \frac{1}{2}(1.2)(25)^2 t^2$

$\Rightarrow \quad t^2 = 4$

$\Rightarrow \quad t = 2$ सेकण्ड

104. $g = 4\pi^2 l/T^2$

$$\Rightarrow \quad \frac{\Delta g}{g} = \frac{\Delta l}{l} + \frac{2\Delta T}{T}$$

$= 0.5\% + 2 \times (0.2\%) = 0.9\%$

105. चूँकि $k = \frac{pV}{\Delta V} = \frac{pV}{\gamma \Delta T} = \frac{p}{3\alpha T} \Rightarrow T = \frac{p}{3K\alpha}$

108. संधारित्र C_1 व C_3 समान्तर क्रम में जुड़े हैं।

अतः $C_{13} = C_1 + C_3 = 9 + 9 = 18$ माइक्रोफैरड

संधारित्र C_2 व C_{13} श्रेणी क्रम में जुड़े हैं।

अतः $\quad \frac{1}{C_{2-13}} = \frac{1}{C_2} + \frac{1}{C_{13}}$

$$= \frac{1}{9} + \frac{1}{18}$$

$\Rightarrow \quad C_{2-13} = \frac{9 \times 18}{9 + 18} = 6$ माइक्रोफैरड

संधारित्र C_4 तथा C_{2-13} पुनः समान्तर क्रम में जुड़े हैं।

अतः A व B के बीच तुल्य धारिता

$C_{AB} = C_4 + C_{2-13} = 9 + 6 = 15$ माइक्रोफैरड

109. वृत्ताकार कुण्डली के केन्द्र पर चुम्बकीय क्षेत्र,

$$B = \frac{\mu_0}{4\pi}\frac{2\pi i}{r}$$

अर्थात् 2π कोण के लिये, $B = \frac{\mu_0}{4\pi} \cdot \frac{2\pi i}{r}$

$\therefore$ θ कोण के लिये, $B = \frac{\mu_0}{4\pi} \cdot \frac{2\pi i}{r} \cdot \frac{\theta}{2\pi} = \frac{\mu_0}{4\pi} \cdot \frac{i\theta}{r}$

110. प्रति मिनट दोलनों की संख्या $= \frac{1}{2\pi}\frac{\sqrt{MB_H}}{I}$

$\Rightarrow \quad n \propto \sqrt{MB_H};$

$M \to 4$ गुना

$B_H \to 2$ गुना

अतः $\quad \nu \to \sqrt{8}$ गुना

अर्थात् $\quad \nu' = \sqrt{8}\nu = 2\sqrt{2}n$

112. स्नैल नियम से, $\mu = \frac{\sin i}{\sin r}$

$\Rightarrow \quad \sin r = \frac{\sin i}{\mu}$

चूँकि μ ऋणात्मक है, $\sin r$ ऋणात्मक है, अतः r ऋणात्मक होगा।

113. अधिक आवर्धन प्राप्त करने के लिये नेत्रिका की फोकस दूरी कम-से-कम होनी चाहिये।

114. उत्पन्न घूर्णन $\theta = S/c$

कुल उत्पन्न घूर्णन $\theta_r = \theta_1 - \theta_2 = l(S_1c_1 - S_2c_2)$

$= 0.29 \times [0.01 \times 60 - 0.02 \times 30] = 0°$

115. संवेग, $\quad p = \frac{h}{\lambda}$

$= \frac{6.6 \times 10^{-34}}{4400 \times 10^{-10}} = 1.5 \times 10^{-27}$ किग्रा-मी/से

तथा द्रव्यमान, $m = \frac{p}{c} = \frac{1.5 \times 10^{-27}}{3 \times 10^8} = 5 \times 10^{-36}$ किग्रा

116. $\quad \frac{1}{\lambda} = R\left[\frac{1}{n_1^2} - \frac{1}{n_2^2}\right]$

$\therefore \quad \frac{1}{n_1^2} - \frac{1}{n_2^2} = \frac{1}{R\lambda}$

$= \frac{1}{1.097 \times 10^7 \times 18752 \times 10^{-10}}$

$= 0.0486 = \frac{7}{144}$

यह मान $n_1 = 3$ तथा $n_2 = 4$ के लिए प्राप्त होता है जो कि पाश्चन श्रेणी है।

117. यहाँ, $\quad I_c = 10\text{mA}$

$\therefore \quad I_c = \frac{95}{100}I_e$

$\Rightarrow \quad 10\text{mA} = \frac{95}{100}I_e$ या $I_e = \frac{100 \times 10}{95} = 10.53\text{mA}$

118. दिए हुए संयोजन के लिए बूलियन व्यंजक निम्न होगा

$Y = (A + B)\cdot C$

सत्यता सारणी निम्न होगी

A	B	C	$Y = (A+B)\cdot C$
0	0	0	0
1	0	0	0
0	1	0	0
0	0	1	0
1	1	0	0
0	1	1	1
1	0	1	1
1	1	1	1

अतः $A = 1, B = 0$ तथा $C = 1$

119. संवेग $p = mv = \frac{h}{\lambda} \Rightarrow v = \frac{h}{m\lambda}$

तथा गतिज ऊर्जा (KE) $= \frac{1}{2}mv^2$ या $\text{KE} = \frac{1}{2}m\left(\frac{h}{m\lambda}\right)^2$

या $\quad \text{KE} \propto \frac{1}{\lambda^2}$

$\therefore \quad \frac{(\text{KE})_1}{(\text{KE})_2} = \left(\frac{\lambda_2}{\lambda_1}\right)^2 \Rightarrow \frac{(\text{KE})_1}{(\text{KE})_2} = \left(\frac{0.5 \times 10^{-10}}{10^{-10}}\right)^2$

या $\quad \frac{(\text{KE})_1}{(\text{KE})_2} = \frac{1}{4} \Rightarrow (\text{KE})_2 = 4(\text{KE})_1$

120. XY के बीच प्रतिरोध $= \frac{2}{3}$ ओम

कुल प्रतिरोध $= 2 + \frac{2}{3} = \frac{8}{3}$ ओम

अमीटर से प्रवाहित धारा $= \frac{2}{8/3} = \frac{6}{8} = \frac{3}{4}$ ऐम्पियर

मध्य प्रदेश
उच्च माध्यमिक शिक्षक पात्रता परीक्षा (भाग-ब)

प्रैक्टिस पेपर 4

निर्देश

इस प्रश्न-पत्र में कुल 120 वस्तुनिष्ठ प्रकार के प्रश्न हैं तथा प्रत्येक प्रश्न के लिए एक अंक निर्धारित है।

1. 100 : 1 तीव्रता अनुपात वाले दो कला-सम्बद्ध स्रोत व्यतिकरण करते हैं। उच्चतम एवं न्यूनतम तीव्रता में अनुपात है

(a) 100 : 1 (b) 10 : 1
(c) 11 : 9 (d) 121 : 81

2. एक उपग्रह की कक्षा का अर्द्धव्यास, एक भू-स्थिर उपग्रह की कक्षा के अर्द्धव्यास का 16 गुना है। उपग्रह का आवर्तकाल होगा

(a) 4 दिन (b) 16 दिन
(c) 64 दिन (d) 96 दिन

3. निम्नलिखित में से कौन पथ पर निर्भर करता है?

(a) U (b) pdV
(c) p (d) V

जहाँ, U = आन्तरिक ऊर्जा,
p= दाब,
V= आयतन

4. एक सरल आवर्त गति करने वाले कण की स्थितिज ऊर्जा होती है

(a) $U(x)$ = नियतांक (b) $U(x) = Ae^{-bx}$
(c) $U(x) = \frac{1}{2}k(x-a)^2$ (d) $U(x) = k_1x + k_2x^2$

5. पृथ्वी की धारिता कितनी है, यदि इसको 6400 किमी त्रिज्या का एक गोलीय चालक माना जाता है?

(a) 711 माइक्रोफैरड (b) 640 माइक्रोफैरड
(c) 900 माइक्रोफैरड (d) 1406 फैरड

6. किसी सूक्ष्मदर्शी का संख्यात्मक द्वारक होता है

(a) $\mu / \sin i$ (b) $\mu \sin i$
(c) $\sin i / \mu$ (d) $\sin^{-1} i / \mu$

7. q कूलॉम के अनंत आवेश एक सीधी रेखा में क्रमशः 1 मी, 2 मी, 4 मी, 16 मी, 32 मी .... दूरी पर रखे गए हैं। इन सभी आवेशों के कारण विभव होगा

(a) शून्य (b) $\frac{q}{4\pi\varepsilon_0}$
(c) $\frac{q}{2\pi\varepsilon_0}$ (d) $\frac{q}{8\pi\varepsilon_0}$

8. पानी की आठ समान बूँदें हवा में से 5 सेमी/से के नियत वेग से गिर रही हैं। यदि ये बूँदें आपस में मिल जाएँ, तो बूँद का नया सीमान्त वेग कितना होगा?

(a) 5 सेमी/सेकण्ड (b) 10 सेमी/सेकण्ड
(c) 20 सेमी/सेकण्ड (d) 40 सेमी/सेकण्ड

9. A_0 क्षेत्रफल की एक कुण्डली को एक चुम्बकीय क्षेत्र में रखा जाता है, जिसमें समय अन्तराल t में B_0 परिवर्तन होता है। कुण्डली में प्रेरित विद्युत वाहक बल का मान होगा

(a) $3A_0B_0/t$ (b) $\frac{4}{3}A_0B_0/t$
(c) $\frac{3}{4}B_0/A_0t_0$ (d) $4B_0/A_0t$

10. यदि दो सदिशों **P** तथा **Q** का परिणामी **R** इस प्रकार हो कि $R^2 = P^2 + Q^2$, सदिशों **P** तथा **Q** के मध्य कोण है

(a) शून्य (b) 45° (c) 60° (d) 90°

11. सौर ऊर्जा का स्रोत है

(a) हाइड्रोजन का दहन
(b) नाभिकीय विखण्डन अभिक्रियाएँ
(c) नाभिकीय संलयन अभिक्रियाएँ
(d) अन्य सौर मण्डलों से प्राप्त विकिरित ऊर्जा

12. 0°C पर 20 ग्राम बर्फ, 0°C जल से पिघलती है। इस प्रक्रम में एन्ट्रॉपी परिवर्तन का मान होता है (जल की गुप्त ऊष्मा 80 कैलोरी/ग्राम है)

(a) 24.5 J/°K (b) 30.2 J/°K (c) 35.7 J/°K (d) 49.2 J/°K

13. एक द्विध्रुव से, θ कोण दिशा में, r दूरी पर एक बिन्दु पर, द्विध्रुव p के कारण विद्युत विभव होता है

(a) $\frac{1}{4\pi\varepsilon_0}\frac{p\cos\theta}{r^2}$
(b) $\frac{1}{4\pi\varepsilon_0}\frac{p}{r^3}$
(c) $\frac{1}{4\pi\varepsilon_0}\frac{p\sin\theta}{r^2}$
(d) $\frac{1}{4\pi\varepsilon_0}\frac{p\tan\theta}{r^2}$

14. किसी द्रव्यमान वितरण के कारण x-दिशा में गुरुत्वीय क्षेत्र व्यंजक $E = kx^{-3/2}$ द्वारा दर्शाया गया है, जहाँ k एक धनात्मक नियतांक है। अनन्त पर गुरुत्वीय विभव को शून्य लेते हुए, उसका मान x दूरी पर होगा

(a) $2k\sqrt{x}$ (b) $2k/\sqrt{x}$
(c) $2kx^3$ (d) $2k/x^3$

15. यदि अभिदृश्यक लेन्स की फोकस दूरी बढ़ाई जाए, तो आवर्धन क्षमता

(a) सूक्ष्मदर्शी की बढ़ेगी तथा दूरदर्शी की घटेगी
(b) सूक्ष्मदर्शी तथा दूरदर्शी दोनों की बढ़ेगी
(c) सूक्ष्मदर्शी तथा दूरदर्शी दोनों की घटेगी
(d) सूक्ष्मदर्शी की घटेगी तथा दूरदर्शी की बढ़ेगी

16. एक रुद्धोष्म प्रक्रम को इस प्रकार भी जाना जाता है

(a) समतापीय (b) समदाबी
(c) समएन्ट्रॉपीय (d) समआयतनिक

17. फाइबर ऑप्टिकस ········ के सिद्धान्त पर कार्य करता है।

(a) स्नैल का नियम (b) पूर्ण आन्तरिक परावर्तन
(c) (a) तथा (b) दोनों (d) जनसंख्या व्युत्क्रम

18. 1 मी लम्बी अनुनाद नली की आन्तरिक त्रिज्या 3 सेमी है। 2000 हर्ट्ज आवृत्ति वाले स्वरित्र से प्रथम अनुनाद स्थिति 4.6 सेमी पर है तथा द्वितीय अनुनाद स्थिति 14.0 सेमी पर है। कमरे के ताप पर ध्वनि की चाल है

(a) 336 मी/से (b) 376 मी/से
(c) 332 मी/से (d) 340 मी/से

19. ब्रूस्टर कोण पर आपतन के लिए, परावर्तित तथा अपवर्तित किरणों के मध्य कोण होता है

(a) 120° (b) 90°
(c) 70° (d) 60°

20. एक 240 वोल्ट ए.सी. स्रोत की शिखर वोल्टता होती है

(a) 240 वोल्ट (b) 300 वोल्ट
(c) 340 वोल्ट (d) 380 वोल्ट

21. एक प्रकाश पुंज लाल व हरे रंग की किरणों से बना है। ये पुंज आयताकार काँच की पट्टिका पर स्थित किसी बिन्दु पर तिर्यक आपतित होता है। पट्टिका को पार करने के पश्चात् निर्गत पुंज में लाल व हरे प्रकाश की किरणें निकलती हैं

(a) दो अलग- अलग बिन्दुओं से असमान्तर दिशाओं में
(b) दो अलग- अलग बिन्दुओं से अलग- अलग समान्तर दिशाओं में
(c) एक बिन्दु से अलग- अलग दिशाओं में
(d) एक बिन्दु से समान दिशा में

22. $\frac{L}{2}$ लम्बाई, r अर्द्धव्यास के एक बेलन को जिसके पदार्थ का दृढ़ता गुणांक η है, एक फेरा (चक्कर) पूरा ऐंठन करने हेतु आवश्यक मरोड़ी बलयुग्म होगा

(a) $\frac{2\pi^2\eta r^4}{L}$ (b) $\frac{\pi\eta r^4}{2L}$
(c) $\frac{\pi^2\eta r^4}{L}$ (d) $\frac{360\pi\eta r^4}{L}$

23. निम्न परिपथ में बिन्दु A व B के बीच यदि 100 वोल्ट का विभवान्तर स्थापित करें, तो A के निकटतम संधारित्र पर आवेश का मान होगा

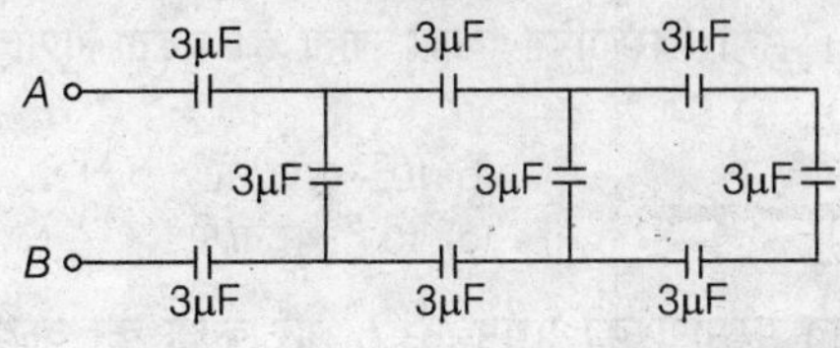

(a) 100 μC (b) 300 μC
(c) 150 μC (d) 200 μC

24. हाइगेन्स के द्वितीयक तरंगिकाओं का सिद्धान्त

(a) मोटे लेन्स की फोकस दूरी ज्ञात करने के लिए उपयोग कर सकते हैं
(b) तरंगाग्र को ज्ञात करने के लिए ज्यामितीय विधि है
(c) प्रकाश का वेग ज्ञात करने के लिए उपयोग किया जाता है
(d) ध्रुवीकरण को स्पष्ट करने के लिए उपयोग किया जाता है

25. 1Å तरंगदैर्ध्य के X-किरण फोटॉन एवं 5000Å तरंगदैर्ध्य के दृश्य प्रकाश की ऊर्जाओं का अनुपात होगा

(a) 1 : 5000 (b) 5000 : 1
(c) $1 : 25 \times 10^6$ (d) 25×10^6

26. अशुद्ध कथन को चिन्हित कीजिए।

(a) अभिलाक्षणिक एक्स-किरण स्पेक्ट्रम में सतत् स्पेक्ट्रम पर तीव्र शिखर अध्यारोपित होते हैं।
(b) निम्नतर परमाणु क्रमांक की तुलना में उच्चतर परमाणु क्रमांक के पदार्थों के लिए, अभिलाक्षणिक एक्स-किरण की तरंगदैर्ध्य अधिक होती है।
(c) उच्चतर परमाणु क्रमांक से आने वाली एक्स किरणों की भेदन क्षमता अधिक होती है।
(d) जब इलेक्ट्रॉन उच्चतर भीतरी कोश से निम्नतर भीतरी कोश में कूदता है, तो अभिलाक्षणिक एक्स-किरण उत्पन्न होती है।

27. f_1 तथा f_2 फोकस दूरियों के दो पतले लेन्सों से एक अवर्णक संयोजन प्राप्त किया जाता है जब उनके मध्य अन्तराल हों

(a) $\frac{f_1}{2}$ (b) $\frac{1}{2}(f_1 + f_2)$
(c) $\frac{f_2}{2}$ (d) $\frac{1}{2}(f_1 - f_2)$

28. 260 हर्ट्ज आवृत्ति का एक स्वरित्र द्विभुज एक सोनोमीटर तार के साथ कम्पित किया जाता है तथा 5 विस्पन्द सुनाई देते हैं। यदि तार के तनाव में थोड़ी वृद्धि की जाए, तो विस्पन्द आवृत्ति बढ़ जाती है। सोनोमीटर तार की प्रारम्भिक आवृत्ति है

(a) 265 हर्ट्ज (b) 260 हर्ट्ज
(c) 255 हर्ट्ज (d) 250 हर्ट्ज

29. 0.15 हेनरी प्रेरण तथा प्रतिरोध 15Ω की एक कुण्डली को 50 हर्ट्ज, 220 वोल्ट लाइन पर जोड़ा जाता है। कुण्डली में धारा का अभिकलन कीजिए।

(a) 4.45 ऐम्पियर
(b) 4.25 ऐम्पियर
(c) 4.00 ऐम्पियर
(d) 3.50 ऐम्पियर

30. ऐल्युमीनियम के एक घन की एक भुजा की लम्बाई 10 सेमी है। घन के ऊपरी सतह पर 100 न्यूटन का दृढ़ बल लगाकर, निचली सतह की अपेक्षा 0.01 सेमी विस्थापित किया जाता है। दृढ़ता गुणांक का मान है

(a) 10^4 न्यूटन/मी^{2} (b) 10^3 न्यूटन/मी^{2}
(c) 10^7न्यूटन/मी^{2} (d) 10^{-5} न्यूटन/मी^{2}

31. यदि r_0 हाइड्रोजन परमाणु की प्रथम $(n=1)$ बोर कक्षा का अर्द्धव्यास हो, तो चतुर्थ $(n=4)$ कक्षा का अर्द्धव्यास होगा

(a) $16r_0$ (b) $4r_0$
(c) $\frac{1}{4}r_0$ (d) $\frac{1}{16}r_0$

32. एक विकृत तार की प्रति आयन स्थितिज ऊर्जा u होती है

(a) $u=$ प्रतिबल $\times$ विकृति (b) $u=\frac{1}{4}$ प्रतिबल $\times$ विकृति
(c) $u=\frac{1}{2}$ प्रतिबल $\times$ विकृति (d) $u=\frac{3}{4}$ प्रतिबल $\times$ विकृति

33. दो लेंसों की विक्षेपण क्षमताओं का अनुपात 2:3 है। इन शीशों को उपयोग करके 20 सेमी फोकस दूरी का अवर्णक लेंस बनाया जाता है। लेंसों की फोकस दूरी है

(a) $f_1=5$ सेमी, $f_2=-10$ सेमी
(b) $f_1=-10$ सेमी, $f_2=10$ सेमी
(c) $f_1=6.67$ सेमी, $f_2=-10$ सेमी
(d) $f_1=10$ सेमी, $f_2=-10$ सेमी

34. प्लेटों के मध्य वायु के एक संधारित्र की धारिता 8 μF है। यदि प्लेटों के मध्य एक परावैद्युत, परावैद्युतांक 6 का प्रविष्ट कराया जाए, इसकी धारिता अब होगी

(a) 48 μF (b) 40 μF
(c) 32 μF (d) 16 μF

35. किसी परमाणु के नाभिक द्वारा एक साथ प्रकीर्णित समान ऊर्जा के चार α-कणों के पथों को चित्रानुसार प्रदर्शित किया गया है। कौन-सा पथ सम्भव नहीं है?

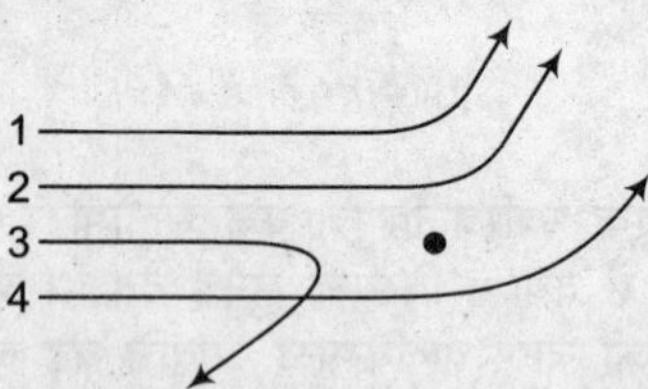

(a) 3 तथा 4 (b) 2 तथा 3
(c) 1 तथा 4 (d) केवल 4

36. परमाणु क्रमांक $Z=11$ के एक तत्त्व की k_α एक्स-किरण रेखा की तरंगदैर्ध्य λ है। परमाणु क्रमांक Z के दूसरे तत्त्व की k_α एक्स-किरण रेखा की तरंगदैर्ध्य 4λ है। तब Z का मान है

(a) 11 (b) 44
(c) 6 (d) 4

37. एक बर्तन में बन्द गैस के अणुओं की अधिकतम सम्भाव्य गति तथा औसत गति का अनुपात है

(a) $\frac{\sqrt{\pi}}{4}$ (b) 1
(c) $\frac{\sqrt{\pi}}{2}$ (d) $\frac{2}{\sqrt{\pi}}$

38. कुचालकों के लिए सत्य कथन है

(a) संयोजी बैण्ड इलेक्ट्रॉन से आंशिक भरा होता है
(b) चालन बैण्ड इलेक्ट्रॉन से आंशिक भरा होता है
(c) चालन बैण्ड इलेक्ट्रॉन से भरा और संयोजी बैण्ड रिक्त होता है
(d) चालन बैण्ड रिक्त और संयोजी बैण्ड इलेक्ट्रॉन से भरा होता है

39. एक ट्रांजिस्टर के उभयनिष्ठ आधार विन्यास में धारा लाभ 40 है। यदि उत्सर्जक धारा 8.2 mA है, तब आधार धारा है

(a) 0.02 mA (b) 0.2 mA
(c) 2.0 mA (d) 0.4 mA

40. एक गैस की श्यानता ········ के परिवहन से होती है।

(a) संवेग (b) ऊर्जा
(c) द्रव्यमान (d) इनमें से कोई नहीं

41. निम्न सत्यता सारणी किस गेट के लिए है?

A	B	Y
0	0	1
1	0	0
0	1	0
1	1	0

(a) XOR गेट (b) NOR गेट (c) AND गेट (d) OR गेट

42. प्लांक के अनुसार, आवृत्ति ν तथा इसके पूर्णांक गुणक के दोलकों की औसत ऊर्जा होती है

(a) kT (b) $h\nu\exp\left(-\frac{h\nu}{kT}\right)$
(c) $\frac{h\nu}{\left[\exp\left(-\frac{h\nu}{kT}\right)+1\right]}$ (d) $\frac{h\nu}{\left[\exp\left(-\frac{h\nu}{kT}\right)-1\right]}$

43. 8 मिमी दूरी पर दो आवेशों 5 माइक्रो कूलॉम तथा −5 माइक्रो कूलॉम द्वारा एक द्विध्रुव बना है।

(i) द्विध्रुव के केन्द्र से उसकी अक्ष पर 25 सेमी दूरी पर तथा
(ii) द्विध्रुव अक्ष के केन्द्र से होकर जाती हुई लम्बवत् रेखा पर केन्द्र से 20 सेमी दूरी पर वैद्युत क्षेत्र होगा

(a) 6×10^6 न्यूटन/कूलॉम, 4.5×10^4 न्यूटन/कूलॉम
(b) 4.6×10^4 न्यूटन/कूलॉम, 4.5×10^4 न्यूटन/कूलॉम
(c) -4.6×10^4 न्यूटन/कूलॉम, 4.5×10^4 न्यूटन/कूलॉम
(d) 4.5×10^4 न्यूटन/कूलॉम, 6×10^6 न्यूटन/कूलॉम

44. 20 ऐम्पियर धारा वहन करते एक लम्बे सीधे तार से 10 सेमी दूर एक बिन्दु पर वायु में चुम्बकीय प्रेरण का अभिकलन कीजिए।

(a) 3×10^{-5} टेस्ला (b) 4×10^{-5} टेस्ला
(c) 5×10^{-5} टेस्ला (d) 6×10^{-5} टेस्ला

45. एक पिण्ड के द्रव्यमान तथा आयतन की माप क्रमशः 23.42 ग्राम तथा 4.9 सेमी^{3} है, इनके मापन में सम्भावित त्रुटि 0.01 ग्राम तथा 0.1 सेमी^{3} है। घनत्व में महत्तम त्रुटि लगभग है

(a) 0.2% (b) 2% (c) 5% (d) 10%

46. 30 मी/से की चाल से उर्ध्वाधरत: वर्षा हो रही है। एक स्त्री 10 मी/से की चाल से उत्तर से दक्षिण दिशा की ओर साइकिल चला रही है। उसे अपना छाता किस दिशा में पकड़ना चाहिए?

(a) 18° उर्ध्वाधर (b) 18° क्षैतिज
(c) 28° उर्ध्वाधर (d) 28° क्षैतिज

47. दो बल $\frac{P}{2}$ एक-दूसरे के लम्बवत् लगते हैं। इन दोनों को समद्विभाजित करने के लिए एक तीसरा बल विपरीत दिशा में लगता है। तीसरे बल का परिमाण

(a) P (b) $\frac{P}{2}$

(c) $\frac{P}{\sqrt{2}}$ (d) $\sqrt{2}P$

48. 100°C पर गर्म स्टील का एक खण्ड एक कमरे में ठण्डा होने के लिए छोड़ा जाता है। नीचे दिए गए वक्रों में से कौन इसके उचित व्यवहार को प्रदर्शित करता है?

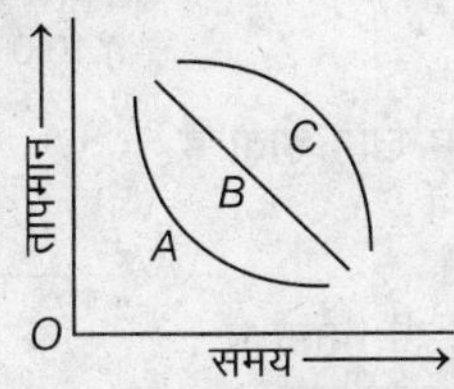

(a) A (b) B

(c) C (d) इनमें से कोई नहीं

49. एक असम्पीड्य श्यानताहीन द्रव के धारारेखी प्रवाह का वर्णन इसके द्वारा होता है

(a) बॉयल नियम (b) पाउसौली नियम

(c) आर्किमिडीज सिद्धान्त (d) बरनौली सिद्धान्त

50. यंग के एक द्वि-स्लिट प्रयोग में, स्लिट अन्तराल 0.12 मिमी है। प्रयुक्त प्रकाश की तरंगदैर्ध्य 5893 ऐंग्स्ट्रॉम तथा व्यतिकरण चित्राम एक मीटर दूर स्क्रीन पर प्रेक्षित की जाती है। दो उत्तरोत्तर दीप्त फ्रिन्जों के मध्य अन्तराल होगा

(a) 6.50 मिमी (b) 5.50 मिमी

(c) 4.91 मिमी (d) 4.50 मिमी

51. एक मोल गैस की प्रति स्वातन्त्र्य कोटि माध्य गतिज ऊर्जा (गैसों की अणुगति सिद्धान्त के आधार पर) है

(a) $\frac{1}{2}kT$ (b) $\frac{3}{2}kT$

(c) $\frac{3}{2}RT$ (d) $\frac{1}{2}RT$

52. 15° के कोण पर प्रक्षेपित किसी प्रक्षेप्य का क्षैतिज परास 50 मी है। इसे 45° के कोण पर प्रक्षेपित किया जाए तो इसका परास होगा।

(a) 60 मी (b) 71 मी

(c) 100 मी (d) 141 मी

53. एक दिए हुए पदार्थ का यंग प्रत्यास्थता गुणांक (Y) इसके दृढ़ता गुणांक (η) का 2.4 गुना है। पदार्थ के पॉयसन अनुपात का मान है

(a) 2.4 (b) 1.2

(c) 0.4 (d) 0.2

54. क्रान्तिक कोण अधिकतम है जब प्रकाश .... में यात्रा करता है।

(a) पानी से हवा (b) काँच से हवा

(c) काँच से पानी (d) हवा से पानी

55. केन्द्रीय बल के अन्तर्गत गति में निम्न में से कौन एक भौतिक राशि संरक्षित होती है?

(a) कोणीय संवेग (b) गतिज ऊर्जा

(c) रैखिक संवेग (d) सम्पूर्ण ऊर्जा

56. निम्न में से कौन-सा परिपथ प्रतिबाधा मैचिंग हेतु प्रयुक्त होता है?

(a) उभयनिष्ठ आधार विन्यास में ट्रांजिस्टर

(b) उभयनिष्ठ उत्सर्जक विन्यास में ट्रांजिस्टर

(c) उभयनिष्ठ संग्राहक विन्यास में ट्रांजिस्टर

(d) उत्क्रम अभिनति में जेनर डायोड

57. बुरे चालकों की ऊष्मीय चालकता का मापन किया जाता है

(a) सर्ल विधि द्वारा

(b) ली डिस्क विधि द्वारा

(c) कैलेण्डर एवं बार्न विधि द्वारा

(d) उपरोक्त में से कोई नहीं

58. किसी पिण्ड की लम्बाई 1.526 मी मापी गई है। सार्थक अंकों का ध्यान रखते हुए परम त्रुटि, सापेक्ष त्रुटि एवं प्रतिशत त्रुटि है

(a) 0.0001 m, 0.000065, 0.065%

(b) 0.001m, 0.00065, 0.065%

(c) 0.001m, 0.001, 0.1%

(d) 0.0001m, 0.0001, 0.1%

59. 2 सेमी मोटी एक लौह प्लेट का अनुप्रस्थ-काट 5000 सेमी^{2} है। इसका एक पार्श्व 110°C तथा दूसरा 100°C पर है। यदि लौह की ऊष्मा चालकता 0.115 cal/s-cm-°C हो, तो प्लेट द्वारा ऊष्मा प्रवाह की दर है

(a) 5750 कैलोरी/सेकण्ड (b) 4750 कैलोरी/सेकण्ड

(c) 2875 कैलोरी/सेकण्ड (d) 2375 कैलोरी/सेकण्ड

60. सरल आवर्त गति करते एक कण के दोलन का विस्थापन समीकरण है

$$x = 5\sin(0.2\pi t + 0.5\pi)$$

कण का दोलनकाल है

(a) 10.0 सेकण्ड (b) 1.0 सेकण्ड (c) 0.8 सेकण्ड (d) 0.5 सेकण्ड

61. l लम्बाई के एक धातु तार पर जब एक रैखिक भार लगाया जाता है, तो लम्बाई Δl बढ़ जाती है। इसके आयतन में भिन्नात्मक परिवर्तन $\frac{\Delta V}{V}$ इसके समानुपातिक है

(a) $\sqrt{\frac{\Delta l}{l}}$ (b) $\left(\frac{\Delta l}{l}\right)^2$ (c) $\frac{\Delta l}{l}$ (d) $\left(\frac{\Delta l}{l}\right)^3$

62. व्हीटस्टोन सेतु की सुग्राहिता अधिकतम है, जब

(a) $\frac{P}{Q}=\frac{R}{X}$ (b) $P=Q, R=X$

(c) $P=Q=R=X$ (d) इनमें से कोई नहीं

63. एक 5 किग्रा के पिण्ड पर 8 न्यूटन व 6 न्यूटन के दो बल लम्बवत् आरोपित हैं। पिण्ड के कारण का परिणाम व दिशा है

(a) 2 मी/से^{2} बल की दिशा से 36° के कोण पर

(b) 2 मी/से^{2} बल की दिशा से 57° के कोण पर

(c) 4 मी/से^{2} बल की दिशा से 37° के कोण पर

(d) 4 मी/से^{2} बल की दिशा से 57° के कोण पर

64. एक अणु में, दो परमाणुओं के बीच स्थितिज ऊर्जा, $U(x) = \frac{a}{x^{12}} - \frac{b}{x^6}$ द्वारा व्यक्त होती है, जहाँ a व b धन नियतांक हैं तथा x परमाणुओं के बीच दूरी है। अणु स्थायी सन्तुलन में होगा, जब

(a) $x = 0$ (b) $x = (a/2b)^{1/3}$

(c) $x = (2a/b)^{1/6}$ (d) $x = (11a/5b)^{1/2}$

65. R त्रिज्या के एक ठोस गोले, जिसका एकसमान आवेश घनत्व e है, के केन्द्र तथा बाहरी सतह का विभवान्तर है

(a) $\frac{eR^2}{3\varepsilon_0}$ (b) $\frac{eR^2}{6\varepsilon_0}$

(c) $\frac{eR^2}{2\varepsilon_0}$ (d) शून्य

66. प्रत्यावर्ती परिपथ में धारा वाटहीन है, यदि धारा तथा वोल्टेज में कलान्तर है

(a) शून्य (b) $\frac{\pi}{4}$ (c) $\frac{\pi}{2}$ (d) π

67. एक तार में $20\,\mu A$ की धारा 30 सेकण्ड तक प्रवाहित हो रही है। तार से स्थानान्तरित इलेक्ट्रॉनों की संख्या है

(a) 375×10^{13} (b) 375×10^{15}

(c) 375×10^{16} (d) 375×10^{17}

68. v वेग से स्वतन्त्रत: गतिशील द्रव्यमान M का एक पिंड विस्फोटित होता है तथा एकसमान तीन खण्डों में विभक्त हो जाता है। विस्फोट के तुरन्त बाद दो खण्ड विरामावस्था प्राप्त कर लेते हैं, परन्तु तृतीय खण्ड गतिमान रहता है। इस खण्ड की गतिज ऊर्जा क्या होगी?

(a) $2Mv^2$ (b) $\frac{3}{2}Mv^2$

(c) Mv^2 (d) $\frac{1}{2}Mv^2$

69. एक पहिया 33 चक्रण/मिनट की दर से चक्रण करता है। यह 20 सेकण्ड में विरामावस्था में आता है। कोणीय त्वरण है

(a) $\frac{-11\pi}{200}$ रेडियन/से^{2} (b) $\frac{\pi}{100}$ रेडियन/से^{2}

(c) 11π रेडियन/से^{2} (d) 25π रेडियन/से^{2}

70. एक अर्द्ध-तरंग दिष्टकारी के लिए अधिकतम दिष्टकरण दक्षता होती है

(a) 40.6% (b) 50.0%

(c) 81.2% (d) 100.0%

71. एक झील से परावर्तित सूर्य किरण किसी क्षण 100 प्रतिशत ध्रुवित है। सूर्य एवं क्षैतिज के बीच का कोण है

(दिया है, $\tan^{-1}(1.33) = 53.06°$, पानी का अपवर्तनांक $(\mu) = 1.33$)

(a) 53.06° (b) 36°54′

(c) 143.06° (d) 126°54′

72. नाभिकीय बन्धन ऊर्जा वक्र के शिखर पर

(a) Z सम परन्तु N विषम होता है

(b) Z विषम परन्तु N सम होता है

(c) दोनों Z तथा N विषम होते हैं

(d) दोनों Z तथा N सम होते हैं

73. दो व्यतिकरण करती किरणों की तीव्रता का अनुपात 9 : 1 है। व्यतिकरण चित्र (पैटर्न) में अधिकतम एवं न्यूनतम तीव्रता का अनुपात होगा

(a) 5 : 4 (b) 2 : 1 (c) 25 : 16 (d) 4 : 1

74. अधिकतर नाभिकों की प्रति न्यूक्लॉन औसत बन्धन ऊर्जा .... के कोटि की होती है।

(a) 10^{-12} eV (b) 10^{-12} MeV

(c) 10^{-12} BeV (d) 10^{-12} J

75. इलेक्ट्रॉन-पोजीट्रॉन युग्म उत्पन्न करने हेतु आवश्यक निम्नतम ऊर्जा का मान है

(a) 0.5 MeV (b) 1 keV

(c) 0.5 keV (d) 1 MeV

76. एक कार्नो इंजन की दक्षता 25% है। यदि स्रोत का ताप 327°C हो, तो सिंक का ताप होना चाहिए

(a) 82°C (b) 127°C (c) 177°C (d) 227°C

77. एक वैद्युत हीटर पर लिखा है 1500 वाट/220 वोल्ट। एक 220 वोल्ट स्रोत से यह हीटर कितनी धारा खींचेगा?

(a) 5.1 ऐम्पियर (b) 6.8 ऐम्पियर

(c) 9.2 ऐम्पियर (d) 10.0 ऐम्पियर

78. किरचॉफ का नियम लागू होता है

(a) केवल डी.सी. में

(b) केवल ए.सी. में

(c) ए.सी. तथा डी.सी. दोनों में

(d) उपरोक्त में से कोई नहीं

79. जब एक लघु ठोस गोलक एक श्यान द्रव में छोड़ा जाता है, तो अन्तत: यह एक एकसमान वेग प्राप्त कर लेता है, जो कहलाता है

(a) पलायन वेग (b) अन्तस्थ वेग

(c) क्रान्तिक वेग (d) रेनोल्ड वेग

80. निम्नलिखित चित्र में दर्शाए संयोजन में तुल्य धारिता, होगी

(a) $3C$ (b) $2C$

(c) C (d) $\frac{C}{2}$

81. एक कार्नो इंजन 127°C तथा 27°C के मध्य कार्य कर रहा है। यह 80 कैलोरी ऊष्मा अवशोषित करता है। यह कितनी ऊष्मा का परित्याग करेगा?

(a) 80 कैलोरी (b) 60 कैलोरी

(c) 40 कैलोरी (d) 20 कैलोरी

82. 30 मी/से की चाल से गतिमान एक कार एक फैक्टरी के पास पहुँच रही है, जिसकी सीटी की आवृत्ति 500 हर्ट्ज है। यदि वायु में ध्वनि वेग 340 मी/से हो, तो कार चालक द्वारा सुनी सीटी की आभासी आवृत्ति क्या है?

(a) 480 हर्ट्ज (b) 500 हर्ट्ज

(c) 544 हर्ट्ज (d) 600 हर्ट्ज

83. m द्रव्यमान का एक पिण्ड, पृथ्वी की सतह से $h = R/5$ ऊँचाई तक जाता है, जहाँ R पृथ्वी की त्रिज्या है। यदि पृथ्वी की सतह पर गुरुत्वीय त्वरण g है, तो स्थितिज ऊर्जा में वृद्धि होगी

(a) mgh (b) $(6/5)\,mgh$

(c) $(5/6)\,mgh$ (d) $(6/7)\,mgh$

84. एक प्रतिचुम्बकीय पदार्थ की चुम्बकीय प्रवृत्ति है

(a) कम तथा ऋणात्मक (b) कम तथा धनात्मक

(c) अधिक तथा धनात्मक (d) अधिक तथा ऋणात्मक

85. निम्न में से कौन उत्क्रमणीय प्रक्रिया है?
(a) किसी वैद्युत प्रतिरोध से धारा प्रवाहित होने पर ऊष्मा की उत्पत्ति
(b) उष्ण पिण्ड से शीतल पिण्ड में ऊष्मा का संचरण
(c) कार्यशील पदार्थ के दाब एवं आयतन में असीम धीमी दर पर परिवर्तन होना
(d) किसी वास्तविक गैस या द्रव का किसी वाल्व या छिद्रयुक्त प्लग से, जो कि वातावरण से पृथक्कीकृत हैं, से बलपूर्वक भेजा जाना

86. 0.0314 घन सेमी द्रव 1 मिमी त्रिज्या के केशिका नली से प्रति सेकण्ड बाहर प्रवाहित हो रहा है। केशिका नली के अक्ष पर स्थित किसी बिन्दु पर द्रव का वेग है
(a) 2 सेमी/सेकण्ड (b) 1.5 सेमी/सेकण्ड
(c) 1 सेमी/सेकण्ड (d) शून्य

87. दो तरंगों $y_1 = A_1 \sin k(x - vt)$ तथा $y_2 = A_2 \sin k(x - vt + x_0)$, जहाँ $k = 2\pi$ सेमी$^{-1}$ तथा $x_0 = 1.50$ सेमी है, को अध्यारोपित किया जाता है। यदि $A_1 = 9.00$ मिमी तथा $A_2 = 7.00$ मिमी हो, तो परिणामी तरंग का आयाम क्या है?
(a) 16.0 मिमी (b) 8.0 मिमी
(c) 2.0 मिमी (d) 1.0 मिमी

88. 12 सेमी त्रिज्या का गोलीय पिण्ड 500 K तापमान पर 450 वाट शक्ति का उत्सर्जन करता है। यदि त्रिज्या को आधा कर दिया जाए तथा तापमान दोगुना कर दिया जाए, तो उत्सर्जित शक्ति कितनी होगी?
(a) 900 वाट (b) 7200 वाट
(c) 3600 वाट (d) 1800 वाट

89. ^{113}Cd में तापीय न्यूट्रॉनों का माध्य मुक्त पथ है (दिया है, $n\sigma = 1.12 \times 10^4$ मी$^{-1}$, $n \to$ प्रति घन मी में परमाणुओं की संख्या है तथा $\sigma \to$ प्रग्रहण परिच्छेद है)
(a) 0.2678 मिमी (b) 0.1786 मिमी
(c) 0.0892 मिमी (d) 0.1339 मिमी

90. 10^{-2} मी अर्द्धव्यास की एक जल बूँद 1000 एकसमान बिन्दुकों में खण्डित होती है। यदि जल का पृष्ठ-तनाव 0.075 न्यूटन/मी हो, तो पृष्ठ ऊर्जा में लब्धि होगी
(a) 8.5×10^{-4} जूल (b) 8.1×10^{-4} जूल
(c) 7.7×10^{-4} जूल (d) 7.5×10^{-4} जूल

91. एक पदार्थ की चुम्बकीय प्रवृत्ति χ, परमताप T के साथ इस प्रकार परिवर्तित होती है $\chi = \frac{C}{T}$, जहाँ C एक अचर है। यह पदार्थ है
(a) पैरामैग्नेटिक (b) डायामैग्नेटिक
(c) फेरोमैग्नेटिक (d) फेरीमैग्नेटिक

92. एक श्रेणी प्रणोदित L-C-R परिपथ में अनुनाद आवृत्ति f_r होती है
(a) $f_r = \frac{1}{2\pi\sqrt{LC}}$ (b) $f_r = 2\pi\sqrt{LC}$
(c) $f_r = 2\pi\sqrt{\frac{L}{C}}$ (d) $f_r = 2\pi\sqrt{\frac{C}{L}}$

93. साबुन, कपड़े साफ करने में सहायता करता है, क्योंकि
(a) यह घोल (solution) का पृष्ठ तनाव कम करता है
(b) यह घोल को शक्ति प्रदान करता है
(c) यह मैल को लीन (absorb) कर लेता है
(d) साबुन के रसायन अपरिवर्तित होते हैं

94. चन्द्रमा पर किन्हीं दो बिन्दुओं के बीच औसत दूरी, जिनका 500 सेमी द्वारक वाले दूरदर्शी से विभेदन किया जा सकता हो।
(चन्द्रमा की दूरी 4×10^5 किमी तथा नेत्र की सर्वाधिक सुग्राहिता 5500 Å तरंगदैर्ध्य के लिए है)
(a) 40 मी (b) 43 मी
(c) 53.6 मी (d) 50.6 मी

95. यदि 2000 ऐंग्स्ट्रॉम तरंगदैर्ध्य की पराबैंगनी प्रकाश के कारण निकिल सतह से उत्सर्जित तीव्रतम इलेक्ट्रॉनों को रोकने के लिए 1.20 वोल्ट विभवान्तर लगाना चाहिए, तो निकिल के कार्य-फलन की गणना कीजिए।
(a) 6.21 इलेक्ट्रॉन वोल्ट
(b) 5.01 इलेक्ट्रॉन वोल्ट
(c) 4.80 इलेक्ट्रॉन वोल्ट
(d) 4.50 इलेक्ट्रॉन वोल्ट

96. एक आदर्श गैस की प्रति आयतन गतिज ऊर्जा बराबर है
(a) $\frac{2}{3}P$ (b) $\frac{3}{2}P$
(c) $\frac{P}{3}$ (d) $\frac{1}{2}P$
जहाँ, p दाब है।

97. किस ताप पर एक पिण्ड के लिए, फॉरेनहाइट तथा केल्विन तापमापी स्केल, एकसमान संख्यात्मक मान देते हैं?
(a) 40° (b) 180°
(c) 435° (d) 574°

98. द्रव्यमान m के एक पिण्ड को पृथ्वी सतह से पृथ्वी अर्द्धव्यास R के बराबर ऊँचाई तक उठाने पर स्थितिज ऊर्जा में हुई लब्धि है
(g = पृथ्वी सतह पर गुरुत्वीय त्वरण)
(a) $\frac{3}{2}mgR$ (b) $\frac{1}{2}mgR$
(c) $\frac{2}{3}mgR$ (d) mgR

99. चित्र में तीन एकसमान स्प्रिंग दिखाई गई हैं। स्प्रिंग A से 4 किग्रा का पिण्ड लटका है, जिससे इसकी लम्बाई 1 सेमी बढ़ जाती है। परन्तु जब एक 6 किग्रा का पिण्ड स्प्रिंग B से लटकाया जाता है, तब हुक नीचे की ओर आएगा

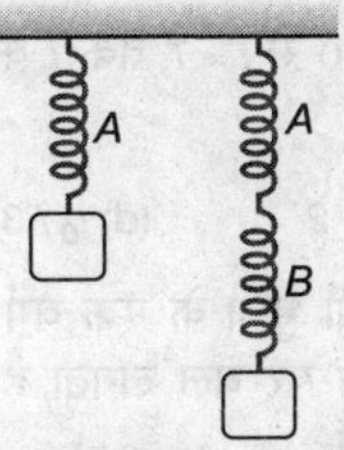

(a) 1 सेमी (b) 2 सेमी
(c) 3 सेमी (d) 4 सेमी

100. एक नाभिकीय रिएक्टर में निम्नलिखित में से कौन एक शीतलक/विमंदक के रूप में प्रयोग किया जाता है?
(a) डिस्टिल्ड जल (b) ताजा जल
(c) भारी जल (d) बर्फ

101. शीतलन का न्यूटन नियम इसका विशेष रूप है
(a) स्टीफन का नियम
(b) किरचॉफ का नियम
(c) प्लांक का नियम
(d) वीन का विस्थापन नियम

102. q_1 तथा q_2 दो आवेश एक-दूसरे के सन्निकट रखे हैं, यदि एक तीसरा आवेश q_3 इनके पास लाया जाता है, तो q_1 द्वारा q_2 पर लगने वाला बल अब
(a) बढ़ता है (b) घटता है
(c) वही रह जाता है (d) शून्य हो जाता है

103. पृथ्वी के परित: एक उपग्रह पृथ्वी सतह से 600 किमी ऊँचाई पर घूम रहा है। उपग्रह की चाल होगी (पृथ्वी अर्द्धव्यास = 6400 किमी, पृथ्वी द्रव्यमान $= 6\times10^{24}$ किग्रा, $G = 6.67\times10^{-11}$ N-m/kg^2)
(a) 11.00 किमी/से (b) 9.00 किमी/से
(c) 7.60 किमी/से (d) 4.92 किमी/से

104. किसी कृष्ण वस्तु का तापक्रम 2880 केल्विन है। तरंगदैर्ध्य 499 नैनोमीटर से 500 नैनोमीटर के मध्य विकिरण ऊर्जा U_1, तरंगदैर्ध्य 999 नैनोमीटर से 1000 नैनोमीटर के मध्य विकिरण ऊर्जा U_2 तथा 1499 नैनोमीटर से 1500 नैनोमीटर के मध्य विकिरण ऊर्जा U_3 है। यदि वीन नियतांक $b = 2.88\times10^6$ नैनोमीटर केल्विन हो, तो तब
(a) $U_1 = 0$ (b) $U_3 = 0$
(c) $U_1 > U_2$ (d) $U_2 > U_1$

105. एक तने हुए तार की बिना टूटे महत्तम लम्बाई है (दिया है, ब्रेकिंग प्रतिबल $= 7.2\times10^8$ न्यूटन/मी^{2}, तार का घनत्व $= 7.8\times10^8$ किग्रा/मी^{3})
(a) 10 मी (b) 9.4 मी
(c) 9.4 किमी (d) 100 मी

106. यदि एक रेडियोसक्रिय पदार्थ का 25%, 5 वर्ष में क्षय हो जाता है, तो कितना प्रारम्भिक पदार्थ 20 वर्षों में अक्षयित रहेगा?
(a) 5% (b) 10%
(c) 25% (d) 32%

107. फोकस दूरी +15 सेमी तथा −12 सेमी के दो पतले लेन्सों को संस्पर्श में रखा जाता है। इस संयोजन लेन्स की फोकस दूरी होगी
(a) +3 सेमी (b) +15 सेमी
(c) −12 सेमी (d) −60 सेमी

108. यदि $I = I_0 \sin^2 \omega t$, जहाँ $\omega = \frac{2\pi}{T}$, तो $t = 0$ से $t = T$ तक I का औसत मान है
(a) $2I_0$ (b) $3I_0$ (c) $I_0/2$ (d) $I_0/3$

109. 4 एकसमान बिन्दु आवेश $+4\mu C$, 50 सेमी भुजा के एक वर्ग के चारों कोनों पर रखे गए हैं। किसी एक आवेश पर बल लगता है
(a) 1.10 न्यूटन विकर्ण पर अन्दर दिशा में
(b) 0.72 न्यूटन विकर्ण पर अन्दर दिशा में
(c) 0.72 न्यूटन विकर्ण पर बाहर दिशा में
(d) 1.10 न्यूटन विकर्ण पर बाहर दिशा में

110. त्रिदिशीय तरंग का अवकल समीकरण है
(a) $\vec{\nabla}^2 \psi = \frac{1}{v^2}\frac{\partial^2 \psi}{\partial t^2}$ (b) $\psi(\vec{r}, t) = A_0 \sin(\omega t - \vec{k}\vec{r})$
(c) $\frac{\partial^2 \psi}{\partial t^2} = v^2 \frac{\partial \psi}{\partial x}$ (d) $\vec{\nabla}\psi = v^2 \frac{\partial \psi}{\partial t}$

111. स्थिर दाब पर, एक गैस का ताप T जिस पर इसका वर्ग-माध्य-मूल वेग इसके 0°C पर मान का दोगुना हो, होता है
(a) 819°K (b) 900°K
(c) 980°K (d) 819°C

112. एक प्रचालित (प्रणोदित) सरल आवर्ती दोलक, दोलन की स्थायी अवस्था प्राप्त कर लेता है। स्थायी अवस्था में औसत अवशोषित शक्ति तथा औसत क्षयित शक्ति का अनुपात होगा
(a) $\frac{1}{3}$ (b) $\frac{1}{2}$ (c) 1 (d) 2

113. एक कमजोर सिग्नल को बिना उसकी आकृति में परिवर्तन किए हुए सशक्त सिग्नल में बदलना जाना जाता है
(a) बायसिंग (b) दिष्टकरण
(c) मॉडुलन (d) प्रवर्धन

114. 100°C पर 1 सेमी^{3} जल को जब 540 कैलोरी ऊष्मा दी जाती है, 100°C की भाप का एक वायुमण्डल दाब पर आयतन 1671 सेमी^{3} हो जाता है, तो वायुमण्डल दाब के विपरीत सम्पन्न कार्य होगा (लगभग)
(a) 540 कैलोरी (b) 40 कैलोरी
(c) शून्य (d) 500 कैलोरी

115. यदि एक आवेश q, l कोर लम्बाई के एक बन्द घन के केन्द्र पर रखा जाए, तो इसके प्रत्येक फलक से निकलती विद्युत-क्षेत्र तीव्रता का फ्लक्स है
(a) $\frac{q}{6\varepsilon_0 l^2}$ (b) $\frac{q}{6\varepsilon_0 l}$ (c) $\frac{q}{6\varepsilon_0}$ (d) $\frac{q}{6\varepsilon_0 l^3}$

116. एक धातु का प्रकाश विद्युत देहली तरंगदैर्ध्य 3000 Å है। इस पर 1200 Å तरंगदैर्ध्य के विकिरण के आपतित होने पर उत्सर्जित होने वाले इलेक्ट्रॉन की गतिज ऊर्जा क्या होगी?
(a) 6.2 eV (b) 3.1 eV
(c) 1.65 eV (d) 1.03 eV

117. 2000 लूप की एक वायु कोड नलिका, 60 सेमी लम्बाई तथा 2 सेमी व्यास की है। यदि 5 ऐम्पियर धारा इसमें भेजी जाती है, तो इसके अन्दर फ्लक्स घनत्व होगा।
(a) 0.042 टेस्ला (b) 0.035 टेस्ला
(c) 0.030 टेस्ला (d) 0.021 टेस्ला

118. एक आनत तल पर h ऊँचाई से बिना फिसले नीचे लुढ़कते, M द्रव्यमान तथा R अर्द्धव्यास के एक ठोस बेलन पर विचार कीजिए। बेलन के तली पर पहुँचने पर इसके द्रव्यमान केन्द्र का वेग होगा।
(a) $\sqrt{\frac{4}{3}gh}$ (b) $\sqrt{2gh}$ (c) $\sqrt{\frac{3}{2}gh}$ (d) $\sqrt{\frac{3}{5}gh}$

119. दो निकॉल एक-दूसरे से लम्बवत हैं। अब, उनमें से एक को 30° कोण से घुमाया जाता है। आपतित ध्रुवित प्रकाश का कितना प्रतिशत इस निकाय से होकर गुजरेगा?
(a) 100% (b) 75% (c) 25% (d) 12.5%

120. किसी गैस के अणुओं का दाब p तथा ताप T पर माध्य मुक्त पथ 2×10^{-7} मी है। इसी गैस का दाब $\frac{p}{2}$ तथा ताप $2T$ पर माध्य-मुक्त पथ का मान होगा।
(a) 10×10^{-7} मी (b) 8×10^{-7} मी
(c) 6×10^{-7} मी (d) 4×10^{-7} मी

उत्तरमाला

1.	(d)	2.	(c)	3.	(b)	4.	(c)	5.	(a)	6.	(b)	7.	(c)	8.	(c)	9.	(a)	10.	(d)
11.	(c)	12.	(a)	13.	(a)	14.	(b)	15.	(d)	16.	(c)	17.	(b)	18.	(b)	19.	(b)	20.	(c)
21.	(b)	22.	(a)	23.	(a)	24.	(b)	25.	(b)	26.	(b)	27.	(b)	28.	(c)	29.	(a)	30.	(c)
31.	(a)	32.	(c)	33.	(c)	34.	(a)	35.	(d)	36.	(c)	37.	(c)	38.	(d)	39.	(b)	40.	(a)
41.	(b)	42.	(d)	43.	(c)	44.	(b)	45.	(b)	46.	(a)	47.	(c)	48.	(a)	49.	(d)	50.	(c)
51.	(d)	52.	(c)	53.	(d)	54.	(c)	55.	(a)	56.	(c)	57.	(b)	58.	(b)	59.	(c)	60.	(a)
61.	(c)	62.	(c)	63.	(a)	64.	(c)	65.	(b)	66.	(c)	67.	(a)	68.	(b)	69.	(a)	70.	(a)
71.	(c)	72.	(d)	73.	(d)	74.	(d)	75.	(d)	76.	(c)	77.	(b)	78.	(c)	79.	(b)	80.	(b)
81.	(b)	82.	(c)	83.	(c)	84.	(a)	85.	(c)	86.	(a)	87.	(c)	88.	(d)	89.	(c)	90.	(a)
91.	(a)	92.	(a)	93.	(a)	94.	(c)	95.	(b)	96.	(b)	97.	(d)	98.	(b)	99.	(c)	100.	(c)
101.	(a)	102.	(c)	103.	(c)	104.	(d)	105.	(c)	106.	(d)	107.	(d)	108.	(c)	109.	(d)	110.	(a)
111.	(d)	112.	(c)	113.	(d)	114.	(b)	115.	(c)	116.	(a)	117.	(d)	118.	(a)	119.	(d)	120.	(b)

उत्तर व्याख्या सहित

1. दिया है,

$$\frac{I_1}{I_2} = \frac{a_1^2}{a_2^2}$$

$$\Rightarrow \quad \frac{100}{1} = \frac{a_1^2}{a_2^2} \Rightarrow \frac{a_1}{a_2} = 10$$

$$\Rightarrow \quad a_1 = 10a_2$$

अब,
$$\frac{I_{max}}{I_{min}} = \frac{(a_1 + a_2)^2}{(a_1 - a_2)^2} = \frac{(10a_2 + a_2)^2}{(10a_2 - a_2)^2}$$

$$\Rightarrow \quad \frac{I_{max}}{I_{min}} = \frac{(11a_2)^2}{(9a_2)^2}$$

$$\Rightarrow \quad \frac{I_{max}}{I_{min}} = \frac{121}{81}$$

2. कैप्लर के नियम $T^2 \propto R^3$ से,

$$\left(\frac{T_1}{T_2}\right)^2 = \left(\frac{R_1}{R_2}\right)^3 \Rightarrow \frac{T_1^2}{(1)^2} = \left(\frac{16\,R_2}{R_2}\right)^3$$

$$\Rightarrow \quad T_1^2 = (16)^3 \Rightarrow T_1 = (16)^{3/2} = 4^3 = 64 \text{ दिन}$$

5. सूत्र $C = 4\pi\varepsilon_0 R$ से,

$$C_{\text{Earth}} = \frac{1}{9 \times 10^9} \times 6400 \times 1000 \approx 711 \text{ माइक्रोफैरड}$$

7. सभी आवेशों के कारण उत्पन्न विभव, $V = \Sigma V_i$

$$= \frac{kq}{1} + \frac{kq}{2} + \frac{kq}{4} + \frac{kq}{8} + \ldots$$

$$= kq\left(1 + \frac{1}{2} + \frac{1}{4} + \frac{1}{8} + \ldots\right)$$

$$= kq\left(\frac{1}{1 - \frac{1}{2}}\right) = 2kq = 2 \times \frac{1}{4\pi\varepsilon_0} \times q = \frac{q}{2\pi\varepsilon_0}$$

8. सीमान्त वेग,

$$v_T = \frac{2gr^2\,(\rho_b - \rho_a)}{9\eta}$$

यहाँ, r = बूँद की त्रिज्या,

ρ_b = बूँद का घनत्व,

ρ_a = हवा का घनत्व,

η = हवा की श्यानता

यदि r = छोटी बूँद की त्रिज्या,

व R = बड़ी बूँद की त्रिज्या,

तब $8 \times \frac{4}{3}\pi r^3 = \frac{4}{3}\pi R^3 \Rightarrow R = 2r$

चूँकि अन्य सभी मात्राएँ नियत हैं।

अतः $\quad \frac{v_1}{v_2} = \frac{r^2}{R^2}$

अथवा $v_2 = v_1 \cdot \frac{R^2}{r^2}$

$$\Rightarrow \quad v_2 = v_1\left(\frac{2r}{r}\right)^2$$

$$\Rightarrow \quad v_2 = v_1 \times 4$$

$$\Rightarrow \quad v_2 = 5 \times 4 = 20 \text{ सेमी/सेकण्ड}$$

9. $e = \frac{d\phi}{dt} = \frac{dBA}{dt} = A_0\frac{dB}{dt} = A_0\left(\frac{4B_0 - B_0}{t}\right) = 3A_0B_0/t$

10. परिणामी सूत्र

$R^2 = P^2 + Q^2 + 2PQ\cos\theta$ से

$R^2 = P^2 + Q^2$ की तुलना करने पर,

$2PQ\cos\theta = 0$

$\Rightarrow \quad \cos\theta = 0$

$\Rightarrow \quad \theta = 90°$

12. 20 ग्राम बर्फ के पिघलने में उपयोग हुई ऊर्जा,

$$\Delta Q = ML$$

$$= 20 \times 80 = 1600 \text{ कैलोरी}$$

$$= 1600 \times 4.2 \text{ जूल}$$

तापमान, $T = 0°C = 273\,K$

अब एन्ट्रॉपी परिवर्तन,

$$\Delta S = \frac{\Delta Q}{T} = \frac{1600 \times 4.2}{273}$$

$$= 24.5 \text{ J/K}$$

14. सूत्र $\left|\frac{dV}{dx}\right| = |\mathbf{E}|$ से,

$$dV = -E\,dx$$

$$\int_0^V dV = -\int_0^x E\,dx$$

$$V - 0 = -k\int_0^x x^{-3/2}\,dx = -k\,\frac{x^{-1/2}}{-1/2} = \frac{2k}{\sqrt{x}}$$

18. अनुनाद नलिका द्वारा l_2 व l_1 क्रमशः द्वितीय एवं प्रथम अनुनाद स्थिति होने पर ध्वनि की चाल,

$$v = 2f_0\,(l_2 - l_1)$$

यहाँ, $f_0 = 2000$ हर्ट्ज

$\Rightarrow$ $v = 2 \times 2000\,(14 - 4.6) \times 10^{-2} = 376$ मी/से

20. दिया है, वर्ग-माध्य-मूल वोल्टेज,

$$V_{rms} = 240\,\text{V}$$

अब शिखर वोल्टेज

$$V_{peak} = \sqrt{2} \times V_{rms}$$

$$= \sqrt{2} \times 240$$

$$\approx 340 \text{ वोल्ट}$$

21. वायु या निर्वात् के अतिरिक्त सभी माध्यमों में भिन्न रंगों का वेग भिन्न होता है। इसलिए दोनों रंगों का अपवर्तन कोण भिन्न होगा। इसलिए पट्टिका से निकलने के उपरान्त वे अलग-अलग बिन्दुओं से निकलेंगी तथा दो अलग-अलग समान्तर दिशाओं में गति करेंगी।

23.

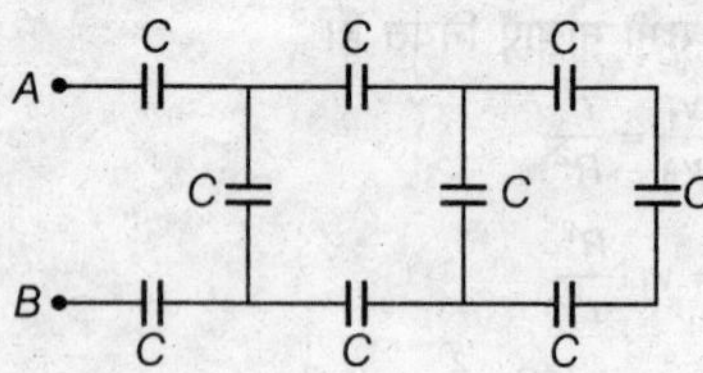

दिया है, $C = 3\,\mu\text{F}$

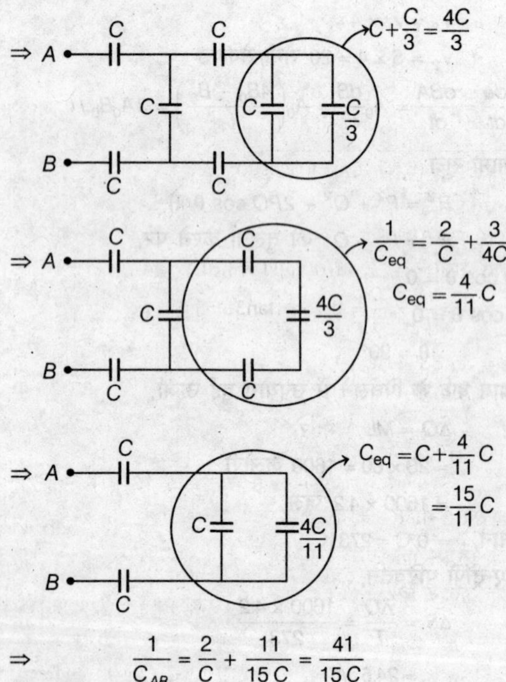

$$\Rightarrow \quad \frac{1}{C_{AB}} = \frac{2}{C} + \frac{11}{15\,C} = \frac{41}{15\,C}$$

अथवा, तुल्य धारिता,

$$C_{AB} = \frac{15}{41}C = \frac{15 \times 3}{41} = \frac{45}{41}\,\mu\text{F}$$

अतः $Q_{AB} = C_{AB} \cdot V_{AB} = \frac{45}{41} \times 100 \approx 100\,\mu\text{C}$

24. वीन के नियम से,

$$\lambda_m = \frac{b}{T}$$

$$\Rightarrow \quad T = b/\lambda_m \quad \ldots\text{(i)}$$

यहाँ, b = वीन स्थिरांक = 0.288 सेमी-K

एवं λ_m = तरंगदैर्ध्य = 470 नैनोमीटर

$$= 470 \times 10^{-9}\,\text{m}$$

$$= 470 \times 10^{-9} \times 10^{2}\,\text{cm} = 470 \times 10^{-7}\,\text{cm}$$

उपरोक्त मान समी (i) में रखने पर,

$$T = \frac{0.288}{470 \times 10^{-7}} = \frac{0.288 \times 10^{7}}{470}$$

$$= 6127.6 \approx 6128\,\text{K}$$

25. ऊर्जा, $E = h\nu = h\frac{c}{\lambda}$

$$\therefore \quad \frac{E_1}{E_2} = \frac{\lambda_2}{\lambda_1} = \frac{5000}{1}$$

28. सोनोमीटर तार की आवृत्ति = $F_{\text{स्वरित्र}} \pm F_{\text{विस्पंद}}$

$$= 260 \pm 5$$

चूँकि तार को कसने से विस्पंद आवृत्ति बढ़ती है,

अतः तार की आवृत्ति = 260 − 5 = 255 हर्ट्ज

29. प्रतिरोध, $Z = \sqrt{X_L^2 + R^2}$

$$= \sqrt{(L^2\omega^2 + R^2)}$$

$$= \sqrt{(0.15 \times 2 \times \pi \times 50)^2 + (15)^2}$$

$$= 15\sqrt{(\pi^2 + 1)} = 15\sqrt{11} \approx 50\,\Omega$$

धारा का मान, $I = \frac{V}{Z} = \frac{220}{50} \approx 4.45$ ऐम्पियर

30. दृढ़ता गुणांक $= \frac{(F/A)}{(\Delta x/L)}$

$$= \frac{(100/10 \times 10 \times 10^{-4})}{(0.01/10)}$$

$$= \frac{100 \times 10}{100 \times 0.01 \times 10^{-4}} = 10^{7} \text{ न्यूटन/मी}^2$$

34. दिया है, $C = \frac{\varepsilon_0 A}{d} = 8\,\mu\text{F}$

परावैद्युत रखने पर,

$$C' = \frac{\varepsilon_0 A}{d} \times K$$

जहाँ $K = 6$ परावैद्युतांक

$$\therefore \quad C' = 8 \times 6\,\mu\text{F} = 48\,\mu\text{F}$$

36. k_α किरण रेखा की तरंगदैर्ध्य,

$$\frac{1}{\lambda} \propto (Z-1)^2$$

$$\therefore \quad \frac{\lambda_1}{\lambda_2} = \left(\frac{Z_2 - 1}{Z_1 - 1}\right)^2 \Rightarrow \frac{\lambda_2}{\lambda_1} = \left(\frac{Z_1 - 1}{Z_2 - 1}\right)^2$$

$\Rightarrow \quad \dfrac{\lambda}{4\lambda} = \dfrac{(Z-1)^2}{(11-1)^2} \Rightarrow 4(Z-1)^2 = 100$

$\Rightarrow \quad (Z-1)^2 = 25$

$\Rightarrow \quad Z - 1 = 5$

$\Rightarrow \quad Z = 6$

38. कुचालकों में संयोजी बैण्ड इलेक्ट्रॉन से भरा होता है तथा चालन बैण्ड रिक्त होता है।

39. $\beta = \dfrac{I_c}{I_b} = \dfrac{I_e - I_b}{I_b} = \dfrac{I_e}{I_b} - 1$

या $\dfrac{I_e}{I_b} = 1 + \beta$ या $I_b = \dfrac{I_e}{1+\beta} = \dfrac{8.2}{1+40} = \dfrac{8.2}{41} = 0.20 \text{ mA}$

41. स्वप्रेरक गुणांक, $L = \dfrac{N\phi_B}{I}$

$\Rightarrow \quad LI = N\phi_B$

$\Rightarrow \quad L\dfrac{dI}{dt} = N\dfrac{d\phi_B}{dt} = e; \quad \ldots(i)$

यहाँ दिया है,

$\dfrac{dI}{dt} = \dfrac{8-2}{3 \times 10^{-3}} = 2000 \text{ Å/s}$

एवं $\quad e = 2\text{ V}$

तब, समी (i) में सभी मान स्थापित करने पर,

$L \times 2000 = 2$

अथवा, $L = 1$ मिली हेनरी

44. तार से R दूरी पर बनने वाला चुम्बकीय क्षेत्र,

$B = \dfrac{\mu_0 I}{2\pi R} = \dfrac{4\pi \times 10^{-7} \times 20}{2\pi \times 10 \times 10^{-2}} = 4 \times 10^{-5}$ टेस्ला

45. द्रव्यमान में प्रतिशत त्रुटि $= \dfrac{0.01}{23.42} \times 100 = 0.04$

आयतन में प्रतिशत त्रुटि $= \dfrac{0.1}{4.9} \times 100 = 2.04$

जोड़ने पर प्रतिशत त्रुटि लगभग 2% प्राप्त होती है।

47. चूँकि $\quad R = \sqrt{a^2 + b^2 + 2ab\cos\theta}$

$\Rightarrow R = \sqrt{\left(\dfrac{P}{2}\right)^2 + \left(\dfrac{P}{2}\right)^2 + 2\left(\dfrac{P}{2}\right)\left(\dfrac{P}{2}\right)\cos 90°}$

$\Rightarrow \quad R = \sqrt{2} \cdot \dfrac{P}{2} = \dfrac{P}{\sqrt{2}}$

50. दो उत्तरोत्तर दीप्त फ्रिन्जों के मध्य दूरी,

$\beta = \dfrac{\lambda D}{d} = \dfrac{5893 \times 10^{-10} \times 1}{0.12 \times 10^{-3}}$ मी

≈ 4.91 मिमी

51. एक मोल गैस (n स्वतन्त्रता की डिग्री) की माध्य गतिज ऊर्जा,

$E = \dfrac{n}{2}RT \quad \ldots(i)$

स्वतन्त्रता की प्रति डिग्री गैस के एक मोल की औसत गतिज ऊर्जा,

$E' = \dfrac{E}{n} = \dfrac{\frac{n}{2}RT}{n}$ [समी (i) से]

$\Rightarrow \quad E' = \dfrac{1}{2}RT$

52. यहाँ

$50 = \dfrac{u^2 \sin(2 \times 15°)}{g}$ या $\dfrac{u^2}{g} = \dfrac{50}{\sin 30°} = \dfrac{50}{1/2} = 100$

$R = \dfrac{u^2 \sin(2 \times 45°)}{g} = \dfrac{u^2}{g} = 100$ मी

58. परम त्रुटि, $\Delta L = 0.001$ m

सापेक्ष त्रुटि $= \dfrac{\Delta L}{L} = \dfrac{0.001}{1.526} = 0.00065$

प्रतिशत त्रुटि $= \dfrac{\Delta L}{L} \times 100 = 0.065\%$

59. ऊष्मा प्रवाह दर

$= \dfrac{\Delta Q}{\Delta t} = \dfrac{kA(T_2 - T_1)}{\Delta t}$

$= \dfrac{0.115 \times 5000 \times 10^{-4} \times (110-100)}{2 \times 10^{-2}}$

$= 2875$ कैलोरी/सेकण्ड

61. स्थायी सन्तुलन के लिए, $\dfrac{dU}{dx} = 0$

$\therefore \quad \dfrac{12a}{x^{13}} - \dfrac{6b}{x^7} = 0$

$\Rightarrow \quad x^6 = \left(\dfrac{2a}{b}\right)$

$\Rightarrow \quad x = [(2a/b)^{1/6}]$

63. पिण्ड का द्रव्यमान $F = 5$ किग्रा

पिण्ड पर कार्यरत् बल $F_1 = 8$ न्यूटन

पिण्ड पर F_1 के लम्बवत् बल

$F_2 = 6$ न्यूटन

दोनों बलों के बीच कोण $\theta = 90°$

पिण्ड पर कार्यरत् परिणामी बल

$F = \sqrt{F_1^2 + F_2^2 + 2F_1F_2\cos\theta}$

$F_2 = 6$ N, F, α, $F_1 = 8$ N

$= \sqrt{(8)^2 + (6)^2 + 2 \times 8 \times 6\cos 90°}$

$= \sqrt{64 + 36} \quad (\because \cos 90° = 0)$

$= 10$ न्यूटन

यदि परिणामी बल, F_1 से α कोण बनाता है तब

$\tan\alpha = \dfrac{F_2}{F_1} = \dfrac{6}{8} = 0.75 = \tan 36°\,53'$

$\alpha = 36°53'$

सूत्र $F = ma$ से

त्वरण $a = \dfrac{F}{m} = \dfrac{10}{5} = 2$ मी/से^{2}

$\therefore$ पिण्ड पर $F_1 = 8$ न्यूटन की दिशा में $36°53'$ पर एक त्वरण 2 मी/से^{2} कार्यरत् है।

65. गॉस के नियम का उपयोग करके

गोले के अन्दर विद्युत क्षेत्र,

$E \cdot 4\pi R^2 = \dfrac{q}{\varepsilon_0} \quad \left[\because E = \dfrac{1}{4\pi\varepsilon_0} \cdot \dfrac{q}{R^2}\right]$

$$\Rightarrow \quad E \cdot 4\pi R^2 = e \cdot \frac{\frac{4}{3}\pi R^3}{\varepsilon_0} \Rightarrow E = \frac{eR}{3\varepsilon_0}$$

केन्द्र तथा बाहरी सतह के बीच विभवान्तर,

$$V = -\int_R^0 E\,.\,dR = -\int_R^0 \frac{eR}{3\varepsilon_0} \cdot dR = \frac{eR^2}{6\varepsilon_0}$$

67. $Q = ne$ से,

$$\Rightarrow \quad n = \frac{Q}{e} = \frac{It}{e} = \frac{20 \times 10^{-6} \times 30}{1.6 \times 10^{-19}}$$

$$= 3.75 \times 10^{-6} \times 10^2 \times 10^{19}$$

$= 375 \times 10^{13}$ इलेक्ट्रॉन

68. संवेग संरक्षण नियम से,

$$Mv = \frac{M}{3} \times v_1 \Rightarrow v_1 = 3v$$

तृतीय खण्ड की गतिज ऊर्जा $= \frac{1}{2} \times \frac{M}{3} \times (3v)^2 = \frac{3}{2} Mv^2$

76. कार्नो इंजन दक्षता,

$$\eta = 1 - \frac{T_2}{T_1} = 25\%$$

यहाँ, $T_2 = ?, T_1 = 327 + 273 = 600\text{ K}$

$$\therefore \quad \frac{25}{100} = 1 - \frac{T_2}{600} \Rightarrow T_2 = 450\text{ K}$$

$$= 450 - 273 = 177^\circ C$$

80.

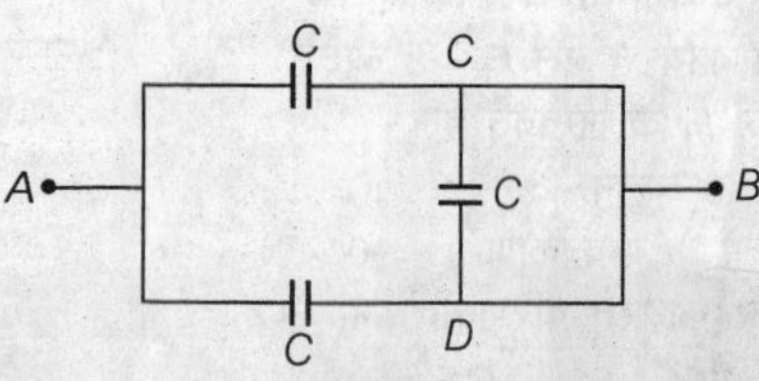

बिन्दु C एवं D समान विभव पर हैं। अतः तुल्य विभव है

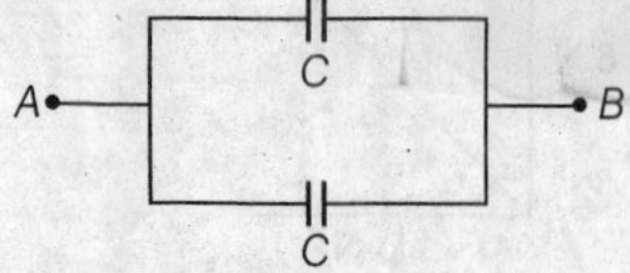

$$\therefore C_{AB} = C + C = 2C$$

82. कार चालक द्वारा सुनी आवृत्ति

$$f' = f\left(\frac{v + v_S}{v}\right)$$

दिया है, $f = 500$ हर्ट्ज $v = 340$ मी/से,

$v_S = 30$ मी/से,

अतः $f' = 500\left(\frac{340 + 30}{340}\right) = 500\left(\frac{370}{340}\right) \approx 544$ हर्ट्ज

86.

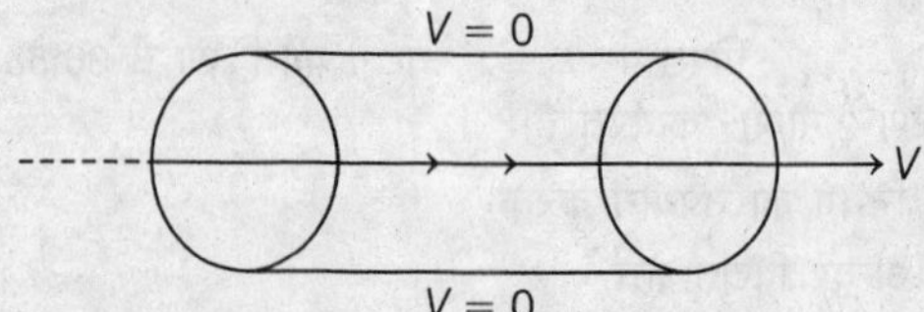

अक्ष पर स्थित किसी बिन्दु पर द्रव का वेग,

$$V_{av} = \frac{V + 0}{2} = \frac{V}{2}$$

$\therefore$ प्रवाह दर, $Q = AV_{av} = \frac{V}{t}$

$\because \quad \frac{V}{2} \times \pi r^2 = 0.0314$ सेमी^{3}

$\Rightarrow \quad V = \frac{2 \times 0.0314 \times 10^{-6}\text{ मी}^3}{3.14 \times (1 \times 10^{-3})^2}$

$\Rightarrow \quad V = 2$ सेमी/सेकण्ड

87. $\therefore A = \sqrt{A_1^2 + A_2^2 + 2A_1A_2 \cos\phi}$ ...(i)

$$y_1 = A_1 \sin(kx - kvt)$$

$$y_2 = A_2 \sin(kx - kvt + kx_0)$$

पथान्तर, $\phi = kx_0$

$$= 2\pi \times 1.50 = 3\pi$$

$\because \quad \cos\phi = \cos(2\pi + \pi) = \cos\pi = -1$

तथा $2A_1A_2 \cos\phi = 2 \times 9 \times 7 \times (-1) = -126$

$\therefore \quad A = \sqrt{81 + 49 - 126}$ [समी (i) से]

$$= \sqrt{4} = 2$$

$\Rightarrow \quad A = 2$ मिमी

88. हम जानते हैं, कि

पिण्ड से उत्सर्जित शक्ति, $E = \sigma AT^4$

$$\because \frac{E_1}{E_2} = \frac{r_1^2 \times T_1^4}{r_2^2 \times T_2^4} = \frac{(0.12)^2 \times (500)^4}{(0.06)^2 \times (1000)^4}$$

$\Rightarrow E_2 = \frac{450 \times (0.06)^2 \times (1000)^4}{(0.12)^2 \times (500)^4} \Rightarrow E_2 = 1800$ वाट

90. पृष्ठ ऊर्जा लब्धि

= पृष्ठ तनाव × सतह क्षेत्र विस्तार

माना R = बड़ी जल बूँद का अर्द्ध व्यास

व r = छोटी बूँद का अर्द्ध व्यास

आरम्भिक आयतन $= \frac{4}{3} \times \pi \times (10^{-2})^3$ मी^{3}

अन्तिम आयतन $= 1000 \times \frac{4}{3}\pi r^3$

चूँकि आयतनों का मान समान है,

$$\frac{4}{3}\pi \times (10^{-2})^3 = 1000 \times \frac{4}{3} \times \pi \times r^3$$

$$\Rightarrow \quad r^3 = 10^{-9}$$

$\Rightarrow \quad r = (10^{-9})^{\frac{1}{3}} = 10^{-3}$ मी

अतः क्षेत्रफल में परिवर्तन

$$= 4\pi(r^2) \times 1000 - 4\pi R^2$$

$$= 4\pi(1000 \times 10^{-6} - 10^{-4})$$

$$= 4\pi(10^{-3})\left(1 - \frac{1}{10}\right)$$

$$= 4\pi \times \frac{9}{10} \times \frac{1}{1000}$$

$\therefore$ पृष्ठ ऊर्जा लब्धि $= 4\pi \times \frac{9}{10000} \times 0.075$

$= 8.5 \times 10^{-4}$ जूल

94. न्यूनतम कोणीय दूरी, $Q_{min} = \frac{1}{RP} = \frac{1.22\,\lambda}{D}$

अतः बिन्दुओं के मध्य न्यूनतम दूरी (मीटर में)

$$= \varepsilon \cdot Q_{min} = \varepsilon \cdot \left(\frac{1.22\lambda}{D}\right)$$

$$= \frac{4 \times 10^5 \times 1000 \times 1.22 \times 5500 \times 10^{-10}}{500 \times 10^{-2}}$$

= 53.68 मी ≈ 53.6 मी

95. कार्य-फलन, $\phi_0 = hf - eV = \frac{hc}{\lambda} - eV$

$= \left(\frac{12400\text{ eV. Å}}{2000\text{ Å}} - 1.20\right)$ इलेक्ट्रॉन वोल्ट

= 5.01 इलेक्ट्रॉन वोल्ट

99. $x = \frac{F}{k}$

यदि प्रथम अवस्था में स्प्रिंग नियतांक k है, तब द्वितीय अवस्था में यह $\frac{k}{2}$ होगा।

प्रथम अवस्था में, $1 = \frac{4}{k}$ ...(i)

द्वितीय अवस्था में, $x' = \frac{6}{k/2} = \frac{12}{k}$ ...(ii)

समी (ii) को समी (i), से विभाजित करने पर,

$x' = \frac{12/k}{4/k} = 3$ सेमी

103. उपग्रह की क्षेत्रीय चाल,

$$v_0 = \sqrt{\frac{GM}{R}} = \sqrt{\frac{6.67 \times 10^{-11} \times 6 \times 10^{24}}{6.4 \times 10^6}}$$

= 7.6 किमी/से

106. हम जानते हैं, $N = N_0 e^{-\lambda t}$

∵ क्षयित मात्रा = 25%

अक्षयित मात्रा = 75%

$\Rightarrow \quad 0.75\, N_0 = N_0\, e^{-\lambda t}$ $[\because N = 0.75\, N_0]$

$\Rightarrow \quad 0.75 = e^{-5\lambda}$

$\Rightarrow \quad \log 0.75 = -5\lambda$

$\Rightarrow \quad 5\lambda = \log \frac{1}{0.75}$ ...(i)

20 वर्षों के पश्चात् माना x मात्रा अक्षयित है,

$xN_0 = N_0 \,.\, e^{-20\lambda} \Rightarrow x = e^{-20\lambda}$

$\Rightarrow \quad \log x = -20\lambda$

$\Rightarrow \quad 20\lambda = \log \frac{1}{x}$ ...(ii)

समी (i) को समी (ii) से भाग देने पर,

$$\frac{1}{4} = \frac{\log\left(\frac{1}{0.75}\right)}{\log\left(\frac{1}{x}\right)} \Rightarrow \frac{1}{4} = \frac{\log 1 - \log 0.75}{\log 1 - \log x}$$

$$\Rightarrow \quad \frac{1}{4} = \frac{\log 0.75}{\log x}$$

$\Rightarrow \log x = 4 \times \log 0.75 \Rightarrow \log x = \log (0.75)^4$

$\Rightarrow \quad x = (0.75)^4 \Rightarrow x \approx 0.32$

अतः 20 वर्षों में 32% प्रांरम्भिक पदार्थ अक्षयित रहेगा।

107. तुल्य फोकस दूरी,

$$\frac{1}{f_{eq}} = \frac{1}{f_1} + \frac{1}{f_2} = \frac{1}{15} + \frac{1}{(-12)}$$

$\Rightarrow f_{eq} = -60$ सेमी

111. सूत्र $V_{rms} \propto \sqrt{T}$ से,

$$\frac{V_2}{V_1} = \sqrt{\frac{T_2}{T_1}}$$

दिया है, $V_2 = 2V_1$, एवं $T_1 = 0°C = 273\,K$

अतः $\left(\frac{V_2}{V_1}\right)^2 = \frac{T_2}{T_1}$

$\Rightarrow T_2 = 4 \times 273 = 1092\text{ K} = 819°\text{C}$

114. दी गई ऊष्मा = 540 कैलोरी

आयतन में परिवर्तन $\Delta V = 1670$ घन सेमी

वायुमण्डलीय दाब $p = 1.01 \times 10^6$ डाइन/सेमी^{2}

वायुमण्डलीय दाब के विरुद्ध किया गया कार्य

$$W = p\,\Delta V = \frac{1.01 \times 10^6 \times 1670}{4.2 \times 10^7} \approx 40 \text{ कैलोरी}$$

115. कुल फलक्स $= \frac{q}{\varepsilon_0}$

∴ प्रत्येक फलक से निकलती फ्लक्स $= \frac{1}{6}\frac{q}{\varepsilon_0}$

मध्य प्रदेश
उच्च माध्यमिक शिक्षक पात्रता परीक्षा (भाग-ब)

प्रैक्टिस पेपर 5

निर्देश

इस प्रश्न-पत्र में कुल 120 वस्तुनिष्ठ प्रकार के प्रश्न हैं तथा प्रत्येक प्रश्न के लिए एक अंक निर्धारित है।

1. ध्वनि का वेग अधिकतम किसमें होगा?

(a) वड़ायु में (b) पानी में
(c) निर्वात् में (d) इस्पात (स्टील) में

2. दो ध्वनि स्रोतों की समीकरण क्रमशः $y_1 = 0.25 \sin 316t$ तथा $y_2 = 0.25 \sin 310t$ है। यदि श्रोता दोनों को एक-साथ सुने, तो प्रति सेकण्ड कितने विस्पन्द सुनाई पड़ेंगे?

(a) 6 (b) $\frac{6}{\pi}$ (c) $\frac{3}{\pi}$ (d) 3π

3. प्रत्यावर्ती स्रोत (V वोल्ट) L-C-R श्रेणीक्रम परिपथ में धारा प्रवाह करा रहा है। यदि L-C-R के सिरों पर V_L, V_C, V_R वोल्ट विभवान्तर नापा जाता है, तो

(a) $V = V_L + V_C + V_R$ (b) $V = V_R + (V_L - V_C)$
(c) $V = [V_R^2 + V_L^2 + V_C^2]^{\frac{1}{2}}$ (d) $V = [V_R^2 + (V_L - V_C)^2]^{\frac{1}{2}}$

4. प्रकाश वैद्युत प्रभाव में फोटोइलेक्ट्रॉनों के उत्सर्जन की दर किस पर निर्भर करती है?

(a) विकिरण की तीव्रता पर
(b) विकिरण की आवृत्ति पर
(c) (a) तथा (b) दोनों पर
(d) उपरोक्त में से कोई नहीं

5. यदि 15 kΩ के प्रतिरोध में वर्ग-माध्य-मूल विभवान्तर 16 V हो, तो कितनी अधिकतम धारा प्रवाह हो रही है?

(a) 15 मिलीऐम्पियर (b) 1 मिलीऐम्पियर
(c) 10 मिलीऐम्पियर (d) 1.5 मिलीऐम्पियर

6. त्रिज्या r तथा N मोड़ वाली एक वृत्ताकार कुण्डली का तल प्रारम्भ में समान चुम्बकीय क्षेत्र B के लम्बवत् है। यदि कुण्डली को 90° घुमाया जाए, तो उसमें कितने आवेश का प्रवाह होगा? कुण्डली का प्रतिरोध R है।

(a) शून्य (b) $\pi N^2 r (B/R)$
(c) $2\pi r N^2 (B/R)$ (d) $\pi r^2 N (B/R)$

7. एक प्रकाश तरंग वायु से शीशे में प्रवेश करती है। निम्न में से कौन नहीं बदलता है?

(a) आवृत्ति (b) तरंगदैर्ध्य
(c) वेग (d) इनमें सब बदल जाते हैं

8. बिजली के ट्रांसफॉर्मर के लम्बे उपयोग के पश्चात् गर्म हो जाने का प्रमुख कारण है

(a) कुण्डली में धारा प्रवाह (b) शैथिल्स ह्रास
(c) विद्युत चुम्बकीय विकिरण (d) बाहय स्रोत

9. हाइड्रोजन की बामर शृंखला किस क्षेत्र में पायी जाती है?

(a) अवरक्त (b) पराबैंगनी
(c) दृश्य (d) एक्स-रे

10. लम्बाई L के सीधे तार में धारा I प्रवाहित हो रही है। तार के समानान्तर स्थिर चुम्बकीय क्षेत्र B लगाने पर तार पर कितना बल लगेगा?

(a) शून्य (b) BLI (c) B^2LI (d) BL^2I

11. कौन-सा कथन सही नहीं है?

(a) दो समविभव पृष्ठ एक-दूसरे को प्रतिच्छेद नहीं कर सकते।
(b) समविभव क्षेत्र पर वैद्युत क्षेत्र का रेखीय समाकल एक परिमित नियतांक होता है।
(c) वैद्युत क्षेत्र आवेशित चालक के पृष्ठ पर सदैव उसके लम्बवत् होता है।
(d) समविभव पृष्ठ पर आवेश स्थानान्तरण में किया गया कार्य शून्य होता है।

12. फोटॉन का इलेक्ट्रॉन से संघट्टन होने के बाद फोटॉन की

(a) आवृत्ति अधिक हो जाती है
(b) तरंगदैर्ध्य अधिक हो जाती है
(c) ऊर्जा अधिक हो जाती है
(d) वेग कम हो जाता है

13. निम्न विन्यास में आवेशों की अन्तः क्रिया ऊर्जा क्या होगी?

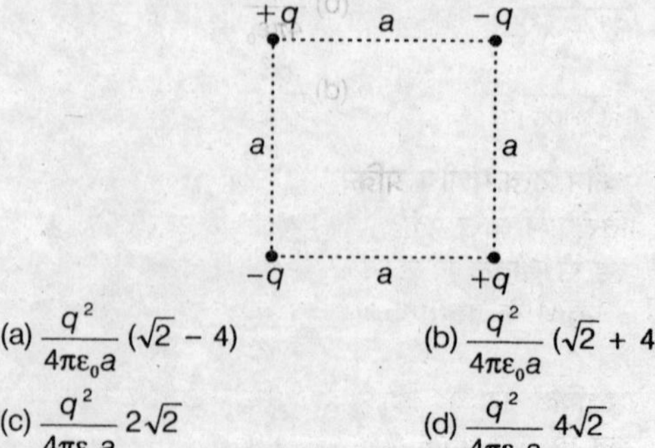

(a) $\frac{q^2}{4\pi\varepsilon_0 a}(\sqrt{2} - 4)$ (b) $\frac{q^2}{4\pi\varepsilon_0 a}(\sqrt{2} + 4)$
(c) $\frac{q^2}{4\pi\varepsilon_0 a} 2\sqrt{2}$ (d) $\frac{q^2}{4\pi\varepsilon_0 a} 4\sqrt{2}$

14. सरल आवर्त गति के अन्तर्गत् किसी दोलित्र वस्तु का आवर्तकाल $T = p^a D^b \rho^c$ द्वारा दिखाया गया है, जहाँ p दाब, D घनत्व तथा ρ पृष्ठ तनाव है। a, b व c के मान हैं

(a) $-\frac{3}{2}, \frac{1}{2}, 1$ (b) $-1, -2, 3$

(c) $\frac{1}{2}, \frac{-3}{2}, \frac{-1}{2}$ (d) $1, 2, \frac{1}{3}$

15. एकल रेखा छिद्र के विवर्तन में केन्द्रीय उच्चिष्ठ की चौड़ाई प्रकाश तरंगदैर्ध्य के

(a) अनुक्रमानुपाती होती है (b) वर्ग के अनुक्रमानुपाती होती है

(c) व्युक्रमानुपाती होती है (d) ऊपर निर्भर नहीं होती

16. किसी केशनली में जल 10 सेमी की ऊँचाई तक चढ़ जाता है। उसी केशनली में पारा 3.42 सेमी गहराई तक गिर जाता है। यदि पारे का आपेक्षिक घनत्व 13.6 हो तथा उसका स्पर्श कोण 135° हो, तो जल तथा पारे के पृष्ठ तनावों का अनुपात होगा

(a) 0.05 (b) 0.10 (c) 0.15 (d) 0.20

17. एक कण x-अक्ष के अनुदिश इस प्रकार चलता है

$$x = 4(t-2) + a(t-2)^2$$

निम्नलिखित में से कौन-सा सत्य है?

(a) कण का प्रारम्भिक वेग 4 है

(b) कण का त्वरण $2a$ है

(c) $t = 0$ पर कण मूल बिन्दु पर है

(d) उपरोक्त में से कोई नहीं

18. दो ग्रहों के द्रव्यमानों का अनुपात x तथा घनत्वों का अनुपात y है। उनकी सतहों पर गुरुत्वीय त्वरणों का अनुपात क्या होगा?

(a) $\frac{x^2}{y}$ (b) $\left(\frac{x^2}{y}\right)^{\frac{1}{3}}$ (c) $x^2 y$ (d) $(xy^2)^{\frac{1}{3}}$

19. यदि एक प्रयोग में M तथा A का मान क्रमशः 3.00 इकाई तथा 2.820 इकाई मापा जाता है, तो भौतिक राशि $Y(= M/A)$ के परिकलित मान में प्रतिशत त्रुटि क्या होगी?

(a) 0.036% (b) 0.072%

(c) 0.36% (d) 0.72%

20. यदि $I = I_0 \sin^2 \frac{2\pi t}{T}$ हो, तो $t = 0$ तथा $t = \frac{T}{2}$ के बीच I का औसत मान क्या होगा?

(a) $\sqrt{2}\, I_0$ (b) $\frac{I_0}{\sqrt{2}}$ (c) $\frac{I_0}{2}$ (d) I_0

21. आवेश q द्वारा समान रूप से आवेशित त्रिज्या R के वलय के अक्ष पर, केन्द्र से x दूरी के बिन्दु पर वैद्युत विभव V क्या होगा?

(a) $\frac{q^2}{4\pi\varepsilon_0} \cdot \frac{1}{(R^2 + x^2)^{1/2}}$ (b) $\frac{q}{4\pi\varepsilon_0} \cdot \frac{1}{(R^2 + x^2)^{1/2}}$

(c) $\frac{q}{4\pi\varepsilon_0} \cdot \frac{1}{(R^2 + x^2)^{3/2}}$ (d) $\frac{q^2}{4\pi\varepsilon_0} \cdot \frac{1}{(R^2 + x^2)^{3/2}}$

22. निम्न में से कौन उत्क्रमणीय प्रक्रिया है?

(a) किसी प्रतिरोध में धारा प्रवाह कर ऊष्मा की उत्पत्ति

(b) उच्च पिण्ड से शीतल पिण्ड में ऊष्मा का संचरण

(c) कार्यशील पदार्थ के दाब एवं आयतन में अत्यन्त धीमी दर से परिवर्तन

(d) किसी वास्तविक गैस का छिद्रयुक्त प्लग से, जो वातावरण से पृथक्कीकृत हो, बल-पूर्वक भेजा जाना

23. पृथ्वी का द्रव्यमान M तथा त्रिज्या R है। व्यक्ति भूमध्य रेखा पर भारहीन महसूस करे, इसके लिए पृथ्वी का एक दिन कितना लम्बा होना चाहिए? (गुरुत्वीय त्वरण $= g$)

(a) $2\pi\sqrt{\frac{R}{g}}$ (b) $\frac{1}{2\pi}\sqrt{\frac{g}{R}}$

(c) $\frac{1}{2\pi}\sqrt{\frac{g}{MR}}$ (d) $2\pi\sqrt{\frac{MR^2}{g}}$

24. तीन सदिश **A**, **B** तथा **C** एक ही तल में तभी होंगे, जब

(a) $\mathbf{A} \cdot \mathbf{B} = \mathbf{B} \cdot \mathbf{C} = \mathbf{A} \cdot \mathbf{C} = 0$

(b) $\mathbf{A} \cdot (\mathbf{B} \times \mathbf{C}) = 0$

(c) $\mathbf{A} \times (\mathbf{B} \times \mathbf{C}) = 0$

(d) $(\mathbf{A} \cdot \mathbf{B}) \times \mathbf{C} = 0$

25. एक छोटा ठोस गोलक एक श्यान द्रव में गिराया जाता है। यह अन्ततः एकसमान वेग से चलता है, जो कहलाता है

(a) पलायन वेग (b) अन्तिम वेग

(c) क्रान्तिक वेग (d) रेनॉल्ड वेग

26. रुद्धोष्म प्रक्रम इस प्रकार से भी जाना जाता है

(a) समएन्ट्रापिक (b) समतापीय

(c) समदाबीय (d) समआयतनिक

27. कैपलर का द्वितीय नियम-क्षेत्रीय वेग अचर रहता है—निम्न में से किस संरक्षण नियम के तुल्य है?

(a) ऊर्जा (b) रेखीय संवेग

(c) कोणीय संवेग (d) इनमें से कोई नहीं

28. किस ताप पर फॉरेनहाइट एवं केल्विन ताप मापक्रमों पर एकसमान संख्यात्मक मान होगा?

(a) – 40.75° (b) 180.25° (c) 435.50° (d) 574.25°

29. दो सदिशों **A** तथा **B** का योग उनके अन्तर के लम्बवत् है तब

(a) $A = B$

(b) $A = 2B$

(c) $B = 2A$

(d) A तथा B समान दिशा में है

30. दो प्रकाश तरंगों की तीव्रताओं का अनुपात 25 : 16 है। यदि वे व्यतिकरण करें, तो परिणामी प्रतिरूप में महत्तम एवं न्यूनतम तीव्रताओं का अनुपात होगा।

(a) 5 : 4 (b) 9 : 1 (c) 49 : 9 (d) 81 : 1

31. एक प्रकाश किरण किसी पारदर्शी प्लेट पर ध्रुवण कोण पर आपतित है। यदि प्लेट का अपवर्तनांक $\sqrt{3}$ हो, तो अपवर्तन कोण क्या होगा?

(a) 30° (b) 60°

(c) 90° (d) 120°

32. f_1 तथा f_2 फोकस दूरी वाले दो लेंसों के मध्य दूरी d हो, तो न्यूनतम गोलीय विपथन कब होगा?

(a) $d = \frac{1}{2}(f_1 + f_2)$ (b) $d = \frac{1}{2}(f_1 - f_2)$

(c) $d = f_1 - f_2$ (d) $d = f_1 + f_2$

33. l भुजा वाले एक घन के केन्द्र पर विद्युत आवेश q रखा है। घन के एक फलक से होकर जाने वाले विद्युत फ्लक्स का मान होगा

(a) $\frac{q}{6\varepsilon_0}$ (b) $\frac{q}{l\varepsilon_0}$ (c) $\frac{q}{l^2\varepsilon_0}$ (d) $\frac{ql^2}{4\pi\varepsilon_0}$

34. 40 Ω के प्रतिरोध के एक तार को चित्रानुसार पूर्ण वृत्त के रूप में मोड़ दिया जाता है। बिन्दुओं A तथा B के बीच प्रभावी प्रतिरोध कितना होगा?

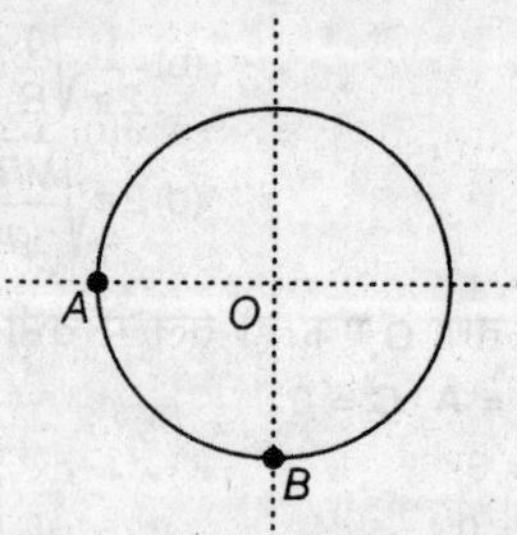

(a) 40.33 Ω (b) 30.66 Ω
(c) 7.50 Ω (d) 5.00 Ω

35. 50000 वोल्ट त्वरण विभव वाली एक्स–रे नलिका से प्राप्त विकिरण की न्यूनतम तरंगदैर्ध्य लगभग कितनी होगी?
(a) 0.0025 Å (b) 0.025 Å (c) 0.250 Å (d) 2.5 Å

36. एक गेंद एक नियत बिन्दु से (ग्रह के तल से) किसी कोण से प्रक्षेपित की जाती है, क्षैतिज व ऊर्ध्व विस्थापन तथा समय t के साथ समीकरणों $x = 10\sqrt{3}t$ तथा $y = 10t - t^2$ के अनुसार बढते है गेंद किस अधिकतम ऊँचाई तक जाएगी?
(a) 100 मी (b) 75 मी (c) 50 मी (d) 25 मी

37. सौर ऊर्जा का क्या स्रोत होता है?
(a) रासायनिक क्रियाएँ
(b) नाभिकीय संलयन
(c) नाभिकीय विखण्डन
(d) अन्य सौर समूहों के साथ गुरुत्वीय अन्योन्य क्रियाएँ

38. अर्द्ध–तरंग दिष्टकारी की अधिकतम दक्षता क्या होती है?
(a) 25.3% (b) 40.6% (c) 50.5% (d) 81.2%

39. 3 मिमी त्रिज्या वाले साबुन के एक बुलबुले के अन्दर दाब आधिक्य कितना होगा? (पृष्ठ तनाव 0.03 न्यूटन/मी है)
(a) 60 न्यूटन/मी^{2} (b) 120 न्यूटन/मी^{2}
(c) 40 न्यूटन/मी^{2} (d) 80 न्यूटन/मी^{2}

40. समान लम्बाई, किन्तु क्रमशः $r, 2r$ एवं $3r$ आन्तरिक त्रिज्याओं वाली तीन केशनलिकाएँ श्रेणीक्रम में जुड़ी हैं। इनमें द्रव धारा रेखीय प्रवाह कर रहा है। यदि सम्पूर्ण निकाय के सिरों का दाबान्तर 77 सेमी (पानी का) हो, तो प्रथम केशनली के पार दाबान्तर कितना होगा?
(a) 71.64 सेमी (b) 70.32 सेमी
(c) 76.00 सेमी (d) 77.00 सेमी

41. द्वि–परमाणुक गैस की ग्राम अणुक विशिष्ट ऊष्माओं का अनुपात (γ) क्या है?
(a) 1.66 (b) 1.33 (c) 1.40 (d) 1.00

42. यदि NTP पर हाइड्रोजन अणु का वर्ग–माध्य–मूल वेग 1.84 किमी/से हो, तो NTP पर ऑक्सीजन अणु के लिए यह क्या होगा?
(a) 0.42 किमी/से (b) 0.40 किमी/से
(c) 0.38 किमी/से (d) 0.46 किमी/से

43. एक इलेक्ट्रॉन सूक्ष्मदर्शी का विभवान्तर 20 kV से बढ़ा कर 80 kV कर देने पर उसकी विभेदन क्षमता कितनी हो जाएगी?
(a) दो गुनी (b) चार गुनी (c) आधी (d) एक–चौथाई

44. 1 किग्रा द्रव्यमान वाली गेंद दो डोरियों OA तथा OB की साम्यावस्था से लटकायी जाती है जैसा कि चित्र में दर्शाया गया है। डोरियों OA तथा OB में तनाव क्या है?
(g = 10 मी/से^{2})

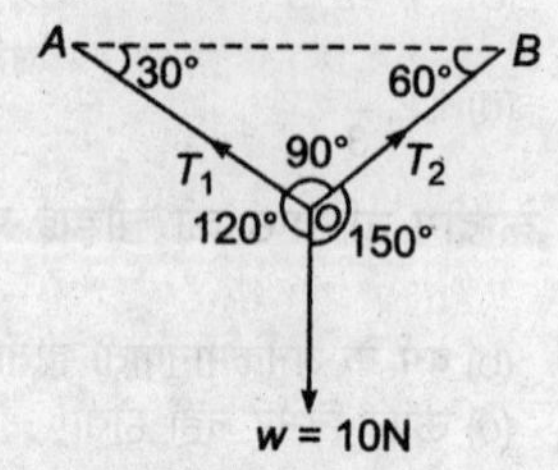

(a) 5 न्यूटन, शून्य
(b) शून्य, 5 न्यूटन
(c) 5 न्यूटन, $5\sqrt{3}$ न्यूटन
(d) $5\sqrt{3}$ न्यूटन, 5 न्यूटन

45. एक स्प्रिंग की लम्बाई 10 सेमी तथा बल नियतांक 10^3 न्यूटन/मी है। उसके छोरों पर 10 ग्राम तथा 90 ग्राम के दो द्रव्यमान सम्बद्ध है। यदि स्प्रिंग को क्षैतिज मेज़ पर रखें और खींच कर छोड़ दें, तो दोलन की आवृत्ति क्या होगी?
(a) 50 हर्ट्ज (b) 45 हर्ट्ज
(c) 53 हर्ट्ज (d) 60 हर्ट्ज

46. दो वस्तुएँ, जिनके द्रव्यमान M_1 व M_2 हैं, टकराने से पहले इनके वेग क्रमशः v_1 व v_2 हैं। टकराने के बाद इनके वेग v_2 व v_1 हो जाते हैं, तब $M_1 : M_2$ होगा
(a) $2(v_1 / v_2)$ (b) $2(v_2 / v_1)$
(c) 1 : 1 (d) (v_1^2 / v_2^2)

47. धातु के एक ठोस आवेशित गोले के पृष्ठ से केन्द्र की ओर जाने पर विद्युत क्षेत्र
(a) बढ़ता है
(b) घटता है
(c) उतना रहता है जितना पृष्ठ पर है
(d) सब जगह शून्य रहता है

48. स्व–प्रेरण गुणांक 0.4 मिलीहेनरी वाली एक कुण्डली में धारा को 0.1 सेकण्ड में 250 मिलीऐम्पियर परिवर्तित किया जाता है। कुण्डली से प्राप्त प्रेरित विद्युत वाहक बल कितना होगा?
(a) – 1 मिलीवोल्ट (b) – 2 मिलीवोल्ट
(c) – 3 मिलीवोल्ट (d) – 5 मिलीवोल्ट

49. एक 220 वोल्ट प्रत्यावर्ती धारा स्रोत एक हेनरी के प्रेरक से जोड़ा जाता है। यदि स्रोत की आवृत्ति 50 हर्ट्ज हो, तो शक्ति–क्षय क्या होगा?
(a) 220 वाट (b) 110 वाट (c) 440 वाट (d) शून्य

50. एक X-किरण नालिका 20 किलोवोल्ट पर कार्य करती है। निम्न में से कौन–सा कथन सही है?

1. 0.5 Å तरंगदैर्ध्य उपस्थित नहीं होगी।

2. 0.8 Å तरंगदैर्ध्य उपस्थित होगी।

($h = 6.6 \times 10^{-34}$ जूल-सेकण्ड, $c = 3 \times 10^8$ मी/से,
1 eV = 1.6×10^{-19} जूल)
(a) केवल 1 (b) केवल 2
(c) 1 एवं 2 दोनों (d) न 1 और न 2

51. रेडॉन की अर्द्ध-आयु 3.8 दिन है। यदि प्रारम्भ में 9.6 मिलीग्राम रेडॉन हो, तो 19 दिन पश्चात् कितनी बचेगी?
(a) 0.5 मिलीग्राम (b) 0.6 मिलीग्राम
(c) 0.3 मिलीग्राम (d) 0.2 मिलीग्राम

52. + 4 डायोप्टर एवं – 2 डायोप्टर क्षमताओं के दो लेन्स सम्पर्क में रखे हो, तो संयुक्त लेन्स की फोकस दूरी क्या होगी?
(a) 100 सेमी (b) 75 सेमी (c) 50 सेमी (d) 25 सेमी

53. $\frac{1}{\mu_0 \varepsilon_0}$ की विमा क्या है?
(a) $[LT^{-1}]$ (b) $[L^{-1}T]$ (c) $[L^{-2}T^2]$ (d) $[L^2T^{-2}]$

54. मैलस का नियम है
(a) $I = I_0 \sin^2 \theta$ (b) $I = I_0 \sin \theta$
(c) $I = I_0 \cos^2 \theta$ (d) $I = I_0 \tan^2 \theta$

55. एक ट्रांजिस्टर प्रवर्धक के लिए $\beta = 30$, $R_{\text{लोड}} = 4000\,\Omega$ तथा निवेशी प्रतिरोध $R_{\text{निवेशी}} = 400\,\Omega$ है। इसका वोल्टेज प्रवर्धन क्या होगा?
(a) 100 (b) 200 (c) 300 (d) 400

56. पृथ्वी तल से ऊपर जाने पर गुरुत्वीय त्वरण के परिवर्तन का सूत्र है
(a) $g' = \frac{g}{\left(1 - \frac{h}{R_e}\right)^2}$ (b) $g' = \frac{g}{\left(1 - \frac{h}{R_e}\right)}$
(c) $g' = \frac{g}{\left(1 + \frac{h}{R_e}\right)}$ (d) $g' = \frac{g}{\left(1 + \frac{h}{R_e}\right)^2}$

57. पूर्णत: दृढ़ वस्तु के लिए यंग प्रत्यास्थता गुणांक का मान क्या होगा?
(a) ∞ (b) 100
(c) 1 (d) 0

58. सरल आवर्त गति में क्या स्थिर रहता है?
(a) प्रत्यानयन बल (b) गतिज ऊर्जा
(c) स्थितिज ऊर्जा (d) आवर्तकाल

59. कलान्तर $(\Delta\phi)$ और पथान्तर (Δx) में क्या सम्बन्ध होता है?
(a) $\Delta\phi = \frac{2\pi}{\lambda}\Delta x$ (b) $\Delta\phi = \frac{\lambda}{2\pi}\Delta x$
(c) $\Delta\phi = \frac{\lambda}{2\pi\Delta x}$ (d) $\Delta\phi = \frac{\pi}{\lambda}\Delta x$

60. जब एक दृढ़ पिण्ड पर लगने वाला परिणामी बाह्य बल आघूर्ण शून्य हो, तो क्या नियत हो जाता है?
(a) रेखीय संवेग (b) ऊर्जा
(c) कोणीय संवेग (d) इनमें से कोई नहीं

61. यदि क्रमश: 5 मिमी तथा 4 मिमी व्यास की दो केशनली पानी में खड़ी की गई, तब 5 मिमी व्यास की नली में पानी 5.7 मिमी तक चढ़ता है। दूसरी नली में पानी कितना ऊपर तक चढ़ेगा?
(a) 5.7 मिमी (b) 7.1 मिमी
(c) 6.6 मिमी (d) 9.9 मिमी

62. विवर्तन क्या प्रदर्शित करता है?
(a) कण प्रकृति
(b) तरंग प्रकृति
(c) दोनों कण तथा तरंग प्रकृति
(d) उपरोक्त में से कोई नहीं

63. एक सरल लोलक के आवर्तकाल के वर्ग तथा लम्बाई के बीच ग्राफ कैसा होगा?
(a) सरल रेखा (b) वृत्त
(c) परवलय (d) अतिपरवलय

64. हाइड्रोजन गैस में ध्वनि तरंग कैसी होती हैं?
(a) अनुप्रस्थ (b) अनुदैर्ध्य
(c) अप्रगामी (d) विद्युत चुम्बकीय

65. प्रत्यावर्ती धारा परिपथ में अनुनाद की दशा है
(a) $L > \frac{1}{\omega^2 C}$ (b) $L < \frac{1}{\omega^2 C}$
(c) $L = \frac{1}{\omega^2 C}$ (d) $L = C$

66. एक आदर्श वोल्टमापी का आन्तरिक प्रतिरोध क्या होना चाहिए?
(a) शून्य
(b) अनन्त
(c) स्रोत के आन्तरिक प्रतिरोध के बराबर
(d) ऋणात्मक

67. अपवर्तनांक μ_2 का एक लेन्स अपवर्तनांक μ_1 के माध्यम में डूबा हुआ है। लेन्स के सतहों की वक्रता त्रिज्या R_1 तथा R_2 है। उसकी फोकल लम्बाई (f) क्या होगी?
(a) $\frac{1}{f} = (\mu_2 - 1)\left(\frac{1}{R_1} - \frac{1}{R_2}\right)$
(b) $\frac{1}{f} = \left(\frac{\mu_2}{\mu_1} - 1\right)\left(\frac{1}{R_1} - \frac{1}{R_2}\right)$
(c) $\frac{1}{f} = \left(\frac{\mu_2}{\mu_1} - 1\right)\left(\frac{1}{R_1} + \frac{1}{R_2}\right)$
(d) $\frac{1}{f} = \left(\frac{\mu_1}{\mu_2} - 1\right)\left(\frac{1}{R_1} + \frac{1}{R_2}\right)$

68. प्रत्यावर्ती धारा और विभवान्तर में यदि कलान्तर $\frac{\pi}{2}$ हो, तो निम्न में से कौन-सा परिपथ का घटक नहीं हो सकता?
(a) R, L दोनों मौजूद (b) C अकेला मौजूद
(c) L अकेला मौजूद (d) L, C दोनों मौजूद

69. प्रकाश विद्युतीय प्रभाव में अधिकतम ऊर्जा वाले इलेक्ट्रॉन कहाँ से उत्सर्जित होते हैं?
(a) आन्तरिक कक्षाओं से
(b) धातु की सतह से
(c) नाभिक से
(d) धातु के अन्तर्भाग से

70. निम्न में से कौन सी विकृति की इकाई है?
(a) जूल (b) न्यूटन
(c) इकाई नहीं होती (d) वाट

71. सूत्र वोल्ट × आवेश/समय $\left(V \times \frac{Q}{T}\right)$ किसके समतुल्य हो सकता है?
(a) त्वरण (b) किया गया कार्य
(c) शक्ति (d) गति

72. कम प्रतिधारिता (धारणशीलता) वाला पदार्थ किस प्रकार की चुम्बक बनाने के लिए उपयुक्त है?
(a) दूर्बल चुम्बक (b) अस्थायी चुम्बक
(c) स्थायी चुम्बक (d) विद्युत चुम्बक

73. आरोपित संवहन (forced convection) की स्थिति में ठण्डे हो रहे पिण्ड से ऊष्मा हानि की दर, समानुपाती होती है, इसकी (i) ऊष्मा धारिता, (ii) पृष्ठ–क्षेत्रफल, (iii) परमताप, (iv) वातावरण की अपेक्षा ताप की अधिकता।
(a) (i), (ii) व (iii) सत्य हैं (b) (i) व (ii) सत्य हैं
(c) (ii) व (iv) सत्य हैं (d) केवल (iv) सत्य है

74. 1.5×10^{-6} कूलॉम का बिन्दु आवेश केन्द्र पर रखा हो, तो 30 वोल्ट विभव वाले समविभव पृष्ठ की त्रिज्या क्या होगी?
(a) 135 मी (b) 450 मी
(c) 270 मी (d) 900 मी

75. नाभिकीय कणों का आकर्षण बल किसके आदान–प्रदान के कारण होता है?
(a) फोटॉन (b) मेसॉन
(c) हैड्रॉन (d) न्यूट्रीनो

76. 2 ग्राम द्रव्यमान एवं $+5\mu C$ आवेश का एक पिण्ड डोरी के छोर पर छत से लटका है। यदि 10 kV/m का क्षैतिज विद्युत क्षेत्र लगाया जाये, तो डोरी एवं उर्ध्व दिशा के बीच क्या कोण बनेगा?
(a) $\tan^{-1}(2.55)$ (b) $\tan^{-1}(3.00)$
(c) $\tan^{-1}(3.55)$ (d) $\tan^{-1}(4.00)$

77. यदि ध्रुवक पर आपतित अध्रुवित प्रकाश की तीव्रता I_0 हो और ध्रुवक एवं विश्लेषक के बीच कोण 60° हो, तो निर्गत् प्रकाश की तीव्रता क्या होगी?
(a) $\frac{I_0}{8}$ (b) $\frac{I_0}{4}$
(c) $\frac{I_0}{2}$ (d) I_0

78. एक पिस्टन युक्त सिलिण्डर में 27°C पर 0.2 मोल वायु भरी है। पिस्टन को इतने धीरे धकेला जाता है कि इसके भीतर की वायु परिवेश के साथ ऊष्मीय सन्तुलन में रहती है। यदि अन्तिम आयतन प्रारम्भिक आयतन का दोगुना है तो निकाय द्वारा किया गया कार्य लगभग होगा
(a) 543 जूल (b) 345 जूल (c) 453 जूल (d) 600 जूल

79. जब एक तार में तनाव T_1 हो, तो लम्बाई T_1 है तथा जब तनाव T_2 हो, तो लम्बाई L_2 है। जब तनाव ही न हो, तो लम्बाई क्या होगी?
(a) $\frac{(T_2L_1 - T_1L_2)}{(T_2 - T_1)}$ (b) $\frac{(T_2 - T_1)}{(T_2L_1 - T_1L_2)}$
(c) शून्य (d) $\frac{(T_2L_1 - T_1L_2)}{(T_2^2 - T_1^2)}$

80. किसी द्रव्यमान वितरण के कारण x-दिशा में दूरी x पर गुरुत्वीय क्षेत्र $kx^{\frac{-3}{2}}$ है (नियतांक $k > 0$)। यदि अनन्त पर विभव शून्य हो, तो x दूरी पर विभव क्या होगा?
(a) $2k\sqrt{x}$ (b) $\frac{2k}{\sqrt{x}}$
(c) $2kx^3$ (d) $\frac{2k}{x^3}$

81. 1 मी लम्बी अनुनाद नली (आन्तरिक त्रिज्या 1 सेमी) का 2000 हर्ट्ज आवृत्ति वाले स्वरित्र से अनुनाद कराने पर प्रथम अनुनाद 4.6 सेमी पर तथा द्वितीय 14.0 सेमी पर सुनाई पड़ता है। ध्वनि की चाल कितनी है?
(a) 332 मी/से (b) 336 मी/से
(c) 340 मी/से (d) 376 मी/से

82. किसी पिण्ड द्वारा t समय में चली गई दूरी x का व्यंजक है $x = a + \frac{bt^2}{a}$। a तथा b की विमाएँ क्या होंगी?
(a) [L], $[L^2T^{-2}]$ (b) $[LT^{-1}]$, $[LT^{-2}]$
(c) [L], $[LT^{-2}]$ (d) [v], $[L^2T^{-2}]$

83. यदि कण की स्थिति y को व्यंजक $y = 3t^3 + t^2 + 5$ दर्शाता है, तो $t = 2$ पर त्वरण क्या होगा?
(a) 5.39 (b) 5.38 (c) 37 (d) 38

84. यदि विभव का व्यंजक $V = 5(x^2 + xy)$ हो, तो बिन्दु (1, – 2, 0) पर विद्युत क्षेत्र क्या होगा?
(a) $\mathbf{E} = -5\hat{j}$ (b) $\mathbf{E} = -5\hat{i}$
(c) $\mathbf{E} = -5\hat{i} + 5\hat{j}$ (d) $\mathbf{E} = -3\hat{i} - 3\hat{j}$

85. एक सरल लोलक के दोलक का द्रव्यमान m व आवेश q है। आलम्बन बिन्दु एक σ सतह आवेश घनत्व के क्षैतिज तल पर स्थित है। साम्यावस्था में लोलक का धागा ऊर्ध्वाधर से θ कोण बनाता है। यदि आवर्तकाल T हो, तो
(a) $\tan\theta = \frac{\sigma q}{2\varepsilon_0 mg}$ (b) $\tan\theta = \frac{\sigma q}{\varepsilon_0 mg}$
(c) $T > 2\pi\sqrt{\frac{l}{g}}$ (d) $T = 2\pi\sqrt{\frac{l}{g}}$

86. एक पिण्ड पर बल $\mathbf{F} = 4\hat{j} + 5\hat{i} + 6\hat{k}$ लगाया जाता है और इसका विस्थापन $\mathbf{x} = 3\hat{i} + 7\hat{j} + 8\hat{k}$ हो जाता है। किया गया कार्य कितना था?
(a) 48 (b) 60
(c) 95 (d) 120

87. एक वलय, एक वृत्ताकार पटल, एक गोलीय शेल और एक ठोस गोले का द्रव्यमान तथा त्रिज्या समान है। अपने ज्यामितीय अक्ष के परितः किसका जड़त्त्व आघूर्ण न्यूनतम होगा?
(a) वलय (b) वृत्ताकार पटल
(c) गोलीय शेल (d) ठोस गोला

88. निम्न में से कौन पदार्थ के विभिन्न प्रत्यास्थताकों का सही सम्बन्ध निरुपित करता है?
(a) $\frac{3}{Y} = \frac{9}{\eta} + \frac{1}{K}$ (b) $\frac{3}{Y} = \frac{1}{\eta} + \frac{9}{K}$
(c) $\frac{9}{Y} = \frac{3}{\eta} + \frac{1}{K}$ (d) $\frac{9}{Y} = \frac{1}{\eta} + \frac{3}{K}$

89. एक कण वृत्ताकार पथ में समान चाल से गतिशील है। इसका त्वरण किस दिशा में होगा?
(a) त्रिज्या की दिशा में
(b) पथ के स्पर्शी की दिशा में
(c) पथ के तल की लम्बवत् दिशा में
(d) त्वरण शून्य होगा

90. सामान्य वायुमण्डलीय दाब 10^5 पास्कल होता है। आपके सिर के 3 सेमी² क्षेत्रफल पर वायुमण्डल कितना बल लगा रहा है?
(a) 10 न्यूटन (b) 15 न्यूटन
(c) 20 न्यूटन (d) 30 न्यूटन

91. ऊष्मगतिकी का प्रथम नियम निम्न में किस संरक्षण नियम के तुल्य होता है?
(a) ताप (b) ऊर्जा
(c) ऊष्मा (d) संवेग

92. यदि C_p तथा C_V क्रमशः स्थिर दाब तथा स्थिर आयतन पर आदर्श गैस की मोलर ऊष्मा धारिताएँ हो, तो निम्न में से कौन सी राशि सर्वाधिक नियतांक होगी?

(a) $C_p - C_V$ (b) $C_p + C_V$
(c) $\frac{C_p}{C_V}$ (d) $C_p \cdot C_V$

93. यंग के प्रयोग में 6000 Å तरंगदैर्ध्य का प्रकाश प्रयुक्त करने पर दृष्टिक्षेत्र में 64 फ्रिन्जें दिखाई पड़ती है। 4800Å तरंगदैर्ध्य का प्रकाश प्रयोग करने पर कितनी फ्रिन्जें दिखाई पड़ेंगी?

(a) 50 (b) 64
(c) 80 (d) 120

94. दो निकटवर्ती पियानो कुँजी (piano keys) को एकसाथ दबा दिया जाए, तो इनके द्वारा उत्सर्जित स्वरों की आवृत्तियाँ n_1 व n_2 प्राप्त होती हैं। प्रति सेकण्ड सुने गए विस्पन्दों की संख्या है

(a) $(n_1 - n_2)^2/2$ (b) $(n_1 + n_2)^2/2$
(c) $(n_1 - n_2)$ (d) $2(n_1 - n_2)^2$

95. r दूरी पर रखे हुए दो इलेक्ट्रॉनों के बीच बल परिवर्तित होता है

(a) r^2 (b) r
(c) r^{-1} (d) r^{-2}

96. 60 सेमी लम्बी तथा 2 सेमी व्यास वाली एक वायु क्रोड परिनालिका में 2000 टर्न है। यदि उसमें 5 ऐम्पियर धारा प्रवाह हो, तो उसमें उत्पन्न फ्लक्स घनत्व क्या होगा?

(a) 0.042 टेस्ला (b) 0.035 टेस्ला
(c) 0.030 टेस्ला (d) 0.021 टेस्ला

97. यदि हाइड्रोजन परमाणु का इलेक्ट्रॉन तृतीय कक्षा से द्वितीय कक्षा में कूदता है, तो उत्सर्जित विकिरण की तरंगदैर्ध्य क्या होगी?

(a) $\frac{36}{5R}$ (b) $\frac{5R}{36}$
(c) $\frac{5}{R}$ (d) $\frac{R}{6}$

98. एक ड्राई सेल का विद्युत वाहक बल 1.5 वोल्ट तथा आन्तरिक प्रतिरोध 0.05 Ω है। इस सेल द्वारा, अति सूक्ष्म अन्तराल के लिए प्राप्त अधिकतम धारा है

(a) 30 ऐम्पियर (b) 400 ऐम्पियर
(c) 5 ऐम्पियर (d) 0.5 ऐम्पियर

99. 2000 Å तरंगदैर्ध्य के पराबैंगनी प्रकाश द्वारा निकिल की सतह से उत्सर्जित अधिकतम द्रुवगामी प्रकाशीय इलेक्ट्रॉनों को रोकने के लिए कितना विभव लगाना पड़ेगा?
(निकिल का कार्य फलन = 5.01 eV)

(a) 5.01 वोल्ट (b) 3.02 वोल्ट
(c) 2.10 वोल्ट (d) 1.20 वोल्ट

100. नाभिकीय बल होता है

(a) सदैव प्रतिकर्षी (b) सदैव आकर्षी
(c) वृहत् दूरियों पर आकर्षी एवं अल्प दूरियों पर प्रतिकर्षी
(d) अल्प दूरियों पर आकर्षी एवं वृहत् दूरियों पर प्रतिकर्षी

101. श्यानता गुणांक η की विमा क्या होती है?

(a) $[ML^{-1}T^{-1}]$ (b) $[ML^{-1}T^{-2}]$
(c) $[MT^{-2}T^{-2}]$ (d) $[ML^{-2}T^{-1}]$

102. यदि कण को बिन्दु A से बिन्दु B तक ले जाने में बल द्वारा किया गया कार्य पथ पर निर्भर न करता हो, तो वह बल किस प्रकार का होता है?

(a) केन्द्रीय (b) असंरक्षी
(c) संरक्षी (d) व्युत्क्रम वर्ग नियम बल

103. एक रुद्धोष्म प्रक्रम के लिए ऊष्मागतिकी का प्रथम नियम है

(a) $dU = \delta W$ (b) $dU = 0$
(c) $dU = -\delta W$ (d) $dU = -\delta Q + 2\delta W$

104. एक कार्नो इन्जन जब स्रोत 1000 K तथा सिंक 500K के बीच कार्य करता है, तो उसकी दक्षता वही है जो स्रोत T K तथा सिंक 1000 K के बीच कार्य करने पर होती। T का मान क्या है?

(a) 1500 K (b) 2000 K (c) 3000 K (d) 500 K

105. एक व्यक्ति 40 सेमी से अधिक दूरी पर रखी वस्तु नहीं देख पाता। सुदूर वस्तुएँ स्पष्ट देखने के लिए उसे किस क्षमता के लेन्स की आवश्यकता है?

(a) – 3.5 डायोप्टर (b) + 3.5 डायोप्टर
(c) – 2.5 डायोप्टर (d) + 2.5 डायोप्टर

106. 440 हर्ट्ज वाली आवृत्ति के एक ध्वनि स्रोत को 1.5 मी लम्बी डोरी के छोर पर बाँध कर 20 रेडियन प्रति सेकण्ड के कोणीय वेग से क्षैतिज तल में घुमाया जाता है। दूर खड़े श्रोता द्वारा सुनी जाने वाली ध्वनि का आवृत्ति-परिसर क्या होगा? (ध्वनि का वायु में वेग = 330 मी/से)

(a) (440-480) हर्ट्ज (b) (403-484) हर्ट्ज
(c) (400-500) हर्ट्ज (d) (408-490) हर्ट्ज

107. यदि किसी माध्यम के लिए ध्रुवण कोण 60° हो, तो उसके लिए क्रान्तिक कोण क्या होगा?

(a) 60° (b) $\cos^{-1}\frac{1}{\sqrt{3}}$
(c) $\sin^{-1}\frac{1}{\sqrt{3}}$ (d) $\tan^{-1}\frac{1}{\sqrt{3}}$

108. 0.5 मी लम्बा ऑर्गन पाइप दोनों सिरों पर खुला है। उसके मूल स्वर की आवृत्ति क्या होगी?
(वायु में ध्वनि का वेग = 350 मी/से)

(a) 350 हर्ट्ज (b) 175 हर्ट्ज
(c) 700 हर्ट्ज (d) 450 हर्ट्ज

109. 27 एकसमान पारे की बूंदों में प्रत्येक को 10 वोल्ट विभव तक आवेशित किया जाता है। तत्पश्चात् सबको मिलाकर एक बड़ी बूंद बनाया जाता है। बड़ी बूंद का विभव क्या होगा?

(a) 270 वोल्ट (b) 30 वोल्ट
(c) 60 वोल्ट (d) 90 वोल्ट

110. तीन बराबर प्रतिरोध R त्रिभुज की भुजाओं के रूप में जुड़े हैं। त्रिभुज के किन्हीं दो सिरों के बीच प्रतिरोध कितना होगा?

(a) $3R$ (b) $\frac{3}{2}R$ (c) $\frac{1}{3}R$ (d) $\frac{2}{3}R$

111. दो लम्बे समानान्तर तारों के मध्य दूरी $2R$ है। तारों से विपरीत दिशाओं में धारा i तथा $2i$ प्रवाहित हो रही है। तारों के मध्य बिन्दु पर चुम्बकीय क्षेत्र B क्या होगा?

(a) $\frac{\mu_0 i}{2\pi R}$ (b) $\frac{3\mu_0 i}{2\pi R}$
(c) $\frac{2\mu_0 i}{2\pi R}$ (d) $\frac{3\mu_0 i}{\pi R}$

112. निम्न में से कौन-सा *n-p-n* ट्रांजिस्टर का प्रतीक है

(a)
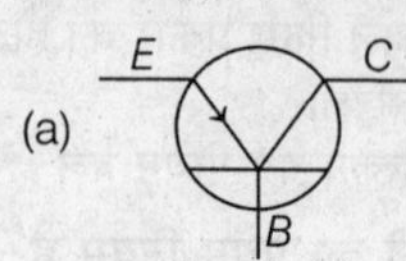

(b)
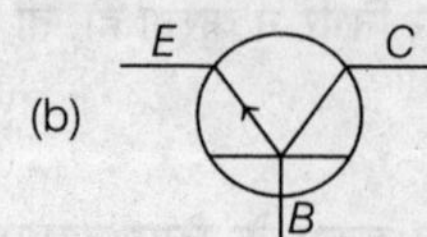

(c)
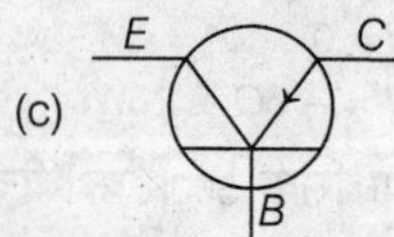

(d)

113. एक तत्व $_{84}X^{202}$ से एक α-कण, फिर एक β-कण उत्सर्जित होता है। यदि अन्तिम उत्पाद $_aY^b$ हो, तो a एवं b क्या होंगे?

(a) 82, 198 (b) 83, 198
(c) 82, 199 (d) 83, 199

114. एक समदैशिक माध्यम के लिए B, μ, H एवं M किस समीकरण द्वारा सम्बन्धित हैं? (जहाँ दिए गए संकेतों का सामान्य अर्थ है)

(a) $(B - M) = \mu_0 H$
(b) $M = \mu_0 (H + M)$
(c) $H = \mu_0 (H + M)$
(d) $B = \mu_0 (H + M)$

115. पतले लेन्स की फोकस दूरी के लिए न्यूटन का सूत्र है

(a) $xx' = -ff'$ (b) $xx' = ff'$
(c) $xx' = -f^2f'$ (d) $xx' = f/f'$

116. एक प्रिज्म का कोण 60° तथा अल्पतम विचलन कोण 30° है। प्रिज्म के पदार्थ का अपवर्तनांक क्या होगा?

(a) 2 (b) $\sqrt{2}$ (c) $\sqrt{\frac{3}{2}}$ (d) $\sqrt{3}$

117. यदि $|\mathbf{A} \times \mathbf{B}| = AB$, तो **A** एवं **B** के बीच का कोण है

(a) 0 (b) $\frac{\pi}{4}$
(c) $\frac{\pi}{2}$ (d) π

118. AND गेट का बूलियन समीकरण है

(a) $Y = A + B$ (b) $Y = A \cdot B$
(c) $Y = \overline{A \cdot B}$ (d) $Y = \overline{A + B}$

119. कक्षीय तथा पलायन वेग (v_o तथा v_e) में क्या सम्बन्ध है? (कक्षा पृथ्वी की सतह के पास है)

(a) $v_e = \sqrt{2}v_o$ (b) $v_e = \sqrt{3}v_o$
(c) $v_e = \sqrt{5}v_o$ (d) $v_e = \sqrt{7}v_o$

120. बरनौली प्रमेय के लिए कौन-सा समीकरण है?

(a) $p + \rho v^2 + \rho gh =$ नियतांक
(b) $p + mv^2 + mgh =$ नियतांक
(c) $p + \frac{1}{2}\rho v^2 + \rho gh =$ नियतांक
(d) $p + \frac{1}{2}mv^2 + mgh =$ नियतांक

उत्तरमाला

1.	(d)	2.	(c)	3.	(d)	4.	(a)	5.	(d)	6.	(d)	7.	(a)	8.	(b)	9.	(c)	10.	(a)
11.	(b)	12.	(b)	13.	(a)	14.	(d)	15.	(a)	16.	(c)	17.	(b)	18.	(d)	19.	(c)	20.	(c)
21.	(b)	22.	(c)	23.	(a)	24.	(b)	25.	(b)	26.	(a)	27.	(c)	28.	(d)	29.	(a)	30.	(d)
31.	(a)	32.	(c)	33.	(a)	34.	(c)	35.	(c)	36.	(d)	37.	(b)	38.	(b)	39.	(c)	40.	(a)
41.	(c)	42.	(d)	43.	(a)	44.	(c)	45.	(c)	46.	(c)	47.	(d)	48.	(a)	49.	(d)	50.	(c)
51.	(c)	52.	(c)	53.	(d)	54.	(c)	55.	(c)	56.	(d)	57.	(a)	58.	(d)	59.	(a)	60.	(c)
61.	(b)	62.	(b)	63.	(a)	64.	(b)	65.	(c)	66.	(b)	67.	(b)	68.	(a)	69.	(b)	70.	(c)
71.	(c)	72.	(b)	73.	(c)	74.	(b)	75.	(b)	76.	(a)	77.	(a)	78.	(b)	79.	(a)	80.	(b)
81.	(d)	82.	(a)	83.	(d)	84.	(a)	85.	(a)	86.	(c)	87.	(d)	88.	(c)	89.	(a)	90.	(d)
91.	(b)	92.	(a)	93.	(c)	94.	(c)	95.	(d)	96.	(d)	97.	(a)	98.	(a)	99.	(d)	100.	(c)
101.	(a)	102.	(c)	103.	(c)	104.	(b)	105.	(c)	106.	(b)	107.	(c)	108.	(a)	109.	(d)	110.	(d)
111.	(b)	112.	(b)	113.	(b)	114.	(d)	115.	(b)	116.	(b)	117.	(c)	118.	(b)	119.	(a)	120.	(c)

उत्तर व्याख्या सहित

2. $n_1 = \frac{\omega_1}{2\pi} = \frac{316}{2\pi} = \frac{158}{\pi}$ हर्ट्ज

$n_2 = \frac{\omega_2}{2\pi} = \frac{310}{2\pi} = \frac{155}{\pi}$ हर्ट्ज

विस्पन्द $= n_2 - n_1 = \frac{158}{\pi} - \frac{155}{\pi} = \frac{3}{\pi}$ हर्ट्ज

3. *L-C-R* परिपथ में परिणामी विभवान्तर,

$$V = \sqrt{V_R^2 + (V_L - V_C)^2}$$

5. दिया है, $R = 15\,k\Omega = 15000\,\Omega$

$V_{rms} = 16\,V$

$V_0 = \sqrt{2}\,V_{rms} = 16\sqrt{2}$ वोल्ट

अधिकतम धारा, $I_0 = \frac{V_0}{R} = \frac{16\sqrt{2}}{15000} = 1.5 \times 10^{-3}$ A

= 1.5 मिलीऐम्पियर

6. फ्लक्स, $\phi_1 = BA\cos\theta = BA\cos 0° = BA$

कुण्डली को 90° घुमाने पर फ्लक्स, $\phi_2 = BA\cos 90° = 0$

फ्लक्स में परिवर्तन, $\Delta\phi = \phi_1 - \phi_2 = BA$

आवेश, $q = \frac{N\Delta\phi}{R} = \frac{NBA}{R} = \frac{N\pi r^2 B}{R}$

10. $F = Bil\sin\theta$

तार के समान्तर बल के लिए, $\theta = 0°$

$F = Bil\sin 0 = 0$

13.

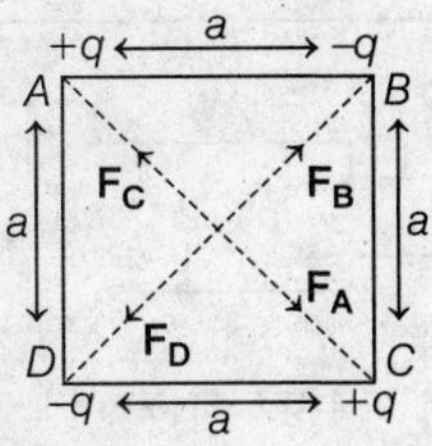

निकाय की स्थितिज ऊर्जा,

$$U = U_{AB} + U_{BC} + U_{CD} + U_{DA} + U_{AC} + U_{BD}$$

$$= \frac{1}{4\pi\varepsilon_0}\left[\frac{q\times(-q)}{AB} + \frac{(-q)\times(q)}{BC} + \frac{q\times(-q)}{CD} + \frac{(-q)\times q}{DA} + \frac{q\times q}{AC} + \frac{(-q)\times(-q)}{BD}\right]$$

$$= \frac{1}{4\pi\varepsilon_0}\left[-\frac{q^2}{a} - \frac{q^2}{a} - \frac{q^2}{a} - \frac{q^2}{a} + \frac{q^2}{a\sqrt{2}} + \frac{q^2}{a\sqrt{2}}\right]$$

$$= \frac{1}{4\pi\varepsilon_0}\cdot\frac{q^2}{a}\left[-4 + \frac{2}{\sqrt{2}}\right]$$

$$= \frac{1}{4\pi\varepsilon_0}\cdot\frac{q^2}{a}[-4 + \sqrt{2}]$$

14. सभी राशियों की विमाएँ लिखने पर,

$$[T] = [ML^{-1}T^{-2}]^a[L^3M]^b[MT^{-2}]^c$$

हल करने पर,

$$a = \frac{-3}{2},\ b = \frac{1}{2} \text{ तथा } c = 1$$

16. केशनली में ऊँचाई,

$$h = \frac{2T\cos\theta}{r\rho g} \text{ या } T = \frac{hr\rho g}{2\cos\theta}$$

जल का पृष्ठ तनाव, $T_1 = \dfrac{10\times r\times 1\times 10^3\times g}{2\cos 0^\circ}$

पारे का पृष्ठ तनाव, $T_2 = \dfrac{3.42\times r\times 13.6\times 10^3\times g}{2\cos 135^\circ}$

$$\therefore \quad \frac{T_1}{T_2} = \frac{10\times 1}{3.42\times 13.6}\times\frac{\cos 135^\circ}{\cos 0^\circ}$$

$= 0.15$ (ऋणात्मक चिन्ह नहीं लेगें)

17. दिया है,

$$x = 4(t-2) + a(t-2)^2$$

$$v = \frac{dx}{dt} = 4 + 2a(t-2), \quad t = 0 \text{ पर},$$

$$v = 4(1-a)$$

त्वरण $a = \dfrac{d^2x}{dt^2} = 2a$

18. गुरुत्वीय त्वरण, $g = \dfrac{GM}{R_e^2}$

द्रव्यमान, $M = \dfrac{4}{3}\pi R^3\cdot\rho \Rightarrow R = \dfrac{M^{1/3}}{\left(\dfrac{4}{3}\pi\rho\right)^{1/3}}$

$$\therefore \quad g = \frac{GM}{\dfrac{M^{2/3}}{\left(\dfrac{4}{3}\pi\rho\right)^{2/3}}} \text{ या } g = GM^{1/3}\left(\frac{4}{3}\pi\rho\right)^{2/3}$$

ग्रहों की सतह पर गुरुत्वीय त्वरणों का अनुपात,

$$\frac{g_1}{g_2} = \frac{GM_1^{1/3}\left(\dfrac{4}{3}\pi\rho_1\right)^{2/3}}{GM_2^{1/3}\left(\dfrac{4}{3}\pi\rho_2\right)^{2/3}} = \left(\frac{M_1}{M_2}\right)^{1/3}\cdot\left(\frac{\rho_1}{\rho_2}\right)^{2/3}$$

दिया है, $\dfrac{M_1}{M_2} = x$ तथा $\dfrac{\rho_1}{\rho_2} = y$

$$\therefore \quad \frac{g_1}{g_2} = (xy^2)^{1/3}$$

19. $\dfrac{\Delta Y}{Y} = \dfrac{\Delta M}{M} + \dfrac{\Delta A}{A}$

अधिकतम प्रतिशत त्रुटि,

$$\frac{\Delta Y}{Y}\times 100 = \frac{\Delta M}{M}\times 100 + \frac{\Delta A}{A}\times 100$$

$$= \frac{0.01}{3.00}\times 100 + \frac{0.001}{2.890}\times 100$$

$$= 0.33 + 0.034 = 0.36\%$$

20. $I = I_0\sin^2\dfrac{2\pi t}{T} = I_0\sin^2\omega t$

$\sin^2\omega t$ के पूर्ण चक के लिए, औसत मान $\dfrac{1}{2}$ होता है।

$$\therefore \quad I = I_0\times\frac{1}{2} = \frac{I_0}{2}$$

23. हम जानते हैं, $g' = g - \omega^2R\cos^2\lambda$

भारहीनता की स्थिति में, $g' = 0$

$\therefore \quad 0 = g - \omega^2R\cos 0^\circ$ (विषुवतीय रेखा के लिए, $\lambda = 0$)

$$0 = g - \omega^2R$$

$$\omega = \sqrt{\frac{g}{R}}$$

आवर्तकाल, $T = \dfrac{2\pi}{\omega} = 2\pi\sqrt{\dfrac{R}{g}}$

28. माना ताप t है।

$$\frac{F-32}{9} = \frac{K-273.15}{5}$$

$$5(F-32) = 9(K-273.15)$$

$$5(t-32) = 9(t-273.15)$$

$$5t - 160 = 9t - 273.15\times 9$$

$$9t - 5t = 2458.35 - 160$$

$$t = 574.5^\circ$$

29. $\mathbf{A}\cdot\mathbf{B} = AB\cos\theta$, दिया है $\theta = 90^\circ \Rightarrow \cos 90^\circ = 0$

तब, $(\mathbf{A}+\mathbf{B})\cdot(\mathbf{A}-\mathbf{B}) = 0$

$$A^2 - B^2 = 0 \text{ या } A = B$$

30. दो कला सम्बद्ध स्रोतों की तीव्रता का अनुपात,

$$\frac{I_1}{I_2} = \frac{25}{16}$$

$$\frac{I_{महत्तम}}{I_{न्यूनतम}} = \frac{\left(\sqrt{\dfrac{I_1}{I_2}}+1\right)^2}{\left(\sqrt{\dfrac{I_1}{I_2}}-1\right)^2} = \frac{\left(\sqrt{\dfrac{25}{16}}+1\right)^2}{\left(\sqrt{\dfrac{25}{16}}-1\right)^2} = \left(\frac{9/4}{1/4}\right)^2 = \left(\frac{9}{1}\right)^2 = \frac{81}{1}$$

$$= 81:1$$

31. $\mu = \tan i_p$

$\sqrt{3} = \tan i_p$

$\tan 60° = \tan i_p$

$i_p = 60°$

हम जानते है, $i_p + r = 90°$

अपवर्तन कोण, $r = 90° - 60° = 30°$

32. दो लेन्सों को उनकी फोकस दूरियों के अन्तर के बराबर दूरी $d = (f_1 - f_2)$ पर रखकर गोलीय विपथन के दोष को दूर किया जा सकता है।

33. किसी बन्द पृष्ठ से निर्गत् कुल फ्लक्स, $\phi = \dfrac{q}{\varepsilon_0}$

चूँकि घन के 6 पृष्ठ होते है अत: घन के एक पृष्ठ से निर्गत् विद्युत फ्लक्स, $\phi = \dfrac{1}{6}\dfrac{q}{\varepsilon_0}$

34.

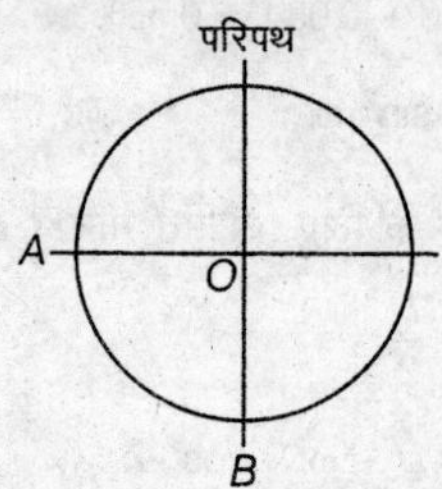

बिन्दु A तथा B के बीच प्रतिरोध ज्ञात करने के लिए परिपथ को इस प्रकार बनाया जा सकता है

10Ω 10Ω 10Ω

A — B

10Ω

$R_1 = 10 + 10 + 10 = 30\Omega$

प्रतिरोध 30Ω तथा 10Ω समान्तर क्रम में है,

$$\frac{1}{R} = \frac{1}{30} + \frac{1}{10}$$

$$\frac{1}{R} = \frac{1+3}{30} = \frac{4}{30}$$

$$R = \frac{30}{4} = 7.50\Omega$$

35. तरंगदैर्ध्य, $\lambda = \dfrac{hc}{eV} = \dfrac{6.6 \times 10^{-34} \times 3 \times 10^8}{1.6 \times 10^{-19} \times 50000}$

$= 0.25 \times 10^{-10}$ m

$= 0.250$ Å

36. $v_y = \dfrac{d}{dt}(y) = \dfrac{d}{dt}(10t) - \dfrac{d}{dt}(t^2) = 10 - 2t$

महत्तम ऊँचाई पर $v_y = 0$

$\therefore \quad 10 - 2t = 0$

या $\quad 2t = 10$ या $t = 5$ सेकण्ड

$\therefore \quad y = (10 \times 5 - 5 \times 5) = 25$ मी

39. आधिक्य दाब, $p = \dfrac{4T}{R} = \dfrac{4 \times 0.03}{3 \times 10^{-3}}$

$= 40$ न्यूटन/मी^{2}

40.

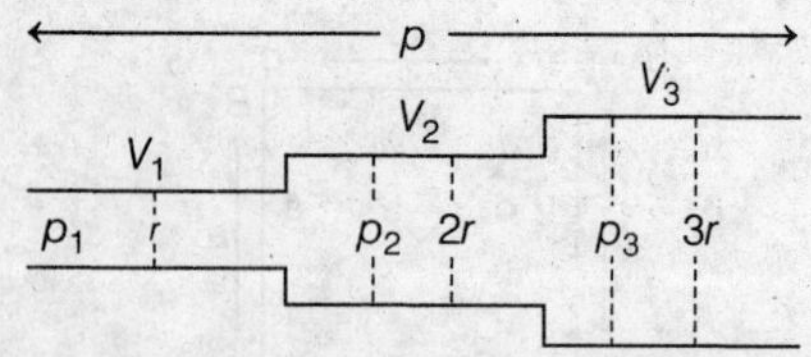

प्रत्येक नली से बहने वाले द्रव का आयतन समान होगा।

द्रव का आयतन, $V = \dfrac{\pi p r^4}{8\eta l}$

चूँकि, $V_1 = V_2$

$$\frac{\pi p_1 r_1^4}{8\eta l} = \frac{\pi p_2 r_2^4}{8\eta l}$$

$$p_1 r_1^4 = p_2 r_2^4 \Rightarrow p_1 r^4 = p_2 (2r)^4$$

$$p_1 = 16 p_2 \Rightarrow p_2 = \frac{p_1}{16}$$

पुन: $V_1 = V_3$

$$p_1 r_1^4 = p_3 r_3^4$$

$$p_1 r_4 = p_3 (3r)^2$$

$$p_1 = 81 p_3 \Rightarrow p_3 = \frac{p_1}{81}$$

सम्पूर्ण दाब, $p = p_1 + p_2 + p_3$

$$p = p_1 + \frac{p_1}{16} + \frac{p_1}{81}$$

$$p_1 = \frac{p}{1 + \frac{1}{16} + \frac{1}{81}} = \frac{77}{1 + \frac{1}{16} + \frac{1}{81}}$$

$p_1 = 71.64$ सेमी

अत: प्रथम केशनली पर दाबान्तर 71.64 सेमी (पानी का) होगा।

41. $C_V = \dfrac{1}{2} fR = \dfrac{5}{2} R \qquad [f = 5]$

$$C_p = \left(\frac{f}{2} + 1\right) R = \left(\frac{5}{2} + 1\right) R = \frac{7}{2} R$$

$$\gamma = \frac{C_p}{C_V} = \frac{\frac{7}{2}R}{\frac{5}{2}R} = \frac{7}{5} = 1.4$$

42. $v_{rms} = \sqrt{\dfrac{3RT}{M}}$

$\therefore \quad \dfrac{(v_{rms})_O}{(v_{rms})_H} = \sqrt{\dfrac{(M)_H}{(M)_O}}$

यहाँ, $(v_{rms})_H = 1.84$ किमी/घण्टा,

$M_H = 2 \times 10^{-3}$ किग्रा/मोल

$M_O = 32 \times 10^{-3}$ किग्रा/मोल

$\therefore \quad (v_{rms})_O = (v_{rms})_H \times \sqrt{\dfrac{M_H}{M_O}}$

$\Rightarrow \quad (v_{rms}) = 1.84 \times \sqrt{\dfrac{2 \times 10^{-3}}{32 \times 10^{-3}}}$

$\Rightarrow \quad (v_{rms})_O = 1.84 \times \sqrt{\dfrac{2 \times 10^{-3}}{32 \times 10^{-3}}}$

$= \dfrac{1.84}{4} = 0.46$ किमी/से

43. विभेदन क्षमता, $R \propto \frac{1}{\lambda}$

परन्तु $\lambda \propto \frac{1}{\sqrt{V}}$

$\therefore \quad R \propto \sqrt{V}$

$$\frac{R_1}{R_2} = \frac{\sqrt{V_1}}{\sqrt{V_2}}$$

$$\frac{R}{R_2} = \frac{\sqrt{20}}{\sqrt{80}} = \frac{1}{2} \Rightarrow R_2 = 2R$$

44. गेंद पर कार्यरत् विभिन्न बल चित्र में दिखाए गए हैं। तीन समरूप बल साम्यावस्था में हैं। लामी की प्रमेय से,

$$\frac{T_1}{\sin 150^\circ} = \frac{T_2}{\sin 120^\circ} = \frac{10}{\sin 90^\circ}$$

$$\Rightarrow \frac{T_1}{\sin 30^\circ} = \frac{T_2}{\sin 60^\circ} = \frac{10}{1}$$

$\therefore \quad T_1 = 10\sin 30^\circ = 10 \times 0.5 = 5$ न्यूटन

$T_2 = 10\sin 60^\circ$

$= 10 \times \frac{\sqrt{3}}{2} = 5\sqrt{3}$ न्यूटन

45. $$\frac{1}{m} = \frac{1}{m_1} + \frac{1}{m_2}$$

$$m = \frac{m_1 m_2}{m_1 + m_2} = \frac{10 \times 90}{10 + 90}$$

$m = 9$ ग्राम $= 9 \times 10^{-3}$ किलोग्राम

$$\therefore \quad T = 2\pi\sqrt{\frac{m}{x}} = 2 \times \frac{22}{7} \times \sqrt{\frac{9 \times 10^{-3}}{10^3}}$$

$= 0.0188$ सेकण्ड

$n = \frac{1}{T} = \frac{1}{0.0188} = 53$ हर्ट्ज

46. संवेग संरक्षण के नियमानुसार,

$$m_1 v_1 + m_2 v_2 = m_1 v_2 + m_2 v_1$$

$$\Rightarrow m_1 v_1 - m_1 v_2 = m_2 v_1 - m_2 v_2$$

$$\Rightarrow m_1(v_1 - v_2) = m_2(v_1 - v_2)$$

$$\Rightarrow \frac{m_1}{m_2} = \frac{v_1 - v_2}{v_1 - v_2}$$

$$\Rightarrow m_1 : m_2 = 1 : 1$$

48. प्रेरित विद्युत वाहक बल, $e = -\frac{di}{dt} L$

$$= -\frac{250 \times 10^{-3} \times 0.4 \times 10^{-3}}{0.1}$$

$= -1 \times 10^{-3}$ वोल्ट

$= -1$ मिलीवोल्ट

49. शक्ति-क्षय, $P = V_{rms} \times I_{rms} \times \cos\phi$

प्रेरकत्व युक्त वाले परिपथ में शक्ति गुणांक ($\cos\phi$) शून्य होता है अर्थात् इस परिपथ में शक्ति-क्षय शून्य होगा।

50. $$\lambda = \frac{hc}{eV} = \frac{6.6 \times 10^{-34} \times 3 \times 10^8}{1.6 \times 10^{-19} \times 20 \times 1000}$$

$= 6.1 \times 10^{-11}$ मी $= 0.6$ Å

अतः 0.6 Å से छोटी तरंगदैर्ध्य अनुपस्थित होगी।

51. अर्द्ध-आयुओं की संख्या $= \frac{19}{3.8} = 5$

बचे पदार्थ की मात्रा, $N = N_0\left(\frac{1}{2}\right)^5$

$N = 9.6\left(\frac{1}{2^5}\right) = 0.3$ मिलीग्राम

52. $P_1 = 4$ डायोप्टर

$P_2 = -2$ डायोप्टर

$P = P_1 + P_2 = 4 - 2 = 2$ डायोप्टर

$f = \frac{1}{P} = \frac{1}{2}$ मी

$= \frac{100}{2}$ सेमी $= 50$ सेमी

53. $\frac{1}{\sqrt{\mu_0 \varepsilon_0}}$ की विमा $= [LT^{-1}]$

$\frac{1}{\mu_0 \varepsilon_0}$ की विमा $= [L^2T^{-2}]$

55. वोल्टेज प्रवर्धन,

$$A_V = \beta \times \frac{R_{out}}{R_{in}} = 30 \times \frac{4000}{400} = 300$$

61. $$h = \frac{2T\cos\theta}{r\rho g}$$

या $h \propto \frac{1}{r}$

$$\therefore \quad \frac{h_1}{h_2} = \frac{r_2}{r_1}$$

$$\frac{5.7}{h_2} = \frac{4}{5}$$

$h_2 = \frac{5.7 \times 5}{4} = 7.1$ मिमी

63. T^2 तथा l के बीच खींचा गया ग्राफ एक सरल रेखा होता है

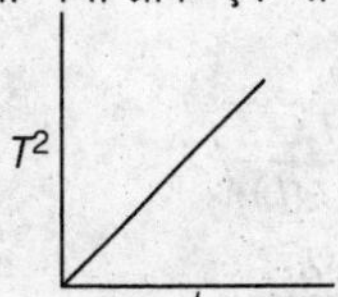

65. अनुनाद की स्थिति में, $X_L = X_C$

$$\omega_L = \frac{1}{\omega C}$$

$$\omega^2 = \frac{1}{LC}$$

$$L = \frac{1}{\omega^2 C}$$

71. दिया है, सूत्र $= \frac{V \times Q}{T}$

हम जानते हैं, $I = \frac{Q}{T}$

$\therefore$ सूत्र $= VI$

चूँकि $P = VI$

इसलिए यह सूत्र शक्ति के समतुल्य होगा।

74. विभव, $V = \frac{1}{4\pi\varepsilon_0} \cdot \frac{q}{R}$

$$30 = \frac{9 \times 10^9 \times 1.5 \times 10^{-6}}{R}$$

$$R = \frac{9 \times 10^9 \times 1.5 \times 10^{-6}}{30} = \frac{13500}{30} = 450 \text{ मी}$$

76.

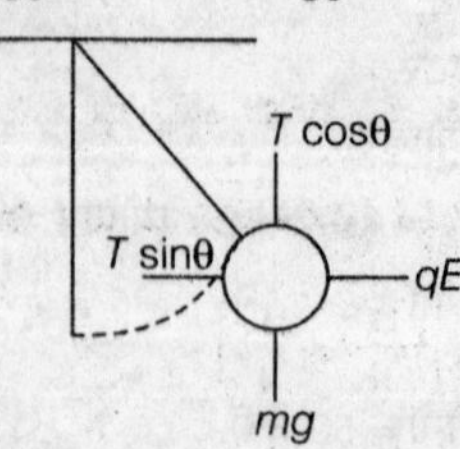

चित्र से, $T \sin\theta = qE$ तथा $T\cos\theta = mg$

$$\tan\theta = \frac{qE}{mg}$$

$$\tan\theta = \frac{5 \times 10^{-6} \times 10 \times 10^3}{2 \times 10^{-3} \times 9.8}$$

$$\theta = \tan^{-1}(2.55)$$

77. निर्गत् प्रकाश की तीव्रता,

$$I_2 = I\cos^2\theta$$

$$I_2 = \frac{I_0}{2}\cos^2 60 = \frac{I_0}{2}\left(\frac{1}{2}\right)^2 = \frac{I_0}{8}$$

78. धीमे प्रक्रम समतापीय प्रक्रम होते हैं। अतः किया गया कार्य,

$$W = \mu RT \log_e\left(\frac{V_2}{V_1}\right)$$

$$= 0.2 \times 8.3 \times \log_e 2 \times (27 + 273)$$

$$= 0.2 \times 8.3 \times 300 \times 0.693 = 345 \text{ जूल}$$

79. यंग प्रत्यास्थता गुणांक, $Y = \frac{T_1 L}{\Delta L A}$

$$Y = \frac{LT_1}{(L_1 - L)A}$$

पुनः, $Y = \frac{T_2 L}{\Delta L A} = \frac{T_2 L}{(L_2 - L)A}$

$$\therefore \quad \frac{T_1 L}{(L_1 - L)A} = \frac{T_2 L}{(L_2 - L)A}$$

$$T_1(L_2 - L) = T_2(L_1 - L)$$

$$T_1 L_2 - T_1 L = T_2 L_1 - T_2 L$$

$$T_2 L - T_1 L = T_2 L_1 - T_1 L_2$$

$$L(T_2 - T_1) = T_2 L_1 - T_1 L_2$$

$$L = \frac{(T_2 L_1 - T_1 L_2)}{(T_2 - T_1)}$$

80. $\int_0^V dV = \int I \cdot dx$

$$V = \int_\infty^x kx^{-\frac{3}{2}}\, dx = k\left[\frac{x^{-\frac{1}{2}}}{-\frac{1}{2}}\right]_\infty^x$$

गुरुत्वीय विभव, $V = \frac{2k}{\sqrt{x}}$

81. दिया है, $n = 2000$ हर्ट्ज

$$l_1 = 4.6 \text{ सेमी} = 0.046 \text{ मी}$$

$$l_2 = 14.0 \text{ सेमी} = 0.14 \text{ मी}$$

$$v = 2n(l_2 - l_1)$$

$$= 2 \times 2000\,(0.14 - 0.046)$$

$$= 376 \text{ मी/से}$$

82. a की विमा = x की विमा

$$[a] = [L]$$

$\frac{bt^2}{a}$ की विमा = x की विमा

$$\frac{[b][T^2]}{[L]} = [L]$$

$$[b] = [L^2T^{-2}]$$

83. $y = 3t^3 + t^2 + 5$

$$v = \frac{dy}{dt} = 9t^2 + 2t$$

$$a = \frac{d^2y}{dt} = 18t + 2$$

$t = 2$ पर त्वरण,

$$a = 18 \times 2 + 2 = 36 + 2 = 38 \text{ मी/से}^2$$

84. विभव, $V = 5(x^2 + xy)$

विद्युत क्षेत्र, $E = -\left[\frac{\partial V}{\partial x}\hat{\mathbf{i}} + \frac{\partial Y}{\partial y}\hat{\mathbf{j}}\right]$

$$= -[5(2x + y)\hat{\mathbf{i}} + 5x\hat{\mathbf{j}}]$$

बिन्दु (1, – 2, 0) पर विद्युत क्षेत्र,

$$E = -[5(2 \times 1 - 2)\,\hat{\mathbf{i}} + 5 \times 1\hat{\mathbf{j}}] = -5\hat{\mathbf{j}} \text{ वोल्ट/मी}$$

86. किया गया कार्य,

$$W = \mathbf{F} \cdot \mathbf{x} = (4\hat{\mathbf{k}} + 5\hat{\mathbf{j}} + 6\hat{\mathbf{k}}) \cdot (3\hat{\mathbf{i}} + 7\hat{\mathbf{j}} + 8\hat{\mathbf{k}})$$

$$= 12 + 35 + 48 = 95 \text{ जूल}$$

87. वलय का जड़त्व आघूर्ण = MR^2

वृत्ताकार पटल या चकती का जड़त्व आघूर्ण = $\frac{1}{2}MR^2$

गोलीय कोश का जड़त्व आघूर्ण = $\frac{2}{3}MR^2$

ठोस गोले का जड़त्व आघूर्ण = $\frac{2}{5}MR^2$

अतः ठोस गोले का जड़त्व आघूर्ण न्यूनतम है।

89. वृत्ताकार गति करते हुए कण के अभिकेन्द्र त्वरण की दिशा सदैव केन्द्र की ओर होती है।

90. दाब, $p = \frac{F}{A}$

$$10^5 = \frac{F}{3 \times 10^{-4} \text{ मी}^2}$$

बल, $F = 10^5 \times 3 \times 10^{-4} = 30$ न्यूटन

92. मेयर के सूत्र के अनुसार, $C_p - C_V = R$

जहाँ, R सार्वत्रिक नियतांक।

93. माना कि 4800 Å की तरंगदैर्ध्य का प्रकाश प्रयुक्त करने पर n फ्रिन्जें दिखायी देगी।

$$64 \times \frac{D\lambda}{d} = n\frac{D\lambda'}{d}$$

$$64 \times \lambda = n \times \lambda'$$

$$64 \times 6000 = n \times 4800$$

$$n = \frac{64 \times 6000}{4800}$$

$n = 80$ फ्रिन्जें

94. विस्पन्दों की संख्या = आवृत्तियों की संख्या में अन्तर $= n_1 - n_2$

96. चुम्बकीय क्षेत्र, $B = \mu_0 \frac{N}{l} i$

$$= 4\pi \times 10^{-7} \frac{2000}{60 \times 10^{-2}} \times 5$$

$= 0.0209$ टेस्ला $= 0.021$ टेस्ला

97.

$$\frac{1}{\lambda} = R\left(\frac{1}{n_1^2} - \frac{1}{n_2^2}\right)$$

$$= R\left(\frac{1}{(2)^2} - \frac{1}{(3)^2}\right)$$

$$\frac{1}{\lambda} = R\left(\frac{9-4}{9 \times 4}\right) = \frac{5R}{36}$$

$$\lambda = \frac{36}{5R}$$

99. हम जानते है,

$$\frac{hc}{\lambda} = W_0 + eV$$

$$eV = \frac{hc}{\lambda} - W_0$$

$$V = \frac{hc}{e\lambda} - \frac{W_0}{e}$$

$$V = \frac{6.63 \times 10^{-34} \times 3 \times 10^8}{1.6 \times 10^{-19} \times 2000 \times 10^{-10}} - \frac{5.01e}{e}$$

$V = 6.21 - 5.01 = 1.20$ वोल्ट

101. श्यानता गुणांक, $\eta = \frac{\text{बल}}{\text{क्षेत्रफल} \times \text{वेग-प्रवणता}}$

$$[\eta] = \frac{[MLT^{-2}]}{[L^2][T^{-1}]} = [ML^{-1}T^{-1}]$$

103. ऊष्मागतिकी के प्रथम नियम से,

$$Q = dU + \delta W$$

$$0 = dU + \delta W$$

$$dU = -\delta W$$

104. दक्षता, $\eta = 1 - \frac{T_2}{T_1} = 1 - \frac{500}{1000} = \frac{1}{2}$

प्रश्नानुसार, $\eta = 1 - \frac{1000}{T}$

$$\frac{1}{2} = 1 - \frac{1000}{T} \Rightarrow \frac{1000}{T} = 1 - \frac{1}{2}$$

$$\frac{1000}{T} = \frac{1}{2} = 2000\text{ K}$$

105. दिया है, $u = -\infty$

$v = -40$ सेमी

$$\frac{1}{f} = \frac{1}{v} - \frac{1}{u}$$

$$\frac{1}{f} = \frac{1}{-40} - \frac{1}{\infty}$$

$f = -40$ सेमी

$$P = \frac{1}{f} = \frac{1}{-40 \times 10^{-2}\text{ मी}}$$

$$= \frac{100}{-40}$$

$= -2.5$ डायोप्टर

106. $v_s = r\omega = 1.5 \times 30 = 30$ मी/से

महत्तम आवृत्ति, $n_{max} = \frac{nv}{v - v_s} = \frac{440 \times 330}{330 - 30}$

$= \frac{440 \times 330}{300} = 484$ हर्ट्ज

न्यूनतम आवृत्ति, $n_{min} = \frac{nv}{v + v_s} = \frac{440 \times 330}{330 + 30}$

$= 403$ हर्ट्ज

आवृत्ति परिसर = 403 से 484 होगा

107. $\mu = \tan i_p$

$$\mu = \frac{1}{\sin C}$$

$$\tan i_p = \frac{1}{\sin C}$$

$$\frac{1}{\sin C} = \tan 60°$$

$$\frac{1}{\sin C} = \sqrt{3}$$

$$\sin C = \frac{1}{\sqrt{3}}$$

$$C = \sin^{-1}\left(\frac{1}{3}\right)$$

108. मूल स्वर की आवृत्ति, $n = \frac{v}{2l} = \frac{350}{2 \times 0.5} = 350$ हर्ट्ज

110.

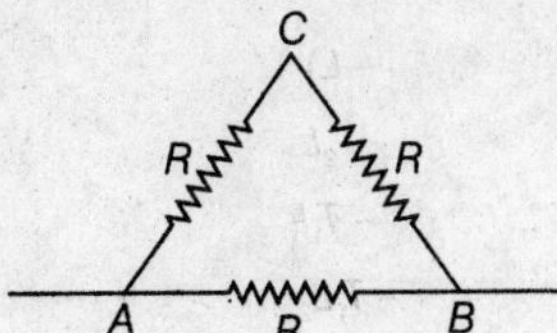

R तथा R श्रेणीक्रम में है, $R' = 2R$

R' तथा R समान्तर क्रम में है

$$\frac{1}{R''} = \frac{1}{R'} + \frac{1}{R} = \frac{1}{2R} + \frac{1}{R} = \frac{1+2}{2R}$$

$$\frac{1}{R''} = \frac{3}{2R}$$

$$R'' = \frac{2}{3}R$$

113. ${}_{84}X^{202} \xrightarrow{-\alpha} {}_{82}A^{198} \xrightarrow{-\beta} {}_{83}Y^{198}$

प्रश्नानुसार अन्तिम उत्पाद ${}_{a}Y^{b}$

$\therefore a = 83$ तथा $b = 198$

116. $$\mu = \frac{\sin\left(\frac{A+\delta_m}{2}\right)}{\sin\left(\frac{A}{2}\right)} = \frac{\sin\left(\frac{60^\circ + 30^\circ}{2}\right)}{\sin\left(\frac{60}{2}\right)} = \frac{\sin 45^\circ}{\sin 30^\circ} = \frac{\frac{1}{\sqrt{2}}}{\frac{1}{2}}$$

$$= \frac{1}{\sqrt{2}} \times 2 = \sqrt{2}$$

117. $|\mathbf{A} \times \mathbf{B}| = AB$

$AB \sin\theta = AB$

$\sin\theta = 1$

$\sin\theta = \sin\frac{\pi}{2}$

$\theta = \frac{\pi}{2}$

119. $v_o = \sqrt{gR}$

$v_e = \sqrt{2gR} = \sqrt{2}\ v_o$

121. जब लोलक मुक्त रूप से गिरता है, तब लोलक दोलन नहीं करेगा क्योंकि इस स्थिति में कोई प्रत्यानयन बल आघूर्ण उपस्थिति नहीं होगा।

$\because \quad g = 0$

$\therefore \quad T = 2\pi\sqrt{\frac{l}{g}} = \infty$

123. वाण्डर वाल्स समीकरण से, $\left(p + \frac{a}{V^2}\right)(V - b) = RT$

$\frac{a}{V^2}$ की विमा = p की विमा

a की विमा = $[p][V^2]$

$[a] = [ML^{-1}T^{-2}][L^6] = [ML^5T^{-2}]$